2024年 国家统一法律职业资格考试 客观题指导用书

试卷一

国家统一法律职业资格考试
客观题指导用书编辑委员会 / 组编

法律出版社
—— 北京 ——

图书在版编目(CIP)数据

2024年国家统一法律职业资格考试客观题指导用书：全2册／国家统一法律职业资格考试客观题指导用书编辑委员会组编. -- 北京：法律出版社，2024
ISBN 978-7-5197-8996-1

Ⅰ. ①2… Ⅱ. ①国… Ⅲ. ①法律工作者－资格考试－中国－习题集 Ⅳ. ①D920.4

中国国家版本馆CIP数据核字(2024)第070946号

2024年国家统一法律职业资格考试客观题指导用书(全2册)
2024 NIAN GUOJIA TONGYI FALÜ ZHIYE ZIGE KAOSHI KEGUANTI ZHIDAO YONGSHU (QUAN 2 CE)

国家统一法律职业资格考试客观题指导用书编辑委员会 组编

策划编辑 陈 睿 李捷琳
责任编辑 陈 睿 李捷琳
装帧设计 汪奇峰

出版发行 法律出版社
编辑统筹 法律考试·职业教育出版分社
责任校对 晁明慧
责任印制 胡晓雅
经　　销 新华书店

开本 787毫米×1092毫米 1/16
印张 41 **字数** 1264千
版本 2024年5月第1版
印次 2024年5月第1次印刷
印刷 三河市龙大印装有限公司

地址：北京市丰台区莲花池西里7号(100073)
网址：www.lawpress.com.cn
投稿邮箱：info@lawpress.com.cn
举报盗版邮箱：jbwq@lawpress.com.cn

销售电话：010-83938349
客服电话：010-83938350
咨询电话：010-63939796

书号：ISBN 978-7-5197-8996-1
定价(全2册)：188.00元

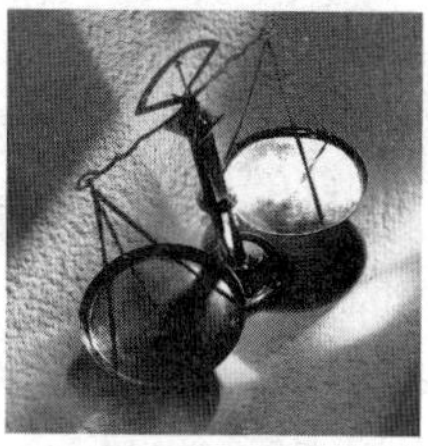

编写说明

为满足国家统一法律职业资格考试广大考生复习备考的需要，提供更适合当前客观题考试的应试指导，切实提高考生运用法律知识解决法律问题的实践能力，我们组织编写了《国家统一法律职业资格考试客观题指导用书》。

本套用书根据国家统一法律职业资格考试客观题考试的学科内容分为试卷一和试卷二，其中试卷一包括：习近平法治思想、法理学、宪法、中国法律史、国际法、司法制度和法律职业道德、刑法、刑事诉讼法、行政法与行政诉讼法；试卷二包括：民法、知识产权法、商法、经济法、环境资源法、劳动与社会保障法、国际私法、国际经济法、民事诉讼法与仲裁制度。

本套用书依据考试大纲对客观题的考查要求，注重将学科知识点与解题分析融会贯通。通过分析试题，辨析选项，认定法律事实，厘清法律关系，明晰法律适用，帮助考生理解和掌握解题思路，从而切实有效提高解决法律实践问题的能力。

每学科设置以下主要栏目：

☆方 法 篇

【如何解答本学科客观题】此栏目围绕试卷试题与学科重点，全面分析学科考查要求，展示学科知识框架、考查重点、难点和易混淆点，指明复习备考方向，揭示内在学习规律，指导考前备考方法，引导考生科学复习。

【答题范例与实战演练】此栏目取材于指导性案例，并比照考试难度加以设计，"手把手"从答题方法层面指导考生，释明如何从案情材料中梳理法律事实、选择法律适用，进而排除易错易混选项，最终得出正确答案。

☆刷 题 篇

【重点考向与真题精粹】此栏目根据考向分类，精选具有较大借鉴意义的综合性、案例型客观试题，依据现行法律法规，结合法理、司法实践对题目进行深度分析阐释，总结常见错误类型，帮助考生举一反三，巩固掌握考查内容。

【2024 年模拟测试】此栏目以常考知识点为主线，设置贴合考查方向与考试要求的预测模拟题目，方便考生自我检测，进一步熟悉掌握解题思路，

预先体验考试氛围。

本套用书由长期关心关注并参与国家统一法律职业资格考试工作的法学专家和司法实务界专家编写，对法学教育、法律实践以及考试测量工作有着较为深入的研究和理解，相信对切实提高客观题应试考生答题能力将有所裨益。

由于时间仓促，疏漏不足之处在所难免，恳请广大读者和社会各界人士批评指正。

国家统一法律职业资格考试
客观题指导用书编辑委员会
2024 年 5 月

目 录

习近平法治思想

法理学

宪　法

中国法律史

国际法

司法制度和法律职业道德

刑 法

刑事诉讼法

行政法与行政诉讼法

方　法　篇

如何解答本学科客观题

考查要求

思想是行动的先导，理论是实践的指南。2017 年 5 月 3 日，习近平总书记在中国政法大学考察时强调，全面推进依法治国是一项长期而重大的历史任务，要坚持中国特色社会主义法治道路，坚持以马克思主义法学思想和中国特色社会主义法治理论为指导。他要求“加强法治及其相关领域基础性问题的研究，对复杂现实进行深入分析、作出科学总结，提炼规律性认识，为完善中国特色社会主义法治体系、建设社会主义法治国家提供理论支撑”。

全面依法治国，是国家治理的一场深刻革命，必须以科学理论为指导。党的十八大以来，以习近平同志为核心的党中央以前所未有的决心、举措和力度推进全面依法治国，全面系统研究解决全面依法治国重大事项、重大问题，协调推进中国特色社会主义法治体系和社会主义法治国家建设。在这一实践过程中，习近平总书记创造性提出关于全面依法治国的一系列新理念新思想新战略，形成科学系统的思想体系。

《习近平法治思想》科目的教学目标是实践性的，建构理论是为了有效地指导实践。这个实践就是坚持走中国特色社会主义法治道路，建设中国特色社会主义法治体系、建设社会主义法治国家的伟大实践。因此，本科目对考生的首要要求是，深刻把握其重大而深远的意义，切实增强政治认同、思想认同、理论认同、情感认同，引导考生进一步坚定中国特色社会主义法治的道路自信、理论自信、制度自信、文化自信，做到学思用贯通、知信行统一。

习近平总书记指出，“法学学科是实践性很强的学科，法学教育要处理好知识教学和实践教学的关系”。要真正掌握本科目的相关知识，就必须正确处理法治理论与法治实践的关系。习近平法治思想是在中国特色社会主义法治建设伟大实践中形成和发展的科学理论体系，是经过实践证明、富有实践伟力的思想理论成果，是全面依法治国的根本遵循和行动指南。在以习近平同志为核心的党中央坚强领导下，在习近平法治思想科学指引下，我国社会主义法治建设发生了历史性变革、取得了历史性成就。在全面建设社会主义现代化国家新征程上,习近平法治思想是法治中国建设在新时代取得更大成就的思想旗帜,是在法治轨道上全面建设社会主义现代化国家的根本遵循。因此,《习近平法治思想》科目具有突出的实践性,是一门完全面向当代中国法治实践的科目。

试卷分析

本科目侧重于法治思维和法治方式的训练。法治思维是一种以法律规则为前提的思维,将是否合乎法律作为判断案件、事例或做法是非对错的标准;法治方式是一种在法律许可的范围内寻求问题解决之道的方式,将法律视为不可逾越的红线和不可触碰的底线。因此,本科目关注的是人对法律的一种立场和态度,是通过法律实现国家与社会治理的一种大道,是深远的战略思维、鲜明的政治导向、强烈的历史担当、真挚的为民情怀。将习近平法治思想进行科学有机的学理转化,将其核心要义、精神实质、丰富内涵、实践要求贯穿法学各门课程是习近平法治思想教学的一个重要要求,这也意味着,国家统一法律职业资格考试包括的其他科目在命制试题时都可以涉及《习近平法治思想》的相关考点,因此本科目是一个开放性科目。

学科重点

2020 年 11 月 16 日至 17 日召开的中央全面依法治国工作会议,最重要的成果,就是顺应党心民心和时代要求,确立了习近平法治思想在全面依法治国工作中的指导地位。党的十八大以来,以习近平同志为核心的党中央从坚持和发展中国特色社会主义的全局和战略高度定位法治、布局法治、厉行法治,把全面依法治国纳入"四个全面"战略布局,创造性提出了关于全面依法治国的一系列新理念新思想新战略,领导和推动我国社会主义法治建设取得了历史性成就。

习近平法治思想是马克思主义法治理论中国化的最新成果,是中国特色社会主义法治理论的重大创新发展,是习近平新时代中国特色社会主义思想的重要组成部分,是新时代全面依法治国必须长期坚持的指导思想。

中共中央办公厅、国务院办公厅《关于加强新时代法学教育和法学理论研究的意见》指出:"坚持以习近平法治思想为根本遵循。深入学习贯彻习近平法治思想,坚持用习近平法治思想全方位占领法学教育和法学理论研究阵地,教育引导广大法学院校师生和法学理论工作者做习近平法治思想的坚定信仰者、积极传播者、模范实践者。"将《习近平法治思想》纳入国家统一法律职业资格考试科目,是坚持立德树人、德法兼修,建设德才兼备的高素质法治工作队伍的重要举措。

习近平法治思想内涵丰富、论述深刻、逻辑严密、系统完备,从历史和现实相贯通、国际和国内相关联、理论和实际相结合上深刻回答了新时代为什么实行全面依法治国、怎样实行全面依法治国等一系列重大问题。具体而言,《习近平法治思想》学科包括以下内容。

习近平法治思想的形成发展及重大意义。习近平法治思想的形成发展涉及习近平法治思想形成的时代背景、习近平法治思想形成发展的逻辑、习近平法治思想形成发展的历史进程、习近平法治思想的鲜明特色等内容。习近平法治思想的重大意义包括习近平法治思想是马克思主义法治理论同中国法治建设具体实际相结合、同中华优秀传统法律文化相结合的最新成果;习近平法治思想是对党领导法治建设丰富实践和宝贵经验的科学总结;习近平法治思想是在法治轨道上全面建设社会主义现代化国家的根本遵循;习近平法治思想是引领法治中国建设实现高质量发展的思想旗帜。

习近平法治思想的核心要义,也就是"十一个坚持"。这是本科目的重点内容,包括坚持党对全面依法治国的领导,坚持以人民为中心,坚持中国特色社会主义法治道路,坚持依宪治国、依宪执政，坚持在法治轨道上推进国家治理体系和治理能力现代化，坚持建设中国特色社会主义法治体系，坚持依法治国、依法执政、依法行政共同推进，法治国家、法治政府、法治社会一体建设，坚持全面推进科学立法、严格执法、公正司法、全民守法，坚持统筹推进国内法治和涉外法治，坚持建设德才兼备的高素质法治工作队伍，坚持抓住领导干部这个"关键少数"等考点。

习近平法治思想的实践要求。一是充分发挥法治对经济社会发展的保障作用，包括以法治保障经济发展、政治稳定、文化繁荣、社会和谐、生态良好等考点；二是正确认识和处理全面依法治国一系列重大关系，包括正确处理政治和法治、改革和法治、依法治国和以德治国、依法治国和依规治党等考点。

复习攻略

本科目的学习在确保理论性、实践性的同时更加凸显政治性。对于习近平法治思想中的重大命题、重要观点和重点论述，尤其是习近平法治思想的核心要义，必然是学习研究的重中之重。考生一定要对"十一个坚持"做到滚瓜烂熟、倒背如流，因为记忆是理解和运用的基础，在此基础上需要有进一步的认识：几乎任何科目的法条、案例或事例，甚至文学与影视作品，都可以作为本科目的学习素材，只要涉及法治思维与法治方式，都可能据以设题。因此，本科目学习的关键是要在多思多想、学深悟透上下功夫，在系统把握、融会贯通上下功夫，在学以致用、知行合一上下功夫，切实在各项法治实践工作中准确理解和把握习近平法治思想。

答题范例与实战演练

01 答题范例

| 题目指引 |

习近平总书记高度重视对中华优秀传统法律文化的创造性转化与创新性发展，将古代格言赋予现实意义、时代意义，用以阐释新时代为什么实行全面依法治国、怎样实行全面依法治国等重大问题。本题选取了习近平总书记引用过的四则格言，考查对格言现实意义、时代意义的准确理解。

| 题　　目 |

【多项选择题】根据习近平法治思想，下列对古代法律格言的理解，哪些选项是正确的？

A."立善法于一国，则一国治"：良法是实现善治的前提条件

B."有道以统之，法虽少，足以化矣"：法治道路具有决定性

C."善禁者，先禁其身而后人"：执法人员首先应当严格守法

D."为国也，观俗立法则治"：法律不应改变人们的生活方式

| 参考答案[①] | ________[②]

① 为方便考生自测，每题后不直接列明答案，相关答案请参见相应脚注。除特殊情形外，本书题目一般不考虑时效问题，统一适用现行法律规定解答。——编者注

② ABC

| **推导过程** |

2014 年 2 月 17 日，习近平总书记在省部级主要领导干部学习贯彻十八届三中全会精神全面深化改革专题研讨班上的讲话中引用了古语“立善法于天下，则天下治；立善法于一国，则一国治。”语出北宋王安石的《周公》篇，意思是在天下立善良之法，天下就太平；在一国立善良之法，一国就安定。与今天所称的“良法是善治之前提”含义一致。故 A 选项正确。

2015 年 2 月 2 日，习近平总书记在省部级主要领导干部学习贯彻党的十八届四中全会精神全面推进依法治国专题研讨班上的讲话中引用了“有道以统之，法虽少，足以化矣”这一古语，语出《淮南子》，意思是用道来统御民众，法令即使很少，也足以使人们感化。习近平总书记用以说明“全面推进依法治国，方向要正确，政治保证要坚强”，也就是道路问题对法治建设成败至关重要。故 B 选项正确。

2013 年 1 月 22 日，习近平总书记在十八届中央纪委二次全会上的讲话中引用了“善禁者，先禁其身而后人”这一古语，语出《申鉴·政体》，意思是善于用禁令治理社会的人，必然首先按禁令要求自己，然后才去要求别人，对执法者而言就意味着带头守法、模范守法。故 C 选项正确。

2014 年 10 月 23 日，习近平总书记在党的十八届四中全会第二次全体会议上的讲话中引用了“为国也，观俗立法则治”这一古语，语出《商君书·算地》，意思是治理国家，在考察国俗民情的基础上立法，才能治理好。习近平总书记以此强调走什么样的法治道路、建设什么样的法治体系，是由一个国家的基本国情决定的。“全面推进依法治国，必须从我国实际出发，同推进国家治理体系和治理能力现代化相适应，既不能罔顾国情、超越阶段，也不能因循守旧、墨守成规。”因此，这里的“俗”主要是指国情，而不是指一般意义上的风俗和生活方式，法律本身就是移风易俗、推动生产生活方式变革的重要手段，故 D 选项错误。

02
答题范例

| **题目指引** |

坚持统筹推进国内法治和涉外法治是习近平法治思想的核心要义之一。2023 年 11 月 27 日，中共中央政治局就加强涉外法制建设进行第十次集体学习。习近平总书记在主持学习时强调，深刻认识做好涉外法治工作的重要性和紧迫性，建设同高质量发展、高水平开放要求相适应的涉外法治体系和能力，为中国式现代化行稳致远营造有利法治条件和外部环境。本题考查对推进涉外法治工作的意义，以及加快涉外法治工作战略布局、加强对外法治交流合作、为构建人类命运共同体提供法治保障的准确理解。

| **题　　目** |

【不定项选择题】统筹推进国内法治和涉外法治是全面依法治国的必然要求。关于推进涉外法治工作，下列说法正确的是？

A. 根本目的是深度融入全球化进程，推动全球治理体系改革

B. 要坚定维护以国家主权为基础的国际秩序，主动参与国际规则制定

C. 要形成涉外法治工作大协同格局，坚持立法先行，提升涉外执法司法效能

D. 要坚定法治自信，积极阐释中国特色涉外法治理念、主张和成功实践

| **参考答案** | ________[1]

① CD

| 推导过程 |

习近平总书记在中共中央政治局第十次集体学习时强调，推进涉外法治工作，根本目的是用法治方式更好维护国家和人民利益，促进国际法治进步，推动构建人类命运共同体。“深度融入全球化进程”只是推进涉外法治工作的背景，而非根本目的，“推动全球治理体系改革”是促进国际法治进步的应有之义，但不全面。推进涉外法治工作的首要目的是用法治方式更好维护国家和人民利益。因此A选项错误。

推进涉外法治工作要坚定维护以国际法为基础的国际秩序，主动参与国际规则制定，推进国际关系法治化。虽然在推进涉外法治工作时要维护国家主权、安全和发展利益，但国际秩序的基础在于国际法，而非国家主权。因此B选项错误。

涉外法治工作是一项涉及面广、联动性强的系统工程，必须统筹国内和国际，统筹发展和安全，坚持前瞻性思考、全局性谋划、战略性布局、整体性推进，加强顶层设计，一体推进涉外立法、执法、司法、守法和法律服务，形成涉外法治工作大协同格局。要坚持立法先行、立改废释并举，形成系统完备的涉外法律法规体系。要建设协同高效的涉外法治实施体系，提升涉外执法司法效能，推进涉外司法审判体制机制改革，提高涉外司法公信力。因此C选项正确。

加强对外法治交流合作要推进对外法治宣传。要加强对外法治话语和叙事体系建设，注重中外融通，创新对外法治话语表达方式，更加鲜明地展示中国法治道路。要坚定法治自信，积极阐释中国特色涉外法治理念、主张和成功实践，讲好新时代中国法治故事。因此D选项正确。

2024年模拟测试[①]

1.【单项选择题】关于党的领导、人民当家作主、依法治国的关系，下列哪一说法是正确的？

A. 依法治国是党的领导和人民当家作主的根本保证

B. 党的领导是社会主义民主政治的本质特征

C. 坚持三者有机统一最根本的是坚持人民当家作主

D. 三者统一于我国社会主义民主政治伟大实践

2.【单项选择题】习近平总书记指出，“我国国情决定了我们不能成为‘诉讼大国’”。关于“国情”，下列哪一项理解是正确的？

A. 历史悠久，但是严重缺乏法制文明的底蕴

B. 人口众多，不能指望靠诉讼解决全部纠纷

C. 发展滞后，法治尚未成为人民群众的需求

D. 司法不公，人民群众对司法机关缺乏信任

3.【多项选择题】2021年4月28日，中共中央、国务院印发《关于加强基层治理体系和治理能力现代化建设的意见》（本题以下简称《意见》），是在法治轨道上全面建设社会主义现代化国家的重要举措。下列哪些做法符合《意见》的要求？

A. 某社区经选举产生党总支书记后直接兼任社区居民委员会主任

B. 某地根据本地的实际情况，决定依法赋予乡镇特定的行政执法权

C. 某地要求县级纪检监察部门将部分监察权下放给村务监督委员会

D. 某地支持乡镇结合实际情况将社会工

① 为方便考生自测，模拟测试题目的参考答案及解析统一位于该部分最后，特此说明。——编者注

作服务外包给有资质的社会组织

4.【多项选择题】结合习近平总书记引用过的“法者,国家所以布大信于天下”这一格言,关于法治与公信、诚信的关系,下列哪些理解是正确的?

A. 宪法是国家布最大的公信于天下

B. 法治政府必然是守法诚信的政府

C. 诚信观念是法治意识的重要内容

D. 司法公信力取决于司法的公开性

5.【不定项选择题】党的二十大报告指出:“支持和保证人民通过人民代表大会行使国家权力,保证各级人大都由民主选举产生、对人民负责、受人民监督。”对此,下列说法正确的是?

A. 人大代表由人民选举产生是人民代表大会制度最核心的基本原则

B. 人民代表大会制度是实现我国全过程人民民主的重要制度载体

C. 人民代表大会制度体现了马克思主义国家学说的基本原则与中华文明的民本思想

D. 坚持依宪治国、依宪执政包括坚持人民代表大会制度的政体不动摇

6.【不定项选择题】近年来,司法机关在一系列刑事案件中积极推动对《刑法》第20条,即正当防卫条款的理解和适用,贯彻“法不能向不法让步”的理念。对此,下列理解正确的是?

A. 体现了司法机关让人民群众在每一个司法案件中感受到公平正义的努力

B. 发挥了司法断案惩恶扬善的功能,通过正当防卫条款加强了对失德行为的整治

C. 说明法律解释往往由有待处理的案件引起,因此法条的语言文字没有约束作用

D. 对该条中“正在进行的不法侵害”的判断,应根据理性人标准严格依法作出判断

参考答案及解析

1.|参考答案|D

|设题陷阱与常见错误分析|

坚持党的领导、人民当家作主、依法治国有机统一,既是对中国特色社会主义法治本质特征的科学概括,也是对中国特色社会主义民主法治发展规律的本质把握。但是,如果只满足于对“三者有机统一”的简单记忆和流于表面的粗浅理解,而不能把握三者在中国特色社会主义法治建设中所处的地位、在全面依法治国中发挥的作用,就无法应对稍有深度的题目。

|解题思路与方法分析|

习近平总书记指出:“把坚持党的领导、人民当家作主、依法治国有机统一起来是我国社会主义法治建设的一条基本经验。”只有坚持党的领导,人民当家作主才能充分实现,国家和社会生活制度化、法治化才能有序推进。换言之,党的领导是中国特色社会主义最本质的特征,是社会主义法治最根本的保证。故A选项错误。党的领导是中国特色社会主义法治之魂。坚持党的领导,是社会主义法治的根本要求,是党和国家的根本所在、命脉所在,是全国各族人民的利益所系、幸福所系,是依法治国的题中应有之义。因此,坚持党的领导、人民当家作主、依法治国有机统一,最根本的是坚持党的领导。故C选项错误。习近平总书记强调:“党的领导是人民当家作主和依法治国的根本保证,人民当家作主是社会主义民主政治的本质特征,依法治国是党领导人民治理国家的基本方式,三者统一于我国社会主义民主政治伟大实践。”故B选项错误,D选项正确。

2.|参考答案|B

|设题陷阱与常见错误分析|

中国的国情非一语所能尽述,其具体所指取决于语境,这就要求考生认真审题,根据题干判断“国情”究竟何指。对于本题而言,理解“国情”的关键就在于对“不能成为‘诉讼大国’”这一表述的理解——是不具备成为“诉讼大国”的客观条件,还是虽具备条件却无此主观意愿?换言之,成为“诉讼大国”是件好事吗?如果对这一问题的判断出现了偏差,难免就会对国情作出错误估计,误选A、C甚至D选项,从而答错题目。

|解题思路与方法分析|

2020年11月16日,习近平总书记在中央

全面依法治国工作会议上指出:“法治建设既要抓末端、治已病,更要抓前端,治未病。我国国情决定了我们不能成为‘诉讼大国’。我国有14亿人口,大大小小的事都要打官司,那必然不堪重负!”诉讼并非法治社会唯一的纠纷解决方式,对于许多纠纷类型而言,也不是最优的和首选的方式。所以,习近平法治思想要求结合新的形势推广“枫桥经验”,充分发挥人民调解的第一道防线作用,完善预防性法律制度,从源头上减少诉讼增量。故本题的正确答案为B选项。

习近平总书记指出,“我们的先人们早就开始探索如何驾驭人类自身这个重大课题”,“我国形成了世界法制史上独树一帜的中华法系,积淀了深厚的法律文化”。因此,中华民族具有法制文明的深厚底蕴,A选项的说法明显具有民族虚无主义和历史虚无主义的色彩,故错误。

我国社会主要矛盾已经转化为人民日益增长的美好生活需要和不平衡不充分的发展之间的矛盾。经过改革开放40多年的发展,我国社会生产力和人民生活水平显著提高,党的十九大报告指出:“人民美好生活需要日益广泛,不仅对物质文化生活提出了更高要求,而且在民主、法治、公平、正义、安全、环境等方面的要求日益增长。”这一论断深刻揭示了人民美好生活需要的基本内涵,故C选项错误。

习近平总书记指出,“所谓公正司法,就是受到侵害的权利一定会得到保护和救济,违法犯罪活动一定要受到制裁和惩罚。如果人民群众通过司法程序不能保证自己的合法权利,那司法就没有公信力,人民群众也不会相信司法”。当前我国的司法体制与司法效能的确尚有不尽如人意之处,这也是深化司法体制改革所要解决的问题。但就此断言“司法不公,人民群众对司法机关缺乏信任”就太言过其实了。故D选项错误。

3. | **参考答案** | BD

| **设题陷阱与常见错误分析** |

本题题干中设置的这些举措既要符合基层治理体系和治理能力现代化建设的基本精神和原则,又不能违背法律规定和法治精神,选项有一定的干扰和难度。本题需要考生对《意见》有一定的了解。

| **解题思路与方法分析** |

《意见》要求加强党的基层组织建设,健全基层治理党的领导体制。积极推行村(社区)党组织书记通过法定程序担任村(居)民委员会主任、村(社区)“两委”班子成员交叉任职。注意,这里说的是“通过法定程序”,而非“直接兼任”,担任社区居民委员会主任尚需符合《城市居民委员会组织法》所规定的程序,A选项错误。

《意见》要求增强乡镇(街道)行政执行能力,根据本地实际情况,依法赋予乡镇(街道)行政执法权,整合现有执法力量和资源,B选项正确。

《意见》要求健全村(居)民自治机制,强化基层纪检监察组织与村(居)务监督委员会的沟通协作、有效衔接,形成监督合力。这是出于实际考虑,强化纪检监察工作成效的举措,它只是要求“强化沟通协作、有效衔接,形成监督合力”,而非将监察权下放给村务监督委员会。监察权属于国家权力,而村务监督委员会属于基层群众自治组织的一部分,不能行使国家权力,所以C选项错误。

《意见》要求发展公益慈善事业,支持建立乡镇(街道)购买社会工作服务机制和设立社区基金会等协作载体。这是为了使乡镇(街道)能够集中资源做好自己善于做的实务,引入优质资源为民众提供更好的社会工作服务。某地支持乡镇结合实际情况将社会工作服务外包给有资质的社会组织符合这一要求,D选项正确。

4. | **参考答案** | ABC

| **设题陷阱与常见错误分析** |

2018年1月19日,习近平总书记在党的十九届二中全会第二次全体会议上的讲话中指出:“宪法集中体现了党和人民的统一意志和共同愿望,是国家意志的最高表现形式。‘法者,国家所以布大信于天下。’可以说,宪法是国家布最大的公信于天下。”对法治与公信、诚

信的关系做了精当的论述。人无信不可,民无信不立,国无信不威。诚信作为一种品格,是个人安身立命之本;公信作为一种价值,是国家长治久安之基。法律正是国家就自身如何行事而事先对全体民众作出的承诺,只有不折不扣地兑现,国家才能得到民众的信赖,也就是具有公信力。

| 解题思路与方法分析 |

宪法是根本法,是国家意志的最高表现形式,因此宪法是“国家布最大的公信于天下”,坚持依法治国首先要坚持依宪治国,坚持依法执政首先要坚持依宪执政。故A选项正确。

党的十八届四中全会《中共中央关于全面推进依法治国若干重大问题的决定》提出“加快建设职能科学、权责法定、执法严明、公开公正、廉洁高效、守法诚信的法治政府”。依法行政既是政府守法的表现,也是政府受法律所布之大信的体现。故B选项正确。

党的二十大报告指出,法治社会是构筑法治国家的基础。诚信观念意味着言行一致、言出必行、坐言起行,同契约精神、法治观念具有高度一致性,是法治精神在日常社会生活中的体现。故C选项正确。

社会主义司法制度应是公正高效权威的司法制度,司法的公信力依赖于司法的公正性与权威性,即裁判结果公正,且公正的结果能够有效落实、胜诉方的权利能够及时兑现,而不仅仅取决于司法公开。故D选项错误。

5. | **参考答案** | BCD

| **设题陷阱与常见错误分析** |

本题考查习近平法治思想与宪法学科的相关知识。人民代表大会制度是我国的政权组织形式和根本政治制度。在习近平法治思想中,坚持党对全面依法治国的领导,坚持以人民为中心,坚持依宪治国、依宪执政等核心要义都涉及人民代表大会制度。回答本题需要考生将习近平法治思想与宪法学知识贯通起来。其中C选项的表述较新,但可以从“习近平法治思想是马克思主义法治理论同中国法治建设具体实际相结合、同中华优秀传统法律文化相结合的最新成果”中推导出来。

| **解题思路与方法分析** |

2021年11月5日,习近平总书记在参加北京市区人大代表换届选举投票时强调:“选举人大代表,是人民代表大会制度的基础,是人民当家作主的重要体现。”但是,根据辅导用书宪法学的相关内容,人民代表大会制度是以主权在民为逻辑起点,而人民主权构成了人民代表大会制度最核心的基本原则。故A选项错误。

2021年10月13日,习近平总书记在中央人大工作会议上的讲话中指出:“人民代表大会制度是实现我国全过程人民民主的重要制度载体。”故B选项正确。

2021年10月13日,习近平总书记在中央人大工作会议上的讲话中指出:“人民代表大会制度,坚持中国共产党领导,坚持马克思主义国家学说的基本原则,适应人民民主专政的国体,有效保证国家沿着社会主义道路前进。”2023年6月2日,习近平总书记在文化传承发展座谈会上的讲话中指出:“我们党开创的人民代表大会制度、政治协商制度,与中华文明的民本思想,天下共治理念,‘共和’、‘商量’的施政传统,‘兼容并包、求同存异’的政治智慧都有深刻关联。”故C选项正确。

2020年11月16日,习近平总书记在中央全面依法治国工作会议上的讲话中指出:“坚持依宪治国、依宪执政,就包括坚持宪法确定的中国共产党领导地位不动摇,坚持宪法确定的人民民主专政的国体和人民代表大会制度的政体不动摇。”故D选项正确。

6. | **参考答案** | A

| **设题陷阱与常见错误分析** |

本题考查了习近平法治思想与法理学、刑法学科的相关知识点。A选项和B选项分别考查了“公正司法”与“依法治国和以德治国”的相关内容。C选项考查了法理学中“法律解释的特点”,D选项考查了对正当防卫条款的适用条件之一,即时间条件的紧迫性的理解。除了A选项,其余三个选项均具有迷惑性,尤其是B选项本身就结合了对正当防卫之性质的理解与“以法治体现道德理念”的内容。由于本题为不定项选择题,故而考生可能会在A

选项外选择其他选项,因此增加了整体上的难度。

| 解题思路与方法分析 |

公正司法事关人民切身利益,事关社会公平正义,事关全面推进依法治国。它要求各级司法机关紧紧围绕"努力让人民群众在每一个司法案件中感受到公平正义"这个目标来改进工作。近年来,司法机关站在防卫人的立场设身处地来理解案件情节,从宽适用《刑法》第20条,符合了人民群众对公平正义的朴素情感期待。故A选项正确。

全面推进依法治国要求依法治国和以德治国相结合,以法治体现道德理念,强化法律对道德建设的促进作用。这要求坚持公正司法,发挥司法断案惩恶扬善功能,要依法加强对群众反映强烈的失德行为的整治。对正当防卫条款的从宽理解和适用的确发挥了司法断案惩恶扬善的功能,即惩罚不法侵害、弘扬见义勇为行为,但正当防卫本身在性质上属于"违法阻却的正当化事由",其立意在于免除对正当防卫人的刑事责任,而非对不法侵害行为的整治。故B选项错误。

法律解释与具体案件密切相关,法律解释往往由有待处理的案件所引起,需要将表达法律的语言文字与案件事实结合起来进行。《刑法》第20条长期以来因为适用条件过严被称为"沉睡条款",近年来一系列司法实务案件的刺激推动了对该条的重新理解和适用,因而说"法律解释往往由有待处理的案件所引起"是正确的,但不能因此就说"法条的语言文字没有约束作用"。案件事实是表达法律的语言文字的语境,而法律的语言文字本身构成了法律解释的界限,这也是文义解释的意义所在。故C选项错误。

2020年8月,最高人民法院、最高人民检察院、公安部《关于依法适用正当防卫制度的指导意见》指出:"对于不法侵害是否已经开始或者结束,应当立足防卫人在防卫时所处情境,按照社会公众的一般认知,依法作出合乎情理的判断,不能苛求防卫人。"以往正当防卫条款之所以适用过严,正是因为司法工作者往往站在事后理性人标准立场,而非设身处地地代入防卫发生时的一般人标准来作判断。故D选项错误。

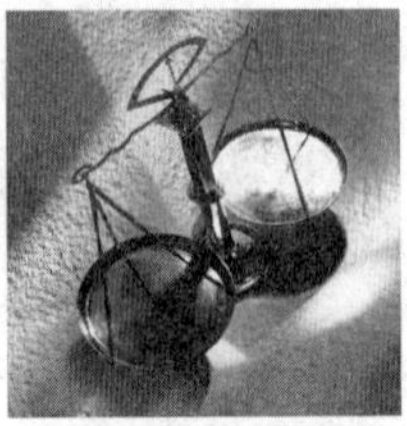

方　法　篇

如何解答本学科客观题

考查要求

在考试中，尽管法理学这一科目理论色彩突出，但依然与法律实务联系密切。法理学大部分试题涉及案例、事例或者法条分析，与法律实务有高度关联。当然，与民法学、刑法学、行政法学等部门法学相比，法理学的分析视角有其自身的独特性。

法理学科目试题与法律实务的关联形式：

第一，对案例进行法理分析。案例分析题在法理学科目试题中占比过半，所选案例除我国当下司法实践中发生的真实案例之外，还包括中外历史上或中外文学经典作品中的案例。这点与部门法有所不同，部门法分析的案例都是当下的案例，分析和判断的依据是目前生效的法律，而法理学探讨的许多内容是法学的一般原理，这些一般原理对于中外历史上的案例依然适用。法理学中的案例除了少部分源自中外文学经典作品外，绝大部分案例都改编自历史和当下司法实践中的真实案例，当然，那些文学经典作品中的也许并非都是真实的案例，但这不影响对其进行相应法学分析。此外，法理学的案例分析视角与部门法也不相同，部门法的案例通常要求依据部门法知识和当下生效的法律规定对其进行定性分析并在此基础上作出选择，法理学的案例不会要求对某一案件依据具体法律条文进行法律上的定性，如是否构成侵权、是否构成犯罪，法理学的案例通常要求考生依据法理学中的相关知识对相关说法的正误作出判断。如运用法律与道德的关系、法律规则与法律原则的区别、法的价值冲突的解决方法、法律关系理论、法律解释方法等相关内容对案例题选项中的说法的对错进行判断。

第二，对事例进行法理分析。法理学科目中某些与法律实务相关的试题涉及的并非发生在不同法律关系主体之间的具体案件，而是社会中发生的事例，如某个国家机构推出的某项政策或措施、社会中发生的并未演变成具体案件的某个社会事件，对于这些事例我们同样可以从法学的视角对其进行分析评价。

第三,对法条进行法理分析。法理学科目中还有一部分与法律实务密切相关的法条分析题。这种类型的试题通常考查的是法律规则的分类、法律规则的构成要素、法律规则与法律条文的关系、法律规则与法律原则的区别、法律解释的方法等内容,考点相对比较集中,考生只要对这部分知识掌握到位,就此类试题应该可以作出正确选择。

由此可以看出,法理学尽管是理论色彩突出的科目,但是基于考试的要求,其内容依然大多通过案例、事例或者法律条文题的方式加以考查,这就要求考生不仅仅是记住法理学的相关知识点,更重要的是理解并能够运用相关知识去分析具体问题。法理学中的案例与事例除了少部分来自中外历史上的案例之外,更多的是由当下司法实践中真实案例改编而来,所以要求考生关注现实中的案例和事例。至于法律条文题,难度相对较低,只要把相关部分的知识点掌握牢固,作出选择应该不难。

试卷分析

(一)试题类型

法理学科目的客观题试题主要包括法律条文分析题、案例分析题、事例分析题、经典论述分析题、法律格言分析题、法律故事分析题六种类型,而且这些题型基本已经成为法理学科目试题的"标配"。

1. 法律条文分析题。这种题型通常是选取某一个具体的法律条文,然后运用法的要素的知识分析该条文表达的是法律规则还是法律原则。如果是法律规则,究竟是哪种类型的法律规则,或者要求对法律规则的逻辑结构进行分析,有的题目也要求对条文所表达的实质内容进行分析。

2. 案例分析题。这种题型在考试中较为常见,所占比例较高。案例分析题通常是改编自一个实际发生的司法案例。这种题型之所以常见,是因为绝大多数的法理学知识点如第一章、第二章和第四章中的许多知识点都可以通过这种题型加以考查。

3. 事例分析题。法理学科目中有的试题的题干所选取的材料并非一个具体的案例,而是一个社会事例,要求运用法理学知识对该事例进行分析。这种类型的试题虽然数量没有案例分析题多,但经常会出现。

4. 经典论述分析题。这种试题通常是从考试辅导用书中选取一段比较经典的论述,考查考生对这段经典论述的理解。命题者通常会设计四个对该段经典论述的不同理解作为选项,要求考生判断这些理解是否正确。

5. 法律格言分析题。通常题目选取一句法律谚语或格言,考查考生对该谚语或格言内涵的理解。这种类型的试题对于考生有一定的挑战性,因为所要考核的法律谚语有些在辅导用书中找不到,但肯定与辅导用书中的某些知识点密切相关,需要考生运用辅导用书中的知识点去分析,对考生的理论功底和分析能力有很高的要求。

6. 法律故事分析题。这是近些年来法理学科目中比较流行的一种试题类型,主要选取经典文学作品中或中外法制史上的法律故事,例如《二刻拍案惊奇》《悲惨世界》等文学作品中的法律故事,结合法理学科目中的相关知识点设计选项,考查考生对这些知识点的掌握。这种类型的试题既能够体现出法理学科目的鲜明理论特性,也增加了考试的趣味性。

(二)考查内容

考试大纲法理学科目共有四章内容,即法的本体、法的运行、法的演进和法与社会。

法理学科目考点的分布具有鲜明的"重者恒重"的特色,即某些重要考点几乎每年必考,如法的价值、法的要素、法的渊源、法律解释、法律推理、法律漏洞的填补、法系、法与道德等知识点。因此,考生应当格外重视对这些常考知识点的复习。

此外,法理学科目试题的综合性特征越来越突出。横跨不同章节甚至不同科目之间知识点的综合题的比重越来越大,这是法理学科目的一个比较醒目的变化。法理学题目中,许多试题不再局限于考查单一知识点,而是在主要考查某一知识点的同时涉及其他章节知识点。基于这一特征,考生在复习备考过程中一定要有整体思维,努力掌握整个法学学科的知识体系,透彻理解不同部分之间的关联,在复习过程中要做到融会贯通,这样才能够深入理解法学原理和知识,并在此基础上提高运用所学法学原理和知识分析解决现实问题的能力。

学科重点

(一)法理学的学科特性

法理学是法学专业的学科基础课。法理学在整个法学体系中处于基础地位,主要阐述法学的基本原理和知识。学习法理学,应当致力于掌握法理学的基本知识体系框架,通晓法理学的根本原理,熟悉法理学的思维方式。学好了法理学,就为学习其他法学专业课打下了坚实的基础。法理学给人的感觉是“外表高冷”,其抽象艰深的内容令人望而生畏。其实这只是一种表象,如果能够掌握学习法理学的方法,同法理学亲密接触之后就会逐步感受到法理学的激情与魅力。法理学作为法学的一门核心主干课程,在法学体系中扮演着重要角色,其主要功能体现在三个方面:**第一,法理学为法学提供基础理论。**法理学课程中的法的渊源、法律推理、法律解释和法律关系等内容是宪法学、民法学、刑法学等所有部门法学科都要用的知识。**第二,法理学为法学提供一般理论。**法理学并不为具体的法律问题如某行为是否构成违约或者是否构成犯罪提供答案,但是法理学为分析法律现象提供一种整体性和一般性的视角。法理学透过各个具体案件的表象,揭示案件背后反映的深层次问题,如法与经济、法与道德、法与政治的关系。**第三,法理学为法学提供方法论指导。**法理学为分析研究法律现象提供思考工具。法理学会告诉我们如何进行规范分析和价值判断,如何借鉴经济学和社会学的方法来研究法律问题等。高素质的法律人应当通晓法律条文背后的法理,知其然,也要知其所以然,这样有助于提升法律和法学工作者境界,有助于训练法律思维方式和能力。可以说,对法理学的掌握程度是判断一个人法学修养的重要标志。

(二)法理学科目的重点与难点

从学科知识体系框架来看,法理学科目主要由法的本体、法的运行、法的演进以及法与社会四章内容构成。

法理学的考点主要集中在法的本体和法的运行这两部分,这两部分的试题所占分值较高,而法的演进、法与社会两部分考点相对较少,所占分值相对较低。具体而言,法理学科目四章中的重点和难点分布如下。

1. 第一章中的重点与难点

第一章法的本体共有八节,各节重点分布为:(1)法的概念。实证主义的法的概念和非实证主义或自然法的法的概念,法的特征,法的规范作用与局限性。(2)法的价值。证成法限制人的自由的原则,人权的含义,分配正义所遵循的准则,司法对法的不同价值进行衡量与抉择所依据的原则。(3)法的要素。法律规则的逻辑结构,规范语句的种类,法律规则与法律条文的关系,法律规则的分类,法律原则与法律规则的区别,法律原则的适用条件,法律概念的分类,权利的分类。(4)法的渊源。正式的法的渊源的效力原则,当代中国法的非正式渊源。(5)法的效力。法对人的效力,法的时间效力。(6)法律部门与法律体系。当代中国法律体系。(7)法律关系。权利能力与行为能力,法律关系客体的种类,法律事实、法律行为与法律事件。(8)法律责任。法律责任的竞合,法律责任的归责原则与免除条件。

第一章法的本体中的难点集中在:实证主义的法的概念和非实证主义或自然法的法的概念,证成法限制人的自由的原则,分配正义所遵循的准则,规范语句的种类,法律原则与法律规则的区别,法律原则的适用条件,法律概念的分类,正式的法的渊源的效力原则,法的时间效力,法律行为与法律事件,法律责任的竞合,法律责任的归责原则与免除条件。

2. 第二章中的重点与难点

第二章法的运行共有六节,各节重点分布为:(1)立法。国家机关的立法权限分配,立法原则,立法程序。(2)法的实施。司法的基本要求与原则,守法的内容,我国的法律监督体系。(3)法适用的一般原理。法律决定的可预测性和正当性,法的发现与法的证成的区别,内部证成与外部证成的区分。(4)法律解释。法律解释的方法,法律解释方法的适用模式与位阶,当代中国的法律解释体制。(5)法律推理。演绎推理,归纳推理,类比推理,反向推理,当然推理。(6)法律漏洞的填补。明显漏洞与隐藏漏洞,自始漏洞与嗣后漏洞,目的论扩张,目的论限缩。

第二章法的运行中的难点集中在:法律决定的可预测性和正当性,法的发现与法的证成的区别,内部证成与外部证成的区分,法律解释的方法,法律解释方法的位阶,类比推理,反向推理,当然推理,明显漏洞与隐藏漏洞,目的论扩张,目的论限缩。

3. 第三章中的重点与难点

第三章法的演进共有五节,各节重点分布为:(1)法的起源与历史类型。法产生的一般规律,法的历史类型。(2)法的传统与法律文化。中国传统法律文化的特征,西方传统法律文化的特征,法的继承,法的移植。(3)法系。西方两大法系的含义与区别。(4)法的现代化。法的现代化的类型,当代中国法的现代化的特点。(5)法治理论。法治与人治的区别,法治与法制的区别。

第三章法的演进中的难点集中在:中国传统法律文化的特征,西方传统法律文化的特征,法的继承,西方两大法系的区别,法的现代化的类型,当代中国法的现代化的特点。

4. 第四章中的重点与难点

第四章法与社会共有五节,各节重点分布为:(1)法与社会的一般理论。法以社会为基础,法对社会的调整。(2)法与经济。科技进步对法的影响,法对科技进步的作用。(3)法与政治。法与政策的联系,法与政策的区别。(4)法与道德。法与道德的联系,法与道德的区别。(5)法与宗教。宗教对法的影响,法对宗教的影响。

第四章法与社会中的难点集中在:法以社会为基础,法对社会的调整,科技进步对法的影响,法对科技进步的作用,法与政策的区别,法与道德的区别,宗教对法的影响,法对宗教的影响。

复习攻略

鉴于法理学科目的学科特性和命题特色,考生在学习法理学过程中不妨考虑如下攻略。

第一,以记忆为基础,但重在理解。

考试题目重在考查考生能否运用所学理论知识去分析具体案例,因此绝大部分试题都是案例分析题,即便像其他理论性非常强的科目,案例题的比重也越来越大。因此在准确记忆相关知识的基础上,要重点理解这些知识点背后的理论,案例分析万变不离其宗,说到底都是基础知识的具体展现,无论怎么命题,都不会违背基本的原理和原则。只要理解法理学中的基本原理和基本分析框架,在具体的案例分析中就不会偏离方向。当然,必须强调的是,记忆毕竟是基础,没有对基础知识的准确记忆,即便理解了基本原理,也有可能因没有记住细节知识而作出错误判断。

第二,聚焦重点知识,同时全面掌握。

前述分析表明,法理学科目题目呈现"重者恒重"的特色,因此考生在学习法理学过程中,应当投入更多时间与精力在那些常考的知识点上,这样才能做到有的放矢。但是在聚焦重点知识的同时,要真正提高法理学素养,还需要对知识进行全面掌握,毕竟考试取得高分只是一个阶段性目标,而全面提高法学理论素养,提高法律思维能力才是最终目的。因此在聚焦重点知识的同时,还应该全面掌握法理学基础知识。目前法理学考试越来越倾向于将多个知识点综合在一起出题,如果知识掌握不够全面,可能会因为对某一个选项的判断出现失误而做错题目。

第三,重视科目交叉,也关注实务。

如果将试题内容与法学研究和法律实务的发展状况结合在一起分析,我们会发现考试题目往往会考虑法学学术和法律实务的发展趋势。法理学科目中之所以会出现越来越多的关于法的渊源、法的适用、法律解释和法律推理方面的试题,正是因为在过去的十多年中,包括法理学、宪法学、民法学和刑法学等学科在内的法学界越来越关注法律教义学和法律方法论的研究,而法的渊源、法律解释和法律推理恰恰是法律教义学和法律方法论研究中的核心内容。同时,考试也会在试题中回应法律实务的最新进展,近年来案例指导制度的建立和完善、能动司法理念的倡导等法律实践的发展都会在相应的法理学科目题目中得到体现,因此,在学习法理学过程中也要密切关注部门法学和法律实务的最新进展。

第四,掌握基本原理,辅之以练习。

每年的考题不可能简单重复,一定会有变化,但变化的只是题目材料,所要考查的知识点是不变的,所以首先要求考生真正理解并掌握法理学这一学科的基本原理和重点知识,只要能够做到这一点,无论题目材料和题目形式如何变化,考生都能以不变应万变,运用所学法理学知识在认真分析试题基础上选出正确答案。当然要准确理解和掌握法理学的基本原理和重点知识,需要考生在平时的学习中下足功夫。此外,考生必须清醒地意识到,国家统一法律职业资格考试重在考核考生的实际应用能力,因此,考生不但要掌握基本原理,而且还要会灵活运用原理去分析案例,考生需要对此进行适度的练习。由于考查内容多,复习任务重,考生需要找到一种高效的练习方法。效率最高的练习方法就是认真做历年的考试真题。考生通过做历年考试真题,可以领悟把握考试思路,总结提炼题目规律,在此基础上做到举一反三,快速提高实战本领。

答题范例与实战演练

01 答题范例

| 题目指引 |

本题选取一个劳动法案例设计题干,着重考查考生对于判决书说理部分的分析,更加关注考生是否能够准确理解劳动法适用背后的法理。本题的主要考点为法律解释的方法、法律原则的适用,同时也对法律原则和法律解释之间的理论联系进行了跨知识点考查。

| 题 目 |

【多项选择题】王某在午休时间于职工宿舍突发疾病死亡。关于王某是否构成工伤,法院审理此案时认为,"保护劳动者"是劳动法的立法目的和基本原则,工伤认定应尽最大可能保障劳动者获得救济,工作时间应包括在工作时从事为满足正常生理所需活动的时间,工作岗位也应包括由用人单位有效管理的、为满足劳动者在工作中的正常生活需要的区域,故应认定为工伤。对此,下列哪些说法是正确的?

A. 法院进行了主观目的解释

B. 法院对"工作岗位"概念进行了扩张解释

C. 法律原则可以为法律解释提供指导性的价值准则

D. 适用法律原则可在最大限度上保证司法裁判的确定性

| 参考答案 | ________①

| 推导过程 |

题干涉及法律原则的司法适用问题,并牵涉法律解释方法。由于本题题干选自劳动法案例,所以考生必须首先对劳动法中关于工伤认定的具体规则有准确的认知,才能分析该案例背后的法理。第一步,应该明确,根据劳动法的法律规则,构成工伤的重要条件涉及两个概念,即工作时间和工作岗位。第二步,本案产生争议的事实是,"王某在午休时间于职工宿舍突发疾病死亡"。因此,本案的争议焦点便是,午休时间是否属于工作时间,以及职工宿舍是否属于工作岗位。第三步,从法院最终得出的结论来看,法院对上述两个问题皆给出了肯定的判断,以此认定本案中工伤成立。法院的说理,实际上便是针对以上问题进行法律解释。因此,解答本题的关键是,根据法院的说理分析,判断法院是如何运用法律解释方法来认定工伤,以及运用这些法律方法的依据是什么。第四步,就结论而言,法院认定了工伤,也就意味着,午休时间和职工宿舍分别被认定为工作时间和工作岗位。单单从这两个概念本身的语义出发,其外延存在模糊地带,法院对这两个概念取了更广的外延,同时由于是在概念语义的模糊地带取了更广的外延,故并非逾越该概念能够承载的语义范围。因此,法院运用的法律解释方法属于扩张解释,而不是目的论扩张。自此,可以得出 B 选项是正确选项。第五步,从法院进行法律解释的理由出发,法院将劳动法原则作为法律解释的大前提,这就需要理解法律原则的属性,法律原则是立法目的在法律文本中最直接的体现,因此,援引法律原则进行解释,实际上也就是根据立法目的进行解释,这就属于立法者目的解释即主观目的解释。自此,可以得出 A 选项是正确选项。第六步,以法律原则为依据进行目的论解释,能够保证本案判决符合法律的立法目的,即判决的合价值性、合目的性,这也正是法律原则的重要功能。自此,可以得出 C 选项为正确选项。最后一步,对剩下的 D 选项进行分析。虽然本案主要体现的是法律原则对法律规则适用的指导作用,但是,也必须承认法律原则和法律规则的基本区别,最大程度上保证司法裁判的确定性是法律规则而非法律原则的功能,故 D 选项为错误选项。

02 答题范例

| 题目指引 |

本题选取一个买卖合同纠纷案例设计题干,着重考查考生对案件背后的法理理解能力。题目

① ABC

依托法律与道德的关系，具体考查了权利的种类、法适用的目标、法律关系的种类、法律的社会作用等知识点，体现了较强的综合性，对类似试题的解答具有参考价值。

| 题　　目 |

【单项选择题】某老农在电商的扶贫助农平台上销售橘子时误将价格设为"25 元 500 斤"。王某发现后，便下单购买 5000 斤，老农拒绝发货，王某遂提起诉讼，要求老农承担违约责任。该事件被曝光后，网友李某认为王某行为有违道德，故推测王某会败诉。法院审理认为，王某的行为有悖公序良俗，本案应按"重大误解"的相关规则处理，判决王某败诉。对此，下列哪一说法是正确的？

A. 王某提起诉讼的行为，属于行使绝对权利的行为

B. 李某准确预测案件结果，表明判决的可预测性源自对道德的考量

C. 法院维护了老农的权益，表明法院与老农在本案中存在保护性法律关系

D. 法院的判决，体现了法律在思想文化生活领域应有的社会作用

| 参考答案 | ________①

| 推导过程 |

法理学的选择题大多以案例的方式呈现，区别于部门法试题，这类法理学的案例题，不仅限于分析案件本身的法律适用问题，也需要分析法律与社会之间的互动关系，综合"法内之理"和"法外之理"。

从题干和选项的设计来看，题干描述了案件纠纷从发生到判决的整个过程，以及案件内外不同主体的行为，四个选项是针对案件内外的各环节、各主体的行为及后果进行了设计，要求考生对这些环节所涉及的法理学知识作出准确判断。

第一，分析诉权的权利类型。A 选项首先考查了王某起诉行为的性质，涉及权利种类这一知识点。分析这一选项应立足于对绝对权利和相对权利之划分的理解，绝对权利是指对世权，提起诉讼是行使诉权的行为，而诉权指向明确的义务相对人，属于相对权利，故 A 选项错误。

第二，分析法律决定的可预测性。B 选项是针对案件之外的网友李某所做之预测进行的设计，考查考生是否能够准确理解法的预测作用和法律决定的可预测性。无论是法的预测作用，还是法律决定的可预测性，其"预测"的依据是法律规范本身而非道德，与之相对，对道德的考量则是实现法律决定之正当性的要求。如题干所示，李某是通过道德标准进行的预测，故 B 选项错误。

第三，分析法院与老农之间的法律关系。C 选项针对审判环节，考查了法律关系的分类。保护性法律关系是指因国家机关制裁违法者而形成的法律关系，其主体一方是国家机关，另一方是违法者。对于保护性法律关系的理解，切忌望文生义，不能因为法院维护了老农的合法权益，就认为二者之间存在保护性法律关系。因此，C 选项错误。

第四，分析本案体现的法律的社会作用。D 选项是将本案作为一个整体描述了法律与社会的关系，着重考查法的社会作用的种类。由李某基于道德标准成功预测案件结果可知，本案在根本上体现了法律与道德之间存在相辅相成的联系，二者并非决然对立。法律与道德的这种关系可以体现在法的社会作用上，法的社会作用主要涉及经济生活、政治生活、思想文化生活三大领域。虽然本案是一个经济纠纷，反映了法在经济生活上的社会作用，但同时本案判决亦体现了法律对社会道德的弘扬，道德属于思想文化生活的范畴。因此，D 选项正确。

---

① D

刷 题 篇

重点考向与真题精粹

01 考向 法的本体

1.【单项选择题】法律格言说:“法律不能使人人平等,但在法律面前人人是平等的。”关于该法律格言,下列哪一说法是正确的?

A. 每个人在法律面前事实上是平等的

B. 在任何时代和社会,法律面前人人平等都是一项基本法律原则

C. 法律可以解决现实中的一切不平等问题

D. 法律面前人人平等原则并不禁止在立法上作出合理区别的规定

| **参考答案** | __________①

| **设题陷阱与常见错误分析** |

本题属于近些年考试中经常出现的考查考生对法律格言理解的题型。有考生认为A、B选项中的说法正确,这反映出对法律与平等的关系、法律面前人人平等原则等知识点的理解不到位。

| **解题思路与方法分析** |

“法律不能使人人平等,但在法律面前人人是平等的。”这句格言的后半句表达的是法律面前人人平等原则。法律原则是一种法律规范,但法律原则在法律实践中未必能够得到完全地贯彻实施。因此,“每个人在法律面前事实上是平等的”这一判断过于绝对,A选项错误。

奴隶社会和封建社会时期的法律公开确认人们身份的不平等,到了资本主义社会和社会主义社会,法律面前人人平等原则才得到了普遍承认,成为一项基本法律原则。B选项错误。

法律作为一种由国家制定或认可的社会规范,具有国家强制力和普遍效力,将法律面前人人平等上升为法律原则和法律制度,借助法律的力量,能够使人们更易于遵守和执行,从而增强了平等实现的可能性。但是这并不意味着法律可以解决现实中的一切不平等问题,不平等问题的解决还依赖于社会的政治、经济和文化等其他条件。C选项错误。

法律面前人人平等并不意味着绝对相同,立法者可以在立法上作出合理区别,如对儿童、妇女等主体的权利给予特殊保障。D选项正确。

2.【单项选择题】秦某以虚构言论、合成图片的手段在网上传播多条“警察打人”的信息,造成恶劣影响,县公安局对其处以行政拘留8日的处罚。秦某认为,自己是在行使言论自由权,遂诉至法院。法院认为,原告捏造、散布虚假事实的行为不属于言论自由,为法律所明文禁止,应承担法律责任。对此,下列哪一说法是正确的?

A. 相对于自由价值,秩序价值处于法的价值的顶端

B. 法官在该案中运用了个案平衡原则解决法的价值冲突

C.“原告捏造、散布虚假事实的行为不属

---

① D

于言论自由”仅是对案件客观事实的陈述

D. 言论自由作为人权，既是道德权利又是法律权利

| **参考答案** | __________[1]

| **设题陷阱与常见错误分析** |

本题综合考查了多个知识点，需要考生对这些知识点都要理解和掌握。考生比较容易选错 B 选项，这主要是源于对个案平衡原则理解不到位。题干已经明确指出，原告捏造、散布虚假事实的行为不属于言论自由，为法律所明文禁止，应承担法律责任。这已经给出了一个线索，表明法律对这种价值冲突的情形已经有了明确的解决方案，不需要在个案中加以平衡，因此 B 选项错误。也有的考生会选择 C 选项，这主要是因为对于法律适用的步骤理解不正确。法律适用的过程是一个在事实与规范之间循环考察的过程，法官在认定案件事实过程中需要进行法律判断，“原告捏造、散布虚假事实的行为不属于言论自由”不仅是对案件客观事实的陈述，也加入了法官的法律判断。

| **解题思路与方法分析** |

法的基本价值主要是秩序、自由、人权与正义，其他则属于基本价值以外的一般价值(如效率、利益等)。但即使基本价值，其位阶顺序也不是并列的。因此，在以上价值发生冲突时，可以按照位阶顺序来确定何者应优先适用。A 选项错误。

个案平衡原则是指在处于同一位阶上的法的价值发生冲突时，必须综合考虑主体之间的特定情形、需求和利益，以使个案的解决能够适当兼顾双方的利益。个案平衡原则适用现有立法中没有给出价值冲突的具体解决方案的情形。在题干所举的案例中，法院认为，原告捏造、散布虚假事实的行为不属于言论自由，为法律所明文禁止，应承担法律责任。这表明法律已经给出了明确的解决方案，不需要在个案中结合具体情形进行平衡。B 选项错误。

法律人查明和确认案件事实的过程不是一个纯粹的事实归结过程，而是一个在法律规范与事实之间的循环过程，即目光在事实与规范之间来回穿梭。这是因为法律人要想将一定的规范适用在特定的案件中，就必须把纯粹生活事实转化为“法律事实”。在这个过程中，法律人必须对生活事实进行整理、选择、判断。因为作为法律决定的小前提的案件事实即“法律事实”，“并非自始既存地显现给判断者，必须一方面考量已知的事实，另一方面考虑个别事实在法律上的重要性，以此二者为基础，才能形成案件事实”。在本题案例中，“原告捏造、散布虚假事实的行为不属于言论自由”不仅是对案件客观事实的陈述，也是法官对“原告捏造、散布虚假事实的行为”进行的法律判断，认为其不属于法律所保护的“言论自由”。C 选项错误。

人权既可以作为道德权利而存在，也可以作为法律权利而存在。但是，在根本上，人权是一种道德权利。因此言论自由作为人权，既是道德权利又是法律权利。D 选项正确。

3.【单项选择题】某法院在审理一起合同纠纷案时，参照最高人民法院发布的第 15 号指导性案例所确定的“法人人格混同”标准作出了判决。对此，下列哪一说法是正确的？

A. 在我国，指导性案例是正式的法的渊源

B. 判决是规范性法律文件

C. 法官在该案中运用了类比推理

D. 在我国，最高人民法院和各级人民法院均可发布指导性案例

| **参考答案** | __________[2]

| **设题陷阱与常见错误分析** |

本题考查正式的法的渊源、指导性案例、类比推理等知识点，难度不大，只要考生掌握了我国正式的法的渊源的种类和指导性案例的发布主体等内容，就不难作出正确的选择。

| **解题思路与方法分析** |

正式的法的渊源是指具有明文规定的法律效力并且直接作为法律人的法律决定的大前提的规范来源的那些资料，如宪法、法律、法

---

① D

② C

规等，主要为制定法，即不同国家机关根据具体职权和程序制定的各种规范性文件。对于正式法源，法律人必须予以考虑；或者说，法律人有法律义务适用它们。当代中国法的正式渊源主要为以宪法为核心的各种制定法，包括宪法、法律、行政法规、部门规章和地方政府规章、地方性法规、自治条例和单行条例、经济特区的规范性文件、特别行政区的法律、国际条约、国际惯例等。在我国，指导性案例不是正式的法的渊源。A 选项错误。

规范性法律文件的效力对象是不特定的主体，但判决的效力只针对案件的当事人，因此判决不是规范性法律文件。B 选项错误。

与归纳推理不同，类比推理是从个别到个别的推论，而不是从个别到一般的推论。具体来说，类比推理是根据两个或两类事物在某些属性上是相似的，从而推导出它们在另一个或另一些属性上也是相似的。本题案件中，法官援引了与待审案件相似的指导性案例，其运用的正是类比推理。C 选项正确。

在我国的审判机关中，只有最高人民法院可以发布指导性案例。D 选项错误。

4.【单项选择题】有法谚云："法律为未来作规定，法官为过去作判决。"关于该法谚，下列哪一说法是正确的？

A. 法律的内容规定总是超前的，法官的判决根据总是滞后的

B. 法官只考虑已经发生的事实，故判案时一律选择适用旧法

C. 法律绝对禁止溯及既往

D. 即使案件事实发生在过去，但"为未来作规定"的法律仍然可以作为其认定的根据

| **参考答案** | ________①

| **设题陷阱与常见错误分析** |

本题为近些年考试法理学部分中的常见题型，主要考查考生对法律格言或者谚语的理解。解答该类型的题目需要考生具备较高的法理学素养，需要考生对每个选项中的说法进行认真分析和斟酌，在此基础上作出正确选择。

| **解题思路与方法分析** |

"法律为未来作规定，法官为过去作判决"这句谚语的核心意思是说，立法者在制定法律时要考虑到未来可能出现的情形，法官处理的是已经发生的案件，对已经出现的法律争议作正确的裁判。但这并不意味着法律的内容规定总是超前的；相反，法以社会为基础，不仅法律的功能与性质决定于社会，而且法律变迁与社会发展的进程基本一致。法官依法作出裁判，作为法官判决依据的法律并不总是滞后的，故 A 选项错误。

法官裁判案件必须以已经发生的事实为依据，但同时也要考虑案件裁判对未来人们行为的影响，因此并不是只考虑已经发生的事实，在判案时也并非一律选择适用旧法，如果新法比旧法的处罚更轻，会选择适用新法，故 B 选项错误。

法律并非绝对禁止溯及既往。目前各国采用的通例是"从旧兼从轻"的原则，即新法原则上不溯及既往，但是新法不认为是犯罪或者处刑较轻的，适用新法。我们也可以把这个原则称为"有利原则"，它同样具有其正当性或合理性基础。而在某些有关民事权利的法律中，法律有溯及力。比如，《著作权法》第66条第1款规定："本法规定的著作权人和出版者、表演者、录音录像制作者、广播电台、电视台的权利，在本法施行之日尚未超过本法规定的保护期的，依照本法予以保护。"C 选项错误。

即使案件事实发生在过去，但法官在裁判时仍然要依据当下有效的"为未来作规定"的法律来进行认定，故 D 选项正确。

5.【单项选择题】原告与被告系亲兄弟，父母退休后与被告共同居住并由其赡养。父亲去世时被告独自料理后事，未通知原告参加。原告以被告侵犯其悼念权为由诉至法院。法院认为，按照我国民间习惯，原告有权对死者进行悼念，但现行法律对此没有规定，该诉讼请求于法无据，判决原告败诉。关于此案，下列哪一说法

① D

是错误的?

A. 本案中的被告侵犯了原告的经济、社会、文化权利

B. 习惯在我国是一种非正式的法的渊源

C. 法院之所以未支持原告诉讼请求,理由在于被告侵犯的权利并非法定权利

D. 在本案中法官对判决进行了法律证成

| **参考答案** | ________①

| **设题陷阱与常见错误分析** |

本题涉及法理学中的法的渊源、法律权利、法律证成等多个知识点,考生对这些知识点都要把握准确。

| **解题思路与方法分析** |

法律权利,是国家通过法律规定对法律关系主体可以自主决定作出某种行为的许可和保障手段。本案中原告所主张的悼念权并无法律依据,而且从性质上看也并非经济、社会、文化权利,A 选项说法错误。

法的渊源,是指特定法律共同体所承认的具有法的约束力或具有法律说服力并能够作为法律人的法律决定之大前提的规范或准则来源的那些资料,如制定法、判例、习惯、法理等。法的渊源可以分为正式的法的渊源与非正式的法的渊源。正式的法的渊源是指具有明文规定的法律效力并且直接作为法律人的法律决定的大前提的规范来源的那些资料,如宪法、法律、法规等,主要为制定法。对于正式法源,法律人必须予以考虑;或者说,法律人有法律义务适用它们。非正式的法的渊源则指不具有明文规定的法律效力,但具有法律说服力并能够构成法律人的法律决定的大前提的准则来源的那些资料,如正义标准、理性原则、公共政策、道德信念、社会思潮、习惯、乡规民约、社团规章、权威性法学著作、外国法等。在当今的中国,法的非正式渊源包括习惯、判例和政策等。B 选项说法正确。

法院在该案中认为,根据我国民间习惯,原告有权对死者进行悼念,但现行法律对此没有规定,该诉讼请求于法无据,判决原告败诉。C 选项说法正确。

法律人在适用法律过程中,无论是依据一定的法律解释方法所获得的法律规范即大前提,还是根据法律所确定的案件事实即小前提,都是用来向法律决定提供支持程度不同的理由。在这个意义上,法律适用过程也是一个法律证成的过程。因为"证成"往往被定义为给一个决定提供充足理由的活动或过程。在本案中,法官为判决提供了充足的理由,对判决进行了法律证成。D 选项说法正确。

6.【单项选择题】张林遗嘱中载明:我去世后,家中三间平房归我妻王珍所有,如我妻今后嫁人,则归我侄子张超所有。张林去世后王珍再婚,张超诉至法院主张平房所有权。法院审理后认为,婚姻自由是宪法基本权利,该遗嘱所附条件侵犯了王珍的婚姻自由,违反法律规定,因此无效,判决张超败诉。对于此案,下列哪一说法是错误的?

A. 婚姻自由作为基本权利,其行使不受任何法律限制

B. 本案反映了遗嘱自由与婚姻自由之间的冲突

C. 法官运用了合宪性解释方法

D. 张林遗嘱处分的是其财产权利而非其妻的婚姻自由权利

| **参考答案** | ________②

| **设题陷阱与常见错误分析** |

本题涉及法理学和宪法、民法等部门法的知识,有一定的难度。有的考生之所以选择错误选项,主要原因在于对相关知识点理解不准确。

| **解题思路与方法分析** |

权利和自由都有其法律界限,即便是宪法中规定的基本权利也是如此,婚姻自由作为一项宪法基本权利,法律为其划定了相应的界限,因此行使婚姻自由权并非不受任何限制,A 选项说法错误。

在本案中,张林享有遗嘱自由,王珍享有婚姻自由,张林的遗嘱自由与王珍的婚姻自由出

---

① A

② A

现了冲突。两者出现冲突时,要综合考虑权利位阶和个案具体情况来加以解决。本案中,王珍所享有的婚姻自由在法律位阶上高于张林的遗嘱自由,张林在行使遗嘱自由时所附条件不得侵犯王珍的婚姻自由,否则无效。B 选项说法正确。

合宪性解释是指对普通法律的解释必须符合或者不得抵触宪法的原则和精神。在本案中,法官认为张林的遗嘱中所附条件侵犯了王珍的婚姻自由这项宪法基本权利,违背了宪法原则与精神,这表明法官运用了合宪性解释方法。C 选项说法正确。

本案中,张林遗嘱处分的是其财产权利而非其妻的婚姻自由权利,但由于其对财产权利的处分影响了其妻的婚姻自由,因此遗嘱被认定无效。D 选项说法正确。

7.【单项选择题】全兆公司利用提供互联网接入服务的便利,在搜索引擎讯集公司网站的搜索结果页面上强行增加广告,被讯集公司诉至法院。法院认为,全兆公司行为违反诚信原则和公认的商业道德,构成不正当竞争。关于该案,下列哪一说法是正确的?

A. 诚信原则一般不通过"法律语句"的语句形式表达出来

B. 与法律规则相比,法律原则能最大限度实现法的确定性和可预测性

C. 法律原则的着眼点不仅限于行为及条件的共性,而且关注它们的个别性和特殊性

D. 法律原则是以"全有或全无"的方式适用于个案当中

| **参考答案** | ________①

| **设题陷阱与常见错误分析** |

本题中的 A 选项容易迷惑考生,导致考生选错。一切法律规范都是以"法律语句"的语句形式表达出来的,具有语言的依赖性,而法律规范包括法律规则和法律原则,因此法律原则包括诚实信用原则也要通过"法律语句"的语句形式表达出来,故 A 选项错误。很多考生不太容易注意到这些知识点。

| **解题思路与方法分析** |

一切法律规范都必须以"法律语句"的语句形式表达出来,具有语言的依赖性。离开了语言,法律就无以表达、记载、解释和发展。法律人在其工作中每时每刻都与语言打交道。如果没有语言,法律人就失去了规范与事实之间的桥梁。总之,对于法律人来说,"语言不仅是理解不语的客体之当然实用工具,其本身也是法律人工作的核心对象——他要理解法律,描述事实行为,根据规范对案件进行推论"。法律规范包括法律规则和法律原则,A 选项错误。

由于法律原则内涵高度抽象,外延宽泛,不像法律规则那样对假定条件和行为模式有具体明确的规定,所以当法律原则直接作为裁判案件的标准发挥作用时,会赋予法官较大的自由裁量权,从而不能完全保证法律的确定性和可预测性。而法律规则是法律中最具有硬度的部分,能最大限度地实现法律的确定性和可预测性,有助于保持法律的安定性和权威性,避免司法者滥用自由裁量权,保证法治的最起码的要求得到实现。B 选项错误。

在内容上,法律规则的规定是明确具体的,它着眼于主体行为及各种条件(情况)的共性;其明确具体的目的是削弱或防止法律适用上的"自由裁量"。与此相比,法律原则的着眼点不仅限于行为及条件的共性,而且关注它们的个别性。其要求比较笼统、模糊,它不预先设定明确的、具体的假定条件,更没有设定明确的法律后果。它只对行为或裁判设定一些概括性的要求或标准(即使是有关权利和义务的规定,也是不具体的),并不直接说明应当如何去实现或满足这些要求或标准,故在适用时具有较大的余地供法官选择和灵活应用。C 选项正确。

在适用方式上,法律规则是以"全有或全无"的方式或涵摄的方式应用于个案当中的:如果一条规则所规定的条件为该案件事实所满足,那么,这条规则所规定的法律后果就被确定地适用于该案件。也就是说,必须接受该规

① C

则所提供的解决办法;如果该规则规定的条件没有被满足或者由于与另一个规则相冲突而被排除,那么,该规则对该案件就是无效的。也就是说,该规则对裁决不起任何作用。而法律原则的适用则不同,它不是以“全有或全无”的方式,而是以衡量的方式应用于个案当中的,因为不同的法律原则是具有不同的“强度”的,而且这些不同强度的原则甚至冲突的原则都可能存在于一部法律之中。D 选项错误。

8.【多项选择题】《老年人权益保障法》第 18 条第 1 款规定:“家庭成员应当关心老年人的精神需求,不得忽视、冷落老年人。”关于该条款,下列哪些说法是正确的?

A. 规定的是确定性规则,也是义务性规则

B. 是用“规范语句”表述的

C. 规定了否定式的法律后果

D. 规定了家庭成员对待老年人之行为的“应为模式”和“勿为模式”

| 参考答案 | ______①

| 设题陷阱与常见错误分析 |

有的考生认为应选 A、D 选项,因为“规范语句”含义不清,是完整的规范语句还是不完整的规范语句没交代清楚,故不应选 B 选项。有的考生认为该条款不是“规范语句”表述。这些看法是落入了陷阱。

| 解题思路与方法分析 |

确定性规则,是指内容本已明确肯定,无须再援引或参照其他规则来确定其内容的法律规则。法律条文中规定的绝大多数法律规则属于此种规则。义务性规则,是指在内容上规定人们的法律义务,即有关人们应当作出或不作出某种行为的规则。因此,该条款规定的是确定性规则,也是义务性规则。故 A 选项正确。

表达法律规则的特定语句往往是一种规范语句。根据规范语句所运用的助动词的不同,规范语句可以被区分为命令句和允许句。该条款表达了法律规则,是用“规范语句”表述的。故 B 选项正确。

法律规则均由假定条件、行为模式和法律后果三个部分构成。所谓法律后果,是指法律规则中规定人们在作出符合或不符合行为模式的要求时应承担相应的结果的部分,是法律规则对人们具有法律意义的行为的态度。根据人们对行为模式所作出的实际行为的不同,法律后果又分为以下两种:(1)合法后果,又称肯定式的法律后果,是法律规则中规定人们按照行为模式的要求行为而在法律上予以肯定的后果,它表现为法律规则对人们行为的保护、许可或奖励。(2)违法后果,又称否定式的法律后果,是法律规则中规定人们不按照行为模式的要求行为而在法律上予以否定的后果,它表现为法律规则对人们行为的制裁、不予保护、撤销、停止,或要求恢复、补偿等。因此,该条款没有规定否定式的法律后果。故 C 选项错误。

义务性规则分为两种:(1)命令性规则,是指规定人们的积极义务,即人们必须或应当作出某种行为的规则,此为“应为模式”。(2)禁止性规则,是指规定人们的消极义务(不作为义务),即禁止人们作出一定行为的规则,此为“勿为模式”。该条款规定了家庭成员对待老年人之行为的“应为模式”和“勿为模式”。故 D 选项正确。

因此,本题的答案为 A、B、D 选项。

9.【多项选择题】某法院在一起疑难案件的判决书中援引了法学教授叶某的学说予以说理。对此,下列哪些说法是正确的?

A. 法学学说在当代中国属于法律原则的一种

B. 在我国,法学学说中对法律条文的解释属于非正式解释

C. 一般而言,只能在民事案件中援引法学学说

D. 参考法学学说有助于对法律条文作出正确理解

| 参考答案 | ______②

---

① ABD
② BD

| 设题陷阱与常见错误分析 |

有的考生会错误地选择C选项,这是因为考生认为由于刑法中罪刑法定原则的约束,在定罪量刑时必须有明确的法律依据。但是C选项的表述是说援引法学学说,在刑事判决中援引法学学说是为了更好地论证判决理由,用以解释和理解相关法律条文的含义,而非在缺乏明确法律依据的情况下仅凭学说就定罪量刑,因此在刑事案件中也可以援引法学学说。

| 解题思路与方法分析 |

法律原则,是为法律规则提供某种基础或本源的综合性的、指导性的原理或价值准则的一种法律规范。它是高度一般化的规范,它的确定性与可预测性的程度相对较低;因而,它不能直接用来对某个裁判进行证立,还需要进一步的规范性前提。学者的法学学说只是一种学术见解,并非法律原则,A选项错误。

法律解释因解释主体和解释效力的不同可以分为正式解释与非正式解释。所谓正式解释,通常也叫作法定解释,是指由特定的国家机关、官员或其他有解释权的人对法律作出的具有法律上约束力的解释。非正式解释,通常也叫作学理解释,一般是指,由学者或其他个人及组织对法律规定所作的不具有法律约束力的解释。这种解释是学术性或常识性的,不被作为执行法律的依据。虽然如此,非正式解释在法律适用、法学研究、法学教育、法制宣传以及法律发展方面还是有很重要的意义的。在我国,法学学说只是学者观点,不具有法律约束力,所以法学学说中对法律条文的解释属于非正式解释,B选项正确。

在民事、刑事和行政案件中均可以引用法学学说作为说理依据,C选项错误。

在法律条文需要解释时,通过参考法学学说有助于对法律条文作出正确解释,D选项正确。

10.【多项选择题】甲公司派员工伪装成客户,设法取得乙公司盗版销售其所开发软件的证据并诉至法院。审理中,被告认为原告的"陷阱取证"方式违法。法院认为,虽然非法取得的证据不能采信,但法律未对非法取证行为穷尽式列举,特殊情形仍需依据法律原则具体判断。原告取证目的并无不当,也未损害社会公共利益和他人合法权益,且该取证方式有利于遏制侵权行为,应认定合法。对此,下列哪些说法是正确的?

A. 采用穷尽式列举有助于提高法的可预测性

B. 法官判断原告取证是否违法时作了利益衡量

C. 违法取得的证据不得采信,这说明法官认定的裁判事实可能同客观事实不一致

D. 与法律规则相比,法律原则应优先适用

| 参考答案 | ________①

| 设题陷阱与常见错误分析 |

本题结合具体案件考查了多个法理学知识点,考生需要结合题干中的表述来分析选项,题干中隐藏了很多关键信息。例如,题干中明确指出,法院认为,虽然非法取得的证据不能采信,但法律未对非法取证行为作穷尽式列举,特殊情形仍需依据法律原则具体判断。原告取证的目的并无不当,也未损害社会公共利益和他人合法权益,且该取证方式有利于遏制侵权行为,应认定合法。由此可以得出结论,法官在判断原告取证是否违法时进行了利益衡量,因此B选项为正确选项。

| 解题思路与方法分析 |

法律条文中的表述有的采用穷尽式列举;有的采用未完全列举,仅仅是举一些例子再加上一个"等"字。穷尽式列举明确具体,限制了执法者和司法者的自由裁量空间,有助于提高法的可预测性。A选项正确。

在该案中,法官认为,法律并未对非法取证行为进行穷尽式列举,特殊情形需要依据法律原则具体判断,因此对原告取证行为进行了利益衡量并最终认定为合法。B选项正确。

法官对案件事实的认定依赖于对证据的审查和认定。违法取得的证据不得采信,即便这些违法取得的证据能够证明案件的客观事

---

① ABC

实,也视为该证据不存在,因此会导致法官认定的据以判决的裁判事实可能同客观事实不一致。C选项正确。

法律原则适用的条件之一是"穷尽法律规则,方得适用法律原则"。这个条件要求,在有具体的法律规则可供适用时,不得直接适用法律原则。即使出现了法律规则的例外情况,如果没有非常强的理由,法官也不能以一定的原则否定既存的法律规则。只有出现无法律规则可以适用的情形,法律原则才可以作为弥补"规则漏洞"的手段发挥作用。这是因为法律规则是法律中最具有硬度的部分,能最大限度地实现法律的确定性和可预测性,有助于保持法律的安定性和权威性,避免司法者滥用自由裁量权,保证法治的最起码的要求得到实现。D选项错误。

11.【多项选择题】李某向王某借款200万元,由赵某担保。后李某因涉嫌非法吸收公众存款罪被立案。王某将李某和赵某诉至法院,要求偿还借款。赵某认为,若李某罪名成立,则借款合同因违反法律的强制性规定而无效,赵某无须承担担保责任。法院认为,借款合同并不因李某犯罪而无效,判决李某和赵某承担还款和担保责任。关于该案,下列哪些说法是正确的?

A. 若李某罪名成立,则出现民事责任和刑事责任的竞合

B. 李某与王某间的借款合同法律关系属于调整性法律关系

C. 王某的起诉是引起民事诉讼法律关系产生的唯一法律事实

D. 王某可以免除李某的部分民事责任

| **参考答案** | ________①

| **设题陷阱与常见错误分析** |

有的考生认为A选项是正确答案,这是因为没有掌握法律责任竞合的准确含义。还有的考生认为C选项是正确答案,是因为忽略了某些法律关系的产生需要多个法律事实。

| **解题思路与方法分析** |

法律责任的竞合,是指由于某种法律事实的出现,导致两种或两种以上的法律责任产生,而这些责任之间相互冲突的现象。比如出卖人交付的物品有瑕疵,致使买受人的合法权益遭受侵害,买受人向出卖人既可主张侵权责任,又可主张违约责任,但这两种责任不能同时追究,只能追究其一,这种情况即是法律责任的竞合。李某同时被追究刑事责任和民事责任,这不属于法律责任的竞合,法律责任竞合要求数个法律责任之间相互冲突;如果可以并存,不存在责任竞合的问题,A选项错误。

按照法律关系产生的依据、执行的职能和实现规范的内容不同,可以分为调整性法律关系和保护性法律关系。调整性法律关系是基于人们的合法行为而产生的、执行法的调整职能的法律关系,它所实现的是法律规范(规则)的行为规则(指示)的内容。调整性法律关系不需要适用法律制裁,法律主体之间即能够依法行使权利、履行义务,如各种依法建立的民事法律关系、行政合同关系等。李某与王某的借款合同法律关系属于调整性法律关系,故B选项正确。

在研究法律事实问题时,我们注意这样的现象,即两个或两个以上的法律事实引起同一个法律关系的产生、变更或消灭。例如,房屋的买卖,除双方当事人签订买卖协议外,还须向房管部门办理登记过户手续方有效力,相互之间的关系也才能够成立。在法学上,人们常常把两个或两个以上的法律事实所构成的一个相关的整体,称为"事实构成"。本题案例中,民事诉讼法律关系的产生除了王某的起诉行为之外,还需要法院的受理行为,故C选项错误。

法律责任的免除,也称免责,是指法律责任由于出现法定条件被部分或全部地免除。从我国的法律规定和法律实践来看,有一种免责被称为不诉及协议免责,是指如果受害人或有关当事人不向法院起诉要求追究行为人的法律责任,行为人的法律责任就实际上被免除,或者受害人与加害人在法律允许的范围内协商同

① BD

意的免责。在这些场合,责任人应当向或主要应当向受害人承担责任,法律将追究责任的决定权交给受害人和有关当事人。根据我国的法律规定,王某可以免除李某的部分民事法律责任,故 D 选项正确。

12.【不定项选择题】李某因热水器漏电受伤,经鉴定为重伤,遂诉至法院要求厂家赔偿损失,其中包括精神损害赔偿。庭审时被告代理律师辩称,一年前该法院在审理一起类似案件时并未判决给予精神损害赔偿,本案也应作相同处理。但法院援引最新颁布的司法解释,支持了李某的诉讼请求。关于此案,下列认识正确的是:

A.“经鉴定为重伤”是价值判断而非事实判断

B. 此案表明判例不是我国正式的法的渊源

C. 被告律师运用了类比推理

D. 法院生效的判决具有普遍约束力

| **参考答案** | ________①

| **设题陷阱与常见错误分析** |

本题综合考查了法理学中的多个知识点,有一定的难度。有的考生错误地选择 A 选项,主要是因为对于法的适用过程理解不到位。此外,还有的考生错误地选择了 D 选项,原因在于没有注意到该选项中表述的是法院生效的判决具有普遍约束力,而非具有法律约束力。主张判决具有法律约束力是正确的,但判决并不具有普遍约束力。可以看出,考生需要认真辨析选项中的文字表述。

| **解题思路与方法分析** |

法律人适用有效的法律规范解决具体个案纠纷的过程在形式上是逻辑中的三段论推理过程,即大前提、小前提和结论。具体来说,法律人适用法律解决个案纠纷的过程:首先要查明和确认案件事实,作为小前提;其次要选择和确定与上述案件事实相符合的法律规范,作为大前提;最后以整个法律体系的目的为标准,从两个前提中推导出法律决定或法律裁决。这个过程实质上也是法律人在其业务操作中的思维或推理过程。“经鉴定为重伤”属于查明和确认案件事实,因此属于事实判断而非价值判断,A 选项错误。

在法律实践中,法的渊源最主要的分类是正式的法的渊源与非正式的法的渊源。正式的法的渊源是指具有明文规定的法律效力并且直接作为法律人的法律决定的大前提的规范来源的那些资料,如宪法、法律、法规等,主要为制定法,即不同国家机关根据具体职权和程序制定的各种规范性文件。对于正式法源,法律人必须予以考虑;或者说,法律人有法律义务适用它们。非正式的法的渊源则指不具有明文规定的法律效力,但具有法律说服力并能够构成法律人的法律决定的大前提的准则来源的那些资料,如正义标准、理性原则、公共政策、道德信念、社会思潮、习惯、乡规民约、社团规章、权威性法学著作,还有外国法等。在我国,正式的法的渊源包括宪法、法律、行政法规、部门规章和地方政府规章、地方性法规、自治条例和单行条例、经济特区的规范性文件、特别行政区的法律、国际条约、国际惯例等。这是由我国国家性质和法的本质所决定的。在我国,判例并非正式的法的渊源,B 选项正确。

类比推理是从个别到个别的推论,而不是从个别到一般的推论。具体来说,类比推理是根据两个或两类事物在某些属性上是相似的,从而推导出它们在另一个或另一些属性上也是相似的。本题案例中,被告律师援引了一起类似案件的判决来支持己方主张,运用的正是类比推理,C 选项正确。

中国法学中,法的效力可以分为规范性法律文件的效力和非规范性法律文件的效力。规范性法律文件的效力,指法律的生效范围或适用范围,即法律对什么人、什么事、在什么地方和什么时间有约束力。这里所讲的法的效力,是狭义的法的效力。非规范性法律文件的效力,指判决书、裁定书、逮捕证、许可证、合同等的法的效力。这些文件在经过法定程序之后也具有约束力,任何人不得违反。但是,非规范性

---

① BC

法律文件是适用法律的结果而不是法律本身，因此不具有普遍约束力。D 选项错误。

13.【不定项选择题】张某因其妻王某私自堕胎，遂以侵犯生育权为由诉至法院请求损害赔偿，但未获支持。张某又请求离婚，法官调解无效后依照《民法典》中“其他导致夫妻感情破裂的情形”的规定判决准予离婚。对此，下列选项中正确的是：

A. 王某与张某婚姻关系的消灭是由法律事件引起的

B. 张某主张的生育权属于相对权

C. 法院未支持张某的损害赔偿诉求，违反了“有侵害则有救济”的法律原则

D.“其他导致夫妻感情破裂的情形”属于概括性立法，有利于提高法律的适应性

| 参考答案 | ________①

| 设题陷阱与常见错误分析 |

本题具有一定的难度，要求考生了解相关司法解释中的规定。有考生错误地选择 C 选项，原因在于不了解最高人民法院的相关司法解释。

| 解题思路与方法分析 |

所谓法律事实，是指法律规范所规定的、能够引起法律关系产生、变更和消灭的客观情况或现象。以是否以人们的意志为转移作标准，可以将法律事实大体上分为两类，即法律事件和法律行为。法律事件是指法律规范规定的、不以当事人的意志为转移而引起法律关系产生、变更或消灭的客观事实。法律事件又分成社会事件和自然事件两种。前者如社会革命、战争等，后者如人的生老病死、自然灾害等，这两种事件对于特定的法律关系主体（当事人）而言，都是不可避免的，是不以其意志为转移的。法律行为可以作为法律事实而存在，能够引起法律关系产生、变更和消灭。因为人们的意志有善意与恶意、合法与违法之分，故其行为也可以分为善意行为、合法行为与恶意行为、违法行为。善意行为、合法行为能够引起法律关系的产生、变更和消灭。本题案例中，王某与张某之间婚姻法律关系的消灭是由张某诉请离婚以及法院判决准予离婚等法律行为所引起的，A 选项错误。

根据相对应的主体范围可以将权利分为绝对权利和相对权利。绝对权利又称“对世权利”，是对应不特定的法律主体的权利，绝对权利对应不特定的义务人。相对权利又称“对人权利”，是对应特定的法律主体的权利，“相对权利”对应特定的义务人。本题案例中，张某的生育权对应的是特定的主体，即张某的妻子王某，因此属于相对权，B 选项正确。

“有侵害则有救济”是一项法律原则，但最高人民法院《关于适用〈中华人民共和国民法典〉婚姻家庭编的解释（一）》第 23 条明确规定，“夫以妻擅自中止妊娠侵犯其生育权为由请求损害赔偿的，人民法院不予支持”，因此法院未支持张某的损害赔偿诉求有明确的依据。而且，损害赔偿并非法律救济的唯一方式。因为生育权受损而提出的离婚请求得到法院支持，也是一种救济。C 选项错误。

“其他导致夫妻感情破裂的情形”属于概括性立法，这种体现科学立法原则的立法技术使法律在保持稳定的前提下，能够涵盖社会中出现的新情况，从而提高法律的适应性。D 选项正确。

02 考向 法的运行

1.【单项选择题】范某参加单位委托某拓展训练中心组织的拔河赛时，由于比赛用绳断裂导致范某骨折致残。范某起诉该中心，认为事故主要是该中心未尽到注意义务引起，要求赔偿 10 万余元。法院认定，拔河人数过多导致事故的发生，范某本人也有过错，判决该中心按 40% 的比例承担责任，赔偿 4 万元。关于该案，下列哪一说法是正确的？

A. 范某对案件仅做了事实描述，未进行法律判断

B.“拔河人数过多导致事故的发生”这一

---

① BD

语句所表达的是一种裁判事实，可作为演绎推理的大前提

C.“该中心按 40% 的比例承担责任，赔偿 4 万元”是从逻辑前提中推导而来的

D. 法院主要根据法律责任的效益原则作出判决

| **参考答案** | ________①

| **设题陷阱与常见错误分析** |

有的考生认为应选 D 选项，具体的比例问题要有一定的价值判断，而比例的确定是根据效益原则判断出来的。法官的判决很明显是合理性问题，对是否应承担责任是运用法律逻辑推理方法，但是具体比例如何分配则需要法官运用价值判断兼顾各方情况进行责任的合理划分。

| **解题思路与方法分析** |

做案例分析题的关键是理解事实。

本题中，范某认为事故主要是该中心未尽到注意义务引起的，这既对案件进行了事实描述，也进行了法律判断。故 A 选项说法不正确。

演绎推理是从大前提和小前提中必然地推导出结论或结论必然地蕴含在前提之中的推论。大前提代表整体，小前提则代表整体中的人或事。“拔河人数过多导致事故的发生”这一语句所表达的是一种裁判依据，可作为演绎推理的小前提。故 B 选项说法不正确。

范某起诉该中心，认为事故主要是该中心未尽到注意义务引起，要求赔偿 10 万余元。“该中心按 40% 的比例承担责任，赔偿 4 万元”是从逻辑前提中推导而来的。故 C 选项说法正确。

法院认定，拔河人数过多导致事故的发生，范某本人也有过错，判决该中心按 40% 的比例承担责任，赔偿 4 万元。这主要是根据法律责任的公平原则作出判决。故 D 选项说法不正确。

因此，本题的参考答案为 C 选项。

2.【单项选择题】李某在某餐馆就餐时，被邻桌互殴的陌生人误伤。李某认为，依据《消费者权益保护法》第 7 条第 1 款中“消费者在购买、使用商品和接受服务时享有人身、财产安全不受损害的权利”的规定，餐馆应负赔偿责任，据此起诉。法官结合该法第 7 条第 2 款中“消费者有权要求经营者提供的商品和服务，符合保障人身、财产安全的要求”的规定来解释第 7 条第 1 款，认为餐馆对商品和服务之外的因素导致伤害不应承担责任，遂判决李某败诉。对此，下列哪一说法是不正确的？

A. 李某的解释为非正式解释

B. 李某运用的是文义解释方法

C. 法官运用的是体系解释方法

D. 就不同解释方法之间的优先性而言，存在固定的位阶关系

| **参考答案** | ________②

| **设题陷阱与常见错误分析** |

有的考生认为应该选 A 选项，所谓非正式解释，是指学理解释，也就是一些专家学者在学术研究时所作出的解释，很显然李某的解释不是这种解释。有的考生认为应选 B 选项，本题中李某是通过联系《消费者权益保护法》第 7 条的前后款整体体系解释，没有运用到文义解释。这些看法存在偏颇之处或误读、误判之处。

| **解题思路与方法分析** |

法律解释是指一定的人或组织对法律规定意义的说明与阐述。法律解释方面的题目经常出现。

正式解释，通常也叫作法定解释，是指由特定的国家机关、官员或其他有解释权的人对法律作出的具有法律上约束力的解释。而非正式解释，通常也叫作学理解释，一般是指由学者或其他个人及组织对法律规定所作的不具有法律约束力的解释。显然，李某的解释为非正式解释。故 A 选项说法正确。

文义解释，也称语法解释、文法解释、文理解释。这是指按照日常的、一般的或法律的语言使用方式清晰地描述制定法的某个条款的内容。这种方法要求解释者必须对语言使用方式或规

---

① C

② D

则的有效性进行证成。文义解释的特点是将解释的焦点集中在语言上,而不顾及根据语言解释出的结果是否公正、合理。本题中,李某运用的是文义解释方法。故B选项说法正确。

体系解释,也称逻辑解释、系统解释。这是指将被解释的法律条文放在整部法律中乃至整个法律体系中,联系此法条与其他法条的相互关系来解释法律。它是利用逻辑中的矛盾律来支持或反对某个解释结果,因此也被称为逻辑解释。法官运用的为体系解释方法。故C选项说法正确。

每种解释方法有其各自特殊的功能,为方便运用,有一定的先后关系。但是这种共识和做法并不绝对。就不同解释方法之间的优先性而言,并不存在固定的位阶关系。故D选项说法不正确。

因此,D选项符合题目要求,为参考答案。

3.【多项选择题】甲骑车经过乙公司在小区内的某施工场地时,由于施工场地湿滑摔倒致骨折,遂诉至法院请求赔偿。由于《民法典》对“公共场所”没有界定,审理过程中双方对施工场地是否属于《民法典》中的“公共场所”产生争议。法官参考《刑法》《集会游行示威法》等法律和多个地方性法规对“公共场所”的规定后,对“公共场所”作出解释,并据此判定乙公司承担赔偿责任。关于此案,下列哪些选项是正确的?

A. 法官对“公共场所”的具体含义的证成属于外部证成

B. 法官运用了历史解释方法

C. 法官运用了体系解释方法

D. 该案表明,同一个术语在所有法律条文中的含义均应作相同解释

| **参考答案** | ________①

| **设题陷阱与常见错误分析** |

有的考生之所以选择错误选项,原因在于对不同法律解释方法之间的区别把握不准。

| **解题思路与方法分析** |

法律证成可分为内部证成和外部证成:法律决定必须按照一定的推理规则从相关前提中逻辑地推导出来,属于内部证成;对法律决定所依赖的前提的证成属于外部证成。前者关涉的只是从前提到结论之间推论是否是有效的,而推论的有效性或真值依赖于是否符合推理规则或规律。后者关涉的是对内部证成中所使用的前提本身的合理性,即对前提的证立。法官对“公共场所”的具体含义的证成是对前提的证成,属于外部证成。A选项说法正确。

历史解释方法要求解释者要对历史事实及其与现实情形的差异进行证成,而且要对“F是不符合社会道德标准”的命题进行证成。本案中,法官的解释并未涉及正在讨论的法律问题的历史事实。B选项说法错误。

体系解释,也称逻辑解释、系统解释。这是指将被解释的法律条文放在整部法律中乃至整个法律体系中,联系此法条与其他法条的相互关系来解释法律。它的具体形式是指对某个法律规定的解释结果R1与已被承认的有效的其他的法律规定的含义R2相矛盾,那么R1必须被承认为无效的。也就是说,它是利用逻辑中的矛盾律来支持或反对某个解释结果。因此,也被称为逻辑解释。本案中,法官参考了相关法律条文对法律术语进行了解释,运用的正是体系解释方法。C选项说法正确。

本案中,法官参考了多个其他法律条文后对法律术语作出了解释,但并不能就此得出结论,同一个术语在所有法律条文中的含义均应作相同解释。D选项说法错误。

4.【多项选择题】法律格言云:“不确定性在法律中受到非难,但极度的确定性反而有损确定性。”对此,下列哪些说法是正确的?

A. 在法律中允许有内容本身不确定,而是可以援引其他相关内容规定的规范

B. 借助法律推理和法律解释,可提高法律的确定性

C. 通过法律原则、概括条款,可增强法律的适应性

D. 凡规定义务的,即属于极度确定的;凡

① AC

规定权利的,即属于不确定的

｜参考答案｜__________①

｜设题陷阱与常见错误分析｜

本题涉及对法律的确定性和不确定性的理解。法律所追求的价值是多元的,法律既需要具有确定性和稳定性,同时为了能够在保持稳定性的同时适应社会的变迁,还需要有一定的弹性。法律的弹性会增强法律的不确定性,因此法律的确定性与不确定性之间有内在的紧张关系,必须在法律的确定性和弹性之间保持适度的平衡。有的考生可能会认为D选项是正确的,实际上法律的确定性与规定权利还是义务没有直接关系。

｜解题思路与方法分析｜

法律规则中有一种准用性规则,这种规则是指内容本身没有规定人们具体的行为模式,而是可以援引或参照其他相应内容规定的规则。因此,在法律中允许有内容本身不确定,可以通过援引其他相关内容来确定内容的规范。A选项正确。

法律推理,是指法律人在从一定的前提推导出法律决定的过程中所必须遵循的推论规则。法律推理是一种寻求正当性证明的推理。自然科学研究中的推理是一种寻找和发现真相和真理的推理。而在法学领域,因为法律是一种社会规范,其内容为对人的行为的要求、禁止与允许,所以法律推理的核心主要是为行为规范或人的行为是否正确或妥当提供正当理由。法律解释,是指一定的人、组织以及国家机关在法律运用或实施过程中,对表达法律的语言的意义的揭示、说明和选择。法律解释始终直接或间接地涉及在一个法律体系中应为什么、勿为什么、可为什么以及被授权做什么。这样的过程是一个价值评判过程,具有强烈的目的性。因此,依据法律规范评价个别案件,就成为贯彻法律意图的主要过程。尤其是在出现疑难案件时,更需要法官创造性地依据法律的基本目的,对案件作出恰当的衡量。在法律实施过程中,对于法律条文的理解可能会出现分歧,导致法律的不确定性,而借助法律推理和法律解释,可以达致对法律条文的正确理解,在此基础上获得一个合理的法律决定。因此,借助法律推理和法律解释,可以提高法律的确定性。B选项正确。

法律原则和概括条款对人的行为及其条件有更大的覆盖面和抽象性,因此能够提高法律的弹性和对社会变化的适应性,C选项正确。

无论是规定权利还是义务,都需要借助于语言文字来表达;如果选用的术语比较模糊抽象,那么其确定性和可预测性就会较低。这与语言文字本身有直接关系,而与规定的内容是权利还是义务没有太大关系。D选项错误。

5.【不定项选择题】“法律人适用法律的最直接目标就是要获得一个合理的决定。在法治社会,所谓合理的法律决定就是指法律决定具有可预测性和正当性。”对于这一段话,下列说法正确的是:

A. 正当性是实质法治的要求

B. 可预测性要求法律人必须将法律决定建立在既存的一般性的法律规范的基础上

C. 在历史上,法律人通常借助法律解释方法缓解可预测性与正当性之间的紧张关系

D. 在法治国家,法律决定的可预测性是理当崇尚的一个价值目标

｜参考答案｜__________②

｜设题陷阱与常见错误分析｜

有的考生之所以认为有些选项说法错误,主要在于对于法适用的两个目标之间的关系理解不到位。

｜解题思路与方法分析｜

法律人适用法律的最直接目标就是要获得一个合理的决定。在法治社会,所谓合理的法律决定,就是指法律决定具有可预测性和正当性。法律决定的可预测性是形式法治的要求,它的正当性是实质法治的要求。A选项说法正确。

可预测性意味着作法律决定的人在作决定的过程中应该尽可能地避免武断和恣意。因

① ABC
② ABCD

为越少的武断性和恣意性,法律决定就越具有可预测性。避免作法律决定的人的武断和恣意就是要求他们必须将法律决定建立在既存的一般性的法律规范的基础上,而且他们必须按照一定的方法适用法律规范,如推理规则和解释方法。B 选项说法正确。

法律决定的可预测性与正当性之间存在一定的紧张关系。原因在于,有的法律决定不是作决定的人武断地和恣意地作出的,即实现了可预测性,然而该决定与特定国家的法秩序所承认的实质价值或道德相背离。同时,我们也应该看到,有些法律决定是正当的,却是作法律决定的人武断地或恣意地作出的。实质上,这种紧张关系是形式法治与实质法治之间的紧张关系的一种体现。但是,从作为整体的法治来说,它要求作法律决定的人应该努力在可预测性和正当性之间寻找最佳的协调。历史上,法律人通常借助法律解释方法或其他的法学方法来缓解可预测性与正当性之间的紧张关系。C 选项说法正确。

在现代的法治社会,人们总是要求法律决定具有高度的可预测性,同时具有高度的正当性。法律决定的可预测性程度越高,人们有效地安排和计划自己的生活的可能性越大。法律决定的正当性程度越高,人们安排和计划自己满意的生活的可能性越大。任何正常的人都希望能够安排和计划满意的生活。如果法律决定不具有可预测性或可预测性的程度非常低,生活在社会中的人就不可能在理性的基础上计划和安排自己的生活,社会生活也就不可能正常进行。如果法律决定不具有正当性或正当性程度非常低,一个社会就不可能是一个和谐的长治久安的社会,该社会的秩序最终可能解体。但是,对在特定的一个时间段内的特定国家的法律人来说,法律决定的可预测性具有初始的优先性。因为对于特定国家的法律人来说,首先理当崇尚的是法律的可预测性。D 选项说法正确。

6.【不定项选择题】王某在未依法取得许可的情况下购买氰化钠并存储于车间内,被以非法买卖、存储危险物质罪提起公诉。法院认为,氰化钠对人体和环境具有极大毒害性,属于《刑法》第 125 条第 2 款规定的毒害性物质,王某未经许可购买氰化钠,虽只有购买行为,但刑法条文中的“非法买卖”并不要求兼有买进和卖出的行为,王某罪名成立。关于该案,下列说法正确的是:

A. 法官对“非法买卖”进行了目的解释

B. 查明和确认“王某非法买卖毒害性物质”的过程是一个与法律适用无关的过程

C. 对“非法买卖”的解释属于外部证成

D. 内部证成关涉的是从前提到结论之间的推论是否有效

| **参考答案** | ________①

| **设题陷阱与常见错误分析** |

本题综合考查了法理学部分的多个知识点,要做好此种类型的题目,要求考生必须真正理解法理学中相关的知识点,而不仅仅是记住辅导用书的相关表述。部分考生认为 C 选项中的说法错误,是因为没有把握外部证成与内部证成之间的关系。

| **解题思路与方法分析** |

目的解释分为立法者的目的解释(又被称为主观目的解释)和客观目的解释。前者是指根据参与立法的人的意志或立法资料揭示某个法律规定的含义,或者说将对某个法律规定的解释建立在参与立法的人的意志或立法资料的基础之上。这种方法要求解释者对立法者的目的或意图进行证成。而要完成这个任务,解释者必须以一定的立法资料如会议记录、委员会的报告等为根据。后者是指根据“理性的目的”或“在有效的法秩序的框架中客观上所指示的目的”即法的客观目的,而不是根据过去和目前事实上存在的任何个人的目的,对某个法律规定进行解释。“非法买卖”从文义上应理解为兼有买和卖两种行为,但法官将其解释为买或者卖,符合立法者的主观目的和法的客观目的,属于目的解释,故 A 选项正确。

从整体上来说,法律人适用有效的法律规

---

① ACD

范解决具体个案纠纷的过程在形式上是逻辑中的三段论推理过程，即大前提、小前提和结论。具体来说，法律人适用法律解决个案纠纷的过程：首先要查明和确认案件事实，作为小前提；其次要选择和确定与上述案件事实相符合的法律规范，作为大前提；最后要以整个法律体系的目的为标准，从两个前提中推导出法律决定或法律裁决。查明和确认"王某非法买卖毒害性物质"的过程属于认定案件事实，确定小前提，是法律适用的一个环节，故B选项错误。

法律适用过程也是一个法律证成的过程。如果说法律适用过程是一个证成过程，那么从法律证成的角度来看，法律人的法律决定的合理性取决于下列两个方面：一方面，法律决定是按照一定的推理规则从前提中推导出来的；另一方面，推导法律决定所依赖的前提是合理的、正当的。从上述视角出发，法律证成可分为内部证成和外部证成：法律决定必须按照一定的推理规则从相关前提中逻辑地推导出来，属于内部证成；对法律决定所依赖的前提的证成属于外部证成。前者关涉的只是从前提到结论之间推论是不是有效的，而推论的有效性或真值依赖于是否符合推理规则或规律。后者关涉的是内部证成中所使用的前提本身的合理性，即对前提的证立，因此"非法买卖"的解释属于外部证成，故C选项正确。D选项说法也正确。

03 考向 法的演进

【多项选择题】"近现代法治的实质和精义在于控权，即对权力在形式和实质上的合法性的强调，包括权力制约权力、权利制约权力和法律的制约。法律的制约是一种权限、程序和责任的制约。"关于这段话的理解，下列哪些选项是正确的？

A. 法律既可以强化权力，也可以弱化权力

B. 近现代法治只控制公权，而不限制私权

C. 在法治国家，权力若不加限制，将失去在形式和实质上的合法性

D. 从法理学角度看，权力制约权力、权利制约权力实际上也应当是在法律范围内的制约和法律程序上的制约

| 参考答案 | __________①

| 设题陷阱与常见错误分析 |

有的考生认为应选C、D选项，A选项不是正确的选项，控权不等于弱化权力，控权只是使权力在一定的程序约束下行使而并不是弱化权力。有的考生认为A选项跑题了，题干中核心字眼是控权、限制，就算A项本身对，但是也应该结合题目作答，不能脱离材料随便选择。这些看法是由于在理解上出现偏差所致。

| 解题思路与方法分析 |

本题为理论性较强的题目。这段话是关于法治中的权力制约的讨论。法治是指依据法律的治理。权力制约是指所有以国家强制力保证实现的公共权力（主要是国家机构的权力），在其运行的同时，必须受到其他公共权力的制约。权力制约是相对于权力至上而言的，而权力至上的思想根源则是"为政在人"的贤人政治观念。权力制约就是要依靠法律的规定，界定权力之间的关系，使权力服从法律。近现代法治既控制公权，也限制私权，权利不能滥用。因此，本题中B选项说法错误，其他三项都能够成立。

04 考向 法与社会

【单项选择题】王某参加战友金某婚礼期间，自愿帮忙接待客人。婚礼后王某返程途中遭遇车祸，住院治疗花去费用1万元。王某认为，参加婚礼并帮忙接待客人属帮工行为，遂将金某诉至法院要求赔偿损失。法院认为，王某行为属由道德规范的情谊行为，不在法律调整范围内。关于该案，下列哪一说法是正确的？

A. 在法治社会中，法律可以调整所有社会

---

① ACD

关系

B. 法官审案应区分法与道德问题，但可进行价值判断

C. 道德规范在任何情况下均不能作为司法裁判的理由

D. 一般而言，道德规范具有国家强制性

| 参考答案 | ________①

| 设题陷阱与常见错误分析 |

本题中C选项具有一定的迷惑性，容易被考生选为正确答案。根据《民法典》第1条、第8条、第10条的规定，在审理民事案件时，社会公德、公认的商业道德会被用来作为裁判标准，因此C选项错误。

| 解题思路与方法分析 |

尽管法律在社会生活中具有重要作用，但法律不是万能的，原因在于：(1)法律是以社会为基础的，因此，法律不可能超出社会发展需要"创造"或改变社会；(2)法律是社会规范之一，必然受到其他社会规范以及社会条件和环境的制约；(3)法律规制和调整社会关系的范围和深度是有限的，有些社会关系（如人们的情感关系、友谊关系）不适宜由法律来调整，法律就不应涉足其间；(4)法律自身条件的制约，如语言表达力的局限。在实践活动中，法律必须结合自身特点发挥作用。即便在法治社会，法律也并非可以调整所有社会关系，故A选项错误。

法律与道德是两种不同的社会规范，两者的区别主要体现：生成方式上的建构性与非建构性；行为标准上的确定性与模糊性；存在形态上的一元性与多元性；调整方式上的外在侧重与内在关注；运作机制上的程序性与非程序性；强制方式上的外在强制与内在约束；解决方式上的可诉性与不可诉性。法官在审理案件过程中，应当严格区分法律与道德的界限，不能用道德的标准来处理法律问题，但是在司法裁判过程中会作出价值判断，故B选项正确。

根据《民法典》第1条、第8条、第10条的规定，在审理民事案件时，社会公德、公认的商业道德会被用来作为裁判标准，因此C选项错误。

法与有组织的国家强制相关，通过程序进行，针对外在行为，表现为一定的物质结果。专门机构、暴力后盾、程序设置、行为针对性和物质结果构成法的外在强制标志。道德在本质上是良心和信念的自由，因而强制是内在的，主要靠内在良知认同或责难，即便是舆论压力和谴责也只能在主体对谴责所依据的道德准则认同的前提下发挥作用。除了某些社会公德在特定法律领域具有国家强制性，一般而言，道德规范不具有国家强制性，故D选项错误。

2024年模拟测试

1.【单项选择题】晁某为制止王某对李某施暴而打伤王某，此事经媒体报道后引发热议，许多网友认为晁某系见义勇为。受理该案的检察院参照指导性案例认定晁某行为属于正当防卫，不构成犯罪，遂作出不起诉决定。关于本案，下列哪一说法是正确的？

A. 检察院参照指导性案例作出决定，必然进行了类比推理

B. 司法坚持"以人民为中心"，要求将民意作为法律决定的大前提

C. 检察院作出不起诉决定，以正当防卫为由对晁某进行免责

D. 检察院的决定，认可了晁某与李某之间的保护性法律关系

2.【单项选择题】某公司员工罗某在上班途中为制止一起抢劫而受伤，行政机关认定罗某受伤属于工伤，公司不服，诉至法院。法院认为，公民见义勇为，与《工伤保险条例》规定的应视同为工伤的"抢险救灾"行为类似，同样属于维护社会公共利益的行为，故罗某受伤应认

① B

定为工伤。关于此案,下列哪一说法是正确的?

A. 行政机关将罗某受伤认定为工伤,是本案判决依据的大前提

B. 法院将罗某受伤认定为工伤,是对判决小前提做出的事实判断

C. 法院运用比较解释的方法,对本案判决的小前提进行了认定

D. 法院运用类比推理的方法,对本案判决的大前提进行了证成

3.【多项选择题】张某出于恶作剧的目的,擅自将王某的照片、电话号码、家庭住址发布在社交网络上,使王某收到了大量骚扰电话和信件,王某不堪其扰,遂诉至法院,要求张某赔礼道歉、消除影响、赔偿损失。法院认为,张某侵犯了王某的隐私权,判决王某胜诉。关于本案,下列哪些说法是正确的?

A. 张某的行为侵害了王某的基本权利

B. 张某因违反了消极义务而承担责任

C. 法院的判决救济了王某的一项绝对权利

D. 法院的判决确认了王某的一项相对权利

4.【多项选择题】李某在某商业银行办理信用卡时欲使用"111111"作为账户密码,依据中国人民银行制定的规范性法律文件,该商业银行认为,为保护客户的资金账户安全,不允许客户使用过于简单的密码。李某认为该商业银行侵犯了其自主选择权,诉至法院。法院认为,监管部门限制客户使用简单密码,是为了保护金融秩序、社会公共利益,以及客户资金安全,故判决李某败诉。对此,下列哪些说法是正确的?

A."为保护客户的资金账户安全,不允许客户使用过于简单的密码"的规定,体现了法律家长主义原则

B. 法院以价值位阶原则限制了自由价值,体现了秩序是法的最高价值

C. 法院处理本案中的价值冲突,是为了保证判决的合目的性

D. 该商业银行限制李某使用过于简单的密码,其依据的规范性法律文件属于规章

5.【多项选择题】王某明知某超市销售假冒红酒,故意购买该红酒后向法院起诉超市。审理中,关于王某是否属于《消费者权益保护法》第2条所称的"消费者"产生了争论。法官认为,仅从字面理解该条文,会掩盖"消费者"概念的完整含义,不符合《消费者权益保护法》打击制假售假的立法宗旨。法官还通过分析《消费者权益保护法》第62条的潜在含义进行印证,"消费者"的认定标准不在于购买者的主观目的,而在于商品客观上具有生活资料的属性。最终,法官认定王某属于消费者,判决王某胜诉。关于本案,下列哪些说法是正确的?

A. 法官对"消费者"的具体含义的解释属于外部证成

B.《消费者权益保护法》对"消费者"的界定存在隐藏漏洞

C. 法官运用了体系解释方法

D. 法官进行了主观目的解释

6.【不定项选择题】吴某将其制作的音乐视频发布在某视频网站上,之后又利用软件技术为这些视频制造虚假访问量,从而获取视频网站的收益分成。经营该视频网站的公司得知此事后,将吴某诉至法院。法院认为,吴某违反诚信原则和商业道德,构成不正当竞争,故判决吴某承担赔偿责任。对此,下列说法正确的是:

A. 法院在审理不正当竞争案件时,应优先径行适用诚信原则

B. 法律应对科技运用提供有效管理,维护良好的科技伦理

C. 吴某制造虚假访问量,是导致本案诉讼法律关系产生的法律事实

D. 商业道德是本案判决所依据的正式法的渊源

参考答案及解析

1. | **参考答案** | A

| **设题陷阱与常见错误分析** |

"免责""保护性法律关系"等法理学基本概念和范畴,是法理学的重点考查内容,学理概念具有严格的含义,切忌从日常口语去理解这些概念。"免责"不同于"无责任",虽然正当防

卫属于免责事由，但在该案件中，晁某不承担法律责任，属于“无责”，而不存在需要“免责”的情况。若考生对知识点掌握不牢，从“常识”和“日常话语”出发去理解“保护性法律关系”，就会认为晁某“保护”了李某，二者结成了保护性法律关系；但是，只要考生能够理解“保护性法律关系”的含义，便可以排除D选项。

｜解题思路与方法分析｜

本题在一个题干下设置的选项分别考查了不同的知识点，这就需要考生提升对知识的综合运用能力，对每个选项单独作出分析。考生应结合题干和选项，排除干扰信息准确判断各个选项所考查的知识点，再分析各选项正确与否。

A选项考查的是类比推理，同时隐含考查了指导性案例的适用方式，考生在解题时必须弄清这两个知识点之间的关联。指导性案例本身是具体的案例判决，作为我国的非正式法的渊源，指导性案例应在审理类似案例时被参照，这意味着，指导性案例的适用方法符合类比推理之“从个别到个别”的逻辑特征。因此，A选项正确。

B选项考查的是法律决定的大前提的含义。法律决定的大前提只能是法律规范，因此，B选项错误。

C选项考查的是“免责”的含义。“免责”不能等同于“无责”，免责的前提是行为人已经构成责任。检察院认定晁某“不构成犯罪”，这意味着，晁某的情形属于“无责”而非“免责”。因此，C选项错误。

D选项考查的是保护性法律关系的含义。保护性法律关系是指，由于违法行为而产生的、旨在恢复被破坏的权利和秩序的法律关系，其一方主体是法律制裁的适用者（国家），另一方主体则通常是违法者。晁某和李某之间的法律关系并不符合保护性法律关系的特征，故D选项错误。

2.｜参考答案｜D

｜设题陷阱与常见错误分析｜

本题涉及两个知识点，一是区分法律决定的大前提和小前提，二是辨析不同的法律解释、法律推理的方法。前两个选项是对这两个知识点的综合考查，其设题陷阱在于考生能否同时运用这两个知识点准确分析题干。准确理解法适用过程中大前提和小前提，则是本题的另一个设题陷阱。虽然，法律决定的大前提和小前提分别是指法律规范和案件事实，二者在概念上不能混淆，但是，法律人在作出法律决定的过程实际上是在大前提和小前提之间不断“往返”的过程。由于案件事实是“具有法律意义的事实”，因此，对于案件事实的认定，必然包含着规范判断，而绝非单纯的事实判断。若考生割裂理解规范和事实，则会作出错误判断。

｜解题思路与方法分析｜

法律决定的大前提和小前提的确定、法律解释和法律推理的方法，皆统一在法适用的过程中，属于法律方法论的重要内容，本题对此进行了综合考查。

A选项考查的是大前提和小前提的区分。判决的大前提是指法律规范，本案是用人单位不服行政机关的工伤认定结果而提起的劳动行政诉讼，对于法院审理的案件而言，行政机关做出的工伤认定实际上是本案案件事实的一部分，属于小前提，故A选项错误。

B选项考查的是大前提和小前提的区分，以及认定小前提的过程。判决的小前提是指案件事实，但是对小前提的认定也是一个依据法律规范做出规范判断或价值判断的过程。将“罗某受伤”这一自然事实认定为“工伤”这一具有法律意义的事实，并非单纯的事实判断，故B选项错误。

C选项综合考查了法律解释的方法，以及大前提和小前提的区分。比较解释是指根据外国的立法例和判例学说对某个法律规定进行解释。本案中法院在认定案件事实时并未使用这一法律方法，故C选项错误。

D选项综合考查了法律推理的方法，以及大前提和小前提的区分。类比推理是指根据两个或两类不同事物在某个或某些属性上的相似性从而推导出它们在另一个或另一些属性上也是相同的。对“见义勇为”和“抢险救灾”的相似性进行类比，从而证成了“见义勇为应视同为工伤”这一大前提，故 D 选项正确。

3.｜参考答案｜ABCD

｜设题陷阱与常见错误分析｜

权利和义务的种类是法理学的基础知识，在具体案例中对其中所涉及的权利义务种类作出准确判断，需要结合宪法和部门法的具体知识。如果考生对于跨学科的知识点缺乏综合理解，则难以作出正确的选择。题干中直接给出了“隐私权”这一信息，而隐私权属于对世权而非对人权。但是，在本案中，除隐私权外，王某还有一项权利得到了法院的确认，这便是王某因其隐私权受侵害，而进一步产生的请求权，这也正是王某所主张的一项权利。考生如果没有理解主权利和从权利的关系，没有细致分析本案中具体存在的权利种类，便会落入题目设置的陷阱。另外，关于王某的权利是否属于“基本权利”，涉及宪法的规定，考生若不能掌握宪法关于基本权利的规定，则不能作出准确判断。

｜解题思路与方法分析｜

本题所考查的知识点相对集中，四个选项都考查了权利和义务的分类。考生解答此题，必须在对这一知识点准确理解的基础上，根据题干所描述的案情，正确地分析出本案所涉及的权利和义务有哪些，然后才能准确判断各项权利义务的种类。

A 选项考查基本权利的内涵和种类。基本权利是指由宪法所规定的权利。根据题干所描述的案件事实，王某的隐私权受到张某的侵害，隐私权属于我国《宪法》规定的“人格尊严不受侵犯”的内容。因此，A 选项正确。

B 选项考查消极义务和积极义务的区分。消极义务即“不作为义务”，是指义务人不得作出一定行为的义务。本案中，张某的行为违反了“不得侵犯他人隐私”的义务，该义务属于消极义务。因此，B 选项正确。

C 选项考查绝对权利的概念。绝对权利是对应不特定的义务主体的权利，隐私权对应不特定的义务主体，属于绝对权或对世权。因此，C 选项正确。

D 选项考查相对权利的概念。相对权利是对应特定的义务主体的权利。王某的隐私权被侵害后，便产生了一项从权利，即损害赔偿请求权，王某向法院主张张某赔礼道歉、消除影响、赔偿损失，正是这一权利的体现。王某的损害赔偿请求权，对应张某这一明确的义务主体，属于相对权利。因此，D 选项正确。

4.｜参考答案｜ACD

｜设题陷阱与常见错误分析｜

本题的第一个设题陷阱主要在于考生理解法的价值位阶的误区。法院根据中国人民银行制定的规范性法律文件的预先规定，限制了个人自由价值，单看这一点符合价值位阶原则；同时，法院的判决提到了“保护金融秩序、社会公共利益”，又体现了对秩序价值的保护。若考生对上述两个结论进行生硬联系，而没有根据法价值的一般原理深入理解各项法价值之间的客观关系，便容易误判，将秩序价值理解为价值位阶上的最高价值。第二个设题陷阱在于考生理解法适用目标的误区。虽然在法适用的过程中，可预测性和合目的性（或正当性）存在紧张关系，但二者都是法适用应实现的目标，若考生将这种紧张关系片面地理解为“非此即彼”，则会作出错误判断。

｜解题思路与方法分析｜

本题四个选项分别考查了不同的知识点，并且，其中涉及法律价值的三个知识点存在内在理论联系。

A 选项考查的是法限制自由的原则。家长主义原则是指为了主体自身的利益而限制其自由，中国人民银行制定的规范性法律文件，为了保护客户的账户安全而限制客户设置账户密码的自由，体现了这一原则，故 A 选项正确。

B 选项考查的是法的价值位阶。秩序价值只是维持其他价值存在的基础条件，不能作为法的最高价值，这是关于各项法价值之关系的基本判断，故 B 选项错误。

C 选项考查的是法适用的目标。合目的性（或称正当性）是法适用的目标之一，其要求在于法律决定应按照实质价值作出，法院解决价值冲突的过程本身，正是对秩序、自由等实质价值的考量，故 C 选项正确。

D选项考查的是当代中国法的正式渊源的类型。商业银行依据的是中国人民银行制定的规范性法律文件,而中国人民银行制定的规范性法律文件属于规章,故D选项正确。

5.｜参考答案｜ACD

｜设题陷阱与常见错误分析｜

准确理解“隐藏漏洞”和“主观目的解释”这两个法律方法中的概念,是避免落入本题设问陷阱的关键。首先,题干并没有直接地给出这一漏洞的性质,而需要考生对于法官进行证成、解释的完整过程及其结论进行分析,才能够对本案中法律漏洞的性质作出正确判断。其次,题干中故意设置了“掩盖”“潜在含义”这样的干扰性表述,考生也可能会对“隐藏漏洞”望文生义,从而认为本案中出现了隐藏漏洞。最后,题干中存在一个干扰性表述,即“消费者的认定标准不在于购买者的主观目的”,但是此“主观目的”并非“主观目的解释”中的“主观目的”,考生如果不能准确地理解“主观目的解释”是指根据立法者意图作出的解释,则可能将这一选项误作为错误选项排除。

｜解题思路与方法分析｜

本题主要考查的是考生是否能够准确识别具体案例中法律人所运用的法律方法种类。解答本题,考生不仅需要准确掌握各类法律方法的概念和含义,而且必须把握题干所给出的案件争议焦点、法官所做的说理、法官运用法律方法所得出的结论等关键信息,并对这些信息进行综合分析,从而准确地判断法官所运用的法律方法。

A选项考查的是内部证成和外部证成的区分。外部证成是对法律决定所依赖的前提的补强和论证,法官对“消费者”的具体含义的证成属于面向作为大前提之法律规范的解释,因此属于外部证成,A选项正确。

B选项考查的是明显漏洞和隐藏漏洞的区分。隐藏漏洞是指关于某个法律问题,法律虽已有规定,但依其规范目的或立法计划,应对该规定设定例外却未设定例外。简言之,法律的隐藏漏洞在于“应排除而未排除”,因此,填补某个法律概念所涉及的隐藏漏洞,便需要将这个概念本身所包含的某些情形,作为例外排除出该概念所处的法律规范的调整范围。题干所反映的是,法官认为,“消费者”概念的字面含义过于狭窄,遂运用法律解释方法,扩大了这一概念的外延,使其将王某的情形也包含进来。可见,这一过程恰恰与填补隐藏漏洞的情形相反,因此,“消费者”概念存在隐藏漏洞的说法不能成立,故B选项错误。

C、D选项考查的是法律解释方法的种类。体系解释,是指将被解释的条文放在整部法律乃至整个法律体系中,联系法条间关系进行解释。法官通过揭示《消费者权益保护法》第62条的潜在含义解释该法第2条中“消费者”的概念,符合体系解释的特征。主观目的解释,是指根据立法者的目的解释法律文本的含义,本案中法官根据《消费者权益保护法》的立法宗旨进行解释属于主观目的解释。因此,C、D选项正确。

6.｜参考答案｜B

｜设题陷阱与常见错误分析｜

在具体的法律适用活动中,法律与道德的关系可以体现在法律原则的适用方法、法的渊源的种类等理论的运用上,这也是本题的设题陷阱所在。本案适用了诚信原则和商业道德,确实保证了本案的法律决定“道德性”,在题干关于法院判决理由的表述中,也刻意突出了“诚信原则”和“商业道德”。但是,考生如果对于法律原则适用条件和我国正式法律渊源种类的理解不够准确,简单地依据题干表述,便会作出错误的判断。另外,作为法律关系变动条件的法律行为的种类,也是本题的又一设题陷阱。考生可能会基于常识或日常逻辑认为,由于吴某制造虚假访问量,从而导致诉讼产生。但是,如果考生能够准确地理解到,导致诉讼法律关系产生的法律事实是起诉行为,或者具有基本的诉讼法知识,便会准确地发现该选项的错误之处。

｜解题思路与方法分析｜

本题四个选项分别考查了不同的知识点,需要考生对每个选项进行单独的分析和判断。考生在解题时,必须明确本题所涉每个知识的准确内容,避免被题干中刻意设置的干扰信息影响。

A选项考查了法律原则的适用条件。虽然题干强调了法院判决中适用了诚信原则,但是,诚信原则的适用条件是,除非穷尽法律规则或有更强的理由,才能径行适用法律原则。因此,A选项错误。

B选项考查法律和科技的关系。法律应当对科技进行合理限制,防范科技滥用造成的危害,本案正是吴某滥用软件技术造成了不正当竞争。因此,B选项正确。

C选项考查考生能否准确判断导致某个具体的法律关系产生的法律事实。导致诉讼法律关系产生的法律事实应是当事人的起诉行为。因此,C选项错误。

D选项考查我国的正式法的渊源。正式法的渊源,是指具有明文规定的法律效力并且直接作为法律人的法律决定的大前提的规范来源的那些资料;在我国,商业道德并非正式法的渊源。因此,D选项错误。

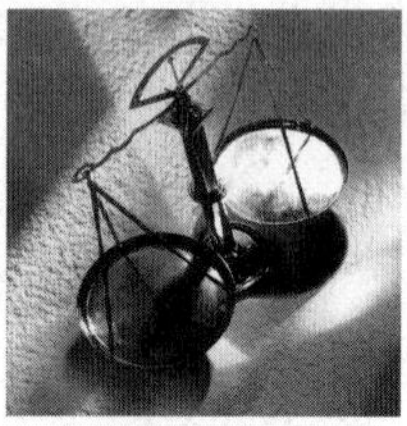

方 法 篇

如何解答本学科客观题

考查要求

一般认为,宪法虽然不同于法理学与中国法律史,但它也是偏向理论的法学科目,一方面,宪法是有文本依据的,这必然涉及法条上的精细化教学,对宪法的理解,必须在《宪法》及相关法律文本基础上展开。另一方面,宪法并不是像通常所认为的那样远离实务,而是在立法、执法、司法和守法过程中均发挥着重要的作用。宪法既是保护公民基本权利的根本法,也是国家建构、国家机构设置和国家权力分配、运行的根本依据,这就决定了现实中一定会产生大量与宪法有关的实际事务,尤其是党的十九大报告明确提出“加强宪法实施和监督,推进合宪性审查工作,维护宪法权威”以来,有关宪法实施和监督的各种实务明显增多,这一点理应引起重视。

立法既是一国法律实务的前提,也是基础环节,宪法在立法中的作用是其他任何法律都无法比拟的。宪法是中国特色社会主义法律体系的核心,是一切法律的立法依据。我国社会主义法律体系所确立的原则与内容以及具体实施都在宪法指导下进行,并体现了宪法原则的具体化。党的十八届四中全会决定要求,完善以宪法为核心的中国特色社会主义法律体系。宪法不仅确立了社会主义法律体系的方向,而且还规定了解决法律体系内部冲突的基本机制。

宪法不仅是立法实务的基础,也是执法、司法实务的基础与原则。一切执法、司法活动均不能违反宪法原则与规定,特别是法官、检察官、行政机关公务员和其他国家公职人员在执法活动中都应遵守宪法。国家统一法律职业资格考试是从事法官、检察官等九类法律职业的入门关,通过考试引导未来职业法律人的宪法意识与守法思维,学会在复杂的社会现象中发现宪法问题并以宪法思维解释和解决法律问题,这对于未来我国法治建设的意义是巨大而深远的。这就要求国家执法、司法人员准确掌握中国特色社会主义宪法学基本原理,并将这些原理同依宪治国的实践经验结合起来。宪法学作为一门法律科学,具有一些专门的法律术语和基本范畴。比如,宪法渊源、宪法规范、基本权利的效力以及合宪性审查等。有一些概念在现实生活中往往不容易区分清楚,比如,“征收”和“征用”、“质询”和“质问”、“提案”和“议案”等。准确掌握这些基本概念的含义,既是学习宪法的基本功,也是严格执法和公正司法的基本要求。

另外,国家执法、司法人员,还必须树立宪法意识,恪守宪法原则,履行宪法使命,弘扬宪法精神。2015 年全国人民代表大会常务委员会《关于实行宪法宣誓制度的决定》获得通过,后又于 2018 年修订。凡各级人大及县级以上各级人大常委会选举或者决定任命的国家工作人员,以及各级人民政府、监察委员会、人民法院、人民检察院任命的国家工作人员,就职时应当依照法律规定公开进行宪法宣誓。这对于维护宪法权威、增强公职人员宪法观念以及提高公民的宪法意识、传播宪法理念极其重要。

我国宪法在宪法适用机制安排上选择了以全国人大及其常委会为最重要的主体,无论是宪法修改、宪法解释还是监督宪法的实施,它们都属于全国人大或全国人大常委会的职权,在司法判决中很难寻得具体适用宪法的情形,但是,这并不意味着宪法在司法实务中没有作用。相反,人民法院与人民检察院行使审判权与检察权时要遵守宪法和法律,在司法活动中,为更好地适用法律,法官和检察官往往会在法律文书中援引宪法进行说理,从而阐明宪法的原则和精神。另外,如果司法过程中发现所适用的法律、法规或其他规范性文件存在合宪性问题,司法机关可以通过法定程序请求有权解释的机关作出必要的解释。

试卷分析

宪法在考试中属于较有难度的科目,“较有难度”是指其出题方式更灵活,不仅要求考生了解和理解一些基础理论,对法条予以准确记忆与比较,还要求考生能够灵活运用所学的宪法知识,所以宪法科目的得分并不容易。本科目属于客观题考试试卷一考查的内容,根据试卷一的考点安排,包括单项选择题、多项选择题和不定项选择题三种题型。

本学科大致可以归纳如下考查特点:

第一,重者恒重。从知识结构上讲,宪法的六章内容在每年的考试中均有所涉及。但相对而言,考试中宪法部分的重要知识点主要集中在“国家的基本制度”和“国家机构”部分。一是特别行政区制度、基层群众自治制度、选举制度、立法程序与监督、民族区域自治制度、全国人民代表大会等知识点;二是人大制度、政协制度、经济社会文化制度、国家结构形式与行政区划、审计机关、派出机关等;三是地方人大、预算制度、信息公开制度、国务院、全国人大专门委员会、最高人民法院与最高人民检察院、国家荣誉制度等。另外,宪法基本理论中的宪法基本原则与宪法效力以及公民的基本权利部分中的人身自由需要予以关注;宪法结构、宪法渊源、劳动权、财产权、平等权等知识点需要灵活运用;宪法制定、修改、解释与实施部分往往结合国家机关职权与职权行使的程序等内容进行综合考查。最后,宪法历史、基本权利概念、基本义务、受教育权、监督权等也都有所涉及。

第二,实践性和综合性增强。近些年的考试不再直接简单考查对法条的记忆,而是注重考查对实践中所发生的案例或事例的理解,这就需要考生运用所学知识来对题干中的材料进行准确的分析和判断。也就是说,法考要考查的是,考生能否把宪法和法律知识运用到实践中去,以及能否对现实中出现的宪法和法律问题进行分析。另外,近年的考试题目综合性逐渐增强:一是宪法本学科内知识点的综合,如宪法的实施与监督这一章的内容,往往会与宪法规范、宪法效力、国家机构的职权和公民的基本权利结合起来考查;二是宪法学和其他学科,如与民法学相结合,这一点其实也是由宪法的实践性所决定的。

第三,新增考点也很重要。新修改的考试大纲内容以及与宪法相关的最新决策与改革内容必定是考查重点。考试大纲新增考点也基本反映了宪法学界近年来的热点问题,这是法学学科作为社会科学反映与回应社会现实的显著特点。

学科重点

宪法学具有自身的特点。首先，与法学其他学科相比，宪法学具有鲜明的政治性；其次，在法学学科体系中，宪法学具有基础性；最后，宪法学又不同于政治学或者提供法的一般理论和共同研究方法的法理学，宪法学具有法学特有的规范性和实践性。把握宪法学的这三个特点，是学好宪法学的基本前提。

宪法学的政治性是由宪法本身的政治性决定的。它突出表现在，坚持中国共产党的领导、坚持人民主体地位、坚持中国特色社会主义法治道路、坚持改革开放。这一点，就使宪法和规定社会中一般问题、技术性较强的其他部门法（如民法）形成鲜明对比。就知识体系而言，宪法学的政治性是贯穿于其自身的，尤其体现在宪法基础理论、国家制度、国家机构和宪法实施这四部分之中。

宪法学的基础地位，与法理学的基础地位有所不同。它不是对法的一般性质进行说明，也不试图提供一般意义上的法学方法论。但是，宪法是具有最高效力的法，从精神和原则上讲，其他法都根源于宪法。有许多法律甚至直接写明"根据宪法，制定本法"；有许多原则，如刑法的罪刑法定原则、刑事诉讼法中的保障诉讼参与人的诉讼权利原则等都是宪法中"国家尊重和保障人权"原则的具体化。另外，其他部门法中的许多问题，必须立足于宪法规定才能得到准确的理解和阐释，如民法中的所有权，就必须立足于宪法关于基本经济制度的规定来阐释；刑事诉讼法中的逮捕制度，就必须立足于宪法关于人身自由及其限制的规定来阐释等。最后，各个部门法的实施过程中可能出现的合宪性问题，必须通过宪法监督制度予以纠正。总之，宪法和其他部门法之间具有紧密的内在联系，法律是宪法的具体化，在实践中有可能出现对法律的合宪性解释和对法律的合宪性审查。只有理解宪法学的这种基础性地位，才能准确理解宪法学的基础理论，也才能熟练掌握和运用宪法学的知识。

宪法学作为一门法学学科，有着独特的规范性和实践性。它的主要任务是，以宪法文本为中心，阐释宪法的规范内涵及其学理，为法治实践中的宪法问题提供解决方案，因此，《宪法》和宪法相关法就是宪法学的重点研究对象。

宪法学的教学与考查主要内容在于《宪法》与《立法法》、《全国人民代表大会和地方各级人民代表大会选举法》（以下简称《选举法》）等宪法相关法之间的关系。《立法法》等单行法是对宪法内容的具体化，因此，对宪法条款的理解，必然依赖于对全国人大及其常委会制定的法律的理解。

党和国家的最新的决策与改革成果也必定是宪法学教学的重点，如党的二十大报告、《中共中央关于全面推进依法治国若干重大问题的决定》（以下简称党的十八届四中全会决定）、《决胜全面建成小康社会　夺取新时代中国特色社会主义伟大胜利》（以下简称党的十九大报告）、2018年《宪法修正案》、《中共中央关于坚持和完善中国特色社会主义制度　推进国家治理体系和治理能力现代化若干重大问题的决定》（以下简称党的十九届四中全会决定）以及《中共中央关于党的百年奋斗重大成就和历史经验的决议》等，这些文件必须作为重中之重来学习，其中需要掌握的内容包括加强宪法实施与监督、落实宪法解释程序机制、推进合宪性审查工作、加强备案审查制度和能力建设、维护国家安全以及国家宪法日与宪法宣誓等。

宪法学的教学与考查难点则在于它的实践性，也就是运用法学方法来对宪法现象作出分析。就考查角度而言，重在考查考生灵活运用宪法基本原理，并结合相关宪法知识，对实践中的宪法案例和事例作出准确的分析和判断。能够区分考生能力的往往是与现实具有紧密关联的案例。因此，如何在完整掌握宪法学知识体系的前提下，对实践中的宪法现象作出准确分析，是宪法学教学和考查的重点与难点。

复习攻略

鉴于宪法学科自身的特点和题目特色，建议考生在学习过程中把握如下几点。

第一，以法条为中心、熟悉并运用之。

宪法学虽然看起来比较偏重理论，但它首先以《宪法》为研究对象，即便是对宪法运行过程的研究，也离不开宪法文本。更何况，作为国家统一法律职业资格考试的其中一个科目，宪法并不侧重于理论本身，而是以法条为中心。在这个意义上，学习宪法的基本态度应该是认真对待宪法文本。

当然，要把握好宪法与法律之间的关系。认真对待宪法，并不是只需要看《宪法》，正如上述，《立法法》、《选举法》、若干组织法、两个基本法，全国人大或全国人大常委会的最新决定等，都是根据宪法所制定的，也都是对宪法中规定的某个或某些制度的具体化。加上国家统一法律职业资格考试多强调理解和运用，而不是简单认识或记忆法条，那么，对法条之间的逻辑关系的掌握就显得比较重要了。

另外，最好能够结合实际来理解法条中的内容。法条蕴含着规范，规范是用来规范行为的。理解这一点非常重要。近年来的题目，越来越远离考查纯粹的法条文字，而注重挖掘法条中的规范含义。这就提示我们，应该多关注现实，认真体会"宪法的生命在于实施，宪法的权威也在于实施"的深刻含义。

第二，掌握宪法基本理论、关注宪法学发展。

就像其他部门法一样，宪法也考查一些基本理论，这主要体现在考试大纲中所列举的一些内容，如宪法的概念、宪法的历史、宪法的基本原则、宪法的基本功能、宪法的渊源与结构、宪法规范和宪法效力。

对这部分内容的掌握，不仅要熟读熟记辅导用书教材中的内容，关键是要理解其中的含义。对基本理论的考查，是可以往纵深方向发展的。因此，要尽量舍弃简单背诵这种机械的学习方法，多关注宪法学的发展，理解宪法学科当前的关注焦点。当然，在考试中，宪法与民法、刑法一样，要关注并熟悉通说，不必一味求新求异。

对于宪法理论，往往有一个误区，以为理论是独立的，把它背下来就可以了。其实，理论是帮助我们理解法条的，能将法条与现实贯穿起来的理论，才是有解释力的理论。反过来，我们学习宪法理论的时候，最好能够结合法条来进行。在这个意义上，对宪法理论的考查，就不限于考试大纲中的第一章"宪法基本理论"，可以说贯穿整个考试大纲。宪法理论，即学理，是我们理解法条的有力武器。

第三，立足现实，注重联系法治建设实际。

宪法学是实践性很强的学科，其根本原因是宪法本身是面向实践的，是用以指导并规范行为的。自《中国人民政府协商会议共同纲领》和 1954 年《宪法》以来，尤其是 1982 年《宪法》实施以来，中国已经走出了一条独特的宪法道路。在这个过程中，由于改革和发展，宪法也在随之发展。一方面，这里的宪法发展，并不仅仅是指对宪法文本的修改，还包括立法发展。另一方面，现实中贯彻落实宪法的各种做法和举措，都是活生生的宪法教材和案例。我们应该抱着向实践学习的态度，来学习宪法和理解宪法，只有这样，才能真正地运用宪法。

答题范例与实战演练

01 答题范例

| 题目指引 |

本题设题的主要背景是,2022 年 12 月 28 日,全国人大常委会法工委向全国人大常委会作了关于十三届全国人大以来暨 2022 年备案审查工作情况的报告。该报告在“积极推进‘有备必审’”的部分,介绍了全国人大常委会收到审查要求和审查建议的情况。另外,2023 年 3 月 13 日,第十四届全国人民代表大会第一次会议通过了《关于修改〈中华人民共和国立法法〉的决定》,对若干涉及备案审查工作的条文进行了修改。

本题的题干主要叙述了关于审查建议的基本情况,但并未涉及过多细节,因此材料看起来是比较简单的;从选项来看,四个选项均围绕题干材料设计,充分挖掘了材料中的信息。总体来说,本题涉及的知识点具有综合性,包括人民代表大会制度、全国人大常设性委员会、全国人大常委会工作委员会、宪法的监督方式、违宪的制裁措施等。

| 题　　目 |

【多项选择题】全国人大常委会法工委在关于备案审查工作情况的报告中指出,十三届全国人大以来,共收到公民、组织提出的审查建议 1.7 万多件,并且都进行了研究处理。对此,根据宪法和法律,下列哪些选项是正确的?

A. 该报告应向全国人大作出

B. 该法工委是全国人大常委会设立的工作委员会

C. 审查建议应向全国人大常委会书面提出

D. 对这些审查建议,法工委都应向制定机关提出书面审查意见

| 参考答案 | ________①

| 推导过程 |

本题的题眼是“备案审查工作报告”和“审查建议”。

题干中明确交代了作报告的机构是“全国人大常委会法工委”,而没有交代是向谁作报告,要回答这一问题,不仅要知道“法工委”是“法制工作委员会”的简称,还需要对“法工委”这一机构有准确的认识。《全国人民代表大会组织法》第 28 条第 1 款规定:“常务委员会设立法制工作委员会、预算工作委员会和其他需要设立的工作委员会。”可见,法工委作为全国人大常委会的工作机构,依法负有备案审查的工作职责,因此它的工作报告是向全国人大常委会作出的。A 项错误,B 项正确。

题干中只陈述了一个基本事实,即“收到若干审查建议”,并予以“研究处理”,但对于建议如何提出,又如何处理并没有交代。这就需要考生结合《立法法》的规定,对 C 项和 D 项进行准确判断。《立法法》第 110 条第 2 款规定,相应主体“可以”向全国人大常委会书面提出进行审查的建议,考

① BC

生可能把注意力集中在C项中的“应”字；可是，C项的重点在于“已经提出的”这些建议，在程序上应该满足哪些要求，考查的是应向谁提出（全国人大常委会），以及如何提出（书面形式）的问题。C项正确。

至于如何处理的问题，无论是《立法法》的规定，还是实践中的操作，方式都是多样的。一方面，根据《立法法》第112条的规定，只有报送备案的规范性文件同实践法律相抵触或者“存在合宪性、合法性问题的”，才向制定机关提出书面审查意见；另一方面，实践中，全国人大常委会法工委将不属于全国人大常委会审查范围的审查建议，根据不同情况，分送其他机构研究处理。可见，D项表述不准确。

综上，答案为B、C选项。

02 答题范例

| 题目指引 |

本题聚焦于省人大常委会的人事任免权，涉及国家机构部分的多个考点，包括全国人大及其常委会的职权、县级以上地方各级人大及其常委会职权，具有较强的综合性，也是考生需要重点掌握的内容。本题主要的法律依据是《地方各级人民代表大会和地方各级人民政府组织法》。但是，题目的设计思路是从实践出发的，题干材料中看起来都是“省的人事问题”，与教科书或法律条文的表述顺序和方式并不一致，这些人事任免事项，也并不当然由省人大常委会决定。这就需要考生对题干中的每一个事项都要单独作出准确判断，最后才能选定正确的答案。

| 题　目 |

【单项选择题】对于下列人事任免事项：①省人大常委会主任会议依照法律程序提名的省人民检察院检察长的代理人选；②省人大法制委员会主任委员的人选；③省人大常委会预算工作委员会主任的任免；④省内按地区设立的中级人民法院院长的任免。根据《宪法》和法律的规定，应由省人大常委会决定的是下列哪一选项？

A. ①④　　B. ②③

C. ①③④　　D. ②③④

| 参考答案 | ________①

| 推导过程 |

本题的题眼是“省人大常委会”和“人事任免”。

关于“人事任免权”，教科书和法律条文中，一般是从人大和人大常委会的职权角度来表述的。《宪法》《全国人民代表大会组织法》《地方各级人民代表大会和地方各级人民政府组织法》把全国人大的职权、全国人大常委会的职权、地方人大的职权和县级以上地方人大常委会的职权作了明确的区分，并分别作出了细致的规定。另外，关于地方人大各专门委员会的主任委员、副主任委员和委员的人选问题，法律又是从地方人大的机构设立角度来规定的（《地方各级人民代表大会和地方各级人民政府组织法》第33条和34条）。而题干中交代的四个事项，却是以“省”为中心来进行叙述的，这是本题最大的难点所在。

另外，本题的干扰点实际上有三个。第一，许多考生一般都能记住，省人民检察院检察长由同

---

① C

级人大选举产生,该人选产生后还需报最高人民检察院检察长提请全国人大常委会批准,因此乍一看,可能会认为“省人民检察院检察长的代理人选”由省人大选举或由全国人大常委会决定。第二,有的考生可能不理解“省人大法制委员会”和“省人大常委会预算工作委员会”的区别,从而不理解②和③中的人事任免程序是有很大差别的。第三,部分考生可能不理解“省内按地区设立的中级人民法院”是怎么一回事,以为凡中级人民法院院长都由设区的市或自治州人大选举产生。

《地方各级人民代表大会和地方各级人民政府组织法》第50条第13项规定:县级以上的地方各级人民代表大会常务委员会行使下列职权:……(十三)在本级人民代表大会闭会期间,决定副省长、自治区副主席、副市长、副州长、副县长、副区长的个别任免;在省长、自治区主席、市长、州长、县长、区长和监察委员会主任、人民法院院长、人民检察院检察长因故不能担任职务的时候,根据主任会议的提名,从本级人民政府、监察委员会、人民法院、人民检察院副职领导人员中决定代理的人选;决定代理检察长,须报上一级人民检察院和人民代表大会常务委员会备案。故①当选。

《地方各级人民代表大会和地方各级人民政府组织法》第50条第16项规定:省、自治区、直辖市的人民代表大会常务委员会根据主任会议的提名,决定在省、自治区内按地区设立的和在直辖市内设立的中级人民法院院长的任免。故④当选。

《地方各级人民代表大会和地方各级人民政府组织法》第34条第1款规定:各专门委员会的主任委员、副主任委员和委员的人选,由主席团在代表中提名,大会通过。在大会闭会期间,常务委员会可以任免专门委员会的个别副主任委员和部分委员,由主任会议提名,常务委员会会议通过。可见,②不当选。

《地方各级人民代表大会和地方各级人民政府组织法》第59条第1款规定:常务委员会根据工作需要,设立办事机构和法制工作委员会、预算工作委员会、代表工作委员会等工作机构。可见,省人大常委会预算工作委员会是省人大常委会自设的工作机构,其主任人选由省人大常委会决定。故③当选。

综上,①③④当选,答案为C选项。

刷 题 篇

重点考向与真题精粹

01 考向 宪法基本理论

1.【单项选择题】宪法的制定是指制宪主体按照一定程序创制宪法的活动。关于宪法的制定,下列哪一选项是正确的?

A. 制宪权和修宪权是具有相同性质的根源性的国家权力

B. 人民可以通过对宪法草案发表意见来参与制宪的过程

C. 宪法的制定由全国人民代表大会以全体代表的三分之二以上的多数通过

D. 1954年《宪法》通过后,由中华人民共和国主席根据全国人民代表大会的决定公布

｜参考答案｜＿＿＿＿＿①

｜设题陷阱与常见错误分析｜

本题旨在考查对宪法制定的准确理解，尤其是对宪法制定与法律制定以及宪法制定与宪法修改的准确区分。常见的错误在于混淆制宪权和修宪权的性质。

｜解题思路与方法分析｜

本题A选项考查的是制宪权和修宪权的性质。修宪权是根据制宪权而产生的权力形态，受制宪权的约束，这两种权力虽然都是根源性的国家权力，但二者的性质却不相同，故A选项错误。

本题B选项考查的是宪法草案的讨论。例如，在1954年《宪法》的制定过程中，人民对宪法草案发表了若干意见，并且这些意见不同程度地反映在宪法文本之中。所以，"发表意见"即是以一定形式"参与制宪的过程"。总之，在现代社会，人民一般并不直接制宪，但可以通过多种形式参与其中，对宪法草案发表意见即是其中之一，故B选项正确。

本题C选项考查宪法的通过程序。从事实论上讲，1954年《宪法》经第一届全国人民代表大会第一次会议"全票"通过；从规范论上讲，没有任何的正式文件对宪法的通过程序作出规定。C选项叙述的是现行《宪法》第64条关于宪法修改的通过程序，故错误。

本题D选项考查宪法的公布程序。我国1954年《宪法》由第一届全国人民代表大会第一次会议以全国人大公告形式公布。D选项叙述的是普通法律的公布程序，故错误。

综上，答案为B选项。

2.【单项选择题】最高人民法院印发的《人民法院民事裁判文书制作规范》规定："裁判文书不得引用宪法……作为裁判依据，但其体现的原则和精神可以在说理部分予以阐述。"关于该规定，下列哪一说法是正确的？

A. 裁判文书中不得出现宪法条文

B. 当事人不得援引宪法作为主张的依据

C. 宪法对裁判文书不具有约束力

D. 法院不得直接适用宪法对案件作出判决

｜参考答案｜＿＿＿＿＿②

｜设题陷阱与常见错误分析｜

本题题干最大的迷惑性在于，"不得引用宪法……作为裁判依据"的表述似乎与考生平时掌握的基本知识相矛盾，由此，部分考生可能对题干本身就感到困惑，因而ABCD选项中的4个"不"都显得是对题干中"不得"的正确解读。A选项相对比较简单；考生可能会将当事人援引宪法和法官援引宪法混淆起来，从而误选B项；C选项中"宪法对……不具有约束力"的表述本来是比较容易判断的，但由于题干中所引材料的干扰，考生容易认为它就是对题干材料的解读，从而误选C项；D选项似乎与考生平时接触的宪法案例及其精神相矛盾，从而被误以为是错误的。殊不知，该项的表述与题干的意思相吻合，是正确选项。

｜解题思路与方法分析｜

考生答对本题的前提是，需要将比较宪法学上的知识与我国的宪法实践进行一个最基本的区隔；也就是说，事实是一回事，对它的评价是另一回事。考生需要了解制度现实，并结合题干的意思对选项作出准确判断。

首先，既然宪法"体现的原则和精神可以在说理部分予以阐述"，那么法院在裁判文书中就有可能引用宪法的条文进行说理，这是宪法在司法中作用的具体体现，"不得出现宪法条文"这一层意思完全没有出现在题干之中，故A选项是错误的。

其次，所谓"裁判文书不得引用宪法……作为裁判依据"，并不限制当事人援引宪法，也不限制裁判文书中的"原告诉称"和"被告辩称"部分当事人"援引宪法"的情形，故B选项错误；有的考生之所以误选此项，主要是因为对裁判文书的结构和内容本身不了解，即不了解"裁判依据"和"说理部分"的含义。

再次，宪法的效力是最高的，它不仅是立法的基础，而且对执法和司法产生直接的约束力，所以"宪法对裁判文书不具有约束力"的说法

① B
② D

是错误的，C 选项错误。

最后，因为我国的宪法实施具有间接性，不仅如此，间接性的实施方式还更为突出；在我国，法院目前不能直接适用宪法来对案件作出判决，题干中材料表达的正是这一层意思，故 D 选项是正确的。

3.【单项选择题】我国《立法法》第 98 条明确规定："宪法具有最高的法律效力，一切法律、行政法规、地方性法规、自治条例和单行条例、规章都不得同宪法相抵触。"关于这一规定的理解，下列哪一选项是正确的？

A. 该条文中两处"法律"均指全国人大及其常委会制定的法律

B. 宪法只有通过法律和行政法规等下位法才能发挥它的约束力

C. 宪法的最高法律效力只是针对最高立法机关的立法活动而言的

D. 维护宪法的最高法律效力需要完善相应的宪法审查或者监督制度

｜参考答案｜__________①

｜设题陷阱与常见错误分析｜

本题的材料来自《立法法》的法条，但考查的却是宪法的效力、宪法与法律的关系两个知识点。

关于 A 选项，"法律"一词在我国宪法文本中出现频率较高，但它却因语境之不同而具有不同的含义，应区别对待；表面上看这只是一个词语的理解问题，但实际上涉及宪法和法律的关系。考生首先容易犯的错误就是忽略该选项中"该条文中两处"的前提性限制，即忽视对题干中"宪法具有最高的法律效力"中"法律"一词含义的思考，从而误以为该选项是正确的；其次，有的考生虽然注意到这一限制，但对于"宪法具有最高的法律效力"中"法律"一词的含义本身不理解，从而对 A 选项形成错判。

B、C、D 选项分别涉及对宪法效力的直接性、最高性和宪法效力维护的理解，其表述都具有一定的灵活性，考生需对这三个知识点本身理解得非常充分，才有可能作出正确判断。有的考生可能会因为宪法规范具有原则性和纲领性等特点，而把宪法实施的方式与宪法效力混同起来，进而误认为 B 选项是正确的；宪法学中在讨论宪法权威、宪法监督的时候，常常都会涉及司法机关或专门机关审查最高立法机关的法律的合宪性问题，C 选项的表述容易让人联想起合宪性审查中的这一内容，从而误以为宪法的效力只是针对最高立法机关而言的；D 选项相对比较简单。

｜解题思路与方法分析｜

首先，A 选项的准确判断需结合宪法与法律关系的相关知识。法律（不仅仅是宪法）文本中的"法律"具有多种含义，"宪法具有最高的法律效力"中的"法律"是指法的一般特征，即一般性、规范性等，而非特指全国人大及其常委会制定的法律，故 A 选项错误。

其次，宪法效力具有直接性，即宪法对立法行为和依据宪法进行的各种行为产生直接的约束力，故 B 选项中"只有通过……下位法才能发挥它的约束力"的表述是错误的。

再次，虽然题干中宪法的最高效力是针对立法活动而言的，但不能由此推论出宪法的最高效力只是针对立法活动而言的，当然更不能推论出它只是针对"最高"立法机关的立法活动而言的；更何况我国《宪法》第 5 条第 4 款规定："一切国家机关和武装力量、各政党和各社会团体、各企业事业组织都必须遵守宪法和法律……"可见，C 选项错误。

最后，若要维护宪法的最高法律效力，必须完善相应的宪法审查或者监督制度，否则，宪法的最高法律效力就会变成一句空话，故 D 选项正确。

4.【多项选择题】我国《宪法》第 38 条明确规定："中华人民共和国公民的人格尊严不受侵犯……"关于该条文所表现的宪法规范，下列哪些选项是正确的？

A. 在性质上属于组织性规范

B. 通过《民法典》中有关姓名权的规定得

---

① D

到了间接实施

C. 法院在涉及公民名誉权的案件中可以直接据此作出判决

D. 与法律中的有关规定相结合构成一个有关人格尊严的规范体系

| **参考答案** | __________①

| **设题陷阱与常见错误分析** |

本题旨在考查对宪法规范的主要特点及分类的准确理解。常见错误在于：一是不能准确理解组织规范和权利规范的区别；二是不能准确掌握我国宪法实施中的“间接性”特点。

| **解题思路与方法分析** |

本题题干中关于公民人格尊严的规定，就一种角度而言，它表现的是权利性规范，即人格尊严；就另一种角度而言，它表现的又是禁止性规范，即禁止任何组织或者其他人对公民人格尊严的侵犯；但不管怎样，它在性质上不属于“组织性规范”，因为组织性规范主要涉及国家机构部分，故A选项错误。

宪法规范具有原则性，主要通过具体法律规范予以间接实施。《刑法》《民法典》《治安管理处罚法》等法律，对《宪法》中人格尊严条款作出了具体且便于实施的规定，从而使公民的这一基本权利有了法律的实际保障，所以，宪法中的有关人格尊严的规范与法律中的相关规定结合在一起，共同构成了一个有关人格尊严的规范体系。由此可见，本题D选项正确。《民法典》中对姓名权的规定，就实施《宪法》中的人格尊严条款而言，在性质上属于“间接实施”，故B选项正确。但是，按照我国目前的宪法实施状况和法院的实践，我国法院不直接适用《宪法》，即不能直接根据该《宪法》条文作出判决，故C选项错误。

5.【不定项选择题】我国宪法规定了“一切权力属于人民”的原则。关于这一规定的理解，下列选项正确的是：

A. 国家的一切权力来自并且属于人民

B. “一切权力属于人民”仅体现在直接选举制度之中

C. 我国的人民代表大会制度以“一切权力属于人民”为前提

D. “一切权力属于人民”贯穿于我国国家和社会生活的各领域

| **参考答案** | __________②

| **设题陷阱与常见错误分析** |

本题最常见的错误在于，将“一切权力属于人民”狭隘化，有的考生可能认为属于人民就是“属于人民选举”，从而对B项和D项作出错误判断。另外，有的考生可能对C项不能准确理解，它实际上讲的是人民代表大会制度与“一切权力属于人民”在逻辑上的关联——人民代表大会制度的逻辑前提正是“一切权力属于人民”原则。

| **解题思路与方法分析** |

本题主要考查人民主权原则，涉及人民代表大会制度的基本内容。

关于A选项，首先，我国《宪法》第2条第1款明确规定：“中华人民共和国的一切权力属于人民。”这里的“一切权力”指的是“国家的”一切权力。其次，人民是一切权力的享有主体，同时也是一切权力的来源。所以，A选项正确。

关于B选项，“仅体现在直接选举”中的表述是错误的，因为还有间接选举，以及其他各种形式的权力实现途径。故B选项错误。

C选项考查的是人民代表大会制度与“一切权力属于人民”的关系。人民掌握和行使国家权力必须通过一定的组织形式和制度来进行，人民代表大会制度即是这样的组织形式；反过来说，人民代表大会制度以“一切权力属于人民”作为前提和起点，故C选项正确。

我国《宪法》第2条第3款明确规定：“人民依照法律规定，通过各种途径和形式，管理国家事务，管理经济和文化事业，管理社会事务。”可见，人民行使国家权力的途径是多种多样的，反过来说，“一切权力属于人民”的宪法原则贯穿于国家和社会生活的各个领域。因

① BD
② ACD

此,D选项是正确的。

综上,答案为ACD项。

02 考向 国家的基本制度(上)

1.【单项选择题】社会主义公有制是我国经济制度的基础。根据现行《宪法》的规定,关于基本经济制度的表述,下列哪一选项是正确的?

A. 国家财产主要由国有企业组成

B. 城市的土地属于国家所有

C. 农村和城市郊区的土地都属于集体所有

D. 国营经济是社会主义全民所有制经济,是国民经济中的主导力量

| **参考答案** | ________①

| **设题陷阱与常见错误分析** |

本题最容易出现错误的地方在于B项和D项。有的考生可能受C选项的干扰,对"城市的土地"一词作出各种联想和猜测,或者按照自己的理解对"城市的土地"进行界定和分类,而忽略了题干中的限制性条件,即"根据现行《宪法》的规定";也就是说,宪法中已明确规定"城市的土地属于国家所有",而"城市的土地"如何界定则是另一个层面的问题,所以,如果将注意力集中在如何界定和分类"城市的土地"问题上,就容易不选B项。

关于D选项,有的考生可能认为该表述似曾相识,或者它是"书中的原话",而误认为该选项是正确的。殊不知,这样的认识同样都忽略了题干的限制——"根据现行《宪法》的规定"。现行宪法规定的是"国有经济……"而非"国营经济……"国"营"和国"有"的差别,不仅涉及宪法修改的历史和内容,而且涉及我国的经济制度,对我国的基本经济制度本身没有准确理解,就不能对D项作出准确判断。

当然,C选项也容易出错,主要在于"都"属于集体所有这种表述上;相反,如果对《宪法》第10条第2款中"除由法律规定属于国家所有的以外"这一限制或者例外规定比较熟悉的话,则容易作出准确判断。

| **解题思路与方法分析** |

本题考查我国基本经济制度中的公有制问题,涉及现行《宪法》1993年修改的内容。

土地等自然资源是国有经济赖以发展的物质基础,是非常重要的物质财富,是国家财产的重要组成部分;此外,国家机关、事业单位等全民单位的财产也是国有财产的重要组成部分。所以,A项表述不完整,故错误。

《宪法》第10条第1款规定:"城市的土地属于国家所有。"故B项正确。

第10条第2款规定:"农村和城市郊区的土地,除由法律规定属于国家所有的以外,属于集体所有……"可见,农村和城市郊区的土地,只是原则上属于集体所有,宪法允许法律作出例外规定,故C项中"都属于"的表述是错误的。

D项的错误在于"国营经济",准确的表述应当是"国有经济"。1993年《宪法修正案》作了明确修改。考生如果不认真审题或者不理解"国营"与"国有"之间的差别,就容易判断错误。

综上,答案为B项。

2.【多项选择题】我国《宪法》第13条规定:"公民的合法的私有财产不受侵犯。国家依照法律规定保护公民的私有财产权和继承权……"关于这一规定,下列哪些说法是正确的?

A. 国家不得侵犯公民的合法的私有财产权

B. 国家应当保护公民的合法的私有财产权不受他人侵犯

C. 对公民私有财产权和继承权的保护和限制属于法律保留的事项

D. 国家保护公民的合法的私有财产权,是我国基本经济制度的重要内容之一

| **参考答案** | ________②

---

① B

② ABCD

| 设题陷阱与常见错误分析 |

本题难度适中，尤其是A项和B项，考生只要不是严格固守条文字面意思的话，一般都会认为这两项的表述是对题干中条文的准确解释。容易犯错误的在C项和D项。

对于C项，可能有部分考生认为，根据《立法法》第11条第7项的规定，对于非国有财产的征收是法律保留事项，但对于公民私有财产权和继承权的保护和限制不属于法律保留事项。这实际上是对《宪法》第13条的误解：该条既规定了国家“依照法律规定”保护公民的私有财产权和继承权（第2款），也规定了国家为了公共利益的需要，可以“依照法律规定”对公民的私有财产实行征收或者征用（第3款）；也就是说，保护私有财产权和继承权与征收或征用私有财产都属于法律保留的事项，二者不仅不矛盾，而且还是一个问题的两个方面：前者是从公民“权利”的角度来表述，而后者则是从国家“权力”的角度来表述。

关于D项，考生最容易犯错误的地方在于：“国家保护……私有财产权，是我国基本经济制度的重要内容之一”与我国“社会主义经济制度的基础是生产资料的社会主义公有制”的表述并不矛盾；部分考生以《宪法》第6条为依据——我国经济制度的基础是生产资料社会主义公有制，即全民所有制和劳动群众集体所有制，进而主张D项是错误的，这是一种误解。国家保护公民的合法的私有财产权，并非说国家经济制度的基础是私有制，而只是认为其是“我国基本经济制度的重要内容之一”。

| 解题思路与方法分析 |

本题主要考查国家的基本经济制度，涉及对宪法条文背后所蕴含的宪法规范的理解。

宪法条文和宪法规范不是一一对应的关系，一个宪法条文可能蕴含着多个宪法规范。A项和B项考查的正是对宪法条文所蕴含的宪法规范的理解；“公民的合法的私有财产不受侵犯”这个宪法条文实际上蕴含着两个具体的规范：一是“国家不得侵犯公民的合法的私有财产”；二是“国家保护公民的合法的私有财产不受他人侵犯”。故A项和B项正确。

C选项考查的是宪法学上一个重要而基本的知识，那就是“法律保留事项”——题干中“依照法律规定……”属于典型的法律保留事项，即对公民私有财产权和继承权的保护和限制，只能依据“法律”来进行，故C项表述正确。

我国的基本经济制度主要包括两大内容：一是社会主义市场经济体制；二是国家保护社会主义公共财产和公民合法私有财产。2013年《中共中央关于全面深化改革若干重大问题的决定》强调：“公有制经济财产权不可侵犯，非公有制经济财产权同样不可侵犯。”注意D项的表述方式：“国家保护……私有财产权，是我国基本经济制度的重要内容之一。”这句话是对我国基本经济制度的正确解读，它与部分考生所理解的“社会主义经济制度的基础是生产资料的社会主义公有制”并不矛盾。故D选项表述是正确的。

综上，答案为ABCD项。

3.【不定项选择题】我国《宪法》序言规定：“中国共产党领导的多党合作和政治协商制度将长期存在和发展。”关于中国人民政治协商会议，下列选项正确的是：

A. 由党派团体和界别代表组成，政协委员由选举产生

B. 全国政协委员列席全国人大的各种会议

C. 是中国共产党领导的多党合作和政治协商制度的重要机构

D. 中国人民政治协商会议全国委员会和各地方委员会是国家权力机关

| 参考答案 | __________①

| 设题陷阱与常见错误分析 |

中国共产党领导的多党合作和政治协商制度的内容并不多，理解起来也不难，但是有几个点也是考生常常犯错的地方，本题4个选项基本上都涉及了：一是将人大代表和政协委员的产生方式以及将人大与政协混淆起来，从而误选A项和D项；二是错误理解全国政协委员

① C

列席全国人大会议的情况，从而误选 B 项；三是混淆“国家机关”和“重要机构”的表述，从而以为 C 项是错误的。

｜解题思路与方法分析｜

根据上述分析所提示的 4 个要点，我们可以逐一对 4 个选项进行甄别：首先，人民政协不是由“选举”产生，而是由各党派团体“协商”产生，故 A 项错误。

其次，全国政协委员列席全国人大“全体”会议，而不是“各种”会议。全国人大的会议有很多，不是每一种会议，政协委员都列席的，故 B 选项错误。

再次，《中国人民政治协商会议章程》明确规定，“中国人民政治协商会议是中国人民爱国统一战线的组织，是中国共产党领导的多党合作和政治协商的重要机构”，可见 C 选项正确。

最后，政协不是国家机关，且我国《宪法》第 2 条第 2 款明文规定：“人民行使国家权力的机关是全国人民代表大会和地方各级人民代表大会。”故 D 选项错误。

综上，答案为 C 项。

03 考向 国家的基本制度(下)

1.【单项选择题】根据《选举法》和相关法律的规定，关于选举的主持机构，下列哪一选项是正确的？

A. 乡镇选举委员会的组成人员由不设区的市、市辖区、县、自治县的人大常委会任命

B. 县级人大常委会主持本级人大代表的选举

C. 省人大在选举全国人大代表时，由省人大常委会主持

D. 选举委员会的组成人员为代表候选人的，应当向选民说明情况

｜参考答案｜________①

｜设题陷阱与常见错误分析｜

本题考查选举机构，涉及选举程序问题。它最大的迷惑性和干扰性在于两点：一是因为县级以上的人大才设立常务委员会，所以考生容易认为县级人大常委会主持本级人大代表的选举，从而误认为 B 项是正确的；二是受《选举法》第 9 条第 1 款的影响，即“……省、自治区、直辖市、设区的市、自治州的人民代表大会常务委员会主持本级人民代表大会代表的选举”，有的考生可能会认为 C 选项是正确的。其实 C 选项中所涉及的问题不能适用第 9 条第 1 款，因为它说的是省人大在“选举全国人大代表”的时候应该由谁主持的问题，这个问题应该适用《选举法》第 39 条。

另外，对于 D 选项，有的考生可能会认为“应当向选民说明情况”这种表述似乎也没有错误，但问题在于，我国《选举法》和相关法律没有这样的规定；更何况，选举委员会的组成人员本身为代表候选人的，是否“说明情况”不是最重要的，最重要的是“辞去选举委员会”的职务。

A 项的干扰性在于，如果对“选举委员会”的组成没有准确记忆和理解，就会误以为“选举委员会”的成员是“选举”产生的，从而误以为 A 项是错误的。

｜解题思路与方法分析｜

《选举法》第 10 条第 1 款规定：“不设区的市、市辖区、县、自治县的选举委员会的组成人员由本级人民代表大会常务委员会任命。乡、民族乡、镇的选举委员会的组成人员由不设区的市、市辖区、县、自治县的人民代表大会常务委员会任命。”A 选项正确。

《选举法》第 3 条第 2 款明确规定，县级人民代表大会的代表，由选民直接选举；与此相应，该法第 9 条第 2 款规定，不设区的市、市辖区、县、自治县、乡、民族乡、镇设立选举委员会，主持本级人民代表大会代表的选举。可见，B 项是错误的。

C 项的关键在于“在选举全国人大代表时”。也就是说，它指的是省人大在“开会中”的选举，而非《选举法》第 9 条第 1 款“本级人民代表大会代表的选举”。《选举法》第 39 条

① A

明确规定,县级以上地方各级人大在选举上一级人大代表时,由各该级人大主席团主持;另外,人大在举行会议的时候,人大常委会不工作,所以常委会是无法主持人大会议中的选举的。故C项错误。

D项错误的理由在于,不是“向选民说明情况”,而是应当“辞去选举委员会的职务”,依据是《选举法》第10条第2款。

综上,答案为A项。

2.【单项选择题】根据《宪法》和法律的规定,关于民族自治地方自治权,下列哪一表述是正确的?

A. 自治权由民族自治地方的权力机关、行政机关、审判机关和检察机关行使

B. 自治州人民政府可以制定政府规章对国务院部门规章的规定进行变通

C. 自治条例可以依照当地民族的特点对宪法、法律和行政法规的规定进行变通

D. 自治县制定的单行条例须报省级人大常委会批准后生效,并报全国人大常委会备案

| 参考答案 | __________①

| 设题陷阱与常见错误分析 |

本题旨在考查对民族自治地方自治权的准确理解。常见错误在于:一是不能准确掌握自治机关的内容;二是不能准确掌握“进行变通”的条件,尤其是B选项的表述,自治州人民政府虽然属于自治机关,行使自治权,但并不当然可以“进行变通”;三是不能准确理解上位法和下位法的关系。

| 解题思路与方法分析 |

本题A选项考查的是民族自治地方的自治机关。我国《宪法》第112条明确规定:“民族自治地方的自治机关是自治区、自治州、自治县的人民代表大会和人民政府。”可见,民族自治机关只包括自治地方的人民代表大会和人民政府,而人民法院和人民检察院不是自治机关,因而也不行使自治权,故A选项错误。

本题B选项和C选项考查的是自治权行使过程中“进行变通”的条件。《立法法》第85条第2款明确规定:“自治条例和单行条例可以依照当地民族的特点,对法律和行政法规的规定作出变通规定,但不得违背法律或者行政法规的基本原则,不得对宪法和民族区域自治法的规定以及其他有关法律、行政法规专门就民族自治地方所作的规定作出变通规定。”可见,自治条例可以对法律和行政法规作出变通,不得对“宪法”进行变通,故C选项错误。另外,自治地方人民政府虽然有权制定规章,但是无权制定自治条例和单行条例。根据《立法法》第85条第1款的规定,只有民族自治地方的人民代表大会才有权制定自治条例和单行条例,所以自治州的政府规章不能对部门规章进行变通,故B选项错误。

本题D选项考查的是自治条例和单行条例的报备制度。《宪法》第116条明确规定:“……自治州、自治县的自治条例和单行条例,报省或者自治区的人民代表大会常务委员会批准后生效,并报全国人民代表大会常务委员会备案。”《立法法》第109条第3项规定,自治条例和单行条例,应报“全国人民代表大会常务委员会和国务院备案”。可见,下位法增加了报“国务院”备案的规定。但是,D选项是从正面叙述“须报全国人大常委会备案”,与宪法条文一致,且与《立法法》规定不矛盾,因而属于正确选项。

故答案为D选项。

3.【单项选择题】澳门特别行政区依照《澳门特别行政区基本法》(以下简称《澳门基本法》)的规定实行高度自治,享有行政管理权、立法权、独立的司法权和终审权。关于中央和澳门特别行政区的关系,下列哪一选项是正确的?

A. 全国性法律一般情况下是澳门特别行政区的法律渊源

B. 澳门特别行政区终审法院法官的任命和免职须报全国人大常委会备案

C. 澳门特别行政区立法机关制定的法律须报全国人大常委会批准后生效

D.《澳门基本法》在澳门特别行政区的法

---

① D

律体系中处于最高地位,反映的是澳门特别行政区同胞的意志

| **参考答案** | ________①

| **设题陷阱与常见错误分析** |

本题考查中央与特别行政区的关系,涉及特别行政区的法律制度问题。常见错误在于A项和D项。首先,澳门特别行政区享有高度自治权,而且它还保持其原有的法律制度,所以,全国性法律一般不在澳门特别行政区实施,除非《澳门基本法》“附件三”中有例外规定,有的考生可能没有掌握这一点而形成错误判断。其次,有的考生可能没有理解《澳门基本法》的地位,不能充分理解它在我国的法律体系中是属于一种宪法性法律,是由全国人大制定的一部基本法律,从而对D选项形成错误判断。B项和C项相对比较简单。

| **解题思路与方法分析** |

根据《澳门基本法》第18条第2款的规定,“全国性法律除列于本法附件三者外,不在澳门特别行政区实施……”可见,除非有必要且在法律有明确规定的情形下,特别行政区实施的全国性法律才是特别行政区的法律渊源之一,所以一般情况下,全国性法律不是特别行政区的法的渊源,故A选项错误。

根据《澳门基本法》第87条第4款的规定,“终审法院法官的任命和免职须报全国人民代表大会常务委员会备案”。可见,B选项正确。题干中“独立的司法权和终审权”的叙述可能会对该选项的判断形成干扰。

根据《澳门基本法》第17条第2款的规定可知,澳门特别行政区立法机关制定的法律须报全国人大常委会备案,但备案不影响该法律的生效,故C选项错误。

《澳门基本法》虽然在澳门特别行政区的法律体系中居于最高地位,但必须服从于宪法,而且,《澳门基本法》是全国人大制定的,因而反映的是包括澳门特别行政区同胞在内的全国人民的意志,故D选项表述错误。

综上,答案为B项。

4.【多项选择题】某省人大选举实施细则中规定:“本行政区域各选区每一代表所代表的人口数应当大体相等。各选区每一代表所代表的人口数与本行政区域内每一代表所代表的平均人口数之间相差的幅度一般不超过百分之三十。”关于这一规定,下列哪些说法是正确的?

A. 是选举权的平等原则在选区划分中的具体体现

B. “大体相等”允许每一代表所代表的人口数之间存在差别

C. “百分之三十”的规定是对前述“大体相等”的进一步限定

D. 不保证各地区、各民族、各方面都有适当数量的代表

| **参考答案** | ________②

| **设题陷阱与常见错误分析** |

本题涉及的知识点是历年考试的重点,但所运用的材料比较新颖;而且本题并非简单考查考生对相关法条的记忆,而是考查考生对所给材料的准确理解,具有一定的灵活性。难点首先在于对题干意思的把握,其次在于对各选项中法言法语的理解。

应该说,A项、B项和C项本身都不难,但关键是要理解“平等”与“合理差别”的关系,这也是本题的题旨所在。也就是说,选区划分中的平等原则(“大体相等”)并不排除一定的相差幅度(“一般不超过百分之三十”)。反过来,既然地方性法规中规定了“一般不超过百分之三十”,那就是对什么样的差别属于“合理差别”作了界定;只要理解了这几点,就不难判断ABC三项均属正确选项。

D项的迷惑性在于,题干中的规定比较明确而具体,所以实施起来似乎无法“保证”各地区、各民族、各方面都有适当数量的代表。殊不知,应当“保证……”是《选举法》的强制性规定,不得违背;况且应当“保证……”的这种实质平等条款与前述关于形式平等的规定并不矛盾。

---

① B

② ABC

｜解题思路与方法分析｜

本题涉及一个关键条文,即《选举法》第六章"选区划分"第26条:"本行政区域内各选区每一代表所代表的人口数应当大体相等。"而题干所说的"实施细则",实际上就是江苏省人大常委会于2021年修正通过的地方性法规。该细则中所引用的该条规定,实际上就是对《选举法》第26条的细化,因此是进一步将"选举权的平等原则"具体落实了,故A选项是正确的。既然"每一代表所代表的人口数应当大体相等",就表明每一代表所代表的人口数并不是"绝对相同"的,因此,每一代表所代表的人口数是"允许……存在差别"的,故B选项正确。

综上所述,"大体相等"的规定见于《选举法》第26条,但"大体"的范围究竟有多大,《选举法》没有明确;但该地方性法规却予以明确了,即"各选区每一代表所代表的人口数与本行政区域内每一代表所代表的平均人口数之间相差的幅度一般不超过百分之三十",可见,"百分之三十"的规定是对"大体相等"的进一步限定,故C选项正确。

需要注意的是D选项。"保证各地区、各民族、各方面都有适当数量代表"是《选举法》关于地方人大代表的名额(第15条)和全国人大代表名额(第17条)的明确要求。《选举法》第15条第1款明确规定:"地方各级人民代表大会代表名额,由本级人民代表大会常务委员会或者本级选举委员会根据……按照……原则,以及保证各地区、各民族、各方面都有适当数量代表的要求进行分配……"该法第17条第1款亦明确规定:"全国人民代表大会代表名额,由全国人民代表大会常务委员会根据……按照……原则,以及保证各地区、各民族、各方面都有适当数量代表的要求进行分配。"我们可以把"保证各地区、各民族、各方面都有适当数量代表"之规定看作一种在代表名额分配和选区划分中的有关实质平等的规定。所以,D选项"不保证……"的说法是错误的,既有悖于《选举法》的相关规定,也与题干的意思不符。

综上,答案为ABC项。

5.【多项选择题】某村村委会未经村民会议讨论,制定了土地承包经营方案,侵害了村民的合法权益,引发了村民的强烈不满。根据《村民委员会组织法》的规定,下列哪些做法是正确的?

A. 村民会议有权撤销该方案

B. 由该村所在地的乡镇级政府责令改正

C. 受侵害的村民可以申请法院予以撤销

D. 村民代表可以就此联名提出罢免村委会成员的要求

｜参考答案｜__________①

｜设题陷阱与常见错误分析｜

本题旨在考查对村民委员会的权力、职责和法律责任,尤其是对村委会作出错误决定之后的相应处理措施及其法律责任的准确理解。常见错误在于,以乡级政府与村委会并非领导与被领导的关系为由,而误认为乡级政府无权责令村委会改正侵犯村民合法权益或者违反法定义务的做法,从而以为B项不当选。

｜解题思路与方法分析｜

我国《村民委员会组织法》第24条详细规定了须经村民会议讨论决定方可办理的事项,其中包括第4项中所规定的涉及土地承包经营方案的事项。因此,村委会作出的该方案,违反了法定程序。根据该法第23条有关村民会议的权力的规定,村民会议"有权撤销或者变更村民委员会不适当的决定",故A选项正确。

本题B选项涉及乡级政府与村委会的关系。《村民委员会组织法》第27条第2款明确规定:"村民自治章程、村规民约以及村民会议或者村民代表会议的决定不得与宪法、法律、法规和国家的政策相抵触,不得有侵犯村民的人身权利、民主权利和合法财产权利的内容。"而且,该条第3款进一步规定,村民会议的决定违反前款规定的,由乡、民族乡、镇的人民政府责令改正。可见,B选项正确。

《村民委员会组织法》第36条第1款规定:"村民委员会或者村民委员会成员作出的决定侵害村民合法权益的,受侵害的村民可以申请

① ABCD

人民法院予以撤销，责任人依法承担法律责任。”本题题干中明确交代，村委会未经法定程序而制定土地承包经营方案，这个决定本身是违法的，而后果也让村民合法权益受损，故C选项的表述符合第36条第1款之规定，因而是正确的，当选。

《村民委员会组织法》第16条第1款规定：“本村五分之一以上有选举权的村民或者三分之一以上的村民代表联名，可以提出罢免村民委员会成员的要求，并说明要求罢免的理由……”D选项中虽然没有交代具体人数，即1/3以上的代表，但是D项强调的“代表可以就此联名”提出罢免要求，这并不违背该法上有关人数的规定，故D选项正确。

综上，答案为ABCD项。

6.【多项选择题】甲市乙县人民代表大会在选举本县的市人大代表时，乙县多名人大代表接受甲市人大代表候选人的贿赂。对此，下列哪些说法是正确的？

A. 乙县选民有权罢免受贿的该县人大代表

B. 乙县受贿的人大代表应向其所在选区的选民提出辞职

C. 甲市人大代表候选人行贿行为属于破坏选举的行为，应承担法律责任

D. 在选举过程中，如乙县人大主席团发现有贿选行为应及时依法调查处理

｜参考答案｜__________①

｜设题陷阱与常见错误分析｜

本题旨在考查对选举程序的准确掌握，关键在于能够准确运用法条来分析具体案例。题干和选项中涉及多个主体，包括乙县选民、乙县人大代表、乙县人大主席团、甲市人大代表候选人，因此，必须首先弄清楚这几个主体之间的复杂关系。加之每一个选项都涉及一个法律条文，其中D选项更是需要结合两个法条来理解，这加大了考生的选择难度。常见错误在于：一是误认为因乙县选民有权罢免自己选出的代表，而当然可以接受自己选出的代表的辞职，而误选B项；二是认为主席团是一个临时机构，因此无权调查处理贿选行为，而误认为D项是错误的。

｜解题思路与方法分析｜

我国《选举法》第49条规定：“全国和地方各级人民代表大会的代表，受选民和原选举单位的监督。选民或者选举单位都有权罢免自己选出的代表。”县人大代表由选民直接选举产生，选民有权罢免，故A选项正确。

《选举法》第55条第2款规定：“县级的人民代表大会代表可以向本级人民代表大会常务委员会书面提出辞职……”可见，受贿的乙县人大代表应向乙县人大常委会提出辞职，而不是向其所在选区选民提出，故B选项错误。

根据《选举法》第58条第1款第1项的规定，“以金钱或者其他财物贿赂选民或者代表，妨害选民和代表自由行使选举权和被选举权的”，属于破坏选举行为，应该承担相应的法律责任，据此可知，C选项正确。

本题D选项相对比较复杂。《选举法》第59条规定：“主持选举的机构发现有破坏选举的行为或者收到对破坏选举行为的举报，应当及时依法调查处理……”关键是，关于本题所涉及的选举，“主持选举的机构”是哪个机构？《选举法》中有两个条文可以参考，一是该法第9条关于主持选举机构的规定，二是该法第39条关于主持间接选举的机构的规定，由于D选项明确设置了“在选举过程中”的前提条件，这里的“选举过程”当然是指题干中的选举乙县的市人大代表的过程，所以应该适用第39条，而非第9条（此条条文中明确规定是“主持本级人民代表大会代表的选举”）。所以，结合《选举法》第39条的规定，“县级以上的地方各级人民代表大会在选举上一级人民代表大会代表时，由各该级人民代表大会主席团主持”，主持选举的乙县人大主席团发现破坏选举的行为，应当及时依法调查处理，故D选项正确。答案为ACD项。

7.【不定项选择题】杨某与户籍在甲村的

① ACD

村民王某登记结婚后，与甲村村委会签订了“不享受本村村民待遇”的“入户协议”。此后，杨某将户籍迁入甲村，但与王某长期在外务工。甲村村委会任期届满进行换届选举，杨某和王某要求参加选举。对此，下列说法正确的是：

A. 王某因未在甲村居住，故不得被列入参加选举的村民名单

B. 杨某因与甲村村委会签订了“入户协议”，故不享有村委会选举的被选举权

C. 杨某经甲村村民会议或村民代表会议同意之后方可参加选举

D. 选举前应当对杨某进行登记，将其列入参加选举的村民名单

｜参考答案｜__________①

｜设题陷阱与常见错误分析｜

村民委员会制度几乎每年必考，考生需引起重视。尽管大部分考生对这部分知识点都相对较为熟悉，但本题仍然具有一定的难度，这主要是因为题干中的复杂“案情”所致。本题的干扰点主要有两个：一是“入户协议”——看起来杨某已经将自己的选举权放弃了；二是“长期在外务工”——看起来杨某似乎不应该参加选举，或者至少需要征得村民会议同意之类。特别是C选项具有很强的迷惑性和干扰性，因为法律中确有“并且经村民会议或者村民代表会议同意参加选举……”的表述，但实际上，该规定适用的是与题干中“案情”完全不同的情形。

｜解题思路与方法分析｜

本题考查村委会的选举问题，更具体地说，是考查参加村委会选举的村民资格问题。所涉及的法律只有一条，即《村民委员会组织法》第13条。但是题目并不简单，因为它需要考生结合所给事实作出判断，而不是单纯地记忆法律条文。有两个事实值得注意：一是“入户协议”；二是杨某和王某的户籍都在甲村。

《村民委员会组织法》第13条第2款第2项规定，对于“户籍在本村，不在本村居住，本人表示参加选举的村民”的，应当对其进行登记，列入参加选举的村民名单。既然杨某和王某的户籍在甲村，本人又都表示参加选举，故A选项是错误的，而D选项是正确的。至于第13条第2款第3项规定的情形，即“户籍不在本村，在本村居住一年以上，本人申请参加选举，并且经村民会议或者村民代表会议同意参加选举的公民”，应当对其进行登记，综上所述，则不适用于本题题干所说的情形，所以C选项错误。

虽然杨某和甲村村委会签订了放弃“任何村民待遇”的“入户协议”，但进行村委会选举的选举权和被选举权是《宪法》（第34条）和《村民委员会组织法》（第13条第1款）明确赋予每一位年满18周岁公民的权利，非经法定理由和程序不得被剥夺。故B选项的表述是错误的。

综上，答案为D项。

04 考向 公民的基本权利和义务

1.【单项选择题】某市执法部门发布通告：“为了进一步提升本市市容和环境卫生整体水平，根据相关规定，全市范围内禁止设置各类横幅标语。”根据该通告，关于禁设横幅标语，下列哪一说法是正确的？

A. 涉及公民的出版自由

B. 不构成对公民基本权利的限制

C. 在目的上具有正当性

D. 涉及宪法上的合理差别问题

｜参考答案｜__________②

｜设题陷阱与常见错误分析｜

此题A项相对比较容易，只要能理解言论自由和出版自由的区别即可作出准确判断；但其他3个选项看似简单，其实都具有一定的迷惑性。要答对此题，首先必须理解其中的思路，否则就会陷入混乱：先考虑涉及何种权利，再考虑是否对该权利构成限制，继而考虑该限制的目的是否正当（或手段是否必要，此题不涉

① D
② C

及),最后考虑是否涉及公民的平等对待问题。所以,部分考生可能会不理解其中的层次和逻辑,而将 4 个问题(尤其是后 3 个)混为一谈,从而作出错误判断。比如,将“是否对权利构成限制”的问题与“目的是否正当”的问题混淆起来;而在判断目的正当与否时,又将其与“是否对权利构成限制”相混淆。对于 D 选项,考生最重要的是理解“合理差别”这一宪法学上的概念,否则就无法对这一选项作出判断。

| 解题思路与方法分析 |

我国《宪法》第 35 条明确规定:中华人民共和国公民有言论、出版、集会、结社、游行、示威的自由。首先,题干“通告”中提及的“禁止设置各类横幅标语”涉及公民“六项政治自由”中的“言论自由”有可能还涉及经营自由和财产权问题,但无论如何都不涉及“出版自由”,因为“出版自由是指公民可以通过公开出版物的形式,自由地表达自己对国家事务、经济和文化事业、社会事务的见解和看法”,故 A 选项错误。

其次,题干中已明确交代“禁止设置各类横幅标语”,既然是“禁”,这当然构成对公民基本权利(具体而言是言论自由)的限制,至于该“限制”是否正当,则在所不论,故 B 选项错误。

再次,“通告”中已明确表明“禁止设置各类横幅标语”是“为了……市容和环境卫生整体水平”,可见,禁设横幅在目的上是正当的,至于为了达到这个目的而采取限制公民基本权利的手段是否必要,亦在所不论,故 C 选项正确。

最后,“合理差别”与平等权相关,题干中交代“在全市范围内”禁止,则不涉及合理差别(或不合理差别)的问题,故 D 项错误。

综上,答案为 C 项。

2.【多项选择题】张某对当地镇政府干部王某的工作提出激烈批评,引起群众热议,被公安机关以诽谤他人为由行政拘留 5 日。张某的精神因此受到严重打击,事后相继申请行政复议和提起行政诉讼,法院依法撤销了公安机关《行政处罚决定书》。随后,张某申请国家赔偿。根据《宪法》和法律的规定,关于本案的分析,下列哪些选项是正确的?

A. 王某因工作受到批评,人格尊严受到侵犯

B. 张某的人身自由受到侵犯

C. 张某的监督权受到侵犯

D. 张某有权获得精神损害抚慰金

| 参考答案 | ________[①]

| 设题陷阱与常见错误分析 |

本题是案例题,涉及当事人的多种权利,需要考生进行仔细辨别。更重要的是,在对选项作出判断时,须紧扣题干的事实。对于 A 选项,无论是王某自认为还是公安机关认为他已经受到诽谤,与王某的人格尊严受到侵犯本身没有关联;或者说,不能仅仅由“王某因工作受到批评”而直接推出其“人格尊严受到侵犯”。有的考生可能会受到题干中“以诽谤他人为由”这一表述的干扰而误选 A 项。另外,有的考生可能对《国家赔偿法》中关于精神损害抚慰金的规定不熟悉,从而误以为 D 选项是错误的。

| 解题思路与方法分析 |

本题考查的是公民的监督权和获得赔偿权,但题干叙述结合了行政诉讼法方面的知识,具有一定的灵活性。

首先,A 选项具有一定的迷惑性,但是,张某批评的是王某的工作,虽然“激烈”,但并不构成对王某人格尊严的侵犯。故 A 项不当选。

其次,行政拘留是公安机关采取的限制人身自由的惩罚措施。既然题干中交代,法院依法撤销了《公安行政处罚决定书》,那么该行政拘留在法律上就是错误的,构成对当事人张某人身自由的侵犯,故 B 项正确。

最后,《宪法》第 41 条第 1 款规定,公民对于任何国家机关和国家工作人员,有提出批评和建议的权利,张某批评王某的工作,正是在行使这一权利,即学理上概括的“监督权”。但公安机关违法压制张某的批评行为,显然构成对其监督权的侵犯。故 C 项正确。

① BCD

根据《国家赔偿法》第 35 条的规定，使受害人的精神受到严重损害的，应当支付相应的精神损害抚慰金。而题干中明确交代了“张某的精神因此受到严重打击”，可见张某有权获得精神损害抚慰金。故 D 项正确。

综上，答案为 BCD 项。

3.【不定项选择题】基本权利的效力是指基本权利规范所产生的拘束力。关于基本权利效力，下列选项正确的是：

A. 基本权利规范对立法机关产生直接的拘束力

B. 基本权利规范对行政机关的活动和公务员的行为产生拘束力

C. 基本权利规范只有通过司法机关的司法活动才产生拘束力

D. 一些国家的宪法一定程度上承认基本权利规范对私人产生拘束力

| **参考答案** | ________①

| **设题陷阱与常见错误分析** |

本题的难点在于它的理论性，具体而言，考生首先必须理解“何为基本权利的效力”，好在题干已经对此作出了一个简要的解释。但是，对于“产生拘束力”和“产生直接的拘束力”这样的表述，有的考生可能仍然无法准确掌握其中的含义，这是真正的难点所在，A、B、C 项对部分考生而言具有难度。同理，D 项也具有一定的迷惑性，因为有的考生不太明白“基本权利规范对私人产生拘束力”是什么意思，或者说根本就没有听过这种说法。这样的话，当然就不能对 D 项作出准确判断。鉴于此，本题具有较强的区分度。

| **解题思路与方法分析** |

本题考查基本权利的效力，理论性较强，需要真正理解相关知识才能作出准确判断。

首先，所谓基本权利的效力，主要是指基本权利规范对“国家权力”产生的约束力，而且这种拘束力本身不需要通过任何中介产生，而是“直接的”拘束力。A 项“对立法机关产生直接的约束力”的表述是正确的，故当选。

其次，关于基本权利的效力范围——对“国家权力”产生拘束力，当然包括对行政机关（具体而言是“行政机关的活动和公务员的行为”）产生拘束力，故 B 项正确，当选。

再次，对“司法机关的司法活动产生拘束力”，不等于“只有通过司法机关的司法活动才产生拘束力”，因为基本权利规范的效力是直接的，无须通过中介，故 C 项错误，不当选。

最后，D 项考查的是“基本权利的第三人效力”（或“私人间效力”），从文字的叙述来看，命题者显然不打算涉及该理论的具体细节，而是考查考生是否知道宪法学上有这么一种实践和理论，即“承认基本权利规范对私人产生拘束力”。考生只有了解这方面的知识，才能准确作出判断。D 项正确。

综上，答案为 ABD 项。

4.【不定项选择题】我国《宪法》明确规定：“国家为了公共利益的需要，可以依照法律规定对公民的私有财产实行征收或者征用并给予补偿。”关于公民财产权限制的界限，下列选项正确的是：

A. 对公民私有财产的征收或征用构成对公民财产权的外部限制

B. 对公民私有财产的征收或征用必须具有明确的法律依据

C. 只要满足合目的性原则即可对公民的财产权进行限制

D. 对公民财产权的限制应具有宪法上的正当性

| **参考答案** | ________②

| **设题陷阱与常见错误分析** |

本题的难点在于比较理论化。考生需要结合财产权的知识来对“基本权利限制的界限”的相关表述进行判断。四个选项中的“外部限制”“法律依据”“合目的性原则”“宪法上的正当性”表述是解题的关键，同时也是本题的陷阱所在，如果考生在学习中对这些基本的概念没有涉猎或者无法理解，是很难作出准确判

① ABD

② ABD

断的。

| 解题思路与方法分析 |

所谓“公民基本权利限制的界限”包含两层意思:(1)可以对基本权利予以限制;(2)限制本身具有界限,即“限制的限制”。本题结合具体宪法条文考查对“公民财产权限制的界限”的准确理解,有一定的难度。

首先,基本权利的限制分为两种类型:内部限制和外部限制。其中,内部限制是基于权利自身性质的限制,是由权利的冲突引起的,如言论自由与隐私权和人格尊严的冲突。而权利的外部限制,是指从权利外部加诸的,并为宪法的价值目标所允许的制约,国家依法对公民私有财产权实行征收或征用即属此类,故A选项正确。

其次,基本权利的限制主体是立法机关,并且只能是立法机关的“法律”,题干中也明确表明“依照法律规定……”故B项正确。

再次,“合目的性原则”是基本权利的限制的必要条件,但并非充分条件。在实践中需要在目的和手段之间进行比较和权衡。故C选项错误。

最后,D选项涉及基本权利限制的核心问题。所谓“限制的限制”,即是对国家立法机关的限制进行限制,也就是D项中所表述的,“限制应当具有宪法上的正当性”。故D选项正确。

综上,答案为ABD项。

5.【不定项选择题】某县政府以较低补偿标准进行征地拆迁。张某因不同意该补偿标准,拒不拆迁自己的房屋。为此,县政府责令张某的儿子所在中学不为其办理新学期注册手续,并通知财政局解除张某的女婿李某(财政局工勤人员)与该局的劳动合同。张某最终被迫签署了拆迁协议。关于当事人被侵犯的权利,下列选项正确的是:

A. 张某的住宅不受侵犯权

B. 张某的财产权

C. 李某的劳动权

D. 张某儿子的受教育权

| 参考答案 | ________[①]

| 设题陷阱与常见错误分析 |

本题旨在考查对公民基本权利的准确理解。应该说,判断张某的财产权、李某的劳动权和张某儿子的受教育权被侵犯不难,相对而言,本题的难点在于区分财产权和住宅不受侵犯权。考生稍不注意,便可能误以为用于居住的房屋被侵犯,即是对住宅的侵犯,而误选A项。

| 解题思路与方法分析 |

根据《宪法》第13条的规定,国家依照法律规定保护公民的私有财产权和继承权;国家为了公共利益的需要,可以依照法律规定对公民的私有财产实行征收或者征用并给予补偿。既然题干材料中表示,该县县政府“以较低补偿标准”,变相强迫张某拆迁,这就表明张某财产权被侵犯,故B选项正确;在本案中,张某的儿子是无辜的,县政府责令其所在学校不给其办理注册手续,显然侵犯了张某儿子的受教育权,故D选项正确;同理,张某的女婿李某本身也与征地拆迁没有关系,但县政府责令财政局解除其与李某的劳动合同,可见李某的劳动权受到了侵犯,故C选项正确。

《宪法》第39条第1款明确规定:“中华人民共和国公民的住宅不受侵犯。禁止非法搜查或者非法侵入公民的住宅。”同时《刑法》第245条第1款也规定:“非法搜查他人身体、住宅,或者非法侵入他人住宅的,处三年以下有期徒刑或者拘役。”根据这两个条文的规定,以及目前中国宪法学通说,住宅权是人身自由权的延伸,对住宅权的侵犯表现为“随意进入”“搜查”和“查封”,而从题干材料可知,县政府没有这类行为,故不构成对张某住宅的侵犯,A选项错误。

综上,答案为BCD项。

05 考向 国家机构

1.【单项选择题】某县人大闭会期间,赵某

① BCD

和钱某因工作变动，分别辞去县法院院长和检察院检察长职务。法院副院长孙某任代理院长，检察院副检察长李某任代理检察长。对此，根据《宪法》和法律，下列哪一说法是正确的？

A. 赵某的辞职请求向县人大常委会提出，由县人大常委会决定接受辞职

B. 钱某的辞职请求由上一级检察院检察长向该级人大常委会提出

C. 孙某出任代理院长由县人大常委会决定，报县人大批准

D. 李某出任代理检察长由县人大常委会决定，报上一级检察院和人大常委会批准

｜**参考答案**｜__________①

｜**设题陷阱与常见错误分析**｜

本题主要考查地方各级人大常委会的职权，尤其是在"人事任免"上的职权。本来，法院院长和检察长的辞职或任职程序问题并不复杂，但在本案例中，由于法院院长和检察院检察长的辞职行为同时发生，且涉及代理院长和代理检察长的出任程序问题，所以各种程序混在一起之后就显得颇为复杂。根据命题者的思路，本题主要有两个陷阱：一是检察院检察长和法院院长的任职与辞职程序的差别，B项和D项涉及这一问题；二是代理院长和代理检察长的任职程序与院长和检察长的产生程序之区别，C项和D项涉及这一点。另外，提出辞职的程序和提请批准辞职的程序也是不一样的，不仔细区分这一点就会对B项作出错误的判断。

｜**解题思路与方法分析**｜

本题题干交代的是"法律事实"，而选项涉及的是法律规定；它要求考生根据已发生的公法行为来寻找这些行为背后的法律依据，并进一步判断本题4个选项中的表述是否与相关法律规定相符。这就要求考生既要熟悉相关法条，又要结合题干表述作出判断，具有一定的难度。

A项和B项主要依据的是《地方各级人民代表大会和地方各级人民政府组织法》第27条第1款之规定："县级以上的……人民法院院长，人民检察院检察长，可以向本级人民代表大会提出辞职，由大会决定是否接受辞职；大会闭会期间，可以向本级人民代表大会常务委员会提出辞职，由常务委员会决定是否接受辞职。常务委员会决定接受辞职后，报本级人民代表大会备案。人民检察院检察长的辞职，须报经上一级人民检察院检察长提请该级人民代表大会常务委员会批准。"

可见，在县人大闭会期间，县法院院长和检察长可以向本级人大常委会提出辞职，由常委会决定是否接受辞职。题干中交代了"辞职"行为已经发生，且是在"人大闭会期间"，故反向推理可知，赵某的辞职是向县人大常委会提出的，而且是由县人大常委会决定接受的，故A选项正确。

钱某的辞职请求同样是向本级人大常委会提出的，只不过县人大常委会决定接受其辞职之后，须报经上一级检察长提请该级人大常委会批准。B项混淆了"向谁提出"与"由谁批准"的问题，故错误。

C项和D项主要依据的是该法第44条之规定："县级以上的地方各级人民代表大会常务委员会行使下列职权：……（九）……在省长、自治区主席、市长、州长、县长、区长和人民法院院长、人民检察院检察长因故不能担任职务的时候，从本级人民政府、人民法院、人民检察院副职领导人员中决定代理的人选；决定代理检察长，须报上一级人民检察院和人民代表大会常务委员会备案……"从这一规定可以看出，代理院长和代理检察长的人选均由本级人大常委会决定，代理院长无须报人大批准；代理检察长须报上一级检察院和人大常委会"备案"，而不是"批准"。故C项和D项错误。

综上，答案为A项。

2.【单项选择题】根据《国家勋章和国家荣誉称号法》规定，下列哪一选项是正确的？

A. 共和国勋章由全国人大常委会提出授予议案，由全国人大决定授予

B. 国家荣誉称号为其获得者终身享有

---

① A

C. 国家主席进行国事活动，可直接授予外国政要、国际友人等人士“友谊勋章”

D. 国家功勋簿是记载国家勋章和国家荣誉称号获得者的名录

| **参考答案** | ________①

| **设题陷阱与常见错误分析** |

本题考查考生对《国家勋章和国家荣誉称号法》的了解和理解。这部法律的内容较少，看似比较简单，加之它又是从2016年1月1日起才实施的，所以可能没有引起考生足够的重视，从而成为复习的“盲区”。从选项设计来看，ABD三项也都是“似是而非”，不易作出准确判断，尤其是B项和D项：考生看法条的时候，可能只记住了国家勋章和国家荣誉称号“为其获得者终身享有”这一点，而忽略了这句话后面的“但书”以及该法第18条所规定的“撤销”国家勋章和国家荣誉称号的具体情形；D项的陷阱在于“名录”二字：表面看来D项的表述和《国家勋章和国家荣誉称号法》第10条的规定没有出入，但实际上，该法所规定的“国家功勋簿”不仅仅是一个名录而已，而是要专门“记载……功绩”。而C项容易让考生犯糊涂的地方在于“可直接授予”这个表达上，如果考生对法条规定不熟悉，极有可能凭印象推测出“国家主席须根据全国人大常委会的决定授予‘友谊勋章’”这样的规范。可见，考生在复习法条的时候，必须字斟句酌，反复查看和对比，如此方能绕开陷阱。

| **解题思路与方法分析** |

本题考查的是有关国家勋章和国家荣誉称号的法律制度，所对应的知识点主要是全国人大常委会和国家主席的职权；知识点是历年的重点，但所用材料和所考法条却比较新颖。

关于A项，考生只要记住了国家勋章和国家荣誉称号是由“全国人大常委会授予”的这一点，就可以作出准确判断。根据法律的规定，国家勋章和国家荣誉称号的授予权属于全国人大常委会，有关议案的提案权分别属于全国人大常委会委员长会议、国务院和中央军委。具体依据如下：《国家勋章和国家荣誉称号法》第5条第1款规定：“全国人民代表大会常务委员会委员长会议根据各方面的建议，向全国人民代表大会常务委员会提出授予国家勋章、国家荣誉称号的议案。国务院、中央军事委员会可以向全国人民代表大会常务委员会提出授予国家勋章、国家荣誉称号的议案。”接着第6条又规定：“全国人民代表大会常务委员会决定授予国家勋章和国家荣誉称号。”可见，A项错误。

B项的关键在于：国家勋章和荣誉称号是可以依法撤销的。该法第13条规定：“国家勋章和国家荣誉称号为其获得者终身享有，但依照本法规定被撤销的除外。”另外，第18条又规定：“国家勋章和国家荣誉称号获得者因犯罪被依法判处刑罚或者有其他严重违法、违纪等行为，继续享有国家勋章、国家荣誉称号将会严重损害国家最高荣誉的声誉的，由全国人民代表大会常务委员会决定撤销其国家勋章、国家荣誉称号并予以公告。”可见，B项表述错误。

C项的表述具有明确的法律依据，因为《国家勋章和国家荣誉称号法》第8条规定：“中华人民共和国主席进行国事活动，可以直接授予外国政要、国际友人等人士‘友谊勋章’。”故C项正确。

D项的关键在于对法条的理解，该法第10条规定：“国家设立国家功勋簿，记载国家勋章和国家荣誉称号获得者及其功绩。”可见，D项表述与法律规定不相符，故错误。

综上，答案为C项。

3.【单项选择题】根据《宪法》规定，关于全国人大的专门委员会，下列哪一选项是正确的？

A. 各专门委员会在其职权范围内所作决议，具有全国人大及其常委会所作决定的效力

B. 各专门委员会的主任委员、副主任委员由全国人大及其常委会任命

C. 关于特定问题的调查委员会的任期与全国人大及其常委会的任期相同

D. 全国人大及其常委会领导专门委员会的工作

---

① C

| **参考答案** | ________①

| **设题陷阱与常见错误分析** |

本题考查的知识点比较细，涉及《宪法》及《全国人民代表大会组织法》关于全国人大专门委员会和特定问题的调查委员会，难度较大。只要考生对全国人大专门委员会和特定问题的调查委员会的性质有一定了解，选项A和选项C是比较容易排除的选项。本题的难点在于选项B与选项D的表述比较接近，都提到了"全国人大及其常委会"，迷惑性较大。选项B涉及《全国人民代表大会组织法》第34条非常细致的规定，许多考生记忆较为模糊，不知道选项B错在哪里，从而误选了B选项。

| **解题思路与方法分析** |

全国人大审议、讨论、决定的国家重大问题，涉及国家生活中的各个领域，会议提出的议案往往具有很强的专业性。而且，全国人大每年只有一次例会，每次会期一般不超过20日，对诸多问题不可能有充分的时间进行研究、讨论。因此，成立各种委员会有助于保证全国人大立法工作的质量，以便更加及时、准确地决定国家大事。这些委员会可以分为常设性委员会和临时性委员会两大类。常设性的委员会与全国人大及其常委会的任期相同，为5年。临时性委员会主要是指全国人大及其常委会认为必要时，按照某项特定的工作需要组成的，对于特定问题进行调查的委员会。调查委员会的组成人员必须是全国人大代表。调查委员会无一定任期，对特定问题的调查任务一经完成，该委员会即予撤销。因此，选项C错误。

全国人大的常设性委员会主要是指各专门委员会。专门委员会是全国人大辅助性的工作机构，是从代表中选举产生的、按照专业分工的工作机关。它的任务是在全国人大及其常委会的领导下，研究、审议、拟订有关议案。各专门委员会在讨论其所属的专门问题之后，虽然也作出决议，但这种决议必须经过全国人大或者全国人大常委会审议通过之后，才具有国家权力机关所作的决定的效力。在此之前，它只是向全国人大或全国人大常委会提供审议的意见或报告。因此，选项A错误。

根据《全国人民代表大会组织法》第34条第1款的规定："全国人民代表大会设立民族委员会、宪法和法律委员会、监察和司法委员会、财政经济委员会、教育科学文化卫生委员会、外事委员会、华侨委员会、环境与资源保护委员会、农业与农村委员会、社会建设委员会和全国人民代表大会认为需要设立的其他专门委员会。各专门委员会受全国人民代表大会领导；在全国人民代表大会闭会期间，受全国人民代表大会常务委员会领导。"因此，选项D正确。

《全国人民代表大会组织法》第34条第3款规定："各专门委员会的主任委员、副主任委员和委员的人选由主席团在代表中提名，全国人民代表大会会议表决通过。在大会闭会期间，全国人民代表大会常务委员会可以任免专门委员会的副主任委员和委员，由委员长会议提名，常务委员会会议表决通过。"只有全国人大有权表决通过各专门委员会的主任委员，全国人大常委会无权任命各专门委员会的主任委员。但根据《全国人民代表大会组织法》第36条第2款的规定，各专门委员会可根据工作需要任命一定数量的非全国人大代表的专家作委员会的顾问，列席专门委员会会议。

综上，答案为D项。

4.【单项选择题】2015年10月，某自治州人大常委会出台了一部《关于加强本州湿地保护与利用的决定》。关于该法律文件的表述，下列哪一选项是正确的？

A. 由该自治州州长签署命令予以公布

B. 可依照当地民族的特点对行政法规的规定作出变通规定

C. 该自治州所属的省的省级人大常委会应对该决定的合法性进行审查

D. 与部门规章之间对同一事项的规定不一致不能确定如何适用时，由国务院裁决

---

① D

｜参考答案｜__________①

｜设题陷阱与常见错误分析｜

本题的陷阱在于：对题干中《关于加强本州湿地保护与利用的决定》这一法律文件性质的理解产生偏差。一是误以为它只是一般的规范性法律文件，而不属于地方性法规。二是误以为只要是自治州立法机关制定的即为自治条例或者单行条例，而不是一般性的地方性法规，由此可能产生针对B项和C项的错误判断。三是误以为上述决定可以对行政法规作出“变通规定”，或者不存在省级人大常委会对其合法性进行审查的问题。

｜解题思路与方法分析｜

本题的解题关键在于明确自治州的立法权。我国《立法法》第81条第4款明确规定，自治州的人民代表大会及其常务委员会可以依照本条第1款规定行使设区的市制定地方性法规的职权。也就是说，本题题干中的决定在性质上属于地方性法规（非“自治条例”或“单行条例”，因为根据《宪法》第116条、《立法法》第85条，自治条例和单行条例，只能由人大制定，不包括常委会），因此，根据《立法法》第81条第1款的规定，设区的市的地方性法规须报省级人大常委会批准后施行，省级人大常委会“应当对其合法性进行审查”。故C选项正确。

《立法法》第88条第3款规定：“设区的市、自治州的人民代表大会及其常务委员会制定的地方性法规报经批准后，由设区的市、自治州的人民代表大会常务委员会发布公告予以公布。”可见，上述决定由州人大常委会发表公告予以公布。这点切不可与州政府制定的地方政府规章相混淆，故A项错误。

尽管自治州人大享有制定自治条例和单行条例的自治权，但上述决定不属于单行条例的范畴，故不可对行政法规作出变通规定，故B项错误。

根据《立法法》第106条第1款第2项的规定，当地方性法规与部门规章对同一事项的规定不一致，不能确定如何适用时，要分清两种情况，如果是国务院认为适用部门规章的，应该提请全国人大常委会裁决，故D项表述错误。

综上，答案为C项。

5.【多项选择题】根据《宪法》和《立法法》规定，关于法律案的审议，下列哪些选项是正确的？

A. 列入全国人大会议议程的法律案，由法律委员会根据各代表团和有关专门委员会的审议意见，对法律案进行统一审议，向主席团提出审议结果报告和法律草案修改稿

B. 列入全国人大会议议程的法律案，在交付表决前，提案人要求撤回的，应说明理由，经主席团同意并向大会报告，对法律案的审议即行终止

C. 列入全国人大常委会会议议程的法律案，因调整事项较为单一，各方面意见比较一致的，也可经一次常委会会议审议即交付表决

D. 列入全国人大常委会会议议程的法律案，因暂不付表决经过两年没有再次列入常委会会议议程审议的，由委员长会议向常委会报告，该法律案终止审议

｜参考答案｜__________②

｜设题陷阱与常见错误分析｜

在本题中，命题者主要想考查的是考生对立法程序的掌握，尤其是对有关法律案的审议、表决或终止审议等问题的掌握。本题具有一定的难度，这主要是因为4个选项都比较长，且不易找出各选项的重点所在。如果对相关法条不是非常熟悉的话，各项表述都显得似是而非，不易判断。比如，考生可能会对B选项中“提案人要求撤回的，应说明理由”怀有疑问；又如，考生也可能会对C项中“也可经一次常委会会议审议即……”有所犹豫；同理，D项中的“因暂不付表决经过两年没有再次列入常委会会议议程……”也会让考生踌躇不定。虽然就备考的角度而言，法条中有关时间或期限的内容一般不是考查的重点，但是，这些内容一旦出现在选项中，还是会让考生犯难。

---

① C

② ABCD

| 解题思路与方法分析 |

《立法法》规定了全国人大及其常委会的立法权，对法律案的审议是立法权行使的一种形式。本题主要考查全国人大会议和全国人大常委会会议审议法律案的差别。4个选项基本上都是对《立法法》相关法条的重述或者缩写，所以，熟悉法条的表述是解答本题的关键。

《立法法》第23条规定："列入全国人民代表大会会议议程的法律案，由宪法和法律委员会根据各代表团和有关的专门委员会的审议意见，对法律案进行统一审议，向主席团提出审议结果报告和法律草案修改稿，对涉及的合宪性问题以及重要的不同意见应当在审议结果报告中予以说明，经主席团会议审议通过后，印发会议。"可见，A项正确。

《立法法》第25条规定："列入全国人民代表大会会议议程的法律案，在交付表决前，提案人要求撤回的，应当说明理由，经主席团同意，并向大会报告，对该法律案的审议即行终止。"可见，B项正确。

《立法法》第33条规定："列入常务委员会会议议程的法律案，各方面的意见比较一致的，可以经两次常务委员会会议审议后交付表决；调整事项较为单一或者部分修改的法律案，各方面的意见比较一致，或者遇有紧急情形的，也可以经一次常务委员会会议审议即交付表决。"可见，C项正确。

《立法法》第45条规定："列入常务委员会会议审议的法律案，因各方面对制定该法律的必要性、可行性等重大问题存在较大意见分歧搁置审议满两年的，或者因暂不付表决经过两年没有再次列入常务委员会会议议程审议的，委员长会议可以决定终止审议，并向常务委员会报告；必要时，委员长会议也可以决定延期审议。"可见，D项正确。

综上，答案为ABCD项。

6.【多项选择题】《全国人民代表大会常务委员会关于〈中华人民共和国民法通则〉第九十九条第一款、〈中华人民共和国婚姻法〉第二十二条的解释》①规定："公民依法享有姓名权。公民行使姓名权，还应当尊重社会公德，不得损害社会公共利益。"关于该解释，下列哪些选项是正确的？

A. 我国宪法明确规定了姓名权，故该解释属于宪法解释

B. 与《民法通则》和《婚姻法》具有同等效力

C. 由全国人大常委会发布公告予以公布

D. 法院可在具体审判过程中针对个案对该解释进行解释

| 参考答案 | ________②

| 设题陷阱与常见错误分析 |

本题涉及全国人大常委会的立法解释问题。《宪法》第67条第1项和第4项分别规定了全国人大常委会解释宪法的职权和解释法律的职权，但本题题干丝毫未涉及宪法解释问题，故A项提及宪法解释只是命题者的一种障眼法。B项和C项相对比较容易，一个涉及立法解释的效力，另一个涉及立法解释的公布程序，对此《立法法》中均有直接而明确的规定，所以，对这两项，考生相对比较容易判断。难点主要在D项。许多考生可能不明白"对该解释进行解释"是什么意思，还有部分考生仅仅抓住只有全国人大常委会才有法律解释权，因此一看到"法院可……进行解释"就立刻断定这一选项是错误的。殊不知，这里所说的法院解释，是指法院"在具体审判过程中""针对个案"的解释，这种解释不具有普遍的约束力，与《宪法》第67条第4项以及《立法法》第二章第四节所规定的法律解释是两回事。考生不可不注意这一区别。其实这一知识点在法理学部分是有明确提及的。可见，考生在做题时有时需结合不同学科的知识进行综合判断。

| 解题思路与方法分析 |

本题题干中已经明确交代，该解释属于对《民法通则》和《婚姻法》相关条款的解释，所以，该解释应该属于"法律解释"，而不是"宪法解释"，加之我国宪法没有明确规定姓名权，故

① 本法规已失效，此处仅作为题干使用，特此说明。

② BCD

A 选项错误。

《立法法》第 53 条明确规定，全国人大常委会的法律解释同法律具有同等效力，故 B 选项正确。

根据《立法法》第 52 条的规定，法律解释草案通过之后，由全国人大常委会发布公告予以公布，故 C 项表述正确。

在具体适用"法律"（或立法解释）的过程中，法院可以针对个案对该解释作出法律方法论意义上的解释，故 D 项正确。

综上，答案为 BCD 项。

7.【多项选择题】甲市政府对某行政事业性收费项目的依据和标准迟迟未予公布，社会各界意见较大。关于这一问题的表述，下列哪些选项是正确的？

A. 市政府应当主动公开该收费项目的依据和标准

B. 市政府可向市人大常委会要求就该类事项作专项工作报告

C. 市人大常委会组成人员可依法向常委会书面提出针对市政府不公开信息的质询案

D. 市人大举行会议时，市人大代表可依法书面提出针对市政府不公开信息的质询案

| **参考答案** | ________①

| **设题陷阱与常见错误分析** |

本题虽然主要考查地方各级人大常委会的职权，但需要结合相关的法律知识才能准确判断，因而具有一定的综合性。关于 A 选项，如果考生对于行政法中有关"政府信息公开"的知识比较熟悉的话，则不难作出准确判断；B 选项具有较大的迷惑性，因为《各级人民代表大会常务委员会监督法》一般都是从人大常委会对政府的监督角度来进行表述的，但实际上，政府也可以主动向本级人大常委会要求对某一事项向该人大常委会作专项工作报告；C 项和 D 项表述中省去了条文中有关联名人数的规定，而代之以"可依法"的表述，可能反而会对考生形成一定的干扰。

| **解题思路与方法分析** |

本题需结合行政法的相关知识。根据《政府信息公开条例》第 9 条和第 10 条的规定，对于该收费项目的依据和标准，市政府不仅应当主动公开，而且属于重点公开的内容，故 A 选项正确。

根据《各级人民代表大会常务委员会监督法》第 9 条第 2 款的规定："人民政府、人民法院和人民检察院可以向本级人民代表大会常务委员会要求报告专项工作。"B 选项正确。

根据《各级人民代表大会常务委员会监督法》第 35 条第 1 款的规定，设区的市人大常委会组成人员 5 人以上联名、县级人民代表大会常务委员会组成人员 3 人以上联名，可以向常务委员会书面提出对本级人民政府及其部门和人民法院、人民检察院的质询案。C 选项正确。

根据《地方各级人民代表大会和地方各级人民政府组织法》第 28 条第 1 款规定："地方各级人民代表大会举行会议的时候，代表十人以上联名可以书面提出对本级人民政府和它所属各工作部门以及人民法院、人民检察院的质询案……"可见，D 选项正确。

综上，答案为 ABCD 项。

8.【不定项选择题】预算制度的目的是规范政府收支行为，强化预算监督。根据《宪法》和法律的规定，关于预算，下列表述正确的是：

A. 政府的全部收入和支出都应当纳入预算

B. 经批准的预算，未经法定程序，不得调整

C. 国务院有权编制和执行国民经济和社会发展计划、国家预算

D. 全国人大常委会有权审查和批准国家的预算和预算执行情况的报告

| **参考答案** | ________②

| **设题陷阱与常见错误分析** |

本题旨在考查对我国预算制度的准确理解，难点在于需结合全国人大及其常委会、国务

---

① ABCD

② ABC

院的职权进行分析。A 选项的陷阱在于“全部收入”这一表述，在这点上，考生可能会犯“经验主义”错误，误以为只需要将政府的“部分收入和支出”纳入预算；B 选项相对比较简单，但有可能误认为“不得调整”的表述太过绝对而不选；对于 C 选项，考生可能会模糊以为关于国家预算，只是属于人大及其常委会的职权范畴，其实根据宪法的明确规定，国务院有权“编制”和“执行”国家预算；关于国家的预算和预算执行情况的报告，考生可能混淆全国人大与全国人大常委会的职权，而只凭模糊印象作出判断，误以为 D 选项正确。

| **解题思路与方法分析** |

我国《预算法》第 4 条第 2 款明确规定：“政府的全部收入和支出都应当纳入预算。”该法第 13 条规定：“经人民代表大会批准的预算，非经法定程序，不得调整。各级政府、各部门、各单位的支出必须以经批准的预算为依据，未列入预算的不得支出。”由此可知，本题的 A 选项和 B 选项正确。

《宪法》第 89 条关于国务院的职权之第 5 项明确规定：“编制和执行国民经济和社会发展计划和国家预算。”可见，C 选项正确。《宪法》第 62 条第 11 项规定，全国人大有权审查和批准国家的预算和预算执行情况的报告，而根据该法第 67 条第 5 项的规定，全国人大常委会在全国人大闭会期间，只能审查和批准“部分调整方案”，故 D 选项错误。

综上，答案为 ABC 项。

06 考向 宪法的实施与监督

1.【多项选择题】备案审查是宪法监督的重要内容和环节。根据《立法法》规定，对该项制度的理解，下列哪些表述是正确的？

A. 建立规范性文件备案审查机制，要把所有规范性文件纳入审查范围

B. 地方性法规和地方政府规章应纳入全国人大常委会的备案审查范围

C. 全国人大常委会有权依法撤销和纠正违宪违法的规范性文件

D. 提升备案审查能力，有助于提高备案审查的制度执行力和约束力

| **参考答案** | ________①

| **设题陷阱与常见错误分析** |

本题旨在考查有关宪法实施和宪法监督的内容，尤其是备案审查制度。本题需结合我国的宪法监督制度及《立法法》中的相关条文才能作出准确判断。考生容易出错的地方在于 A 项中的“所有规范性文件”、B 项中的“地方政府规章”以及 C 选项中的“纠正”。此三项表述与党的十八届四中全会决定、《宪法》《立法法》文字上不尽一致，需要将相关条文贯通起来作系统的理解。

| **解题思路与方法分析** |

党的十八届四中全会决定明确指出，“加强备案审查制度和能力建设，把所有规范性文件纳入备案审查范围”。注意，这里所说的“纳入备案审查范围”只是抽象而言，并未指明纳入哪个主体的审查范围。它只是强调，对所有规范性文件都应该进行审查，这符合现代法治精神，所以，A 选项表述没有错误，当选。而且，A 选项和 B 选项并没有相互矛盾，因为 A 选项没有说纳入哪一个主体的审查范围，只是宽泛地说“纳入审查范围”，而 B 选项考查的是地方性法规和地方政府规章具体由哪一个主体进行审查的问题。而《立法法》第 109 条第 4 项规定：“部门规章和地方政府规章报国务院备案；地方政府规章应当同时报本级人民代表大会常务委员会备案；设区的市、自治州的人民政府制定的规章应当同时报省、自治区的人民代表大会常务委员会和人民政府备案。”可见，地方政府规章不纳入全国人大常委会的备案审查范围，故 B 选项错误。

党的十八届四中全会决定明确指出，“依法撤销和纠正违宪违法的规范性文件，禁止地方制发带有立法性质的文件”。可见，所有违宪违法的规范性文件都应该依法撤销和纠正。此外，全国人大常委会作为最高国家权力机关

① ACD

的常设机关,当然有权撤销和纠正所有违宪违法的规范性文件,故C选项正确。最后,根据上述决定原文,可知D选项正确。

综上,答案为ACD项。

2.【多项选择题】全国人民代表大会常务委员会《关于实行宪法宣誓制度的决定》于2016年1月1日起实施,并于2018年进行了修订。关于宪法宣誓制度的表述,下列哪些选项是正确的?

A. 该制度的建立有助于树立宪法的权威

B. 宣誓场所应当悬挂中华人民共和国国旗或者国徽

C. 宣誓主体限于各级政府、法院和检察院任命的国家工作人员

D. 最高人民法院副院长、审判委员会委员进行宣誓的仪式由最高人民法院组织

| 参考答案 | __________①

| 设题陷阱与常见错误分析 |

本题考查宪法宣誓制度的内容。总体而言,难度不大。迷惑性较大的是C选项和D选项。首先,有的考生可能将注意力集中在"国家工作人员"上,而忽视了"限于……任命的"这个条件限制。其次,有的考生可能对D选项中"审判委员会委员"的理解有误,以为最高人民法院院长也属于"审判委员会委员",从而以为D选项是错误的。

| 解题思路与方法分析 |

宪法在执法过程中的作用表现为对国家工作人员宪法意识的培养,和其宪法思维的养成,而宪法宣誓制度的建立,则有利于树立宪法的权威。故A选项是正确的。

BCD项主要考查对宪法宣誓制度内容的准确理解。其中,全国人民代表大会常务委员会《关于实行宪法宣誓制度的决定》规定:"宣誓场所应当庄重、严肃,悬挂中华人民共和国国旗或者国徽。"故B选项正确。考生有可能只记住宣誓时应当左手抚按等规定,而忽视了对宣誓场所的要求。

宣誓主体分两大类:一是各级人大和县以上各级人大常委会选举和任命的国家工作人员;二是各级政府、监察委员会、法院和检察院任命的国家工作人员。C选项漏掉了第一类,故错误。

关于宣誓仪式的组织机构相对较为复杂。其中,由全国人大常委会任命或者决定任命的最高人民法院副院长、审判委员会委员、庭长、副庭长等,由最高人民法院组织。故D项正确。

综上,答案为ABD项。

3.【不定项选择题】根据《宪法》和法律,关于我国宪法监督方式的说法,下列选项正确的是:

A. 地方性法规报全国人大常委会和国务院备案,属于事后审查

B. 自治区人大制定的自治条例报全国人大常委会批准后生效,属于事先审查

C. 全国人大常委会应国务院的书面审查要求对某地方性法规进行审查,属于附带性审查

D. 全国人大常委会只有在相关主体提出对某规范性文件进行审查的要求或建议时才启动审查程序

| 参考答案 | __________②

| 设题陷阱与常见错误分析 |

本题考查对我国宪法监督方式的准确理解。容易犯错的地方在于,把世界各国的总体情况与我国的具体情况相混淆。严格而言,附带性审查在我国不存在,但由于选项中的叙述"似曾相识",故容易选错。另外,有的考生可能对《立法法》中有关"备案审查"的内容,尤其是有关全国人大常委会的"启动审查程序"没有准确掌握,从而会误以为D选项是正确的。A、B选项相对较为简单。

| 解题思路与方法分析 |

事后审查,是指在法律、法规和法律性文件颁布实施以后,由特定机关对其是否合宪所进行的审查。由于地方性法规"报备"的程序并不影响该法规的生效,故"备案"是事后审查的

---

① ABD

② AB

方式,A 选项正确。

事先审查通常适用于法律、法规和法律性文件的制定过程,当这些法律、法规和法律性文件尚未正式颁布实施之前,由特定机关对其是否合宪所进行的审查。“批准后生效”属于典型的事先审查方式,选项 B 正确。

附带性审查,是指司法机关“在审理案件过程中”,因提出对所适用的法律、法规和法律性文件是否违宪的问题所进行的合宪性审查。C 选项涉及对“附带性审查”这一监督方式的理解,具有一定迷惑性。全国人大常委会的应要求进行的审查显然不属于这种类型,故 C 选项错误。

根据 2023 年修正的《立法法》第 111 条第 1 款的规定,即“全国人民代表大会专门委员会、常务委员会工作机构可以对报送备案的行政法规、地方性法规、自治条例和单行条例等进行主动审查,并可以根据需要进行专项审查”。可见,D 选项中“只有……才”的表述是错误的。

综上,答案为 AB 项。

2024 年模拟测试

1.【单项选择题】党的十八届四中全会决定明确提出:“加强备案审查制度和能力建设,把所有规范性文件纳入备案审查范围,依法撤销和纠正违宪违法的规范性文件,禁止地方制发带有立法性质的文件。”关于规范性文件的备案,根据《宪法》和法律的规定,下列哪一选项是正确的?

A. 地方监察法规应当在公布后依法报国家监察委员会备案

B. 浦东新区法规、海南自由贸易港法规报送备案时,应当说明变通的情况

C. 以地方政府办公厅(室)名义发布的文件,属于地方政府规章,应当纳入备案范围

D. 乡镇政府制发的文件,应当同时报同级人大常委会和上一级人大常委会备案

2.【单项选择题】我国现行宪法条文中规定了各种内容,比如:①“中华人民共和国全国人民代表大会是最高国家权力机关”;②“婚姻、家庭、母亲和儿童受国家的保护”;③“国家的根本任务是,沿着中国特色社会主义道路,集中力量进行社会主义现代化建设”;④“一切国家机关实行精简的原则”。对此,关于宪法规范,下列哪一说法是正确的?

A. ①中用了“是”而非“应当”,所以该条文表达的是事实,而非规范

B. ②中的“保护”一词说明该条文是权利性规范

C. 由于③只是抽象地规定了国家根本任务,没有具体内容,所以该条文不是宪法规范

D. ④中的“原则”一词说明该条文是原则性规范

3.【单项选择题】某自治州人民代表大会法制委员会召开全体会议,就《某州旅游条例(草案)》进行集中审议;之后,该条例按法定程序获得通过。根据《宪法》和法律的规定,下列哪一选项是正确的?

A. 该法制委员会是该州人大的工作机构

B. 该法制委员会在该州人大闭会期间,受该州人大常委会领导

C.《某州旅游条例(草案)》应报国务院和全国人大常委会备案

D.《某州旅游条例(草案)》必须由该州人大以全体代表的过半数通过

4.【多项选择题】《全国人民代表大会议事规则》第 8 条第 1 款规定:“全国人民代表大会会议举行前,召开预备会议,选举主席团和秘书长,通过会议议程和关于会议其他准备事项的决定。”对此,根据《宪法》和法律,关于全国人

大会议，下列哪些理解是正确的？

A. 全国人大会议由全国人大常委会召集和主持

B. 全国人大每次会议举行预备议会

C. 全国人大主席团可以向全国人大提出属于全国人大职权范围内的议案

D. 全国人大主席团根据会议议程决定会议日程

5.【多项选择题】 甲县乙镇丙村村委会制定的征地补偿费分配方案，引发了部分村民的强烈不满。乙镇人民政府得知，村委会在制定该方案中违反了法定程序，于是责令村委会改正。此事引发民众热议。对此，根据《村民委员会组织法》的规定，下列哪些选项是正确的？

A. 征地补偿费的分配方案须由村民会议讨论决定

B. 征地补偿费用属于丙村成员集体所有

C. 法院可以主动撤销该分配方案

D. 甲县政府可以责令乙镇政府改正，不予干预村民自治范围的事项

6.【不定项选择题】 某县人大代表张某对该县有关农村个人建房的管理工作不满意，依照法定程序联名提出了质询案。关于该质询案，根据《宪法》和法律，下列选项正确的是：

A. 应针对该县人民政府，而非其所属工作部门提出

B. 按照县人大主席团的决定由受质询机关答复

C. 受质询机关必须书面答复

D. 张某如果对受质询机关的答复不满意，可以请求县人大常委会主任会议决定再作答复

参考答案及解析

1.｜参考答案｜ B

｜设题陷阱与常见错误分析｜

本题着重考查规范性文件的备案审查范围。题干中已交代，党中央明确要求“把所有规范性文件纳入备案审查范围”，但难点恰恰在于，如何根据《宪法》和法律来进行具体的判断。

题目具有一定的综合性，要求考生对国家机构的设置、相应的立法权限，以及《立法法》和《各级人民代表大会常务委员会监督法》中关于备案审查的具体规定有比较准确的掌握。错误可能出现在A项和B项，因为“监察法规”和“浦东新区法规”“海南自由贸易港法规”都是相对较新的内容：考生不一定准确掌握了“监察法规”的制定主体，于是把它与“政府规章”作不恰当的类比，也不一定掌握了“浦东新区法规”“海南自由贸易港法规”可以作出“变通规定”这一点，从而对A项和B项作出错误的判断。

C项和D项相对简单一些，只要掌握了有关的基础知识，就不难作出准确判断。

｜解题思路与方法分析｜

首先，《宪法》第124条第4款规定，“监察委员会的组织和职权由法律规定。”而2019年10月26日通过的《全国人民代表大会常务委员会关于国家监察委员会制定监察法规的决定》，只是授权“国家监察委员会”制定监察法规，并且规定：“监察法规应当在公布后的三十日内报全国人民代表大会常务委员会备案。”《立法法》第118条规定：“国家监察委员会根据宪法和法律、全国人民代表大会常务委员会的有关决定，制定监察法规，报全国人民代表大会常务委员会备案。”可见，A项中有关“地方监察法规”及其备案的说法是错误的。

其次，《立法法》第84条规定，上海市人大及其常委会根据全国人大常委会的授权决定，制定浦东新区法规，在浦东新区实施；海南省人大及其常委会根据法律规定，制定海南自由贸易港法规，在海南自由贸易港范围内实施。前述授权决定和授权法律中，明确规定这两类法规可以对法律、行政法规等上位法的规定作出变通规定。同时，《立法法》第109条第5项规定：“根据授权制定的法规应当报授权决定规定的机关备案；经济特区法规、浦东新区法规、海南自由贸易港法规报送备案时，应当说明变通的情况。”可见，B项表述是正确的。

再次，实践中有许多以地方政府办公厅（室）名义发布的文件，但其是地方政府处理日常工作的内部机构，并非“地方政府”本身，根

据《立法法》第93条的规定,其发布的文件不属于地方政府规章,C项表述是错误的。

最后,根据《地方各级人民代表大会和地方各级人民政府组织法》第46条的规定,县级以上人大才设立常委会;可见D项中"乡镇政府制发的文件……报同级人大常委会"的说法是错误的。

综上,答案为B项。

2. | **参考答案** | D

| **设题陷阱与常见错误分析** |

本题考查的知识点是宪法规范,这部分既是重点也是难点。考生不仅要理解宪法条文和宪法规范的关系,也要结合具体条文来理解宪法规范的种类。

我国的宪法条文中有许多语句含有"是"的规定,不能就此理解为只是表达了事实。宪法规定本身具有原则性和抽象性,这是宪法条文的一般特点,但"抽象性"和"概括性"本身不代表这不是"规范"。如果不能理解这两点,就容易对A项和C项作出错误判断。关于规范的种类,首先要区分规则和原则,同时也要对权利性规范和制度性规范作出区分,否则会对B项和D项作出错误判断。本题不仅要求考生熟悉法条,还要理解法条背后的规范含义。

| **解题思路与方法分析** |

首先,"中华人民共和国全国人民代表大会是最高国家权力机关"是确认性规范,对相应主体的行为具有约束力,故A项错误。

其次,权利规范是赋予特定主体权利,使之具有权利主体资格的规范。"婚姻、家庭、母亲和儿童受国家的保护"这一条文,从内容上讲,并没有直接赋予特定主体权利,属于制度性规范,故B项错误。

再次,条文的概括性和规范性是两个不同的范畴,宪法中的国家任务条款因其自身的性质,一般都规定得比较概括,但它同样是规范,而且还是比较重要的规范,只是该规范的实施需要进一步具体化而已,故C项错误。

最后,宪法中有些原则非常重要,从而被认为是宪法的"基本"原则,比如"一切权力属于人民"的原则,但这不代表宪法中的原则性规范只有通常所列举的那些基本原则。加之"一切国家机关实行精简的原则"的条文中明确含有"原则"一词,其内容本身也比较抽象和概括,所以D项表述是正确的。

综上,答案为D项。

3. | **参考答案** | B

| **设题陷阱与常见错误分析** |

本题主要考查对地方人大专门委员会以及地方人大及其常委会立法权限与程序的理解。涉及的法律主要是《地方各级人民代表大会和地方各级人民政府组织法》和《立法法》,具有一定的灵活性和综合性,难度相对较大。

首先,大部分考生对全国人大的"宪法和法律委员会"比较熟悉,知道它是全国人大的专门委员会;一般考生也了解,全国人大常委会有一个工作机构叫"法制工作委员会",因此有考生可能一看到选项A中的"法制委员会",即认为它是一个工作机构,其实它是地方人大的专门委员会,二者的性质是有差别的。

其次,考生一般对地方性法规的备案程序比较熟悉,但C项的迷惑性在于"条例草案",即没有获得正式通过的法律案,还不是真正意义上的"地方性法规",不存在备案问题;有考生可能将C项的重点放在了后半句,即向"国务院和全国人大常委会备案"。

最后,D项的迷惑性与C项有相似之处,可能有考生在审题的时候,将重点放在了后半句,即"过半数通过";但是,虽然题干中交代,该草案是由人大法制委员会进行审议,但并不意味着必须是由该人大通过,它可以由人大常委会通过,因此"必须"的表述是错误的。

| **解题思路与方法分析** |

本题解题的关键在于熟悉掌握地方各级人大的专门委员会,以及地方人大的立法程序。

《地方各级人民代表大会和地方各级人民政府组织法》第30条第1款规定:"省、自治区、直辖市、自治州、设区的市的人民代表大会根据需要,可以设法制委员会、财政经济委员会、教育科学文化卫生委员会等专门委员会……各专门委员会受本级人民代表大会领导;在大会闭会期间,受本级人民代表大会常务委员会领导。”据此可知，题干中的某州人大法制委员会，在性质上属于该州人大的专门委员会，而不是工作机构，因此A项错误；而B项中的表述与该法条的规定一致，是正确选项。

对于C项，如上所述，重点在于理解地方性法规报备的问题，备案只发生在该地方性法规获得正式通过之后，而“草案”是无须报备的。可见C项错误。另外，D项也没有法律依据，属于错误选项。

综上，答案为B项。

4.｜参考答案｜BCD

｜设题陷阱与常见错误分析｜

本题主要考查对全国人大会议的理解，属于较重要的知识点。考生对全国人大会议并不陌生，但是对于会议举行和召开的具体程序可能并不十分熟悉，因此，本题四个选项都具有一定的迷惑性。本题要准确作答，需要对《全国人民代表大会组织法》较为熟悉，尤其是要理解全国人大的各种会议及其相互关系。本题的“题眼”是“预备会议”和“主席团”。有的考生可能不理解“预备会议”是“每次会议”举行前都需要举行的，从而误以为B项错误；还有的考生可能不了解“主席团”如何选出，以及它的职权是怎样，从而无法对C项和D项作出准确判断。A项相对简单一点，但如果不理解全国人大会议是由主席团主持，也有可能误认为A项是正确的。

｜解题思路与方法分析｜

从法律依据上讲，本题考查的是对《全国人民代表大会组织法》的理解和掌握程度，题干中所引条文本身只是作为材料使用，因此并没有超出考试大纲的范畴。

首先，全国人大常委会是全国人大的常设机关，它是在全国人大“闭会期间”，行使宪法和法律赋予的职权。《全国人民代表大会组织法》第8条第2款规定：“全国人民代表大会会议每年举行一次，由全国人民代表大会常务委员会召集……”该法第12条第1款又规定：“主席团主持全国人民代表大会会议。”可见，A项是错误的。

其次，全国人大会议的召开之前，需要对许多事项作出决定，否则会议无法正常进行，比如会议的主持者、会议的议程等。根据《全国人民代表大会组织法》第11条第1款规定：“全国人民代表大会每次会议举行预备会议，选举本次会议的主席团和秘书长，通过本次会议的议程和其他准备事项的决定。”可见，B项是正确的。

再次，《全国人民代表大会组织法》第16条规定：“全国人民代表大会主席团，全国人民代表大会常务委员会，全国人民代表大会各专门委员会，国务院，中央军事委员会，国家监察委员会，最高人民法院，最高人民检察院，可以向全国人民代表大会提出属于全国人民代表大会职权范围内的议案。”可见，C项是正确的。

最后，《全国人民代表大会组织法》第14条第1项规定，主席团根据会议议程决定会议日程。可见，D项是正确的。

综上，正确答案为BCD项。

5.｜参考答案｜AB

｜设题陷阱与常见错误分析｜

关于村民委员会，可以说是常考常新，但本题的思路有所不同，尤其是在题干中直接表明，乙镇人民政府“责令村委会改正”；对此，有的考生可能会认为，镇政府是在干预村民自治，而误认为D项是正确的。另外，有的考生可能记住了，对于村委会侵犯村民权益的情形，法院是可以撤销的，而没有注意C项的说法是法院“主动”撤销，从而误选C项。其实，这是一道融合了《民法典》知识的题目，对于B项的判断，需要熟悉《民法典》的相关规定。

｜解题思路与方法分析｜

首先，《村民委员会组织法》第24条第1款第7项明确规定，征地补偿费的使用、分配方案，需经村民会议讨论决定。因此，A项的说法正确，当选。

其次，根据《民法典》第261条第1款的规定，“农民集体所有的不动产和动产，属于本集体成员集体所有”，故B项正确。

对于C项，《村民委员会组织法》第36条第1款规定：“村民委员会或者村民委员会成员作出的决定侵害村民合法权益的，受侵害的村民可以申请人民法院予以撤销,责任人依法承担法律责任。”但C项的表述却是“法院可以主动撤销该分配方案”,明显与法律规定不符,也与法院的性质和职责不符,故C项是错误的,不当选。

D项,因为根据《村民委员会组织法》第36条第2款的规定,乙镇人民政府是有权力和有义务责令村委会改正的,所以不存在“干预村民自治范围的事项”的问题,故D项错误。

6. | **参考答案** | B

| **设题陷阱与常见错误分析** |

本题考查的是有关质询的程序,题干虽然相对简单,但选项具有一定的综合性。考生需要理解质询是人大行使监督权的一种法定形式,同时,又要准确理解人大的开会程序,以及人大与人大常委会的区别。

质询不同于听取政府工作报告,是可以针对政府所属工作部门提出的,有的考生可能不理解这一点,从而误认为A项是错误的;另外在人大开会期间提出的质询案,需由会议的主持机构作出决定是否由受质询机关答复,有的考生可能没有掌握有关主席团的知识而不能对B项作出准确判断。另外,人大代表的质询案根据法律规定只能在人大会议上提出,此时人大常委会不工作,所以不存在“主任会议”决定的问题。

| **解题思路与方法分析** |

首先,《全国人民代表大会和地方各级人民代表大会代表法》第14条第2款规定:“县级以上的地方各级人民代表大会代表有权依照法律规定的程序提出对本级人民政府及其所属各部门,人民法院,人民检察院的质询案。”可见A项错误。

其次,《全国人民代表大会和地方各级人民代表大会代表法》第14条第5款规定:“质询案按照主席团的决定由受质询机关答复……”可见B项正确。

再次,《地方各级人民代表大会和地方各级人民政府组织法》第24条第2款规定:“质询案由主席团决定交由受质询机关在主席团会议、大会全体会议或者有关的专门委员会会议上口头答复,或者由受质询机关书面答复……”可见C项错误。

最后,《各级人民代表大会常务委员会监督法》第37条有关“再作答复”的规定,是针对常委会组成人员提出的质询案,不适用于本事例,故D项错误。

综上,答案为B项。

方 法 篇

如何解答本学科客观题

考查要求

中国法律史科目属于基础法学,研究的是法的一般问题和普遍规律,目的是获取对法的全面、整体的认识和理解,而不是去研究具体法律的实际应用问题。

但是,这并不意味着中国法律史科目就与法律实务无关。中华文明一脉相承,其中集聚了诸多与治国理政、社会进步相关联的民族智慧,形成了诸多优秀的法律传统。特别是中华文明所特有的一些制度、措施、规范,符合国情,适应社会,在规范社会秩序、推进社会发展方面起到了不可替代的积极作用。另外,四千多年的发展,也存在诸多教训。因此,学习中国法律史的目的不是回到过去的生活中去,而是避免人类在过去生活中曾犯过的那些错误。正如习近平总书记曾指出:“我们的先人们早就开始探索如何驾驭人类自身这个重大课题,春秋战国时期就有了自成体系的成文法典,汉唐时期形成了比较完备的法典。我国古代法制蕴含着十分丰富的智慧和资源,中华法系在世界几大法系中独树一帜。要注意研究我国古代法制传统和成败得失,挖掘和传承中华法律文化精华,汲取营养、择善而用。”①学史增信,通过学习中国法律史,我们能更深刻地感受中华文化的博大精深以及它的优越性、先进性。

在这个意义上,中国法律史试图提供一种法律的历史观,塑造学习者的一种历史眼光,帮助未来的法律职业人历史地看待法律实践问题。因此,法律人对本科目假如仅仅满足于孤立地记忆法制史上的某部法典、某项制度、某个机构甚至某个人名,而不能融会贯通地掌握前人的社会治理经验和智慧,不能从中发现可供当代社会借鉴和利用的宝贵资源,不能做到“古为今用、洋为中用”,都不能说是“通古今之变”的合格法律职业人。

---

① 习近平:《加快建设社会主义法治国家》,载《求是》2015 年第 1 期。

试卷分析

中国法律史科目试题的考点分布比较有规律：**第一，在中国古代法律史和中国近代法律史之间，中国古代法律史知识点更多；第二，往往以涉及多个考点的综合题形式出现。**尤其是国家统一法律职业资格考试实施后，题目的综合性非常强：要么考查一项法律制度在多个朝代的沿革变迁，要么考查一个朝代的多项法律制度，经常考查古代法律制度与法律思想的总体特征。题干材料的阅读难度较大且不拘一格，诗词、成语、民谚均可入题，文言文在理解上有一定的难度。**题目既要关照中国古代法制与中华法系的“共性”与“原则”，又要强调不同时期法律制度与法律思想的“个性”与“例外”。**正如秦代法律以重刑主义为特征，汉代法律以儒家化而著称，谈及宋代法律，就必须关注其在民商事领域的新变化。兼顾共性与个性、原则与例外，这既是考试题目的常规思路，也是考生复习备考的不二法门。此外，需要强调的是，新民主主义革命时期民主政权法制的内容是备考重点，着重把握宪法性文件与司法制度的特点。新民主主义革命时期民主政权包括土地革命战争时期的苏维埃政权、抗日战争时期的抗日民主政权以及解放战争时期的解放区政权，通常统称为革命根据地。革命根据地法制构成了中华人民共和国社会主义法制的制度渊源，并成为当代“法治中国”建设的重要历史底色，因此，该新增内容是不应忽视的。

学科重点

中国法律史是研究中国历史上的法律制度和法律思想的产生、发展、演变及其规律的学问。中国法律史科目主要讲授中国历史上的法律渊源、法律制度、法律思想和法律方法。中国法律史科目时间跨度大，空间范围广，考查内容多，掌握要求高，在国家统一法律职业资格考试中是一个较有难度的科目。就学科性质而言，中国法律史在一定意义上可以看作法学与史学的交叉学科，它既是法学中的子学科，又是史学中的专门史。中国法律史的交叉学科性质为本科目的学习带来了两个挑战：**一是以史学家的眼光看待历史上的法律，二是以法律人的立场对待法律自身的历史。**以史学家的眼光看待法律，要求考生不仅熟悉“史实”，更要具备“史识”。要熟悉史实，就必须过语言关。史学的土壤是史料，中国法律史也不例外。无论是教材中引用的还是考试中使用的材料，多由文言文写成。不具备初步的古汉语功底，难免会犯鲁鱼亥豕的错误，不要说作答，就连审题都会遇到困难。要具备史识，就必须熟练运用辩证唯物主义和历史唯物主义的方法分析问题，对历史上的法律制度和法律实践作出正确的解释和恰当的评价。以法律人的立场对待历史，要求考生受过专业的法学训练，对部门法知识做到如数家珍。对于古今中外的法律制度和法律规定，既能求其“同”（共性），也能辨其“异”（个性）；既能找到其一脉相承的线索，也能发现其演进、变迁的节点。应对上述两个挑战对于考生而言，当然是不容易的。

（一）先秦时期

先秦时期是中国传统法律制度和法律思想的奠基阶段。先秦法律思想有两个重点，一是西周以德配天、明德慎罚、出礼入刑的德治思想，二是法家以法治国、轻罪重刑、刑无等级的法治思想。在法律制度方面，西周六礼与《法经》六篇当然是重点，此外西周司法制度与契约制度也值得关注。

（二）秦汉至魏晋南北朝时期

秦汉至魏晋南北朝时期是中国传统法律制度和法律思想的定型阶段。这一时期法律制度的重点是中国古代律典的产生和逐渐定型，法律思想的重点则是儒家思想对法家法典不断渗透，也就是法律的儒家化。此外,需要注意的是,魏晋南北朝法律制度与法律思想的变迁构成了唐律产生的基础,许多唐代的法律制度在这一时期已出现了雏形,新五刑与重罪十条的产生即是其中最典型的例子。

(三)隋唐宋元时期

隋唐宋元时期是中国传统法律制度和法律思想的发达阶段。隋朝统治者总结秦汉以来在立法、司法等方面的经验和教训,确立了以《开皇律》为代表的隋朝法律制度,在中国法律史上具有重要的承上启下作用。唐朝经历二百九十年,经济发展,国力强盛,中华文明发展至鼎盛。其中,唐朝法律不仅在调整社会关系、维系统治秩序方面起到重要作用,也以其先进的立法原则、完备的法律体系、精湛的立法技术,而成为中国传统法律的成熟形态,代表着中国传统法律的最高水平。两宋法制为适应社会发展变化,在职官管理方面的规范更为系统化,在民事经济立法方面呈现精细化的趋势,在刑事立法方面趋于严苛,但在司法程序方面则尽可能地宽缓。

(四)明清时期

明清时期是中国传统法律制度和法律思想从成熟走向瓦解的阶段。明至清中期的学科重点有二:一是立法原则的变化,尤其是明代重重轻轻原则弱化了唐宋刑律的伦理性,法律的政治职能更加凸显。二是司法制度的变迁,明清三大中央司法机关的职掌分工以及林林总总的会审与慎刑制度应了解掌握。清末是中华法系开始解体、中国近代法律体系开始形成的重要时期。这一时期,中国法制的发展始终交织着两个趋势:法律的近代化与法律的半殖民地化。法律的近代化主要表现为清廷的变法修律和"预备立宪";法律的半殖民地化则主要表现为领事裁判权和会审公廨制度,这体现了中国司法主权的丧失。

(五)民国时期

民国时期是中国法律制度和法律思想近代化转型的重要阶段,又分为南京临时政府、北京政府和南京国民政府三个时期。民国时期相对于前面几个历史时期而言重要性稍有逊色,但也不能完全忽视。民国的三大法律制度,即宪法制度、刑法制度与司法制度,是本时期的重点内容。

(六)新民主主义革命时期

新民主主义革命时期民主政权宪法性文件与司法制度是近年新增的考点,主要包括:《中华苏维埃共和国宪法大纲》、《陕甘宁边区施政纲领》、《陕甘宁边区原则》、陕甘宁边区高等法院、马锡五审判方式、废除《六法全书》等,需要着重从主要内容与意义两方面把握。

复习攻略

在国家统一法律职业资格考试备考过程中,虽然中国法律史在考试中所占的比例相对较小,但分值稳定。

中国法律史的内容纷繁复杂,题目大多考查相当有代表性的知识点,而且尽量在1道题中考查纵贯多个朝代、横跨多项制度的数个知识点。对题目特点有了把握,再去有针对性地复习,可以用最少的时间拿到最多的分数。考生应该重视中国法律史,要有策略、有针对性地进行复习。

答题范例与实战演练

答题范例

| **题目指引** |

法律与法学、法律制度与法学理论的关系可以说是互为表里:任何法律制度背后都有法学理论的支撑,而法学本身就是具有鲜明制度依赖性的学问——法学不能脱离现实中的法律,现行法始终是特定时代法学研究的起点。本题考查的并非某一具体法律制度,而是对于谋杀、故杀等贯穿古代刑法史的重要概念的理解和运用。中国古代法律之所以有别于现代法律和西方法律,就是由于其创造并使用了一批独特的概念和概念群。本题涉及的谋杀与故杀等概念及其区别显然有别于源自西方的现代刑法理论。从古代法律概念入手考查考生对古今之别、中西之异的理解与把握,这是一种非常新颖的考查方式。

| **题　　目** |

【单项选择题】唐朝时,素不相识的陈某与韩某在同一山洞避雨,陈某提议赌钱打发时间,韩某赞同。后韩某获胜,陈某却称韩某要诈而拒不出钱。二人因之争吵进而互殴,争斗中陈某将韩某打死。根据唐代法律学说,下列哪一说法是正确的?

A. 陈某无预谋,系临时起意打死韩某,属"故杀"

B. 陈某恼羞成怒,欲夺赌资故意打死韩某,属"谋杀"

C. 陈某斗殴中不期将韩某打死系无心之失,属"误杀"

D. 陈某无杀人动机,系"以力共戏"打死韩某,属"戏杀"

| **参考答案** | ________①

| **推导过程** |

本题主要考查应试者对"故杀""谋杀""误杀""戏杀"之间的区别的掌握。《唐律》贼盗、斗讼篇中依犯罪人主观意图区分了"六杀",即所谓的"谋杀""故杀""斗杀""误杀""过失杀""戏杀"。唐律的"谋杀"指预谋杀人;"故杀"指事先虽无预谋,但情急杀人时已有杀人的意念;"斗杀"指在斗殴中出于激愤失手将人杀死;"误杀"指由于种种原因错置了杀人对象;"过失杀"指"耳目所不及,思虑所不到",即出于过失杀人;"戏杀"指"以力共戏"而导致杀人。"六杀"理论的出现,反映了唐律对传统杀人罪理论的发展与完善。

故杀是"非因斗争,无事而杀",即双方并非因为斗殴,一方突然起意杀人。这样,从前的贼杀即被新出现的故杀和单独进行的谋杀所分解了。以后明清都继承了唐律对故杀的这一定义,并对之进行了进一步的阐释,从而将谋杀和与谋杀关系最为密切的故杀这一概念相区别。题干中陈某系没有预谋、临时起意将韩某打死,应定"故杀"。故A项正确。

在我国古代法中"谋杀"曾长期被看作必要共犯。《唐律疏议》中,谋杀首先被定义为二人以上的共同犯罪。但在《唐律》中,谋杀的含义已经发生了很大变化,即谋杀不再是必要共犯,单独一人

① A

也可以成为谋杀罪的主体。本案中,陈某是在与韩某争吵、互殴争斗中将韩某打死,并非欲夺赌资故意将后者打死,故B项错误。

古代法中的“误杀”是指由于种种原因错置了杀人对象,不能按现代汉语的用法望文生义。本案仅涉及陈某、韩某二人,不存在错置杀人对象的可能性,故C选项错误。

“戏杀”是指“以力共戏”而导致杀人。本案中,二人因赌钱而引起争执,陈某确无杀人动机,但是也不属于“以力共戏”状况,不符合“戏杀”的规定,陈某打死韩某不应定为“戏杀”。故D项错误。

刷 题 篇

重点考向与真题精粹

01 考向 先秦时期的法律思想与制度

1.【单项选择题】西周商品经济发展促进了民事契约关系的发展。《周礼》载:“听买卖以质剂。”汉代学者郑玄解读西周买卖契约形式:“大市谓人民、牛马之属,用长券;小市为兵器、珍异之物,用短券。”对此,下列哪一说法是正确的?

A. 长券为“质”,短券为“剂”

B. “质”由买卖双方自制,“剂”由官府制作

C. 契约达成后,交“质人”专门管理

D. 买卖契约也可采用“傅别”形式

| **参考答案** | ________①

| **设题陷阱与常见错误分析** |

这种类型的题目要求考生必须准确掌握相关的法制史知识。有考生之所以选错,是因为不了解相关历史知识。

| **解题思路与方法分析** |

西周的买卖契约称为“质剂”,这种契约写在简牍上,一分为二,双方各执一份。《周礼》载,“质”“剂”有别。“质”,是买卖奴隶、牛马所使用的较长的契券;“剂”是买卖兵器、珍异之物所使用的较短的契券。“质”“剂”由官府制作,并由“质人”专门管理。由此可以看出,A选项正确,B、C选项错误。西周的借贷契约称为“傅别”。《周礼》载:“听称责(责同债)以傅别。”为了保证债的履行,要求当事人订立契约“傅别”。“傅”是把债的标的和双方的权利义务等写在契券上;“别”是在简札中间写字,然后一分为二,双方各执一半,札上的字为半文。由此可以看出,D选项错误。

2.【多项选择题】中国古代关于德与刑的关系理论,经历了一个长期的演变和发展过程。下列哪些说法是正确的?

A. 西周时期确立了“以德配天,明德慎罚”的思想,以此为指导,道德教化与刑罚处罚结合,形成了当时“礼”“刑”结合的宏观法制特色

B. 秦朝推行法家主张,但并不排斥礼,也强调“德主刑辅,礼刑并用”

C. 唐律“一准乎礼,而得古今之平”,实现了礼与律的有机统一,成为中华法系的代表

D. 宋朝以后,理学强调礼和律对治理国家具有同等重要的地位,二者“不可偏废”

---

① A

| **参考答案** | ________①

| **设题陷阱与常见错误分析** |

本题难度较大,需要对多个历史时期的德刑关系有所了解。有考生之所以选择错误,原因在于对相关知识点掌握不全面。

| **解题思路与方法分析** |

"以德配天,明德慎罚"的主张代表了西周初期统治者的基本政治观和基本的治国方针。这种主张的提出,不仅解决了汤武革命的合法性问题,而且为西周社会的发展确定了基本的方向。这种法律思想的形成,说明当时的统治者在政治上已趋成熟。"明德慎罚"的法律观影响极为深远,为传统"慎刑"法律思想的渊源。在这种观念的指导下,西周统治者把道德教化即"礼治"与刑罚处罚相结合,形成了西周时期各种具体法律制度以"礼""刑"结合为结构的宏观法制特色,使这一思想深深植根于中国传统政治法律理论中,被后世奉为政治法律制度理想、原则和标本。A 选项的说法正确。

秦朝采用的是法家的治国理念。法家以商鞅为代表,他主张运用法律手段达到建立强大封建政权的目的。在秦孝公支持下,商鞅先后两次实施变法。这两次变法都是以法律法令作为基本手段,把各项改革措施贯彻到政治、经济以及其他社会领域。法家强调依法治国,以吏为师,主张轻罪重刑、不赦不宥,鼓励告奸且实行连坐。B 选项的说法错误。

唐朝承袭和发展了以往礼法并用的统治方法,使法律统治"一准乎礼",真正实现了礼与律的统一。如同唐太宗所说:"失礼之禁,著在刑书。"把封建伦理道德的精神力量与政权法律力量紧密糅合在一起,法的强制力加强了礼的束缚作用,礼的约束力增强了法的威慑力量,从而构筑了严密的统治法网,有力地维护了唐朝统治。唐律是中国传统法典的楷模与中华法系形成的标志,在中国法制史上具有继往开来、承前启后的重要地位。C 选项的说法正确。

宋代以降,在处理德、刑关系上始有突破。著名理学家朱熹首先对"明刑弼教"作了新的阐释。他有意提高了礼、刑关系中刑的地位,认为礼律二者对治国同等重要,"不可偏废"。又从"礼律合一"角度对"明刑弼教"进一步说明:"故圣人之治,为之教以明之,为之刑以弼之,虽其所施或先或后或缓或急。"D 选项的说法正确。

02 考向 秦汉至魏晋南北朝时期的法律思想与制度

1.【单项选择题】"名例律"作为中国古代律典的"总则"篇,经历了发展、变化的过程。下列哪一表述是不正确的?

A.《法经》六篇中有"具法"篇,置于末尾,为关于定罪量刑中从轻从重法律原则的规定

B.《晋律》共 20 篇,在刑名律后增加了法例律,丰富了刑法总则的内容

C.《北齐律》共 12 篇,将刑名与法例律合并为名例律一篇,充实了刑法总则,并对其进行逐条逐句的疏议

D.《大清律例》的结构、体例、篇目与《大明律》基本相同,名例律置首,后为吏律、户律、礼律、兵律、刑律、工律

| **参考答案** | ________②

| **设题陷阱与常见错误分析** |

有的考生认为 A 项错误,从轻从重是唐律的规定。有的考生认为 C 选项也是错误的,《北齐律》是古代的诸法合体形式的法典,何来将名例律称为刑法总则之说,这混淆了现代刑法理论与已经消亡的中华法系古代法典理论。有的考生认为应选 D 项,因为《大清律例》的篇目是 7 篇 36 卷 436 条,而《大明律》是 30 卷 460 条。有的考生认为《大清律例》有丰富的例,包括事例和成例,成例还细化为条例和则例,所以《大清律例》不叫《大清律》,而叫律例。《大明律》在例方面显然与《大清律例》相差很远。这些看法与知识点的掌握不够扎实有关。

| **解题思路与方法分析** |

本题为综合性的题目,有一定难度。这种

---

① ACD

② C

出题类型较为常见，考生需要认真准备。

《法经》是中国历史上第一部比较系统的成文法典。它是战国时期魏国魏文侯的相李悝在总结春秋以来各国成文法的基础上制定的，在中国立法史上具有重要历史地位。《法经》共六篇，按序分别为《盗法》《贼法》《网法》《捕法》《杂法》《具法》。《具法》是关于定罪量刑中从轻从重法律原则的规定，起着“具其加减”的作用，相当于近代刑法典中的总则部分。故A选项的表述正确。

西晋泰始三年，晋武帝诏颁《晋律》，又称《泰始律》。《晋律》对汉魏法律继续改革，精简法律条文，形成20篇602条的格局。与魏律相比，在刑名律后增加法例律，丰富了刑法总则的内容。同时对刑律分则部分重新编排，向着“刑宽”“禁简”的方向迈进了一大步。在《晋律》颁布的同时，律学家张斐、杜预为之作注，总结了历代刑法理论与刑事立法经验，经晋武帝批准颁行，与《晋律》具有同等法律效力。故《晋律》及该注解亦称“张杜律”，故B选项的表述正确。

北齐政权全面总结历代立法经验，历经十余年修成当时最有水准的法典《北齐律》。《北齐律》共12篇，其将刑名与法例律合为名例律一篇，充实了刑法总则；精练了刑法分则，使其成为11篇，即禁卫、户婚、擅兴、违制、诈伪、斗讼、贼盗、捕断、毁损、厩牧、杂律。《北齐律》在中国法律史上起承先启后的作用，对后世的立法影响深远。但是，需要注意的是，当时没有对《北齐律》进行逐条逐句的疏议；而是唐高宗在永徽三年下令召集律学通才和一些重要臣僚对《永徽律》进行了逐条逐句的解释。故C选项的表述不正确。

《大清律例》于乾隆元年开始重新修订。乾隆即位之初，命律令总裁官对原有律例进行逐条考证，重加编辑，于乾隆五年完成，颁行天下。《大清律例》的结构、形式、体例、篇目与《大明律》基本相同，共分名例律、吏律、户律、礼律、兵律、刑律、工律七部分。故D选项的表述正确。

2.【单项选择题】秦统治者总结前代法律实施方面的经验，结合本朝特点，形成了一些刑罚适用原则。对于秦律原则的相关表述，下列哪一选项是正确的？

A. 关于刑事责任能力的确定，以身高作为标准，男、女身高六尺二寸以上为成年人，其犯罪应负刑事责任

B. 重视人的主观意识状态，对故意行为要追究刑事责任，对过失行为则认为无犯罪意识，不予追究

C. 对共犯、累犯等加重处罚，对自首、犯后主动消除犯罪后果等减轻处罚

D. 无论教唆成年人、未成年人犯罪，对教唆人均实行同罪，加重处罚

| **参考答案** | ____________①

| **设题陷阱与常见错误分析** |

秦代的刑罚适用原则内容比较复杂，考生需要对刑事责任的规定、区分故意与过失的原则、盗窃按赃值定罪的原则、共犯罪与集团犯罪加重处罚的原则、累犯加重处罚原则等内容准确掌握，否则容易选错。

| **解题思路与方法分析** |

秦统治者经过长期的司法实践，总结前代的经验，围绕犯罪主体、客体、动机和后果以及其他因素而形成了一些刑罚适用原则。关于刑事责任能力，秦律规定，凡属未成年犯罪，不负刑事责任或减轻刑事处罚。秦律以身高判定是否成年，大约六尺五寸为成年身高标准，低于六尺五寸的为未成年人。故A选项错误。

秦律重视故意与过失犯罪的区别。故意诬告者，实行反坐；主观上没有故意的，按不告不审从轻处理。故B选项错误。

秦律实行共犯罪与集团犯罪加重处罚的原则以及累犯加重处罚的原则。共犯罪与集团犯罪加重处罚的原则，是指秦律在处罚侵犯财产罪时，共犯罪较个体犯罪处罚从重，集团犯罪（5人以上）较一般犯罪处罚从重。累犯加重原则，是指本身已犯罪，再犯诬告他人罪，加重处罚。除去耐为隶臣外，还要判处城旦苦役6年。

① C

对于自首减轻处罚的原则,秦律规定:凡携带所借公物外逃,主动自首者,不以盗窃论处,而以逃亡论处。如隶臣妾在服刑期间逃亡后又自首,只笞五十,补足期限。若犯罪后能主动消除犯罪后果,可以减免处罚。故C选项正确。

秦律实行教唆犯罪加重处罚原则。秦律规定,教唆未成年人犯罪者加重处罚。教唆未满15岁的人抢劫杀人,虽分赃仅为十文钱,教唆者也要处以磔刑。故D选项错误。

3.【多项选择题】董仲舒解说"春秋决狱":"春秋之听狱也,必本其事而原其志;志邪者不待成,首恶者罪特重,本直者其论轻。"关于该解说之要旨和倡导,下列哪些表述是正确的?

A.断案必须根据事实,要追究犯罪人的动机,动机邪恶者即使犯罪未遂也不免刑责

B.在着重考察动机的同时,还要依据事实,分别首犯、从犯和已遂、未遂

C.如犯罪人主观动机符合儒家"忠""孝"精神,即使行为构成社会危害,也不给予刑事处罚

D.以《春秋》经义决狱为司法原则,对当时传统司法审判有积极意义,但某种程度上为司法擅断提供了依据

| **参考答案** | __________①

| **设题陷阱与常见错误分析** |

有的考生认为B项不应选,本题题干表述中只写了首恶罪特重,意思指区分首犯、从犯,但没区分已遂、未遂,因而表述不正确。这些错误看法反映了这些考生认识得不够全面。

| **解题思路与方法分析** |

本题考查对董仲舒"春秋决狱"说的理解,有一定难度。

汉代的《春秋》决狱是法律儒家化在司法领域的反映,其特点是依据儒家经典——《春秋》等著作中提倡的精神原则审判案件,而不仅依据汉律审案。董仲舒在《春秋繁露》篇中对"春秋决狱"做了解说:"春秋之听狱也,必本其事而原其志;志邪者不待成,首恶者罪特重,本直者其论轻。"可见其要旨是:必须根据案情事实,追究行为人的动机;动机邪恶者即使犯罪未遂也不免刑责;首恶者从重惩治;主观上无恶念者从轻处理。这里强调审断时应重视行为人在案情中的主观动机;在着重考查动机的同时,还要依据事实,分别首犯、从犯和已遂、未遂。《盐铁论·刑德》中认为:"春秋之治狱,论心定罪。志善而违于法者免,志恶而合于法者诛。"更指出其以犯罪者的主观动机"心""志"定罪。《春秋》决狱实行"论心定罪"原则,如犯罪人主观动机符合儒家"忠""孝"精神,即使其行为构成社会危害,也可以减免刑事处罚。相反,犯罪人主观动机严重违背儒家倡导的精神,即使没有造成严重危害后果,也要认定犯罪给予严惩。以《春秋》经义决狱为司法原则,对传统的司法和审判是一种积极的补充。但是,如果专以主观动机"心""志"的"善恶",判断有罪无罪或罪行轻重,也往往会成为司法官吏主观臆断和陷害无辜的口实,在某种程度上为司法擅断提供了依据。因此,C项的说法不成立,董仲舒"春秋决狱"说不包含这一意思,而其他三项的表述可以成立。

03 考向 隋唐宋元时期的法律思想与制度

1.【单项选择题】唐代诉讼制度不断完善,并具有承前启后的特点。下列哪一选项体现了唐律据证定罪的原则?

A.唐律规定,审判时"必先以情,审察辞理,反复参验,犹未能决,事须拷问者,立案同判,然后拷讯,违者杖六十"

B.《断狱律》说:"若赃状露验,理不可疑,虽不成引,即据状断之"

C.唐律规定,对应议、请、减和老幼残疾之人"不合拷讯"

D.《断狱律》说:"(断狱)皆须具引律、令、格、式正文,违者笞三十"

| **参考答案** | __________②

| **设题陷阱与常见错误分析** |

本题不但要求考生对唐代诉讼制度的具

① ABD

② B

体内容有准确把握,同时要求考生注意审题,即便选项本身内容正确,但是如果与题干中的提问没有关系也不能选。本题中A、C、D选项内容本身都没有问题,不过其体现的并非唐律据证定罪的原则,因此是错误选项。

| 解题思路与方法分析 |

唐律规定,审判时“必先以情,审察辞理,反复参验,犹未能决,事须拷问者,立案同判,然后拷讯,违者杖六十”。也就是要求在拷讯之前,必须先审核口供的真实性,然后反复查验证据。证据确凿,仍狡辩否认的,经过主审官和参审官共同决定,可以使用刑讯;未经法定程序拷讯的,承审官要负刑事责任。这是规定的刑讯的条件,并非体现的是据证定罪的原则。故A选项错误。

唐律规定,对那些人赃俱获,经拷讯仍拒不认罪的,也可“据状断之”,即根据证据定罪。B选项正确。

唐律规定对两类人禁止适用刑讯,只能根据证据来定罪:一是具有特权身份的人,如应议、请、减之人;二是老幼废疾之人,指年70岁以上15岁以下、一肢废、腰脊折、痴哑、侏儒等。这描述的是禁止刑讯的情形,故C选项错误。

《断狱律》说:“(断狱)皆须具引律、令、格、式正文,违者笞三十。”这主要介绍的是判决时如何引用法律条文。故D选项错误。

2.【单项选择题】元代人在《唐律疏议序》中说:“乘之(指唐律)则过,除之则不及,过与不及,其失均矣。”表达了对唐律的敬畏之心。下列关于唐律的哪一表述是错误的?

A.促使法律统治“一准乎礼”,实现了礼律统一

B.科条简要、宽简适中、立法技术高超,结构严谨

C.是我国传统法典的楷模与中华法系形成的标志

D.对古代亚洲及欧洲诸国产生了重大影响,成为其立法渊源

| 参考答案 | ________①

| 设题陷阱与常见错误分析 |

有的考生认为D选项中的说法正确,是因为对唐律的影响范围把握不准。唐律在中国法制史上具有重要地位,考生应准确掌握相关知识。

| 解题思路与方法分析 |

唐律承袭和发展了以往礼法并用的统治方法,使得法律统治“一准乎礼”,真正实现了礼与律的统一。故A选项的说法正确。

唐朝立法以科条简要,宽简适中为特点。唐律沿袭隋制,实行精简、宽平的原则,定律12篇502条,并为后世所继承。唐律在立法技术上表现出高超的水平,如自首、化外人有犯、类推原则的确定都有充分表现。唐律结构严谨,为举世所公认。故B选项的说法正确。

唐律是中国传统法典的楷模与中华法系形成的标志。唐律在中国法制史上具有继往开来、承前启后的重要地位。唐朝承袭秦汉立法成果,吸收汉晋律学的成就,使唐律表现出高度的成熟性。唐律因具有传统法律的典型性,故对宋元明清产生了深刻影响。故C选项的说法正确。

作为中华法系的代表作,唐律超越国界,对亚洲诸国产生了重大影响。朝鲜的《高丽律》、越南的《刑书》、日本的《大宝律令》都受到了唐律的重大影响,但并未对欧洲诸国产生重大影响。故D选项的说法错误。

3.【单项选择题】唐永徽年间,甲由祖父乙抚养成人。甲好赌欠债,多次索要乙一祖传玉坠未果,起意杀乙。某日,甲趁乙熟睡,以木棒狠击乙头部,以为致死(后被救活),遂夺玉坠逃走。唐律规定,谋杀尊亲处斩,但无致伤如何处理的规定。对甲应当实行下列哪一处罚?

A.按“诸断罪而无正条,其应入罪者,则举轻以明重”,应处斩刑

B.按“诸断罪而无正条,其应出罪者,则举重以明轻”,应处绞刑

C.致伤未死,应处流三千里

---

① D

D. 属于“十恶”犯罪中的“不孝”行为，应处极刑

｜参考答案｜__________①

｜设题陷阱与常见错误分析｜

本题要求对唐律中规定的类推原则的含义有准确的理解，另外还要求考生理解唐律所规定的谋杀尊亲处斩条款中“谋杀”的含义，这里的“谋杀”指的是“谋而未行”以及“行而未伤”，因此其危害性要比谋杀致伤要轻。按照“诸断罪而无正条，其应入罪者，则举轻以明重”的原则，对于危害性小的行为尚且处斩，对于更严重的行为更要处斩，因此选择A选项。

｜解题思路与方法分析｜

《唐律·明例律》规定：“诸断罪而无正条，其应出罪者，则举重以明轻；其应入罪者，则举轻以明重。”即对律文无明文规定的同类案件，凡应减轻处罚的，则列举重罪处罚规定，比照以解决轻案；凡应加重处罚的罪案，则列举轻罪处罚规定，比照以解决重案。如疏议举律文说，谋杀尊亲处斩；但无已伤已杀重罪的条文，在处理已杀已伤尊亲的案件时，通过类推就可以知道更应处以斩刑。又举例说，夜半闯入人家，主人出于防卫，登时杀死闯入者，不论罪。律文没有致伤的条文，但比照规定，杀死已不论罪，致伤更不论罪。唐代类推原则的完善反映了当时立法技术的发达。由此可以看出，A选项正确，B、C选项错误。

所谓“十恶”是隋唐以后历代法律规定中规定的严重危害统治阶级根本利益的常赦不原的十种最严重犯罪。唐律中的十恶包括：谋反、谋大逆、谋叛、恶逆、不道、大不敬、不孝、不睦、不义、内乱。其中不孝是指控祖父母、父母，未经祖父母、父母同意私立门户、分异财产，对祖父母、父母供养有缺，为父母尊长服丧不如礼等不孝行为，由此可以看出，本题案例中的行为不属于不孝，故D选项错误。

4.【单项选择题】随着商品经济的繁荣，两宋时期的买卖、借贷、租赁、抵押、典卖、雇佣等各种契约形式均有发展。据此，下列哪一说法是错误的？

A. 契约的订立必须出于双方合意，对强行签约违背当事人意愿的，要“重蜫典宪”

B. 买卖契约中的“活卖”，是指先以信用取得出卖物，之后再支付价金，且须订立书面契约

C. 付息的消费借贷称为出举，并有“（出举者）不得回利为本”的规定，防止高利贷盘剥

D. 宋代租佃土地契约中，可实行定额租，佃农逾期不交租，地主可诉请官府代为索取

｜参考答案｜__________②

｜设题陷阱与常见错误分析｜

本题考查考生对宋代契约制度的掌握。宋代的契约制度比较复杂，考生必须掌握制度的细节。例如，关于契约的分类，必须对每一种分类的区别有清楚的了解，才能辨别出哪个选项的描述有错误。有的考生之所以选错，就是因为对知识点掌握不够准确所致。

｜解题思路与方法分析｜

《宋刑统》与《庆元条法事类》在买卖之债发生的法律规定上，强调双方的“合意”性，对强行签约违背当事人意愿的，要“重蜫典宪”。同时维护家长的财产支配权，即“应典卖物业，或指明质举，须是家主尊长对钱主或钱主亲信人，当面署押契贴。或妇女难以面对者，须隔帘亲闻商量，方可成交易”。故A选项说法正确。

宋代买卖契约分为绝卖、活卖与赊卖三种。绝卖为一般买卖。活卖为附条件的买卖：当所附条件完成，买卖才算最终成立。赊卖是采取类似商业信用或预付方式，而后收取出卖物的价金。这些重要的交易活动，都须订立书面契约、取得官府承认，才能视为合法有效。故B选项中的说法错误，符合题目要求。

宋代法律因袭唐制，对借与贷进行了区分。借是指使用借贷，而贷是指消费借贷。当时把不付息的使用借贷称为负债，把付息的消费借贷称为出举。并规定“（出举者）不得回利为本”，不得超过规定实行高利贷盘剥。故C选项说法正确。

宋代租佃土地活动十分普遍。在地主与佃

---

① A

② B

农签订租佃土地契约中，必须明定纳租与纳税的条款，或按收成比例收租（分成租），或实行定额租。地主同时要向国家缴纳田赋。若佃农过期不交地租，地主可于每年十月初一到正月三十向官府投诉，由官府代为索取。故 D 选项说法正确。

5.【单项选择题】南宋时，霍某病故，留下遗产值银 9000 两。霍某妻子早亡，夫妻二人无子，只有一女霍甲，已嫁他乡。为了延续霍某姓氏，霍某之叔霍乙立本族霍丙为霍某继子。下列关于霍某遗产分配的哪一说法是正确的？

A. 霍甲 9000 两

B. 霍甲 6000 两，霍丙 3000 两

C. 霍甲、霍乙、霍丙各 3000 两

D. 霍甲、霍丙各 3000 两，余 3000 两收归官府

｜参考答案｜__________①

｜设题陷阱与常见错误分析｜

这类试题的难度较大，需要运用法制史的知识去分析具体的案例。当然，只要考生对相关知识掌握牢固，应该能作出正确选择。

｜解题思路与方法分析｜

南宋时期，在一些地域规定与适用户绝财产继承的办法。户绝指家无男子承继。户绝立继承人有两种方式：凡"夫亡而妻在"，立继从妻，称"立继"；凡"夫妻俱亡"，立继从其尊长亲属，称为"命继"。继子与户绝之女均享有继承权，但只有在室女的（未嫁女），在室女享有 3/4 的财产继承权，继子享有 1/4 的财产继承权；只有出嫁女（已婚女）的，出嫁女享有 1/3 的财产继承权，继子享有 1/3 的财产继承权，另外的 1/3 收为官府所有。由此可以看出，D 选项的说法正确，ABC 选项的说法皆错误。

6.【多项选择题】《唐律疏议·贼盗》载"祖父母为人杀私和"疏："若杀祖父母、父母应偿死者，虽会赦，仍移乡避仇。以其与子孙为仇，故令移配。"下列哪些理解是正确的？

A. 杀害同乡人的祖父母、父母依律应处死刑者，若遇赦虽能免罪，但须移居外乡

B. 该条文规定的移乡避仇制体现了情法并列、相互避让的精神

C. 该条文将法律与社会生活相结合统一考虑，表现出唐律较为高超的立法技术

D. 该条文侧面反映了唐律"礼律合一"的特点，为法律确立了解决亲情与法律相冲突的特殊模式

｜参考答案｜__________②

｜设题陷阱与常见错误分析｜

有的考生认为本题应选 BCD，A 项的说法明显不符合题意；根据题意，指的是杀自己的祖父母而不是杀同乡人的祖父母。有的考生认为 B 选项不正确，唐律在该条文中说的只是杀人犯要移乡避仇，并未让受害者的家人避让，因此并没有体现出相互避让的意味。有的考生认为 B 项明显错误，题干体现的是法律与情理相互兼顾、相互交融的处理结果，而不是相互"避让"；如果说是相互避让，那么其处理结果则是，有情理无法理，有法理无情理；"避让"一词与题干恰好相违背。这些看法是对《唐律疏议·贼盗》中的该条理解有偏颇所致。

｜解题思路与方法分析｜

本题考查对唐律具体条文的理解，有一定难度。

《唐律疏议》又称《永徽律疏》，是唐高宗永徽年间完成的一部极为重要的法典。《永徽律疏》总结了汉魏晋以来立法和注律的经验，不仅对主要的法律原则和制度做了精确的解释与说明，而且尽可能引用儒家经典作为律文的理论根据。《永徽律疏》的完成，标志着中国古代立法达到了最高水平。作为中国传统法制的最高成就，《永徽律疏》全面体现了中国古代法律制度的水平、风格和基本特征，成为中华法系的代表性法典，对后世及周边国家产生了极为深远的影响。《唐律疏议》承袭和发展了以往礼法并用的统治方法，使法律统治"一准乎礼"，真正实现了礼与律的统一；在立法技术上表现出高超的水平。据此，四个选项对《唐律疏议·贼盗》载"祖父母为人杀私和"疏条的理

---

① D

② ABCD

解都能够成立,正确答案为 ABCD 选项。

04 考向 明清时期的法律思想与制度

1.【单项选择题】根据清朝的会审制度,案件经过秋审或朝审程序之后,分四种情况予以处理:情实、缓决、可矜、留养承嗣。对此,下列哪一说法是正确的?

A. 情实指案情属实、罪名恰当者,奏请执行绞监候或斩监候

B. 缓决指案情虽属实,但危害性不能确定者,可继续调查,待危害性确定后进行判决

C. 可矜指案情属实,但有可矜或可疑之处,免于死刑,一般减为徒、流刑罚

D. 留养承嗣指案情属实、罪名恰当,但被害人有亲老丁单情形,奏请皇帝裁决

| **参考答案** | ________①

| **设题陷阱与常见错误分析** |

有考生之所以选择错误选项,原因在于对知识点掌握不牢固。

| **解题思路与方法分析** |

根据清朝的会审制度,案件经过秋审或朝审程序之后,分四种情况予以处理:其一,情实,是指罪情属实、罪名恰当者,奏请执行死刑。故A 选项的说法错误。其二,缓决,是指案情虽然属实,但危害性不大者,可减为流三千里,或发烟瘴极边充军,或再押监候。故 B 选项的说法错误。其三,可矜,是指案情属实,但有可矜或可疑之处,可免于死刑,一般减为徒、流刑罚。故 C 选项的说法正确。其四,留养承嗣,是指案情属实、罪名恰当,但有亲老丁单情形,合乎申请留养条件者,按留养奏请皇帝裁决。必须注意的是,这里指的是犯罪人有这种情形者构成留养承嗣,故 D 选项的说法错误。

2.【单项选择题】1903 年,清廷发布上谕:"通商惠工,为古今经国之要政,急应加意讲求,著派载振、袁世凯、伍廷芳,先定商律,作为则例。"下列哪一说法是正确的?

A.《钦定大清商律》为清朝第一部商律,由《商人通例》、《公司律》和《破产律》构成

B. 清廷制定商律,表明随着中国近代工商业发展,其传统工商政策从"重农抑商"转为"重商抑农"

C. 商事立法分为两阶段,先由新设立商部负责,后主要商事法典改由修订法律馆主持起草

D.《大清律例》、《大清新刑律》、《大清民律草案》与《大清商律草案》同属清末修律成果

| **参考答案** | ________②

| **设题陷阱与常见错误分析** |

清末修律被视为中国法制现代化的起点,是重大的历史事件。本题考查考生对这一历史事件的掌握,考生容易认为 B 选项中的说法是正确的,但是由于我国历代封建统治者都重视农业的发展,即便在清末开始重视工商业,但是并未"重商抑农",充其量是"农商并重",因此B 选项中的说法并不正确。

| **解题思路与方法分析** |

1901 年 1 月奏准颁行的《钦定大清商律》是清朝第一部商律,其内容包括《商人通例》和《公司律》,不包括《破产律》。《破产律》于1906 年 5 月颁行,故 A 选项的说法错误。

在立法指导思想上,清末修律自始至终贯穿着"仿效外国资本主义法律形式,固守中国法制传统"的方针,因此,借用西方近现代法律制度的形式,坚持中国固有的专制制度内容,即成为统治者变法修律的基本宗旨。清末修律时清廷制定商律,虽然表明清廷开始重视工商业的发展,但其传统"重农抑商"的工商政策并未发生实质性改变,并未转化为"重商抑农"的工商政策。B 选项中的说法错误。

清末的商事立法,大致可以分为前后两个阶段:1903—1907 年为第一阶段;1907—1911年为第二阶段。在第一阶段,商事立法主要由新设立的商部负责。在第二阶段,主要商事法典改由修订法律馆主持起草。故 C 选项的说法正确。

---

① C
② C

《大清新刑律》《大清民律草案》《大清商律草案》属清末修律成果，但《大清律例》不属清末修律成果。故D选项的说法错误。

3.【单项选择题】中国历史上曾进行多次法制变革以适应社会的发展。关于这些法制变革的表述，下列哪一选项是错误的？

A. 秦国商鞅实施变法改革，全面贯彻法家"明法重刑"的主张，加大量刑幅度，对轻罪也施以重刑，以实现富国强兵目标

B. 西汉文帝为齐太仓令之女缇萦请求将自己没官为奴、替父赎罪的行为所动，下令废除肉刑

C. 唐代废除了宫刑制度，创设了鞭刑和杖刑，以宽减刑罚，缓解社会矛盾

D.《大清新刑律》抛弃了旧律诸法合体的编纂形式，采用了罪刑法定原则，规定刑罚分为主刑、从刑

| 参考答案 | ________①

| 设题陷阱与常见错误分析 |

有的考生认为B项肉刑并没有废除，只是改革，将部分肉刑改成别的刑罚，但还是存在肉刑的。有的考生认为D选项很明显是错误的，《大清新刑律》对于传统旧律并没有作实质性的修改，特别是附录《暂行章程》依然存在于法典之中，依然保持着旧律传统，并没有抛弃了旧律诸法合体的编纂形式，用词方面不够严谨。这些都是落入了设题陷阱的表现。

| 解题思路与方法分析 |

本题也为综合性的题目，考查的知识点比较多。

公元前359年，法家著名代表人物商鞅在秦国实施变法改革，这是战国时期传统法制发展过程中又一次意义重大的法制改革。此次变法以其更为广泛的内容和更为重大的历史影响而在中国法律发展史上写下重要的一笔，史称"商鞅变法"。作为法家的代表人物，商鞅主张运用法律手段达到建立强大封建政权的目的。他把自己的思想主张与秦国"富国强兵"的要求结合起来。商鞅变法主要包括改法为律，扩充法律内容；全面贯彻法家"以法治国"和"明法重刑"的主张；运用法律手段推行"富国强兵"的措施；用法律手段剥夺旧贵族的特权。故A选项的表述正确。

西汉建立后，重视总结秦亡教训。汉文帝时鉴于当时继续沿用黥、劓、斩左右趾等肉刑，不利于政权的稳固，开始考虑改革肉刑。当时经济发展、社会稳定，出现了前所未有的盛世，为改革刑制提供了良好的社会条件。文帝开始刑罚改革的直接起因是在文帝十三年，齐太仓令获罪当施黥刑，其小女缇萦上书请求将自己没官为奴，替父赎罪，并指出肉刑制度断绝犯人自新之路的严重问题。文帝为之所动，下令废除肉刑。故B选项的表述正确。

北魏时期开始改革以往五刑制度，增加鞭刑与杖刑，后北齐、北周相继采用。同时，北朝与南朝相继宣布废除宫刑，自此结束了使用宫刑的历史。故C选项的表述不正确。注意是魏晋南北朝时期而非唐代废除了宫刑制度，并创设了鞭刑和杖刑。

《大清新刑律》是清廷于1911年1月25日公布的中国历史上第一部近代意义上的专门刑法典，但其仍保持着旧律维护专制制度和封建伦理的传统。它抛弃了旧律诸法合体的编纂形式，以罪名和刑罚等专属刑法范畴的条文作为法典的唯一内容；在体例上抛弃了旧律的结构形式，将法典分为总则和分则；确立了新刑罚制度，规定刑罚分主刑、从刑；采用了一些近代西方资产阶级的刑法原则和刑法制度，如罪刑法定原则和缓刑制度等。故D选项的表述正确。

4.【多项选择题】明太祖朱元璋在洪武十八年（公元1385年）至洪武二十年（公元1387年），手订四编《大诰》，共236条。关于明《大诰》，下列哪些说法是正确的？

A.《大明律》中原有的罪名，《大诰》一般都加重了刑罚

B.《大诰》的内容也列入科举考试中

C."重典治吏"是《大诰》的特点之一

---

① C

D. 朱元璋死后《大诰》被明文废除

| 参考答案 | ______①

| 设题陷阱与常见错误分析 |

此题主要考查对历史事实的掌握，有考生之所以选择错误，是由于对相关历史事实的细节掌握不准确。

| 解题思路与方法分析 |

朱元璋在修订《大明律》的同时，为防止"法外遗奸"，又在洪武十八年（1385 年）至洪武二十年（1387 年），手订四编《大诰》，共 236 条，具有与《大明律》相同的法律效力。明《大诰》集中体现了朱元璋"重典治世"的思想。《大诰》是明初的一种特别刑事法规。《大诰》之名来自儒家经典《尚书・大诰》，原为周公东征殷遗民时对臣民的训诫。明太祖将其亲自审理的案例加以整理汇编，并加上因案而发的"训导"，作为训诫臣民的特别法令颁布天下。《大诰》对于《大明律》中原有的罪名，一般都加重处罚。故 A 选项的说法正确。

《大诰》是中国法制史上空前普及的法规，每户人家必须有一本《大诰》，科举考试也列入《大诰》的内容。故 B 选项的说法正确。

"重典治吏"是《大诰》的一个特点，其中大多数条文专为惩治贪官污吏而定，以此强化统治效能。故 C 选项的说法正确。

明太祖朱元璋死后，《大诰》被束之高阁，不具法律效力，但并未被明文废除。故 D 选项的说法错误。

2024 年模拟测试

1.【单项选择题】《刑案汇览》记载："东抚题：潘云祝等共殴无服族侄潘思收，越二十四日身死。查验尸伤，惟潘云祝踢伤肾囊并左肾子为重，应以拟抵，该抚以伤由足踢，照手足伤保辜将该犯拟以绞候，依例声请。经本部以……该抚遽照手足伤保辜，有无别有依据驳查。去后兹据疏称律无明文，亦无依据，遵照破骨伤保辜，将潘云祝依共殴人致死，下手伤重律，拟绞监候（道光五年案）。"关于本案，下列哪一选项是正确的？

A. 依保辜制度，手足伤人保辜期限为 20 日

B. 若依破骨伤人而论，保辜期限应为 30 日

C. 复核后如无异议，巡抚应直接向皇帝奏报

D. 被判绞监候后，还须经朝审确定是否执行死刑

2.【单项选择题】宋朝，赵某有祖产房屋一座，其父在世时将房屋典与李某，李某（已故）又转典张某，张某转典王某，王某再转典刘某。18 年后，赵某凭父亲遗留的老契欲赎回该房屋。关于本案，下列哪一说法是正确的？

A. 多次转典，且已经超出回赎期限，不能回赎房屋

B. 可以回赎房屋，但须补偿刘某部分钱财

C. 典权人不能转典，法律不予支持

D. 多次转典中的收益超过约定利息额的应归还李某

3.【单项选择题】成语不仅是中华传统文化的重要载体，也传承着对古代法制的历史记忆。对涉及古代法律制度的成语，下列哪一说法是正确的？

A. 三堂会审——又称"三司会审"，指明代刑部、大理寺、御史台共同会审重大疑难案件

B. 五马分尸——车裂，秦代的法外酷刑

C. 十恶不赦——"虽会赦，犹除名"的十种重罪，源自北齐的"重罪十条"

D. 千刀万剐——凌迟，北宋时成为法定死刑的酷刑

参考答案及解析

1. | 参考答案 | C

| 设题陷阱与常见错误分析 |

此题主要考查对保辜的掌握，考生之所以

① ABC

选择错误,是对该考点记忆不准确。

｜解题思路与方法分析｜

唐代以后沿用的保辜制度规定,手足伤人保辜期限为10日,折跌肢体及破骨者保辜期限为50日,据此可知选项A和选项B都是错误的。在清代,总督、巡抚为第四审级,对于死罪案人犯需当堂亲审,如与司府县审供相同,就“具题”向皇帝奏报,选项C是正确的。在清代,对于地方死刑(绞斩)监候案须经秋审程序复核,再定是否执行,选项D是错误的。

2. ｜**参考答案**｜B

｜**设题陷阱与常见错误分析**｜

此题主要考查对不动产典卖的回赎期、与典权人相关知识的掌握,需要记忆准确。

｜**解题思路与方法分析**｜

不动产典卖又称“活卖”,其回赎期一般为30年,选项A错误;可由典权人再行出典,C选项错误;收益超过约定利息不需归还(归还超出部分为倚当),D选项错误。B选项正确,在司法实践中,年代比较久远的典契一般在回赎时都需要补偿典权人一定的钱财。

3. ｜**参考答案**｜C

｜**设题陷阱与常见错误分析**｜

本题涉及多个历史时期的罪名、刑罚和司法制度,需要考生对本科目内容有宏观上的整体把握和对具体考点的精确记忆,印象稍有模糊就会失分。

｜**解题思路与方法分析**｜

明代改御史台为都察院,参与三司会审的应为刑部、大理寺、都察院,故A选项错误。车裂在秦代为法定的死刑执行方式之一,并非法外酷刑,故B选项错误。“十恶”源自北齐的重罪十条,为常赦所不原,且不适用八议等规定,故C选项正确。凌迟源自辽代,北宋仁宗、神宗时已有使用,但法定却要等到南宋宁宗庆元年间,故D选项错误。

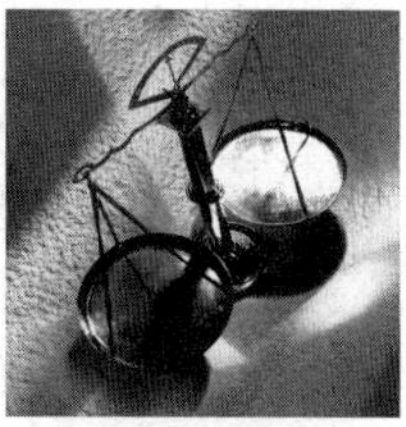

方 法 篇

如何解答本学科客观题

考查要求

国际法科目反映的实务类型主要是当代国际法实践中的热点问题和焦点问题,特别是涉及中国国家利益的国际法实践,但试题的题干与选项设计通常既能反映国际法热点问题涉及的关键国际法知识点,也不会涉及过于敏感的国际政治与法律问题,不会与国际法实践的热点问题完全雷同。

本科目所反映的法律法规主要是中国加入或缔结的重要国际条约以及中国颁布的涉及国际法的国内法。从历年试题来看,除个别题目专门对理论性问题进行考查外,绝大多数的试题均采取案例来回应学科知识的考查方式,即针对重要的知识点,提炼出具有代表性的案例题,考查考生的知识运用能力。此种命题特点偏重灵活性和应用性提示考生对于国际法科目的学习或复习要摆脱重点的圈划和简单的知识性记忆,要对国际法的知识体系进行立体掌握,关注国际法实践中的热点和重点问题,注重相关知识的实践运用。

试卷分析

本科目重点考查国际法知识体系中既有理论重要性又有实践重要性的知识点,尤其是那些对于中国维护国家和公民权益特别重要以及与世界和平安全紧密相关的制度和规则。例如,近年来随着中国维护海洋权益迫切性的增强,对海洋法,尤其是海洋权益纠纷解决方法的考查成为重点;这提示考生在复习本科目时需要关注中国涉外事务中重大和热点问题涉及的关键国际法知识点。

考生将国际法知识运用于解决实践问题的能力是国家统一法律职业资格考试考查的重点。另外需要注意的是,本科目的考题也呈现跨学科考查知识点的趋势,即在一个考题中,同时出现国际法、国际私法、国际经济法或其他相关部门法知识点的考题。例如,关于国籍制度和外国人的出入境制度的考题,可能同时出现国际法以及国际私法知识点;关于国际争端的考题,可能同时出现国际法与国际经济法的知识点。所以,考生一方面需对本科目考试大纲中涉及的知识点进行系统掌握,另一方面须提高法律学习的系统性,并在复习过程中注意加强相关学科知识点的融会贯通和综合理解,提高综合灵活运用多个部门法解决实践问题的能力。

学科重点

国际法,也称国际公法,一般是指在国际交往中形成的,用以调整国际关系(主要是国家间关系)的,有法律约束力的原则、规则和制度的总称。国际法主要用于调整国家之间法律关系的原则、规则和制度,涉及国家间政治、经济、法律、文化和科学交往的各个领域,是确立国家交往的行为规范和维护国际社会正常秩序的法律标准。当今世界面临“百年未有之大变局”,中华民族进入伟大复兴的关键战略期,党中央将“统筹推进国内法治和涉外法治”确立为新时代全面依法治国必须做到的“十一个坚持”之一。在此背景下,涉外法治人才培养受到前所未有的重视、被提升到前所未有的高度,学习和掌握国际法知识,具备运用国际法规则维护国家权益的能力因而具有特别重要的理论和现实意义。

国际法的知识体系庞杂,涵盖面极广,包括国际法原理、国际法主体、海洋法、空间法、条约法、国际组织法、争端解决以及战争与武装冲突法等。当代国际格局的深刻演进,又促使国际法理论与实践处于快速发展状态,因此,考生系统学好国际法,首先需要对国际法知识框架的逻辑结构有所掌握和思考。详见图1。

- 国际法
  - 一、国际法导论:性质、渊源、与国内法的关系、基本原则
  - 二、国际法的主体与国际法律责任
    - 国际法主体
      - 国家:管辖权、主权豁免、承认、继承
      - 国际组织:联合国及其法律制度、专门性国际组织及其法律制度、中国与国际组织
    - 法律责任:国家不当行为责任、国际赔偿责任
  - 三、国际法上的空间划分
    - 领土法:领土主权、边界和边境、两极地区
    - 海洋法:内海、领海、毗连区、专属经济区、大陆架、公海、国际海底区域
    - 空间法:空气空间法、外层空间法
  - 四、国际法上的个人:国籍制度、外国人在中国、外交保护、引渡和庇护
  - 五、外交关系与领事关系法
    - 使馆、外交官特权与豁免
    - 领馆、领事官员特权与豁免
  - 六、条约法
    - 条约的缔结(实质条件、程序、保留)
    - 条约的效力(对第三国的效力、条约的冲突)
    - 条约的修订和暂停执行
  - 七、国际争端的和平解决
    - 政治解决方法(谈判与协商、斡旋与调停、其他)
    - 法律解决方法(仲裁、司法或准司法)
  - 八、战争与武装冲突法
    - 对作战手段和方法的限制(区分原则、限制作战手段和方法原则)
    - 战俘待遇(战斗员地位、战俘的权利与义务)

图1　国际法知识体系思维导图

由于国际法的知识体系极其庞杂,涉及的知识点众多,考生复习国际法须对本科目的考查

重点和考查思路有清晰认识,并在此基础上制定科学合理的复习备考方案。**从历年试题来看,着重考查考生对国际法主要制度与知识是否准确掌握,是否能将之运用于研究与解决国际法实践中的热点和重点问题,特别是中国当前面临的国际法问题。**因此,考试考查的重点是国际法知识体系中既有理论重要性又有实践重要性的知识点,尤其是对于中国维护国家和公民权益具有重要现实意义以及与世界和平安全紧密相关的制度和规则,主要包括:国际法上的管辖权、主权豁免、联合国体系、领土主权、边界和边境、两极地区、海洋法的重点知识、国籍制度、外国人在中国、引渡和庇护、外交与领事关系法、条约法、国际争端解决以及国际战争法等。国际法的渊源主要为国际条约。由于当代国际条约种类繁多,数量众多,对国际条约进行系统学习和掌握要花费极大的精力,故建议紧扣《国家统一法律职业资格考试辅导用书》的内容展开重点复习,以提高复习应试的效率和针对性。

从历年试题来看,国际法科目的考点分布相对稳定,以下知识点是考生须重点关注的:国际法上的管辖权种类、联合国大会、安理会、领土的取得方式、边界和边境制度、两极地区的法律地区、毗连区的法律制度、专属经济区和大陆架的法律制度、群岛水域和国际海峡、公海与国际海底区域、国际航空法体系、外层空间法律体系、中国国籍法实践、我国关于外国人的出入境和居留制度、引渡、外交特权与豁免、领事特权与豁免、条约缔结的一般程序、条约的保留、条约的修订、条约的效力、条约的解释、中国缔结条约的国内法程序、国际法院、国际海洋法法庭,同时要关注国际法领域的中国国内法。

国际法上的部分知识点在理解上须注重与其相近知识点的区别,以免出现混淆的问题,主要包括:联合国大会与安理会在权限上和表决程序上的区别、南极与北极在法律地位上的区别、毗连区与领海的区别、专属经济区和大陆架与临海的区别、外交特权与领事特权的区别、大使馆与领事馆在法律地位上的区别、国际法院与国际海洋法法庭在管辖权及法官组成上的区别等。

复习攻略

如前所述,国际法知识体系庞杂,涉及面极广,但在国家统一法律职业资格考试中所占分值相对较小。因此,科学分配复习精力与时间、提高复习的针对性与效率和制定高效合理的备考方法十分重要。

首先,考虑到本科目在考试中的比重以及考生需要整体复习的科目众多,建议考生在备考国际法的过程中紧扣考试大纲的要求,以考试辅导用书为主要备考材料进行复习,一般无须对照国际条约进行逐条的复习,以此提高学习和复习的效率。此外,中国颁布的属于国际法领域的重点国内法,如《国籍法》《缔结条约程序法》《出境入境管理法》《引渡法》《专属经济区和大陆架法》《领海及毗连区法》《外国国家豁免法》《对外关系法》等需要重点掌握和复习。

其次,由于本科目的命题特点偏重灵活性和应用性,考生在复习过程中应摆脱简单的知识性记忆,加强对国际法知识点的实践运用能力。

最后,考生在复习本科目时需要参考上文所列的重点考查知识点,同时密切关注当年度的国际法热点问题,尤其是中国涉外事务中重大和热点问题涉及的关键国际法知识点,做到有针对性地进行学习和复习。

答题范例与实战演练

01 答题范例

| 题目指引 |

当代国际法实践中，中国公民与外国人结婚、获得外国国籍以及出入境的情况极为常见。如何处理相关当事人的国籍、出入境以及牵涉的各类法律问题具有重要的理论与实践意义，因而也是国际法科目的考查重点。同时，在涉及国籍相关问题时，除可以从国际法学科考查相关知识点以外，还常可以从国际私法等角度进行选项设计，从而使试题成为跨学科融合题目。本题就是沿着这一思路进行命题，主要考查《国籍法》中关于中国国籍取得和丧失的规定、《出境入境管理法》中的外国人入境制度以及国际私法涉及结婚手续的法律适用问题。

| 题　　目 |

【多项选择题】中国人王某与甲国人约翰结婚后定居甲国，并取得甲国国籍。后因感情不和，王某与约翰在甲国法院离婚，并回上海居住生活。依据我国相关法律规定，下列哪些选项是正确的？

A. 王某入境中国，无须办理签证

B. 如王某入境中国时未被获准，出入境边防检查机关可以不说明理由

C. 如王某入境中国后居住在父母家中，其本人或其父母须在24小时内向当地公安机关办理登记

D. 如王某回到上海后打算和中国人李某结婚，结婚手续须同时符合中国法和甲国法

| 参考答案 | ________[①]

| 推导过程 |

本题首先考查《国籍法》中关于中国国籍取得与丧失的相关规定，对于这一知识点的掌握将直接决定后续推理答题的方向。依据《国籍法》第3条规定，我国不承认双重国籍；依据该法第9条规定，定居外国的中国公民，自愿加入或取得外国国籍的，即自动丧失中国国籍。本题中，王某与甲国人约翰结婚后定居甲国，并取得甲国国籍，故其中国国籍自动丧失，仅具有甲国国籍。这一结论是准确答题的前提和起点。由于王某为外国人，故其入境中国，须依据《出境入境管理法》关于外国人入境的相关制度。依据该法第15条规定，外国人入境，应当向驻外签证机关申请办理签证，故A项错误。依据该法第25条第2款规定，对不准入境的，我国出入境边防检查机关可以不说明理由，故B项正确。依据该法第39条第2款规定，外国人在旅馆以外的其他住所居住或者住宿的，应当在入住后24小时内由本人或者留宿人，向居住地的公安机关办理登记。据此，C项正确。选项D则属于国际私法角度的选项设计。依据《涉外民事关系法律适用法》第22条规定，结婚手续，符合婚姻缔结地法律、一方当事人经常居所地法律或者国籍国法律的，均为有效。本选项提示，王某打算和中国人在上海结婚，婚姻缔结地为中国，一方当事人（王某）国籍为甲国，故

① BC

结婚手续只需符合中国法或甲国法之一，而非须同时符合两国法律。据此，D 项错误。综上，本题应选 BC 项。

02 答题范例

| **题目指引** |

本题根据 2023 年颁布的《外国国家豁免法》设计。《外国国家豁免法》是近年来我国在国际法领域颁布的一部重要法律，标志着我国在国家及其财产豁免问题上正式由绝对豁免转向限制豁免。考生需要高度重视、认真学习和理解该法的基本原则和具体规则。

| **题　目** |

【多项选择题】甲国商务部向中国华方家具公司采购了一批办公家具。后因付款纠纷，华方公司将甲国商务部诉至我国某人民法院。根据我国法律规定，下列哪些选项是正确的？

A. 如我国外交部就该案传票是否已通过外交照会送达给被告向我国法院出具的证明文件，法院应当采信

B. 如甲国商务部败诉并拒不执行我国法院判决，可对其在中国境内的任何财产予以强制执行

C. 如甲国商务部本案中提起了反诉，则表明其接受我国法院的司法管辖

D. 如家具订购合同约定适用甲国法，而甲国在国家及其财产豁免问题上采取绝对豁免立场，则我国法院不享有管辖权

| **参考答案** | ________①

| **推导过程** |

国家主权豁免是指国家的行为及其财产不受或免受他国管辖，是国际法上的重要原则。2023 年 9 月 1 日全国人大常委会通过《外国国家豁免法》，自 2024 年 1 月 1 日起实行，标志着我国不再坚持绝对豁免论，正式采取限制豁免论。

依据《外国国家豁免法》第 17 条和第 19 条的规定，中华人民共和国外交部将传票等诉讼文书送交该外国国家外交部门的外交照会是否送达以及何时送达出具的证明文件，中华人民共和国的法院应当采信，据此 A 项正确。

依据《外国国家豁免法》第 13 条的规定，外国国家的财产在中华人民共和国的法院享有司法强制措施豁免。外国国家接受中华人民共和国的法院管辖，不视为放弃司法强制措施豁免。依据《外国国家豁免法》第 14 条第 3 项的规定，为执行中华人民共和国的法院的生效判决、裁定，对外国国家位于中华人民共和国领域内、用于商业活动且与诉讼有联系的财产采取司法强制措施的，外国国家的财产在中华人民共和国的法院不享有司法强制措施豁免，据此，B 项错误。

依据《外国国家豁免法》第 5 条第 2 款的规定，外国国家作为被告参加中华人民共和国的法院受理的诉讼，并就案件实体问题答辩或者提出反诉，视为为就特定事项或者案件接受中华人民共和国的法院管辖，据此 C 项正确。

依据《外国国家豁免法》第 7 条第 1 款的规定，外国国家与包括中华人民共和国在内的其他国家的组织或者个人进行的商业活动，在中华人民共和国领域内发生，或者虽然发生在中华人民共和国领域外但在中华人民共和国领域内产生直接影响的，对于该商业活动引起的诉讼，该外国国

① AC

家在中华人民共和国的法院不享有管辖豁免。因此，本题中甲国商务部在我国不享有管辖豁免。据此，D项错误。

综上所述，本题应选A、C选项。

刷 题 篇

重点考向与真题精粹

01 考向 国际法的主体与国际法律责任

【单项选择题】乘坐乙国航空公司航班的甲国公民，在飞机进入丙国领空后实施劫机，被机组人员制服后交丙国警方羁押。甲、乙、丙三国均为1963年《东京公约》、1970年《海牙公约》及1971年《蒙特利尔公约》缔约国。据此，下列哪一选项是正确的？

A. 劫机发生在丙国领空，仅丙国有管辖权

B. 犯罪嫌疑人为甲国公民，甲国有管辖权

C. 劫机发生在乙国航空器上，仅乙国有管辖权

D. 本案涉及国际刑事犯罪，应由国际刑事法院管辖

| **参考答案** | ________①

| **设题陷阱与常见错误分析** |

本题综合考查国际民航安全与国际刑事责任法律制度。依据三个相关国际公约，对于危害民用航空安全的罪行，航空器登记国、嫌疑人国籍国、犯罪行为发生地国、航空器降落地国、后果涉及领土国等均有管辖权，考生如未作准确理解，容易受干扰项影响而作出错误选择。同时，危害民航安全的罪行并不属于国际刑事法院的管辖范围，对此，考生如未作了解，也容易作出错误选择。

| **解题思路与方法分析** |

依据1963年《东京公约》、1970年《海牙公约》与1971年《蒙特利尔公约》，对于危害民用航空安全的罪行，航空器登记国、嫌疑人国籍国、犯罪行为发生地国、航空器降落地国、后果涉及领土国等均有管辖权，据此，AC项错误，B项正确。

依据《国际刑事法院罗马规约》，国际刑事法院对犯有灭绝种族罪、危害人类罪、战争罪和侵略罪4种国际社会认为最严重的国际罪行的个人行使管辖权，据此，危害民航安全的罪行不属于国际刑事法院的管辖范围，D项错误。

综上，本题应选B项。

02 考向 国际法上的空间划分

1.【单项选择题】甲、乙两国边界附近爆发部落武装冲突，致两国界标被毁，甲国一些边民趁乱偷渡至乙国境内。依相关国际法规则，下列哪一选项是正确的？

A. 甲国发现界标被毁后应尽速修复或重建，无须通知乙国

B. 只有甲国边境管理部门才能处理偷渡到乙国的甲国公民

C. 偷渡到乙国的甲国公民，仅能由乙国边

---

① B

境管理部门处理

D. 甲、乙两国对界标的维护负有共同责任

| **参考答案** | ________①

| **设题陷阱与常见错误分析** |

本题考查国际法上的边境制度。常见的错误包括,有的考生误认为界标被毁后一国可以在不通知另一国的情况下自行修复或重建;偷渡到另一国的边民应由一国单方面处理等。

| **解题思路与方法分析** |

依据国际法,关于边界的维护,若一方发现界标被损,应尽速通知另一方,在双方代表在场的情况下修复或重建,而不能单方面修复或重建,可见,A 项错误。关于偷渡、违章越界等边界事件的处理,通常由双方代表成立处理边境地区事项的机构来处理,B 项与 C 项均强调只能由一国的边界管理部门处理,因而错误。在已设界标的边界线上,相邻国家对界标的维护负有共同责任,故 D 项正确。

综上,本题应选 D 项。

2.【单项选择题】甲国是群岛国,乙国是甲国的隔海邻国,两国均为《联合国海洋法公约》的缔约国。根据相关国际法规则,下列哪一选项是正确的?

A. 他国船舶通过甲国的群岛水域均须经过甲国的许可

B. 甲国为连接其相距较远的两岛屿,其群岛基线可隔断乙国的专属经济区

C. 甲国因已划定了群岛水域,则不能再划定专属经济区

D. 甲国对其群岛水域包括上空和底土拥有主权

| **参考答案** | ________②

| **设题陷阱与常见错误分析** |

如考生没有把握好群岛水域制度,容易错误地认为一国已划定了群岛水域,则不能再划定专属经济区。

| **解题思路与方法分析** |

本题涉及群岛水域法律制度。群岛水域是指群岛国按照《联合国海洋法公约》规定的方法划定的群岛基线所包围的水域,是群岛国的群岛领陆由一个或多个群岛或岛屿组成的国家。群岛水域是一种具有特殊法律地位的海域,划出群岛基线时,应受四个条件限制:(1)基线应包括主要岛屿和一个区域;(2)面积上的限制:在基线所包围的区域内,水域面积和陆地面积的比例应为 1∶1 到 9∶1;(3)基线超过 100 海里的线段最多不能超过基线总数的 3%;(4)基线不应在任何明显的程度上偏离群岛的一般轮廓。群岛水域的划定不妨碍群岛国可依《联合国海洋法公约》划定内水,以及在基线之外划定领海、毗连区、专属经济区和大陆架。群岛水域的通过制度包括无害通过和群岛海道的通过两种。

依群岛水域中的通行制度,A 选项错误,群岛水域的航行分为无害通过和群岛海道通过两种。他国船舶有通过除群岛国内水以外的群岛水域的无害通过权,后一种是群岛国指定一个适当的海道和其上的空中通道,只要是从这个海道通过,不是必须事先经群岛国许可。

依群岛水域群岛基线划定的限制,B 选项错误,依《联合国海洋法公约》规定的群岛基线的确定的条件,基线不能明显偏离群岛轮廓,不能将其他国家的领海与公海或专属经济区隔断。

又依《联合国海洋法公约》关于群岛水域群岛基线划定的限制,C 选项错误,群岛水域的划定不妨碍群岛国可以按照《联合国海洋法公约》划定内水,以及在基线之外划定领海、毗连区、专属经济区和大陆架。

D 选项是正确的,依《联合国海洋法公约》的群岛水域制度,群岛国对其群岛水域包括上空和底土拥有主权。

综上,本题应选 D 项。

03 考向 国际法上的个人

1.【单项选择题】甲国公民汤姆于 2012 年在本国故意杀人后潜逃至乙国,于 2014 年在乙

① D
② D

国强奸一名妇女后又逃至中国。乙国于2015年向中国提出引渡请求。经查明,中国和乙国之间没有双边引渡条约。依相关国际法及中国法律规定,下列哪一选项是正确的?

A. 乙国的引渡请求应向中国最高人民法院提出

B. 乙国应当作出互惠的承诺

C. 最高人民法院应对乙国的引渡请求进行审查,并由审判员组成合议庭进行

D. 如乙国将汤姆引渡回本国,则在任何情况下都不得再将其转引

| **参考答案** | __________①

| **设题陷阱与常见错误分析** |

依据《引渡法》,请求国的引渡应向中国外交部提出,而非最高人民法院,考生容易混淆这一点。此外,《引渡法》明确要求,在外国与中国没有引渡协议的情况下,如该国向我国提出引渡申请,它应当作出互惠承诺,否则,我国不会接受其申请。

| **解题思路与方法分析** |

依据我国《引渡法》第10条的规定,请求国的引渡应向中国外交部提出,因此,选项A错误。依据该法第15条的规定,在没有引渡条约的情况下,乙国应当作出互惠的承诺。故B项正确。需要指出,有观点认为,乙国是否作出互惠的承诺,它有权自主决定,故不能将此承诺定性为一项义务。编者认为,这是脱离本题语境的不正确解读。在本题中,乙国在与中国没有引渡协议的前提下向我国提出引渡申请,在这种情况下,我国《引渡法》第15条明确要求其"应当作出互惠的承诺"。当然,乙国在决定是否向我国提出引渡申请前,它确实可以自主决定是否作出互惠的承诺,但是,一旦其向我国提出引渡申请,依据我国《引渡法》,它就应作出互惠承诺,否则,我国不会接受其申请,这是我国法律明确、硬性的规定。因此,应当将B项放在本题的语境下理解,而不能将之泛泛地理解为强制乙国作出互惠承诺。依据我国《引渡法》第16条、第22条的规定,最高人民法院指定的高级人民法院对请求国提出的引渡请求进行审查并作出裁定,高级人民法院进行审查时,由审判员三人组成合议庭进行,故C项错误。依据该法第14条,如中国同意,或被引渡人在其引渡罪行诉讼终结、服刑期满或提前释放之日起30日没有离开请求国的,或者离开后又自愿返回的,可以将其再引渡给第三国,因此,D项错误。

综上,本题应选B项。

2.【多项选择题】甲国公民杰克申请来中国旅游,关于其在中国出入境和居留期间的管理,下列哪些选项是正确的?

A. 如杰克患有严重精神障碍,中国签证机关不予签发其签证

B. 如杰克入境后可能危害中国国家安全和利益,中国出入境边防检查机关可不准许其入境

C. 杰克入境后,在旅馆以外的其他住所居住或者住宿的,应当在入住后48小时内由本人或者留宿人,向居住地的公安机关办理登记

D. 如杰克在中国境内有未了结的民事案件,法院决定不准出境的,中国出入境边防检查机关有权阻止其出境

| **参考答案** | __________②

| **设题陷阱与常见错误分析** |

本题的常见错误在于对外国人出入境管理的具体规定掌握不牢。例如,对于外国人在旅馆以外的其他住所居住或者住宿的,是否应当在入住后48小时内由本人或者留宿人,向居住地的公安机关办理登记。

| **解题思路与方法分析** |

根据我国《出境入境管理法》第21条的规定,患有严重精神障碍的,中国签证机关不予签发签证。杰克患有严重精神障碍,中国签证机关不予签发签证,故A选项正确。该法第25条规定,具有第21条中可能危害中国国家安全和利益的,不准入境。出入境边防检查机关是对出入境人员实施检查、管理的机关。杰克入境后可能危害中国国家安全和利益,中国出入境边防检查机关可不准许其入境,故B选项正确。该法第

---

① B

② ABD

39 条规定,外国人在旅馆以外的其他住所居住或者住宿的,应当在入住后 24 小时内由本人或者留宿人,向居住地的公安机关办理登记,因此,杰克入住旅馆以外的其他住所,需在 24 小时内向居住地的公安机关办理登记,而非 48 小时内,故 C 选项错误。该法第 28 条规定,外国人有未了结的民事案件,人民法院决定不准出境的,则不准其出境。杰克在中国境内有未了结的民事案件,法院已决定不准其出境,故出入境边防检查机关有权阻止其出境,故 D 选项正确。

综上,本题正确答案为 ABD 项。

3.【多项选择题】中国公民王某与甲国公民彼得于 2013 年结婚后定居甲国并在该国产下一子,取名彼得森。关于彼得森的国籍,下列哪些选项是正确的?

A. 具有中国国籍,除非其出生时即具有甲国国籍

B. 可以同时拥有中国国籍与甲国国籍

C. 出生时是否具有甲国国籍,应由甲国法确定

D. 如出生时即具有甲国国籍,其将终生无法获得中国国籍

| 参考答案 | __________①

| 设题陷阱与常见错误分析 |

本题主要考查中国《国籍法》关于国籍的取得以及一个国籍原则的规定。

| 解题思路与方法分析 |

依据我国《国籍法》第 5 条的规定,父母双方或一方为中国公民,本人出生在外国具有中国国籍;但父母双方或一方为中国公民并定居在外国,本人出生时即具有外国国籍的,不具有中国国籍,因此,A 项正确。依据该法第 3 条的规定,中国不承认双重国籍,故 B 项错误。依据国际法,国籍是每个国家根据其自己的法律赋予自然人的,中国《国籍法》不能决定一个外国主权国家赋予一个自然人该国国籍的权利,彼得森出生时是否具有甲国国籍,应由甲国法确定,故 C 项正确。依据《国籍法》第 7 条的规定,外国人在满足一定条件的情况下可以经申请加入中国国籍,故 D 项错误。

综上,本题应选 AC 项。

04 考向 外交关系法与领事关系法

1.【单项选择题】甲、乙两国均为《维也纳外交关系公约》缔约国,甲国拟向乙国派驻大使馆工作人员。其中,杰克是武官,约翰是二秘,玛丽是甲国籍会计且非乙国永久居留者。依该公约,下列哪一选项是正确的?

A. 甲国派遣杰克前,无须先征得乙国同意

B. 约翰在履职期间参与贩毒活动,乙国司法机关不得对其进行刑事审判与处罚

C. 玛丽不享有外交人员的特权与豁免

D. 如杰克因参加斗殴意外死亡,其家属的特权与豁免自其死亡时终止

| 参考答案 | __________②

| 设题陷阱与常见错误分析 |

本题的选项设计具有一定干扰性与迷惑性,考生如对《维也纳外交关系公约》关于派遣使馆外交人员与行政技术人员的规定以及关于使馆人员享受特权与豁免的规定没有准确把握,容易作出错误选择。例如,部分考生可能会认为贩毒是一种严重的刑事犯罪,乙国司法机关因而可以对其进行刑事审判;再如,有考生可能会认为玛丽是会计,属于使馆的行政技术人员,不享有外交人员享有的一般特权与豁免等。

| 解题思路与方法分析 |

依据《维也纳外交关系公约》,派遣国派遣使馆馆长和武官之前,应先将拟派遣人选通知接受国,征得接受国同意后正式派遣,故 A 项错误。

二秘属于外交人员,外交人员享有完全的对接受国刑事管辖的豁免,即接受国的司法机关不得对其进行刑事审判和处罚,故 B 项正确。

---

① AC
② B

会计属于使馆的行政技术人员，如非接受国国民且不在该国永久居留者，也享有外交人员享有的一般特权与豁免，故C项错误。

如遇使馆人员死亡，其家属应继续享有其应享有的特权与豁免，直到给予其离境的合理期间结束时止，故D项错误。

综上，本题应选B项。

2.【多项选择题】甲、乙、丙三国因历史原因，冲突不断，甲国单方面暂时关闭了驻乙国使馆。艾诺是甲国派驻丙国使馆的二秘，近日被丙国宣布为不受欢迎的人。根据相关国际法规则，下列哪些选项是正确的？

A. 甲国关闭使馆应经乙国同意后方可实现

B. 乙国驻甲国使馆可用合法手段调查甲国情况，并及时向乙国作出报告

C. 丙国宣布艾诺为不受欢迎的人，须向甲国说明理由

D. 在丙国宣布艾诺为不受欢迎的人后，如甲国不将其召回或终止其职务，则丙国可拒绝承认艾诺为甲国驻丙国使馆人员

| **参考答案** | ________①

| **设题陷阱与常见错误分析** |

如考生没有很好地把握相关内容，会误认为一国关闭使馆应经驻在国同意后方可实现，接受国宣布任何派遣国使馆人员为不受欢迎的人，须向派遣国说明理由。

| **解题思路与方法分析** |

本题涉及外交关系法。第一个选项涉及使馆的关闭问题。依《维也纳外交关系公约》及相关国际法规则，在外交关系建立并互设使馆之后，由于某种原因，一国也可以单方面暂时关闭使馆，甚至断绝与另一国的外交关系。A选项称甲国关闭使馆应经乙国同意后方可实现是不正确的。

B选项涉及使馆的职务。依公约及相关国际法规则，使馆的职务之一是调查和报告，可以采取一切合法手段，调查接受国的各种情况，并及时向派遣国作出报告。B选项正确。

C选项和D选项涉及派遣国使馆人员被宣布为不受欢迎的情形。依公约及相关国际法规则，接受国可以拒绝接受其所不同意的任何派遣国使馆人员，并无须向派遣国说明理由。对于派遣国的使馆馆长及外交人员，接受国可以随时不加解释地宣布其为“不受欢迎的人”。C选项称“丙国宣布艾诺为不受欢迎的人，须向甲国说明理由”是错误的。又依公约及相关国际法规则，如在派遣国使馆人员入境后宣告为不受欢迎的人，则派遣国应酌情召回该人员或终止其使馆人员的职务。否则，接受国可以拒绝承认该人员为使馆人员，甚至令其限期离境。D选项正确。

综上，本题应选BD项。

05 考向 条约法

1.【单项选择题】甲国分立为“东甲”和“西甲”，甲国在联合国的席位由“东甲”继承，“西甲”决定加入联合国。“西甲”与乙国（联合国成员）交界处时有冲突发生。根据相关国际法规则，下列哪一选项是正确的？

A. 乙国在联大投赞成票支持“西甲”入联，一般构成对“西甲”的承认

B.“西甲”认为甲国与乙国的划界条约对其不产生效力

C.“西甲”入联后，其所签订的国际条约必须在秘书处登记方能生效

D. 经安理会9个理事国同意后，“西甲”即可成为联合国的会员国

| **参考答案** | ________②

| **设题陷阱与常见错误分析** |

容易发生错误的是对条约的继承认识不正确。考生可能会错误地认为因西甲与乙国有交界冲突，则“西甲”不继承两国的划界条约，该条约对“西甲”不产生效力。在条约的效力上，考生可能会错误地认为条约不在联合国秘书处登记即不能生效。

---

① BD
② A

| 解题思路与方法分析 |

本题为发散性题目,即题目的四个选项分别涉及了国际法上的四个问题,即国家承认、条约继承、条约的登记和加入联合国。

A 选项涉及国家承认,属于对国家的默示承认的问题。默示承认指承认者不是通过明白的语言文字,而是通过与承认对象有关的行为表现出承认的意思。主要包括:与承认对象建立正式外交关系;与承认对象缔结正式的政治性条约;正式接受领事或正式投票支持参加政府间国际组织的行为一般也被认为是一种默示承认。本题乙国在联大投赞成票支持"西甲"入联,一般构成对"西甲"的承认,A 选项正确。

B 选项涉及在领土变更的情况下,条约的继承问题。在国家分离或分立的情况下,无论被继承国是否存在,原来对被继承国全部领土有效的条约,对于所有继承国家继续有效。甲国与乙国的划界条约对"西甲"是产生效力的。B 选项错误。

C 选项涉及条约的登记及效力。根据《联合国宪章》的有关规定,联合国任何会员国所缔结的一切条约应尽速在秘书处登记,并由秘书处公布。登记的条约必须是已生效的条约。未在联合国秘书处登记的条约,不得在联合国任何机关援引,但并不影响其效力。C 选项错误。

D 选项涉及加入联合国的问题。入联的程序是申请国首先向秘书长提出申请,秘书长将其申请交由安理会,安理会审议并通过后向大会推荐。经大会审议并 2/3 多数通过,方能成为会员国。仅有安理会通过是不够的。D 选项错误。

综上,本题应选 A 项。

2.【多项选择题】甲、乙、丙三国为某投资公约的缔约国,甲国在参加该公约时提出了保留,乙国接受该保留,丙国反对该保留,后乙、丙、丁三国又签订了涉及同样事宜的新投资公约。根据《维也纳条约法公约》,下列哪些选项是正确的?

A. 因乙、丙、丁三国签订了新公约,导致甲、乙、丙三国原公约失效

B. 乙、丙两国之间应适用新公约

C. 甲、乙两国之间应适用保留修改后的原公约

D. 尽管丙国反对甲国在原公约中的保留,甲、丙两国之间并不因此而不发生条约关系

| 参考答案 | ________①

| 设题陷阱与常见错误分析 |

如考生不能正确地理解新旧约冲突时的处理,则容易误认为既然乙、丙、丁三国已签订了新公约,则甲、乙、丙三国原公约就应当失效,而由于甲并不在新约里,因此,原公约仍然有效。

| 解题思路与方法分析 |

本题涉及条约的冲突和保留。A 选项和 B 选项涉及新约与旧约的冲突,根据《维也纳条约法公约》的规定,在条约的冲突问题上,如先后同一事项的两个条约的当事国部分相同,部分不同,在同为两条约当事国之间,适用后约优于先约的原则。甲国并不是新的当事国,新约的产生并不能导致旧约失效。A 选项称因乙、丙、丁三国签订了新公约,导致甲、乙、丙三国原公约失效是错误的。B 选项正确,依公约的规定,在同为两条约当事国之间,适用后约优于先约的原则。

C 选项和 D 选项涉及条约的保留。根据公约的规定,甲国提出保留,乙国表示接受,那就意味着条约在甲、乙之间产生效力,所提保留在甲、乙之间也产生效力,其实际效果就是经保留修改后的条约在甲、乙之间发生效力。C 选项正确。根据公约的规定,甲国提出保留,丙仅反对所提保留,并不导致整个条约在甲、丙之间不发生效力,除非有相反意思之表示。D 选项也正确。

综上,本题应选 BCD 项。

① BCD

06 考向 国际争端的和平解决

【多项选择题】甲、乙两国就海洋的划界一直存在争端，甲国在签署《联合国海洋法公约》时以书面声明选择了海洋法法庭的管辖权，乙国在加入公约时没有此项选择管辖的声明，但希望争端通过多种途径解决。根据相关国际法规则，下列选项正确的是：

A. 海洋法法庭的设立不排除国际法院对海洋活动争端的管辖

B. 海洋法法庭因甲国单方选择管辖的声明而对该争端具有管辖权

C. 如甲、乙两国选择以协商解决争端，除特别约定，两国一般没有达成有拘束力的协议的义务

D. 如丙国成为双方争端的调停国，则应对调停的失败承担法律后果

| **参考答案** | __________①

| **设题陷阱与常见错误分析** |

在海洋法法庭和国际法院的关系上，考生容易误认为海洋法法庭的设立排除国际法院对海洋活动争端的管辖。

| **解题思路与方法分析** |

解决国际争端的和平方法可分为政治解决方法和法律解决方法两大类。前者有谈判、斡旋、调停、和解及国际调查等方法，后者有仲裁和司法解决。A 选项和 B 选项涉及以法律的方法解决国际争端。国际海洋法法庭是《联合国海洋法公约》为解决有关海洋方面的争端而创设的一个常设性国际司法机构，1996 年在德国汉堡成立，该庭不排除国际法院对海洋争端的管辖，当事国可自愿选择将争端交哪个机构审理。A 选项正确，依《联合国海洋法公约》，海洋法法庭的设立不排除国际法院对海洋活动争端的管辖。在海洋法法庭的管辖权上，依公约的规定，只有争端各方都选择了海洋法法庭程序，法庭才有管辖权。B 选项称"海洋法法庭因甲国单方选择管辖的声明而对该争端具有管辖权"是错误的。

C 选项和 D 选项涉及以政治的方式解决争端。协商是和平解决国际争端的政治方法，除非特别约定，一般地，协商的当事国没有达成有拘束力协议的义务。C 选项正确。调停也是和平解决国际争端的政治方法，依国际法的实践，调停国对于进行调停成败不承担任何法律义务或后果。D 选项称"如丙国成为双方争端的调停国，则应对调停的失败承担法律后果"是错误的。

综上，本题应选 AC 项。

2024 年模拟测试

1.【单项选择题】甲、乙两国通过条约确定以丙山分水岭为界。经过联合勘界把位于山顶的丁寺划到乙国一侧，并绘制地图作为边界条约的附件，各自公开出版发行。后甲国一地理学家指出地图标绘的分水岭错误，丁寺实际位于甲国一侧，但之后多年甲国依然根据该地图安排边界事务。当乙国开放丁寺旅游时，发现甲国警察驻扎其中，遂提出抗议。甲国指出原地图因错误而无效并驱赶乙国人员。依相关国际法，下列哪一选项是正确的？

A. 该地图虽不是条约的组成部分，但具有证据效力

B. 地图因存在严重错误而无效，丁寺应属于甲国

C. 因丁寺位于分水岭甲国一侧属甲国领土，甲国派驻警察并驱赶乙国人员是合法的

D. 与边界条约不一致的地图一直被甲、乙两国所遵守，构成对边界条约的修正

① AC

2.【单项选择题】甲、乙两个发达国家签订货物贸易协定，约定相互给予最惠国待遇。根据国际法，甲国给予第三国的哪一种待遇乙国也可以享有？

A. 甲国与丙国签订互免签证协议

B. 甲国与邻国丁国签订便利边境互市贸易协议

C. 甲国与戊国签订降低进口关税协议

D. 甲国与发展中国家申国签订的以普惠制为基础的贸易协定

3.【多项选择题】甲、乙两国均为《联合国海洋法公约》缔约国。甲国主张12海里领海、24海里毗连区，但并未宣布专属经济区和大陆架；乙国主张12海里领海、24海里毗连区，并宣布了200海里专属经济区和大陆架。根据《联合国海洋法公约》和相关国内法，下列哪些做法是合法的？

A. 甲国以违反本国渔业管理法为由，扣押了在甲国毗连区进行捕鱼活动的乙国渔船

B. 甲国以违反本国大陆架法、生物资源养护法为由，扣押了在其毗连区海床上捕捞海参的乙国渔船

C. 乙国对通过其领海但拒绝遵守领海内的分道航行制的甲国核动力军舰进行处罚

D. 乙国对未经其同意在其专属经济区从事科学研究活动的甲国科考船进行处罚

参考答案及解析

1.｜参考答案｜D

｜设题陷阱与常见错误分析｜

本题难度比较大，A、B、C三个选项都存在迷惑性，考生容易误选。本题的设题陷阱有三：一是对于“条约附件”法律地位的认知错误。除非保留，边界条约整体约束缔约国，包括条约附件。如果不理解条约的整体性问题，容易错选A项。二是对于援引“错误”作为条约无效的事由的限制条件把握不准确。构成缔约国同意接受条约约束的基础事实的错误可能导致条约的无效，但是一国以其自身的行为助成或能够避免一项错误，或者该国有足够的可能知悉该错误，那么，就不能将错误作为使其同意无效的理由而加以主张。如果对此无效事由的限制条件不理解，容易错选B项。三是对于当事国嗣后行为修正条约的情况考虑不足。如果缔约国一直履行存在错误的条约，即使在发现错误之后依然继续履行原条约，事实上构成了条约的修正，缔约双方的权利义务关系由修正后的条约调整。

｜解题思路与方法分析｜

本题考查的重点是条约的效力、无效、修订，附带考查违反条约的法律后果。根据《维也纳条约法公约》的规定，条约的生效是指一个条约正式开始对各当事方产生法律拘束力，各当事方自此承担条约义务和享有条约权利，除非提出保留，条约整体约束缔约国。本题中，甲、乙两国通过边界条约确定以丙山分水岭为界，并绘制地图作为边界条约的附件，各自公开出版发行。这些信息说明两个问题：第一，条约已经生效并得到遵行；第二，地图作为附件，构成边界条约的组成部分。因此，A项明显错误。条约因不符合国际法所规定的条约成立的实质要件而自始或自撤销同意时无法律效力，而导致条约无效的事由之一就是错误。根据《维也纳条约法公约》的规定，一国可以援引一项条约内的错误作为主张条约无效的事由，但此项错误不是语言文字的错误，而是与缔约时假定存在且构成其同意受该条约拘束的必要基础的事实或情况的错误。但如果错误是由该国本身的行动所致，或如当时情况足以使该国知悉有错误的可能，则不得援引该错误主张条约无效。地图的确存在严重错误，而这项错误构成甲国同意受条约约束的必要基础的事实，可能会导致条约的无效。本题中，甲国有很多机会发现地图中的明显错误，特别是甲国地理学家已经明确指出地图中的错误，但之后多年甲国依然坚持使用这一地图。因此，甲国不能以错误为由主张地图无效，故B项错误。甲、乙两国长时间按照构成条约组成部分的地图划定的界限安排边界事务，事实上构成了对边界条约的修正。因此，D项正确。修正后的边界条约中丁寺位于乙国一侧，所以甲国在丁寺派驻警察并驱赶乙国人员的行为是非法的，是对

乙国领土主权的侵犯。退一步讲,即便认定甲、乙两国在丁寺归属问题上存在争议,作为争议一方的甲国也不能采取使争议扩大的单边行动,故C项错误。综上,本题应选D项。

2.｜**参考答案**｜C

｜**设题陷阱与常见错误分析**｜

本题ABD三个选项为干扰项,考生作出正确选择具有一定难度。本题设题陷阱有三:一是准确把握外国人待遇的性质。选项A中,互免签证协议属于外国人出入境管理问题,而最惠国待遇原则是外国人待遇的一般原则,针对在一国境内的外国人(特别是长期和永久居留的外国人)所设定的权利义务,且通常适用于经贸领域。不理解外国人待遇的性质问题的考生容易选错。二是准确把握最惠国待遇的适用领域与例外。选项B虽然属于经贸领域协议,但邻国基于政治、经济、历史、地理、文化,甚至民族的密切相关性,它们之间特殊的安排往往不具有普遍适用性,无论是在最惠国待遇领域还是在其他领域。三是理解普惠制的含义与适用范围。选项D中,普惠制的措辞容易引发考生过度解读,认为这种待遇标准具有普遍的适用性,当然乙国可以根据最惠国待遇原则而享有。但这是对普惠制性质的误读,因为普惠制是发达国家单方面给予发展中国家的普遍的、非歧视、非互惠的优惠待遇,目标是扩大发展中国家对工业发达国家制成品和半制成品的出口,增加发展中国家的外汇收入,促进发展中国家的工业化,加速发展中国家的经济增长。普惠制的适用对象限定在发展中国家,发达国家不享有。

｜**解题思路与方法分析**｜

本题考查的是对最惠国待遇的概念、性质、适用领域与适用例外的具体应用。最惠国待遇是指一国(施惠国)给予另一国(受惠国)的国民或法人、商船等的待遇,不低于现时或将来给予任何第三国国民或法人、商船等的待遇,目的是追求外国人之间的平等。最惠国待遇针对的是在一国境内的外国人,而且通常适用于经济与贸易领域。最惠国待遇通常不适用于以下情形,如给予邻国的利益、特惠、特权和豁免,特别是为了方便边境贸易给予邻国的优惠;关税同盟、自由贸易区或优惠贸易区、经济共同体范围内的优惠;双边或者多边的互免签证协议;欧洲联盟这样的高度一体化国家联盟,或者英联邦这样具有历史联系的国家之间的特殊安排,故选项A和选项B错误。由于普惠制是为减少经济发展的极端不平衡,发达国家在与发展中国家的经济交往中,单方面给予发展中国家某些特殊优惠,不要求发展国家对等回报,其他发达国家也不能享有,乙国作为发达国家不能享有,故选项D错误。综上,本题应选C。

3.｜**参考答案**｜BD

｜**设题陷阱与常见错误分析**｜

本题综合考查了《联合国海洋法公约》所划定的不同海域的法律地位,基本上每个选项都设置了干扰情节,细节上稍有疏忽,则极易出错。本题设题陷阱有四:一是领海的法律地位。领海是领土的组成部分,所有国家的所有船舶在领海享有无害通过权,但沿海国出于航行安全考虑可以制定分道航行制,外国船舶应一体遵守。不过,如果忽略本题中甲国船舶是军舰因此享有豁免权这一细节,则极易误选C项。二是毗连区的法律地位具有依附性。毗连区法律地位与沿海国是否宣布专属经济区密切相关。如果对依附性理解存在偏差,则极易误选A项。三是大陆架与专属经济区权利来源。沿海国的大陆架权利是其固有权利,不取决于有效或象征的占领或任何明文公告;而专属经济区的权利并非沿海国固有权利,需要沿海国以国内法形式宣告来实现。如果对大陆架和专属经济区权利来源认识模糊,则极易漏选B项。四是沿海国在专属经济区的专属管辖权的内容。如果忽略沿海国对专属经济区内的海洋科学研究的专属管辖权,则容易漏选D项。

｜**解题思路与方法分析**｜

根据《联合国海洋法公约》,沿海国在毗连区内就其海关、财政、移民或卫生特定事项行使管辖权。毗连区不是国家领土,国家在毗连区行使上述四项事项的管辖权,且对毗连区的管制仅及于水体,不包括其上空及海床底土。毗连区的法律地位具有依附性,如果沿海国宣布了专属经济区，毗连区就是专属经济区的一部分，除实施上述事项的管辖权，其他方面适用专属经济区制度；如果国家没有宣布专属经济区，那么沿海国除在毗连区实施上述方面的管辖权外，其他方面适用公海制度。由于甲国没有宣布专属经济区，故甲国在毗连区除就海关、财政、移民或卫生特定事项行使管辖权外，其他方面适用公海制度。因此，甲国不能以国内法限制其他国家在公海上的捕鱼自由，故 A 项错误。

大陆架是沿海国陆地领土的自然延伸，沿海国对大陆架的权利不取决于有效或象征性的占领或任何明文公告。甲国毗连区下是甲国的大陆架，甲国对大陆架上的定居种生物资源拥有排他性的主权权利，乙国渔船未经甲国允许而捕捞甲国大陆架上定居种生物资源（海参）侵犯了甲国的大陆架权利，甲国可以依其大陆架方面的国内法对乙国渔船进行处理，故 B 项正确。

领海是国家领土的一部分，受沿海国主权支配。沿海国对其领海内的一切人和物享有排他的管辖权。沿海国考虑到航行安全，必要时可要求行使无害通过其领海权利的外国船舶使用其为管制船舶通过而指定或规定的海道和分道航行制。因此，乙国有权对通过其领海但拒绝遵守领海内的分道航行制的甲国船舶进行处罚。由于军舰享有豁免权，乙国不能处罚甲国军舰，但可要求甲国军舰立即离开其领海，故 C 项错误。

专属经济区属于国家管辖海域，具有特殊的法律地位，是领海以外并邻接领海的一个区域。沿海国对其专属经济区（包括大陆架）内的科学研究应有专属管辖权，其他国家在专属经济区内进行海洋科学研究需经沿海国的明示同意。乙国对未经其同意在其专属经济区内从事科学研究活动的甲国科考船，有权进行处罚，故 D 项正确。综上，本题应选 BD。

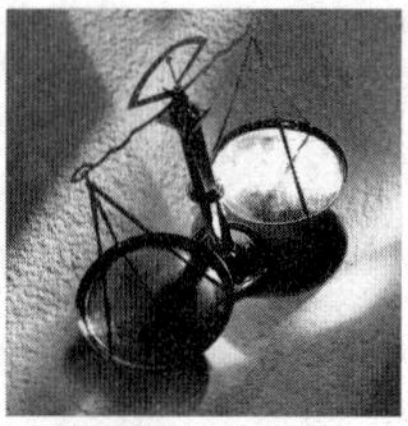

方　法　篇

如何解答本学科客观题

考查要求

本科目涉及的法律法规，既包括《人民法院组织法》《人民检察院组织法》《法官法》《检察官法》《律师法》《公证法》《法律援助法》等法律，又包括各类法律职业的内部规范，如《检察人员纪律处分条例》《律师执业行为规范（试行）》等。其中审判组织、检察组织的设置和权限与宪法学科目考查内容存在一定交叉；具体司法制度与民事诉讼法、行政诉讼法和刑事诉讼法存在一定交叉。

本科目试题呈现理论与实务相结合的特点，部分题目结合当年热点事件或者最新法律修订进行考查，在一定程度上能反映司法实务现状。**具体来说，对法律职业道德的概念特征的考查多采用文字陈述，重点考查的是理论；对司法制度概述部分的考查多为理论与实务相结合的方式。**其余部分，包括司法制度综合考查、法律职业道德综合考查、审判制度、法官职业道德、检察制度、检察官职业道德、律师执业行为规范、法律援助和公证制度的考查基本上都采用案例题的方式。掌握好《法官法》《检察官法》《律师法》《公证法》等法律法规的相关知识点，重点关注司法制度的最新发展和改革成果，以及各类法律职业人员在法律实务工作中具体操作和行为准则是解答本科目题目的关键。

试卷分析

本科目题目分布具有以下特点：

1. 司法制度。这是本科目考查的重点内容。考点主要涉及司法的概念和特征、司法功能、中国特色社会主义司法制度、司法效率和法律职业等内容。

2. 司法组织。这是本科目考查的重点内容。考点主要涉及人民检察院的性质和组织体系、司法责任制下的审判委员会和检察委员会的权限、法官和检察官的员额制以及法院院长和检察院检察长的选拔等有关审判组织和检察组织的内容。

3. 法官职业道德和检察官职业道德规范。这是本科目考查的重点内容,考查《公职人员政务处分法》《检察人员纪律处分条例》的具体规定。考查方式常以案例分析的方式进行。

4. 律师制度和律师职业道德。这是本科目考查的重点内容。考点主要涉及律师事务所的设立、律师利益冲突规范和律师广告等实务性较强的内容。

5. 法律援助制度。这是本科目的常考内容。考点主要涉及法律援助的性质和程序等实务性内容。

6. 公证制度和公证员职业道德。这是本科目的常考内容。考点主要涉及公证员职业道德和公证员职业责任等内容。

学科重点

在全面推进依法治国的大背景下,我国已经建立了系统全面的司法制度,在纠纷解决、权利保障、社会发展等方面发挥了积极的作用。在建设中国特色社会主义法治体系的新征程中,建设公正高效权威的社会主义司法制度的步伐逐步加快,中国特色社会主义司法制度的作用日益彰显。法律职业道德,是指法官、检察官、律师、公证员等法律职业人员在从事法律职业活动过程中,所应遵循的符合法律职业要求的心理意识、行为准则和行为规范的总和。随着司法体制改革的推进和对法律职业队伍要求的不断提高,必将加大对我国司法制度的理解和法律职业道德、法律职业伦理规范方面的考查力度。

(一)知识体系

本科目包括中国特色社会主义司法制度、法官职业道德、检察官职业道德、律师职业道德、公证员职业道德以及其他法律职业人员职业道德六章。其中“其他法律职业人员职业道德”具体包括法律顾问、仲裁员(法律类)、行政机关中从事行政处罚决定法制审核、行政复议、行政裁决的公务员等三类法律职业人员的职业道德。

本科目从纵向上可以划分为审判制度、检察制度、律师制度和公证制度四大司法制度,另外包括中国特色社会主义司法制度的概述。

本科目从横向上可以划分为司法制度和法律职业道德两个部分。法官、检察官、律师和公证员的法律职业道德是法律职业道德部分的重点内容,其中每个部分都包括法律职业概述和职业责任。

本科目从知识点编排上看,审判制度、检察制度、律师制度和公证制度四类司法制度知识点编排基本相同,便于考生通过横向比较,了解、掌握和运用各部分的重点内容。

(二)重点难点

审判组织、检察组织、律师事务所及公证机构设置和职权;法官、检察官、律师、公证员的任免及相关司法制度;法官、检察官、律师、公证员及其他法律职业人员法律职业道德的具体规范是本科目重点、难点,也是易混淆点。

1. 司法概述

司法和司法制度的概念、司法功能和司法的范围考查的知识点相对集中,以对相关概念和表述进行辨析为主,更多考查对于概念的了解和运用。

司法功能的考查频次较高,常以司法和司法制度的历史沿革或者中外比较的方式进行考查。此外,司法的特征、司法制度概念和范围也是常见的考查内容。

2. 司法价值和司法改革

司法公正、司法效率及审判独立与检察独立等内容应当重点关注,司法公正和司法效率又是其中最常见的考查内容,如考查司法效率与司法公正的关系、司法公正中实体公正和程序公正的关系、司法公正的内涵、法官在司法活动中的司法效率问题、司法机关加强人权司法保障及保证公正司法的具体措施等。从考查的形式上来看,对于本部分知识点的考查已摆脱了纯粹文字论述形式,基本上都采用案例的方式设题。因此,考生应当完全掌握司法公正、司法效率的知识点,并能熟练加以运用。

此外,本部分考查还涉及司法公开及法官、检察官、律师在诉讼活动中的相互关系问题,考生对法律职业道德基本原则,司法改革,法官、检察官职业保障及加强法治工作队伍建设等内容也应当了解和掌握。

3. 主要司法制度

该部分是本科目应重点关注的内容,综合考查审判制度、检察制度、律师制度和公证制度。例如,综合考查检察机关的职权、审判公开、律师权利和审级制度;综合考查司法机关基本原则、检察一体原则、法律职业任职条件和法律道德基本原则;综合考查律师事务所设立的条件、检察官考核、法官奖励和刑事被告人法律援助的权利;考查法官、检察官具体行为是否符合法律职业伦理规范的要求等问题。此类试题往往知识点跨度较大、综合性较强,需要考生能对不同司法制度的知识点都有较为准确地掌握,具有一定的难度。

4. 审判制度

审判制度的知识点包括审判制度概述(审判制度的概念、特征、基本原则和主要审判制度)、审判机关(人民法院的性质和任务、人民法院的设置和职权、人民法院的业务机构和审判组织)和法官(法官的条件与任免、权利与义务、考核与培训、法官的等级、法官的奖励和惩戒、辞职与辞退和保障与退休)。审判制度与检察制度知识点结构和体系基本相同,考生可以进行比较学习。

审判制度相关试题主要考查《人民法院组织法》《法官法》相关规定,在司法体制改革的大背景下,审判制度相关考查知识点覆盖面越来越宽。

从考查的内容上看,包括审判独立原则(外部独立和内部独立)、审判制度的基本原则、公开审理(涉及刑事诉讼法、民事诉讼法和行政诉讼法中关于不公开审理的范围)、审判组织(涉及独任审判、合议庭、审判委员会各自权限和关系)。该部分内容还应关注最新司法改革成果,如法院人事管理制度改革和最高人民法院巡回法庭等问题,要求考生不仅应对辅导用书教材的内容进行学习,也应掌握最新司法改革的知识。

5. 检察制度

检察制度知识点包括检察制度概述、检察机关和检察官三个部分,知识点结构体系与审判制度相同。检察制度概述包括检察制度的概念、我国检察制度的特征、检察制度的基本原则和主要检察制度;检察机关包括人民检察院的性质和法律地位、人民检察院的任务、设置和职权及工作机构和领导体制;检察官包括检察官的条件与任免、检察官的权利与义务、检察官的考核与培训、检察官的等级、检察官的奖励与惩戒、检察官的辞职与辞退和检察官的保障与退休。

检察制度相关试题除直接考查《人民检察院组织法》《检察官法》的规定之外,近年来重点考查检察制度的最新发展和检察制度的改革,例如人民监督员制度改革、检察官任职回避规定、检察工作基本原则、检察官不得兼任情形以及免除检察官职务情形。

6. 律师制度

律师的权利是律师制度中重要组成部分,特别是在推进全面依法治国的背景下,保障律师权利的充分实现,也是保障并实现当事人诉讼权利的前提。律师权利的知识点不仅在《律师法》中作具体规定,在《民事诉讼法》《行政诉讼法》《刑事诉讼法》中也有相关规定。因此,掌握律师权利,需要结合以上法律法规来比较学习。

律师制度相关题目主要考查《律师法》《律师事务所管理办法》《律师执业管理办法》《律师和律师事务所违法行为处罚办法》等相关规定，考查重点在于律师权利和律师事务所的设立，经常结合案例进行考查。

有关律师权利的试题考查频次与法律的修订密切相关，此外，律师制度考查还包括律师事务所的设立、形式以及律师事务所执业管理和内部管理制度。

另外，在律师制度中，法律援助制度也是一个重要的考点。法律援助制度部分的知识点主要包括法律援助制度的概念、法律援助对象、法律援助范围、法律援助机构、法律援助申请和审查与法律援助实施。其中法律援助对象、范围、申请和审查等内容常与刑事诉讼法相关知识点合并考查。

法律援助相关题目与实务联系较为紧密，主要是通过案例题来考查考生对于法律援助制度及相关知识点的掌握程度，应特别关注《法律援助法》。从考查方式上看，包括直接考查法律援助的概念和法律规定以及以案例题考查法律适用两种方式，涉及法律援助的概念（区别于诉讼费用的缓交、减交和免交）、责任主体、对象、机构、实施形式、申请程序、终止程序、救济程序和法律责任等。整体来说，法律援助制度考查的形式越来越灵活、考查的内容越来越丰富并且与其他科目有所交叉。

7. 公证制度

作为四大司法制度之一的公证制度，从知识体系上应是司法制度的重点内容。公证制度相关试题主要考查公证制度概述、公证机构和公证员以及公证程序与公证效力三大部分，公证制度试题重点考查内容集中在我国公证管理体制，公证机构性质，公证员的条件与任免，公证业务范围，公证机构设立，公证效力和公证程序（包括公证的申请、受理、审查，出具公证书和公证的救济）；公证员职业道德主要包括公证员职业道德主要内容和公证职业道德，重点考查的是公证员职业道德的主要内容和公证员执业中违纪行为的处分。

公证制度相关题目涉及《公证法》的相关规定，公证制度与审判制度、检察制度和律师制度具有高度一致性，基本上都包括机构设立（包括设立原则、方式和程序）、业务范围、执业人员任免（任免的条件和程序）、执业人员的权利与义务、法律责任及法律职业道德组成。考生必须掌握公证处的性质，不是“公证机关”而是“公证机构”，其是独立的民事主体；公证机构承担民事责任是典型的侵权责任，其中“过错”不能根据公证机构出具的公证书是否属于“错证”来进行判定。

8. 法律职业人员的权利义务

该部分经常可对法官权利义务、检察官权利义务、律师权利义务、公证员权利义务和其他法律职业人员权利义务等进行综合考查，往往采用案例方式进行综合考查。作为法律职业人员，法官、检察官、律师和公证员均依法享有执业权利。此类题型需要考生熟悉掌握所有法律职业人员的权利与义务，所涉法律法规较多，具有一定难度。

9. 法律职业人员的任职条件

本部分主要考查法官、检察官、律师和公证员等法律职业人员的任职条件，常以横向比较的形式综合考查。此类题型要求考生能将审判制度、检察制度、律师制度和公证制度等制度的相同知识点进行全面掌握。此类试题涉及知识点较多，具有一定难度。

10. 法律职业道德概述

本部分知识点包括两部分内容，法律职业道德的概念与特征和法律职业道德的基本原则。本部分的考查往往是对法官、检察官、律师、公证员和其他法律职业人员的法律职业道德概述进行综合性、比较性的考查，集中于对法律职业责任形式、法律职业道德基本原则、法律职业的概念与特征、法律职业道德的概念与特征和法律职业道德的基本原则等知识点的综合考查。

11. 法律职业道德规范

本部分除了对法官职业道德、检察官职业道德、律师职业道德和公证员职业道德等内容进行单独考查之外，综合四类法律职业道德的具体规范，将每类法律职业相关内容设计为一个选项也是常见的考查方式，如采用案例方式分别阐述了法官、检察官、律师和公证员的不同行为，要求考生作出判断。

12. 法律职业责任

本部分中通常会对法官职业责任、检察官职业责任、律师职业责任和公证员职业责任进行全面、综合的考查。因为法官职业责任和检察职业责任主要以执行职务中违纪行为的责任为主，律师职业责任和公证员职业责任主要以行政处罚为主要承担方式，因此将四个方面知识点综合考查会具有一定的难度。考生应特别关注《公职人员政务处分法》，注意政务处分和纪律处分的区别与联系。

13. 法官职业道德的规范和责任

本部分知识点包括法官职业道德的内容(包括法官职业道德的概念和特征、忠诚司法事业、保证司法公正、确保司法廉洁、坚持司法为民和维护司法形象)和法官职业责任(包括法官执行职务中违纪行为的责任和法官执行职务中犯罪行为的刑事责任)两个方面。法官职业道德与检察官职业道德知识点体系与结构较为相似，考生可以比较学习。法官违反职业道德的具体情形是本部分考查的难点。

从考查内容来看，《法官职业道德基本准则》应当重点掌握，但是考查方式已经从考查对有关法条的记忆，转到考查对于有关规定的具体运用，通过选项对于法官具体行为的描述，要求考生对法官哪类行为与规范相符的问题进行判断。此外，法官与律师关系规范也是法官职业道德考查的常见内容。

14. 检察官职业道德的规范和责任

本部分知识点包括检察官职业道德内容(包括检察官职业道德的概念、特征和主要内容)和检察官职业责任(包括检察官执行职务中违纪行为的责任和检察官执行职务中犯罪行为的刑事责任)。

15. 律师执业行为规范

本部分关注律师执业行为规范，重点考查律师与委托人或者当事人关系规范，这是律师制度的基础，在律师制度中处于绝对中心地位，律师制度其他知识点均是围绕该知识点来展开的。

除了律师与委托人或者当事人关系规范，律师保密规则、律师广告规则和律师利益冲突规则等均是律师制度考查中的重要内容，一般都采用案例题的方式，与实务衔接较为紧密，所涉及法律法规主要是《律师法》和《律师执业行为规范(试行)》，考查学生在题干设定的情形中对于律师执业行为正确的判定。

16. 其他法律职业人员职业道德

对于其他法律职业人员职业道德的考查主要集中于《仲裁法》《公职人员政务处分法》，需重点了解和掌握。

复习攻略

(一)备考方法

考生首先应当把握本科目需要了解、掌握、运用不同的要求所涉及的内容；其次关注本科目重点考查内容；再次，对于审判制度、检察制度、律师制度和公证制度应采用横向比较学习方式，需要

辨析四大司法制度的不同规定，区分相似考点，间接理解不同司法制度的特点。例如，学习了远远严格于律师的公证员任命条件、程序和严格禁止公证员兼职等规定，考生可以理解公证制度"安身立命"的基础——"公证公信力"。最后，对于法官职业道德、检察官职业道德和律师职业道德规范进行重点、深入学习，并有必要结合当前发生的热门事件中出现的法律职业道德问题进行分析。

（二）备考安排

建议考生应当首先熟悉历年考试本科目的真题，其次对本科目重点法律法规进行学习，最后再阅读辅导用书教材，这样能起到事半功倍的效果。

本科目题目常以综合审判、检察、律师和公证制度，或者综合法官、检察官、律师和公证员的职业道德规范的方式进行考查，答题时可以结合单项选择题、多项选择题和不定项选择题不同要求来判断每个选项的正误。有关职业道德规范与普通道德规范具有相似性，考生可以依据对于普通道德规范的理解和掌握的其他部门法的知识进行判断，如法官、检察官不能接受贿赂，也不应在非工作时间、工作场所会见案件当事人、代理人等。考生在备考中也应关注到不同于普通道德规范的法律职业道德规范，如法官、检察官不得从事、参与营利性活动，律师应当承担的保密义务，遵守的避免利益冲突义务，公证员不得兼职等规范。

答题范例与实战演练

01 答题范例

| 题目指引 |

本学科多数试题的设置紧扣司法实践，既考查学生对于我国司法制度的熟悉程度，也考查学生能否识别并运用法官、检察官、律师和公证员等法律职业的道德规范，往往综合《民事诉讼法》《刑事诉讼法》《行政诉讼法》，以及行政行为和行政程序规范等进行设题。本题是根据实际案例设题，涉及法官、律师的职业伦理规范，包含民事诉讼法相关知识点，也对于律师委托代理协议这类特殊合同进行了考查。

| 题　目 |

【不定项选择题】甲公司为向乙公司追讨拖欠货款200万元及违约金等，与某律师事务所签订委托代理协议。该律师事务所指派王律师代为起诉，就律师费约定为固定收费10万元加上判决或调解金额超过200万元部分的50%。乙公司根据丙法院判决支付210万元。后因甲公司只支付10万元律师费，该律师事务所起诉请求丁法院判令甲公司支付剩余律师费5万元，作为该案的被告，甲公司下列哪一(些)项拒付剩余律师费的抗辩理由是符合法律规定的？

A. 丙法院的承办法官在办理本案时违规会见王律师，承办法官和王律师均被惩戒

B. 超过200万元部分的50%的收费比例约定是无效的

C. 王律师在代理过程中丢失公证保全证据收费发票

D. 某律师在追讨货款案件判决生效后，接受乙公司委托办理其他诉讼案件

| **参考答案** | ________[1]

| **推导过程** |

本题的中心问题——某律师事务所委托代理协议实际涉及两个案件。第一个案件是甲公司为追讨货款，与某律师事务所签订委托代理协议，并就律师费金额进行了约定，实际采用了“固定收费＋附条件收费”的计费方式，但本质上仍是一种风险收费的方式。第二个案件是因委托人甲公司未能足额支付律师费而提起诉讼，在该案诉讼中，作为被告的甲公司提出若干抗辩理由。本题需要根据法官、律师职业伦理规范、民事诉讼规范等作出判断，哪些抗辩理由是有明确法律依据，可能获得法院支持的。具体而言，需要判断甲公司与某律师事务所签订的委托代理协议中有关律师费约定是否存在违反法律强制性规定的情形，即判断委托代理协议的效力问题。

A选项中甲公司的抗辩理由是丙法院承办法官违规会见某律师事务所承办案件的王律师，承办法官和王律师均受到纪律惩戒。该抗辩理由涉及的情形是典型的违法违规行为，这是因为《法官法》第46条第1款规定：“法官有下列行为之一的，应当给予处分；构成犯罪的，依法追究刑事责任：……（八）接受当事人及其代理人利益输送，或者违反有关规定会见当事人及其代理人的……”《法官法》第46条第2款规定：“法官的处分按照有关规定办理。”《人民法院工作人员处分条例》第31条规定：“违反规定会见案件当事人及其辩护人、代理人、请托人的，给予警告处分；造成不良后果的，给予记过或者记大过处分。”并且《律师法》第49条第1款规定：“律师有下列行为之一的，由设区的市级或者直辖市的区人民政府司法行政部门给予停止执业六个月以上一年以下的处罚，可以处五万元以下的罚款；有违法所得的，没收违法所得；情节严重的，由省、自治区、直辖市人民政府司法行政部门吊销其律师执业证书；构成犯罪的，依法追究刑事责任：（一）违反规定会见法官、检察官、仲裁员以及其他有关工作人员，或者以其他不正当方式影响依法办理案件的……”但是，承办法官和王律师的违法行为并不能直接得出委托代理协议无效的结论，仅是必要条件，而不是充分条件。A选项是错误的。

B选项中甲公司是从委托代理协议违反风险代理收费的角度来提出抗辩的。风险代理收费，又称附条件收费，是指律师事务所针对有很大把握胜诉，但委托人事先不支付律师费，而希望实现胜诉目的后再付费的案件，承诺暂不收费或少收费用，待胜诉后收取高比例律师费的情况，如果败诉或者未能取得约定结果，则委托人无须支付费用。风险收费制度是目前国际上比较常见的律师收费制度，在我国近年来也得到了探索与实践。2021年，司法部、国家发展和改革委员会、国家市场监督管理总局印发《关于进一步规范律师服务收费的意见》的通知，严格限制风险代理收费金额。该意见规定，律师事务所与当事人约定风险代理收费的，可以按照固定的金额收费，也可以按照当事人最终实现的债权或者减免的债务金额（以下简称“标的额”）的一定比例收费。律师事务所在风险代理各个环节收取的服务费合计最高金额应当符合下列规定：标的额不足人民币100万元的部分，不得超过标的额的18%；标的额在人民币100万元以上不足500万元的部分，不得超过标的额的15%。该案中，甲公司根据委托代理协议实际需要向某律师事务所支付的律师费为15万元，为约定标的额的7.5%，并未到达15%。这里要求考生对于风险代理收费规定要准确地掌握，而不能简单地一看到有超过15%的比例就轻易作出判断，因此这里对考生是存在一定干扰的。B选项是错误的。

C选项中甲公司认为王律师在代理过程中未尽职责，丢失原件，损害甲公司在追讨货款案件中的举证能力。《律师法》第2条第2款规定，律师应当维护当事人合法权益，这是律师的法定职责。根据《律师执业行为规范（试行）》第40条规定：“律师应谨慎保管委托人或当事人提供的证据原

---

[1] C

件、原物、音像资料底版以及其他材料。”丢失证据是明显违反律师执业行为规范的内容,客观上造成了影响,法官可以据此认定某律师事务所在履行委托代理协议中不尽责,作出减少或者免予支付剩余律师费的判断。C 选项是正确的。

D 选项中甲公司以某律师事务所违反利益冲突规则作为抗辩理由。《律师法》第 39 条规定:“律师不得在同一案件中为双方当事人担任代理人,不得代理与本人或者其近亲属有利益冲突的法律事务。”本案中不存在同一案件中双方代理的情形。《律师执业行为规范(试行)》第 51 条规定:“有下列情形之一的,律师及律师事务所不得与当事人建立或维持委托关系:……(七)在委托关系终止后,同一律师事务所或同一律师在同一案件后续审理或者处理中又接受对方当事人委托的……”考生需要准确理解《律师执业行为规范(试行)》仅是规定在“同一案件”,而 D 选项中特别注明是“其他诉讼案件”。D 选项是错误的。

02 答题范例

| 题目指引 |

本题根据某中院作出的某公司诉讼某律师事务所的民事判决书改编,题目中同时融合了《民法典》《民事诉讼法》《法官法》《律师执业行为规范(试行)》中的不同知识点,重点考查《律师法》有关规定和其他法律相衔接的问题,体现了较强的综合性。题目涉及法定继承人的范围、一般人格权的认定、精神损害赔偿的适用、习惯作为民法的渊源以及遗产继承纠纷中当事人的地位等知识点,对类似试题的解答具有参考价值。

| 题　　目 |

【多项选择题】甲公司因未向乙公司支付货款,而被乙公司诉至丙法院,遂甲公司与某律师事务所签订委托代理合同并约定:指派徐律师担任甲公司诉讼代理人,诉讼标的为 480 万元,待一审判决或调解后,甲公司按判决或调解结果与诉讼标的之间差额的 20% 向某律师事务所支付律师代理费。后经丙法院法官黄某主持达成调解协议,乙公司同意接受甲公司现场支付的 260 万元货款。后某律师事务所提起诉讼,请求丙法院判令甲公司支付律师代理费 44 万元,但甲公司仅同意支付 20 万元并提起反诉。根据有关法律规定,甲公司哪些抗辩理由是正确的?

A. 丙法院法官黄某配偶在丙法院辖区从事律师执业,丙法院调解程序严重违法

B. 某律师事务所采用风险代理方式收取律师代理费,但该收费方式严重违规

C. 因徐律师在代理过程中丢失部分证据原件,造成甲公司在货款纠纷诉讼中举证困难

D. 徐律师在货款纠纷调解结案后,接受乙公司委托为其办理其他诉讼案件

| 参考答案 | ________①

| 推导过程 |

司法制度和法律职业道德部分中考查具体规则的单项或者多项选择题,多数均以案例方式呈现,主要考查考生是否能够运用所学的法律职业规范来解决实务中所出现的争议。因此,考生要通过阅读题干中提供的信息,来判断每一选项中陈述是否符合相关规定,因此,考生重点要发现每一选项所涉及知识点及相关法律规定,要细致、全面结合具体规则来进行判断。

本案中,甲公司认为丙法院承办黄法官在进行案件审理和调解过程中时存在违反《法官法》

① BC

《法官职业道德基本准则》,即黄法官应当回避而未回避,因而认为货款纠纷案件中存在严重违反法定程序。甲公司这一抗辩理由可以从多个层面进行分析。首先,判断法官是否存在违背职业伦理规范要求,即黄法官配偶在丙法院辖区从事律师执业是否违法违规的问题,需要考生准确掌握并运用法官职业伦理规范。根据《法官法》第 24 条的规定:“法官的配偶、父母、子女有下列情形之一的,法官应当实行任职回避:(一)担任该法官所任职人民法院辖区内律师事务所的合伙人或者设立人的;(二)在该法官所任职人民法院辖区内以律师身份担任诉讼代理人、辩护人,或者为诉讼案件当事人提供其他有偿法律服务的。”考生必须清楚,该条是对法官任职回避的要求。如果法官具有上述情形的,法官要受到纪律处分,但是不会导致诉讼程序存在严重违法的情形。其次,《民事诉讼法》第 4 章专门规定了审判人员在诉讼中的回避问题,考生需要了解这与法官任职回避完全是两回事。最后,本题题干中提到甲公司作为被告的两起诉讼:货款纠纷和律师代理费纠纷,分别是基于买卖合同、委托代理合同两个完全不同的法律关系,两个案件也是相互独立的诉讼。甲公司的主张实际上是将两个诉讼混为一谈。因此,选项 A 是错误的。

本案中,甲公司认为某律师事务所代理其与乙公司的货款纠纷诉讼,双方约定“按判决或调解结果与诉讼标的之间差额的 20% 向某律师事务所支付律师代理费”,该约定违反法律强制性规定,应属无效。2021 年,司法部、国家发展和改革委员会、国家市场监督管理总局印发《关于进一步规范律师服务收费的意见》的通知,严格规范律师风险代理行为,即严格限制风险代理适用范围、严格规范风险代理约定事项、严格限制风险代理收费金额、建立风险代理告知和提示机制。根据该意见规定,律师事务所与当事人约定风险代理收费的,可以按照固定的金额收费,也可以按照当事人最终实现的债权或者减免的债务金额(以下简称“标的额”)的一定比例收费。律师事务所在风险代理各个环节收取的服务费合计最高金额应当符合下列规定:……标的额在人民币 100 万元以上不足 500 万元的部分,不得超过标的额的 15%。对照题干中的信息,某律师事务所至少存在超过收费比例,没有签订专门的书面风险代理合同的行为。因此,选项 B 是正确的。

根据《律师执业行为规范(试行)》第 40 条的规定,律师应谨慎保管委托人或当事人提供的证据原件、原物、音像资料底版以及其他材料。本案中,作为甲公司的代理人,徐律师丢失部分证据原件使甲公司举证困难,一方面是律师违反律师执业行为规范的要求,另一方面是律师未能进行充分有效代理,属于未能完全履行委托代理合同中约定的义务。《民法典》第 577 条规定,当事人一方不履行合同义务或者履行合同义务不符合约定的,应当承担继续履行、采取补救措施或者赔偿损失等违约责任。某律师事务所未能进行充分有效代理,应当承担相应违约责任。因此,选项 C 是正确的。

根据《律师法》第 47 条的规定:律师有下列行为之一的,由设区的市级或者直辖市的区人民政府司法行政部门给予警告,可以处五千元以下的罚款;有违法所得的,没收违法所得;情节严重的,给予停止执业三个月以下的处罚:……(三)在同一案件中为双方当事人担任代理人,或者代理与本人及其近亲属有利益冲突的法律事务的……。本案中,徐律师并未在货款纠纷案件中同时担任双方代理人,因此其行为不构成违规,无须给予行政处罚。但是根据《律师执业行为规范(试行)》第 51 条的规定,有下列情形之一的,律师及律师事务所不得与当事人建立或维持委托关系:……(七)在委托关系终止后,同一律师事务所或同一律师在同一案件后续审理或者处理中又接受对方当事人委托的。徐律师在货款纠纷调解结案后,接受乙公司委托为其办理其他诉讼案件违反律师执业行为规范,应当接受相应行业处分,而不是行政处罚,同时该行为也未对徐律师在货款纠纷案件中进行充分有效代理造成影响,甲公司据此要求少支付代理费于法无据。因此,选项 D 是错误的。

综上所述,本题的正确选项为 B、C 选项。

刷 题 篇

重点考向与真题精粹

01 考向 中国特色社会主义司法制度

1.【单项选择题】关于法官任免和法官行为，下列哪一说法是正确的？

A. 唐某系某省高院副院长，其子系该省某县法院院长。对唐某父子应适用任职回避规定

B. 楼法官以交通肇事罪被判处有期徒刑一年、缓刑一年。对其无须免除法官职务

C. 白法官将多年办案体会整理为《典型案件法庭审理要点》，被所在中级人民法院推广到基层法院，收效显著。对其应予以奖励

D. 陆法官在判决书送达后，发现误将上诉期15日写成了15月，立即将判决收回，做出新判决书次日即交给当事人。其行为不违反法官职业规范规定

| **参考答案** | ________①

| **设题陷阱与常见错误分析** |

有的考生认为A项正确，父子为近亲属，职位在法院系统内有隶属关系，应该适用职务回避。有的考生认为B项正确，交通肇事罪属于过失犯罪，不属于因犯罪不能继续任职的情形。有的考生认为C项错误，案例极有可能会涉及某些当事人隐私之类，仅从题干不能排除这个可能。这些看法是由于对有关知识点掌握不扎实所致。

| **解题思路与方法分析** |

本题为实例题，有一定难度。我国法律规定了法官的条件与任免、法官的权利与义务、法官的考核与培训、法官的等级及其升降、法官的奖励和惩戒、法官的辞职与辞退、法官的保障与退休等。

为确保法官的中立和公正，《法官法》第23条规定，法官之间有夫妻关系、直系血亲关系、三代以内旁系血亲以及近姻亲关系的，不得同时担任下列职务：(1)同一人民法院的院长、副院长、审判委员会委员、庭长、副庭长；(2)同一人民法院的院长、副院长和审判员；(3)同一审判庭的庭长、副庭长、审判员；(4)上下相邻两级人民法院的院长、副院长。A项中，唐某系某省高院副院长，其子系该省某县法院院长，省高院副院长与某县法院院长非为上下相邻两级人民法院的院长、副院长，两人不符合上述回避规定。因此A项的说法不正确。

我国《法官法》第13条规定，下列人员不得担任法官：因犯罪受过刑事处罚的……这里的犯罪既包括故意犯罪，也包括过失犯罪。B项中，楼法官以交通肇事罪被判处有期徒刑一年、缓刑一年，因此对其必须根据法律规定免除法官职务。因此B项的说法不正确。

《法官法》第45条规定，法官有下列表现之一的，应当给予奖励：(1)公正司法，成绩显著的；(2)总结审判实践经验成果突出，对审判工作有指导作用的；(3)在办理重大案件、处理突发事件和承担专项重要工作中，做出显著成绩和贡献的；(4)对审判工作提出改革建议被采纳，效果显著的；(5)提出司法建议被采纳或者开展法治宣传、指导调解组织调解各类纠纷，效果显著的；(6)有其他功绩的。C项中，白法

---

① C

官将多年办案体会整理为《典型案件法庭审理要点》,被所在中级人民法院推广到基层法院,收效显著。这属于总结审判实践经验成果突出,对审判工作有指导作用的,对其应予以奖励。因此C项的说法正确。

按照我国《法官法》和《法官职业道德基本准则》的规定,法官应当忠诚司法事业、保证司法公正、确保司法廉洁、坚持司法为民、维护司法形象。《法官职业道德基本准则》第10条规定,法官应当牢固树立程序意识,坚持实体公正与程序公正并重,严格按照法定程序执法办案,充分保障当事人和其他诉讼参与人的诉讼权利,避免办案中的随意行为。法官必须遵循法定的诉讼程序,保护所有当事人在诉讼中的平等地位。D选项中,陆法官的行为明显地违反法官职业规范规定。因此,D选项的说法不正确。

故C选项为本题的答案。

2.【单项选择题】检察一体原则,是指各级检察机关、检察官依法构成统一的整体,下级检察机关、下级检察官应当根据上级检察机关、上级检察官的批示和命令开展工作。据此,下列哪一表述是正确的?

A. 各级检察院实行检察委员会领导下的检察长负责制

B. 上级检察院可建议而不可直接变更、撤销下级检察院的决定

C. 在执行检察职能时,相关检察院有协助办案检察院的义务

D. 检察官之间在职务关系上可相互承继而不可相互移转和代理

| **参考答案** | ________①

| **设题陷阱与常见错误分析** |

本题常见错误在于误选D项,原因在于考生一般较为了解审判制度,如果案件承办检察官发生变更,而无须重新开始法定程序办理,这与审判制度的直接言词原则有着显著的区别。

| **解题思路与方法分析** |

本题考查的是基本检察制度,考生需要注意检察制度与审判制度的区别,较易作出判断。《人民检察院组织法》第32条规定,检察委员会实行民主集中制,如果地方各级人民检察院的检察长不同意本院检察委员会多数人的决定,可以报请上一级人民检察院决定。属于重大事项的,可以报请上一级人民检察院或者本级人民代表大会常务委员会决定。选项A说法错误。检察权统一行使原则,即检察一体原则是我国法律规定的检察制度基本原则之一。检察权统一行使原则包括三方面内容:(1)上下级检察机关、检察官之间存在上命下从的领导关系;(2)各地各级检察机关之间具有职能协助的义务;(3)检察官之间和检察院之间在职务上可以发生相互承继、转移、代理关系。因此,选项C说法正确,选项B、选项D说法错误。

3.【单项选择题】法院、检察院、公安机关、国家安全机关、司法行政机关应当尊重律师,健全律师执业权利保障制度。下列哪一做法是符合有关律师执业权利保障制度的?

A. 县公安局仅告知涉嫌罪名,而以有碍侦查为由拒绝告知律师已经查明的该罪的主要事实

B. 看守所为律师提供网上预约会见平台服务,并提示律师如未按期会见必须重新预约方可会见

C. 国家安全机关在侦查危害国家安全犯罪期间,多次不批准律师会见申请并且说明理由

D. 在庭审中,作无罪辩护的律师请求就被告量刑问题发表辩护意见,合议庭经合议后当庭拒绝律师请求

| **参考答案** | ________②

| **设题陷阱与常见错误分析** |

本题常见错误在于误选A项,原因在于部分考生不清楚辩护律师有权向办案机关了解其已经查明犯罪嫌疑人涉嫌罪名的主要事实。

| **解题思路与方法分析** |

根据最高人民法院、最高人民检察院、公安

---

① C
② C

部、国家安全部、司法部《关于依法保障律师执业权利的规定》(本题中以下简称《五部委规定》)第6条第1款规定:“辩护律师接受犯罪嫌疑人、被告人委托或者法律援助机构的指派后,应当告知办案机关,并可以依法向办案机关了解犯罪嫌疑人、被告人涉嫌或者被指控的罪名及当时已查明的该罪的主要事实,犯罪嫌疑人、被告人被采取、变更、解除强制措施的情况,侦查机关延长侦查羁押期限等情况,办案机关应当依法及时告知辩护律师。”县公安局仅告知辩护律师犯罪嫌疑人涉嫌罪名,而以有碍侦查为由拒绝告知律师已经查明的该罪的主要事实的做法是错误的。选项A说法错误。《五部委规定》第7条第3款规定:“看守所应当设立会见预约平台,采取网上预约、电话预约等方式为辩护律师会见提供便利,但不得以未预约会见为由拒绝安排辩护律师会见。”设立会见预约平台是为了给辩护律师提供便利,但未预约也可会见,看守所不得拒绝。看守所提示律师如未按期会见必须重新预约方可会见的行为属于以未预约会见为由拒绝安排辩护律师会见。选项B说法错误。《五部委规定》第9条第1款规定:“辩护律师在侦查期间要求会见危害国家安全犯罪、恐怖活动犯罪、特别重大贿赂犯罪案件在押的犯罪嫌疑人的,应当向侦查机关提出申请。侦查机关应当依法及时审查辩护律师提出的会见申请,在三日以内将是否许可的决定书面答复辩护律师,并明确告知负责与辩护律师联系的部门及工作人员的联系方式。对许可会见的,应当向辩护律师出具许可决定文书;因有碍侦查或者可能泄露国家秘密而不许可会见的,应当向辩护律师说明理由。有碍侦查或者可能泄露国家秘密的情形消失后,应当许可会见,并及时通知看守所和辩护律师。对特别重大贿赂案件在侦查终结前,侦查机关应当许可辩护律师至少会见一次犯罪嫌疑人。”国家安全机关在侦查危害国家安全犯罪期间,说明理由拒绝辩护律师会见符合规定。选项C说法正确。《五部委规定》第35条规定:“辩护律师作无罪辩护的,可以当庭就量刑问题发表辩护意见,也可以庭后提交量刑辩护意见。”在庭审中,作无罪辩护的律师就被告人量刑问题发表辩护意见,这是辩护律师的权利,合议庭应当听取。选项D说法错误。

4.【单项选择题】公证制度是司法制度重要组成部分,设立公证机构、担任公证员具有严格的条件及程序。关于公证机构和公证员,下列哪一选项是正确的?

A. 公证机构可接受易某申请为其及遗产并出具相应公证书

B. 设立公证机构应由省级司法行政机关报司法部依规批准后,颁发公证机构执业证书

C. 贾教授在高校讲授法学11年,离职并经考核合格,可以担任公证员

D. 甄某交通肇事受过刑事处罚,因此不具备申请担任公证员的条件

| **参考答案** | ________①

| **设题陷阱与常见错误分析** |

本题常见错误是认为A选项正确,主要问题在于考生混淆了《公证法》第11条和第12条规定的区别,更主要的原因是考生对于公证法律制度非常陌生。

| **解题思路与方法分析** |

公证业务范围,是指公证机构按照国家法律规定有权办理的公证事务和相关法律事务。《公证法》第11条和第12条规定了较为广泛的公证业务范围,大致包括证明民事法律行为、证明有法律意义的事实、证明有法律意义的文书和其他公证事务4类。公证机构对于《公证法》第11条规定的事项,必须出具公证书;对于《公证法》第12条规定的事项,不需要出具公证书。如公证机构接受易某申请为其办理遗嘱公证,则应当出具公证书。选项A中公证机构为易某办理的是保管遗嘱及遗产事项,公证机构不需要出具公证书。本选项需注意办理遗嘱公证和保管遗嘱二者的区别。故选项A错误。

选项B考查考生是否了解设立公证机构和任命公证员的审批机构并不一致,公证员由

① C

司法部审批;而设立公证机构仅需省级司法行政部门按照规定程序批准,颁发公证机构执业证书,无须报司法部批准。故选项B错误。

《公证法》第19条规定:“从事法学教学、研究工作,具有高级职称的人员,或者具有本科以上学历,从事审判、检察、法制工作、法律服务满十年的公务员、律师,已经离开原工作岗位,经考核合格的,可以担任公证员。”有考生根据《公证法》第18条关于担任公证员的年龄限制,即超过65周岁不得担任公证员,认为在高校讲授法学11年与能否担任公证员没有必然的联系,虽经考核合格,但完全有可能是超过65岁的年龄限制,从而认定选项C表述不严谨,不当选。本选项的情形描述完全符合《公证法》第19条的规定,并且选项C中使用的是“可以”不是“应当”,并未排除其他限制性条件的约束,选项C的描述并非担任公证员的充分条件。故选项C正确。

《公证法》第20条规定:“有下列情形之一的,不得担任公证员:……(二)因故意犯罪或者职务过失犯罪受过刑事处罚的……”虽然甄某交通肇事受过刑事处罚,但是根据《刑法》第133条的规定,交通肇事罪属于过失犯罪,不属于故意犯罪或者职务过失犯罪。根据甄某曾犯交通肇事罪就认定其不具备申请担任公证员的条件,不符合法律规定,在逻辑上也是不周延的。故选项D错误。

5.【多项选择题】司法与行政都是国家权力的表现形式,但司法具有一系列区别于行政的特点。下列哪些选项体现了司法区别于行政的特点?

A. 甲法院审理一起民事案件,未按照上级法院的指示作出裁判

B. 乙法院审理一起刑事案件,发现被告人另有罪行并建议检察院补充起诉,在检察院补充起诉后对所有罪行一并作出判决

C. 丙法院邀请人大代表对其审判活动进行监督

D. 丁法院审理一起行政案件,经过多次开庭审理,在原告、被告及其他利害关系人充分举证、质证、辩论的基础上作出判决

| 参考答案 | ________①

| 设题陷阱与常见错误分析 |

本题常见错误是误选了C选项或者漏选了D选项。有的考生认为,虽然司法和行政都会受到立法机关的监督,但监督的具体形式不同,因而也体现了司法区别于行政的特点。虽然立法机关对司法和行政的监督方式或有差异,但这些差异并不是司法与行政的本质区别,不应选择C选项。有的考生认为,行政处罚听证过程中,也会出现在充分举证、质证、辩论的基础上作出最终决定的情形,因而不是司法区别于行政的特点。事实上,行政处罚听证并不是行政这一执法活动的典型代表,大多数行政执法都是单方面进行的,而不具有司法所具有的交涉性,因此D选项描述的情况正体现了司法的交涉性或互动性这一区别于行政的特点。

| 解题思路与方法分析 |

本题是从司法与行政的区别角度考查司法的特点,需要考生在理解司法有别于行政的特点的基础上分析判断选项所描述的情况是否符合这些特点。本题也是司法和司法制度概念部分的典型试题,本部分内容更多考查对于概念的了解和运用,一般不会采用实际案例来进行考查。

司法通常是指国家司法机关根据法定职权和法定程序,具体应用法律处理案件的专门活动。从形式上看,司法与行政都是执行法律的个别化或者具体化的行为,属于法律实施的具体形式,均为广义的执法活动。但是,行政是实现国家目的的直接活动,而司法是实现国家目的的间接活动。司法的下述特点使之区别于行政:(1)独立性。司法的任务主要是解决公民之间以及公民与国家之间的法律争执,因此在技术上,司法机关只服从法律,不受上级机关、行政机关的干涉。(2)被动性。司法程序的启动离不开权利人或者特定机构的提请或诉求,裁判者从来不能主动发起一个诉讼。(3)交涉性。法律适用过程离不开多方当事人

① ABD

的诉讼参与，司法者所做的裁判，必须是在受判决直接影响的有关各方参与下，通过提出证据并进行理性说服和辩论，以此为基础促进裁判的制作。而不像行政管理者那样，通过单方面的调查取证而形成决定。(4)程序性。法律适用是司法机关依照法律程序所进行的活动。司法机关处理案件必须依照相应的程序法规定。(5)普遍性。司法的过程是运用法律解决个案纠纷，将法律适用于个案的过程。案件的司法解决意味着个别性事件获得普遍性，普遍性在个别性事件中得以实现。(6)终极性。法律适用是解决纠纷、处理冲突的最后环节，法律适用结果是最终性的决定。将上述司法区别于行政的特点与选项中描述的具体情形进行比较可以发现：A选项中法院未按照上级法院的指示作出裁判，体现了司法的独立性；B选项中法院未直接对被告人的其他罪行进行审理，而是等待检察院的补充起诉，体现了司法的被动性；D选项中，案件在原告、被告及其他利害关系人充分参与的基础上作出判决，体现了司法的交涉性。C选项所提到的邀请人大代表对其审判活动进行监督，体现了国家权力源自人民代表大会和立法机关对司法机关的监督，这一点同样适用于行政机关，并非司法区别于行政的特点。

6.【多项选择题】法院的下列哪些做法是符合审判制度基本原则的？

A. 某法官因病住院，甲法院决定更换法官重新审理此案

B. 某法官无正当理由超期结案，乙法院通知其三年内不得参与优秀法官的评选

C. 对某社会高度关注案件，当地媒体多次呼吁法院尽快结案，丙法院依然坚持按期审结

D. 因人身损害纠纷，原告要求被告赔付医疗费，丁法院判决被告支付全部医疗费及精神损害赔偿金

| 参考答案 | ____________①

| 设题陷阱与常见错误分析 |

本题常见错误在于漏选C项，原因在于有些考生受到部分媒体错误的宣传，或者是对司法为民原则存在错误理解。

| 解题思路与方法分析 |

直接言词原则包括直接原则和言词原则，直接原则要求参加审判的法官必须亲自参加证据审理、亲自聆听法庭辩论。因此更换法官后案件必须重新审理，以保障审理法官和判决法官的一体化。选项A说法正确。乙法院的规定符合及时审判原则，体现了法院以制度促进法官及时审判，避免案件超审限。选项B说法正确。审判独立原则要求人民法院独立行使审判权，不受行政机关、社会团体和个人的干涉。面对舆论压力，丙法院依然按照诉讼法规定的审限按期结案，这符合独立审判原则的要求。选项C说法正确。不告不理原则要求法院不能主动超越当事人的诉讼请求作出判决，从本选项表述看，原告仅要求被告赔付医疗费，并未要求被告支付精神损害赔偿金。因此，丁法院判决被告支付全部医疗费及精神损害赔偿金的做法违反了不告不理原则。选项D说法错误。

7.【不定项选择题】关于我国法律职业人员的入职条件与业内、业外行为的说法：①法官和检察官的任职禁止条件完全相同；②被辞退的司法人员不能担任律师和公证员；③王某是甲市中院的副院长，其子王二不能同时担任甲市乙县法院的审判员；④李法官利用业余时间提供有偿网络法律咨询，应受到惩戒；⑤刘检察官提出检察建议被采纳，效果显著，应受到奖励；⑥张律师两年前因私自收费被罚款，目前不能成为律所的设立人。对上述说法，下列判断正确的是：

A. ①⑤正确　　B. ②④错误

C. ②⑤正确　　D. ③⑥错误

| 参考答案 | ____________②

| 设题陷阱与常见错误分析 |

部分考生认为①的说法错误，原因在于考生混淆了法官、检察官的任职禁止条件与法官、

---

① ABC

② AD

检察官的任职回避制度。任职禁止条件是法律明确规定的特定人员不得担任法官、检察官的情况，而任职回避制度是不允许有规定范围内亲属关系的人在同一部门或单位任职，两者完全不同。法官、检察官的任职回避规定并不完全相同，但两者的任职禁止条件完全一致。还有部分考生认为⑥的说法正确，原因是考生对不得担任律师事务所合伙人的规定情形记忆不准确，将"受到六个月以上停止执业处罚"误认为"受到行政处罚"。

| 解题思路与方法分析 |

本题是主要对法律职业人员的任职条件等知识点进行综合考查，难度相对较大。

《法官法》第13条和《检察官法》第13条分别对法官、检察官的任职禁止条件作出规定，即因犯罪受过刑事处罚、开除公职、被吊销律师、公证员执业证书或者被仲裁委员会除名、有法律规定的其他情形的，不得担任法官、检察官。因此，法官和检察官的任职禁止条件完全相同，①正确。《律师法》第7条规定，申请人被开除公职的，不予颁发律师执业证书。《公证法》第20条规定，被开除公职的不得担任公证员。开除是对违反法律和纪律应当承担纪律责任的公务员所给予的最严重的处分措施。而辞退是因为公务员担任公职存在缺陷，国家单方面解除公务员与机关之间公职关系的制度。被辞退的司法人员符合其他条件，可以担任律师和公证员。②错误。《法官法》第23条规定，法官之间有夫妻关系、直系血亲关系、三代以内旁系血亲以及近姻亲关系的，不能同时担任上下相邻两级人民法院的院长、副院长。因此，父子同时担任上下相邻两级法院的副院长和审判员不适用任职回避的规定。③错误。《法官法》第46条规定，法官不得违反有关规定从事或者参与营利性活动。李法官提供有偿的网络法律咨询属于从事营利性活动，应当受到惩戒，是否利用业余时间不是考量因素。④正确。《检察官法》第46条规定，检察官对检察工作提出改革建议被采纳，效果显著的，或者提出检察建议被采纳或者开展法治宣传、解决各类纠纷，效果显著的，应当给予奖励。⑤正确。《律师法》第53条规定，受到6个月以上停止执业处罚的律师，处罚期满未逾3年的，不得担任合伙人。张律师仅受到罚款处罚不在禁止之列，如果其他条件符合，可以成为律所的设立人。⑥错误。综上所述，选项A和选项D判断正确，为正确答案。

02 考向 法官职业道德

1.【单项选择题】张法官与所承办案件当事人的代理律师系某业务培训班同学，偶有来往，为此张法官向院长申请回避，经综合考虑院长未予批准。张法官办案中与该律师依法沟通，该回避事项虽被对方代理人质疑，但审判过程和结果受到一致肯定。对照《法官职业道德基本准则》，张法官的行为直接体现了下列哪一要求？

A. 严格遵守审限　B. 约束业外活动

C. 坚持司法便民　D. 保持中立地位

| 参考答案 | ________①

| 设题陷阱与常见错误分析 |

本题常见错误是认为B选项正确，认为法官判案能保持中立的前提条件之一是能约束庭外及业外行为（尤其与律师及当事人之间的业外行为），法官主动提出回避，直接体现了对业外行为的约束。上述错误的主要原因在于考生对于题干陈述的理解存在偏差，本题题干中并未详细描述张法官与代理律师的接触情况，而是突出张法官主动提出回避事宜。

| 解题思路与方法分析 |

本题考查的是法官职业道德基本准则的内容，重点是法官应当如何处理法定回避以外的回避问题。《法官职业道德基本准则》第13条规定："自觉遵守司法回避制度，审理案件保持中立公正的立场，平等对待当事人和其他诉讼参与人，不偏袒或歧视任何一方当事人，不私自单独会见当事人及其代理人、辩护人。"法官应当保持中立地位。法官中立的规定，主要是

---

① D

确保法官始终处于中立裁判的地位，而不偏向任何一方当事人，更不能对当事人进行压制。法律面前人人平等是我国的宪法原则，也是法官在审判工作中应当遵循的基本道德准则。禁止法官的单方接触。为实现司法公正，法官应当为双方当事人实现诉讼权利平等提供条件，其中之一便是保证当事人都有平等的机会向法官阐述自己对案件的看法和自己的主张、理由。如果法官单独会见一方当事人及其代理人，实际上就等于剥夺了对方当事人申辩的机会，有损司法公正。故A、B、C选项错误，D选项正确。

2.【多项选择题】法律职业人员在业内、业外均应注重清正廉洁，严守职业道德和纪律规定。下列哪些行为违反了相关职业道德和纪律规定？

A. 赵法官参加学术研讨时无意透露了未审结案件的内部讨论意见

B. 钱检察官相貌堂堂，免费出任当地旅游局对外宣传的“形象大使”

C. 孙律师在执业中了解到委托人公司存在严重的涉嫌偷税犯罪行为，未向税务机关举报

D. 李公证员代其同学在自己工作的公证处申办学历公证

| 参考答案 | ________①

| 设题陷阱与常见错误分析 |

本题常见错误是误选B和C，而漏选D项。有考生认为钱检察官从事商业代言，会使公众对其清正廉洁产生合理怀疑。为地方旅游局担任对外宣传“形象大使”与从事商业代言行为有本质区别，钱检察官的行为并不违反相关规定。有考生认为偷税属于严重侵犯国家利益行为，孙律师应当举报。误选的原因是将“国家利益”与“危害国家安全”的规定相混淆。有考生认为李公证员为同学办理学历公证与自己以及自己的近亲属并没有利益关系，并不违反职业道德。误选的原因是考生对公证程序规则掌握不扎实，未能注意到公证人员不得代理当事人在本公证处申办公证的规定。

| 解题思路与方法分析 |

本题是对法官、检察官、律师和公证员职业行为的综合考查，需要考生结合法律规定对选项表述情形是否违反规定作出具体判断。《法官职业道德基本准则》第7条规定，法官应当保守国家秘密和审判工作秘密。无论是否故意，赵法官透露了未审结案件的内部讨论意见，属于泄露审判工作秘密，违反了上述规定。选项A为正确答案。《检察官职业道德基本准则》第5条规定：“坚持廉洁操守，自觉接受监督。”检察官应当怀有朴实的平常心，树立正确的价值观、权力观、金钱观、名利观。检察官应当不以权谋私，以案谋利，借办案插手经济纠纷。

检察官不应利用职务便利或者检察官的身份、声誉及影响，为自己、家人或者他人谋取不正当利益；不从事、参与经商办企业、违法违规营利活动，以及其他可能有损检察官廉洁形象的商业、经营活动；不参加营利性或者可能借检察官影响力营利的社团组织。本题中，钱检察官担任当地旅游局对外宣传“形象大使”促进地方旅游业发展，服务地方经济建设，具有公益性质，不属于从事商业活动。这与为旅游公司代言完全不同，代言即便是免费的，也会使公众合理怀疑该检察官与旅游公司存在利益输送问题。因此B为错误选项。《律师法》第38条第2款规定，律师对在执业活动中知悉的委托人和其他人不愿泄露的情况和信息，应当予以保密。但是，委托人或者其他人准备或者正在实施的危害国家安全、公共安全以及其他严重危害他人人身安全的犯罪事实和信息除外。逃税罪显然不在上述犯罪之列，孙律师了解情况后未向税务机关举报并不违反《律师法》的规定。C为错误选项。《公证程序规则》第11条第2款规定，“公证员、公证机构的其他工作人员不得代理当事人在本公证机构申办公证”，李公证员的行为明显违反了上述规定，选项D为正确答案。

---

① AD

03 考向 检察官职业道德

1.【单项选择题】关于检察官职业道德和纪律，下列哪一做法是正确的？

A. 甲检察官出于个人对某类案件研究的需要，私下要求邻县检察官为其提供正在办理的某案情况

B. 乙检察官与其承办案件的被害人系来往密切的邻居，因此提出回避申请

C. 丙检察官发现所办案件存在应当排除的证据而未排除，仍将其作为起诉意见的依据

D. 丁检察官为提高效率，在家里会见本人所承办案件的被告方律师

| 参考答案 | __________①

| 设题陷阱与常见错误分析 |

本题较为简单，A选项有一定的干扰，实践中可能也存在运用案件资料进行研究的情况，但这一做法无疑违反了检察官职业道德中关于遵守纪律的要求。

| 解题思路与方法分析 |

本题考查的是哪一项描述的做法符合检察官职业道德和纪律。检察官职业道德，是指检察官在履行检察职能的活动中，应当遵守的行为准则和规范，具体包括忠诚、为民、担当、公正和廉洁五个方面。其中公正的要求包括独立履职、理性履职、履职回避、重视证据、遵循程序、保障人权、尊重律师和法官、遵守纪律和提高效率等。A选项所描述的做法违反了上述遵守纪律所要求的不违反规定过问其他检察官、其他检察院正在办理的案件，不私自探询其他检察官、其他检察院正在办理的案件情况和有关信息。C选项违背了遵循程序的要求，也违背了《刑事诉讼法》关于排除非法证据的规定。D选项也违背了上述遵守纪律的要求。根据《检察人员纪律处分条例》第89条的规定，私自会见案件当事人或其近亲属、辩护人、诉讼代理人、利害关系人、中介组织，或者接受上述人员提供的礼品、礼金、消费卡等财物，以及宴请、娱乐、健身、旅游等活动的，给予记过或者记大过处分；情节较重的，给予降级或者撤职处分；情节严重的，给予开除处分。B选项符合上述履职回避的要求，也符合《刑事诉讼法》第29条的规定：检察人员与本案当事人有其他关系，可能影响公正处理案件时，应当自行回避。

2.【单项选择题】根据法官、检察官纪律处分有关规定，下列哪一说法是正确的？

A. 张法官参与迷信活动，在社会中造成了不良影响，可予以提醒劝阻，其不应受到纪律处分

B. 李法官乘车时对正在实施的盗窃行为视而不见，小偷威胁失主仍不出面制止，其应受到纪律处分

C. 何检察官在讯问犯罪嫌疑人时，反复提醒犯罪嫌疑人注意其聘请的律师执业不足2年，其行为未违反有关规定

D. 刘检察官接访时，让来访人前往国土局信访室举报他人骗取宅基地使用权证的问题，其做法是恰当的

| 参考答案 | __________②

| 设题陷阱与常见错误分析 |

本题常见问题错误在于部分考生对于信访制度的不甚了解，导致对于选择选项D比较犹豫。

| 解题思路与方法分析 |

本题考查的是法官、检察官在执行职务中的行为是否构成违纪，是否应当给予纪律处分，具有一定难度。《人民法院工作人员处分条例》第104条第1款规定："参与迷信活动，造成不良影响的，给予警告、记过或者记大过处分。"张法官参与迷信活动，在社会中造成了不良影响，属于违反管理秩序和社会道德行为，应予处分。选项A说法错误。根据《人民法院工作人员处分条例》李法官没有制止盗窃行为的行为，不属于应该予以处分的范畴。选项B说法错误。最高人民检察院《关于加强执法办案活动内部监督防止说情等干扰的若干规定》，

---

① B

② D

2004年最高人民法院、司法部《关于规范法官和律师相互关系维护司法公正的若干规定》，2015年最高人民法院、最高人民检察院、公安部、国家安全部、司法部公布的《关于进一步规范司法人员与当事人、律师、特殊关系人、中介组织接触交往行为的若干规定》等规定，严禁司法人员有下列行为：要求、建议或者暗示当事人更换符合代理条件的律师。选项C说法错误。根据《人民检察院信访工作规定》第32条第2款的规定，不属于本院管辖的信访事项，应当转交有关主管机关处理，并告知信访人。信访是一种非诉讼纠纷解决机制，刘检察官引导当事人利用法律途径解决纠纷，其做法是恰当的。选项D说法正确。

3.【不定项选择题】建立领导干部、司法机关内部人员过问案件记录和责任追究制度，规范司法人员与当事人、律师、特殊关系人、中介组织接触交往行为，有利于保障审判独立和检察独立。据此，下列做法正确的是：

A.某案承办检察官告知其同事可按规定为案件当事人转递涉案材料

B.某法官在参加法官会议时，提醒承办法官充分考虑某案被告家庭现状

C.某检察院副检察长依职权对其他检察官的在办案件提出书面指导性意见

D.某法官在参加研讨会中偶遇在办案件当事人的律师，拒绝其研讨案件的要求并向法院纪检部门报告

｜参考答案｜__________①

｜设题陷阱与常见错误分析｜

本题常见错误是认为A选项、C选项错误。认为A选项错误的考生未能认真阅读选项中"按规定"的表述。认为C选项错误的考生一般能认识到检察院上下级是领导关系，但是对于检察一体原则缺乏透彻了解，把正常的指导行为与检察官独立行使检察权对立起来，认为C选项中副检察长的行为违反了领导干部不应插手司法案件的相关规定。

｜解题思路与方法分析｜

本题涉及2015年最高人民法院、最高人民检察院、公安部、国家安全部、司法部《关于进一步规范司法人员与当事人、律师、特殊关系人、中介组织接触交往行为的若干规定》，中共中央办公厅、国务院办公厅《领导干部干预司法活动、插手具体案件处理的记录、通报和责任追究制度》，2015年《司法机关内部人员过问案件的记录和责任追究规定》。《司法机关内部人员过问案件的记录和责任追究规定》第2条规定："司法机关内部人员应当依法履行职责，严格遵守纪律，不得违反规定过问和干预其他人员正在办理的案件，不得违反规定为案件当事人转递涉案材料或者打探案情，不得以任何方式为案件当事人说情打招呼。"检察官对于不依正当程序转递涉案材料或者其他要求的，应告知其依照程序办理。其他司法机关的工作人员因履行法定职责需要，向办案人员了解正在办理的案件有关情况时应当依据法律程序或者工作程序进行。前述规定并未不加区分地将任何形式的为当事人转递涉案材料行为都规定为违规行为，符合检察一体原则。A选项中"按规定为案件当事人转递涉案材料"的表述会对考生有一定程度的干扰。故A选项正确。

《司法机关内部人员过问案件的记录和责任追究规定》第2条规定，司法机关内部人员不得以任何方式为案件当事人说情打招呼，B选项中某法官在参加法官会议时，提醒承办法官充分考虑某案被告家庭现状是一种间接为案件当事人说情打招呼的行为。B选项中提到了法官会议，考生相对陌生。司法改革纲领性文件在文本层面对建立专业法官会议制度提出了明确的要求，与此同时，在实践层面，全国多个司法改革试点法院也先后设立了由院领导、相应领域审判委员会委员、庭长、副庭长和资深法官组成的刑事、民事、行政、执行等专业法官会议。故B选项错误。

《司法机关内部人员过问案件的记录和责任追究规定》第4条规定："司法机关领导干部和上级司法机关工作人员因履行领导、监督职

① ACD

责，需要对正在办理的案件提出指导性意见的，应当依照程序以书面形式提出，口头提出的，由办案人员记录在案。”考生需要区分过问、干预与正常工作之间的区别，某检察院副检察长依职权对其他检察官的在办案件提出书面指导性意见符合前述规定。故C选项正确。

《关于进一步规范司法人员与当事人、律师、特殊关系人、中介组织接触交往行为的若干规定》第7条规定：“司法人员在案件办理过程中因不明情况或者其他原因在非工作时间或非工作场所接触当事人、律师、特殊关系人、中介组织的，应当在三日内向本单位纪检监察部门报告有关情况。”某法官作为司法人员，在参加研讨会中偶遇在办案件当事人的律师，属于在案件办理过程中因不明情况或者其他原因在非工作时间或非工作场所接触律师的情形，该法官拒绝律师研讨案件的要求并向法院纪检部门报告的做法符合前述规定。故D选项正确。

04 考向 律师职业道德

1.【单项选择题】某律师事务所一审代理了原告张某的案件。一年后，该案再审。该所的下列哪一做法与律师执业规范相冲突？

A. 在代理原告案件时，拒绝与该案被告李某建立委托代理关系

B. 在拒绝与被告李某建立委托代理关系时，承诺可在其他案件中为其代理

C. 得知该案再审后，主动与原告张某联系

D. 张某表示再审不委托该所，该所遂与被告李某建立委托代理关系

｜**参考答案**｜__________①

｜**设题陷阱与常见错误分析**｜

本题较为简单，C选项有一定的干扰。有的考生认为，张某在再审程序中有自主选择律师的权利，该律师事务所主动与张某联系的行为，也违反了律师执业规范。事实上，律师事务所主动联系张某，是一种正常的拓展业务的行为，并不违反执业规范。

｜**解题思路与方法分析**｜

本题考查的是律师和律师事务所在执业过程中的利益冲突及其处理。基于律师执业行为规范的基本要求，为保护当事人的利益和实现公正，办理委托事务的律师如果与委托人之间存在利害关系或利益冲突的，不得承办该项业务。《律师执业行为规范（试行）》第51条规定，有下列情形之一的，律师及律师事务所不得与当事人建立或维持委托关系：（1）律师在同一案件中为双方当事人担任代理人，或代理与本人或者其近亲属有利益冲突的法律事务的；（2）律师办理诉讼或者非诉讼业务，其近亲属是对方当事人的法定代表人或者代理人的；（3）曾经亲自处理或者审理过某一事项或者案件的行政机关工作人员、审判人员、检察人员、仲裁员，成为律师后又办理该事项或者案件的；（4）同一律师事务所的不同律师同时担任同一刑事案件的被害人的代理人和犯罪嫌疑人、被告人的辩护人，但在该县区域内只有一家律师事务所且事先征得当事人同意的除外；（5）在民事诉讼、行政诉讼、仲裁案件中，同一律师事务所的不同律师同时担任争议双方当事人的代理人，或者本所或其工作人员为一方当事人，本所其他律师担任对方当事人的代理人的；（6）在非诉讼业务中，除各方当事人共同委托外，同一律师事务所的律师同时担任彼此有利害关系的各方当事人的代理人的；（7）在委托关系终止后，同一律师事务所或同一律师在同一案件后续审理或者处理中又接受对方当事人委托的；（8）其他与本条第1项至第7项情形相似，且依据律师执业经验和行业常识能够判断为应当主动回避且不得办理的利益冲突情形。本题A选项符合上述第4项、第5项的规定，B选项承诺的是在其他案件中为其代理，也不违反上述第4项、第5项的规定，C选项只是与原委托人联系，但并未建立委托关系，不涉及利益冲突。D选项在再审程序中接受了原审被告人的委托，存在利益冲突，违反了上述第7项的规定，与律师执业规范冲突，因此，本题应

---

① D

选D。

2.【单项选择题】某律师事务所律师代理原告诉被告买卖合同纠纷案件,下列哪一做法是正确的?

A. 该律师接案时,得知委托人同时接触他所律师,私下了解他所报价后以较低收费接受委托

B. 在代书起诉状中,律师提出要求被告承担精神损害赔偿20万元的诉讼请求

C. 在代理合同中约定,如胜诉,在5万元律师代理费外,律师事务所可按照胜诉金额的一定比例另收办案费用

D. 因律师代理意见未被法庭采纳,原告要求律师承担部分诉讼请求损失,律师事务所予以拒绝

| **参考答案** | ____①

| **设题陷阱与常见错误分析** |

本题常见错误在于误选C项,原因在于部分考生将律师代理费和办案费用混为一谈。办案费用在结算时,律师事务所应当向委托人提供代其支付的费用和异地办案差旅费清单及有效凭证。

| **解题思路与方法分析** |

本题考查的律师与委托人的关系规范以及律师收费制度两方面内容,较为容易。《律师执业行为规范(试行)》第83条规定:“律师或律师事务所相互之间不得采用下列手段排挤竞争对手的公平竞争:……(二)为争揽业务,不正当获取其他律师和律师事务所收费报价或者其他提供法律服务的条件……”不正当获取其他律师报价,属于以不正当手段承揽业务。律师私下了解他所报价后以较低收费接受委托,是违反《律师执业行为规范(试行)》的行为。选项A说法错误。《律师执业行为规范(试行)》第36条规定:“律师应当充分运用专业知识,依照法律和委托协议完成委托事项,维护委托人或者当事人的合法权益。”第37条规定:“律师与所任职律师事务所有权根据法律规定、公平正义及律师执业道德标准,选择实现委托人或者当事人目的的方案。”因此,律师应当维护委托人的合法权益,律师在合同纠纷中不应提出侵权纠纷中精神损害赔偿的要求。选项B说法错误。律师服务费(律师代理费),是指律师事务所为当事人提供法律服务,向当事人收取的一定数量的费用;办案费用,是指律师事务所在提供法律服务过程中代委托人支付的诉讼费、仲裁费、鉴定费、公证费和查档费等费用,其不属于律师服务费,由当事人另行支付。实现风险代理收费,律师事务所应当与委托人签订风险代理收费合同,约定双方应承担的风险责任、收费方式、收费数额或比例。在本选项中“律师事务所可按照胜诉金额的一定比例另收办案费用”属于风险代理收取的律师服务费,而不属于办案费用。选项C说法错误。按照法律规定,律师与当事人之间委托代理关系为一种合同关系。如律师在履行委托代理合同中存在违约行为,应根据事实和法律来判断律所的违约责任,而不能根据委托事项未获得期待利益来认定律师在履行委托代理合同中存在违约行为。选项D说法正确。

3.【单项选择题】下列哪一情形下律师不得与当事人建立或维持委托关系?

A. 律师与委托当事人系多年好友

B. 接受民事诉讼一方当事人委托,同一律师事务所其他律师系该案件对方当事人的近亲属,但委托人知悉且同意

C. 同一律师事务所不同律师同时担任同一民事案件争议双方当事人代理人

D. 委托关系停止后二年,律师就同一法律业务接受与原委托人有利害关系的对方当事人委托

| **参考答案** | ____②

| **设题陷阱与常见错误分析** |

有的考生认为应选D项,虽然代理关系已经停止两年,但是律师会因之前的代理行为知悉前被代理人的各种信息,这对前被代理人不公正。可能导致律师假意为一方当事人代理,

① D
② C

知悉所有内幕信息过后再代理另一方当事人，利用先前客户的信任获取关键信息，却为另一方当事人获取利益，这不公平，法律也不允许，更会影响律师行业的律所信誉。有的考生认为C项在实务中是允许的，只要两人不相互交流，且委托人也是同意的就可以。有的考生认为C选项是可以的，如偏远落后地区仅有一家律师事务所。这些看法是没有正确理解有关规定所致。

| 解题思路与方法分析 |

本题的知识点较为具体，考生复习准备时需要注意。

律师，是指依法取得律师执业证书，接受委托或者指定，为当事人提供法律服务的执业人员。《律师法》《律师执业管理办法》《律师事务所管理办法》《律师执业行为规范（试行）》等对我国的律师制度进行了较为全面的规范。

律师与委托人或当事人的委托代理关系从形式上讲，是一种合同关系。办理委托事务的律师与委托人之间存在利害关系或利益冲突的，不得承办该业务并应当主动提出回避。《律师执业行为规范（试行）》第51条规定，有下列情形之一的，律师及律师事务所不得与当事人建立或维持委托关系：（1）律师在同一案件中为双方当事人担任代理人，或代理与本人或者其近亲属有利益冲突的法律事务的；（2）律师办理诉讼或者非诉讼业务，其近亲属是对方当事人的法定代表人或者代理人的；（3）曾经亲自处理或者审理过某一事项或者案件的行政机关工作人员、审判人员、检察人员、仲裁员，成为律师后又办理该事项或者案件的；（4）同一律师事务所的不同律师同时担任同一刑事案件的被害人的代理人和犯罪嫌疑人、被告人的辩护人，但在该县区域内只有一家律师事务所且事先征得当事人同意的除外；（5）在民事诉讼、行政诉讼、仲裁案件中，同一律师事务所的不同律师同时担任争议双方当事人的代理人，或者本所或其工作人员为一方当事人，本所其他律师担任对方当事人的代理人的；（6）在非诉讼业务中，除各方当事人共同委托外，同一律师事务所的律师同时担任彼此有利害关系的各方当事人的代理人的；（7）在委托关系终止后，同一律师事务所或同一律师在同一案件后续审理或者处理中又接受对方当事人委托的；（8）其他与本条第1项至第7项情形相似，且依据律师执业经验和行业常识能够判断为应当主动回避且不得办理的利益冲突情形。

按照《律师执业行为规范（试行）》第52条第1款规定，有下列情形之一的，律师应当告知委托人并主动提出回避，但委托人同意其代理或者继续承办的除外：（1）接受民事诉讼、仲裁案件一方当事人的委托，而同所的其他律师是该案件中对方当事人的近亲属的；（2）担任刑事案件犯罪嫌疑人、被告人的辩护人，而同所的其他律师是该案件被害人的近亲属的；（3）同一律师事务所接受正在代理的诉讼案件或者非诉讼业务当事人的对方当事人所委托的其他法律业务的；（4）律师事务所与委托人存在法律服务关系，在某一诉讼或仲裁案件中该委托人未要求该律师事务所律师担任其代理人，而该律师事务所律师担任该委托人对方当事人的代理人的；（5）在委托关系终止后一年内，律师又就同一法律事务接受与原委托人有利害关系的对方当事人的委托的；（6）其他与本条第1项至第5项情况相似，且依据律师执业经验和行业常识能够判断的其他情形。

因此其他三项情形下律师可以与当事人建立或维持委托关系，而在C选项情形下律师不得与当事人建立或维持委托关系，故C选项为本题的参考答案。

4.【多项选择题】律师在推进全面依法治国进程中具有重要作用，律师应依法执业、诚信执业、规范执业。根据《律师执业管理办法》，下列哪些做法是正确的？

A. 甲律师依法向被害人收集被告人不在聚众斗殴现场的证据，提交检察院要求其及时进行审查

B. 乙律师对当事人及家属准备到法院门口静坐、举牌、声援的做法，予以及时有效的劝阻

C. 丙律师在向一方当事人提供法律咨询

中致电对方当事人，告知对方诉讼请求缺乏法律和事实依据

D. 丁律师在社区普法宣传中，告知群众诉讼是解决继承问题的唯一途径，并称其可提供最专业的诉讼代理服务

| **参考答案** | ________①

| **设题陷阱与常见错误分析** |

本题常见错误是认为C选项正确，主要原因在于没有将题干与选项结合起来进行判断。题干中明确指出的是根据《律师执业管理办法》来判断选项中律师的做法是否正确。

| **解题思路与方法分析** |

本题考查《律师执业管理办法》，也涉及最高人民检察院《关于依法保障律师执业权利的规定》，最高人民法院、最高人民检察院、公安部、国家安全部、司法部《关于依法保障律师执业权利的规定》中的相关规定。《律师执业管理办法》第3条规定："律师依法执业受法律保护，任何组织和个人不得侵害律师的合法权益。司法行政机关和律师协会应当依法维护律师的执业权利。"最高人民检察院《关于依法保障律师执业权利的规定》第7条第4款规定："律师向被害人或者其近亲属、被害人提供的证人收集与本案有关的材料，向人民检察院提出申请的，人民检察院应当在七日以内作出是否许可的决定。人民检察院没有许可的，应当书面说明理由。"甲律师依法向被害人收集被告人不在聚众斗殴现场的证据，提交检察院要求其及时进行审查的做法符合《律师执业管理办法》的规定。故A选项正确。

《律师执业管理办法》第37条规定："律师承办业务，应当引导当事人通过合法的途径、方式解决争议，不得采取煽动、教唆和组织当事人或者其他人员到司法机关或者其他国家机关静坐、举牌、打横幅、喊口号、声援、围观等扰乱公共秩序、危害公共安全的非法手段，聚众滋事，制造影响，向有关部门施加压力。"乙律师对当事人及家属准备到法院门口静坐、举牌、声援的做法，予以及时有效的劝阻的做法符合《律师执业管理办法》的规定。故B选项正确。

《律师执业管理办法》第38条第1项规定，未经当事人委托或者法律援助机构指派，以律师名义为当事人提供法律服务、介入案件，干扰依法办理案件，属于律师违反法定程序履行职责，以不正当方式影响依法办理案件的情形。丙律师在向一方当事人提供法律咨询中致电对方当事人，告知对方诉讼请求缺乏法律和事实依据，干扰依法办理案件，其做法违反了《律师执业管理办法》的规定。故C选项错误。

《律师执业管理办法》第41条规定："律师应当按照有关规定接受业务，不得为争揽业务哄骗、唆使当事人诉讼，制造、扩大矛盾，影响社会稳定。"丁律师在社区普法宣传中，告知群众诉讼是解决继承问题的唯一途径，并称其可提供最专业的诉讼代理服务。处理继承问题诉讼并非唯一解决途径，各继承人可通过协商达成一致等方式来解决。丁律师的前述做法是为了争揽业务，哄骗当事人，影响社会稳定，其做法违反了《律师执业管理办法》的规定。故D选项错误。

05 考向 公证员职业道德

【多项选择题】下列哪些行为违反了相关法律职业规范规定？

A. 某律师事务所明知李律师的伯父是甲市中院领导，仍指派其到该院代理诉讼

B. 检察官高某在办理一起盗车并杀害车内行动不便的老人案件时，发现网上民愤极大，即以公诉人身份跟帖向法院建议判处被告死刑立即执行

C. 在法庭上，公诉人车某发现李律师发微博，当庭予以训诫，审判长怀法官未表明态度

D. 公证员张某根据甲公司董事长申请，办理了公司章程公证，张某与该董事长系大学同学

| **参考答案** | ________②

---

① AB

② BC

| 设题陷阱与常见错误分析 |

有的考生认为A选项应选,李律师的伯父与李律师具有伯父关系,且又是中院领导,明显符合可能影响公正的情形,因此,李律师违背了法律职业规范,应当回避。有的考生认为此题应选ABC项,A选项中伯父属三代以内,且也符合“其他可能影响公正审判的事项”。这些看法表明有的考生的基础不够扎实。

| 解题思路与方法分析 |

本题为综合性的题目,有一定难度。

《律师法》《律师执业行为规范(试行)》等规定了律师执业行为规范。律师事务所应当建立利益冲突审查制度。A选项中,某律师事务所明知李律师的伯父是甲市中院领导,仍指派其到该院代理诉讼,这不违反有关规定。因此,A选项的行为符合相关法律职业规范规定。

《检察官法》等要求检察官应当正确处理对外工作关系。检察官要正确认识自己的法律地位和法律身份,独立于行政机关、企业事业单位、社会团体、其他社会成员个人以及新闻媒体、公众舆论之外行使检察权,不受任何外在的非法干预,不为权贵所逼迫,不为关系所左右,不为人情所利用。行政机关、企业事业单位、社会团体和公民个人可以依法监督检察官的工作,并有权对检察工作提出建议、意见。但是,不得将自己的意志强加于检察官,也不得以其他方式强迫或者阻止其依法正常行使职权。B选项中,检察官高某的做法并不合适,其行为违反了相关法律职业规范规定。

我国《法官法》第10条规定,法官应当履行下列义务:(1)严格遵守宪法和法律;(2)秉公办案,不得徇私枉法;(3)依法保障当事人和其他诉讼参与人的诉讼权利……故法官应当严格按照法定程序执法办案,充分保障当事人和其他诉讼参与人的诉讼权利,避免办案中的随意行为。C选项中,在法庭上,公诉人车某发现李律师发微博,当庭予以训诫,而审判长怀法官未表明态度,审判长怀法官的行为违反了相关法律职业规范规定。

《公证员职业道德基本准则》要求公证员应当自觉遵守法定回避制度,不得为本人及近亲属办理公证或者办理与本人及近亲属有利害关系的公证。公证员应当妥善处理个人事务,不得利用公证员的身份和职务为自己、亲属或他人谋取利益。D选项中,公证员张某与该甲公司董事长为大学同学,根据董事长的申请办理公司章程公证并无不妥。因此,D选项的行为符合相关法律职业规范规定。

故BC选项的行为违反了相关法律职业规范规定,为本题的答案。

2024年模拟测试

1.【单项选择题】李某因涉嫌诈骗罪被羁押于某看守所,赵律师受托担任李某辩护人后,在某公交车站约见李某的管教民警杨某并送给杨某2000元。关于本案认定和处理,下列哪一表述是正确的?

A. 应根据违规会见相关规定对赵律师予以处理

B. 应以不正当手段承揽业务为由对赵律师予以处理

C. 市司法局对赵律师作出给予停止律师执业1年的行政处罚

D. 若赵律师对市司法局的行政处罚不服应先向省司法厅提出行政复议

2.【单项选择题】甲公司在与某律师事务所签订委托诉讼代理协议前,要求该律师事务所对拟代理该公司与乙公司国际货物买卖合同诉讼的诉讼结果作出确认。对此,该律所下列哪一做法是错误的?

A. 就事实证据和法律规定向甲公司作出解答

B. 因该律师事务所分所丙律师正担任乙公司法律顾问，遂指派精通外语，擅长涉外诉讼的丁律师承办本案

C. 该律师事务所在代理过程中发现可能会败诉时立即通知甲公司

D. 为避免风险在购买责任保险后，该律师事务所可与甲公司签订委托代理协议

3.【单项选择题】张某从某汽车服务公司以借款方式购买汽车一辆，县公证处根据双方申请作出具有强制执行效力的债权文书公证书，后因张某未履行还款义务，县公证处签发执行证书。下列哪一公证程序是正确的？

A. 县公证处未告知张某其所购买汽车可能被强制执行

B. 县公证处办证公证员对张某的询问笔录缺失张某的签字

C. 县公证处办公证公证员报经主任审批后签发执行证书

D. 张某未在公证书送达回执上签字

4.【多项选择题】甲县法院开庭审理段某高空抛物一案，甲县检察院派员出庭支持公诉，法律援助律师高某为段某进行了辩护，段某在庭审中表示认罪认罚并真诚悔罪。在庭审结束后，甲县法院当庭依法以高空抛物罪判处段某有期徒刑6个月，缓刑1年，并处罚金2000元。关于本案，下列哪些表述是正确的？

A. 检察院派员出庭支持公诉反映了检察机关法律监督的专门性

B. 高某辩护的基础在于律师接受辩护委托权

C. 段某当庭认罪悔罪体现了司法程序的参与性

D. 当庭判决贯彻了及时审判原则

5.【多项选择题】罗某因甲区法院穆法官判决其合同纠纷案败诉不满，捏造穆法官在办理该案中徇私枉法的事实，多次向相关部门举报，意图使穆法官受到刑事追究。在调查确认该举报不实后，甲区纪委监委与有关部门对事实予以了澄清。其后，乙区检察院以诬告陷害罪对罗某提起公诉，乙区法院依法以诬告陷害罪判处罗某有期徒刑1年。关于本案，下列哪些表述是正确的？

A. 纪委监委对举报的处理符合法官职业权力保障的要求

B. 穆法官对罗某合同纠纷案件的审理履行了秉公办案的义务

C. 检察院对罗某提起公诉反映了检察制度的公益原则

D. 法院对罗某作出的刑事判决主要体现了司法的解决纠纷功能

6.【不定项选择题】在曲某涉嫌故意杀人案的审查起诉阶段，甲市检察院发现其未委托辩护人，遂通知甲市法律援助中心指派律师担任其辩护人。甲市法律援助中心指派某律师事务所的邵律师为曲某提供法律援助。据此，下列表述正确的是？

A. 邵律师应当具有3年以上相关执业经历

B. 邵律师可以刻录和下载曲某一案的电子案卷材料

C. 甲市法律援助中心和某律师事务所应当为邵律师办理曲某案件提供条件和便利

D. 邵律师可以与承办曲某案件的检察官在约定的时间和场所见面

参考答案及解析

1. | 参考答案 | C

| 设题陷阱与常见错误分析 |

《律师法》《律师和律师事务所违法行为处罚办法》等将律师、律师事务所违规会见法官、检察官、仲裁员以及其他有关工作人员，或者以其他不正当方式影响依法办理案件的，向法官、检察官、仲裁员以及其他有关工作人员行贿，介绍贿赂或者指使、诱导当事人行贿的等行为非常明确地纳入法律规制范围。考生应当熟悉《律师法》第47～49条关于律师违法行为、第50条关于律师事务所违法行为的一般规定，也应当熟悉《律师和律师事务所违法行为处罚办法》对于前述条款违法行为的具体规定。此外，司法行政机关对于律师、律师事务所违法行为进行处罚必须严格依法进行，不能创设新的行政处罚措施，考生应掌握《律师法》中明确规

定的行政处罚措施。

| **解题思路与方法分析** |

本题主要考查《律师法》第 49 条中有关律师行贿、违规会见的规范及其实际运用。《律师法》第 49 条相较于第 47 ~ 48 条所规定的违法行为更为严重,因此律师也要承担更为严重的行政法律责任,甚至是刑事处罚。

A 选项考查《律师法》第 49 条第 1 款所规定违规会见、行贿的具体适用,以及二者区别。《律师法》第 49 条第 1 款规定:"律师有下列行为之一的,由设区的市级或者直辖市的区人民政府司法行政部门给予停止执业六个月以上一年以下的处罚,可以处五万元以下的罚款;有违法所得的,没收违法所得;情节严重的,由省、自治区、直辖市人民政府司法行政部门吊销其律师执业证书;构成犯罪的,依法追究刑事责任:(一)违反规定会见法官、检察官、仲裁员以及其他有关工作人员,或者以其他不正当方式影响依法办理案件的;(二)向法官、检察官、仲裁员以及其他有关工作人员行贿,介绍贿赂或者指使、诱导当事人行贿的……"《律师和律师事务所违法行为处罚办法》第 14 条和第 15 条又明确规定了两种违法行为的具体情形。赵律师在某公交车站约见李某的管教民警杨某并送给杨某 2000 元的行为,实际上出现了竞合的情形。我国现行法律法规中并未对存在竞合的行政违法行为的处理做出明确规定,仅有《行政处罚法》第 29 条规定了"一事不再罚"。对于竞合行为的处断目前较为普遍的做法是"从一重处断",即从当事人所违反的法律法规中择一较重的规定并将另一违法情节作为裁量处罚幅度的情节酌情加重处罚。本案中赵律师违规会见的目的在于行贿,因此赵律师行为系行贿行为,应当根据行贿相关规定予以处理。故 A 选项是错误的。

B 选项考查以不正当手段承揽业务的行为的法律规制。承担该违法行为行政法律责任的主体是律师事务所及其负责人,而不是采用不正当手段承揽业务的律师。考生常对律师事务所的行政责任掌握不够全面,特别是部分律师事务所不正当手段承揽业务的行为往往以广告等形式出现,考生易与律师业务推广行为规范的要求相混淆。《律师和律师事务所违法行为处罚办法》第 26 条规定,律师事务所从事或者纵容、放任本所律师从事本办法第 6 条规定的违法行为的,属于《律师法》第 50 条第 4 项规定的律师事务所"以诋毁其他律师事务所、律师或者支付介绍费等不正当手段承揽业务的"违法行为。另外,本案发生在案件承办期间即委托代理协议履行期间,也不存在不正当承揽案件行为,故 B 选项是错误的。

C 选项考查考生对于律师行政责任的了解程度。根据《律师法》第 49 条的规定,向法官、检察官、仲裁员以及其他有关工作人员行贿,由设区的市级或者直辖市的区人民政府司法行政部门给予停止执业 6 个月以上 1 年以下的处罚,可以处 5 万元以下的罚款;有违法所得的,没收违法所得;情节严重的,由省、自治区、直辖市人民政府司法行政部门吊销其律师执业证书;构成犯罪的,依法追究刑事责任,故 C 选项是正确的。

D 选项考查考生对于律师行政处罚程序的掌握程度。《行政复议法》《治安管理处罚法》《税收征收管理法》《海关法》等规定了行政复议前置制度,但《律师法》并没有相关规定,因此赵律师不服市级司法行政机关所作的行政处罚,可以向省司法厅或者市政府提起行政复议,也可以直接向区法院提起行政诉讼,本案不适用行政复议前置的特别规定。故 D 选项是错误的。

2. | **参考答案** | B

| **设题陷阱与常见错误分析** |

律师事务所不能对当事人作虚假承诺,即便作出此承诺也不会导致委托代理合同无效,A 选项中"避免风险在购买责任保险"是对考生的干扰,考生易对责任保险是否正确进行判断而作出误判。此外,对于律师事务所的行为是否构成虚假承诺,需要综合考虑《律师执业行为规范(试行)》第 51 条的具体规定来作出判断。

| **解题思路与方法分析** |

本题主要考查律师与委托人建立委托关

系应当遵守的行为规范，同时还考查了律师业务推广行为规范。

A选项考查律师业务范围。《律师法》第28条规定："律师可以从事下列业务：……（七）解答有关法律的询问、代写诉讼文书和有关法律事务的其他文书。"因此，该律所可以根据事实证据和法律规定就该案作出解答。故A选项是正确的。

B选项考查利益冲突规范。《律师执业行为规范（试行）》第51条规定："有下列情形之一的，律师及律师事务所不得与当事人建立或维持委托关系：……（五）在民事诉讼、行政诉讼、仲裁案件中，同一律师事务所的不同律师同时担任争议双方当事人的代理人，或者本所或其工作人员为一方当事人，本所其他律师担任对方当事人的代理人的；（六）在非诉讼业务中，除各方当事人共同委托外，同一律师事务所的律师同时担任彼此有利害关系的各方当事人的代理人的……（八）其他与本条第（一）至第（七）项情形相似，且依据律师执业经验和行业常识能够判断为应当主动回避且不得办理的利益冲突情形。"该律师事务所丙律师正担任乙公司法律顾问，若该律师事务所的丁律师担任甲公司与乙公司买卖合同诉讼案的代理人，显然违反以上利益冲突规范的规定。故B选项是错误的，当选。

C选项考查律师代理过程中的通知、报告义务。根据《律师执业行为规范（试行）》第43条规定，律师在承办受托业务时，对已经出现的和可能出现的不可克服的困难、风险，应当及时通知委托人，并向律师事务所报告。故C选项是正确的。

D选项考查委托代理协议的法律效力。《律师执业行为规范（试行）》第44条规定："律师根据委托人提供的事实和证据，依据法律规定进行分析，向委托人提出分析性意见。"律师事务所不能对当事人做虚假承诺，如作以上保证，违反律师执业规范要求，应当承担相应的行业责任，但是不影响某律所与甲公司签订委托代理协议的法律效力。故D选项是正确的。

3.｜参考答案｜C

｜设题陷阱与常见错误分析｜

《公证程序规则》对于办理公证中的告知内容、询问当事人并作好询问笔录、公证负责人审批、当事人签收公证书都有具体规定，考生掌握《公证程序规则》具体规定即可作出判断。

｜解题思路与方法分析｜

本题具体考查了公证程序规定及运用。

A选项考查公证机构的告知义务。《公证法》第27条规定，申请办理公证的当事人应当向公证机构如实说明申请公证事项的有关情况，提供真实、合法、充分的证明材料；提供的证明材料不充分的，公证机构可以要求补充。公证机构受理公证申请后，应当告知当事人申请公证事项的法律意义和可能产生的法律后果，并将告知内容记录存档。《公证程序规则》第21条第1款规定，公证机构受理公证申请后，应当告知当事人申请公证事项的法律意义和可能产生的法律后果，告知其在办理公证过程中享有的权利、承担的义务。告知内容、告知方式和时间，应当记录归档，并由申请人或其代理人签字。县公证处未告知张某其所购买的汽车有可能被某汽车服务公司申请强制执行，属于公证处未告知申请人其所申请公证事项的法律意义和可能产生的法律后果，因此存在程序瑕疵。故A选项错误。

B选项考查询问笔录的制作。《公证程序规则》第29条规定，采用询问方式向当事人、公证事项的利害关系人或者有关证人了解、核实公证事项的有关情况以及证明材料的，应当告知被询问人享有的权利、承担的义务及其法律责任。询问的内容应当制作笔录。询问笔录应当载明：询问日期、地点、询问人、记录人，询问事由，被询问人的基本情况，告知内容、询问谈话内容等。询问笔录应当交由被询问人核对后签名或者盖章、捺指印。笔录中修改处应当由被询问人盖章或者捺指印认可。县公证处办证公证员对张某的询问笔录中缺失张某的签字，足以证明县公证处办证公证员未能对张某进行询问，存在程序瑕疵，故B选项错误。

C选项考查公证审批程序。《公证程序规

则》第40条第1款规定:“符合《公证法》、本规则及有关办证规则规定条件的公证事项,由承办公证员拟制公证书,连同被证明的文书、当事人提供的证明材料及核实情况的材料、公证审查意见,报公证机构的负责人或其指定的公证员审批。但按规定不需要审批的公证事项除外。”审批是公证必经程序。但是执行证书是否必须经过公证处负责人审批,但在公证实务中,执行证书签发也往往是由公证处负责人审批,这样的做法不属于公证程序错误。故C选项正确。

D选项考查公证送达程序。《公证程序规则》第46条规定,公证书出具后,可以由当事人或其代理人到公证机构领取,也可以应当事人的要求由公证机构发送。当事人或其代理人收到公证书应当在回执上签收。张某未在公证书送达回执上签字,违反了公证程序规定,故D选项错误。

4. | **参考答案** | ACD

| **设题陷阱与常见错误分析** |

律师担任辩护人的基础包括:接受刑事案件犯罪嫌疑人、被告人的委托或者依法接受法律援助机构的指派。考生应当明确区分律师接受辩护委托的权利和依法接受指派辩护的义务,结合题干中“法律援助”这一关键词,避免对A选项作出误判。同时,刑事诉讼中司法程序的参与性不仅包括诉讼各方在庭审中反驳对方的证据、进行交叉询问和辩论等互动活动,还包括被告人当庭提出自己的主张等活动。因此,有的考生认为选项C不应选,这表明其还需要进一步加强对司法活动的参与性及其在司法实践中表现的掌握。

| **解题思路与方法分析** |

本题主要考查了我国审判制度的基本原则、检察制度、司法公正相关内容及其实际运用,以及《人民检察院组织法》第2条和《刑事诉讼法》第189条等相关规范及其实际运用。同时,本题还涉及《律师法》第28条和第42条等律师的业务与权利义务相关规范及其实际运用。

A选项考查检察机关制度的特征和检察机关的性质。对于检察机关的性质,《人民检察院组织法》第2条规定:“人民检察院是国家的法律监督机关。人民检察院通过行使检察权,追诉犯罪,维护国家安全和社会秩序,维护个人和组织的合法权益,维护国家利益和社会公共利益,保障法律正确实施,维护社会公平正义,维护国家法制统一、尊严和权威,保障中国特色社会主义建设的顺利进行。”《刑事诉讼法》第189条规定:“人民法院审判公诉案件,人民检察院应当派员出席法庭支持公诉。”据此,检察机关法律监督的专门性表现在,检察机关运用法律赋予的对决定提起公诉的案件支持公诉等专门手段,对特定范围内严重违反法律的行为进行监督,并产生相应的法律效果。甲县检察院指派检察官出庭支持对段某涉嫌高空抛物罪的段某的公诉,正体现了上述检察机关法律监督的专门性。故,A选项是正确的。

B选项考查律师的业务和权利义务。对于律师办理刑事案件的业务范围和权利,依据《律师法》第28条第3项规定:律师“接受刑事案件犯罪嫌疑人、被告人的委托或者依法接受法律援助机构的指派,担任辩护人,接受自诉案件自诉人、公诉案件被害人或者其近亲属的委托,担任代理人,参加诉讼”。对于律师承担法律援助的义务,《律师法》第42条规定:“律师、律师事务所应当按照国家规定履行法律援助义务,为受援人提供符合标准的法律服务,维护受援人的合法权益。”《法律援助法》第16条第1款规定:“律师事务所、基层法律服务所、律师、基层法律服务工作者负有依法提供法律援助的义务。”据此,律师享有接受辩护委托权,有权接受刑事案件犯罪嫌疑人、被告人的委托,依法为其提供辩护。与此同时,律师负有依法提供法律援助的义务,接受法律援助机构的指派担任辩护人,为受援人提供符合标准的法律服务,维护受援人的合法权益。高律师作为法律援助律师为段某辩护,其基础是法律规定的律师接受指派提供法律援助的义务,而不是接受辩护委托权。故,B选项是不正确的。

C选项考查司法公正的具体体现。司法公

正的具体体现主要涉及司法活动的合法性、司法人员的中立性、司法程序的参与性等。其中司法程序的参与性指当事人能够有充分的机会参与司法程序,提出自己的主张和有利于自己的证据,反驳对方的证据、进行交叉询问和辩论,以此促使司法机关尽可能作出有利于其自身的结果。就刑事案件来说,《刑事诉讼法》第15条规定:"犯罪嫌疑人、被告人自愿如实供述自己的罪行,承认指控的犯罪事实,愿意接受处罚的,可以依法从宽处理。"《刑事诉讼法》第198条规定:"法庭审理过程中,对与定罪、量刑有关的事实、证据都应当进行调查、辩论。经审判长许可,公诉人、当事人和辩护人、诉讼代理人可以对证据和案件情况发表意见并且可以互相辩论。审判长在宣布辩论终结后,被告人有最后陈述的权利。"据此,段某当庭认罪悔罪和真诚悔过,法院判处其缓刑,符合上述法律规定,体现了司法公正所要求的司法程序的参与性。故,C选项是正确的。

D选项考查审判制度的基本原则。我国《人民法院组织法》《刑事诉讼法》等法律规定了审判制度的基本原则包括司法公正原则、独立行使审判权原则、及时审判原则等。其中,及时审判原则指人民法院应当及时审判案件,提高办案效率。在案件审理后,甲县法院依法当庭对段某作出判决,及时审理和结案,提高了办案效率,贯彻了及时审判原则。故,D选项是正确的。

5. | 参考答案 | BC

| 设题陷阱与常见错误分析 |

本题的常见错误是认为A选项、D选项正确。认为A选项正确的考生混淆了法官的职业权力保障和法官的职业地位保障。法官的职业权力保障指法官应当依法独立公正行使审判权,核心是行使"审判权"。与之不同,法官的职业地位保障指法官非因法定事由、非经法定程序,不被调离、免职、降职、辞退或者处分。认为D选项正确的考生混淆了司法的解决纠纷功能和司法的惩罚功能。司法的纠纷解决功能强调司法机关通过解决民事、行政等纠纷以维护社会秩序和正义。司法的惩罚功能则强调司法机关负有预防、惩罚犯罪的功能。考生需要准确把握和区分司法的解决纠纷、惩罚、人权保障、调整社会关系、解释和补充法律、形成公共政策、秩序维持、文化支持等功能。

| 解题思路与方法分析 |

本题主要考查了《法官法》第10条、第11条和第56条等对于法官权利义务和职业保障的相关规范及其实际运用。同时,本题还涉及司法功能和检察制度的基本原则等相关内容及其实际运用。

A选项考查法官的权利和职业保障。依据《法官法》第11条第2项的规定,法官有权"非因法定事由、非经法定程序,不被调离、免职、降职、辞退或者处分";同时,依据该条第3项的规定,法官享有"履行法官职责应当享有的职业保障和福利待遇"。法官的职业保障涉及法官的职业权力、法官的职业地位和法官的职业收入等方面。其中,法官的职业权力保障指法官应当依法独立公正行使审判权。法官的职业地位保障指上述法律规定的法官非因法定事由、非经法定程序,不被调离、免职、降职、辞退或者处分。在甲区纪委监委查明罗某对穆法官的举报不实后,采取的澄清事实等处理方式,属于对法官的职业地位保障而不是法官的职业权力保障。故,A选项是不正确的。

B选项考查法官的义务。依据《法官法》第10条第2项的规定,法官有义务"秉公办案,不得徇私枉法"。甲区纪委监委查明罗某对穆法官徇私枉法的举报属于故意捏造事实,并和有关部门一起予以澄清,这就意味着穆法官对罗某合同纠纷案件的审理履行了秉公办案的义务。故,B选项是正确的。

C选项考查我国检察制度的基本原则。《人民检察院组织法》第2条第2款规定:"人民检察院通过行使检察权,追诉犯罪,维护国家安全和社会秩序,维护个人和组织的合法权益,维护国家利益和社会公共利益,保障法律正确实施,维护社会公平正义,维护国家法制统一、尊严和权威,保障中国特色社会主义建设的顺利进行。"上述规定是我国检察制度基本原则中的公益原则的法律表达。《刑法》第243条规定："捏造事实诬告陷害他人，意图使他人受刑事追究，情节严重的，处三年以下有期徒刑、拘役或者管制；造成严重后果的，处三年以上十年以下有期徒刑。国家机关工作人员犯前款罪的，从重处罚。不是有意诬陷，而是错告，或者检举失实的，不适用前两款的规定。"由于罗某故意捏造事实诬告陷害穆法官，意图使其受到刑事追究，因此，乙区检察院依据《刑法》第243条等相关规定对罗某以涉嫌诬告陷害罪提起公诉，维护穆法官的合法权利，符合《人民检察院组织法》第2条第2款的规定，体现了检察制度的公益原则的要求。故，C选项是正确的。

D选项考查司法功能。司法具有解决纠纷、惩罚和人权保障等功能。《人民法院组织法》第2条第2款规定："人民法院通过审判刑事案件、民事案件、行政案件以及法律规定的其他案件，惩罚犯罪，保障无罪的人不受刑事追究，解决民事、行政纠纷，保护个人和组织的合法权益，监督行政机关依法行使职权，维护国家安全和社会秩序，维护社会公平正义，维护国家法制统一、尊严和权威，保障中国特色社会主义建设的顺利进行。"再结合前述《人民检察院组织法》第2条第2款的规定可知司法的解决纠纷功能表现为，司法机关通过解决纠纷以维护社会秩序和正义。司法的惩罚功能表现为，司法机关预防、惩罚犯罪。在乙区检察院依法提起公诉后，乙区法院对罗某以诬告陷害罪判处刑罚，其主要目的并不是去解决罗某和穆法官之间存在的纠纷，而是司法机关依法对罗某实施的犯罪行为给予惩罚。故，D选项是不正确的。

6. ｜ **参考答案** ｜ AB

｜ **设题陷阱与常见错误分析** ｜

法律援助机构和律师事务所对于依指派提供法律援助的律师都负有一定职责和义务，但是两者并不相同。对此，考生需要进行明确的区分，避免对于C选项产生误判。同时，为了保证司法公正和避免不正当接触交往，在案件办理过程中辩护律师和承办案件的检察官在非工作场所、非工作时间见面，必须符合因办案需要且经过批准的严格要求。有的考生选择D选项，表明其需要加强对法官、检察官与律师接触交往相关规范和运用的理解和掌握。

｜ **解题思路与方法分析** ｜

本题主要考查《律师法》第34条等关于律师的权利义务、《法律援助法》第26条等关于法律援助的机构和人员以及《五部委规定》、最高人民法院、最高人民检察院、司法部《关于建立健全禁止法官、检察官与律师不正当接触交往制度机制的意见》的相关规范及其实际运用。

A选项考查特定案件的法律援助律师应具有的资质。《法律援助法》第26条规定："对可能被判处无期徒刑、死刑的人，以及死刑复核案件的被告人，法律援助机构收到人民法院、人民检察院、公安机关通知后，应当指派具有三年以上相关执业经历的律师担任辩护人。"《刑法》第232条规定："故意杀人的，处死刑、无期徒刑或者十年以上有期徒刑；情节较轻的，处三年以上十年以下有期徒刑。"由于曲某涉嫌的故意杀人罪可能判处无期徒刑以上刑罚，因此，甲市法律援助中心为曲某指派的法律援助律师邵某应当具有3年以上相关执业经历。故，A选项是正确的。

B选项考查辩护律师在审查起诉阶段享有的权利。《律师法》第34条规定："律师担任辩护人的，自人民检察院对案件审查起诉之日起，有权查阅、摘抄、复制本案的案卷材料。"依据《五部委规定》第14条第1款的规定，辩护律师自人民检察院对案件审查起诉之日起，可以查阅、摘抄、复制本案的案卷材料，人民检察院检察委员会的讨论记录、人民法院合议庭、审判委员会的讨论记录以及其他依法不能公开的材料除外。人民检察院、人民法院应当为辩护律师查阅、摘抄、复制案卷材料提供便利，有条件的地方可以推行电子化阅卷，允许刻录、下载材料。因此，邵律师作为曲某的辩护人，在市人民检察院对案件审查起诉之后，进行电子化阅卷，可以对电子案卷材料进行刻录和下载。故，B选项是正确的。

C选项考查法律援助机构和律师事务所依

法承担的职责和义务。《法律援助法》第12条规定："县级以上人民政府司法行政部门应当设立法律援助机构。法律援助机构负责组织实施法律援助工作，受理、审查法律援助申请，指派律师、基层法律服务工作者、法律援助志愿者等法律援助人员提供法律援助，支付法律援助补贴。"《法律援助法》第16条第2款规定："律师事务所、基层法律服务所应当支持和保障本所律师、基层法律服务工作者履行法律援助义务。"因此，依据上述法律规范，甲市法律援助中心没有为邵律师的辩护提供条件和便利的职责，与之相反，某律师事务所依法应当为其提供法律援助提供条件和便利。故，C选项是不正确的。

D选项考查律师不得与法官、检察官不正当接触交往的义务。依据《律师法》第40条第4项的规定：律师不得"违反规定会见法官、检察官、仲裁员以及其他有关工作人员"。依据最高人民法院、最高人民检察院、司法部《关于建立健全禁止法官、检察官与律师不正当接触交往制度机制的意见》第3条第1项的规定：严禁法官、检察官"在案件办理过程中，非因办案需要且未经批准在非工作场所、非工作时间与辩护、代理律师接触。"律师和检察官约定的时间和场所可能是非工作时间和非工作场所，仅仅双方约定而没有依法经过批准不符合上述法律规范的要求，因此，在这种情况下邵律师和承办曲某案件的检察官见面涉嫌违规会见。故，D选项是不正确的。

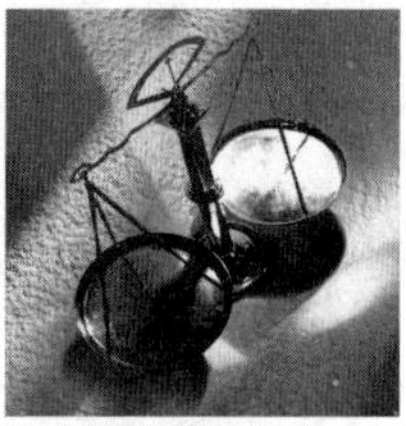

方 法 篇

如何解答本学科客观题

考查要求

刑法理论为司法实务提供具体指导,司法实务为刑法理论提供研究素材并促进刑法理论的不断深化,二者之间不断循环,刑法理论与司法实务最终应当是一体的。通过国家统一法律职业资格考试的复习,考生不仅应当具有一定的刑法理论水平,而且应当具有能够出色办理刑事案件的能力。为了培养考生的实务能力,国家统一法律职业资格考试以实务中的问题点为主线,主要以案例分析的形式,不断测试考生对刑法条文规定以及相关司法解释的理解。在司法实务中,就具体案件的问题点而言,主要有以下几种类型:

1. 罪与非罪。罪与非罪的界限在于行为人的行为是否符合某一具体犯罪的犯罪构成。只要从分论罪刑条文的文字表述以及立法目的出发,行为确实符合罪刑条文所规定的犯罪构成的,就构成犯罪。反之,(1)行为虽有一定社会危害性,但不在罪刑条文的语言文字表述范围内的(不属于法有明文规定的情形);(2)虽在罪刑条文的语言文字表述范围内,但属于情节显著轻微危害不大的情形;(3)虽在罪刑条文的语言文字表述范围内,但不符合条文的立法目的的情形(如没有侵犯条文所保护的法益,或者对侵犯保护法益的程度极其轻微);(4)虽在罪刑条文的语言文字表述范围内,也并非情节显著轻微危害不大,但经过法益衡量不值得作为犯罪处理的情形(存在各种犯罪排除事由),都不构成犯罪。由此可见,行为不构成犯罪的原因是多样的。考生必须严格把握罪刑条文规定,考虑罪刑条文的立法目的(保护法益),认真对待各种犯罪排除事由,这样才能准确分区罪与非罪。

2. 此罪与彼罪。对行为人以哪一罪名追究刑事责任,既涉及对行为的评价是否全面、准确的问题,又涉及行为人刑事责任轻重的问题。因此,在司法实务中,非常重视此罪与彼罪的区分。此罪与彼罪的界限,应当严格按照犯罪构成进行区分。需要注意的是,强调此罪与彼罪的界限,重在追求对行为人应以哪一犯罪论处这一目标,并不意味着此罪与彼罪必然具有排他关系。一方面,犯罪错综复杂，为了避免处罚空隙，刑法不得不从不同侧面、以不同方式规定各种类型的犯罪。因此，部分条文规定的犯罪之间具有相似性，一些条文之间形成了包容关系与交叉关系。另一方面，由于行为人并非按照刑法规定的犯罪构成实施犯罪，一个行为可能具有多重属性，侵犯多种法益，因而触犯多个罪名。因此，行为人的行为在符合甲罪犯罪构成的同时，完全可能还符合乙罪的犯罪构成。考生应有犯罪竞合的观念，按罪数论原理确定对行为人应以哪一犯罪论处。

3. 既遂与未遂。在行为构成犯罪的前提下，行为人的行为属于犯罪预备、犯罪未遂、犯罪中止还是已经构成犯罪既遂，这是实务上的常见争点。犯罪停止形态的认定不同，往往意味着行为人所承担的刑事责任不同。因此，准确区分犯罪属于既遂还是未遂，具有重要意义。犯罪预备、犯罪未遂、犯罪中止还是犯罪既遂的区分，取决于犯罪停止形态各自的成立要件以及具体犯罪的属性。考生不仅应掌握刑法总论中犯罪预备、犯罪未遂、犯罪中止各自的成立条件，而且还应掌握刑法分论诸如拐卖妇女、儿童罪，盗窃罪等具体犯罪的既遂与未遂区分标准。

4. 单独犯罪与共同犯罪。一人单独犯罪时，行为人仅对本人行为与结果负责，不对他人的行为与结果负责。在共同犯罪中，行为人则不仅要对本人行为与结果负责，还应对他人的行为与结果负责。此外，如果成立共同犯罪，行为人是主犯、从犯还是胁从犯，所承担的刑事责任也不相同。因此，案件是否属于共同犯罪案件，行为人是主犯还是从犯，是否属于间接正犯，也是实务中的常见争点，考生必须能够对此作出准确判断。

5. 一罪与数罪。行为人的行为构成一罪，还是构成数罪，若是属于数罪，是否需要数罪并罚，这些问题也是实务中的常见问题。对此，应在全面把握刑法分论条文规定的基础上，结合刑法总论罪数论原理，才能准确处理行为人的罪数问题。考生应注意部分罪刑条文中的罪数规定，如在犯绑架罪的过程中杀害被绑架人的，《刑法》第 239 条明文规定对此按绑架罪一罪定罪。

6. 罪轻与罪重。在构成犯罪的前提下，行为人是否存在法定刑升格的情形（加重处罚情节），是否存在累犯、自首等特定量刑情节，将会影响其刑事责任的轻重。在实务上，司法机关较为重视行为人是否属于累犯，是否存在自首、立功、坦白情节，如何数罪并罚，能否适用缓刑等问题。

考试围绕上述实务中的问题点，通过案例等素材，培养考生判断行为是否构成犯罪（罪与非罪）、应以哪一犯罪论处（此罪与彼罪）、是否存在犯罪排除事由、属于何种犯罪停止形态、是否成立共同犯罪、罪数情况如何、是否存在各种法定量刑情节等方面的司法实务能力的。

试卷分析

本学科试题主要有测试综合化、考查全面化、考点实务化、题型多样化以及答案开放化的特点。

1. 测试综合化。在司法考试的时代，一道试题属于刑法学考题还是属于刑事诉讼法学考题，学科间的区分是较为清楚的。这种学科条块分割式的测试不利于培养考生的综合运用能力，因为任何一个具体刑事案件，既包含行为人的行为是否符合犯罪构成因而构成犯罪等刑事实体法问题，又包含案件由谁管辖、是否应当排除某些证据、现有证据是否已经达到确实充分的程度、审判程序是否合法等刑事诉讼法学的问题，有时还包含如何对被害人进行民事赔偿等民法学问题，是法官必须同时解决的问题。当前，国家统一法律职业资格考试开始注重考查考生的综合运用能力，已经出现一道试题既包含刑法学的考点，又包含刑事诉讼法学的考点，或者包含民法学、行政法学乃至法理学的考点的情形。

2. 考查全面化。为了确保考生刑法学知识掌握的全面性，本科目试题能够覆盖考试大纲中的绝大多数考点。

3. 考点务实化。作为遴选法律人才的国家级考试，刑法学科的考试内容与司法实务的联系极为紧密,具体表现在如下方面:其一,就题型而言,案例分析题比例较高;其二,考试紧密围绕司法实务,实务中常见、多发的案件,如侵犯财产的犯罪、侵犯人身权利的犯罪;其三,实务中反复出现的疑难问题,如因果关系的具体判断,犯罪故意与犯罪过失的区分,正当防卫的认定,犯罪之间的关系等问题,常以案例分析的形式成为考题。

4. 题型多样化。在客观题部分,虽然外形上都是选择题,但选择题的题型还可分为若干小类。除常见的案例分析题、法条(材料)分析题外,刑法学科还有一些其他题型:其一,推理题。刑法学科学说众多,依据不同学说处理同一案件,结论可能不同。其二,对应题。对应题是考查学生相关结论是否与相关学说具有对应关系的考题,在本质上属于推理题的变种。其三,填空题。为了保持题型的多样化,刑法学科有时会出现一道填空题。

5. 答案开放化。对于具体案件的处理,往往并无"标准答案",只有相对更为合理的答案。这是因为,面对同一问题,理论上常常存在数种学说,其中每一种学说都难以被认定为"错误",每一种学说都有其某种优点。这意味着选择不同的学说,同一个案件就完全可能得出不同的结论,从而导致一个案件可能存在几种不同的处理方案。与只有一种处理可能性相比,只有知晓数种处理可能性,在综合权衡的基础上,才能求得个案处理的最佳方案。这就是答案的开放化。在刑法学客观题部分,答案的开放化表现为推理题,即在四个选项中,运用不同的学说得出不同的结论,让考生判断推理前提与推理结论是否一致。在刑法学主观题部分,答案的开放化则表现为要求考生针对行为人的行为回答出两种(以上)不同的处理方案。

答案的开放化,要求考生重视各种学说的学习与掌握,理论之争分歧越是严重之处越应重点关注。例如,在刑法总论中,在打击错误的场合能否认定行为人对现实发生的结果存在犯罪故意,存在法定符合说与具体符合说的争议;在事前的故意与构成要件的提前实现的场合如何处理案件,存在各种处理方案。在刑法分论中,是否只有秘密窃取才能成立盗窃行为,死者是否占有其身边的财物,不法原因给付物能否成为侵占罪的对象,在自动柜员机(ATM)上使用他人的银行卡应当如何定性等,众说纷纭。不关注这些争议问题,将会严重降低考生对推理型选择题以及主观题的解题能力。

学科重点

刑法是运用国家公权力,通过法定程序剥夺作为个体的犯罪人的自由、财产甚至生命等重大个人利益,对犯罪行为作出回应,以期预防犯罪的法律。无论古今中外,刑法都是维护社会秩序不可或缺的重要法律。这决定了刑法在国家统一法律职业资格考试中,具有极为重要的地位。

刑法的目的是惩罚犯罪,保护人民。要实现这一目标,除了要有一部良好的刑法典外,还要有一整套严密的刑法学知识体系,以保证进行系统学习之后,学习者能够具备判断行为是否构成犯罪、构成何种犯罪以及进行刑事后果裁量(主要是刑罚裁量)的可靠能力。刑法学知识由刑法总论与刑法分论两大模块组成,其中,刑法总论研究刑法概论、犯罪及其刑事后果的共性原理,由如下三个模块组成:

一是刑法概论。主要内容包括刑法的概念、渊源、刑法的基本原则、各种刑法解释方法和刑法的空间效力与时间效力。其中,罪刑法定原则是刑法的精神与灵魂所在,其具体内容值得反复学习。各种刑法解释方法及其解释结论是否违反罪刑法定原则,是必须掌握的内容。由于立法机关不断进行刑法修订工作,最高人民法院、最高人民检察院在不断发布司法解释,这就导致被修订条文的时间效力问题以及司法解释的时间效力问题在实务上日益重要,需要予以关注。

二是犯罪论。犯罪论是关于如何认定犯罪,即犯罪是否成立、是否存在犯罪排除事由、犯罪形态如何、是否属于共犯和犯罪个数多少的知识体系。在犯罪概念的基础上，需要系统掌握犯罪构成理论，尤其是要掌握犯罪客观要件、犯罪主体要件、犯罪主观要件中的每一个知识点及其具体细节。在此基础上，还应详细掌握犯罪排除事由、犯罪未完成形态、共同犯罪与罪数论的具体内容。在犯罪论中，危害行为的把握，不作为犯罪的认定，因果关系的认定，刑事责任年龄与刑事责任能力的规定，故意、过失与意外事件的认定以及认识错误的处理，在具体案件中是否存在犯罪排除事由，犯罪行为属于何种犯罪停止形态，数人是否成立共同犯罪以及各个参与人的刑事责任，行为人的举止成立一罪还是成立数罪进而是否应当数罪并罚，这些内容是考生必须掌握的。

三是刑事后果论(刑罚论)。刑事后果论是研究犯罪后果(主要是刑罚)共性原理的知识体系。需要重点掌握刑罚的体系与种类(各种主刑与附加刑的具体内容，尤其是社区矫正、禁止令、职业禁止，刑期计算和死缓的法律后果)、各种量刑情节与量刑制度(累犯、自首、坦白与立功的成立要件及其法律后果，数罪并罚的方法及其具体运用，缓刑的条件、考验及其后果，应当撤销缓刑的情形以及撤销缓刑后如何数罪并罚)、刑罚执行制度(减刑与假释的条件，假释的考验及其后果)与刑罚消灭制度(追诉期限、特赦)的具体内容。

刑法分论是刑法学的第二大知识模块，对应于刑法分则以及单行刑法中的罪刑规范，研究诸如故意伤害罪、抢劫罪等具体犯罪及其法律后果。在我国《刑法》中，分则由十章犯罪组成。其中，第四章侵犯公民人身权利、民主权利罪(故意杀人罪，故意伤害罪，非法拘禁罪，绑架罪，拐卖妇女、儿童罪等各种侵犯人身权利犯罪的认定)，第五章侵犯财产罪(抢劫罪、盗窃罪、诈骗罪、抢夺罪、敲诈勒索罪、侵占罪等各种具体财产犯罪的认定以及诸如盗窃罪与诈骗罪的区分、盗窃罪与侵占罪的区分等各种财产犯罪的区分)是比较重要的知识点，因为实务中此类案件的发案量较多，问题较多。

此外，相较于分则第三章与第六章，第二章危害公共安全罪和第八章贪污贿赂罪的罪名虽然相对较少，但也要注意认真复习。第三章破坏社会主义市场经济秩序罪包含八节罪名，第六章妨害社会管理秩序罪包含九节罪名，罪名极其繁多，但相对于第二章、第四章、第五章、第八章而言，知识点却较少。

在第三章破坏社会主义市场经济秩序罪中，生产、销售伪劣商品类犯罪，走私类犯罪，非国家工作人员受贿罪，假币犯罪，非法吸收公众存款罪，骗取贷款罪，集资诈骗罪、贷款诈骗罪与信用卡诈骗罪，逃税罪，侵犯知识产权类犯罪，非法经营罪的知识点需要好好掌握。

在第六章妨害社会管理秩序罪中，妨害公务罪，袭警罪，计算机信息系统与网络类犯罪，妨害司法类犯罪，妨害传染病防治罪，污染环境罪，毒品犯罪，卖淫类犯罪也是需要全面掌握的罪名。此外，在第九章渎职罪中，滥用职权罪、玩忽职守罪、徇私枉法罪、帮助犯罪分子逃避处罚罪等罪名也很重要。

刑法学知识是一体的，仅是出于立法技术以及教学的需要，才将刑法学分为刑法总论与刑法分论。刑法总论虽然是在归纳刑法分论中各种具体犯罪共性问题的基础之上产生的，但其产生之后，又反过来指导、制约刑法分论。例如，教材对不少罪名的写作极为简略，原因就在于，与这些罪名相关的犯罪主体要件、犯罪主观要件、既遂与未遂的区分、罪数的认定等内容，考生都可自行依据刑法总论的相关知识进行补足。

在学习过程中，目光只有不断在刑法总论与刑法分论之间来回穿梭，依据刑法总论知识不断补全刑法分论具体犯罪的各个细节，依据刑法分论知识不断将刑法总论抽象原理具体化，才能牢固掌握相关刑法知识。犯罪分子是主犯还是从犯，是否构成累犯，是否存在自首、立功等量刑情节，能否对其适用缓刑，犯有数罪时如何进行数罪并罚，这些都是需要掌握的内容。

此外，对于学说上有争议的问题，考生应当尽量全面掌握各种学说。由于问题视角、价值追求以及技术路径不同,导致刑法学学说众多。在实务中,面对一个具体案件,常因存在数种解决方案,导致司法人员之间产生争论。只有先明确存在哪些可能的解决方案,然后比较哪一解决方案更优,最后才能采用最为合理的方案处理案件。对一个问题只掌握一种学说的学习者,其不仅思考的面窄,而且难以保证案件处理结论的妥当性。就法考而言,如果不能全面掌握各种学说,答题时就难以得心应手。

复习攻略

通过国家统一法律职业资格考试仅是走上法律职业道路过程中的一步,其意义之一即为通过考试的复习过程,全面提升自己的刑法学理论水平与实际运用能力。在此意义上,试图寻找一条轻松的捷径通过国家统一法律职业资格考试,是不可取的。当然,这并不意味着考试不存在复习攻略,而是强调考生在复习时应当态度端正,严肃认真。

基础知识扎实,能够活学活用,唯有如此才能顺利通过国家统一法律职业资格考试,才能胜任未来的刑事法律工作。所谓**"基础知识扎实"**,是指对于刑法学相关知识点,从概念、特征或者成立要件、法律后果都已掌握,熟悉与此相关的刑法条文规定、相关司法解释规定以及指导性案例的要旨。所谓**"能够活学活用"**,是指并非死记硬背教材内容,而是面对具体案件,能够找出案件的问题所在,能够找到解决该问题的相关法律条文、司法解释与相关刑法理论,并据此能够独立得出案件处理结论。因此,考试的复习攻略,必须围绕"基础知识扎实,能够活学活用"进行展开。

复习攻略的第一步,是要把握刑法学的整体构架,明确复习重点、难点与疑点。刑法学知识不是分散的,而是成体系的。只有能够把握刑法学的整体构架,才能在体系视角下把握各种刑法学知识之间的内在关联。多数考生(尤其是法学院的学生)通过学习刑法总论与刑法分论,基本了解了刑法学的整体构架,但在备考过程中,哪些是需要刑法学复习的重点,哪些属于刑法学复习的难点与疑点,则未必清楚。对此,可以结合学习视频,精读辅导用书内容,做一做相关的思维导图,这样才能保证所掌握的刑法学知识是牢固的、成体系的。

复习攻略的第二步,是阅读与教材论述相关的刑法规定、相关司法解释或者指导性案例。厚厚一本刑法教科书,其实就是一部刑法规定含义为何的说明书。在法治社会,决定被告人命运的绝不是教材中的刑法理论,而是刑法条文的具体规定。一旦明白了这一点,就应特别重视刑法规定。只看法律职业资格考试辅导用书,从不认真阅读刑法条文与相关司法解释,这不是良好的复习方法。当然,熟悉刑法规定,还包括熟悉刑法规定背后的法理。每一个刑法条文都不是随意制定的,背后存在法理依据;只有联系条文背后的法理,才能准确领会刑法条文的真义。

复习攻略的第三步,也是最重要的一步,是考生应当反复研究历年考试真题。当前,司法部不再公布考试试题,考生已经无法根据考试真题测试自己的实际刑法学水平如何。然而刑法学的主要知识点、司法实务中的常见疑难问题,以及刑法学的命题规律、命题特点,并不因"司法考试"变更为"国家统一法律职业资格考试"而有所改变。

答题范例与实战演练

01 答题范例

| 题目指引 |

盗窃罪是每年法考都会出现的罪名,因为要么可将盗窃案作为素材,考查不作为、因果关系、未完成形态、共犯、罪数等总则考点,要么直接考查盗窃罪的构成要件及其与相关犯罪的关系等分则考点,或者同时考查二者。本题就属于后一情形。

本题是四个选项均为案例的案例分析题。此类题目的特点是,要么围绕一个相对较小的考点进行深度方面的考查,如围绕盗窃罪中"占有的认定"问题,以案例的形式考查各种情形下财物到底为谁占有;要么围绕一个相对较大的考点,进行广度方面的考查,如本题考查了盗窃罪中占有的认定、盗窃共犯事后抢劫的认定、盗窃共犯停止形态的认定以及盗掘古墓葬并盗窃珍贵文物的定性问题。

| 题 目 |

【不定项选择题】关于盗窃罪的认定,下列选项正确的是(不考虑数额或者情节):

A. 周某翻铁丝网进入部队的训练场,挖捡炮弹残片当废品卖。对周某应以盗窃罪论处

B. 刘某、赵某入户盗窃,被户主发现。赵某为逃跑而殴打户主时,刘某乘机溜走。对刘某应以盗窃罪论处

C. 林某知晓陆某欲盗窃,给其一把万能钥匙,但陆某遗失了该钥匙,最后翻窗窃取了财物。对林某应以盗窃罪既遂论处

D. 盗墓贼黄某盗掘古墓葬,从中窃得价值特别巨大的珍贵文物。对黄某应以盗窃罪论处

| 参考答案 | ________①

| 推导过程 |

解析客观题时,分析考点所在最为关键,因为只有明确了题目所要考查的考点,才能针对性地进行有效思考。题干中"关于……"这一部分,通常都会直接提示考点,如"关于事实认识错误……"就是提示下面考点是"事实认识错误"。如果题干是关于案情的介绍,提问部分是"关于本案的分析,下列选项正确的是",则需要考生围绕选项分析考点所在。本题题干提示本题考点是盗窃罪的认定。同时,题干明确提示不考虑数额或者情节,故在分析行为定性时,不必纠结于行为人盗窃数额是否较大、盗窃行为的社会危害性是否严重等问题。

A 选项考查的是炮弹残片是否属于无人占有的财物。部队的训练场被铁丝网包围,表明该场所不是开放性场所,故应认定炮弹残片属于部队占有的物品。没有证据显示他人可以随意处置这些炮弹残片,对于周某翻铁丝网进入训练场挖捡炮弹残片的行为,可认定周某具有非法占有目的。故对周某应以盗窃罪论处。

① AB

B 选项考查的是盗窃共犯事后抢劫的认定。犯盗窃罪后，有人为窝藏赃物、抗拒抓捕或者毁灭罪证而当场使用暴力或者以暴力相威胁时，仅在其他人员对该人当场使用暴力或者以暴力相威胁的行为提供了原因力，且主观上存在犯意联络时，对这些人员才能以事后抢劫论处。对此，2016 年 1 月 6 日最高人民法院《关于审理抢劫刑事案件适用法律若干问题的指导意见》明确规定，两人以上共同实施盗窃、诈骗、抢夺犯罪，其中部分行为人为窝藏赃物、抗拒抓捕或者毁灭罪证而当场使用暴力或者以暴力相威胁的，对于其余行为人是否以抢劫罪共犯论处，主要看其对实施暴力或者以暴力相威胁的行为人是否形成共同犯意、提供帮助。基于一定意思联络，对实施暴力或者以暴力相威胁的行为人提供帮助或实际成为帮凶的，可以抢劫共犯论处。刘某未对赵某殴打户主的行为提供帮助，故仅对赵某以抢劫罪论处，对刘某仍应以盗窃罪论处。

C 选项考查的是盗窃罪的帮助犯何时应负盗窃既遂的刑事责任。在共同犯罪中，对帮助犯而言，仅在帮助行为对财物被盗起到了一定作用时，帮助犯才对盗窃结果负盗窃既遂的刑事责任。由于陆某遗失了万能钥匙，是通过翻窗窃取了财物，这意味着林某的帮助行为对财物被盗未起到任何作用，故林某不应承担盗窃既遂的刑事责任，仅负盗窃未遂的刑事责任。

D 选项考查的是盗掘古墓葬并盗窃珍贵文物的定性问题。《刑法》第 328 条第 1 款第 4 项对此有明文规定，对该情形应以盗掘古墓葬罪定罪处罚，不能以盗窃罪论处。

02 答题范例

| 题目指引 |

侵犯公民人身权利罪是实务中常见、多发的犯罪，是每年法考的必考题。目前，常见的考查方式是每个选项设置一个案例，要求考生判断行为人在该案中是否构成某一犯罪或者适用某一情节，考查的是知识的广度（同时考查数个知识点）。例如，本题就考查了故意伤害罪，强制猥亵、侮辱罪，非法拘禁罪，拐卖儿童罪，遗弃罪等犯罪的认定问题。对于此类题目，考生应当紧扣考查之罪的犯罪构成进行行为定性，同时注意犯罪既遂与未遂、共犯与罪数（如是否属于想象竞合犯）等问题。此类题目的考查深度（考查一个知识点在各种场景下的具体适用）虽然有所下降，但如果考生基础不牢、知识不全，同样会失分。因此，考生在复习过程中一定要注意复习全面、基础扎实。

| 题　　目 |

【多项选择题】关于侵犯公民人身权利罪的认定，下列哪些选项是正确的？

A. 甲征得 17 周岁的夏某同意，摘其一个肾脏后卖给他人，所获 3 万元全部交给夏某。甲的行为构成故意伤害罪

B. 乙将自己 1 岁的女儿出卖，获利 6 万元用于赌博。对乙出卖女儿的行为，应以遗弃罪追究刑事责任

C. 丙为索债将吴某绑于地下室。吴某挣脱后，驾车离开途中发生交通事故死亡。丙的行为不属于非法拘禁致人死亡

D. 丁和朋友为寻求刺激，在大街上追逐、拦截两位女生。丁的行为构成强制侮辱罪

| **参考答案** | ________[1]

| **推导过程** |

被害人夏某同意摘取其肾脏,该同意能否构成正当化事由,是A选项的考点所在。根据《刑法》第234条之一第2款的规定,摘取不满18周岁的人的器官的行为,不具有故意杀人属性的,依照故意伤害罪的规定定罪处罚。这意味着,夏某虽然在事实上同意摘取其肾脏,但其不满18周岁,故其同意无效,不能构成甲主张无罪的正当化事由。甲摘取17周岁的夏某肾脏的行为,损害了夏某的身体健康,达到了轻伤以上的程度,故其行为构成故意伤害罪。A选项正确。

B选项重点考查罪数(想象竞合犯)问题。为了获利,负有扶养义务的乙,拒绝扶养没有独立生活能力的女儿,并将其出卖,该行为属于遗弃行为,情节恶劣,构成遗弃罪。但是,这并不意味着只能以遗弃罪追究乙的刑事责任。乙将1岁的亲生女儿出卖,获利数额较大,可认定其具有出卖目的,故即使乙出卖的是亲生子女,该行为也构成拐卖儿童罪。乙的一个出卖行为同时触犯遗弃罪与拐卖儿童罪,构成想象竞合犯,对此应从一重罪处断,按拐卖儿童罪追究乙的刑事责任。B选项错误。

C选项重点考查非法拘禁罪的结果加重犯(非法拘禁致人死亡)问题。要成立非法拘禁致人死亡,要求在客观上死亡结果是非法拘禁行为导致的,即非法拘禁行为与死亡结果之间存在因果关系,在主观上行为人对死亡结果具有预见可能性(存在过失)。根据《刑法》第238条第3款的规定,丙为索债将吴某捆绑在地下室,其行为成立非法拘禁罪。吴某挣脱后,驾车离开途中发生交通事故死亡,该死亡结果虽与非法拘禁行为存在关联,但是,死亡结果与非法拘禁行为之间没有法律上的因果关系——不是丙的非法拘禁行为导致吴某死亡,而是吴某在摆脱丙的控制之后,与丙无关的交通事故导致吴某死亡,并且丙对这样的死亡结果也没有预见可能性,故丙的行为不属于非法拘禁致人死亡。C选项正确。

D选项的考点是强制侮辱罪的适用。丁和朋友为寻求刺激,在大街上追逐、拦截两位女生,该行为在1979年《刑法》时代构成流氓罪。尽管流氓罪已经被废止,但部分刑法分则教材仍旧主张该行为可构成(由流氓罪分解而来的)强制侮辱罪。这一看法明显不妥。这是因为,现行《刑法》第237条中的强制猥亵、侮辱罪是侵犯个人性自由的性犯罪,而单纯的追逐、拦截行为并不具有性犯罪的色彩,不会损伤被害女生性的羞耻心与性自由。既然二人的行为没有侵犯强制侮辱罪的犯罪客体,自然二人就不构成强制侮辱罪。D选项错误。

① AC

刷 题 篇

重点考向与真题精粹

01 考向 刑法概说

1.【单项选择题】《刑法修正案（八）》于2011年5月1日起施行。根据《刑法》第12条关于时间效力的规定，下列哪一选项是错误的？

A. 2011年4月30日前犯罪，犯罪后自首又有重大立功表现的，适用修正前的刑法条文，应当减轻或者免除处罚

B. 2011年4月30日前拖欠劳动者报酬，2011年5月1日后以转移财产方式拒不支付劳动者报酬的，适用修正后的刑法条文

C. 2011年4月30日前组织出卖人体器官的，适用修正后的刑法条文

D. 2011年4月30日前扒窃财物数额未达到较大标准的，不得以盗窃罪论处

｜参考答案｜ ________①

｜设题陷阱与常见错误分析｜

对于刑法的时间效力，我国刑法采取的是从旧兼从轻原则。要判断某一做法是否符合从旧兼从轻原则，就要求考生既要熟悉相关条文被刑法修正案修订的情况，又要熟悉新、旧规定之间的处罚轻重，否则难以正确作答。

｜解题思路与方法分析｜

对于犯罪后自首又有重大立功表现的，1997年《刑法》规定“应当减轻或者免除处罚”。这一规定被2011年2月25日全国人大常委会《刑法修正案（八）》第9条删除。显然，原先的规定对被告人有利。根据2011年4月25日最高人民法院《关于〈中华人民共和国刑法修正案（八）〉时间效力问题的解释》第5条的规定，2011年4月30日以前犯罪，犯罪后自首又有重大立功表现的，适用修正前《刑法》第68条第2款的规定。A选项正确。

拒不支付劳动报酬罪为《刑法修正案（八）》新增设的罪名。2011年4月30日前拖欠劳动者报酬，2011年5月1日后以转移财产方式拒不支付劳动者报酬的，对于2011年4月30日之前的行为虽然不能适用《刑法修正案（八）》，但是，2011年5月1日后以转移财产方式拒不支付劳动者报酬的，此时《刑法修正案（八）》已经开始施行，故对此行为可以适用《刑法修正案（八）》。B选项正确。

组织出卖人体器官罪为《刑法修正案（八）》新增设的罪名。根据1997年《刑法》的规定，组织出卖人体器官仅在不存在被害人承诺或者虽然得到承诺但摘取器官的行为严重危及出卖人的生命安全等情形下，才构成故意伤害等犯罪，否则就是无罪行为。根据从旧兼从轻原则，对于2011年4月30日以前组织出卖人体器官构成犯罪的行为，仍然应适用1997年《刑法》，不能适用修正后的刑法条文。C选项错误。

扒窃构成盗窃罪是《刑法修正案（八）》新增设的规定。根据1997年《刑法》的规定，构成盗窃罪要求“数额较大或者多次盗窃”。据

① C

此可知,2011年4月30日以前扒窃,但财物价值未达到"数额较大"的,不构成盗窃罪。D选项正确。

2.【单项选择题】关于刑事司法解释的时间效力,下列哪一选项是正确的?

A. 司法解释也是刑法的渊源,故其时间效力与《刑法》完全一样,适用从旧兼从轻原则

B. 行为时无相关司法解释,新司法解释实施时正在审理的案件,应当依新司法解释办理

C. 行为时有相关司法解释,新司法解释实施时正在审理的案件,仍须按旧司法解释办理

D. 依行为时司法解释已审结的案件,若适用新司法解释有利于被告人的,应依新司法解释改判

| **参考答案** | ________①

| **设题陷阱与常见错误分析** |

关于司法解释的时间效力问题,理论上虽然存在争议,但2001年12月7日最高人民法院、最高人民检察院《关于适用刑事司法解释时间效力问题的规定》第1条规定:"司法解释是最高人民法院对审判工作中具体应用法律问题和最高人民检察院对检察工作中具体应用法律问题所作的具有法律效力的解释,自发布或者规定之日起施行,效力适用于法律的施行期间。"第3条规定:"对于新的司法解释实施前发生的行为,行为时已有相关司法解释,依照行为时的司法解释办理,但适用新的司法解释对犯罪嫌疑人、被告人有利的,适用新的司法解释。"据此,A选项似乎是正确的。但是,其一,司法解释从来都不属于刑法的渊源,因为司法解释仅是解释刑法条文的既有含义,其不能创设新的罪刑规范。其二,考生没有全面掌握上述规定的内容。因为该规定第2条规定:"对于司法解释实施前发生的行为,行为时没有相关司法解释,司法解释施行后尚未处理或者正在处理的案件,依照司法解释的规定办理。"这表明仅在特定情形下,对司法解释才适用从旧兼从轻原则。因此,不能认为司法解释的时间效力与《刑法》完全一样,适用从旧兼从轻原则。

| **解题思路与方法分析** |

刑法的渊源包括刑法、单行刑法与附属刑法,司法解释并不是刑法的渊源。据此,A选项错误。同时,依据2001年12月7日最高人民法院、最高人民检察院《关于适用刑事司法解释时间效力问题的规定》第2条的规定,行为时没有相关司法解释,新司法解释施行后尚未处理或正在处理的案件,应当依照新司法解释办理。这肯定了司法解释仅在特定情况下才具有溯及力,因此,司法解释的时间效力与《刑法》的时间效力存在差异。据此,A选项也是错误的。

根据上述规定,B选项正确。行为时有相关司法解释,新司法解释实施时已在处理中的案件,原则上依旧司法解释办理,但适用新司法解释对被告人有利时除外。C选项错误。

依行为时的司法解释已办结的案件,若无错误,即便适用新司法解释对被告人有利,也不再变动。这是因为《刑法》第12条第2款规定:"本法施行以前,依照当时的法律已经作出的生效判决,继续有效。"依行为时司法解释已审结的案件,意味着案件是依照当时的法律已经作出了生效判决,因而自然继续有效。所以,即便适用新司法解释有利于被告人的,也不能依据新司法解释改判。D选项错误。

3.【单项选择题】关于刑法解释,下列哪一选项是错误的?

A. 学理解释中的类推解释结论,纳入司法解释后不属于类推解释

B. 将大型拖拉机解释为《刑法》第116条破坏交通工具罪的"汽车",至少是扩大解释乃至是类推解释

C.《刑法》分则有不少条文并列规定了"伪造"与"变造",但不排除在其他一些条文中将"变造"解释为"伪造"的一种表现形式

D.《刑法》第65条规定,不满18周岁的人不成立累犯;《刑法》第356条规定,因走私、贩卖、运输、制造、非法持有毒品罪被判过刑,又犯

① B

本节规定之罪的，从重处罚。根据当然解释的原理，对不满 18 周岁的人不适用《刑法》第 356 条

｜参考答案｜__________[1]

｜设题陷阱与常见错误分析｜

本题考查了类推解释的禁止、各种解释方法的具体运用以及累犯与毒品再犯的关系，具有一定的难度。若考生仅是死记硬背各种解释方法，不注意各种解释方法的具体运用，则难以正确答对本题。

对于一些法无明文规定的行为，经常有人主张最高人民法院应作出司法解释，从而为处罚该行为提供法律根据。罪刑法定原则对司法者的制约措施之一就是司法者不得作出（不利于被告人的）类推解释。类推解释的性质是不变的，即便披上司法解释的外衣，类推解释依然是类推解释，是应被禁止的。A 选项认为，学理解释中的类推解释结论，纳入司法解释后不属于类推解释，这是错误的。

很多教科书均将《刑法》第 116 条破坏交通工具罪中的"汽车"作宽于其字面含义的解释，使汽车包括大型拖拉机在内，主张破坏从事交通运输的大型拖拉机的，构成破坏交通工具罪。因此，考生习惯于认为这种解释仅属于扩大解释，而不可能是类推解释。但事实上，完全有可能认为这是一种类推解释。对此若无认识，便会错选 B 选项。

刑法用语的多义性、有限性，犯罪的复杂性，刑法规定的交叉性，刑法解释的目的性及合理划定处罚范围的必要性等，都会导致同一刑法用语可能产生不同的含义。只知道体系解释（刑法用语的统一性），不知道相对解释（刑法用语的相对性）的考生，便可能错选 C 选项。

形式化地理解《刑法》第 356 条的规定，不能通过解释来正确把握累犯与毒品再犯之间的内在关系，便可能错选 D 选项。累犯在法律后果上比毒品再犯要严厉得多。累犯行为属于重行为，毒品再犯行为属于轻行为。刑法并不处罚不满 18 周岁的人的累犯行为（重行为），就更不会处罚不满 18 周岁的人的毒品再犯行为（轻行为），这是当然解释的必然结论。对此若无认识，便会认为 D 选项错误。

｜解题思路与方法分析｜

刑法解释的方法多种多样，罪刑法定原则禁止（不利于被告人的）类推解释，因此，即便是司法解释，也不能采用（不利于被告人的）类推解释。类推解释的性质是不变的，某种解释结论如果超越了条文用语的文义范围，在学理解释上被认定系类推解释的结论，则无论解释者是谁，哪怕是最高人民法院或者最高人民检察院，该解释都属于类推解释。换言之，类推解释的结论纳入司法解释后，依然是类推解释而不可能变成扩大解释。有考生认为，如果学理解释中的类推解释结论纳入司法解释后仍属于类推解释，那么这个司法解释将因为禁止类推而不能适用，这与司法解释具有效力相矛盾，误以为 A 项的论述是正确的。这一观点不能成立。因为缺乏司法解释的审查机制，不当乃至错误的司法解释在我国仍然具有法律效力，这是客观事实。司法解释是否有效力，与司法解释事实上是否采用了类推解释，是两个不同的问题。

在 1979 年《刑法》时代，我国并未严格实行罪刑法定，将汽车解释为包括大型拖拉机在内，就为处罚破坏大型拖拉机来危害公共安全的行为寻找到了处罚上的根据。长期以来，无人对这一解释手法提出怀疑，以致认为这一解释结论是理所当然的。因而，很多考生习惯性地认为将大型拖拉机解释为汽车，并未超出一般国民的预测可能性，因此这一解释只属于扩大解释，不可能是类推解释。1997 年《刑法》规定罪刑法定是我国刑法的基本原则。在此背景下，上述传统解释手法开始遭受质疑。因为大型拖拉机在本质上是否属于汽车，大有值得推敲的地方。如果认为大型拖拉机的工作原理与汽车相同，客观上从事的都是交通运输，因而属于汽车，这里仅是对汽车作了宽于其通常含义的解释，故这一解释属于扩大解释。如果认为大型拖拉机与汽车的机器原理虽然相同，但前

---

① A

者的性质为农耕工具,后者为运输工具,在本质上属于不同的东西,则将大型拖拉机解释为属于汽车,就属于类推解释。生活经验表明,当有人购买了一台大型拖拉机时,正常的人不会认为自己购买了一辆汽车。因此,认为将大型拖拉机解释为汽车,并未超出一般国民的预测可能性的观点,并无十足的根据。在此意义上,完全可能认为这是一种类推解释。当然,B选项并不是说将大型拖拉机解释为汽车既是扩大解释又是类推解释,而是说将大型拖拉机解释为汽车,对有些人而言属于扩大解释,对另一些人而言属于类推解释,所以“是扩大解释乃至是类推解释”。据此,B选项正确。

体系解释与相对解释是一对解释方向相反的解释方法。体系解释要求同一概念应当保持其含义同一。相对解释则要求在具有实质根据的前提下,对同一概念可作相对化的理解,即同一概念的含义不必一致。例如,在妨害公务罪、强奸罪、抢劫罪中,虽然刑法条文都使用了“暴力”一词,但在这些犯罪中,暴力的程度是不同的。又如,猥亵儿童罪中的“猥亵”一词的含义,会随着猥亵的对象是男童还是女童而有所变化。对于某一罪行,如果立法者同时规定了伪造行为与变造行为都属于犯罪时(如刑法同时规定了伪造货币罪与变造货币罪),则应严格区分“伪造”与“变造”。但是,对于某一罪行,如果刑法仅规定“伪造”行为构成犯罪而未对“变造”行为作出规定时,并不意味着“变造”行为就是无罪的,在“变造”行为危害严重、具有处罚的必要时,此时“变造”属于“伪造”的一种表现形式,对于“变造”行为可以追究“伪造”行为的刑事责任。例如,《刑法》第227条“伪造、倒卖伪造的有价票证罪”仅规定“伪造”或者倒卖“伪造”的车票、船票、邮票或者其他有价票证构成犯罪,形式上并未规定“变造”或者倒卖“变造”的车票、船票、邮票或者其他有价票证构成犯罪。但是,2000年12月最高人民法院《关于对变造、倒卖变造邮票行为如何适用法律问题的解释》明确规定:“对变造或者倒卖变造的邮票数额较大的,应当依照刑法第二百二十七条第一款的规定定罪处罚。”由此可见,应将伪造、倒卖伪造的有价票证罪中的“伪造”解释为包含“变造”行为在内。再如,《刑法》第206条仅规定伪造增值税专用发票的,构成伪造增值税专用发票罪,并未规定变造增值税专用发票的构成犯罪。对于确有处罚必要的变造增值税专用发票的行为,应解释为属于伪造增值税专用发票,应追究行为人伪造增值税专用发票罪的刑事责任。C选项认为,不排除在一些刑法条文中将“变造”解释为“伪造”的一种表现形式,这是正确的。

《刑法》第356条规定,因走私、贩卖、运输、制造、非法持有毒品罪被判过刑,又犯本节规定之罪的,从重处罚。与《刑法》第65条第1款明文规定不满18周岁的人不构成累犯不同,《刑法》第356条并未明文规定不满18周岁的人不构成毒品再犯。因此,对不满18周岁的人能否适用《刑法》第356条,就是值得探讨的问题。以《刑法》第356条并未明文规定不满18周岁的人不构成毒品再犯为由,主张不满18周岁的人可以构成毒品再犯,这是形式化地理解《刑法》第356条的结果,并不妥当。因为这一观点并未准确把握累犯规定与毒品再犯规定之间的内在关系。累犯行为比再犯行为严重,因为累犯的法律后果比毒品再犯严厉。对于毒品再犯,除了应当从重处罚之外,再无其他法律后果。与此不同,对于累犯,除了应当从重处罚之外,还存在其他严重的法律后果——一旦成立累犯,既不能适用缓刑,也不能进行假释;对被判处死刑缓期执行的累犯,人民法院根据犯罪情节等情况可以同时决定对其限制减刑。认为特定毒品犯罪社会危害巨大,所以毒品再犯的危害比累犯严重的观点是不能成立的,因为假如毒品再犯的危害比累犯更严重,则毒品再犯的法律后果应比累犯更为严厉才是,但事实并非如此。累犯行为重于毒品再犯行为,不但体现在法律后果上,而且还体现在其成立要件上:累犯要求前罪被判处有期徒刑以上刑罚,而毒品再犯仅要求前罪被判过刑;累犯要求后罪应当判处有期徒刑以上刑罚,而毒品再犯则要求后罪为再犯特定毒品犯罪,并无应判刑罚方面的要求。根据“举重以明轻”的当然解释,如果不满18周岁的人的重行为没有成为法定从重处罚情节,则不满18周岁的人的(比重行为轻微的)轻行为就更不会成为法定从重处罚情节;或者说,刑法并不处罚不满18周岁的人的累犯行为(重行为),则就更不会处罚18周岁的人的毒品再犯行为(轻行为)。由此可见,根据当然解释,对不满18周岁的人不得适用《刑法》第356条进行从重处罚。从对未成年人"教育为主、惩罚为辅"的刑事政策出发,这一当然解释的结论也是妥当的。据此,D选项正确。

有考生认为,《刑法》第356条的规定是关于毒品犯罪再犯的具体处罚情节,属于刑法分则关于量刑的特别规定,而累犯则是刑法总则的规定。当刑法分则另有特别规定时,应当适用分则的特别规定。不满18周岁虽然不成立累犯,但仍可以根据《刑法》第356条毒品再犯的规定,对不满18周岁的人从重处罚,此处的从重处罚根据与累犯的从重处罚根据是不同的。这种看法貌似有理,其实不能成立。

一方面,无论是累犯还是毒品再犯,从重处罚的根据都在于再犯可能性。另一方面,2000年4月4日最高人民法院《全国法院审理毒品犯罪案件工作座谈会纪要》确实曾经规定:"对依法同时构成再犯和累犯的被告人,今后一律适用刑法第三百五十六条规定的再犯条款从重处罚,不再援引刑法关于累犯的条款。"但是,这一规定已被推翻。2023年6月26日最高人民法院《全国法院毒品案件审判工作会议纪要》规定:对于同时构成累犯和毒品再犯的被告人,在裁判文书中应当同时引用刑法关于累犯和毒品再犯的条款。同时,该规定并未肯定不满18周岁的人在不构成累犯的同时,可以独立构成毒品再犯。

4.【多项选择题】下列哪些选项不违反罪刑法定原则?

A. 将明知是痴呆女而与之发生性关系导致被害人怀孕的情形,认定为强奸"造成其他严重后果"

B. 将卡拉OK厅未经著作权人许可大量播放其音像制品的行为,认定为侵犯著作权罪中的"发行"

C. 将重度醉酒后在高速公路超速驾驶机动车的行为,认定为以危险方法危害公共安全罪

D.《刑法》规定了盗窃武装部队印章罪,未规定毁灭武装部队印章罪。为弥补处罚漏洞,将毁灭武装部队印章的行为认定为毁灭"国家机关"印章

| 参考答案 | ________[①]

| 设题陷阱与常见错误分析 |

考试以往几乎都是直接围绕罪刑法定原则本身出题,考查考生对罪刑法定原则具体内容的掌握情况。以刑法解释为中心,让考生判断某一具体解释结论是否违反罪刑法定原则,有可能成为今后出题的主要方向。因此,这不仅要求考生掌握罪刑法定原则的基本内容,而且,考生要能运用罪刑法定原则具体地分析、思考刑法问题。

| 解题思路与方法分析 |

一般认为,痴呆女不能正确表达本人意愿,明知是痴呆女而与之发生性关系的行为违背妇女意志,成立强奸罪。强奸妇女致其怀孕的行为应如何处理,《刑法》第236条无明文规定,但从妇产医学来看,怀孕本身对妇女意味着危险,一些妇女(如有特殊遗传性疾病的妇女、患有心脏病等特殊疾病或者精神有问题的妇女)怀孕之后,母亲或胎儿可能会面临较高的生命风险或突发孕产状况,如果没有妥善的处理或监控,可能发生危及母亲、胎儿生命安全的事件。在此意义上,强奸"致人怀孕"与"致人重伤、死亡"具有同等的危害。将强奸痴呆女使其怀孕的行为解释为强奸妇女"造成其他严重后果",这一解释并未超出强奸"造成其他严重后果"的文义范围,符合同类解释规则,不违反罪刑法定原则。据此,A选项正确。

《刑法》第217条侵犯著作权罪第1款第1项规定"未经著作权人许可,复制发行、通过信息网络向公众传播其文字作品、音乐、美术、视听作品、计算机软件及法律、行政法规规定的其他作品的",违法所得数额较大或者有其他严

---

① ACD

重情节的，成立侵犯著作权罪。这里的“复制发行”包括复制、发行或者既复制又发行的行为。其中的“发行”，是指非法制作侵犯著作权的产品，通过出售、出租、出借、散发等方式提供复制作品的行为。“发行”要求侵权复制品有一定的载体，且意味着取得侵权复制品的人具有可以随时或者反复使用侵权复制品的可能性。卡拉OK厅未经著作权人许可大量播放其音像制品的行为，虽然侵权，但是客观上既不存在具有一定载体的侵权复制品，又没有使第三人在本人的空间内（而不是只能在卡拉OK厅）可以随时或者反复使用侵权复制品的可能性，故这一行为不属于“发行”的范畴。据此，B选项错误。

危险驾驶罪与以危险方法危害公共安全罪的区别在于危害公共安全的危险程度不同。前者是一种抽象的危险（危险程度较低的危险），后者是一种具体的危险（危险程度极高的危险）。高速公路车辆多、速度快，行为人重度醉酒后在高速公路超速驾驶机动车的行为，随时可能发生交通事故，危害公共安全的危险程度极高。因此，应将这一行为认定为以危险方法危害公共安全罪。据此，C选项正确。

《刑法》规定了盗窃武装部队印章罪，未规定毁灭武装部队印章罪，但是，即使不存在毁灭武装部队印章罪，仍然可以处罚毁灭武装部队印章的行为。《刑法》第280条第1款规定要处罚毁灭国家机关印章的行为，军事机关属于国家机关的组成部分，武装部队的印章属于“国家机关的印章”，故将毁灭武装部队印章的行为认定为毁灭“国家机关”印章，存在法律上的根据，不违反罪刑法定原则。据此，D选项正确。综上所述，A、C、D为本题正确选项。

5.【多项选择题】关于罪刑法定原则与刑法解释，下列哪些选项是正确的？

A. 对甲法条中的“暴力”作扩大解释时，就不可能同时再作限制解释，但这并不意味着对乙法条中的“暴力”也须作扩大解释

B.《刑法》第237条规定的强制猥亵、侮辱罪中的“侮辱”，与《刑法》第246条规定的侮辱罪中的“侮辱”，客观内容相同、主观内容不同

C. 当然解释是使刑法条文之间保持协调的解释方法，只要符合当然解释的原理，其解释结论就不会违反罪刑法定原则

D. 对刑法分则条文的解释，必须同时符合两个要求：一是不能超出刑法用语可能具有的含义，二是必须符合分则条文的目的

｜参考答案｜__________①

｜设题陷阱与常见错误分析｜

本题考查各种刑法解释方法及其与罪刑法定原则的关系。解释的方法是无穷的，但解释的结论必须符合罪刑法定原则。其中尤其需要注意当然解释的结论是否符合罪刑法定原则。当然解释在推理过程上并无瑕疵，但这不意味着当然解释的结论一定是成立的，仅在当然解释的结论存在成文法根据（在条文用语的文义范围之内），当然解释的结论才不违反罪刑法定原则。例如，无论从哪个角度来看，婴儿都比宠物重要，就连抢劫他人宠物的行为都能被认定为抢劫罪，那么，抢劫他人婴儿的行为就更应认定为抢劫罪——这一当然解释的结论违反罪刑法定原则。这是因为婴儿不能成为抢劫罪的对象（不可将婴儿降格评价为“财物”），故对抢劫婴儿的行为不可以抢劫罪追究刑事责任。由此可见，即便符合当然解释的原理，当然解释的结论也可能违反罪刑法定原则。据此，C选项错误。

｜解题思路与方法分析｜

刑法中的“暴力”这一概念有多重含义，当相关条文法定刑较低时，对暴力可以作出更为广义的扩大解释；当相关条文法定刑较高时，为确保罪刑相适应，有必要对暴力概念进行严格限制。因此，对甲法条的暴力作扩大解释，并不意味着在其他法条中也要对暴力概念作扩大解释。扩大解释与限制解释是两种方向相反的解释方法，从立法目的出发，对同一法条中的“暴力”，如有扩大解释的必要，就不可能再进行限制解释；反之亦然。A选项正确。《刑法》第237条和第246条的侮辱行为在客观方面并

① AD

不相同。《刑法》第237条中的侮辱属于广义的性犯罪,需要具有损害被害人性羞耻心的性质;《刑法》第246条的侮辱行为只需具有损毁他人名誉的性质即可。B选项错误。当然解释是重要的解释方法,但是,当然解释也受罪刑法定原则的限制,即便符合当然解释的原理,当然解释的结论也完全可能因超出法条文字可能文义的射程而违反罪刑法定原则。C选项错误。对刑法分则的解释总是在两个价值之间寻求平衡:一方面要实现条文的立法目的,达成实质上的合理性;另一方面在形式上不能突破文字的边缘含义,这是罪刑法定原则的要求。只有同时符合这两个要求的解释结论,才是良好的解释结论。D选项正确。

02 考向 犯罪构成

1.【单项选择题】关于构成要件要素,下列哪一选项是错误的?

A. 传播淫秽物品罪中的"淫秽物品"是规范的构成要件要素、客观的构成要件要素

B. 签订、履行合同失职被骗罪中的"签订、履行"是记述的构成要件要素、积极的构成要件要素

C. "被害人基于认识错误处分财产"是诈骗罪中的客观的构成要件要素、不成文的构成要件要素

D. "国家工作人员"是受贿罪的主体要素、规范的构成要件要素、主观的构成要件要素

| 参考答案 | __________①

| 设题陷阱与常见错误分析 |

本题考查考生对构成要件要素的分类的掌握情况。此类题目往年考过,总体难度不大。考生需要注意的是"身份"的归类问题。在我国传统四要件犯罪体系中,"身份"属于主体要件的内容,学界有时将主体要件与主观要件加上一起,合称为(广义的)犯罪主观要件。据此,考生可能得出"身份"是主观的构成要件要素这一结论,但这一结论是不妥的,是本题故意设下的陷阱。这是因为,就形式上而言,是否存在身份与行为人的心理活动无关,是一个纯客观的问题;就实质而言,在身份犯中,身份不能表明行为人主观恶性的大小,仅有表明行为人具有侵害法益能力的功能,能够反映法益侵害性的有无。因此,身份属于客观的构成要件要素,不是主观的构成要件要素。

| 解题思路与方法分析 |

说明行为外部的、客观方面的要素,为客观的构成要件要素,如行为、结果、行为对象等。表明行为人内心的、主观方面的要素为主观的构成要件要素,如故意、过失、目的等。在解释构成要件要素和认定是否存在符合构成要件要素的事实时,如果只需要法官的认识活动即可确定,这种构成要件要素便是记述的构成要件要素。如果需要法官规范的、评价的价值判断才能认定,这种构成要件要素就是规范的构成要件要素。某一物品是否具有淫秽性、是否属于淫秽物品,需要法官判断该物品是否属于具体描绘性行为或者露骨宣扬色情的物品,这一判断包含法官规范的、评价的价值判断。因此,"淫秽物品"是规范的构成要件要素、客观的构成要件要素,A选项正确。

通常的构成要件要素是积极地、正面地表明成立犯罪必须具备的要素,这种要素就是积极的构成要件要素。但例外地也存在否定犯罪性的构成要件要素,这便是消极的构成要件要素。签订、履行合同失职被骗罪中的"签订、履行"是记述的构成要件要素、积极的构成要件要素,B选项正确。

成文的构成要件要素,是指刑法明文规定的构成要件要素。绝大多数构成要件要素都是成文的构成要件要素。不成文的构成要件要素,是指刑法条文表面上没有明文规定,但根据刑法条文之间的相互关系、刑法条文对相关要素的描述所确定的、成立犯罪所必须具备的要素,如"以非法占有为目的"就是盗窃罪中不成文的主观构成要件要素。

成立诈骗罪,虽然刑法没有明文规定必须

① D

是“被害人基于认识错误处分财产”，但是，被害人是否基于认识错误处分财产，在一些场合具有区分盗窃罪与诈骗罪的功能，因而是成立诈骗罪所必须具备的要素。据此，“被害人基于认识错误处分财产”是诈骗罪中的客观的构成要件要素、不成文的构成要件要素，C 选项正确。

“国家工作人员”是表明主体身份的要素。某人是否属于国家工作人员，需要法官判断其是否在履行公务，故“国家工作人员”是受贿罪的主体要素、规范的构成要件要素。“国家工作人员”是说明行为外部的、客观方面的要素，其功能在于描述能够侵犯法益的主体要素，而不是表明行为人内心的、主观方面的要素。因此，“国家工作人员”是客观的构成要件要素，而不是主观的构成要件要素。据此，D 选项错误。

2.【单项选择题】关于不作为犯罪的判断，下列哪一选项是错误的？

A. 小偷翻墙入院行窃，被护院的藏獒围攻。主人甲认为小偷活该，任凭藏獒撕咬，小偷被咬死。甲成立不作为犯罪

B. 乙杀丙，见丙痛苦不堪，心生悔意，欲将丙送医。路人甲劝阻乙救助丙，乙遂离开，丙死亡。甲成立不作为犯罪的教唆犯

C. 甲看见儿子乙(8 周岁)正掐住丙(3 周岁)的脖子，因忙于炒菜，便未理会。等炒完菜，甲发现丙已窒息死亡。甲不成立不作为犯罪

D. 甲见有人掉入偏僻之地的深井，找来绳子救人，将绳子的一头扔至井底后，发现井下的是仇人乙，便放弃拉绳子，乙因无人救助死亡。甲不成立不作为犯罪

| **参考答案** | ________①

| **设题陷阱与常见错误分析** |

本题考查的不作为犯罪的判断。成立不作为犯的关键在于行为人是否负有法律上的作为义务。我国以往对作为义务的来源习惯于从形式角度去分析，但是这种形式分析难以解释一些不作为犯的成立，因此，只有同时结合不作为犯的实质义务来源，才能准确认定行为人是否负有法律上的作为义务。这就要求考生深入理解作为义务。例如，在防卫过程中，防卫人是否负有救助被其打伤的不法侵害人的作为义务，是极有争议的问题。如果即使最终不法侵害人出现重伤、死亡结果，对防卫人而言也没有明显超过必要限度造成重大损害，则防卫人的行为成立正当防卫，此时没有必要讨论防卫人是否负有救助义务的问题；但是，如果最终出现的重伤、死亡结果属于明显超过必要限度造成重大损害，则防卫人的行为就不再成立正当防卫，而是变成了防卫过当的犯罪行为，此时就要讨论防卫人是以作为的方式还是以不作为的方式实施了过当的犯罪行为。小偷入室盗窃被屋主发现后，带着所窃财物逃跑时，被屋主顺手甩出的哑铃砸中头部，若小偷被哑铃一击当场毙命，应认定屋主属于作为的防卫过当犯罪；如果小偷被当场砸昏，头部受伤，若被及时报警或者送医，小偷能够活命，但屋主什么都没做，最后小偷死亡的，应认定屋主构成不作为的防卫过当犯罪。因为屋主将小偷砸昏虽然属于防卫行为，但是其负有避免出现明显超过必要限度造成重大损害结果的义务，其能履行该义务而未履行该义务，成立不作为犯。由此可见，在一些情形中，应当承认防卫人在防卫过程中负有避免出现明显超过必要限度造成重大损害结果的义务。换言之，在防卫行为有可能明显超过必要限度造成重大损害时，防卫人在防卫行为结束后有救助不法侵害人的作为义务。如果不对作为义务作上述实质分析，就难以正确处理类似案件。

| **解题思路与方法分析** |

小偷翻墙入院行窃时，主人使用藏獒围攻小偷以保护自己的财产，这属于防卫行为。小偷虽属于不法侵害人，但仅是为了盗窃财物，客观上也不存在侵犯主人生命、身体健康的行为，小偷最终被咬死属于明显超过必要限度，造成了重大损害结果，故主人的行为属于防卫过当，应负刑事责任。藏獒撕咬小偷，小偷具有被咬

① C

死的危险，故主人具有阻止藏獒咬死小偷的义务（防卫行为这一先前行为产生的义务）。主人能够履行却未履行该义务，导致小偷被咬死，主人构成不作为的故意杀人罪。据此，A选项正确。

不作为也是危害行为，属于实行行为。因此，第三人完全可能以教唆犯或者帮助犯的面貌来教唆或者帮助行为人不作为，从而与不作为的实行犯成立共犯。问题在于，行为人故意犯罪之后，是否负有救助被害人的作为义务？对此应作肯定回答。如果先前行为能够产生作为义务，先前行为既包括日常行为也包括违法行为，那么，根据当然解释，犯罪行为当然也能构成先前行为，因而在行为人故意犯罪之后，只要不是即成犯，行为人同样负有救助被害人的作为义务，其不救助行为能够成立不作为犯。如果认为行为人没有救助被害人的义务，在共犯的处理问题上将会碰到难题。乙杀丙，见丙痛苦不堪，心生悔意，欲将丙送医，路人甲劝阻乙救助丙，乙遂离开，丙死亡。如果不承认杀人犯乙负有救助被害人丙的义务，则乙属于作为的故意杀人，在路人甲劝阻乙救助丙时，乙的杀人行为已经结束，则甲的行为属于事后帮助，无法成立（承继的）共犯，结局就不能按共同犯罪追究甲的刑事责任。同时，也无法按单独犯追究甲的刑事责任，因为甲没有救助丙的义务，其单纯的劝说行为本身不能构成故意杀人罪的实行行为，对甲就只能以无罪论处，这毫无正义可言。如果承认乙负有救助被害人丙的义务，则甲就属于教唆乙不作为救助义务的教唆犯，可以追究其刑事责任。总之，参与他人的不作为的，参与者与不作为者能够成立共犯。B选项认定甲成立不作为犯罪的教唆犯是正确的。

在C项中，监护人对于被监护人的危险行为具有阻止义务，甲完全可以停止炒菜阻止乙侵害丙，其未履行作为义务，成立不作为犯罪。C选项错误。

在D选项中，甲见有人掉入深井，找来绳子救人，将绳子的一头扔至井底后，发现井下是仇人乙，便放弃拉绳子，乙因无人救助死亡。这一行为被称为中止救助行为。本无救助义务的行为人实施救助行为后，放弃继续救助的，对此中止救助行为该如何处理，存在争议。可以这样认为，甲原本就没有救助义务，甲放弃拉绳子如同甲根本就没有放下绳子，不能说只要放下绳子就有救助义务，据此，甲不能成立不作为犯罪。此外，学界对于中止救助行为的另一种看法是：在救助行动已经开始产生实际作用（被害人已经抓住绳子，被救助的可能性已经开启），则终止救助的是作为；如果扔下的绳子尚未开始发生作用（被害人尚未抓住绳子），则不拉绳子救助的行为与被害人的死亡欠缺积极作为的因果关系，如同行为人自始未扔下绳子救助一样，因此属于不作为，仅在行为人具有保证人地位（具有救助的作为义务）时，才成立不作为犯。根据这一分析，甲不具有保证人地位，不成立不作为犯。

3.【单项选择题】关于因果关系的认定，下列哪一选项是正确的？

A. 甲重伤王某致其昏迷。乞丐目睹一切，在甲离开后取走王某财物。甲的行为与王某的财产损失有因果关系

B. 乙纠集他人持凶器砍杀李某，将李某逼至江边，李某无奈跳江被淹死。乙的行为与李某的死亡无因果关系

C. 丙酒后开车被查。交警指挥丙停车不当，致石某的车撞上丙车，石某身亡。丙的行为与石某死亡无因果关系

D. 丁敲诈勒索陈某。陈某给丁汇款时，误将3万元汇到另一诈骗犯账户中。丁的行为与陈某的财产损失无因果关系

| 参考答案 | ________[①]

| 设题陷阱与常见错误分析 |

除了运用相当因果关系说解析案例外，还可根据答责理论解题：在可要求被害人对结果承担责任（自我答责）与要求第三人对结果承担责任（第三人答责）的场合，行为人对结果不负责任，由此，认定行为与结果之间没有因果关

① C

系。例如，在C选项中，丙酒后开车被查后，在交警指挥其停车时，丙理所当然应服从交警的指挥。作为指挥者，交警应注意指挥行为的安全性，确保道路交通的安全；同时，丙会信赖交警的指挥是恰当的。因此，交警指挥丙停车不当，致石某的车撞上丙车，应将石某身亡的责任分配给交警，丙的行为与石某死亡无因果关系（在C选项中，“酒后”开车属于干扰项）。

结果的发生与犯罪行为没有因果关系时，行为人成立犯罪未遂，对此考生较为熟悉。但是，反过来，犯罪未遂是否一定意味着结果的发生与犯罪行为之间没有因果关系？对此的回答是否定的。2015年试卷二第5题单选题——行为人发送诈骗短信，受骗人上当后汇出5万元，但因误操作汇到无关第三人的账户，对此应认定犯罪未遂。将此题中的诈骗行为修改为敲诈勒索行为后形成D选项，考生会遵循同样的思路认为D选项中的行为人构成敲诈勒索未遂。此时，考生有很大的可能由敲诈勒索未遂反过来推论被害人的财产损失与敲诈勒索行为之间没有因果关系，但事实上财产损失与敲诈勒索之间是存在因果关系的。若考生陷入这一陷阱，则会错误地选择了D选项。

| 解题思路与方法分析 |

事实上的条件关系不等于刑法上的因果关系。对于A选项，一些考生认为，甲不打晕王某，王某的财物就不会被取走，故应肯定甲的行为与王某的财产损失有因果关系。这种看法将条件关系与因果关系混同，是不妥的。甲重伤王某致其昏迷，确实为乞丐取走王某财物提供了条件，但是甲只有重伤王某的意思，并无取走财物的意思，甲的伤害行为导致被害人财物被取走的危险性低，乞丐取走王某财物属于异常的介入因素，是异常的介入因素导致王某产生财产损失。根据相当因果关系说，可得出甲的行为与王某的财产损失没有因果关系的结论。此外，根据共犯理论同样可以得出没有因果关系的结论：乞丐虽目睹一切，但其客观上对甲的伤害犯罪未提供任何原因力，主观上也没有帮助甲犯罪的意思，故乞丐与甲并不构成共同犯罪。因此，对乞丐取走财物这一结果，不能要求甲负责，应由乞丐负责，故不能认为甲的行为与王某的财产损失之间存在因果关系。

在B选项中，乙纠集他人持凶器砍杀李某，实行行为本身导致李某死亡的危险性极大；李某被逼至江边无奈跳江，被害人的这一举止并不异常，是并不异常的介入因素导致了李某的死亡。根据相当因果关系说，乙的行为与李某的死亡存在因果关系。附带指出，B选项中李某是被逼无奈而跳江，这一情形不适用被害人自我答责理论。

在C选项中，交警指挥丙停车时，应正确指挥。对丙遵从交警指挥造成的交通事故，应适用第三人答责理论，由交警负责。换言之，丙的行为与石某死亡无因果关系。C选项正确。

在D选项中，丁敲诈勒索陈某，陈某给丁汇款时，误将3万元汇到另一诈骗犯账户中。很明显，丁的敲诈勒索行为蕴含着陈某遭受财产损失的极大危险，事实上也是丁的敲诈勒索行为使陈某产生恐惧心理，并基于恐惧心理进行了汇款，导致陈某出现财产损失，故应认定丁的行为与陈某的财产损失之间存在因果关系。虽然丁的行为与陈某的财产损失之间存在因果关系，但这并不意味着丁构成敲诈勒索既遂。成立敲诈勒索既遂，需要完全符合敲诈勒索罪的基本构造，即行为人以非法占有为目的对他人实行威胁→对方产生恐惧心理→对方基于恐惧心理处分财产→行为人或行为人所指定的第三人取得财产→被害人遭受财产损失。而在D选项中，丁本人并未取得财产，丁也没有使另一诈骗犯取得财产的意思，丁的行为并不符合敲诈勒索罪的基本构造，因而只能认定丁成立敲诈勒索罪未遂。很多考生认为，既然丁属于敲诈勒索未遂，则敲诈勒索行为与被害人的财产损失结果之间就没有因果关系，这一推理是不合逻辑的。

4.【单项选择题】关于责任年龄与责任能力，下列哪一选项是正确的？

A. 甲在不满14周岁时，以杀人故意给李某送去有毒食品，食品于甲已满14周岁后被李

某食用，李某被及时抢救而活命。甲对此不负刑事责任

B. 乙在精神正常时着手实行故意伤害犯罪，伤害过程中精神病突然发作，在丧失责任能力时抢走被害人财物。对乙应以抢劫罪论处

C. 丙将毒药投入丁的茶杯后精神病突然发作，丁在丙丧失责任能力时喝下毒药死亡。对丙应以故意杀人罪既遂论处

D. 戊为给自己杀人壮胆而喝酒，大醉后杀害他人。戊不承担故意杀人罪的刑事责任

| 参考答案 | __________[①]

| 设题陷阱与常见错误分析 |

“行为与责任同在”是犯罪论的基本原理之一，其要求行为人实施行为时必须具有相应的责任能力，对行为人在无责任能力状态下所实施的行为及其结果不能追究刑事责任。当行为与责任能力在外形上出现错位时，如A项中甲以杀人故意送出有毒食品时无责任能力，但被害人中毒时甲具有责任能力的，如何处理此类案件，这是刑法理论与司法实务都无法回避的问题。

| 解题思路与方法分析 |

根据《刑法》第17条第3款的规定，已满12周岁不满14周岁的人，犯故意杀人、故意伤害罪，致人死亡或者以特别残忍手段致人重伤造成严重残疾，情节恶劣，经最高人民检察院核准追诉的，应当负刑事责任。甲的投毒行为不属于“致人死亡或者以特别残忍手段致人重伤造成严重残疾”的情形，故对于甲不满14周岁时以杀人故意给李某送去有毒食品的行为，不能依据《刑法》第17条第3款令其承担刑事责任。甲在送出有毒食品时不满14周岁，但是，甲在14周岁之后，对于其在不满14周岁时创设的可能导致李某被毒死的危险，在法律上负有排除该危险的义务（先前行为产生的义务），其能排除却不排除该危险，成立不作为的故意杀人罪。在实施不作为的故意杀人犯罪时，甲已满14周岁，根据《刑法》第17条第2款的规定，甲对故意杀人罪具有责任能力。甲的行为符合“行为与责任同在”的要求，故即便是故意杀人未遂，甲也应对故意杀人行为承担刑事责任。A选项错误。

乙在精神正常时着手实行故意伤害犯罪，在伤害过程中精神病突然发作的，对故意伤害罪应当承担刑事责任。不过，B选项考查的是乙在丧失责任能力时抢走被害人财物，能否以抢劫罪论处的问题。按照原因自由行为理论，这种情形属于意思不连续类型的原因自由行为，除非能够证明行为人对结果行为存在犯罪故意，否则仅是能否成立过失犯的问题。据此，乙事前只有伤害故意，并没有利用无责任能力状态实施抢劫犯罪的意思，乙在丧失责任能力状态下抢走被害人财物的，难以认定乙具有抢劫故意。即便认定此时“行为与责任同在”，由于欠缺抢劫罪的犯罪故意，对乙在丧失责任能力状态下抢走被害人财物的行为，自然不能以抢劫罪论处。B选项错误。

丙将毒药投入丁的茶杯时既有责任能力也有杀人故意，此后按照丙的预想发生了丁中毒死亡的结果，对此丙应负故意杀人既遂的刑事责任。有些考生主张，丙将毒药投入丁的茶杯只是犯罪预备行为，当丁喝的时候才是犯罪着手，但是这个时候丙已经丧失责任能力，所以不可能构成故意杀人的既遂，这一看法是不能成立的。对“行为与责任同在”中的“行为”不宜作狭义理解（认为“行为”仅指着手后的行为），而宜理解为与结果的发生具有因果关系的行为。丙丧失责任能力，确实使丙丧失了有可能中止杀人犯罪的机会，但是丧失责任能力是其自身的缘故造成的，因而不能成为拒绝承担犯罪既遂责任的理由。C选项正确。

戊为给自己杀人壮胆而喝酒，大醉后杀害他人的，根据《刑法》第18条第4款“醉酒的人犯罪，应当负刑事责任”的规定，应承担故意杀人罪的刑事责任。一方面，“大醉”不代表无责任能力；另一方面，即便戊大醉时在事实上已经没有责任能力，按照原因自由行为理论，既然戊在实施原因行为时具有责任能力，就符合“行为与责任同在”的要求，戊应承担故意杀人罪的刑事责任。D选项错误。

---

① C

5.【多项选择题】关于因果关系，下列哪些选项是正确的？

A. 甲以杀人故意用铁棒将刘某打昏后，以为刘某已死亡，为隐藏尸体将刘某埋入雪沟，致其被冻死。甲的前行为与刘某的死亡有因果关系

B. 乙夜间驾车撞倒李某后逃逸，李某被随后驶过的多辆汽车碾轧，但不能查明是哪辆车造成李某死亡。乙的行为与李某的死亡有因果关系

C. 丙将海洛因送给 13 周岁的王某吸食，造成王某吸毒过量身亡。丙的行为与王某的死亡有因果关系

D. 丁以杀害故意开车撞向周某，周某为避免被撞跳入河中，不幸溺亡。丁的行为与周某的死亡有因果关系

｜参考答案｜__________①

｜设题陷阱与常见错误分析｜

因果关系的认定是常见的考点。如果考生熟练掌握相当因果关系理论，基本就能分析绝大多数案件中的因果关系问题。部分考生认为 C 选项不是正确选项，因为将海洛因送给 13 周岁的王某吸食，通常并不能致其死亡，王某已有一定的辨认、控制能力，吸食毒品死亡属于被害人自担风险的情形，故丙的行为与王某的死亡之间不具有刑法上的因果关系，不能将死亡结果归因于丙。这一观点有误。被害人能否自我答责，首先需要被害人具备答责能力，而王某才 13 周岁，不具备自我答责的能力，故对死亡结果不能要求王某自我答责，而应由丙答责。

｜解题思路与方法分析｜

甲以杀人故意用铁棒打击刘某，该行为本身就具有致使刘某死亡的高度危险，在以为刘某死亡后，甲埋尸灭迹，这一介入因素并不异常，是不异常的介入因素导致了死亡结果的发生，根据相当因果关系理论，应认定甲的杀人行为与死亡结果之间具有因果关系。A 选项正确。

乙夜间驾车撞倒李某后逃逸，如果李某死于乙的汽车碾轧，肯定乙的行为与李某的死亡有因果关系，就毫无争议。即便李某不是死于乙的汽车碾轧，而是死于随后的多辆汽车碾轧，也能肯定乙的行为与李某的死亡有因果关系。这是因为乙并未下车救助李某，倒地的李某失去自救能力，在路上车辆较多时，乙将李某撞倒不救助的行为本身就具有致使李某死亡的高度危险，作为介入因素，李某被其他车辆碾轧，这毫不异常。因此，即使查明李某是被随后的车辆轧死的，根据相当因果关系理论，也能认定乙的行为与李某的死亡之间具有因果关系。B 选项正确。

丙将海洛因送给 13 周岁的王某吸食，由于王某未成年，既不能完全了解吸食毒品的意义与后果，也不能合理控制吸食毒品的数量，故对死亡结果不能要求王某自我答责。将毒品送给未成年人吸食的行为本身就具有可能致人死亡的危险，在明显不存在其他介入因素的情况下，死亡危险已经现实化，应认定丙的行为与王某的死亡之间具有因果关系。C 选项正确。

丁以杀人故意开车撞向周某，该行为本身具有致人死亡的高度危险，周某为避免被撞跳入河中，此系为躲避丁的不法侵害而采取的合理规避措施，周某跳河作为介入因素并不异常，是并不异常的介入因素导致了死亡结果的发生，根据相当因果关系理论，丁的行为与周某的死亡之间具有因果关系。D 选项正确。

6.【多项选择题】关于因果关系，下列哪些选项是正确的？

A. 甲驾车经过十字路口右拐时，被行人乙扔出的烟头击中面部，导致车辆失控撞死丙。只要肯定甲的行为与丙的死亡之间有因果关系，甲就应当承担交通肇事罪的刑事责任

B. 甲强奸乙后，威胁不得报警，否则杀害乙。乙报警后担心被甲杀害，便自杀身亡。如无甲的威胁乙就不会自杀，故甲的威胁行为与乙的死亡之间有因果关系

C. 甲夜晚驾车经过无照明路段时，不小心撞倒丙后继续前行，随后的乙未注意，驾车从丙

① ABCD

身上轧过。即使不能证明是甲直接轧死丙，也必须肯定甲的行为与丙的死亡之间有因果关系

D. 甲、乙等人因琐事与丙发生争执，进而在电梯口相互厮打，电梯门受外力挤压变形开启，致丙掉入电梯通道内摔死。虽然介入了电梯门非正常开启这一因素，也应肯定甲、乙等人的行为与丙的死亡之间有因果关系

｜参考答案｜__________①

｜设题陷阱与常见错误分析｜

因果关系与刑事责任不是一回事，存在因果关系充其量表明行为人的行为符合犯罪的客观要件，只有在同时具备主体要件、主观要件时，才能认定行为人的行为构成犯罪。A选项对此进行了考查。有条件关系不等于有因果关系。即便采取条件说判断因果关系，也不能仅根据"没有前者便没有后者"直接判断有无因果关系，还需要根据不同的情形对条件关系公式进行若干的修正。B选项对此进行了考查。在行为本身具有导致结果发生的一定危险且介入因素并不异常时，可肯定行为与结果之间的因果关系。C、D选项对此进行了考查。对相关知识把握不严，判断容易出现偏差。

｜解题思路与方法分析｜

在A选项中，丙的死亡与甲的驾车行为虽有因果关系，但是，甲因面部被烟头击中，仓促之间会产生一些本能反应，以致车辆失控撞死丙，既难以说甲违反了交通运输管理法规，又难以认定对丙的死亡甲存在过失。据此，甲对丙的死亡不应承担刑事责任。此外，根据2000年11月15日最高人民法院《关于审理交通肇事刑事案件具体应用法律若干问题的解释》规定，只有甲负事故主要责任时，才能以交通肇事罪追究甲的刑事责任。在本题中，应当认定乱扔烟头的行人乙对本起事故负有主要责任，甲不负主要责任。据此，同样可以得出甲不对丙的死亡承担刑事责任的结论。A选项错误。

在B选项中，没有甲的威胁，乙便不会自杀，甲的威胁与乙的自杀之间存在条件关系，但这并不意味着二者之间存在刑法上的因果关系。威胁被害人事后不得报警，否则就要杀死被害人，这是强奸犯在强奸罪行结束后惯常使用的手法，该威胁导致乙死亡的可能性低，乙在报警之后选择自杀过于异常，根据相当因果关系理论，应认定甲的威胁与乙的死亡之间没有因果关系。此外，根据客观归责理论，乙的死亡系出于本人（错误）的自主决定，乙对死亡结果应当自我答责，不能要求强奸犯答责，据此也可否定甲的威胁与乙的死亡之间的因果关系。B选项错误。

在C选项中，丙可能是甲直接轧死的，此时甲的行为与丙的死亡之间存在因果关系，自不待言。丙也可能是被后来的乙车轧死的，即便乙对丙的死亡应负交通肇事罪的刑事责任，也应肯定甲的行为与丙的死亡之间存在因果关系，这是因为甲不小心撞倒丙后继续前行，没有采取将丙拖到路边等有效措施避免丙被其他车辆碾轧，让被害人仍旧躺在路上，这一不作为行为具有导致丙被其他车辆轧死的高度危险性。由于是夜间，该路段系无照明路段，以致乙未注意到躺在路上的丙，乙车从丙身上轧过，这一介入因素并不异常。根据相当因果关系理论，能够认定丙的死亡与甲的行为之间存在因果关系。所以说，即使不能证明是甲直接轧死丙，也必须肯定甲的行为与丙的死亡之间有因果关系。C选项正确。

根据2012年9月11日原国家质量监督检验检疫总局特种设备局发布的《电梯安全乘用常识》，无论电梯运行与否，扒、扶、倚靠轿门都是危险行为。因此，在电梯口相互厮打，具有一定的死伤危险。乘坐电梯时，经常能看到贴有"禁止倚靠""禁止扒门"等警示标识，因为电梯门受外力挤压有可能打开；换言之，在电梯口相互厮打，电梯门因受外力挤压非正常开启这一介入因素并不异常。是不异常的介入因素导致死亡结果的发生，根据相当因果关系理论，应当认定甲、乙等人的行为与丙的死亡之间有因果关系。D选项正确。

7.【多项选择题】关于因果关系的认定，下列哪些选项是正确的？

---

① CD

A. 甲、乙无意思联络，同时分别向丙开枪，均未击中要害，因两个伤口同时出血，丙失血过多死亡。甲、乙的行为与丙的死亡之间具有因果关系

B. 甲等多人深夜追杀乙，乙被迫跑到高速公路上时被汽车撞死。甲等多人的行为与乙的死亡之间具有因果关系

C. 甲将妇女乙强拉上车，在高速公路上欲猥亵乙，乙在挣扎中被甩出车外，后车躲闪不及将乙轧死。甲的行为与乙的死亡之间具有因果关系

D. 甲对乙的住宅放火，乙为救出婴儿冲入住宅被烧死。乙的死亡由其冒险行为造成，与甲的放火行为之间没有因果关系

| **参考答案** | ______①

| **设题陷阱与常见错误分析** |

本题考查了因果关系的具体判断问题。考生只有熟悉条件关系学说或者相当因果关系学说，才能答对本题。在运用条件关系说时，应注意假定的因果关系、二重的因果关系、重叠的因果关系中因果关系有无的具体判断。在运用相当因果关系学说时，需综合考虑以下三项因素：第一，行为人的行为对结果的发生所起作用的大小。作用越大，则该行为与结果之间越可能存在因果关系。第二，介入因素的异常性大小。越是异常，越容易否定该先前行为与结果之间的因果关系。第三，介入因素本身对结果的发生所起作用的大小。作用越大，则该先前行为与结果之间没有因果关系的可能性越大。

| **解题思路与方法分析** |

在A选项中，甲、乙无意思联络，同时分别向丙开枪，均未击中要害，因两个伤口同时出血，丙失血过多死亡。根据条件说，这属于重叠的因果关系，符合条件关系公式，应肯定存在因果关系。根据相当因果关系说，甲的开枪行为具有致人死亡的高度危险，乙同时向丙开枪这一介入因素极其偶然，介入因素（乙的开枪）并未造成致命伤，在应当有人对死亡结果负责的意义上，应综合评价认定甲的开枪行为与丙的死亡之间存在因果关系。根据相当因果关系说，同样亦可得出乙的开枪行为与丙的死亡之间存在因果关系。A选项正确。

在B选项中，甲等多人深夜追杀乙，乙被迫跑到高速公路上时被汽车撞死。根据条件说，这符合条件关系公式，应肯定存在因果关系。根据相当因果关系说，甲等多人深夜追杀乙的行为本身蕴含着乙死亡的高度危险，对死亡结果的发生起了重大作用，乙被迫跑上高速公路本身并不异常，高速公路上车辆很多，乙被撞死并不罕见，综合判断后应肯定甲等多人的行为与乙的死亡之间具有因果关系。B选项正确。

在C选项中，甲将妇女乙强拉上车，在高速公路上欲猥亵乙，乙在挣扎中被甩出车外，后车躲闪不及将乙轧死。根据条件说，这符合条件关系公式，应肯定存在因果关系。根据相当因果关系说，甲在高速公路上欲猥亵乙，这一行为虽然对死亡结果的发生所起的作用较小，但这必然伴随被害人的挣扎这一介入因素；车内空间有限，乙在挣扎中被甩出车外这一介入因素并不异常，这一并不异常的介入因素导致了乙的死亡，综合判断应肯定甲的行为与乙的死亡之间具有因果关系。C选项正确。

在D选项中，甲对乙的住宅放火，乙为救出婴儿冲入住宅被烧死。根据条件说，这符合条件关系公式，应肯定存在因果关系。根据相当因果关系说，火力蕴含着致人死亡的危险，父母通常都会冲进着火的房屋去救婴儿，介入因素（被害人冲进火中救人）并不异常，由这一并不异常的介入因素导致被害人的死亡，综合判断应肯定乙的死亡与甲的放火行为存在因果关系。D项认为乙的死亡由其冒险行为造成，与甲的放火行为之间没有因果关系，这是错误的。D选项错误。

03 考向 犯罪排除事由

1.【单项选择题】关于事实认识错误，下列

① ABC

哪一选项是正确的?

A. 甲本欲电话诈骗乙,但拨错了号码,对接听电话的丙实施了诈骗,骗取丙大量财物。甲的行为属于对象错误,成立诈骗既遂

B. 甲本欲枪杀乙,但由于未能瞄准,将乙身旁的丙杀死。无论根据什么学说,甲的行为都成立故意杀人既遂

C. 事前的故意属于抽象的事实认识错误,按照法定符合说,应按犯罪既遂处理

D. 甲将吴某的照片交给乙,让乙杀吴某,但乙误将王某当成吴某予以杀害。乙是对象错误,按照教唆犯从属于实行犯的原理,甲也是对象错误

| **参考答案** | ________①

| **设题陷阱与常见错误分析** |

本题考查处理认识错误的分类、学说及其具体运用情况。如果考生对认识错误的分类(具体的事实认识错误与抽象的事实认识错误)、认识错误的类型(具体的事实认识错误分为对象错误、打击错误与因果关系的错误三类)以及相关学说(法定符合说与具体符合说)的掌握不够牢固,容易答错本题。对于对象错误与打击错误这两种具体的事实认识错误,存在具体符合说与法定符合说之争。法定符合说认为,行为人所认识的事实与实际发生的事实,只要在犯罪构成范围内是一致的,即可认定行为人对于现实发生的结果存在犯罪故意,就成立故意的既遂犯。具体符合说认为,行为人所认识的事实与实际发生的事实具体地相一致时,才能认定行为人具有犯罪故意,成立故意的既遂犯。

| **解题思路与方法分析** |

在具体的事实认识错误中,无论是采取法定符合说还是具体符合说,对于对象错误最终结论并无不同;但是,对于打击错误,是采取法定符合说还是具体符合说,案件的处理结论将会不同。因此,严格区分对象错误与方法错误有其意义。一般认为,对象错误与打击错误的区分在于,对象错误属于主观认识错误,行为人对行为所指向的对象存在主观认识错误;打击错误属于客观结果错误,行为人对行为所指向的对象不存在主观认识错误,错误的结果是由行为方法等客观因素造成的。在A项中,甲本欲电话诈骗乙,但拨错了号码,对接听电话的丙实施了诈骗。不少考生认为属于打击错误,因为是甲的行为本身的差误(甲拨错了号码),导致甲所欲诈骗的对象(乙)与实际受害的对象(丙)不一致。这一分析貌似有理,其实落入本题的陷阱。认识错误,是指行为人在实施"实行行为"时,其主观认识与实际情况不一致。拨打电话本身貌似诈骗的着手,其实不然,仅在被害人接听电话后、行为人开始实施诈骗行为时,才能认定存在诈骗的实行行为。甲拨错了号码,似乎属于行为有差误,但是,这仅是为进行诈骗而作的预备行为,不是诈骗的实行行为。在甲实施诈骗行为时,没有出现任何行为的差误,甲仅是主观上出现了错误,以为在诈骗乙,实际上诈骗了丙,这属于对象错误,不是打击错误。对于同一构成要件范围内的对象认识错误,无论是按照法定符合说(甲认识到自己在诈骗被害人的财物,至于被害人是乙还是丙并不重要),还是按照现在的具体符合说(甲明确认识到自己正在诈骗接听电话的"那个人"的财物),都存在诈骗故意,成立诈骗既遂。A选项正确。

B选项中,甲本欲枪杀乙,但由于未能瞄准,将乙身旁的丙杀死,这一错误属于打击错误。根据法定符合说,因为甲对故意杀人罪中的"人"(丙是人)存在认识,故其具有杀人故意,对丙的死亡成立故意杀人既遂。但是,根据具体符合说,因为甲的内心只有杀害乙的故意,没有杀害丙的故意,有杀害乙的故意不等于有杀害丙的故意,甲所认识的事实与实际发生的事实不能具体地一致,故对丙的死亡不能认定甲构成故意杀人罪,只成立过失致人死亡罪。甲成立杀乙的故意杀人未遂与对丙的过失致人死亡罪,按照想象竞合犯从一重罪处断原则,应以故意杀人罪未遂处理。B选项认为无论根据什么学说,甲的行为都成立故意杀人"既遂",这是错误的。

事前的故意属于具体的事实认识错误,不

---

① A

是抽象的事实认识错误。事前的故意,是指行为人误认为第一个行为已经造成结果,出于其他目的实施第二个行为,实际上是第二个行为才导致预期的结果的情况。例如,甲以杀人故意致乙休克后(第一行为),以为乙已经死亡,为了掩盖罪迹,挖坑将乙掩埋(第二行为),乙因被埋窒息死亡。事前的故意针对同一对象、侵犯同一法益,是同一构成要件范围内因果关系发展进程的错误,因而属于具体的事实认识错误,不是抽象的事实认识错误。C选项认为"事前的故意属于抽象的事实认识错误",这一判断是错误的。

教唆犯、帮助犯的从属性包括实行从属性(必须仅在实行犯已经着手实行犯罪,才能处罚教唆犯、帮助犯)、要素从属性(作为教唆犯、帮助犯的成立要件,实行犯必须具备什么样的条件,如实行犯是否必须具备责任能力)、罪名从属性(实行犯与教唆犯、帮助犯仅就同一罪名才能成立共犯)。违法虽然可以连带,但责任则是个别的,即实行犯、教唆犯与帮助犯对于现实发生的结果是否存在认识错误、属于何种认识错误,必须具体地、个别地讨论。教唆犯、帮助犯的从属性并不包括认识错误的从属性(教唆犯、帮助犯属于何种认识错误从属于实行犯的认识错误)。例如,甲教唆乙射杀仇人丙,在指认丙时,由于光线暗淡,误将丁当成丙,乙按照甲的指认开枪打死丁,对于乙(实行犯)来说,不存在认识错误,而对于甲(教唆犯)来说,则存在认识错误的问题。由此可见,认识错误是个体本人的(无论其是实行犯、教唆犯,还是帮助犯)的认识错误,不从属于他人。D选项认为,乙是对象错误,按照教唆犯从属于实行犯的原理,实行犯存在对象认识错误时,教唆犯的认识错误从属于实行犯,也属于对象错误,由于套用的原理"教唆犯的认识错误从属于实行犯"是错误的,故推论出的结论是错误的。在D选项中,乙误将王某当成吴某杀害,乙属于对象错误;甲不存在对象错误,其属于打击错误。D选项错误。

2.【单项选择题】甲对正在实施一般伤害的乙进行正当防卫,致乙重伤(仍在防卫限度之内)。乙已无侵害能力,求甲将其送往医院,但甲不理会而离去。乙因流血过多死亡。关于本案,下列哪一选项是正确的?

A. 甲的不救助行为独立构成不作为的故意杀人罪

B. 甲的不救助行为独立构成不作为的过失致人死亡罪

C. 甲的行为属于防卫过当

D. 甲的行为仅成立正当防卫

| **参考答案** | __________①

| **设题陷阱与常见错误分析** |

防卫人在防卫后不救助不法侵害人的行为应如何处理,涉及防卫行为是否明显超过必要限度造成重大损害的问题,应将防卫行为与事后不救助行为进行一体评价还是进行切割评价的问题以及防卫人是否负有救助不法侵害人的义务等复杂问题。一些考生认为甲的行为成立正当防卫,理由是题目提示防卫行为"仍在防卫限度之内"。但是,题干仅说乙对甲实施一般伤害时,甲进行防卫致乙重伤"仍在防卫限度之内",并未说致乙死亡也在防卫限度之内。题干明确交代乙实施的是"一般伤害"。不法侵害人试图一般伤害他人,结果防卫人的行为导致了死亡结果,从法益衡量的角度来看,应当认为已经明显超过必要限度造成重大损害。因此,甲的行为属于防卫过当,不能成立正当防卫。

防卫后不救助不法侵害人,表面上似乎仅是能否成立不作为犯的问题,实际上却是即便构成不作为犯是否还应同时适用防卫过当"应当减轻或者免除处罚"这一规定的问题。A、B选项题干明确提示考生甲是否"独立"构成不作为犯,这实际上是提示考生思考对甲是否应当适用防卫过当的规定,但多数考生未思考"独立"构成不作为犯的实际法律后果,导致作出了错误的选择。

| **解题思路与方法分析** |

首先,本题涉及甲的行为是否构成防卫过当的问题。防卫过当,是指在防卫过程中,防卫

① C

行为明显超过必要限度造成重大损害的行为。根据《刑法》第20条第2款的规定，防卫行为是否过当，取决于行为本身是否过当（必要性）或者结果是否过当（相当性），结果是否过当当中的“结果”不是指防卫行为结束之时产生的结果，而是指因防卫行为而导致的最终结果。例如，小偷入室盗窃，被主人秦某发现后，便拎着所窃财物逃跑，被秦某顺手甩出哑铃砸中头部，小偷忍痛逃离。一日后小偷死于家中，系因头部遭受哑铃重创导致脑溢血而亡。在这一案件中，防卫行为结束之时，小偷已经受伤，但尚未出现死亡结果。秦某的防卫行为造成的结果是指小偷的负伤还是指小偷的死亡呢？答案应为后者，因为小偷死亡的危险是由秦某的防卫行为创设的，死亡结果按照因果流程正常发生，故死亡结果应归责于防卫行为。换言之，防卫行为造成的结果应指与防卫行为存在因果关联的最终发生的结果。在本题中，不法侵害人只试图一般伤害他人，但防卫人的行为导致了不法侵害人死亡结果，从法益衡量的角度来看，应当认为防卫行为已经明显超过必要限度造成了重大损害，属于结果过当。因此，本题甲的行为不能成立正当防卫，构成防卫过当，D选项错误。

其次，甲的防卫行为创设了不法侵害人乙死亡的危险，其后的不救助行为使这一危险化为实害，是将前后两个行为一体评价还是进行切割评价，会导致不同的结论。如果将前后两个行为进行切割评价，前行为属于防卫行为，因该行为结束时仅是造成重伤结果，仍在防卫限度之内，故前行为成立正当防卫。对于其后的不救助行为应如何定性，则取决于防卫人是否负有救助不法侵害人的义务。对此，理论上存在争议。否定说认为，防卫行为是正当行为，不法侵害人对于自己的不法侵害而引起的反击后果应当自担风险，故防卫人致伤不法侵害人后不负有救助不法侵害人的义务。据此，因甲无救助不法侵害人的义务，故对乙的死亡就不构成不作为犯。据此，A、B选项错误。

肯定说认为，先前行为包括合法行为在内，即便合法地导致他人受伤，也负有防止更为严重的结果发生的义务。据此，甲负有防止乙死亡的义务，其能履行而未履行，因而成立不作为犯。因为不救助行为发生于不法侵害人已经失去侵害能力之后，此时的不救助不具有防卫的性质，或者说不是防卫过程中的不救助，因此，不救助行为构成独立的不作为犯罪，对甲不能同时适用防卫过当的规定。但是，对前后行为进行切割评价并不妥当。第一，防卫行为是否明显超过必要限度造成重大损害，应以防卫行为所导致的最终结果（乙的死亡）来评价，而切割评价则是根据防卫行为结束时的结果（重伤），得出了甲构成正当防卫行为的不当结论。第二，对于死亡结果的发生，表面上是甲的不救助行为造成的，但事实上乙死亡的危险是由甲的前行为（防卫行为）创设的（如果前行为并未创设这一危险，单纯的不救助行为无法导致死亡结果的发生），甲不救助乙这一介入因素并不异常，死亡危险按照防卫行为所创设的正常因果流程变成死亡现实。由此可见，死亡结果的发生与前行为存在因果关系，或者说死亡结果可归责于前行为。在此意义上，死亡结果是防卫过程中防卫行为导致的结果，认为死亡结果与前行为（防卫行为）无关，是单纯由后面的不救助行为引起的这一看法无视防卫行为所创设的死亡危险，导致对甲无法适用防卫过当的规定，因而并不妥当。第三，前后两个行为无论是时间上、空间上还是因果流程上，都是如此紧密，只有将其进行一体化评价，才能得出行为人系防卫过当的结论。因此，无视前行为，认为不作为这一后行为“独立”构成不作为犯，就是错误的。据此，A、B选项错误，C选项正确。考生未能对前后行为进行一体评价，自然导致错选。

3.【单项选择题】鱼塘边工厂仓库着火，甲用水泵从乙的鱼塘抽水救火，致鱼塘中价值2万元的鱼苗死亡。仓库中价值2万元的商品因灭火及时未被烧毁。甲承认仓库边还有其他几家鱼塘，为报复才从乙的鱼塘抽水。关于本案，下列哪一选项是正确的？

A.甲出于报复动机损害乙的财产，缺乏避

险意图

B. 甲从乙的鱼塘抽水,是不得已采取的避险行为

C. 甲未能保全更大的权益,不符合避险限度要件

D. 对2万元鱼苗的死亡,甲成立故意毁坏财物罪

| **参考答案** | ________①

| **设题陷阱与常见错误分析** |

本题考查了紧急避险的成立要件:A选项考查了避险意图的要件,B选项考查了避险可行性(不得已)要件,C选项考查了避险限度的要件。避险意图与避险动机系不同的概念,只要行为人的认识符合避险意图的要件,避险动机是什么就不影响避险意图的认定。A选项故意强调甲具有报复动机,干扰考生对避险意图的认定。不少考生错误地认为"甲承认仓库旁边还有其他鱼塘,明显是故意报复乙才从乙的鱼塘抽水,导致鱼塘的鱼苗死亡,成立故意毁坏财物罪"。

题目以"仓库边还有其他几家鱼塘"来干扰考生对避险可行性的判断,以致一些考生错误地认为"明明有其他鱼塘,怎么就是不得已了"。其实,"不得已"是相对于需要保护的利益而言的,即保护该利益是否还存在其他措施。在本题中,除了从鱼塘抽水,别无其他救火措施,故应认定甲的行为符合避险可行性要件。

题目还故意强调"鱼塘中价值2万元的鱼苗死亡""仓库中价值2万元的商品因灭火及时未被烧毁",来干扰考生对避险限度的判断,以致一些考生错误地认为"其抢救的利益和损失的利益大小一样"。其实,甲的行为不但避免了价值2万元的商品被烧毁,起码还避免了仓库本身被烧毁,属于保全了较大的利益,符合避险限度要件。

| **解题思路与方法分析** |

避险意图是成立紧急避险的主观条件,指行为人实行紧急避险的目的在于使国家、公共利益、本人或者他人的人身、财产和其他权利免受正在发生的危险。甲认识到从鱼塘抽水的目的是救火,是避免仓库及其中的物品被烧毁,故应认定甲具有避险意图。即便甲有报复动机,也无法否定避险意图的存在。据此,A选项错误。

在当时的情况下,除了从鱼塘抽水之外,没有其他办法可以避免仓库被烧,故甲从乙的鱼塘抽水,是不得已采取的避险行为。按照考生"明明有其他鱼塘,怎么就是不得已了"的逻辑,无论从谁家鱼塘抽水,都不属于"不得已"而抽水,因为不一定非要从这家鱼塘抽水,还有其他鱼塘可以抽水。这种看法是不合适的。B选项正确。

甲的行为不但避免了仓库中价值2万元的财物被烧毁,而且还避免了人员伤亡与仓库被烧毁,属于保全了更大的权益,符合避险限度要件。因此,甲的行为成立紧急避险,故对2万元鱼苗的死亡,甲不成立故意毁坏财物罪。据此,C、D选项都是错误的。

4.【单项选择题】关于正当防卫与紧急避险的比较,下列哪一选项是正确的?

A. 正当防卫中的不法"侵害"的范围,与紧急避险中的"危险"相同

B. 对正当防卫中不法侵害是否"正在进行"的认定,与紧急避险中危险是否"正在发生"的认定相同

C. 对正当防卫中防卫行为"必要限度"的认定,与紧急避险中避险行为"必要限度"的认定相同

D. 若正当防卫需具有防卫意图,则紧急避险也须具有避险意图

| **参考答案** | ________②

| **设题陷阱与常见错误分析** |

本题考查正当防卫与紧急避险的异同点。很多考生认为B选项正确。从外形上看,仅在不法侵害或者危险"已经开始、尚未结束"时进行防卫或者避险,才能成立正当防卫、紧急避险,故对正当防卫中不法侵害是否"正在进行"的认定,与紧急避险中危险是否"正在发生"的

---

① B

② D

认定似乎相同,但其实不然。对紧急避险的时间条件应理解为:如果行为人不立即采取避险措施,就可能丧失救助法益的机会而无法阻止损害的发生或造成更大的损害后果。所以,紧急避险中的危险的现实性与正当防卫中侵害的现实性是不同的。在紧急避险的情形下,如果危险并不会马上发生,但有发生危险的可能性,那么紧急避险的危险的现实性仍然是成立的。换言之,在时间条件上,正当防卫要求不法侵害迫在眉睫,而紧急避险中的正在发生的危险也包括"危害结果虽然不会马上发生,但如果现在不采取措施进行干预,将来就难以制止危害结果出现"的情形,所以对紧急避险时间条件的要求更为宽松。

| **解题思路与方法分析** |

一般认为,正当防卫中的"侵害"是来自不法侵害人的侵害(人的侵害),而紧急避险中的"危险"的来源是多样的,既可以是人的危害行为,也可以是火灾、洪水、地震等自然界的力量,还可以是来自动物的侵袭等。因此,正当防卫中的不法"侵害"的范围与紧急避险中的"危险"不同。A选项错误。

正当防卫中对不法侵害"正在进行"的要求,比紧急避险中危险"正在发生"的要求更为严格。例如,甲要出门前往乙家杀乙,丙在别无他法的情况下将甲反锁在屋内。这种场合无法认定乙的生命已经面临紧迫的不法侵害,丙拘禁甲的行为不能构成正当防卫。但是,在别无他法的情况下,如果丙不将甲反锁在屋内,乙就会面临被杀死的极大危险,故可认定乙已经面临危险,可以考虑认定丙构成紧急避险(防御性紧急避险)。对紧急避险的时间条件作相对宽松的理解,也不会出现不当后果,因为成立紧急避险还有避险必要性(不得已)的限定。B选项错误。

正当防卫是正与不正的冲突,损害的是不法侵害人的利益,因而防卫行为的"必要限度"相对宽松。而紧急避险是正与正之间的冲突,损害的是合法的权益,故紧急避险中对"必要限度"的把握就较为严格。C选项错误。如果成立正当化行为需要主观的正当化要素,则无论是正当防卫还是紧急避险,都需要相应的意图才能被正当化。因此,若认为正当防卫以具有防卫意思为前提,则也必须认为紧急避险需要具有避险意思。D选项正确。

5.【单项选择题】关于故意杀人罪、故意伤害罪的判断,下列哪一选项是正确的?

A. 甲的父亲乙身患绝症,痛苦不堪。甲根据乙的请求,给乙注射过量镇静剂致乙死亡。乙的同意是真实的,对甲的行为不应以故意杀人罪论处

B. 甲因口角,捅乙数刀,乙死亡。如甲不顾乙的死伤,则应按实际造成的死亡结果认定甲构成故意杀人罪,因为死亡与伤害结果都在甲的犯意之内

C. 甲谎称乙的女儿丙需要移植肾脏,让乙捐肾给丙。乙同意,但甲将乙的肾脏摘出后移植给丁。因乙同意捐献肾脏,甲的行为不成立故意伤害罪

D. 甲征得乙(17周岁)的同意,将乙的左肾摘出,移植给乙崇拜的歌星。乙的同意有效,甲的行为不成立故意伤害罪

| **参考答案** | __________①

| **设题陷阱与常见错误分析** |

本题围绕被害人的承诺是否有效以及故意杀人罪、故意伤害罪的具体区分,来考查行为人的行为是否成立故意杀人罪、故意伤害罪,总体难度一般。

| **解题思路与方法分析** |

经被害人承诺的行为只有符合承诺的所有要件时,才排除犯罪的成立。承诺者虽然对被侵害的个人法益具有处分权限,但存在一定限度。一般认为,关于生命的承诺是无效的,因此,即使被害人发自内心地同意杀死自己,得到这一承诺而杀人的行为仍然成立故意杀人罪。所以,对于得到被害人承诺的安乐死,我国刑法理论仍然认为应以故意杀人罪论处。A选项属于得到被害人承诺而对被害人实施安乐死的行为,应构成故意杀人罪。据此,A选项错误。

B选项考查故意杀人罪、故意伤害罪的具

① B

体区分。行为人不顾被害人的死伤,捅被害人数刀,致使被害人死亡的,应按实际造成的死亡结果认定甲具有杀人故意(因为无论是死亡结果还是伤害结果都在甲的主观犯意之内),构成故意杀人罪。据此,B 选项正确。

C 选项考查基于错误而作出的承诺是否有效。承诺必须出于被害人的真实意志,戏言性的承诺、基于强制或者威压做出的承诺,不排除犯罪的成立。基于错误而作出的承诺,如果仅是关于承诺动机的错误,应认为该承诺具有效力,排除犯罪的成立。但是,如果因为受骗而对所放弃的法益的种类、范围或者危险性发生了错误认识(所谓"法益关系的错误"),其所做出的承诺则无效。在 C 选项中,甲故意编造紧急状态的谎言,使被害人对危险性发生了错误认识(以为自己的女儿急需肾脏移植,处于危险之中,从而被迫同意捐献自己的肾脏以救女儿),其承诺无效,甲的行为构成故意伤害罪。据此,C 选项错误。

D 选项考查承诺的主体资格。承诺者必须对所承诺的事项的意义、范围具有理解能力。不满 18 周岁的人的身体仍处于发育之中,摘取其器官有损其健康。因此,2023 年 12 月国务院《人体器官捐献和移植条例》第 10 条规定:"任何组织或者个人不得获取未满 18 周岁公民的活体器官用于移植。"根据《刑法》第 234 条之一的规定,摘取不满 18 周岁的人的器官的,依照故意伤害罪、故意杀人罪的规定定罪处罚。因此,应当认为即便不满 18 周岁的人同意摘取其器官,其同意是无效的,故甲构成故意伤害罪。据此,D 选项错误。

6.【单项选择题】甲深夜盗窃 5 万元财物,在离现场 1 千米的偏僻路段遇到乙。乙见甲形迹可疑,紧拽住甲,要甲给 5000 元才能走,否则就报警。甲见无法脱身,顺手一拳打中乙左眼,致其眼部受到轻伤,甲乘机离去。关于甲伤害乙的行为定性,下列哪一选项是正确的?

A. 构成转化型抢劫罪

B. 构成故意伤害罪

C. 属于正当防卫,不构成犯罪

D. 系过失致人轻伤,不构成犯罪

| 参考答案 | ________①

| 设题陷阱与常见错误分析 |

本题考查三个知识点:一是如何理解转化型抢劫罪中"当场使用暴力或者以暴力相威胁"中的"当场"。二是行为人实施某一犯罪后,面临来自其他犯罪分子的侵害时(所谓的"黑吃黑"),其反击行为能否成立正当防卫。很多考生认为"黑吃黑"属于犯罪,没有成立正当防卫的余地,因此错误地选择了 B 选项。三是故意与过失的区分问题(甲一拳将乙的眼睛打成轻伤,主观上是故意还是过失)。

| 解题思路与方法分析 |

《刑法》第 269 条规定:"犯盗窃、诈骗、抢夺罪,为窝藏赃物、抗拒抓捕或者毁灭罪证而当场使用暴力或者以暴力相威胁的,依照本法第二百六十三条的规定定罪处罚。"成立转化型抢劫,必须"当场"使用暴力或者以暴力相威胁。"当场",是指行为人实施盗窃、诈骗、抢夺行为的现场以及被人追捕的整个过程与现场。本题中,甲已经盗窃完毕离开现场,顺手一拳打中乙左眼是在距离盗窃现场 1 千米的地方,乙既不是财物被盗的受害人,也不是试图抓捕甲的人员(而是试图敲诈勒索甲的人员),因此,甲不属于当场使用暴力,不符合转化型抢劫罪的"当场"要件,不能构成转化型抢劫罪。据此,A 选项错误。

盗窃犯盗窃他人财物离开现场之后,如果面临警察或者公民的合法抓捕,其并未面临不法侵害,故其反击抓捕的行为不能成立正当防卫。但是,如果盗窃犯面临的不是合法抓捕,而是面临来自其他人的不法侵害时,其同样有防卫的权利,符合正当防卫要件的,同样能够成立正当防卫。首先,本题中的盗窃犯面临不法侵害。盗窃犯随身携带的财物是盗窃而来的,这并不意味着这些被盗赃物不受法律的保护。只有通过法定程序才能没收这些赃物,其他人不能随意侵犯这些被盗赃物,否则将会导致财物的社会流转秩序处于无序状态(乙可以取得甲

① C

的赃物,丙也可以取得乙从甲处取得的赃物,丁也可以从丙处取得赃物……这将会导致无限恶性循环)。在对抗第三人不能非法取得犯罪的赃物的意义上(而不是肯定盗窃犯对所盗财物享有财产权的意义上),被盗赃物受到法律的保护。也正因如此,“黑吃黑”的行为才能构成侵犯财产的犯罪,如2005年6月8日最高人民法院《关于审理抢劫、抢夺刑事案件适用法律若干问题的意见》第7条规定,抢劫赌资、犯罪所得的赃款赃物的,以抢劫罪定罪。乙见甲形迹可疑,紧拽住甲,要甲给5000元才能走,否则就报警。乙的行为属于敲诈勒索行为(不是合法抓捕行为),且具有非法拘禁的属性,甲对于被盗财物的占有面临紧迫的危险,甲的人身自由面临着现实的、紧迫的不法侵害,因此,能够认定甲面临来自乙正在进行的不法侵害。乙的暴力程度虽然相对较低(仅是紧拽住甲),但同样能够肯定其行为属于不法侵害,不然,对于被抓住衣服不让走的非法拘禁行为,被害人将没有防卫的权利,这是不合适的。

其次,甲主观上具有防卫意图。成立正当防卫,必须是“为了使国家、公共利益、本人或者他人的人身、财产和其他权利免受正在进行的不法侵害”。一些考生认为,甲做贼心虚,为尽快脱身,避免盗窃罪行暴露,动手伤害乙,其根本就不是为了保护合法权益,因此,甲的行为不符合正当防卫的主观要件,不成立正当防卫。一些教材也认为为保护违法利益而实施的防卫不能成立正当防卫。但这种看法存在问题。第一,既然是不受法律保护的违法利益,为什么“黑吃黑”的行为人仍要构成侵犯财产的犯罪,其侵犯了什么合法利益?如果肯定“黑吃黑”的行为人构成侵犯财产的犯罪,就必须要肯定其侵犯了某种合法利益。一方面说防卫人保护的不是合法利益,另一方面又肯定“黑吃黑”的行为人构成侵犯财产罪,这是自相矛盾的。第二,按照这种看法,对于盗窃、抢劫、贪污贿赂、贩毒等犯罪所得的财物,犯罪分子只能眼睁睁地看着他人不法取得这些犯罪所得,不能进行任何反击,否则将因不成立正当防卫而可能构成新的犯罪。这种看法将会导致非法财物的流转秩序处于失控状态,并不合适。第三,甲虽然是盗窃犯,但是,法律保护其人身自由以及其对赃物的占有(只有盗窃罪的被害人、警察或者试图阻止盗窃罪行以及抓捕盗窃犯的人,其适度的攻击盗窃犯的行为对于盗窃犯来说才不属于不法侵害,其他人没有合法根据的攻击属于不法侵害),甲认识到自己在保护自己的人身自由以及对赃物的占有,在法律上可以评价为属于保护合法权益。

最后,甲的行为符合正当防卫的限度要件。甲面临来自乙的正在进行的不法侵害,为了反击这一不法侵害,甲顺手一拳的行为属于防卫行为,这一拳致乙眼部受到轻伤,未明显超过必要限度造成重大损害,故甲的行为成立正当防卫。B选项认为甲的行为构成故意伤害罪,这是错误的。

D选项认为,甲系过失致人轻伤不构成犯罪。D选项是否正确,取决于甲致乙眼部受到轻伤的心态是故意还是过失的问题。(间接)故意和(过于自信的)过失的界限比较模糊,需要考生认真掌握。从便于司法操作的角度考虑,应从认识因素出发来区分间接故意和过于自信的过失:行为人认识到危害结果的发生具有盖然性(可能性很高),仍实施该行为,又未采取阻止结果发生的措施,就足以表明行为人具有故意;行为人认识到危害结果的发生具有可能性(可能性很低),如果没有什么特别的事实,应认定行为人具有的是过失。用拳头击打人的眼部,具有致眼部受伤的盖然性,因此,甲一拳打中乙左眼,致其眼部受到轻伤的心态为故意,不是过失致人轻伤。据此,D选项错误,C选项正确。

7.【多项选择题】关于犯罪故意、过失与认识错误的认定,下列哪些选项是错误的?

A. 甲、乙是马戏团演员,甲表演飞刀精准,从未出错。某日甲表演时,乙突然移动身体位置,飞刀掷进乙胸部致其死亡。甲的行为属于意外事件

B. 甲、乙在路边争执,甲推乙一掌,致其被路过车辆轧死。甲的行为构成故意伤害(致

死)罪

C. 甲见楼下没人,将家中一块木板扔下,不料砸死躲在楼下玩耍的小孩乙。甲的行为属于意外事件

D. 甲本欲用斧子砍死乙,事实上却拿了铁锤砸死乙。甲的错误属于方法错误,根据法定符合说,应认定为故意杀人既遂

| **参考答案** | ________①

| **设题陷阱与常见错误分析** |

本题考查故意、过失、意外事件三者之间的区分。间接故意和过于自信过失的界限比较模糊,需要考生认真掌握。一般认为,在间接故意中,危害结果的发生不违背行为人的意愿,而就过于自信的过失而言,危害结果的发生违背了行为人的意愿。虽然这不失为一种区分间接故意和过于自信过失的方法,但是,行为人的意志因素是很难查明的,而认识因素则较容易查明。所以,还是应从认识因素出发来区分间接故意和过于自信过失:行为人认识到危害结果的发生具有盖然性(可能性很高),还实施该行为又未采取阻止结果发生的措施,就足以表明行为人具有故意;行为人认识到危害结果的发生具有可能性(可能性很低),如果没有什么特别的事实,应认定行为人具有的是过失。疏忽大意的过失与意外事件的区分,取决于行为人是否已经尽到注意义务。已尽注意义务,不能预见结果发生的,属于意外事件;否则,属于疏忽大意的过失。

| **解题思路与方法分析** |

在A选项中,甲、乙是马戏团演员,甲表演飞刀精准,从未出错,这表明甲、乙长期配合默契。在投掷飞刀时,甲能够合理地信赖乙不会移动身体,因而其投掷飞刀的行为不会伤害到乙。根据信赖原则,可以合理否定甲存在过失。由于甲不能预见到乙突然移动身体位置,导致飞刀掷进乙胸部致其死亡,这属于意外事件。A选项正确。

在B选项中,甲、乙在路边争执,甲推乙一掌,致其被路过车辆轧死。从日常生活经验来看,推别人一掌致其死伤的概率较低。因此,应认定甲主观上为过失。认定甲的行为构成故意伤害(致死)罪,这是错误的。B选项错误。

在C选项中,甲见楼下没人,将家中一块木板扔下,不料砸死躲在楼下玩耍的小孩乙。因甲并未尽到注意义务(未谨慎、仔细地检查楼下是否果真无人),便将木板扔下,导致小孩被砸死,甲存在过失,不属于意外事件。C选项错误。

在D选项中,甲本欲用斧子砍死乙,事实上却拿了铁锤砸死乙,甲的认识错误不属于方法错误。方法错误(也称打击错误),是指由于行为本身的差误,导致行为人所欲攻击的对象与实际受害的对象不一致的情形。甲虽然拿错工具,但所欲攻击的对象与实际受害的对象仍然一致,故不属于方法错误。D选项错误。

8.【多项选择题】关于故意与违法性的认识,下列哪些选项是正确的?

A. 甲误以为买卖黄金的行为构成非法经营罪,仍买卖黄金,但事实上该行为不违反《刑法》。甲有犯罪故意,成立犯罪未遂

B. 甲误以为自己盗窃枪支的行为仅成立盗窃罪。甲对《刑法》规定存在认识错误,因而无盗窃枪支罪的犯罪故意,对甲的量刑不能重于盗窃罪

C. 甲拘禁吸毒的陈某数日。甲认识到其行为剥夺了陈某的自由,但误以为《刑法》不禁止普通公民实施强制戒毒行为。甲有犯罪故意,应以非法拘禁罪追究刑事责任

D. 甲知道自己的行为有害,但不知是否违反《刑法》,遂请教中学语文教师乙,被告知不违法后,甲实施了该行为。但事实上《刑法》禁止该行为。乙的回答不影响甲成立故意犯罪

| **参考答案** | ________②

| **设题陷阱与常见错误分析** |

成立故意犯,首先要求行为人的行为在客观上是刑法所禁止的。如果一个行为不为刑法所禁止,即便行为人以"恶"的心态实施该行为,该行为也不是犯罪。A选项对此进行了考

---

① BCD

② CD

查。成立故意犯,还要求行为人对自己的行为符合构成要件存在认识,或者说要求行为人对构成要件所对应的事实(构成要件事实)存在认识。至于构成要件是刑法哪一条规定的、该条的罪名是什么,不要求行为人对此存在认识。B 选项对此进行了考查。成立故意犯,不要求行为人对违法性存在认识,但要求具有违法性认识的可能性。选 C、D 选项对此进行了考查。成立故意犯行为人需要认识哪些内容,对此若不清楚,考生难以答对本题。

| 解题思路与方法分析 |

行为是否成立犯罪,首先取决于该行为是否被刑法所禁止。如果某行为事实上不违反刑法,不为刑法所禁止,则该行为就是无罪行为,而不是犯罪未遂,行为人实施该行为的心态在刑法学上也不能称为犯罪故意(当然,在犯罪学的意义上,将该心态称为"犯罪故意"是可以的)。A 选项错误。

在 B 选项中,甲客观上盗窃了枪支,主观上明确认识到自己的行为性质是"盗窃",认识到自己盗窃的对象是"枪支",并希望或者放任枪支被盗结果的发生,应认定甲具有盗窃枪支罪的犯罪故意。甲的行为完全符合盗窃枪支罪的构成要件,构成盗窃枪支罪。甲仅是对自己所触犯的罪名存在认识错误(以为自己仅构成盗窃罪),该错误不影响盗窃枪支罪的犯罪故意的成立,不影响对甲按照盗窃枪支罪定罪量刑。B 选项错误。

在 C 选项中,甲存在违法性的认识错误。对于违法性的认识错误,只要该认识错误并非不可避免,就不影响犯罪故意的认定。甲完全可以搞清楚刑法是否禁止普通公民以非法拘禁的方式实施强制戒毒行为,该错误并非不可避免,甲具有认识到该行为违法的可能性。因此,应认定甲有犯罪故意,应以非法拘禁罪追究甲的刑事责任。C 选项正确。

在 D 选项中,尽管甲有避免触犯刑法的意思,但是,其询问的对象并非权威机构,中学语文教师的回答不属于法律权威人士(如最高人民法院的资深法官)的回答。甲完全可以依据其他途径查清该行为是否为刑法所禁止。换言之,甲对违法性的认识错误不是不可避免的,其具有违法性认识的可能性。因此,应认定甲存在犯罪故意,其行为构成故意犯罪。D 选项正确。

9.【多项选择题】甲、乙合谋杀害丙,计划由甲对丙实施砍杀,乙持枪埋伏于远方暗处,若丙逃跑则伺机射杀。案发时,丙不知道乙的存在。为防止甲的不法侵害,丙开枪射杀甲,子弹与甲擦肩而过,击中远处的乙,致乙死亡。关于本案,下列哪些选项是正确的?

A. 丙的行为属于打击错误,依具体符合说,丙对乙的死亡结果没有故意

B. 丙的行为属于对象错误,依法定符合说,丙对乙的死亡结果具有故意

C. 无论采取何种学说,丙对乙都不能构成正当防卫

D. 无论采用何种学说,丙对甲都不构成故意杀人罪未遂

| 参考答案 | ________①

| 设题陷阱与常见错误分析 |

丙的行为能否成立正当防卫,这是本题的难点。有考生认为,丙并未逃跑,根据甲、乙的计划,远处的乙对丙开枪的条件未成就,乙尚未着手杀人,不法侵害尚未进行,故丙开枪致乙死亡的行为不能构成正当防卫,C 选项是正确选项。这一理解其实是认为甲、乙各自在独立犯罪,既然乙尚未动手,就谈不上乙在不法侵害丙的生命,丙开枪致乙死亡的行为不成立正当防卫。这种看法无视甲、乙共同杀人的事实,因而是错误的。作为共同犯罪,只要甲着手杀人,即可认为甲、乙共同杀丙的不法侵害已经开始,丙对甲、乙的反击就符合正当防卫的时间条件,丙开枪致乙死亡的行为具有成立正当防卫的可能。

| 解题思路与方法分析 |

对象错误与打击错误的区分在于:对象错误属于主观认识错误,行为人对行为所指向的对象存在主观认识错误;而打击错误属于客观

---

① AD

结果错误,行为人对行为所指向的对象并无主观认识错误,错误的结果是由行为方法等客观因素造成的。由于丙开枪时不知道乙的存在,其开枪射杀甲,不料击中远处的乙,这属于打击错误,不是对象错误。按具体符合说,丙对乙的死亡具有过失。A 选项正确,B 选项错误。

由于甲、乙合谋杀害丙,虽然持枪埋伏于远方暗处的乙尚未开枪,但是,作为共同犯罪,应当认定甲、乙对丙的不法侵害已经开始,丙开枪无意击中远处的乙的行为制止了针对自己的不法侵害,符合正当防卫的时间条件,客观上也有防卫的效果。此时,丙的行为能否成立正当防卫,取决于成立正当防卫是否要求防卫人具有防卫意思。如果采取防卫意思不要说时,只要客观上制止了不法侵害,防卫行为没有明显超过必要限度造成重大损害,即成立正当防卫,则可认定丙对乙的死亡成立正当防卫。即便采取防卫意思必要说,如果对防卫意思作较为宽松的理解,特别是认为只要对不法侵害存在认识即能认定防卫人具有防卫意思,则丙认识到有人在侵害自己的生命,开枪是为了自卫,故丙具有防卫意思,据此也能认定丙对乙的死亡成立正当防卫。据此,C 选项错误。

甲以杀人故意砍杀丙,丙开枪射杀甲,无论是否打死甲,丙的行为都属于正当防卫,根本不构成故意杀人罪未遂。D 选项正确。

10.【多项选择题】严重精神病患者乙正在对多名儿童实施重大暴力侵害,甲明知乙是严重精神病患者,仍使用暴力制止了乙的侵害行为,虽然造成乙重伤,但保护了多名儿童的生命。

观点:

①正当防卫针对的"不法侵害"不以侵害者具有责任能力为前提

②正当防卫针对的"不法侵害"以侵害者具有责任能力为前提

③正当防卫针对的"不法侵害"不以防卫人是否明知侵害者具有责任能力为前提

④正当防卫针对的"不法侵害"以防卫人明知侵害者具有责任能力为前提

结论:

a. 甲成立正当防卫

b. 甲不成立正当防卫

就上述案情,观点与结论对应错误的是下列哪些选项?

A. 观点①②与 a 结论对应;观点③④与 b 结论对应

B. 观点①③与 a 结论对应;观点②④与 b 结论对应

C. 观点②③与 a 结论对应;观点①④与 b 结论对应

D. 观点①④与 a 结论对应;观点②③与 b 结论对应

| 参考答案 | ________①

| 设题陷阱与常见错误分析 |

本题属于围绕正当防卫中的"不法侵害"与"防卫认识",进行案例、观点、结论的对应推理的题目。这类题型不要求考生必须赞同哪种观点,但要求考生能够根据各种观点进行相应推理,并检验推理与结论是否保持一致。考生的理论知识不够扎实,将很难答对本题。

| 解题思路与方法分析 |

关于正当防卫中"不法侵害"的理解,存在各种观点。客观的违法性论认为,是否属于不法侵害,与行为人的年龄、辨认控制能力无关,是一个纯客观的判断,只要客观上没有合法根据地侵害了法益,即属于不法侵害。主观的违法性论认为,只有对知晓规范含义且能按照规范行事的人而言,才存在违法性的问题,未达到法定年龄、没有辨认控制能力的人的侵害法益的行为,不属于不法侵害。从防卫人的认识出发,有人主张,仅在防卫人明知侵害者具有责任能力时,侵害者的侵害行为才属于不法侵害。相反的主张则是,无论防卫人是否明知侵害者具有责任能力,只要侵害者客观上没有合法根据地侵犯法益,即属于不法侵害。本题要求考生结合上述知识,围绕案例从既定前提出发,推理甲的行为是否成立正当防卫。

如果"不法侵害"不以侵害者具有责任能

① ACD

力为前提，则严重精神病患者对儿童的暴力侵害属于不法侵害，甲制止乙的行为成立正当防卫（①与a结论对应）。

如果“不法侵害”以侵害者具有责任能力为前提，则因乙为严重精神病患者，没有责任能力，其行为就不属于不法侵害，因而甲制止乙的行为就不成立正当防卫（②与b结论对应）。

如果正当防卫针对的“不法侵害”，不以防卫人是否明知侵害者具有责任能力为前提（言下之意是不法侵害是客观的，无论防卫人是否明知侵害者具有责任能力，只要无责任能力者在侵害法益，就属于不法侵害），则本题中的甲虽然明知乙是严重精神病患者，但乙的行为属于不法侵害，故甲的行为成立正当防卫（③与a结论对应）。

如果正当防卫针对的“不法侵害”，以防卫人明知侵害者具有责任能力为前提（言下之意是防卫人明知侵害者没有责任能力时，无责任能力者的行为就不属于不法侵害），则甲明知乙是严重精神病患者，没有责任能力，乙的行为不属于不法侵害，故甲制止乙的行为就不成立正当防卫（④与b结论对应）。只有B选项的对应关系是正确的，A、C、D选项的对应关系都是错误的，为本题正确选项。

04 考向 犯罪未完成形态

1.【单项选择题】下列哪一行为成立犯罪未遂？

A. 以贩卖为目的，在网上订购毒品，付款后尚未取得毒品即被查获

B. 国家工作人员非法收受他人给予的现金支票后，未到银行提取现金即被查获

C. 为谋取不正当利益，将价值5万元的财物送给国家工作人员，但第二天被退回

D. 发送诈骗短信，受骗人上当后汇出5万元，但因误操作汇到无关第三人的账户

｜参考答案｜__________①

｜设题陷阱与常见错误分析｜

本题考查考生对犯罪未遂成立要件的掌握情况。犯罪未遂以已经着手实行犯罪、犯罪未得逞、犯罪未得逞是由于犯罪分子意志以外的原因为成立要件。是否着手实行犯罪是犯罪未遂与犯罪预备的界限所在，对此应以侵犯犯罪客体（法益）的危险是否紧迫来做实质判断。犯罪是否得逞是犯罪未遂与犯罪既遂的界限所在，对此应联系犯罪本身的构造以及对犯罪客体的侵犯状况（法益是否已经遭受实害）来做实质判断。是否出于犯罪分子意志以外的原因是犯罪未遂与犯罪中止的界限所在，对此应以一般人为基准，围绕具体案件事实以及行为人当时的实际心理来做实质判断。本题中，B、C选项相对较为简单，但A、D选项较难。

对于A选项，一些考生认为，“行为人主观上意图贩卖毒品，客观上也已经购买了毒品，只是没能交付；贩卖毒品罪的既遂标准为毒品实际交付，尚未交付即被查获，属于未遂”。这样的分析过于形式化，没有抓住贩卖毒品罪的实行行为是什么这一关键问题。事实上，为贩卖而购买毒品的行为，属于贩卖毒品罪的预备行为。因此，A选项不成立犯罪未遂。

对于D选项，一些考生主张，“被害人已经遭受损失，且遭受损失与诈骗行为有因果关系，故成立既遂而不是未遂”。如果单纯联系财产法益受侵害的状态，确实可以得出行为人诈骗既遂的结论。但是，犯罪是否已经得逞，除了需要联系犯罪客体受侵犯的状况外，还需要考虑犯罪本身的构造。诈骗罪属于“取得型”的犯罪，不同于“毁坏型”的故意毁坏财物罪。诈骗行为使他人丧失对财物的占有，不等于行为人实际取得了财物。他人虽然因为被骗而丧失对财物的占有，但行为人尚未取得该财物的，不符合诈骗罪“取得型”的犯罪构造，因而只能认定为诈骗未遂。

｜解题思路与方法分析｜

为了出卖而购买毒品的行为是贩卖毒品罪的预备行为还是贩卖毒品罪的实行行为，长期以来一直存在误解。一方面，《刑法》第347条仅规定了贩卖毒品罪，而没有将相应的购买

① D

行为规定为购买毒品罪,这意味着单纯购买毒品的行为不属于刑法的规制对象。另一方面,“贩卖”毒品并不以购买毒品为前提,如行为人拾到毒品后出卖给他人的,同样成立贩卖毒品罪。由此可见,只有实际实施贩卖行为,才属于贩卖毒品罪的实行行为。据此,出于贩卖目的而非法购买毒品的行为不是贩卖毒品罪的实行行为,而是贩卖毒品罪的预备行为(当然,可能同时触犯非法持有毒品罪)。因此,A 选项成立贩卖毒品罪的犯罪预备,而不是犯罪未遂。附带指出,对于以贩卖为目的而非法购买毒品的行为,实务上确实存在认定为贩卖毒品既遂的判决,但这些判决在理论上是难以成立的。

在 B 选项中,国家工作人员非法收受他人给予的现金支票后,未到银行提取现金即被查获的,该行为符合受贿罪的构成要件,侵犯了职务行为的不可收买性,成立受贿罪,并且犯罪既遂。这种情形与国家工作人员非法收受他人财物后,财物被小偷盗走一样,构成受贿既遂是没有疑问的。

在 C 选项中,从行贿人的角度来看,其为谋取不正当利益,给予国家工作人员 5 万元财物,财物已被送出,该行为侵害了国家的廉政建设制度,故成立行贿罪既遂。虽然 5 万元财物被退回,但这改变不了犯罪既遂的事实。从受贿人的角度来看,面对 5 万元的财物,只要受贿人没有明显的拒绝(拒绝必须是其真实意思的表现,或者在当时存在明显难以拒绝的情形),受贿人收下财物本身即表明其承诺为他人谋利益,该行为符合受贿罪的构成要件,侵犯了职务行为的不可收买性,成立受贿罪既遂。至于第二天退回财物,属于国家工作人员事后处理赃物的行为,不影响犯罪既遂的认定。

在 D 选项中,发送诈骗短信,受骗人上当后汇出 5 万元,但因误操作汇到无关第三人的账户,由于诈骗犯未能取得财物,该诈骗行为不符合“行为人以非法占有为目的实施欺诈行为→对方产生或者继续维持错误认识→对方基于错误认识处分财产→行为人取得财物→被害人遭受财产损失”这一诈骗罪的构造,只能认定为诈骗未遂。D 为本题正确选项。

2.【单项选择题】甲以杀人故意放毒蛇咬乙,后见乙痛苦不堪,心生悔意,便开车送乙前往医院。途中等红灯时,乙声称其实自己一直想死,突然跳车逃走,三小时后死亡。后查明,只要当时送医院就不会死亡。关于本案,下列哪一选项是正确的?

A. 甲不对乙的死亡负责,成立犯罪中止

B. 甲未能有效防止死亡结果发生,成立犯罪既遂

C. 死亡结果不能归责于甲的行为,甲成立犯罪未遂

D. 甲未能阻止乙跳车逃走,应以不作为的故意杀人罪论处

| **参考答案** | __________①

| **设题陷阱与常见错误分析** |

甲实施了杀人行为,发生了被害人死亡的结果,但是,是被害人本人逃走导致了死亡结果的发生,对此甲能否成立中止犯,这是本题的考点所在。类似的题目在往年真题中出现过(如 2014 年卷二第 53 题)。本题解题的关键在于犯罪结果的发生与行为人中止之前的犯罪行为之间是否存在因果关系。如果存在因果关系,则属于行为人未能有效地防止犯罪结果的发生,不成立中止犯,而是成立既遂犯;反之,虽然发生了犯罪结果,但只要犯罪结果与中止之前的犯罪行为没有因果关系,就不能要求行为人对犯罪结果负责,行为人就有成立中止犯的余地。如果考生掌握客观归责理论,熟知被害人自我答责的条件,则本题就会变得较为简单。

成立不作为犯,除行为人负有作为义务之外,还要求行为人能够履行作为义务。甲杀人后,当然负有救助乙的法律上的义务,但是,乙突然跳车逃走,导致甲客观上无法履行救助义务,因此,对乙的死亡甲不成立不作为的故意杀人罪。部分考生认为,“甲不应让乙跳车逃跑”“甲没有尽力阻止乙跳车逃走”“甲没有努力寻找乙”,属于没有履行作为义务。这样的看法

① A

是不妥的。从题目来看，不是甲不履行作为义务，乙“突然”跳车并且“逃走”了，这样甲在客观上就没有履行作为义务的可能性。因此，甲不构成不作为犯罪。

｜解题思路与方法分析｜

甲杀人后，心生悔意，开车送被害人乙前往医院，只要当时送到医院乙就不会死亡，这些情况表明甲的行为在客观上属于故意杀人的中止行为，能否成立中止犯，取决于死亡结果的发生与甲的杀人行为之间是否有因果关系。如果二者之间没有因果关系，就不能要求甲对死亡结果负责，甲就有成立中止犯的余地。

甲放毒蛇咬乙的行为具有致乙死亡的危险性，但是，题目交代“只要当时送医院就不会死亡”，因此，甲的行为足以避免乙的死亡。乙声称想死、放弃救治，这一介入因素过于异常（一般人都会积极配合治疗），主要是异常的介入因素（乙主动放弃治疗）导致了死亡结果的发生，根据相当因果关系理论，应当认定死亡结果与甲的杀人行为之间没有因果关系。既然甲开车将乙送医的行为足以避免乙的死亡，则应认定甲属于“自动有效地防止犯罪结果发生”，其行为成立犯罪中止。

根据客观归责理论中的被害人自我答责理论，对于精神状态正常的成年公民，刑法并不过问其纯粹的自杀行为，只要被害人自愿地选择死亡，那么，对死亡结果的发生就应由被害人自我负责，而不能要求其他人负责。虽然甲的行为也创设了乙死亡的危险，但是，这一危险是只要将乙送到医院就完全可以消除的，被害人“自己一直想死”，突然跳车逃走，死亡结果属于其自杀行为所致，不应归责于甲，而应由乙自我负责。甲在能够杀死乙的前提下自动消除了犯罪既遂的危险，符合中止犯的立法精神，应当成立中止犯。

3.【单项选择题】甲架好枪支准备杀乙，见已患绝症的乙踉跄走来，顿觉可怜，认为已无杀害必要。甲收起枪支，但不小心触动扳机，乙中弹死亡。关于甲的行为定性，下列哪一选项是正确的？

A. 仅构成故意杀人罪（既遂）

B. 仅构成过失致人死亡罪

C. 构成故意杀人罪（中止）、过失致人死亡罪

D. 构成故意杀人罪（未遂）、过失致人死亡罪

｜参考答案｜__________①

｜设题陷阱与常见错误分析｜

本题具体考查中止犯的成立要件。在犯罪过程中，自动放弃犯罪或者自动有效地防止犯罪结果发生的，是犯罪中止。本题中，甲虽然放弃杀害乙，但出现了乙死亡的结果，甲是否属于“未能有效地防止犯罪结果发生”，是本题的关键点。发生犯罪结果的原因可能是多样的，既可能是中止犯罪之前的犯罪行为导致了犯罪结果的发生，也可能是与行为人的犯罪行为无关的其他原因（如第三人的行为或者自然事故）导致犯罪结果的发生。如果犯罪结果的发生与行为人的犯罪行为无关（不存在因果关系），就不能要求行为人对犯罪结果负责。这一原理同样适用于中止犯。

行为人积极中止犯罪，努力消除既遂危险，但犯罪结果最终还是出现的，只要犯罪结果的发生与中止之前的犯罪行为没有因果关系，就不能要求行为人对犯罪结果负责，此时在法律上对行为人仍应作出“未发生犯罪结果”的评价，行为人能够成立中止犯。例如，甲向乙的食物中投毒，乙吃后十分痛苦，甲顿生怜悯之心，开车将乙送往医院，乙夜间死于医院的火灾事故中，应当认定甲成立中止犯，因为甲将乙送往医院交付医生救治的行为，足以消灭乙死亡的既遂危险，死亡结果的发生与甲的毒杀行为不存在刑法上的因果关系（乙是被火烧死的，不是死于甲的投毒行为），要求甲对死亡负责成立既遂犯的刑事责任是不合适的。在规范评价上应当认定甲“有效地防止了死亡结果的发生”，乙死亡的结果是其他原因导致的，不可归责于甲。因此，笼统地说只要出现了犯罪结果就不成立中止犯，是不正确的。对此没有正确

---

① C

的认识，容易答错题目。

| 解题思路与方法分析 |

甲架好枪支准备杀乙，见已患绝症的乙踉跄走来，顿觉可怜，认为已无杀害必要，便收起枪支，但不小心触动扳机，乙中弹死亡的，符合中止犯的时间性、自动性、客观性要件。甲的行为能否成立中止，取决于其是否满足中止犯的有效性要件，因为客观上出现了乙死亡的犯罪结果。外观上乍一看，死亡结果确实是甲的行为造成的，但是，这里需要严格区分死亡结果是甲的故意杀人行为造成的，还是后来的过失行为造成的。甲收起枪支的行为足以防止死亡结果的发生，不小心触动扳机属于异常的介入因素，是异常的介入因素导致了死亡结果的发生，因此，死亡结果与甲的故意杀人行为之间不存在因果关系，不可将死亡结果归责于甲的故意杀人行为。既然死亡结果不是甲的故意杀人行为造成的，就应认为甲收起枪支的行为有效地防止了死亡结果的发生，满足有效性要件，成立中止犯。当然，乙的死亡结果是甲的过失行为造成的，甲对此应承担过失致人死亡罪的刑事责任。甲触犯故意杀人罪（中止）与过失致人死亡罪两罪，C选项为本题正确选项。

4.【多项选择题】关于犯罪未遂的认定，下列哪些选项是正确的？

A. 甲以杀人故意将郝某推下过街天桥，见郝某十分痛苦，便拦下出租车将郝某送往医院。但郝某未受致命伤，即便不送医院也不会死亡。甲属于犯罪未遂

B. 乙持刀拦路抢劫周某。周某说“把刀放下，我给你钱”。乙信以为真，收起刀子，伸手要钱。周某乘乙不备，一脚踢倒乙后逃跑。乙属于犯罪未遂

C. 丙见商场橱柜展示有几枚金锭（30万元/枚），打开玻璃门拿起一枚就跑，其实是值300元的仿制品，真金锭仍在。丙属于犯罪未遂

D. 丁资助林某从事危害国家安全的犯罪活动，但林某尚未实施相关犯罪活动即被抓获。丁属于资助危害国家安全犯罪活动罪未遂

| 参考答案 | ________①

| 设题陷阱与常见错误分析 |

在A选项中，甲构成故意杀人的未遂犯还是中止犯，可能有不同看法。甲以杀人故意将郝某推下天桥，杀人行为已结束，郝某未受致命伤，即便不送医院也不会死亡，故甲属于犯罪未遂。这一看法存在问题。郝某未受致命伤，这是事后查明的结果，而不是行为当时甲就知晓的事实。在郝某是否有生命危险并不明朗的情形下，法律应当鼓励甲将被害人送往医院，以避免被害人可能死亡这一结果的发生。甲并不知道郝某未受致命伤，其在误认为可能致郝某死亡的前提下，积极采取救助措施，主动消灭郝某死亡的危险，该行为值得作为犯罪中止来对待。

在C选项中，丙实际拿走的不是真金锭，该仿制品价值300元，未达到盗窃数额较大的要求，故属于不可罚的不能犯，而非犯罪未遂。这一看法不当。商场橱柜展示的几枚金锭中虽有仿制品，但也有真金锭，丙以数额巨大的财物为盗窃目标，有很大的可能取得真金锭。既然丙的行为在客观上具有侵犯财产法益的高度危险，就应成立未遂犯，而不属于不可罚的不能犯。

| 解题思路与方法分析 |

成立中止犯，并不必然以中止行为与危害结果未发生之间具有因果关系为前提。即使犯罪行为原本就不能既遂，但只要行为人自动放弃犯罪，努力防止既遂结果发生的，就成立中止犯。甲有中止行为，且未发生死亡结果，故成立中止犯。A选项认为甲构成犯罪未遂，这是错误的。在B选项中，乙虽然暂时收起刀子，但并未放弃取财行为，不能认为其已经自动放弃犯罪，故乙不属于犯罪中止，应认定其构成抢劫未遂。B选项正确。C选项中，面对数枚金锭，丙慌乱之中错拿仿制品，其行为对商场的财产法益造成了紧迫的危险，应以盗窃未遂论处。C选项正确。在D选项中，如果丁资助林某从事《刑法》第102条至第105条规定的危害国家安全的犯罪活动，即便林某未实施《刑法》第

---

① BC

102 条至第 105 条的危害国家安全的犯罪，丁也构成资助危害国家安全犯罪活动罪既遂；如果林某欲实施的和丁所资助的是《刑法》第 102 条至第 105 条之外的危害国家安全罪，则丁不能构成资助危害国家安全犯罪活动罪，遑论构成该罪的未遂。D 选项错误。

5.【多项选择题】下列哪些选项中的甲属于犯罪未遂？

A. 甲让行贿人乙以乙的名义办理银行卡，存入 50 万元，乙将银行卡及密码交给甲。甲用该卡时，忘记密码，不好意思再问乙。后乙得知甲被免职，将该卡挂失取回 50 万元

B. 甲、乙共谋傍晚杀丙，甲向乙讲解了杀害丙的具体方法。傍晚乙如约到达现场，但甲却未去。乙按照甲的方法杀死丙

C. 乙欲盗窃汽车，让甲将用于盗窃汽车的钥匙放在乙的信箱。甲同意，但错将钥匙放入丙的信箱，后乙用其他方法将车盗走

D. 甲、乙共同杀害丙，以为丙已死，甲随即离开现场。一小时后，乙在清理现场时发现丙未死，持刀杀死丙

| **参考答案** | ________①

| **设题陷阱与常见错误分析** |

既遂与未遂的区分是常见考题，二者的区分取决于犯罪是否已经得逞。对于犯罪未得逞，应理解为，是指行为人意图侵犯的法益未能遭受毁灭性侵犯。共犯人的既未遂形态就更加复杂。在共同犯罪中，实现法益毁灭结果是共犯人的共同目标，共犯人相互补充、利用对方的行为来侵犯法益，对于法益被毁灭的结果，每个共犯人都作出了自己的"贡献"，法益侵害结果与每个共犯人的行为都存在因果关系，因此，各个共犯人都应对法益毁灭的结果负责。这样，除共犯的脱离、共犯的解消以及共犯人的行为与法益毁灭结果没有因果关系的情形外，出现法益毁灭结果时，各个共犯人均构成犯罪既遂。

| **解题思路与方法分析** |

受贿罪的保护法益为职务行为的不可收买性。只要国家工作人员非法收受他人财物，即会动摇公众对国家工作人员职务行为公正性的信赖，使公众认为钱权是可以交易的、国家工作人员的职务行为是可以收买的。因此，国家工作人员非法收受他人财物时，即可认为受贿罪的保护法益已经遭受毁灭性侵犯，国家工作人员构成受贿既遂。在 A 项中，乙将存有 50 万元的银行卡及密码交给甲，虽然银行卡的名义人是乙，但甲已经取得银行卡与密码，事实上已经能够实际支配、控制 50 万元，属于已经收受他人财物，受贿罪的保护法益已被毁灭，故甲构成受贿既遂。至于甲事后忘记密码、无法用卡，属于干扰项，不影响受贿既遂的认定。

共犯人既可以缔结共同犯罪的盟约从而产生共犯关系，也可以撕毁共同犯罪的盟约从而解除共犯关系（共犯的脱离）。行为人在脱离共同犯罪之后，仅对其脱离之前的犯罪行为承担刑事责任，对于脱离之后的其他共犯人所实施的犯罪行为及其造成的结果，不承担刑事责任。甲、乙共谋傍晚杀丙，甲向乙讲解了杀害丙的具体方法，傍晚乙如约到达现场，但甲却未去，乙是按照甲的方法杀死丙的，甲是否构成杀人既遂，取决于甲未去杀人的行为是否属于共犯的脱离。如果甲不构成共犯的脱离，则对丙死亡的结果应承担故意杀人既遂的刑事责任。成立共犯的脱离，首先，要求脱离者有脱离共同犯罪的意思；其次，要求脱离行为必须为未脱离者知晓；最后，要求脱离者必须切断与未脱离者的相互补充、相互利用关系。甲向乙讲解了杀害丙的具体方法，其未能消除乙对杀人具体方法的利用。因此，甲不符合共犯脱离的要件，未能脱离共同犯罪，应承担故意杀人既遂的刑事责任。如果不采取共犯脱离的理论，则可将甲理解为是乙故意杀人的共谋共同正犯或者帮助犯，乙已经既遂，则作为共谋共同正犯或者帮助犯的甲也是杀人既遂。

在共同犯罪中，一人既遂时，所有共犯人皆既遂，是以所有共犯人都与犯罪结果的发生存在因果关系为前提的。如果某一共犯人的行为与犯罪结果没有因果关系，则不能将其评价为

---

① CD

犯罪既遂。在C选项中，甲错将钥匙放入丙的信箱，乙用其他方法将车盗走，没使用甲提供的钥匙，盗窃既遂结果与甲的行为缺乏因果关系，故甲属于盗窃未遂。

在共同犯罪完成之后，应当认定共犯人相互补充、相互利用的关系已经结束，共犯关系解消。此后，某一共犯人或者部分共犯人再产生新的犯意并基于此犯意实施犯罪的，未参与该项罪行的其他共犯人，对此不负刑事责任。甲、乙共同杀害丙，以为丙已死，甲随即离开现场。对此，应认定甲、乙故意杀人的共犯关系已经解消。一小时后，乙在清理现场时发现丙未死，持刀杀死丙，这属于乙个人另起犯意实施新的犯罪，甲对此不承担刑事责任。由于甲离开现场时，未能将丙杀死，甲构成故意杀人未遂。综上所述，C、D选项中甲的行为属于犯罪未遂。

6.【多项选择题】甲为杀乙，对乙下毒。甲见乙中毒后极度痛苦，顿生怜意，开车带乙前往医院。但因车速过快，车右侧撞上电线杆，坐在副驾驶位的乙被撞死。关于本案的分析，下列哪些选项是正确的？

A. 如认为乙的死亡结果应归责于驾车行为，则甲的行为成立故意杀人中止

B. 如认为乙的死亡结果应归责于投毒行为，则甲的行为成立故意杀人既遂

C. 只要发生了构成要件的结果，无论如何都不可能成立中止犯，故甲不成立中止犯

D. 只要行为人真挚地防止结果发生，即使未能防止犯罪结果发生的，也应认定为中止犯，故甲成立中止犯

| **参考答案** | ________①

| **设题陷阱与常见错误分析** |

成立中止犯，要求行为人自动有效地防止犯罪结果的发生。本题中，甲杀害乙并在事实上出现了乙死亡的结果，能否成立中止犯，这是本题的难点。本题同样为推理题，考查学生对《刑法》第24条第1款"自动有效地防止犯罪结果发生"的理解以及相应的推理能力。解题的关键在于犯罪结果的发生与行为人中止之前的犯罪行为是否存在因果关系。如果犯罪结果的发生与行为人中止之前的犯罪行为存在因果关系，则属于行为人未能有效地防止犯罪结果的发生，不成立中止犯，而是成立既遂犯。反之，虽然发生了犯罪结果，但只要犯罪结果与中止之前的犯罪行为没有因果关系，就不能要求行为人对犯罪结果负责，行为人具有成立中止犯的余地。

| **解题思路与方法分析** |

成立中止犯，要求未发生犯罪结果，并非说犯罪结果绝对不能出现，而是指行为人的行为足以有效避免犯罪结果，行为人的行为并未导致犯罪结果的产生，或者虽然出现了犯罪结果，但犯罪结果不是行为人的行为导致的（而是第三人的行为或者其他因素导致的）。因此，虽然发生了犯罪结果，但只要犯罪结果的发生与中止之前的犯罪行为没有因果关系，自动放弃犯罪并努力采取措施试图避免犯罪结果发生的人，就仍然能够成立中止犯。

如认为乙的死亡结果应归责于驾车行为，则意味着乙不是死于中毒，乙的死亡结果与甲的投毒行为没有因果关系。换言之，甲主动开车送乙去医院的行为足以避免乙的死亡，从鼓励犯罪人及时消灭犯罪既遂危险的角度出发，应认定甲的行为成立故意杀人中止。据此，A选项正确。如认为乙的死亡结果应归责于投毒行为，即乙的死亡与甲的投毒行为存在因果关系，则甲虽然中止犯罪，但未能有效地防止犯罪结果的发生，不成立中止犯，构成故意杀人既遂。据此，B选项正确。发生了构成要件的结果，但只要与行为人的犯罪行为没有因果关系（构成要件的结果是第三人的行为或者其他因素造成的），行为人仍有成立中止犯的余地。据此，C选项错误。根据《刑法》第24条的规定，无论行为人多么真挚地防止结果发生，只要犯罪结果已发生，而且是行为人中止之前的犯罪行为造成的，就属于未能有效地防止犯罪结果的发生，不能成立中止犯。D选项错误。A、B选项为本题正确选项。

---

① AB

7.【多项选择题】关于故意犯罪形态的认定，下列哪些选项是正确的？

A. 甲绑架幼女乙后，向其父勒索财物。乙父佯装不管乙安危，甲只好将乙送回。甲虽未能成功勒索财物，但仍成立绑架罪既遂

B. 甲抢夺乙价值1万元项链时，乙紧抓不放，甲只抢得半条项链。甲逃走60余米后，觉得半条项链无用而扔掉。甲的行为未得逞，成立抢夺罪未遂

C. 乙欲盗汽车，向甲借得盗车钥匙。乙盗车时发现该钥匙不管用，遂用其他工具盗得汽车。乙属于盗窃罪既遂，甲属于盗窃罪未遂

D. 甲在珠宝柜台偷拿一枚钻戒后迅速逃离，慌乱中在商场内摔倒。保安扶起甲后发现其盗窃行为并将其控制。甲未能离开商场，属于盗窃罪未遂

| 参考答案 | ________①

| 设题陷阱与常见错误分析 |

故意犯罪未完成形态的判断，尤其是犯罪是否已经得逞的判断，是常见考点。其中，关于犯罪得逞与否的区分，一般认为，要看犯罪行为是否具备《刑法》分则条文规定的某一犯罪的全部构成要件。全部具备的属于已得逞，构成犯罪既遂；否则，属于未得逞，构成犯罪未遂。但是，这一观点未联系犯罪客体（保护法益）来考虑犯罪是否得逞，并不科学。例如，入户盗窃或者扒窃但分文未得的，应当认定行为人具备了盗窃的全部构成要件，但认定行为人已经得逞、属于盗窃既遂，这是不合理的。因此，应根据犯罪客体（保护法益）是否已经被犯罪行为所侵犯（毁灭）来认定犯罪是否得逞。

| 解题思路与方法分析 |

在A选项中，已经成功绑架幼女，幼女的人身自由被剥夺，生命、身体处于危险之中，因绑架罪的犯罪客体（保护法益）已经被侵犯（毁灭），故甲属于绑架罪既遂。索取财物属于主观的超过要素，该目的未实现不影响绑架既遂的认定，故不能据此断定甲属于绑架未遂。A选项正确。

在B选项中，甲已经抢得他人财物（价值5000元的半条项链），侵犯（毁灭）了他人的财产法益，故构成抢夺罪既遂。至于行为人觉得半条项链无用而扔掉，这是行为人事后处理赃物的行为，不影响盗窃既未遂的判断。B选项错误。

在C选项中，因甲提供的钥匙不管用，乙未借助甲的帮助实现盗窃既遂，或者说甲的帮助对于乙盗窃既遂未能起作用，故甲属于盗窃未遂。考生认为，既然甲、乙构成共同犯罪，而共犯人的犯罪形态应当一致，乙已经盗窃既遂，则甲也应属于盗窃既遂。这种看法忽视了如下要点：在共同犯罪中，一人既遂时，所有共犯人皆既遂，以所有共犯人对犯罪结果的发生都贡献了因果力为前提。虽然甲、乙成立盗窃罪的共犯，但是，对于汽车被盗走，甲提供钥匙的行为未能起到应有的作用，对结果的发生未能提供原因力，所以，在规范评价上应认为甲"未得逞"，构成盗窃未遂。C选项正确。

在D选项中，盗窃的钻石戒指属于体积较小的财物，只要已成功窃取，即可评价为被害人已经失去对财物的控制，行为人已经侵害（毁灭）被害人的财产法益，因而属于盗窃既遂。D选项错误。

05 考向 共同犯罪

1.【单项选择题】15周岁的甲非法侵入某尖端科技研究所的计算机信息系统，18周岁的乙对此知情，仍应甲的要求为其编写侵入程序。关于本案，下列哪一选项是错误的？

A. 如认为责任年龄、责任能力不是共同犯罪的成立条件，则甲、乙成立共犯

B. 如认为甲、乙成立共犯，则乙成立非法侵入计算机信息系统罪的从犯

C. 不管甲、乙是否成立共犯，都不能认为乙成立非法侵入计算机信息系统罪的间接正犯

D. 由于甲不负刑事责任，对乙应按非法侵入计算机信息系统罪的片面共犯论处

---

① AC

| **参考答案** | __________①

| **设题陷阱与常见错误分析** |

共同犯罪要求“二人以上”共同犯罪。如何理解这里的“二人以上”，学界存在不同看法。本题部分选项具有推理题的性质，要求考生能够根据不同的观点进行相应的推理。此外，考生还应掌握间接正犯、片面共犯的基本概念，否则容易答错题目。

| **解题思路与方法分析** |

成立非法侵入计算机信息系统罪，要求行为主体年满16周岁。甲非法侵入某尖端科技研究所的计算机信息系统时，只有15周岁，无责任能力。如认为责任年龄、责任能力不是共同犯罪的成立条件，则甲非法侵入计算机信息系统，乙对此提供帮助，二人相互协作完成犯罪，故应认定甲、乙成立共同犯罪。据此，A选项表述正确。

在甲、乙成立共同犯罪的前提下，由于乙的帮助行为在共同犯罪中仅起次要作用，因此，乙成立非法侵入计算机信息系统罪的从犯。B选项表述正确。

如果甲、乙成立共同犯罪，则乙的行为属于帮助行为，而不是实行行为，故乙不成立间接正犯（间接正犯行为是实行行为）。如果甲、乙不成立共同犯罪，即便要追究18周岁的乙的刑事责任，也不能认定乙成立非法侵入计算机信息系统罪的间接正犯。因为成立间接正犯，要求行为人对所利用的工具具有支配性，而在本案中，乙是应甲的要求为其编写侵入程序，甲是否入侵以及何时入侵尖端科技研究所的计算机信息系统，乙都不具有支配性，无法将本案评价为如同乙本人亲自非法侵入计算机信息系统一般，故乙不属于间接正犯。因此，无论甲、乙是否成立共犯，都不能认为乙成立非法侵入计算机信息系统罪的间接正犯。C选项表述正确。

片面共犯，是指参与同一犯罪的人中，一方认识到自己是在和他人共同犯罪，而另一方没有认识到有他人和自己共同犯罪。而在本题中，甲、乙存在入侵计算机信息系统的意思联络，不符合片面共犯的概念。D选项错误。

2.【单项选择题】甲欲前往张某家中盗窃。乙送甲一把擅自配制的张家房门钥匙，并告知甲，张家装有防盗设备，若钥匙打不开就必须放弃盗窃，不可入室。甲用钥匙无法打开张家房门，本欲依乙告诫离去，但又不甘心，思量后破窗进入张家窃走数额巨大的财物。关于本案的分析，下列哪一选项是正确的？

A. 乙提供钥匙的行为对甲成功实施盗窃起到了促进作用，构成盗窃罪既遂的帮助犯

B. 乙提供的钥匙虽未起作用，但对甲实施了心理上的帮助，构成盗窃罪既遂的帮助犯

C. 乙欲帮助甲实施盗窃行为，因意志以外的原因未能得逞，构成盗窃罪的帮助犯未遂

D. 乙的帮助行为的影响仅延续至甲着手开门盗窃时，故乙成立盗窃罪未遂的帮助犯

| **参考答案** | __________②

| **设题陷阱与常见错误分析** |

本题首先考查了帮助犯的因果性问题。之所以处罚教唆犯、帮助犯，是因为教唆行为、帮助行为与正犯行为及正犯结果（最终的法益侵害结果）之间存在物理的或者心理的因果关系。因此，如果教唆行为、帮助行为与正犯行为之间缺乏因果性，就不应将行为人作为教唆犯或者帮助犯加以处罚；如果教唆行为、帮助行为与正犯行为之间虽然存在因果性，但与正犯结果之间没有因果性的，就不能要求教唆犯、帮助犯对正犯结果承担既遂犯的刑事责任。在本题中，乙提供钥匙的行为与甲的盗窃行为（正犯行为）之间存在因果性，但与最终的盗窃结果并无因果性（甲系采用其他方法盗窃了张某财物），因而，乙不承担盗窃罪既遂的刑事责任。部分考生对帮助犯的因果性缺乏全面把握，误选了B选项。

本题还考查了帮助犯未遂、对未遂犯的帮助问题。这一对概念有点绕人，增加了本题的难度。帮助犯未遂，是指虽然实施了帮助行为，但被帮助的人并未着手实行犯罪或者着手实行与帮助行为无关的其他犯罪的情形。根据共

① D
② D

犯从属性原理，正犯尚未着手实行犯罪时，不得处罚帮助犯，因此虽有一个“犯”字，但如同迷信犯一样，帮助犯未遂是不可罚的（不可以作为共犯中的帮助犯加以处罚）。对未遂犯的帮助，是指对正犯行为提供了帮助，但被帮助的正犯仅构成犯罪未遂的情形。如盗窃犯利用同伙配置的钥匙打开了被害人家的房门，刚翻取财物就被室主抓获的，同伙就属于对盗窃罪未遂犯的帮助。被帮助的人（正犯）是否着手实行犯罪，是区分帮助犯未遂、对未遂犯的帮助的关键所在。

｜解题思路与方法分析｜

甲虽然最终盗窃了张某的财物，但这是甲不甘心、思量后破窗进入张家盗窃的结果。乙告诫甲若钥匙打不开就必须放弃盗窃，“不可入室”以及“甲用钥匙无法打开张家房门，本欲依乙告诫离去，但又不甘心”的题干表述，表明乙并不同意甲破窗入室盗窃。甲破窗实施盗窃行为时，甲、乙已无共同盗窃故意，甲的行为属于共犯关系已经解除后，甲另起犯意实施了独立的盗窃犯罪。既然最终发生的盗窃结果（正犯结果）与乙的帮助行为缺乏因果性，就不能要求乙作为帮助犯承担盗窃罪既遂的刑事责任。对张某的财物被盗，只能由甲一人负责。A选项认为乙提供钥匙的行为对甲成功实施盗窃起到了促进作用，B选项认为乙提供的钥匙虽未起作用，但对甲实施了心理上的帮助，A、B选项其实是认为乙的帮助行为与甲的盗窃结果（正犯结果）之间存在因果性，进而认为乙构成盗窃罪既遂的帮助犯。A、B选项错误。

甲已经利用乙提供的钥匙着手盗窃，既然正犯已经着手犯罪，依据共犯从属性说，就能处罚作为共犯的帮助犯，故乙不属于不可罚的帮助犯未遂。C选项错误。

钥匙未能实际起到作用，甲无法打开房门入室盗窃，甲构成盗窃未遂。甲的盗窃行为与乙的帮助行为之间存在因果性，作为帮助犯，乙也应承担盗窃罪未遂的刑事责任。D选项中“乙的帮助行为的影响仅延续至甲着手开门盗窃时”，其实是认为正犯行为与帮助行为具有因果性的另一种表述。D选项正确。

3.【单项选择题】甲欲杀丙，假意与乙商议去丙家“盗窃”，由乙在室外望风，乙照办。甲进入丙家将丙杀害，出来后骗乙说未窃得财物。乙信以为真，悻然离去。关于本案的分析，下列哪一选项是正确的？

A. 甲欺骗乙望风，构成间接正犯。间接正犯不影响对共同犯罪的认定，甲、乙构成故意杀人罪的共犯

B. 乙企图帮助甲实施盗窃行为，却因意志以外的原因未能得逞，故对乙应以盗窃罪的帮助犯未遂论处

C. 对甲应以故意杀人罪论处，对乙以非法侵入住宅罪论处。两人虽然罪名不同，但仍然构成共同犯罪

D. 乙客观上构成故意杀人罪的帮助犯，但因其仅有盗窃故意，故应在盗窃罪法定刑的范围内对其量刑

｜参考答案｜__________①

｜设题陷阱与常见错误分析｜

犯罪人之间的故意内容不一致时，能否成立共同犯罪，理论上对此有不同看法。如果因犯罪故意内容不同，就否认共犯的成立，则如要追究各人的刑事责任，对各人就只能作为单独犯追究刑事责任。如此一来，在本题中，作为单独犯，乙并未实施杀人行为，其望风行为在事实上没有侵犯财产法益与住宅安宁的任何危险性，无法评价为盗窃行为与非法侵入住宅行为，从而就无法追究乙的刑事责任。

为了克服困境，通说认为，如果二人以上持不同的故意共同实施了某种行为，则只就他们所实施的性质相同的部分（或重合部分）成立共同犯罪（部分犯罪共同说）。故意杀人罪与盗窃罪本来并不存在重合部分，但本题中是入室杀人，入室本身可构成非法侵入住宅罪，因而，甲、乙在非法侵入住宅罪这一点上可成立共同犯罪，由此即可追究乙的刑事责任（如将本题中的杀人地点改为“办公室”，则即便依据部分犯罪共同说，也无法认定甲、乙成立共同犯罪。此时要追究乙的刑事责任，就有必要采取

---

① C

行为共同说)。

| 解题思路与方法分析 |

按照部分犯罪共同说,甲、乙在非法侵入住宅罪的范围内成立共同犯罪。如果采用行为共同说,在非法侵入住宅这一点上,甲、乙存在行为的共同,同样成立共同犯罪。既然甲、乙成立共同犯罪,则对乙的望风行为就可作为帮助犯追究乙非法侵入住宅罪的刑事责任。在构成非法侵入住宅罪的同时,甲还实施了杀人行为,构成故意杀人罪。对此,甲成立非法侵入住宅罪与故意杀人罪的想象竞合犯,应以故意杀人罪追究甲的刑事责任。由此可见,成立共同犯罪,并不意味着共犯人最终被定罪的罪名也是相同的。换言之,即使罪名不同,也有构成共同犯罪的余地。C 选项正确。

姑且不论甲对乙的行为是否具有支配作用因而甲构成间接正犯,由于乙主观上只有盗窃故意,并无杀人故意,在杀人这一点上,甲、乙并无共同故意,因而乙不可能构成故意杀人罪的共犯。A 选项错误。

B 选项认为,乙企图帮助甲实施盗窃行为,却因意志以外的原因未能得逞,故对乙应以盗窃罪的帮助犯未遂论处。部分考生重视乙的盗窃帮助的故意,忽视了客观上是否存在盗窃行为,从而认为 B 选项正确。但是,甲主观上并无盗窃故意,乙企图帮助的行为根本就不是盗窃行为。既然客观上正犯甲不存在盗窃的着手问题,根据共犯从属性原理,乙企图帮助盗窃的帮助行为就是不可罚的,不可将乙作为盗窃罪的帮助犯加以处罚。据此,B 选项错误。

D 选项的言下之意是乙构成故意杀人罪,但考虑到乙主观上只有盗窃故意,故只能在盗窃罪法定刑的范围内对其量刑,而不能直接适用故意杀人罪的法定刑。这显然是不对的。一方面,这种观点割裂了定罪与量刑之间的内在统一关系;另一方面,乙既然没有杀人故意,就不符合故意杀人罪的犯罪构成,对其就不能按故意杀人罪定罪。D 选项错误。

4.【单项选择题】甲、乙、丙共同故意伤害丁,丁死亡。经查明,甲、乙都使用铁棒,丙未使用任何凶器;尸体上除一处致命伤外,再无其他伤害;可以肯定致命伤不是丙造成的,但不能确定是甲造成还是乙造成的。关于本案,下列哪一选项是正确的?

A. 因致命伤不是丙造成的,尸体上也没有其他伤害,故丙不成立故意伤害罪

B. 对甲与乙虽能认定为故意伤害罪,但不能认定为故意伤害(致死)罪

C. 甲、乙成立故意伤害(致死)罪,丙成立故意伤害罪但不属于伤害致死

D. 认定甲、乙、丙均成立故意伤害(致死)罪,与存疑时有利于被告的原则并不矛盾

| 参考答案 | ________①

| 设题陷阱与常见错误分析 |

本题相对简单,但在命题时故意设置了干扰项,以致部分考生答错本题。如果题干简单表述为"甲、乙、丙共同故意伤害丁,丁死亡",则根据部分实行全部责任原则,考生均能得出甲、乙、丙三人都应对丁死亡负责的结论。为增加难度,命题人故意在题干中增加了"经查明,甲、乙都使用铁棒,丙未使用任何凶器;尸体上除一处致命伤外,再无其他伤害;可以肯定致命伤不是丙造成的,但不能确定是甲造成还是乙造成的"这一干扰信息。结果,很多考生掉入陷阱,误选 C 选项,其理由是题干清楚地表明丙在客观上没有造成丁物理上的伤害,不能将丁的死亡归责于丙的行为,只能将丁的死亡归责于甲、乙两人,所以 C 选项正确。如果考生认识到上述信息为干扰信息,这些信息的存在改变不了甲、乙、丙共同故意伤害丁致其死亡的共同犯罪属性,就能轻松选出正确答案。

| 解题思路与方法分析 |

甲、乙、丙三人具有共同伤害故意,共同实施了伤害行为,构成故意伤害罪的共同正犯。对于共同正犯,根据部分实行全部责任原理,甲、乙、丙都应对丁死亡的结果负责,三人均构成故意伤害(致死)罪。在共同犯罪中,究竟是谁实施了造成致命伤的伤害行为,不影响三人应对死亡结果负责的结论。这与存疑时有利于

① D

被告的原则毫无矛盾之处。题干中的干扰信息转移了考生的注意力，使其不再考虑部分实行全部责任原理，以致答题出错。

5.【多项选择题】关于共同犯罪，下列哪些选项是正确的？

A. 乙因妻丙外遇而决意杀之。甲对此不知晓，出于其他原因怂恿乙杀丙。后乙杀害丙。甲不构成故意杀人罪的教唆犯

B. 乙基于敲诈勒索的故意恐吓丙，在丙交付财物时，知情的甲中途加入帮乙取得财物。甲构成敲诈勒索罪的共犯

C. 乙、丙在五金店门前互殴，店员甲旁观。乙边打边掏钱向甲买一羊角锤。甲递锤时对乙说"你打伤人可与我无关"。乙用该锤将丙打成重伤。卖羊角锤是甲的正常经营行为，甲不构成故意伤害罪的共犯

D. 甲极力劝说丈夫乙（国家工作人员）接受丙的贿赂，乙坚决反对，甲自作主张接受该笔贿赂。甲构成受贿罪的间接正犯

| **参考答案** | ＿＿＿＿＿①

| **设题陷阱与常见错误分析** |

A选项涉及教唆犯的认定，B选项涉及承继的共犯的认定，C选项涉及中立的帮助行为的定性，D选项涉及间接正犯的认定。对于这些知识点若无准确把握，难以答对本题。

| **解题思路与方法分析** |

教唆犯，是指以授意、怂恿、劝说、利诱或者其他方法故意唆使他人犯罪的人。教唆行为的实质是引起他人的犯罪故意。A项中，乙已有杀人故意，甲的行为属于强化犯意，而不是使乙产生杀人故意，故甲不构成教唆犯，而是构成帮助犯。A选项正确。

承继的共犯，是指在前行为人已经实施了一部分实行行为之后，后行为人以共同实行的意思参与实行犯罪的情形。B选项即属于此。乙基于敲诈勒索的故意恐吓丙，在丙交付财物时，知情的甲中途加入帮乙取得财物，因取财行为是敲诈勒索罪的实行行为的有机组成部分，甲、乙属于共同实施敲诈勒索行为，故构成敲诈勒索罪的共犯。B选项正确。

外表上"中立"的日常行为，客观上对他人的犯罪行为起到了帮助作用，能否成立帮助犯？对此，理论上存在争议。一般认为，应当综合考虑他人的犯罪的紧迫性、行为对法益侵害所起的作用大小以及行为人对他人实行犯罪的确切程度的认识等要素，来得出妥当结论。甲明知乙、丙正在五金店门前互殴，其所提供的羊角锤对丙被打成重伤起了相当大的作用，故对于甲出卖羊角锤的行为，应认定为故意伤害罪的帮助犯。C选项错误。

间接正犯是指利用他人实行犯罪的情形。构成间接正犯，意味着间接正犯必须对被利用者所造成的法益侵害结果承担责任。例如，母亲让5岁的儿童盗窃一台价值5000元的手机，应认定母亲成立盗窃罪，盗窃数额为5000元。能否认定行为人构成间接正犯，关键是能否认定行为人支配了犯罪事实，支配了犯罪构成的实现。甲极力劝说丈夫乙接受丙的贿赂，乙坚决反对，在本质上甲属于教唆未遂。甲虽自作主张接受该笔贿赂，但其无法支配甲利用职务行为为他人谋利益，故不属于间接正犯。D选项错误。

6.【多项选择题】甲知道乙计划前往丙家抢劫，为帮助乙取得财物，便暗中先赶到丙家，将丙打昏后离去（丙受轻伤）。乙来到丙家时，发现丙已昏迷，以为是丙疾病发作晕倒，遂从丙家取走价值5万元的财物。关于本案的分析，下列哪些选项是正确的？

A. 若承认片面共同正犯，甲对乙的行为负责，对甲应以抢劫罪论处，对乙以盗窃罪论处

B. 若承认片面共同正犯，根据部分实行全部责任原则，对甲、乙二人均应以抢劫罪论处

C. 若否定片面共同正犯，甲既构成故意伤害罪，又构成盗窃罪，应从一重罪论处

D. 若否定片面共同正犯，乙无须对甲的故意伤害行为负责，对乙应以盗窃罪论处

| **参考答案** | ＿＿＿＿＿②

---

① AB

② ACD

| **设题陷阱与常见错误分析** |

片面共犯，是指参与同一犯罪的人中，一方认识到自己是在和他人共同犯罪，而另一方没有认识到有人和自己共同犯罪。片面共犯存在片面的共同实行（片面共同正犯）、片面的教唆（片面教唆犯）、片面的帮助（片面帮助犯）三种情形。是否承认片面共犯，理论上存在较大争议。学界多数说承认片面帮助犯。从原理上说，既然能够肯定片面帮助犯，就也能够肯定片面共同正犯与片面教唆犯。即便否定片面共同正犯，也能肯定片面帮助犯。部分考生误以为只要否定了片面共同正犯，就否定了成立共同犯罪的可能，以致未能选择C选项。具体而言，根据“否定片面共同正犯”这一前提，首先得出了甲、乙不构成共同犯罪的结论；其次甲本人并未实施盗窃，也不能认定甲属于盗窃罪的间接正犯（不能认定甲对乙的盗窃行为具有支配、控制力），故甲的行为不可能构成盗窃罪。C选项却认为甲构成盗窃罪，这自然是错误的。这一推理貌似有理，其实不然。否认片面共同正犯，不意味着也同时否认了片面帮助犯。在本题中，将甲认定为片面帮助犯，不存在任何障碍。作为片面帮助犯，甲自然应对乙的盗窃结果承担盗窃罪的刑事责任。据此，不能认为C选项一定是错误的。

| **解题思路与方法分析** |

乙计划前往丙家抢劫，来到丙家时，发现丙已昏迷，以为其疾病发作晕倒，遂从丙家取走价值5万元财物，乙由预备阶段的抢劫故意转化为盗窃故意，实行行为是盗窃行为，应以实行行为吸收预备行为，对乙以盗窃罪论处。

若承认片面共同正犯，则意味着甲、乙成立共同犯罪。因此，甲不仅要对自己的伤害行为负责，还要对共犯人乙的取财结果负责。甲以实施抢劫犯罪的意思，对丙实施暴力，在压制丙的反抗后，利用共犯人乙取走丙的财物，甲的行为完全符合抢劫罪的犯罪构成，构成抢劫罪。A选项正确。

是否承认片面共同正犯，对乙的行为定性并无影响，影响的是甲的刑事责任。即便承认片面共同正犯，由于乙并不知道甲在帮助自己实施犯罪，对乙当然不能适用共同犯罪的规定，乙无须对甲的故意伤害行为负责，对乙只能以盗窃罪论处。否定片面共同正犯，也能得出相同的结论。据此，B选项错误，D选项正确。

即便否定片面共同正犯，也能得出甲构成盗窃罪的结论。这是因为，学理上普遍承认片面的帮助犯，甲不仅主观上具有帮助意思，而且对乙顺利实施财产犯罪在事实上提供了帮助，故即便认为甲不成立片面共同正犯，也能肯定甲成立片面的帮助犯。所以，作为共犯人，甲不仅应对自己打伤丙的行为承担故意伤害罪的刑事责任，而且还应对乙的盗窃行为与盗窃结果承担盗窃罪的刑事责任。由于甲以故意伤害他人的手段帮助乙盗窃，成立故意伤害罪与盗窃罪的想象竞合犯，对此应从一重罪论处。C选项正确。在C选项中，甲不构成抢劫罪。这是因为，甲虽以使乙顺利完成抢劫的意思对丙实施了暴力，但倘若否定片面共同正犯，甲充其量属于帮助乙抢劫，而乙并未着手实施抢劫行为，根据共犯从属性说，对甲就不能作为帮助犯加以处罚。因此，甲不成立抢劫罪的帮助犯。

06 考向 单位犯罪

【多项选择题】关于单位犯罪，下列哪些选项是正确的？

A. 就同一犯罪而言，单位犯罪与自然人犯罪的既遂标准完全相同

B.《刑法》第170条未将单位规定为伪造货币罪的主体，故单位伪造货币的，相关自然人不构成犯罪

C. 经理赵某为维护公司利益，召集单位员工殴打法院执行工作人员，拒不执行生效判决的，成立单位犯罪

D. 公司被吊销营业执照后，发现其曾销售伪劣产品20万元。对此，应追究相关自然人销售伪劣产品罪的刑事责任

| **参考答案** | ________①

① ACD

| 设题陷阱与常见错误分析 |

如果考生不熟悉分则具体罪名能否由单位构成，在选择单位犯罪的题目时，极其容易答错。B、C、D选项对此都进行了程度不等的考查。

| 解题思路与方法分析 |

就同一犯罪而言，无论是自然人犯罪还是单位犯罪，除主体存在差别之外，构成要件与保护法益均是相同的，因而既遂标准应当相同。一些考生认为，起码就司法解释而言，在部分犯罪中自然人犯罪与单位犯罪的追诉标准不同（单位犯罪的数额起点通常高于自然人犯罪的数额起点），因而不能说单位犯罪与自然人犯罪的既遂标准完全相同。从司法解释来看，自然人犯罪与单位犯罪在追诉的数额起点上有时存在差别，这是不容否定的事实，但是，这并不意味着二者犯罪既遂的标准不同。就同一犯罪而言，无论是采取构成要件齐备说，还是采取（构成要件齐备下的）法益毁灭说，或者采取其他学说判断犯罪是否既遂，自然人犯罪与单位犯罪所采取的犯罪既遂标准都是相同的。自然人犯罪与单位犯罪在数额起点上有时不同，仅是满足犯罪既遂标准的具体情形不同，即对同一犯罪，单位犯罪需要较高的数额标准才能认定齐备构成要件，而自然人犯罪时较低的数额即可认定齐备构成要件。由此可见，追诉标准上的差别并不意味着自然人犯罪与单位犯罪存在不同的既遂标准。如同在认定盗窃罪的既未遂时，必须根据财物的性质、形状、体积大小、行为人的窃取样态等进行具体判断一样，这并不意味着盗窃罪有不同的既遂标准。自然人犯罪与单位犯罪的既遂标准虽然相同，但在认定自然人犯罪与单位犯罪的既未遂时，同样必须根据犯罪的性质、犯罪的数额等进行具体判断。据此，A选项正确。

2014年4月24日全国人大常委会《关于〈中华人民共和国刑法〉第三十条的解释》规定，公司、企业、事业单位、机关、团体等单位实施刑法规定的危害社会的行为，刑法分则和其他法律未规定追究单位的刑事责任的，对组织、策划、实施该危害社会行为的人依法追究刑事责任。据此，《刑法》第170条未将单位规定为伪造货币罪的犯罪主体，故单位伪造货币的不能追究单位的刑事责任，但对相关自然人应以伪造货币罪追究刑事责任。B选项错误。

2015年8月29日全国人大常委会《刑法修正案（九）》第39条对拒不执行判决、裁定罪增设了单位犯罪的处罚，C选项正确。

2002年7月9日最高人民检察院《关于涉嫌犯罪单位被撤销、注销、吊销营业执照或者宣告破产的应如何进行追诉问题的批复》规定，涉嫌犯罪的单位被撤销、注销、吊销营业执照或者宣告破产的，应当根据刑法关于单位犯罪的相关规定，对实施犯罪行为的该单位直接负责的主管人员和其他直接责任人员追究刑事责任，对该单位不再追诉。据此，公司被吊销营业执照后，发现其曾销售伪劣产品20万元的，应追究相关自然人销售伪劣产品罪的刑事责任。D选项正确。

07 考向 犯罪形态

1.【单项选择题】关于罪数的判断，下列哪一选项是正确的？

A. 甲为冒充国家机关工作人员招摇撞骗而盗窃国家机关证件，并持该证件招摇撞骗。甲成立盗窃国家机关证件罪和招摇撞骗罪，数罪并罚

B. 乙在道路上醉酒驾驶机动车，行驶20公里后，不慎撞死路人张某。因已发生实害结果，乙不构成危险驾驶罪，仅构成交通肇事罪

C. 丙以欺诈手段骗取李某的名画。李某发觉受骗，要求丙返还，丙施以暴力迫使李某放弃。丙构成诈骗罪与抢劫罪，数罪并罚

D. 已婚的丁明知杨某是现役军人的配偶，却仍然与之结婚。丁构成重婚罪与破坏军婚罪的想象竞合犯

| 参考答案 | ________[1]

[1] A

| 设题陷阱与常见错误分析 |

本题主要考查了牵连犯的认定以及想象竞合犯与法条竞合犯的区分问题。部分考生认为,A 选项成立牵连犯,对此不可能数罪并罚,因此 A 选项是错误的。在外形上,盗窃国家机关证件是手段行为,冒充国家机关工作人员招摇撞骗是目的行为,但不能据此就得出行为人构成牵连犯的结论。这是因为虽然手段行为与目的行为之间在主观上有牵连关系,但如果手段行为与目的行为之间的牵连关系不具有通常性(为了实现目的行为,一般都会采取该手段行为),就不应认定为牵连犯。

部分考生认为 D 选项正确,因为明知是现役军人的配偶却仍然与之结婚的,属于想象竞合犯。这种观点其实是认为,仅在一个法条被另一个法条包含时,才存在法条竞合关系;如果法条仅存在交叉(部分重合)时,就应否认法条竞合关系,而承认想象竞合关系。不过,这是少数说,通说认为法条存在交叉关系时,也能肯定法条竞合关系。同时,无论是采取行为本身导致两个法条产生关联,还是与行为无关、法条本身天然地存在交叉、重合关系来区分法条竞合与想象竞合,还是采取行为侵犯的是数个法益还是同一法益来区分法条竞合与想象竞合,均应认为,明知是现役军人的配偶却仍然与之结婚的是法条竞合,不是想象竞合。

| 解题思路与方法分析 |

甲为冒充国家机关工作人员招摇撞骗而盗窃国家机关证件,并持该证件招摇撞骗,该行为不能成立牵连犯,因为为实施招摇撞骗行为,通常并不需要去盗窃国家机关证件,盗窃国家机关证件并不是招摇撞骗的必经手段,故不能认定盗窃国家机关证件与冒充国家机关工作人员招摇撞骗之间存在牵连关系。甲存在数行为,其也不成立想象竞合犯。因此,对甲的数行为应当数罪并罚。A 选项正确。

乙在道路上醉酒驾驶机动车,行驶 20 公里后,不慎撞死路人张某,虽然根据《刑法》第 133 条之一的规定,对此按照交通肇事罪定罪处罚,但就罪数论而言,乙在道路上醉酒驾驶机动车行驶 20 公里的行为成立危险驾驶罪。《刑法》第 133 条之一第 3 款"有前两款行为,同时构成其他犯罪的,依照处罚较重的规定定罪处罚"的规定本身,就承认了危险驾驶罪的成立。如果将交通肇事罪理解为是危险驾驶罪的结果加重犯,就更能清楚地认识到乙的行为其实构成危险驾驶罪。B 选项错误。

丙以欺诈手段骗取李某的名画,李某发觉受骗要求丙返还,丙施以暴力迫使李某放弃。对此,丙究竟构成诈骗罪还是抢劫罪,学界有不同认识。将目光放在丙以欺诈手段骗取李某的名画上,将会得出丙构成诈骗罪的结论。将目光放在丙施以暴力迫使李某放弃请求返还名画上,将容易得出丙构成抢劫罪的结论。但是,名画与对名画的返还请求权其实属于同一财产利益,行为人针对同一被害人的同一财产性利益所实施的前后两个行为,对此不应数罪并罚。C 选项错误。

重婚罪与破坏军婚罪侵犯的是同一法益,在立法者设置法条之时,二者就存在交叉关系。因而,已婚的丁明知杨某是现役军人的配偶,却仍然与之结婚的,丁构成重婚罪与破坏军婚罪的法条竞合犯(破坏军婚罪是重婚罪的特殊条款),而不是想象竞合犯。D 选项错误。

2.【多项选择题】关于想象竞合犯的认定,下列哪些选项是错误的?

A. 甲向乙购买危险物质,商定 4000 元成交。甲先后将 2000 元现金和 4 克海洛因(折抵现金 2000 元)交乙后收货。甲的行为成立非法买卖危险物质罪与贩卖毒品罪的想象竞合犯,从一重罪论处

B. 甲女、乙男分手后,甲向乙索要青春补偿费未果,将其骗至别墅,让人看住乙。甲给乙母打电话,声称如不给 30 万元就准备收尸。甲成立非法拘禁罪和绑架罪的想象竞合犯,应以绑架罪论处

C. 甲为劫财在乙的茶水中投放 2 小时后起作用的麻醉药,随后离开乙家。2 小时后甲回来,见乙不在(乙喝下该茶水后因事外出),便取走乙 2 万元现金。甲的行为成立抢劫罪与盗窃罪的想象竞合犯

D. 国家工作人员甲收受境外组织的 3 万美元后，将国家秘密非法提供给该组织。甲的行为成立受贿罪与为境外非法提供国家秘密罪的想象竞合犯

| 参考答案 | __________①

| 设题陷阱与常见错误分析 |

想象竞合犯，是指一个行为侵犯了数个客体，触犯数个罪名的情况。行为人只实施了一个行为，是想象竞合犯的首要成立条件。本题具体考查行为人是否只实施了一个行为。所谓"一个行为"，不是从构成要件的评价上看是一个行为，而是基于自然的观察，在社会的一般观念上被认为是一个行为。因这里的一个行为与触犯数罪名相关联，故除了进行社会一般观念的理解外，还要进行某种程度的规范评价。

| 解题思路与方法分析 |

在 A 选项中，从自然现象上观察，甲不是一次性将 2000 元现金和 4 克海洛因同时交给乙，而是先将 2000 元现金交给乙，后将 4 克海洛因交给乙，可认为存在两个行为。在社会评价上也可得出存在两个行为的结论：甲将 2000 元现金交给乙，属于非法买卖危险物质的行为；将 4 克海洛因有偿转让给乙，属于贩卖毒品行为。因为存在两个行为，所以甲的行为不构成想象竞合犯。A 选项错误。

在 B 选项中，涉及法条竞合和想象竞合的区分问题。区分标准为：其一，是由于法律规定本身的原因导致竞合，还是通过行为导致竞合？由于法律规定本身的原因导致竞合的，属于法条竞合；由于行为导致竞合的，属于想象竞合。其二，侵犯的客体（保护法益）是否相同？侵犯的客体（保护法益）相同的，属于法条竞合，否则属于想象竞合。非法拘禁行为是绑架罪本身的有机组成部分（从社会评价上看，无法认为这是两个不同的行为），绑架罪与非法拘禁罪在侵犯人身自由这一点上相同。因此，应认定二者的关系是法条竞合关系，不是想象竞合的关系。B 选项错误。

在 C 选项中，甲给乙的茶水中投放 2 小时后起作用的麻醉药，属于抢劫的预备行为。2 小时后，甲到乙家取走乙价值 2 万元的财物，属于盗窃罪的实行行为。由于存在两个不同的行为，因而不构成想象竞合犯。C 选项错误。

在 D 选项中，从社会评价上看，受贿行为不是为境外非法提供国家秘密罪的必要有机组成部分，或者说，可以将甲收受境外组织的 3 万美元（受贿行为）与将国家秘密非法提供给该境外组织（为境外非法提供国家秘密行为）评价为是两个行为，故不构成想象竞合犯，应数罪并罚。D 选项错误。

3.【多项选择题】关于罪数，下列哪些选项是正确的（不考虑数额或情节）？

A. 甲使用变造的货币购买商品，触犯使用假币罪与诈骗罪，构成想象竞合犯

B. 乙走私毒品，又走私假币构成犯罪的，以走私毒品罪和走私假币罪实行数罪并罚

C. 丙先后三次侵入军人家中盗窃军人制服，后身穿军人制服招摇撞骗。对丙应按牵连犯从一重罪处罚

D. 丁明知黄某在网上开设赌场，仍为其提供互联网接入服务。丁触犯开设赌场罪与帮助信息网络犯罪活动罪，构成想象竞合犯

| 参考答案 | __________②

| 设题陷阱与常见错误分析 |

成立使用假币罪，只能使用伪造的货币，使用变造的货币的，不构成使用假币罪。估计考生在这一问题上可能出错，命题人特意设置了 A 选项。果然，部分考生掉入陷阱，认为甲使用变造的货币购买商品，变造的货币可以评价为假币，甲的行为属于将假币置于流通环节，故触犯使用假币罪。这一看法貌似有理，其实存在不当。变造货币罪（《刑法》第 173 条）排列在使用假币罪（《刑法》第 172 条）之后，且变造货币罪的最高刑仅为 10 年有期徒刑，而使用假币罪的最高刑可达 15 年有期徒刑。因此，使用假币罪中的假币不包括变造的货币，不然就会出现变造货币的处罚轻、使用变造的货币处罚重

① ABCD

② BD

的罪刑不均衡现象。使用数额较大的变造的货币的，不构成使用假币罪，有追究刑事责任必要的，应以诈骗罪论处（变造的货币量毕竟有限，使用变造的货币很难达到数额特别巨大的情形，故按诈骗罪处理不会出现罪刑失衡的现象）。综上所述，甲使用变造的货币购买商品，不构成使用假币罪，可按诈骗罪处理。

｜**解题思路与方法分析**｜

使用假币罪中的假币，仅含伪造的货币，不含变造的货币。甲使用数额较大的变造的货币购买商品，不能构成使用假币罪，如有追究刑事责任必要的，可按诈骗罪论处。A 选项错误。

2008 年 12 月 1 日最高人民法院《全国部分法院审理毒品犯罪案件工作座谈会纪要》规定："走私毒品，又走私其他物品构成犯罪的，以走私毒品罪和其所犯的其他走私罪分别定罪，依法数罪并罚。"根据这一司法解释，走私毒品，又走私假币构成犯罪的，应以走私毒品罪和走私假币罪实行数罪并罚。B 选项正确。

在 C 选项中，丙先后三次盗窃军人制服，而后身穿军人制服招摇撞骗，盗窃军人制服的行为与冒充军人招摇撞骗的行为之间虽然存在一定联系，但是，冒充军人招摇撞骗通常并不需要采取盗窃军人制服的方式进行，手段行为与目的行为之间的牵连关系欠缺通常性，应否定牵连犯的成立，对此应当数罪并罚。据此，C 选项错误。

帮助信息网络犯罪活动罪是指自然人或者单位明知他人利用信息网络实施犯罪，为其犯罪提供互联网接入、服务器托管、网络存储、通信传输等技术支持，或者提供广告推广、支付结算等帮助，情节严重的行为。丁明知黄某在网上开设赌场，仍为其提供互联网接入服务。丁的这一行为同时触犯开设赌场罪与帮助信息网络犯罪活动罪，构成想象竞合犯。D 选项正确。

08 考向 刑罚裁量

1.【单项选择题】关于累犯，下列哪一选项是正确的？

A. 对累犯和犯罪集团的积极参加者，不适用缓刑

B. 对累犯，如假释后对所居住的社区无不良影响的，法院可决定假释

C. 对被判处无期徒刑的累犯，根据犯罪情节等情况，法院可同时决定对其限制减刑

D. 犯恐怖活动犯罪被判处有期徒刑 4 年，刑罚执行完毕后的第 12 年又犯黑社会性质的组织犯罪的，成立累犯

｜**参考答案**｜＿＿＿＿＿①

｜**设题陷阱与常见错误分析**｜

本题考查累犯的成立要件与法律后果，题目较为简单。个别考生认为，《刑法修正案（八）》修改了特别累犯的规定，D 选项未明确告知第 12 年是在 2011 年之前犯罪还是在 2011 年之后犯罪，如果是在 2011 年之前犯罪，那么就不构成特别累犯，因此这个题目无答案。考生千万不可如此"多想"。除非有特别说明，否则，刑法卷都是针对当下的行为，考查根据当下的刑法规定应如何处理。

｜**解题思路与方法分析**｜

《刑法》第 74 条规定："对于累犯和犯罪集团的首要分子，不适用缓刑。"据此，对于犯罪集团的积极参加者，刑法并未禁止对其缓刑。A 选项错误。

《刑法》第 81 条第 2 款规定，对于累犯，不得假释。据此，B 选项错误。

《刑法》第 50 条第 2 款规定："对被判处死刑缓期执行的累犯以及因故意杀人、强奸、抢劫、绑架、放火、爆炸、投放危险物质或者有组织的暴力性犯罪被判处死刑缓期执行的犯罪分子，人民法院根据犯罪情节等情况可以同时决定对其限制减刑。"据此，对被判处无期徒刑的

① D

累犯，人民法院不得对其限制减刑。C 选项错误。

《刑法》第 66 条规定："危害国家安全犯罪、恐怖活动犯罪、黑社会性质的组织犯罪的犯罪分子，在刑罚执行完毕或者赦免以后，在任何时候再犯上述任一类罪的，都以累犯论处。"据此，D 选项的情形成立累犯，为本题正确选项。

2.【单项选择题】关于自首，下列哪一选项是正确的？

A. 甲绑架他人作为人质并与警察对峙，经警察劝说放弃了犯罪。甲是在"犯罪过程中"而不是"犯罪以后"自动投案，不符合自首条件

B. 乙交通肇事后留在现场救助伤员，并报告交管部门发生了事故。交警到达现场询问时，乙否认了自己的行为。乙不成立自首

C. 丙故意杀人后如实交代了自己的客观罪行，司法机关根据其交代认定其主观罪过为故意，丙辩称其为过失。丙不成立自首

D. 丁犯罪后，仅因形迹可疑而被盘问、教育，便交代了自己所犯罪行，但拒不交代真实身份。丁不属于如实供述，不成立自首

｜**参考答案**｜__________①

｜**设题陷阱与常见错误分析**｜

本题主要考查自首的成立要件。有考生认为 D 选项正确，因为自首的本质在于行为人愿意接受法律的制裁，隐瞒自己的真实身份表明其并不愿意接受法律的制裁，违反自首本质，明显不属于自首。这一理解有误。一方面，根据 2010 年 12 月 22 日最高人民法院《关于处理自首和立功若干具体问题的意见》的规定，犯罪嫌疑人供述的身份等情况与真实情况虽有差别，但不影响定罪量刑的，应认定为如实供述自己的罪行；另一方面，丁犯罪后仅因形迹可疑而被盘问、教育，便交代了自己所犯罪行，交代罪行的行为本身将会使丁被定罪量刑，因而不能说其并不愿意接受法律的制裁。

｜**解题思路与方法分析**｜

A 选项主要考查考生对"犯罪以后"的理解问题。对《刑法》第 67 条第 1 款中的"犯罪以后"应作规范理解，其是指根据刑法规定可以认定（确定）行为人的危害行为构成犯罪后，而不是事实意义上的犯罪（事实）结束以后。甲绑架他人作为人质，无论该事件事实上是否已经结束，甲在刑法上已经构成犯罪，属于"犯罪以后"。此时甲自动投案的，可以构成自首。当然，在具体案件中，犯罪人走投无路而被迫投降的，可能不成立自首，但是绑架他人做人质的犯罪行为人，手中有相当多的筹码，通常不属于走投无路的情形，其当场投降警方的，能够降低执法和司法成本，应当认定其构成自首。A 选项错误。

乙虽然履行了《道路交通安全法》规定的救助义务，部分履行了报告义务，但是，交警到达现场询问时，乙否认了自己的行为，故不能认定乙主动投案，其也没有如实供述自己的罪行，不具备自首的两个基本条件，不成立自首。B 选项正确。

根据 2004 年 3 月 26 日最高人民法院《关于被告人对行为性质的辩解是否影响自首成立问题的批复》，被告人对行为性质的辩解不影响自首的成立。这是因为为自己辩解（辩护）是刑事被告人的诉讼权利，丙辩解说自己主观上出于过失而非故意，应当认定是为自己的行为性质进行辩护，不影响自首的成立。C 选项错误。

根据 2010 年 12 月 22 日最高人民法院《关于处理自首和立功若干具体问题的意见》，如实供述自己的罪行，除供述自己的主要犯罪事实外，还应包括姓名、年龄、职业、住址、前科等情况；犯罪嫌疑人供述的身份等情况与真实情况虽有差别，但不影响定罪量刑的，应认定为如实供述自己的罪行；犯罪嫌疑人自动投案后隐瞒自己的真实身份等情况，影响对其定罪量刑的，不能认定为如实供述自己的罪行。丁犯罪后，仅因形迹可疑而被盘问、教育，便交代了自己所犯罪行，虽拒不交代真实身份，但并不影响对丁的定罪量刑，故丁的行为成立自首。D 选项错误。

---

① B

3.【单项选择题】被宣告______的犯罪分子，在______考验期内犯新罪或者发现判决宣告以前还有其他罪没有判决的，应当撤销______，对新犯的罪或者新发现的罪作出判决，把前罪和后罪所判处的刑罚，依照《刑法》第69条的规定，决定执行的刑罚。

关于三个空格的填充内容，下列哪一选项是正确的？

A. 均应填“假释”

B. 均应填“缓刑”

C. 既可均填“假释”，也可均填“缓刑”

D. 既不能均填“假释”，也不能均填“缓刑”

| **参考答案** | __________①

| **设题陷阱与常见错误分析** |

本题考查撤销缓刑、假释后数罪并罚的方法，二者存在相似之处，如果不能准确把握二者的区别，容易选错。有考生认为，被假释的犯罪分子在考验期内犯新罪或者发现判决宣告以前还有其他罪没有判决的，按照《刑法》第69条的规定进行数罪并罚的，因此C选项才是正确选项。这一看法仅是注意到外观上都是按照《刑法》第69条进行数罪并罚，却没有注意到下列不同：假释犯在考验期内犯新罪时，采取“先减后并”法、按照《刑法》第69条进行数罪并罚，在考验期内被发现判决宣告以前还有其他罪没有判决的，是“先并后减”后按照《刑法》第69条进行数罪并罚；对于缓刑犯而言，无论是考验期内犯新罪还是发现判决宣告以前还有其他罪没有判决的，都是直接适用《刑法》第69条进行数罪并罚。因此，题干中的空格，无法均可填写“假释”。

| **解题思路与方法分析** |

被宣告缓刑的犯罪分子，在缓刑考验期限内，无论是犯新罪还是发现判决宣告以前还有其他罪没有判决的，数罪并罚的方法都是相同的，都是按照《刑法》第69条“判决宣告前一人犯数罪”进行数罪并罚。对此，《刑法》第77条第1款明确规定：“被宣告缓刑的犯罪分子，在缓刑考验期限内犯新罪或者发现判决宣告以前还有其他罪没有判决的，应当撤销缓刑，对新犯的罪或者新发现的罪作出判决，把前罪和后罪所判处的刑罚，依照本法第六十九条的规定，决定执行的刑罚。”被假释的犯罪分子，在假释考验期限内犯新罪，则是按照《刑法》第71条“判决宣告以后，刑罚执行完毕以前，被判刑的犯罪分子又犯罪”进行数罪并罚（先减后并）；在假释考验期限内，发现被假释的犯罪分子在判决宣告以前还有其他罪没有判决的，按照“判决宣告以后，刑罚执行完毕以前，发现被判刑的犯罪分子在判决宣告以前还有其他罪没有判决”进行数罪并罚（先并后减，《刑法》第70条）。无论是考验期限内犯新罪还是发现判决宣告以前还有其他罪没有判决，都采取相同的数罪并罚的方法，这只可能是缓刑的情形，不可能是假释的情形。据此，B选项正确。

4.【多项选择题】关于数罪并罚，下列哪些选项是正确的？

A. 甲犯某罪被判处有期徒刑2年，犯另一罪被判处拘役6个月。对甲只需执行有期徒刑

B. 乙犯某罪被判处有期徒刑2年，犯另一罪被判处管制1年。对乙应在有期徒刑执行完毕后，继续执行管制

C. 丙犯某罪被判处有期徒刑6年，执行4年后发现应被判处拘役的漏罪。数罪并罚后，对丙只需再执行尚未执行的2年有期徒刑

D. 丁犯某罪被判处有期徒刑6年，执行4年后被假释，在假释考验期内犯应被判处1年管制的新罪。对丁再执行2年有期徒刑后，执行1年管制

| **参考答案** | __________②

| **设题陷阱与常见错误分析** |

本题考查异种自由刑的数罪并罚问题。只要牢记《刑法》第69条关于异种自由刑的数罪并罚规则，即能轻松答对本题。

| **解题思路与方法分析** |

《刑法》第69条第2款规定：“数罪中有判处有期徒刑和拘役的，执行有期徒刑。数罪中

---

① B

② ABCD

有判处有期徒刑和管制，或者拘役和管制的，有期徒刑、拘役执行完毕后，管制仍须执行。”据此，有期徒刑与拘役数罪并罚时，拘役被吸收，只执行有期徒刑，故A、C选项正确。有期徒刑与管制数罪并罚时，二者皆需执行，B、D选项正确。

5.【多项选择题】关于刑罚的具体运用，下列哪些选项是错误的？

A. 甲1998年因间谍罪被判处有期徒刑4年。2010年，甲因参加恐怖组织罪被判处有期徒刑8年。甲构成累犯

B. 乙因倒卖文物罪被判处有期徒刑1年，罚金5000元；因假冒专利罪被判处有期徒刑2年，罚金5000元。对乙数罪并罚，决定执行有期徒刑2年6个月，罚金1万元。此时，即使乙符合缓刑的其他条件，也不可对乙适用缓刑

C. 丙因无钱在网吧玩游戏而抢劫，被判处有期徒刑1年缓刑1年，并处罚金2000元，同时禁止丙在12个月内进入网吧。若在考验期限内，丙仍常进网吧，情节严重，则应对丙撤销缓刑

D. 丁系特殊领域专家，因贪污罪被判处有期徒刑8年。丁遵守监规，接受教育改造，有悔改表现，无再犯危险。1年后，因国家科研需要，经最高人民法院核准，可假释丁

| **参考答案** | ________[1]

| **设题陷阱与常见错误分析** |

《刑法修正案（八）》对于累犯作过修订，考生在判断行为人的行为是否构成累犯时，就需要考虑《刑法修正案（八）》的溯及力问题及相应的处理原则（从旧兼从轻）。未能注意到本题隐形考查刑法的溯及力问题，容易答错题目。此外，数罪并罚与缓刑之间不存在对立关系，行为人被数罪并罚后，只要符合缓刑的条件，仍旧可以被宣告缓刑。如果对此没有认识，便可能选错B选项。C选项考查撤销缓刑的条件，D选项考查假释的适用条件。对于撤销缓刑的条件、假释的适用条件掌握不牢，也会答错题目。

| **解题思路与方法分析** |

前罪为危害国家安全罪，后罪为参加恐怖组织罪，因而构成特别累犯的规定是由2011年《刑法修正案（八）》增设的，不可溯及既往。甲参加恐怖组织的行为发生在《刑法修正案（八）》之前，故不能适用《刑法修正案（八）》的规定将甲认定为累犯。据此，A选项错误。

数罪并罚后，如果符合缓刑的条件，对犯罪分子可以宣告缓刑。1998年9月17日最高人民检察院法律政策研究室《关于对数罪并罚决定执行刑期为三年以下有期徒刑的犯罪分子能否适用缓刑问题的复函》规定：“对于判决宣告以前犯数罪的犯罪分子，只要判决执行的刑罚为拘役、三年以下有期徒刑，且符合根据犯罪分子的犯罪情节和悔罪表现，适用缓刑确实不致再危害社会的案件，依法可以适用缓刑。”据此，B选项错误。

《刑法》第77条第2款规定：“被宣告缓刑的犯罪分子，在缓刑考验期限内，违反法律、行政法规或者国务院有关部门关于缓刑的监督管理规定，或者违反人民法院判决中的禁止令，情节严重的，应当撤销缓刑，执行原判刑罚。”丙在缓刑的同时被禁止在12个月内进入网吧，若在考验期限内，丙仍常进网吧，情节严重，应对丙撤销缓刑。据此，C选项正确。

《刑法》第81条第1款规定：“被判处有期徒刑的犯罪分子，执行原判刑期二分之一以上，被判处无期徒刑的犯罪分子，实际执行十三年以上，如果认真遵守监规，接受教育改造，确有悔改表现，没有再犯罪的危险的，可以假释。如果有特殊情况，经最高人民法院核准，可以不受上述执行刑期的限制。”丁系特殊领域专家，如果有特殊情况（国家科研需要），经最高人民法院核准，即使未达到假释的刑期限度，也可假释丁。据此，D选项正确。

09 考向 刑罚执行

【单项选择题】在符合“执行期间，认真遵守监规，接受教育改造”的前提下，关于减刑、

---

[1] AB

假释的分析,下列哪一选项是正确的?

A. 甲因爆炸罪被判处有期徒刑12年,已服刑10年,确有悔改表现,无再犯危险。对甲可以假释

B. 乙因行贿罪被判处有期徒刑9年,已服刑5年,确有悔改表现,无再犯危险。对乙可优先适用假释

C. 丙犯贪污罪被判处无期徒刑,拒不交代贪污款去向,一直未退赃。丙已服刑20年,确有悔改表现,无再犯危险。对丙可假释

D. 丁因盗窃罪被判处有期徒刑5年,已服刑3年,一直未退赃。丁虽在服刑中有重大技术革新,成绩突出,对其也不得减刑

| **参考答案** | ________①

| **设题陷阱与常见错误分析** |

本题主要考查减刑、假释的适用条件。如果考生熟悉2016年11月14日最高人民法院《关于办理减刑、假释案件具体应用法律的规定》的相关内容,答对本题是极为容易的。

| **解题思路与方法分析** |

根据《刑法》第81条第2款的规定,对累犯以及因故意杀人、强奸、抢劫、绑架、放火、爆炸、投放危险物质或者有组织的暴力性犯罪被判处10年以上有期徒刑、无期徒刑的犯罪分子,不得假释。据此,A选项中的甲不能假释,只能减刑。

在B选项中,乙因行贿罪被判处有期徒刑9年,已服刑5年,确有悔改表现,符合减刑条件,同时,乙无再犯危险,又符合假释条件。2016年11月14日最高人民法院《关于办理减刑、假释案件具体应用法律的规定》第26条第2款规定:"罪犯既符合法定减刑条件,又符合法定假释条件的,可以优先适用假释。"故B选项正确。

2016年11月14日最高人民法院《关于办理减刑、假释案件具体应用法律的规定》第3条第2款规定:"对职务犯罪、破坏金融管理秩序和金融诈骗犯罪、组织(领导、参加、包庇、纵容)黑社会性质组织犯罪等罪犯,不积极退赃、协助追缴赃款赃物、赔偿损失,或者服刑期间利用个人影响力和社会关系等不正当手段意图获得减刑、假释的,不认定其'确有悔改表现'。"而在C选项中,丙拒不交代贪污款去向,一直没有退赃,根据上述司法解释,不能认定丙有悔改表现,故对其不能假释。C选项错误。

在D选项中,盗窃犯人丁虽然一直未退赃,但并不影响对其适用减刑。是否退赃,确实能够说明犯罪分子是否有所悔改,但是,悔改表现不是减刑的必要条件,具有立功表现,同样可以对其减刑。同时,最高人民法院《关于办理减刑、假释案件具体应用法律的规定》第7条规定:对符合减刑条件的职务犯罪罪犯,破坏金融管理秩序和金融诈骗犯罪罪犯……确有履行能力而不履行或者不全部履行生效裁判中财产性判项的罪犯,被判处10年以下有期徒刑的,执行2年以上方可减刑。由此可见,在实务中,不履行生效裁判中财产性判项的犯罪分子,对其也可以减刑。丁在服刑中有重大技术革新,成绩突出,属于存在立功表现,即便一直未退赃,对其也可以减刑。D选项错误。

10 考向 刑罚消灭

【多项选择题】关于追诉时效,下列哪些选项是正确的?

A. 甲犯劫持航空器罪,即便经过30年,也可能被追诉

B. 乙于2013年1月10日挪用公款5万元用于结婚,2013年7月10日归还。对乙的追诉期限应从2013年1月10日起计算

C. 丙于2000年故意轻伤李某,直到2008年李某才报案,但公安机关未立案。2014年,丙因他事被抓。不能追诉丙故意伤害的刑事责任

D. 丁与王某共同实施合同诈骗犯罪。在合同诈骗罪的追诉期届满前,王某单独实施抢夺罪。对丁合同诈骗罪的追诉时效,应从王某犯抢夺罪之日起计算

① B

| **参考答案** | ________①

| **设题陷阱与常见错误分析** |

对于追诉时效,考生需要准确把握追诉时效的期限、追诉期限的计算(一般犯罪追诉期限的计算、连续或继续犯罪追诉期限的计算)、追诉时效的延长、追诉时效的中断等知识点。

| **解题思路与方法分析** |

根据《刑法》第87条第4项的规定,犯罪经过20年后认为必须追诉的,须报请最高人民检察院核准。因此,甲犯劫持航空器罪,即便经过30年,只要报最高人民检察院且得到核准的,仍可以追诉甲劫持航空器犯罪的刑事责任。A选项正确。

挪用公款罪的追诉时效应从挪用公款犯罪成立之日起开始计算。2013年1月10日,乙挪用公款5万元,该公款未用于非法活动与营利活动,故此时尚不构成挪用公款罪;只有超过3个月未还时,乙的挪用行为才构成挪用公款罪。在2013年1月10日,乙挪用5万元公款的行为既然尚未成立挪用公款罪,自然不应从该日开始计算挪用公款罪的追诉期限。B选项错误。

《刑法》第88条第2款规定:"被害人在追诉期限内提出控告,人民法院、人民检察院、公安机关应当立案而不予立案的,不受追诉期限的限制。"丙于2000年故意轻伤李某,故意轻伤的法定最高刑为3年有期徒刑,因此,对该伤害罪行的追诉期限为5年,李某应当在2005年之前提出控告,才属于在追诉期限内提出控告,丙的伤害罪行才不受追诉期限的限制。但直到2008年李某才报案,已不属于"在追诉期限内提出控告"。因此,对丙的伤害罪行不应适用《刑法》第88条第2款,而应认定追诉期限已经届满。C选项认为不能追诉丙故意伤害的刑事责任,这是正确的。

对于共同犯罪,追诉期限不具有连带性,应独立计算各个共犯人的追诉期限。在合同诈骗罪的追诉期届满前,王某单独实施抢夺罪,此时仅对王某适用《刑法》第89条第2款"在追诉期限以内又犯罪的,前罪追诉的期限从犯后罪之日起计算"的规定,对丁不能适用该规定。据此,D选项错误。

11 考向 危害公共安全罪

1.【单项选择题】甲对拆迁不满,在高速公路中间车道用树枝点燃一个焰高约20厘米的火堆,将其分成两堆后离开。火堆很快就被通行车辆压灭。关于本案,下列哪一选项是正确的?

A. 甲的行为成立放火罪

B. 甲的行为成立以危险方法危害公共安全罪

C. 如认为甲的行为不成立放火罪,那么其行为也不可能成立以危险方法危害公共安全罪

D. 行为危害公共安全,但不构成放火、决水、爆炸等犯罪的,应以以危险方法危害公共安全罪论处

| **参考答案** | ________②

| **设题陷阱与常见错误分析** |

以危险方法危害公共安全罪是《刑法》第114条、第115条的兜底罪名,而不是《刑法》分则第二章"危害公共安全罪"的兜底罪名。针对实践中以危险方法危害公共安全罪已经成为"口袋罪"的不良倾向,设置了本题。一些考生认为,D选项应该正确:因为以危险方法危害公共安全罪是排除放火罪等罪名外的概括性罪名,当行为不成立放火罪,但行为与放火罪具有相近的危险性时,就能成立以危险方法危害公共安全罪。这一看法仅重视行为具有危害公共安全的属性,不重视行为人是否采取了与放火、决水、爆炸、投放危险物质相当的方法——所谓"行为与放火罪具有相近的危险性",强调的是该行为具有与放火罪一样的社会危害性,而不是强调行为在方法上的相当性。如此一来,就会使以危险方法危害公共安全罪成为《刑法》分则第二章"危害公共安全罪"的兜底罪名。这是极不合适的。

另有考生认为,考虑到高速公路这一特

---

① AC

② C

定场景，行为人点燃树枝的行为可能直接导致有安全隐患的车子（如漏油的车子）发生事故，从而导致更大的交通事故。因此 D 选项正确。但是，题干交代非常明确，“火堆很快就被通行车辆压灭”。考生以自己所设想的、题干中并不存在的信息解题，自然难以得出正确结论。

｜ 解题思路与方法分析 ｜

根据本案的事实，甲在高速公路上点燃树枝的行为没有足以危害公共安全的危险，难以认定为放火罪与以危险方法危害公共安全罪。针对甲点燃树枝这一行为，如认为该行为不成立放火罪，那么该行为也不可能成立以危险方法危害公共安全罪，这是因为如果甲的行为不足以危害公共安全因而不构成放火罪，则基于同样的理由，因甲的行为不足以危害公共安全，其也无法构成以危险方法危害公共安全罪。据此，C 选项正确。仅在采用与放火、决水、爆炸、投放危险物质相当的方法危害公共安全时，才能构成以危险方法危害公共安全罪。D 选项没有提到“方法的相当性”要求，认为只要行为危害公共安全，但不构成放火、决水、爆炸等犯罪的，就应该以危险方法危害公共安全罪论处，这是错误的。

2.【单项选择题】关于危害公共安全罪的认定，下列哪一选项是正确的？

A. 猎户甲合法持有猎枪，猎枪被盗后没有及时报告，造成严重后果。甲构成丢失枪支不报罪

B. 乙故意破坏旅游景点的缆车的关键设备，致数名游客从空中摔下。乙构成破坏交通设施罪

C. 丙吸毒后驾车将行人撞成重伤（负主要责任），但毫无觉察，驾车离去。丙构成交通肇事罪

D. 丁被空姐告知“不得打开安全门”，仍拧开安全门，致飞机不能正点起飞。丁构成破坏交通工具罪

｜ 参考答案 ｜__________①

｜ 设题陷阱与常见错误分析 ｜

本题考查了几个常见的危害公共安全罪的罪名。只要掌握相关犯罪的犯罪构成，答对本题是很容易的。有部分考生认为 B 选项也是正确的。B 选项实际考查的是破坏交通工具罪与破坏交通设施罪的区分：主要针对交通工具本身进行破坏，从而危害公共安全的，成立破坏交通工具罪；主要针对交通设施本身进行破坏从而危害公共安全的，成立破坏交通设施罪。乙破坏的是旅游景点的缆车，而不是破坏空中索道，缆车本身不是交通设施，而是交通工具，属于《刑法》第 117 条中的“电车”，故乙的行为不构成破坏交通设施罪，而是构成破坏交通工具罪。

｜ 解题思路与方法分析 ｜

依法配备公务用枪的人员，丢失枪支不及时报告，造成严重后果的，才构成丢失枪支不报罪，猎户甲不符合丢失枪支不报罪的主体要件，故其行为不构成丢失枪支不报罪。A 选项错误。

缆车是景区运载游客的常见公共交通工具，属于电车的一种。乙破坏缆车的关键设备，致使数名游客从空中摔下，已经发生缆车倾覆、毁坏的结果，该行为构成破坏交通工具罪。B 选项错误。

2000 年 11 月 10 日最高人民法院《关于审理交通肇事刑事案件具体应用法律若干问题的解释》第 2 条规定，吸食毒品后驾驶机动车辆，交通肇事致 1 人以上重伤，负事故全部或者主要责任的，以交通肇事罪定罪处罚。丙吸毒后驾车将行人撞成重伤（负主要责任），该行为构成交通肇事罪。C 选项正确。

飞机尚未起飞时，拧开飞机安全门的行为虽然致飞机不能正点起飞，但该行为不会造成飞机倾覆、毁坏的危险，不构成破坏交通工具罪。当然，如果飞机起飞后，行为人拧开安全门的，则有成立破坏交通工具罪的余地。D 选项错误。

---

① C

3.【单项选择题】甲在建筑工地开翻斗车。某夜,甲开车时未注意路况,当场将工友乙撞死、丙撞伤。甲背丙去医院,想到会坐牢,遂将丙弃至路沟后逃跑。丙不得救治而亡。关于本案,下列哪一选项是错误的?

A. 甲违反交通运输管理法规,因而发生重大事故,致人死伤,触犯交通肇事罪

B. 甲在作业中违反安全管理规定,发生重大伤亡事故,触犯重大责任事故罪

C. 甲不构成交通肇事罪与重大责任事故罪的想象竞合犯

D. 甲为逃避法律责任,将丙带离事故现场后遗弃,致丙不得救治而亡,还触犯故意杀人罪

| **参考答案** | __________①

| **设题陷阱与常见错误分析** |

本题考查在建筑工地等处,机动车违规致人死亡案件的处理。如果不能准确区分交通肇事罪与重大责任事故罪,容易选错。在发生重大责任事故后,将被害人带离现场后又遗弃致使被害人死亡的,对抛弃行为应追究故意杀人罪的刑事责任。

| **解题思路与方法分析** |

2000 年 11 月最高人民法院《关于审理交通肇事刑事案件具体应用法律若干问题的解释》第 8 条规定,在实行公共交通管理的范围内发生重大交通事故的,依照《刑法》第 133 条交通肇事罪和本解释的有关规定办理。在公共交通管理的范围外,驾驶机动车辆或者使用其他交通工具致人伤亡或者致使公共财产或者他人财产遭受重大损失,构成犯罪的,分别依照《刑法》第 134 条重大责任事故罪、第 135 条重大劳动安全事故罪、第 233 条过失致人死亡罪等规定定罪处罚。本案案发地点为建筑工地,不属于"公共交通管理的范围内"。甲在建筑工地开翻斗车时未注意路况,当场将工友乙撞死、丙撞伤,不能构成交通肇事罪,而是构成重大责任事故罪。据此,A 选项错误,B 选项正确。甲不构成交通肇事罪,因此 C 选项认为甲不构成交通肇事罪与重大责任事故罪的想象竞合犯,是正确的。甲背丙去医院的途中,将丙弃至路沟,断绝了丙被别人发现从而获救的机会,这一行为积极创设了丙死亡的危险,属于断绝他人生命的杀人行为,主观上甲认识到丙可能死亡,具有杀人的故意,因此,甲遗弃丙的行为构成故意杀人罪,D 选项正确。A 项为本题正确答案。

4.【单项选择题】下列哪一行为应以危险驾驶罪论处?

A. 醉酒驾驶机动车,误将红灯看成绿灯,撞死 2 名行人

B. 吸毒后驾驶机动车,未造成人员伤亡,但危及交通安全

C. 妻子突然昏倒,情况紧急,醉酒的丈夫嫌弃岳父的驾驶技术不高,丈夫超速开车将妻子送到医院

D. 将汽车误停在大型商场地下固定卸货车位,后在醉酒时将汽车从地下三层开到地下一层的停车位

| **参考答案** | __________②

| **设题陷阱与常见错误分析** |

危险驾驶罪属于常见犯罪。很多人主张《刑法修正案(九)》应将"毒驾"规定为危险驾驶罪。针对这一主张,专门设置了 B 选项来干扰考生。根据罪刑法定原则,只有刑法明文规定"毒驾"构成危险驾驶罪,或者能够将"毒驾"解释为包含在《刑法》第 133 条之一的条文文义范围之内时,才能将"毒驾"认定为危险驾驶罪。根据现行刑法的规定,毒驾不构成危险驾驶罪。

| **解题思路与方法分析** |

醉酒驾驶机动车,误将红灯看成绿灯,撞死 2 名行人,同时触犯危险驾驶罪与交通肇事罪,根据《刑法》第 133 条之一的规定,应以交通肇事罪论处,而不能以危险驾驶罪论处。A 选项错误。

现行刑法并未将吸毒后驾驶机动车的行为规定为危险驾驶罪,因此,吸毒后驾驶机动车,未造成人员伤亡,但危及交通安全的,无法

---

① A

② C

以危险驾驶罪追究刑事责任。B 选项错误。

醉酒后出于急救伤病人员等紧急情况，不得已驾驶机动车，符合《刑法》第 21 条的规定的，成立紧急避险。在 C 项中，存在可以合法驾驶的第三人（岳父可以驾驶汽车），这就意味着丈夫不符合紧急避险必须是“不得已”的要件，因而其醉驾行为不能成立紧急避险，应以危险驾驶罪定罪处罚。C 选项正确。

关于短距离醉酒移动机动车行为的定性，虽然以前可能有不同看法，但当前再无争议。2023 年 12 月 13 日最高人民法院、最高人民检察院、公安部、司法部《关于办理醉酒危险驾驶刑事案件的意见》第 12 条第 3 项规定：在居民小区、停车场等场所因挪车、停车入位等短距离驾驶机动车的，除非具备造成交通事故且负事故全部或者主要责任等特定情节，否则可以认定为情节显著轻微、危害不大，依照《刑法》第 13 条的规定，不认为是犯罪，不追究危险驾驶罪的刑事责任。据此，在大型商场内短距离醉驾移动车辆的，一般不按危险驾驶罪论处。D 选项错误。

5.【多项选择题】关于危害公共安全罪的论述，下列哪些选项是正确的？

A. 甲持有大量毒害性物质，乙持有大量放射性物质，甲用部分毒害性物质与乙交换了部分放射性物质。甲、乙的行为属于非法买卖危险物质

B. 吸毒者甲用毒害性物质与贩毒者乙交换毒品。甲、乙的行为属于非法买卖危险物质，乙的行为另触犯贩卖毒品罪

C. 依法配备公务用枪的甲，将枪赠与他人。甲的行为构成非法出借枪支罪

D. 甲父去世前告诉甲“咱家院墙内埋着 5 支枪”，甲说“知道了”，但此后甲什么也没做。甲的行为构成非法持有枪支罪

| 参考答案 | ________[①]

| 设题陷阱与常见错误分析 |

本题考查危害公共安全罪具体罪名的适用，总体难度不大。非法买卖危险物质的，买方与卖方构成对合犯，都应按照非法买卖危险物质罪处罚。用毒害性物质交换毒品的，除交易双方都构成非法买卖危险物质罪外，出让毒品的一方还另行构成贩卖毒品罪。

赠与枪支与出借枪支似乎不同，前者不再主张枪支的返还权，而后者可以主张枪支的返还权，但这种分析是不当的，因为既然对象是违禁品枪支，则出借枪支与赠与枪支一样，在法律上都没有主张返还枪支的权利。在危害公共安全的属性上，赠与枪支与出借枪支二者并无不同，完全可以将赠与枪支解释为无期限的出借枪支。因此，依法配备公务用枪的人将枪赠与他人的行为成立非法出借枪支罪。一些考生误认为将赠与枪支解释为出借枪支属于类推解释，导致选错题目。

在持有型犯罪中，只要行为人能够实际支配、控制枪支，不要求行为人必须实施积极行为，即可认定行为人构成非法持有枪支罪。至于枪支是如何得来的，不影响非法持有枪支罪的认定。一些考生以“甲虽然回答说‘知道了’，但枪支未必真的存在”为由，认为甲不构成非法持有枪支罪。但是，甲家院墙内埋有 5 支枪，这应当是本题的默认前提。

| 解题思路与方法分析 |

《刑法》第 125 条第 2 款中的非法买卖危险物质罪不仅处罚卖出危险物质的行为，而且处罚买进危险物质的行为。非法买卖危险物质，是指行为人非法地有偿取得或者有偿转让危险物质的行为。至于“有偿”的形式不限，用一种危险物质去交换另一种危险物质，同样属于有偿取得危险物质，成立非法买卖危险物质罪。据此，A 选项正确。一方用毒害性物质换取另一方的毒品，无论是出让毒害性物质的一方还是取得毒害性物质的另一方，都属于有偿取得或者有偿转让危险物质，双方均构成非法买卖危险物质罪。对于有偿转让毒品的一方，其行为还具有贩卖毒品的属性，另行触犯贩卖毒品罪。据此，B 选项正确。根据《刑法》第 128 条第 2 款的规定，依法配备公务用枪的人员，非法出租、出借枪支的，构成非法出租、出借枪支罪。

---

① ABCD

非法将公务用枪赠与他人的,属于无期限地将枪支非法提供给他人使用,在此意义上,赠与枪支并不缺少出借枪支的内容,故能够解释为属于非法出借枪支。据此,C 选项正确。根据《刑法》第 128 条第 1 款的规定,非法持有枪支的,成立非法持有枪支罪。这里的"持有"是指行为人实际占有或控制枪支,至于形成占有或控制枪支的成因不限,既可能是以作为的方式(如非法制造枪支后)实际占有或控制枪支,也可能是以不作为的方式(如明知他人将枪支藏在自己的信箱里,却置之不理)实际占有或控制枪支。甲明知院墙内埋有 5 支枪,却不采取任何措施消灭其对枪支的非法占有状态,属于以不作为的方式实际占有或控制枪支,具有危害公共安全的抽象危险,成立非法持有枪支罪。D 选项正确。

12 考向 破坏社会主义市场经济秩序罪

1.【单项选择题】甲系外贸公司总经理,在公司会议上拍板:为物尽其用,将公司以来料加工方式申报进口的原材料剩料在境内销售。该行为未经海关许可,应缴税款 90 万元,公司亦未补缴。关于本案,下列哪一选项是正确的?

A. 虽未经海关许可,但外贸公司擅自销售原材料剩料的行为发生在我国境内,不属于走私行为

B. 外贸公司的销售行为有利于物尽其用,从利益衡量出发,应认定存在超法规的犯罪排除事由

C. 外贸公司采取隐瞒手段不进行纳税申报,逃避缴纳税款数额较大且占应纳税额的 10% 以上,构成逃税罪

D. 如海关下达补缴通知后,外贸公司补缴应纳税款,缴纳滞纳金,接受行政处罚,则不再追究外贸公司的刑事责任

| **参考答案** | ________①

| **设题陷阱与常见错误分析** |

本题考查了走私普通货物、物品罪与逃税罪。海关下达补缴通知后,外贸公司补缴应纳税款,缴纳滞纳金,接受行政处罚后,根据《刑法》第 201 条的规定,仅是不追究外贸公司逃税罪的刑事责任,外贸公司的行为同时构成走私普通货物、物品罪,对此仍应追究外贸公司走私普通货物、物品罪的刑事责任。D 选项认为"不再追究外贸公司的刑事责任",这显然是错误的。如果认为外贸公司只构成逃税罪,就会误选 D 选项。

| **解题思路与方法分析** |

《刑法》第 154 条第 1 项规定:未经海关许可并且未补缴应缴税额,擅自将批准进口的来料加工、来件装配、补偿贸易的原材料、零件、制成品、设备等保税货物,在境内销售牟利的,应以走私普通货物、物品罪追究刑事责任。A 选项错误。

外贸公司的销售行为有利于物尽其用,但这不构成超法规的犯罪排除事由,因为外贸公司的行为并没有保全更为重要的法益,不能经过法益衡量后被正当化。B 选项错误。

外贸公司擅自销售保税货物的行为未经海关许可,应缴税款 90 万元(数额较大),其亦未补缴 90 万元(逃税 100%)。可见,外贸公司逃避缴纳税款数额较大并且占应纳税额 10% 以上,该行为构成逃税罪。C 选项正确。

对外贸公司的逃税行为,如果经税务机关依法下达追缴通知后,外贸公司补缴应纳税款,缴纳滞纳金,已受行政处罚的,不再追究其逃税罪的刑事责任,但是,这并不意味着也不能追究外贸公司走私普通货物、物品罪的刑事责任。走私普通货物、物品罪与逃税罪不是对立关系,走私普通货物、物品的行为完全可能同时触犯逃税罪。即便不再追究外贸公司逃税罪的刑事责任,也应追究外贸公司走私普通货物、物品罪的刑事责任。D 选项错误。

2.【单项选择题】关于货币犯罪,下列哪一选项是错误的?

A. 伪造货币罪中的"货币",包括在国内流通的人民币、在国内可兑换的境外货币,以及正

① C

在流通的境外货币

B. 根据《刑法》规定，伪造货币并出售或者运输伪造的货币的，依照伪造货币罪从重处罚。据此，行为人伪造美元，并运输他人伪造的欧元的，应按伪造货币罪从重处罚

C. 将低额美元的纸币加工成高额英镑的纸币的，属于伪造货币

D. 对人民币真币加工处理，使 100 元面额变为 50 元面额的，属于变造货币

| **参考答案** | __________①

| **设题陷阱与常见错误分析** |

货币犯罪中首先涉及伪造货币罪与变造货币罪的区分，其次涉及货币犯罪的罪数问题。考生需要把握这些知识点，否则容易选错。

| **解题思路与方法分析** |

虽然 2000 年 9 月 8 日最高人民法院《关于审理伪造货币等案件具体应用法律若干问题的解释》第 7 条规定“本解释所称‘货币’是指可在国内市场流通或者兑换的人民币和境外货币”，但 2010 年 10 月 20 日最高人民法院《关于审理伪造货币等案件具体应用法律若干问题的解释(二)》第 3 条第 1 款又规定，“以正在流通的境外货币为对象的假币犯罪，依照刑法第一百七十条至第一百七十三条的规定定罪处罚”。据此，伪造货币罪的“货币”包括可在国内市场流通的人民币、可在国内市场流通或者兑换的境外货币和正在流通的境外货币。A 选项正确。

只有在同一宗假币犯罪中，伪造货币并出售或者运输伪造的货币的，才能根据《刑法》第 171 条第 3 款的规定按伪造货币罪定罪从重处罚。B 选项行为人在不同宗货币犯罪中分别实施了伪造行为与运输行为，这两个行为不存在内在的关联，属于两个不同的犯罪行为，因此，对此应当数罪并罚。B 选项错误。

美元与英镑属于不同主权国家发行的货币，将美元纸币加工成英镑，属于以其他材料(美元纸币)伪造英镑。C 选项正确。无视美元与英镑属于不同主权国家发行的货币这一重大差别，将美元理解为“真币”，将“将美元纸币加工成英镑”理解为“在真币的基础上改变货币形态”，就会错误地得出属于变造货币的结论。

变造货币虽然一般表现为将货币的面值由低面值改变为高面值，但也不排除将高面值改为低面值的情形，如将 100 元人民币真币改成 50 元的人民币(这种所谓的“错版”人民币可在收藏市场卖出高价)。将人民币的币值由 100 元改为 50 元，属于改变真币的价值或者形态，所以属于变造行为。D 选项正确。

3.【单项选择题】关于破坏社会主义市场经济秩序罪的认定，下列哪一选项是错误的？

A. 采用运输方式将大量假币运到国外的，应以走私假币罪定罪量刑

B. 以暴力、胁迫手段强迫他人借贷，情节严重的，触犯强迫交易罪

C. 未经批准，擅自发行、销售彩票的，应以非法经营罪定罪处罚

D. 为项目筹集资金，向亲戚宣称有高息理财产品，以委托理财方式吸收 10 名亲戚 300 万元资金的，构成非法吸收公众存款罪

| **参考答案** | __________②

| **设题陷阱与常见错误分析** |

本题考查走私假币罪、强迫交易罪、非法经营罪与非法吸收公众存款罪的犯罪构成，难度一般。只要考生熟悉相关刑法规定与司法解释，容易答对本题。一些考生不熟悉司法解释，或者认为司法解释不是我国刑法的渊源，或者认为我国刑法并不处罚强迫借贷行为，从而认为将强迫借贷解释为强迫交易应属类推解释，故主张 B 选项也是错误的。这一看法是不妥的。

| **解题思路与方法分析** |

采用运输方式将大量假币运到国外的，属于运输假币罪与走私假币罪的想象竞合犯，应从一重罪论处，应以走私假币罪定罪量刑。A 选项正确。

2014 年 4 月 17 日最高人民检察院《关于强迫借贷行为适用法律问题的批复》规定，“以

① B
② D

暴力、胁迫手段强迫他人借贷，属于刑法第二百二十六条第二项规定的‘强迫他人提供或者接受服务’，情节严重的，以强迫交易罪追究刑事责任”。据此，B 选项正确。

2005 年 5 月 11 日最高人民法院、最高人民检察院《关于办理赌博刑事案件具体应用法律若干问题的解释》第 6 条规定：“未经国家批准擅自发行、销售彩票，构成犯罪的，依照刑法第二百二十五条第(四)项的规定，以非法经营罪定罪处罚。”据此，C 选项正确。

2010 年 12 月 13 日最高人民法院《关于审理非法集资刑事案件具体应用法律若干问题的解释》第 1 条第 2 款规定：“未向社会公开宣传，在亲友或者单位内部针对特定对象吸收资金的，不属于非法吸收或者变相吸收公众存款。”为项目筹集资金，行为人仅向亲戚宣称有高息理财产品从而非法集资的，不属于非法吸收公众存款，故 D 选项的行为不构成非法吸收公众存款罪。D 选项错误。

4.【单项选择题】关于诈骗犯罪的论述，下列哪一选项是正确的(不考虑数额)？

A. 与银行工作人员相勾结，使用伪造的银行存单，骗取银行巨额存款的，只能构成票据诈骗罪，不构成金融凭证诈骗罪

B. 单位以非法占有目的骗取银行贷款的，不能以贷款诈骗罪追究单位的刑事责任，但可以该罪追究策划人员的刑事责任

C. 购买意外伤害保险，制造自己意外受重伤假象，骗取保险公司巨额保险金的，仅构成保险诈骗罪，不构成合同诈骗罪

D. 签订合同时并无非法占有目的，履行合同过程中才产生非法占有目的，后收受被害人货款逃匿的，不构成合同诈骗罪

| 参考答案 | ________①

| 设题陷阱与常见错误分析 |

本题考查了部分金融诈骗罪以及合同诈骗罪的犯罪构成以及这些犯罪之间的相互关系。部分考生没有意识到保险诈骗罪与合同诈骗罪不是对立关系，而是竞合关系，行为在构成保险诈骗罪的同时，也能构成合同诈骗罪，结果误选了 C 选项。还需提及的是，C 选项仅考查行为人构成哪些犯罪，并没有考查对行为人应以哪一犯罪论处。因此，一些考生主张，保险诈骗罪与合同诈骗罪是法条竞合的关系，保险诈骗罪是特别法条，合同诈骗是普通法条，故对行为人应以保险诈骗罪论处。但是，即便应对行为人以保险诈骗罪论处，也不意味着行为人根本不构成合同诈骗罪。既然考生认为这里存在法条竞合关系，自然就承认了行为人也是构成合同诈骗罪的。考生的失误就在于将行为人触犯哪些犯罪与对行为人应以哪一罪名论处，混为一谈了。

| 解题思路与方法分析 |

银行存单属于金融凭证，与银行工作人员相勾结，使用伪造的银行存单，骗取银行巨额存款的，只能构成金融凭证诈骗罪，而不构成票据诈骗罪。A 选项错误。

2014 年 4 月 24 日全国人民代表大会常务委员会《关于〈中华人民共和国刑法〉第三十条的解释》规定：公司、企业、事业单位、机关、团体等单位实施刑法规定的危害社会的行为，刑法分则和其他法律未规定追究单位的刑事责任的，对组织、策划、实施该危害社会行为的人依法追究刑事责任。在 B 选项中，甲公司以非法占有为目的，虚构项目，骗取银行贷款的，由于刑法没有明文规定应当追究单位贷款诈骗罪的刑事责任，因此，自然不能以贷款诈骗罪追究单位的刑事责任，但是能够以贷款诈骗罪追究组织、策划、实施贷款诈骗行为的自然人的刑事责任。B 选项正确。

购买不同保险公司的意外伤害保险，只能以订立保险合同的方式进行；行为人制造自己受到意外伤害的假象，骗取保险公司保险金的，不仅构成保险诈骗罪，而且构成合同诈骗罪，系保险诈骗罪与合同诈骗罪的法条竞合犯。C 选项错误。

根据《刑法》第 224 条的规定，以非法占有为目的，在签订、履行合同过程中，骗取对方当事人财物，数额较大的，构成合同诈骗罪。由此

① B

可见,在订立合同之后,在履行合同过程中,骗取对方当事人财物的,同样构成合同诈骗罪。D 选项错误。

5.【多项选择题】关于生产、销售伪劣商品罪,下列哪些选项是正确的?

A. 甲先生产、销售劣药,对人体健康造成严重危害,后又生产、销售假药的,应实行数罪并罚

B. 乙为提高猪肉的瘦肉率,在饲料中添加"瘦肉精"。由于生猪本身不是食品,故乙不构成生产有毒、有害食品罪

C. 丙销售不符合安全标准的饼干,足以造成严重食物中毒事故,但销售金额仅有 500 元。对丙应以销售不符合安全标准的食品罪论处

D. 丁明知香肠不符合安全标准,足以造成严重食源性疾患,但误以为没有毒害而销售,事实上香肠中掺有有毒的非食品原料。对丁应以销售不符合安全标准的食品罪论处

| 参考答案 | ________①

| 设题陷阱与常见错误分析 |

本题主要考查了生产、销售、提供假药罪,生产、销售、提供劣药罪,生产、销售不符合安全标准的食品罪与生产、销售有毒、有害食品罪的犯罪构成,题目相对较为简单。部分考生对 A 选项在审题上出现了偏差,认为甲"同时"生产、销售劣药和假药,属于想象竞合犯,故不应数罪并罚。但是,题目使用了"先……后……"的表述,表明存在两个行为,故不属于想象竞合犯的情形。生产、销售、提供假药罪与生产、销售、提供劣药罪是两个不同的犯罪,对此应当数罪并罚。

| 解题思路与方法分析 |

甲生产、销售、提供劣药,对人体健康造成严重损害,构成生产、销售、提供劣药罪;甲还生产、销售假药,又构成生产、销售、提供假药罪。甲先后存在两个行为,故对此应当数罪并罚,A 选项正确。2021 年 12 月 30 日最高人民法院、最高人民检察院《关于办理危害食品安全刑事案件适用法律若干问题的解释》第 11 条第 2 款规定,在食用农产品养殖过程中,使用禁用农药、食品动物中禁止使用的药品及其他化合物等有毒、有害的非食品原料,以生产、销售有毒、有害食品罪定罪处罚。2002 年 8 月 16 日最高人民法院、最高人民检察院《关于办理非法生产、销售、使用禁止在饲料和动物饮用水中使用的药品等刑事案件具体应用法律若干问题的解释》第 3 条规定:使用盐酸克仑特罗等禁止在饲料和动物饮用水中使用的药品或者含有该类药品的饲料养殖供人食用的动物的,依照《刑法》第 144 条的规定,以生产、销售有毒、有害食品罪追究刑事责任。据此,乙为提高猪肉的瘦肉率,在饲料中添加"瘦肉精",构成生产有毒、有害食品罪。据此,B 选项错误。

丙销售不符合安全标准的饼干,足以造成食物中毒事故,构成销售不符合安全标准的食品罪。成立销售不符合安全标准的食品罪,没有销售金额的要求。销售不符合安全标准的食品,如果销售金额达到 5 万元以上的,该行为还同时触犯生产、销售伪劣产品罪。但在 C 选项中,销售金额仅有 500 元,故对丙的行为只能以销售不符合安全标准的食品罪论处。C 选项正确。

丁虽然认识到销售的香肠不符合安全标准,但并未认识到其所销售的香肠中掺有有毒的非食品原料,主观上缺乏销售有毒、有害食品罪的犯罪故意,故其不构成销售有毒、有害食品罪的犯罪。在客观上,丁销售了有毒、有害食品,有毒、有害食品也属于不符合安全标准的食品;在主观上,丁明知香肠不符合安全标准,足以造成严重食源性疾患。丁的行为符合销售不符合安全标准的食品罪的犯罪构成,应以销售不符合安全标准的食品罪论处。D 选项正确。

6.【多项选择题】关于信用卡诈骗罪,下列哪些选项是错误的?

A. 以非法占有目的,用虚假身份证明骗领信用卡后又使用该卡的,应以妨害信用卡管理罪与信用卡诈骗罪并罚

B. 根据司法解释,在自动柜员机(ATM

① ACD

机)上擅自使用他人信用卡的,属于冒用他人信用卡的行为,构成信用卡诈骗罪

C.透支时具有归还意思,透支后经发卡银行两次催收,超过3个月仍不归还的,属于恶意透支,成立信用卡诈骗罪

D.《刑法》规定,盗窃信用卡并使用的,以盗窃罪论处。与此相应,拾得信用卡并使用的,就应以侵占罪论处

| 参考答案 | __________①

| 设题陷阱与常见错误分析 |

本题考查了信用卡诈骗罪的认定。有考生认为,B选项没说明信用卡的具体来源,如果行为人系盗窃他人信用卡后在柜员机上使用,根据《刑法》第196条第3款的规定,对此应以盗窃罪定罪量刑,故B选项未必正确。这一看法有误。《刑法》第196条第3款规定:"盗窃信用卡并使用的,依照本法第二百六十四条的规定定罪处罚。"该规定不能成为排除行为人构成信用卡诈骗罪的法律根据。根据司法解释,只要以非法占有为目的,在自动柜员机(ATM机)上擅自使用他人信用卡的,就构成信用卡诈骗罪;同时,如果信用卡是盗窃得来的,则在自动柜员机上擅自使用他人信用卡还具有盗窃他人财物的属性。在行为人既构成信用卡诈骗罪又构成盗窃罪的前提下,《刑法》第196条第3款明确了处罚规则,对这种竞合应以盗窃罪定罪量刑。如果认识到《刑法》第196条第3款仅是明确了竞合时的处罚规则,就不能根据《刑法》第196条第3款得出行为人不构成信用卡诈骗罪的结论。

| 解题思路与方法分析 |

根据《刑法》第196条第1款第1项的规定,使用以虚假的身份证明骗领的信用卡进行信用卡诈骗活动的,只构成信用卡诈骗罪一罪。如对《刑法》相关规定不熟悉,还可采用如下思路解题:以非法占有为目的,用虚假身份证明骗领信用卡后又使用该卡的,虽然从外形上看,手段行为与目的行为分别触犯妨害信用卡管理罪与信用卡诈骗罪,但是,二者侵犯的是同一法益(金融秩序),手段行为与目的行为存在牵连关系,构成牵连犯,对此不应数罪并罚。据此,A选项错误。

对于机器(如ATM机)能否被骗,虽然在理论上存在争议,但是,2008年4月18日最高人民检察院《关于拾得他人信用卡并在自动柜员机(ATM机)上使用的行为如何定性问题的批复》明确规定,拾得他人信用卡并在自动柜员机(ATM机)上使用的行为,属于《刑法》第196条第1款第3项规定的"冒用他人信用卡"的情形,构成犯罪的,以信用卡诈骗罪追究刑事责任。据此,B选项正确。

根据《刑法》第196条第2款的规定,恶意透支,是指持卡人以非法占有为目的,超过规定限额或者规定期限透支,并且经发卡银行催收后仍不归还的行为。这意味着仅在透支之时行为人具有非法占有目的的,才能构成信用卡诈骗罪。因此,透支时具有归还意思,透支后经发卡银行2次催收,超过3个月仍不归还的,不属于恶意透支,不构成信用卡诈骗罪。C选项错误。

D选项错误,因为无法根据前者,合乎逻辑地推导出后者的结论。

13 考向 侵犯公民人身权利、民主权利罪

1.【单项选择题】甲男(15周岁)与乙女(16周岁)因缺钱,共同绑架富商之子丙,成功索得50万元赎金。甲担心丙将来可能认出他们,提议杀丙,乙同意。乙给甲一根绳子,甲用绳子勒死丙。关于本案的分析,下列哪一选项是错误的?

A.甲、乙均触犯故意杀人罪,因而对故意杀人罪成立共同犯罪

B.甲、乙均触犯故意杀人罪,对甲以故意杀人罪论处,但对乙应以绑架罪论处

C.丙系死于甲之手,乙未杀害丙,故对乙虽以绑架罪定罪,但对乙不能适用"杀害被绑架人"的规定

D.对甲以故意杀人罪论处,对乙以绑架罪

① ACD

论处，与二人成立故意杀人罪的共同犯罪并不矛盾

｜**参考答案**｜__________①

｜**设题陷阱与常见错误分析**｜

本题围绕《刑法》第17条第2款关于刑事责任年龄的规定以及第239条绑架罪中“杀害被绑架人”的规定，结合部分犯罪共同说出题，总体难度一般。“杀害被绑架人”是否需要本人亲自动手，也是本题的重要考点。

｜**解题思路与方法分析**｜

根据《刑法》第17条第2款的规定，15周岁的甲不对绑架罪负责，仅对故意杀人罪负责，甲、乙在故意杀人罪的范围内成立共同犯罪。A选项正确。虽然甲、乙成立故意杀人的共同犯罪，但不能据此否定乙构成绑架罪，因为乙的行为完全符合绑架罪的犯罪构成；按照部分犯罪共同说，对甲以故意杀人罪论处，对乙应以绑架罪论处，B项正确。对甲以故意杀人罪论处，对乙以绑架罪论处，与二人成立故意杀人罪的共同犯罪并不矛盾，D选项正确。

“杀害被绑架人”不要求本人亲自动手，包括利用他人杀死被绑架人的情形。从外观上看，乙并未亲自杀害丙，丙系死于甲之手，但是，在剥夺丙的生命这一点上，甲与乙属于共同犯罪，因此，并未亲自杀人的乙也应对甲杀害丙的行为负责。乙属于在绑架犯罪过程中，(在共同故意杀人的限度内)利用其他共犯人杀害被绑架人，故对其应当适用“杀害被绑架人”的规定。据此，C选项错误。

2.**【单项选择题】**关于诬告陷害罪的认定，下列哪一选项是正确的(不考虑情节)？

A.意图使他人受刑事追究，向司法机关诬告他人介绍卖淫的，不仅触犯诬告陷害罪，而且触犯侮辱罪

B.法官明知被告人系被诬告，仍判决被告人有罪的，法官不仅触犯徇私枉法罪，而且触犯诬告陷害罪

C.诬告陷害罪虽是侵犯公民人身权利的犯罪，但诬告企业犯逃税罪的，也能追究其诬告陷害罪的刑事责任

D.15周岁的人不对盗窃负刑事责任，故诬告15周岁的人犯盗窃罪的，不能追究行为人诬告陷害罪的刑事责任

｜**参考答案**｜__________②

｜**设题陷阱与常见错误分析**｜

本题主要考查了诬告陷害罪的认定。部分考生认为，向司法机关诬告他人介绍卖淫的，该行为具有损害他人名誉的属性，故也触犯了侮辱罪，这一看法是错误的。A选项中隐藏了侮辱罪与诽谤罪的区分问题。侮辱罪与诽谤罪同为损害他人名誉的犯罪，二者的区别在于行为人是否捏造较为具体的事实损害他人的名誉。没有捏造事实或者捏造较为抽象的事实损害他人名誉的，成立侮辱罪；捏造较为具体的事实损害他人名誉的，构成诽谤罪。在A选项中，向司法机关诬告他人介绍卖淫的，构成的是诽谤罪，而不是侮辱罪，故A选项错误。

C选项中隐藏了单位犯罪的考点。诬告陷害罪虽是侵犯公民人身权利的犯罪，但如果行为人诬告企业犯逃税罪的，企业本身及相关自然人(主管人员和其他直接责任人员)就会面临被追究刑事责任的问题。该诬告行为会侵犯到相关自然人的人身权利，因而，对此也应追究行为人诬告陷害罪的刑事责任。部分考生只考虑到行为人诬告单位的不可能构成诬告陷害罪，但没有考虑到这一诬告行为对单位中的自然人能够构成诬告陷害罪，因而导致选择出错。

｜**解题思路与方法分析**｜

意图使他人受刑事追究，向司法机关诬告他人介绍卖淫的，该行为首先构成诬告陷害罪。由于该行为系捏造具体的事实损害他人名誉，该行为还构成诽谤罪，而不是构成侮辱罪。A选项错误。

法官明知被告人系被诬告，仍判决被告人有罪的，虽然法官明显属于意图使被告人受刑事追究，但一方面能否认定法官“捏造事实”存在疑问，另一方面法官也不存在向司法机关告发被告人的行为，故其行为不构成诬告陷害罪。

① C

② C

B 选项错误。

诬告陷害罪虽然是侵犯公民人身权利的犯罪,但诬告某单位犯逃税罪的,有可能侵犯主管人员和其他直接责任人员的人身权利,故也应追究行为人诬告陷害罪的刑事责任。C 选项正确。

15 周岁的人虽不对盗窃负刑事责任,但诬告 15 周岁的人犯盗窃罪的,可能触发刑事侦查程序——行为人具体年龄多少,是在立案调查之后才能确定的,诬告行为可能侵犯 15 周岁之人的人身权利,故应追究行为人诬告陷害罪的刑事责任。D 选项错误。

3.【单项选择题】关于侮辱罪与诽谤罪的论述,下列哪一选项是正确的?

A. 为寻求刺激在车站扒光妇女衣服,引起他人围观的,触犯强制猥亵、侮辱罪,未触犯侮辱罪

B. 为报复妇女,在大街上边打妇女边骂"狐狸精",情节严重的,应以侮辱罪论处,不以诽谤罪论处

C. 捏造他人强奸妇女的犯罪事实,向公安局和媒体告发,意图使他人受刑事追究,情节严重的,触犯诬告陷害罪,未触犯诽谤罪

D. 侮辱罪、诽谤罪属于亲告罪,未经当事人告诉,一律不得追究被告人的刑事责任

| **参考答案** | ________①

| **设题陷阱与常见错误分析** |

本题考查强制猥亵、侮辱罪与侮辱罪的关系,侮辱罪与诽谤罪的区分,诽谤罪与诬告陷害罪的关系,侮辱罪与诽谤罪的诉讼程序问题。对此若把握不准,容易选错。

| **解题思路与方法分析** |

强制猥亵、侮辱罪与侮辱罪不是对立的关系,公然强制猥亵、侮辱妇女,败坏妇女名誉的,既构成强制猥亵、侮辱罪,又构成侮辱罪,对此应按想象竞合犯加以处理。为寻求性的刺激在公共场所扒光妇女衣服,属于以流氓动机强制猥亵、侮辱妇女,构成强制猥亵、侮辱罪。因为这一行为引起他人围观,客观上败坏了被害妇女的名誉,故同时构成侮辱罪。A 选项认为行为人未触犯侮辱罪,这是错误的。需要提请考生注意的是,根据《刑法修正案(九)》第 13 条的规定,强制猥亵的犯罪对象不再限于女性,自此,该罪罪名由强制猥亵、侮辱妇女罪修正为强制猥亵、侮辱罪。

在口头侮辱他人时,如辱骂他人"狗杂种",这一侮辱行为多少存在"捏造"的成分。此时,捏造的事实是否相对具体,是区分侮辱与诽谤的具体界限所在。捏造的事实相对具体的,构成诽谤;捏造的事实较为抽象,构成侮辱。骂妇女是"狐狸精",这一事实较为抽象,属于侮辱行为。故为报复妇女,在大街上边打妇女边骂"狐狸精",情节严重的,应以侮辱罪论处,不以诽谤罪论处。据此,B 选项正确。

诽谤罪与诬告陷害罪都存在捏造事实的行为,且在诽谤罪中,完全可能捏造他人犯罪的事实,此时区分诽谤罪与诬告陷害罪的界限在于行为人是单纯追求败坏他人的名誉,还是意图使他人受刑事追究。这一主观意图可以通过行为人如何散布所捏造的事实来加以确定。捏造他人强奸妇女的犯罪事实,向公安局和媒体告发,败坏了他人的名誉,构成诽谤罪;行为人将该事实向公安局告发,表明行为人意图使他人受刑事追究,情节严重的,同时构成诬告陷害罪,应按照想象竞合犯加以处理。据此,C 选项错误。

一般的侮辱、诽谤犯罪属于亲告罪,即只有当事人告诉的才处理,但是侮辱、诽谤行为严重危害社会秩序和国家利益的,则属于公诉罪。据此,D 选项错误。

4.【单项选择题】关于侵犯公民人身权利的犯罪,下列哪一选项是正确的?

A. 甲对家庭成员负有扶养义务而拒绝扶养,故意造成家庭成员死亡。甲不构成遗弃罪,成立不作为的故意杀人罪

B. 乙闯入银行营业厅挟持客户王某,以杀害王某相要挟,迫使银行职员交给自己 20 万元。乙不构成抢劫罪,仅成立绑架罪

---

① B

C. 丙为报复周某，花5000元路费将周某12岁的孩子带至外地，以2000元的价格卖给他人。丙虽无获利目的，也构成拐卖儿童罪

D. 丁明知工厂主熊某强迫工人劳动，仍招募苏某等人前往熊某工厂做工。丁未亲自强迫苏某等人劳动，不构成强迫劳动罪

| **参考答案** | __________①

| **设题陷阱与常见错误分析** |

本题主要考查了常见的侵犯人身权利的犯罪以及这些犯罪之间的关系。有考生认为，甲故意造成家庭成员死亡，意味着甲至少是间接故意，甚至是直接故意的不作为故意杀人罪，故A选项正确。这一看法是错误的，因为遗弃罪与故意杀人罪不存在对立关系，甲对家庭成员负有扶养义务而拒绝扶养，故意造成家庭成员死亡的，既构成遗弃罪，同时也构成不作为的故意杀人罪。

| **解题思路与方法分析** |

遗弃罪与故意杀人罪并非互斥关系，甲对家庭成员负有扶养义务而拒绝扶养，故意造成家庭成员死亡的，甲构成遗弃罪与故意杀人罪的想象竞合犯。A选项错误。

绑架罪不以行为人挟持被绑架者离开其原来所处地点为前提，绑架犯也有可能是当场取得财物，因而绑架罪与抢劫罪有时也能形成竞合。乙闯入银行营业厅挟持客户王某，以杀害王某相要挟，迫使银行职员交给自己20万元的，虽然司法实务中多以抢劫罪论处，但乙其实构成绑架罪与抢劫罪的想象竞合犯。B选项错误。

拐卖儿童罪，不要求行为人具有获利目的，只要行为人具有出卖的目的将人卖出的，即构成拐卖儿童罪。丙虽无获利目的，也构成拐卖儿童罪。C选项正确。

《刑法》第244条第2款规定，明知他人实施前款行为，为其招募、运送人员或者有其他协助强迫他人劳动行为的，依照强迫劳动罪的规定处罚。据此，丁虽未亲自实施强迫劳动的行为，但其招募人员前往强迫工人劳动的熊某工厂做工，构成强迫劳动罪。D选项错误。

5.【**多项选择题**】关于侵犯人身权利罪，下列哪些选项是错误的？

A. 医生甲征得乙(15周岁)同意，将其肾脏摘出后移植给乙的叔叔丙。甲的行为不成立故意伤害罪

B. 丈夫甲拒绝扶养因吸毒而缺乏生活能力的妻子乙，致乙死亡。因吸毒行为违法，乙的死亡只能由其本人负责，甲的行为不成立遗弃罪

C. 乙盗窃甲价值4000余元财物，甲向派出所报案被拒后，向县公安局告发乙抢劫价值4000余元财物。公安局立案后查明了乙的盗窃事实。对甲的行为不应以诬告陷害罪论处

D. 成年妇女甲与13周岁男孩乙性交，因性交不属于猥亵行为，甲的行为不成立猥亵儿童罪

| **参考答案** | __________②

| **设题陷阱与常见错误分析** |

本题考查故意伤害罪、遗弃罪、诬告陷害罪、猥亵儿童罪的适用问题。只有准确把握相关犯罪的犯罪构成，才能准确回答本题。

| **解题思路与方法分析** |

《刑法》第234条之一规定，摘取不满18周岁的人的器官，依照故意伤害罪、故意杀人罪的规定定罪处罚。A选项中，乙只有15周岁，医生甲属于摘取未成年人的人体器官，构成故意伤害罪。A选项错误。

遗弃罪是指对于年老、年幼、患病或者其他没有独立生活能力的人，负有扶养义务而拒绝扶养，情节恶劣的行为。至于被害人因何原因丧失独立生活的能力，在所不问。B选项中，妻子乙属于缺乏独立生活能力的人，甲有义务扶养却拒绝扶养缺乏独立生活能力的妻子乙，致乙死亡，甲的行为成立遗弃罪。至于乙吸毒致使其失去独立生活能力，这不能成为甲无罪的理由。B选项错误。

诬告陷害罪，是指故意捏造犯罪事实，向国家机关或有关单位告发，意图使他人受刑事追

---

① C

② ABD

究，情节严重的行为。乙盗窃甲价值4000余元财物，甲向派出所报案被拒后，向县公安局告发乙抢劫价值4000余元财物。从外观上看，甲捏造了乙犯有抢劫罪的犯罪事实，但是，其一，乙原本就是盗窃犯，甲的行为不会侵犯乙的人身权利，也不会严重扰乱公安机关的侦查活动，既然甲的行为没有侵犯诬告陷害罪的犯罪客体（保护法益），则甲的行为就不构成诬告陷害罪；其二，甲之所以捏造乙抢劫价值4000余元财物的事实，是为了让公安机关立案，以便追究乙盗窃罪的刑事责任，而不是意图无端使乙受刑事追究，在此意义上，甲的行为也不符合诬告陷害罪的主观要件，故不构成诬告陷害罪。C选项正确。

现行刑法将与幼女性交的行为独立规定为强奸罪，而未将与幼男性交的行为规定为独立的犯罪。这一立法现状使猥亵儿童罪中的"猥亵"一词因猥亵的对象不同而有不同的含义：当猥亵的对象为女童时，猥亵是指性交行为之外的其他能够满足性欲的行为；当猥亵的对象为男童时，猥亵是指包括性交行为在内的一切能够满足性欲的行为。只有这样解释才不会造成处罚上的漏洞。据此，成年妇女甲与13周岁男孩乙性交的，成立猥亵儿童罪。D选项错误。

6.【多项选择题】甲为要回30万元赌债，将乙扣押，但2日后乙仍无还款意思。甲等5人将乙押到一处山崖上，对乙说："3日内让你家人送钱来，如今天不答应，就摔死你。"乙勉强说只有能力还5万元。甲刚说完"一分都不能少"，乙便跳崖。众人慌忙下山找乙，发现乙已坠亡。关于甲的行为定性，下列哪些选项是错误的？

A. 属于绑架致使被绑架人死亡

B. 属于抢劫致人死亡

C. 属于不作为的故意杀人

D. 成立非法拘禁，但不属于非法拘禁致人死亡

｜参考答案｜__________①

｜设题陷阱与常见错误分析｜

为了索取债务而扣押他人，考生有可能分不清行为人是构成绑架罪还是构成非法拘禁罪。对此，《刑法》第238条非法拘禁罪第3款明确规定："为索取债务非法扣押、拘禁他人的，依照前两款的规定处罚。"这里的"债务"，根据司法解释，包括赌债等非法债务。对此，2000年7月13日最高人民法院《关于对为索取法律不予保护的债务非法拘禁他人行为如何定罪问题的解释》规定："行为人为索取高利贷、赌债等法律不予保护的债务，非法扣押、拘禁他人的，依照刑法第二百三十八条的规定定罪处罚。"因此，对于为了索取赌债而扣押他人的行为应定性为非法拘禁罪，而不是绑架罪。在非法拘禁的过程中，如果出现被拘禁人死亡的结果，就涉及行为人是否属于非法拘禁"致人死亡"的问题。解决这一问题的关键是客观上死亡结果与非法拘禁行为之间是否存在因果关系，主观上行为人对此是否存在过失。如果死亡结果与非法拘禁行为之间没有因果关系，则即使出现死亡结果，也不属于非法拘禁致人死亡。

｜解题思路与方法分析｜

在本题中，甲并未将乙作为谈判的筹码向乙的家人索要钱财，也没有通过压制乙反抗的方式直接从乙身上取得财物。根据《刑法》第238条第3款以及2000年7月13日最高人民法院《关于对为索取法律不予保护的债务非法拘禁他人行为如何定罪问题的解释》，甲为索取债务拘禁扣押他人，构成非法拘禁罪，既不成立绑架罪，也不构成抢劫罪。据此，A、B选项错误。

乙虽然面临死亡胁迫，但该死亡胁迫并非现实的、即刻的死亡胁迫，因为只要口头答应3日内让家人送钱，就不会马上面临死亡危险。在此前提下，乙没有选择答应，而是自己跳崖坠亡，如果按照自我答责理论，乙的行为属于自杀行为，不应要求甲对此承担刑事责任，则认为甲属于不作为的故意杀人的C选项判断就是错误

① ABC

的。即便认为甲有救助乙的作为义务,但是,甲并非不履行作为义务,甲见乙跳崖后慌忙下山找乙,发现乙已坠亡,此时甲已经没有履行作为义务的必要与可能性,因而也不应认为甲的行为成立不作为犯罪。据此,C选项错误。

甲刚说完"一分都不能少"时,并不意味着乙马上就会被甲摔死。甲的本意是恐吓乙迫使其让家人送钱,该行为所蕴含的致人死亡的危险较低。跳崖是乙本人的选择,在尚未面临现实的、即刻的死亡胁迫时乙选择跳崖,这一介入因素过于异常,是过于异常的介入因素导致了死亡结果的发生。根据相当因果关系理论,应当认为乙的死亡与甲的非法拘禁行为之间没有因果关系。因此,甲不属于非法拘禁致人死亡。据此,D选项正确。

14 考向 侵犯财产犯罪

1.【单项选择题】乙全家外出数月,邻居甲主动帮乙照看房屋。某日,甲谎称乙家门口的一对石狮为自家所有,将石狮卖给外地人,得款1万元据为己有。关于甲的行为定性,下列哪一选项是错误的?

A. 甲同时触犯侵占罪与诈骗罪

B. 如认为购买者无财产损失,则甲仅触犯盗窃罪

C. 如认为购买者有财产损失,则甲同时触犯盗窃罪与诈骗罪

D. 不管购买者是否存在财产损失,甲都触犯盗窃罪

| 参考答案 | ________①

| 设题陷阱与常见错误分析 |

邻居甲主动帮乙照看房屋,外形上似乎属于"代为保管他人财物",但这并不意味着甲占有乙的房屋以及乙门口的一对石狮,一方面乙并未委托甲照看房屋,另一方面因为甲的行为也不满足无因管理"为避免他人利益受损失"的要件,故甲的行为也不构成无因管理。因此,尽管甲主动照料,但在法律上其并不占有乙的任何财物,故甲将石狮卖给外地人的行为就不构成侵占罪。B、C选项围绕购买者有无财产损失考查甲的行为是否构成诈骗罪。诈骗罪的基本构造为行为人以非法占有为目的实施欺诈行为→对方产生或者继续维持错误认识→对方基于错误认识处分财产→行为人取得财物→被害人遭受财产损失。只要掌握了诈骗罪的构造,对B、C选项的判断就是容易的。

| 解题思路与方法分析 |

邻居甲虽然主动帮乙照看房屋,但石狮不属于甲代为保管的财物,在社会观念上石狮仍为屋主乙所占有,故甲将石狮卖出的行为不构成侵占罪。A选项错误。甲属于采取不为乙所知的方法秘密窃取了乙的石狮,或者说甲采取不会危及人身安全的平和手段、利用不知情的外地人窃取了石狮,故甲的行为构成盗窃罪。如认为购买者没有财产损失(因为其已经得到了石狮),甲的行为就不符合诈骗罪"被害人遭受财产损失"的构造,从而不构成诈骗罪,只能以盗窃罪追究甲的刑事责任。如认为购买者有财产损失(因为乙可能要求甲返还石狮),甲属于欺骗购买者,使其基于认识错误交付财物,从而给购买者造成了财产损失,故甲的行为对购买者而言成立诈骗罪,同时对乙而言成立盗窃罪。可见,无论购买者是否存在财产损失,甲都触犯盗窃罪。B、C、D选项正确。

2.【单项选择题】郑某冒充银行客服发送短信,称张某手机银行即将失效,需重新验证。张某信以为真,按短信提示输入银行卡号、密码等信息后,又将收到的编号为135423的"验证码"输入手机页面。后张某发现,其实是将135423元汇入了郑某账户。关于本案的分析,下列哪一选项是正确的?

A. 郑某将张某作为工具加以利用,实现转移张某财产的目的,应以盗窃罪论处

B. 郑某虚构事实,对张某实施欺骗并导致张某处分财产,应以诈骗罪论处

C. 郑某骗取张某的银行卡号、密码等个人信息,应以侵犯公民个人信息罪论处

① A

D. 郑某利用电信网络，为实施诈骗而发布信息，应以非法利用信息网络罪论处

| **参考答案** | ________①

| **设题陷阱与常见错误分析** |

盗窃罪与诈骗罪的区分，是历年常见的考点。部分考生认为，郑某冒充银行客服发送短信，致使被害人信以为真，以致受骗上当，导致财物遭受损失，因此，对郑某的行为应以诈骗罪论处，B 选项正确。然而，诈骗罪与盗窃罪的关键区别在于，受骗人是否基于认识错误处分（交付）财产，处分（交付）财产不仅要求有客观上的处分行为，而且要求行为人对处分行为存在相应的认识，即具有主观上的处分意思。张某以为 135423 是"验证码"，输入 135423 时并无处分 135423 元的意思，故不应认定张某存在财产处分行为，因而郑某的行为不构成诈骗罪。

| **解题思路与方法分析** |

张某在输入所谓的"验证码"时并没有财产处分意识，故郑某的行为不构成诈骗罪。据此，B 选项错误。

郑某的行为实际上属于吸引被害人注意力，趁被害人不注意，利用被害人的疏忽，窃取被害人财物，故其行为构成盗窃罪。A 选项正确。

郑某只非法获取张某 1 条个人信息，难以认定为情节严重，对此不能以侵犯公民个人信息罪论处。即便肯定其行为构成侵犯公民个人信息罪，依据从一重罪处断原则，盗窃罪的法定刑更重，对此也应以盗窃罪论处，而不能以侵犯公民个人信息罪论处。C 选项错误。

《刑法》第 287 条之一第 1 款第 3 项规定，为实施诈骗等违法犯罪活动，利用信息网络发布信息的，构成非法利用信息网络罪。《刑法》第 287 条之一第 3 款还规定，同时构成其他犯罪的，依照处罚较重的规定定罪处罚。因盗窃罪的法定刑重于非法利用信息网络罪的法定刑，故对郑某应以盗窃罪论处。D 选项错误。

3.【单项选择题】乙购物后，将购物小票随手扔在超市门口。甲捡到小票，立即拦住乙说："你怎么把我购买的东西拿走？"乙莫名其妙，甲便向乙出示小票，两人发生争执。适逢交警丙路过，乙请丙判断是非，丙让乙将商品还给甲，有口难辩的乙只好照办。关于本案的分析（不考虑数额），下列哪一选项是错误的？

A. 如认为交警丙没有处分权限，则甲的行为不成立诈骗罪

B. 如认为盗窃必须表现为秘密窃取，则甲的行为不成立盗窃罪

C. 如认为抢夺必须表现为乘人不备公然夺取，则甲的行为不成立抢夺罪

D. 甲虽未实施恐吓行为，但如乙心生恐惧而交出商品的，甲的行为构成敲诈勒索罪

| **参考答案** | ________②

| **设题陷阱与常见错误分析** |

在题型上，本题属于理论推理题，考查考生运用相关学说推理、分析案例的能力。就知识点而言，本题首先考查考生能否区分盗窃罪与诈骗罪。当行为人误导第三人并通过第三人的行为取得被害人财物时，仅在第三人是具有处分被害人财产权限地位的人时，行为人的行为才符合诈骗罪的构造，成立诈骗罪；如果第三人不是具有处分被害人财产权限地位的人，行为人就属于利用不知情的第三人以平和的手段取得财物，成立盗窃罪。本题还考查了盗窃罪与抢夺罪、敲诈勒索罪的犯罪构成，考生若不能牢记这些犯罪的犯罪构成，容易答错本题。

| **解题思路与方法分析** |

构成诈骗罪，要求行为人以非法占有为目的实施欺诈行为→他人产生或者继续维持错误认识→具有财产处分权限的人基于错误认识处分财产→行为人取得财物→被害人遭受财产损失。如认为交警丙没有处分权限，则甲的行为就不符合诈骗罪的构造，不成立诈骗罪。据此，A 选项正确。甲是通过请人评判是非的方式公开取得乙的财物，如认为盗窃必须表现为秘密窃取，甲的行为就不成立盗窃罪。据此，B 选项正确。甲不属于乘人不备公然夺取乙的财物，如认为抢夺必须表现为乘人不备公然夺取，甲的行为就不

① A
② D

成立抢夺罪。据此,C 选项正确。敲诈勒索罪的基本结构是:行为人以非法占有为目的对他人实行威胁→对方产生恐惧心理→对方基于恐惧心理处分财产→行为人或第三者取得财产→被害人遭受财产损失。构成敲诈勒索罪,行为人必须实施胁迫行为。在本题中,甲并未实施恐吓行为,故即使乙心生恐惧而交出商品,甲也不构成敲诈勒索罪。据此,D 选项错误。

4.【单项选择题】下列哪一行为成立侵占罪?

A. 张某欲向县长钱某行贿,委托甲代为将5 万元贿赂款转交钱某。甲假意答应,拿到钱后据为己有

B. 乙将自己的房屋出售给赵某,虽收取房款却未进行所有权转移登记,后又将房屋出售给李某

C. 丙发现洪灾灾区的居民已全部转移,遂进入居民房屋,取走居民来不及带走的贵重财物

D. 丁分期付款购买汽车,约定车款付清前汽车由丁使用,所有权归卖方。丁在车款付清前将车另售他人

| 参考答案 | ________①

| 设题陷阱与常见错误分析 |

本题考查侵占罪的认定。成立侵占罪,必须是在已经占有财物后,才产生非法占有目的。如果在占有财物之前,就已经产生非法占有目的,如以非法占有为目的,假意允诺代为保管他人财物,取得财物后拒不返还的,对此应以诈骗罪论处,而不是构成侵占罪。在 A 选项中,张某欲向县长钱某行贿,委托甲代为将 5 万元贿赂款转交钱某,甲假意答应,拿到钱后据为己有,题目清楚地表明在取得财物(行贿款)之前,甲就已经产生非法占有目的了,因此,甲的行为不构成侵占罪。既然甲的行为不属于侵占行为,就没有必要讨论侵占不法原因委托物的刑法定性问题了。部分考生没有注意侵占罪中非法占有目的的产生时点问题,以致误选了 A 选项。

部分考生认为,D 选项中丁的行为不构成侵占罪,因为丁在车款付清前将车另售他人的行为属于民法上的无权处分,对此无须刑法调整,将丁的行为认定为侵占罪不符合刑法的谦抑性原则。这一看法貌似有理,其实不然。民法上的无权处分与刑法上的侵占罪并不是对立关系,一个无权处分行为完全可能同时符合侵占罪的犯罪构成,在符合侵占罪犯罪构成的前提下,如果没有正当化事由,当然就应追究行为人侵占罪的刑事责任。同时,谦抑性原则的内涵在刑法上极不明确,司法上如何适用谦抑性也不存在明确的适用规则。因此,不能轻易以谦抑性原则为借口否认犯罪的成立,不然,任何犯罪分子都可能借口谦抑性原则主张自己的行为不构成犯罪。

| 解题思路与方法分析 |

在 A 选项中,甲貌似将代为保管的 5 万元贿赂款非法占为己有,但是,甲一开始就没有转交贿赂款的意思,其却假装同意将 5 万元贿赂款转交钱某,以致张某陷入认识错误,将 5 万元给了甲,该行为成立诈骗罪。甲不是在取得 5 万元之后,才产生非法占有的目的,而是以非法占有为目的,隐瞒真相,骗取张某的财物,故不构成侵占罪。

在 B 选项中,乙将自己的房屋出售给赵某,但房屋的所有权尚未进行转移登记,因此,在法律上乙仍旧是房屋的合法所有人,房屋不属于代为保管的他人财物,故其后乙又将房屋出售给李某的行为就不构成侵占罪。

在 C 选项中,洪灾灾区的居民虽已转移,但根据日常社会观念,灾区房屋内居民来不及带走的贵重财物仍为居民所占有,不属于遗忘物或者埋藏物,丙取走这些财物的行为应成立盗窃罪,不构成侵占罪。

在 D 选项中,丁分期付款购买汽车,约定车款付清前汽车由丁使用,所有权归卖方。因此,即便丁在实际使用汽车,由于其并无所有权,故汽车对丁而言,属于代为保管的他人财物。丁在车款付清前将车另售他人,属于以非

① D

法占有为目的，对代为保管的他人财物由占有变为所有，其行为成立侵占罪。D 选项正确。

5.【单项选择题】乙（16 周岁）进城打工，用人单位要求乙提供银行卡号以便发放工资。乙忘带身份证，借用老乡甲的身份证以甲的名义办理了银行卡。乙将银行卡号提供给用人单位后，请甲保管银行卡。数月后，甲持该卡到银行柜台办理密码挂失，取出 1 万余元现金，拒不退还。甲的行为构成下列哪一犯罪？

A. 信用卡诈骗罪

B. 诈骗罪

C. 盗窃罪（间接正犯）

D. 侵占罪

| **参考答案** | ________①

| **设题陷阱与常见错误分析** |

在题干中，哪些事实（要素）具有实质性意义，哪些要素属于干扰项、没有刑法学意义，是考生必须作出清楚判断的问题。本题的原型为：甲将自己的工资交给乙保存，乙擅自将其所保管的甲的工资占为己有，拒不退还。这一行为属于标准的侵占行为。为了增加考试的难度，题干中增加了一些干扰项：一是保管他人工资的方式是工资被存在银行卡中；二是银行卡的名义人是犯罪人（行为人）而不是被害人；三是利用银行的不知情取得了银行卡中的工资。这样，考生不由自主往信用卡诈骗罪的方向思考，得出甲构成信用卡诈骗罪的错误结论；或者导致考生将思考的重点放在银行卡中的工资归银行占有还是归行为人占有，最后得出银行卡中工资归银行占有、甲构成盗窃罪的错误结论；或者导致考生认为行为人利用不知情的工具实施犯罪，得出行为人属于间接正犯的错误结论。就知识点本身而言，本题难度不大，但是本题有很多伪装，干扰了考生的视线，致使考生容易答错本题。

| **解题思路与方法分析** |

银行卡是以甲的名义办理的，甲是银行卡的合法持卡人。至于甲办理银行卡的起因是什么，是主动还是被动办理银行卡，以及银行卡的实际用途是什么（如借给他人存工资），对于甲是银行卡的合法持卡人本身都没有影响。甲在银行使用的是本人的银行卡，不属于《刑法》第 196 条的“冒用他人信用卡”，不构成信用卡诈骗罪。据此，A 选项错误。有考生认为，乙虽然是以甲的身份信息办理银行卡，但是密码归乙所有，实际用卡人是乙；甲以银行的善意不知情，冒充用卡人诈骗工作人员挂失银行卡，应成立信用卡诈骗罪。这一观点以谁设立密码或者谁知晓密码来认定谁是银行卡的合法持卡人，并不妥当。

甲是银行卡的合法持卡人，其使用的是本人的银行卡，对银行而言并不存在欺诈行为，甲的行为不符合诈骗罪的构造，不成立诈骗罪。有考生认为，甲仅是保管银行卡，不是保管银行卡里面的钱；钱存在银行里，银行有权处分这笔钱；甲用自己身份证挂失银行卡，使银行基于认识错误而主动处分实际存款人的金钱，属于三角诈骗。这一看法以“银行卡归谁使用、谁就是银行卡持有人”为前提，存在问题。银行卡持卡人即使将其银行卡借给他人使用，其仍旧为银行卡持卡人，银行卡的使用人并不因为其实际使用银行卡而变成银行卡持卡人。即使银行卡实际为乙使用（是乙的工资卡），也应认定甲是银行卡的持有人，甲对银行不存在欺诈行为。据此，B 选项错误。

乙将工资存在甲的银行卡中，且银行卡实际上也在甲的手中，甲因不知道密码，便将银行卡到银行柜台办理密码挂失，取出银行卡中乙的工资 1 万余元现金，拒不退还，这一行为构成盗窃还是侵占，需要在厘清甲与乙之间的法律关系以及甲与银行之间的法律关系后，才能得出正确的答案。

甲与乙之间存在代为保管财物的关系。乙将甲的银行卡卡号提供给用人单位后，请甲保管银行卡，对此应理解为乙请甲代为保管自己的工资。乙只有 16 周岁，请老乡甲代为保管工资，这不违背常理。甲与乙之间存在甲代为保管乙的财物的关系，甲却将代为保管的财物非法占为己有，其行为成立侵占罪。有考生认为

---

① D

"乙没有将密码告诉甲，所以甲不属于保管人"。这一看法不能成立，因为是否知晓密码不影响保管关系的存在。虽然只有乙知晓密码，但乙单独一人无法取出银行卡中的工资，因为其不是持卡人，银行不会同意其取款，只有甲才能取出银行卡中的存款，因此，应当认定乙的工资是由甲代为保管的。据此，甲擅自取款的行为就不能构成盗窃罪。此外，未被告知密码的银行卡也不属于封缄物。因为封缄物存在物理上的封缄，且封缄物与封缄物中的内容物在物理上属于一个整体，而银行卡与银行卡中的存款不具有这些属性，因而不可将本题中的银行卡类比为封缄物，据此主张甲构成盗窃罪。

甲与银行之间存在债权债务关系。作为持卡人的甲有权支取银行卡中的存款，至于银行卡中的存款当初由谁存入（实际存款人是谁），则是另一层法律关系。银行卡持卡人从银行卡中取钱本身是合法行为，是不受处罚的。之所以认定甲的行为构成犯罪，其犯罪性不在于从银行取钱，而是甲将代为保管的财物非法占为己有。一些考生主张，甲占有银行卡，但并不占有银行卡中的存款，甲利用不知情的第三人（银行），取得了为银行所占有的存款，甲以间接正犯的方式实施了盗窃罪。这一主张难以成立，因为卡主从银行取钱的行为是合法的，不属于盗窃行为。C 选项错误。混淆甲与乙之间的法律关系（保管关系）与甲与银行之间的法律关系（债权债务关系），不清楚犯罪性出在哪一环节，是考生认为甲成立盗窃罪间接正犯的错误原因所在。

综上，应认定甲的行为成立侵占罪，D 选项为本题正确选项。

6.【单项选择题】关于诈骗罪的认定，下列哪一选项是正确的（不考虑数额）？

A. 甲利用信息网络，诱骗他人点击虚假链接，通过预先植入的木马程序取得他人财物。即使他人不知点击链接会转移财产，甲也成立诈骗罪

B. 乙虚构可供交易的商品，欺骗他人点击付款链接，取得他人财物的，由于他人知道自己付款，故乙触犯诈骗罪

C. 丙将钱某门前停放的摩托车谎称是自己的，卖给孙某，让其骑走。丙就钱某的摩托车成立诈骗罪

D. 丁侵入银行计算机信息系统，将刘某存折中的 5 万元存款转入自己的账户。对丁应以诈骗罪论处

| **参考答案** | ________[1]

| **设题陷阱与常见错误分析** |

诈骗罪有独特的行为过程：行为人以非法占有为目的实施欺诈行为→对方产生或者继续维持错误认识→对方基于错误认识处分财产→行为人取得财物→被害人遭受财产损失。围绕对方是否基于错误认识处分财产，设置了本题。本题较为简单，考生失分较少。

| **解题思路与方法分析** |

构成诈骗罪，以被害人具有财产处分的意思为前提。当被害人不知道点击链接会转移财产时，欠缺财产处分的意思，因而行为人的行为不符合诈骗罪的构成，不能成立诈骗罪。A 选项认为，即使他人不知点击链接会转移财产，甲也成立诈骗罪，这是错误的。A 选项错误。在 B 选项中，被害人因被骗产生认识错误，并基于该认识错误处分财产。行为人的行为符合诈骗罪的构成，成立诈骗罪。B 选项正确。在 C 选项中，丙让孙某骑走摩托车，就摩托车而言丙构成盗窃罪（间接正犯），就孙某支付的购车款而言丙才构成诈骗罪。C 选项错误。在 D 选项中，丁的行为属于将他人对银行享有的债权（财产性利益）转移为自己占有，不符合诈骗罪的构造，对此应以盗窃罪论处。D 选项错误。

7.【多项选择题】关于抢劫罪的认定，下列哪些选项是正确的？

A. 甲欲进王某家盗窃，正撬门时，路人李某经过。甲误以为李某是王某，会阻止自己盗窃，将李某打昏，再从王某家窃走财物。甲不构成抢劫既遂

---

① B

B. 乙潜入周某家盗窃，正欲离开时，周某回家，进屋将乙堵在卧室内。乙掏出凶器对周某进行恐吓，迫使周某让其携带财物离开。乙构成入户抢劫

C. 丙窃取刘某汽车时被发现，驾驶刘某的汽车逃跑，刘某乘出租车追赶。途遇路人陈某过马路，丙也未减速，将陈某撞成重伤。丙构成抢劫致人重伤

D. 丁抢夺张某财物后逃跑，为阻止张某追赶，出于杀害故意向张某开枪射击。子弹未击中张某，但击中路人汪某，致其死亡。丁构成抢劫致人死亡

| **参考答案** | ________[1]

| **设题陷阱与常见错误分析** |

本题考查了抢劫罪的认定。部分考生认为，A选项中的甲属于事后抢劫，构成抢劫罪既遂。这一看法有误。成立事后抢劫，要求行为人的主观目的是窝藏赃物、抗拒抓捕或者毁灭罪证，甲将李某打昏是为了便于完成财产犯罪，不是为了窝藏赃物、抗拒抓捕或者毁灭罪证，自然不能构成事后抢劫。

| **解题思路与方法分析** |

在A选项中，甲不构成抢劫既遂。这是因为构成抢劫罪既遂，要求压制被害人反抗与取得财物之间存在因果关系，而李某系路人，不是财物的所有者或者看护人，即便不将李某打昏，也无妨甲取得财物。既然甲不属于实施暴力压制被害人的反抗进而取得被害人的财物，甲的取财结果与甲的暴力行为之间不存在因果关系，甲就不构成抢劫既遂。

在B选项中，乙构成入户抢劫。这是因为入户抢劫不仅要求实施强制手段的行为人位于室内，也要求被害人位于室内，事后抢劫的场合也同样如此。乙在实施强制手段时位于室内，被害人周某也身处室内，故可认定乙构成入户抢劫。

在C选项中，丙不构成抢劫致人重伤。这是因为在事后抢劫的场合，暴力的对象为财物的所有人、看护人或者意图阻止财产犯罪的人员。路人陈某无意阻止丙的盗窃行为，不是事后抢劫中暴力的适格对象，故丙将其撞伤的行为不构成事后抢劫，自然就不存在抢劫致人重伤的问题。

丁抢夺张某财物后为阻止张某而杀人，该行为符合事后抢劫的成立要件，构成抢劫罪。在客观上，是丁开枪这一抢劫性质的行为造成了路人汪某的死亡。在主观上，丁本想打死张某，但实际打死的却是路人汪某，这里存在打击错误问题。如果采取法定符合说，对汪某的死亡可认定丁具有故意；如果采取具体符合说，则对汪某的死亡只能认定丁存在过失。抢劫致人死亡既包括故意致人死亡的情形（如在劫取财物过程中，为制伏被害人反抗而故意杀人），也包括过失致人死亡的情形。因此，虽然存在打击错误问题，但不影响丁抢劫致人死亡的认定。D选项正确。

8.【多项选择题】甲的下列哪些行为属于盗窃（不考虑数额）？

A. 某大学的学生进食堂吃饭时习惯于用手机、钱包等物占座后，再去购买饭菜。甲将学生乙用于占座的钱包拿走

B. 乙进入面馆，将手机放在大厅6号桌的空位上，表示占座，然后到靠近窗户的地方看看有没有更合适的座位。在7号桌吃面的甲将手机拿走

C. 乙将手提箱忘在出租车的后备厢。后甲搭乘该出租车时，将自己的手提箱也放进后备厢，并在下车时将乙的手提箱一并拿走

D. 乙全家外出打工，委托邻居甲照看房屋。有人来村里购树，甲将乙家山头上的树谎称为自家的树，卖给购树人，得款3万元

| **参考答案** | ________[2]

| **设题陷阱与常见错误分析** |

本题要求考生判断在特定情形下，财物是否为他人所占有，并据此来判断行为人的行为成立盗窃罪还是成立侵占罪。A、B、C选项的难度一般，稍有难度的是D选项。D选项中对甲的行为如何定性，首先要考虑乙家山头上的

---

① ABD

② ABCD

树木是否为甲占有。乙仅委托甲照看房屋，树木在乙家山头上，而不是放在乙家里，应认定甲并不占有树木，故甲不构成侵占罪。在甲并未占有树木的前提下，考生有可能认为，购树人被甲欺骗，对树木的所有人产生不正确的认识，并基于这一错误而交付财物，故甲构成诈骗罪。这一分析是欠妥的。购树人作为善意第三人，其交易受法律的保护。购树人虽然对树木的所有人产生不正确的认识，但是，其正确认识到只要自己交付3万元就可以取得树木，其在交付3万元时对此并无误解，事实上也取得了树木，故不属于基于认识错误而交付财物，故甲的行为不成立诈骗罪。甲属于利用不知情的第三人盗窃乙的财物并立刻销赃，其行为成立盗窃罪。

| 解题思路与方法分析 |

盗窃罪的对象必须是他人所占有的财物，对于自己占有的他人财物不可能成立盗窃罪。从客观上说，占有是指事实上的支配，不仅包括物理支配范围内的支配，也包括社会观念上可以推知财物的支配人的状态。在某一公共空间(如学校的饭堂或者不时有顾客往来的餐厅)，被害人是否占有其财物，需要结合财物本身的形态、财物摆放的位置、财物与被害人之间的距离、被害人是否具有占有的意思等要素，根据社会观念来判断。在公共空间经常发生用财物来占座的现象，如学生进食堂吃饭时习惯于用手机、钱包等物占座，或者顾客在饭馆、大排档先用财物占座然后再去点菜等。之所以出现这种现象，是因为被害人觉得财物能够处于自己的支配、控制之下，用财物占座是安全的。依据社会观点，应当认为在这些场合，被害人仍然占有这些用于占座的财物，因而他人用平和的手段取走这些财物的，成立盗窃罪，而不是侵占罪。据此，A、B选项均构成盗窃罪。

即使原占有者丧失了占有，但当该财物转移为建筑物的管理者或者第三者占有时，也应认定该财物属于为他人占有的财物。例如，旅客遗忘在旅馆房间的财物，被旅馆管理者占有，而非遗忘物。乙将手提箱忘在出租车的后备厢，后备厢属于封闭空间，此时应认定遗忘在后备厢内的他人手提箱，由原主的占有转移为归出租车司机占有。因此，C选项中后面的乘客乘机取走该手提箱的，成立盗窃罪，而不是侵占罪。

在D选项中，乙全家外出打工，委托邻居甲照看房屋。此时，即使乙的房屋处于甲的占有之下，乙家山头上的树也不为甲占有。甲将乙家山头上的树谎称为自家的树，卖给购树人，得款3万元，这一行为不成立诈骗罪，因为购树人没有基于认识错误处分财物从而遭受财产损失(购树人认识到自己将得到树木，基于这一认识交出3万元；虽然购树人对树木的所有权人存在不正确的认识，但这一认识错误不会给其造成财产损失，因为其得到了树木)。乙山头上的树不为甲占有，甲以平和的手段，利用不知情的购树人盗窃了乙的财物，构成盗窃罪。A、B、C、D均构成盗窃罪，为本题正确选项。

9.【多项选择题】甲潜入他人房间欲盗窃，忽见床上坐起一老妪，哀求其不要拿她的东西。甲不理睬而继续翻找，拿走一条银项链(价值400元)。关于本案的分析，下列哪些选项是正确的？

A. 甲并未采取足以压制老妪反抗的方法取得财物，不构成抢劫罪

B. 如认为区分盗窃罪与抢夺罪的关键在于是秘密取得财物还是公然取得财物，则甲的行为属于抢夺行为；如甲作案时携带了凶器，则对甲应以抢劫罪论处

C. 如采取B选项的观点，因甲作案时未携带凶器，也未秘密窃取财物，又不符合抢夺罪"数额较大"的要件，无法以侵犯财产罪追究甲的刑事责任

D. 如认为盗窃行为并不限于秘密窃取，则甲的行为属于入户盗窃，可按盗窃罪追究甲的刑事责任

| 参考答案 | ________①

① ABCD

| 设题陷阱与常见错误分析 |

本题从特定前提出发，考查考生的推理能力，属于一种新的题型。具体而言，本题不要求考生在区分盗窃罪与抢夺罪的各种学说中作出自己的选择，只要求考生从某一学说出发，根据该学说进行合理的推理即可。

| 解题思路与方法分析 |

甲发现老妪后，不顾老妪哀求继续翻找财物，这无法评价为甲采取了暴力、胁迫等强制手段。既然甲并未采取足以压制老妪反抗的方法取得财物，就不能构成抢劫罪。A 选项正确。

关于如何区分盗窃罪与抢夺罪，学界存在不同的看法。通说主张，区分二者的关键是秘密取得财物还是公然取得财物，秘密取得财物的属于盗窃行为，公然取得财物的构成抢夺行为。从这一前提出发，甲是当着老妪的面取走财物，其行为属于抢夺行为。如甲作案时携带了凶器，则属于携带凶器抢夺，根据《刑法》第 267 条第 2 款的规定应按抢劫罪定罪处罚。B 选项的推理正确。

构成抢夺罪，不仅要求存在抢夺行为，而且要求抢得“数额较大”的财物。如采取 B 选项的观点，因甲作案时未携带凶器，也未秘密窃取财物，又不符合抢夺罪“数额较大”的要件，故无法以侵犯财产罪追究甲的刑事责任。C 选项的推理正确。

关于何为“盗窃”，一种观点认为，“盗窃”是指以平和的手段(不会危及人身安全的手段)取得财物，不限于“秘密窃取”。据此，甲的行为属于入户盗窃，可按盗窃罪追究甲的刑事责任。D 选项的推理正确。

10.【多项选择题】关于诈骗罪的理解和认定，下列哪些选项是错误的?

A. 甲曾借给好友乙 1 万元。乙还款时未要回借条。一年后，甲故意拿借条要乙还款。乙明知但碍于情面，又给甲 1 万元。甲虽获得 1 万元，但不能认定为诈骗既遂

B. 甲发现乙出国后其房屋无人居住，便伪造房产证，将该房租给丙住了 1 年，收取租金 2 万元。甲的行为构成诈骗罪

C. 甲请客(餐费 1 万元)后，发现未带钱，便向餐厅经理谎称送走客人后再付款。经理信以为真，甲趁机逃走。不管怎样理解处分意识，对甲的行为都应以诈骗罪论处

D. 乙花 2 万元向甲购买假币，后发现是一堆白纸。由于购买假币的行为是违法的，乙不是诈骗罪的受害人，甲不成立诈骗罪

| 参考答案 | ________①

| 设题陷阱与常见错误分析 |

诈骗罪的犯罪构造为：行为人以非法占有为目的实施欺诈行为→对方产生或者继续维持错误认识→对方基于错误认识处分财产→行为人取得财物→被害人遭受财产损失。如果不能准确把握诈骗罪的每个环节，便会选错本题。

| 解题思路与方法分析 |

构成诈骗罪既遂，要求被害人基于认识错误交付财物，从而行为人取得财物，不符合这一因果流程的，不构成诈骗罪既遂。A 选项中，被害人乙并未基于认识错误交付财物，而是由于其他原因(碍于情面)交付财物。换言之，甲获得的 1 万元并非其诈骗所得，而是被害人碍于情面所赐，故不构成诈骗罪既遂，属于诈骗未遂。在 B 选项中，甲虽然实施了诈骗行为，且使被骗人基于认识错误交付了财物，但是，被骗人实际租住了房屋 1 年，不存在财产损失，故甲不构成诈骗罪。B 选项认为，甲的行为构成诈骗罪，这是错误的。在 C 选项中，涉及如何理解“处分意识”的问题。处分意识是指认识到自己将某种财产(或财产性利益)转移给行为人或者第三者占有。餐厅经理同意甲离开是以为甲送朋友，餐厅经理并未同意免除甲的餐费，也未同意甲日后再来支付餐费。换言之，餐厅经理同意甲离开时，并无任何处分意识，未进行任何财产处分，故甲不构成诈骗罪。C 选项认为无论怎么理解处分意识，对甲的行为都应以诈骗罪论处，这是错误的。在 D 选项中，诈骗的本质是骗取他人财物，不要求诈骗的手段必

① BCD

须合法,将白纸冒充假币出卖给他人从而骗取财物的,完全符合诈骗罪的构造,构成诈骗罪。D选项认为甲不成立诈骗罪,这是错误的。B、C、D选项的论述均错误,为本题正确答案。

11.【不定项选择题】甲将私家车借给无驾照的乙使用。乙夜间驾车与其叔丙出行,途中遇刘某过马路,不慎将其撞成重伤,车辆亦受损。丙下车查看情况,对乙谎称自己留下打电话叫救护车,让乙赶紧将车开走。乙离去后,丙将刘某藏匿在草丛中离开。刘某因错过抢救时机身亡。(事实一)

为逃避刑事责任,乙找到有驾照的丁,让丁去公安机关“自首”,谎称案发当晚是丁驾车。丁照办。公安机关找甲取证时,甲想到若说是乙造成事故,自己作为被保险人就无法从保险公司获得车损赔偿,便谎称当晚将车借给了丁。(事实二)

后甲找到在私营保险公司当定损员的朋友陈某,告知其真相,请求其帮忙向保险公司申请赔偿。陈某遂向保险公司报告说是丁驾车造成事故,并隐瞒其他不利于甲的事实。甲顺利获得7万元保险赔偿。(事实三)

请回答第(1)—(3)题。

(1)关于事实一的分析,下列选项正确的是:

A.乙交通肇事后逃逸致刘某死亡,构成交通肇事逃逸致人死亡

B.乙交通肇事且致使刘某死亡,构成交通肇事罪与过失致人死亡罪,数罪并罚

C.丙与乙都应对刘某的死亡负责,构成交通肇事罪的共同正犯

D.丙将刘某藏匿致使其错过抢救时机身亡,构成故意杀人罪

| **参考答案** | ________[1]

| **设题陷阱与常见错误分析** |

在交通肇事罪中,构成逃逸致人死亡,要求逃逸行为与死亡结果存在因果关系。部分考生主张,如果乙未离开现场,就有可能不会发生丙将刘某藏匿在草丛中以致刘某身亡的结果,因此,乙属于交通肇事逃逸致人死亡。这一看法是没有仔细分析因果关系的产物,并不妥当。丙对乙谎称自己留下打电话叫救护车,在乙离去后不仅未救助刘某,反而将其藏匿在草丛中,按照因果关系中断论,在犯罪的发展进程中,如果介入了第三人的故意犯罪行为,则前行为与死亡结果之间的因果关系中断。根据相当因果关系说也能得出同样的结论。丙作为与事故责任无关的第三人,竟然实施故意杀人行为致使刘某身亡,这一介入因素过于异常,是过于异常的介入因素导致了死亡结果的发生,因此,根据相当因果关系,乙离开现场的逃逸行为与死亡结果之间并无因果关系,故乙不构成交通肇事逃逸致人死亡。

2000年11月10日最高人民法院《关于审理交通肇事刑事案件具体应用法律若干问题的解释》第5条第2款规定:“交通肇事后,单位主管人员、机动车辆所有人、承包人或者乘车人指使肇事人逃逸,致使被害人因得不到救助而死亡的,以交通肇事罪的共犯论处。”在本题中,并非乘车人丙指使肇事人逃逸致使被害人因得不到救助而死亡,而是丙独立实施的故意杀人行为致使被害人死亡。故对乙、丙不能适用这一司法解释。退一步而言,即便对二人能够适用以上司法解释,丙也不属于交通肇事罪的共同正犯。共同正犯属于正犯,构成正犯,一般要求行为人本人实施了构成要件所要求的实行行为,导致构成要件结果的发生,而丙仅是乘车人,其并未直接实施交通肇事罪的正犯行为。因此,即便按照司法解释丙成立交通肇事罪的共犯,丙也不属于交通肇事罪的共同正犯。很多考生认为对丙可以交通肇事罪的共犯论处,故丙属于交通肇事罪的共同正犯,这一推理不合逻辑。

| **解题思路与方法分析** |

根据2000年11月10日最高人民法院《关于审理交通肇事刑事案件具体应用法律若干问题的解释》第2条第2款之规定,交通肇事致1人以上重伤,负事故全部或者主要责任,并具有无驾驶资格驾驶机动车辆等情节的,构成交

---

① D

通肇事罪。据此,乙不慎将刘某撞成重伤的行为构成交通肇事罪。但是,就因果关系而言,刘某的死亡结果并非由乙肇事逃逸引起,而是丙将刘某藏匿在草丛中致其错过抢救时机身亡,故乙不构成交通肇事逃逸致人死亡。A 选项错误。由于刘某的死亡结果不能归责于乙,故乙也不构成过失致人死亡。B 选项错误。刘某的死亡结果不能归责于乙,C 选项认为乙应对刘某的死亡负责,就这一点即可得出 C 选项错误的结论。而且,丙并未实施交通肇事罪的正犯行为,不可能成立正犯。据此,C 选项也是错误的。夜间,丙将重伤的刘某置于草丛中,这一行为在客观上具有断绝刘某生命的客观危险,主观上丙认识到这可能导致刘某丧失获救机会而亡,丙的行为构成故意杀人罪。D 选项正确。

(2) 关于事实二的分析,下列选项错误的是:

A. 伪证罪与包庇罪是相互排斥的关系,甲不可能既构成伪证罪又构成包庇罪

B. 甲的主观目的在于骗取保险金,没有妨害司法的故意,不构成妨害司法罪

C. 乙唆使丁代替自己承担交通肇事的责任,就此构成教唆犯

D. 丁的"自首"行为干扰了司法机关的正常活动,触犯包庇罪

| 参考答案 | ________①

| 设题陷阱与常见错误分析 |

伪证罪是指在刑事诉讼中,证人、鉴定人、记录人、翻译人对与案件有重要关系的情节,故意作虚假证明、鉴定、记录、翻译,意图陷害他人或者隐匿罪证的行为。包庇罪是指明知是犯罪的人而作假证明包庇的行为。伪证罪与包庇罪不是对立的关系,当证人作虚假证明意图隐匿罪证时,证人构成伪证罪与包庇罪的想象竞合犯。部分考生未能准确认定伪证罪与包庇罪的关系,以致错误地认为 A 选项的判断正确。

| 解题思路与方法分析 |

伪证罪与包庇罪并不必然是互斥关系,若证人以故意作虚假证明的方式包庇犯罪人,证人成立包庇罪与伪证罪的想象竞合犯。据此,A 选项错误。甲的主观意图虽然主要在于骗取保险金,但其谎称当晚将车借给了丁,该行为具有作假证明包庇乙的属性,对此甲在主观上也是明知的,故甲的行为构成包庇罪。B 选项认为甲不构成妨害司法罪,这是错误的。乙虽然教唆丁实施包庇行为,但不能认定乙成立包庇罪的教唆犯,这是因为在犯罪分子自我包庇并不构成包庇罪的情况下,教唆他人包庇自己的,也不应成立包庇罪。C 选项错误。丁的"自首"掩盖了乙交通肇事的犯罪事实,属于作假证明包庇乙,构成包庇罪。D 选项正确。本题为选非题,因此,A、B、C 项应选。

(3) 关于事实三的分析,下列选项正确的是:

A. 甲对发生的保险事故编造虚假原因,骗取保险金,触犯保险诈骗罪

B. 甲既触犯保险诈骗罪,又触犯诈骗罪,由于两罪性质不同,应数罪并罚

C. 陈某未将保险金据为己有,因欠缺非法占有目的不构成职务侵占罪

D. 陈某与甲密切配合,骗取保险金,两人构成保险诈骗罪的共犯

| 参考答案 | ________②

| 设题陷阱与常见错误分析 |

《刑法》第 183 条第 1 款规定,保险公司的工作人员利用职务上的便利,故意编造未曾发生的保险事故进行虚假理赔,骗取保险金归自己所有的,依照本法第 271 条职务侵占罪的规定定罪处罚。然而,陈某并未骗取保险金归自己所有,而是帮助甲骗取保险金,故陈某不构成职务侵占罪。据此,考生主张 C 选项正确。但是,C 选项认为陈某因欠缺非法占有目的,才不构成职务侵占罪,这一推理理由是错误的——非法占有目的不仅包括使本人非法占有的情形,而且包括使第三人非法占有的情形,故不能认为陈某欠缺非法占有目的。

| 解题思路与方法分析 |

《刑法》第 198 条规定,被保险人对发生的

---

① ABC
② AD

保险事故编造虚假的原因骗取保险金的，构成保险诈骗罪。甲对发生的保险事故编造虚假原因，骗取保险金，触犯保险诈骗罪。至于是甲亲自对保险公司进行诈骗，还是通过陈某诈骗保险公司，并不重要，不影响保险诈骗罪的成立。A 选项正确。甲在客观上只有一个诈骗行为。《刑法》第 266 条诈骗罪明确规定“本法另有规定的，依照规定”，这意味着甲的行为同时触犯诈骗罪与保险诈骗罪条文时，只能按保险诈骗罪论处，不可能对此数罪并罚。据此，B 选项错误。非法占有目的不仅包括使行为人自己所有，也包括使他人非法占有的情形。因此，不得以陈某欠缺非法占有目的为由，主张陈某不构成职务侵占罪。据此，C 选项错误。陈某与甲密切配合，骗取保险金，两人构成保险诈骗罪的共同犯罪。D 选项正确。

15 考向 妨害社会管理秩序罪

1.【单项选择题】甲杀人后将凶器忘在现场，打电话告诉乙真相，请乙帮助扔掉凶器。乙随即把凶器藏在自家地窖里。数月后，甲生活无着落准备投案自首时，乙向甲汇款 2 万元，使其继续在外生活。关于本案，下列哪一选项是正确的？

A. 乙藏匿凶器的行为不属毁灭证据，不成立帮助毁灭证据罪

B. 乙向甲汇款 2 万元不属帮助甲逃匿，不成立窝藏罪

C. 乙的行为既不成立帮助毁灭证据罪，也不成立窝藏罪

D. 甲虽唆使乙毁灭证据，但不能认定为帮助毁灭证据罪的教唆犯

| 参考答案 | ________①

| 设题陷阱与常见错误分析 |

本题主要考查了三个知识点：一是如何理解帮助毁灭证据罪中的“毁灭”；二是如何理解窝藏罪中的“窝藏”；三是帮助毁灭证据罪是否包括毁灭犯罪人本人的犯罪证据的情形。本题相对较为简单。

| 解题思路与方法分析 |

帮助毁灭证据罪是指帮助他人作为诉讼活动的当事人毁灭证据，情节严重的行为。毁灭证据，并不限于从物理上使证据消失，包括妨碍证据显现、使证据的价值减少、消失的一切行为。乙将甲的杀人凶器藏在自家地窖里，妨碍证据显现，属于“毁灭”证据，故乙成立帮助毁灭证据罪。窝藏罪，是指明知是犯罪的人而为其提供隐藏处所、财物，帮助其逃匿的行为。甲生活无着落准备投案自首时，乙向甲汇款 2 万元，使其继续在外生活，不利于司法机关抓捕甲，故属于帮助甲逃匿，成立窝藏罪。据此，A、B、C 选项都是错误的。

犯罪人犯罪后毁灭犯罪证据，这可谓一种本能，法律无法期待犯罪人不去毁灭自己的犯罪证据。因此，帮助毁灭证据罪中帮助毁灭的对象仅为“他人”的犯罪证据，而不含犯罪人本人的犯罪证据。甲虽唆使乙扔掉凶器，但该凶器是甲本人的杀人工具。换言之，乙帮助毁灭的证据是犯罪人本人的犯罪证据，而不是他人的犯罪证据，故乙的行为不构成帮助毁灭证据罪，自然也就没有成立教唆犯的余地。D 选项正确。

2.【单项选择题】关于盗伐林木罪，下列哪一选项是正确的？

A. 甲盗伐本村村民张某院落外面的零星树木，如果盗伐数量较大，构成盗伐林木罪

B. 乙在林区盗伐珍贵林木，数量较大，如同时触犯其他法条构成其他犯罪，应数罪并罚

C. 丙将邻县国有林区的珍贵树木移植到自己承包的林地精心养护使之成活的，不属于盗伐林木

D. 丁在林区偷扒数量不多的具有药用价值的树皮，致使数量较大的林木枯死的，构成盗伐林木罪

| 参考答案 | ________②

---

① D

② D

| 设题陷阱与常见错误分析 |

本题考查了盗伐林木罪的认定。在C选项中，命题人故意设置了移走的林木并未枯死而是继续存活的干扰项，部分考生受此干扰，认为C选项正确，因为珍贵树木并未死亡，丙的行为就没有破坏森林资源。这一看法有误。其一，树木只有成片或者成林，才能具有较好的环境保护作用，移走珍贵树木虽然存活，但对环境保护还是有破坏的。其二，盗伐林木罪多少具有侵犯财产法益的属性，移走珍贵树木，侵犯了国家的林木所有权，对此也有处罚的必要。盗伐林木罪是特别法条，盗窃罪是普通法条，根据特别法条优于普通法条原则，对此应以盗伐林木罪论处。

| 解题思路与方法分析 |

盗伐林木罪的行为对象必须是森林或者其他林木，这里的“其他林木”，是指小面积的树林和零星树木，但不包括农村农民房前屋后个人所有的零星树木。基于这一法理，2023年8月13日最高人民法院《关于审理破坏森林资源刑事案件适用法律若干问题的解释》第11条规定，偷砍他人在自留地或者房前屋后种植的零星树木的，以盗窃罪定罪处罚。因此，甲盗伐本村村民张某院落外面的零星树木，不构成盗伐林木罪，如果盗伐数量较大，可构成盗窃罪。A选项错误。

乙在林区盗伐珍贵林木，数量较大，如同时触犯其他法条构成危害国家重点保护植物罪等犯罪的，构成竞合犯，应当从一重罪论处，不数罪并罚。B选项错误。

以非法占有为目的，擅自砍伐森林或者其他林木的，就属于盗伐林木。丙将邻县国有林区的珍贵树木移植到自己承包的林地，其行为属于盗伐林木行为，该行为有损环境资源，成立盗伐林木罪。C选项错误。

最高人民法院《关于审理破坏森林资源刑事案件具体应用法律若干问题的解释》第15条规定：“非法实施采种、采脂、挖笋、掘根、剥树皮等行为，牟取经济利益数额较大的，依照刑法第二百六十四条的规定，以盗窃罪定罪处罚。同时构成其他犯罪的，依照处罚较重的规定定罪处罚。”这意味着偷扒具有药用价值的树皮，如果数额较大，即构成盗窃罪，同时，如果该行为致使数量较大的林木枯死，破坏了环境资源的，还同时构成盗伐林木罪。D选项正确。

3.【多项选择题】甲、乙两村因水源发生纠纷。甲村20名村民手持铁锹等农具，在两村交界处强行修建引水设施。乙村18名村民随即赶到，手持木棍、铁锹等与甲村村民互相谩骂、互扔石块，甲村3人被砸成重伤。因警察及时疏导，两村村民才逐渐散去。关于本案，下列哪些选项是正确的？

A. 村民为争水源而斗殴，符合聚众斗殴罪的主观要件

B. 不分一般参加斗殴还是积极参加斗殴，甲、乙两村村民均触犯聚众斗殴罪

C. 因警察及时疏导，两村未发生持械斗殴，属于聚众斗殴未遂

D. 对扔石块将甲村3人砸成重伤的乙村村民，应以故意伤害罪论处

| 参考答案 | ____________①

| 设题陷阱与常见错误分析 |

本题考查村民因水源等问题而发生的结伙打斗行为是否构成聚众斗殴罪以及如何对此加以处罚的问题。对此，需要准确把握聚众斗殴罪的犯罪构成、聚众斗殴罪的既未遂以及聚众斗殴致人重伤时的处理。如果不能正确把握这些知识点，便会选错。

| 解题思路与方法分析 |

长期以来，有观点认为，应将村民之间因山林、水源等问题而引起的结伙打斗行为与聚众斗殴行为相区别，对于前者不宜按照聚众斗殴罪处理。这一观点的潜在理由是村民之间的打斗不是出于报私仇、泄私愤或者逞凶斗狠等流氓心态，因而不符合聚众斗殴罪的主观要件。但是，聚众斗殴罪是扰乱社会公共秩序的犯罪，即便是村民间的打斗，同样能够严重扰乱社会公共秩序。再者，要求聚众斗殴罪必须出于流氓动机，这一观点并无实质根据。因此，即便是

① AD

村民之间因山林、水源问题而引起的打斗，也有构成聚众斗殴罪的余地。本题的原型是2010年12月31日最高人民检察院《关于印发第一批指导性案例的通知》中第1号"施某某等17人聚众斗殴案"。从最高人民检察院的态度来看，其认为村民之间因土地及排水等问题而发生打斗，具有构成聚众斗殴罪的余地。村民为争水源而斗殴时，能够认识到打斗行为会扰乱社会公共秩序，并不具备正当性，因而符合聚众斗殴罪的主观要件。A选项正确。聚众斗殴罪的主体仅限于首要分子和其他积极参加者，并非所有参与斗殴的人均构成聚众斗殴罪。所以，B选项错误。聚众斗殴不限于身体接触式的斗殴，只要所使用的有形力能够作用于对方的身体，即属于斗殴。两村村民已经互扔石块，甲村3人被砸成重伤，这表明已经实行聚众斗殴行为，故属于聚众斗殴犯罪既遂。C选项认为，本题属于聚众斗殴未遂，这是错误的。根据《刑法》第292条第2款的规定，聚众斗殴，致人重伤、死亡的，应按照故意伤害罪、故意杀人罪定罪处罚。因此，对扔石块将甲村3人砸成重伤的乙村村民，应以故意伤害罪定罪处罚。D选项正确。

4.【多项选择题】甲在公园游玩时遇见仇人胡某，顿生杀死胡某的念头，便欺骗随行的朋友乙、丙说："我们追逐胡某，让他出洋相。"三人捡起木棒追逐胡某，致公园秩序严重混乱。将胡某追到公园后门偏僻处后，乙、丙因故离开。随后甲追上胡某，用木棒重击其头部，致其死亡。关于本案，下列哪些选项是正确的？

A. 甲触犯故意杀人罪与寻衅滋事罪

B. 乙、丙的追逐行为是否构成寻衅滋事罪，与该行为能否产生救助胡某的义务是不同的问题

C. 乙、丙的追逐行为使胡某处于孤立无援的境地，但无法预见甲会杀害胡某，不成立过失致人死亡罪

D. 乙、丙属寻衅滋事致人死亡，应从重处罚

| 参考答案 | ________①

| 设题陷阱与常见错误分析 |

虽然在教科书中常常出现"此罪与彼罪"的区分，但犯罪之间未必都是对立的关系，事实上由于行为本身具有多种属性，可能同时符合数个罪名的构成要件，形成竞合关系。很多考生认为，甲具有杀人故意，所以不存在寻衅滋事的故意。然而，有杀人故意并不必然排斥寻衅滋事故意的存在。对罪名的竞合关系缺乏认识，容易答错本题。

| 解题思路与方法分析 |

就甲基于杀人故意将胡某追赶到偏僻处杀人而言，甲触犯故意杀人罪；就甲在公园和乙、丙一起持木棒追逐胡某，致公园秩序严重混乱而言，属于"在公共场所起哄闹事，造成公共场所秩序严重混乱"，对此甲在主观上也存在认识，符合寻衅滋事罪的构成要件。因此，甲的行为同时触犯故意杀人罪与寻衅滋事罪。故意杀人罪和寻衅滋事罪有时能够形成竞合关系。错误地认为故意杀人罪和寻衅滋事罪是对立的关系，就会漏选A选项。

乙、丙的追逐行为是否构成寻衅滋事罪，涉及的是追逐行为是否符合寻衅滋事罪的构成要件问题，解决的是对乙、丙的行为导致公园秩序严重混乱应如何评价的问题。乙、丙二人和甲将胡某追到公园后门偏僻处，致使胡某被甲杀害的危险剧增，此时讨论乙、丙是否负有避免胡某被甲杀死的义务的问题，涉及的是乙、丙是否另行成立不作为犯的问题，解决的是乙、丙对胡某的死亡应否负责的问题。因此，乙、丙的追逐行为是否构成寻衅滋事罪，与该行为能否产生救助胡某的义务是不同的问题。

乙、丙只有寻衅滋事的故意，没有杀人的故意。在将胡某追到公园后门偏僻处但尚未追上胡某之时，乙、丙因故离开，此时应认定寻衅滋事共同犯罪已经结束，对于此后甲基于杀人故意的行为不负刑事责任。甲说"我们追逐胡某，让他出洋相"。据此，离开现场的乙、丙难以预见其追逐行为实际上具有致胡某于死地的危险，二人对胡某的死亡不存在过失，故不成

---
① ABC

立过失致人死亡罪。

胡某是在乙、丙离开之后被甲基于杀人故意用木棒打死的，胡某的死亡与乙、丙的寻衅滋事行为之间没有因果关系，因此，乙、丙不属于寻衅滋事致人死亡，故D选项错误。综上，A、B、C为本题正确选项。

5.【多项选择题】关于毒品犯罪，下列哪些选项是正确的？

A. 甲容留未成年人吸食、注射毒品，构成容留他人吸毒罪

B. 乙随身携带藏有毒品的行李入关，被现场查获，构成走私毒品罪既遂

C. 丙乘广州至北京的火车运输毒品，快到武汉时被查获，构成运输毒品罪既遂

D. 丁以牟利为目的容留刘某吸食毒品并向其出卖毒品，构成容留他人吸毒罪和贩卖毒品罪，应数罪并罚

｜参考答案｜__________①

｜设题陷阱与常见错误分析｜

本题考查了常见毒品犯罪的认定，题目较为简单。部分考生认为，走私毒品罪在主观方面表现为故意，过失不构成本罪，但B选项并未明确交代乙的主观心态是故意还是过失，因而未必能够认定乙构成走私毒品罪既遂。这一思考过程或许是自然的，但就答题技术而言是有害的，因为刑法试题作为实体法试题，以案件事实清楚、清晰为前提，在题干并未提示乙系过失时，考生不能异想天开地设想题干包含乙可能是过失的情形。假想了题干中根本就不存在的信息，这是考生多年来常有的失误。

｜解题思路与方法分析｜

容留他人吸毒罪中的“他人”，既包括成年人，也包括未成年人。容留未成年人吸食、注射毒品，构成容留他人吸毒罪。A选项正确。

走私毒品进入国边境的，即构成走私毒品罪既遂。乙随身携带藏有毒品的行李入关，已经进入我国国境，故构成走私毒品罪既遂。B选项正确。

丙乘广州至北京的火车运输毒品，快到武汉时被查获，由于毒品已经实现了较大的空间位移，构成运输毒品罪既遂。C选项正确。

2016年4月6日最高人民法院《关于审理毒品犯罪案件适用法律若干问题的解释》第12条第2款规定：“容留他人吸食、注射毒品并向其贩卖毒品，符合前款规定的容留他人吸毒罪的定罪条件的，以贩卖毒品罪和容留他人吸毒罪数罪并罚。”据此，丁以牟利为目的容留刘某吸食毒品并向其出卖毒品的，构成容留他人吸毒罪和贩卖毒品罪，应数罪并罚。D选项正确。

6.【多项选择题】甲和女友乙在网吧上网时，捡到一张背后写有密码的银行卡。甲持卡去ATM机取款，前两次取出5000元。在准备再次取款时，乙走过来说：“注意，别出事。”甲答：“马上就好。”甲又分两次取出6000元，并将该6000元递给乙。乙接过钱后站了一会儿说：“我走了，小心点。”甲接着又取出7000元。关于本案，下列哪些选项是正确的？

A. 甲拾得他人银行卡并在ATM机上使用，根据司法解释，成立信用卡诈骗罪

B. 对甲前两次取出5000元的行为，乙不负刑事责任

C. 乙接过甲取出的6000元，构成掩饰、隐瞒犯罪所得罪

D. 乙虽未持银行卡取款，也构成犯罪，犯罪数额是1.3万元

｜参考答案｜__________②

｜设题陷阱与常见错误分析｜

本题主要考查考生能否意识到甲、乙成立共同犯罪。只有在不构成共同犯罪的前提下，乙帮甲保管从ATM机取出的钱才能构成掩饰、隐瞒犯罪所得罪。当乙走过来说：“注意，别出事”，甲答：“马上就好”，这意味着二人就在ATM机上非法使用他人银行卡达成共同犯罪的故意，从此刻开始共同犯罪。在乙接过钱后站了一会儿说“我走了，小心点”，这并不意味着共同犯罪的结束，应认定共同犯罪仍在继续。

---

① ABCD

② ABD

不能准确判断甲、乙是否构成共同犯罪，共同犯罪何时开始、何时结束，将难以答对本题。

A 选项其实极为简单，但部分考生未注意审题，导致答题出错。围绕“机器能否被骗”，对在 ATM 机上使用他人信用卡的行为应如何定性，学界虽然存在不同看法，但司法解释对此有明确的定论，认为对该情形应以信用卡诈骗罪追究刑事责任。A 选项不在于考查“机器能否被骗”这一问题，而在于考查根据司法解释对拾得他人银行卡并在 ATM 机上使用的行为应如何定性。很多考生未能联系司法解释，以致错误地认为 A 选项错误，这是十分可惜的。

｜解题思路与方法分析｜

根据立法解释，具有消费支付、信用贷款、转账结算、存取现金等全部功能或者部分功能的银行卡，在刑法上属于信用卡。因此，本题属于甲在网吧捡到他人的信用卡，并在 ATM 机使用该卡取款。2008 年 4 月 18 日最高人民检察院《关于拾得他人信用卡并在自动柜员机（ATM 机）上使用的行为如何定性问题的批复》规定，拾得他人信用卡并在自动柜员机（ATM 机）上使用的行为，属于《刑法》第 196 条第 1 款第 3 项规定的“冒用他人信用卡”的情形，构成犯罪的，以信用卡诈骗罪追究刑事责任。据此，A 选项认为，甲拾得他人银行卡并在 ATM 机上使用，根据司法解释，成立信用卡诈骗罪。A 选项正确。

对于前两次取出 5000 元的行为，甲、乙之间不存在共同犯罪的故意，对此乙自然不负刑事责任。在甲准备再次取款时，乙走过来说“注意，别出事”，该行为在刑法上具有重要的意义——甲在犯罪的过程中，乙强化甲继续犯罪的决心，对继续利用银行卡非法取款这一点，二人达成了共识，甲、乙成立共同犯罪（乙属于承继的共犯）。此后，甲分两次取出 6000 元，并将该 6000 元递给乙，二人相互协作，共同实施犯罪。因此，乙也成立信用卡诈骗罪，而非构成掩饰、隐瞒犯罪所得罪。

乙接过钱后站了一会儿说：“我走了，小心点。”这句话意味着乙同意甲继续犯罪，仅是要求甲自己小心点。甲认识到自己继续取款的行为获得了乙的赞同，乙在维持、强化甲继续犯罪的决心，故应认定共同犯罪行为并未因乙的离开而结束。甲接着又取出 7000 元，仍属于甲、乙共同犯罪的所得，对此乙也应负刑事责任。乙虽未持银行卡取款，但因与甲构成共同犯罪，故对其参与之后的 6000 元 + 7000 元 = 1.3 万元承担刑事责任。综上，A、B、D 为本题正确选项。

16 考向 贪污贿赂罪

1.【单项选择题】国有甲公司领导王某与私企乙公司签订采购合同，以 10 万元的价格向乙公司采购一批设备。后王某发现，丙公司销售的相同设备仅为 6 万元。王某虽有权取消合同，但却与乙公司老总刘某商议，由王某花 6 万元从丙公司购置设备交给乙公司，再由乙公司以 10 万元的价格卖给甲公司。经王某签字批准，甲公司将 10 万元货款支付给乙公司后，刘某再将 10 万元返给王某。刘某为方便以后参与甲公司采购业务，完全照办。关于本案的分析，下列哪一选项是正确的？

A. 王某利用职务上的便利套取公款，构成贪污罪，贪污数额为 10 万元

B. 王某利用与乙公司签订合同的机会谋取私利，应以职务侵占罪论处

C. 刘某为谋取不正当利益，事后将货款交给王某，刘某行为构成贪污罪

D. 刘某协助王某骗取公款，但因其并非国家工作人员，故构成诈骗罪

｜参考答案｜__________①

｜设题陷阱与常见错误分析｜

本题考查了贪污罪与职务侵占罪的认定，题目相对简单。犯罪数额的认定已经成为常见考点。虽然犯罪成本原则上不应从犯罪数额中扣除，但在本题中，设备本身价值 6 万元，甲公司确实应当就该设备支付相应的货款。仅值 6

① C

万元的设备，甲公司却支付了10万元，遭受了4万元的财产损失。因此，王某的贪污数额为4万元，而不是10万元。部分考生在贪污数额的计算上出错，误选了A选项。

| 解题思路与方法分析 |

虽然王某批准甲公司支付10万元货款，但其中6万元属于甲公司原本就应当支付的货款，故王某贪污数额为4万元。A选项错误。

《刑法》第271条第2款规定："国有公司、企业或者其他国有单位中从事公务的人员和国有公司、企业或者其他国有单位委派到非国有公司、企业以及其他单位从事公务的人员有前款行为的，依照本法第三百八十二条、第三百八十三条的规定定罪处罚。"据此，作为国有公司领导的王某，有权取消与乙公司合同时，却利用该合同套取货款，对其应以贪污罪论处，而不是以职务侵占罪论处。B选项错误。

刘某配合王某完成贪污的犯罪计划，构成贪污罪的帮助犯。C选项正确。

在整件事情中，王某并未陷入认识错误，刘某也没有实施欺骗行为，故刘某不构成诈骗罪。刘某协助王某骗取公款，对其应以贪污罪的共犯论处。D选项错误。

2.【单项选择题】国家工作人员甲听到有人敲门，开门后有人扔进一个包就跑。甲发现包内有20万元现金，推测是有求于自己职务行为的乙送的。甲打电话问乙时被告知"不要问是谁送的，收下就是了"（事实上是乙安排丙送的），并重复了前几天的请托事项。甲虽不能确定是乙送的，但还是允诺为乙谋取利益。关于本案，下列哪一选项是正确的？

A. 甲没有主动索取、收受财物，不构成受贿罪

B. 甲没有受贿的直接故意，间接故意不可能构成受贿罪，故甲不构成受贿罪

C. 甲允诺为乙谋取利益与收受20万元现金之间无因果关系，故不构成受贿罪

D. 即使认为甲不构成受贿罪，乙与丙也构成行贿罪

| 参考答案 | ________①

| 设题陷阱与常见错误分析 |

本题主要考查了受贿罪的犯罪构成。将受贿故意限定为直接故意，是没有道理的。受贿故意包括间接故意在内，因为即便是间接故意，行为人也能认识到财物是本人职务行为的不正当报酬；无论是直接故意还是间接故意，都表明职务行为是可以被收买的，在主观恶性上两者没有根本差别。因此，不能认为受贿罪的故意不包括间接故意。据此，B选项错误。

| 解题思路与方法分析 |

甲明知乙有具体请托事项，允诺利用自己的职务行为为乙谋取利益，收受乙送来的20万元现金，属于利用职务上的便利，非法收受他人财物，为他人谋取利益，这完全符合受贿罪的犯罪构成，应以受贿罪追究甲的刑事责任。乙、丙为谋取不正当利益，给予国家工作人员财物，其行为成立行贿罪。据此，D选项正确，其他选项均错误。

在受贿罪中，"非法收受他人财物"与"为他人谋取利益"之间需要存在关联性，但不要求二者必须存在"如果未收受他人财物"就"不会为他人谋取利益"这样的因果关系，因为无论是否存在因果关系，只要"非法收受他人财物"且"为他人谋取利益"，就侵犯了受贿罪的犯罪客体，有以受贿罪论处的必要。因此，国家工作人员起初并无收受财物的意思，在已为他人谋取利益后，行贿人主动送来财物，国家工作人员予以收受的，同样构成受贿罪。据此，C选项错误。

3.【多项选择题】根据《刑法》与司法解释的规定，国家工作人员挪用公款进行营利活动、数额达到1万元或者挪用公款进行非法活动、数额达到5000元的，以挪用公款罪论处。国家工作人员甲利用职务便利挪用公款1.2万元，将8000元用于购买股票，4000元用于赌博，在1个月内归还1.2万元。关于本案的分析，下列哪些选项是错误的？

---

① D

A. 对挪用公款的行为，应按用途区分行为的性质与罪数；甲实施了两个挪用行为，对两个行为不能综合评价，甲的行为不成立挪用公款罪

B. 甲虽只实施了一个挪用公款行为，但由于既未达到挪用公款进行营利活动的数额要求，也未达到挪用公款进行非法活动的数额要求，故不构成挪用公款罪

C. 国家工作人员购买股票属于非法活动，故应认定甲属于挪用公款 1.2 万元进行非法活动，甲的行为成立挪用公款罪

D. 可将赌博行为评价为营利活动，认定甲属于挪用公款 1.2 万元进行营利活动，故甲的行为成立挪用公款罪

| **参考答案** | __________①

| **设题陷阱与常见错误分析** |

甲利用职务便利挪用公款 1.2 万元，将 8000 元用于购买股票，4000 元用于赌博，在 1 个月内归还 1.2 万元。乍一看，甲挪用公款的行为既不符合挪用公款进行营利活动、数额较大的规定（只有 8000 元用于炒股，未达到 1 万元的定罪标准），又不符合挪用公款进行非法活动的规定（只有 4000 元用于赌博，未达到 5000 元的定罪标准），也不符合挪用公款数额较大、超过 3 个月未还的规定。处理本案的关键，在于可否将用于赌博的 4000 元解释为“进行营利活动”，从而认定行为人挪用 1.2 万元公款进行营利活动。找不准问题的关键点，难以答对本题。

| **解题思路与方法分析** |

挪用公款进行非法活动，可以分为进行非法的营利活动（如挪用公款用于贩毒、赌博等）与进行与营利无关的非法活动（如挪用公款用于包养情妇或者购买枪支）。当挪用公款进行非法的营利活动时，“进行非法活动”与“进行营利活动”不是对立关系。当国家工作人员挪用 10 万元公款进行赌博时，挪用公款的数额同时达到了“进行非法活动”与“数额较大、进行营利活动”的数额要求，既可以将其评价为挪用公款“进行非法活动”，也可以将其评价为挪用公款“数额较大、进行营利活动”。不过，与挪用公款“数额较大、进行营利活动”不同，刑法对挪用公款“进行非法活动”没有明文的数额要求，入罪门槛比挪用公款“进行营利活动”的入罪门槛低，所以，为了尽可能地追究行为人挪用公款的刑事责任，对于挪用公款进行非法的营利活动的行为，人们习惯于将其评价为“进行非法活动”，而不再评价为“进行营利活动”。但是，这绝不意味着不能将挪用公款进行非法营利活动的行为评价为“进行营利活动”。当公款用于非法的营利活动时，将其解释为挪用公款“进行营利活动”，不存在任何文义上的障碍，谈不上违反罪刑法定原则问题。这种解释有利于全面追究行为人挪用公款的刑事责任。例如，行为人所挪用的公款既未达到挪用公款进行营利活动的数额要求，也未达到挪用公款进行非法活动的数额要求，但两者相加达到进行营利活动的数额要求时，如不将挪用公款进行非法的营利活动解释为挪用公款“进行营利活动”，将无法追究行为人挪用公款的刑事责任，人为地造成处罚上的漏洞。

A 选项认为，对挪用公款的行为，应按用途区分行为的性质与罪数，甲实施了两个挪用行为，对两个行为不能综合评价，这是错误的。因为在公款用途的性质并不矛盾、抵触时，完全可以对行为进行综合评价。B 选项认为，甲虽只实施了一个挪用公款行为，但由于既未达到挪用公款进行营利活动的数额要求，也未达到挪用公款进行非法活动的数额要求，故不构成挪用公款罪，也是错误的。这是因为，可以将炒股的 8000 元与赌博的 4000 元相加，评价为挪用公款 1.2 万元进行营利活动，从而可以挪用公款“数额较大、进行营利活动”为由追究行为人挪用公款罪的刑事责任。C 选项认为，国家工作人员购买股票属于非法活动，故应认定甲属于挪用公款 1.2 万元进行非法活动，是错误的。这是因为，挪用公款确实是违法的，但将所挪用的公款用于炒股则是正常的投资活动，不能将 8000 元炒股的行为评价为挪用公款进行非法活动。D 选项认为，可将赌博行为评价为营利活动，认定甲属于挪用公款 1.2 万元进行营利

① ABC

活动，故甲的行为成立挪用公款罪，这是正确的。综上，A、B、C 为本题正确选项。

4.【多项选择题】关于贿赂犯罪的认定，下列哪些选项是正确的？

A. 甲是公立高校普通任课教师，在学校委派其招生时，利用职务便利收受考生家长 10 万元。甲成立受贿罪

B. 乙是国有医院副院长，收受医药代表 10 万元，承诺为病人开处方时多开相关药品。乙成立非国家工作人员受贿罪

C. 丙是村委会主任，在村集体企业招投标过程中，利用职务收受他人财物 10 万元，为其谋利。丙成立非国家工作人员受贿罪

D. 丁为国有公司临时工，与本公司办理采购业务的副总经理相勾结，收受 10 万元回扣归二人所有。丁构成受贿罪

｜参考答案｜__________①

｜设题陷阱与常见错误分析｜

受贿罪与非国家工作人员受贿罪的区分，是历年的常见考点。部分考生认为，在 B 选项中，乙是国有医院副院长，属于国家工作人员，因此其收受医药代表 10 万元的行为应成立受贿罪。这一看法不妥。对于医疗机构中的国家工作人员何时构成受贿罪、何时构成非国家工作人员受贿罪，2008 年 11 月 20 日最高人民法院、最高人民检察院《关于办理商业贿赂刑事案件适用法律若干问题的意见》第 4 条第 1 款明确规定："医疗机构中的国家工作人员，在药品、医疗器械、医用卫生材料等医药产品采购活动中，利用职务上的便利，索取销售方财物，或者非法收受销售方财物，为销售方谋取利益，构成犯罪的，依照刑法第三百八十五条的规定，以受贿罪定罪处罚。"第 3 款规定："医疗机构中的医务人员，利用开处方的职务便利，以各种名义非法收受药品、医疗器械、医用卫生材料等医药产品销售方财物，为医药产品销售方谋取利益，数额较大的，依照刑法第一百六十三条的规定，以非国家工作人员受贿罪定罪处罚。"乙属于利用开处方的职务便利，收受医药代表 10 万元，为医药代表谋取利益，数额较大，故构成非国家工作人员受贿罪。

｜解题思路与方法分析｜

公立学校中的非国家工作人员利用职务便利收取他人财物的，成立非国家工作人员受贿罪。但在 A 选项中，甲受学校委派从事公务，应被视为国家工作人员，其利用职务便利收受贿赂的行为，构成受贿罪。A 选项正确。医院中的医务人员（含国家工作人员）利用开处方的职务便利受贿的，成立非国家工作人员受贿罪。B 选项正确。村委会主任在集体企业招投标中利用职务便利受贿的，因其不属于协助人民政府从事行政管理工作，故村委会主任不属于国家工作人员，其行为只能成立非国家工作人员受贿罪。C 选项正确。非国家工作人员与国家工作人员相勾结，伙同受贿的，成立受贿罪的共犯。丁与国有公司办理采购业务的副总经理相勾结，收受 10 万元回扣归二人所有，二人成立受贿罪的共犯。D 选项正确。

5.【多项选择题】关于受贿相关犯罪的认定，下列哪些选项是正确的？

A. 甲知道城建局长张某吸毒，以提供海洛因为条件请其关照工程招标，张某同意。甲中标后，送给张某 50 克海洛因。张某构成受贿罪

B. 乙系人社局副局长，乙父让乙将不符合社保条件的几名亲戚纳入社保范围后，收受亲戚送来的 3 万元。乙父构成利用影响力受贿罪

C. 国企退休厂长王某（正处级）利用其影响，让现任厂长帮忙，在本厂推销保险产品后，王某收受保险公司 3 万元。王某不构成受贿罪

D. 法院院长告知某企业经理赵某"如给法院捐赠 500 万元办公经费，你们那个案件可以胜诉"。该企业胜诉后，给法院单位账户打入 500 万元。应认定法院构成单位受贿罪

｜参考答案｜__________②

｜设题陷阱与常见错误分析｜

受贿罪中的财物不限于合法财物，也包含毒品等违禁品在内。不能合理把握受贿罪中财

---

① ABCD

② ABCD

物的范围，便会选错A选项。作为受贿犯罪，受贿罪、利用影响力受贿罪、单位受贿罪的区别主要在于犯罪主体的不同，成立利用影响力受贿罪，不要求国家工作人员对行为主体的行为内容知情。如果国家工作人员知情并允诺为请托人谋取不正当利益的，国家工作人员成立受贿罪，其近亲属或者其他与该国家工作人员关系密切的人，同时触犯受贿罪与利用影响力受贿罪，从一重罪论处。B、C选项中并未明说相关国家工作人员知情，故B、C选项均构成利用影响力受贿罪。单位受贿罪是指国家机关、国有公司、企业、事业单位、人民团体，索取、非法收受他人财物，为他人谋取利益，情节严重的行为。法院院长主动索要财物的行为代表单位的行为，事后500万元打入的是法院的单位账户，因此，应认定法院构成单位受贿罪，而不是院长个人构成受贿罪。

| **解题思路与方法分析** |

在A选项中，受贿罪中的财物一般表现为现金、礼品等财物，但也包含毒品等违禁品在内，因为毒品同样能够达到收买国家工作人员职务行为的效果。城建局长张某利用职务上的便利，使甲工程中标，事后收受张某毒品50克，符合受贿罪的犯罪构成，构成受贿罪。

在B选项中，乙父对乙具有因亲情而产生的制约关系。乙父通过乙职务上的行为，使不符合社保条件的几名亲戚纳入社保范围后，收受亲戚3万元财物，符合利用影响力受贿罪的犯罪构成，构成利用影响力受贿罪。

在C选项中，离职的国家工作人员或者其近亲属以及其他与其关系密切的人，利用该离职的国家工作人员原职权或者地位形成的便利条件，通过其他国家工作人员职务上的行为，为请托人谋取不正当利益，索取请托人财物或者收受请托人财物，数额较大或者有其他较重情节的，构成利用影响力受贿罪。王某为国企退休厂长，不属于国家工作人员的范畴，其行为不构成受贿罪，其行为符合利用影响力受贿罪的犯罪构成，构成利用影响力受贿罪。

在D选项中，单位受贿罪是指国家机关、国有公司、企业、事业单位、人民团体，索取、非法收受他人财物，为他人谋取利益，情节严重的行为。法院属于国家机关，其为了非法获得办公经费，帮助正在诉讼中的企业获得胜诉，事后获得500万元办公经费。法院的行为（由法院院长的行为代表）符合单位受贿罪的犯罪构成，构成单位受贿罪。

6.【不定项选择题】某地政府为村民发放扶贫补贴，由各村村委会主任审核本村申请材料并分发补贴款。某村村委会主任王某、会计刘某以及村民陈某合谋伪造申请材料，企图每人套取5万元补贴款。王某任期届满，周某继任村委会主任后，政府才将补贴款拨到村委会。周某在分发补贴款时，发现了王某、刘某和陈某的企图，便只发给三人各3万元，将剩余6万元据为己有。三人心知肚明，但不敢声张。（事实一）

后周某又想私自非法获取土地征收款，欲找县国土局局长张某帮忙，遂送给县工商局局长李某10万元，托其找张某说情。李某与张某不熟，送5万元给县财政局局长胡某，让胡某找张某。胡某找到张某后，张某碍于情面，违心答应，但并未付诸行动。（事实二）

周某为感谢胡某，从村委会账户取款20万元购买玉器，并指使会计刘某将账做平。周某将玉器送给胡某时，被胡某拒绝。周某只好将玉器退还商家，将退款20万元返还至村委会账户，并让刘某再次平账。（事实三）

请回答第（1）—（3）题。

（1）关于事实一的分析，下列选项正确的是：

A. 王某拿到补贴款时已经离任，不能认定其构成贪污罪

B. 刘某参与伪造申请材料，构成贪污罪，贪污数额为3万元

C. 陈某虽为普通村民，但参与他人贪污行为，构成贪污罪

D. 周某擅自侵吞补贴款，构成贪污罪，贪污数额为6万元

| **参考答案** | ________①

---

① C

| 设题陷阱与常见错误分析 |

本题前三个选项考查了贪污罪的认定，相对简单。D选项考查了贪污数额的认定。有考生认为，对于王某等3人的贪污犯罪，周某虽然后来知情，但因欠缺共谋，不构成贪污罪的共犯；王某、刘某、陈某每人分得3万元，对此9万元贪污款应由王某等3人负责，周某仅对其实际获得的6万元贪污款负责，所以D选项正确。这一看法存在问题。周某在分发补贴款时，发现了王某、刘某和陈某的企图，这意味着周某明知不应发放15万元补贴，但其仍利用职务便利发放15万元，致使政府遭受15万元的财物损失，因此，周某的贪污数额应为15万元。周某发给王某等3人每人3万元，自己获得6万元，属于贪污赃款的分配问题，不能以贪污犯实际分赃数额认定其贪污数额。

| 解题思路与方法分析 |

政府为村民发放扶贫补贴，由各村村委会主任审核本村申请材料并分发补贴款，村委会主任在协助人民政府从事扶贫款物的管理工作。根据全国人民代表大会常务委员会《关于〈中华人民共和国刑法〉第九十三条第二款的解释》，村委会主任王某、周某属于《刑法》第93条第2款规定的"其他依照法律从事公务的人员"。作为国家工作人员，王某利用职务上的便利，伪造申请材料，骗取政府的扶贫补贴，其行为符合贪污罪的犯罪构成，成立贪污罪。至于王某何时取得扶贫补贴，不影响贪污罪的成立。因此，即便王某在拿到补贴款时已经离任，但其在伪造材料进行补贴款申请时利用了职务上的便利，故其也构成贪污罪。A选项错误。

刘某与王某等人构成贪污罪的共犯，应以共同贪污的数额15万元（而不是个人实际获利数额3万元）认定刘某的贪污数额。B选项错误。

陈某虽为普通村民，但其参与王某的贪污犯罪，根据《刑法》第382条第3款"与前两款所列人员勾结，伙同贪污的，以共犯论处"的规定，构成贪污罪的共犯。C选项正确。

后上任的村委会主任周某明知王某等人不符合获取扶贫补贴的条件，不应对其发放15万元补贴，但周某仍然利用管理发放补贴的职务便利，发放15万元补贴，致使15万元的公共财物遭受损失，其行为构成贪污罪。周某的贪污数额为15万元，而非6万元。D选项错误。

（2）关于事实二的分析，下列选项正确的是：

A. 周某为达非法目的，向国家工作人员行贿，构成行贿罪

B. 李某请托胡某帮忙，并送给胡某5万元，构成行贿罪

C. 李某未利用自身职务行为为周某谋利，但构成受贿罪既遂

D. 胡某收受李某财物进行斡旋，但未成功，构成受贿罪未遂

| 参考答案 | __________①

| 设题陷阱与常见错误分析 |

本题考查了行贿罪的认定以及受贿罪既未遂的认定。题目较为简单，考生失分较少。

| 解题思路与方法分析 |

为谋取不正当利益，给予国家工作人员以财物的，是行贿罪。周某为非法获取土地征收款，向国家工作人员行贿，构成行贿罪。A选项正确。

县工商局局长李某为了完成周某的请托事项，送5万元给县财政局局长胡某，让胡某找张某，这也符合行贿罪的犯罪构成，李某构成行贿罪。B选项正确。

《刑法》第388条规定："国家工作人员利用本人职权或者地位形成的便利条件，通过其他国家工作人员职务上的行为，为请托人谋取不正当利益，索取请托人财物或者收受请托人财物的，以受贿论处。"据此，县工商局局长李某虽未利用本人职权为周某谋取非法利益，但其利用本人地位形成的便利条件，请托胡某为周某谋取非法利益，收受了请托人周某的10万元，属于斡旋受贿，构成受贿罪。C选项正确。

就受贿罪而言，只要国家工作人员利用职务上的便利收取了财物，国家工作人员职务行为的不可收买性即被侵犯，就构成受贿既遂。

---

① ABC

在斡旋受贿的场合，只要县工商局局长李某有斡旋行为，并收受了周某的财物，即构成受贿罪既遂。至于其他国家工作人员是否果真为请托人周某谋取不正当利益即斡旋是否成功不影响李某受贿罪既遂的认定。D 选项错误。

(3) 关于事实三的分析，下列选项正确的是：

A. 周某挪用村委会 20 万元购买玉器行贿，属挪用公款进行非法活动，构成挪用公款罪

B. 周某使用村委会 20 万元购买玉器，属贪污行为，但后又将 20 万元还回，构成犯罪中止

C. 刘某第一次帮周某将账面做平，属于帮周某成功实施犯罪行为，与周某构成共同犯罪

D. 刘某第二次帮周某将账面做平，属于作假证明掩护周某的犯罪行为，构成包庇罪

| **参考答案** | ________①

| **设题陷阱与常见错误分析** |

本题 A 选项考查了挪用公款罪与贪污罪的区分。从外形上来看，周某从村委会账户取款 20 万元购买玉器的行为似乎属于挪用公款进行非法活动，但是，周某指使会计刘某将账做平，这意味着周某并不打算归还 20 万元，其具有非法占有目的，故应认定周某构成贪污罪。2003 年 11 月 13 日最高人民法院《全国法院审理经济犯罪案件工作座谈会纪要》规定，行为人挪用公款后采取虚假发票平账、销毁有关账目等手段，使所挪用的公款已难以在单位财务账目上反映出来，且没有归还行为的，应当以贪污罪定罪处罚。据此，主张周某构成挪用公款罪的看法难以成立。刘某第一次帮周某将账面做平，属于帮助周某顺利完成贪污犯罪，与周某构成贪污罪的共同犯罪。刘某第二次帮周某将账面做平，不构成包庇罪，因为包庇是指向公安、司法机关作假证明掩盖犯罪，而刘某第二次帮周某将账面做平充其量属于毁灭证据，不具有包庇的属性。

| **解题思路与方法分析** |

周某从村委会账户取款 20 万元时，指使会计刘某将账做平，这表明周某主观上具有非法占有的目的，其并不打算归还 20 万元，故周某的行为构成贪污罪，而不是构成挪用公款罪。A 选项错误。

周某利用职务上的便利，已经实际取得 20 万元，属于贪污既遂。即使随后周某又将 20 万元还回村委会账户，也不构成犯罪中止。B 选项错误。

在司法实务中，是否已经平账是区分贪污罪与挪用公款罪的重要因素，平账行为系贪污行为的组成部分，刘某第一次帮周某将账面做平，属于帮周某贪污，与周某构成共同犯罪。C 选项正确。

刘某第二次帮周某将账面做平，属于毁灭贪污 20 万元的犯罪证据，不属于向司法机关作假证明掩护周某的犯罪行为，故刘某不构成包庇罪。D 选项错误。

17 考向 渎职罪

1.【单项选择题】乙的孙子丙因涉嫌抢劫被刑拘。乙托甲设法使丙脱罪，并承诺事成后付其 10 万元。甲与公安局副局长丁早年认识，但多年未见面。甲托丁对丙作无罪处理，丁不同意，甲便以揭发隐私要挟，丁被迫按甲的要求处理案件。后甲收到乙 10 万元现金。关于本案，下列哪一选项是错误的？

A. 对于“关系密切”应根据利用影响力受贿罪的实质进行解释，不能仅从形式上限定为亲朋好友

B. 根据 A 选项的观点，“关系密切”包括具有制约关系的情形，甲构成利用影响力受贿罪

C. 丁构成徇私枉法罪，甲构成徇私枉法罪的教唆犯

D. 甲的行为同时触犯利用影响力受贿罪与徇私枉法罪，应从一重罪论处

| **参考答案** | ________②

| **设题陷阱与常见错误分析** |

在利用影响力受贿罪中，将“关系密切的人”从形式上限定为亲朋好友，便会选错。只

① C
② D

有司法工作人员收受贿赂，有徇私枉法等行为，同时又构成受贿罪的，才能适用《刑法》第399条第4款依照处罚较重的规定定罪处罚，对非司法工作人员不能适用该规定。对此若无正确理解，便会错误地认为D选项正确。

｜解题思路与方法分析｜

利用影响力受贿罪的犯罪主体是国家工作人员的近亲属或者其他与该国家工作人员关系密切的人以及离职的国家工作人员或者其近亲属以及其他与其关系密切的人。这里的"关系密切的人"，一般是指与国家工作人员或者离职的国家工作人员具有共同利益关系的人，其中的利益关系不仅包括物质利益，而且包括其他方面的利益，如情人关系、密切的上下级关系（如秘书、司机等）、密切的姻亲或血亲关系。没有必要将关系密切限定解释为事实上非常熟悉、关系紧密，因为客观上能够通过国家工作人员职务上的行为为请托人谋取不正当利益的人，基本上是与国家工作人员有密切关系的人。所以，应根据利用影响力受贿罪的实质即存在一定的制约关系来解释"关系密切的人"。甲与公安局副局长丁早年认识，知道丁的隐私，通过揭发隐私要挟，客观上能够迫使丁来谋取不正当利益，从利用影响力受贿罪的实质出发，应认定甲是与丁"关系密切的人"。甲的行为符合利用影响力受贿罪的犯罪构成，构成利用影响力受贿罪。据此，A、B选项正确。

丁身为公安局副局长，明知丙涉嫌抢劫构成犯罪，竟然故意包庇丙不使他受追诉，其行为符合徇私枉法罪的犯罪构成，构成徇私枉法罪。甲明知丙因涉嫌抢劫被刑拘，唆使公安局副局长丁徇私枉法对丙作无罪处理，结果丙果真被按无罪处理，甲构成徇私枉法罪的教唆犯。据此，C选项正确。

对于徇私枉法罪，《刑法》第399条第4款规定："司法工作人员收受贿赂，有前三款行为的，同时又构成本法第三百八十五条规定之罪的，依照处罚较重的规定定罪处罚。"本条规定是针对司法工作人员而言的，甲不属于司法工作人员，故对甲不能适用该款规定。甲的行为同时触犯利用影响力受贿罪与徇私枉法罪，应当数罪并罚。据此，D选项错误。

2.【多项选择题】关于渎职罪，下列哪些选项是正确的？

A. 省渔政总队验船师郑某，明知有8艘渔船存在套用船号等问题，按规定应注销，却为船主办理船检证书，船主领取国家柴油补贴640万元。郑某构成滥用职权罪

B. 刑警曾某办理冯某抢劫案，明知冯某被取保候审后未定期到派出所报到，曾某也未依法传唤冯某或将案件移送起诉或变更强制措施。其间，冯某再次犯罪。曾某构成徇私枉法罪

C. 律师于某担任被告人马某的辩护人，从法院复印马某贪污案的案卷材料，允许马某亲属朱某查阅。朱某随后游说证人，使数名证人向于某出具了虚假证明材料。于某构成故意泄露国家秘密罪

D. 公安局协警闫某，在协助抓捕行动中，向领导黑社会性质组织的李某通风报信，导致李某等主要犯罪分子潜逃。闫某构成帮助犯罪分子逃避处罚罪

｜参考答案｜__________①

｜设题陷阱与常见错误分析｜

本题考查了常见渎职罪的认定问题。一些考生认为，在B选项中，刑警曾某未依法传唤冯某或将案件移送起诉或变更强制措施，客观上使犯罪嫌疑人未受到追诉，侵害了国家司法机关的正常活动，符合徇私枉法罪的构成要件，应当构成徇私枉法罪。这一看法有误。构成徇私枉法罪，要求行为人徇私枉法、徇情枉法，但从选项表述来看，曾某并不存在徇私、徇情的问题，自然不能构成徇私枉法罪。

｜解题思路与方法分析｜

省渔政总队验船师郑某，明知8艘渔船存在套用船号等问题，按规定应注销，却为船主办理船检证书，这属于滥用职权，该行为致使公共财产遭受重大损失（国家损失柴油补贴640万

① AD

元),郑某构成滥用职权罪。A 选项正确。

刑警曾某明知冯某被取保候审后未定期到派出所报到,曾某也未依法传唤冯某或将案件移送起诉或变更强制措施,其行为属于玩忽职守,造成严重后果,可构成玩忽职守罪。由于曾某并不存在徇私、徇情的问题,该行为不构成徇私枉法罪。B 选项错误。

律师于某通过合法途径获得案卷材料,让当事人亲属翻阅,这并不违法,因为此类案卷材料不属于国家机密,所以于某的行为不构成泄露国家秘密罪。至于朱某阅读案卷材料后所实施的违法行为,应由朱某本人负责。C 选项错误。

公安局协警闫某,在协助抓捕行动中,向领导黑社会性质组织的李某通风报信,导致李某等主要犯罪分子潜逃。闫某的行为符合帮助犯罪分子逃避处罚罪的犯罪构成,构成帮助犯罪分子逃避处罚罪。D 选项正确。

3.【多项选择题】关于渎职犯罪,下列哪些选项是正确的?

A. 县财政局副局长秦某工作时擅离办公室,其他办公室人员操作电炉不当,触电身亡并引发大火将办公楼烧毁。秦某触犯玩忽职守罪

B. 县卫计局执法监督大队队长武某,未能发现何某在足疗店内非法开诊所行医,该诊所开张 3 日即造成一患者死亡。武某触犯玩忽职守罪

C. 负责建房审批工作的干部柳某,徇情为拆迁范围内违规修建的房屋补办了建设许可证,房主凭此获得补偿款 90 万元。柳某触犯滥用职权罪

D. 县长郑某擅自允许未经环境评估的水电工程开工,导致该县水域内濒危野生鱼类全部灭绝。郑某触犯滥用职权罪

| 参考答案 | __________①

| 设题陷阱与常见错误分析 |

本题考查了滥用职权罪、玩忽职守罪的犯罪构成。部分考生认为,在 B 选项中,武某负有监管职责,对所在辖区内出现的卫生监管事故负有相关责任;非法行医已有 3 日,武某有机会发现这一情况,但其怠于执法,以致出现患者死亡的结果,认定其构成玩忽职守罪并无不妥。这一看法存在问题。其一,题干提示何某非法开诊所行医,这意味着该行为未经卫生部门审批,短期内难以进入武某的视野。其二,诊所开设在足疗店内,而城市中的足疗店众多,要求武某在 3 日内迅速发现何某的非法行医行为,是不现实的。不能因为出现了患者死亡的结果,就反过来说武某存在玩忽职守行为。总之,根据 B 选项的表述本身,难以认定武某严重不负责任,不履行监管职责,故不能得出武某构成玩忽职守罪的结论。

| 解题思路与方法分析 |

渎职犯罪是指就国家机关工作人员的职务行为,存在渎职行为。敦促办公室员工正确使用电炉,超出了县财政局副局长的职务范围。秦某工作时擅离办公室确实不当,但不能因此就认定秦某存在渎职行为。秦某不构成玩忽职守罪。A 选项错误。何某的诊所设在足疗店内,刚开张 3 日,要求武某发现并制止何某的非法行医行为,是不现实的,不能认定武某严重不负责任,不履行监管职责。武某不构成玩忽职守罪。B 选项错误。负责本市建房审批工作的干部,滥用职权办理建设许可证,致使房主凭此获得补偿款 90 万元,使国家和人民利益遭受重大损失,其行为符合滥用职权罪的犯罪构成,构成滥用职权罪。虽然也可以考虑柳某的行为触犯贪污罪,但是,柳某成立贪污罪并不意味着柳某的行为未触犯滥用职权罪。C 选项正确。县长郑某擅自允许未经环境评估的水电工程开工,导致该县水域内濒危野生鱼类全部灭绝,该行为符合滥用职权罪的犯罪构成,构成滥用职权罪。D 选项正确。

4.【多项选择题】丙实施抢劫犯罪后,分管公安工作的副县长甲滥用职权,让侦办此案的警察乙想办法使丙无罪。乙明知丙有罪,但为徇私情,采取毁灭证据的手段使丙未受追诉。

① CD

关于本案的分析,下列哪些选项是正确的?

A. 因甲是国家机关工作人员,故甲是滥用职权罪的实行犯

B. 因甲居于领导地位,故甲是徇私枉法罪的间接正犯

C. 因甲实施了两个实行行为,故应实行数罪并罚

D. 乙的行为同时触犯徇私枉法罪与帮助毁灭证据罪、滥用职权罪,但因只有一个行为,应以徇私枉法罪论处

| **参考答案** | __________①

| **设题陷阱与常见错误分析** |

本题主要考查滥用职权罪、徇私枉法罪的犯罪构成与罪数问题,类似的题目往年也出现过,总体难度不大。间接正犯同样属于正犯,某一犯罪要求主体具备特定身份时,行为人仅在具备相应的身份时,才能构成(间接)正犯。一些考生认为,分管公安工作的副县长甲将侦办此案的警察乙作为犯罪工具来使用,或者认为分管公安工作的副县长居于领导地位,对于警察乙有支配力,因此甲是徇私枉法罪的间接正犯。这些看法属于过于形式化地分析间接正犯的本质,未考虑分管公安工作的副县长是否具备私枉法罪的主体身份,自然会得出错误结论。

| **解题思路与方法分析** |

分管公安工作的副县长甲指示承办案件的警察乙想办法使丙无罪,属于滥用职权,致使犯有抢劫罪的丙未受刑事追究,甲构成滥用职权罪,是滥用职权罪的实行犯。A 选项正确。徇私枉法罪要求主体具有司法工作人员的身份,甲是分管公安工作的副县长,不具有司法工作人员身份,故不能构成徇私枉法罪的间接正犯,因为间接正犯也属于正犯,只有具有司法工作人员身份的人才能构成徇私枉法罪的间接正犯。B 选项错误。甲只实施了一个滥用职权的行为,不存在滥用职权罪的实行犯与徇私枉法罪的间接正犯这两个行为(后一行为不存在),因此,不能对甲数罪并罚。C 选项错误。承办案件的警察乙的行为同时触犯徇私枉法罪与帮助毁灭证据罪、滥用职权罪,但因只有一个行为,应以其中处罚最重的犯罪即徇私枉法罪论处。D 选项正确。

2024 年模拟测试

1.【单项选择题】徐某冬日下午在野外游玩时与郑某发生争执,动手将郑某鼻子击打出血。为制止徐某继续攻击,郑某捡起石块掷向徐某,致其头部轻伤后昏迷倒地。郑某见四下无人,对头部流血不止的徐某说了句“活该”后离开现场。当晚,昏迷的徐某因外伤暴露在低温环境中产生并发症死亡。关于本案,下列哪一选项是正确的?

A. 徐某的死亡属于意外事件,郑某对徐某之死不负刑事责任

B. 即使徐某的行为属于不法侵害,郑某的行为也不成立正当防卫

C. 郑某的不救助行为与死亡结果间不存在刑法上的因果关系

D. 郑某不成立不作为犯罪,因为防卫行为不能产生作为义务

2.【单项选择题】代某系某私营化工公司高管,其妻吴某注册了一家科技公司,为该科技公司的实际控制人。代某以化工公司亟须更新设备为由,决定高价采购多套检测技术平台。为让吴某的公司中标,代某提前向吴某透露了处于保密阶段的招标信息,叮嘱其按化工公司会议决定的细节制作标书,然后形式上找来多家公司竞标。在代某的谋划下,吴某的公司成功中标,以明显高于市场价的价格向化工公司销售了多套检测技术平台。关于代某行为的定性,下列哪一选项是正确的(不考虑数额)?

A. 为亲友非法牟利罪

① AD

B. 泄露内幕信息罪

C. 签订、履行合同失职被骗罪

D. 合同诈骗罪

3.【单项选择题】甄某预付给贾某 3 万元去杀曹某,约定事成之后再付 2 万元。贾某动手时打消了杀人之念,换用药物将曹某迷晕,谎称曹某已死,成功讨得 2 万元。后甄某担心事情败露,又给了贾某 5 万元,让其出国暂避。关于本案,下列哪一选项是正确的?

A. 甄某系故意杀人罪的教唆未遂,应当从轻或减轻处罚

B. 贾某成立故意杀人罪的中止犯,在共同犯罪中属于从犯

C. 贾某成立故意杀人罪与诈骗罪,应当数罪并罚

D. 甄某成立故意杀人罪与窝藏罪,应当数罪并罚

4.【多项选择题】杨某在网上预付 3 万元雇用了"杀手"杜某杀害汪某,并计划由杨某将汪某约至偏僻处时杜某再下手。待杨某将汪某约出时,却不见杜某踪影。杨某发觉被骗,以为雇凶杀人无须承担刑事责任,遂到派出所报案,如实交代事情原委。经查,杜某只是冒充杀手骗钱的无业人员。关于本案,下列哪些选项是正确的?

A. 杜某构成诈骗罪,因其未接受杨某的教唆,杨某属于教唆未遂

B. 杜某并非真实的杀手,杨某雇佣其杀人的行为属于事实认识错误中的工具错误

C. 杨某客观上不可能通过杜某杀人,但其行为具有侵害法益的危险,应作为未遂犯处罚

D. 杨某如实讲述全部作案计划虽不成立自首,但综合全案,对杨某可以从轻或减轻处罚

5.【多项选择题】沈某用 3 万元假币,从不知情的韩某处购买了 500 克鸦片用于贩卖。杨某知情仍将沈某藏于家中,偶尔购买沈某的毒品自吸。沈某涉嫌贩卖毒品罪被捕后,刘某向公安机关报案佯称,沈某另外售卖过 600 克鸦片,并提供了虚假证据。关于本案,下列哪些选项是正确的?

A. 沈某用假币购买毒品,对其应以使用假币罪与诈骗罪数罪并罚

B. 杨某藏匿沈某构成窝藏犯罪,但不应认为杨某持有了沈某的毒品

C. 由于沈某的毒品也藏于杨某家中,故杨某也触犯窝藏毒品罪

D. 即便沈某已涉嫌贩卖毒品罪被捕,刘某仍然构成诬告陷害罪

6.【多项选择题】孙某系依法配备公务用枪的人员,因无力偿还刘某(无业)债务,将无子弹的公务用枪抵押给刘某。刘某携带该枪抢夺他人财物,在得手后的逃离过程中,枪支不慎掉入江中。因枪支无法找回,刘某免除了孙某的部分债务,孙某也向单位隐瞒了遗失枪支的事实。关于本案,下列哪些选项是正确的?

A. 孙某将无子弹的公务用枪抵押给刘某,孙某属于出租枪支,刘某属于私藏枪支

B. 刘某携带无子弹的枪支抢夺他人财物,无论其是否向被害人显示该枪,均应以抢劫罪定罪

C. 虽然刘某因遗失枪支而免除了孙某的部分债务,但对该行为不应以非法买卖枪支罪定罪

D. 枪支对公共安全具有抽象危险,孙某向单位隐瞒枪支遗失的事实触犯丢失枪支不报罪

7.【不定项选择题】出租车司机陈某在雨夜开车回家,途遇妇女甲抱着身带伤痕的幼儿冒雨赶路,遂好心让二人搭车。行驶途中,陈某发现甲不断殴打幼儿,怀疑甲的精神状态有问题,但不好意思过问而未制止。在甲要求下车时,幼儿已被打成重伤。关于本案,下列选项正确的是?

A. 在甲患有精神病且陈某能够正确判断的场合,陈某构成不作为的故意伤害罪

B. 在甲患有精神病的场合,无论根据哪种理论,陈某都构成故意伤害罪的间接正犯

C. 在甲精神正常且陈某能够正确判断的场合,根据共犯从属性说,陈某构成片面的帮助犯

D. 仅在陈某能够正确判断甲的精神状况时,才对幼儿的重伤承担刑事责任

8.【不定项选择题】藏有大量毒品的徐某

为了取乐,骗邻家8岁的小孩吸食了毒品,致小孩猝死。为防止败露,徐某将剩余毒品和尸体分别封入木箱,对同伴陈某、郑某谎称里面全是毒品,因警察查得紧,托二人各自将箱子运到乡下的倪某家隐藏。不料陈某在途中遭遇事故,木箱沉入江中;郑某将装有尸体的木箱交给倪某后,倪某以为箱中是毒品,便按徐某的意思掩埋。关于本案,下列选项正确的是:

A. 徐某欺骗无辨认控制能力的未成年人吸食毒品,触犯欺骗他人吸毒罪

B. 为了严厉打击毒品犯罪,应以毒品犯罪的既遂犯追究陈某的刑事责任

C. 郑某实际转移的是尸体,并未转移毒品,对郑某的行为应以无罪论处

D. 倪某明知徐某是毒品犯罪分子仍帮其掩埋"毒品",应以窝藏毒品罪论处

9.【不定项选择题】甲村的秦某碍于情面参与了与乙村的斗殴,带了几把镐头放在后面,站在一旁围观。乙村成员杜某在打斗时,被秦某的镐头绊倒摔成重伤。乙村首要分子王某一怒之下驾驶摩托车冲撞并驱散了甲村成员。3日后,杜某因医治无效死亡。关于本案,下列选项正确的是:

A. 王某驾驶摩托车冲撞对方成员,属于"持械聚众斗殴"

B. 对于杜某的重伤,秦某应承担故意犯罪的刑事责任

C. 应以故意伤害罪追究双方首要分子的刑事责任

D. 对双方的积极参加者,均应以聚众斗殴罪定罪处罚

参考答案及解析

1. | 参考答案 | B

| 设题陷阱与常见错误分析 |

本试题的陷阱在于,正当防卫人对已经受伤的不法侵害者是否具有救助义务?或许有考生认为,不法侵害者在侵害他人权利之前,应预估到其行为会受到反击而应自行承担反击后果。因此,任何人对于不法侵害者都没有保证人地位,不负救助义务。但是,考虑到正当防卫的成立需要防卫强度保持在一定范围之内,超出必要限度的部分难以具备"正当性",也具有侵害法益的性质。

| 解题思路与方法分析 |

A选项考查意外事件的判断。徐某首先对郑某的人身实施了攻击,具有不法侵害的性质。郑某对其实施反击,如果不超出一定限度则属于正当防卫。在承认先行行为也属于不作为义务的来源时,郑某的反击虽然只造成了徐某轻伤,在行为当时并未超出一定限度。但是,在"冬日"的"野外"这一具体环境中,因轻伤而昏迷的状态具有导致死亡的危险。就此而言,郑某应当预见其不作为行为可能导致徐某死亡,故死亡结果不属于意外事件。A选项错误,不当选。

B选项考查防卫过当的判断。关于正当防卫过程中的防卫人对不法侵害者是否负有救助义务,应当区别处理,具体思路是:在正当防卫即便造成死亡结果也不过当的场合,正当防卫人对不法侵害者不负救助义务;在正当防卫致人伤害并未过当,且该伤害不包含导致不法侵害者死亡的危险的场合,正当防卫人也不负有救助义务;在正当防卫造成不过当的伤害,但包含导致不法侵害者死亡的危险的场合,防卫人负有救助义务。本案发生在"冬日"的"野外"这一环境中,徐某因轻伤而昏迷、流血不止,该状况具有导致其死亡的危险。因此,郑某对徐某的生命法益负有救助义务,在不救助而导致死亡结果发生的场合,构成防卫过当。B选项正确,当选。

C选项考查存在介入因素时因果关系是否中断。关于刑法上因果关系的判断,我国通说采纳的是相当因果关系说,即基于一般人的经验、知识(一般经验法则),如果发现在导致结果发生的各种条件中,某条件为结果发生的相当条件,则该条件与结果之间存在因果关系。在出现介入因素的场合,可能发生因果关系的中断,此时的解题思路如下:结合一般经验法则判断介入因素的出现是否正常,分两种情形(以A为前行为,B为介入因素,C为结果为例),一种情形是B的出现频率很高,此时属于

正常介入。即 B 为 A 所正常引起，故 A 与 C 的因果关系不中断。另一种情形是 B 的出现频率很低，此时属异常介入，但异常介入并不当然中断 A 与 C 之间的因果关系，尚需判断 B 是否能够独立导致 C 的发生，即 B 是否超越了 A 的作用力。如果能够超越，则 A 与 C 之间的因果关系中断；如果未能超越，则 A 与 C 之间的因果关系不中断。本案中，A 表现为郑某导致徐某轻伤，B 表现为突降大雪致使昏迷的徐某伤口感染并发症，C 表现为徐某死亡。在冬日的野外，昏迷者的伤口暴露在寒冷环境中感染并发症完全符合医学规律，这一介入因素并不异常，故应肯定郑某的行为与徐某死亡之间存在因果关系。C 选项错误，不当选。

D 选项考查不作为犯罪的作为义务来源。根据通说，先行行为属于不作为犯罪的作为义务来源之一。正当防卫在过当的场合，具有法益侵害的属性，属于先行行为。D 选项错误，不当选。

2. ｜ **参考答案** ｜ A

｜ **设题陷阱与常见错误分析** ｜

本试题的陷阱在于，在《刑法修正案（十二）》后考生对为亲友非法牟利罪的主体范围有无准确掌握。在 2024 年 3 月 1 日《刑法修正案（十二）》实施之前，为亲友非法牟利罪的主体仅限“国有公司、企业、事业单位的工作人员”。《刑法修正案（十二）》将为亲友非法牟利罪的主体范围从“国有公司、企业、事业单位的工作人员”扩大至也包括“其他公司、企业的工作人员”，私营公司的高管同样可以成为本罪处罚的对象。如果考生对这一变化没有及时掌握，则可能得出错误的结论。

｜ **解题思路与方法分析** ｜

A 选项考查为亲友非法牟利罪的主体范围。《刑法修正案（十二）》将为亲友非法牟利罪的主体范围从“国有公司、企业、事业单位的工作人员”扩大至也包括“其他公司、企业的工作人员”。代某作为私营公司的高管，其利用职务便利使自己妻子实际控制的公司从化工公司获益，构成本罪。A 选项正确，当选。

B 选项考查泄露内幕信息罪的成立条件。考生应当注意，并非“暗箱操作”、利用未公开信息进行交易的行为都构成本罪。本罪的主体为证券、期货交易内幕信息的知情人员或者非法获取证券、期货交易内幕信息的人员，发生的场合限定在证券、期货交易活动中。本案代某在主体身份、行为性质方面均不符合泄露内幕信息罪的成立条件。B 选项错误，不当选。

C 选项考查考生对签订、履行合同失职被骗罪的掌握。本罪系国家机关工作人员在签订、履行合同过程中，因严重不负责任被诈骗，致使国家利益遭受重大损失的行为。《刑法修正案（十二）》未对本罪主体进行扩充，故犯罪主体依旧仅限国家机关工作人员。C 选项错误，不当选。

D 选项考查考生对合同诈骗罪的掌握。合同诈骗罪是指行为人以非法占有为目的，在签订、履行合同过程中，采取虚构事实或者隐瞒真相等欺骗手段，骗取对方当事人的财物，数额较大的行为。本罪与《刑法修正案（十二）》后的为亲友非法牟利罪存在相似之处，部分考生可能发生混淆。考生应当注意，合同诈骗罪重在“骗”，即本质上不存在交易或者通过小额交易骗取对方大额财物；为亲友非法牟利罪重在通过交易“牟利”，即均存在交易，只不过属于非正常的交易，交易对象不正常明显获益。本案吴某的公司将检测技术平台出卖给化工公司，显然存在交易，只不过获得了明显高于市场价的利益。代某作为该交易的策划者，其行为只能评价为为他人牟利，而非诈骗。D 选项错误，不当选。

3. ｜ **参考答案** ｜ C

｜ **设题陷阱与常见错误分析** ｜

本试题综合性较强，不仅考查考生对《刑法》分则罪名的掌握，同时考查对共同犯罪相关知识点的运用。其中，教唆未遂与未遂的教唆是极其容易混淆的概念：被教唆的人没有犯被教唆的罪，属于教唆未遂，包括以下情形：被教唆的人拒绝教唆犯的教唆；被教唆的人虽然接受教唆，但并没有实施犯罪行为；被教唆的人实施犯罪并不是教唆犯的教唆行为所导致的；被教唆的人虽然实施了犯罪，但所犯之罪的性质与教唆犯所教唆之罪的性质完全不同。而未遂的教唆指的是被教唆人实施了教唆人所教唆的犯罪,但被教唆人的行为停止于未遂形态的情形。如果考生混淆了上述两个概念,则可能会在判断A选项时陷入困境。此外,窝藏罪是指明知是犯罪的人而为其提供隐藏住所、财物,帮助其逃匿的行为。一般而言,考生能够熟练掌握的是,由于不能期待犯罪人在犯罪之后不逃避法律的追究,故行为人教唆他人窝藏行为人本人的行为不构成犯罪。其实,共同犯罪的场合同理。如果考生忽略了这一点,则会错误地认为甄某构成窝藏罪。

| 解题思路与方法分析 |

甄某实施了教唆,因此选项A正确与否,取决于贾某是否犯了甄某所教唆之罪。至于甄某提供金钱让贾某出国避一避的行为是否构成窝藏罪,考生应当注意,甄某与贾某系共同犯罪人,贾某的落网可能导致甄某也面临法律的制裁,因此,刑法无法期待甄某不对贾某实施藏匿。

A选项考查教唆未遂的判断,贾某虽然接受了教唆,但未实施杀人,故甄某构成故意杀人罪的教唆未遂。A选项前半句正确。我国《刑法》规定,如果被教唆的人没有犯被教唆的罪,对于教唆犯,可以从轻或者减轻处罚,故A选项后半句的"应当"从轻或者减轻处罚表述错误。A选项错误。

B选项中,贾某构成故意杀人罪的犯罪中止。但是,贾某在共同犯罪中起到的作用并非次要或者辅助作用,并非从犯。也即,是否构成中止犯与主犯、从犯的认定是两个不同的问题,不应当混淆。B选项错误。

C选项中,贾某构成故意杀人罪的犯罪中止较容易判断,但成立一罪还是数罪,则需考生对贾某骗取甄某2万元的行为作出评价。题干中,贾某诈骗的是甄某委托杀人的对价,该财物不属于合法财物。关于诈骗不法给付物的行为是否成立诈骗罪,通说的立场是不法给付物背后的财产权也应受到保护,因此贾某诈骗不法给付物的行为应当构成诈骗罪。因此,B选项错误,同时C选项正确。

D选项是通过共同犯罪考查考生对窝藏罪的掌握,由于无法期待共同犯罪人之间不彼此窝藏,故甄某提供金钱让贾某出国避一避的行为属于事后不可罚的行为,不另外构成窝藏罪。D选项错误。

4. | **参考答案** | ABCD

| **设题陷阱与常见错误分析** |

本题综合性较强,除考查教唆犯相关知识点外,兼考查"黑吃黑"情形是否成立诈骗罪、认识错误、犯罪未遂中的能犯未遂与不能犯未遂、故意杀人罪以及关于自首中对自动投案的认定。"黑吃黑"是实务中常见的迷惑性问题,关于"黑吃黑"是否成立犯罪,考生需要注意,出于对法的安定性的维护,"黑吃黑"也构成犯罪,故诈骗、盗窃、抢劫、抢夺他人的不法财产并非出罪的理由。此外,自首的成立要求行为人满足"自动投案+如实供述自己的罪行"两个条件。"自动投案"的要义之一在于,行为人自愿将自己置于所投机关或个人的控制之下,并最终接受司法机关的审理和裁判。如果考生未能把握住这一点,则会误认为杨某的行为成立自首。

| **解题思路与方法分析** |

本试题的四个选项分别考查了不同的知识点,选项间的关系较为独立,故考生只需针对选项的内容,逐一分析正误即可。

A选项考查对"黑吃黑"的定性以及教唆的未遂,把握住"黑吃黑"也是犯罪,则能够判断出杜某成立诈骗罪。因杜某未接受杨某的教唆,即杨某的教唆未成功,故杨某成立教唆的未遂。A选项正确。

B选项考查认识错误中的工具错误。事实认识错误主要分为对象错误、工具错误与因果关系的错误三类,对"工具"不宜作狭隘理解。B选项正确。

C选项考查对不能犯的处罚。杨某所雇的杜某并非真正的杀手,既然杜某自始至终没有杀人的目的,则杨某无法通过杜某杀人,属于不能犯。但是,并非所有的不能犯都无罪,不能犯分为可罚的不能犯与不可罚的不能犯——前者以犯罪未遂处罚,后者无罪。本案杨某的教唆行为只是因偶然地遇到了骗钱的杜某才未能剥夺他人生命，但杨某的行为存在剥夺他人的生命的危险，从而应当受到处罚，属于可罚的不能犯，即犯罪未遂。C 选项正确。

D 选项考查自首的认定。自首中自动投案的要义之一在于，犯罪人主动将自己置于国家强制措施之下。杨某虽然在客观上如实供述了自己的教唆行为，但在实质上，其目的是供述杜某的罪行，并非将自己置于国家强制措施之下；形式上，杨某的行为不符合 2010 年最高人民法院《关于处理自首和立功若干具体问题的意见》所列的"自动投案"的几种情形，故不成立自首。此外，我国《刑法》第 29 条第 2 款规定："如果被教唆的人没有犯被教唆的罪，对于教唆犯，可以从轻或者减轻处罚。"故 D 选项正确。

5. ｜ **参考答案** ｜ BD

｜ **设题陷阱与常见错误分析** ｜

本试题重在考查考生对罪名的准确掌握。第一，使用假币罪的客体是社会主义市场经济秩序中的货币公共信用，本罪的"使用"不仅仅指将假币作为双方的交易工具，还有将假币作为一般等价物混入流通的含义。如果未能掌握这一点，考生便无法理解使用假币购买物品的行为的社会危害性。第二，杨某窝藏了毒品犯罪分子，该犯罪分子身上带有毒品，能否认为杨某持有了该毒品？我国《刑法》设置了包庇毒品犯罪分子罪，但未设置窝藏毒品犯罪分子罪。如果考生对法条掌握不准确，则可能误认为 C 选项正确。

｜ **解题思路与方法分析** ｜

首先，沈某用假币购买鸦片，有导致对方误以为假币是真币而将假币投入流通领域的可能，为此沈某的行为触犯了使用假币罪。其次，杨某窝藏了毒品犯罪分子，该犯罪分子身上携带有毒品，此时能否认为杨某持有了该毒品？关于"持有"考生应注意，此概念强调的是对违禁品的支配状态。具体到本试题，谁支配了毒品，谁则持有该毒品，而不是毒品在谁家中便认为谁持有了毒品。弄清楚这些问题，才能对 B 选项进行正确的判断。再次，窝藏毒品罪的成立要求行为人为犯罪分子窝藏毒品。如果杨某只是为沈某提供藏匿地点，而非帮助其窝藏毒品，则不会成立本罪。最后，在他人已经受到刑事追究的场合，行为人通过诬告意图使他人受到更重的刑罚处罚，是否成立诬告陷害罪？对此考生需要明晰，诬告陷害罪保护的客体是司法秩序与他人的人身权，通过诬告使他人受到更高程度刑事追究的行为是否同样侵害了上述两个客体？如果答案是肯定的，则行为人构成诬告陷害罪。

A 选项考查使用假币罪的认定与竞合问题。沈某使用假币购买鸦片的行为，可能导致韩某误以为假币是真币而投入流通领域，故沈某成立使用假币罪。同时，虽然毒品属于违禁品，但考虑到法的安定性，诈骗违禁品的行为依然构成诈骗罪。不过，沈某使用假币购买毒品的行为与诈骗毒品的行为实为一个行为，构成想象竞合犯，应以重罪论处，而非数罪并罚。A 选项错误。

B 选项考查"持有"的认定。虽然沈某与其毒品皆在杨某家中，但沈某系毒品的主占有人。故毒品仍属于沈某支配，而非杨某支配。B 选项正确。

C 选项考查对窝藏毒品罪的理解。窝藏毒品罪要求"为犯罪分子窝藏毒品"，而杨某只实施了为沈某提供了藏匿地点的行为，并未实施帮助沈某窝藏毒品的行为，故不成立窝藏毒品罪。C 选项错误。

D 选项考查诬告陷害罪的认定，所谓"诬告陷害"是指意图通过诬告使他人受到刑事追究的行为，客体为人身权与司法秩序。在他人已经被刑事追究的场合，意图通过诬告使他人受到更高程度的刑事追究，同样会侵害到上述两个客体。刘某向公安机关报案佯称沈某另外售卖过 600 克的鸦片，并提供"证据"的行为，是意图使沈某受到不该承担的更重的刑罚，故刘某的行为构成诬告陷害罪。D 选项正确。

6. ｜ **参考答案** ｜ BC

｜ **设题陷阱与常见错误分析** ｜

本试题的陷阱在于考生对非法出租、出借枪支罪诸多构成要件要素的理解存在误区。本罪中的“出租”“出借”与非法持有、私藏枪支罪中的“持有”“私藏”的主体存在差异与重合。非法出租、出借枪支罪的主体限定为依法配备公务用枪的人员与单位；非法持有枪支罪的主体为不符合配备枪支条件的人员；私藏枪支罪的主体为原本依法具有配备枪支的资格、后来该资格又被消除的人员。在以上几个罪名中，私藏枪支罪可能作为干扰项出现。此外，丢失枪支不报罪也是本试题的陷阱之一，本罪仅仅是不作为犯还是需要兼考虑是否存在实害？如果考生对以上问题没有准确掌握，则可能得出错误的结论。

｜解题思路与方法分析｜

A选项考查考生对非法出租枪支罪、非法持有枪支罪以及私藏枪支罪犯罪主体差异的掌握。孙某属于依法配备公务用枪的人员，其将公务用枪作为债务抵押物的行为可以评价为非法出租。A选项部分表述正确。关于刘某的行为如何评价，由于题干交代了其属于无业人员，故不具有配备枪支的资格，其支配孙某枪支的行为只能评价为非法持有。至于“私藏”，针对的是原本依法具有配备枪支的资格、后来该资格又被消除的人员，显然刘某不属于此类人员。因A选项部分表述错误，不当选。

B选项考查普通抢劫罪与准抢劫罪。《刑法》第267条第2款规定，“携带凶器抢夺的，依照本法第二百六十三条的规定定罪处罚”，属于准抢劫。成立准抢劫的前提是行为人携带了凶器，但未对被害人显示。在对被害人显示的场合，直接成立普通抢劫罪。因此无论刘某是否对被害人显示枪支，均以抢劫罪定罪。B选项正确，当选。

C选项考查考生对非法买卖枪支罪的掌握。刘某因枪支丢失免除了孙某的债务，看似枪支成为二者交易的对象。但是，非法买卖枪支罪是抽象危险犯，针对掉入江中的枪支的事后交易对公共安全难以造成抽象危险，故对刘某不应以本罪定罪。C选项正确，当选。

D选项考查考生对丢失枪支不报罪性质的掌握。该罪并非危险犯，并非仅因行为人“不上报”这一不作为就可以成立。本罪系实害犯，需要“严重后果”才得以成立。根据《国家统一法律职业资格考试辅导用书》，该罪的“严重后果”一般表现为枪支落入不法分子之手后，不法分子利用行为人丢失的枪支实施犯罪行为造成严重后果；而丢失枪支本身不是本罪的严重后果。D选项错误，不当选。

7.｜参考答案｜AC

｜设题陷阱与常见错误分析｜

本试题的陷阱在于，自愿承担的义务一般不构成刑法上作为义务的来源，但特殊情况下却可以。根据通说，不作为犯罪作为义务的来源表现为法律或法规明文规定的义务、职务业务的要求、法律行为引起的义务以及先行行为引起的义务。自愿承担的义务一般不是不作为犯罪作为义务的来源。本案中，陈某与妇女甲以及幼儿之间并无通说所提及的四种义务关系，故对于幼儿被侵害的行为一般不负制止义务。但是，在特殊情况下，如果因为行为人自愿承担的义务而使法益的保护依赖于行为人，即因行为人的行为致使他人的法益无法得到外界保护，此时行为人则应继续承担法益保护的义务。如果考生忽略了这一点，就会得出错误的结论。

｜解题思路与方法分析｜

A选项考查考生对不作为犯罪中作为义务的全面掌握。一般情况下，自愿承担的义务不是不作为犯罪作为义务的来源。但在特殊情况下，如果因为行为人自愿承担的义务使他人法益无法获得外界保护而只能依赖行为人保护的场合，该行为人则负有保护该法益的义务。考生应注意题干对案情的设置，判断是否存在特殊情形。本案陈某驾车载甲与幼儿行驶，幼儿身处机动车内，其法益无法获得社会其他力量的保护，故陈某负有保护该幼儿安全的义务。在发现幼儿被精神病患者殴打而不制止的场合，陈某的行为具有了不作为的性质。A选项正确，当选。

B选项考查不同犯罪论下间接正犯的成立条件。根据四要件通说，陈某成立间接正犯。根据阶层犯罪论，成立间接正犯的条件在于行为人有利用他人实施犯罪的意思，且在犯罪过程中居于支配地位。本案陈某对于幼儿被伤害的事实虽然具有主观上的放任态度，但难以认为其对于危害结果的发生具有支配性作用，故并非间接正犯。B 选项错误，不当选。

C 选项考查帮助犯的成立条件。帮助犯的成立要求行为人实施了帮助的行为，具有帮助的故意，在共犯从属性说下，还要求被帮助者实行了犯罪。本选项设置的情形是，甲精神正常且陈某能够正确判断，那么甲对幼儿的重伤构成故意伤害罪，而陈某未停车制止的行为为甲的犯罪提供了环境，对危害结果具有加功作用。由于陈某与甲并无共谋，因此在共犯共属性说下，陈某构成故意伤害罪的片面的帮助犯。C 选项正确，当选。

参考上述解析以及陈某身为出租车司机的身份，得出 D 选项错误，不当选。

8. | **参考答案** | AB

| **设题陷阱与常见错误分析** |

无论转移毒品罪还是运输毒品罪，着手点均系为了运输而搬运毒品，既遂点为毒品起运，无须到达目的地。此外，毒品犯罪中的引诱、教唆、欺骗他人吸毒罪的犯罪对象并无限制，即此处的“欺骗”不同于诈骗罪中的“诈骗”：诈骗罪的对象是达到法定年龄、具备辨认控制能力的人，而引诱、教唆、欺骗他人吸毒罪的对象包括未达到法定年龄和无辨认控制能力的人。考生如果认为欺骗未成年人吸毒不构成欺骗他人吸毒罪而构成强迫他人吸毒罪，则会得出错误的结论。

| **解题思路与方法分析** |

本试题涉及毒品犯罪中的多个行为人，考生尤其应注意犯罪人的身份，即其属于哪一类的毒品犯罪分子，另外需要分析诸行为人之间的关系。

A 选项考查欺骗他人吸毒罪，同时隐含着该罪与强迫他人吸毒罪的界分。一般而言，欺骗的对象是达到法定年龄、具有辨认控制能力的人，否则会被视为被害人没有陷入认识错误的能力（“同意”具有被动性）。如果考生按照上述通常的思维理解，会错误地认为徐某欺骗未成年人吸毒的行为构成强迫他人吸毒罪。但是，欺骗他人吸毒罪的对象范围较广，根据《刑法》第 353 条第 3 款所规定的“引诱、教唆、欺骗或者强迫未成年人吸食、注射毒品的，从重处罚”可知，无论是引诱、教唆、欺骗，还是强迫，其对象都包括未成年人。因此 A 选项正确。

B 选项考查具体毒品犯罪中既遂的认定，本案中的毒品已经起运，无须到达目的地即可成立既遂。因此 B 选项正确。

C 选项，参考 B 的解析，虽然客观上郑某运输的并非毒品，但其行为具有使毒品流入社会的高度危险性，应当成立犯罪未遂，而非无罪。C 选项错误。

D 选项考查的是掩饰、隐瞒犯罪所得罪与窝藏毒品罪的界分，二者看似存在法条竞合的关系，实则不然。窝藏毒品罪系为“走私、贩卖、运输、制造毒品的犯罪分子”窝藏毒品，由于徐某并非此类人员，故对于倪某应当适用掩饰、隐瞒犯罪所得罪定罪处罚。D 选项错误。

9. | **参考答案** | CD

| **设题陷阱与常见错误分析** |

本题的难点在于聚众斗殴罪中法律拟制条款的适用及不同行为人刑事责任的承担。《刑法》第 292 条（聚众斗殴罪）第 2 款规定的“聚众斗殴，致人重伤、死亡的，依照本法第二百三十四条、第二百三十二条的规定定罪处罚”，属于法律拟制。鉴于这一规定，行为人在斗殴过程中虽无杀人故意（行为人对重伤、死亡具有预见可能性，即对重伤、死亡存在过失），但客观上致人重伤、死亡的，应分别认定为故意伤害罪、故意杀人罪。但是，聚众斗殴罪的主体仅限首要分子与积极参加者，因此，拟制条款的适用规则是只对首要分子和直接造成重伤、死亡的斗殴者认定为故意伤害罪、故意杀人罪，对其他参加者不应认定为故意伤害罪与故意杀人罪。在不能查明重伤、死亡原因的情况下，只能对首要分子以故意伤害罪、故意杀人罪论处。总之，《刑法》第 292 条仅处罚首要分子与积极参加者，如果一般参加者或者旁观者的行为导致他人重伤、死亡的，不能适用上述拟制规定，而应根据其行为所符合的犯罪构成认

定犯罪。考生容易将案例中出现的重伤、死亡结果简单地去适用拟制条款，从而错误地认为一概转化为故意伤害罪、故意杀人罪。

| 解题思路与方法分析 |

针对有关聚众斗殴罪中法律拟制的认定，考生首先应当准确判断行为人的角色，即是首要分子、积极参加者还是一般参加者。一般而言，试题中会至少出现两种行为人，考生需要逐一判断其构成的犯罪与承担的刑事责任。

A 选项考查刑法的解释。刑法允许扩大解释，反对类推解释。按照一般文义上的理解，"械"包括各种枪支、刀具、棍棒、砖块等足以致人伤亡的工具，而"持械"一般是指随身携带或持有了上述工具。虽然从社会危害性的角度而言，驾驶摩托车冲撞他人的危害性等于甚至大于携带以上工具对人实施攻击的危害性，但是，将"驾驶摩托车"解释为"持械"会超出词语通常的语义范围，逾越了一般人对"持械"这一表达的理解边界，从而属于不被允许的类推解释。A 选项错误。

B 选项考查聚众斗殴罪一般参加者的刑事责任。《刑法》第 292 条聚众斗殴罪的主体是首要分子和其他积极参加者，适用拟制规定的也仅限此两类人员。由于秦某是碍于情面参与了斗殴，且只带了几个镐头放在现场，其本人并未积极参与打斗，从而只属于一般参加者。在秦某不构成聚众斗殴罪的前提下，无须适用本罪的拟制规定。为此，如果秦某对他人可能因镐头绊倒后摔伤具有预见可能性，可能成立过失致人重伤罪，不应将这一过失行为拟制为故意犯罪。B 选项错误。

C 选项考查两个知识点，即在导致本方人员重伤、死亡的场合，本方的首要分子是否适用拟制规定；在斗殴导致了他人重伤后，又因医治无效而死的场合，对相关行为人是以故意伤害罪定罪，还是以故意杀人罪定罪。关于第一个知识点，考生应当掌握的是"死亡、重伤"的对象不仅限对方成员，也包括本方成员。为此，双方首要分子都要为此适用拟制规定，以故意犯罪追究刑事责任。关于第二个问题，即适用哪一个罪名的问题，根据《刑法》第 292 条第 2 款"聚众斗殴，致人重伤、死亡的，依照本法第二百三十四条、第二百三十二条的规定定罪处罚"的规定可知，刑法是通过引证罪状的方式提示司法人员，此时应当适用其他条文，而《刑法》第 234 条、第 232 条分别有其具体的内容。在斗殴未直接导致死亡而只直接导致了重伤、被害人又因重伤而死的场合，适用"致人死亡或者以特别残忍手段致人重伤造成严重残疾的，处十年以上有期徒刑、无期徒刑或者死刑"即可。C 选项正确。

D 选项考查的是，未直接实施重伤行为、杀人行为的积极参加者是否适用拟制规定。考生应当注意，刑法对聚众斗殴罪及拟制规定的适用十分慎重，积极参加者只要没有实施上述行为，就不能适用拟制规定，只以聚众斗殴罪定罪处罚即可。D 选项正确。

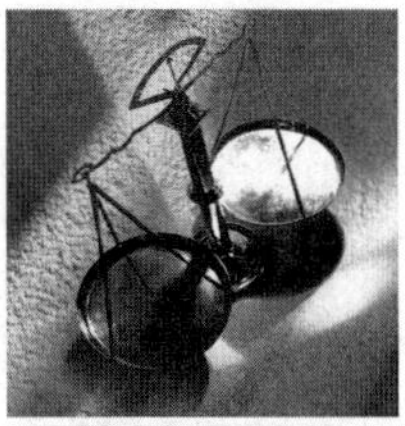

方 法 篇

如何解答本学科客观题

刑事诉讼法是考试中非常重要的科目，总体而言，在考试的发展历程中，刑事诉讼法的试题形式、覆盖范围和考查重点等基本保持稳定，但也存在一些变化和发展，而这些基本特点又与刑事诉讼法本身的特点以及考试的整体发展方向相关联。

考查要求

刑事诉讼法本身就是实践性非常强的法学学科，相关法律条文所规定的各种程序性的操作都能找到对应的司法实践，而反过来，刑事程序中多姿多彩的司法实践也为考试提供了各种有益的素材。从某种角度上来说，从司考到国家统一法律职业资格考试，刑事诉讼法案例型试题存在“依法设题”和“依案设题”的区分。依法设题指的是为了考查考生是否理解、掌握和运用某些法律规定而根据这些法律规定来构思一个案例，但构思出来的案例同样会纳入很多源于司法实践的真实情境或要素；而依案设题则是在一个已知的真实案例的基础上进行改造，使之与刑事诉讼法的相关知识点相关联。如果仔细观察历年试题，可以发现很多形象又富有真实感的案例型试题，充分体现了刑事诉讼法学科紧密联系司法实务的特征。此外，刑事诉讼法的试题受到法律修改变化的影响非常大。2012 年《刑事诉讼法》进行系统修改后，之前的很多试题的答案都需要因此发生变化；2018 年《刑事诉讼法》修改的内容虽然不多，但随之进行修订的最高人民法院《关于适用〈中华人民共和国刑事诉讼法〉的解释》（以下简称《刑诉解释》）、《人民检察院刑事诉讼规则》（以下简称《人民检察院规则》）和《公安机关办理刑事案件程序规定》（以下简称《公安部规定》），吸收了大量 2012 年以来的相关司法解释、规范性文件和实践中积累的经验，也为刑事诉讼法学科的考试提供了全新的依据。

试卷分析

从司考到国家统一法律职业资格考试,刑事诉讼法学科的试题呈现不断升级的状态,主要包括下列几个方面的特点。

第一,虽然存在一些考查的重点,但刑事诉讼法考查的内容覆盖全部章节。与刑事诉讼法的动态性和整体性密切相关,司法实务中一个案件的办理可能涉及刑事诉讼法总则中规定的各项整体性制度和分则中规定的各项程序和阶段,因此,刑事诉讼法各章节不存在绝对意义上的孰优孰劣或者哪个更为重要的问题,各项制度和各项程序组成了一套完整的刑事诉讼程序。这一点折射到考试中就是考查的内容覆盖全部章节,即便是大多数案件可能都不会涉及的"涉外刑事诉讼程序与司法协助制度"也曾考查。

第二,案例型试题所占比例大幅上升直至占据绝对主导地位。近年来的考试更为重视对考生的法律思维和理解与运用法律规定能力的考查,逐年大幅提升案例型试题的比例,在案例题中也基本不再考查纯粹记忆性和纯粹操作性的内容,而更为关注能够运用刑事诉讼基本原理进行解释和理解的内容。

第三,试题的综合性更加凸显,这也符合刑事诉讼法"牵一发而动全身"的动态性和整体性特征。由于刑事诉讼法的动态性和整体性,不同的刑事诉讼制度和前后相继的诉讼阶段其实都是互相关联并互相影响的,而在司法实践中,任何一个案件的办理都会涉及多个诉讼制度和诉讼阶段。与之相应,近年来刑事诉讼法试题的综合性明显提升,主要表现在:不同于之前的客观题通常每一题只集中考查来自同一章节的某一个或几个知识点,近年来的综合性题目可能在四个选项中涉及多个分布在刑事诉讼法不同章节但又互相关联的多个知识点。这种题目形式不仅更为符合刑事诉讼法动态性和整体性的特征以及司法实践,而且对考生提出了更高的要求,不仅需要掌握不同章节的内容,而且需要去考虑和理解不同章节知识点之间内在的联系。

第四,更为注重从实践运用的角度进行理论考查。从某种意义上来说,考试选拔合格的法律职业人才除了掌握法律规定的内容外,还应该理解法律规定背后的理论基础和立法理由,因为只有如此才能真正在司法实践中运用法律,并在法律缺乏明确规定的情况下遵循理论和立法宗旨作出适当的判断和选择。因此,考试虽然不需要考生掌握特别复杂或前沿的理论问题,但应当掌握不同学科的基础性理论及其与相关法律规定的联系和运用方式。

学科重点

刑事诉讼法有其自身鲜明的特点,这些特点同样深刻影响了刑事诉讼法学科的考查方式和考查重点,考生需要在充分理解这些特点的基础上展开复习。

第一,刑事诉讼法与作为国家根本法的宪法的关联极为紧密,关注于宪法所保护的公民基本权利和界定公权力机关行使权力的界限。因此,刑事诉讼法关注于公民的基本权利,并致力于划定公检法等公权力机关在刑事诉讼过程中行使权力的界限,以保障公民的基本权利免遭侵犯。因为刑事诉讼法关注于保障权利和界定权力行使的界限,所以存在大量"应当"与"可以"的规定。刑事诉讼法正是通过这些规定,对公权力机关的权力和职责进行限定。与之相应的是,考试也常常围绕权力与权利这两个关键词展开。我们耳熟能详的刑事诉讼法试题的题干或选项常常以这样的形式出现:某某(当事人或其他诉讼参与人)在刑事诉讼的某一阶段可以从事的事情或者享有的权利;某某机关在办理某一案件过程中,在处理某一事项可以采取的措施、应当如何处理或者不能如何处理。究其根本,这些试题其实都很好地呈现了刑事诉讼法的权力与权利这两个关键词。而对“应当”和“可以”情形的考查更多地体现了办案机关的权力界限和义务。因此,在学习刑事诉讼法的过程中,一定要将表现为各种细节性甚至琐碎的制度与程序的规定“深挖”到权力与权利这一根基,才能更好地理解各种规定。

第二,刑事诉讼法的动态性和平衡性可能冠绝所有法律。与实体法相比,程序法强调的是动态的平衡——各方主体如何在变动不居的程序中保持平衡,因此更多地需要动态的视角。与民事诉讼法相比,由于涉及侦查程序、审查起诉程序以及相关的公安机关、国家安全机关和检察机关等,刑事诉讼中的动态平衡往往更为复杂,更需要“全局观”和“动态观”。我国《刑事诉讼法》在1996年和2012年经历了两次大修,这种修改频度和修改幅度也很大程度上是因为刑事诉讼法的全局性和动态性,导致刑事诉讼法的绝大多数条文都会“牵一发而动全身”。2018年《刑事诉讼法》的修改虽然涉及的内容不多,但也辐射到刑事诉讼的很多环节,尤其是新增的认罪认罚从宽制度涉及整个刑事诉讼过程。因此,在学习刑事诉讼法时必须要采用动态和关联的视角来看待刑事诉讼法中的每一项规定,因为任何一个主体在任何一个诉讼阶段的任何一项诉讼活动,都会对其他主体在前后相继的其他诉讼阶段的活动产生影响;而前一诉讼阶段的行为或决定不但会对后续诉讼阶段产生影响,甚至可能因各种原因被后续诉讼阶段所修正、否定甚至有可能会有程序回转的情况发生。

第三,权衡刑事诉讼过程中涉及的各方面价值与利益是刑事诉讼法永恒的主题。在刑事诉讼中,控制犯罪与保障人权如何平衡,公正与效率的价值如何平衡等问题会体现在个案的不同阶段的处理上,也会体现在刑事诉讼制度的创新探索与发展方面,需要结合制度设计背后的价值权衡来进行复习。例如,采用不予逮捕直接起诉的方法能够节约审查批准逮捕和看守所羁押所投入的司法资源,有助于提升诉讼效率;在看守所派驻值班律师为犯罪嫌疑人提供法律帮助更多地体现了程序公正和权利保障的理念,并未提升诉讼效率,反而增加了司法资源的投入。同时,刑事诉讼还始终处于国家权力与公民权利、不同国家机关的权力以及涉入刑事诉讼程序的不同公民的权利(如被告人与被害人、被告人与证人等)之间的权衡与选择过程中。在绝大多数情况下,所有这些价值与利益并不处于绝对的优先位置,需要结合各种具体情形进行选择。例如,对于采用非法手段获取的证据,由于非法取证侵犯了公民的基本权利,因此原则上需要予以排除,但有时非法证据本身又具有查明案件事实以惩罚犯罪的功能,因此在一些情况下又需要有条件地予以采纳。因此,刑事诉讼法往往呈现原则加各种例外,甚至“例外的例外”的状况。这些原则加例外再加“例外的例外”的情形实际上使刑事诉讼法律条文显得关系更为复杂,内容也更为庞杂,而考试则有可能从这些原则和例外在司法实践中的具体表现方面切入。

第四,刑事诉讼法可能还是所有部门法中最体现权力制约权力思维的法律。将权力在不同的国家部门之间进行分配,实现权力对权力的制约以避免权力滥用是现代法治国家的惯常做法。在具体程序中实现权力的互相制约,进而实现动态的平衡,也是刑事诉讼法律着力解决的问题。因此,刑事诉讼法不但规定了“分工负责、互相配合、互相制约”的原则,而且《刑事诉讼法》及相关司法解释花费了大量的笔墨规定了不同机关之间如何进行分权、监督和制约,诉讼参与人如何在不服一个机关处理决定时寻求其他机关的救济。

刑事诉讼法学科的内容较为庞杂,并且相应的法律和司法解释的条文较多,上述四个方面特点应当作为复习的指导方向。在此基础上,还应当掌握刑事诉讼法的基本体系。

整体来说,刑事诉讼法分为总论、分论和特别程序论三大部分。总论所涵盖的内容几乎适用于整个刑事诉讼的前后不同阶段,是刑事诉讼法学的整体性内容。总论所涵盖的内容呈现为一种横向的关系,可以进一步分为四大块并列的内容:一是有关刑事诉讼法的基础理论,即“刑事诉讼法概述”;二是刑事诉讼法中相对较为抽象并帮助形成刑事诉讼整体架构的内容,包括“刑事诉讼的基本原则”和“刑事诉讼中的专门机构和诉讼参与人”;三是刑事诉讼中的整体性制度,包括“管辖”、“回避”、“辩护与代理”、“强制措施”、“附带民事诉讼”和“期间、送达”;四是有关刑事证据制度的内容,刑事证据制度本身也属于我国刑事诉讼中的一项整体性制度,但由于证据制度在刑事诉讼中的重要性和特殊性,其内容具有相对的独立性。

在总论内容的基础上,分论基本按照前后相继的不同诉讼阶段进一步展开,呈现为一种纵向关系。按照在一个案件中诉讼阶段的前后关系,包括立案程序、侦查程序、审查起诉程序、第一审程序、第二审程序、死刑复核程序、执行程序和审判监督程序。当然,并非所有案件都会经历上述所有诉讼阶段,在符合法定情形时完全可能终结在较早的诉讼阶段,其中死刑复核程序仅适用于被判处死刑的案件。

第三部分特别程序是特殊的适用于某一类别案件的程序,既包括适用于特定主体的“未成年人刑事案件诉讼程序”,也包括程序本身较之于普通程序有较大区别的“当事人和解的公诉案件诉讼程序”、“缺席审判程序”、“犯罪嫌疑人、被告人逃匿、死亡案件违法所得的没收程序”和“依法不负刑事责任的精神病人的强制医疗程序”。这五种特别程序属于互相独立的关系,并与总论、分论呈现为一种一般与特殊的关系:特别程序仅规定了特殊之处,特别程序未规定的内容仍然适用总论与分论规定的内容,详见图2。

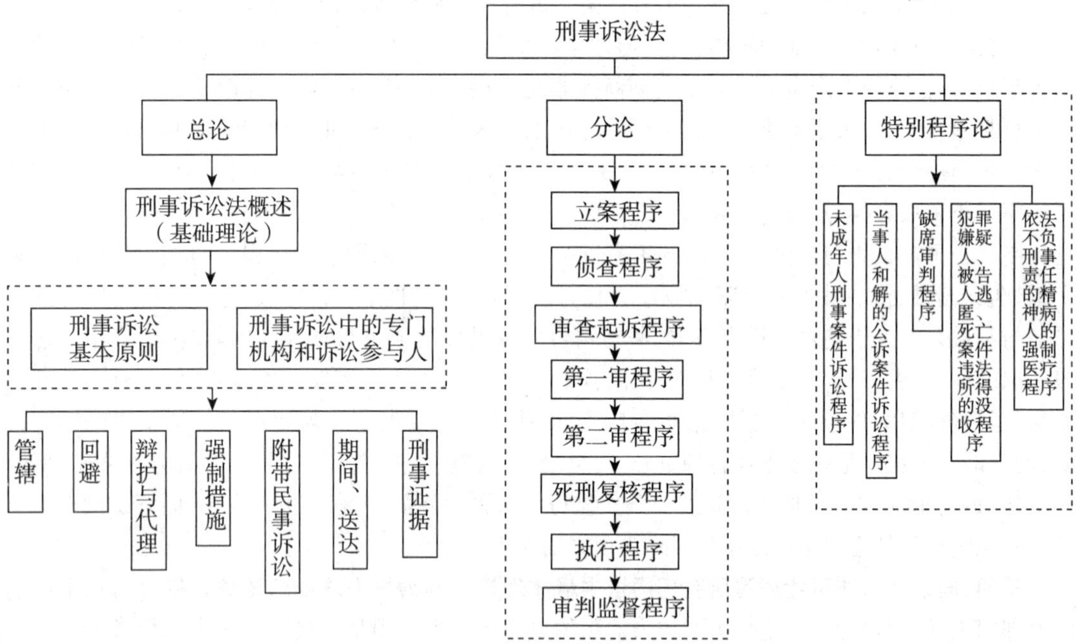

图2　刑事诉讼学科知识框架

复习攻略

基于上述试题特点,近年来刑事诉讼法的考查相对更为灵活,相应的难度也有所提升,对考生也提出了更高的要求,需要考生放弃对刑事诉讼法突击强化记忆的备考思路,而转为系统学习、深入理解并适当记忆的复习路径。

第一,需要对刑事诉讼法的整体架构有所把握。如前面学科重点所述,刑事诉讼法的整体架构存在横向并列和纵向推进两个方面，总则、分则与特别程序之间还存在交叉的关系。随着试题综合性的提升，考生应当在把握整体架构的基础上学习相关知识点，了解相关知识点可能与刑事诉讼法的哪一部分相关联。例如，刑事诉讼法原则部分规定了认罪认罚从宽原则，但后续有关辩护、证据、附带民事诉讼等总则内容中都存在与之相关或落实认罪认罚从宽原则的内容，分则中则从侦查、审查起诉、一审、二审乃至再审与执行程序都有实施认罪认罚从宽制度的相关规定，考生在复习时应当自觉联系一项制度或程序在其他章节的相关内容，在更好地把握刑事诉讼法的整体架构和内在联系的基础上进行学习。

第二，需要在理解的基础上进行适当记忆。从某种意义上来说，刑事诉讼法考查的法条和司法解释之多可能冠绝法学各学科，需要记忆的体量巨大，而且因为其所规范的程序操作较为琐碎，各种前后相继的流程和各种“应当”“可以”的情形更是增加了记忆的难度。但是，单纯记忆又是远远不够的，考试中还存在大量考查考生理解和运用法条能力的案例型试题。实际上，对于记忆和理解运用的考查是相辅相成的，刑事诉讼法体量巨大的条文和规定并非杂乱无章、互不关联，相反，条文背后的脉络实际上有迹可循，而且条文与条文之间的关联性较之其他法律更强。因此，如果寄希望于短时间内死记硬背法条来学好刑事诉讼法基本上是不可能的，而是应当循序渐进，在弄清刑事诉讼基本理论和整体架构的前提下，在理解法律条文规定的目的和背后的利益权衡基础上，再适当进行记忆，这可能才是学好刑事诉讼法的正途。

第三，养成关注司法实践并自觉运用刑事诉讼法相关理论和规定进行分析的学习习惯。现代社会信息传播更为迅速发达，每个人在日常生活中都可以通过各种渠道接触到和法律有关的信息，包括大量引起关注的刑事案件中都有涉及刑事诉讼程序的部分。对于法科学生来说，这些案件都是运用和实践课堂上学习的刑事诉讼法理论与规定的重要资料和场景。通过在日常生活接触到的案件中运用这些知识进行分析，能够大幅提升运用法律解决问题的能力，这无疑有助于通过日常的训练提升自己在考试中解决案例题的能力，也符合国家统一法律职业资格考试选拔法律职业人才的宗旨。

答题范例与实战演练

01 答题范例

| 题目指引 |

本题具有一定的综合性，题干的情节设计其实并不复杂，却牵涉不同的程序内容。而本题的关键是被害人的未成年身份以及给定的年龄，由此展开了一系列的特殊规定。把握本题的精神实质，首先在于明晰刑法规定的强奸幼女行为的法定刑。在此基础上，展开考虑强制措施以及刑事和解等程序性问题如何适用。基于此，本题也实现了实体法与程序法之间的交叉融合。考生如果缺乏实体法与程序法一体考虑的思维，是极其容易顾此失彼的。而关于证据材料提取及审查判断的知识点考查，需要考生精准地把握相关条款的内涵，但凡有似是而非之处便会影响结论的判断。

| 题　　目 |

【不定项选择题】某日，黄某在租住房周围闲逛时，隔窗看到小女孩马某(9岁)独自在家，便欺骗马某开门并对马某实施强奸行为，后逃离现场。马某的父母发现后立即报警，公安机关于当日立案侦查，并将黄某抓获。关于本案的程序适用，下列选项正确的是：

A. 因马某年幼，其陈述不得作为定案根据

B. 侦查阶段公安机关对黄某提请批准逮捕的，检察院应当作出批准逮捕的决定

C. 马某的父母可代其同黄某进行刑事和解并达成协议

D. 公安机关询问马某后，检察院、法院在本案后续办理中应当尽量不再询问马某

| 参考答案 | ________①

| 推导过程 |

《刑事诉讼法》第62条第2款规定，生理上、精神上有缺陷或者年幼，不能辨别是非，不能正确表达的人，不能作证人。因此，年幼是否能够作为证人还必须考虑其是否能辨别是非以及是否能正确表达。根据《刑诉解释》第143条规定："下列证据应当慎重使用，有其他证据印证的，可以采信：(一)生理上、精神上有缺陷，对案件事实的认知和表达存在一定困难，但尚未丧失正确认知、表达能力的被害人、证人和被告人所作的陈述、证言和供述；……"这表明，作证主体的能力存在特殊性的言词证据，在采信上不能一概而论，需要结合其他证据谨慎审查并适用。故而马某的陈述是否采信，并不绝对，而且本案中马某作为被害人其陈述具有特殊的价值。A选项错误。

根据《刑事诉讼法》第81条第3款的规定，对有证据证明有犯罪事实，可能判处10年有期徒刑以上刑罚的，或者有证据证明有犯罪事实，可能判处徒刑以上刑罚，曾经故意犯罪或者身份不明的，应当予以逮捕。这属于径行逮捕的范畴。而根据《刑法》第236条第3款的规定，奸淫不满10周岁的幼女属于刑法中强奸罪的加重情节，处10年以上有期徒刑、无期徒刑或者死刑，故符合必须逮捕的条件。B选项正确。

根据《刑诉解释》第588条的规定，被害人系限制行为能力人的，其法定代理人或近亲属的确可以代为和解。但是，本案却并不符合《刑事诉讼法》第288条设定的刑事和解条件，即超出了可和解的案件范围。C选项错误。

根据《人民检察院规则》第465条第6款的规定，询问未成年被害人、证人，应当以一次为原则，避免反复询问。《刑诉解释》第556条第2款也规定，审理未成年人遭受性侵害或者暴力伤害案件，在询问未成年被害人、证人时应当尽量一次完成。从对被性侵害的未成年人给予特殊保护和防止诉讼程序所造成的二次伤害来说，对于本案的马某的询问应当以一次为原则，如果公安机关的询问已经实现了询问的目的，后续阶段原则上应当尽量不再询问。D选项正确。

02 答题范例

| 题目指引 |

本题改编自司法机关公布的指导性案例，认罪认罚案件在刑事案件中占比非常大，考生应熟练掌握认罪认罚从宽制度在刑事诉讼各个阶段如何适用以及与各项刑事诉讼制度如何对接适用。本题事实部分较为简单，综合考查认罪认罚从宽制度在强制措施变更、法律帮助、具结书签署、二

① BD

审程序等各方面的适用。考生需对相关条款的规定及其背后的原因精准把握,此外了解实践情况,对类似试题的解答也具有参考价值。

| **题　目** |

【**多项选择题**】王某涉嫌盗窃,审查起诉期间认罪态度反复,但最终接受了检察机关提出的量刑建议,并自愿签署《认罪认罚具结书》。检察院以王某犯盗窃罪提起公诉,一审法院适用速裁程序审理本案,判决采纳检察机关指控的罪名和量刑建议。一审判决后,王某以量刑过重为由提出上诉,检察院提出抗诉。关于本案处理,下列选项正确的是:

A. 审查起诉期间,王某认罪认罚后,经检察院审查认为没有继续羁押必要的,应当将王某的强制措施由逮捕变更为非羁押性强制措施

B. 审查起诉期间,王某没有委托辩护人,也拒绝值班律师的帮助,在签署认罪认罚具结书时可以没有辩护人或值班律师在场见证

C. 二审期间,由于王某认罪态度反复,检察院可以建议法院取消基于认罪认罚给予王某的从宽量刑

D. 王某始终未退赔被害人财物,被害人不同意对王某从宽处理,因此不能对王某适用认罪认罚从宽制度

| **参考答案** | ________①

| **推导过程** |

刑事案件的诉讼程序严格按照诉讼阶段推进,以案例形式呈现的选择题考查考生对刑事程序的整体把握,在审题时应结合不同诉讼阶段进行分析,注重对犯罪嫌疑人、被告人诉讼权利的保护。本题中,王某在审查起诉阶段认罪认罚并自愿签署《认罪认罚具结书》,但在一审判决后以量刑不当为由提出上诉,是对认罪认罚的反悔。检察机关提出抗诉,使二审不再受到上诉不加刑的限制,可能影响王某最终面临的刑罚。

A 选项考查审查起诉期间犯罪嫌疑人的强制措施变更。根据最高人民法院、最高人民检察院、公安部、国家安全部、司法部《关于适用认罪认罚从宽制度的指导意见》第 21 条关于逮捕变更的规定:"已经逮捕的犯罪嫌疑人、被告人认罪认罚的,人民法院、人民检察院应当及时审查羁押的必要性,经审查认为没有继续羁押必要的,应当变更为取保候审或者监视居住。"因此,检察院经审查认为没有继续羁押必要的,应当将王某的强制措施变更为取保候审或监视居住等非羁押性强制措施。A 选项正确。

B 选项考查审查起诉期间法律帮助与认罪认罚具结书的签署。根据最高人民法院、最高人民检察院、公安部、国家安全部、司法部《关于适用认罪认罚从宽制度的指导意见》第 14 条关于拒绝法律帮助的处理的规定:"犯罪嫌疑人、被告人自愿认罪认罚,没有委托辩护人,拒绝值班律师帮助的,人民法院、人民检察院、公安机关应当允许,记录在案并随案移送。但是审查起诉阶段签署认罪认罚具结书时,人民检察院应当通知值班律师到场。"虽然王某没有辩护人也拒绝了法律帮助,但在审查起诉阶段签署认罪认罚具结书时仍应当有值班律师在场见证。B 选项错误。

C 选项考查认罪认罚的反悔与二审程序审理。首先,根据《刑事诉讼法》第 237 条第 2 款规定,检察院提出抗诉的案件不受上诉不加刑的限制。其次,王某以量刑过重为由提出上诉,表明其认罪不认罚的主观心态,本质上是对认罪认罚的反悔,其因认罪认罚而获得从宽量刑的条件已不存在,因此检察院可以建议法院取消基于认罪认罚给予王某的从宽量刑。C 选项正确。

---

① AC

D选项考查被害人异议对认罪认罚从宽制度适用的影响。根据最高人民法院、最高人民检察院、公安部、国家安全部、司法部《关于适用认罪认罚从宽制度的指导意见》第18条关于被害方异议的处理的规定："被害人及其诉讼代理人不同意对认罪认罚的犯罪嫌疑人、被告人从宽处理的，不影响认罪认罚从宽制度的适用……"因此，被害人不同意从宽处理不影响对王某适用认罪认罚从宽制度。D选项错误。

综上所述，本题的正确选项A、C选项。

刷 题 篇

重点考向与真题精粹

01 考向 刑事诉讼法概述

1.【单项选择题】关于我国刑事诉讼构造，下列哪一选项是正确的？

A. 自诉案件审理程序适用当事人主义诉讼构造

B. 被告人认罪案件审理程序中不存在控辩对抗

C. 侦查程序已形成控辩审三方构造

D. 审查起诉程序中只存在控辩关系

｜参考答案｜ ________①

｜设题陷阱与常见错误分析｜

本题的常见错误是误选A项。考生误认为自诉案件以自诉人诉权的行使为中心，不存在国家公诉机关的参与，提供证据与证明案件事实责任主要由当事人承担，符合英美法系国家当事人主义诉讼构造。但是，确定一种刑事诉讼的模式并不仅仅考虑控辩关系，更重要的是在于审判主体与控辩双方之间的关系，英美国家当事人主义模式中同样存在检察官代表国家参与法庭审理。考生忽视了我国目前刑事诉讼构造的整体模式仍然是职权主义，这一点并不因公诉案件或自诉案件而改变。

｜解题思路与方法分析｜

本题以各种具体情形考查对于刑事诉讼构造的理解，考生必须在深入理解刑事诉讼构造所包含的控辩审三方关系及其在各个诉讼阶段的体现的基础上才能正确作答。刑事诉讼构造是刑事诉讼的基本范畴之一，是指刑事诉讼法所确立的进行刑事诉讼的基本方式以及专门机关、诉讼参与人在刑事诉讼中形成的法律关系的基本格局，它集中体现在控诉、辩护、审判三方在刑事诉讼中的地位及其相互间的法律关系。当事人主义诉讼构造将开始和推动诉讼的主动权委于当事人，控诉、辩护双方当事人在诉讼中居于主导地位，而职权主义诉讼构造将诉讼的主动权委于国家专门机关，我国目前仍然是职权主义诉讼构造，即使在自诉案件中同样如此，A项错误。

在被告人认罪案件中，被告人虽然认罪但并未改变刑事诉讼的三方构造，控辩之间仍然处于对立的地位，控辩对抗仍然存在，B项错误。

综合我国刑事诉讼的总体情况，我国侦查程序目前仍然缺乏审判主体居中介入，未形成控辩审三方构造，C项错误。

① D

同样，在我国的审前程序中，除了侦查程序以外，审查起诉程序同样没有审判主体的介入，仍然只存在控方和辩方双重主体，只存在控辩关系，D项正确。

2.【多项选择题】刑事诉讼法的独立价值之一是具有影响刑事实体法实现的功能。下列哪些选项体现了这一功能？

A. 被告人与被害人达成刑事和解而被法院量刑时从轻处理

B. 因排除犯罪嫌疑人的口供，检察院作出证据不足不起诉的决定

C. 侦查机关对于已超过追诉期限的案件不予立案

D. 只有被告人一方上诉的案件，二审法院判决时不得对被告人判处重于原判的刑罚

｜参考答案｜__________①

｜设题陷阱与常见错误分析｜

本题常见错误为误选C项。有的考生认为，《刑事诉讼法》第16条就规定超过追诉时效不追究刑事责任，但这一规定实质上是源于《刑法》的规定。或者说，刑法本身关于追诉时效的规定才是侦查机关不予立案的原因，而非是刑事程序法的影响所导致。本题需要考生在理解刑事程序法对刑事实体法影响作用的基础上，结合法律的具体规定和司法实践的操作来进行判断。

｜解题思路与方法分析｜

本题为理论题，考查刑事诉讼法独立价值中影响刑事实体法实现功能在刑事诉讼中的具体表现。刑事诉讼法具有保障刑法正确适用的工具价值，也有自己独立的价值。刑事诉讼法的独立价值，主要表现为以下方面：(1)刑事诉讼法所规定的诉讼原则、结构、制度、程序，体现着程序本身的民主、法治、人权精神，也反映出一国刑事司法制度的进步、文明程度，是衡量社会公正的一个极为重要的指标。(2)刑事诉讼法具有弥补刑事实体法不足并“创制”刑事实体法的功能。(3)刑事诉讼法具有影响刑事实体法实现的功能。依据刑事诉讼法定和正当程序的理念，刑事实体法需要通过法律程序来实施。然而，刑事诉讼法并非实施刑事实体法的被动的“服务器”，而是在启动或终结实施刑事实体法活动方面扮演着十分积极的角色。比如，依照不告不理原则，如果没有控诉机关或人员起诉，就不能对现实中的犯罪行为适用刑事实体法；当出现了某些法定情形时，就要结束适用刑事实体法的程序，而不能适用刑事实体法；对同一案件，如果选择不同的刑事程序，适用刑事实体法的结果可能会不同。这些都是刑事诉讼法独立具有而非依赖于刑事实体法的功能。在本题中，A项所述达成刑事和解而被法院量刑时从轻处理，体现的是刑事和解这一特殊的刑事程序影响了刑法在量刑方面的适用；B项所述排除口供后检察院作出证据不足不起诉的决定，体现了刑事诉讼法规定的非法证据排除规则对于最终是否追诉犯罪的影响，并进而影响刑法有关定罪量刑的规定能否实现；D项所述则为刑事诉讼法有关二审程序上诉不加刑原则对于二审裁判结果的影响，即使二审法院认为原审裁判畸轻，但其受制于上诉不加刑这一刑事诉讼法原则，也不能加重刑罚；C项所述因追诉时效的规定而不予立案则属于刑法本身的规定，并不能体现刑事诉讼法影响了刑法实现的功能。因此，本题正确答案为A、B、D项。

02 考向 刑事诉讼法的基本原则

1.【单项选择题】社会主义法治要通过法治的一系列原则加以体现。具有法定情形不予追究刑事责任是《刑事诉讼法》确立的一项基本原则，下列哪一案件的处理体现了这一原则？

A. 甲涉嫌盗窃，立案后发现涉案金额400余元，公安机关决定撤销案件

B. 乙涉嫌抢夺，检察院审查起诉后认为犯罪情节轻微，不需要判处刑罚，决定不起诉

C. 丙涉嫌诈骗，法院审理后认为其主观上不具有非法占有他人财物的目的，作出无罪

---

① ABD

判决

D. 丁涉嫌抢劫，检察院审查起诉后认为证据不足，决定不起诉

| **参考答案** | ________①

| **设题陷阱与常见错误分析** |

本题常见错误为误选B项或C项。有的考生认为，B项中乙的抢夺行为犯罪情节轻微，不需要判处刑罚，检察机关因而作出不起诉决定属于《刑事诉讼法》第16条第1种情形。造成这一错误的原因在于未能理解“情节显著轻微、危害不大，不认为是犯罪”与“不需要判处刑罚或者免除刑罚”之间的区别，也未能理解法定不起诉与酌定不起诉之间的区别。有的考生看到C项描述的无罪判决，即认为属于具有法定不予追究刑事责任的情形。实际上，《刑事诉讼法》第16条所规定的宣告无罪是限于6种特殊情形下的无罪判决，如情节显著轻微、危害不大，不认为是犯罪的情形和犯罪已过追诉时效期限的情形，不同于因证据不足或者不符合犯罪构成主观或主体要件而无罪的情形。本题正确的A项需要结合涉案金额的数量分析判断才能认清公安机关撤销案件的属性，而B项和C项又都属于不起诉或无罪判决的情形，具有较大的干扰性。

| **解题思路与方法分析** |

本题考查的是对具有法定情形不予追究刑事责任原则的理解与运用。考生需要在准确理解并记忆《刑事诉讼法》第16条规定的6种具体情形的基础上对选项所描述的具体情形进行分析判断。《刑事诉讼法》第16条规定，有下列情形之一的，不追究刑事责任，已经追究的，应当撤销案件，或者不起诉，或者终止审理，或者宣告无罪：（1）情节显著轻微、危害不大，不认为是犯罪的；（2）犯罪已过追诉时效期限的；（3）经特赦令免除刑罚的；（4）依照刑法告诉才处理的犯罪，没有告诉或者撤回告诉的；（5）犯罪嫌疑人、被告人死亡的；（6）其他法律规定免予追究刑事责任的。B项所描述的情形属于酌定不起诉，属于《刑事诉讼法》第177条第2款所规定的“依照刑法规定不需要判处刑罚或者免除刑罚”情形，而不是上述第1种情形所要求的“情节显著轻微、危害不大，不认为是犯罪”，因此B项错误。C项中，丙因为不满足诈骗罪主观构成要件的要求，因而未构成犯罪，不属于因情节显著轻微、危害不大而不认为是犯罪的情形。D项属于证据不足不起诉，也不属于《刑事诉讼法》第16条规定的情形。A项中，甲涉嫌盗窃，但因为涉案金额较小而被公安机关撤销案件，属于《刑事诉讼法》第16条第1种情形规定的“情节显著轻微、危害不大，不认为是犯罪”。因此，本题应选A项。

2.【多项选择题】某市发生一起社会影响较大的绑架杀人案。在侦查阶段，因案情重大复杂，市检察院提前介入侦查工作。检察官在开展勘验、检查等侦查措施时在场，并就如何进一步收集、固定和完善证据以及适用法律向公安机关提出了意见，对已发现的侦查活动中的违法行为提出了纠正意见。关于检察院提前介入侦查，下列哪些选项是正确的？

A. 侵犯了公安机关的侦查权，违反了侦查权、检察权、审判权由专门机关依法行使的原则

B. 体现了分工负责，互相配合，互相制约的原则

C. 体现了检察院依法对刑事诉讼实行法律监督的原则

D. 有助于严格遵守法律程序原则的实现

| **参考答案** | ________②

| **设题陷阱与常见错误分析** |

本题常见错误是误选A项和漏选B项。有的考生误认为检察院提前介入违反了《刑事诉讼法》第7条规定的分工负责，互相配合，互相制约的原则，侵犯了侦查权、检察权、审判权由专门机关依法行使的原则。考生对分工负责、互相配合、互相制约原则在实践中的具体表现形式理解不够。本题的难点是需要用抽象的原则去分析实践中存在的不同于普通案件三机关各自负责一个阶段的检察机关提前介入侦查阶段的情况。

---

① A

② BCD

| 解题思路与方法分析 |

本题以实践中存在的检察机关提前介入的情形考查对于刑事诉讼法三项基本原则的理解，包括分工负责、互相配合、互相制约原则，法律监督原则与严格遵守法律程序原则。分工负责、互相配合、互相制约原则的三方面密切相关、缺一不可，其中，分工负责是前提，配合和制约是三机关依法行使职权，顺利进行刑事诉讼的保证。分工负责，是指人民法院、人民检察院和公安机关在刑事诉讼中根据法律有明确的职权分工，应当在法定范围内行使职权，各司其职，各自负责，既不能相互替代，也不能相互推诿。互相配合，是指人民法院、人民检察院和公安机关进行刑事诉讼，应当在分工负责的基础上，相互支持，通力合作，使案件的处理能够上下衔接，协调一致，共同完成查明案件事实，追究、惩罚犯罪的任务。互相制约，是指人民法院、人民检察院和公安机关进行刑事诉讼，应当按照诉讼职能的分工和程序上的设置，相互约束、相互制衡，以防止发生错误或及时纠正错误，保证准确执行法律，做到不错不漏，不枉不纵。《刑事诉讼法》第3条第1款规定，对刑事案件的侦查、拘留、执行逮捕、预审，由公安机关负责。检察、批准逮捕、检察机关直接受理的案件的侦查、提起公诉，由人民检察院负责。审判由人民法院负责。除法律特别规定的以外，其他任何机关、团体和个人都无权行使这些权力。这是刑事诉讼原则中侦查权、检察权、审判权由专门机关依法行使原则的体现。在本题题干中明确指出，检察机关只是在开展侦查措施时在场并提供意见，检察机关提前介入并不是代替公安机关进行侦查，而是为帮助公安机关更好地行使侦查权，并未侵犯公安机关的侦查权。检察机关提前介入侦查后，公安机关和检察机关仍各有职责，检察机关对于证据收集和适用法律提供更为专业的意见属于相互配合，同时纠正违法行为属于互相制约。因此，A项错误，B项正确。

人民检察院依法对刑事诉讼实行法律监督，这种监督贯穿于刑事诉讼活动的始终，当然包括对侦查活动的监督，人民检察院在审查批准逮捕工作中，如果发现公安机关的侦查活动有违法情况，应当通知公安机关予以纠正，公安机关应当将纠正情况通知人民检察院。人民检察院提前介入后纠正违法行为，体现了法律监督机关的职能，C项正确。

《刑事诉讼法》第3条第2款规定，人民法院、人民检察院和公安机关进行刑事诉讼，必须严格遵守本法和其他法律的有关规定。检察机关提前介入有助于公安机关的侦查工作更为符合法律规定的程序，D项正确。

3.【多项选择题】某案件经中级人民法院一审判决后引起社会的广泛关注。为回应社会关注和保证办案质量，在案件由高级人民法院作出二审判决前，基于我国法院和检察院的组织体系与上下级关系，最高人民法院和最高人民检察院可采取下列哪些措施？

A. 最高人民法院可听取高级人民法院对该案的汇报并就如何审理提出意见

B. 最高人民法院可召开审判业务会议对该案的实体和程序问题进行讨论

C. 最高人民检察院可听取省人民检察院的汇报并对案件事实、证据进行审查

D. 最高人民检察院可决定检察机关在二审程序中如何发表意见

| **参考答案** | ________①

| **设题陷阱与常见错误分析** |

本题常见错误为误选B项。有的考生认为最高人民法院可以召开会议对案件进行讨论，只要不要求高级人民法院对讨论结果作出判决或者执行就不违反法院上下级监督与被监督的关系。错误的原因在于考生没有全面理解人民法院和人民检察院的不同上下级关系在具体司法实践中的体现。本题的难点在于如何将上下级法院之间的指导监督关系和上下级检察院之间的领导关系应用到司法实践的具体情形中。

| **解题思路与方法分析** |

本题以案例的形式综合考查人民检察院

① CD

和人民法院的性质、组织体系与职权等相关知识。《人民检察院组织法》第9条第1款规定，最高人民检察院对全国人民代表大会及其常务委员会负责并报告工作。地方各级人民检察院对本级人民代表大会及其常务委员会负责并报告工作。第10条规定，最高人民检察院是最高检察机关。最高人民检察院领导地方各级人民检察院和专门人民检察院的工作，上级人民检察院领导下级人民检察院的工作。可见，我国上下级检察院之间是领导关系，而最高人民检察院领导地方各级人民检察院和专门检察院的工作，上级人民检察院领导下级人民检察院的工作，并可以直接参与指挥下级检察院的办案活动。最高人民检察院听取省人民检察院的汇报并对案件事实、证据进行审查，决定检察机关在二审程序中如何发表意见都属于直接参与下级人民检察院的办案活动，因此，C、D项正确。

最高人民法院《关于规范上下级人民法院审判业务关系的若干意见》第1条规定，最高人民法院监督指导地方各级人民法院和专门人民法院的审判业务工作。上级人民法院监督指导下级人民法院的审判业务工作。监督指导的范围、方式和程序应当符合法律规定。第8条规定，最高人民法院通过审理案件、制定司法解释或者规范性文件、发布指导性案例、召开审判业务会议、组织法官培训等形式，对地方各级人民法院和专门人民法院的审判业务工作进行指导。因此，我国上下级法院之间是监督指导关系，上级人民法院监督下级人民法院的审判工作，最高人民法院监督地方各级人民法院和专门人民法院的审判工作。人民法院的监督不是通过对具体案件如何审理的指导实现的，各级人民法院依照职权独立地进行审判，上级人民法院不应对下级人民法院正在审理的案件作出决定，指令下级人民法院执行。下级人民法院也不应将案件在判决之前报送上级人民法院，请求审查批示。最高人民法院听取高级人民法院对该案的汇报并就如何审理提出意见，违反了人民法院依照职权独立审判的原则，A项错误。

最高人民法院可以通过召开审判业务会议对审判业务进行指导，但不能对正在审理中的案件通过召开审判业务会议进行讨论，这违反了依法独立行使审判权的原则，B项错误。

03 考向 刑事诉讼中的专门机关和诉讼参与人

1.【多项选择题】在袁某涉嫌故意杀害范某的案件中，下列哪些人员属于诉讼参与人？

A. 侦查阶段为袁某提供少数民族语言翻译的翻译人员

B. 公安机关负责死因鉴定的法医

C. 就证据收集合法性出庭说明情况的侦查人员

D. 法庭调查阶段就范某死因鉴定意见出庭发表意见的有专门知识的人

｜参考答案｜__________①

｜设题陷阱与常见错误分析｜

本题中常见错误为误选D项。有的考生认为，法庭调查阶段就范某死因鉴定意见出庭发表意见的有专门知识的人，其出庭作证适用有关鉴定人出庭作证的规定，因而应当也是诉讼参与人。有的考生还认为，只有在法庭审理阶段翻译人员才是诉讼参与人。还有的考生对于公安机关负责死因鉴定的法医的身份认识有误，认为其不是诉讼参与人因而漏选B项。上述错误的原因是部分考生对我国《刑事诉讼法》明确规定的诉讼参与人的范围缺乏准确地掌握。

｜解题思路与方法分析｜

本题考查刑事诉讼中诉讼参与人的范围。诉讼参与人，是指在刑事诉讼过程中享有一定诉讼权利，承担一定诉讼义务的除国家专门机关工作人员以外的人。诉讼参与人通过行使诉讼权利、承担诉讼义务，对刑事诉讼的进程和结局发挥着不同程度的影响和作用，保证刑事诉讼活动得以顺利、有效地进行。我国刑事诉讼的诉讼参与人一般可分为两大类：一是当事人；

① AB

二是其他诉讼参与人。当事人是指与案件的结局有着直接利害关系,对刑事诉讼进程发挥着较大影响作用的诉讼参与人。根据《刑事诉讼法》的规定,当事人包括被害人、自诉人、犯罪嫌疑人、被告人、附带民事诉讼的原告人和被告人。其他诉讼参与人,是指除公安、司法人员以及当事人之外,参与诉讼活动并在诉讼中享有一定的诉讼权利、承担一定的诉讼义务的人。根据《刑事诉讼法》第 108 条的规定,其他诉讼参与人是指法定代理人、诉讼代理人、辩护人、证人、鉴定人和翻译人员。诉讼参与人中的翻译人员既包括法庭审判阶段的翻译人员,同样还包括其他诉讼阶段的翻译人员,A 项所述侦查阶段的翻译人员毫无疑问也是诉讼参与人,A 项正确。

公安机关负责死因鉴定的法医属于鉴定人,B 项正确。

就证据收集合法性出庭说明情况的侦查人员并非证人,而是作为侦查机关的公安机关的代表,不属于诉讼参与人,C 项错误。

法庭调查阶段就范某死因鉴定意见出庭发表意见的有专门知识的人不属于鉴定人,不是诉讼参与人,D 项错误。需要注意的是,《刑事诉讼法》和司法解释中还有多处规定了有专门知识的人参与刑事诉讼。由于其他具有专门知识的人与鉴定人具有很大的相似性,有关他们的诉讼地位和权利义务,通常参照鉴定人的规定。例如,《刑事诉讼法》第 128 条规定,侦查机关在必要的时候,可以指派或者聘请具有专门知识的人,在侦查人员的主持下进行勘验、检查。2019 年《人民检察院规则》第 334 条规定,人民检察院对鉴定意见有疑问的,可以询问鉴定人或者有专门知识的人并制作笔录附卷,对鉴定意见等技术性证据材料需要进行专门审查的,按照有关规定交检察技术人员或者其他有专门知识的人进行审查并出具审查意见。2021 年《刑诉解释》第 100 条第 1 款规定,因无鉴定机构,或者根据法律、司法解释的规定,指派、聘请有专门知识的人就案件的专门性问题出具的报告,可以作为证据使用。第 3 款规定,经人民法院通知,出具报告的人拒不出庭作证的,有关报告不得作为定案的根据。即使根据这一规定,有专门知识的人就专门性问题出具的报告可以作为证据使用,但其仍不属于法定的诉讼参与人。

2.【多项选择题】犯罪嫌疑人、被告人在刑事诉讼中享有的诉讼权利可分为防御性权利和救济性权利。下列哪些选项属于犯罪嫌疑人、被告人享有的救济性权利?

A. 侦查机关讯问时,犯罪嫌疑人有申辩自己无罪的权利

B. 对办案人员人身侮辱的行为,犯罪嫌疑人有提出控告的权利

C. 对办案机关应退还取保候审保证金而不退还的,犯罪嫌疑人有申诉的权利

D. 被告人认为一审判决量刑畸重,有提出上诉的权利

| 参考答案 | ________①

| 设题陷阱与常见错误分析 |

本题的常见错误为误选 A 项。侦查机关讯问时,犯罪嫌疑人有申辩自己无罪的权利,考生错误地认为此行为是自行救济的体现。犯罪嫌疑人申辩自己无罪其实是自行行使辩护权的体现,辩护权属于防御性权利。错误的原因是部分考生对防御性权利与救济性权利的内涵理解不准确。

| 解题思路与方法分析 |

本题以具体的事例考查对犯罪嫌疑人、被告人在诉讼中所享有的两类诉讼权利的理解。犯罪嫌疑人、被告人是辩护权主体,居于当事人的地位。刑事诉讼中犯罪嫌疑人、被告人享有广泛的诉讼权利。这些诉讼权利按其性质和作用的不同,可分为防御性权利和救济性权利两种。区分防御性权利与救济性权利的关键之一在于是否已经存在一个对犯罪嫌疑人、被告人不利的决定而寻求其他主体的救济。所谓防御性权利,是指犯罪嫌疑人、被告人为对抗追诉方的指控、抵销其控诉效果所享有的诉讼权利。主要有:(1)有权使用本民族语言文字进行诉

---

① BCD

讼。(2)辩护权。既包括自行辩护,也包括犯罪嫌疑人、被告人有权自行或在辩护人协助下获得辩护。(3)拒绝回答权。(4)被告人有权在开庭前10日内收到起诉书副本。(5)参加法庭调查权。(6)参加法庭辩论权。(7)最后陈述权。(8)反诉权。故此,A项辩护权属于防御性权利。

救济性权利,是指犯罪嫌疑人、被告人对国家专门机关所作的对其不利的行为、决定或裁判,要求另一专门机关予以审查并作出改变或撤销的诉讼权利。主要包括:(1)申请复议权。(2)控告权。(3)申请变更、解除强制措施权。(4)申诉权。(5)上诉权。故此对办案人员的人身侮辱行为,犯罪嫌疑人有提出控告的权利属于救济性权利;对办案机关应退还取保候审保证金而不退还的,犯罪嫌疑人有申诉的权利属于救济性权利;被告人认为一审判决量刑畸重,有提出上诉的权利属于救济性权利。综上,B、C、D三项属于救济性权利,当选。

3.【多项选择题】关于刑事诉讼当事人中的被害人的诉讼权利,下列哪些选项是正确的?

A. 撤回起诉、申请回避

B. 委托诉讼代理人、提起自诉

C. 申请复议、提起上诉

D. 申请抗诉、提出申诉

| **参考答案** | ________①

| **设题陷阱与常见错误分析** |

正确解答本题的关键在于理解作为刑事诉讼当事人的被害人的范围。有的考生从最广义的范围来理解被害人,而不是从题干中明确指出的作为当事人的被害人的角度来考虑其诉讼权利,因为错选了A项和C项。

| **解题思路与方法分析** |

被害人在不同的语境下有不同的含义。广义的被害人,是指人身、财产或者其他权益遭受犯罪行为直接侵害的人。我国刑事诉讼规定的当事人包括被害人、自诉人、犯罪嫌疑人、被告人和附带民事诉讼的原告人与被告人。作为当事人之一的被害人,仅仅是指在人民检察院代表国家提起公诉的刑事案件中,以个人身份参与诉讼,并与人民检察院共同行使控诉职能的人。自诉人和附带民事诉讼原告人也可能是广义的被害人,但如果他们提起自诉或附带民事诉讼成为当事人后,就成为自诉人和附带民事诉讼原告人,而不再是作为当事人的被害人。根据刑事诉讼法及司法解释的规定,作为当事人的被害人的诉讼权利包括:(1)申请复议权。对侵犯其合法权利的犯罪嫌疑人、被告人,有权向公安机关、人民检察院或者人民法院报案或者控告,要求公安司法机关依法追究、惩罚犯罪,保护其合法权利。对公安机关不立案的决定不服的,可以申请复议。(2)申诉权。包括三种情况:一是对公安机关不立案的申诉。对公安机关应当立案而不立案的,有权向人民检察院提出,请求人民检察院责令公安机关向检察机关说明不立案的理由。人民检察院应当要求公安机关说明不立案的理由。人民检察院认为其理由不能成立的,应当通知公安机关立案,公安机关则必须立案。二是对检察机关不起诉决定的申诉。对人民检察院作出的不起诉决定不服的,有权向上一级人民检察院提出申诉。三是对生效裁判的申诉。不服地方各级人民法院的生效裁判的,有权提出申诉。(3)委托诉讼代理人的权利。自刑事案件移送审查起诉之日起,有权委托诉讼代理人。(4)自诉权。如有证据证明公安机关、人民检察院对于侵犯其人身权利、财产权利的行为应当追究刑事责任而不予追究的,有权直接向人民法院起诉。(5)申请抗诉权。不服地方各级人民法院的第一审判决的,有权请求人民检察院抗诉。此外,被害人因在诉讼中作证,本人或者其近亲属的人身安全依法受到保护。因此,B项和D项是正确的。

04 考向 管辖

1.【单项选择题】赵某因绑架罪被甲省A市中级人民法院判处死刑缓期两年执行,后交付甲省B市监狱执行。死刑缓期执行期间,赵

① BD

某脱逃至乙省C市实施抢劫被抓获,C市中级人民法院一审以抢劫罪判处无期徒刑。赵某不服判决,向乙省高级人民法院上诉。乙省高级人民法院二审维持一审判决。此案最终经最高人民法院核准死刑立即执行。关于执行赵某死刑的法院,下列哪一选项是正确的?

A. A市中级人民法院

B. B市中级人民法院

C. C市中级人民法院

D. 乙省高级人民法院

| **参考答案** | __________①

| **设题陷阱与常见错误分析** |

该题综合考查了审判管辖和死刑案件的执行管辖,有的考生答错主要是因为平时只注意审判管辖的学习而忽略了死刑的执行管辖。有的考生错选A项,是因为看到A市中级人民法院是判处死刑缓期两年执行的原审法院,而想当然地认为应由原一审法院执行死刑。有的考生错选C项,是因为看到赵某脱逃至乙省C市实施抢劫被抓获,并且C市中级人民法院一审以抢劫罪判处无期徒刑,也想当然地认为应由该法院执行死刑。

| **解题思路与方法分析** |

《刑诉解释》第13条第3款规定:"罪犯在脱逃期间又犯罪的,由服刑地的人民法院管辖。但是,在犯罪地抓获罪犯并发现其在脱逃期间犯罪的,由犯罪地的人民法院管辖。"因此,该题干中关于对赵某的审判管辖是没问题的。此案最终经最高人民法院核准死刑立即执行。问题不是关于审判管辖,而是"关于执行赵某死刑的法院"是哪一个。《刑诉解释》第499条第2款规定:"在死刑缓期执行期间故意犯罪,最高人民法院核准执行死刑的,由罪犯服刑地的中级人民法院执行。"因此,应当由B市中级人民法院对赵某执行死刑,B项正确。

2.【单项选择题】下列哪一案件可适用简易程序审理?

A. 甲为境外非法提供国家秘密案,情节较轻,可能判处3年以下有期徒刑

B. 乙抢劫案,可能判处10年以上有期徒刑,检察院未建议适用简易程序

C. 丙传播淫秽物品案,经审查认为,情节显著轻微,可能不构成犯罪

D. 丁暴力取证案,可能被判处拘役,丁的辩护人作无罪辩护

| **参考答案** | __________②

| **设题陷阱与常见错误分析** |

本题常见错误是误选A项。有的考生误认为A项中甲犯罪情节较轻,可能判处3年以下有期徒刑,符合犯罪事实清楚、证据充分、案情简单、争议不大、处罚较轻等适用简易程序的条件,而忽略适用简易程序的首要条件为基层人民法院管辖的案件。为境外非法提供国家秘密罪属于危害国家安全的犯罪,不属于基层人民法院管辖,属于中级人民法院管辖。

| **解题思路与方法分析** |

本题以4个具体情形综合考查级别管辖和简易程序的适用范围等问题。考生需要掌握和理解简易程序适用条件及这些条件在刑事诉讼法中的具体应用,才能正确作答。《刑事诉讼法》第21条规定,中级人民法院管辖下列第一审刑事案件:(1)危害国家安全、恐怖活动案件;(2)可能判处无期徒刑、死刑的案件。《刑事诉讼法》第214条规定,基层人民法院管辖的案件,符合下列条件的,可以适用简易程序审判:(1)案件事实清楚、证据充分的;(2)被告人承认自己所犯罪行,对指控的犯罪事实没有异议的;(3)被告人对适用简易程序没有异议的。人民检察院在提起公诉的时候,可以建议人民法院适用简易程序。简易程序适用案件限于基层人民法院管辖的案件,为境外非法提供国家秘密罪属于危害国家安全案件,A项错误。

《刑诉解释》第360条规定,具有下列情形之一的,不适用简易程序:……(5)辩护人作无罪辩护的;(6)被告人认罪但经审查认为可能不构成犯罪的……C项中丙经审查认为,情节显著轻微,可能不构成犯罪,C项错误。D项中丁的辩护人作无罪辩护,D项错误。需要注意

① B

② B

的是，简易程序虽然一般适用于相对较为轻微的案件，但如果轻微的程度达到显著的程度而有不构成犯罪的可能性时就不能再适用简易程序。同样，无论可能判处的刑罚多么轻微，只要辩护人作无罪辩护就不能适用简易程序。

《刑事诉讼法》第 214 条及《刑诉解释》第 359 条规定，基层人民法院受理公诉案件后，经审查认为案件事实清楚、证据充分的，在将起诉书副本送达被告人时，应当询问被告人对指控的犯罪事实的意见，告知其适用简易程序的法律规定。被告人对指控的犯罪事实没有异议并同意适用简易程序的，可以决定适用简易程序，并在开庭前通知人民检察院和辩护人。对人民检察院建议或者被告人及其辩护人申请适用简易程序审理的案件，依照前款规定处理；不符合简易程序适用条件的，应当通知人民检察院或者被告人及其辩护人。检察院建议适用简易程序并非必要条件，法院可以决定而不是必须决定适用简易程序，B 项正确。

3.【多项选择题】某县破获一抢劫团伙，涉嫌多次入户抢劫，该县人民法院审理后认为，该团伙中只有主犯赵某可能被判处无期徒刑。关于该案的移送管辖，下列哪些选项是正确的？

A. 应当将赵某移送中级人民法院审理，其余被告人继续在县人民法院审理

B. 团伙中的未成年被告人应当一并移送中级人民法院审理

C. 中级人民法院审查后认为赵某不可能被判处无期徒刑，可不同意移送

D. 中级人民法院同意移送的，应当书面通知其同级人民检察院

| **参考答案** | __________①

| **设题陷阱与常见错误分析** |

本题 B 项具有较强的迷惑性，需要考生在综合分析移送管辖和未成年人刑事案件分案处理原则来进行判断。有的考生不了解未成年人刑事案件分案处理，认为既然移送管辖，自然是将全案都移送到中级人民法院管辖。事实上，分案处理的原则包括分案起诉和分案审理，按照一般的处理原则，该案在起诉到县法院时已经拆分为两个案件了，即使检察机关起诉时没有分案，法院也应当分案审理，应当将团伙中的未成年被告人一并移送中级人民法院审理是错误的。本题考查了考生综合运用多个方面的知识点分析处理问题的能力，具有一定的难度。

| **解题思路与方法分析** |

本题综合考查了移送管辖和未成年人刑事案件分案处理原则的理解与运用。移送管辖，是指本来受理案件的人民法院，出于实践中某些特殊情况的需要，将案件移送其他法院管辖。基层人民法院可以将自己受理的案件请求移送中级人民法院审判，具体分为应当移送和请求移送两种情形。应当移送的情形，是指基层人民法院对可能判处无期徒刑、死刑的第一审刑事案件，应当移送中级人民法院审判。请求移送的情形，是指基层人民法院对下列第一审刑事案件，可以请求移送中级人民法院审判：(1)重大、复杂案件；(2)新类型的疑难案件；(3)在法律适用上具有普遍指导意义的案件。《刑诉解释》第 15 条规定，一人犯数罪、共同犯罪或者其他需要并案审理的案件，其中一人或者一罪属于上级人民法院管辖的，全案由上级人民法院管辖。因此，本案中主犯赵某可能被判处无期徒刑，应当全案移送至中级人民法院审理。

根据《刑诉解释》第 17 条的规定，基层人民法院对可能判处无期徒刑、死刑的第一审刑事案件，应当移送中级人民法院审判。需要将案件移送中级人民法院审判的，应当在报请院长决定后，至迟于案件审理期限届满 15 日以前书面请求移送。中级人民法院应当在接到申请后 10 日内作出决定。不同意移送的，应当下达不同意移送决定书，由请求移送的人民法院依法审判；同意移送的，应当下达同意移送决定书，并书面通知同级人民检察院。因此，C 项和 D 项正确。

B 项描述的情形涉及团伙中的未成年被告人。我国刑事诉讼法规定了一系列有关未成年人刑事案件诉讼程序的特有原则，其中之一是

① CD

分案处理原则。分案处理,即在处理未成年人刑事案件时,应当在时间上和地点上都与成年人犯罪的案件分开进行。对于共同犯罪被告人中既有成年人又有未成年人的案件,一般也应当将成年被告人与未成年被告人分案起诉和审理。对未成年人分案处理有利于对未成年人进行特殊的保护。《人民检察院办理未成年人刑事案件的规定》第51条第1款规定,人民检察院审查未成年人与成年人共同犯罪案件,一般应当将未成年人与成年人分案起诉。但是具有下列情形之一的,可以不分案起诉:(1)未成年人系犯罪集团的组织者或者其他共同犯罪中的主犯的;(2)案件重大、疑难、复杂,分案起诉可能妨碍案件审理的;(3)涉及刑事附带民事诉讼,分案起诉妨碍附带民事诉讼部分审理的;(4)具有其他不宜分案起诉情形的。《人民检察院规则》第459条也有一般应当分案办理、分案起诉的要求。因此,在本题所描述的案情中,如果团伙中有未成年被告人,一般的处理情形是检察机关应当将该案划分为成年被告人和未成年被告人两个案件,分案起诉至县法院。当县法院审理后发现主犯赵某可能判处无期徒刑而需要将全案移送中级法院审理时,移送的应当是赵某及其他成年被告人的案件,而不包括已经被另行审理的未成年被告人的案件。B项中"团伙中的未成年被告人应当一并移送中级法院审理"的表述是绝对的,与法律要求的一般处理原则相矛盾,因而是错误的。

4.【不定项选择题】甲、乙(户籍地均为M省A市)共同运营一条登记注册于A市的远洋渔船。某次在公海捕鱼时,甲乙二人共谋杀害了与他们素有嫌隙的水手丙。该船回国后首泊于M省B市港口以作休整,然后再航行至A市。从B市起航后,在途经M省C市航行至A市过程中,甲因害怕乙投案自首一直将乙捆绑拘禁于船舱。该船于A市靠岸后案发。

请回答第(1)—(3)题。

(1)关于本案管辖,下列选项正确的是:

A. 故意杀人案和非法拘禁案应分别由中级人民法院和基层人民法院审理

B. A市和C市对非法拘禁案有管辖权

C. B市中级人民法院对故意杀人案有管辖权

D. A市中级人民法院对故意杀人案有管辖权

| 参考答案 | ________①

| 设题陷阱与常见错误分析 |

本题常见错误为误选D项,错误的原因在于考生没有准确理解地域管辖中有关特殊管辖与确定地域管辖一般原则之间效力上的关系,正确的应当是特殊管辖优于一般管辖。

| 解题思路与方法分析 |

本题考查法律和司法解释中有关管辖规定的具体运用。《刑事诉讼法》第20条规定,基层人民法院管辖第一审普通刑事案件,但是依照本法由上级人民法院管辖的除外。《刑事诉讼法》第21条规定,中级人民法院管辖下列第一审刑事案件:(1)危害国家安全、恐怖活动案件;(2)可能判处无期徒刑、死刑的案件。在本题中,故意杀人案件可能判处无期徒刑、死刑,应由中级人民法院一审,而非法拘禁案则应由基层人民法院一审。《刑诉解释》第15条规定,一人犯数罪、共同犯罪或者其他需要并案审理的案件,其中一人或者一罪属于上级人民法院管辖的,全案由上级人民法院管辖。因此,本案应统一由中级人民法院审理,A项错误。

《刑事诉讼法》第25条规定,刑事案件由犯罪地的人民法院管辖。如果由被告人居住地的人民法院审判更为适宜的,可以由被告人居住地的人民法院管辖。最高人民法院、最高人民检察院、公安部、国家安全部、全国人大常委会《关于实施刑事诉讼法若干问题的规定》(以下简称《六机关规定》)第2条规定,刑事诉讼法规定的"犯罪地",包括犯罪的行为发生地和结果发生地。《刑诉解释》第2条第1款规定,犯罪地包括犯罪行为地和犯罪结果地。非法拘禁行为是一个持续性的行为,其犯罪地包括实施整个非法拘禁行为所在的所有地点。在本案

① BC

中，非法拘禁行为从C市持续到A市，因此A市和C市均对非法拘禁案具有管辖权，B项正确。

《刑诉解释》第7条规定，在中华人民共和国领域外的中国船舶内的犯罪，由该船舶最初停泊的中国口岸所在地或者被告人登陆地、入境地的人民法院管辖。本题中发生故意杀人案件的渔船最初停泊于B市，同时根据级别管辖的规定，B市中级人民法院对故意杀人案件具有管辖权，C项正确。在本题中A市是发生故意杀人案件的渔船的注册地和被告人居住地，A市作为被告人居住地，对于一般案件也具有一定条件下的管辖权，但在中华人民共和国领域外的中国船舶内的犯罪案件的管辖问题属于特殊管辖，已经为上引《刑诉解释》第7条所明确规定，A市作为被告人居住地不再具有管辖权，D项错误。

(2)关于本案强制措施的适用，下列选项正确的是：

A. 拘留甲后，应在送看守所羁押后24小时以内通知甲的家属

B. 如有证据证明甲参与了故意杀害丙，应逮捕甲

C. 拘留乙后，应在24小时内进行讯问

D. 如乙因捆绑拘禁时间过长致身体极度虚弱而生活无法自理的，可在拘留后转为监视居住

参考答案 ______[①]

设题陷阱与常见错误分析

本题常见错误是误选A项，错误的原因是未理解尽快通知家属的功能和意义，而混淆了拘留后24小时以内和送看守所羁押后24小时以内。

解题思路与方法分析

本题考查拘留、逮捕和监视居住等强制措施的具体适用。《刑事诉讼法》第85条规定，公安机关拘留人的时候，必须出示拘留证。拘留后，应当立即将被拘留人送看守所羁押，至迟不得超过24小时。除无法通知或者涉嫌危害国家安全犯罪、恐怖活动犯罪通知可能有碍侦查的情形以外，应当在拘留后24小时以内，通知被拘留人的家属。有碍侦查的情形消失以后，应当立即通知被拘留人的家属。因此，应在拘留后24小时以内通知家属，而不是在送看守所羁押后24小时内通知，A项错误。《刑事诉讼法》第81条第3款规定，对有证据证明有犯罪事实，可能判处10年有期徒刑以上刑罚的，或者有证据证明有犯罪事实，可能判处徒刑以上刑罚，曾经故意犯罪或者身份不明的，应当予以逮捕。甲因涉嫌故意杀人可能判处10年以上有期徒刑，如果有证据证明有犯罪事实，就应当逮捕，B项正确。《刑事诉讼法》第86条规定，公安机关对被拘留的人，应当在拘留后的24小时以内进行讯问。在发现不应当拘留的时候，必须立即释放，发给释放证明。基于这一规定，C项正确。《刑事诉讼法》第74条第1款规定，人民法院、人民检察院和公安机关对符合逮捕条件，有下列情形之一的犯罪嫌疑人、被告人，可以监视居住：(1)患有严重疾病、生活不能自理的；(2)怀孕或者正在哺乳自己婴儿的妇女；(3)系生活不能自理的人的唯一扶养人；(4)因为案件的特殊情况或者办理案件的需要，采取监视居住措施更为适宜的；(5)羁押期限届满，案件尚未办结，需要采取监视居住措施的。乙身体虚弱生活无法自理，可以适用监视居住，D项正确。

(3)本案公安机关开展侦查。关于侦查措施，下列选项正确的是：

A. 讯问甲的过程应当同步录音或录像

B. 可在讯问乙的过程中一并收集乙作为非法拘禁案的被害人的陈述

C. 在该船只上进行犯罪现场勘查时，应邀请见证人在场

D. 可查封该船只进一步收集证据

参考答案 ______[②]

设题陷阱与常见错误分析

本题常见错误为漏选D项。有的考生认为对于船只应当采用的是扣押，而非查封。

解题思路与方法分析

本题考查侦查行为的具体适用。《刑事诉

① BCD

② ACD

讼法》第123条规定,侦查人员在讯问犯罪嫌疑人的时候,可以对讯问过程进行录音或者录像;对于可能判处无期徒刑、死刑的案件或者其他重大犯罪案件,应当对讯问过程进行录音或者录像。录音或者录像应当全程进行,保持完整性。本题中甲涉嫌故意杀人,可能判处无期徒刑或死刑,应当全程同步录音或录像,A项正确。在本题中,乙既是故意杀人案的犯罪嫌疑人,也是非法拘禁案中的被害人,虽然因为两起案件互有牵连可能并案侦查,但犯罪嫌疑人、被告人供述与辩解和被害人陈述是《刑事诉讼法》规定的两类证据,即使其源于同一主体,也应当分别遵循法律规定的法定程序进行收集,并形成不同的笔录,因此,不能在讯问乙的过程中一并收集乙作为被害人的陈述,B项错误。《刑事诉讼法》第133条规定,勘验、检查的情况应当写成笔录,由参加勘验、检查的人和见证人签名或者盖章。《公安部规定》第194条第1款规定,公安机关开展勘验、检查、搜查、辨认、查封、扣押等侦查活动,应当邀请有关公民作为见证人。基于上述规定,本案船只系犯罪现场,对其进行现场勘验时应邀请见证人到场,C项正确。《公安部规定》第228条规定,在侦查过程中需要扣押财物、文件的,应当经办案部门负责人批准,制作扣押决定书;在现场勘查或者搜查中需要扣押财物、文件的,由现场指挥人员决定;但扣押财物、文件价值较高或者可能严重影响正常生产经营的,应当经县级以上公安机关负责人批准,制作扣押决定书。在侦查过程中需要查封土地、房屋等不动产,或者船舶、航空器以及其他不宜移动的大型机器、设备等特定动产的,应当经县级以上公安机关负责人批准并制作查封决定书。基于这一规定,可以查封船只继续进行收集证据,D项正确。

05 考向 回避

1.【多项选择题】未成年人小付涉嫌故意伤害袁某,袁某向法院提起自诉。小付的父亲委托律师黄某担任辩护人,袁某委托其在法学院上学的儿子担任诉讼代理人。本案中,下列哪些人有权要求审判人员回避?

A. 黄某　　　B. 袁某

C. 袁某的儿子　　D. 小付的父亲

| 参考答案 | ________①

| 设题陷阱与常见错误分析 |

本题较为简单。有的考生漏选了C项,原因是只将袁某的儿子视作袁某的近亲属,而近亲属并无申请回避的权利。

| 解题思路与方法分析 |

本题考查的是哪些人有权申请回避。《刑事诉讼法》第29条规定,具有法定情形之一时,当事人及其法定代理人有权要求审判人员、检察人员、侦查人员回避。《刑事诉讼法》第32条第2款规定,辩护人、诉讼代理人可以依照相关规定要求回避、申请复议。因此,在刑事诉讼中有权申请回避的人员包括:当事人、法定代理人、辩护人和诉讼代理人。在本题中,黄某系辩护人,袁某系当事人(自诉人),袁某的儿子系自诉人的诉讼代理人,小付的父亲系未成年被告人的法定代理人,因此四个人都有权要求审判人员回避,A、B、C、D四项均正确。

2.【多项选择题】林某盗版销售著名作家黄某的小说涉嫌侵犯著作权罪,经一审和二审后,二审法院裁定撤销原判,发回原审法院重新审判。关于该案的回避,下列哪些选项是正确的?

A. 一审法院审判委员会委员甲系林某辩护人妻子的弟弟,黄某的代理律师可申请其回避

B. 一审书记员乙系林某的表弟而未回避,二审法院可以此为由裁定发回原审法院重审

C. 一审合议庭审判长丙系黄某的忠实读者,应当回避

D. 丁系二审合议庭成员,如果林某对一审法院重新审判作出的裁判不服再次上诉至二审法院,丁应当自行回避

---

① ABCD

| 参考答案 | ________①

| 设题陷阱与常见错误分析 |

本题常见错误是误选 C 项。有的考生认为 C 项提到的审判长系被害人的忠实读者，属于应当回避的情形，事实上，仅仅是被害人的忠实读者并不能成立“应当回避”情形。《刑事诉讼法》及司法解释规定这一兜底条款是为了涵盖司法实践中可能存在的其他可能影响公正审判的情形，但不能不区分情况随意扩大解释这一条款的适用范围。

| 解题思路与方法分析 |

本题综合考查了多种情形下回避的适用。刑事诉讼中的回避，是指根据刑事诉讼法和有关法律的规定，侦查人员、检察人员、审判人员以及书记员、翻译人员和鉴定人等同案件有法定利害关系或者其他可能影响案件公正处理的关系，因而不得参与该案诉讼活动的一项诉讼制度。回避制度体现了利益规避原则，其主要功能是防止因利益牵扯而可能影响公安司法人员等的客观公正性，保证公正行使职权，确保案件得到公正处理和当事人在诉讼中受到公正的对待，以维护诉讼过程和诉讼结果的权威性和公信力。

《刑诉解释》第 27 条规定，审判人员具有下列情形之一的，应当自行回避，当事人及其法定代理人有权申请其回避：(1)是本案的当事人或者是当事人的近亲属的；(2)本人或者其近亲属与本案有利害关系的；(3)担任过本案的证人、鉴定人、辩护人、诉讼代理人、翻译人员的；(4)与本案的辩护人、诉讼代理人有近亲属关系的；(5)与本案当事人有其他利害关系，可能影响公正审判的。最高人民法院《关于审判人员在诉讼活动中执行回避制度若干问题的规定》第 1 条对此作了进一步的解释，规定与当事人有直系血亲、三代以内旁系血亲以及近姻亲关系的审判人员都应当回避。《刑诉解释》第 37 条规定，审判人员包括人民法院院长、副院长、审判委员会委员、庭长、副庭长、审判员和人民陪审员。根据《刑事诉讼法》第 32 条第 2 款的规定，辩护人、诉讼代理人可以依照本章的规定要求回避、申请复议。基于以上规定，黄某的代理律师可以申请甲回避，A 项正确。

《刑事诉讼法》第 238 条规定，第二审人民法院发现第一审人民法院的审理有下列违反法律规定的诉讼程序的情形之一的，应当裁定撤销原判，发回原审人民法院重新审判，其中一种情形就是违反回避制度，因此一审书记员乙系林某的表弟而未回避，二审法院可以此为由裁定发回原审法院重审，B 项正确。

C 项描述的一审审判长系被害人黄某的忠实读者，并不属于上述前四种应当回避的情形，如果没有其他材料证明丙担任审判长可能影响公正审判，就不属于应当回避的情形，因此 C 项错误。

根据《刑诉解释》第 29 条第 2 款的规定，在一个审判程序中参与过本案审判工作的合议庭组成人员或者独任审判员，不得再参与本案其他程序的审判。但是，发回重新审判的案件，在第一审人民法院作出裁判后又进入第二审程序、在法定刑以下判处刑罚的复核程序或者死刑复核程序的，原第二审程序、在法定刑以下判处刑罚的复核程序或者死刑复核程序中的合议庭组成人员不受本款规定的限制。丁某系发回重审后又进入二审程序的原二审合议庭成员，不受此款的限制，无须自行回避，D 项错误。

06 考向 辩护与代理

1.【单项选择题】法官齐某从 A 县法院辞职后，在其妻洪某开办的律师事务所从业。关于齐某与洪某的辩护人资格，下列哪一选项是正确的？

A. 齐某不得担任 A 县法院审理案件的辩护人

B. 齐某和洪某不得分别担任同案犯罪嫌疑人的辩护人

C. 齐某和洪某不得同时担任同一犯罪嫌疑人的辩护人

① AB

D. 洪某可以律师身份担任 A 县法院审理案件的辩护人

｜参考答案｜__________①

｜设题陷阱与常见错误分析｜

本题的常见错误是误选 A 项。有的考生误认为,法官从法院离职后,无论在什么时间以什么身份都不能在原法院担任辩护人,忽视了基于监护和近亲属关系且不以律师身份担任辩护人的例外情况。

｜解题思路与方法分析｜

本题考查辩护人的资格和范围。《刑诉解释》第 41 条第 2 款规定,审判人员和人民法院其他工作人员从人民法院离任后,不得担任原任职法院所审理案件的辩护人,但系被告人的监护人、近亲属的除外,因此 A 项错误,齐某可以作为 A 县法院审理案件被告人的监护人、近亲属担任辩护人。同条第 3 款规定,审判人员和人民法院其他工作人员的配偶、子女或者父母不得担任其任职法院所审理案件的辩护人,但系被告人的监护人、近亲属的除外。本题中,齐某已经从 A 县法院辞职,A 县法院已经不是洪某配偶所任职的法院,法律并不禁止此时洪某以律师身份担任 A 县法院审理案件的辩护人。《六机关规定》第 4 条第 2 款规定,仅禁止一名辩护人为两名以上的同案犯罪嫌疑人、被告人(或虽未同案处理但实施的犯罪存在关联的犯罪嫌疑人、被告人)辩护。《律师法》第 39 条仅禁止律师在同一案件中为双方当事人担任代理人,不得代理与本人或者其近亲属有利益冲突的法律事务。立足点在于保障当事人的权利。法律和司法解释并不禁止同一律师事务所的律师担任同案犯罪嫌疑人的辩护人,也不禁止同一律师事务所的律师担任同一犯罪嫌疑人的辩护人,相反,在一些案件中由同一律师事务所的律师担任辩护人更有利于保障犯罪嫌疑人、被告人的权利,B 项和 C 项均错误。

2.【单项选择题】郭某涉嫌参加恐怖组织罪被逮捕,随后委托律师姜某担任辩护人。关于姜某履行辩护职责,下列哪一选项是正确的?

A. 姜某到看守所会见郭某时,可带 1～2 名律师助理协助会见

B. 看守所可对姜某与郭某的往来信件进行必要的检查,但不得截留、复制

C. 姜某申请法院收集、调取证据而法院不同意的,法院应书面说明不同意的理由

D. 法庭审理中姜某作无罪辩护的,也可当庭对郭某从轻量刑的问题发表辩护意见

｜参考答案｜__________②

｜设题陷阱与常见错误分析｜

本题的常见错误是误选 B 项。有的考生没有注意到看守所不得截留、复制信件的例外情形,而本题中郭某涉嫌的参加恐怖组织罪正符合这一例外情形。

｜解题思路与方法分析｜

本题主要考查最高人民法院、最高人民检察院、公安部、国家安全部、司法部《关于依法保障律师执业权利的规定》中的相关规定。《关于依法保障律师执业权利的规定》第 7 条第 4 款规定,辩护律师可以带一名律师助理协助会见,A 项错误。该规定第 13 条规定,看守所应当及时传递辩护律师同犯罪嫌疑人、被告人的往来信件。看守所可以对信件进行必要的检查,但不得截留、复制、删改信件,不得向办案机关提供信件内容,但信件内容涉及危害国家安全、公共安全、严重危害他人人身安全以及涉嫌串供、毁灭证据等情形的除外。因此,如果郭某和姜某的往来信件涉及上述特殊情形的,看守所可以截留、复制,B 项错误。该规定第 18 条规定,辩护律师申请人民检察院、人民法院收集、调取证据的,人民检察院、人民法院应当在 3 日以内作出是否同意的决定,并通知辩护律师。辩护律师书面提出有关申请时,办案机关不同意的,应当书面说明理由;辩护律师口头提出申请的,办案机关可以口头答复。因此,只有律师书面提出申请的,办案机关才应当书面说明不同意的理由,C 项错误。该规定第 35 条规定,辩护律师作无罪辩护的,可以当庭就量刑问

---

① D

② D

题发表辩护意见，也可以庭后提交量刑辩护意见。这一规定是从更好地保障被告人的辩护权的角度作出的规定，D 项正确。

3.【单项选择题】王某系听障人士，因涉嫌盗窃罪被提起公诉。关于本案，下列哪一选项是正确的？

A. 讯问王某时，如有必要可通知通晓聋、哑手势的人参加

B. 王某没有委托辩护人，应通知法律援助机构指派律师为其提供辩护

C. 辩护人经通知未到庭，经王某同意，法院决定开庭审理

D. 因事实清楚且王某认罪，实行独任审判

| **参考答案** | __________①

| **设题陷阱与常见错误分析** |

本题的常见错误是误选 D 项。有的考生掌握了被告人系听障人士的案件不得适用简易程序，但未清晰掌握简易程序与独任审理的关系，因而错选了 D 项。

| **解题思路与方法分析** |

本题综合考查犯罪嫌疑人、被告人系听障人士时刑事诉讼程序的特殊规定，包括法律援助制度和简易程序等内容。《刑事诉讼法》第 121 条规定，讯问聋、哑的犯罪嫌疑人，应当有通晓聋、哑手势的人参加，并且将这种情况记明笔录。A 项错误。《刑事诉讼法》第 35 条第 2 款规定，犯罪嫌疑人、被告人是盲、聋、哑人，或者是尚未完全丧失辨认或者控制自己行为能力的精神病人，没有委托辩护人的，人民法院、人民检察院和公安机关应当通知法律援助机构指派律师为其提供辩护。B 项正确。《刑诉解释》第 225 条规定，被害人、诉讼代理人经传唤或者通知未到庭，不影响开庭审理的，人民法院可以开庭审理。辩护人经通知未到庭，被告人同意的，人民法院可以开庭审理，但被告人属于应当提供法律援助情形的除外。本题中，被告人系听障人士，属于应当提供法律援助的情形，辩护人必须到庭，C 项错误。《刑事诉讼法》第 215 条规定，下列案件不适用简易程序：(1)被告人是盲、聋、哑人，或者是尚未完全丧失辨认或者控制自己行为能力的精神病人的；(2)有重大社会影响的；(3)共同犯罪案件中部分被告人不认罪或者对适用简易程序有异议的；(4)其他不宜适用简易程序审理的。本题中，案件属于第一种情形，因此不得适用简易程序。根据《刑事诉讼法》第 216 条的规定，只有简易程序可以适用独任制，因此本题中的案件不得适用独任制，D 项错误。

4.【单项选择题】鲁某与洪某共同犯罪，洪某在逃。沈律师为鲁某担任辩护人。案件判决生效 3 年后，洪某被抓获并被起诉。关于沈律师可否担任洪某辩护人，下列哪一说法是正确的？

A. 沈律师不得担任洪某辩护人

B. 如果洪某系法律援助对象，沈律师可以担任洪某辩护人

C. 如果被告人洪某同意，沈律师可以担任洪某辩护人

D. 如果公诉人未提出异议，沈律师可以担任洪某辩护

| **参考答案** | __________②

| **设题陷阱与常见错误分析** |

该题考查的是关于共同犯罪的辩护人选择问题。虽然是共同犯罪，但对鲁某的判决生效 3 年后，洪某才被抓获，似乎这时候律师为洪某再进行辩护就不会对鲁某产生什么影响，据此，有的考生错误地选了 C 项或 D 项。

| **解题思路与方法分析** |

在共同犯罪案件中，由于犯罪嫌疑人、被告人之间存在利害关系，所以，1 名辩护人不得同时接受 2 名以上同案犯罪嫌疑人、被告人的委托，作为他们的共同辩护人。基于同样原因的考虑，1 名辩护人也不得为 2 名以上的未同案处理但实施的犯罪存在关联的犯罪嫌疑人、被告人辩护。因此，B、C、D 项的说法均不正确，只有 A 项正确。

5.【单项选择题】成年人钱甲教唆未成年

① B
② A

人小沈实施诈骗犯罪，钱甲委托其在邻市检察院担任检察官助理的哥哥钱乙担任辩护人，小沈由法律援助律师武某担任辩护人。关于本案处理，下列哪一选项是正确的？

A. 钱甲被拘留后，钱乙可为其申请取保候审

B. 本案移送审查起诉时，公安机关应将案件移送情况告知钱乙

C. 检察院讯问小沈时，武某可在场

D. 如检察院对钱甲和小沈分案起诉，法院可并案审理

| **参考答案** | ________①

| **设题陷阱与常见错误分析** |

本题的常见错误为误选 B 项。考生可能记住了侦查阶段只有律师可以担任辩护人，也识别出本案中钱乙是以钱甲的近亲属身份担任辩护人，但并未理解告知移送审查起诉的前提是辩护人在侦查阶段已经担任辩护人，而钱乙明显不能在侦查阶段担任辩护人。

| **解题思路与方法分析** |

本案以一个案例的形式综合考查辩护人的范围、分案处理原则与未成年人刑事案件诉讼制度等内容。《刑事诉讼法》第 97 条规定，犯罪嫌疑人、被告人及其法定代理人、近亲属或者辩护人有权申请变更强制措施。在本案中，钱乙并非律师，所以侦查阶段不能作为钱甲的辩护人，但可以作为近亲属为钱甲申请取保候审。因此，A 项正确。

《刑事诉讼法》第 162 条第 1 款规定，公安机关侦查终结的案件，应当做到犯罪事实清楚，证据确实、充分，并且写出起诉意见书，连同案卷材料、证据一并移送同级人民检察院审查决定；同时将案件移送情况告知犯罪嫌疑人及其辩护律师。钱乙作为钱甲的近亲属且属于检察院的现职人员，不能在侦查阶段担任钱甲的辩护人，公安机关无须将移送审查起诉的情况告知钱乙，B 项错误。

《刑事诉讼法》第 281 条第 1 款规定，对于未成年人刑事案件，在讯问和审判的时候，应当通知未成年犯罪嫌疑人、被告人的法定代理人到场。无法通知、法定代理人不能到场或者法定代理人是共犯的，也可以通知未成年犯罪嫌疑人、被告人的其他成年亲属，所在学校、单位、居住地基层组织或者未成年人保护组织的代表到场，并将有关情况记录在案。到场的法定代理人可以代为行使未成年犯罪嫌疑人、被告人的诉讼权利。讯问未成年犯罪嫌疑人、被告人时，在场的不包括担任犯罪嫌疑人、被告人辩护人的律师，C 项错误。

分案处理原则是指公安司法机关在刑事诉讼过程中应当对未成年人案件与成年人案件实行诉讼程序分离、分案处理，对犯罪的未成年人与犯罪的成年人分别关押、分别执行。其中一个方面就是在处理未成年人与成年人共同犯罪或者有牵连的案件时，尽量适用不同的诉讼程序，在不妨碍审理的前提下，坚持分案处理，包括分案侦查、分案起诉和分案审理。同时，《刑诉解释》第 551 条第 1 款规定，对分案起诉至同一人民法院的未成年人与成年人共同犯罪案件，可以由同一个审判组织审理；不宜由同一个审判组织审理的，可以分别审理。若检察院对钱甲和小沈分案起诉，可以由同一审判组织审理，但不能并案审理，D 项错误。

6.【多项选择题】关于有效辩护原则，下列哪些理解是正确的？

A. 有效辩护原则的确立有助于实现控辩平等对抗

B. 有效辩护是一项主要适用于审判阶段的原则，但侦查、审查起诉阶段对辩护人权利的保障是审判阶段实现有效辩护的前提

C. 根据有效辩护原则的要求，法庭审理过程中一般不应限制被告人及其辩护人发言的时间

D. 指派没有刑事辩护经验的律师为可能被判处无期徒刑、死刑的被告人提供法律援助，有违有效辩护原则

| **参考答案** | ________②

| **设题陷阱与常见错误分析** |

本题的常见错误是错选 B 项。有的考生

① A

② ACD

没有认识到有效辩护原则在审前阶段的重要性,认为其是一项主要适用于审判阶段的原则。

| 解题思路与方法分析 |

本题考查的是对有效辩护原则的理解。有效辩护原则是辩护权的体现,也是对辩护权的保障。在刑事诉讼中,辩护应当对保护犯罪嫌疑人、被告人的权利具有实质意义,而不仅仅是形式上的,这就是有效辩护原则的基本要求。具体来说,有效辩护原则应当包括以下几个方面的内容:(1)犯罪嫌疑人、被告人作为刑事诉讼的当事人在整个诉讼过程中应当享有充分的辩护权;(2)允许犯罪嫌疑人、被告人聘请合格的、能够有效履行辩护职责的辩护人为其辩护,这种辩护同样应当覆盖从侦查到审判甚至执行阶段的整个刑事诉讼过程;(3)国家应当保障犯罪嫌疑人、被告人自行辩护权的充分行使,并通过设立法律援助制度确保犯罪嫌疑人、被告人能够获得符合最低标准并具有实质意义的律师帮助。有效辩护原则有助于强化辩方成为影响诉讼进程的重要力量,维系控辩平等对抗和审判方居中"兼听则明"的刑事诉讼构造,A 项正确。为了实现有效辩护,国家应当保障犯罪嫌疑人、被告人充分的辩护权,在法庭审理中一般不限制辩护方发言的时间,C 项正确。有效辩护原则要求辩护具有实质意义,指派的法律援助律师的经验、能力应当与案件的严重程度相符,为可能被判处无期徒刑、死刑的被告人指派没有刑事辩护经验的律师提供法律援助,有违有效辩护原则,D 项正确。B 项的错误在于,有效辩护原则是覆盖整个刑事诉讼过程的原则,而不是主要适用于审判阶段的原则,而且从我国的现状来说,在某种意义上有效辩护原则在审前阶段的贯彻更为重要。

07 考向 刑事证据

1.【单项选择题】公安机关发现一具被焚烧过的尸体,因地处偏僻且天气恶劣,无法找到见证人,于是对勘验过程进行了全程录像,并在笔录中注明原因。法庭审理时,辩护人以勘验时没有见证人在场为由,申请排除勘验现场收集的物证。关于本案证据,下列哪一选项是正确的?

A. 因违反取证程序的一般规定,应当排除

B. 应予以补正或者作出合理解释,否则予以排除

C. 不仅物证应当排除,对物证的鉴定意见等衍生证据也应排除

D. 有勘验过程全程录像并在笔录中已注明理由,不予排除

| 参考答案 | ____________①

| 设题陷阱与常见错误分析 |

本题常见错误为误选 B 项。有的考生只掌握了审查认定笔录类证据的一般情况,即没有见证人签名的应当作出合理解释或说明,却忽视了司法实践中常见且已经被司法解释所明确规定的可以没有见证人在场的特殊情形,因而误选了 B 项。

| 解题思路与方法分析 |

本题考查勘验检查时见证人是否在场对于证据是否应当排除的影响,需要考生将题目描述的具体情形与法条的规定结合运用。《刑事诉讼法》第 133 条规定,勘验、检查的情况应当写成笔录,由参加勘验、检查的人和见证人签名或者盖章。《刑诉解释》第 102 条第 1 项也明确规定,对勘验、检查笔录应当着重审查勘验、检查是否依法进行,笔录的制作是否符合法律、有关规定,勘验、检查人员和见证人是否签名或者盖章。因此,一般情况下,勘验、检查笔录应当有在场的见证人签名,如果没有见证人签名,则需要对没有见证人签名的原因作出合理解释或说明,否则不得作为定案的依据。但是在司法实践中,案发地可能存在过于偏僻而无法找到合适见证人的情况,因此《刑诉解释》第 80 条第 3 款规定,由于客观原因无法由符合条件的人员担任见证人的,应当在笔录材料中注明情况,并对相关活动进行全程录音录像。本题题干所描述的情形符合这一规定,而且侦查人

① D

员对勘验过程进行了全程录像，并在笔录中注明了原因。因此，该勘验笔录可以作为定案的依据，正确选项为D项。

2.【单项选择题】甲涉嫌盗窃室友乙存放在储物柜中的笔记本电脑一台并转卖他人，但甲辩称该电脑系其本人所有，只是暂存于乙处。下列哪一选项既属于原始证据，又属于直接证据？

A. 侦查人员在乙储物柜的把手上提取的甲的一枚指纹

B. 侦查人员在室友丙手机中直接提取的视频，内容为丙偶然拍下的甲打开储物柜取走电脑的过程

C. 室友丁的证言，内容是曾看到甲将一台相同的笔记本电脑交给乙保管

D. 甲转卖电脑时出具的现金收条

｜参考答案｜__________①

｜设题陷阱与常见错误分析｜

本题在命题时将原始证据和直接证据组合在一起，尤其是B项还考查了否定性直接证据的含义。很多考生未选C项，就是因为对于直接证据分为肯定性直接证据和否定性直接证据不理解，误以为只有从正面证明案件主要事实存在的证据才是直接证据。有的考生错选了B项，就是因为对于电子数据的原始状态与传来状态未进行正确的区分。

｜解题思路与方法分析｜

本题以一个案例的形式考查了考生对于刑事证据理论分类中的直接证据与间接证据和原始证据与传来证据的两种分类。考生只有全面理解这两种分类的依据和表现形式才能正确作答。根据来源出处不同，证据可以分为原始证据和传来证据。原始证据是指直接来源案件事实的证据，也就是通常说的第一手材料。传来证据是指从第二手来源收集来的证据，也就是从原始出处以外的其他来源传来的证据。凡是可以单独直接证明案件主要事实的证据，属于直接证据。直接证据可以分为肯定性直接证据和否定性直接证据。肯定性直接证据必须能够证明发生了犯罪事实和谁是犯罪人这两个要素，而否定性直接证据只要足以否定其中的一个要素即可。因为否定性直接证据的成立，就能够证明案件的主要事实不存在，或者不是刑事案件，或者犯罪嫌疑人、被告人没有实施犯罪行为。在本题中，A项属于原始证据，但只能证明甲曾经触摸过乙储物柜的把手，不能单独证明盗窃这一主要犯罪事实，不是直接证据；B项能够证明甲从乙的储物柜中取走电脑，是直接证据，但该视频是从手机中提取的，而非手机中存储的原始视频，因而不是原始证据，而是传来证据；C项正确，室友丁的证言能够证明甲是拿回其暂存于乙处的电脑，否定了甲盗窃这一犯罪事实的存在，属于否定性直接证据；D项是原始证据，但不能单独直接证明案件主要事实，不是直接证据。因此，本案的正确答案为C项。

3.【单项选择题】下列哪一选项所列举的证据属于补强证据？

A. 证明讯问过程合法的同步录像材料

B. 证明获取被告人口供过程合法，经侦查人员签名并加盖公章的书面说明材料

C. 根据被告人供述提取到的隐蔽性极强，并能与被告人供述和其他证据相印证的物证

D. 对与被告人有利害冲突的证人所作的不利被告人的证言的真实性进行佐证的书证

｜参考答案｜__________②

｜设题陷阱与常见错误分析｜

本题C项具有较强的干扰性，考生如果对于补强证据及其与主证据之间的关系理解不深入，很容易被C项中的“印证”误导。事实上，证据之间存在不同的印证关系，只有专门用于证明主证据的真实性的证据才是补强证据。

｜解题思路与方法分析｜

本题考查的是对补强证据规则的理解与运用，同时也需要考生对于证据能力和证明力等基本概念有清晰的理解。所谓“补强证据”，是指用以增强另一证据证明力的证据。一开始

---

① C

② D

刑事诉讼法

重点考向与真题精粹

收集到的对证实案情有重要意义的证据，称为"主证据"，而用以印证该证据真实性的其他证据，就称为"补强证据"。补强证据规则，是指为了防止误认事实或发生其他危险性，而在运用某些证明力显然薄弱的证据认定案情时，必须有其他证据补强其证明力，才能被法庭采信为定案根据。补强证据是用于补强主证据的证明力的，而不是补强主证据的证据能力，A 项中的同步录像材料和 B 项中的书面说明材料都是通过证明获取被告人供述过程的合法性来补强口供的证据能力，因此不属于补强证据。补强证据证明的内容应当是主证据的真实性，其证明对象应当与主证据的证明对象有一定的重合。而 C 项中根据被告人供述提取到的隐蔽性极强，并能与被告人供述和其他证据相印证的物证，并不是专门用于证明被告人供述的真实性，属于认定案件事实过程中证据之间的互相印证，而不是补强证据。《刑诉解释》第 141 条的规定体现了这种证据之间相互印证的关系，即"根据被告人的供述、指认提取到了隐蔽性很强的物证、书证，且被告人的供述与其他证明犯罪事实发生的证据相互印证，并排除串供、逼供、诱供等可能性的，可以认定被告人有罪"。这里证据之间相互印证的结果是认定被告人有罪，而不是证实主证据的真实性。因此 C 项错误。D 项中的书证是用于证明与被告人有利害冲突的证人所作的不利被告人的证言的真实性。《刑诉解释》第 143 条规定，下列证据应当慎重使用，有其他证据印证的，可以采信：(1)生理上、精神上有缺陷，对案件事实的认知和表达存在一定困难，但尚未丧失正确认知、表达能力的被害人、证人和被告人所作的陈述、证言和供述；(2)与被告人有亲属关系或者其他密切关系的证人所作的有利于被告人的证言，或者与被告人有利害冲突的证人所作的不利于被告人的证言。通过这里的规定可以发现，这里证据之间相互印证的结果是可以采信原本真实性存疑的证据，符合补强证据的属性。本题应当选 D 项。

4.【单项选择题】关于《刑事诉讼法》规定的证明责任分担，下列哪一选项是正确的？

A. 公诉案件中检察院负有证明被告人有罪的责任，证明被告人无罪的责任由被告方承担

B. 自诉案件的证明责任分配依据"谁主张，谁举证"的法则确定

C. 巨额财产来源不明案中，被告人承担说服责任

D. 非法持有枪支案中，被告人负有提出证据的责任

| **参考答案** | __________①

| **设题陷阱与常见错误分析** |

本题常见错误是误选 B 项。"谁主张，谁举证"是民事诉讼证明责任分担的基本原则，误选 B 项的原因在于未深刻理解无论是公诉案件还是自诉案件，被告人均受到无罪推定原则的保障。

| **解题思路与方法分析** |

本题综合考查了我国刑事诉讼法规定的证明责任在不同类型案件中如何具体分担的问题。证明责任也称举证责任，是诉讼法和证据法中的一项基本制度，是指人民检察院或某些当事人应当收集或提供证据证明应予认定的案件事实或有利于自己的主张的责任；否则，将承担其主张不能成立的危险。证明责任所要解决的问题是诉讼中出现的案件事实，应当由谁提供证据加以证明，以及在诉讼结束时如果案件事实仍然处于真伪不明的状态，应当由谁来承担败诉或不利的诉讼后果。证明责任是提供证据责任与说服责任的统一。所谓提供证据的责任，即双方当事人在诉讼过程中，应当根据诉讼进行的状态，就主张的事实或者反驳的事实提供证据加以证明。所谓说服责任，即负有证明责任的诉讼当事人应当承担运用证据对案件事实进行说明、论证，使法官形成对案件事实的确信的责任。

在我国，证明责任的承担主体首先是控诉机关和负有证明责任的当事人，即公诉案件中的公诉人和自诉案件中的自诉人，只有他们才

① D

应依照法定程序承担证明犯罪事实是否发生、犯罪嫌疑人或被告人有罪、无罪以及犯罪情节轻重的责任,这是证明责任理论中“谁主张,谁举证”的古老法则在刑事诉讼中的直接体现。《刑事诉讼法》第51条规定:“公诉案件中被告人有罪的举证责任由人民检察院承担,自诉案件中被告人有罪的举证责任由自诉人承担。”此外,根据“否认者不负证明责任”的古老法则和现代无罪推定原则的要求,犯罪嫌疑人、被告人不负证明自己无罪的责任。但是,在少数持有类的特定案件,如巨额财产来源不明案件及非法持有属于国家绝密、机密文件、资料、物品罪中,犯罪嫌疑人、被告人也负有提出证据的责任。

基于以上理论和法律规定,被告人不负有证明自己无罪的责任,即使被告人及其辩护人行使辩护权,也并不意味着由被告人及其辩护人承担证明被告人无罪的责任,A项错误。自诉案件中被告人同样不负证明自己无罪的责任,B项错误。巨额财产来源不明案中,被告人只承担提出证据的责任,不承担说服责任,说服法官认定被告人构成犯罪的责任仍由检察官承担,C项错误。D项中关于非法持有枪支案件证明责任分担的说法正确。

5.【多项选择题】关于我国刑事诉讼的证明主体,下列哪些选项是正确的?

A.故意毁坏财物案中的附带民事诉讼原告人是证明主体

B.侵占案中提起反诉的被告人是证明主体

C.妨害公务案中就执行职务时目击的犯罪情况出庭作证的警察是证明主体

D.证明主体都是刑事诉讼主体

| **参考答案** | __________①

| **设题陷阱与常见错误分析** |

本题常见错误为漏选D项。有的考生误认为我国刑事诉讼主体不能完全包含证明主体,错误的原因是对证明主体和刑事诉讼主体的理解不正确。实际上,证明主体是负有证明责任的主体,是与刑事诉讼关系更为密切的主体,必然是刑事诉讼的主体。

| **解题思路与方法分析** |

本题以4个具体的情形考查刑事诉讼证明中主体的概念和刑事诉讼主体,其中的难点在于必须结合给出的具体罪名判断属于公诉案件或自诉案件,并进一步判断哪一方属于证明主体。刑事诉讼证明是指国家公诉机关和诉讼当事人在法庭审理中依照法律规定的程序和要求向审判机关提出证据,运用证据阐明系争事实,论证诉讼主张成立的活动。刑事诉讼证明的主体是国家公诉机关和诉讼当事人。在我国刑事诉讼中,公诉机关和自诉人实际上处于原告一方,负有向法庭提出证明被告人有罪的责任。被告人原则上不负证明责任,仅在特定情况下承担一定的证明责任。附带民事原告人要承担民事部分的证明责任,是证明主体,A项正确。

被告人提起反诉,实际上成为自诉人,需要承担证明责任,是证明主体,B项正确。

就执行职务时目击的犯罪情况出庭作证的警察是证人,不承担证明责任,不是证明主体,C项错误。

刑事诉讼主体是所有参与刑事诉讼活动,在刑事诉讼中享有一定权利、承担一定义务的国家专门机关和诉讼参与人,因此刑事诉讼主体的范围大于证明主体的范围,D项正确。

6.【多项选择题】甲驾车将昏迷的乙送往医院,并垫付了医疗费用。随后赶来的乙的家属报警称甲驾车撞倒乙。急救中,乙曾短暂清醒并告诉医生自己系被车辆撞倒。医生将此话告知警察,并称从甲送乙入院时的神态看,甲应该就是肇事者。关于本案证据,下列哪些选项是正确的?

A.甲垫付医疗费的行为与交通肇事不具有关联性

B.乙告知医生“自己系被车辆撞倒”属于直接证据

C.医生基于之前乙的陈述,告知警察乙系

① ABD

被车辆撞倒，属于传来证据

D. 医生认为甲是肇事者的证词属于符合一般生活经验的推断性证言，可作为定案依据

| 参考答案 | ________①

| 设题陷阱与常见错误分析 |

本题常见错误为误选 D 项。考生需要结合提供证人证言的主体的具体情况来判断某一意见证据是否属于基于一般性生活经验的推断性证言。有的考生认为医生属于专业人士，可以作为专家提供意见证据，忽视了其所做的“甲就是肇事者”的证言并非基于其专业知识，亦非基于一般生活经验的推断，因此不得作为定案的依据。

| 解题思路与方法分析 |

本题以一个案例综合考查刑事证据的分类和关联性规则，考生需要在充分理解各种证据分类的含义、每一类证据所指向的具体证据和关联性规则的基础上才能作答。关联性也称为相关性，是指证据必须与案件事实有客观联系，对证明刑事案件事实具有某种实际意义；反之，与本案无关的事实或材料，都不能成为刑事证据。证据的关联性是证据证明力的原因。证明力是指证据所具有的对案件事实的证明作用，也就是证据对证明案件事实的价值。证据对案件事实有无证明力以及证明力的大小，取决于证据本身与案件事实有无联系以及联系的紧密、强弱程度。A 项所述甲垫付医疗费的行为与撞人肇事的行为之间不具有关联性，不能证明甲是否实施了交通肇事的行为，A 项正确。直接证据是能够单独、直接证明案件主要事实的证据。也就是说，某一项证据的内容，无须经过推理过程，即可以直观地说明犯罪行为是否犯罪嫌疑人、被告人所实施。刑事诉讼中的直接证据主要有：(1)被害人指认犯罪分子的陈述；(2)犯罪嫌疑人、被告人的供述和辩解；(3)现场目击者指认出犯罪分子并陈述犯罪过程的证言；(4)记载有关犯罪内容的书证；(5)某些通过监控设备摄录的能够再现犯罪经过的视听资料、电子数据。B 项中虽然系被害人的陈述，但该陈述只能说明发生了撞人肇事的行为，但不能说明究竟是谁所为，因此不是直接证据。根据证据材料的来源不同，可以分为原始证据和传来证据。凡是不直接来源案件事实，而是从间接的、非第一来源获得的证据材料，称为传来证据。例如，证人没有亲自听到、看到案件真实情况，而是转述从别人那里听到的情况；物证的复制品、照片；书证的抄件、复印件等。C 项所述医生转告警察乙系被车辆撞击倒地的证言并非其亲眼所见，并非直接来源案件事实，因此属于传来证据，C 项正确。意见证据规则，是指证人只能陈述自己亲身感受和经历的事实，而不得陈述对该事实的意见或者结论。《刑诉解释》第 88 条第 2 款规定，证人的猜测性、评论性、推断性的证言，不得作为证据使用，但根据一般生活经验判断符合事实的除外。本题中，医生称从甲送乙入院时的神态看，甲应该就是肇事者属于意见证据，且不属于一般生活经验的推断性证言，医生不具有判断甲是否就是肇事者的资格，不能作为定案依据。D 项错误。

7.【多项选择题】下列哪些选项属于刑事诉讼中的证明对象？

A. 行贿案中，被告人知晓其谋取的系不正当利益的事实

B. 盗窃案中，被告人的亲友代为退赃的事实

C. 强奸案中，用于鉴定的体液检材是否被污染的事实

D. 侵占案中，自诉人申请期间恢复而提出的其突遭车祸的事实，且被告人和法官均无异议

| 参考答案 | ________②

| 设题陷阱与常见错误分析 |

本题常见错误为漏选 B 项或误选 D 项。B 项有关退赃的事实，需要考生结合《刑法》及相关司法解释有关盗窃罪量刑情节的规定进行理解。D 项则需要结合有关期间恢复的规定进行判断。

---

① AC

② AB

| 解题思路与方法分析 |

本题以四个具体案件中的特定事实考查证明对象的范围。刑事诉讼的证明对象也称证明客体、待证事实或要证事实,是证明主体运用一定的证明方法所要证明的一切法律要件事实。刑事诉讼的证明对象在诉讼证明活动中居于极为重要的地位,它是诉讼证明活动的起点和归宿。正是因为在观念上首先设定了证明对象,才产生了证明主体、证明责任、证明程序等概念。证明对象和证明标准形成了证明的方向、内容和目标。整个诉讼证明活动都是围绕证明对象进行的。而证明过程的完成则有赖于证明对象得到法律所认可的证明。刑事诉讼证明对象的内容包括:(1)实体法事实。实体法事实是直接决定案件处理结果的关键所在,解决的是被告人的行为是否构成犯罪、所犯何罪、罪重还是罪轻、应否处以刑罚、应处以何种刑罚的问题,是刑事诉讼中首要的证明对象。实体法事实可以分为以下几类:①犯罪构成要件的诸事实,即关于犯罪主体、犯罪客体、犯罪的主观方面和客观方面的事实;②影响量刑轻重的各种量刑事实,即作为影响量刑的从重或者从轻、减轻、免除处罚理由的法定情节或者酌定情节;③足以排除行为的违法性、可罚性和行为人刑事责任的事实,即所谓违法阻却事由和责任阻却事由。(2)程序法事实。能够成为证明对象的程序法事实,主要包括:对犯罪嫌疑人、被告人采取强制措施的事实;关于回避的事实;耽误诉讼期限是否有不能抗拒的原因或者其他正当理由的事实;有关管辖争议的事实;与执行的合法性有关的事实等。此外,根据法律规定和诉讼理论,证据事实不是证明对象。根据《刑事诉讼法》第50条的规定,案件事实情况是证明对象,而证据事实是证明手段。刑事诉讼中的事实一般还可以分为待证事实和免证事实两大类。其中,待证事实是作为证明对象的事实,免证事实是免除控辩双方举证、由法院直接确认的事实。《人民检察院规则》第401条规定了免证事实,即在法庭审理中,下列事实不必提出证据进行证明:①为一般人共同知晓的常识性事实;②人民法院生效裁判所确认的并且未依审判监督程序重新审理的事实;③法律、法规的内容以及适用等属于审判人员履行职务所应当知晓的事实;④在法庭审理中不存在异议的程序事实;⑤法律规定的推定事实;⑥自然规律或者定律。

在本题中,A项行贿案件中,被告人明知谋取不正当利益系构成要件中的主观方面要件,属于实体法事实中的定罪事实;B项盗窃案件中,是否退赃系酌定量刑情节,属于实体法事实中的量刑事实;C项系有关证据审判判断的内容,属于证据事实,不是证明对象;D项系法庭审理中不存在异议的程序事实,属于免证事实。

8.【多项选择题】在法庭审理过程中,被告人屠某、沈某和证人朱某提出在侦查期间遭到非法取证,要求确认其审前供述或证言不具备证据能力。下列哪些情形下应当根据法律规定排除上述证据?

A. 将屠某“大”字形吊铐在窗户的铁栏杆上,双脚离地

B. 对沈某进行引诱,说“讲了就可以回去”

C. 对沈某进行威胁,说“不讲就把你老婆一起抓进来”

D. 对朱某进行威胁,说“不配合我们的工作就把你关进来”

| 参考案答 | ________①

| 设题陷阱与常见错误分析 |

该题考查的是对言词类非法证据排除范围的掌握。考生要注意区分两种情况:一是对犯罪嫌疑人、被告人和证人,在非法取证的容忍度上有所不同,即对证人的保护程度更高。二是对犯罪嫌疑人、被告人的侦查取证方面,既要注意威胁、引诱的程度,又要注意区分非法取证和正常的审讯谋略之间的界限。

| 解题思路与方法分析 |

关于非法证据,《刑事诉讼法》第52条规定,严禁刑讯逼供和以威胁、引诱、欺骗以及其他非法方法收集证据,不得强迫任何人证实自己有罪。第56条规定,采用刑讯逼供等非法方

① AD

法收集的犯罪嫌疑人、被告人供述和采用暴力、威胁等非法方法收集的证人证言、被害人陈述,应当予以排除。《刑诉解释》第123条规定,采用下列非法方法收集的被告人供述,应当予以排除:(1)采用殴打、违法使用戒具等暴力方法或者变相肉刑的恶劣手段,使被告人遭受难以忍受的痛苦而违背意愿作出的供述;(2)采用以暴力或者严重损害本人及其近亲属合法权益等相威胁的方法,使被告人遭受难以忍受的痛苦而违背意愿作出的供述;(3)采用非法拘禁等非法限制人身自由的方法收集的被告人供述。第125条规定,采用暴力、威胁以及非法限制人身自由等非法方法收集的证人证言、被害人陈述,应当予以排除。

根据上述规定可知,将犯罪嫌疑人、被告人屠某"大"字形吊铐在窗户的铁栏杆上,双脚离地,属于典型的刑讯逼供行为,应当排除所取得的供述,A项应当排除。B项对犯罪嫌疑人、被告人沈某进行引诱,说"讲了就可以回去",目前刑事诉讼法及司法解释还未明确规定引诱获得的供述是否需要排除,B项不正确。C项对沈某进行威胁,说"不讲就把你老婆一起抓进来",其威胁的程度是否达到上述司法解释所要求的"使被告人遭受难以忍受的痛苦而违背意愿作出的供述"尚不确定,不是必然需要排除,C项错误。D项对证人朱某进行威胁,说"不配合我们的工作就把你关进来",符合《刑诉解释》第125条关于采用威胁的非法方法收集的证人证言应当予以排除的规定。因此,应当选A、D项。

9.【不定项选择题】甲女与乙男在某社交软件互加好友,手机网络聊天过程中,甲女多次向乙男发送暧昧言语和色情图片,表示可以提供有偿性服务。二人于酒店内见面后因价钱谈不拢而争吵,乙男强行将甲女留在房间内,并采用胁迫手段与其发生性关系。后甲女向公安机关报案,乙男则辩称双方系自愿发生性关系。

请回答第(1)—(2)题。

(1)乙男提供了二人之前的网络聊天记录。关于这一网络聊天记录,下列选项正确的是:

A. 属电子数据的一种

B. 必须随原始的聊天时使用的手机移送才能作为定案的依据

C. 只有经甲女核实认可后才能作为定案的依据

D. 因不具有关联性而不得作为本案定罪量刑的依据

| **参考答案** | __________①

| **设题陷阱与常见错误分析** |

本题常见错误是误选D项,错误的原因在于考生过于狭窄地以定罪证据为范围来理解关联性规则,而忽视了量刑证据的关联性问题。

| **解题思路与方法分析** |

本题考查对于网络聊天记录这一与网络相关的犯罪中常见证据的理解与运用。手机网络聊天记录无疑属于电子数据,A项正确。《刑诉解释》第110条第1款第1项规定,对于电子数据是否真实,应当审查是否移送原始存储介质;在原始存储介质无法封存、不便移动时,有无说明原因,并注明收集、提取过程及原始存储介质的存放地点或者电子数据的来源等情况。基于这一规定,网络聊天记录并非必须随原始的聊天时使用的手机移送,遵循一定程序提取、复制的原始介质中的电子数据也可以作为定案的依据,B项错误。对于证据的审查应当从证据本身出发,被害人是否核实并不必然影响证据作为定案依据的资格,《刑诉解释》第110条有关电子数据的审查内容亦未规定需经被害人核实,C项错误。关联性规则,是指只有与案件事实有关的材料,才能作为证据使用。关联性是证据被采纳的首要条件。没有关联性的证据不具有可采性。按照关联性规则,侦控、审判人员在调查收集证据时,应当限于与本案有关的证据材料;在审查判断证据时,应当注意排除与本案无关的证据材料。在本题中,甲女和乙男之前的聊天记录围绕是否提供有偿性服务展开,这一证据虽然不能证明甲女系自愿发

---

① A

生性关系,但能证明甲女对于强奸犯罪的发生有一定过错,为酌定量刑情节,可作为本案量刑证据使用,因而具有关联性,D 项错误。

(2)本案后起诉至法院,关于本案审理程序,下列选项正确的是:

A. 应当不公开审理

B. 甲女因出庭作证而支出的交通、住宿的费用,法院应给予补助

C. 甲女可向法院提起附带民事诉讼要求乙男赔偿因受侵害而支出的医疗费

D. 公诉人讯问乙男后,甲女可就强奸的犯罪事实向乙男发问

| **参考答案** | ________①

| **设题陷阱与常见错误分析** |

本题常见错误是误选 B 项,错误的原因在于考生将证人出庭作证的补助与被害人相混淆。

| **解题思路与方法分析** |

本题综合考查法庭审理程序。《刑事诉讼法》第 188 条第 1 款规定,人民法院审判第一审案件应当公开进行。但是有关国家秘密或者个人隐私的案件,不公开审理;涉及商业秘密的案件,当事人申请不公开审理的,可以不公开审理。本题所涉强奸案属于个人隐私案件,应当不公开审理,A 项正确。《刑事诉讼法》第 65 条规定,证人因履行作证义务而支出的交通、住宿、就餐等费用,应当给予补助。证人作证的补助列入司法机关业务经费,由同级政府财政予以保障。有工作单位的证人作证,所在单位不得克扣或者变相克扣其工资、奖金及其他福利待遇。需要注意的是,上引条文仅规定了证人出庭作证的补助,而未规定被害人出庭作证是否需要补助。被害人作为与案件审理结果有利害关系的人,其地位身份不同于证人,我国法律并未规定需要对被害人出庭作证进行补助,B 项错误。《刑事诉讼法》第 101 条第 1 款规定,被害人由于被告人的犯罪行为而遭受物质损失的,在刑事诉讼过程中,有权提起附带民事诉讼。甲女被乙男侵害所支出的医疗费属于物质损失,可以提起附带民事诉讼,C 项正确。《刑诉解释》第 242 条第 1 款、第 2 款规定,在审判长主持下,公诉人可以就起诉书指控的犯罪事实讯问被告人。经审判长准许,被害人及其法定代理人、诉讼代理人可以就公诉人讯问的犯罪事实补充发问;附带民事诉讼原告人及其法定代理人、诉讼代理人可以就附带民事部分的事实向被告人发问;被告人的法定代理人、辩护人,附带民事诉讼被告人及其法定代理人、诉讼代理人可以在控诉方、附带民事诉讼原告方就某一问题讯问、发问完毕后向被告人发问。因此,甲女在公诉人讯问后可以向乙男发问,D 项正确。

08 考向 强制措施

1.【单项选择题】章某涉嫌故意伤害致人死亡,因犯罪后企图逃跑被公安机关先行拘留。关于本案程序,下列哪一选项是正确的?

A. 拘留章某时,必须出示拘留证

B. 拘留章某后,应在 12 小时内将其送看守所羁押

C. 拘留后对章某的所有讯问都必须在看守所内进行

D. 因怀疑章某携带管制刀具,拘留时公安机关无须搜查证即可搜查其身体

| **参考答案** | ________②

| **设题陷阱与常见错误分析** |

本题的常见错误是错选 A 项。有的考生认为,怀疑犯罪嫌疑人携带管制刀具不属于《刑事诉讼法》第 138 条规定的"紧急情况",因此 D 项是错误的。在此基础上,有的考生没有理解拘留这一强制措施的"紧急性"特征和《刑事诉讼法》第 82 条规定的"先行拘留"的含义,因而认为执行拘留时必须出示拘留证。

| **解题思路与方法分析** |

本题考查与拘留相关的程序。刑事诉讼强制措施中的拘留,是指公安机关、人民检察院等侦查机关对直接受理的案件,在侦查过程中,遇

① ACD

② D

有紧急情况，依法临时剥夺某些现行犯或者重大嫌疑分子的人身自由的一种强制措施。拘留是在紧急情况下采用的一种处置办法，同时也是一种临时性措施。《刑事诉讼法》第82条规定，公安机关对于现行犯或者重大嫌疑分子，如果有下列情形之一的，可以先行拘留：(1)正在预备犯罪、实行犯罪或者在犯罪后即时被发觉的；(2)被害人或者在场亲眼看见的人指认他犯罪的；(3)在身边或者住处发现有犯罪证据的；(4)犯罪后企图自杀、逃跑或者在逃的；(5)有毁灭、伪造证据或者串供可能的；(6)不讲真实姓名、住址，身份不明的；(7)有流窜作案、多次作案、结伙作案重大嫌疑的。所谓先行拘留的含义，是指出现上述紧急情形时，可以在先执行拘留后再将犯罪嫌疑人带至公安机关办理相应的拘留手续。本题中，章某属于犯罪后企图逃跑的情形，可以先行拘留。同时，从理论上来说，拘留是在紧急情况下采用的方法，也不难得出在一些紧急情况下可以先实施拘留再行办理相关手续的结论。因此，A项错误。《刑事诉讼法》第85条第2款规定，拘留后，应当立即将被拘留人送看守所羁押，至迟不得超过24小时。因此B项错误。《刑事诉讼法》第118条第2款规定，犯罪嫌疑人被送交看守所羁押以后，侦查人员对其进行讯问，应当在看守所内进行。因此，在将章某送交看守所羁押之前，可以在看守所之外进行讯问，C项错误。《刑事诉讼法》第138条规定，进行搜查，必须向被搜查人出示搜查证。在执行逮捕、拘留的时候，遇有紧急情况，不另用搜查证也可以进行搜查。在本题中，章某可能携带有管制刀具，又涉嫌故意伤害致人死亡，不立即对其进行搜查有可能造成更大的人身伤亡，因此，拘留时公安机关无须搜查证即可搜查其身体，D项正确。因此，本题正确答案为D项。

2.【单项选择题】未成年人郭某涉嫌犯罪被检察院批准逮捕。在审查起诉中，经羁押必要性审查，拟变更为取保候审并适用保证人保证。关于保证人，下列哪一选项是正确的？

A. 可由郭某的父亲担任保证人，并由其交纳1000元保证金

B. 可要求郭某的父亲和母亲同时担任保证人

C. 如果保证人协助郭某逃匿，应当依法追究保证人的刑事责任，并要求其承担相应的民事连带赔偿责任

D. 保证人未履行保证义务应处罚款的，由检察院决定

| 参考答案 | __________①

| 设题陷阱与常见错误分析 |

本题A项和C项均有一定的干扰性。A项的干扰性在于，在司法实践中，未成年犯罪嫌疑人经常由其父母缴纳保证金并同时履行监管的职责，但这并不意味着父母同时担任保证人，因为保证人与保证金不能并用。考生误选C项的原因在于，对于司法解释的最新修改了解不够。

| 解题思路与方法分析 |

本题考查的是保证人保证的具体运用。保证人保证又称人保，是指公安机关、人民检察院、人民法院责令犯罪嫌疑人、被告人提出保证人并出具保证书，保证被保证人在取保候审期间履行法定义务和酌定义务，不逃避和妨碍侦查、起诉和审判，并随传随到的保证方式。我国刑事诉讼法规定了保证人保证和保证金保证两种取保候审的保证方式，但两种方式不得并用。《刑事诉讼法》第68条规定，人民法院、人民检察院和公安机关决定对犯罪嫌疑人、被告人取保候审，应当责令犯罪嫌疑人、被告人提出保证人或者交纳保证金。《刑诉解释》第150条第2款规定，对同一被告人决定取保候审的，不能同时使用保证人保证与保证金保证。因此，A项错误。

关于保证人的人数，《刑事诉讼法》未作出明确的规定，但《刑诉解释》第151条和《人民检察院规则》第89条第3款都规定了可以提供1～2名保证人。对于未成年犯罪嫌疑人而言，由其父母同时担任保证人，可以加强对其监管，因此，B项正确。

---

① B

《刑事诉讼法》第70条第2款规定，保证人未履行保证义务的，对保证人处以罚款，构成犯罪的，依法追究刑事责任。因此，C项错误。

在我国刑事诉讼中，取保候审的决定机关和执行机关并不完全相同，法院、检察院和公安机关均可以决定取保候审，但均由公安机关执行。决定机关和执行机关在取保候审中的职责是有分工的。《六机关规定》第14条规定，对取保候审保证人是否履行了保证义务，由公安机关认定，对保证人的罚款决定，也由公安机关作出。因此，D项错误。

3.【多项选择题】我国强制措施的适用应遵循变更性原则。下列哪些情形符合变更性原则的要求？

A. 拘传期间因在身边发现犯罪证据而直接予以拘留

B. 犯罪嫌疑人在取保候审期间被发现另有其他罪行，要求其相应地增加保证金的数额

C. 犯罪嫌疑人在取保候审期间违反规定后对其先行拘留

D. 犯罪嫌疑人被羁押的案件，不能在法律规定的侦查羁押期限内办结的，予以释放

｜**参考答案**｜__________①

｜**设题陷阱与常见错误分析**｜

本题常见错误为误选B项。有的考生认为，强制措施的变更性原则包括强制措施种类的变更和同一种强制措施的幅度、范围、内容的变更，调整保证金的数额也是变更性原则的一种体现，但忽略了我国《刑事诉讼法》并不允许在取保候审期间增加保证金的数额。

｜**解题思路与方法分析**｜

本题考查适用强制措施的原则和应当考虑的因素，并涉及对保证金保证的具体适用。由于强制措施涉及宪法所保障的公民的人身自由权，因此其适用必须慎重，遵循相应的原则并全面考虑相关因素。适用强制措施应当遵循必要性原则、相当性原则和变更性原则。其中，变更性原则是指强制措施的适用，需要随着诉讼的进展和犯罪嫌疑人、被告人及案件情况的变化而及时变更或解除。《刑事诉讼法》第82条规定，公安机关对于现行犯或者重大嫌疑分子，如果有下列情形之一的，可以先行拘留：……（3）在身边或者住处发现有犯罪证据的……拘传期间因在身边发现犯罪证据，可以予以拘留。A项所述符合法律规定，而且在身边发现犯罪证据属于案件情况的变化，可以相应变更强制措施，体现了变更性原则的要求，A项正确。

《刑事诉讼法》第71条第4款规定，对违反取保候审规定，需要予以逮捕的，可以对犯罪嫌疑人、被告人先行拘留。犯罪嫌疑人在取保候审期间违反规定后对其先行拘留，同样符合变更性原则的要求，C项正确。

《刑事诉讼法》第98条规定，犯罪嫌疑人、被告人被羁押的案件，不能在本法规定的侦查羁押、审查起诉、一审、二审期限内办结的，对犯罪嫌疑人、被告人应当予以释放；需要继续查证、审理的，对犯罪嫌疑人、被告人可以取保候审或者监视居住。D项正确。本题A、C、D三项均体现了强制措施根据案件情况的变化予以变更且符合法律规定。

《刑事诉讼法》第71条第3款规定，被取保候审的犯罪嫌疑人、被告人违反前两款规定，已交纳保证金的，没收部分或者全部保证金，并且区别情形，责令犯罪嫌疑人、被告人具结悔过，重新交纳保证金、提出保证人，或者监视居住、予以逮捕。故此，我国取保候审保证金不允许增加，只能没收后重新交纳保证金、提出保证人或者改为监视居住或予以逮捕，B项因不符合法律规定而错误。

4.【多项选择题】下列哪些情形，法院应当变更或解除强制措施？

A. 甲涉嫌绑架被逮捕，案件起诉至法院时发现怀有身孕

B. 乙涉嫌非法拘禁被逮捕，被法院判处有期徒刑2年，缓期2年执行，判决尚未发生法律效力

---

① ACD

C. 丙涉嫌妨害公务被逮捕，在审理过程中突发严重疾病

D. 丁涉嫌故意伤害被逮捕，因对被害人伤情有异议而多次进行鉴定，致使该案无法在法律规定的一审期限内审结

| 参考答案 | ________①

| 设题陷阱与常见错误分析 |

本题主要考查的是考生对于“应当”或者“可以”变更或解除强制措施的差异。考生如果不理解法律和司法解释中有关“应当”或者“可以”规定背后的原因而仅仅是依靠死记硬背，则可能出现错选。对于规定为“可以”的情形，通常是出现特殊情形，但仍然需要考虑被告人的社会危险性和具体情况，如怀孕或患有严重疾病，因为即使怀孕或患有严重疾病也可能仍有较大的社会危险性，而不适宜变更或解除逮捕。而对于规定为“应当”的情形，则属于不变更或解除逮捕可能导致超期羁押等严重违法和侵犯人权的情形。

| 解题思路与方法分析 |

本题以四个案件的具体情形考查法庭审理过程中逮捕措施的变更与解除。《刑诉解释》第169条规定，被逮捕的被告人具有下列情形之一的，人民法院可以变更强制措施：(1)患有严重疾病、生活不能自理的；(2)怀孕或者正在哺乳自己婴儿的；(3)系生活不能自理的人的唯一扶养人。基于这一规定，对于怀孕或者突发严重疾病的被逮捕的被告人，人民法院可以变更或解除强制措施，而非“应当”，A项和C项错误。《刑诉解释》第170条规定，被逮捕的被告人具有下列情形之一的，人民法院应当立即释放；必要时，可以依法变更强制措施：(1)第一审人民法院判决被告人无罪、不负刑事责任或者免予刑事处罚的；(2)第一审人民法院判处管制、宣告缓刑、单独适用附加刑，判决尚未发生法律效力的；(3)被告人被羁押的时间已到第一审人民法院对其判处的刑期期限的；(4)案件不能在法律规定的期限内审结的。基于这一规定，B项所述情形属于宣告缓刑判决尚未发生法律效力的，D项则属于案件不能在法律规定的期限内审结的，均属于应当变更或撤销强制措施的情形。因此，本题正确答案为B和D。

09 考向 附带民事诉讼

1.【单项选择题】甲系某地交通运输管理所工作人员，在巡查执法时致一辆出租车发生重大交通事故，司机乙重伤，乘客丙当场死亡，出租车严重受损。甲以滥用职权罪被提起公诉。关于本案处理，下列哪一选项是正确的？

A. 乙可成为附带民事诉讼原告人

B. 交通运输管理所可成为附带民事诉讼被告人

C. 丙的妻子提起附带民事诉讼的，法院应裁定不予受理

D. 乙和丙的近亲属可与甲达成刑事和解

| 参考答案 | ________②

| 设题陷阱与常见错误分析 |

本题的常见错误为误选A项。考生误认为乙作为本案被害人，因为甲的行为而人身权利受到侵犯，有权提起附带民事诉讼，但忽略了在本题所述案件情况下甲为国家机关工作人员，其在行使职权时实施犯罪，不适用普通刑事案件中提起附带民事诉讼的规定。

| 解题思路与方法分析 |

本题以一个案例的形式综合考查附带民事诉讼的成立条件和刑事和解等知识点，核心在于厘清本案是否可以提起附带民事诉讼以及是否属于可以适用刑事和解的情形。《刑事诉讼法》第101条第1款规定，被害人由于被告人的犯罪行为而遭受物质损失的，在刑事诉讼过程中，有权提起附带民事诉讼。被害人死亡或者丧失行为能力的，被害人的法定代理人、近亲属有权提起附带民事诉讼。《刑诉解释》第177条规定，国家机关工作人员在行使职权时，侵犯他人人身、财产权利构成犯罪，被害人或者其法定代理人、近亲属提起附带民事诉讼的，人

---

① BD

② C

民法院不予受理，但应当告知其可以依法申请国家赔偿。本案中，甲系交通运输管理所的国家机关工作人员，以滥用职权罪被提起公诉，系国家机关工作人员行使职权时实施的犯罪，提起附带民事诉讼的，法院不予受理，故A、B项均错误。

《刑诉解释》第186条规定，被害人或者其法定代理人、近亲属提起附带民事诉讼的，人民法院应当在7日内决定是否受理。符合《刑事诉讼法》第101条以及本解释有关规定的，应当受理；不符合的，裁定不予受理。本案因属于不能提起附带民事诉讼的案件，法院应裁定不予受理，C项正确。

《刑事诉讼法》第288条规定，下列公诉案件，犯罪嫌疑人、被告人真诚悔罪，通过向被害人赔偿损失、赔礼道歉等方式获得被害人谅解，被害人自愿和解的，双方当事人可以和解：(1)因民间纠纷引起，涉嫌《刑法》分则第四章、第五章规定的犯罪案件，可能判处3年有期徒刑以下刑罚的；(2)除渎职犯罪以外的可能判处7年有期徒刑以下刑罚的过失犯罪案件。犯罪嫌疑人、被告人在5年以内曾经故意犯罪的，不适用本章规定的程序。本题中滥用职权罪属于渎职犯罪，因此不适用刑事和解，D项错误。

2.【单项选择题】韩某和苏某共同殴打他人，致被害人李某死亡、吴某轻伤，韩某还抢走吴某的手机。后韩某被抓获，苏某在逃。关于本案的附带民事诉讼，下列哪一选项是正确的？

A. 李某的父母和祖父母都有权提起附带民事诉讼

B. 韩某和苏某应一并列为附带民事诉讼的被告人

C. 吴某可通过附带民事诉讼要求韩某赔偿手机

D. 吴某在侦查阶段与韩某就民事赔偿达成调解协议并全部履行后又提起附带民事诉讼，法院不予受理

| **参考答案** | ________①

| **设题陷阱与常见错误分析** |

本题对附带民事诉讼考查较为细致，需要考生对附带民事诉讼的适用有较全面的掌握。A项还间接考查了刑事诉讼法对近亲属的界定，考生即使掌握了死亡被害人的近亲属可以提起附带民事诉讼，但却不掌握近亲属的范围也可能误选A项。

| **解题思路与方法分析** |

本题考查的是附带民事诉讼的运用。附带民事诉讼是指司法机关在刑事诉讼过程中，在解决被告人刑事责任的同时，附带解决因被告人的犯罪行为所造成的物质损失的赔偿问题而进行的诉讼活动。附带民事诉讼解决的是物质损失赔偿问题，与民事诉讼解决的损害赔偿性质相同，但附带民事诉讼由于依附于刑事诉讼，在成立条件上又与通常的民事诉讼有所不同。附带民事诉讼的成立条件之一是被害人遭受的必须是物质损失，且符合法律规定的具体情形。根据《刑诉解释》第176条的规定，被告人非法占有、处置被害人财产的，应当依法予以追缴或者责令退赔。被害人提起附带民事诉讼的，人民法院不予受理。因此，在本题中，吴某被抢走的手机是不能通过附带民事诉讼请求赔偿的，C项错误。

关于附带民事诉讼的当事人（原告人与被告人），刑事诉讼法有明确的规定。对于被害人死亡的，其法定代理人、近亲属有权提起附带民事诉讼成为附带民事诉讼的原告人。根据《刑事诉讼法》第108条的规定，法定代理人是指被代理人的父母、养父母、监护人和负有保护责任的机关、团体的代表；近亲属是指夫、妻、父、母、子、女、同胞兄弟姐妹。因此，在本题中，被害人李某死亡后，其父母有权提起附带民事诉讼，而其祖父母则不能，因此A项错误。附带民事诉讼被告人，是指对被害人因犯罪行为所造成的物质损失负有赔偿责任的人。由于附带民事诉讼依附于刑事诉讼，关于附带民事诉讼被告人的确定也有其特殊之处，《刑诉解释》第183条规定，共同犯罪案件，同案犯在逃的，不应列为附带民事诉讼被告人。本题中在逃的苏某不应列为附带民事诉讼的被告人，B项

① D

错误。

《刑诉解释》第 185 条规定,侦查、审查起诉期间,有权提起附带民事诉讼的人提出赔偿要求,经公安机关、人民检察院调解,当事人双方已经达成协议并全部履行,被害人或者其法定代理人、近亲属又提起附带民事诉讼的,人民法院不予受理,但有证据证明调解违反自愿、合法原则的除外。就本题中给出的条件而言,被害人吴某在侦查阶段与被告人韩某达成调解协议并履行完毕,法院不予受理是正确的。

10 考向 期间、送达

【单项选择题】卢某妨害公务案于 2016 年 9 月 21 日一审宣判,并当庭送达判决书。卢某于 9 月 30 日将上诉书交给看守所监管人员黄某,但黄某因忙于个人事务直至 10 月 8 日上班时才寄出,上诉书于 10 月 10 日寄到法院。关于一审判决生效,下列哪一选项是正确的?

A. 一审判决于 9 月 30 日生效

B. 因黄某耽误上诉期间,卢某将上诉书交予黄某时,上诉期间中止

C. 因黄某过失耽误上诉期间,卢某可申请期间恢复

D. 上诉书寄到法院时一审判决尚未生效

| **参考答案** | ________①

| **设题陷阱与常见错误分析** |

本题的常见错误为误选 C 项。《刑事诉讼法》第 106 条第 1 款规定,当事人由于不能抗拒的原因或者有其他正当理由而耽误期限的,在障碍消除后 5 日以内,可以申请继续进行应当在期满以前完成的诉讼活动。考生误认为因黄某过失耽误上诉期间,卢某可以申请期间恢复。但是本题所述情形中,按照我国刑事诉讼法规定的期间计算方式,卢某的上诉期限尚未期满,无须申请期间恢复。

| **解题思路与方法分析** |

本案以一个案例考查期间的计算方式,其中涉及期间计算的多个问题。第一,《刑事诉讼法》第 105 条第 3 款规定,法定期间不包括路途上的时间。上诉状或者其他文件在期满前已经交邮的,不算过期。故此本题的关键在于卢某邮寄上诉书的时间,是否在上诉期满前。第二,《刑事诉讼法》第 105 条第 2 款规定,期间开始的时和日不算在期间以内。因此,上诉期的起始日应该是判决书送达之日的次日,本案的上诉期间应从 9 月 21 日的次日即 9 月 22 日起算,10 月 1 日届满。第三,《刑事诉讼法》第 105 条第 4 款规定,其间的最后一日为节假日的,以节假日后的第一日为期满日期,但犯罪嫌疑人、被告人或者罪犯在押其间,应当至期满之日为止,不得因节假日而延长。故此,由于本案上诉期间的最后一天是 10 月 1 日,因此,依法应当顺延到十一假期后的第一个工作日,即 10 月 8 日。黄某虽然因个人事务未尽早将卢某的上诉书寄出,但黄某于 10 月 8 日寄出卢某的上诉书,仍处于有效的上诉期内,一审判决因上诉期内的上诉而未生效。因此,A、B、C 三项均错误,D 项正确。

11 考向 立案

1.**【单项选择题】**环卫工人马某在垃圾桶内发现一名刚出生的婴儿后向公安机关报案,公安机关紧急将婴儿送医院成功抢救后未予立案。关于本案的立案程序,下列哪一选项是正确的?

A. 确定遗弃婴儿的原因后才能立案

B. 马某对公安机关不予立案的决定可申请复议

C. 了解婴儿被谁遗弃的知情人可向检察院控告

D. 检察院可向公安机关发出要求说明不立案理由通知书

| **参考答案** | ________②

---

① D

② D

| 设题陷阱与常见错误分析 |

本题的常见错误是误选B项。由于对控告人与报案人在案件中所处的地位以及与案件之间的利害关系方面的区别未予理解，有的考生误认为马某对于公安机关不立案的决定可以申请复议，但是可以申请复议的是作为被害人的与案件有利害关系的控告人，而本题中马某不是控告人，只是报案人，故不能申请复议。

| 解题思路与方法分析 |

本题以具体案例的形式集中考查立案的相关知识，包括立案监督、立案的材料来源和条件等内容。刑事诉讼中的立案，是指公安机关、人民检察院发现犯罪事实或者犯罪嫌疑人，或者公安机关、人民检察院、人民法院对于报案、控告、举报和自首的材料，以及自诉人起诉的材料，按照各自的管辖范围进行审查后，决定作为刑事案件进行侦查或者审判的一种诉讼活动。《刑事诉讼法》第112条规定，人民法院、人民检察院或者公安机关对于报案、控告、举报和自首的材料，应当按照管辖范围，迅速进行审查，认为有犯罪事实需要追究刑事责任的时候，应当立案；认为没有犯罪事实，或者犯罪事实显著轻微，不需要追究刑事责任的时候，不予立案，并且将不立案的原因通知控告人。控告人如果不服，可以申请复议。立案的条件是有犯罪事实需要追究刑事责任，本案中刚出生的婴儿被发现在垃圾桶内已经符合了有犯罪事实需要追究刑事责任的立案要求，无须查明遗弃的原因，A项错误。

《刑事诉讼法》第110条第2款规定，被害人对侵犯其人身、财产权利的犯罪事实或者犯罪嫌疑人，有权向公安机关、人民检察院或者人民法院报案或者控告。控告人一般为被害人或者其近亲属等知道案情和嫌疑人的人，本题中马某不是控告人而是报案人，因此无权复议，B项错误。

了解婴儿被谁遗弃的知情人可能知道谁是犯罪嫌疑人，可以举报，但不能控告，C项错误。

《刑事诉讼法》第113条规定，人民检察院认为公安机关对应当立案侦查的案件而不立案侦查的，或者被害人认为公安机关对应当立案侦查的案件而不立案侦查，向人民检察院提出的，人民检察院应当要求公安机关说明不立案的理由。人民检察院认为公安机关不立案理由不能成立的，应当通知公安机关立案，公安机关接到通知后应当立案。本题中，对于公安机关不立案的决定，检察院可以要求其说明不立案的理由。《人民检察院规则》第560条规定，人民检察院要求公安机关说明不立案或者立案理由，应当书面通知公安机关，并且告知公安机关在收到通知后7日以内，书面说明不立案或者立案的情况、依据和理由，连同有关证据材料回复人民检察院。D项正确。

2.【单项选择题】 甲、乙二人在餐厅吃饭时言语不合进而互相推搡，乙突然倒地死亡，县公安局以甲涉嫌过失致人死亡立案侦查。经鉴定乙系特殊体质，其死亡属意外事件，县公安局随即撤销案件。关于乙的近亲属的诉讼权利，下列哪一选项是正确的？

A. 就撤销案件向县公安局申请复议

B. 就撤销案件向县公安局的上一级公安局申请复核

C. 向检察院侦查监督部门申请立案监督

D. 直接向法院对甲提起刑事附带民事诉讼

| 参考答案 | __________①

| 设题陷阱与常见错误分析 |

本题常见错误为误选A项或B项。有的考生没有区分不立案和立案侦查后撤销案件的情形，而将对不立案的监督混淆适用于对撤销案件情形的监督。还有的考生认为刑事案件已经被撤销，不可能还能提起刑事附带民事诉讼，因而认为D项也是错误的。导致这一错误认识的原因在于未能理解附带民事诉讼与刑事公诉及自诉的关系，未掌握刑事自诉同样可以附带民事诉讼。

| 解题思路与方法分析 |

本题以一个案例的形式考查公安机关经

---

① D

侦查后撤销案件的处理程序。《刑事诉讼法》第112条规定,人民法院、人民检察院或者公安机关对于报案、控告、举报和自首的材料,应当按照管辖范围,迅速进行审查,认为有犯罪事实需要追究刑事责任的时候,应当立案;认为没有犯罪事实,或者犯罪事实显著轻微,不需要追究刑事责任的时候,不予立案,并且将不立案的原因通知控告人。控告人如果不服,可以申请复议。《公安部规定》第179条第1款、第2款规定,控告人对不予立案决定不服的,可以在收到不予立案通知书后7日以内向作出决定的公安机关申请复议;公安机关应当在收到复议申请后30日以内作出决定,并将决定书送达控告人。控告人对不予立案的复议决定不服的,可以在收到复议决定书后7日以内向上一级公安机关申请复核;上一级公安机关应当在收到复核申请后30日以内作出决定。对上级公安机关撤销不予立案决定的,下级公安机关应当执行。需要注意的是,上述规定是有关控告人可以申请复议或复核的规定,针对的是应当立案而不立案的情形,而非针对公安机关立案侦查后又撤销案件的情形。《公安部规定》第186条第1款规定,经过侦查,发现具有下列情形之一的,应当撤销案件:(1)没有犯罪事实的;(2)情节显著轻微、危害不大,不认为是犯罪的;(3)犯罪已过追诉时效期限的;(4)经特赦令免除刑罚的;(5)犯罪嫌疑人死亡的;(6)其他依法不追究刑事责任的。本题所述属于上述第一种没有犯罪事实的情形。因此,在此种撤销案件的情形下,乙的近亲属作为控告人并不能申请复议或申请复核,A项和B项错误。

《人民检察院规则》第558条规定,人民检察院负责控告申诉检察的部门受理对公安机关应当立案而不立案或者不应当立案而立案的控告、申诉,应当根据事实、法律进行审查。认为需要公安机关说明不立案或者立案理由的,应当及时将案件移送负责捕诉的部门办理;认为公安机关立案或者不立案决定正确的,应当制作相关法律文书,答复控告人、申诉人。基于这一规定,乙的近亲属应当向人民检察院控告检察部门申请立案监督,而不是向侦查监督部门申请,C项错误。

《刑事诉讼法》第210条规定,自诉案件包括下列案件:(1)告诉才处理的案件;(2)被害人有证据证明的轻微刑事案件;(3)被害人有证据证明对被告人侵犯自己人身、财产权利的行为应当依法追究刑事责任,而公安机关或者人民检察院不予追究被告人刑事责任的案件。本题所述情形属于上述第三种自诉案件,乙死亡后,乙的近亲属可以直接向人民法院提起自诉。《刑事诉讼法》第101条第1款规定,被害人由于被告人的犯罪行为而遭受物质损失的,在刑事诉讼过程中,有权提起附带民事诉讼。被害人死亡或者丧失行为能力的,被害人的法定代理人、近亲属有权提起附带民事诉讼。因此,本题中乙的近亲属在直接向人民法院提起自诉的同时,也可以一并提起附带民事诉讼,D项正确。

3.【多项选择题】公安机关获知有多年吸毒史的王某近期可能从事毒品制售活动,遂对其展开初步调查工作。关于这一阶段公安机关可以采取的措施,下列哪些选项是正确的?

A. 监听

B. 查询王某的银行存款

C. 询问王某

D. 通缉

| **参考答案** | ________①

| **设题陷阱与常见错误分析** |

本题常见错误为误选D项。法律和司法解释虽未明确规定通缉必须在立案后方可适用,但基于对通缉措施的属性和适用条件的分析,其毫无疑问属于限制人身自由的侦查措施,只能在立案后方可适用。考生应当理解各种侦查行为的属性。

| **解题思路与方法分析** |

本题考查立案前初查阶段可以采取的措施。我国刑事诉讼程序以立案为开端,立案是刑事诉讼的起始程序和必经程序。对于公诉案

① BC

件来说，经过立案后方才正式进入刑事诉讼程序，亦才可进入侦查阶段。《刑事诉讼法》第115条明确规定，公安机关对已经立案的刑事案件，应当进行侦查，收集、调取犯罪嫌疑人有罪或者无罪、罪轻或者罪重的证据材料。对现行犯或者重大嫌疑分子可以依法先行拘留，对符合逮捕条件的犯罪嫌疑人，应当依法逮捕。因此，《刑事诉讼法》第二编第二章“侦查”规定的一系列侦查行为原则上都只能在立案后适用，并非必然能在立案前的初步审查阶段适用，只能适用不具有强制性和不限制被调查对象基本权利的措施。《公安部规定》第174条明确规定，对接受的案件，或者发现的犯罪线索，公安机关应当迅速进行审查。发现案件事实或者线索不明的，必要时，经办案部门负责人批准，可以进行调查核实。调查核实过程中，公安机关可以依照有关法律和规定采取询问、查询、勘验、鉴定和调取证据材料等不限制被调查对象人身、财产权利的措施。但是，不得对被调查对象采取强制措施，不得查封、扣押、冻结被调查对象的财产，不得采取技术侦查措施。

本题所述情形为立案前的调查核实。《刑事诉讼法》第150条第1款规定，公安机关在立案后，对于危害国家安全犯罪、恐怖活动犯罪、黑社会性质的组织犯罪、重大毒品犯罪或者其他严重危害社会的犯罪案件，根据侦查犯罪的需要，经过严格的批准手续，可以采取技术侦查措施。A项监听属于技术侦查措施，属于侦查行为，必须在立案后进行，A项错误。D项通缉亦属于限制人身权利的强制性侦查措施，亦应当在立案后进行，并且以应当逮捕而犯罪嫌疑人在逃为前提。《刑事诉讼法》第155条规定，应当逮捕的犯罪嫌疑人如果在逃，公安机关可以发布通缉令，采取有效措施，追捕归案。各级公安机关在自己管辖的地区以内，可以直接发布通缉令；超出自己管辖的地区，应当报请有权决定的上级机关发布。因此，D项错误。B项查询银行存款和C项询问王某属于不限制被调查对象人身、财产权利的措施，可以在立案前的调查核实阶段采用。

12 考向 侦查

1.【多项选择题】在朱某危险驾驶案的辩护过程中，辩护律师查看了侦查机关录制的讯问同步录像。同步录像中的下列哪些行为违反法律规定？

A. 后续讯问的侦查人员与首次讯问的侦查人员完全不同

B. 朱某请求自行书写供述，侦查人员予以拒绝

C. 首次讯问时未告知朱某可聘请律师

D. 其中一次讯问持续了14小时

| 参考答案 | ________①

| 设题陷阱与常见错误分析 |

本题常见错误为漏选C项。有的考生误认为公安机关、人民检察院在第一次讯问犯罪嫌疑人或者采取强制措施的时候，应当告知犯罪嫌疑人有权委托辩护人，但这并不等同于告知犯罪嫌疑人可以聘请律师。错误的原因在于部分考生对于告知犯罪嫌疑人有权委托律师的立法原因和目的未全面理解，进而对法律规定作仅限于文字的理解。实际上，律师是最重要的辩护人种类，告知犯罪嫌疑人有权委托辩护人，必然包括告知其有权聘请律师。

| 解题思路与方法分析 |

本题以案例的形式考查讯问犯罪嫌疑人和委托辩护人等程序的具体适用。关于讯问人员，刑事诉讼法及相关司法解释只要求必须2名侦查人员进行，并未要求每一次讯问的侦查人员保持相同，因此，A项所述并不违反法律规定。

《刑事诉讼法》第122条规定，讯问笔录应当交犯罪嫌疑人核对，对于没有阅读能力的，应当向他宣读。如果记载有遗漏或者差错，犯罪嫌疑人可以提出补充或者改正。犯罪嫌疑人承认笔录没有错误后，应当签名或者盖章。侦查人员也应当在笔录上签名。犯罪嫌疑人请求自

① BCD

行书写供述的，应当准许。必要的时候，侦查人员也可以要犯罪嫌疑人亲笔书写供词。朱某请求自行书写供述，侦查人员应当准许，B项违反了法律规定，当选。

《刑事诉讼法》第34条第2款规定，侦查机关在第一次讯问犯罪嫌疑人或者对犯罪嫌疑人采取强制措施的时候，应当告知犯罪嫌疑人有权委托辩护人。《刑诉解释》第95条规定，讯问笔录有下列瑕疵，经补正或者作出合理解释的，可以采用；不能补正或者作出合理解释的，不得作为定案的根据：(1)讯问笔录填写的讯问时间、讯问地点、讯问人、记录人、法定代理人等有误或者存在矛盾的；(2)讯问人没有签名的；(3)首次讯问笔录没有记录告知被讯问人有关权利和法律规定的。因此，侦查机关在第一次讯问犯罪嫌疑人或对犯罪嫌疑人采取强制措施的时候，应告知犯罪嫌疑人有权委托辩护人，未告知权利的属于程序违法，C项当选。

《刑事诉讼法》第119条第2款和第3款规定，传唤、拘传持续的时间不得超过12小时；案情特别重大、复杂，需要采取拘留、逮捕措施的，传唤、拘传持续的时间不得超过24小时。不得以连续传唤、拘传的形式变相拘禁犯罪嫌疑人。传唤、拘传犯罪嫌疑人，应当保证犯罪嫌疑人的饮食和必要的休息时间。本案系危险驾驶案件，并非特别重大复杂的案件，连续讯问14小时已构成疲劳审讯。最高人民法院《关于建立健全防范刑事冤假错案工作机制的意见》第8条第1款规定，采用刑讯逼供或者冻、饿、晒、烤、疲劳审讯等非法方法收集的被告人供述，应当排除。因此，D项所述一次讯问持续14小时违反法律规定，D项当选。

2.【单项选择题】某地发生一起以爆炸手段故意杀人致多人伤亡的案件。公安机关立案侦查后，王某被确定为犯罪嫌疑人。关于本案辨认，下列哪一选项是正确的？

A. 证人甲辨认制造爆炸物的工具时，混杂了另外4套同类工具

B. 证人乙辨认犯罪嫌疑人时未同步录音或录像，辨认笔录不得作为定案的依据

C. 证人丙辨认犯罪现场时没有见证人在场，辨认笔录不得作为定案的依据

D. 王某作为辨认人时，陪衬物不受数量的限制

| 参考答案 | ______①

| 设题陷阱与常见错误分析 |

本题常见错误为误选C项。辨认时可以邀请见证人到场，如果见证人到场的应当由见证人在辨认笔录上签名，但这并不等同于辨认过程没有见证人在场就应该排除辨认笔录。有的考生还误选了D项，原因在于未理解混杂辨认规则仅在辨认特定对象时可以不适用，而与辨认主体是谁无关。

| 解题思路与方法分析 |

本题以一个案例的形式考查刑事侦查中对不同对象的辨认规则。《公安部规定》第260条规定，辨认时，应当将辨认对象混杂在特征相类似的其他对象中，不得在辨认前向辨认人展示辨认对象及其影像资料，不得给辨认人任何暗示。辨认犯罪嫌疑人时，被辨认的人数不得少于7人；对犯罪嫌疑人照片进行辨认的，不得少于10人的照片；辨认物品时，混杂的同类物品不得少于5件；对物品的照片进行辨认的，不得少于10个物品的照片。根据这一规定，A项所述为辨认物品，被辨认对象和混杂物品的总数不得少于5件，A项中混杂了另外4套同类工具，符合这一要求，A项正确。《公安部规定》第262条规定，对辨认经过和结果，应当制作辨认笔录，由侦查人员、辨认人、见证人签名。必要时，应当对辨认过程进行录音录像。因此，辨认过程并不要求一定要同步录音录像，必要时采取录音录像，亦不能因为辨认过程没有录音或录像而排除辨认笔录，B项错误。现行法律和司法解释并未明确要求辨认时应当有见证人在场，因此亦不能因为辨认时没有见证人在场而排除辨认笔录。《刑诉解释》第105条规定了排除辨认笔录的具体情形，也不包括B项和C项的情形。《刑诉解释》第105条规定，

---

① A

辨认笔录具有下列情形之一的,不得作为定案的根据:(1)辨认不是在调查人员、侦查人员主持下进行的;(2)辨认前使辨认人见到辨认对象的;(3)辨认活动没有个别进行的;(4)辨认对象没有混杂在具有类似特征的其他对象中,或者供辨认的对象数量不符合规定的;(5)辨认中给辨认人明显暗示或者明显有指认嫌疑的;(6)违反有关规定、不能确定辨认笔录真实性的其他情形。《公安部规定》第260条第4款规定,对场所、尸体等特定辨认对象进行辨认,或者辨认人能够准确描述物品独有特征的,陪衬物不受数量的限制。并非犯罪嫌疑人作为辨认人时,陪衬物就可以不受数量的限制,D项错误。

3.【不定项选择题】某小学发生一起猥亵儿童案件,三年级女生甲向校长许某报称被老师杨某猥亵。许某报案后,侦查人员通过询问许某了解了甲向其陈述的被杨某猥亵的经过。侦查人员还通过询问甲了解到,另外两名女生乙和丙也可能被杨某猥亵,乙曾和甲谈到被杨某猥亵的经过,甲曾目睹杨某在课间猥亵丙。讯问杨某时,杨某否认实施猥亵行为,并表示他曾举报许某贪污,许某报案是对他的打击报复。

请回答第(1)—(2)题。

(1)关于本案侦查措施,下列选项正确的是:

A. 经出示工作证件,侦查人员可在学校询问甲

B. 询问乙时,可由学校的其他老师在场并代行乙的诉讼权利

C. 可通过侦查实验确定甲能否在其所描述的时间、地点看到杨某猥亵丙

D. 搜查杨某在学校内的宿舍时,可由许某在场担任见证人

| 参考答案 | ____________①

| 设题陷阱与常见错误分析 |

本题常见错误为漏选C项。有的考生误认为通过侦查实验确定甲能否在其所描述的时间、地点看到杨某猥亵丙,此种侦查实验有伤风化并可能对丙造成二次伤害而不可使用。产生错误的原因是对侦查实验的具体适用不理解,侦查实验是为了确定在一定时间和地点能否听到或看见,并不是必须还原猥亵的过程,而是可以采取模拟等不同方法。

| 解题思路与方法分析 |

本题考查各项侦查行为的具体适用。《刑事诉讼法》第124条第1款规定,侦查人员询问证人,可以在现场进行,也可以到证人所在单位、住处或者证人提出的地点进行,在必要的时候,可以通知证人到人民检察院或者公安机关提供证言。在现场询问证人,应当出示工作证件,到证人所在单位、住处或者证人提出的地点询问证人,应当出示人民检察院或者公安机关的证明文件。本题中,学校属于案发现场,经出示工作证件,侦查人员可以在学校询问甲,A项正确。

《刑事诉讼法》第281条第1款规定,对于未成年人刑事案件,在讯问和审判的时候,应当通知未成年犯罪嫌疑人、被告人的法定代理人到场。无法通知、法定代理人不能到场或者法定代理人是共犯的,也可以通知未成年犯罪嫌疑人、被告人的其他成年亲属,所在学校、单位、居住地基层组织或者未成年人保护组织的代表到场,并将有关情况记录在案。到场的法定代理人可以代为行使未成年犯罪嫌疑人、被告人的诉讼权利。只有法定代理人询问时在场才能代行乙的诉讼权利,包括学校老师在内的其他合适成年人不能代行乙的诉讼权利,B项错误。

《公安部规定》第221条规定,为了查明案情,在必要的时候,经县级以上公安机关负责人批准,可以进行侦查实验。进行侦查实验,应当全程录音录像,并制作侦查实验笔录,由参加实验的人签名。进行侦查实验,禁止一切足以造成危险、侮辱人格或者有伤风化的行为。侦查实验是指侦查人员为了确定与案件有关的某一事实在某种情况下能否发生或者是怎样发生的,而按当时的情况和条件进行试验的一种

① AC

侦查活动。在侦查过程中,遇有下列情况,可以进行侦查实验:(1)确定在一定条件下能否听到或者看见;(2)确定在一定时间内能否完成某种行为;(3)确定在什么条件下能够发生某种现象;(4)确定在某种条件下,某种行为和某种痕迹是否吻合一致;(5)确定在某种条件下,使用某种工具可能或者不可能留下某种痕迹;(6)确定某种痕迹在什么条件下会发生变异;(7)确定某种事件是怎样发生的。通过侦查实验确定甲能否在其所描述的时间、地点看到杨某猥亵丙的目的就是确定在一定条件下能否听到或者看到,C 项正确。

《刑诉解释》第 80 条第 1 款规定,下列人员不得担任见证人:(1)生理上、精神上有缺陷或者年幼,不具有相应辨别能力或者不能正确表达的人;(2)与案件有利害关系,可能影响案件公正处理的人……许某系本案报案人和证人,而且杨某表示与许某素有嫌隙,属于与案件有利害关系,可能影响案件公正处理的人,所以许某不能担任见证人,D 项错误。

(2)关于本案证据,下列选项正确的是:

A. 甲向公安机关反映的情况,既是被害人陈述,也是证人证言

B. 关于甲被猥亵的经过,许某的证言可作为甲陈述的补强证据

C. 关于乙被猥亵的经过,甲的证言属于传闻证据,不得作为定案的依据

D. 甲、乙、丙因年幼,其陈述或证言必须有其他证据印证才能采信

| **参考答案** | __________①

| **设题陷阱与常见错误分析** |

本题常见错误为误选 C 项或 D 项。有的考生误认为传闻证据完全不能作为定案的依据,错误的原因在于未掌握我国是否完全确立了传闻证据规则。有的考生误认为未成年人所做的陈述或证言必须有其他证据印证才能采信,错误的原因主要在于未掌握刑事诉讼法及相关司法解释中规定的印证规则。

| **解题思路与方法分析** |

本题以案例材料为基础考查涉及的各项证据的运用。被害人陈述是指刑事被害人就其受害情况和其他与案件有关的情况向公安司法机关所作的陈述。证人证言是指证人就其所了解的案件情况向公安司法机关所作的陈述。甲关于自己被猥亵的陈述是被害人陈述,关于乙和丙被猥亵的陈述则是证人证言,A 项正确。

补强证据规则是指为了防止误认事实或发生其他危险性,而在运用某些证明力显然薄弱的证据认定案情时,必须有其他证据补强其证明力,才能被法庭采信为定案根据。补强证据必须满足以下条件:(1)补强证据必须具有证据能力。(2)补强证据本身必须具有担保补强对象真实的能力。(3)补强证据必须具有独立的来源。关于甲被猥亵的过程,许某的证言同样来源于甲,不能作为补强证据,B 项错误。

传闻证据规则,也称传闻证据排除规则,即法律排除传闻证据作为认定犯罪事实的根据的规则。传闻证据主要包括两种形式:一是书面传闻证据,即亲身感受了案件事实的证人在庭审期日之外所作的书面证人证言及警察、检察人员所作的(证人)询问笔录;二是言词传闻证据,即证人非就自己亲身感知的事实作证,而是向法庭转述从别人那里听到的情况。我国现行立法并没有明确规定传闻证据排除规则,只是部分地体现了该规定的精神。甲的证言属于传闻证据,但“传闻证据不得作为定案的依据”在我国没有法律根据,C 项错误。

《刑诉解释》第 143 条规定,下列证据应当慎重使用,有其他证据印证的,可以采信:(1)生理上、精神上有缺陷,对案件事实的认知和表达存在一定困难,但尚未丧失正确认知、表达能力的被害人、证人和被告人所作的陈述、证言和供述;(2)与被告人有亲属关系或者其他密切关系的证人所作的有利于被告人的证言,或者与被告人有利害冲突的证人所作的不利于被告人的证言。只有生理上、精神上有缺陷,对案件事实的认知和表达存在一定困难的证人和被害人的证言与陈述才需要印证,甲、乙、丙虽然年幼,但均能够辨别是非并且将自己所了解的

---

① A

案件情况准确表达出来，不属于必须有其他证据印证才能采信的证据，D项错误。

13 考向 起诉

1.【单项选择题】甲、乙、丙、丁四人涉嫌多次结伙盗窃，公安机关侦查终结移送审查起诉后，甲突然死亡。检察院审查后发现，甲和乙共同盗窃1次，数额未达刑事立案标准；乙和丙共同盗窃1次，数额刚达刑事立案标准；甲、丙、丁三人共同盗窃1次，数额巨大，但经两次退回公安机关补充侦查后仍证据不足；乙对其参与的两起盗窃有自首情节。关于本案，下列哪一选项是正确的？

A. 对甲可作出酌定不起诉决定

B. 对乙可作出法定不起诉决定

C. 对丙应作出证据不足不起诉决定

D. 对丁应作出证据不足不起诉决定

| 参考答案 | ____________①

| 设题陷阱与常见错误分析 |

本题需要考生在细致梳理甲、乙、丙、丁四人各自所涉案件情况的基础上，结合四种不起诉的适用情形作出判断。

| 解题思路与方法分析 |

本题采用一个共同犯罪的案例，综合考查了考生对于刑事诉讼法规定的四种不起诉的适用范围的理解。不起诉是指人民检察院对侦查终结移送起诉的案件进行审查后，认为犯罪嫌疑人的行为不符合起诉条件或者不需要起诉，而依法作出的不将案件提交人民法院进行审判的一种处理决定。我国刑事诉讼法规定了四种不起诉。第一种是法定不起诉，又称绝对不起诉，是指人民检察院在审查起诉过程中发现犯罪嫌疑人没有犯罪事实或者具有法律规定的情形之一的，应当对犯罪嫌疑人作出不起诉的决定。对符合法定不起诉的情形，检察机关不享有作出起诉决定或者不起诉决定的自由裁量权，必须依法作出不起诉决定。根据《刑事诉讼法》第16条、第177条第1款的规定，法定不起诉适用于以下七种情形：(1)犯罪嫌疑人没有犯罪事实；(2)情节显著轻微、危害不大，不认为是犯罪的；(3)犯罪已过追诉时效期限的；(4)经特赦令免除刑罚的；(5)依照《刑法》告诉才处理的犯罪，没有告诉或者撤回告诉的；(6)犯罪嫌疑人、被告人死亡的；(7)其他法律规定免予追究刑事责任的。第二种是酌定不起诉，又称相对不起诉，是指人民检察院认为犯罪嫌疑人的犯罪情节轻微，依照《刑法》规定不需要判处刑罚或者免除刑罚的案件，可以作出的不起诉决定。对于符合酌定不起诉条件的公诉案件，人民检察院享有起诉与否的自由裁量权，既可以作出起诉决定，也可以作出不起诉决定。根据《刑事诉讼法》第177条第2款的规定，酌定不起诉必须同时符合两个条件：(1)犯罪嫌疑人实施的行为触犯了刑法，符合犯罪的构成要件，已经构成犯罪；(2)犯罪行为情节轻微，依照刑法规定不需要判处刑罚或者免除刑罚。第三种是证据不足不起诉，又称为存疑不起诉，是指人民检察院认为证据不足，不符合起诉条件的，作出不起诉的决定。根据《刑事诉讼法》第175条第4款的规定，对于二次补充侦查的案件，人民检察院仍然认为证据不足，不符合起诉条件的，应当作出不起诉的决定。第四种是附条件不起诉，仅适用于未成年人案件。

在本题中，因甲在移送审查起诉后死亡，属于上述法定不起诉适用情形中的第6种，应当作出法定不起诉，A项错误；乙虽然参与两次盗窃，但一次不构成犯罪，一次数额刚达到立案标准且有自首情节，可以依据裁量权作出酌定不起诉决定，而不能作出法定不起诉决定，B项错误；丙的盗窃行为中虽然有一次经两次补充侦查仍证据不足，但另一次盗窃事实查证属实，不应当对其作出证据不足不起诉的决定，C项错误；丁参与的唯一一起盗窃行为经两次补充侦查仍证据不足，应当作出证据不足不起诉的决定，D项正确。因此，本题正确答案为D项。

2.【单项选择题】检察院对孙某敲诈勒索案审查起诉后认为，作为此案关键证据的孙某

① D

口供系刑讯所获，依法应予排除。在排除该口供后，其他证据显然不足以支持起诉，因而作出不起诉决定。关于该案处理，下列哪一选项是错误的？

A. 检察院的不起诉属于存疑不起诉

B. 检察院未经退回补充侦查即作出不起诉决定违反《刑事诉讼法》的规定

C. 检察院排除刑讯获得的口供，体现了法律监督机关的属性

D. 检察院不起诉后，又发现新的证据，符合起诉条件时，可提起公诉

| 参考答案 | ________①

| 设题陷阱与常见错误分析 |

本题B项具有一定的难度，考生需要就有关存疑不起诉和非法证据排除的理论基础有较全面的掌握和理解才能作出正确的判断。有的考生错误地认为必须有一次退回补充侦查才能作出存疑不起诉决定，这是由于缺乏对制度的理论基础的了解而导致的对法律和司法解释的错误理解。

| 解题思路与方法分析 |

本题结合非法证据排除规则，考查了对于存疑不起诉适用的理解。我国刑事诉讼法规定了四种不起诉，包括法定不起诉、酌定不起诉、存疑不起诉和附条件不起诉。法定不起诉，又称绝对不起诉或应当不起诉，是指犯罪嫌疑人没有犯罪事实或者具有《刑事诉讼法》第16条规定的不追究刑事责任的情形，人民检察院应当作出的不起诉决定；酌定不起诉，又称相对不起诉，是指人民检察院认为犯罪嫌疑人的犯罪情节轻微，依照刑法规定不需要判处刑罚或者免除刑罚的案件，可以作出的不起诉；存疑不起诉，又称证据不足的不起诉，是指人民检察院对于经过补充侦查的案件，仍然认为证据不足，不符合起诉条件，作出的不起诉决定；附条件不起诉仅适用于未成年人案件。

解答本题首先需要判断本案不起诉的种类。题干所描述的案件中，在排除孙某的口供后其他证据明显不足以支持起诉，并非确定孙某没有犯罪事实或者具有法定不追究刑事责任的情形，故毫无疑问属于存疑不起诉，A项正确。

关于存疑不起诉与退回公安机关补充侦查的关系，《刑事诉讼法》第175条第3款、第4款规定，补充侦查以二次为限，经过二次补充侦查的案件，人民检察院仍然认为证据不足，不符合起诉条件的，应当作出不起诉的决定。《人民检察院规则》第367条第2款补充规定，人民检察院对于经过一次退回补充调查或者补充侦查的案件，认为证据不足，不符合起诉条件，且没有再次退回补充调查或者补充侦查必要的，经检察长批准，可以作出不起诉决定。对于本题所涉及的排除非法证据后，其他证据明显不足以支持起诉的，能否不经退回补充侦查直接作出存疑不起诉决定，需要结合理论和其他法条的规定进行分析判断。首先，退回补充侦查的目的是查清侦查机关尚未查清的事项，退回补充侦查的前提应当是经过补充侦查后尚有起诉的可能性，对于经审查后认为即使补充侦查也没有实际意义或无法进行补充侦查的，如果仍然要求退回补充侦查之后才能作出不起诉决定的，显然有增添犯罪嫌疑人讼累、侵犯其权利和浪费司法资源之嫌。要求所有的案件必须进行至少一次补充侦查后才能作出存疑不起诉的决定是没有道理的。其次，《刑事诉讼法》第56条第2款规定，在侦查、审查起诉、审判时发现有应当排除的证据的，应当依法予以排除，不得作为起诉意见、起诉决定和判决的依据。因此，检察机关有权在排除非法证据之后再判断该案是否有起诉的可能性。最后，也是最重要的，本案排除的非法证据是刑讯所获得的口供，不允许侦查机关通过补充侦查予以补正或作出合理解释。基于以上分析，检察机关在审查起诉中排除关键证据后直接作出存疑不起诉的决定并不违反刑事诉讼法的规定，B项错误。

在我国，检察机关既是审查起诉机关，又是国家的法律监督机关，检察机关通过审查起诉对侦查机关的侦查活动进行监督本就是检察机关履行监督职责的重要途径，在本案中排除

---

① B

非法证据毫无疑问体现了检察机关的法律监督机关的属性,C 项正确。

《人民检察院规则》第 369 条规定,人民检察院根据《刑事诉讼法》第 175 条第 4 款规定决定不起诉的,在发现新的证据,符合起诉条件时,可以提起公诉。因此,D 项正确。

3.【单项选择题】未成年人小周涉嫌故意伤害被取保候审,A 县人民检察院审查起诉后决定对其适用附条件不起诉,监督考察期限为 6 个月。关于本案处理,下列哪一选项是正确的?

A. 作出附条件不起诉决定后,应释放小周

B. 本案审查起诉期限自作出附条件不起诉决定之日起中止

C. 监督考察期间,如小周经批准迁居 B 县继续上学,改由 B 县人民检察院负责监督考察

D. 监督考察期间,如小周严格遵守各项规定,表现优异,可将考察期限缩短为 5 个月

| **参考答案** | __________①

| **设题陷阱与常见错误分析** |

本题常见错误是误选 A 项。根据《人民检察院办理未成年人刑事案件的规定》第 34 条的规定,未成年犯罪嫌疑人在押的,作出附条件不起诉决定后,人民检察院应当作出释放或者变更强制措施的决定。错误的原因在于对“释放”的理解有误,小周本身处于取保候审的状态并未在押,不存在释放的问题,可以继续对其适用取保候审。

| **解题思路与方法分析** |

本题以未成年人犯罪案件为例综合考查未成年人刑事案件中的附条件不起诉程序。《人民检察院办理未成年人刑事案件的规定》第 34 条规定,未成年犯罪嫌疑人在押的,作出附条件不起诉决定后,人民检察院应当作出释放或者变更强制措施的决定。小周本身未在押,不是应当释放,而是可以继续取保候审,A 项错误。

《人民检察院办理未成年人刑事案件的规定》第 45 条第 3 款规定,作出附条件不起诉决定的案件,审查起诉期限自人民检察院作出附条件不起诉决定之日起中止计算,自考验期限届满之日起或者人民检察院作出撤销附条件不起诉决定之日起恢复计算。B 项正确。

《人民检察院办理未成年人刑事案件的规定》第 44 条规定,未成年犯罪嫌疑人经批准离开所居住的市、县或者迁居,作出附条件不起诉决定的人民检察院可以要求迁入地的人民检察院协助进行考察,并将考察结果函告作出附条件不起诉决定的人民检察院。B 县人民检察院可以协助进行考察,但监督考察仍由 A 县人民检察院负责,C 项错误。

《刑事诉讼法》第 283 条第 2 款规定,附条件不起诉的考验期为 6 个月以上 1 年以下,从人民检察院作出附条件不起诉的决定之日起计算。监督考察期限为 6 个月至 1 年,即使缩短也应在这一法定期限内,D 项错误。

4.【单项选择题】甲、乙共同实施抢劫,该案经两次退回补充侦查后,检察院发现甲在两年前曾实施诈骗犯罪。关于本案,下列哪一选项是正确的?

A. 应将全案退回公安机关依法处理

B. 对新发现的犯罪自行侦查,查清犯罪事实后一并提起公诉

C. 将新发现的犯罪移送公安机关侦查,待公安机关查明事实移送审查起诉后一并提起公诉

D. 将新发现的犯罪移送公安机关立案侦查,对已查清的犯罪事实提起公诉

| **参考答案** | __________②

| **设题陷阱与常见错误分析** |

本题常见错误是误选 C 项。错误的原因在于有的考生未理解,在审查起诉过程中受审查起诉期限的限制,经两次退回补充侦查后对于案件的处理只有两种途径:一是提起公诉,二是不起诉,而不存在等待其他犯罪事实查清后一并起诉的情况。

| **解题思路与方法分析** |

本题以案例的形式考查检察机关审查起

① B
② D

诉过程中退回补充侦查的特殊情形。《刑事诉讼法》第 175 条第 2 款、第 3 款规定,人民检察院审查案件,对于需要补充侦查的,可以退回公安机关补充侦查,也可以自行侦查。对于补充侦查的案件,应当在一个月以内补充侦查完毕。补充侦查以二次为限。补充侦查完毕移送人民检察院后,人民检察院重新计算审查起诉期限。《人民检察院规则》第 349 条亦明确规定,人民检察院对已经退回监察机关二次补充调查或者退回公安机关二次补充侦查的案件,在审查起诉中又发现新的犯罪事实,应当将线索移送监察机关或者公安机关。对已经查清的犯罪事实,应当依法提起公诉。在本题所描述的案情中,经两次退回补充侦查后已经达到审查起诉阶段中退回补充侦查次数的限制,不可能再进行补充侦查,亦不可能在审查起诉阶段等待公安机关对新发现的犯罪侦查完毕移送后一并起诉,只能将新发现的犯罪移送公安机关立案侦查另案处理,对已查清的犯罪事实提起公诉,D 项正确。

5.【多项选择题】全国人民代表大会常务委员会《关于〈中华人民共和国刑事诉讼法〉第二百七十一条第二款的解释》规定,人民检察院办理未成年人刑事案件,在作出附条件不起诉的决定以及考验期满作出不起诉的决定以前,应听取被害人的意见。被害人对人民检察院对未成年犯罪嫌疑人作出的附条件不起诉的决定和不起诉的决定,可以向上一级人民检察院申诉,但不能向法院提起自诉。关于这一解释的理解,下列哪些选项是正确的?

A. 增加了听取被害人陈述意见的机会

B. 有利于对未成年犯罪嫌疑人的转向处置

C. 体现了对未成年犯罪嫌疑人的特殊保护

D. 是刑事公诉独占主义的一种体现

| **参考答案** | ________①

| **设题陷阱与常见错误分析** |

本题常见错误是漏选了 B 项和错选了 D 项。有的考生不了解转向处置的含义,而有的考生则不了解公诉独占主义的含义,认为在附条件不起诉和不起诉决定作出后排除被害人向法院自诉,即体现了公诉独占主义。

| **解题思路与方法分析** |

本题是一种法律条文解析题,不考查考生对于法律条文的记忆,而是直接给出法律条文,然后结合相关理论考查考生对于这一法律条文的背景、内容等的理解。《刑事诉讼法》第 282 条规定,人民检察院在作出附条件不起诉的决定以前,应当听取公安机关、被害人的意见。可见,《刑事诉讼法》只规定在作出附条件不起诉前应听取被害人意见,题干中的立法解释则规定考查期满作出最终的不起诉决定前也要听取被害人意见,无疑增加了听取被害人陈述意见的机会,A 项正确。转向处置通常也简称为“转处”,通常是指将涉罪未成年人从正式的国家刑事司法程序中分流出去的理念与制度。转向处置因其能切实保护未成年人的权益,从未成年人司法制度诞生之日起就受到了重视,成为一些国家处置未成年人刑事案件的一项重要制度。转向处置能避免国家正式的刑事司法程序的消极作用,给予未成年人更为实质的保护。附条件不起诉制度的设立毫无疑问增加了未成年人获得转向处置的机会。题干中的法解释还明确了附条件不起诉和最终的不起诉决定的效力,被害人不能因此适用“公诉转自诉”的途径向法院提起自诉,有利于保障对未成年人的转向处置,B 项正确。同样,附条件不起诉制度和题干中的立法解释也是实现对未成年人特殊保护的重要手段。C 项正确。刑事公诉独占主义指的是刑事案件的起诉权被国家垄断,排除被害人自诉的公诉制度,题干中的立法解释只是明确了附条件不起诉的案件被害人不得再向法院自诉,立足点主要是对未成年人的特殊保护,而非排除被害人的自诉权,并非刑事公诉独占主义的一种体现。D 项错误。

---

① ABC

14 考向 刑事审判概述

1.【单项选择题】刑事审判具有亲历性特征。下列哪一选项不符合亲历性要求?

A. 证人因路途遥远无法出庭,采用远程作证方式在庭审过程中作证

B. 首次开庭并对出庭证人的证言质证后,某合议庭成员因病无法参与审理,由另一人民陪审员担任合议庭成员继续审理并作出判决

C. 某案件独任审判员在公诉人和辩护人共同参与下对部分证据进行庭外调查核实

D. 第二审法院对决定不开庭审理的案件,通过讯问被告人,听取被害人、辩护人和诉讼代理人的意见进行审理

| 参考答案 | ______①

| 设题陷阱与常见错误分析 |

本题将考生容易忽视的理论与司法实践中的具体情况结合起来进行考查,考生必须既理解亲历性这一理论归纳的内涵,又明白选项所列举的具体情况才能正确作答。有的考生认为亲历性也包括对证人等诉讼参与人的要求,因而误选了A,原因就在于其未清楚理解亲历性是对裁判者的要求。

| 解题思路与方法分析 |

本题考查的是对刑事审判一系列特征之一的亲历性的理解,考生需要将理论归纳的亲历性特征与选项所描述的具体情形进行对应的分析。刑事审判的亲历性,是指案件的裁判者必须自始至终参与审判,审查所有证据,对案件作出判决须以充分听取控辩双方的意见为前提。A项中证人虽然由于路途遥远未能直接到法庭中作证,但其通过远程作证的方式提供证言,使法官也能够直接听取其证言,并不与亲历性的要求矛盾。而且根据《刑诉解释》第253条的规定,证人具有特定情形而无法出庭作证的,人民法院可以准许其不出庭,不出庭的证人可以通过视频等方式作证。C项中独任审判员虽然并未在法庭上对证据进行调查核实,但其仍然属于亲自参与了对证据调查核实的过程,符合亲历性的要求。而且根据《刑事诉讼法》第196条第1款的规定,法庭审理过程中,合议庭对证据有疑问的,可以宣布休庭,对证据进行调查核实。《刑诉解释》第79条第1款补充规定,人民法院依照《刑事诉讼法》第196条规定调查核实证据,必要时,可以通知检察人员、辩护人、自诉人及其法定代理人到场。D项中第二审程序虽然不开庭审理,但法官仍然通过亲自直接讯问被告人,听取被害人、辩护人和诉讼代理人的意见进行审理,也符合亲历性的要求。根据《刑诉解释》第400条的规定,第二审案件依法不开庭审理的,应当讯问被告人,听取其他当事人、辩护人、诉讼代理人的意见。因此,A、C、D三项都符合亲历性的要求。

B项中在首次开庭并进行实质性审理(对出庭证人的证言质证)后,合议庭成员之一因病无法继续审理,因而更换为另一人民陪审员继续审理,这导致新的合议庭成员并未亲自参与之前的审理,有违亲历性的要求。正确的做法是,更换合议庭成员后应当对全案重新进行审理。

2.【单项选择题】开庭审判过程中,一名陪审员离开法庭处理个人事务,辩护律师提出异议并要求休庭,审判长予以拒绝,40分钟后陪审员返回法庭继续参与审理。陪审员长时间离开法庭的行为违背下列哪一审判原则?

A. 职权主义原则　B. 证据裁判规则

C. 直接言词原则　D. 集中审理原则

| 参考答案 | ______②

| 设题陷阱与常见错误分析 |

该题通过具体的事例来考查对刑事审判原则的理解,如果对体现刑事诉讼审判原理的原则理解不透,就可能选择错误。

| 解题思路与方法分析 |

职权主义审判模式,又称审问式审判模式,是指法官在审判程序中居于主导和控制地位,而限制控辩双方积极性的审判模式。据此,A

---

① B
② C

项不能选。直接言词原则，是指法官必须在法庭上亲自听取当事人、证人及其他诉讼参与人的口头陈述，案件事实和证据必须由控辩双方当庭口头提出并以口头辩论和质证的方式进行调查。直接言词原则包括直接原则和言词原则两项原则，因二者均以有关诉讼主体出席法庭为先决条件，紧密联系，理论上合称为直接言词原则。据此，应当选C项。集中审理原则，又称不中断审理原则，是指法院开庭审理案件应在不更换审判人员的条件下连续进行，不得中断审理的诉讼原则。该原则要求法庭对每个刑事案件的审理，除了必要的休息时间外，原则上应当是不中断地连续进行而不能长时间中断。证据裁判原则，又称证据裁判主义、证据为本原则，是指对于案件事实的认定必须有相应的证据予以证明。没有证据或者证据不充分，不能认定案件事实。刑事证据规则，是指在刑事证据制度中，控辩双方收集和出示证据，法庭采纳和运用证据认定案件事实必须遵循的重要准则。从内容上看，证据规则大体包括两类：一类是调整证据能力的规则，如传闻证据规则、非法证据排除规则、意见证据规则、最佳证据规则等；另一类是调整证明力的规则，如关联性规则、补强证据规则等。该题B项，给出的是“证据裁判规则”，无论是指“证据裁判原则”还是“刑事证据规则”，均和题干无直接的关系，因此，不选B项。

3.【单项选择题】下列哪一选项属于两审终审制的例外？

A. 自诉案件的刑事调解书经双方当事人签收后，即具有法律效力，不得上诉

B. 地方各级法院的第一审判决，法定期限内没有上诉、抗诉，期满即发生法律效力

C. 在法定刑以下判处刑罚的判决，报请最高人民法院核准后生效

D. 法院可通过再审，撤销或者改变已生效的二审判决

｜**参考答案**｜__________①

｜**设题陷阱与常见错误分析**｜

本题常见错误是误选D项。有的考生误认为再审是两审终审制之外特别的审判监督程序，适用审判监督程序会导致之前的二审判决不再是最终的生效裁判。实际上，审判监督程序是对生效裁判再次启动审理的特殊救济程序，审判监督程序仍然要适用一审程序与二审程序，并非两审终审制的例外。考生产生错误的主要原因是对两审终审制的内涵外延理解不到位。

｜**解题思路与方法分析**｜

本题以几个具体的情形考查两审终审制度的例外，实则考查考生对于两审终审制内涵外延的理解。《刑事诉讼法》第10条规定，人民法院审判案件，实行两审终审制。两审终审制，是指一个案件至多经过两级人民法院审判即告终结的制度，两审终审制的实质是允许一个案件经过两级法院审理，也最多只能经过两级法院审理的审级制度。但是，两审终审制并不要求一切案件必须经过两级审判，有些案件根本就不必经过两审。因此，两审终审制的例外实际上主要指的是“两审不终”的情况。《刑诉解释》第328条第1款规定，人民法院审理自诉案件，可以在查明事实、分清是非的基础上，根据自愿、合法的原则进行调解。调解达成协议的，应当制作刑事调解书，由审判人员、法官助理、书记员署名，并加盖人民法院印章。调解书经双方当事人签收后，即具有法律效力。调解没有达成协议，或者调解书签收前当事人反悔的，应当及时作出判决。所谓调解书具有法律效力指的就是刑事调解书立即生效，本案经一审程序即告终结。同时，一审判决、裁定没有被上诉或者抗诉的，上诉抗诉期满后即发生法律效力，此类案件同样经一审程序即告终结。故此，A、B项属于“一审即终”，并非两审终审制的例外，因而错误。

审判监督程序，又称再审程序，是指人民法院、人民检察院对于已经发生法律效力的判决、裁定，发现在认定事实或者适用法律上确有错误，予以提出并由人民法院对该案重新审判所应遵循的步骤和方式、方法。审判监督程序并

① C

不是每个案件的必经程序，只有对于已经发生法律效力而且确有错误的判决、裁定才能适用，是一种特殊程序。通过再审程序改变生效裁判，并不是两审终审的例外，D 项错误。

地方各级人民法院根据《刑法》第 63 条第 2 款规定在法定刑以下判处刑罚的案件，必须经最高人民法院的核准，其判决、裁定才能发生法律效力并交付执行。因此，此类案件的二审裁判并不立即生效，而需要待最高人民法院核准后才能生效并交付执行，属于"两审不终"的情形，是两审终审制的例外，C 项正确。

15 考向 第一审程序

1.【单项选择题】某国有银行涉嫌违法发放贷款造成重大损失，该行行长因系直接负责的主管人员也被追究刑事责任，信贷科科长齐某因较为熟悉银行贷款业务被确定为单位的诉讼代表人。关于本案审理程序，下列哪一选项是正确的？

A. 如该案在开庭审理前召开庭前会议，应通知齐某参加

B. 齐某无正当理由拒不出庭的，可拘传其到庭

C. 齐某可当庭拒绝银行委托的辩护律师为该行辩护

D. 齐某没有最后陈述的权利

| **参考答案** | ________①

| **设题陷阱与常见错误分析** |

本题的难点在于将单位犯罪案件审理程序与普通案件中被告人享有的权利一并进行考查。常见错误为错选 B 项，原因在于考生对于法定代表人、主要负责人担任诉讼代表人和单位的其他人员担任诉讼代表人的情形未作区分。

| **解题思路与方法分析** |

本题以案例的形式考查了单位犯罪案件审理程序以及在这一案件审理过程中的庭前会议和拒绝辩护的适用。单位犯罪案件诉讼程序指的是被告人系单位的案件诉讼程序，是与《刑法》规定的单位犯罪相适应的诉讼程序，除了刑事诉讼法和相关司法解释有关单位犯罪案件诉讼程序的特别规定以外，同样应当适用其他有关被告人是自然人的审理程序。《刑诉解释》第 338 条规定，被告单位的诉讼代表人享有刑事诉讼法规定的有关被告人的诉讼权利。在本题中，齐某作为被告银行的诉讼代表人，除有特别规定外，享有刑事诉讼法规定的有关被告人的诉讼权利。

《刑诉解释》第 230 条规定，庭前会议由审判长主持，合议庭其他审判员也可以主持庭前会议。召开庭前会议应当通知公诉人、辩护人到场。庭前会议准备就非法证据排除了解情况、听取意见，或者准备询问控辩双方对证据材料的意见的，应当通知被告人到场。有多名被告人的案件，可以根据情况确定参加庭前会议的被告人。因此，齐某在符合上述情形时可以被通知参加庭前会议，但并非必须通知其参加，A 项错误。《刑诉解释》第 337 条规定，开庭审理单位犯罪案件，应当通知被告单位的诉讼代表人出庭……被告单位的诉讼代表人不出庭的，应当按照下列情形分别处理：(1)诉讼代表人系被告单位的法定代表人、实际控制人或者主要负责人，无正当理由拒不出庭的，可以拘传其到庭；因客观原因无法出庭，或者下落不明的，应当要求人民检察院另行确定诉讼代表人；(2)诉讼代表人系其他人员的，应当要求人民检察院另行确定诉讼代表人。本题齐某的职务是信贷科长，因较为熟悉银行贷款业务被确定为诉讼代表人，并非银行的法定代表人或主要负责人，不能对其适用拘传，B 项错误。《刑诉解释》第 311 条第 2 款规定，被告人当庭拒绝辩护人辩护，要求另行委托辩护人或者指派律师的，合议庭应当准许。被告人拒绝辩护人辩护后，没有辩护人的，应当宣布休庭；仍有辩护人的，庭审可以继续进行。齐某作为诉讼代表人享有被告人的权利，因此 C 项正确。同样，齐某作为诉讼代表人也享有被告人最后陈述的权利，D 项错误。因此，本题正确答案为 C 项。

---

① C

2.【多项选择题】某基层法院就郭某敲诈勒索案一审适用简易程序,判处郭某有期徒刑4年。对于一审中的下列哪些情形,二审法院应以程序违法为由,撤销原判发回重审?

A. 未在开庭10日前向郭某送达起诉书副本

B. 由一名审判员独任审理

C. 公诉人没有对被告人进行发问

D. 应公开审理但未公开审理

| 参考答案 | ________①

| 设题陷阱与常见错误分析 |

本题常见错误是误选A项。解答本题需要综合刑事诉讼法有关程序违法的规定和简易程序哪些可以从简的规定。有的考生对于开庭前向被告人送达起诉书副本的期间规定以及是否简易程序可以不受这一期间规定的限制不熟悉,因而误选了A项。

| 解题思路与方法分析 |

本题以一起以简易程序审理的案件考查对程序违法的理解与认识。《刑事诉讼法》第238条规定,第二审人民法院发现第一审人民法院的审理有下列违反法律规定的诉讼程序的情形之一的,应当裁定撤销原判,发回原审人民法院重新审判:(1)违反本法有关公开审判的规定的;(2)违反回避制度的;(3)剥夺或者限制了当事人的法定诉讼权利,可能影响公正审判的;(4)审判组织的组成不合法的;(5)其他违反法律规定的诉讼程序,可能影响公正审判的。基于这一规定,D项所述应公开审理但未公开审理,无论是否适用简易程序,均属于上引条文中规定的违反有关公开审判规定的情形,应当撤销原判发回重审,D项正确。《刑事诉讼法》第187条第1款规定,人民法院决定开庭审判后,应当确定合议庭的组成人员,将人民检察院的起诉书副本至迟在开庭10日以前送达被告人及其辩护人。同时,《刑事诉讼法》第219条规定,适用简易程序审理案件,不受本章第一节关于送达期限、讯问被告人、询问证人、鉴定人、出示证据、法庭辩论程序规定的限制。但在判决宣告前应当听取被告人的最后陈述意见。因此,简易程序审理的案件中,未在开庭10日前向被告人送达起诉书副本不属于程序违法,A项错误。《刑事诉讼法》第216条规定,适用简易程序审理案件,对可能判处3年有期徒刑以下刑罚的,可以组成合议庭进行审判,也可以由审判员一人独任审判;对可能判处的有期徒刑超过3年的,应当组成合议庭进行审判。适用简易程序审理公诉案件,人民检察院应当派员出席法庭。因此,B项所述独任审理系审判组织的组成不合法,应当撤销原判发回重审,B项正确。根据《刑事诉讼法》第219条的规定,讯问被告人等程序可以相应简化,C项不属于发回重审的理由。

3.【多项选择题】方某涉嫌在公众场合侮辱高某和任某,高某向法院提起自诉。关于本案的审理,下列哪些选项是正确的?

A. 如果任某担心影响不好不愿起诉,任某的父亲可代为起诉

B. 法院通知任某参加诉讼并告知其不参加的法律后果,任某仍未到庭,视为放弃告诉,该案宣判后,任某不得再行自诉

C. 方某的弟弟系该案关键目击证人,经法院通知其无正当理由不出庭作证的,法院可强制其到庭

D. 本案应当适用简易程序审理

| 参考答案 | ________②

| 设题陷阱与常见错误分析 |

本题在一个案件中考查了三个方面的内容,需要考生具备一定的综合分析的能力。有的考生对于自诉案件与简易程序的关系掌握不全面,就可能误选D项。

| 解题思路与方法分析 |

本题考查的内容较为综合,具有一定的难度。根据《刑事诉讼法》第114条的规定,对于自诉案件,被害人有权向人民法院直接起诉。被害人死亡或者丧失行为能力的,被害人的法定代理人、近亲属有权向人民法院起诉。因此,被害人的法定代理人、近亲属只有在被害人死

---

① BD

② BC

亡的情况下才能作为原告起诉,担心影响不好不能成为由近亲属代为起诉的理由。A 项错误。

根据《刑诉解释》第 323 条第 2 款的规定,共同被害人中只有部分人告诉的,人民法院应当通知其他被害人参加诉讼,并告知其不参加诉讼的法律后果。被通知人接到通知后表示不参加诉讼或者不出庭的,视为放弃告诉。第一审宣判后,被通知人就同一事实又提起自诉的,人民法院不予受理。但是,当事人另行提起民事诉讼的,不受本解释限制。B 项中,被害人任某在法院通知并告知后果之后仍未出庭,在第一审宣判后不得再行自诉。B 项正确。

根据《刑事诉讼法》第 193 条第 1 款的规定,经人民法院通知,证人没有正当理由不出庭作证的,人民法院可以强制其到庭,但是被告人的配偶、父母、子女除外。C 选项中方某的弟弟不属于不能强制到庭的配偶、父母、子女,因此法院可以强制其出庭,C 项正确。

自诉案件是否适用简易程序,需要考察该案件是否符合简易程序的适用条件,自诉案件也可以适用普通程序,本题所提供的信息不足以判断该案是否符合简易程序的条件,因此,D 项错误。

4.【多项选择题】关于简易程序,下列哪些选项是正确的?

A. 甲涉嫌持枪抢劫,法院决定适用简易程序,并由两名审判员和一名人民陪审员组成合议庭进行审理

B. 乙涉嫌盗窃,未满 16 周岁,法院只有在征得乙的法定代理人和辩护人同意后,才能适用简易程序

C. 丙涉嫌诈骗并对罪行供认不讳,但辩护人为其做无罪辩护,法院决定适用简易程序

D. 丁涉嫌故意伤害,经审理认为可能不构成犯罪,遂转为普通程序审理

| **参考答案** | ________①

| **设题陷阱与常见错误分析** |

本题 A 项需要结合刑法的有关规定分析可能判处的刑罚,再行考虑适用简易程序后如何确定审判组织。B 项的难点在于考生需要掌握未成年人案件中的特殊规定。C 项通过设置被告人对罪行供认不讳这一情节制造了一定的干扰性,但只要是辩护人作无罪辩护的都不应该适用简易程序。

| **解题思路与方法分析** |

本题以四个小案例的形式考查了简易程序的适用范围与特点。A 项考查的是简易程序的审判组织。根据《刑事诉讼法》第 216 条第 1 款的规定,适用简易程序审理案件,对可能判处 3 年有期徒刑以下刑罚的,可以组成合议庭进行审判,也可以由审判员 1 人独任审判;对可能判处的有期徒刑超过 3 年的,应当组成合议庭进行审判。甲涉嫌持枪抢劫,可能判处的刑期是 10 年以上有期徒刑、无期徒刑或者死刑,因此应当组成合议庭进行审判,A 项正确。

B 项考查未成年人案件适用简易程序的特殊规定。《刑诉解释》第 566 条规定,对未成年人刑事案件,人民法院决定适用简易程序审理的,应当征求未成年被告人及其法定代理人、辩护人的意见。上述人员提出异议的,不适用简易程序。因此,B 项正确。

C 项和 D 项考查简易程序的适用范围以及不适用简易程序的情形。《刑诉解释》第 360 条规定,具有下列情形之一的,不适用简易程序:(1)被告人是盲、聋、哑人的;(2)被告人是尚未完全丧失辨认或者控制自己行为能力的精神病人的;(3)案件有重大社会影响的;(4)共同犯罪案件中部分被告人不认罪或者对适用简易程序有异议的;(5)辩护人作无罪辩护的;(6)被告人认罪但经审查认为可能不构成犯罪的;(7)不宜适用简易程序审理的其他情形。C 项属于上述第 5 种情形,D 项属于第 6 种情形,因此,C 项错误,D 项正确。

16 考向 第二审程序

1.【单项选择题】龚某因生产不符合安全

① ABD

标准的食品罪被一审法院判处有期徒刑5年，并被禁止在刑罚执行完毕之日起3年内从事食品加工行业。龚某以量刑畸重为由上诉，检察院未抗诉。关于本案二审，下列哪一选项是正确的？

A. 应开庭审理

B. 可维持有期徒刑5年的判决，并将职业禁止的期限变更为4年

C. 如认为原判认定罪名不当，二审法院可在维持原判刑罚不变的情况下改判为生产有害食品罪

D. 发回重审后，如检察院变更起诉罪名为生产有害食品罪，一审法院可改判并加重龚某的刑罚

｜**参考答案**｜__________①

｜**设题陷阱与常见错误分析**｜

本题常见错误为误选D项。有的考生未理解罪名与事实之间的关系以及上诉不加刑原则的效力仅限于同一事实，而错误地认为变更起诉罪名后可以加重刑罚。

｜**解题思路与方法分析**｜

本题以案例的形式考查上诉不加刑原则的理解与适用及二审应当开庭审理的案件范围。本题还结合了《刑法修正案（九）》增加的“职业禁止”条款进行考查。《刑事诉讼法》第234条第1款规定，第二审人民法院对于下列案件，应当组成合议庭，开庭审理：（1）被告人、自诉人及其法定代理人对第一审认定的事实、证据提出异议，可能影响定罪量刑的上诉案件；（2）被告人被判处死刑的上诉案件；（3）人民检察院抗诉的案件；（4）其他应当开庭审理的案件。本题所述案件情况并不属于上述应当开庭审理的情形，A项错误。上诉不加刑原则的本意与核心是不得因为上诉而给被告人带来不利，延长职业禁止的期限同样给被告人带来不利。虽然现有法律和司法解释未对二审裁判能否延长职业禁止的年限作出明确规定，但基于对上诉不加刑原则的理解，B项因延长了职业禁止的年限而错误。《刑诉解释》第401条第1款第2项规定，审理被告人或者其法定代理人、辩护人、近亲属提出上诉的案件，不得对被告人的刑罚作出实质不利的改判，原判认定的罪名不当的，可以改变罪名，但不得加重刑罚或者对刑罚执行产生不利影响。因此，C项在维持原判刑罚不变的情况下变更罪名是正确的。《刑事诉讼法》第237条规定，第二审人民法院审理被告人或者他的法定代理人、辩护人、近亲属上诉的案件，不得加重被告人的刑罚。第二审人民法院发回原审人民法院重新审判的案件，除有新的犯罪事实，人民检察院补充起诉的以外，原审人民法院也不得加重被告人的刑罚。人民检察院提出抗诉或者自诉人提出上诉的，不受前款规定的限制。D项所述为变更罪名而非补充起诉，亦不得加重对被告人判处的刑罚，D项错误。

2.【单项选择题】黄某倒卖文物案于2014年5月28日一审终结。6月9日（星期一），法庭宣判黄某犯倒卖文物罪，判处有期徒刑4年并立即送达了判决书，黄某当即提起上诉，但于6月13日经法院准许撤回上诉；检察院以量刑畸轻为由于6月12日提起抗诉，上级检察院认为抗诉不当，于6月17日向同级法院撤回了抗诉。关于一审判决生效的时间，下列哪一选项是正确的？

A. 6月9日　　B. 6月17日

C. 6月19日　　D. 6月20日

｜**参考答案**｜__________②

｜**设题陷阱与常见错误分析**｜

本题表面上考查的是上诉与抗诉的期限，实际上还综合考查了上诉与抗诉的撤回。考生需要在记忆上诉、抗诉期限的基础上，掌握期限的计算方法并理解撤回上诉、抗诉对于一审裁判生效时间的影响。

｜**解题思路与方法分析**｜

一审裁判必须经过上诉和抗诉期限后始能生效。《刑事诉讼法》第230条规定，不服判决的上诉和抗诉的期限为10日，不服裁定的上诉和抗诉的期限为5日，从接到判决书、裁定书

① C
② D

的第二日起算。《刑事诉讼法》第232条第2款规定，上级人民检察院如果认为抗诉不当，可以向同级人民法院撤回抗诉，并且通知下级人民检察院。《刑诉解释》第383条第1款规定，上诉人在上诉期限内要求撤回上诉的，人民法院应当准许。《刑诉解释》第386条规定，在上诉、抗诉期满前撤回上诉、抗诉的，第一审判决、裁定在上诉、抗诉期满之日起生效。在上诉、抗诉期满后要求撤回上诉、抗诉，第二审人民法院裁定准许的，第一审判决、裁定应当自第二审裁定书送达上诉人或者抗诉机关之日起生效。

基于上述规定，在本题中，对一审判决的上诉、抗诉期限从宣判并送达判决书的6月9日的次日，即6月10日开始计算，经过10天，上诉、抗诉期限届满日为6月19日。本题中，上级检察院认为抗诉不当直接撤回抗诉及被告人黄某经法院准许撤回上诉的时间均在上诉、抗诉期满之前，因此第一审判决在上诉、抗诉期满之日起生效，即6月20日生效，正确答案为D项。

3.【单项选择题】甲、乙、丙三人共同实施故意杀人，一审法院判处甲死刑立即执行、乙无期徒刑、丙有期徒刑10年。丙以量刑过重为由上诉，甲和乙未上诉，检察院未抗诉。关于本案的第二审程序，下列哪一选项是正确的？

A. 可不开庭审理

B. 认为没有必要的，甲可不再到庭

C. 由于乙没有上诉，其不得另行委托辩护人为其辩护

D. 审理后认为原判事实不清且对丙的量刑过轻，发回一审法院重审，一审法院重审后可加重丙的刑罚

| **参考答案** | __________①

| **设题陷阱与常见错误分析** |

本题对共同犯罪的第二审程序的具体操作考查较细，有一定的难度。有的考生误选了A项，原因在于对应当开庭审理的死刑案件的范围理解不清楚，应当开庭审理的死刑案件既包括单一被告人被判处死刑的案件，也包括共同犯罪中有部分被告人被判处死刑的案件，即使被判处死刑的被告人没有上诉。有的考生误选了C项，没有考虑到被告人的辩护权在任何情况下都不能予以剥夺这一基本原则。

| **解题思路与方法分析** |

本题考查的是共同犯罪案件第二审程序的审理方式以及审理后的处理。我国刑事诉讼法规定了第二审程序的两种审理方式：开庭审理与不开庭审理。根据《刑事诉讼法》第234条的规定，第二审人民法院对于下列案件，应当组成合议庭，开庭审理：(1)被告人、自诉人及其法定代理人对第一审认定的事实、证据提出异议，可能影响定罪量刑的上诉案件；(2)被告人被判处死刑的上诉案件；(3)人民检察院抗诉的案件；(4)其他应当开庭审理的案件。《刑诉解释》第393条第2款进行了进一步的细化规定：被判处死刑的被告人没有上诉，同案的其他被告人上诉的案件，第二审人民法院应当开庭审理。在本案中，甲被判处死刑立即执行，虽然甲未上诉，但全案的第二审程序应开庭审理。因此，A项错误。

根据《刑诉解释》第399条第1款第3项的规定，对同案审理案件中未上诉的被告人，未被申请出庭或者人民法院认为没有必要到庭的，可以不再传唤到庭。因此，B项正确。

根据《刑诉解释》第392条第2款的规定，共同犯罪案件，只有部分被告人提出上诉，或者自诉人只对部分被告人的判决提出上诉，或者人民检察院只对部分被告人的判决提出抗诉的，其他同案被告人也可以委托辩护人辩护。因此，C项错误。

根据上诉不加刑原则，《刑诉解释》第401条第1款第1项规定，同案审理的案件，只有部分被告人上诉的，既不得加重上诉人的刑罚，也不得加重其他同案被告人的刑罚。另外，《刑诉解释》第403条规定，被告人或者其法定代理人、辩护人、近亲属提出上诉，人民检察院未提出抗诉的案件，第二审人民法院发回重新审判后，除有新的犯罪事实且人民检察院补充起诉

① B

的以外，原审人民法院不得加重被告人的刑罚。根据上述两条规定，由于检察机关未抗诉，所以即使将案件发回一审法院重审，除非检察机关补充起诉，也不得加重对丙的刑罚，D 项错误。

4.【多项选择题】《最高人民法院关于适用〈中华人民共和国刑事诉讼法〉的解释》第 469 条规定，除检察院抗诉的以外，再审一般不得加重原审被告人的刑罚。关于这一规定的理解，下列哪些选项是正确的？

A. 体现了刑事诉讼惩罚犯罪和保障人权基本理念的平衡

B. 体现了刑事诉讼具有追求实体真实与维护正当程序两方面的目的

C. 再审不加刑有例外，上诉不加刑也有例外

D. 审判监督程序的纠错功能决定了再审不加刑存在例外情形

| **参考答案** | ________①

| **设题陷阱与常见错误分析** |

本题考查的是法律条文背后的理论基础，考生仅仅记忆再审不加刑是不够的，需要理解这一条文与刑事诉讼基本理念、刑事诉讼目的之间的关系，还需要理解审判监督程序的功能。

| **解题思路与方法分析** |

本题属于法条理解题。惩罚犯罪与保障人权是刑事诉讼的基本理念。惩罚犯罪，是指通过刑事诉讼活动，在准确、及时地查明案件事实真相的基础上，对构成犯罪的被告人公正适用刑法以抑制犯罪，以及通过刑事程序本身的作用来抑制犯罪。保障人权，是指在通过刑事诉讼惩罚犯罪的过程中，保障公民合法权益不受非法侵犯。具体包括：(1)无辜的人不受追究；(2)有罪的人受到公正处罚；(3)诉讼权利得到充分保障和行使。再审一般不得加重原审被告人的刑罚即体现了通过再审查明真相有效惩罚犯罪的理念，也体现了保障原审被告人权利，一般不得通过启动再审程序加重其刑罚的理念，A 项正确。同样，对于再审不加刑原则例外的规定也体现了刑事诉讼具有追求实体真实和维护正当程序的两方面目的，B 项正确。审判监督程序或再审程序，适用于发现在认定事实或者适用法律上可能确有错误的案件，纠正原审程序中的错误是审判监督程序的最重要功能之一。正是因为审判监督程序具有的纠错功能，决定了在极为例外的情况下需要纠错时，可以通过再审加重原审被告人的刑罚，D 项正确。上诉不加刑原则是第二审人民法院审判只有被告人一方上诉的案件，在做出新的判决时，不得对被告人判处重于原判刑罚的原则。《刑事诉讼法》第 237 条第 1 款规定，第二审人民法院审理被告人或者他的法定代理人、辩护人、近亲属上诉的案件，不得加重被告人的刑罚。上诉不加刑原则旨在保护被告人的上诉权，防止因上诉而招致不利的后果。上诉不加刑原则的含义本身就包含了只有被告人一方上诉这一前提，因此，《刑事诉讼法》第 237 条第 2 款规定的人民检察院提出抗诉或者自诉人提出上诉的不受前款规定的限制，不属于上诉不加刑原则的例外，而是包含在上诉不加刑原则之中。理论通说也认为，上诉不加刑原则是二审程序中保护被告人的最基本原则，不存在例外的情况，因此 C 项错误。

17 考向 死刑复核程序

【单项选择题】段某因贩卖毒品罪被市中级人民法院判处死刑立即执行，段某上诉后省高级人民法院维持了一审判决。最高人民法院复核后认为，原判认定事实清楚，但量刑过重，依法不应当判处死刑，不予核准，发回省高级人民法院重新审判。关于省高级人民法院重新审判，下列哪一选项是正确的？

A. 应另行组成合议庭

B. 应由审判员 5 人组成合议庭

C. 应开庭审理

D. 可直接改判死刑缓期 2 年执行，该判决为终审判决

---

① ABD

| **参考答案** | ________①

| **设题陷阱与常见错误分析** |

本题常见错误是误选A项。有的考生误认为最高人民法院裁定不予核准死刑，发回重新审判的案件，原审人民法院都应当另行组成合议庭审理。另行组成合议庭的主要目的在于防止之前的审理过程对合议庭产生影响，但对于事实认定正确只是量刑过重的案件没有必要重新组成合议庭。

| **解题思路与方法分析** |

本题以被告人被判处死刑立即执行的案件综合考查死刑立即执行复核后的处理和审判组织等知识。死刑复核程序，是指有核准权的人民法院对已经判决死刑的案件进行复查核准应遵循的一种特别审判程序。这一程序体现立法者对死刑案件极其审慎的态度，能够最大限度地防止和纠正死刑案件可能发生的偏差和错误，从程序上保证死刑案件的质量，统一死刑适用标准，贯彻少杀、慎杀，防止错杀的方针。《刑诉解释》第432条规定，最高人民法院裁定不予核准死刑，发回重新审判的案件，原审人民法院应当另行组成合议庭审理，但本解释第429条第4项、第5项规定的案件除外。《刑诉解释》第429条规定，最高人民法院复核死刑案件，应当按照下列情形分别处理：……(4)复核期间出现新的影响定罪量刑的事实、证据的，应当裁定不予核准，并撤销原判，发回重新审判；(5)原判认定事实正确、证据充分，但依法不应当判处死刑的，应当裁定不予核准，并撤销原判，发回重新审判；根据案件情况，必要时，也可以依法改判……本题中最高人民法院复核后认为，原判认定事实清楚，但量刑过重，依法不应当判处死刑，属于因量刑不应当判处死刑而发回重审的情形，可以不另行组成合议庭，A项错误。

《刑事诉讼法》第183条第4款规定，人民法院审判上诉和抗诉案件，由审判员3人或者5人组成合议庭进行。发回二审法院重新审判的按照第二审程序审理，二审案件的合议庭由3个或者5个审判员组成合议庭，而不是必须5人，B项错误。

《刑诉解释》第430条第1款、第3款规定，最高人民法院裁定不予核准死刑的，根据案件情况，可以发回第二审人民法院或者第一审人民法院重新审判。第一审人民法院重新审判的，应当开庭审理。第二审人民法院重新审判的，可以直接改判；必须通过开庭查清事实、核实证据或者纠正原审程序违法的，应当开庭审理。本题中，最高人民法院发回作为第二审法院的省高级人民法院重新审理，而且发回重审的原因在于量刑过重，不属于需要通过开庭查清事实、核实证据或者纠正原审程序违法的，可以不开庭审理，C项错误。

《刑诉解释》第430条规定，对最高人民法院发回第二审人民法院重新审判的，可以直接改判。本案属于量刑过重，高级人民法院可直接改判为死缓或其他更轻的刑罚，而且无须再报最高人民法院核准，为终审裁判，D项正确。

18 考向 审判监督程序

【多项选择题】王某因间谍罪被甲省乙市中级人民法院一审判处死刑，缓期2年执行。王某没有上诉，检察院没有抗诉。判决生效后，发现有新的证据证明原判决认定的事实确有错误。下列哪些机关有权对本案提起审判监督程序？

A. 乙市中级人民法院

B. 甲省高级人民法院

C. 甲省人民检察院

D. 最高人民检察院

| **参考答案** | ________②

| **设题陷阱与常见错误分析** |

本题常见错误为A、B、C、D四项均选。有的考生误认为本案王某的生效裁判是乙市中级人民法院作出的，进而认为乙市中级人民法院、甲省高级人民法院、甲省人民检察院和最高人民检察院都有权提起审判监督程序。但是本

① D

② BD

案王某被判处死刑缓期二年执行,其生效裁判是甲省高级人民法院核准后作出的,错误的原因是部分考生没有掌握死刑这一类特殊案件需要经过核准后才生效。

| 解题思路与方法分析 |

本题以一个死刑缓期二年执行案件考查提起审判监督程序的主体。审判监督程序,是指人民法院、人民检察院对于已经发生法律效力的判决、裁定,发现在认定事实或者适用法律上确有错误,予以提出并由人民法院对该案重新审判所应遵循的步骤和方式、方法。《刑事诉讼法》第254条第1~3款规定,各级人民法院院长对本院已经发生法律效力的判决和裁定,如果发现在认定事实上或者在适用法律上确有错误,必须提交审判委员会处理。最高人民法院对各级人民法院已经发生法律效力的判决和裁定,上级人民法院对下级人民法院已经发生法律效力的判决和裁定,如果发现确有错误,有权提审或者指令下级人民法院再审。最高人民检察院对各级人民法院已经发生法律效力的判决和裁定,上级人民检察院对下级人民法院已经发生法律效力的判决和裁定,如果发现确有错误,有权按照审判监督程序向同级人民法院提出抗诉。故此,有权提起审判监督程序的机关包括各级人民法院对本院已经发生法律效力的判决、裁定,最高人民法院以及上级人民法院、最高人民检察院以及上级人民检察院。《刑事诉讼法》第248条规定,中级人民法院判处死刑缓期二年执行的案件,由高级人民法院核准。在本案中,生效裁判是甲省高级人民法院作出的核准死刑缓期二年执行的裁定,因此有权提起审判监督程序的机关只能是甲省高级人民法院以及最高人民检察院。B、D项正确。

19 考向 执行

1.【单项选择题】关于减刑、假释案件审理程序,下列哪一选项是正确的?

A. 甲因抢劫罪和绑架罪被法院决定执行有期徒刑20年,对甲的减刑,应由其服刑地高级人民法院作出裁定

B. 乙因检举他人重大犯罪活动被报请减刑的,法院应通知乙参加减刑庭审

C. 丙因受贿罪被判处有期徒刑5年,对丙的假释,可书面审理,但必须提讯丙

D. 丁因强奸罪被判处无期徒刑,对丁的减刑,可聘请律师到庭发表意见

| 参考答案 | ________①

| 设题陷阱与常见错误分析 |

本题常见错误是错选C项或D项。有的考生未注意到职务犯罪罪犯的减刑、假释必须开庭审理,因而认为C项是正确的;有的考生未理解减刑、假释案件审理的对象与一审、二审程序的区别,因而认为可以聘请律师到庭发表意见。

| 解题思路与方法分析 |

本题以四个小案例的形式,考查对于减刑、假释审理程序的理解。最高人民法院《关于减刑、假释案件审理程序的规定》(以下简称《减刑假释程序规定》)第1条第1款第2项、第3项规定,对被判处无期徒刑的罪犯的减刑、假释,由罪犯服刑地的高级人民法院在收到同级监狱管理机关审核同意的减刑、假释建议书后作出裁定;对被判处有期徒刑和被减为有期徒刑的罪犯的减刑、假释,由罪犯服刑地的中级人民法院在收到执行机关提出的减刑、假释建议书后作出裁定。本题A项中甲虽然被判处的有期徒刑刑期极长,但其减刑仍然应由服刑地的中级人民法院裁定,A项错误。《减刑假释程序规定》第6条第1项规定,因罪犯有重大立功表现报请减刑的,应当开庭审理;第5项规定,被报请减刑、假释罪犯系职务犯罪罪犯的,应当开庭审理。本题B项中乙因检举他人重大犯罪活动而被报请减刑,根据《刑法》第78条的规定,检举监狱内外重大犯罪活动属于重大立功表现,因此应当开庭审理。《减刑假释程序规定》第7条第1款规定,人民法院开庭审理减刑、假释案件,应当通知人民检察院、执行机关

① B

及被报请减刑、假释罪犯参加庭审。因此，人民法院应当通知乙参加有关其减刑的开庭审理，B项正确。本题C项中丙系因受贿罪这一职务犯罪被判处有期徒刑，对其减刑应该开庭审理，而不是书面审理并提讯丙，C项错误。《减刑假释程序规定》第7条第2款规定，人民法院根据需要，可以通知证明罪犯确有悔改表现或者立功、重大立功表现的证人，公示期间提出不同意见的人，以及鉴定人、翻译人员等其他人员参加庭审。上述规定确定了开庭审理减刑、假释案件的参与人，并不包括聘请律师到庭发表意见，而且开庭审理减刑、假释案件与对被告人定罪量刑的一审程序、二审程序审理的对象不同，其诉讼构造也有所差异，其实质是对执行机关提出的减刑、假释申请进行审理。因此，D项错误。因此，本题正确答案为B项。

2.【单项选择题】关于刑期计算，下列哪一说法是不正确的？

A. 甲被判处拘役6个月，其被指定居所监视居住154天的期间折抵刑期154天

B. 乙通过贿赂手段被暂予监外执行，其在监外执行的267天不计入执行刑期

C. 丙在暂予监外执行期间脱逃，脱逃的78天不计入执行刑期

D. 丁被判处管制，其判决生效前被逮捕羁押208天的期间折抵刑期416天

| **参考答案** | ________①

| **设题陷阱与常见错误分析** |

该题把刑法和刑事诉讼法的知识交叉起来进行综合考查。

| **解题思路与方法分析** |

《刑事诉讼法》第76条规定："指定居所监视居住的期限应当折抵刑期。被判处管制的，监视居住一日折抵刑期一日；被判处拘役、有期徒刑的，监视居住二日折抵刑期一日。"甲被判处拘役6个月，其被指定居所监视居住154天的期间，应当折抵刑期77天，因此，A项错误。《刑事诉讼法》第268条第3款规定，不符合暂予监外执行条件的罪犯通过贿赂等非法手段被暂予监外执行的，在监外执行的期间不计入执行刑期。罪犯在暂予监外执行期间脱逃的，脱逃的期间不计入执行刑期。据此，B、C项正确。《刑法》第41条规定，羁押1日折抵管制刑期2日，据此，D项正确。该题要求选哪一说法不正确，因此，应当选A项。

3.【单项选择题】甲纠集他人多次在市中心寻衅滋事，造成路人乙轻伤、丙的临街商铺严重受损。甲被起诉到法院后，乙和丙提起附带民事诉讼。法院判处甲有期徒刑6年，罚金1万元，赔偿乙医疗费1万元，赔偿丙财产损失4万元。判决生效交付执行后，查明甲除1辆汽车外无其他财产，且甲曾以该汽车抵押获取小额贷款，尚欠银行贷款2.5万元，银行主张优先受偿。法院以8万元的价格拍卖了甲的汽车。关于此8万元的执行顺序，下列哪一选项是正确的？

A. 医疗费→银行贷款→财产损失→罚金

B. 医疗费→财产损失→银行贷款→罚金

C. 银行贷款→医疗费→财产损失→罚金

D. 医疗费→财产损失→罚金→银行贷款

| **参考答案** | ________②

| **设题陷阱与常见错误分析** |

本案常见错误是误选B项。有的考生误认为银行贷款属于其他民事债务，根据最高人民法院《关于刑事裁判涉财产部分执行的若干规定》第13条的规定，其他民事债务的执行顺序在人身损害赔偿中的医疗费用和退赔被害人的损失之后。本题需要结合民法中有关优先受偿权的规定作答。

| **解题思路与方法分析** |

本题以案例形式考查财产刑和附带民事裁判的执行等知识的具体适用。根据《关于刑事裁判涉财产部分执行的若干规定》第13条的规定，被执行人在执行中同时承担刑事责任、民事责任，其财产不足以支付的，按照下列顺序执行：(1)人身损害赔偿中的医疗费用；(2)退赔

① A
② A

被害人的损失;(3)其他民事债务;(4)罚金;(5)没收财产。债权人对执行标的依法享有优先受偿权,其主张优先受偿的,人民法院应当在前款第1项规定的医疗费用受偿后,予以支持。本题中,拍卖汽车所得的8万元不足以支付全部费用,应当按照上述规定的顺序执行。其中银行对于该被拍卖的汽车具有抵押权,属于优先受偿权,人民法院应当支持,故此,应当在第1项医疗费用之后执行银行贷款。丙的财产损失属于被害人的损失,应在银行贷款后执行。罚金则位列最后。因此,本题答案应为医疗费→银行贷款→财产损失→罚金,A项正确。

4.【单项选择题】张某居住于甲市A区,曾任甲市B区某局局长,因受贿罪被B区法院判处有期徒刑5年,执行期间突发严重疾病而被决定暂予监外执行。张某在监外执行期间违反规定,被决定收监执行。关于本案,下列哪一选项是正确的?

A. 暂予监外执行由A区人民法院决定

B. 暂予监外执行由B区人民法院决定

C. 暂予监外执行期间由A区司法行政机关实行社区矫正

D. 收监执行由B区人民法院决定

| **参考答案** | ________①

| **设题陷阱与常见错误分析** |

本题常见错误是误选D项。有的考生误认为暂予监外执行的罪犯应当予以收监的,都应由人民法院作出决定。本案中,张某是在执行期间突发严重疾病而被决定暂予监外执行,其决定机关不是人民法院,而是省级以上监狱管理机关或者设区的市一级以上公安机关,而收监决定也应由作出暂予监外执行的机关作出。

| **解题思路与方法分析** |

本题以案例的形式考查暂予监外执行和社区矫正的具体程序。暂予监外执行,是指被判处无期徒刑、有期徒刑或者拘役的罪犯具有法律规定的某种特殊情况,不适宜在监狱或者拘役所等场所执行刑罚,暂时采取不予关押的一种变通执行方法。《刑事诉讼法》第265条规定,对被判处有期徒刑或者拘役的罪犯,有下列情形之一的,可以暂予监外执行:(1)有严重疾病需要保外就医的;(2)怀孕或者正在哺乳自己婴儿的妇女;(3)生活不能自理,适用暂予监外执行不致危害社会的。对被判处无期徒刑的罪犯,有前款第2项规定情形的,可以暂予监外执行。对适用保外就医可能有社会危险性的罪犯,或者自伤自残的罪犯,不得保外就医。对罪犯确有严重疾病,必须保外就医的,由省级人民政府指定的医院诊断并开具证明文件。在交付执行前,暂予监外执行由交付执行的人民法院决定;在交付执行后,暂予监外执行由监狱或者看守所提出书面意见,报省级以上监狱管理机关或者设区的市一级以上公安机关批准。本题中,张某属于在执行期间突发疾病,暂予监外执行不应由法院决定,A、B两项错误。

《刑事诉讼法》第269条规定,对被判处管制、宣告缓刑、假释或者暂予监外执行的罪犯,依法实行社区矫正,由社区矫正机构负责执行。本案中,暂予监外执行期间由A区司法行政机关实行社区矫正,C项正确。《刑事诉讼法》第268条第1款、第2款规定,对暂予监外执行的罪犯,有下列情形之一的,应当及时收监:(1)发现不符合暂予监外执行条件的;(2)严重违反有关暂予监外执行监督管理规定的;(3)暂予监外执行的情形消失后,罪犯刑期未满的。对于人民法院决定暂予监外执行的罪犯应当予以收监的,由人民法院作出决定,将有关的法律文书送达公安机关、监狱或者其他执行机关。本案中,张某的暂予监外执行决定不是由人民法院决定的,因此收监执行的决定也不应由人民法院作出,D项错误。

20 考向 未成年人刑事案件诉讼程序

1.【单项选择题】董某(17岁)在某景点旅游时,点燃荒草不慎引起大火烧毁集体所有的大风公司林地,致大风公司损失5万元,被检察

① C

院提起公诉。关于本案处理,下列哪一选项是正确的?

A. 如大风公司未提起附带民事诉讼,检察院可代为提起,并将大风公司列为附带民事诉讼原告人

B. 董某与大风公司既可就是否对董某免除刑事处分达成和解,也可就民事赔偿达成和解

C. 双方刑事和解时可约定由董某在1年内补栽树苗200棵

D. 如双方达成刑事和解,检察院经法院同意可撤回起诉并对董某适用附条件不起诉

| **参考答案** | ________①

| **设题陷阱与常见错误分析** |

本题常见错误是误选D项。根据《刑事诉讼法》第282条的规定,对于未成年人涉嫌刑法分则第四章、第五章、第六章规定的犯罪,可能判处1年有期徒刑以下刑罚,符合起诉条件,但有悔罪表现的,人民检察院可以作出附条件不起诉的决定。本题董某涉嫌的犯罪是失火罪,失火罪属于刑法分则第二章危害公共安全罪中的罪名,不能适用附条件不起诉。本题也有一些考生误选A项,错误的原因在于对检察院提起附带民事诉讼时的身份与诉讼地位理解有误。

| **解题思路与方法分析** |

本题以案例的形式综合考查刑事和解、附带民事诉讼当事人和附条件不起诉等制度与程序的具体适用。《刑事诉讼法》第101条第2款规定,如果是国家财产、集体财产遭受损失的,人民检察院在提起公诉的时候,可以提起附带民事诉讼。《刑诉解释》第179条第1款、第2款规定,国家财产、集体财产遭受损失,受损失的单位未提起附带民事诉讼,人民检察院在提起公诉时提起附带民事诉讼的,人民法院应当受理。人民检察院提起附带民事诉讼的,应当列为附带民事诉讼原告人。检察院是直接提起附带民事诉讼,而非代为,检察院应当被列为附带民事诉讼原告人,A项错误。

《刑诉解释》第592条第1款规定,和解协议书应当包括以下内容:(1)被告人承认自己所犯罪行,对犯罪事实没有异议,并真诚悔罪;(2)被告人通过向被害人赔礼道歉、赔偿损失等方式获得被害人谅解;涉及赔偿损失的,应当写明赔偿的数额、方式等;提起附带民事诉讼的,由附带民事诉讼原告人撤回起诉;(3)被害人自愿和解,请求或者同意对被告人依法从宽处罚。被告人与被害人只能就民事部分的赔偿达成和解,被害人可以表示谅解并同意或者建议对被告人从宽处理,而不是就刑事案件如何处理达成和解,B项错误。

《刑诉解释》第592条第1款规定,和解协议的内容可以约定赔偿的数额、方式等,本案中可以采用补栽树苗的方式赔偿,符合案件中造成损失的具体情况,C项正确。

《刑法》第115条规定,放火、决水、爆炸以及投放毒害性、放射性、传染病病原体等物质或者以其他危险方法致人重伤、死亡或者使公私财产遭受重大损失的,处10年以上有期徒刑、无期徒刑或者死刑。过失犯前款罪的,处3年以上7年以下有期徒刑;情节较轻的,处3年以下有期徒刑或者拘役。本案董某点燃荒草不慎引起大火是本罪的过失情形,故此,失火罪属于刑法分则第二章规定的罪名,不能适用附条件不起诉,D项错误。

2.【不定项选择题】黄某(17周岁,某汽车修理店职工)与吴某(16周岁,高中学生)在餐馆就餐时因琐事与赵某(16周岁,高中学生)发生争吵,并殴打赵某致其轻伤。检察院审查后,综合案件情况,拟对黄某作出附条件不起诉决定,对吴某作出不起诉决定。

请回答第(1)—(3)题。

(1)关于本案审查起诉的程序,下列选项正确的是:

A. 应当对黄某、吴某的成长经历、犯罪原因和监护教育等情况进行社会调查

B. 在讯问黄某、吴某和询问赵某时,应当分别通知他们的法定代理人到场

C. 应当分别听取黄某、吴某的辩护人的

① C

意见

D. 拟对黄某作出附条件不起诉决定，应当听取赵某及其法定代理人与诉讼代理人的意见

| **参考答案** | __________[①]

| **设题陷阱与常见错误分析** |

本题A项和C项有一定难度，需要考生进行甄别。有的考生了解《刑事诉讼法》在未成年人刑事案件诉讼程序专章中确立了社会背景调查制度，但并不深入了解由于各地社会支持机制等配套措施的不完备，目前尚未对开展社会背景调查作出强制性的"应当"规定。C项所涉及的内容其实并不属于未成年人刑事案件诉讼程序专章规定的内容，有的考生仅仅运用有关办理未成年人案件的规定来进行判断，而未联系审查起诉部分适用于所有案件的规定，容易漏选C项。

| **解题思路与方法分析** |

本题以审查起诉阶段为背景，考查了未成年人刑事案件诉讼程序的相关制度。《刑事诉讼法》第279条规定，公安机关、人民检察院、人民法院办理未成年人刑事案件，根据情况可以对未成年犯罪嫌疑人、被告人的成长经历、犯罪原因、监护教育等情况进行调查。可见，刑事诉讼法倡导在办理未成年人案件时开展社会背景调查，但并未作出强制性的规定，《人民检察院规则》第461条也作出了相同的规定。因此，并非应当对黄某、吴某进行社会背景调查，A项错误。

根据《刑事诉讼法》第281条的规定，对于未成年人刑事案件，在讯问和审判的时候，应当通知未成年犯罪嫌疑人、被告人的法定代理人到场。无法通知、法定代理人不能到场或者法定代理人是共犯的，也可以通知未成年犯罪嫌疑人、被告人的其他成年亲属，所在学校、单位、居住地基层组织或者未成年人保护组织的代表到场，并将有关情况记录在案。到场的法定代理人可以代为行使未成年犯罪嫌疑人、被告人的诉讼权利。到场的法定代理人或者其他人员认为办案人员在讯问、审判中侵犯未成年人合法权益的，可以提出意见。讯问笔录、法庭笔录应当交给到场的法定代理人或者其他人员阅读或者向他宣读。询问未成年被害人时同样应当通知其法定代理人到场，因此B项正确。

《刑事诉讼法》第173条第1款规定，人民检察院审查案件，应当讯问犯罪嫌疑人，听取辩护人或者值班律师、被害人及其诉讼代理人的意见，并记录在案。辩护人或者值班律师、被害人及其诉讼代理人提出书面意见的，应当附卷。可见，无论犯罪嫌疑人是不是未成年人，审查起诉时都应当听取辩护人的意见，C项正确。

《刑事诉讼法》第282条第1款规定，人民检察院在作出附条件不起诉的决定以前，应当听取公安机关、被害人的意见。《人民检察院办理未成年人刑事案件的规定》第30条规定，人民检察院在作出附条件不起诉的决定以前，应当听取公安机关、被害人、未成年犯罪嫌疑人的法定代理人、辩护人的意见，并制作笔录附卷。被害人是未成年人的，还应当听取被害人的法定代理人、诉讼代理人的意见。因此，D项正确。

(2) 关于对黄某的考验期，下列选项正确的是：

A. 从宣告附条件不起诉决定之日起计算

B. 不计入检察院审查起诉的期限

C. 可根据黄某在考验期间的表现，在法定范围内适当缩短或延长

D. 如黄某违反规定被撤销附条件不起诉决定而提起公诉，已经过的考验期可折抵刑期

| **参考答案** | __________[②]

| **设题陷阱与常见错误分析** |

本题A项考查的是考生是否理解决定附条件不起诉与宣告附条件不起诉的时间之间的区别。D项虽然没有明确的法律规定，但如果考生理解了折抵刑期的原因与附条件不起诉考验期的属性，作出正确的判断并不难。

| **解题思路与方法分析** |

本题考查了附条件不起诉的考验期限的具体操作。《刑事诉讼法》第283条第2款规

---

① BCD

② BC

定，附条件不起诉的考验期为6个月以上1年以下，从人民检察院作出附条件不起诉的决定之日起计算。《人民检察院办理未成年人刑事案件的规定》第40条规定，人民检察院决定附条件不起诉的，应当确定考验期。考验期为6个月以上1年以下，从人民检察院作出附条件不起诉的决定之日起计算。考验期不计入案件审查起诉期限。考验期的长短应当与未成年犯罪嫌疑人所犯罪行的轻重、主观恶性的大小和人身危险性的大小、一贯表现及帮教条件等相适应，根据未成年犯罪嫌疑人在考验期的表现，可以在法定期限范围内适当缩短或者延长。基于以上条文，A项错误，考验期应从作出附条件不起诉之日起计算，B项和C项正确。附条件不起诉考验期不同于审前羁押或指定居所监视居住，并未限制人身自由，不能折抵刑期，D项错误。

(3)关于本案的办理，下列选项正确的是：

A. 在对黄某作出附条件不起诉决定、对吴某作出不起诉决定时，必须达成刑事和解

B. 检察院对黄某作出附条件不起诉决定、对吴某作出不起诉决定时，可要求他们向赵某赔礼道歉、赔偿损失

C. 在附条件不起诉考验期内，检察院可将黄某移交有关机构监督考察

D. 检察院对黄某作出附条件不起诉决定，对吴某作出不起诉决定后，均应将相关材料装订成册，予以封存

| **参考答案** | ________①

| **设题陷阱与常见错误分析** |

本题B、C、D三项均有较大的迷惑性。有的考生只知道附条件不起诉可以附加相应的处分措施，忽略了检察机关作出酌定不起诉决定时也可以对被不起诉人予以训诫或者责令具结悔过、赔礼道歉、赔偿损失，因而漏选了B项。C项主要考查考生对附条件不起诉考验期内监督考察的责任主体的理解，实践中确实也有可能会有其他机构参与监督考察，但检察机关的监督考查责任主体地位并不因此改变。D项的主要陷阱在于考生是否理解在整个附条件不起诉过程中，检察机关需要作出两次不起诉决定：第一次是在考验期限开始前的"附条件不起诉"决定，第二次是考验期满后符合条件情况下做出的最终的不起诉决定，而最终的不起诉决定实质上是一种酌定不起诉。有的考生不理解附条件不起诉的这一完整过程，将附条件不起诉决定等同于最后的不起诉决定，因而认为应当按照犯罪记录封存的要求对有关案卷材料进行封存。

| **解题思路与方法分析** |

本题考查了附条件不起诉与酌定不起诉的具体操作。《刑事诉讼法》第177条第2款规定，对于犯罪情节轻微，依照刑法规定不需要判处刑罚或者免除刑罚的，人民检察院可以作出不起诉决定。《刑事诉讼法》第282条第1款规定，对于未成年人涉嫌刑法分则第四章、第五章、第六章规定的犯罪，可能判处1年有期徒刑以下刑罚，符合起诉条件，但有悔罪表现的，人民检察院可以作出附条件不起诉的决定。上述条文规定了酌定不起诉与附条件不起诉的适用条件，并未涉及刑事和解。事实上，是否与被害人达成刑事和解确实可以作为作出酌定不起诉或附条件不起诉的一个考量因素，但并不是必备条件。因此，A项错误。

《人民检察院办理未成年人刑事案件的规定》第42条规定，人民检察院可以要求被附条件不起诉的未成年犯罪嫌疑人接受下列矫治和教育：(1)完成戒瘾治疗、心理辅导或者其他适当的处遇措施；(2)向社区或者公益团体提供公益劳动；(3)不得进入特定场所，与特定的人员会见或者通信，从事特定的活动；(4)向被害人赔偿损失、赔礼道歉等；(5)接受相关教育；(6)遵守其他保护被害人安全以及预防再犯的禁止性规定。《人民检察院规则》第373条第1款规定，人民检察院决定不起诉的案件，可以根据案件的不同情况，对被不起诉人予以训诫或者责令具结悔过、赔礼道歉、赔偿损失。基于以上条文，对黄某作出附条件不起诉决定和对吴某作出不起诉决定时，均可以要求他们向被害人赔礼道歉、赔偿损失，B项正确。

① B

《刑事诉讼法》第283条第1款规定,在附条件不起诉的考验期内,由人民检察院对被附条件不起诉的未成年犯罪嫌疑人进行监督考察。未成年犯罪嫌疑人的监护人,应当对未成年犯罪嫌疑人加强管教,配合人民检察院做好监督考察工作。因此,对黄某的监督考察应由检察院负责,不能移交其他机构负责,C项错误。

《人民检察院办理未成年人刑事案件的规定》第66条规定,人民检察院对未成年犯罪嫌疑人作出不起诉决定后,应当对相关记录予以封存。第63条规定,人民检察院应当将拟封存的未成年人犯罪记录、卷宗等相关材料装订成册,加密保存,不予公开,并建立专门的未成年人犯罪档案库,执行严格的保管制度。基于上述条文,对于人民检察院作出不起诉决定的,应当按照犯罪记录封存的要求,将相关材料装订成册,予以封存。这里所提到的不起诉是指最终的不起诉决定,而不是附条件不起诉决定,附条件不起诉决定作出后,考验期满后如果作出最终的酌定不起诉决定,同样要对案卷材料做相应的封存。因此,D项错误。

21 考向 当事人和解的公诉案件诉讼程序

【多项选择题】甲因琐事与乙发生口角进而厮打,推搡之间,不慎致乙死亡。检察院以甲涉嫌过失致人死亡提起公诉,乙母丙向法院提起附带民事诉讼。关于本案处理,下列哪些选项是正确的?

A. 法院可对附带民事部分进行调解

B. 如甲与丙经法院调解达成协议,调解协议中约定的赔偿损失内容可分期履行

C. 如甲提出申请,法院可组织甲与丙协商以达成和解

D. 如甲与丙达成刑事和解,其约定的赔偿损失内容可分期履行

| **参考答案** | __________①

| **设题陷阱与常见错误分析** |

本题的难点是要区分附带民事诉讼调解协议和刑事和解协议的效力。常见错误是错选D项,原因就在于错误地认为刑事和解的协议与附带民事诉讼调解协议具有相同的效力,因而可以分期履行。

| **解题思路与方法分析** |

本题综合考查附带民事诉讼调解与刑事和解的效力。《刑事诉讼法》第103条规定,人民法院审理附带民事诉讼案件,可以进行调解,或者根据物质损失情况作出判决、裁定。A项正确。《刑诉解释》第190条第1款规定,人民法院审理附带民事诉讼案件,可以根据自愿、合法的原则进行调解。经调解达成协议的,应当制作调解书。调解书经双方当事人签收后即具有法律效力。可见,甲与丙经法院调解达成的调解协议的内容具有强制执行力,可以分期履行,B项正确。《刑诉解释》第587条第1款规定,对符合刑事和解条件的公诉案件,事实清楚、证据充分的,人民法院应当告知当事人可以自行和解;当事人提出申请的,人民法院可以主持双方当事人协商以达成和解。因此甲提出申请后,法院可以组织甲和丙协商以达成和解,C项正确。《刑诉解释》第593条第1款规定,和解协议约定的赔偿损失内容,被告人应当在协议签署后即时履行。《刑诉解释》第595条规定,被害人或者其法定代理人、近亲属提起附带民事诉讼后,双方愿意和解,但被告人不能即时履行全部赔偿义务的,人民法院应当制作附带民事调解书。基于以上规定,可以发现,附带民事诉讼调解协议与刑事和解达成的协议的效力不同,前者具有强制执行的效力,而后者则没有这一效力,当刑事和解协议无法即时全部履行时,应当制作有强制执行效力的附带民事调解书,因此,在法院审理阶段达成的刑事和解协议是不能分期履行的,D项错误。

22 考向 依法不负刑事责任的精神病人的强制医疗程序

1.**【单项选择题】**甲将乙杀害,经鉴定甲系

① ABC

精神病人，检察院申请法院适用强制医疗程序。关于本案，下列哪一选项是正确的？

A. 法院审理该案，应当会见甲

B. 甲没有委托诉讼代理人的，法院可通知法律援助机构指派律师担任其诉讼代理人

C. 甲出庭的，应由其法定代理人或诉讼代理人代为发表意见

D. 经审理发现甲具有部分刑事责任能力，依法应当追究刑事责任的，转为普通程序继续审理

| **参考答案** | ________①

| **设题陷阱与常见错误分析** |

本题常见错误为误选 D 项。本题所设定的情形是检察院申请强制医疗，因此启动的是有别于普通程序的强制医疗程序，检察院尚未对甲的行为提起公诉，依据不告不理和控审分离的原则，自然不能转为普通程序，而需要等待检察院另行起诉。目前的规定中则允许检察院以普通程序起诉的案件转为强制医疗程序审理，并可以在认定被告人应当承担刑事责任后转为再次普通程序。

| **解题思路与方法分析** |

本题以案例的形式考查依法不负刑事责任的精神病人的强制医疗程序。《刑诉解释》第 635 条规定，审理强制医疗案件，应当组成合议庭，开庭审理。但是，被申请人、被告人的法定代理人请求不开庭审理，并经人民法院审查同意的除外。审理强制医疗案件，应当会见被申请人，听取被害人及其法定代理人的意见。A 项正确。《刑事诉讼法》第 304 条第 2 款规定，人民法院审理强制医疗案件，应当通知被申请人或者被告人的法定代理人到场。被申请人或者被告人没有委托诉讼代理人的，人民法院应当通知法律援助机构指派律师为其提供法律帮助。B 项所述为“可以”而非“应当”，因而错误。《刑诉解释》第 636 条第 2 款规定，开庭审理申请强制医疗的案件，被申请人要求出庭，人民法院经审查其身体和精神状态，认为可以出庭的，应当准许。出庭的被申请人，在法庭调查、辩论阶段，可以发表意见。因此，甲如果出庭就应当由其自行发表意见，而不应由其法定代理人或诉讼代理人代为发表意见，C 项错误。《刑诉解释》第 637 条规定，对申请强制医疗的案件，人民法院审理后，应当按照下列情形分别处理：(1) 符合《刑事诉讼法》第 302 条规定的强制医疗条件的，应当作出对被申请人强制医疗的决定。(2) 被申请人属于依法不负刑事责任的精神病人，但不符合强制医疗条件的，应当作出驳回强制医疗申请的决定；被申请人已经造成危害结果的，应当同时责令其家属或者监护人严加看管和医疗。(3) 被申请人具有完全或者部分刑事责任能力，依法应当追究刑事责任的，应当作出驳回强制医疗申请的决定，并退回人民检察院依法处理。因此，对于 D 项所述经审理发现甲具有部分刑事责任能力并依法应当追究刑事责任的情形，应当作出驳回强制医疗申请的决定，并退回检察院，而不是转为普通程序继续审理，D 项错误。

2.【单项选择题】依法不负刑事责任的精神病人的强制医疗程序是一种特别程序。关于其特别之处，下列哪一说法是正确的？

A. 不同于普通案件奉行的不告不理原则，法院可未经检察院对案件的起诉或申请而启动这一程序

B. 不同于普通案件审理时被告人必须到庭，可在被申请人不到庭的情况下审理并作出强制医疗的决定

C. 不同于普通案件中的抗诉或上诉，被决定强制医疗的人可通过向上一级法院申请复议启动二审程序

D. 开庭审理时无须区分法庭调查与法庭辩论阶段

| **参考答案** | ________②

| **设题陷阱与常见错误分析** |

本题需要考生具有较强的综合分析的能力，常见错误为错选 A 项。有的考生虽然注意到人民法院在审理案件过程中发现被告人符合强制医疗条件的可以主动启动强制医疗程

① A

② B

序，但却忽视了基于不告不理原则和法院的消极性，除非检察院以普通程序将案件起诉至法院，否则法院是不能主动启动对公民的强制医疗程序的，这也是通过分权制衡来规范强制医疗程序，避免“被精神病”和保障公民的基本权利。

| 解题思路与方法分析 |

本题考查的是如何来理解依法不负刑事责任的精神病人的强制医疗程序是一种特别程序，综合性很强，需要考生在整体理解这一程序特别之处的基础上把握相应的法律规定。强制医疗程序涉及干预他人人身自由权等基本权利，需要依法予以严格规范。因此，虽然立法目的、审理对象和内容与普通程序有所区别，但很多方面仍需要满足刑事诉讼的基本要求。

《刑事诉讼法》第 303 条第 2 款规定，对于公安机关移送的或者在审查起诉过程中发现的精神病人符合强制医疗条件的，人民检察院应当向人民法院提出强制医疗的申请。人民法院在审理案件过程中发现被告人符合强制医疗条件的，可以作出强制医疗的决定。因此，除了检察院向法院申请强制医疗外，人民法院还可以在审理案件的过程中主动启动强制医疗程序，但前提必须是检察院对这一案件提起公诉，因此强制医疗程序仍需要遵循不告不理的原则，A 项错误。《刑诉解释》第 636 条第 2 款规定，被申请人要求出庭，人民法院经审查其身体和精神状态，认为可以出庭的，应当准许。出庭的被申请人，在法庭调查、辩论阶段，可以发表意见。可见，基于被申请人特殊的身体和精神状况，强制医疗程序并不要求被申请人必须到庭，B 项正确。《刑事诉讼法》第 305 条第 2 款规定，被决定强制医疗的人、被害人及其法定代理人、近亲属对强制医疗决定不服的，可以向上一级人民法院申请复议。《刑诉解释》第 642 条还规定，复议期间不停止执行强制医疗决定。可见，虽然被决定强制医疗的人可通过向上一级法院申请复议启动对强制医疗决定的再次审理，但复议并不影响强制医疗决定的生效与执行，这种再次审理完全不同于普通案件中对于尚未生效的一审裁判的二审程序。二审程序存在的前提是二审终审甚至三审终审，而强制医疗决定因其程序的特殊性，不存在二审终审或三审终审的问题，因此 C 项错误。《刑诉解释》第 636 条第 1 款规定，开庭审理申请强制医疗的案件，在审判长宣布法庭调查开始后，先由检察员宣读申请书，后由被申请人的法定代理人、诉讼代理人发表意见，之后法庭依次就被申请人是否实施了危害公共安全或者严重危害公民人身安全的暴力行为、是否属于依法不负刑事责任的精神病人、是否有继续危害社会的可能进行调查，然后进入法庭辩论阶段。可见，强制医疗案件开庭审理时仍然区分法庭调查与法庭辩论阶段，D 项错误。因此，本题正确答案为 B 项。

2024 年模拟测试

1.【单项选择题】王某与张某在医院就诊时，因排队问题产生纠纷，二人随之发生肢体冲突、相互厮打。其间，张某被王某推倒在地，导致脚踝骨裂，构成轻伤。关于本案处理，下列哪一选项是正确的？

A. 如张某向公安机关报案，公安机关应当告知其向法院起诉

B. 如张某向法院提起自诉，法院应当在依法受理后移送公安机关立案侦查

C. 如张某向检察机关报案，检察机关应当不予接受

D. 如现场围观群众将王某扭送至法院，法院应当先采取紧急措施，然后移送公安机关

2.【单项选择题】王某涉嫌故意伤害罪被某区法院判决无罪，法定期限内无上诉、抗诉。两个月后，被害人何某向县检察院提出申诉，并

提供了案发现场的视频监控作为新证据。关于本案,下列哪一选项是正确的?

A. 检察院通知同级法院启动再审程序

B. 检察院向同级法院发出检察建议,建议改判

C. 检察院向同级法院发出纠正违法通知书,建议撤销原判

D. 检察院提请上一级检察院抗诉

3.【单项选择题】蔡某因涉嫌受贿被刑事追诉。召开庭前会议时,辩护人声称蔡某在留置期间受到刑讯。关于本案庭前会议的处理,下列哪一选项是正确的?

A. 法院可以当场启动证据收集合法性调查

B. 合议庭可以通知相关监察人员参加庭前会议并说明情况

C. 如确认刑讯属实,法院可以要求检察院撤回蔡某在留置期间的讯问笔录

D. 如确认刑讯属实,法院可以将蔡某在调查阶段和审查起诉阶段作有罪供述的全部笔录予以排除

4.【多项选择题】某日,黄某指使瞿某将甲基苯丙胺5290.42克从望亭镇运输至前洲镇进行贩卖。次日下午,瞿某在贩卖甲基苯丙胺时被公安机关抓获,黄某闻讯潜逃。关于本案的处理,下列哪些选项是正确的?

A. 侦查人员讯问瞿某时,因客观条件所限未录音录像

B. 公安机关针对黄某发布通缉令,并经批准对其家属适用监听措施

C. 尽管黄某下落不明,检察院仍旧对其提起公诉

D. 公安机关就瞿某的抓获经过制作了书面材料并附卷

5.【多项选择题】庄某以赔偿医药费为由向徐某索要财物。徐某拒绝后,庄某以殴打、持枪威胁等手段当场劫得现金2100元,并扣下徐某的汽车和手机(经鉴定,价值总计196,270元)作“抵押”,并让其回家取20,000元来赎车。后庄某因涉嫌抢劫罪被刑事追诉。关于本案,下列哪些选项是正确的?

A. 如庄某及时向徐某退赔所有赃款赃物,检察院可对其不予逮捕

B. 如徐某的陈述笔录系侦查人员利用威胁手段取得,检察院可在审查逮捕期间予以排除

C. 如检察院在审查起诉时认为需要追加认定徐某犯敲诈勒索罪,应当将本案退回公安机关补充侦查

D. 如本案适用普通程序审理,可以由审判员和人民陪审员共7人组成合议庭进行

6.【多项选择题】某日,于某强行将经营地下赌坊的张某带至宾馆房间殴打并当场向其索要现金50万元。后张某被警方解救。于某因涉嫌非法拘禁罪被刑事立案。关于本案,下列哪些选项是正确的?

A. 审查逮捕期间,检察院通知公安机关以张某涉嫌开设赌场罪对其立案

B. 在本案侦查阶段,公安机关决定对张某进行强制检查

C. 在本案审判阶段,法院认为于某可能构成抢劫罪,遂将简易程序变更为普通程序进行审理

D. 本案庭审期间,法院为判断于某的犯罪既未遂问题,要求解救张某的警察出庭作证

7.【多项选择题】关于人民检察院依法对刑事诉讼实行法律监督,下列哪些选项是正确的?

A. 李某盗窃案,检察院在审查起诉期间认为李某不需要继续羁押,遂直接决定将其释放

B. 胡某故意杀人案,法院召开审委会会议讨论案情,担任公诉人的检察官孙某携助理小王列席并发表意见

C. 刘某职务侵占案,省检察院发现下级检察院对刘某作出的不起诉决定有误,指令其予以纠正

D. 方某社区矫正案,检察院针对方某被强迫参加超时间社区服务的情况,向社区矫正机构提出纠正意见

8.【多项选择题】关于证明对象的理解和辨识,下列哪些选项属于需要证明的程序法事实?

A. 孙某故意伤害案,法官在庭前讯问孙某

时向其推荐了辩护律师何某

B. 方某敲诈勒索案，方某在审查起诉期间主动向检察官表示认罪认罚

C. 吕某合同诈骗案，侦查人员讯问吕某时对其进行了言语威胁

D. 宋某危险驾驶案，宋某在取保候审期间违反规定驾车外出

9.【不定项选择题】许某因涉嫌殴打他人致轻伤受到刑事追诉。本案进入审判程序后，许某父母向法院提出许某实施犯罪行为时不满16周岁，并提交了若干证明材料。关于本案，下列证明材料属于传闻证据的是：

A. 许某邻居何某提供书面证言称，许某与其子小何系同日出生，案发时小何未满16周岁

B. 许某住所地派出所提供的情况说明指出，许某的户籍卡在"出生年月"一栏存在涂改痕迹且原因不明

C. 许某的同学付某当庭作证称，许某曾经承认自己的实际年龄比身份证上的要小一些

D. 许某的母亲向法庭提交的骨龄鉴定意见显示，案发时许某的骨龄为15.2岁

10.【不定项选择题】某夜，于某饮酒后驾车行驶至公共道路，被公安交管部门查获。经呼气酒精含量检测，显示其血液酒精含量达到90毫克/100毫升。于某在现场向民警胡某确认了自己的饮酒事实，相关对话内容被胡某随身携带的执法记录仪予以摄录。但在提取血液样本前，于某故意逃脱。第二日到案后，于某始终坚称自己从未饮酒。公安机关以涉嫌危险驾驶罪对于某刑事立案，并采取取保候审措施。15日后，本案被移送至检察机关审查起诉。关于本案处理，下列选项中正确的是：

A. 呼气酒精含量检测结果可以用于佐证于某的醉酒

B. 检察机关可以不再重新作出取保候审决定，由公安机关继续执行原取保候审措施

C. 执法记录仪中于某承认醉酒的影像系犯罪嫌疑人供述

D. 检察机关必要时可以询问胡某并制作笔录附卷

参考答案及解析

1.｜参考答案｜D

｜设题陷阱与常见错误分析｜

本题的设计综合了立案、管辖、自诉乃至扭送等多个维度的考点，体现了一定综合性。其实，一以贯之的线索不过是针对轻伤害案件的处理原则。题目中的案件类型属于社会生活中常见的民间纠纷。在刑事司法领域，这种案件属于"可公诉可自诉"的处置范畴，即被害人有证据证明的轻伤害案件。当这类案件发生后，处置流程可能会因被害人的不同选择而呈现不同的发展趋向。正常状态下，被害人会倾向于向公安机关报案，而公安机关的处理原则并非绝对意义上的刑事立案，公安机关应当告知被害人有选择公诉还是自诉的权利，进而由被害人决定作何种程序处置。如果被害人选择向法院提起自诉，法院应当予以受理，而不是推诿给公安机关。这些细节上的操作往往给考生带来困惑，仅仅死记硬背知识点是无法准确把握上述不同情形的。此外，对于报案行为，无论公检法都应当接受，即便不享有管辖权也应当接受后再作处分。而对于某些紧急情况，上述机关还应当在采取一定措施的基础上，再进行案件移送。

｜解题思路与方法分析｜

根据《公安部规定》第176条第2款的规定，对被害人有证据证明的轻微刑事案件，公安机关应当告知被害人可以向人民法院起诉；被害人要求公安机关处理的，公安机关应当依法受理。王某故意伤害张某一案系典型的轻伤害案件。对于张某的报案行为，公安机关应当先告知其本案既可以遵循公诉流程，也可以启动自诉程序。直接告知张某向法院起诉的做法是错误的。A选项错误。根据《刑诉解释》第1条的规定，对于被害人有证据证明的轻微刑事案件，被害人直接向法院起诉的，法院应当依法受理。只有在证据不足，可以由公安机关受理，或者认为对被告人可能判处3年有期徒刑以上刑罚的情况下，法院才应该告知被害人向公安机关报案，或者移送案件给公安机关立案侦查。本案中，张某向法院提起自诉，法院不应拒绝受

理。B 选项错误。根据《刑事诉讼法》第 110 条的规定,公安机关、人民检察院或者人民法院对于报案、控告、举报,都应当接受。对于不属于自己管辖的,应当移送主管机关处理,并且通知报案人、控告人、举报人。在这里,接受与立案并非同一的概念。故 C 选项错误。对于正在实行犯罪或者在犯罪后即时被发觉的犯罪嫌疑人,公民可以进行扭送。而对于不属于自己管辖而又必须采取紧急措施的报案情形,公检法机关都应当先采取紧急措施,然后移送主管机关。结合《刑事诉讼法》第 84 条与第 110 条的精神,D 选项正确。

2. | **参考答案** | D

| **设题陷阱与常见错误分析** |

本题的考点设计相对集中,即如何通过提起抗诉启动再审。如果对抗诉的主体及对象不甚了然,几乎可以确定本题的回答会出现偏差。这就要求考生不仅要对法条的基本点有所掌握,更应吃透其内涵。由此,当案例真正呈现时,考生就知道该如何适用法律规范了。相较之下,这比单纯的记忆或者提炼口诀等方式更加持久,且足以内化进入考生的深层意识,成为真正的自身技能。归结起来,本道命题的风险点在于审判监督程序中相应的检法权力配置问题。特别是受理申诉的主体与提起抗诉的主体是不同一的。无论是终审法院的同级检察院还是上一级检察院,都不排斥受理当事人的申诉;然而,提出再审抗诉却不可置于终审法院同级检察院的权限范畴。

| **解题思路与方法分析** |

根据《人民检察院规则》第 595 条的规定,人民检察院对已经发生法律效力的判决、裁定的申诉复查后,认为需要提请或者提出抗诉的,报请检察长决定。地方各级人民检察院对不服同级人民法院已经发生法律效力的判决、裁定的申诉复查后,认为需要提出抗诉的,应当提请上一级人民检察院抗诉。上级人民检察院对下一级人民检察院提请抗诉的申诉案件进行审查后,认为需要提出抗诉的,应当向同级人民法院提出抗诉。由此可见,与终审法院同级的检察院审查受理申诉后若发现其生效判决确有错误,自身并不能启动再审抗诉,而只能提请上一级检察院抗诉。而检察建议抑或纠正违法通知书的做法皆不符合立法精神,也背离了检察机关的法律监督职责。

3. | **参考答案** | B

| **设题陷阱与常见错误分析** |

本题的设计结合了两大知识点,即非法证据排除的适用与庭前会议的职能。对于非法证据排除的适用,不仅要求考生掌握刑诉法及两高的司法解释,更需要对相关政策文件予以熟知,譬如最高人民法院、最高人民检察院、公安部、国家安全部、司法部发布的《关于办理刑事案件严格排除非法证据若干问题的规定》。而对于庭前会议而言,自 2012 年该机制生成以来,其职能定位就处于持续的争论之中。其中,能否在庭前会议直接操作非法证据排除就引发了诸多争论。本题的作答则必须建立在《刑事诉讼法》第 56 条的理解之上,即采用刑讯逼供等非法方法收集的犯罪嫌疑人、被告人供述和采用暴力、威胁等非法方法收集的证人证言、被害人陈述,应当予以排除。收集物证、书证不符合法定程序,可能严重影响司法公正的,应当予以补正或者作出合理解释;不能补正或者作出合理解释的,对该证据应当予以排除。在侦查、审查起诉、审判时发现有应当排除的证据的,应当依法予以排除,不得作为起诉意见、起诉决定和判决的依据。由此确立的排除的基本范式。在 A 选项中,庭前会议究竟能否启动证据收集合法性调查,需要考生对不同法条比较性地认知。例如,《刑诉解释》第 130 条规定,开庭审理前,人民法院可以召开庭前会议,就非法证据排除等问题了解情况,听取意见。这是否意味着可以在此环境中完成合法性调查呢。恐怕不结合该解释的后续条款,就很难作出正确选择。B 选项所造成的疑惑在于,考生可能会认为监察人员的出庭具有法律依据,而是否该出现在庭前会议是存疑的。在这里,监察程序与刑事诉讼程序的衔接某种程度上还有干扰作用。C 选项和 D 选项均以刑讯属实为前提,由此涉及讯问笔录的撤回与排除问题。二者相互之间会存在一定影响因素,令考生错误

地从中作二选一。实质上,重复性供述的排除被设定了一定的例外项,而难以一概而论;撤回的启动主体也被司法解释作了限度。如果考生对上述内容持一知半解的理解程度,那么很难准确抓住这两个选项的弊病。

｜解题思路与方法分析｜

根据《刑事诉讼法》第58条以及《刑诉解释》第130条第1款的规定,开庭审理前,人民法院可以召开庭前会议,就非法证据排除等问题了解情况,听取意见。庭前会议只能就非法证据排除听取意见、了解情况,而非开启合法性调查机制。因此,A选项错误。根据《刑诉解释》第130条第2款的规定,在庭前会议中,人民检察院可以通过出示有关证据材料等方式,对证据收集的合法性加以说明。必要时,可以通知调查人员、侦查人员或者其他人员参加庭前会议,说明情况。庭前会议并不排斥监察人员的参与,只不过此时并不属于出庭作证。由此,B选项正确。根据《刑诉解释》第131条的规定,在庭前会议中,人民检察院可以撤回有关证据。撤回的证据,没有新的理由,不得在庭审中出示。可见,法院不能强令检察机关撤回证据,而只能由后者自愿撤回。C选项错误。根据《关于办理刑事案件严格排除非法证据若干问题的规定》第5条规定,采用刑讯逼供方法使犯罪嫌疑人、被告人作出供述,之后犯罪嫌疑人、被告人受该刑讯逼供行为影响而作出的与该供述相同的重复性供述,应当一并排除,但下列情形除外:(1)侦查期间,根据控告、举报或者自己发现等,侦查机关确认或者不能排除以非法方法收集证据而更换侦查人员,其他侦查人员再次讯问时告知诉讼权利和认罪的法律后果,犯罪嫌疑人自愿供述的;(2)审查逮捕、审查起诉和审判期间,检察人员、审判人员讯问时告知诉讼权利和认罪的法律后果,犯罪嫌疑人、被告人自愿供述的。故而重复性的有罪供述并非一概排除,而是具有一定的例外条件,D选项错误。

4.｜参考答案｜ BD

｜设题陷阱与常见错误分析｜

本道题目也具有一定的综合性,结合了证据、侦查及特别程序等领域。需要注意的是,本案属于共同犯罪,且一人到案而另一人潜逃。A选项考查的是讯问的全程录音录像。尽管立法层面对其适用是分条件的,并且一般情形不强制实施。但是,本案恰恰属于必须录音录像的范畴。这就要求考生审清题干信息,并且结合相关罪名的基本知识,得出犯罪嫌疑人可能被判处无期徒刑以上的判断。这是此选项暗含的最大陷阱。在B选项中,通缉的适用可以结合技术侦查措施;但是,在适用对象上却并未明确限定于犯罪嫌疑人,而这与加强规制约束的主基调也并不冲突。C选项考查的知识点系缺席审判的适用范围。显然,本案的情形并不属于此一范畴。然而,由于本案属于共同犯罪且瞿某已被抓获,很容易令考生形成错觉,误将两人纳入同一司法程序审视。实质上,嫌疑人未到案的情况下,公诉根本无法提起。D选项涉及司法实践中常见的问题,即公安机关提供的情况说明需要如何处理。尽管在形式上很难将其视为证据,但现实中却是大量存在的。故此,《刑诉解释》也对其作了一定规范。所以,当考生对法律解释的背景不甚了解的时候,辨识此一选项就会存在明显的障碍。

｜解题思路与方法分析｜

根据《刑事诉讼法》第123条的规定,侦查人员在讯问犯罪嫌疑人的时候,可以对讯问过程进行录音或者录像;对于可能判处无期徒刑、死刑的案件或者其他重大犯罪案件,应当对讯问过程进行录音或者录像。录音或者录像应当全程进行,保持完整性。本案中,瞿某的贩毒数量较大,可能判处无期徒刑、死刑。考生对此应当具有常识认知。故讯问黄某必须诉诸完整的全程录音录像,不论客观条件出现哪些困难。A选项错误。根据《公安部规定》第263条的规定,公安机关追捕被通缉或者批准、决定逮捕的在逃的犯罪嫌疑人、被告人,可以采取追捕所必需的技术侦查措施。但此一条款并未限缩在被追诉人身上,从侦查目的的实现出发,结合现实中被追诉人往往会同家人联系的常识推断,对其家属的监听并不存在禁止性理由。故B选项正确。根据《人民检察院规则》第505条的规定，对于监察机关移送起诉的贪污贿赂犯罪案件，犯罪嫌疑人、被告人在境外，人民检察院认为犯罪事实已经查清，证据确实、充分，依法应当追究刑事责任的，可以向人民法院提起公诉。对于公安机关移送起诉的需要及时进行审判的严重危害国家安全犯罪、恐怖活动犯罪案件，犯罪嫌疑人、被告人在境外，人民检察院认为犯罪事实已经查清，证据确实、充分，依法应当追究刑事责任的，经最高人民检察院核准，可以向人民法院提起公诉。本案并不符合上述任何一种情形，故C选项错误。根据《刑诉解释》第142条规定，对监察机关、侦查机关出具的被告人到案经过、抓获经过等材料，应当审查是否有出具该说明材料的办案人员、办案机关的签名、盖章。由此倒推，公安机关就黄某瞿某的抓获经过不仅可以制作书面材料，还应当附卷收录，D选项正确。

5.｜参考答案｜BD

｜设题陷阱与常见错误分析｜

本道客观题的综合性极强，且融合了《刑法》《刑事诉讼法》《人民陪审员法》等法律规范的交叉运用，难度较高。对于考生而言，如果不能对庄某的犯罪定性有一个准确认知，就很难对4个选项作出适当的判断。要顺利作答本题，题干情节的条分缕析是基础。尤其需要注意的是，在本案中，当场劫取、控制犯罪所得后，要求被害人事后交付财物来换取犯罪所得的，由于庄某已经实现了对汽车的非法占有，系犯罪既遂，故应当将汽车的价值计入犯罪数额。根据最高人民法院《关于抢劫、抢夺刑事案件适用法律若干问题的意见》的规定，为抢劫其他财物，劫取机动车辆当作犯罪工具或者逃跑工具使用的，被劫取机动车辆的价值计入抢劫数额。加之，徐某具有持枪情节，构成了抢劫罪认定的加重情节，故可能判处10年以上有期徒刑。本题的选项设计其实也是以此为基础的。A选项中，退赔行为构成了迷惑内容，但如果考生能够清晰认知本案属于必须逮捕的情形，就不会出现动摇。B选项涉及非法证据排除中的两大知识要点。一是排除的时间节点。从《刑事诉讼法》条文来看，非法证据排除似乎只涉及侦查、起诉、审判三大环节，且分别对应公安、检察以及法院等诉讼主体。即《刑事诉讼法》第56条："在侦查、审查起诉、审判时发现有应当排除的证据的，应当依法予以排除，不得作为起诉意见、起诉决定和判决的依据。"其中，并未明示审查逮捕期间该如何处置此类问题。而经过司法实践的磨合探索，事实上检察机关亦可在审查逮捕时排除证据的认定资格。即《人民检察院规则》第66条："对采用刑讯逼供等非法方法收集的犯罪嫌疑人供述和采用暴力、威胁等非法方法收集的证人证言、被害人陈述，应当依法排除，不得作为移送审查逮捕、批准或者决定逮捕、移送起诉以及提起公诉的依据。"二是被害人陈述的排除条件。这里就不存在刑讯逼供的表述，而指向了暴力、威胁方式。C选项表面上看考查的似乎是补充侦查的适用条件问题，但结合案情，庄某行为系抢劫与敲诈勒索的牵连犯关系，故无须追加罪名予以起诉。D选项考查了改革后的人民陪审员制度。对于何种情形下可以启动7人合议庭，无论是《刑事诉讼法》还是《人民陪审员法》均做了阐释。但本选项中，适用普通程序的设定其实是干扰内容，意在误导考生斟酌审判级别问题。

｜解题思路与方法分析｜

根据《刑事诉讼法》第81条的规定，对有证据证明有犯罪事实，可能判处10年有期徒刑以上刑罚的，或者有证据证明有犯罪事实，可能判处徒刑以上刑罚，曾经故意犯罪或者身份不明的，应当予以逮捕。本案中，庄某持枪抢劫系加重情节，且犯罪金额中包括汽车价值，故可能判处10年以上有期徒刑。检察机关必须做出批准逮捕决定。A选项错误。根据《人民检察院规则》第66条的规定，对采用刑讯逼供等非法方法收集的犯罪嫌疑人供述和采用暴力、威胁等非法方法收集的证人证言、被害人陈述，应当依法排除，不得作为移送审查逮捕、批准或者决定逮捕、移送起诉以及提起公诉的依据。故B选项正确。根据《人民检察院规则》第342条的规定，人民检察院认为犯罪事实不清、证据不足或者存在遗漏罪行、遗漏同案犯罪嫌疑人等情形需要补充侦查的，应当制作补充侦查提纲，连同案卷材料一并退回公安机关补充侦查。人民检察院也可以自行侦查,必要时可以要求公安机关提供协助。而本案中,案由的认定未涉及新的事实证据问题,不需要退补,由检察机关直接变更即可。另外,本案的罪数形态属于牵连犯,择一从重处罚即可,无须数罪并罚。C 选项错误。根据《刑事诉讼法》第 183 条规定,基层人民法院、中级人民法院审判第一审案件,应当由审判员 3 人或者由审判员和人民陪审员共 3 人或者 7 人组成合议庭进行,但是基层人民法院适用简易程序、速裁程序的案件可以由审判员一人独任审判。此外,《人民陪审员法》第 16 条规定:"人民法院审判下列第一审案件,由人民陪审员和法官组成七人合议庭进行:(一)可能判处十年以上有期徒刑、无期徒刑、死刑,社会影响重大的刑事案件……"故 D 选项正确。

6.｜参考答案｜CD

｜设题陷阱与常见错误分析｜

本道客观题的设计突出了刑法与刑事诉讼法的交叉互动。无论是题干还是选项中都隐藏了一些重要的情节,直接影响考生的分析。A 选项开宗明义地考查立案监督问题。对于应立案而未予立案的情形,考生需要明晰检察机关的监督权限如何运作。从根本上,考生更需要明白监督权究竟为何物。在刑事诉讼的运行系统中,检察机关行使监督职能,是否意味着被监督对象必须按照前者的要求照办。换言之,到底监督权有无约束力以及约束到何种程度,需要透过法条本身加以认知。B 选项指向了作为强制性侦查措施的人身检查,或许通过背诵法条就能作出正确判断。但是,考生常常会忽略人身检查的对象,即犯罪嫌疑人;而对于被害人,并不能因为对方拒绝就施加强制性。C 选项其实本质上是个刑法问题。本案在实体上其实应该构成抢劫罪未遂。抢劫罪中"当场"抢走财物或者使被害人交出财物,不是指客观上被害人身上是否有财物可以被抢,而是看行为人的性质是否符合要求当场拿走或者使被害人交出财物的特征,客观上是否当场取得财物并不决定案件的定性。由此,于某被判处的刑罚就会调整为 3 年有期徒刑以上,故而进一步引发程序变更的问题。D 选项其实延续了 C 选项中的实体判断,由于本案的情节属于犯罪未遂,侦查人员出庭的必要性就大为增加了。于是,作为目击证人的存在就将直接影响案件的最终定性。

｜解题思路与方法分析｜

根据《刑事诉讼法》第 130 条的规定,人民检察院认为公安机关对应当立案侦查的案件而不立案侦查的,或者被害人认为公安机关对应当立案侦查的案件而不立案侦查,向人民检察院提出的,人民检察院应当要求公安机关说明不立案的理由。人民检察院认为公安机关不立案理由不能成立的,应当通知公安机关立案,公安机关接到通知后应当立案。故此,检察机关不能直接要求公安机关立案,而应当先通知其说明理由。A 选项错误。根据《公安部规定》第 217 条规定,为了确定被害人、犯罪嫌疑人的某些特征、伤害情况或者生理状态,可以对人身进行检查,依法提取、采集肖像、指纹等人体生物识别信息,采集血液、尿液等生物样本。此外,犯罪嫌疑人拒绝检查、提取、采集的,侦查人员认为必要的时候,经办案部门负责人批准,可以强制检查、提取、采集。可见,人身检查的强制性只涉及犯罪嫌疑人,而不包括被害人。B 选项错误。因为本案中认定抢劫罪的起刑点高于 3 年有期徒刑,故根据《刑诉解释》第 366 条规定,适用简易程序独任审判过程中,发现对被告人可能判处的有期徒刑超过 3 年的,应当转由合议庭审理。C 选项正确。根据《刑诉解释》第 251 条规定,为查明案件事实、调查核实证据,人民法院可以依职权通知证人、鉴定人、有专门知识的人、调查人员、侦查人员或者其他人员出庭。本案被告人构成抢劫未遂,因此,警察的证言影响较大。人民警察就其执行职务时目击的犯罪情况作为证人出庭作证,亦有义务出庭作证,D 选项正确。

7.｜参考答案｜AD

｜设题陷阱与常见错误分析｜

本题在设计上属于经典的"一拖四"类型,系命题者非常惯用的一种思路方式。这类题目具有一定的理论性,需要考生对相关知识点的背景及基础理论有着十分精准的认知。此外,这类题目极容易出现在刑事诉讼原则的实践适用领域。A 选项涉及羁押必要性审查制度。该制度本质上归属于检察机关的法律监督范畴,尤其是针对无须羁押的情形,侦查及审判阶段均须诉诸建议形式。这是典型的诉讼监督行为。然而,在审查起诉环节,由于检察机关具有直接解除、变更强制措施的权限,便不必施加额外的建议行为。但是,这却不意味着此时不存在羁押必要性审查制度。故此时的直接释放行为依然可归属于法律监督原则的适用范围。B 选项涉及列席审委会的监督行为。尽管列席并发表意见的确是对审判活动的法律监督,可实施这一行为的主体被限定于检察长或者被委托的副检察长,而非普通的检察官及其助理。如果考生对此知识点的把握似是而非,这一选项的迷惑性便会产生效果。C 选项本身没有错误,且符合《人民检察院规则》的相关规定。不起诉等诉讼行为如果被上级检察院发现,确实可以被直接撤销或者责令纠正。但是,这并不能体现诉讼监督原则,而是检察一体理念的表现。对于考生来说,不能只是简单地判断选项本身是否符合法律规范的条款内容,更需要结合其与题干的契合度。当然,最重要的是准确辨析检察监督与检察一体之间的内外有别。D 选项考查了某个具体的细节。社区矫正的过程仍然未脱离刑事诉讼的基本范畴,在此期间的违法行为依然是检察机关的监督对象。对此,考生是很容易产生诉讼进程已经结束的错觉的。

| 解题思路与方法分析 |

根据《人民检察院规则》第 575 条第 2 款的规定,审查起诉阶段,负责捕诉的部门经审查认为不需要继续羁押的,应当直接释放犯罪嫌疑人或者变更强制措施。须注意此条款被纳入"刑事诉讼法律监督"一章,故 A 选项正确。根据《人民检察院规则》第 571 条的规定,人民检察院检察长或者检察长委托的副检察长,可以列席同级人民法院审判委员会会议,依法履行法律监督职责。其中,并不包括检察官及其助理,B 选项错误。根据《人民检察院规则》第 389 条的规定,最高人民检察院对地方各级人民检察院的起诉、不起诉决定,上级人民检察院对下级人民检察院的起诉、不起诉决定,发现确有错误的,应当予以撤销或者指令下级人民检察院纠正。但是,此条款无关法律监督原则,系检察一体原则的体现,C 选项错误。根据《人民检察院规则》第 643 条的规定,对社区矫正对象有殴打、体罚、虐待、侮辱人格、强迫其参加超时间或者超体力社区服务等侵犯其合法权利行为的,检察院应当依法提出纠正意见。D 选项正确。

8. | **参考答案** | ABCD

| **设题陷阱与常见错误分析** |

本题在题型上其实属于一道典型的理论题。目前,法考对于理论题的考查往往也是以案例的形式作为包装的。本题涉及的知识点主要为证明对象中的"程序法事实"。对于何为"程序法事实"的问题,教材中给予了非常明确的界定。如果只是关注法条背诵及理解,而忽略了教材中所罗列的基本理论知识,本题则很难顺利完成。需要注意的是,对于基础理论的考查在命题中已然呈现了不同以往的侧重倾向。所谓程序法事实,即能够成为证明对象的程序法事实,主要包括:对犯罪嫌疑人、被告人采取强制措施的事实;关于回避的事实;耽误诉讼期限是否不能抗拒的原因或者其他正当理由的事实;有关管辖争议的事实;违反法定程序的事实;认罪认罚的事实;等等。特别应当注意的是,证据事实不属于证明对象,更迥异于程序法事实。本题的选项涉及回避的事实、认罪认罚的事实、违反法定程序非法取证的事实以及采取强制措施的事实。考生如果不能灵活地进行分类、辨识,便很容易出现选项选择的遗漏。

| **解题思路与方法分析** |

根据《刑诉解释》第 28、33 条的规定,为本案当事人介绍、推荐律师属于法官应当回避的理由之一,且当事人及其法定代理人在申请回避时,应当提供证明材料。A 选项正确。根据《刑诉解释》第 218 条的规定,对于提起公诉的案件,在法院应当收到案卷材料后所重点审查

的内容中,包含了被告人的认罪认罚情况,如是否提出量刑建议、移送认罪认罚具结书等。由于认罪认罚将导致程序适用方面出现变化,故也属于程序法事实。B 选项正确。《刑事诉讼法》第 58、59 条事实上将收集证据程序的合法性纳入了需要证明的程序法事实中。因此,C 选项正确。对于犯罪嫌疑人、被告人采取强制措施的事实也属于程序法事实。犯罪嫌疑人在取保候审期间违反规定,证明其社会危险性相对较高,需要予以证明。D 选项正确。

9. | **参考答案** | A

| **设题陷阱与常见错误分析** |

本题考查了传闻证据规则的概念理解和适用把握。证据及证明章节一直以来都是法考命题的关注重点。所谓传闻证据规则,在我国现行立法中并没有完全确立,但是理论层面却是清晰明朗的。传闻证据主要包括两种形式:一是书面传闻证据,即亲身感受了案件事实的证人在庭审期日之外所作的书面证人证言及警察、检察人员所作的(证人)询问笔录;二是言词传闻证据,即证人并非就自己亲身感知的事实作证,而是向法庭转述他从别人那里听到的情况。本题的四个选项中,A 选项的分辨关键在于书面形式,如果考生对司法实践中的做法不加以批判性反思,则很容易作错误判断。B 选项需要首先确认公安机关出具情况说明的证据属性,这会给考生的作答带来一定迷惑性。C 选项的问题在于要以案件事实的关联性作为认知前提,进而明确证人亲身感知的对象为何,否则难免误以为相关信息系传闻所得。而 D 选项中的骨龄鉴定,实为一种意见证据,须同传闻证据的概念予以区分。

| **解题思路与方法分析** |

根据《刑诉解释》第 146 条的规定,审查被告人实施被指控的犯罪时或者审判时是否达到相应法定责任年龄,应当根据户籍证明、出生证明文件、学籍卡、人口普查登记、无利害关系人的证言等证据综合判断。A 选项中何某的证言虽系亲身感知,却是以书面形式提供的,符合书面传闻证据的界定,故正确。B 选项中的情况说明并非言词证据,而更接近于公文书证的属性,故不符合传闻证据的特征,错误。C 选项中证人的陈述既是亲身感知的事实,又以当庭直接言词的方式呈现,不属于传闻证据,故错误。D 选项中的骨龄鉴定系一种意见证据,并非传闻证据,错误。

10. | **参考答案** | AD

| **设题陷阱与常见错误分析** |

本题的考查对象较为综合,既涉及证据问题,又对程序事项予以关注。由于醉驾案件属于典型的轻罪案件,其处理环节存在某些特别之处,容易被考生所忽略。比如,在犯罪嫌疑人有意逃避血液检测的情形下,办案机关如何确定其醉酒的程度?如果考生对与之相关的证明方式没有吃透,就容易出现认知上的偏差。再如,正常情况下,案件进入新的程序阶段后,取保候审决定需要从新作出,以契合诉讼阶段论下的分工负责、配合制约理念。但是醉驾案件的处理,在适用快速办案机制的背景下,又可能存在例外。对此,考生需要准确把握无须换保的基本前提。这一点与“少捕慎诉慎押”精神的贯彻恰好是相互衔接的。关于证据种类的辨识问题,公安机关的执法记录仪所记载的影像内容究竟该如何定性,往往会给人造成误解。当其足以反映案件事实情况时,大多数情况下应当认定为视频资料。尤其是这样的影像摄录不能满足供述提取期间的一系列形式要求,故不宜将其视作犯罪嫌疑人的口供。而相关办案民警却可以作为提供证据材料的人,而充当证人身份。

| **解题思路与方法分析** |

根据《刑事诉讼法》第 54 条第 2 款的规定,行政机关在行政执法和查办案件过程中收集的物证、书证、视听资料、电子数据等证据材料,在刑事诉讼中可以作为证据使用。本案中,于某在呼气检测达到相应标准后,虽然故意逃避血液样本的提取,但是呼气检测结果都仍可指向其已醉酒的事实状态,故而具备了相应的证据资格。A 选项正确。在侦查或者审查起诉阶段采取取保候审措施的,案件移送至审查起诉或者审判阶段时,取保候审期限尚未届满且符合取保候审条件的,受案机关可以不再重新作

出取保候审决定，由公安机关继续执行原取保候审措施。但是，这需要以快速办理机制的启动为前提。本案中，于某到案后始终不承认自己醉酒驾驶，也就隐含了不自愿认罪的因素。因此，取保候审的适用仍需沿袭旧例。B选项错误。执法记录仪摄录了案发现场于某承认醉酒的事实，在证据种类上系视频资料，C选项错误。根据《人民检察院规则》第336条规定，检察机关如对视频资料存在疑问，是可以在必要时询问提供相关证据材料的人员和见证人并制作笔录附卷的。D选项正确。

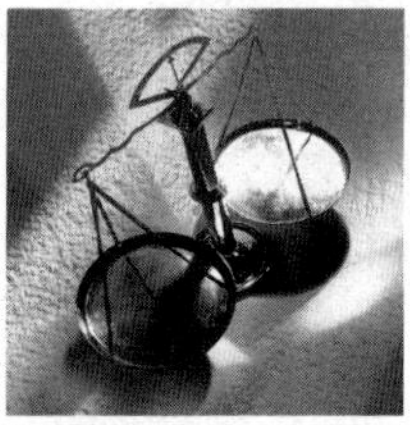

方 法 篇

如何解答本学科客观题

考查要求

行政法是与实务、实践高度关联的学科,对实务性要求较高。

1. 重在考查对原理与规则在实务中的运用。 对行政法的理解和把握,需要掌握相关的原理和法律规则,更需要将这些原理和规则能熟练地在实务中加以运用,有针对性地解决问题。从行政法内容看,行政行为法、行政救济法部分与行政实践、司法实践紧密相关,行政法导论与行政组织法表面看似与实践联系稍弱,但实际上构成了行政行为法、行政救济法部分的基础或与此密切相连。如对行政的界定不仅关系到行政法调整范围,而且构成某一行为是否为行政行为,因而成为是否属于行政复议范围和行政诉讼受案范围的判断基础;行政法的基本原则关系到行政行为合法性的审查判断;行政主体的判断,与行政复议被申请人确定、行政诉讼被告的确定高度关联。

2. 常以实例、案例呈现。 在客观题考试中,行政法的题目主要是通过大量的实体、案例呈现出来,通过实例、案例引出相关问题,通过实例、案例带入相关的规则和制度,通过实例、案例考查应试者对相关原理、规则等知识点的运用。随着国家统一法律职业资格考试对能力考查要求的提高,本科目的灵活性、综合性会更强,与行政实务、司法实务的关切度亦会更高。

3. 须把握法治发展和法治建设的时代要求。 我国行政法是不断发展的法律领域,行政法学亦是不断丰富发展的学科。行政法制度随着时代发展调整完善,这从行政法相关法律法规的修订中可以鲜明呈现出来。近年来,法治政府建设被定位为全面依法国的重点任务和主体工程,明确法治政府的标准和要求,2022 年修改的《地方各级人民代表大会和地方各级人民政府组织法》对此作出了相应规定。而不同时期时代要求不同,行政实践和司法实践亦不断变迁变化,因而行政法领域面临的问题和挑战也不相同。了解时代要求,洞察相关的问题,并能运用行政法原理和知识解决问题、回应问题,至关重要。

试卷分析

行政法学科客观题的题型有单项选择题、多项选择题和不定项选择题3种。总体而言,本学科在考查题型分布、试题数量、分值安排基本保持稳定,具有如下特点:

1. 应用性。行政法科目的试题基本是以案例、案例呈现出来,突出考查对行政法基本原则和规则的运用。相关法律规定以实例、案例所涉及的问题为需要。这并非说法律规定不重要,而是呈现方式出现变化,由法律规定本身而变为解决实例、案例中的问题的基础,它要求不仅熟练掌握这些规定、规则,而且要熟练运用于回答、回应相关的问题。应用导向的特点,要求找准问题、找对法条和找到结果。如在行政法中,对实例、案例中出现的某一行政行为,要判断其行为性质,是属于行政处罚还是行政强制措施或其他类别,才能决定适用哪一类别的行政法规范以及哪一(些)具体规则,进而再运用这些规定确定处理问题的结论或者方案。

应用性导向实际是国家统一法律职业资格考试注重能力的具体体现,要求应试者不能死记硬背法律规定,当然这不是要求忽视法律规定,更不是抛弃法律规定,而要深入挖掘法律规定的原理,吃透法律规定的精神。

2. 综合性。国家统一法律职业资格考试的试题越来越带有综合性,在客观题中,综合性更多指知识点的综合,即多个知识点或者考点的综合,一个试题中会涉及多个知识点,或是某一行政法领域中不同环节或不同方面的知识点,或是多个行政法领域的知识点,甚至是与其他法学学科的交叉知识点。

行政法试题的综合性带有应试者避免孤立记忆和理解行政法的相关知识点和相关规则,而需要将这些知识点和规则内在地串联起来,形成整体或整体性认识。更进一步的是,要把行政法的知识纳入整体法学知识谱系中来定位、来把握。

3. 基础性。行政法基本原理构成了行政法学的学科基础,也是众多行政法律规范的灵魂,因此行政法基本原理这一基础性、根本性的内容构成了考查的重点内容。

学科重点

行政法是调整因行政权的产生、运行和监督救济而发生的各类关系的法律部门,由行政组织法、行政行为法和行政监督救济法组成。行政法属于公法的范畴,其主要功能在于规范行政权之行使,实现公民权益之保障。严格依法行政,建设法治政府,是我国行政法治建设的重要使命。当前,我国法治建设进入全面依法治国阶段,依法行政、建设法治政府不仅是全面依法治国的重要组成部分,而且是全面依法治国的重点任务和主体工程,必须率先取得突破。行政法学是有关行政法的知识体系,行政法学的教学旨在让学习者掌握行政法的基本原理、基本知识和基本技能,为成为优秀法治人才奠定扎实的公法基础。因此,在国家统一法律职业资格考试中,行政法具有重要的地位。

不过,由于行政法虽与个人、组织密切相关,但常常涉及复杂的国家事务和行政事务,相关规则往往需要根据一个国家的政治制度、行政安排来确定,并非通过个人、组织自身的经历、经验能够习得或认识,因而不一定为个人、组织所了解和熟悉。更为重要的是,迄今为止,行政法尚无统一的法典,行政法律规范具有一定的广泛性和分散性。因此,行政法和行政法学的学习不是一件轻松容易的事,要学习好更难。行政法学甚至被称为"令人头疼的"学科。正因如此,掌握行政法的基本原理和重点,对理解行政法和学好行政法至关重要。

行政法融实体法与程序法为一体，既包括行政实体法内容，也包括行政程序法和行政诉讼法内容。根据国家统一法律职业资格考试大纲的要求以及辅导用书的编排体系，本科目主要包括导论、行政组织法、行政行为法和行政救济法四编。导论一编旨在阐明行政法的基本原理，后三编主要对应行政法的三大组成部分，各编下设章节不一，统合起来共23章内容，具有包括：涉及行政法概述，行政法的基本原则，行政机关组织法，公务员法，抽象行政行为，具体行政行为概述，行政处罚，行政强制，行政许可，其他行政行为，行政程序与政府信息公开，行政复议，行政诉讼概述，行政诉讼的受案范围，行政诉讼的管辖，行政诉讼参加人，行政诉讼程序，行政诉讼的特殊制度与规则，行政案件的裁判与执行，国家赔偿概述，行政赔偿，司法赔偿以及国家赔偿方式、标准和费用。其中，行政行为法和行政救济法两编，章节及内容较多，与实践和实践关联度高。

从历年试题来看，行政法原理以及与行政实践和司法实践关联密切的行政法律规范和行政法知识，是学习和考查的重要内容，尤其行政法导论、行政行为、行政复议、行政诉讼等内容不仅是复习的重点，也是考查的难点。试题关涉众多法条，包括《国务院行政机构设置和编制管理条例》《地方各级人民政府机构设置和编制管理条例》《公务员法》《政府信息公开条例》《行政处罚法》《行政许可法》《行政强制法》《行政复议法》《行政诉讼法》《国家赔偿法》等，成为知识点较为密集的内容。

复习攻略

由于行政法涉及面广，内容繁杂，寻找到恰当的、有效的复习思路和方式十分重要。根据行政法的特点和要求，要注重下列方面。

一是要掌握知识的通贯性。在行政法知识点多，且行政法规范体系化不足的背景下，在复习时既要在把握相关知识点和法律规定的深度上下功夫，也要在掌握知识的通贯性上下功夫。通过整体性、全面性分析相关的行政法知识、规定，比较不同的行政法制度的区别和关联，将分散、分设的行政法制度、法律规定融合起来、串联起来，打通不同的行政法知识点，形成具有整体性、宏观性的行政法观。

二是要加强应用性训练。在行政法学习中，要摆脱单纯的法律规定的学习，更进一步，在此基础上提高实践能力，能够将法律规定和法律原理运用到实践中去分析问题和解决问题。因此，在学习行政法时，有必要了解行政运行和行政诉讼实践，从行政法角度思考和分析常见的行政现象，如行政处罚决定、行政强制措施、行政许可决定等典型的行政行为，有针对性地研读一些行政复议决定和行政诉讼裁判，并养成独立思考和判断的习惯。

三是要强化原理性认识。行政法的具体制度安排会因时而变，行政法律规范会有变动性，甚至在一个时期内会有大的调整，但是行政法基本原理具有相对稳定性，也更具有基础性，是支撑诸多分散的行政法知识群和行政法律规则的基础。因此，学习行政法和理解行政法，要强化行政法基本原理的学习和掌握。

答题范例与实战演练

01 答题范例

| 题目指引 |

本题是从公司与职工间因缴纳社会保险费引发争议,寻求行政救济这一角度进行设题的。在知识点的分布上,四个选项分别考查不同知识点,即行政行为性质判定、行政诉讼先予执行制度、举证责任以及诉讼判决形式,需要考生在不同知识点间快速切换,从而准确作答。在法律条文的运用上,涉及《行政处罚法》《行政诉讼法》《社会保险法》等,是一道跨学科、综合性较强的试题,充分考查学生运用知识分析问题的能力。

| 题　　目 |

【不定项选择题】某公司职工刘某向市社会保险经办中心投诉并提交相关材料,要求公司按规定为其缴纳社会保险费。经调查,市社会保险经办中心作出《责令限期缴纳决定书》,责令公司为刘某补缴社会保险费共计4.82万元。公司不服申请复议,复议机关逾期未作出复议决定,公司提起行政诉讼。对此,下列说法正确的是:

A.《责令限期缴纳决定书》不属于行政处罚

B. 若公司逾期未为刘某补缴社会保险费,刘某可以向法院申请先予执行

C. 应当由市社会保险经办中心与复议机关共同承担举证责任

D. 本案不能适用变更判决

| 参考答案 | __________①

| 推导过程 |

本题需要考生在准确判断《责令限期缴纳决定书》行为属性的基础上,对由此引发的诉讼问题进行一一判定。

首先,须判断《责令限期缴纳决定书》属何种行为,是否为行政处罚。判断何种行为是否属于行政处罚一直是难点,也是争议点。《行政处罚法》第9条规定:"行政处罚的种类:(一)警告、通报批评;(二)罚款、没收违法所得、没收非法财物;(三)暂扣许可证件、降低资质等级、吊销许可证件;(四)限制开展生产经营活动、责令停产停业、责令关闭、限制从业;(五)行政拘留;(六)法律、行政法规规定的其他行政处罚。"《责令限期缴纳决定书》明显不属于《行政处罚法》明确列举的处罚种类。与此同时,根据《行政处罚法》第2条"行政处罚是指行政机关依法对违反行政管理秩序的公民、法人或者其他组织,以减损权益或者增加义务的方式予以惩戒的行为"的内涵界定,判断是否属于行政处罚的核心标准在于该行为是否具有制裁性、惩罚性。本案市社会保险经办中心对公司作出《责令限期缴纳决定书》,只是为了督促公司履行为刘某缴纳社会保险费,不具有制裁性和惩罚性,而且《社会保险法》第86条规定:"用人单位未按时足额缴纳社会保险费的,由社会保险费征收机构责令限期缴纳或者补足,并自欠缴之日起,按日加收万分之五的滞纳金;逾期仍不缴纳的,

① A

由有关行政部门处欠缴数额一倍以上三倍以下的罚款。”故《责令限期缴纳决定书》是与行政处罚完全不同的两种行为。A 选项正确,应选。

其次,本案涉及社会保险费是否有可能会适用到行政诉讼先予执行制度。我国《行政诉讼法》对行政诉讼先予执行适用条件的规定非常明确,第 57 条第 1 款规定:“人民法院对起诉行政机关没有依法支付抚恤金、最低生活保障金和工伤、医疗社会保险金的案件,权利义务关系明确、不先予执行将严重影响原告生活的,可以根据原告的申请,裁定先予执行。”据此,只有当行政机关没有依法支付抚恤金、最低生活保障金和工伤、医疗社会保险金时,原告起诉行政机关时才可以向法院申请先予执行。本案虽涉及社会保险费,但拒绝支付的主体并非行政机关,而是公司,非原告的刘某不享有向法院申请先予执行的权利。此外,对公司逾期未为刘某补缴社会保险费,《社会保险法》第 86 条明确规定,可以由有关行政部门处欠缴数额一倍以上三倍以下的罚款。故 B 选项错误,不选。

再次,由于公司先申请行政复议再提起行政诉讼,就需根据不同复议情形判断行政诉讼过程中的举证责任。根据最高人民法院《关于适用〈中华人民共和国行政诉讼法〉的解释》(以下简称《行诉适用解释》)第 135 条的规定,只有当复议机关为共同被告时,才由作出原行政行为的行政机关和复议机关对原行政行为合法性共同承担举证责任。本案属复议不作为,根据《行政诉讼法》第 26 条第 3 款规定:“复议机关在法定期限内未作出复议决定,公民、法人或者其他组织起诉原行政行为的,作出原行政行为的行政机关是被告;起诉复议机关不作为的,复议机关是被告。”本案被告应为市社会保险经办中心或复议机关,故根据所列被告不同,存在由市社会保险经办中心或复议机关承担举证责任的可能。C 选项错误,不选。

最后,考查行政诉讼的判决形式。《行政诉讼法》明确变更判决是一重要的判决形式。对此,《行政诉讼法》第 77 条明确规定:“行政处罚明显不当,或者其他行政行为涉及对款额的确定、认定确有错误的,人民法院可以判决变更。人民法院判决变更,不得加重原告的义务或者减损原告的权益。但利害关系人同为原告,且诉讼请求相反的除外。”故此若市社会保险经办中心对社会保险费计算错误,法院可以适用变更判决,D 选项错误,不选。

02 答题范例

| 题目指引 |

本题是因行政许可注销引发争议,行政相对人继而申请行政复议。在知识点的分布上,四个选项分别考查不同知识点,即具体行政行为的判定、行政许可延续制度、行政许可听证制度及行政复议制度,既需要考生能够区分行政法律行为与行政事实行为,亦要求其精准掌握《行政许可法》《行政复议法》相关知识,是一道综合性、运用性较强的试题。

| 题　目 |

【单项选择题】王某名下的网约车到期后未申请延续,市道路运输局遂依据该市地方规章《网络预约出租汽车经营服务管理若干规定》(本题以下简称《规定》)作出注销王某网约车经营许可证的决定,之后通过门户网站发布《关于注销包括王某车辆在内的 467 辆车辆行政许可决定的公告》(本题以下简称《公告》)。王某不服注销决定,申请行政复议。对此,下列哪一说法是正确的?

A.《公告》属于对王某权益产生实质影响的具体行政行为

B.《规定》可以就网约车到期后申请延续的期限另行规定

C. 根据《行政许可法》,市道路运输局在作出注销决定前,应当告知王某享有要求听证的权利

D. 复议机关应当通过普通程序进行审理

| **参考答案** | ________①

| **推导过程** |

本题需要考生在准确判断注销决定与《公告》行为属性的基础上，对由此引发的相关问题一一判定。

首先，考生需厘清注销决定与《公告》的关系，区分行政法律行为与行政事实行为。本案因王某名下的网约车到期后未申请延续，市道路运输局对王某车辆作出注销决定，这一决定是对王某权益产生实质影响的具体行政行为。在注销决定作出后，市道路运输局通过门户网站发布《公告》的行为，虽然针对的对象是特定的，即包括王某车辆在内的467辆车辆，但这一行为只是将之前已产生法律效力的注销决定向公众公开，并未与王某产生、变更或者消灭新的行政法律关系，未对王某的权利义务产生实质影响，属于行政事实行为，故A选项是错误的。

其次，需要考生精准、系统掌握行政许可延续制度与听证制度。关于行政许可延续，《行政许可法》第50条第1款规定："被许可人需要延续依法取得的行政许可的有效期的，应当在该行政许可有效期届满三十日前向作出行政许可决定的行政机关提出申请。但是，法律、法规、规章另有规定的，依照其规定。"本案中《规定》属于地方政府规章，可以对申请延续期限另行规定，故B选项是正确的。有关行政许可的听证制度，《行政许可法》第47条第1款规定："行政许可直接涉及申请人与他人之间重大利益关系的，行政机关在作出行政许可决定前，应当告知申请人、利害关系人享有要求听证的权利；申请人、利害关系人在被告知听证权利之日起五日内提出听证申请的，行政机关应当在二十日内组织听证。"故此，在行政机关作出行政许可决定前，应履行告知听证义务。除此之外，在作出诸如撤销、注销等行为前，《行政许可法》并未明确规定行政机关要履行告知听证义务，故C选项是错误的。此外，在吊销行政许可前，《行政处罚法》明确规定了听证制度，该法第63条第1款规定："行政机关拟作出下列行政处罚决定，应当告知当事人有要求听证的权利，当事人要求听证的，行政机关应当组织听证：……（三）降低资质等级、吊销许可证件；……"为此，考生应系统掌握行政许可相关行为的听证制度，从而作出正确判断。

最后，需要考生全面掌握行政复议的审理程序。在行政复议的审理程序上，修改后的《行政复议法》在普通程序之外，还确立了简易程序。该法第53条有2款，其中第1款规定："行政复议机关审理下列行政复议案件，认为事实清楚、权利义务关系明确、争议不大的，可以适用简易程序：（一）被申请行政复议的行政行为是当场作出；（二）被申请行政复议的行政行为是警告或者通报批评；（三）案件涉及款额三千元以下；（四）属于政府信息公开案件。"第2款同时规定："除前款规定以外的行政复议案件，当事人各方同意适用简易程序的，可以适用简易程序。"具体到本案，即便不属于第53条第1款明确列举可适用简易程序的四种情形，根据第2款，若王某与市道路运输局同意适用简易程序，仍可以适用简易程序，故D选项错误，不当选。

综上所述，本题的正确答案为B选项。

03 答题范例

| **题目指引** |

本题的案情并不复杂，但选项中的考点具有综合性，题目中同时融合了行政法与行政诉讼的不同知识点，涉及行政处罚、行政复议和行政诉讼问题，具体包括行政处罚的执行、行政复议前置

① B

事项、行政复议申请方式、行政诉讼被告确定。对选项的正确判断,不仅要求掌握相关法律规则,更需要把握规则的精神并结合案情进行运用。

| 题　目 |

【多项选择题】廖某驾驶汽车在某路口行使时,某市(县级市)交警大队执勤交通警察孙某示意其靠边停车,核实了其驾驶员身份,告知其无视禁止左转弯交通标志违规左转弯,并适用简易程序当场制作处罚决定书,给予廖某罚款200元。廖某不服向市政府申请行政复议,市政府作出维持市交警大队的处罚决定。后廖某向法院起诉。对此,下列哪些说法是正确的?

A. 处罚决定书应当载明廖某不服处罚决定可以向市法院提起行政诉讼

B. 孙某可以当场收缴对廖某的罚款

C. 廖某可以通过市交警大队提交行政复议申请

D. 本案的被告为市交警大队和市政府

| 参考答案 | ________[①]

| 推导过程 |

选项A表面看是行政处罚问题,即适用简易程序的行政处罚书应载明的内容。《行政处罚法》第52条第1款规定,执法人员当场作出行政处罚决定的,应当向当事人出示执法证件,填写预定格式、编有号码的行政处罚决定书,并当场交付当事人。当事人拒绝签收的,应当在行政处罚决定书上注明。而第52条第2款对行政处罚决定书应当载明的内容作出了明确规定,包括:当事人的违法行为,行政处罚的种类和依据、罚款数额、时间、地点,申请行政复议、提起行政诉讼的途径和期限以及行政机关名称,并由执法人员签名或者盖章。从这个意义看,选项A似乎是正确的。然而,这正是选项A的迷惑性。因为问题的关键是载明的内容是否合法、正确,这需要深入分析本题的行政处罚行为的特殊性。本题中的行政处罚决定是适用简易程序作出的。《行政复议法》第23条规定:"有下列情形之一的,申请人应当先向行政复议机关申请行政复议,对行政复议决定不服的,可以再依法向人民法院提起行政诉讼:(一)对当场作出的行政处罚决定不服;(二)对行政机关作出的侵犯其已经依法取得的自然资源的所有权或者使用权的决定不服;(三)认为行政机关存在本法第十一条规定的未履行法定职责情形;(四)申请政府信息公开,行政机关不予公开;(五)法律、行政法规规定应当先向行政复议机关申请行政复议的其他情形。对前款规定的情形,行政机关在作出行政行为时应当告知公民、法人或者其他组织先向行政复议机关申请行政复议。"根据此规定,对当场作出的行政处罚决定不服,当事人提起行政诉讼前需要行政复议前置,即不能直接向法院起诉。选项A中,处罚决定书应当载明廖某不服处罚决定可以向市法院提起行政诉讼,显然是错误的。因而,表现看选项A是行政处罚决定书的内容问题,但深层看则是行政复议与行政诉讼关系问题。故,选项A是错误的。

选项B涉及行政处罚决定的执行问题,即当场收缴罚款问题。《行政处罚法》第68条规定,依照本法第51条的规定当场作出行政处罚决定,有下列情形之一,执法人员可以当场收缴罚款:一是依法给予100元以下罚款的;二是不当场收缴事后难以执行的。本题中的罚款数额为200元,不适用第一种情形;本题中被处罚人为廖某,执勤交通警察孙某核实了其驾驶员身份,亦不属于不当场收缴事后难以执行情形。因而,此种情形不适用当场收缴罚款。要回答选项B的问题,要求考生熟悉并理解《行政处罚法》第68条规定的内容和精神。事实上需要考生理解行政处罚决定与行政处罚决定的执行的不同,理解裁执分离的原理。《行政处罚法》第67条确立了作出罚款决定的行

① CD

政机关应当与收缴罚款的机构分离的基本要求，同时规定“除依照本法第六十八条、第六十九条的规定当场收缴的罚款外，作出行政处罚决定的行政机关及其执法人员不得自行收缴罚款。当事人应当自收到行政处罚决定书之日起十五日内，到指定的银行或者通过电子支付系统缴纳罚款。银行应当收受罚款，并将罚款直接上缴国库”。故选项 B 是错误的。

选项 C 关系申请行政复议的方式问题，《行政复议法》第 32 条规定：“对当场作出或者依据电子技术监控设备记录的违法事实作出的行政处罚决定不服申请行政复议的，可以通过作出行政处罚决定的行政机关提交行政复议申请。行政机关收到行政复议申请后，应当及时处理；认为需要维持行政处罚决定的，应当自收到行政复议申请之日起五日内转送行政复议机关。”这是申请人提出行政复议的特殊方式，即通过作出行政处罚决定的行政机关提交行政复议申请。本题中的罚款决定恰恰是适用简易程序即当场处罚程序作出的，符合该法第 32 条规定的情形，可以通过市交警大队提交行政复议申请。故选项 C 是正确的。

选项 D 是典型的行政诉讼问题，即行政诉讼被告的确定。结合本题中的案情，要分析的重要问题是直接起诉还是经复议后的起诉。本题中，是经复议且复议机关维持的情形，其适用的是《行政诉讼法》第 26 条第 2 款的情形，即经复议的案件，复议机关决定维持原行政行为的，作出原行政行为的行政机关和复议机关是共同被告。本题中的复议机关是市政府，作出原行政行为的行政机关是市交警大队，因而本案的被告为市交警大队和市政府，选项 D 是正确的。

综上分析，本题的正确选项是选项 C、D。

刷 题 篇

重点考向与真题精粹

01 考向 行政法概述

【多项选择题】廖某在某镇沿街路边搭建小棚经营杂货，县建设局下发限期拆除通知后强制拆除，并对廖某作出罚款 2 万元的处罚。廖某起诉，法院审理认为廖某所建小棚未占用主干道，其违法行为没有严重到既需要拆除又需要实施顶格处罚的程度，判决将罚款改为 1000 元。法院判决适用了下列哪些原则？

A. 行政公开　　B. 比例原则

C. 合理行政　　D. 诚实守信

| 参考答案 | ________①

| 设题陷阱与常见错误分析 |

本题考查应试者对合理行政和比例原则的理解以及具体运用，事实上难度不高，只要应试者能掌握这两项原则的基本内涵正确回答此题不会成为问题。然而，仍有应试者出现错误，如没有选择选项 C，而出错的原因在于对行政诉讼基本原则出现了误解。不可否认，《行政诉讼法》第 6 条规定：“人民法院审理行政案件，对行政行为是否合法进行审查。”但是，这一规则并不意味着法院不能审查行政行为的合理性。《行政诉讼法》第 70 条第 6 项明确规定，行政行为“明显不当的”，人民法院判决撤

① BC

销或者部分撤销，并可以判决被告重新作出行政行为。第77条第1款规定："行政处罚明显不当，或者其他行政行为涉及对款额的确定、认定确有错误的，人民法院可以判决变更。"

｜解题思路与方法分析｜

本题所问的是法院适用了哪些原则作出判决，因此，法院的审理对象及判决理由是解析本题的关键。从题干可知，法院的审理对象是行政处罚行为，该行为由县建设局作出，处罚内容罚款2万元，而违法事实是廖某在某镇沿街路边搭建小棚经营杂货，不过此罚款决定是在搭建小棚被强制拆除后作出的。法院的判决是罚款改为1000元，理由是廖某所建小棚未占用主干道，其违法行为没有严重到既需要拆除又需要实施顶格处罚的程度。

根据《行政诉讼法》以及《行诉适用解释》的规定，法院可以作出撤销判决、履行判决、驳回诉讼请求判决、确认判决、给付判决和变更判决6种判决形式。《行政诉讼法》第77条第1款规定："行政处罚明显不当，或者其他行政行为涉及对款额的确定、认定确有错误的，人民法院可以判决变更。"这一关于变更判决的规定正是合理行政的要求。

合理行政原则的主要含义是行政决定应当具有理性，属于实质行政法治的范畴，尤其适用于裁量性行政活动。合理行政中的重要原则，是比例原则。比例原则要求行政机关采取的措施和手段应当必要、适当。行政机关实施行政管理可以采用多种方式实现行政目的的，应当避免采用损害当事人权益的方式。具体而言，它有三方面的要求：第一，合目的性，是指行政机关行使裁量权所采取的具体措施必须符合法律目的。第二，适当性，是指行政机关所选择的具体措施和手段应当为法律所必需，结果与措施和手段之间存在正当性。第三，损害最小，是指在行政机关在可以采用多种方式实现某一行政目的的情况下，应当采用对当事人权益损害最小的方式。即行政机关能用轻微的方式实现行政目的，就不能选择使用手段更激烈的方式。法院的判决明确指出廖某的行为"没有严重到既需要拆除又需要实施顶格处罚的程度"，因此认为对其处罚过度，违反比例原则。

行政公开原则要求除涉及国家秘密和依法受到保护的商业秘密、个人隐私的外，行政机关实施行政管理应当公开，以实现公民的知情权；诚实守信原则要求行政信息真实和保护当事人信赖利益。法院的判决显然与这两项原则不合。

综上，本题的答案为BC。

02 考向 行政机关组织法

1.【单项选择题】国家铁路局为国务院组成部门管理的国家局。关于国家铁路局，下列哪一说法是正确的？

A. 有权制定规章

B. 主管国务院的某项专门业务，具有独立的行政管理职能

C. 该局的设立由国务院编制管理机关提出方案，报国务院决定

D. 该局增设司级内设机构，由国务院编制管理机关审核批准

｜参考答案｜__________①

｜设题陷阱与常见错误分析｜

一些应试者没有充分掌握国务院直属机构与国务院组成部门管理的国家局的区分，误认为选项B是正确的。然而，"主管国务院的某项专门业务，具有独立的行政管理职能"，恰恰是国务院直属机构的特性，而国务院组成部门管理的国家行政机构是由国务院组成部门管理，主管特定业务，行使行政管理职能。

｜解题思路与方法分析｜

本题涉及国务院组成部门管理的国家行政机构相关问题，需要根据相关规定分析判断。选项A涉及职权问题，特别是规章制定机关问题。《立法法》第91条第1款规定："国务院各部、委员会、中国人民银行、审计署和具有行政管理职能的直属机构以及法律规定的机构，可

---

① C

以根据法律和国务院的行政法规、决定、命令，在本部门的权限范围内，制定规章。”此规定显然不包括国务院组成部门管理的国家行政机构，故选项 A 的说法错误。

《国务院行政机构设置和编制管理条例》第 6 条对国务院相关机构的性质、职能等作出了规定，其内容是：“国务院行政机构根据职能分为国务院办公厅、国务院组成部门、国务院直属机构、国务院办事机构、国务院组成部门管理的国家行政机构和国务院议事协调机构。国务院办公厅协助国务院领导处理国务院日常工作。国务院组成部门依法分别履行国务院基本的行政管理职能。国务院组成部门包括各部、各委员会、中国人民银行和审计署。国务院直属机构主管国务院的某项专门业务，具有独立的行政管理职能。国务院办事机构协助国务院总理办理专门事项，不具有独立的行政管理职能。国务院组成部门管理的国家行政机构由国务院组成部门管理，主管特定业务，行使行政管理职能。国务院议事协调机构承担跨国务院行政机构的重要业务工作的组织协调任务。国务院议事协调机构议定的事项，经国务院同意，由有关的行政机构按照各自的职责负责办理。在特殊或者紧急的情况下，经国务院同意，国务院议事机构可以规定临时性的行政管理措施。”很明显，选项 B 的内容更符合国务院直属机构，而不是国务院组成部门管理的国家行政机构，故错误。

《国务院行政机构设置和编制管理条例》第 8 条规定：“国务院直属机构、国务院办事机构和国务院组成部门管理的国家行政机构的设立、撤销或者合并由国务院机构编制管理机关提出方案，报国务院决定。”故选项 C 的说法正确。

《国务院行政机构设置和编制管理条例》第 14 条规定：“国务院行政机构的司级内设机构的增设、撤销或者合并，经国务院机构编制管理机关审核方案，报国务院批准。国务院行政机构的处级内设机构的设立、撤销或者合并，由国务院行政机构根据国家有关规定决定，按年度报国务院机构编制管理机关备案。”故选项 D 的说法错误。

综上，本题的答案为 C 项。

2.【单项选择题】国家税务总局为国务院直属机构。就其设置及编制，下列哪一说法是正确的？

A. 设立由全国人大及其常委会最终决定

B. 合并由国务院最终决定

C. 编制的增加由国务院机构编制管理机关最终决定

D. 依法履行国务院基本的行政管理职能

| **参考答案** | ________①

| **设题陷阱与常见错误分析** |

国务院行政机构种类多样，各类行政机构的性质和地位不同，相应的机构和编制管理也有诸多的差异。本题的目的正在于考查应试者是否能够对国务院不同行政机构之间的区分有清晰的认知，进而能够依据不同的规定作出判断。一些应试者由于不能充分掌握这些区别及相应的规定，从而出现错误判断。

| **解题思路与方法分析** |

本题考查的是国务院直属机构的相关问题，涉及国务院直属机构的性质和地位以及其合并和编制等要求。

《国务院行政机构设置和编制管理条例》第 6 条对国务院行政机构的类别作出了规定：“国务院行政机构根据职能分为国务院办公厅、国务院组成部门、国务院直属机构、国务院办事机构、国务院组成部门管理的国家行政机构和国务院议事协调机构……”每一类别的行政机构性质和地位不同，“国务院办公厅协助国务院领导处理国务院日常工作。国务院组成部门依法分别履行国务院基本的行政管理职能。国务院组成部门包括各部、各委员会、中国人民银行和审计署。国务院直属机构主管国务院的某项专门业务，具有独立的行政管理职能。国务院办事机构协助国务院总理办理专门事项，不具有独立的行政管理职能。国务院组成部门管理的国家行政机构由国务院组成部门管理，主管特定业务，行使行政管理职能。国务

① B

院议事协调机构承担跨国务院行政机构的重要业务工作的组织协调任务。国务院议事协调机构议定的事项,经国务院同意,由有关的行政机构按照各自的职责负责办理。在特殊或者紧急的情况下,经国务院同意,国务院议事机构可以规定临时性的行政管理措施"。根据此规定,国务院直属机构主管国务院的某项专门业务,具有独立的行政管理职能,因此选项D错误。根据第6条规定,国务院组成部门依法分别履行国务院基本的行政管理职能,一些应试者不清楚或者混淆了国务院组成部门与国务院直属机构之间的区分,出现错选。

《国务院行政机构设置和编制管理条例》第8条规定:"国务院直属机构、国务院办事机构和国务院组成部门管理的国家行政机构的设立、撤销或者合并由国务院机构编制管理机关提出方案,报国务院决定。"故选项A错误,选项B正确。

《国务院行政机构设置和编制管理条例》第19条规定:"国务院行政机构增加或者减少编制,由国务院机构编制管理机关审核方案,报国务院批准。"故选项D错误。

综上,本题的答案为B。

03 考向 公务员法

【多项选择题】财政局干部李某在机关外兼职。关于李某兼职,下列哪些说法是正确的?

A. 为发挥个人专长可在外兼职

B. 兼职应经有关机关批准

C. 不得领取兼职报酬

D. 兼职情况应向社会公示

| 参考答案 | ________①

| 设题陷阱与常见错误分析 |

对于公务员兼职,《公务员法》有明确规定。一些应试者对这些规定不熟悉,根据自己的推测和理解作答,因而错误。如有应试者认为A项正确,发挥专长属于合理的兼职需要;有应试者认为D选项正确,公务员是纳税人供养的公务人员,兼职情况应向社会公开,接受人民监督。

| 解题思路与方法分析 |

本题旨在考查应试者对公务员兼职的规定的理解和运用。《公务员法》第44条规定:"公务员因工作需要在机关外兼职,应当经有关机关批准,并不得领取兼职报酬。"根据规定,选项B、C是正确的。选项A应当是错误的,如果说公务员兼职对于兼职的工作必须或者应当有专长尚可理解,但"为发挥个人专长"就可在外兼职,显然不符合第44条的精神和要求。选项D中"兼职情况应向社会公示",对此《公务员法》未作出规定。

综上,本题答案为BC。

04 考向 抽象行政行为

【单项选择题】《计算机信息网络国际联网安全保护管理办法》于1997年12月11日经国务院批准,由公安部于1997年12月30日以公安部部令发布。该办法属于哪一性质的规范?

A. 行政法规

B. 国务院的决定

C. 规章

D. 一般规范性文件

| 参考答案 | ________②

| 设题陷阱与常见错误分析 |

对于本题,有一些应试者选择了选项C,而不是选项A。这些应试者之所以作出这一选择,源于《行政法规制定程序条例》规定,即只有依法经总理签署发布的才有可能是行政法规。这一判断基本无问题,考虑到《立法法》于2000年方生效,之前由国务院部门制定但经国务院批准的规范一律视为规章并不恰当。最高人民法院关于印发《关于审理行政案件适用法律规范问题的座谈会纪要》的通知也明确这类规范为行政法规。

---

① BC

② A

| 解题思路与方法分析 |

根据《行政法规制定程序条例》的规定，行政法规须经法定程序立项、起草、审查、公布，特别是须经国务院总理签署国务院令公布施行。因此，就一般情形而言，经国务院批准、由国务院部门公布的规范性文件，不是行政法规，而是部门规章。不过，最高人民法院《关于印发〈关于审理行政案件适用法律规范问题的座谈会纪要〉的通知》指出："考虑建国后我国立法程序的沿革情况，现行有效的行政法规有以下三种类型：一是国务院制定并公布的行政法规。二是《立法法》施行以前，按照当时有效的行政法规制定程序，经国务院批准、由国务院部门公布的行政法规。但在《立法法》施行以后，经国务院批准、由国务院部门公布的规范性文件，不再属于行政法规。三是在清理行政法规时由国务院确认的其他行政法规。"

本题中的《计算机信息网络国际联网安全保护管理办法》，制定于1997年，早于2000年《立法法》，属于经国务院批准、由公安部的发布的情形，故应属于行政法规，而不是规章。

综上，本题答案为A。

05 考向 具体行政行为概述

1.【单项选择题】某县公安局开展整治非法改装机动车的专项行动，向社会发布通知：禁止改装机动车，发现非法改装机动车的，除依法暂扣行驶证、驾驶证6个月外，机动车所有人须到指定场所学习交通法规5日并出具自行恢复原貌的书面保证，不自行恢复的予以强制恢复。某县公安局依此通知查处10辆机动车，要求其所有人到指定场所学习交通法规5日并出具自行恢复原貌的书面保证。下列哪一说法是正确的？

A. 通知为具体行政行为

B. 要求10名机动车所有人学习交通法规5日的行为为行政指导

C. 通知所指的暂扣行驶证、驾驶证6个月为行政处罚

D. 通知所指的强制恢复为行政强制措施

| 参考答案 | ________①

| 设题陷阱与常见错误分析 |

本题考核的重点是应试者对不同类别的行政行为，特别是不同类别的具体行政行为的性质理解及其具体判断运用。具体而言，本题涉及具体行政行为与抽象行政行为的区分，以及是否属于行政指导、行政处罚和行政强制措施的判断。一些应试者没有真正理解这些行为之间区别，从而造成错误判断。如有应试者认为，选项C中的暂扣不属于行政处罚。

| 解题思路与方法分析 |

行政行为是行政法学上的重要内容，理解和掌握不同性质、不同类别的行政行为之间的区别，并加以运用，是学好行政法的重要要求之一。

本题选项A涉及具体行政行为与抽象行政行为的区别。本质上，具体行政行为是具体的处置行为，抽象行政行为则是制定规则的行为。《行诉适用解释》第2条第2款规定："行政诉讼法第十三条第二项规定的'具有普遍约束力的决定、命令'，是指行政机关针对不特定对象发布的能反复适用的规范性文件。"根据此规定，判断抽象行政行为有两个重要标准：对象不特定；能够反复适用。本题中，某县公安局的通知，是向社会发布的，禁止改装机动车是公众的一般性义务，而凡非法改装机动车的受到处理同样有广泛适用性；同时，该通知可以反复适用。故该通知属于制定规则的行为，不是具体行政行为，选项A的说法是错误的。

选项B涉及对行政指导行为的判断。通常认为，行政指导是行政机关在履行行政职能时向公众和当事人提出的建议、规劝，它与一般具体行政行为的最大区别是无强制力，其作用发挥取决于公众和当事人。某县公安局查处10辆机动车，要求其所有人到指定场所学习交通法规5日，带有明显的强制性，故不是行政指导，选项B错误。

选项C涉及对行政处罚的判断。行政处罚是行政机关或者依法获得授权的组织对违

① C

法的公民、组织给予的制裁,制裁性是行政处罚的本质特征。本题中,某县公安局通知所指的暂扣行驶证、驾驶证6个月,是对非法改装机动车的制裁。判断本选项时有应试者受到暂扣的影响,认为暂扣行驶证、驾驶证6个月属于行政强制措施,而不是行政处罚,这是对行政强制措施与行政处罚区别理解不深所致。根据《行政强制法》的规定,行政强制措施是指行政机关在实施行政管理的过程中,依法对公民人身自由进行暂时性限制,或者对公民、法人或者其他组织的财产实施暂时性控制的措施。根据这一界定,可以看出行政强制措施具有两个特质:一是其目的在于预防性和制止性。行政强制措施的目的在于预防、制止或控制危害社会行为的发生,而不是对违法行为的制裁。这是行政强制措施与行政处罚最本质的区别。二是行为方式表现为直接强制力。行政强制措施是运用国家机器的力量对个人、组织采取的强力行为。同时,《行政处罚法》第9条明确列举了行政处罚的种类,包括:"行政处罚的种类:(一)警告、通报批评;(二)罚款、没收违法所得、没收非法财物;(三)暂扣许可证件、降低资质等级、吊销许可证件;(四)限制开展生产经营活动、责令停产停业、责令关闭、限制从业;(五)行政拘留;(六)法律、行政法规规定的其他行政处罚。"选项C正好符合第3项中的事项。故选项C的说法正确。

选项D涉及行政强制措施与行政强制执行的区别。二者虽均带有强制性,但行政强制措施带有临时性和预防性,目的在于预防和制止,而行政强制执行则是为了执行当事人负有的义务。要求机动车所有人须到指定场所学习交通法规5日并出具自行恢复原貌的书面保证,不自行恢复的予以强制恢复,显然符合行政强制执行的特点,故选项D是错误的。

综上,本题的答案为C。

2.【单项选择题】为落实淘汰落后产能政策,某区政府发布通告:凡在本通告附件所列名单中的企业两年内关闭。提前关闭或者积极配合的给予一定补贴,逾期不履行的强制关闭。关于通告的性质,下列哪一选项是正确的?

A. 行政规范性文件

B. 具体行政行为

C. 行政给付

D. 行政强制

| 参考答案 | ________①

| 设题陷阱与常见错误分析 |

本题主要考查应试者对行政行为特别是具体行政行为的判断问题,涉及对行政行为分类以及不同类别、不同种类的行政行为的认定。这需要理解和掌握不同类别、不同种类的行政行为的性质和特征以及它们之间的区分标准。有应试者仅根据"通告"一词,就认为其本身是有权的国家行政机关制定的规范性文件,导致错误判断。

| 解题思路与方法分析 |

本题四个选项似乎与题目有关,但事实上前两项关系到通告本身,而后两项关系到通告附加的内容。

表面上,通告所涉及的对象不特定,更像行政规范性文件,但该区政府发文的对象确定,系附件中已列在名单中的企业,因此它是一种具体行政行为。《行诉适用解释》第2条第2款"行政诉讼法第十三条第二项规定的'具有普遍约束力的决定、命令',是指行政机关针对不特定对象发布的能反复适用的规范性文件"确立了具体行政行为区别于抽象行政行为的标准:一是对象是特定的;二是不能反复适用。本题中的通告显然符合具体行政行为的特征,是具体行政行为。故选项B正确,选项A错误。

该具体行政行为内容本身是要求附件所列名单中的企业2年内关闭,是为企业课加限制和义务的行为。为保证这一要求的实现,区政府的通告承诺"提前关闭或者积极配合的给予一定补贴",而对"逾期不履行的强制关闭"。区政府如其后给予补贴可称为行政给付,强制关闭可称为行政强制执行。但是,就通告本身而言,并非行政给付或者行政强制。故选项C、D是错误的。

---

① B

综上,本题的答案为 B。

3.【单项选择题】某地连续发生数起以低价出售物品引诱当事人至屋内后实施抢劫的事件,当地公安局通过手机短信告知居民保持警惕以免上当受骗。公安局的行为属于下列哪一性质?

A. 履行行政职务的行为

B. 负担性的行为

C. 准备性行政行为

D. 强制行为

| 参考答案 | __________①

| 设题陷阱与常见错误分析 |

此题较为简单,考查行政法的基础性问题。一些应试者由于没有正确理解相关内容,错误选择 C。

| 解题思路与方法分析 |

本题中,公安局在连续发生数起以低价出售物品引诱当事人至屋内后实施抢劫的事件后,通过手机短信告知居民保持警惕以免上当受骗,公安局的行为虽可能基于刑事案件,但本质上属于行政指导行为,是公安机关对公众善意提醒、规劝的行为。因此,选项 A 是正确的,其他选项的说法都是错误的。

在行政法上,负担性的行为是与授益性的行为相对的概念,二者的划分标准是行为与当事人之间的权益关系。为当事人授予权利、利益或者免除负担义务的,是授益性的行为,为当事人设定义务或者剥夺其权益的,是负担性的行为。公安局的提醒对公众而言虽然不是直接授予权利、利益或者免除负担义务,但是善意的,对公众是有益的,明显不属于负担性的行为,故选项 B 是错误的。

准备性行政行为是为最终作出权利义务安排进行的程序性、阶段性行为,主要是涉及一些行政监督检查活动。本题中的行为显然不是准备性行政行为,故选项 C 是错误的。

强制行为有不同形式,在行政法上主要表现为行政强制,包括行政强制措施和行政强制执行。但不管哪类强制行为,强制性是强制行为的本质特性。本题中,公安局只是告知居民保持警惕以免上当受骗,带有指导性,没有任何强制性,故选项 D 是错误的。

综上,本题的答案为 A。

06 考向 行政处罚

1.【多项选择题】下列哪些行政行为不属于行政处罚?

A. 市场监管局对甲企业涉嫌冒用他人商品识别代码的产品予以先行登记保存

B. 市场监管局责令乙企业召回已上市销售的不符合药品安全标准的药品

C. 生态环境局对排污超标的丙企业作出责令停产 6 个月的决定

D. 市场监管局责令销售不合格产品的丁企业支付消费者 3 倍赔偿金

| 参考答案 | __________②

| 设题陷阱与常见错误分析 |

本题考查应试者对行政处罚的判别,部分应试者没有掌握行政处罚的本质特征,错误认为选项 A 中的行为属于行政处罚。

| 解题思路与方法分析 |

对行政处罚的概念应试者应当很熟悉,不过本题重点在于考查应试者对行政处罚的具体判定,即分析应用能力。《行政处罚法》第 2 条对行政处罚作出界定:“指行政机关依法对违反行政管理秩序的公民、法人或者其他组织,以减损权益或者增加义务的方式予以惩戒的行为。”这就要求应试者在准确把握行政处罚是对公民、组织违法行为的行政制裁或行政惩戒这一本质特征的基础上加以分析,同时借助于对行政处罚法定形式的规定,也可以对一些选项作出直接判断。

《行政处罚法》第 56 条规定:“行政机关在收集证据时,可以采取抽样取证的方法;在证据可能灭失或者以后难以取得的情况下,经行政机关负责人批准,可以先行登记保存,并应当在

① A

② ABD

七日内及时作出处理决定，在此期间，当事人或者有关人员不得销毁或者转移证据。”根据这一规定，先行登记保存不具有制裁性，不是行政处罚。故选项A中的情形不是行政处罚。

市场监管局责令企业召回已上市销售的不符合药品安全标准的药品，目的在于制止违法或者制止危害的发生或扩大，应属于行政强制措施，不是行政处罚。故选项B中的情形不属于行政处罚。

《行政处罚法》第9条规定：“行政处罚的种类：（一）警告、通报批评；（二）罚款、没收违法所得、没收非法财物；（三）暂扣许可证件、降低资质等级、吊销许可证件；（四）限制开展生产经营活动、责令停产停业、责令关闭、限制从业；（五）行政拘留；（六）法律、行政法规规定的其他行政处罚。”责令停产停业是法定的行政处罚种类，故选项C中生态环境局对排污超标的丙企业作出责令停产6个月的决定，应属于行政处罚。

选项D中的市场监管局责令销售不合格产品的丁企业支付消费者3倍赔偿金，是对民事争议的处理，旨在解决争议，而不是处罚。

综上，本题的答案为ABD。

2.【多项选择题】某公安派出所以李某放任所饲养的烈性犬恐吓张某为由对李某处以500元罚款。关于该处罚决定，下列哪些说法是正确的？

A. 公安派出所可以自己名义作出决定

B. 可当场作出处罚决定

C. 应将处罚决定书副本抄送张某

D. 如李某不服处罚决定向法院起诉，应以该派出所所属的公安局为被告

｜参考答案｜__________①

｜设题陷阱与常见错误分析｜

本题既涉及治安管理处罚的相关规定，也涉及派出机构的法律地位，难点是后者，一些应试者不能准确把握派出机构的地位，尤其不能结合《治安管理处罚法》的规定作出判断，导致错误。

｜解题思路与方法分析｜

本题综合考查应试者对治安处罚规定、公安派出所法律地位及行政诉讼被告的确定问题，要求应试者不仅掌握有关规定，而且能够熟练加以运用。

《治安管理处罚法》第75条规定：“饲养动物，干扰他人正常生活的，处警告；警告后不改正的，或者放任动物恐吓他人的，处二百元以上五百元以下罚款。驱使动物伤害他人的，依照本法第四十三条第一款的规定处罚。”本题中，公安派出所以李某放任所饲养的烈性犬恐吓张某为由对李某处以500元罚款，属于此种情形。《治安管理处罚法》第91条规定：“治安管理处罚由县级以上人民政府公安机关决定；其中警告、五百元以下的罚款可以由公安派出所决定。”通常而言，公安派出所无权以自己的名义作出处罚决定，但根据此规定的授权，公安派出所取得警告、500元以下罚款的独立主体资格，可以自己的名义作出警告、500元的治安处罚决定。故选项A的说法是正确的。

《治安管理处罚法》第100条规定：“违反治安管理行为事实清楚，证据确凿，处警告或者二百元以下罚款的，可以当场作出治安管理处罚决定。”本案中的处罚为500元，不符合当场作出治安处罚决定的规定。故选项B错误。

《治安管理处罚法》第97条规定：“公安机关应当向被处罚人宣告治安管理处罚决定书，并当场交付被处罚人；无法当场向被处罚人宣告的，应当在二日内送达被处罚人。决定给予行政拘留处罚的，应当及时通知被处罚人的家属。有被侵害人的，公安机关应当将决定书副本抄送被侵害人。”本案中，张某为被侵害人，公安派出所应当将决定书副本抄送张某。故选项C正确。

选项D涉及行政诉讼被告的确定，特别是涉及派出机构的被告资格问题。《行诉适用解释》第20条规定：“行政机关组建并赋予行政管理职能但不具有独立承担法律责任能力的机构，以自己的名义作出行政行为，当事人不服

① AC

提起诉讼的,应当以组建该机构的行政机关为被告。法律、法规或者规章授权行使行政职权的行政机关内设机构、派出机构或者其他组织,超出法定授权范围实施行政行为,当事人不服提起诉讼的,应当以实施该行为的机构或者组织为被告。没有法律、法规或者规章规定,行政机关授权其内设机构、派出机构或者其他组织行使行政职权的,属于行政诉讼法第二十六条规定的委托。当事人不服提起诉讼的,应当以该行政机关为被告。”根据此规定,行政机关的派出机构在有法律、法规、规章授权的情况下,以自己的名义作出行政行为,应当以该派出机构为被告。而且,即使超出法定授权范围实施行政行为,该派出机构仍为被告。本题中,公安派出所未超出法定授权范围实施行政行为,作为被告符合规定。故选项 D 是错误的。

综上,本题的答案为 AC。

3.【多项选择题】某公安局以刘某引诱他人吸食毒品为由对其处以 15 日拘留,并处 3000 元罚款的处罚。刘某不服,向法院提起行政诉讼。下列哪些说法是正确的?

A. 公安局在作出处罚决定前传唤刘某询问查证,询问查证时间最长不得超过 24 小时

B. 对刘某的处罚不应当适用听证程序

C. 如刘某为外国人,可以附加适用限期出境

D. 刘某向法院起诉的期限为 3 个月

| 参考答案 | ________①

| 设题陷阱与常见错误分析 |

本题 4 个选项的设题重点不同。选项 B、D 分别是涉及行政处罚的听证范围和行政诉讼起诉期限,应属于行政法上常考内容,不过其难点是需要结合治安管理处罚领域作答。一些应试者只知行政处罚的听证范围和行政诉讼起诉期限的一般规定,而不知治安管理处罚的特殊要求就可能出错。选项 A、C 则为治安管理处罚领域的特殊问题,要求应试者掌握该领域的特殊规定,有应试者不能准确掌握这些规定而出错。

| 解题思路与方法分析 |

本题是以治安管理处罚为考核对象的试题,考查到多个知识点。

《治安管理处罚法》第 83 条规定:“对违反治安管理行为人,公安机关传唤后应当及时询问查证,询问查证的时间不得超过八小时;情况复杂,依照本法规定可能适用行政拘留处罚的,询问查证的时间不得超过二十四小时。公安机关应当及时将传唤的原因和处所通知被传唤人家属。”依此规定,询问查证的时间最长为 24 小时。《治安管理处罚法》第 73 条规定:“教唆、引诱、欺骗他人吸食、注射毒品的,处十日以上十五日以下拘留,并处五百元以上二千元以下罚款。”因此,对引诱他人吸食毒品的违法行为,属于适用行政拘留处罚的情形,故选项 A 的说法是正确的。

选项 B 涉及行政处罚的听证范围。《行政处罚法》第 63 条对听证事项作出一般规定:“行政机关拟作出下列行政处罚决定,应当告知当事人有要求听证的权利,当事人要求听证的,行政机关应当组织听证:(一)较大数额罚款;(二)没收较大数额违法所得、没收较大价值非法财物;(三)降低资质等级、吊销许可证件;(四)责令停产停业、责令关闭、限制从业;(五)其他较重的行政处罚;(六)法律、法规、规章规定的其他情形……”《治安管理处罚法》则专门对治安管理处罚的听证事项作出具体规定。第 98 条规定:“公安机关作出吊销许可证以及处二千元以上罚款的治安管理处罚决定前,应当告知违反治安管理行为人有权要求举行听证;违反治安管理行为人要求听证的,公安机关应当及时依法举行听证。”本题中,公安机关对刘某的处罚是 15 日拘留,并处 3000 元罚款,超过了 2000 元,属于听证范围。故选项 B 的说法是错误的。

《治安管理处罚法》第 10 条规定:“治安管理处罚的种类分为:(一)警告;(二)罚款;(三)行政拘留;(四)吊销公安机关发放的许可证。对违反治安管理的外国人,可以附加适用

① AC

限期出境或者驱逐出境。”故选项 C 的说法是正确的。

选项 D 涉及行政诉讼起诉期限问题。行政诉讼的起诉期限因直接起诉与经复议后起诉有所不同,同时二者均有一般期限与特别期限之别。本题属于直接起诉。《行政诉讼法》第 46 条第 1 款规定:“公民、法人或者其他组织直接向人民法院提起诉讼的,应当自知道或者应当知道作出行政行为之日起六个月内提出。法律另有规定的除外。”因此,分析本题的起诉期限首先要看《治安管理处罚法》是否对起诉期限作出特别规定,如没有则依一般期限。《治安管理处罚法》第 102 条规定:“被处罚人对治安管理处罚决定不服的,可以依法申请行政复议或者提起行政诉讼。”但是,该法未对行政诉讼起诉期限作出特别规定,因此应适用行政诉讼法规定的一般起诉期限,即 6 个月。故选项 D 的说法是错误的。

07 考向 行政强制

1.【单项选择题】李某长期吸毒,多次自费戒毒均未成功。某公安局在一次检查中发现后,将李某送至强制隔离戒毒所进行强制隔离戒毒。强制隔离戒毒属于下列哪一性质的行为?

A. 行政处罚　　B. 行政强制措施

C. 行政强制执行　D. 行政许可

| **参考考案** | __________①

| **设题陷阱与常见错误分析** |

一些应试者没有清楚区分行政处罚与行政强制措施,错误认为强制隔离戒毒属于行政处罚。

| **解题思路与方法分析** |

本题属于对具体行政行为性质的判断。本题涉及的行为是公安机关对李某采取的强制隔离戒毒。就性质而言,强制隔离戒毒属于一种限制吸毒人员人身自由的行政强制措施。根据《行政强制法》的规定,行政强制措施是指行政机关在实施行政管理的过程中,依法对公民人身自由进行暂时性限制,或者对公民、法人或者其他组织的财产实施暂时性控制的措施。根据这一界定,可以看出行政强制措施具有以下两个特质:一是其目的在于预防性和制止性。行政强制措施的目的在于预防、制止或控制危害社会行为的发生,而不是对违法行为的制裁。这是行政强制措施与行政处罚最本质的区别。二是行为方式表现为直接强制力。行政强制措施是运用国家机器的力量对个人、组织采取的强力行为。从我国现有制度安排分析,强制隔离戒毒直接体现为对吸毒人员的限制和控制,其目的在于制止吸毒人员的吸毒行为及其已经或可能产生的对吸毒者自身和社会的危害后果,进而达到戒除吸毒者毒瘾,而不在于给予吸毒人处罚。因此,强制隔离戒毒符合行政强制措施的本质特性。由于强制隔离戒毒是将吸毒者隔离在特定场所,限制的是吸毒者的人身自由,而非财产,故从类别上强制隔离戒毒属于限制人身自由的行政强制措施。故选 B 项。

2.【单项选择题】某区公安分局以非经许可运输烟花爆竹为由,当场扣押孙某杂货店的烟花爆竹 100 件。关于此扣押,下列哪一说法是错误的?

A. 执法人员应当在返回该分局后立即向该分局负责人报告并补办批准手续

B. 扣押时应当制作现场笔录

C. 扣押时应当制作并当场交付扣押决定书和清单

D. 扣押应当由某区公安分局具备资格的行政执法人员实施

| **参考答案** | __________②

| **设题陷阱与常见错误分析** |

本题 4 个考点中相对较难也容易出错的是选项 A,即补办批准手续的要求。根据《行政强制法》的规定,补办批准手续因限制人身自由与非限制人身自由有所不同,对前者要求严格,要求在“返回行政机关后,立即向行政机关负

① B

② A

责人报告并补办批准手续”；对后者要求宽松，“行政执法人员应当在二十四小时内向行政机关负责人报告，并补办批准手续”。一些应试者未能清晰二者的区别，出现错误判断。

| 解题思路与方法分析 |

本题考查的是扣押这一行政强制措施的实施程序，涉及多个知识点。

《行政强制法》第18条规定：“行政机关实施行政强制措施应当遵守下列规定：（一）实施前须向行政机关负责人报告并经批准；（二）由两名以上行政执法人员实施；（三）出示执法身份证件；（四）通知当事人到场；（五）当场告知当事人采取行政强制措施的理由、依据以及当事人依法享有的权利、救济途径；（六）听取当事人的陈述和申辩；（七）制作现场笔录；（八）现场笔录由当事人和行政执法人员签名或者盖章，当事人拒绝的，在笔录中予以注明；（九）当事人不到场的，邀请见证人到场，由见证人和行政执法人员在现场笔录上签名或者盖章；（十）法律、法规规定的其他程序。”根据此规定，选项B的说法是正确的。

同时，根据《行政强制法》第18条的规定，实施行政强制措施前原则上须向行政机关负责人报告并经批准，但规定了例外情形。例外的情形之一规定在第19条之中，即“情况紧急，需要当场实施行政强制措施的，行政执法人员应当在二十四小时内向行政机关负责人报告，并补办批准手续。行政机关负责人认为不应当采取行政强制措施的，应当立即解除”。例外情形之二见诸第20条规定：“依照法律规定实施限制公民人身自由的行政强制措施，除应当履行本法第十八条规定的程序外，还应当遵守下列规定：（一）当场告知或者实施行政强制措施后立即通知当事人家属实施行政强制措施的行政机关、地点和期限；（二）在紧急情况下当场实施行政强制措施的，在返回行政机关后，立即向行政机关负责人报告并补办批准手续；（三）法律规定的其他程序。实施限制人身自由的行政强制措施不得超过法定期限。实施行政强制措施的目的已经达到或者条件已经消失，应当立即解除。”本题中采取的行政强制措施为扣押，应当适用第19条规定，“行政执法人员应当在二十四小时内向行政机关负责人报告，并补办批准手续”，故选项A的说法是错误的。

《行政强制法》第24条规定：“行政机关决定实施查封、扣押的，应当履行本法第十八条规定的程序，制作并当场交付查封、扣押决定书和清单。查封、扣押决定书应当载明下列事项：（一）当事人的姓名或者名称、地址；（二）查封、扣押的理由、依据和期限；（三）查封、扣押场所、设施或者财物的名称、数量等；（四）申请行政复议或者提起行政诉讼的途径和期限；（五）行政机关的名称、印章和日期。查封、扣押清单一式二份，由当事人和行政机关分别保存。”故选项C的说法是正确的。

《行政强制法》第17条规定：“行政强制措施由法律、法规规定的行政机关在法定职权范围内实施。行政强制措施权不得委托。依据《中华人民共和国行政处罚法》的规定行使相对集中行政处罚权的行政机关，可以实施法律、法规规定的与行政处罚权有关的行政强制措施。行政强制措施应当由行政机关具备资格的行政执法人员实施，其他人员不得实施。”故选项D的说法是正确的。

本题为选非题，答案为A。

3.【单项选择题】下列哪一行政行为不属于行政强制措施？

A. 审计局封存转移会计凭证的被审计单位的有关资料

B. 公安交通执法大队暂扣酒后驾车的贾某机动车驾驶证6个月

C. 税务局扣押某企业价值相当于应纳税款的商品

D. 公安机关对醉酒的王某采取约束性措施至酒醒

| 参考答案 | ________[1]

| 设题陷阱与常见错误分析 |

本题主要考查应试者对行政强制措施的

---

[1] B

具体运用。多数应试者对于行政强制措施的界定并不陌生,但把这一界定运用于实践,特别是具体判断某一行为性质时可能出现偏差。如一些应试者认为选项 A 不是行政强制措施,或者认为选项 B 是行政强制措施。

| **解题思路与方法分析** |

《行政强制法》第 2 条对行政强制措施专门作出了界定:"本法所称行政强制,包括行政强制措施和行政强制执行。行政强制措施,是指行政机关在行政管理过程中,为制止违法行为、防止证据损毁、避免危害发生、控制危险扩大等情形,依法对公民的人身自由实施暂时性限制,或者对公民、法人或者其他组织的财物实施暂时性控制的行为。行政强制执行,是指行政机关或者行政机关申请人民法院,对不履行行政决定的公民、法人或者其他组织,依法强制履行义务的行为。"据此,可以看出行政强制措施的内在特征:(1)目的在于预防性和制止性。行政强制措施的目的在于预防、制止或控制危害社会行为的发生,而不是对违法行为的制裁。这是行政强制措施的本质特征,也是其与行政处罚最本质的区别。(2)行为方式表现为直接强制力。行政强制措施是运用国家机器的力量对个人、组织采取的强力行为。上述两点是判定某一行为是否为行政强制措施的关键性标准。

《审计法》第 34 条规定:"审计机关进行审计时,被审计单位不得转移、隐匿、篡改、毁弃会计凭证、会计账簿、财务会计报告以及其他与财政收支或者财务收支有关的资料,不得转移、隐匿所持有的违反国家规定取得的资产。审计机关对被审计单位违反前款规定的行为,有权予以制止;必要时,经县级以上人民政府审计机关负责人批准,有权封存有关资料和违反国家规定取得的资产;对其中在金融机构的有关存款需要予以冻结的,应当向人民法院提出申请。审计机关对被审计单位正在进行的违反国家规定的财政收支、财务收支行为,有权予以制止;制止无效的,经县级以上人民政府审计机关负责人批准,通知财政部门和有关主管部门暂停拨付与违反国家规定的财政收支、财务收支行为直接有关的款项,已经拨付的,暂停使用。审计机关采取前两款规定的措施不得影响被审计单位合法的业务活动和生产经营活动。"根据这一规定,审计局封存转移会计凭证的被审计单位的有关资料,目的显然在于制止违法行为,应属于行政强制措施。

同时注意,不能把《审计法》所规定的封存等同《行政处罚法》第 56 条规定的登记保存:"行政机关在收集证据时,可以采取抽样取证的方法;在证据可能灭失或者以后难以取得的情况下,经行政机关负责人批准,可以先行登记保存,并应当在七日内及时作出处理决定,在此期间,当事人或者有关人员不得销毁或者转移证据。"故选项 A 不符合要求。

公安交通执法大队暂扣酒后驾车的贾某机动车驾驶证 6 个月,使用的"暂扣"一词虽然接近于"扣押"这一常用的行政强制措施,但其本身是公安交通机关对违法驾车的驾驶员的制裁,属于行政处罚。故选项 B 符合要求。

《税收征收管理法》第 38 条规定:"税务机关有根据认为从事生产、经营的纳税人有逃避纳税义务行为的,可以在规定的纳税期之前,责令限期缴纳应纳税款;在限期内发现纳税人有明显的转移、隐匿其应纳税的商品、货物以及其他财产或者应纳税的收入的迹象的,税务机关可以责成纳税人提供纳税担保。如果纳税人不能提供纳税担保,经县以上税务局(分局)局长批准,税务机关可以采取下列税收保全措施:(一)书面通知纳税人开户银行或者其他金融机构冻结纳税人的金额相当于应纳税款的存款;(二)扣押、查封纳税人的价值相当于应纳税款的商品、货物或者其他财产。纳税人在前款规定的限期内缴纳税款的,税务机关必须立即解除税收保全措施;限期期满仍未缴纳税款的,经县以上税务局(分局)局长批准,税务机关可以书面通知纳税人开户银行或者其他金融机构从其冻结的存款中扣缴税款,或者依法拍卖或者变卖所扣押、查封的商品、货物或者其他财产,以拍卖或者变卖所得抵缴税款。个人及其所扶养家属维持生活必需的住房和用品,不在税收保全措施的范围之内。"根据这一规定，扣押纳税人价值相当于应纳税款的商品，应属于行政强制措施。故选项C不符合要求。

《治安管理处罚法》第15条规定："醉酒的人违反治安管理的，应当给予处罚。醉酒的人在醉酒状态中，对本人有危险或者对他人的人身、财产或者公共安全有威胁的，应当对其采取保护性措施约束至酒醒。"据此可以看出，保护性措施约束至酒醒不是处罚，而在避免或防止醉酒的人发生危害，属于行政强制措施。故选项D不是正确选项。

本题为选非题，答案为B。

4.【多项选择题】某市场监管局因陈某擅自设立互联网上网服务营业场所扣押其从事违法经营活动的电脑15台，后作出没收被扣电脑的决定。下列哪些说法是正确的？

A. 市场监管局应制作并当场交付扣押决定书和扣押清单

B. 因扣押电脑数量较多，作出扣押决定前市场监管局应告知陈某享有要求听证的权利

C. 对扣押的电脑，市场监管局不得使用

D. 因扣押行为系过程性行政行为，陈某不能单独对扣押行为提起行政诉讼

| **参考答案** | ________①

| **设题陷阱与常见错误分析** |

听证是常用的行政程序，但并不能适用所有的行政行为。目前，《行政处罚法》和《行政许可法》均对特定情况下的行政处罚和行政许可规定了听证。但是，《行政强制法》未规定采取行政强制措施需要适用听证程序。部分应试者未清楚把握这一点，错误认为选项B是正确的。

| **解题思路与方法分析** |

本题是考查扣押行政强制措施程序和诉讼问题的试题。

《行政强制法》第18条规定："行政机关实施行政强制措施应当遵守下列规定：(一)实施前须向行政机关负责人报告并经批准；(二)由两名以上行政执法人员实施；(三)出示执法身份证件；(四)通知当事人到场；(五)当场告知当事人采取行政强制措施的理由、依据以及当事人依法享有的权利、救济途径；(六)听取当事人的陈述和申辩；(七)制作现场笔录；(八)现场笔录由当事人和行政执法人员签名或者盖章，当事人拒绝的，在笔录中予以注明；(九)当事人不到场的，邀请见证人到场，由见证人和行政执法人员在现场笔录上签名或者盖章；(十)法律、法规规定的其他程序。"第24条规定："行政机关决定实施查封、扣押的，应当履行本法第十八条规定的程序，制作并当场交付查封、扣押决定书和清单。查封、扣押决定书应当载明下列事项：(一)当事人的姓名或者名称、地址；(二)查封、扣押的理由、依据和期限；(三)查封、扣押场所、设施或者财物的名称、数量等；(四)申请行政复议或者提起行政诉讼的途径和期限；(五)行政机关的名称、印章和日期。查封、扣押清单一式二份，由当事人和行政机关分别保存。"根据上述规定，选项A的说法是正确的。同时，结合《行政强制法》的其他规定，选项B的说法是错误的。

《行政强制法》第26条规定："对查封、扣押的场所、设施或者财物，行政机关应当妥善保管，不得使用或者损毁；造成损失的，应当承担赔偿责任。对查封的场所、设施或者财物，行政机关可以委托第三人保管，第三人不得损毁或者擅自转移、处置。因第三人的原因造成的损失，行政机关先行赔付后，有权向第三人追偿。因查封、扣押发生的保管费用由行政机关承担。"根据此规定，选项C的说法是正确的。

《行政诉讼法》第12条对行政诉讼受案的肯定事项作出了明确规定："人民法院受理公民、法人或者其他组织提起的下列诉讼：(一)对行政拘留、暂扣或者吊销许可证和执照、责令停产停业、没收违法所得、没收非法财物、罚款、警告等行政处罚不服的；(二)对限制人身自由或者对财产的查封、扣押、冻结等行政强制措施和行政强制执行不服的；(三)申请行政许可，行政机关拒绝或者在法定期限内不予答复，或者对行政机关作出的有关行政许可的其他决定不服的；(四)对行政机关作出的关于

① AC

确认土地、矿藏、水流、森林、山岭、草原、荒地、滩涂、海域等自然资源的所有权或者使用权的决定不服的;(五)对征收、征用决定及其补偿决定不服的;(六)申请行政机关履行保护人身权、财产权等合法权益的法定职责,行政机关拒绝履行或者不予答复的;(七)认为行政机关侵犯其经营自主权或者农村土地承包经营权、农村土地经营权的;(八)认为行政机关滥用行政权力排除或者限制竞争的;(九)认为行政机关违法集资、摊派费用或者违法要求履行其他义务的;(十)认为行政机关没有依法支付抚恤金、最低生活保障待遇或者社会保险待遇的;(十一)认为行政机关不依法履行、未按照约定履行或者违法变更、解除政府特许经营协议、土地房屋征收补偿协议等协议的;(十二)认为行政机关侵犯其他人身权、财产权等合法权益的。除前款规定外,人民法院受理法律、法规规定可以提起诉讼的其他行政案件。"其中,第2项明确规定对"对财产的查封、扣押、冻结等行政强制措施"可以直接提起行政诉讼,并没有附加条件。故选项D的说法是错误。

综上,本题的答案为AC。

5.【多项选择题】林某在河道内修建了"农家乐"休闲旅社,在紧急防汛期,防汛指挥机构认为需要立即清除该建筑物,林某无法清除。对此,下列哪些说法是正确的?

A. 防汛指挥机构可决定立即实施代履行

B. 如林某提起行政诉讼,防汛指挥机构应暂停强制清除

C. 在法定休假日,防汛指挥机构也可强制清除

D. 防汛指挥机构可与林某签订执行协议约定分阶段清除

| **参考答案** | ____________①

| **设题陷阱与常见错误分析** |

本题考查代履行,是以往考试相对较少涉及的考点。因此,有些应试者对此不十分熟悉,即使了解也可能无法正确运用。

| **解题思路与方法分析** |

《行政强制法》规定了两种履行:一般代履行和紧急代履行。前者适用于一般情形,后者适用于紧急情况,二者的适用条件和适用要求均不同。

《行政强制法》第50条规定的是一般代履行,即"行政机关依法作出要求当事人履行排除妨碍、恢复原状等义务的行政决定,当事人逾期不履行,经催告仍不履行,其后果已经或者将危害交通安全、造成环境污染或者破坏自然资源的,行政机关可以代履行,或者委托没有利害关系的第三人代履行"。第51条则规定了相应的程序。第52条规定的是紧急代履行:"需要立即清除道路、河道、航道或者公共场所的遗洒物、障碍物或者污染物,当事人不能清除的,行政机关可以决定立即实施代履行;当事人不在场的,行政机关应当在事后立即通知当事人,并依法作出处理。"

本题中的情形属于紧急代履行的情形。对此,《防洪法》第42条也予以明确。第42条规定:"对河道、湖泊范围内阻碍行洪的障碍物,按照谁设障、谁清除的原则,由防汛指挥机构责令限期清除;逾期不清除的,由防汛指挥机构组织强行清除,所需费用由设障者承担。在紧急防汛期,国家防汛指挥机构或者其授权的流域、省、自治区、直辖市防汛指挥机构有权对壅水、阻水严重的桥梁、引道、码头和其他跨河工程设施作出紧急处置。"

综上,根据《行政强制法》第52条的规定,选项A、C正确,本题答案为AC。

08 考向 行政许可

1.【单项选择题】市场监督管理局向一药店发放药品经营许可证。后接举报称,该药店存在大量非法出售处方药的行为,该局在调查中发现药店的药品经营许可证系提供虚假材料欺骗所得。关于对许可证的处理,该局下列哪一做法是正确的?

A. 撤回

① AC

B. 撤销

C. 吊销

D. 待有效期限届满后注销

| 参考答案 | ________①

| 设题陷阱与常见错误分析 |

一些应试者没有充分掌握行政许可的吊销、撤销、撤回和注销的区别，特别是吊销与撤销的适用条件，从而作出错误判断。同时，本题中，虽出现了举报称该药店存在大量非法出售处方药的行为，与药店的药品经营许可证系提供虚假材料欺骗所得，但只有后者是实际调查认定的，有应试者没有作出清晰辨析，认为本题属于已经取得了许可证在经营活动中进行违法活动，故认为应吊销，从而错误选择C。

| 解题思路与方法分析 |

本题涉及行政许可中的撤回、撤销、吊销和注销四项相关但又区别的制度，要做好本题要求应试者明确无误地掌握四者的区别。

行政许可的撤回是指行政许可行为合法，但因出现少数法定情形而为了公共利益依法使合法的行政许可失效的制度。行政许可被撤回后，失去的只是向后的效力。《行政许可法》第8条对行政许可的撤回作出规定："公民、法人或者其他组织依法取得的行政许可受法律保护，行政机关不得擅自改变已经生效的行政许可。行政许可所依据的法律、法规、规章修改或者废止，或者准予行政许可所依据的客观情况发生重大变化的，为了公共利益的需要，行政机关可以依法变更或者撤回已经生效的行政许可。由此给公民、法人或者其他组织造成财产损失的，行政机关应当依法给予补偿。"此规定明确行政许可的撤回条件，是公民、法人或者其他组织的行政许可合法，但行政许可所依据的法律、法规、规章修改或者废止，或者准予行政许可所依据的客观情况发生重大变化，且是为了公共利益的需要。显然，本题出现的情形不符合这些条件，故选项A错误。

行政许可的撤销是指行政许可行为违法，而依法否定其效力的制度。行政许可被撤销后，其自始无效。《行政许可法》第69条对行政许可的撤销条件作出明确了规定："有下列情形之一的，作出行政许可决定的行政机关或者其上级行政机关，根据利害关系人的请求或者依据职权，可以撤销行政许可：（一）行政机关工作人员滥用职权、玩忽职守作出准予行政许可决定的；（二）超越法定职权作出准予行政许可决定的；（三）违反法定程序作出准予行政许可决定的；（四）对不具备申请资格或者不符合法定条件的申请人准予行政许可的；（五）依法可以撤销行政许可的其他情形。被许可人以欺骗、贿赂等不正当手段取得行政许可的，应当予以撤销。依照前两款的规定撤销行政许可，可能对公共利益造成重大损害的，不予撤销。依照本条第一款的规定撤销行政许可，被许可人的合法权益受到损害的，行政机关应当依法给予赔偿。依照本条第二款的规定撤销行政许可的，被许可人基于行政许可取得的利益不受保护。"本题中，市场监督管理局虽然接到举报称药店存在大量非法出售处方药的行为，但实际调查中发现药店的药品经营许可证系提供虚假材料欺骗所得，根据第69条规定符合撤销的条件，应予撤销，故选项B是正确的。

行政许可的吊销或者吊销行政许可，是指当事人在取得行政许可后，因从事违法行为取消其相应行政许可的制度。吊销行政许可本质是一种行政处罚，《行政处罚法》对此种处罚形式有明确规定。本题中，虽然有举报称药店存在大量非法出售处方药的行为，但是市场监督管理局实际调查中发现的是药店的药品经营许可证系提供虚假材料欺骗所得，或者至少药店是否存在大量非法出售处方药的行为以及如何处罚并不明确，断然认为应当吊销行政许可是不恰当的，故选项C是错误的。

行政许可的注销是指在出现特定事实时，行政机关依据法定程序收回行政许可证件或向社会公告行政许可失去效力的事实。注销更多是对特定事实的公示，不涉及行政许可的效力。《行政许可法》第70条明确规定了行政机关应当依法办理有关行政许可注销手续的特

① B

定事实："有下列情形之一的，行政机关应当依法办理有关行政许可的注销手续：（一）行政许可有效期届满未延续的；（二）赋予公民特定资格的行政许可，该公民死亡或者丧失行为能力的；（三）法人或者其他组织依法终止的；（四）行政许可依法被撤销、撤回，或者行政许可证件依法被吊销的；（五）因不可抗力导致行政许可事项无法实施的；（六）法律、法规规定的应当注销行政许可的其他情形。"本题出现的情形虽然可能最终需要有注销程序，但首先的处理应当是撤销已发放的许可证，故选项D是错误的。

综上，本题的答案为B。

2.【多项选择题】《医师法》规定，执业医师需依法取得卫生健康主管部门发放的执业医师资格，并经注册后方能执业。关于执业医师资格，下列哪些说法是正确的？

A. 该资格属于直接关系人身健康，须按照技术规范通过检验、检测确定申请人条件的许可

B. 对《医师法》规定的取得资格的条件和要求，部门规章不得作出具体规定

C. 卫生行政主管部门组织执业医师资格考试，应公开举行

D. 卫生行政主管部门组织执业医师资格考试，不得组织强制性考前培训

| **参考答案** | ________①

| **设题陷阱与常见错误分析** |

有应试者对认可与核准的区别不甚清晰，错误认为选项A是正确的。也有应试者没有充分掌握行政许可的创设权与规定权的区别，错误认为选项B是正确的。

| **解题思路与方法分析** |

本题是对行政许可中的认可或者资格许可规定的考查和运用，涉及多个方面。

选项A涉及执业医师资格性质的判定。《行政许可法》第12条对行政许可的类别作出了规定，"下列事项可以设定行政许可：（一）直接涉及国家安全、公共安全、经济宏观调控、生态环境保护以及直接关系人身健康、生命财产安全等特定活动，需要按照法定条件予以批准的事项；（二）有限自然资源开发利用、公共资源配置以及直接关系公共利益的特定行业的市场准入等，需要赋予特定权利的事项；（三）提供公众服务并且直接关系公共利益的职业、行业，需要确定具备特殊信誉、特殊条件或者特殊技能等资格、资质的事项；（四）直接关系公共安全、人身健康、生命财产安全的重要设备、设施、产品、物品，需要按照技术标准、技术规范，通过检验、检测、检疫等方式进行审定的事项；（五）企业或者其他组织的设立等，需要确定主体资格的事项；（六）法律、行政法规规定可以设定行政许可的其他事项。"虽然规定未明确列出不同类别的行政许可名称，但能清晰看出不同类别的不同。其中，第3项规定的是认可，是对职业、行业资质、资格的规定，执业医师资格属于此种类别。而第4项规定的是核准，适用于"设备、设施、产品、物品"，执业医师资格显然无法归入此类。故选项A的说法是错误的。

选项B涉及对行政许可条件和要件的具体规定权。《行政许可法》第16条规定："行政法规可以在法律设定的行政许可事项范围内，对实施该行政许可作出具体规定。地方性法规可以在法律、行政法规设定的行政许可事项范围内，对实施该行政许可作出具体规定。规章可以在上位法设定的行政许可事项范围内，对实施该行政许可作出具体规定。法规、规章对实施上位法设定的行政许可作出的具体规定，不得增设行政许可；对行政许可条件作出的具体规定，不得增设违反上位法的其他条件。"此规定赋予法律和包括部门规章在内的规章对上位法设定的行政许可的条件和要求的具体规定权，因此选项B中"对《医师法》规定的取得资格的条件和要求，部门规章不得作出具体规定"不符合这一规定，是错误的。部分应试者错误把此处的具体规定权与创设权混淆，导致错误认为选项B是正确的。

选项C、D考查认可的考试要求。《行政许

① CD

可法》第54条规定:“实施本法第十二条第三项所列事项的行政许可,赋予公民特定资格,依法应当举行国家考试的,行政机关根据考试成绩和其他法定条件作出行政许可决定;赋予法人或者其他组织特定的资格、资质的,行政机关根据申请人的专业人员构成、技术条件、经营业绩和管理水平等的考核结果作出行政许可决定。但是,法律、行政法规另有规定的,依照其规定。公民特定资格的考试依法由行政机关或者行业组织实施,公开举行。行政机关或者行业组织应当事先公布资格考试的报名条件、报考办法、考试科目以及考试大纲。但是,不得组织强制性的资格考试的考前培训,不得指定教材或者其他助考材料。”根据此规定,选项C、D的说法是正确的。

综上,本题的答案为CD。

09 考向 行政程序与政府信息公开

1.【单项选择题】某环保公益组织以一企业造成环境污染为由提起环境公益诉讼,后因诉讼需要,向县生态环境局申请公开该企业的环境影响评价报告、排污许可证信息。生态环境局以该组织无申请资格和该企业在该县有若干个基地,申请内容不明确为由拒绝公开。下列哪一说法是正确的?

A. 该组织提出申请时应出示其负责人的有效身份证明

B. 该组织的申请符合根据自身生产、生活、科研等特殊需要要求,生态环境局认为其无申请资格不成立

C. 对该组织的申请内容是否明确,生态环境局的认定和处理是正确的

D. 该组织所申请信息属于依法不应当公开的信息

| **参考答案** | ________①

| **设题陷阱与常见错误分析** |

2019年修订的《政府信息公开条例》对政府信息公开申请的资格、提供身份证明等问题作出了与此前不同的规定,应予以关注。

| **解题思路与方法分析** |

本题涉及政府信息公开中的申请人资格、申请形式、申请处理等相关问题,需要结合相关规定深入分析。

《政府信息公开条例》第29条第2款规定:“政府信息公开申请应当包括下列内容:(一)申请人的姓名或者名称、身份证明、联系方式;(二)申请公开的政府信息的名称、文号或者便于行政机关查询的其他特征性描述;(三)申请公开的政府信息的形式要求,包括获取信息的方式、途径。”但是需要注意的是,本题的申请人为组织,而不是该组织的负责人,故要求该组织提供其负责人的有效身份证明,是不恰当的,故选项A错误。

《政府信息公开条例》第13条规定:“除本条例第十四条、第十五条、第十六条规定的政府信息外,政府信息应当公开。行政机关公开政府信息,采取主动公开和依申请公开的方式。”故选项B正确。

《政府信息公开条例》第30条规定:“政府信息公开申请内容不明确的,行政机关应当给予指导和释明,并自收到申请之日起7个工作日内一次性告知申请人作出补正,说明需要补正的事项和合理的补正期限。答复期限自行政机关收到补正的申请之日起计算。申请人无正当理由逾期不补正的,视为放弃申请,行政机关不再处理该政府信息公开申请。”故选项C错误。

《环境保护法》第56条规定:“对依法应当编制环境影响报告书的建设项目,建设单位应当在编制时向可能受影响的公众说明情况,充分征求意见。负责审批建设项目环境影响评价文件的部门在收到建设项目环境影响报告书后,除涉及国家秘密和商业秘密的事项外,应当全文公开;发现建设项目未充分征求公众意见的,应当责成建设单位征求公众意见。”《行政许可法》第40条明确规定:“行政机关作出的准予行政许可决定,应当予以公开,公众有权查阅。”故选项D的说法是错误的。

① B

综上,本题的答案为 B。

2.【多项选择题】某乡属企业多年未归还方某借给的资金,双方发生纠纷。方某得知乡政府曾发过 5 号文件和 210 号文件处分了该企业的资产,遂向乡政府递交申请,要求公开两份文件。乡政府不予公开,理由是 5 号文件涉及第三方,且已口头征询其意见,其答复是该文件涉及商业秘密,不同意公开,而 210 号文件不存在。方某向法院起诉。下列哪些说法是正确的?

A. 方某申请时应当出示有效身份证明或者证明文件

B. 对所申请的政府信息,方某不具有申请人资格

C. 乡政府不公开 5 号文件合法

D. 方某能够提供 210 号文件由乡政府制作的相关线索的,可以申请法院调取证据

| 参考答案 | __________①

| 设题陷阱与常见错误分析 |

免除公开事项有不同的类别,有属于绝对免除公开,也有相对免除公开。根据《政府信息公开条例》规定,国家秘密属于绝对免除公开事项,商业秘密和个人隐私属于相对免除公开事项。不过,无论是国家秘密、商业秘密和个人隐私,首先要求行政机关对相关信息是否属于国家秘密、商业秘密和个人隐私加以判断,尤其是商业秘密和个人隐私,而不是交由第三方加以判断。一些应试者正是没有充分掌握这一点,错误地选择选项 C。

| 解题思路与方法分析 |

本题是有关政府信息公开的综合试题,涉及政府信息公开多个方面的问题,需要根据不同规定加以分析判断。

选项 A 涉及申请的要求。《政府信息公开条例》第 29 条第 2 款规定:"政府信息公开申请应当包括下列内容:(一)申请人的姓名或者名称、身份证明、联系方式;(二)申请公开的政府信息的名称、文号或者便于行政机关查询的其他特征性描述;(三)申请公开的政府信息的形式要求,包括获取信息的方式、途径。"故选项 A 正确。

选项 B 涉及政府信息公开申请人资格。《政府信息公开条例》第 13 条规定:"除本条例第十四条、第十五条、第十六条规定的政府信息外,政府信息应当公开。行政机关公开政府信息,采取主动公开和依申请公开的方式。"本题中,方某具有申请资格。选项 B 的说法是错误的。

选项 C 涉及乡政府答复是否合法。乡政府拒绝公开 5 号文件,理由是 5 号文件涉及第三方,且已口头征询其意见,其答复是该文件涉及商业秘密,不同意公开。《政府信息公开条例》第 15 条规定:"涉及商业秘密、个人隐私等公开会对第三方合法权益造成损害的政府信息,行政机关不得公开。但是,第三方同意公开或者行政机关认为不公开会对公共利益造成重大影响的,予以公开。"第 32 条规定:"依申请公开的政府信息公开会损害第三方合法权益的,行政机关应当书面征求第三方的意见。第三方应当自收到征求意见书之日起 15 个工作日内提出意见。第三方逾期未提出意见的,由行政机关依照本条例的规定决定是否公开。第三方不同意公开且有合理理由的,行政机关不予公开。行政机关认为不公开可能对公共利益造成重大影响的,可以决定予以公开,并将决定公开的政府信息内容和理由书面告知第三方。"根据此规定,对涉及商业秘密的政府信息不公开,至少需要具备 3 个条件:第一,该信息确为商业秘密;第二,书面征求第三方意见,且第三方不同意公开;第三,不存在不公开可能对公共利益造成重大影响的情形。然而,乡政府的答复是否满足 3 个条件皆存在问题。对 5 号文件是否涉及乡属企业的商业秘密,并不是由行政机关判定,而是该企业答复是该文件涉及商业秘密;即使涉及该企业的商业秘密,应采用书面方式征求意见;同时,乡政府亦证明不存在不公开可能对公共利益造成重大影响的情形。故选项 C 的说法错误。

选项 D 涉及政府信息公开案件的举证责

① AD

任问题。最高人民法院《关于审理政府信息公开行政案件若干问题的规定》第5条对政府信息公开案件的举证责任作出了明确规定，内容为："被告拒绝向原告提供政府信息的，应当对拒绝的根据以及履行法定告知和说明理由义务的情况举证。因公共利益决定公开涉及商业秘密、个人隐私政府信息的，被告应当对认定公共利益以及不公开可能对公共利益造成重大影响的理由进行举证和说明。被告拒绝更正与原告相关的政府信息记录的，应当对拒绝的理由进行举证和说明。被告能够证明政府信息涉及国家秘密，请求在诉讼中不予提交的，人民法院应当准许。被告主张政府信息不存在，原告能够提供该政府信息系由被告制作或者保存的相关线索的，可以申请人民法院调取证据。被告以政府信息与申请人自身生产、生活、科研等特殊需要无关为由不予提供的，人民法院可以要求原告对特殊需要事由作出说明。原告起诉被告拒绝更正政府信息记录的，应当提供其向被告提出过更正申请以及政府信息与其自身相关且记录不准确的事实根据。"据此，选项D是正确的。

3.【不定项选择题】某环保联合会对某公司提起环境民事公益诉讼，因在诉讼中需要该公司的相关环保资料，遂向县生态环境局提出申请公开该公司的排污许可证、排污口数量和位置等有关环境信息。申请书中载明了单位名称、住所地、联系人及电话并加盖了公章、获取信息的方式等。县生态环境局收到申请后，要求环保联合会提供申请人身份的证明材料。环保联合会提供了社会团体登记证复印件。县生态环境局以申请公开的内容不明确为由拒绝公开，该环保联合会遂提起行政诉讼。

请回答第(1)—(2)题。

(1)关于本案的信息公开申请及其处理，下列说法正确的是：

A. 环保联合会可采用数据电文形式提出信息公开

B. 环保联合会不具有提出此信息公开申请的资格

C. 县生态环境局有权要求环保联合会提供申请人身份的证明材料

D. 县生态环境局认为申请内容不明确的，应告知环保联合会作出更改、补充

｜**参考答案**｜__________①

｜**设题陷阱与常见错误分析**｜

本题的难点在选项B、C，涉及政府信息公开申请资格、提供身份证明等问题。2019年4月3日《政府信息公开条例》进行了修订，对政府信息公开申请的资格、提供身份证明等问题作出了新规定，应试者应予以关注。

｜**解题思路与方法分析**｜

本题是政府信息公开申请的综合性试题。《政府信息公开条例》第29条第1款规定："公民、法人或者其他组织申请获取政府信息的，应当向行政机关的政府信息公开工作机构提出，并采用包括信件、数据电文在内的书面形式；采用书面形式确有困难的，申请人可以口头提出，由受理该申请的政府信息公开工作机构代为填写政府信息公开申请。"故选项A正确。

《政府信息公开条例》第13条规定："除本条例第十四条、第十五条、第十六条规定的政府信息外，政府信息应当公开。行政机关公开政府信息，采取主动公开和依申请公开的方式。"需要注意，2019年《政府信息公开条例》删除了2007年《政府信息公开条例》中"公民、法人或者其他组织还可以根据自身生产、生活、科研等特殊需要，向国务院部门、地方各级人民政府及县级以上地方人民政府部门申请获取相关政府信息"的规定。环保联合会具有提出此公开申请的资格，故选项B错误。

《政府信息公开条例》第29条第2款规定："政府信息公开申请应当包括下列内容：(一)申请人的姓名或者名称、身份证明、联系方式；(二)申请公开的政府信息的名称、文号或者便于行政机关查询的其他特征性描述；(三)申请公开的政府信息的形式要求，包括获取信息的方式、途径。"故选项C正确。

《政府信息公开条例》第30条规定："政府

① ACD

信息公开申请内容不明确的，行政机关应当给予指导和释明，并自收到申请之日起7个工作日内一次性告知申请人作出补正，说明需要补正的事项和合理的补正期限。答复期限自行政机关收到补正的申请之日起计算。申请人无正当理由逾期不补正的，视为放弃申请，行政机关不再处理该政府信息公开申请。”故选项D正确。

综上，本题的答案为ACD。

（2）关于本案的起诉，下列说法正确的是：

A. 本案由县生态环境局所在地法院或者环保联合会所在地的法院管辖

B. 起诉期限为6个月

C. 如法院当场不能判定起诉是否符合条件的，应接受起诉状，出具注明收到日期的书面凭证，并在7日内决定是否立案

D. 如法院当场不能判定起诉是否符合条件，经7日内仍不能作出判断的，应裁定暂缓立案

| **参考答案** | ＿＿＿＿＿①

| **设题陷阱与常见错误分析** |

本题是政府信息公开诉讼问题，既涉及政府信息公开问题，也涉及行政诉讼一般性问题，需要应试者对此两方面都熟悉掌握，且能够熟练运用。

| **解题思路与方法分析** |

选项A涉及行政诉讼地域管辖。《行政诉讼法》针对地域管辖的规定，区分了一般地域管辖和特殊地域管辖。其中，第18条是对一般地域管辖的规定：“行政案件由最初作出行政行为的行政机关所在地人民法院管辖。经复议的案件，也可以由复议机关所在地人民法院管辖。经最高人民法院批准，高级人民法院可以根据审判工作的实际情况，确定若干人民法院跨行政区域管辖行政案件。”第19条、第20条则为特殊地域管辖的规定。其中，第19条规定：“对限制人身自由的行政强制措施不服提起的诉讼，由被告所在地或者原告所在地人民法院管辖。”第20条规定：“因不动产提起的行政诉讼，由不动产所在地人民法院管辖。”本题中的情形属于一般地域管辖，应适用第18条规定中直接起诉的管辖，即“最初作出行政行为的行政机关所在地人民法院管辖”，显然选项A的说法是错误的。

选项B涉及行政诉讼起诉期限。《行政诉讼法》第46条规定：“公民、法人或者其他组织直接向人民法院提起诉讼的，应当自知道或者应当知道作出行政行为之日起六个月内提出。法律另有规定的除外。因不动产提起诉讼的案件自行政行为作出之日起超过二十年，其他案件自行政行为作出之日起超过五年提起诉讼的，人民法院不予受理。”《政府信息公开条例》未对起诉期限作出特别规定，应适用一般起诉期限，即6个月。故选项B的说法是正确的。

选项C、D涉及行政诉讼起诉与受理。《行政诉讼法》第51条规定：“人民法院在接到起诉状时对符合本法规定的起诉条件的，应当登记立案。对当场不能判定是否符合本法规定的起诉条件的，应当接收起诉状，出具注明收到日期的书面凭证，并在七日内决定是否立案。不符合起诉条件的，作出不予立案的裁定。裁定书应当载明不予立案的理由。原告对裁定不服的，可以提起上诉。起诉状内容欠缺或者有其他错误的，应当给予指导和释明，并一次性告知当事人需要补正的内容。不得未经指导和释明即以起诉不符合条件为由不接收起诉状。对于不接收起诉状、接收起诉状后不出具书面凭证，以及不一次性告知当事人需要补正的起诉状内容的，当事人可以向上级人民法院投诉，上级人民法院应当责令改正，并对直接负责的主管人员和其他直接责任人员依法给予处分。”故选项C的说法是正确的。

《行诉适用解释》第53条规定：“人民法院对符合起诉条件的案件应当立案，依法保障当事人行使诉讼权利。对当事人依法提起的诉讼，人民法院应当根据行政诉讼法第五十一条的规定接收起诉状。能够判断符合起诉条件的，应当当场登记立案；当场不能判断是否符合起诉条件的，应当在接收起诉状后7日内决定是否立案；7日内仍不能作出判断的，应当先予

① BC

立案。"根据此规定，7日内仍不能作出判断的，应当先予立案，没有暂缓立案之说。故选项D的说法是错误的。

综上，本题的答案为BC。

10 考向 行政复议

1.【单项选择题】某区生态环境局因某新建水电站未报批环境影响评价文件，且已投入生产使用，给予其罚款10万元的处罚。水电站不服，申请复议，复议机关作出维持处罚的复议决定书。下列哪一说法是正确的？

A. 复议机构应当为某区政府

B. 如复议期间案件涉及法律适用问题，需要有权机关作出解释，行政复议终止

C. 复议决定书一经送达，即发生法律效力

D. 水电站对复议决定不服向法院起诉，应由复议机关所在地的法院管辖

| **参考答案** | ________①

| **设题陷阱与常见错误分析** |

本题每一选项都有需要应试者辨析的细节，一旦应试者对相关制度理解不深或者不仔细都有可能出错。选项A中需要应试者辨析的是复议机关与复议机构的区别。复议机关是履行复议职责的行政机关，而复议机构是行政复议机关负责法制工作具体办理行政复议事项的机构，一些应试者不了解二者的区别，误把复议机构当作复议机关。选项B中需要考生辨析的是复议中止与复议终止的区别；选项C中需要应试者注意的是行政复议决定生效时间的特殊性。

| **解题思路与方法分析** |

选项A涉及复议机关和复议机构的区别以及复议机关的确定问题。《行政复议法》第4条第1、2款规定："县级以上各级人民政府以及其他依照本法履行行政复议职责的行政机关是行政复议机关。行政复议机关办理行政复议事项的机构是行政复议机构。行政复议机构同时组织办理行政复议机关的行政应诉事项。"该规定对复议机关与复议机构予以明确的界分，复议机关是以自己名义处理行政争议、作出复议决定并对此承担的责任的行政机关；复议机构代表复议机关具体办理行政复议事项的机构。选项A中明确使用的是复议机构，而非复议机关。本案中，区政府应为复议机关，区政府司法局应为复议机构。

选项B考查考生对复议中止与复议终止的区别以及二者适用的情形的掌握。《行政复议法》第39条第1、2款规定："行政复议期间有下列情形之一的，行政复议中止：(一)作为申请人的公民死亡，其近亲属尚未确定是否参加行政复议；(二)作为申请人的公民丧失参加行政复议的行为能力，尚未确定法定代理人参加行政复议；(三)作为申请人的公民下落不明；(四)作为申请人的法人或者其他组织终止，尚未确定权利义务承受人；(五)申请人、被申请人因不可抗力或者其他正当理由，不能参加行政复议；(六)依照本法规定进行调解、和解，申请人和被申请人同意中止；(七)行政复议案件涉及的法律适用问题需要有权机关作出解释或者确认；(八)行政复议案件审理需要以其他案件的审理结果为依据，而其他案件尚未审结；(九)有本法第五十六条或者第五十七条规定的情形；(十)需要中止行政复议的其他情形。行政复议中止的原因消除后，应当及时恢复行政复议案件的审理。"显然，选项B对应第(七)项，故应为复议中止，而非复议终止，选项B错误。

《行政复议法》第75条第2款规定："行政复议决定书一经送达，即发生法律效力。"故选项C是正确的。

《行政诉讼法》第18条第1款规定："行政案件由最初作出具体行政行为的行政机关所在地人民法院管辖。经复议的案件，也可以由复议机关所在地人民法院管辖。"根据此规定，本题中，复议机关作出维持处罚的复议决定书，因此，既"可以"由复议机关所在地的法院管辖，也"可以"由原机关所在地的法院管辖，而非"应该"由复议机关所在地的法院管辖。选

---

① C

项 D 的说法是错误的。

综上，本题的答案为 C。

2.【多项选择题】某区市场监管局对一公司未取得出版物经营许可证销售电子出版物 100 套的行为，予以取缔，并罚款 6000 元。该公司向市市场监管局申请复议。下列哪些说法是正确的？

A. 公司可委托代理人代为参加行政复议

B. 在复议过程中区市场监管局不得自行向申请人和其他有关组织或个人收集证据

C. 市市场监管局应采取开庭审理方式审查此案

D. 如区市场监管局的决定内容不适当，市场监管局应予以撤销

| **参考答案** | ________[①]

| **设题陷阱与常见错误分析** |

本题涉及行政复议多个考点，要求应试者精确掌握相关内容。一些应试者没有准确掌握，或者对相关内容有了解但不深入，在具体运用时出现偏差。

| **解题思路与方法分析** |

选项 A 涉及委托代理人。《行政复议法》第 17 条规定："申请人、第三人可以委托一至二名律师、基层法律服务工作者或者其他代理人代为参加行政复议。申请人、第三人委托代理人的，应当向行政复议机构提交授权委托书、委托人及被委托人的身份证明文件。授权委托书应当载明委托事项、权限和期限。申请人、第三人变更或者解除代理人权限的，应当书面告知行政复议机构。"本题中，公司为行政复议申请人，根据此规定有权委托代理人代为参加行政复议，故选项 A 的说法是正确的。

选项 B 涉及行政复议中的证据制度。《行政复议法》第 46 条第 1 款规定："行政复议期间，被申请人不得自行向申请人和其他有关单位或者个人收集证据；自行收集的证据不作为认定行政行为合法性、适当性的依据。"故选项 B 的说法是正确的。

选项 C 涉及行政复议的审理方式。《行政复议法》第 49 条规定："适用普通程序审理的行政复议案件，行政复议机构应当当面或者通过互联网、电话等方式听取当事人的意见，并将听取的意见记录在案。因当事人原因不能听取意见的，可以书面审理。"第 50 条第 1、2 款规定："审理重大、疑难、复杂的行政复议案件，行政复议机构应当组织听证。行政复议机构认为有必要听证，或者申请人请求听证的，行政复议机构可以组织听证。"第 54 条规定："适用简易程序审理的行政复议案件，行政复议机构应当自受理行政复议申请之日起三日内，将行政复议申请书副本或者行政复议申请笔录复印件发送被申请人。被申请人应当自收到行政复议申请书副本或者行政复议申请笔录复印件之日起五日内，提出书面答复，并提交作出行政行为的证据、依据和其他有关材料。适用简易程序审理的行政复议案件，可以书面审理。"根据这些规定，选项 C 中"市市场监管局应采取开庭审理方式审查此案"显然是错误的。

选项 D 涉及行政复议决定，具体而言，是针对被申请复议的行政行为内容不适当时行政复议机关如何作出复议决定。《行政复议法》第 63 条规定："行政行为有下列情形之一的，行政复议机关决定变更该行政行为：（一）事实清楚，证据确凿，适用依据正确，程序合法，但是内容不适当；（二）事实清楚，证据确凿，程序合法，但是未正确适用依据；（三）事实不清、证据不足，经行政复议机关查清事实和证据。行政复议机关不得作出对申请人更为不利的变更决定，但是第三人提出相反请求的除外。"第 64 条规定："行政行为有下列情形之一的，行政复议机关决定撤销或者部分撤销该行政行为，并可以责令被申请人在一定期限内重新作出行政行为：（一）主要事实不清、证据不足；（二）违反法定程序；（三）适用的依据不合法；（四）超越职权或者滥用职权。行政复议机关责令被申请人重新作出行政行为的，被申请人不得以同一事实和理由作出与被申请行政复议的行政行为相同或者基本相同的行政行为，但是行政复议机关以违反法定程序为由决定撤销或者部分撤

---

① AB

销的除外。"根据上述规定,行政行为内容不适当,行政复议机关应作出变更决定,而非作出撤销决定,故选项D的说法是错误的。

综上,本题的答案为AB。

3.【多项选择题】县市场监督管理局认定某公司用超保质期的食品原料生产食品,根据《食品安全法》没收违法生产的食品和违法所得,并处5万元罚款。公司不服申请行政复议。下列哪些说法是正确的?

A. 公司可向市食药局申请行政复议,也可向县政府申请行政复议

B. 公司可委托1至2名代理人参加行政复议

C. 公司提出行政复议申请时错列被申请人的,行政复议机构应告知公司变更被申请人

D. 对县市场监督管理局的决定,申请行政复议是向法院起诉的必经前置程序

| **参考答案** | ________①

| **设题陷阱与常见错误分析** |

本题难点在选项D,要求应试者既要掌握有关行政复议前置的一般规定,又要掌握特定领域的特别规定。

| **解题思路与方法分析** |

本题是行政复议的综合性试题,考查的考点包括复议机关的确定、复议当事人、复议与行政诉讼关系等。

选项A涉及行政复议机关的确定问题。《行政复议法》第24条第1款规定:"县级以上地方各级人民政府管辖下列行政复议案件:(一)对本级人民政府工作部门作出的行政行为不服的;(二)对下一级人民政府作出的行政行为不服的;(三)对本级人民政府依法设立的派出机关作出的行政行为不服的;(四)对本级人民政府或者其工作部门管理的法律、法规、规章授权的组织作出的行政行为不服的。"第27条规定:"对海关、金融、外汇管理等实行垂直领导的行政机关、税务和国家安全机关的行政行为不服的,向上一级主管部门申请行政复议。"第28条规定:"对履行行政复议机构职责的地方人民政府司法行政部门的行政行为不服的,可以向本级人民政府申请行政复议,也可以向上一级司法行政部门申请行政复议。"县市场监督管理局不属于垂直领导部门及适用上一级主管部门管辖的部门,对其作出的决定不服应向县政府申请复议。故选项A的说法是错误的。

选项B、C涉及行政复议当事人的确定问题。《行政复议法》第17条规定:"申请人、第三人可以委托一至二名律师、基层法律服务工作者或者其他代理人代为参加行政复议。申请人、第三人委托代理人的,应当向行政复议机构提交授权委托书、委托人及被委托人的身份证明文件。授权委托书应当载明委托事项、权限和期限。申请人、第三人变更或者解除代理人权限的,应当书面告知行政复议机构。"故选项B的说法是正确的。

《行政复议法实施条例》第22条规定:"申请人提出行政复议申请时错列被申请人的,行政复议机构应当告知申请人变更被申请人。"故选项C的说法是正确的。

选项D涉及行政复议与行政诉讼的关系。《行政诉讼法》第44条规定:"对属于人民法院受案范围的行政案件,公民、法人或者其他组织可以先向行政机关申请复议,对复议决定不服的,再向人民法院提起诉讼;也可以直接向人民法院提起诉讼。法律、法规规定应当先向行政机关申请复议,对复议决定不服再向人民法院提起诉讼的,依照法律、法规的规定。"《行政复议法》第23条规定:"有下列情形之一的,申请人应当先向行政复议机关申请行政复议,对行政复议决定不服的,可以再依法向人民法院提起行政诉讼:(一)对当场作出的行政处罚决定不服;(二)对行政机关作出的侵犯其已经依法取得的自然资源的所有权或者使用权的决定不服;(三)认为行政机关存在本法第十一条规定的未履行法定职责情形;(四)申请政府信息公开,行政机关不予公开;(五)法律、行政法规规定应当先向行政复议机关申请行政复议的其他情形。对前款规定的情形,行政机关在作

---

① BC

出行政行为时应当告知公民、法人或者其他组织先向行政复议机关申请行政复议。”据此规定，复议与诉讼自由选择是原则，复议前置是例外，是否复议前置关键取决于是否有明确的法律、行政法规规定。本题涉及食品安全处罚，不属于《行政复议法》第23条规定的前四种情形，且《食品安全法》未规定复议前置。故选项D的说法是错误的。

综上，本题的答案为BC。

4.【不定项选择题】市市场监管局认定豪美公司的行为符合《广告法》第28条第2款第2项规定的“与商品或者服务有关的允诺等信息与实际情况不符，对购买行为有实质性影响”情形，属发布虚假广告，予以行政处罚。豪美公司向省市场监管局申请行政复议，省市场监管局受理。

请回答第(1)—(3)题。

(1)关于此案的复议，下列说法正确的是：

A. 豪美公司委托代理人参加复议，应提交授权委托书

B. 应由2名以上行政复议人员参加审理

C. 省市场监管局应为公司查阅有关材料提供必要条件

D. 如处罚决定认定事实不清，证据不足，省市场监管局不得作出变更决定

| **参考答案** | ________①

| **设题陷阱与常见错误分析** |

在行政复议中，行政复议机关的变更权更大。如果原行政行为认定事实不清，证据不足，但是经行政复议机关审理查明事实清楚，证据确凿，复议机关也有权变更。部分应试者未掌握行政复议与行政诉讼的区别及相关规定，错误认为选项D是正确的。

| **解题思路与方法分析** |

根据《行政复议法》第17条的相关规定，豪美公司作为申请人，委托代理人应提交授权委托书。故选项A的说法是正确的。

《行政复议法实施条例》第32条规定：“行政复议机构审理行政复议案件，应当由2名以上行政复议人员参加。”故选项B的说法是正确的。

《行政复议法实施条例》第35条规定：“行政复议机关应当为申请人、第三人查阅有关材料提供必要条件。”本题中，省市场监管局作为复议机关，应为作为申请人的豪美公司查阅有关材料提供必要条件。故选项C的说法是正确的。

《行政复议法》第63条规定：“行政行为有下列情形之一的，行政复议机关决定变更该行政行为：(一)事实清楚，证据确凿，适用依据正确，程序合法，但是内容不适当；(二)事实清楚，证据确凿，程序合法，但是未正确适用依据；(三)事实不清、证据不足，经行政复议机关查清事实和证据。行政复议机关不得作出对申请人更为不利的变更决定，但是第三人提出相反请求的除外。”根据该规定，如原行政行为存在认定事实不清、证据不足情形时，行政复议机关审理查明事实清楚，证据确凿的，可决定予以变更。故选项D的说法是错误的。

综上，本题的答案为ABC。

(2)如省市场监管局在法定期限内不作出复议决定，下列说法正确的是：

A. 有监督权的行政机关可督促省市场监管局加以改正

B. 可对省市场监管局直接负责的主管人员和其他直接负责人员依法给予警告、记过、记大过的行政处分

C. 豪美公司可向法院起诉要求省市场监管局履行复议职责

D. 豪美公司可针对原处罚决定向法院起诉市市场监管局

| **参考答案** | ________②

| **设题陷阱与常见错误分析** |

本题选项C、D的判断，对不少应试者难度不大。但对选项A、B的判断可能会有所不同，原因在于应试者对相关规定关注较少。

| **解题思路与方法分析** |

本题主要考查应试者对行政复议机关复

① ABC
② ABCD

议不作为的处理问题的理解和运用。根据《行政复议法》《行政复议法实施条例》及相关司法解释，处理的方式既包括赋予当事人相关的救济渠道，也包括行政系统内的监督。

《行政复议法实施条例》第64条规定："行政复议机关或者行政复议机构不履行行政复议法和本条例规定的行政复议职责，经有权监督的行政机关督促仍不改正的，对直接负责的主管人员和其他直接责任人员依法给予警告、记过、记大过的处分；造成严重后果的，依法给予降级、撤职、开除的处分。"根据此规定，选项A、B的说法是正确的。

《行政诉讼法》第26条第3款规定："复议机关在法定期限内未作出复议决定，公民、法人或者其他组织起诉原行政行为的，作出原行政行为的行政机关是被告；起诉复议机关不作为的，复议机关是被告。"根据此规定，选项C、D的说法是正确的。综上，本题的答案为ABCD。

(3)如省市场监管局在复议时认定，豪美公司的行为符合《广告法》第28条第2款第4项规定的"虚构使用商品或者接受服务的效果"情形，亦属发布虚假广告，在改变处罚依据后维持了原处罚决定。公司不服起诉。下列说法正确的是：

A. 被告为市市场监管局和省市场监管局

B. 被告为省市场监管局

C. 市市场监管局所在地的法院对本案有管辖权

D. 省市场监管局所在地的法院对本案无管辖权

| **参考答案** | ________①

| **设题陷阱与常见错误分析** |

本题的关键考点是省市场监管局的复议决定的性质判断，即是否属于改变原行政行为，由此构成了确立行政诉讼案件的被告和级别管辖的基础。

| **解题思路与方法分析** |

本题中的案件是经复议后进入行政诉讼的，且复议机关虽改变了原行政行为的依据但未改变处理结果，本题设计的选项主要是案件的被告和管辖的确定问题。

对于行政诉讼案件的被告确定，《行政诉讼法》有较为具体的规定。《行政诉讼法》第26条第2款规定："经复议的案件，复议机关决定维持原行政行为的，作出原行政行为的行政机关和复议机关是共同被告；复议机关改变原行政行为的，复议机关是被告。"本题中的案件特别之处是，复议机关虽改变了原行政行为的依据但未改变处理结果，对此属于维持还是改变，《行政诉讼法》未直接作出规定。为此，《行诉适用解释》作出了澄清，第22条第1款规定："行政诉讼法第二十六条第二款规定的'复议机关改变原行政行为'，是指复议机关改变原行政行为的处理结果。复议机关改变原行政行为所认定的主要事实和证据、改变原行政行为所适用的规范依据，但未改变原行政行为处理结果的，视为复议机关维持原行政行为。"根据此规定，省市场监管局的复议决定为维持决定，被告为省市场监管局和市市场监管局，选项A的说法正确，选项B的说法错误。

《行政诉讼法》第18条对地域管辖作出规定："行政案件由最初作出行政行为的行政机关所在地人民法院管辖。经复议的案件，也可以由复议机关所在地人民法院管辖。经最高人民法院批准，高级人民法院可以根据审判工作的实际情况，确定若干人民法院跨行政区域管辖行政案件。"根据此规定，作为复议机关的省市场监管局所在地法院和作为作出原行政行为的市市场监管局所在地法院均有管辖权。选项C的说法正确，选项D的说法错误。

综上，本题答案为AC。

11 考向 行政诉讼概述

【多项选择题】甲、乙两村因土地使用权发生争议，县政府裁决使用权归甲村。乙村不服向法院起诉撤销县政府的裁决，并请求法院判定使用权归乙村。关于乙村提出的土地使用权

---

① AC

归属请求，下列哪些说法是正确的？

A. 除非有正当理由的，乙村应于第一审开庭审理前提出

B. 法院作出不予准许决定的，乙村可申请复议一次

C. 法院应单独立案

D. 法院应另行组成合议庭审理

| **参考答案** | ________[1]

| **设题陷阱与常见错误分析** |

本题是因行政裁决引发的行政诉讼问题，针对这类行政诉讼，《行政诉讼法》和司法解释作出了详细的规定。一些应试者没有充分掌握这些规定，从而导致错误判断，如认为选项D是正确的。

| **解题思路与方法分析** |

行政裁决是行政机关居间解决民事争议所作出的决定，由此引发的行政诉讼，不仅涉及行政争议的解决，更关系民事争议的解决，较为复杂。为有利于从根本上解决争议，《行政诉讼法》作出详细的规定，最高人民法院通过的司法解释对此进行了细化。

《行政诉讼法》第61条规定："在涉及行政许可、登记、征收、征用和行政机关对民事争议所作的裁决的行政诉讼中，当事人申请一并解决相关民事争议的，人民法院可以一并审理。在行政诉讼中，人民法院认为行政案件的审理需以民事诉讼的裁判为依据的，可以裁定中止行政诉讼。"该规定确立了法院一并解决民事争议的基调。《行诉适用解释》在此基础上作出具体规定，第137条规定："公民、法人或者其他组织请求一并审理行政诉讼法第六十一条规定的相关民事争议，应当在第一审开庭审理前提出；有正当理由的，也可以在法庭调查中提出。"第139条规定："有下列情形之一的，人民法院应当作出不予准许一并审理民事争议的决定，并告知当事人可以依法通过其他渠道主张权利：(一)法律规定应当由行政机关先行处理的；(二)违反民事诉讼法专属管辖规定或者协议管辖约定的；(三)约定仲裁或者已经提起民事诉讼的；(四)其他不宜一并审理民事争议的情形。对不予准许的决定可以申请复议一次。"根据上述规定，选项A、B是正确的。

《行诉适用解释》第140条规定："人民法院在行政诉讼中一并审理相关民事争议的，民事争议应当单独立案，由同一审判组织审理。人民法院审理行政机关对民事争议所作裁决的案件，一并审理民事争议的，不另行立案。"根据该规定，法院审理民事争议，由同一审判组织审理，故选项D是错误的。同时，该规定对涉及行政裁决解决民事争议引发的行政诉讼案件，明确要求对一并审理的民事争议不另行立案，故选项C是错误的。

综上，本题的答案为AB。

12 考向 行政诉讼的受案范围

1.【单项选择题】下列哪一选项属于法院行政诉讼的受案范围？

A. 张某对劳动争议仲裁裁决不服向法院起诉的

B. 某外国人对出入境边检机关实施遣送出境措施不服申请行政复议，对复议决定不服向法院起诉的

C. 财政局工作人员李某对定期考核为不称职不服向法院起诉的

D. 某企业对县政府解除与其签订的政府特许经营协议不服向法院起诉的

| **参考答案** | ________[2]

| **设题陷阱与常见错误分析** |

本题中难点在选项A和选项B，特别是选项B。选项B要求掌握《出境入境管理法》第64条的相关规定。

| **解题思路与方法分析** |

行政诉讼受案范围是行政诉讼的重要问题，也是考试常考题目，本题重点考查具体运用。

对行政诉讼受案范围的运用，要重点把握

---

① AB

② D

三个方面：一是所涉及的行为是否为行政行为，这是把握行政诉讼受案范围的基本标准；二是所涉及的行为是否为行政诉讼法或行政诉讼法授权的法律规范明显排除；三是所涉及的行为是否为行政诉讼法明确纳入受案范围。对于是否符合第三方面的情况，可以根据《行政诉讼法》的相关法条进行判断。不过，前两个方面同样重要。

《行政诉讼法》第12条是对行政诉讼受案范围的肯定性规定，第12条第1款明确列举了可受理的事项，具体包括：对行政拘留、暂扣或者吊销许可证和执照、责令停产停业、没收违法所得、没收非法财物、罚款、警告等行政处罚不服的；对限制人身自由或者对财产的查封、扣押、冻结等行政强制措施和行政强制执行不服的；申请行政许可，行政机关拒绝或者在法定期限内不予答复，或者对行政机关作出的有关行政许可的其他决定不服的；对行政机关作出的关于确认土地、矿藏、水流、森林、山岭、草原、荒地、滩涂、海域等自然资源的所有权或者使用权的决定不服的；对征收、征用决定及其补偿决定不服的；申请行政机关履行保护人身权、财产权等合法权益的法定职责，行政机关拒绝履行或者不予答复的；认为行政机关侵犯其经营自主权或者农村土地承包经营权、农村土地经营权的；认为行政机关滥用行政权力排除或者限制竞争的；认为行政机关违法集资、摊派费用或者违法要求履行其他义务的；认为行政机关没有依法支付抚恤金、最低生活保障待遇或者社会保险待遇的；认为行政机关不依法履行、未按照约定履行或者违法变更、解除政府特许经营协议、土地房屋征收补偿协议等协议的；认为行政机关侵犯其他人身权、财产权等合法权益的。这些事项大多数为应试者所熟悉，是常见的行政行为。据此，选项D的说法是正确的。

《行政诉讼法》第13条是对行政诉讼受案范围的否定性规定："人民法院不受理公民、法人或者其他组织对下列事项提起的诉讼：(一)国防、外交等国家行为；(二)行政法规、规章或者行政机关制定、发布的具有普遍约束力的决定、命令；(三)行政机关对行政机关工作人员的奖惩、任免等决定；(四)法律规定由行政机关最终裁决的行政行为。"根据此规定，选项C符合第3项。对此，《公务员法》第95条也明确规定了具体的救济方式："公务员对涉及本人的下列人事处理不服的，可以自知道该人事处理之日起三十日内向原处理机关申请复核；对复核结果不服的，可以自接到复核决定之日起十五日内，按照规定向同级公务员主管部门或者作出该人事处理的机关的上一级机关提出申诉；也可以不经复核，自知道该人事处理之日起三十日内直接提出申诉：(一)处分；(二)辞退或者取消录用；(三)降职；(四)定期考核定为不称职；(五)免职；(六)申请辞职、提前退休未予批准；(七)不按照规定确定或者扣减工资、福利、保险待遇；(八)法律、法规规定可以申诉的其他情形。对省级以下机关作出的申诉处理决定不服的，可以向作出处理决定的上一级机关提出再申诉。受理公务员申诉的机关应当组成公务员申诉公正委员会，负责受理和审理公务员的申诉案件。公务员对监察机关作出的涉及本人的处理决定不服向监察机关申请复审、复核的，按照有关规定办理。"

选项B的判断略为复杂。《出境入境管理法》第64条规定："外国人对依照本法规定对其实施的继续盘问、拘留审查、限制活动范围、遣送出境措施不服的，可以依法申请行政复议，该行政复议决定为最终决定。其他境外人员对依照本法规定对其实施的遣送出境措施不服，申请行政复议的，适用前款规定。"显然，此规定符合《行政诉讼法》第13条第4项的规定。故选项B中的情形不属于受案范围。

《劳动争议调解仲裁法》第50条规定："当事人对本法第四十七条规定以外的其他劳动争议案件的仲裁裁决不服的，可以自收到仲裁裁决书之日起十五日内向人民法院提起诉讼；期满不起诉的，裁决书发生法律效力。"根据《劳动争议调解仲裁法》和《民事诉讼法》相关规定，此诉讼为民事诉讼。同时，《行诉适用解释》第1条规定："公民、法人或者其他组织对行政机关及其工作人员的行政行为不服，依法提起诉讼的,属于人民法院行政诉讼的受案范围。下列行为不属于人民法院行政诉讼的受案范围:(一)公安、国家安全等机关依照刑事诉讼法的明确授权实施的行为;(二)调解行为以及法律规定的仲裁行为;(三)行政指导行为;(四)驳回当事人对行政行为提起申诉的重复处理行为;(五)行政机关作出的不产生外部法律效力的行为;(六)行政机关为作出行政行为而实施的准备、论证、研究、层报、咨询等过程性行为;(七)行政机关根据人民法院的生效裁判、协助执行通知书作出的执行行为,但行政机关扩大执行范围或者采取违法方式实施的除外;(八)上级行政机关基于内部层级监督关系对下级行政机关作出的听取报告、执法检查、督促履责等行为;(九)行政机关针对信访事项作出的登记、受理、交办、转送、复查、复核意见等行为;(十)对公民、法人或者其他组织权利义务不产生实际影响的行为。"选项 A 中的情况显然属于"法律规定的仲裁行为",即不是行政行为,故不属于行政诉讼受案范围。

综上,本题答案为 D。

2.【多项选择题】对于下列起诉,哪些不属于行政诉讼受案范围?

A. 某公司与县政府签订天然气特许经营协议,双方发生纠纷后该公司以县政府不依法履行协议向法院起诉

B. 生态环境局干部孙某对定期考核被定为不称职向法院起诉

C. 李某与房屋征收主管部门签订国有土地上的房屋征收补偿安置协议,后李某不履行协议,房屋征收主管部门向法院起诉

D. 县政府发布全县征地补偿安置标准的文件,村民万某以文件确定的补偿标准过低为由向法院起诉

| 参考答案 | ______①

| 设题陷阱与常见错误分析 |

本题中选项 C、D 有一定的难度,要求准确把握相关的规定。其中,选项 C 的难点在于理解行政协议提起的主体;选项 D 的难点在于抽象行政行为与具体行政行为的区分。部分应试者未充分掌握上述两点的关键细节,从而出现错误判断。如有的应试者认为县政府发布的补偿标准文件涉及村民的切身利益,属于具体行政行为,从而认为选项 D 中的起诉属于受案范围,作出错误判断。

| 解题思路与方法分析 |

行政诉讼受案范围是行政诉讼中的重要问题,也是应试者需要重点掌握的内容。本题考查应试者对行政诉讼受案范围规定的运用能力和对《行政诉讼法》规定的理解。

本题设问的是不属于行政诉讼受案范围的起诉,可以先从《行政诉讼法》中排除行政诉讼受案范围的规定入手。《行政诉讼法》第 13 条规定:"人民法院不受理公民、法人或者其他组织对下列事项提起的诉讼:(一)国防、外交等国家行为;(二)行政法规、规章或者行政机关制定、发布的具有普遍约束力的决定、命令;(三)行政机关对行政机关工作人员的奖惩、任免等决定;(四)法律规定由行政机关最终裁决的行政行为。"根据此规定,选项 B 中"生态环境局干部孙某对定期考核被定为不称职向法院起诉"不属于行政诉讼受案范围,较为明确。对此,《公务员法》规定了救济方式。《公务员法》第 95 条规定,公务员对涉及本人的下列人事处理不服的,可以自知道该人事处理之日起 30 日内向原处理机关申请复核;对复核结果不服的,可以自接到复核决定之日起 15 日内,按照规定向同级公务员主管部门或者作出该人事处理的机关的上一级机关提出申诉;也可以不经复核,自知道该人事处理之日起 30 日内直接提出申诉:(1)处分;(2)辞退或者取消录用;(3)降职;(4)定期考核定为不称职;(5)免职;(6)申请辞职、提前退休未予批准;(7)不按照规定确定或者扣减工资、福利、保险待遇;(8)法律、法规规定可以申诉的其他情形。对省级以下机关作出的申诉处理决定不服的,可以向作出处理决定的上一级机关提出再申诉。受理公务员申诉的机关应当组成公务员申诉公正委员会,负责受理和审理公务员的申诉案件。公

① BCD

务员对监察机关作出的涉及本人的处理决定不服向监察机关申请复审、复核的,按照有关规定办理。选项 D 则相对复杂,涉及“县政府发布全县征地补偿安置标准的文件”的性质判断。由于此处明确是“全县”且“标准”,因此,应属于对象不特定、能反复适用的一般性标准,属于抽象行政行为,不属于行政诉讼受案范围。

选项 A、C 均与行政协议有关。《行政诉讼法》第 12 条对行政诉讼受案的肯定事项作出了明确规定:“人民法院受理公民、法人或者其他组织提起的下列诉讼:……(十一)认为行政机关不依法履行、未按照约定履行或者违法变更、解除政府特许经营协议、土地房屋征收补偿协议等协议的;(十二)认为行政机关侵犯其他人身权、财产权等合法权益的。除前款规定外,人民法院受理法律、法规规定可以提起诉讼的其他行政案件。”根据此规定,政府特许经营协议、土地房屋征收补偿协议属于行政协议范围,选项 A、C 都符合。不过,在谁有权起诉的问题上,《行政诉讼法》仅赋予公民、法人或者其他组织,并不允许行政机关起诉作为协议另一方的公民、法人或者其他组织。故选项 A 中某公司与县政府签订天然气特许经营协议,双方发生纠纷后该公司以县政府不依法履行协议向法院起诉,应属于受案范围;而选项 C 中李某与房屋征收主管部门签订国有土地上的房屋征收补偿安置协议,后李某不履行协议,房屋征收主管部门向法院起诉,应不属于受案范围。

本题为选非题,答案为 BCD。

3.【不定项选择题】下列选项属于行政诉讼受案范围的是:

A. 方某在妻子失踪后向公安局报案要求立案侦查,遭拒绝后向法院起诉确认公安局的行为违法

B. 区房管局以王某不履行双方签订的房屋征收补偿协议为由向法院起诉

C. 某企业以市场监管局滥用行政权力限制竞争为由向法院起诉

D. 黄某不服市政府发布的征收土地补偿费标准直接向法院起诉

| 参考答案 | ________①

| 设题陷阱与常见错误分析 |

一些应试者或者在运用中出现偏差和错误,如认为选项 A 是正确的,或者对具体规定未充分掌握,如认为选项 B 是正确的。

| 解题思路与方法分析 |

《行诉适用解释》第 1 条规定:“公民、法人或者其他组织对行政机关及其工作人员的行政行为不服,依法提起诉讼的,属于人民法院行政诉讼的受案范围。下列行为不属于人民法院行政诉讼的受案范围:(一)公安、国家安全等机关依照刑事诉讼法的明确授权实施的行为;(二)调解行为以及法律规定的仲裁行为;(三)行政指导行为;(四)驳回当事人对行政行为提起申诉的重复处理行为;(五)行政机关作出的不产生外部法律效力的行为;(六)行政机关为作出行政行为而实施的准备、论证、研究、层报、咨询等过程性行为;(七)行政机关根据人民法院的生效裁判、协助执行通知书作出的执行行为,但行政机关扩大执行范围或者采取违法方式实施的除外;(八)上级行政机关基于内部层级监督关系对下级行政机关作出的听取报告、执法检查、督促履责等行为;(九)行政机关针对信访事项作出的登记、受理、交办、转送、复查、复核意见等行为;(十)对公民、法人或者其他组织权利义务不产生实际影响的行为。”选项 A 中“方某在妻子失踪后向公安局报案要求立案侦查,遭拒绝后向法院起诉确认公安局的行为违法”,属于“公安、国家安全等机关依照刑事诉讼法的明确授权实施的行为”。一些应试者认为,公安局的行为为不作为,应当具有可诉性,但值得注意的是,此时公安局行使的并非行政职权,认为构成行政不作为案件是牵强的,故选项 A 的事项不属于行政诉讼受案范围。

《行政诉讼法》第 12 条规定:“人民法院受理公民、法人或者其他组织提起的下列诉讼:

① C

(一)对行政拘留、暂扣或者吊销许可证和执照、责令停产停业、没收违法所得、没收非法财物、罚款、警告等行政处罚不服的;(二)对限制人身自由或者对财产的查封、扣押、冻结等行政强制措施和行政强制执行不服的;(三)申请行政许可,行政机关拒绝或者在法定期限内不予答复,或者对行政机关作出的有关行政许可的其他决定不服的;(四)对行政机关作出的关于确认土地、矿藏、水流、森林、山岭、草原、荒地、滩涂、海域等自然资源的所有权或者使用权的决定不服的;(五)对征收、征用决定及其补偿决定不服的;(六)申请行政机关履行保护人身权、财产权等合法权益的法定职责,行政机关拒绝履行或者不予答复的;(七)认为行政机关侵犯其经营自主权或者农村土地承包经营权、农村土地经营权的;(八)认为行政机关滥用行政权力排除或者限制竞争的;(九)认为行政机关违法集资、摊派费用或者违法要求履行其他义务的;(十)认为行政机关没有依法支付抚恤金、最低生活保障待遇或者社会保险待遇的;(十一)认为行政机关不依法履行、未按照约定履行或者违法变更、解除政府特许经营协议、土地房屋征收补偿协议等协议的;(十二)认为行政机关侵犯其他人身权、财产权等合法权益的。除前款规定外,人民法院受理法律、法规规定可以提起诉讼的其他行政案件。"根据此规定,只有公民、法人或者其他组织"认为行政机关不依法履行、未按照约定履行或者违法变更、解除政府特许经营协议、土地房屋征收补偿协议等协议的",方属于行政诉讼受案范围,而选项 B 中起诉者为区房管局,显然不符合此规定,选项 B 的事项不属于行政诉讼受案范围。而选项 C 符合"认为行政机关滥用行政权力排除或者限制竞争",应属于行政诉讼受案范围。

《行政诉讼法》第 53 条规定:"公民、法人或者其他组织认为行政行为所依据的国务院部门和地方人民政府及其部门制定的规范性文件不合法,在对行政行为提起诉讼时,可以一并请求对该规范性文件进行审查。前款规定的规范性文件不含规章。"此规定虽赋予公民、法人或者其他组织对行政规范性文件申请审查的权利,但是附带审查,而不是直接起诉,故选项 D 的事项不属于行政诉讼受案范围。

综上,本案的答案为 C。

13 考向 行政案件的管辖

【多项选择题】县政府以某化工厂不符合国家产业政策、污染严重为由,决定强制关闭该厂。该厂向法院起诉要求撤销该决定,并提出赔偿请求。一审法院认定县政府决定违法,予以撤销,但未对赔偿请求作出裁判,县政府提出上诉。下列说法正确的是:

A. 本案第一审应由县法院管辖

B. 二审法院不得以不开庭方式审理该上诉案件

C. 二审法院应对一审法院的判决和被诉行政行为进行全面审查

D. 如二审法院经审查认为依法不应给予该厂赔偿的,应判决驳回其赔偿请求

| 参考答案 | __________①

| 设题陷阱与常见错误分析 |

对一些应试者而言,有难度的主要在选项 B、D。本题重点考查应试者对行政诉讼第二审的相关规定的理解和运用。

| 解题思路与方法分析 |

《行政诉讼法》第 15 条规定:"中级人民法院管辖下列第一审行政案件:(一)对国务院部门或者县级以上地方人民政府所作的行政行为提起诉讼的案件;(二)海关处理的案件;(三)本辖区内重大、复杂的案件;(四)其他法律规定由中级人民法院管辖的案件。"故选项 A 的说法是错误的。

《行政诉讼法》第 86 条规定:"人民法院对上诉案件,应当组成合议庭,开庭审理。经过阅卷、调查和询问当事人,对没有提出新的事实、证据或者理由,合议庭认为不需要开庭审理的,也可以不开庭审理。"故选项 B 的说法是错

① CD

误的。

《行政诉讼法》第87条规定："人民法院审理上诉案件，应当对原审人民法院的判决、裁定和被诉行政行为进行全面审查。"故选项C的说法是正确的。

《行诉适用解释》第109条规定："第二审人民法院经审理认为原审人民法院不予立案或者驳回起诉的裁定确有错误且当事人的起诉符合起诉条件的，应当裁定撤销原审人民法院的裁定，指令原审人民法院依法立案或者继续审理。第二审人民法院裁定发回原审人民法院重新审理的行政案件，原审人民法院应当另行组成合议庭进行审理。原审判决遗漏了必须参加诉讼的当事人或者诉讼请求的，第二审人民法院应当裁定撤销原审判决，发回重审。原审判决遗漏行政赔偿请求，第二审人民法院经审查认为依法不应当予以赔偿的，应当判决驳回行政赔偿请求。原审判决遗漏行政赔偿请求，第二审人民法院经审理认为依法应当予以赔偿的，在确认被诉行政行为违法的同时，可以就行政赔偿问题进行调解；调解不成的，应当就行政赔偿部分发回重审。当事人在第二审期间提出行政赔偿请求的，第二审人民法院可以进行调解；调解不成的，应当告知当事人另行起诉。"根据此规定，选项D的说法是正确的。

综上，本题的答案为CD。

14 考向 行政诉讼参加人

1.【单项选择题】某区卫计局以董某擅自开展诊疗活动为由作出没收其违法诊疗工具并处5万元罚款的处罚。董某向区政府申请复议，区政府维持了原处罚决定。董某向法院起诉。下列哪一说法是正确的？

A. 如董某只起诉区卫计局，法院应追加区政府为第三人

B. 本案应以区政府确定案件的级别管辖

C. 本案可由区卫计局所在地的法院管辖

D. 法院应对原处罚决定和复议决定进行合法性审查，但不对复议决定作出判决

｜参考答案｜__________①

｜设题陷阱与常见错误分析｜

《行政诉讼法》规定了经行政复议进入行政诉讼后的被告的确定，本题是复议维持的情形，一些应试者理解不深入，从而错误判断。

｜解题思路与方法分析｜

本题是行政诉讼的综合性试题，切入点是经行政复议后进入行政诉讼的相关安排，目的在于考查应试者对《行政诉讼法》确立的制度的掌握和运用能力，要求应试者了解行政复议维持原决定后的被告确定、管辖和审理裁判对象。

选项A考查被告问题。行政诉讼的被告确定较为复杂，行政诉讼法对此作出了具体规定。《行政诉讼法》第26条规定："公民、法人或者其他组织直接向人民法院提起诉讼的，作出行政行为的行政机关是被告。经复议的案件，复议机关决定维持原行政行为的，作出原行政行为的行政机关和复议机关是共同被告；复议机关改变原行政行为的，复议机关是被告。复议机关在法定期限内未作出复议决定，公民、法人或者其他组织起诉原行政行为的，作出原行政行为的行政机关是被告；起诉复议机关不作为的，复议机关是被告。两个以上行政机关作出同一行政行为的，共同作出行政行为的行政机关是共同被告。行政机关委托的组织所作的行政行为，委托的行政机关是被告。行政机关被撤销或者职权变更的，继续行使其职权的行政机关是被告。"本题属于复议机关区政府维持了原处罚决定的情况，故区政府和区卫计局应为共同被告。原告应把二者作为共同被告一同起诉，然而原告仅起诉了区卫计局，如何列案件当事人变得复杂。《行诉适用解释》第134条第1款规定："复议机关决定维持原行政行为的，作出原行政行为的行政机关和复议机关是共同被告。原告只起诉作出原行政行为的行政机关或者复议机关的，人民法院应当告知原告追加被告。原告不同意追加的，人民法院应

① C

当将另一机关列为共同被告。”故选项 A 的说法错误。同时，应当注意的是，《行诉适用解释》对复议机关改变原行政行为的情形也作出规定。第 22 条第 1 款规定：“行政诉讼法第二十六条第二款规定的‘复议机关改变原行政行为’，是指复议机关改变原行政行为的处理结果。复议机关改变原行政行为所认定的主要事实和证据、改变原行政行为所适用的规范依据，但未改变原行政行为处理结果的，视为复议机关维持原行政行为。”

选项 B、C 考查行政复议机关与原机关为共同被告时的级别管辖和地域管辖问题。《行诉适用解释》第 134 条第 3 款规定：“复议机关作共同被告的案件，以作出原行政行为的行政机关确定案件的级别管辖。”故选项 B 的说法是错误的。《行政诉讼法》第 18 条规定：“行政案件由最初作出行政行为的行政机关所在地人民法院管辖。经复议的案件，也可以由复议机关所在地人民法院管辖。经最高人民法院批准，高级人民法院可以根据审判工作的实际情况，确定若干人民法院跨行政区域管辖行政案件。”故选项 C 的说法是正确的。

选项 D 考查行政复议机关与原机关为共同被告时案件的审理和裁判对象。《行诉适用解释》第 135 条规定：“复议机关决定维持原行政行为的，人民法院应当在审查原行政行为合法性的同时，一并审查复议决定的合法性。作出原行政行为的行政机关和复议机关对原行政行为合法性共同承担举证责任，可以由其中一个机关实施举证行为。复议机关对复议决定的合法性承担举证责任。复议机关作共同被告的案件，复议机关在复议程序中依法收集和补充的证据，可以作为人民法院认定复议决定和原行政行为合法的依据。”第 136 条规定：“人民法院对原行政行为作出判决的同时，应当对复议决定一并作出相应判决。人民法院依职权追加作出原行政行为的行政机关或者复议机关为共同被告的，对原行政行为或者复议决定可以作出相应判决。人民法院判决撤销原行政行为和复议决定的，可以判决作出原行政行为的行政机关重新作出行政行为。人民法院判决作出原行政行为的行政机关履行法定职责或者给付义务的，应当同时判决撤销复议决定。原行政行为合法、复议决定违法的，人民法院可以判决撤销复议决定或者确认复议决定违法，同时判决驳回原告针对原行政行为的诉讼请求。原行政行为被撤销、确认违法或者无效，给原告造成损失的，应当由作出原行政行为的行政机关承担赔偿责任；因复议决定加重损害的，由复议机关对加重部分承担赔偿责任。原行政行为不符合复议或者诉讼受案范围等受理条件，复议机关作出维持决定的，人民法院应当裁定一并驳回对原行政行为和复议决定的起诉。”根据上述规定，法院既要对复议决定进行合法性审查，同时也要作出裁判。故选项 D 的说法是错误的。

综上，本题的答案为 C。

2.【多项选择题】李某不服区公安分局对其作出的行政拘留 5 日的处罚，向市公安局申请行政复议，市公安局作出维持决定。李某不服，提起行政诉讼。下列哪些选项是正确的？

A. 李某可向区政府申请行政复议

B. 被告为市公安局和区公安分局

C. 市公安局所在地的法院对本案无管辖权

D. 如李某的起诉状内容有欠缺，法院应给予指导和释明，并一次性告知需要补正的内容

｜参考答案｜__________①

｜设题陷阱与常见错误分析｜

本题的考查重点是行政诉讼的制度安排，一些应试者没有清晰掌握行政诉讼规定，从而作出错误判断，如选择 C。

｜解题思路与方法分析｜

本题是综合性题目，涉及多个考点。第一个涉及行政复议机关的确定。《行政复议法》第 24 条第 1 款规定：“县级以上地方各级人民政府管辖下列行政复议案件：（一）对本级人民政府工作部门作出的行政行为不服的；（二）对下一级人民政府作出的行政行为不服的；

① ABD

（三）对本级人民政府依法设立的派出机关作出的行政行为不服的；（四）对本级人民政府或者其工作部门管理的法律、法规、规章授权的组织作出的行政行为不服的。”第27条规定：“对海关、金融、外汇管理等实行垂直领导的行政机关、税务和国家安全机关的行政行为不服的，向上一级主管部门申请行政复议。”第28条规定：“对履行行政复议机构职责的地方人民政府司法行政部门的行政行为不服的，可以向本级人民政府申请行政复议，也可以向上一级司法行政部门申请行政复议。”公安机关不是实行垂直领导和适用由上一级主管部门作为复议机关的机关，即复议机关为区政府，故选项A的说法是正确的。

选项B涉及行政诉讼被告的确定。《行政诉讼法》第26条规定：“公民、法人或者其他组织直接向人民法院提起诉讼的，作出行政行为的行政机关是被告。经复议的案件，复议机关决定维持原行政行为的，作出原行政行为的行政机关和复议机关是共同被告……”本题中，市公安局维持了原机关的决定，应当适用“经复议的案件，复议机关决定维持原行政行为的，作出原行政行为的行政机关和复议机关是共同被告”的情形，即市公安局和区公安分局为共同被告，故选项B的说法是正确的。

选项C涉及地域管辖。《行政诉讼法》第18条规定：“行政案件由最初作出行政行为的行政机关所在地人民法院管辖。经复议的案件，也可以由复议机关所在地人民法院管辖。经最高人民法院批准，高级人民法院可以根据审判工作的实际情况，确定若干人民法院跨行政区域管辖行政案件。”这意味着市公安局和区公安分局所在地的法院对此案均有管辖权，故选项C的说法是错误的。

选项D涉及法院对起诉的处理。《行政诉讼法》第51条规定：“……起诉状内容欠缺或者有其他错误的，应当给予指导和释明，并一次性告知当事人需要补正的内容。不得未经指导和释明即以起诉不符合条件为由不接收起诉状。对于不接收起诉状、接收起诉状后不出具书面凭证，以及不一次性告知当事人需要补正的起诉状内容的，当事人可以向上级人民法院投诉，上级人民法院应当责令改正，并对直接负责的主管人员和其他直接责任人员依法给予处分。”故选项D的说法是正确的。

综上，本题的答案为ABD。

3.【多项选择题】村民甲、乙因自留地使用权发生争议，乡政府作出处理决定，认定使用权归属甲。乙不服向县政府申请复议，县政府以甲、乙两人争议属于农村土地承包经营纠纷，乡政府无权作出处理决定为由，撤销乡政府的决定。甲不服向法院起诉。下列说法正确的是：

A. 县政府撤销乡政府决定的同时应当确定系争土地权属

B. 甲的代理人的授权委托书应当载明委托事项和具体权限

C. 本案被告为县政府

D. 乙与乡政府为本案的第三人

｜**参考答案**｜__________①

｜**设题陷阱与常见错误分析**｜

本题常出现错误之处在于对选项A的判断，不少应试者认为县政府在撤销乡政府决定的同时应当确定系争土地权属。不过，这一理解并不正确。这既涉及复议机关的权限，也涉及争议的事项。从《行政复议法》的规定看，虽然与法院在行政诉讼中的权限相比，复议机关在行政复议中拥有更大的决定权，但并非没有限制。更为重要的是，本题中所涉及的问题是否适宜由行政机关解决。一些应试者正是由于对这两个问题的模糊认识而作出错误判断。

｜**解题思路与方法分析**｜

本题是经过复议的行政诉讼问题，带有综合性，应当结合相关规定有针对性的仔细分析。

选项A涉及复议机关的决定权限问题。《行政复议法》主要规定了多种复议决定形式，并具体规定了适用条件，包括变更决定、撤销决定、确认违法决定、履行职责决定、确认无效决定、维持决定、驳回复议请求决定等。其中，变更决定有严格限制。《行政复议法》第63条第

① BC

1款规定,行政行为有下列情形之一的,行政复议机关决定变更该行政行为:(1)事实清楚,证据确凿,适用依据正确,程序合法,但是内容不适当;(2)事实清楚,证据确凿,程序合法,但是未正确适用依据;(3)事实不清、证据不足,经行政复议机关查清事实和证据。因此,对变更决定,行政复议机关有法定的限制条件,由此来看选项A中"应当确定系争土地权属"是不恰当的。

对选项A的判断更为重要的问题是,复议机关是否有权处置。本题的事实是,甲、乙两人发生争议,乡政府作出裁决。而县政府认为甲、乙两人争议属于农村土地承包经营纠纷,乡政府无权作出处理决定。如果两人真为农村土地承包经营纠纷,县政府是否有权处理即为重要问题。《农村土地承包经营纠纷调解仲裁法》第2条第2款规定:"农村土地承包经营纠纷包括:(一)因订立、履行、变更、解除和终止农村土地承包合同发生的纠纷;(二)因农村土地承包经营权转包、出租、互换、转让、入股等流转发生的纠纷;(三)因收回、调整承包地发生的纠纷;(四)因确认农村土地承包经营权发生的纠纷;(五)因侵害农村土地承包经营权发生的纠纷;(六)法律、法规规定的其他农村土地承包经营纠纷。"根据该法第3条、第4条的规定,发生农村土地承包经营纠纷的,当事人可以自行和解,也可以请求村民委员会、乡(镇)人民政府等调解。当事人和解、调解不成或者不愿和解、调解的,可以向农村土地承包仲裁委员会申请仲裁,也可以直接向人民法院起诉。上述规定表明农村土地承包经营纠纷不属于(县)政府裁决的范围。对此,县政府恰恰不能处理。故选项A的说法错误。

选项B涉及行政诉讼的诉讼代理问题。《行诉适用解释》第31条规定:"当事人委托诉讼代理人,应当向人民法院提交由委托人签名或者盖章的授权委托书。委托书应当载明委托事项和具体权限。公民在特殊情况下无法书面委托的,也可以由他人代书,并由自己捺印等方式确认,人民法院应当核实并记录在卷;被诉行政机关或者其他有义务协助的机关拒绝人民法院向被限制人身自由的公民核实的,视为委托成立。当事人解除或者变更委托的,应当书面报告人民法院。"根据此规定,故选项B的说法正确。

选项C涉及经复议后的复议确定问题。《行政诉讼法》第26条第2款规定,经复议的案件,复议机关决定维持原行政行为的,作出原行政行为的行政机关和复议机关是共同被告;复议机关改变原具体行政行为的,复议机关是被告。根据上述规定,要确定经复议后的行政诉讼被告,关键是要看行政复议机关的决定。

本题中,复议机关县政府是以甲、乙两人争议属于农村土地承包经营纠纷,乡政府无权作出处理决定为由,撤销乡政府的决定。《行诉适用解释》第22条第1款规定:"行政诉讼法第二十六条第二款规定的'复议机关改变原行政行为',是指复议机关改变原行政行为的处理结果。复议机关改变原行政行为所认定的主要事实和证据、改变原行政行为所适用的规范依据,但未改变原行政行为处理结果的,视为复议机关维持原行政行为。"因而,本题中的复议决定属于改变,应由复议机关即县政府作为被告。选项C的说法正确。

选项D涉及行政诉讼第三人确定问题。《行政诉讼法》第29条第1款规定:"公民、法人或者其他组织同被诉行政行为有利害关系但没有提起诉讼,或者同案件处理结果有利害关系的,可以作为第三人申请参加诉讼,或者由人民法院通知参加诉讼。"显然,乙与被诉具体行政行为有利害关系,应作为第三人。而作为复议被申请人的乡政府不适宜作为第三人参加行政诉讼。故选项D的说法错误。

综上,本题的答案为BC。

4.【不定项选择题】经夏某申请,某县社保局作出认定,夏某晚上下班途中驾驶摩托车与行人发生交通事故受重伤,属于工伤。夏某供职的公司认为其发生交通事故系醉酒所致,向法院起诉要求撤销认定。某县社保局向法院提交了公安局交警大队交通事故认定书、夏某住院的病案和夏某同事孙某的证言。下列说法正确的是：

A. 夏某为本案的第三人

B. 某县社保局提供的证据均系书证

C. 法院对夏某住院的病案是否为原件的审查，系对证据真实性的审查

D. 如有证据证明交通事故确系夏某醉酒所致，法院应判决撤销某县社保局的认定

| **参考答案** | ________①

| **设题陷阱与常见错误分析** |

本题的难点在于选项C、D之上。选项C要求应试者正确掌握在行政诉讼中证据合法性、关联性和真实性审查的区别，一些应试者混淆了三者的区别而出现错误；选项D要求应试者掌握工伤规定并将之运用于法院的判决之中。一些应试者可能不了解工伤规定而无法正确作答。

| **解题思路与方法分析** |

选项A涉及行政诉讼第三人制度，难度不大。《行政诉讼法》第29条规定："公民、法人或者其他组织同被诉行政行为有利害关系但没有提起诉讼，或者同案件处理结果有利害关系的，可以作为第三人申请参加诉讼，或者由人民法院通知参加诉讼。人民法院判决第三人承担义务或者减损第三人权益的，第三人有权依法提起上诉。"本题中，被诉具体行政行为为某县社保局的工伤认定，夏某与夏某供职的公司为双方当事人，对此认定夏某供职的公司提起行政诉讼，法院的审理和裁判与夏某有直接利害关系，应为第三人。故选项A的说法是正确的。

选项B涉及行政诉讼证据的种类。《行政诉讼法》第33条规定："证据包括：(一)书证；(二)物证；(三)视听资料；(四)电子数据；(五)证人证言；(六)当事人的陈述；(七)鉴定意见；(八)勘验笔录、现场笔录。以上证据经法庭审查属实，才能作为认定案件事实的根据。"本题中，某县社保局向法院提交了公安局交警大队交通事故认定书、夏某住院的病案和夏某同事孙某的证言，显然夏某同事孙某的证言属于证人证言，不是书证。故选项B的说法是错误的。

选项C涉及证据的真实性的理解。最高人民法院《关于行政诉讼证据若干问题的规定》(以下简称《行诉证据规定》)第56条规定："法庭应当根据案件的具体情况，从以下方面审查证据的真实性：(一)证据形成的原因；(二)发现证据时的客观环境；(三)证据是否为原件、原物，复制件、复制品与原件、原物是否相符；(四)提供证据的人或者证人与当事人是否具有利害关系；(五)影响证据真实性的其他因素。"法院对夏某住院的病案是否为原件的审查，符合上述规定第(三)项，系对证据真实性的审查，选项C的说法是正确的。

《社会保险法》第37条规定："职工因下列情形之一导致本人在工作中伤亡的，不认定为工伤：(一)故意犯罪；(二)醉酒或者吸毒；(三)自残或者自杀；(四)法律、行政法规规定的其他情形。"根据此规定，醉酒是法定的不能认定为工伤的理由。如有证据证明交通事故确系夏某醉酒所致，即说明某县社保局认定夏某为工伤存在违法。之所以出现违法，可能源于主要证据不足，也可能是适用法律、法规错误。《行政诉讼法》第70条规定："行政行为有下列情形之一的，人民法院判决撤销或者部分撤销，并可以判决被告重新作出行政行为：(一)主要证据不足的；(二)适用法律、法规错误的；(三)违反法定程序的；(四)超越职权的；(五)滥用职权的；(六)明显不当的。"基于《社会保险法》第37条和《行政诉讼法》第70条规定，法院应认定某县社保局的认定构成违法，予以撤销。

综上，本题的答案为ACD。

15 考向 行政诉讼程序

【**多项选择题**】2015年3月15日，严某向某市房管局递交出让方为郭某(严某之母)、受让方为严某的房产交易申请表以及相关材料。4月20日，该局向严某核发房屋所有权证。后因家庭纠纷郭某想出售该房产时发现房产已

---

① ACD

不在名下，于 2019 年 12 月 5 日以该局为被告提起诉讼，要求撤销向严某核发的房屋所有权证，并给自己核发新证。一审法院判决维持被诉行为，郭某提出上诉。下列哪些说法是正确的？

A. 本案的起诉期限为 1 年

B. 本案的起诉期限从 2015 年 4 月 20 日起算

C. 如诉讼中郭某解除对诉讼代理人的委托，在其书面报告法院后，法院应当通知其他当事人

D. 第二审法院应对一审法院的裁判和被诉具体行政行为是否合法进行全面审查

| 参考答案 | __________①

| 设题陷阱与常见错误分析 |

对不少应试者而言，本题的难点是选项 A、B，均涉及行政诉讼起诉期限问题，有不少应试者虽了解有关行政诉讼起诉期限的规定，但在具体应用中却出现错误，错误认为选项 A 是正确的。

| 解题思路与方法分析 |

本题考查到行政诉讼中的三个知识点：行政诉讼起诉期限及其计算、诉讼代理和第二审的审理范围，需要应试者运用相关知识加以综合判断，其中第一个知识点是经常考查的内容，但也是难点。

选项 A、B 都涉及行政诉讼起诉期限及其计算问题。其中，选项 A 涉及的是行政诉讼期限问题。行政诉讼起诉期限相对复杂，不过大体而言可以分为一般期限与特别期限。一般期限是指由《行政诉讼法》明确规定、适用于一般行政案件的起诉期限。该期限可分为直接向法院提起行政诉讼的一般期限与不服行政复议提起行政诉讼的一般期限两种。《行政诉讼法》第 46 条第 1 款规定，当事人直接向人民法院提起行政诉讼的，应当自知道或应当知道作出具体行政行为之日起 6 个月内提出。因此，直接起诉的一般期限为知道或者应当知道作出行政行为之日起 6 个月。根据《行政诉讼法》第 45 条的规定，不服行政复议而起诉的一般期限为 15 日，即在收到复议决定书之日起 15 日内向人民法院提起诉讼；若复议机关逾期不作决定的，当事人可以在复议期满之日起 15 日内向人民法院提起诉讼。特别期限是指为行政诉讼法所认可，由其他单行法律所规定的起诉期限。本题中，郭某的起诉未经过复议，属于直接向法院起诉，应按照直接起诉来分析判断起诉期限。本题未提及特别法律规定，起诉期限应为 6 个月。

一些应试者认为选择了 A，事实上混淆了最长保护期限。最长保护期限出现在两种情形下：一是行政机关作出行政行为时，未告知公民、法人或者其他组织起诉期限的，起诉期限从公民、法人或者其他组织知道或者应当知道起诉期限之日起计算，但从知道或者应当知道行政行为内容之日起最长不得超过 1 年（参见《行诉适用解释》第 64 条第 1 款）。这里的 1 年是最长保护期限，而不是起诉期限。故选项 A 的说法是错误的。二是当事人不知道行政机关作出行政行为内容的，其起诉期限从知道或者应当知道该行政行为内容之日起计算。对涉及不动产的行政行为从作出之日起超过 20 年，其他行政行为从作出之日超过 5 年提起诉讼的，人民法院不予受理。本题中，郭某的儿子严某在她不知情的情况下向某市房管局递交申请，由某市房管局向严某发放发房屋所有权证，因此郭某对被诉具体行政行为的内容不知道，因此其起诉期限从知道或者应当知道该具体行政行为内容之日起计算。选项 B 中的 2015 年 4 月 20 日是被诉具体行政行为作出之日，不是郭某知道或者应当知道该具体行政行为内容之日，因此选项 B 显然是错误的。

选项 C 涉及诉讼代理问题。《行诉适用解释》第 31 条规定："当事人委托诉讼代理人，应当向人民法院提交由委托人签名或者盖章的授权委托书。委托书应当载明委托事项和具体权限。公民在特殊情况下无法书面委托的，也可以由他人代书，并由自己捺印等方式确认，人民法院应当核实并记录在卷；被诉行政机关或者其他有义务协助的机关拒绝人民法院向被

① CD

限制人身自由的公民核实的,视为委托成立。当事人解除或者变更委托的,应当书面报告人民法院。”根据此规定,故选项 C 的说法是正确的。

《行政诉讼法》第 87 条规定:“人民法院审理上诉案件,应当对原审人民法院的判决、裁定和被诉行政行为进行全面审查。”根据此规定,在行政诉讼的第二审中,法院采用全面审查原则,既要对一审法院的裁判进行审查,也要对被诉具体行政行为是否合法审查,故选项 D 的说法是正确的。

综上,本题的答案为 CD。

16 考向 行政诉讼的特殊制度与规则

1.【单项选择题】甲公司与乙公司发生纠纷向市场监管局申请公开乙公司的市场监管登记信息。该局公开了乙公司的名称、注册号、住所、法定代表人等基本信息,但对经营范围、从业人数、注册资本等信息拒绝公开。甲公司向法院起诉,法院受理。关于此事,下列哪一说法是正确的?

A. 甲公司应先向市场监管局的上一级市场监管局申请复议,对复议决定不服再向法院起诉

B. 市场监管局应当对拒绝公开的依据以及履行法定告知和说明理由义务的情况举证

C. 本案审理不适用简易程序

D. 因相关信息不属政府信息,拒绝公开合法

| **参考答案** | ________①

| **设题陷阱与常见错误分析** |

部分应试者对政府信息作狭义理解,并不把企业的经营范围、从业人数、注册资本等信息作为政府信息,从而错误选择 D。

| **解题思路与方法分析** |

本题是有关政府信息公开的综合性题目,涉及政府信息的界定、引发的诉讼提起条件和审理程序等内容,要求应试者掌握并能够运用政府信息公开的相关规定。

选项 D 涉及政府信息的判定问题。《政府信息公开条例》第 2 条规定:“本条例所称政府信息,是指行政机关在履行行政管理职能过程中制作或者获取的,以一定形式记录、保存的信息。”《公司法》第 7 条规定:“依法设立的公司,由公司登记机关发给公司营业执照。公司营业执照签发日期为公司成立日期。公司营业执照应当载明公司的名称、住所、注册资本、经营范围、法定代表人姓名等事项。公司营业执照记载的事项发生变更的,公司应当依法办理变更登记,由公司登记机关换发营业执照。”因而,甲公司要求公开的这些信息属于行政机关在履行职责过程获取的信息,符合政府信息的特征。如属于政府信息,除非有明确的不公开理由,行政机关才能不公开。事实上,《公司法》第 6 条第 3 款明确规定:“公众可以向公司登记机关申请查询公司登记事项,公司登记机关应当提供查询服务。”故选项 D 的说法是错误的。

选项 A、B、C 则涉及政府信息公开诉讼问题。其中,选项 A 考查复议机关复议及其与行政诉讼的关系。复议机关因机关的类别和性质而有所不同,根据《行政复议法》第 24 条第 1 款规定:“县级以上地方各级人民政府管辖下列行政复议案件:(一)对本级人民政府工作部门作出的行政行为不服的;(二)对下一级人民政府作出的行政行为不服的;(三)对本级人民政府依法设立的派出机关作出的行政行为不服的;(四)对本级人民政府或者其工作部门管理的法律、法规、规章授权的组织作出的行政行为不服的。”第 27 条规定,对海关、金融、外汇管理等实行垂直领导的行政机关、税务和国家安全机关的行政行为不服的,向上一级主管部门申请行政复议。第 28 条规定,对履行行政复议机构职责的地方人民政府司法行政部门的行政行为不服的,可以向本级人民政府申请行政复议,也可以向上一级司法行政部门申请行政复议。故本案中,市场监管行政管理机关不属于由上一级主管部门进行复议管辖的部门,上一级市场监管局不能作为行政复议机关。

① B

同时,《行政诉讼法》第 44 条规定:“对属于人民法院受案范围的行政案件,公民、法人或者其他组织可以先向行政机关申请复议,对复议决定不服的,再向人民法院提起诉讼;也可以直接向人民法院提起诉讼。法律、法规规定应当先向行政机关申请复议,对复议决定不服再向人民法院提起诉讼的,依照法律、法规的规定。”《行政复议法》第 23 条规定:“有下列情形之一的,申请人应当先向行政复议机关申请行政复议,对行政复议决定不服的,可以再依法向人民法院提起行政诉讼:(一)对当场作出的行政处罚决定不服;(二)对行政机关作出的侵犯其已经依法取得的自然资源的所有权或者使用权的决定不服;(三)认为行政机关存在本法第十一条规定的未履行法定职责情形;(四)申请政府信息公开,行政机关不予公开;(五)法律、行政法规规定应当先向行政复议机关申请行政复议的其他情形。对前款规定的情形,行政机关在作出行政行为时应当告知公民、法人或者其他组织先向行政复议机关申请行政复议。”本案属于政府信息公开案件且行政机关拒绝公开,应当实行复议前置。综合分析,选项 A 的说法是错误的。

选项 B 涉及政府信息公开的举证等规定。最高人民法院《关于审理政府信息公开行政案件若干问题的规定》第 5 条规定:“被告拒绝向原告提供政府信息的,应当对拒绝的根据以及履行法定告知和说明理由义务的情况举证。因公共利益决定公开涉及商业秘密、个人隐私政府信息的,被告应当对认定公共利益以及不公开可能对公共利益造成重大影响的理由进行举证和说明。被告拒绝更正与原告相关的政府信息记录的,应当对拒绝的理由进行举证和说明。被告能够证明政府信息涉及国家秘密,请求在诉讼中不予提交的,人民法院应当准许。被告主张政府信息不存在,原告能够提供该政府信息系由被告制作或者保存的相关线索的,可以申请人民法院调取证据。被告以政府信息与申请人自身生产、生活、科研等特殊需要无关为由不予提供的,人民法院可以要求原告对特殊需要事由作出说明。原告起诉被告拒绝更正政府信息记录的,应当提供其向被告提出过更正申请以及政府信息与其自身相关且记录不准确的事实根据。”据此,选项 B 的说法是正确的。

《行政诉讼法》第 82 条对适用简易程序的情形作出规定:“人民法院审理下列第一审行政案件,认为事实清楚、权利义务关系明确、争议不大的,可以适用简易程序:(一)被诉行政行为是依法当场作出的;(二)案件涉及款额二千元以下的;(三)属于政府信息公开案件的。除前款规定以外的第一审行政案件,当事人各方同意适用简易程序的,可以适用简易程序。发回重审、按照审判监督程序再审的案件不适用简易程序。”根据此规定,政府信息公开案件符合条件时可以适用简易程序,故选项 C 的说法是错误的。

综上,本题的答案为 B。

2.【多项选择题】梁某酒后将邻居张某家的门、窗等物品砸坏。县公安局接警后,对现场进行拍照、制作现场笔录,并请县价格认证中心作价格鉴定意见,对梁某作出行政拘留 8 日处罚。梁某向法院起诉,县公安局向法院提交照片、现场笔录和鉴定意见。下列哪些说法是正确的?

A. 照片为书证

B. 县公安局提交的现场笔录无当事人签名的,不具有法律效力

C. 县公安局提交的鉴定意见应有县价格认证中心的盖章和鉴定人的签名

D. 梁某对现场笔录的合法性有异议的,可要求县公安局的相关执法人员作为证人出庭作证

| **参考答案** | __________①

| **设题陷阱与常见错误分析** |

有应试者认为,行政执法人员不能作为证人出庭作证,从而认为选项 D 是错误的。这实际上是误解,在特定情形下行政执法人员可以作为证人出庭作证。

---

① ACD

｜解题思路与方法分析｜

本题考查行政诉讼证据的相关问题，要求应试者掌握相关的规定和要求。

本题中，共有三项证据：公安局在现场所拍的照片、现场笔录和价格鉴定意见，相关的问题围绕这三项证据展开。选项A涉及照片的证据性质。照片是公安局对现场进行拍照形成，是以文字、符号、图形所记载或表示的内容、含义来证明案件事实的证据，符合书证的特点，应为书证。此处的照片不是物证，物证是指以自己的存在、形状、质量等外部特征和物质属性来证明案件事实的物品。

选项B、D涉及现场笔录。最高人民法院《行诉证据规定》第15条规定："根据行政诉讼法第三十一条第一款第（七）项的规定，被告向人民法院提供的现场笔录，应当载明时间、地点和事件等内容，并由执法人员和当事人签名。当事人拒绝签名或者不能签名的，应当注明原因。有其他人在现场的，可由其他人签名。法律、法规和规章对现场笔录的制作形式另有规定的，从其规定。"依据此规定，现场笔录无当事人签名的，并不意味着不具有法律效力，故选项B的说法是错误的。

《行诉证据规定》第44条规定："有下列情形之一，原告或者第三人可以要求相关行政执法人员作为证人出庭作证：（一）对现场笔录的合法性或者真实性有异议的；（二）对扣押财产的品种或者数量有异议的；（三）对检验的物品取样或者保管有异议的；（四）对行政执法人员的身份的合法性有异议的；（五）需要出庭作证的其他情形。"选项D符合第（一）项所规定的情形，故选项D的说法是正确的。

选项C涉及鉴定意见。《行诉证据规定》第14条规定："根据行政诉讼法第三十一条第一款第（六）项的规定，被告向人民法院提供的在行政程序中采用的鉴定结论，应当载明委托人和委托鉴定的事项、向鉴定部门提交的相关材料、鉴定的依据和使用的科学技术手段、鉴定部门和鉴定人鉴定资格的说明，并应有鉴定人的签名和鉴定部门的盖章。通过分析获得的鉴定结论，应当说明分析过程。"选项C的说法是正确的。

综上，本题的答案为ACD。

17 考向 行政案件的裁判与执行

【不定项选择题】某镇政府以一公司所建钢架大棚未取得乡村建设规划许可证为由责令限期拆除。该公司逾期不拆除，镇政府现场向其送达强拆通知书，组织人员拆除了大棚。该公司向法院起诉要求撤销强拆行为。如一审法院审理认为强拆行为违反法定程序，可作出的判决有：

A. 撤销判决　　B. 确认违法判决

C. 履行判决　　D. 变更判决

｜参考答案｜__________①

｜设题陷阱与常见错误分析｜

本题中涉及两个行政行为：责令限期拆除和强拆行为。但是，原告所诉的只是强拆行为，未起诉责令限期拆除。一些应试者未能充分认识这一点，认为本题需要作出判决，一是强拆的决定应该撤销，二是强拆的行为需要确认违法，错误选择AB。

｜解题思路与方法分析｜

本题涉及行政诉讼不同判决形式的区别及其具体适用。首先要明确的是，本题中原告起诉的是强拆行为，而不是责令限期拆除决定。公司向法院起诉的要求是撤销强拆行为，但法院经审理认为强拆行为违反法定程序。《行政诉讼法》第70条规定："行政行为有下列情形之一的，人民法院判决撤销或者部分撤销，并可以判决被告重新作出行政行为：（一）主要证据不足的；（二）适用法律、法规错误的；（三）违反法定程序的；（四）超越职权的；（五）滥用职权的；（六）明显不当的。"根据此规定，此行为应判决撤销，但由于该行为已实际实施，无可撤销的内容，判决撤销无意义。《行政诉讼法》第74条规定："行政行为有下列情形之一的，人民法院判决确认违法，但不撤销

① B

行政行为:(一)行政行为依法应当撤销,但撤销会给国家利益、社会公共利益造成重大损害的;(二)行政行为程序轻微违法,但对原告权利不产生实际影响的。行政行为有下列情形之一,不需要撤销或者判决履行的,人民法院判决确认违法:(一)行政行为违法,但不具有可撤销内容的;(二)被告改变原违法行政行为,原告仍要求确认原行政行为违法的;(三)被告不履行或者拖延履行法定职责,判决履行没有意义的。”根据此规定,法院应判决确认违法,故选项 B 是正确的,选项 A 是错误的。

履行判决主要适用于行政机关不作为的情形。《行政诉讼法》第 72 条规定:“人民法院经过审理,查明被告不履行法定职责的,判决被告在一定期限内履行。”本题中的情形显然不符合,故选项 C 是错误的。

《行政诉讼法》第 77 条规定:“行政处罚明显不当,或者其他行政行为涉及对款额的确定、认定确有错误的,人民法院可以判决变更。人民法院判决变更,不得加重原告的义务或者减损原告的权益。但利害关系人同为原告,且诉讼请求相反的除外。”本题中的被诉行为既非行政处罚行为,也非涉及对款额的确定、认定确有错误的行政行为,因而不适用本条规定作出变更判决,故选项 D 是错误的。

综上,本题的答案为 B。

18 考向 行政赔偿

1.【多项选择题】丁某以其房屋作抵押向孙某借款,双方到房管局办理手续,提交了房产证原件及载明房屋面积 100 平方米、借款 50 万元的房产抵押合同,该局以此出具房屋他项权证。丁某未还款,法院拍卖房屋,但因房屋面积只有 70 平方米,孙某遂以该局办理手续时未尽核实义务造成其 15 万元债权无法实现为由,起诉要求认定该局行为违法并赔偿损失。对此案,下列哪些说法是错误的?

A. 法院可根据孙某申请裁定先予执行

B. 孙某应对房管局的行为造成其损失提供证据

C. 法院应对房管局的行为是否合法与行政赔偿争议一并审理和裁判

D. 孙某的请求不属国家赔偿范围

| **参考答案** | ________①

| **设题陷阱与常见错误分析** |

一些应试者认为既然原告起诉要求认定房管局的行为违法并赔偿损失,法院应当对房管局的行为是否合法与行政赔偿争议一并审理和裁判,这事实上是对一并审理和裁判的错误认识。

| **解题思路与方法分析** |

《行政诉讼法》第 57 条规定:“人民法院对起诉行政机关没有依法支付抚恤金、最低生活保障金和工伤、医疗社会保险金的案件,权利义务关系明确、不先予执行将严重影响原告生活的,可以根据原告的申请,裁定先予执行。当事人对先予执行裁定不服的,可以申请复议一次。复议期间不停止裁定的执行。”本题为诉房管局的行为违法并提出行政赔偿的诉讼,不符合先予执行的情形,故选项 A 的说法是错误的。

《行政诉讼法》第 38 条规定:“在起诉被告不履行法定职责的案件中,原告应当提供其向被告提出申请的证据。但有下列情形之一的除外:(一)被告应当依职权主动履行法定职责的;(二)原告因正当理由不能提供证据的。在行政赔偿、补偿的案件中,原告应当对行政行为造成的损害提供证据。因被告的原因导致原告无法举证的,由被告承担举证责任。”同时,《国家赔偿法》第 15 条规定:“人民法院审理行政赔偿案件,赔偿请求人和赔偿义务机关对自己提出的主张,应当提供证据。赔偿义务机关采取行政拘留或者限制人身自由的强制措施期间,被限制人身自由的人死亡或者丧失行为能力的,赔偿义务机关的行为与被限制人身自由的人的死亡或者丧失行为能力是否存在因果关系,赔偿义务机关应当提供证据。”故选项 B 的说法是正确的。

最高人民法院《关于审理行政赔偿案件若

① ACD

干问题的规定》第23条、第28条规定,法院对当事人在提起行政诉讼的同时一并提出行政赔偿请求的,应分别立案,在审理时可以合并审理,也可以单独审理。公民、法人或者其他组织在提起行政诉讼的同时一并提出行政赔偿请求的,行政案件的原告可以在提起行政诉讼后至人民法院一审庭审结束前提出行政赔偿请求。因此,选项C的说法是错误的。

《国家赔偿法》第4条规定:"行政机关及其工作人员在行使行政职权时有下列侵犯财产权情形之一的,受害人有取得赔偿的权利:(一)违法实施罚款、吊销许可证和执照、责令停产停业、没收财物等行政处罚的;(二)违法对财产采取查封、扣押、冻结等行政强制措施的;(三)违法征收、征用财产的;(四)造成财产损害的其他违法行为。"本题中的赔偿请求是否属于赔偿范围,关键要判断是否属于"造成财产损害的其他违法行为",即房管局在办理手续时是否尽到核实义务。因此,断然认定孙某的请求不属国家赔偿范围是错误的。

本题为选非题,答案为ACD。

2.【多项选择题】某区规划局以一公司未经批准擅自搭建地面工棚为由,限期自行拆除。该公司逾期未拆除。根据规划局的请求,区政府组织人员将违法建筑拆除,并将拆下的钢板作为建筑垃圾运走。如该公司申请国家赔偿,下列哪些说法是正确的?

A. 可以向区规划局提出赔偿请求

B. 区政府为赔偿义务机关

C. 申请国家赔偿之前应先申请确认运走钢板的行为违法

D. 应当对自己的主张提供证据

| 参考答案 | ________①

| 设题陷阱与常见错误分析 |

本题虽涉及多个知识点,但整体难度不大,其中困扰一些应试者的是,赔偿义务机关的确定。本题中,限期拆除决定由某区规划局作出,而实际的拆除由区政府组织。一些应试者认为,区政府只是受托机关,区规划局作为委托机关,应为赔偿义务机关,从而选择A项。持此种看法的应试者,没有清楚了解拆除的实际作出机关,更没有充分了解规划领域的强制执行权归属。

| 解题思路与方法分析 |

本题是一道综合性题目,考查应试者对行政赔偿问题的综合理解和运用。

本题选项A和选项B虽然提问方式不同,但指向同一个问题:如何确定赔偿义务机关。《国家赔偿法》第7条对如何确定行政赔偿的赔偿义务机关作出了规定:"行政机关及其工作人员行使行政职权侵犯公民、法人和其他组织的合法权益造成损害的,该行政机关为赔偿义务机关。两个以上行政机关共同行使行政职权时侵犯公民、法人和其他组织的合法权益造成损害的,共同行使行政职权的行政机关为共同赔偿义务机关。法律、法规授权的组织在行使授予的行政权力时侵犯公民、法人和其他组织的合法权益造成损害的,被授权的组织为赔偿义务机关。受行政机关委托的组织或者个人在行使受委托的行政权力时侵犯公民、法人和其他组织的合法权益造成损害的,委托的行政机关为赔偿义务机关。赔偿义务机关被撤销的,继续行使其职权的行政机关为赔偿义务机关;没有继续行使其职权的行政机关的,撤销该赔偿义务机关的行政机关为赔偿义务机关。"本题涉及对上述内容的理解和运用。

本题中,某区规划局以一公司未经批准擅自搭建地面工棚为由,限期自行拆除。因而,决定机关应为某区规划局。对拆除决定公司逾期未拆除,由规划局请求区政府组织人员将违法建筑拆除,并将拆下的钢板作为建筑垃圾运走,由此引发国家赔偿申请。在此案中,实际拆除的机关为区政府,而非区规划局。同时,需要注意的是,区政府是基于区规划局的请求,因而二者之间并非委托关系。事实上,这里涉及规划领域的行政强制权的归属问题。《城乡规划法》第68条规定:"城乡规划主管部门作出责令停止建设或者限期拆除的决定后,当事人不停止建设或者逾期不拆除的,建设工程所在地

① BD

县级以上地方人民政府可以责成有关部门采取查封施工现场、强制拆除等措施。”根据此规定，城乡规划主管机关不享有对其作出责令停止建设或限期拆除决定的强制执行权，此权力由县级以上地方政府享有。因此，本题中的赔偿义务机关应为区政府，而非区规划局。选项A的说法错误，选项B的说法正确。

《国家赔偿法》第9条规定：“赔偿义务机关有本法第三条、第四条规定情形之一的，应当给予赔偿。赔偿请求人要求赔偿，应当先向赔偿义务机关提出，也可以在申请行政复议或者提起行政诉讼时一并提出。”此规定并非附加申请行政赔偿之前，应先申请确认行使行政职权行为违法的前提条件，故选项C的说法错误。

《国家赔偿法》第15条第1款规定：“人民法院审理行政赔偿案件，赔偿请求人和赔偿义务机关对自己提出的主张，应当提供证据。”此规定表明除特定例外情形外，赔偿请求人和赔偿义务机关对自己提出的主张应当提供证据。本题中的情形不属于特定例外情形，故公司应对自己的主张承担举证责任。选项D的说法正确。

综上，本题的答案为BD。

19 考向 司法赔偿

1.【单项选择题】某市公安局以朱某涉嫌盗窃罪于2013年7月25日将其刑事拘留，经市检察院批准逮捕。2015年9月11日，市中级人民法院判决朱某无罪，朱某被释放。2016年3月15日，朱某以无罪被羁押为由申请国家赔偿，要求支付侵犯人身自由的赔偿金，赔礼道歉，赔偿精神损害抚慰金200万元。下列哪一说法是正确的？

A. 市检察院为赔偿义务机关

B. 朱某不能以口头方式提出赔偿申请

C. 限制人身自由的时间是计算精神抚慰金的唯一标准

D. 侵犯朱某人身自由的每日赔偿金应按照2014年度职工日平均工资计算

| 参考答案 | ________[1]

| 设题陷阱与常见错误分析 |

本题中选项C、D有一定的难度，要求应试者掌握相关规定并适用。

| 解题思路与方法分析 |

本题是司法赔偿的综合试题，涉及赔偿义务机关的确定、赔偿申请提出和赔偿标准等问题。

选项A涉及赔偿义务机关。《国家赔偿法》第21条规定：“行使侦查、检察、审判职权的机关以及看守所、监狱管理机关及其工作人员在行使职权时侵犯公民、法人和其他组织的合法权益造成损害的，该机关为赔偿义务机关。对公民采取拘留措施，依照本法的规定应当给予国家赔偿的，作出拘留决定的机关为赔偿义务机关。对公民采取逮捕措施后决定撤销案件、不起诉或者判决宣告无罪的，作出逮捕决定的机关为赔偿义务机关。再审改判无罪的，作出原生效判决的人民法院为赔偿义务机关。二审改判无罪，以及二审发回重审后作无罪处理的，作出一审有罪判决的人民法院为赔偿义务机关。”本题中的情形是，朱某被某市公安刑事拘留，并经市检察院批准逮捕，后市中级人民法院判决朱某无罪，属于“对公民采取逮捕措施后决定撤销案件、不起诉或者判决宣告无罪的，作出逮捕决定的机关为赔偿义务机关”。故市检察院为赔偿义务机关。最高人民法院、最高人民检察院《关于办理刑事赔偿案件适用法律若干问题的解释》第11条规定：“对公民采取拘留措施后又采取逮捕措施，国家承担赔偿责任的，作出逮捕决定的机关为赔偿义务机关。”此时，采取拘留措施的机关不是赔偿义务机关。选项A的说法是正确的。

选项B涉及国家赔偿的提出方式。《国家赔偿法》第12条规定：“要求赔偿应当递交申请书，申请书应当载明下列事项：（一）受害人的姓名、性别、年龄、工作单位和住所，法人或者其他组织的名称、住所和法定代表人或者主要负责人的姓名、职务；（二）具体的要求、事实根

[1] A

据和理由;(三)申请的年、月、日。赔偿请求人书写申请书确有困难的,可以委托他人代书;也可以口头申请,由赔偿义务机关记入笔录。赔偿请求人不是受害人本人的,应当说明与受害人的关系,并提供相应证明。赔偿请求人当面递交申请书的,赔偿义务机关应当当场出具加盖本行政机关专用印章并注明收讫日期的书面凭证。申请材料不齐全的,赔偿义务机关应当当场或者在五日内一次性告知赔偿请求人需要补正的全部内容。"故选项 B 的说法是错误的。

选项 C、D 涉及赔偿标准。《国家赔偿法》第 35 条规定:"有本法第三条或者第十七条规定情形之一,致人精神损害的,应当在侵权行为影响的范围内,为受害人消除影响,恢复名誉,赔礼道歉;造成严重后果的,应当支付相应的精神损害抚慰金。"此规定虽未确定明确标准,但"造成严重后果"是确定精神损害抚慰金的基本标准,而限制人身自由的时间是计算精神抚慰金时考虑严重后果的标准之一,但显然不是唯一标准。故选项 C 的说法是错误的。

《国家赔偿法》第 33 条规定:"侵犯公民人身自由的,每日赔偿金按照国家上年度职工日平均工资计算。"最高人民法院、最高人民检察院《关于办理刑事赔偿案件适用法律若干问题的解释》第 21 条规定:"国家赔偿法第三十三条、第三十四条规定的上年度,是指赔偿义务机关作出赔偿决定时的上一年度;复议机关或者人民法院赔偿委员会改变原赔偿决定,按照新作出决定时的上一年度国家职工平均工资标准计算人身自由赔偿金。作出赔偿决定、复议决定时国家上一年度职工平均工资尚未公布的,以已经公布的最近年度职工平均工资为准。"本题中,某市公安局以朱某涉嫌盗窃罪于 2013 年 7 月 25 日将其刑事拘留,经市检察院批准逮捕。2015 年 9 月 11 日,市中级人民法院判决朱某无罪,朱某被释放。2016 年 3 月 15 日,朱某以无罪被羁押为由申请国家赔偿。本题虽未交代赔偿义务机关何时作出赔偿决定、是否复议或申请赔偿委员会作决定以及何时作决定,故无法给出确切的上一年度,但朱某在 2016 年 3 月 15 日提出赔偿请求,若赔偿义务机关当年作出赔偿决定且未经复议和赔偿委员会决定,最早的上一年度亦应是 2015 年。故选项 D 错误。

综上,本题的答案为 A。

2.【单项选择题】某县公安局于 2012 年 5 月 25 日以方某涉嫌合同诈骗罪将其刑事拘留,同年 6 月 26 日取保候审,8 月 11 日检察院决定批准逮捕方某。2013 年 5 月 11 日,法院以指控依据不足为由判决方某无罪,方某被释放。2014 年 3 月 2 日方某申请国家赔偿。下列哪一说法是正确的?

A. 县公安局为赔偿义务机关

B. 赔偿义务机关可就赔偿方式和数额与方某协商,但不得就赔偿项目进行协商

C. 方某 2012 年 6 月 26 日至 8 月 11 日取保候审,不属于国家赔偿范围

D. 对方某的赔偿金标准应按照 2012 年度国家职工日平均工资计算

| 参考答案 | ________[1]

| 设题陷阱与常见错误分析 |

部分应试者对赔偿金标准的上一年度理解错误,错误认为选项 D 是正确的。

| 解题思路与方法分析 |

本题是国家赔偿的综合性试题,考查内容包括刑事赔偿范围、赔偿义务机关的确定、国家赔偿标准等多项内容,要求应试者全面掌握相关规定,并具备具体运用的能力。

选项 A 考查赔偿义务机关的确定。首先应当明确的是,国家赔偿主要分为行政赔偿和刑事赔偿,二者在诸多方面存在差异,而本题中的国家赔偿为刑事赔偿。《国家赔偿法》第 21 条对刑事赔偿的赔偿义务机关的确定作出了具体规定。第 21 条规定:"行使侦查、检察、审判职权的机关以及看守所、监狱管理机关及其工作人员在行使职权时侵犯公民、法人和其他组织的合法权益造成损害的,该机关为赔偿义务机关。对公民采取拘留措施,依照本法的规

① C

定应当给予国家赔偿的,作出拘留决定的机关为赔偿义务机关。对公民采取逮捕措施后决定撤销案件、不起诉或者判决宣告无罪的,作出逮捕决定的机关为赔偿义务机关。再审改判无罪的,作出原生效判决的人民法院为赔偿义务机关。二审改判无罪,以及二审发回重审后作无罪处理的,作出一审有罪判决的人民法院为赔偿义务机关。”本题的题干中指出,方某先是被刑事拘留又被逮捕,后被法院判决无罪。但究竟是一审判决有罪还是二审改判无罪,或者是再审改判无罪,交代不清楚,事实上无法确定谁是赔偿义务机关。这正是本题的陷阱。尽管无法确定确切的赔偿义务机关,但可以确定的是某县公安局肯定不是赔偿义务机关。故选项 A 的说法是错误的。

选项 B 考查刑事赔偿的协商的要求。《国家赔偿法》第 23 条规定:“赔偿义务机关应当自收到申请之日起两个月内,作出是否赔偿的决定。赔偿义务机关作出赔偿决定,应当充分听取赔偿请求人的意见,并可以与赔偿请求人就赔偿方式、赔偿项目和赔偿数额依照本法第四章的规定进行协商。赔偿义务机关决定赔偿的,应当制作赔偿决定书,并自作出决定之日起十日内送达赔偿请求人。赔偿义务机关决定不予赔偿的,应当自作出决定之日起十日内书面通知赔偿请求人,并说明不予赔偿的理由。”根据此规定,赔偿项目同样可以协商。故选项 B 的说法是错误的。

选项 C 考查刑事赔偿的范围。根据《国家赔偿法》的规定,应当是指被采取拘留、逮捕强制措施以及错判刑罚并被羁押,人身自由受到完全限制的情形。取保候审实际上并没有对犯罪嫌疑人进行羁押,不属于国家赔偿范围。选项 C 的说法是正确的。

选项 D 考查国家赔偿的赔偿标准。最高人民法院、最高人民检察院《关于办理刑事赔偿案件适用法律若干问题的解释》第 21 条规定:“国家赔偿法第三十三条、第三十四条规定的上年度,是指赔偿义务机关作出赔偿决定时的上一年度;复议机关或者人民法院赔偿委员会改变原赔偿决定,按照新作出决定时的上一年度国家职工平均工资标准计算人身自由赔偿金。作出赔偿决定、复议决定时国家上一年度职工平均工资尚未公布的,以已经公布的最近年度职工平均工资为准。”根据此规定,赔偿标准的上一年度并不是唯一的,而是有变化,变化采用了有利于赔偿请求权人的原则。本题中,方某 2012 年 5 月 25 日被刑事拘留,2013 年 5 月 11 日被法院判定无罪和释放。2014 年 3 月 2 日方某申请国家赔偿。题干中并未交代赔偿义务机关作出赔偿决定的时间点和之后的变化,因而无法确切确定上一年度的时间点。但是,因方某 2014 年 3 月 2 日才申请国家赔偿,即使赔偿义务机关和相关机关在当年完成所有赔偿决定,上一年也应为 2013 年,故 D 项“对方某的赔偿金标准应按照 2012 年度国家职工日平均工资计算”说法显然是错误的。

综上,本题的答案为 C。

3.【多项选择题】某县公安局以沈某涉嫌销售伪劣商品罪为由将其刑事拘留,并经县检察院批准逮捕。后检察院决定不起诉。沈某申请国家赔偿,赔偿义务机关拒绝。下列说法正确的是:

A. 县公安局为赔偿义务机关

B. 赔偿义务机关拒绝赔偿,应当书面通知沈某

C. 国家应当给予沈某赔偿

D. 对拒绝赔偿,沈某可以向县检察院的上一级检察院申请复议

| **参考答案** | __________①

| **设题陷阱与常见错误分析** |

本题选项 A 和选项 D 有密切关系,只要应试者能正确判断赔偿义务机关,就有可能正确作答。相反,如出现错误,很有可能影响对选项 A 和选项 D 的判断。

| **解题思路与方法分析** |

选项 A 有关刑事赔偿的赔偿义务机关确定问题。《国家赔偿法》第 21 条规定:“行使侦查、检察、审判职权的机关以及看守所、监狱管

① BCD

理机关及其工作人员在行使职权时侵犯公民、法人和其他组织的合法权益造成损害的,该机关为赔偿义务机关。对公民采取拘留措施,依照本法的规定应当给予国家赔偿的,作出拘留决定的机关为赔偿义务机关。对公民采取逮捕措施后决定撤销案件、不起诉或者判决宣告无罪的,作出逮捕决定的机关为赔偿义务机关。再审改判无罪的,作出原生效判决的人民法院为赔偿义务机关。二审改判无罪,以及二审发回重审后作无罪处理的,作出一审有罪判决的人民法院为赔偿义务机关。"本题中,某县公安局以沈某涉嫌销售伪劣商品罪为由将其刑事拘留,并经县检察院批准逮捕,后检察院决定不起诉,因此县检察院为赔偿义务机关,故选项A的说法是错误的。

确定了赔偿义务机关后,选项D的判断就相对容易。《国家赔偿法》第24条规定:"赔偿义务机关在规定期限内未作出是否赔偿的决定,赔偿请求人可以自期限届满之日起三十日内向赔偿义务机关的上一级机关申请复议。赔偿请求人对赔偿的方式、项目、数额有异议的,或者赔偿义务机关作出不予赔偿决定的,赔偿请求人可以自赔偿义务机关作出赔偿或者不予赔偿决定之日起三十日内,向赔偿义务机关的上一级机关申请复议。赔偿义务机关是人民法院的,赔偿请求人可以依照本条规定向其上一级人民法院赔偿委员会申请作出赔偿决定。"由于赔偿义务机关为县检察院,要申请复议应向县检察院的上一级检察院申请。故选项D的说法是正确的。

《国家赔偿法》第23条规定:"赔偿义务机关应当自收到申请之日起两个月内,作出是否赔偿的决定。赔偿义务机关作出赔偿决定,应当充分听取赔偿请求人的意见,并可以与赔偿请求人就赔偿方式、赔偿项目和赔偿数额依照本法第四章的规定进行协商。赔偿义务机关决定赔偿的,应当制作赔偿决定书,并自作出决定之日起十日内送达赔偿请求人。赔偿义务机关决定不予赔偿的,应当自作出决定之日起十日内书面通知赔偿请求人,并说明不予赔偿的理由。"故选项B的说法是正确的。

《国家赔偿法》第17条规定:"行使侦查、检察、审判职权的机关以及看守所、监狱管理机关及其工作人员在行使职权时有下列侵犯人身权情形之一的,受害人有取得赔偿的权利:(一)违反刑事诉讼法的规定对公民采取拘留措施的,或者依照刑事诉讼法规定的条件和程序对公民采取拘留措施,但是拘留时间超过刑事诉讼法规定的时限,其后决定撤销案件、不起诉或者判决宣告无罪终止追究刑事责任的;(二)对公民采取逮捕措施后,决定撤销案件、不起诉或者判决宣告无罪终止追究刑事责任的;(三)依照审判监督程序再审改判无罪,原判刑罚已经执行的;(四)刑讯逼供或者以殴打、虐待等行为或者唆使、放纵他人以殴打、虐待等行为造成公民身体伤害或者死亡的;(五)违法使用武器、警械造成公民身体伤害或者死亡的。"本题中的情形符合第(二)项,即"对公民采取逮捕措施后,决定撤销案件、不起诉或者判决宣告无罪终止追究刑事责任的",故选项C的说法是正确的。

综上,本题的答案为BCD。

4.【不定项选择题】市林业局接到关于孙某毁林采矿的举报,遂致函当地县政府,要求调查。县政府召开专题会议形成会议纪要:由县林业局、矿产资源管理局与安监局负责调查处理。经调查并与孙某沟通,三部门形成处理意见:要求孙某合法开采,如发现有毁林或安全事故,将依法查处。再次接到举报后,三部门共同发出责令孙某立即停止违法开采,对被破坏的生态进行整治的通知。

请回答第(1)—(2)题。

(1)责令孙某立即停止违法开采的性质是:

A.行政处罚　　B.行政强制措施

C.行政征收　　D.行政强制执行

| 参考答案 | ______①

| 设题陷阱与常见错误分析 |

本题考查应试者对行政行为性质的判定。

① B

一些应试者没有清晰掌握行政强制措施与行政处罚的区分，认为“责令孙某立即停止违法开采”属于行政处罚。

｜ 解题思路与方法分析 ｜

本题中需要判定行政行为性质的行为是，县林业局、矿产资源管理局与安监局共同发出责令孙某立即停止违法开采的通知。关于此行为，较容易排除的选项是C项和D项，因为该行为不是行政征收和行政强制执行。而在行政处罚与行政强制措施之间，有不少应试者倾向于选择行政处罚。作出这一选择既源于直觉，也源于这些应试者认为该行为与《行政处罚法》第9条规定的“责令停产停业”处罚种类很相像。然而，相像毕竟属于相像，而不是相同。本题中的行为内容为“停止违法开采”，而不是“停止开采”。

事实上，判定是否属于行政处罚的最关键标准是其制裁性。制裁性是行政处罚的本质属性和特征。《行政处罚法》第2条将行政处罚界定为“行政机关依法对违反行政管理秩序的公民、法人或者其他组织，以减损权益或者增加义务的方式予以惩戒的行为”。由此，行政处罚的种类主要有：警告、通报批评；罚款、没收违法所得、没收非法财物；暂扣许可证件、降低资质等级、吊销许可证件；限制开展生产经营活动、责令停产停业、责令关闭、限制从业；行政拘留；法律、行政法规规定的其他行政处罚。而本题中的行为内容是“停止违法开采”，明显带有制止性，而不是制裁性。此行为不属于《行政处罚法》第28条第1款规定的情形，即“行政机关实施行政处罚时，应当责令当事人改正或者限期改正违法行为”。因为该行为带有预防性和制止性，更符合行政强制措施的特性。《行政强制法》第2条第2款规定：“行政强制措施，是指行政机关在行政管理过程中，为制止违法行为、防止证据损毁、避免危害发生、控制危险扩大等情形，依法对公民的人身自由实施暂时性限制，或者对公民、法人或者其他组织的财物实施暂时性控制的行为。”因此，该题中的行为归入行政强制措施更为恰当。

综上，本题的答案为B。

(2)就上述事件中的行为的属性及是否属于行政诉讼受案范围，下列说法正确的是：

A. 市林业局的致函不具有可诉性

B. 县政府的会议纪要具有可诉性

C. 三部门的处理意见是行政合同行为

D. 三部门的通知具有可诉性

｜ 参考答案 ｜ ________①

｜ 设题陷阱与常见错误分析 ｜

本题考查的重点是对行政诉讼受案范围规定的理解及其运用。这往往涉及对行为性质的判定、不属于行政诉讼受案范围事项的适用。目前，应试者对有关行政诉讼受案范围的规定基本都能掌握，但在如何理解和应用方面仍然存在一定的偏差。在本题中，一些应试者没有仔细分析市林业局致函的内容和性质，简单认定该行为具有可诉性，从而作出错误判断。

｜ 解题思路与方法分析 ｜

行政诉讼受案范围是行政诉讼制度中的重要问题，也是考试的重点内容之一。《行政诉讼法》对行政诉讼受案范围作出了总体上的安排，且《行诉适用解释》对其进行了系统化，有关受案范围的规定集中体现在《行诉适用解释》第1条中：“公民、法人或者其他组织对行政机关及其工作人员的行政行为不服，依法提起诉讼的，属于人民法院行政诉讼的受案范围。下列行为不属于人民法院行政诉讼的受案范围：(一)公安、国家安全等机关依照刑事诉讼法的明确授权实施的行为；(二)调解行为以及法律规定的仲裁行为；(三)行政指导行为；(四)驳回当事人对行政行为提起申诉的重复处理行为；(五)行政机关作出的不产生外部法律效力的行为；(六)行政机关为作出行政行为而实施的准备、论证、研究、层报、咨询等过程性行为；(七)行政机关根据人民法院的生效裁判、协助执行通知书作出的执行行为，但行政机关扩大执行范围或者采取违法方式实施的除外；(八)上级行政机关基于内部层级监督关系对下级行政机关作出的听取报告、执法检查、督促履责等行为；(九)行政机关针对信访事项作

① AD

出的登记、受理、交办、转送、复查、复核意见等行为;(十)对公民、法人或者其他组织权利义务不产生实际影响的行为。"

概括相关规定,判断某一案件是否属于行政诉讼受案范围,关键要分析两个方面内容:一是要确定所诉行为是否为行使行政职权的行为;二是该行为是否被明确排除在行政诉讼受案范围之外。

本题中采取的行为共有以下四个:第一个是市林业局向县政府的致函,内容是对孙某毁林采矿的举报进行调查;第二个是县政府召开专题会议形成的会议纪要:由县林业局、矿产资源管理局与安监局负责调查处理;第三个是县林业局、矿产资源管理局与安监局负责调查后与孙某沟通,形成的处理意见:要求孙某合法开采,如发现有毁林或安全事故,将依法查处;第四个是三部门共同发出责令孙某立即停止违法开采,对被破坏的生态进行整治的通知。

在这四个行为中,前两个行为并没有孙某参与,更为重要的是没有涉及孙某的权利义务。市林业局致函对象是县政府,内容是要求对孙某毁林采矿的举报进行调查,致函是行政机关之间的事务处理,内容只是要求对举报进行调查,未涉及对孙某采矿事务的处置。而后,县政府形成会议纪要。一般而言,会议纪要通常应当是政府或行政机关的内部决议,用于记载和传达行政机关会议议定事项。因此,它一般只具有内部效力,原则上不能也不会涉及对公民、法人或者其他组织权利义务的处置。如果涉及,通常应是导向性、原则性或思路性的,再由具体的行政机关依法或依规定转化为具体行政行为或相应的管理措施。此种情况下的会议纪要应不具有可诉性。当然,在实践中,相当多的会议纪要逾越了其功能界限,政府或行政机关通过会议纪要经常性地直接处置关系公民、法人或者其他组织权利义务的事务,或承诺给当事人好处,或置当事人于不利境地,却没有遵循正当程序,无当事人参与,不告知当事人纪要的内容,有的当事人甚至根本不知道会议纪要的存在。此类会议纪要通常具有可诉性。本题中的会议纪要,只是明确由县林业局、矿产资源管理局与安监局共同负责调查处理举报,是对行政机关处置举报的分工和安排,并不涉及孙某的权利义务。因而,应当属于前一种情形。根据上述分析,这两个行为应当属于"对公民、法人或者其他组织权利义务不产生实际影响的行为",均不具有可诉性。故选项A中"市林业局的致函不具有可诉性"的说法正确,选项B中的"县政府的会议纪要具有可诉性"的说法错误。

在这四个行为中,后两个行为均有孙某参与。不过,情形有所不同。第三个行为是县林业局、矿产资源管理局与安监局形成的处理意见:要求孙某合法开采,如发现有毁林或安全事故,将依法查处。该处理意见虽与孙某沟通后形成,但并非双方合意的结果,不符合行政合同的特性。行政合同是行政机关为实现行政职能,同公民、法人和其他组织经过协商设立、变更和终止双方行政法上权利义务的协议,其关键的特质是行为的内容经管理者与普通公民、法人或者其他组织协商共同达成,是双方合意的结果。然而,处理意见事实上由三部门单方形成,与孙某的沟通只是孙某对管理的参与,即使孙某认可,也只表明孙某对内容的认同,并非合意的结果。故选项C的说法错误。另外,需要指出,此行为只是对孙某的提示、提醒,同样没有处置孙某的权利义务,因而此行为亦不可诉。

本题中的最后一个行为是三部门共同发出责令孙某立即停止违法开采,对被破坏的生态进行整治的通知。显然,该行为直接影响到孙某的权利义务,不仅认定孙某违法开采,同时科处孙某对破坏的生态进行整治的义务,且不属于受案范围排除事项,故该行为具有可诉性。

综上,本题答案为AD。

5.【不定项选择题】甲市某县公安局以李某涉嫌盗窃罪为由将其刑事拘留,经县检察院批准逮捕,县法院判处李某有期徒刑6年,李某上诉,甲市中级人民法院改判无罪。李某被释放后申请国家赔偿,赔偿义务机关拒绝赔偿,李某向甲市中级人民法院赔偿委员会申请作出赔偿决定。下列选项正确的是：

A. 赔偿义务机关拒绝赔偿的，应书面通知李某并说明不予赔偿的理由

B. 李某向甲市中级人民法院赔偿委员会申请作出赔偿决定前，应当先向甲市检察院申请复议

C. 对李某申请赔偿案件，甲市中级人民法院赔偿委员会可指定一名审判员审理和作出决定

D. 如甲市中级人民法院赔偿委员会作出赔偿决定，赔偿义务机关认为确有错误的，可以向该省高级法院赔偿委员会提出申诉

| **参考答案** | ________①

| **设题陷阱与常见错误分析** |

本题涉及刑事赔偿中的多个细节考点，特别是《国家赔偿法》的相关规定，一些应试者忽视或轻视细节内容导致错误判断。特别是在选项 D 上，一些应试者没有掌握新规定，错误认为是不正确的。

| **解题思路与方法分析** |

本题综合考查应试者对刑事赔偿制度的理解和认识，考点多涉及细节内容和知识的综合运用，需要应试者准确识记和恰当运用。

选项 A 涉及赔偿义务机关对赔偿请求的回复，有以下两个关键点：一是书面通知；二是说明不予赔偿的理由。这两点已成为正当程序的基本要求。《国家赔偿法》第 23 条规定："赔偿义务机关应当自收到申请之日起两个月内，作出是否赔偿的决定。赔偿义务机关作出赔偿决定，应当充分听取赔偿请求人的意见，并可以与赔偿请求人就赔偿方式、赔偿项目和赔偿数额依照本法第四章的规定进行协商。赔偿义务机关决定赔偿的，应当制作赔偿决定书，并自作出决定之日起十日内送达赔偿请求人。赔偿义务机关决定不予赔偿的，应当自作出决定之日起十日内书面通知赔偿请求人，并说明不予赔偿的理由。"此规定明确了答复的形式，书面而非口头，且应当给予拒绝赔偿的理由。故选项 A 的说法是正确的。

选项 B 的判断略微复杂。它直接考查的是复议机关的确定，但前提是要确定赔偿义务机关。《国家赔偿法》第 21 条对刑事赔偿的赔偿义务机关作出了具体规定："行使侦查、检察、审判职权的机关以及看守所、监狱管理机关及其工作人员在行使职权时侵犯公民、法人和其他组织的合法权益造成损害的，该机关为赔偿义务机关。对公民采取拘留措施，依照本法的规定应当给予国家赔偿的，作出拘留决定的机关为赔偿义务机关。对公民采取逮捕措施后决定撤销案件、不起诉或者判决宣告无罪的，作出逮捕决定的机关为赔偿义务机关。再审改判无罪的，作出原生效判决的人民法院为赔偿义务机关。二审改判无罪，以及二审发回重审后作无罪处理的，作出一审有罪判决的人民法院为赔偿义务机关。"本题中的情形是，甲市某县公安局以李某涉嫌盗窃罪为由将其刑事拘留，经县检察院批准逮捕，县法院判处李某有期徒刑 6 年，经李某上诉，甲市中级人民法院改判无罪。因而，属于二审改判无罪的情形，应由"作出一审有罪判决的人民法院为赔偿义务机关"，即县法院为赔偿义务机关。

确定了赔偿义务机关后，方能确定复议机关。《国家赔偿法》第 24 条规定："赔偿义务机关在规定期限内未作出是否赔偿的决定，赔偿请求人可以自期限届满之日起三十日内向赔偿义务机关的上一级机关申请复议。赔偿请求人对赔偿的方式、项目、数额有异议的，或者赔偿义务机关作出不予赔偿决定的，赔偿请求人可以自赔偿义务机关作出赔偿或者不予赔偿决定之日起三十日内，向赔偿义务机关的上一级机关申请复议。赔偿义务机关是人民法院的，赔偿请求人可以依照本条规定向其上一级人民法院赔偿委员会申请作出赔偿决定。"由于本题中的赔偿义务机关为法院，赔偿请求人可以向其上一级人民法院赔偿委员会申请作出赔偿决定，即直接向甲市中级人民法院赔偿委员会申请作出赔偿决定，不存在向检察院申请复议的程序。故选项 B 的说法错误。

选项 C 涉及赔偿委员会对案件的审理。最高人民法院《关于人民法院赔偿委员会审理

---

① AD

国家赔偿案件程序的规定》第 7 条规定:“赔偿委员会审理赔偿案件,应当指定一名审判员负责具体承办。负责具体承办赔偿案件的审判员应当查清事实并写出审理报告,提请赔偿委员会讨论决定。赔偿委员会作赔偿决定,必须有三名以上审判员参加,按照少数服从多数的原则作出决定。”此规定明确了 1 名审判员只是负责具体承办,而案件的决定需要赔偿委员会作出,且必须由 3 名以上审判员参加。故选项 C 中“甲市中级人民法院赔偿委员会可指定一名审判员审理和作出决定”的说法错误。

选项 D 涉及对赔偿委员会决定的救济问题。《国家赔偿法》第 30 条规定:“赔偿请求人或者赔偿义务机关对赔偿委员会作出的决定,认为确有错误的,可以向上一级人民法院赔偿委员会提出申诉。赔偿委员会作出的赔偿决定生效后,如发现赔偿决定违反本法规定的,经本院院长决定或者上级人民法院指令,赔偿委员会应当在两个月内重新审查并依法作出决定,上一级人民法院赔偿委员会也可以直接审查并作出决定。最高人民检察院对各级人民法院赔偿委员会作出的决定,上级人民检察院对下级人民法院赔偿委员会作出的决定,发现违反本法规定的,应当向同级人民法院赔偿委员会提出意见,同级人民法院赔偿委员会应当在两个月内重新审查并依法作出决定。”故选项 D 的说法正确。

综上,本题的答案为 AD。

6.【不定项选择题】某县公安局以涉嫌诈骗为由将张某刑事拘留,并经县检察院批准逮捕,后县公安局以证据不足为由撤销案件,张某遂申请国家赔偿。下列说法正确的是:

A. 赔偿义务机关为县公安局和县检察院

B. 张某的赔偿请求不属国家赔偿范围

C. 张某当面递交赔偿申请书,赔偿义务机关应当场出具加盖本机关专用印章并注明收讫日期的书面凭证

D. 如赔偿义务机关拒绝赔偿,张某可向法院提起赔偿诉讼

| **参考答案** | __________①

| **设题陷阱与常见错误分析** |

一些应试者未能清晰区分行政赔偿与刑事赔偿,错误认为对赔偿义务机关作出赔偿或者不予赔偿决定均可以向法院提起诉讼,从而认为选项 D 是正确的。

| **解题思路与方法分析** |

本题是有关国家赔偿的综合性试题,要求应试者认真分析每一种情形,适用正确的规定作出判断。本题中,某县公安局以涉嫌诈骗为由将张某刑事拘留,并经县检察院批准逮捕,后县公安局以证据不足为由撤销案件,张某遂申请国家赔偿。因此,本题中的赔偿在性质上为刑事赔偿,这是作答本题的关键。

选项 A 涉及赔偿义务机关的确定。《国家赔偿法》第 21 条规定:“行使侦查、检察、审判职权的机关以及看守所、监狱管理机关及其工作人员在行使职权时侵犯公民、法人和其他组织的合法权益造成损害的,该机关为赔偿义务机关。对公民采取拘留措施,依照本法的规定应当给予国家赔偿的,作出拘留决定的机关为赔偿义务机关。对公民采取逮捕措施后决定撤销案件、不起诉或者判决宣告无罪的,作出逮捕决定的机关为赔偿义务机关。再审改判无罪的,作出原生效判决的人民法院为赔偿义务机关。二审改判无罪,以及二审发回重审后作无罪处理的,作出一审有罪判决的人民法院为赔偿义务机关。”本题中的情形符合“对公民采取逮捕措施后决定撤销案件、不起诉或者判决宣告无罪的,作出逮捕决定的机关为赔偿义务机关”规定,故赔偿义务机关应为县检察院,选项 A 的说法是错误的。

选项 B 涉及刑事赔偿的范围。《国家赔偿法》第 17 条规定:“行使侦查、检察、审判职权的机关以及看守所、监狱管理机关及其工作人员在行使职权时有下列侵犯人身权情形之一的,受害人有取得赔偿的权利:(一)违反刑事诉讼法的规定对公民采取拘留措施的,或者依照刑事诉讼法规定的条件和程序对公民采取拘留措施,但是拘留时间超过刑事诉讼法规定

① C

的时限，其后决定撤销案件、不起诉或者判决宣告无罪终止追究刑事责任的；(二)对公民采取逮捕措施后，决定撤销案件、不起诉或者判决宣告无罪终止追究刑事责任的；(三)依照审判监督程序再审改判无罪，原判刑罚已经执行的；(四)刑讯逼供或者以殴打、虐待等行为或者唆使、放纵他人以殴打、虐待等行为造成公民身体伤害或者死亡的；(五)违法使用武器、警械造成公民身体伤害或者死亡的。”本题中的情形符合“对公民采取逮捕措施后，决定撤销案件、不起诉或者判决宣告无罪终止追究刑事责任的”，故属于刑事赔偿范围，选项B的说法是错误的。

选项C涉及国家赔偿申请及其处理。《国家赔偿法》第22条规定，赔偿义务机关“有本法第十七条、第十八条规定情形之一的，应当给予赔偿。赔偿请求人要求赔偿，应当先向赔偿义务机关提出。赔偿请求人提出赔偿请求，适用本法第十一条、第十二条的规定”。第12条规定：“要求赔偿应当递交申请书，申请书应当载明下列事项：(一)受害人的姓名、性别、年龄、工作单位和住所，法人或者其他组织的名称、住所和法定代表人或者主要负责人的姓名、职务；(二)具体的要求、事实根据和理由；(三)申请的年、月、日。赔偿请求人书写申请书确有困难的，可以委托他人代书；也可以口头申请，由赔偿义务机关记入笔录。赔偿请求人不是受害人本人的，应当说明与受害人的关系，并提供相应证明。赔偿请求人当面递交申请书的，赔偿义务机关应当当场出具加盖本行政机关专用印章并注明收讫日期的书面凭证。申请材料不齐全的，赔偿义务机关应当当场或者在五日内一次性告知赔偿请求人需要补正的全部内容。”张某为当面递交赔偿申请书，赔偿义务机关应当场出具加盖本机关专用印章并注明收讫日期的书面凭证，故选项C是正确的。

选项D涉及对赔偿义务机关拒绝赔偿的救济问题。国家赔偿分为行政赔偿和刑事赔偿，二者程序不同。对于行政赔偿，存在提起行政诉讼的渠道和可能。《国家赔偿法》第14条规定：“赔偿义务机关在规定期限内未作出是否赔偿的决定，赔偿请求人可以自期限届满之日起三个月内，向人民法院提起诉讼。赔偿请求人对赔偿的方式、项目、数额有异议的，或者赔偿义务机关作出不予赔偿决定的，赔偿请求人可以自赔偿义务机关作出赔偿或者不予赔偿决定之日起三个月内，向人民法院提起诉讼。”然而，对于刑事赔偿则不存在此种渠道。对于刑事赔偿，赔偿请求人要求赔偿，应当先向赔偿义务机关提出。《国家赔偿法》第24条、第25条规定，赔偿义务机关在规定期限内未作出是否赔偿的决定，赔偿请求人可以自期限届满之日起30日内向赔偿义务机关的上一级机关申请复议。赔偿请求人对赔偿的方式、项目、数额有异议的，或者赔偿义务机关作出不予赔偿决定的，赔偿请求人可以自赔偿义务机关作出赔偿或者不予赔偿决定之日起30日内，向赔偿义务机关的上一级机关申请复议。赔偿请求人不服复议决定的，可以在收到复议决定之日起30日内向复议机关所在地的同级人民法院赔偿委员会申请作出赔偿决定；复议机关逾期不作决定的，赔偿请求人可以自期限届满之日起30日内向复议机关所在地的同级人民法院赔偿委员会申请作出赔偿决定。如前所述，本题为刑事赔偿，不能根据《国家赔偿法》第14条提起诉讼，故选项D的说法错误。

综上，本题的答案为C。

2024年模拟测试

1.【单项选择题】2024年1月10日，国家市场监督管理总局令第88号公布《防范和查处假冒企业登记违法行为规定》（本题以下简称《规定》），自2024年3月15日起施行。该《规定》明确规定，有假冒企业登记违法行为事实清楚等情形的，登记机关应当撤销登记。下列哪一说法是正确的？

A. 登记机关撤销登记行为属于行政处罚

B. 国家市场监督管理总局令第88号应当载明《规定》的通过日期

C.《规定》应当自2024年3月15日起30日内报国务院备案

D.《规定》可以成为行政诉讼附带审查的对象

2.【单项选择题】某税务局公务员王某伙同他人赌博，被公安机关查获。经调查，公安机关决定对王某处500元罚款。针对这一违法行为，税务局决定给予王某记过处分。对此，下列哪一说法是正确的？

A. 公安机关可以对王某当场作出处罚决定

B. 对于行政处罚，王某不得提起行政诉讼

C. 王某的处分决定自作出之日起生效

D. 针对王某的这一违法行为，监察机关可以同时给予王某政务处分

3.【单项选择题】刘某因在医院门口闹事被某公安局强制带离现场，该局调查询问后对其作出行政拘留10天、罚款200元的决定。下列哪一说法是正确的？

A. 刘某的行为属于妨碍社会管理

B. 若情况紧急，可以由一名执法人员将刘某强制带离现场

C. 询问时，应当通知刘某的家属到场

D. 若刘某在六个月内曾受过治安管理处罚，从重处罚

4.【单项选择题】张某为某公司职工，在为公司送货返回途中发生交通事故，经抢救无效死亡。妻子王某向市人力资源和社会保障局申请工伤认定，该局作出予以认定工伤决定。公司不服，提起诉讼。在诉讼过程中，市人力资源和社会保障局撤销工伤认定。关于本案，下列哪一说法是正确的？

A. 市人力资源和社会保障局应当书面告知法院其撤销了工伤认定

B. 本案应当适用普通程序进行审理

C. 若市人力资源和社会保障局负责人不出庭，法院可以传唤其出庭

D. 因市人力资源和社会保障局撤销工伤认定，法院应当终止审理

5.【多项选择题】某楼盘建筑工地升降梯折断造成11人死亡，住房和城乡建设部依据《建设工程安全生产管理条例》（国务院令第393号）（本题以下简称《条例》）第57条决定将监理单位的资质由甲级降为乙级。监理单位不服，提起行政诉讼。关于本案，下列哪些说法是正确的？

A. 行政机关颁发资质证书的行为属于行政许可

B. 在资质降级前，应当告知监理单位有听证的权利

C. 本案的管辖法院为中级人民法院

D. 法院应当参照《条例》进行审理

6.【多项选择题】某石料加工厂在贮存沙土等易产生污染的物料时未采取密闭措施，区生态环境局对其作出罚款5万元的处罚。石料加工厂不服，向区政府申请行政复议，区政府以超出复议期限为由，作出驳回申请决定。随后石料加工厂以区生态环境局为被告提起行政诉讼，双方同意适用简易程序审理此案，石料加工厂向法院提交现场笔录等证据。对此，下列哪些说法是正确的？

A. 现场笔录应当盖有区生态环境局的印章

B. 法院应当告知石料加工厂追加区政府为被告

C. 石料加工厂最迟应当在法庭调查中提供证据

D. 法院可以以电话方式送达开庭通知

7.【多项选择题】某交警支队以刘某驾驶摩托车未随身携带机动车驾驶证并涉嫌驾驶已达报废标准的机动车上道路行驶为由当场扣留摩托车,调查后,对其作出罚款 600 元、吊销机动车驾驶证的处罚决定。刘某对行政处罚不服,并以扣押超期为由起诉。关于本案,下列哪些说法是正确的?

A. 当场扣留摩托车行为违法

B. 扣押时应当制作现场笔录

C. 若刘某对执勤民警身份的合法性有异议,可以要求民警作为证人出庭作证

D. 若扣押违法,则影响行政处罚的效力

8.【不定项选择题】王某向区生态环境局申请信息公开,要求公开其所在村旁一化工有限公司项目环境影响评估报告、环保设施竣工验收资料、排污费征收等信息。区生态环保局收到申请后,认为该信息涉及化工有限公司的商业秘密,直接作出不予公开决定书。王某不服,提起行政诉讼。关于本案,下列说法正确的是:

A. 王某提出申请时,应当提供个人的身份证明

B. 王某可以对公开信息方式提出要求

C. 环保局拒绝公开合法

D. 王某应就其与所申请公开信息间的利害关系承担举证责任

9.【不定项选择题】某人寿保险公司因报送监管部门的标准化数据报表存在关联方和关联交易信息不真实,国家金融监督管理总局决定对其罚款 280 万元,并对该公司副总经理夏某作出罚款 7 万元的处罚决定。夏某不服,申请行政复议。对此,下列说法正确的是:

A. 国家金融监督管理总局对该人寿保险公司及夏某的处罚违反一事不再罚原则

B. 复议机关应为国家金融监督管理总局

C. 对国家金融监督管理总局的行为,夏某不能直接向法院提起行政诉讼

D. 复议机关应当适用普通程序进行审理

参考答案及解析

1. | **参考答案** | B

| **设题陷阱与常见错误分析** |

本题综合考查了部门规章的识别、制定程序,行政行为性质,行政诉讼附带审查制度等多个知识点,既需要考生准确记忆具体法条,又考查考生的理解能力。需要考生在对《规定》性质予以准确判定的基础上,对相关选项做出判断。例如,在 A 选项中,考生可能会因界定不清撤销公司登记这一行为属性而无法正确作答;在 D 选项中,考生可能会误将《规定》认定为行政规范性文件,进而认为该选项是正确的。

| **解题思路与方法分析** |

选项 A 考查了行政行为的性质判断。根据《行政处罚法》第 9 条规定:"行政处罚的种类:(一)警告、通报批评;(二)罚款、没收违法所得、没收非法财物;(三)暂扣许可证件、降低资质等级、吊销许可证件;(四)限制开展生产经营活动、责令停产停业、责令关闭、限制从业;(五)行政拘留;(六)法律、行政法规规定的其他行政处罚。"撤销公司登记并不属于《行政处罚法》明确列举的处罚种类。与此同时,根据《行政处罚法》第 2 条"行政处罚是指行政机关依法对违反行政管理秩序的公民、法人或者其他组织,以减损权益或者增加义务的方式予以惩戒的行为"的内涵界定,判定是否属于行政处罚的最关键标准即是否具有制裁性。本案中登记机关撤销假冒企业登记行为具有制止性,但不具有制裁性,属于行政许可的一种具体管理方式,不属于行政处罚,故选项 A 错误,不当选。

选项 B 考查部门规章的制定程序。本题《规定》以国家市场监督管理总局令第 88 号方式发布,属部门规章。《规章制定程序条例》第 30 条第 1 款规定:"公布规章的命令应当载明该规章的制定机关、序号、规章名称、通过日期、施行日期、部门首长或者省长、自治区主席、市长、自治州州长署名以及公布日期。"故 B 选项

正确,当选。

选项C考查部门规章的备案制度。《规章制定程序条例》第34条规定:"规章应当自公布之日起30日内,由法制机构依照立法法和《法规规章备案条例》的规定向有关机关备案。"据此,规章的备案时间应当自公布之日而非施行之日起30日内,故C选项错误,不当选。

选项D考查行政诉讼附带审查制度。《行政诉讼法》第53条规定:"公民、法人或者其他组织认为行政行为所依据的国务院部门和地方人民政府及其部门制定的规范性文件不合法,在对行政行为提起诉讼时,可以一并请求对该规范性文件进行审查。前款规定的规范性文件不含规章。"本题《规定》为部门规章,不能被附带审查,故D选项错误,不当选。

综上,本题的答案为B。

2.｜参考答案｜C

｜设题陷阱与常见错误分析｜

本题是一道因公务员行政处罚引发行政处分的综合试题,涉及《治安管理处罚法》《公务员法》《公职人员政务处分法》《行政诉讼法》等多部法条。考生很容易因混淆公务员行政处罚与行政处分的救济机制而错选B选项;也有考生可能会因未掌握行政处分与政务处分的关系而错选D选项。

｜解题思路与方法分析｜

A选项考查治安管理处罚的简易程序。《治安管理处罚法》第100条规定:"违反治安管理行为事实清楚,证据确凿,处警告或者二百元以下罚款的,可以当场作出治安管理处罚决定。"本案公安机关对王某作出罚款500元的行政处罚,不能适用简易程序,故A选项错误,不当选。

B选项考查行政处罚与行政处分的救济机制。针对行政处罚与行政处分,我国《行政诉讼法》《公务员法》分别确立了不同的权利救济机制。其中《行政诉讼法》第12条第1款第1项规定:"人民法院受理公民、法人或者其他组织提起的下列诉讼:(一)对行政拘留、暂扣或者吊销许可证和执照、责令停产停业、没收违法所得、没收非法财物、罚款、警告等行政处罚不服的";《行政诉讼法》第13条规定:"人民法院不受理公民、法人或者其他组织对下列事项提起的诉讼:……(三)行政机关对行政机关工作人员的奖惩、任免等决定;……"《公务员法》第95条第1款规定:"公务员对涉及本人的下列人事处理不服的,可以自知道该人事处理之日起三十日内向原处理机关申请复核;对复核结果不服的,可以自接到复核决定之日起十五日内,按照规定向同级公务员主管部门或者作出该人事处理的机关的上一级机关提出申诉;也可以不经复核,自知道该人事处理之日起三十日内直接提出申诉:(一)处分;……"为此,公务员对涉及其本人行政处分行为不服只能寻求内部的复核申诉救济机制,但对涉及其本人的行政处罚不服,可依法提起行政诉讼。具体到本案,若王某不服公安机关罚款500元的行政处罚,可提起行政诉讼。故B选项错误,不当选。

C选项考查行政处分的生效时间。《行政机关公务员处分条例》第46条明确规定:"处分决定、解除处分决定自作出之日起生效"。故C选项正确,当选。

D选项考查政务处分与行政处分的关系。《公职人员政务处分法》第16条规定:"对公职人员的同一违法行为,监察机关和公职人员任免机关、单位不得重复给予政务处分和处分。"故D选项错误,不当选。

综上,本题的答案为C。

3.｜参考答案｜D

｜设题陷阱与常见错误分析｜

本题涉及治安管理处罚与行政强制措施的细节安排,需要考生准确掌握相关规定并加以具体运用。在A选项中,考生界分不清在医院门口闹事是属于扰乱公共秩序还是妨碍社会管理的行为,仅凭直觉认为闹事行为妨碍社会管理,错误选择A项。在B选项中,一些考生凭直觉认为,在行政强制措施的实施过程中,如果情况紧急,可以由一名执法人员执法,忽视了《行政强制法》对两名执法人员的统一规定,错误选择B项。在C选项中,一些考生觉得行政拘留行为对当事人权益影响很大,在询问期间,也需要通知家属在场,从而作出错误判断。

| 解题思路与方法分析 |

本题综合考查了治安管理处罚和行政强制措施。

选项A涉及违反治安管理的行为性质判断问题。本题中,刘某在医院门口闹事,对此,根据《治安管理处罚法》第23条第1款规定:"有下列行为之一的,处警告或者二百元以下罚款;情节较重的,处五日以上十日以下拘留,可以并处五百元以下罚款:(一)扰乱机关、团体、企业、事业单位秩序,致使工作、生产、营业、医疗、教学、科研不能正常进行,尚未造成严重损失的……"刘某的行为属于扰乱公共秩序的行为,故A选项错误。

选项B涉及行政强制措施的程序。将刘某强制带离现场的行为属于行政强制措施,而根据《行政强制法》第18条的规定,行政机关实施行政强制措施应当由两名以上行政执法人员实施,故B选项错误。

选项C涉及治安管理处罚过程中的询问制度,根据《治安管理处罚法》第83条第2款规定:"公安机关应当及时将传唤的原因和处所通知被传唤人家属"以及第84条第3款:"询问不满十六周岁的违反治安管理行为人,应当通知其父母或者其他监护人到场",故C选项错误。

选项D涉及治安管理处罚的适用,根据《治安管理处罚法》第20条规定,违反治安管理有"6个月内曾受过治安管理处罚"的情况的,从重处罚,故D选项正确。

综上,本题的答案为D。

4. | **参考答案** | A

| 设题陷阱与常见错误分析 |

本题BCD选项设置了一定的干扰情节,易误选为此三项。在B选项中,因该案在诉讼过程中被告撤销原行为,考生容易认为案件较为复杂,作出应适用普通程序的错误判断。在C选项中,考生对行政机关负责人不出庭应诉的法律后果理解不准确,将其与被告不出庭的处理规则混淆。在D选项中,考生没有准确掌握被告改变原行为后法院的处理规则,简单地认为,既然被告撤销了工伤认定,法院理应终止审理,从而作出错误判断。

| 解题思路与方法分析 |

本题的核心考点为一审中被告改变原行政行为的审查规则。根据《行诉适用解释》第81条第1款规定:"被告在一审期间改变被诉行政行为的,应当书面告知人民法院。"A选项正确。根据《行诉适用解释》第81条第2款至第4款规定:"原告或者第三人对改变后的行政行为不服提起诉讼的,人民法院应当就改变后的行政行为进行审理。被告改变原违法行政行为,原告仍要求确认原行政行为违法的,人民法院应当依法作出确认判决。原告起诉被告不作为,在诉讼中被告作出行政行为,原告不撤诉的,人民法院应当就不作为依法作出确认判决。"法院应当根据原告或者第三人的请求进行相应裁判,而非直接作出终止审理,故D选项错误。

根据《行政诉讼法》第82条规定:"人民法院审理下列第一审行政案件,认为事实清楚、权利义务关系明确、争议不大的,可以适用简易程序:(一)被诉行政行为是依法当场作出的;(二)案件涉及款额二千元以下的;(三)属于政府信息公开案件的。除前款规定以外的第一审行政案件,当事人各方同意适用简易程序的,可以适用简易程序。发回重审、按照审判监督程序再审的案件不适用简易程序。"本案并非必须适用普通程序,故B选项错误。

根据《行诉适用解释》第132条规定:"行政机关负责人和行政机关相应的工作人员均不出庭,仅委托律师出庭的或者人民法院书面建议行政机关负责人出庭应诉,行政机关负责人不出庭应诉的,人民法院应当记录在案和在裁判文书中载明,并可以建议有关机关依法作出处理。"故C选项错误。

综上,本题的答案为A。

5. | **参考答案** | ABC

| 设题陷阱与常见错误分析 |

本题D选项设置了一定的干扰情节,易误选此项。考生需要在准确判断出《建设工程安全生产管理条例》为国务院行政法规的基础上,根据"人民法院审理行政案件,以法律和行

政法规、地方性法规为依据,参照规章”的规则,作出正确判断。

| 解题思路与方法分析 |

本题综合考查了具体行政行为与行政诉讼制度,需要在理解掌握行政许可的行为属性,行政处罚的听证程序,法院的管辖与法律适用问题后,对选项中列举的具体情形进行判断。

选项A考查行政许可行为的认定。根据《行政许可法》第12条的规定,提供公众服务并且直接关系公共利益的职业、行业,需要确定具备特殊信誉、特殊条件或者特殊技能等资格、资质的事项可以设定行政许可,本案中行政机关颁发资质证书的行为属于行政许可,故选项A正确。

选项B考查行政处罚的听证。根据《行政处罚法》第63条第1款规定,行政机关拟作出“降低资质等级、吊销许可证件”的行政处罚决定时,应当告知当事人有要求听证的权利,当事人要求听证的,行政机关应当组织听证,故选项B正确。

选项C考查行政诉讼的管辖。根据《行政诉讼法》第15条的规定,中级人民法院管辖的第一审行政案件包括“对国务院部门或者县级以上地方人民政府所作的行政行为提起诉讼的案件”,本案的被告为住房和城乡建设部,一审管辖法院为中院,故选项C正确。

选项D考查行政诉讼的法律适用。本案中《建设工程安全生产管理条例》属于行政法规,根据《行政诉讼法》第63条规定:“人民法院审理行政案件,以法律和行政法规、地方性法规为依据。地方性法规适用于本行政区域内发生的行政案件。人民法院审理民族自治地方的行政案件,并以该民族自治地方的自治条例和单行条例为依据。人民法院审理行政案件,参照规章。”法院在审理该案时应当依据而非参照《条例》,故选项D错误。

综上,本案的答案为ABC。

6. | **参考答案** | CD

| **设题陷阱与常见错误分析** |

在A选项中,考生会想当然地认为现场笔录应有执法人员签名与执法机关盖章,从而错选A。在B选项中,考生会受“区政府作出驳回申请决定”迷惑,认为本案属于复议维持,从而错选B。

| **解题思路与方法分析** |

本题的选项涉及四个知识点,即行政诉讼证据要求,行政复议后被告确定,原告举证期限以及行政诉讼简易程序,对此需要运用不同的知识作出回答。

选项A考查行政诉讼的证据要求,根据《行诉证据规定》第15条规定:“根据行政诉讼法第三十一条第一款第(七)项的规定,被告向人民法院提供的现场笔录,应当载明时间、地点和事件等内容,并由执法人员和当事人签名。当事人拒绝签名或者不能签名的,应当注明原因。有其他人在现场的,可由其他人签名。法律、法规和规章对现场笔录的制作形式另有规定的,从其规定。”A选项错误,不选。

选项B考查行政复议后被告的确定。《行诉适用解释》第133条规定:“行政诉讼法第二十六条第二款规定的‘复议机关决定维持原行政行为’,包括复议机关驳回复议申请或者复议请求的情形,但以复议申请不符合受理条件为由驳回的除外。”故此,本案不属于复议维持,无须适用《行诉适用解释》第134条第1款的规定。据此,法院无须告知石料加工厂追加区政府为被告,B选项错误,不选。

选项C考查行政诉讼中原告的举证规则。根据《行诉证据规定》第7条第1款规定:“原告或者第三人应当在开庭审理前或者人民法院指定的交换证据之日提供证据。因正当事由申请延期提供证据的,经人民法院准许,可以在法庭调查中提供。逾期提供证据的,视为放弃举证权利。”故C选项正确,应选。

选项D考查行政诉讼的简易程序。《行诉适用解释》第103条规定:“适用简易程序审理的行政案件,人民法院可以用口头通知、电话、短信、传真、电子邮件等简便方式传唤当事人、通知证人、送达裁判文书以外的诉讼文书。以简便方式送达的开庭通知,未经当事人确认或者没有其他证据证明当事人已经收到的,人民法院不得缺席判决。”故 D 选项正确,应选。

综上,本题的答案为 CD。

7. | **参考答案** | BC

| **设题陷阱与常见错误分析** |

在 A 选项中,考生易忽视行政强制措施的一般程序与特别规定。在 D 选项中,考生容易将行政强制措施与行政处罚的效力混同,两者是不同的行政行为,应独立评价。

| **解题思路与方法分析** |

本题主要考查行政强制措施的程序、行政诉讼证据规则以及行政行为效力三个知识点,需要考生在充分理解相关知识点的基础上,对选项中列举的具体情形进行判断。

根据《行政强制法》第 19 条规定:“情况紧急,需要当场实施行政强制措施的,行政执法人员应当在二十四小时内向行政机关负责人报告,并补办批准手续。行政机关负责人认为不应当采取行政强制措施的,应当立即解除。”故 A 选项错误。

根据《行政强制法》第 18 条规定:“行政机关实施行政强制措施应当遵守下列规定:……(七)制作现场笔录……”故 B 选项正确。

根据最高人民法院《行诉证据规定》第 44 条规定:“有下列情形之一,原告或者第三人可以要求相关行政执法人员作为证人出庭作证:(一)对现场笔录的合法性或者真实性有异议的;(二)对扣押财产的品种或者数量有异议的;(三)对检验的物品取样或者保管有异议的;(四)对行政执法人员的身份的合法性有异议的;(五)需要出庭作证的其他情形。”故 C 选项正确。

行政强制措施和行政处罚是两种独立的行政行为,对其合法性评价应当分别进行。本案中,执勤民警当场扣留摩托车只是为了制止违法行为、避免危害发生,不会对后续行政处罚的效力评价产生影响,故 D 选项错误。

综上,本题的答案为 BC。

8. | **参考答案** | AB

| **设题陷阱与常见错误分析** |

本题涉及政府信息公开中的多个细节考点,特别是 2019 年修订后《政府信息公开条例》的相关内容,一些考生没有掌握新规定,作出了错误判断。例如,一些考生因对 2019 年《政府信息公开条例》取消“三需要”的规定掌握不够,错误选择 D 选项。

| **解题思路与方法分析** |

本题是有关政府信息公开综合性试题,包括政府信息公开的申请规则,涉商业秘密政府信息的处理方式以及政府信息公开诉讼等,要求考生综合掌握相关知识点,并能够灵活运用。

选项 A、B 涉及申请政府信息公开申请的要求。根据《政府信息公开条例》第 29 条规定:“公民、法人或者其他组织申请获取政府信息的,应当向行政机关的政府信息公开工作机构提出,并采用包括信件、数据电文在内的书面形式;采用书面形式确有困难的,申请人可以口头提出,由受理该申请的政府信息公开工作机构代为填写政府信息公开申请。政府信息公开申请应当包括下列内容:(一)申请人的姓名或者名称、身份证明、联系方式;(二)申请公开的政府信息的名称、文号或者便于行政机关查询的其他特征性描述;(三)申请公开的政府信息的形式要求,包括获取信息的方式、途径。”故选项 AB 正确。

选项 C 考查涉商业秘密信息公开的规则。《政府信息公开条例》第 32 条规定:“依申请公开的政府信息公开会损害第三方合法权益的,行政机关应当书面征求第三方的意见。第三方应当自收到征求意见书之日起 15 个工作日内提出意见,第三方逾期未提出意见的,由行政机关依照本条例的规定决定是否公开,第三方不同意公开且有合理理由的,行政机关不予公开,行政机关认为不公开可能对公共利益造成重大影响的,可以决定予以公开,并将决定公开的政府信息内容和理由书面告知第三方。”基于此,政府在决定对涉商业秘密的政府信息是否公开时,应当征求第三方的意见,这是法定程序,行政机关不能直接作出不予公开决定书,故选项 C 错误。

选项 D 考查政府信息公开行政诉讼中原告的举证责任。2019 年《政府信息公开条例》取消了申请人“三需要”的要求,在由此引发的行政诉讼案件中，自然不需要王某应就其与所申请公开信息间的关系承担举证责任，故选项D错误。

综上，本题的答案为AB。

9.｜参考答案｜B

｜设题陷阱与常见错误分析｜

本题是一道因行政处罚引发行政复议的试题，涉及“一事不再罚”原则的理解和对2023年修改的《行政复议法》的掌握。考生可能会因对“一事不再罚”原则的理解错误而错选A选项；也可能会因不了解国家金融监督管理总局机构性质以及缺乏对《行政复议法》的精准掌握而错选CD选项。

｜解题思路与方法分析｜

A选项考查一事不再罚原则。一事不再罚是《行政处罚法》确立的一项原则，《行政处罚法》第29条规定：“对当事人的同一个违法行为，不得给予两次以上罚款的行政处罚。同一个违法行为违反多个法律规范应当给予罚款处罚的，按照罚款数额高的规定处罚。”判断是否违反一事不再罚原则。需要明确的是，被处罚对象是否为同一当事人，本案虽有两次罚款，但处罚对象分别为夏某与人寿保险公司，属于对单位行政违法行为，同时给予单位及相关责任成员行政处罚的法律责任制度，不违反一事不再罚原则，故A选项错误，不当选。

B选项考查行政复议机关。对于本题，考生需准确掌握国家金融监督管理总局的机构性质。2023年3月，中共中央、国务院印发了《党和国家机构改革方案》，决定在中国银行保险监督管理委员会基础上组建国家金融监督管理总局，作为国务院直属机构，属于国务院部门。针对不服国务院部门作出的行政行为，《行政复议法》设置了自我管辖制度，《行政复议法》第25条规定：“国务院部门管辖下列行政复议案件：（一）对本部门作出的行政行为不服的；……”故本案的复议机关为国家金融监督管理总局本身，B选项正确，当选。

C选项考查复议前置制度，2023年修改后的《行政复议法》扩大了复议前置情形，第23条规定：“有下列情形之一的，申请人应当先向行政复议机关申请行政复议，对行政复议决定不服的，可以再依法向人民法院提起行政诉讼：（一）对当场作出的行政处罚决定不服；（二）对行政机关作出的侵犯其已经依法取得的自然资源的所有权或者使用权的决定不服；（三）认为行政机关存在本法第十一条规定的未履行法定职责情形；（四）申请政府信息公开，行政机关不予公开；（五）法律、行政法规规定应当先向行政复议机关申请行政复议的其他情形。”本案不属于第23条规定的情形，故不适用复议前置，C选项错误，不当选。

D选项考查行政复议程序。《行政复议法》第53条第1款规定：“行政复议机关审理下列行政复议案件，认为事实清楚、权利义务关系明确、争议不大的，可以适用简易程序：（一）被申请行政复议的行政行为是当场作出；（二）被申请行政复议的行政行为是警告或者通报批评；（三）案件涉及款额三千元以下；（四）属于政府信息公开案件。”虽然本案不属于上述4种情形，但《行政复议法》第53条第2款规定：“除前款规定以外的行政复议案件，当事人各方同意适用简易程序的，可以适用简易程序。”故若本案当事人各方同意适用简易程序的，仍可以适用简易程序，D选项错误，不当选。

综上，本题的答案为B。

2024 年国家统一法律职业资格考试

客观题指导用书

编审人员（按姓名拼音音序排列）

程淑娟	谷佳杰	何　挺	何永红	霍政欣
雷　磊	李超群	李立众	梁迎修	刘茂林
刘雪斌	刘哲玮	马海涛	舒国滢	孙　皓
孙尚鸿	唐　勇	王　迁	王卫国	温世扬
杨秋宇	杨伟东	姚　莹	袁　钢	张　耕
张丽英	张鲁萍	张　敏	张钦昱	张书友
张双根	赵姗姗			

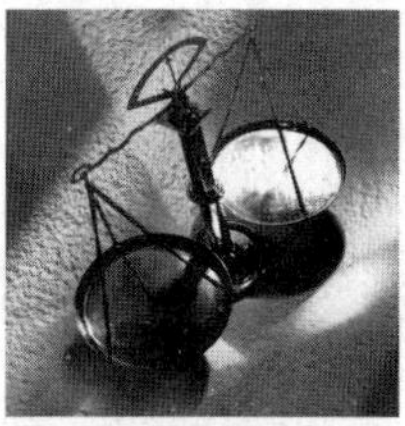

目 录

民 法

知识产权法

商　法

经济法·环境资源法·劳动与社会保障法

国际私法

国际经济法

民事诉讼法与仲裁制度

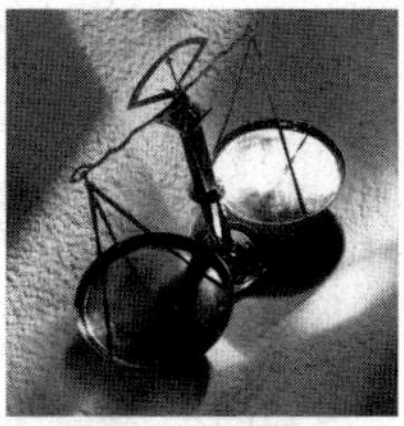

方　法　篇

如何解答本学科客观题

考查要求

2020年5月28日，我国颁布了《民法典》，于2021年1月1日施行。《民法典》采七编制，即总则编、物权编、合同编、人格权编、婚姻家庭编、继承编和侵权责任编。

值得注意的是，《民法典》仅在第一编第五章“民事权利”部分确认股权和其他投资性权利（第125条）以及各类知识产权（第123条），商事法律制度和知识产权法律制度均未整体编入《民法典》，商法和知识产权法作为民事特别法，仍主要采取单行法形式。

民法与司法实务联系十分密切，《民法典》的每一编均具有广泛的适用性。为配合《民法典》的施行，最高人民法院陆续废止、整理和更新了若干司法解释。其中，与国家统一法律职业资格考试大纲相关，新增司法解释9部：（1）最高人民法院《关于适用〈中华人民共和国民法典〉时间效力的若干规定》；（2）最高人民法院《关于适用〈中华人民共和国民法典〉物权编的解释（一）》；（3）最高人民法院《关于适用〈中华人民共和国民法典〉有关担保制度的解释》；（4）最高人民法院《关于适用〈中华人民共和国民法典〉合同编通则若干问题的解释》；（5）最高人民法院《关于适用〈中华人民共和国民法典〉婚姻家庭编的解释（一）》；（6）最高人民法院《关于适用〈中华人民共和国民法典〉继承编的解释（一）》；（7）最高人民法院《关于审理建设工程施工合同纠纷案件适用法律问题的解释（一）》；（8）最高人民法院《关于适用〈中华人民共和国民法典〉总则编若干问题的解释》；（9）最高人民法院《关于审理生态环境侵权责任纠纷案件适用法律若干问题的解释》。更新司法解释12部：（1）最高人民法院《关于审理买卖合同纠纷案件适用法律问题的解释》；（2）最高人民法院《关于审理融资租赁合同纠纷案件适用法律问题的解释》；（3）最高人民法院《关于审理民事案件适用诉讼时效制度若干问题的规定》；（4）最高人民法院《关于审理建筑物区分所有权纠纷案件适用法律若干问题的解释》；（5）最高人民法院《关于审理商品房买卖合同纠纷案件适用法律若干问题的解释》；（6）最高人民法院《关于审理城镇房屋租赁合同纠纷案件具体应用法律若干问题的解释》;(7)最高人民法院《关于确定民事侵权精神损害赔偿责任若干问题的解释》;(8)最高人民法院《关于审理人身损害赔偿案件适用法律若干问题的解释》;(9)最高人民法院《关于审理道路交通事故损害赔偿案件适用法律若干问题的解释》;(10)最高人民法院《关于审理利用信息网络侵害人身权益民事纠纷案件适用法律若干问题的规定》;(11)最高人民法院《关于审理民间借贷案件适用法律若干问题的规定》;(12)最高人民法院《关于审理技术合同纠纷案件适用法律若干问题的解释》。上述司法解释对民法典规范起到细化乃至填补的作用,且已然形成较为系统的裁判规范群。

本科目客观题,主要通过模拟案例考查考生对《民法典》各编所确立的各项法律制度中的重要规则及相关司法解释所确立的裁判规则的掌握程度与运用能力,要求考生准确理解、全面掌握上述规则,并能够融会贯通,对题中选项作出迅捷、准确的判断与选择。

试卷分析

民法科目,属于国家统一法律职业资格考试主、客观题考查的重点内容。其中,客观题题型包括单项选择题、多项选择题和不定项选择题三种题型。

民法客观题以案例题型为主,遵从《民法典》体系性的同时,侧重考查考生应用民法知识处理实际问题的能力。遵从体系性,意味着就考查法条的适用而言,强调"适用一条,即在适用整部《民法典》";而侧重考查处理实际问题的能力,意味着考题的出发点不是停留在对法条或某个知识点单纯的理解或记忆上,而是综合运用。司法实务中,案件事实是需要法律人自行筛查的,而考试中的便利恰恰在于,题干中的事实是已经提炼好的,理论上如同数学题一样,给出的事实要素或条件都是必不可少的,除非是刻意干扰。

学科重点

法律,区分为公法和私法。私法主要采取自治的治理方式,自成体系,在价值层面上,各私法部门之间具有某种内在的同一性。私法除了民法之外,还有特别私法,包括商法(传统商法包括公司法、票据法、保险法和海商法)、知识产权法等。

民法之于私法体系,乃至整个法律体系,其重要性不言而喻。而民法本身又是一个独立的体系,其既为市民社会的基本法,则除了反映私法的基本理念、原则、规则之外,还应重视其规则辐射价值。无论是规则研习还是实务应用,都应避免"一叶障目不见泰山",尤其不能将民法知识"打隔断"、分而用之。民法知识体系严谨,内容细密,其中的行为能力与监护制度、民事法律行为效力、越权代表与无权代理、诉讼时效起算与中断、物权变动、无权处分、一物二卖、善意取得、非典型担保、缔约过失、附随义务、合同解除、违约责任、夫妻共同财产与共同债务、特殊侵权责任等内容,均属于本科目的学习重点。

复习攻略

民法内容博大精深,考测范围广泛,需要进行全面的学习,但在历年的考试中也有重点可循。总则编应重点关注民事行为能力、监护、无效与可撤销民事法律行为、无权代理与表见代理、诉讼时效中止与中断等内容。物权编应重点掌握物权变动规则、所有权取得的特别规定、建筑物区分所有权、共有及各种担保物权的基本规则。合同编中应重点掌握合同的订立规则、合同的效力判断、合同履行规则与保全制度、各种典型合同的特殊规则等。人格权编应掌握人格权保护的一般规则及各种具体人格权的保护规则。婚姻家庭编应重点掌握婚姻的效力、夫妻共同财产和债务承担,继承编应关注继承权的得丧、遗嘱效力及遗产分配规则。侵权责任编应掌握侵权损害赔偿的基本规则、侵权责任主体的确定及各类特殊侵权责任的构成与承担规则。

近年来,民商结合,实体与程序结合的趋势也越来越明显,一道客观题可能涉及多个部门法。并且,案例题型始终是重点,**即越来越强调与实务接轨**。此外,一些容易被忽略的知识点也逐渐成为考查的内容,这意味着要加强对考点的全面学习,夯实法条,积累案例,在考试时才能做到游刃有余。民法科目备考时,考生应努力追求如下效果:**从微观角度理解每一项制度的主要规则,从宏观角度形成完整的知识体系**。在备考过程中,可有意识地观察生活中鲜活的实例,用"民法之眼"透视社会生活。

答题范例与实战演练

01 答题范例

| 题目指引 |

本题根据最高人民法院发布的《〈民法典〉颁布后人格权司法保护典型民事案例》改编,题目中同时融合了民法中的不同知识点,并且与民事诉讼法规则相结合,体现了较强的综合性。题目涉及法定继承人的范围、一般人格权的认定、精神损害赔偿的适用、习惯作为民法的渊源以及遗产继承纠纷中当事人的地位等知识点,对类似试题的解答具有参考价值。

| 题　　目 |

【多项选择题】甲与乙婚后育有二子分别为丙、丁,此后二人又共同收养一女戊。由于甲去世较早,乙一直跟随丙生活。后乙因病去世未立有遗嘱,丙未通知丁、戊便将乙安葬,且在乙的墓碑上仅刻上丙的名字,而未刻丁、戊的姓名,并独自占有了乙的遗产。戊得知后,提起诉讼主张继承乙的遗产,且要求在墓碑上补刻自己的名字。对此,下列哪些说法是正确的?

A. 戊无权继承乙的遗产

B. 戊有权要求丙赔偿精神损害

C. 法院可以根据习惯判决补刻戊的名字

D. 法院应当将丁追加为案件的第三人

| 参考答案 |①_________②

| 推导过程 |

选择题一般均以案例方式进行呈现,主要考查考生是否能够运用所学的法律规则解决实务中所出现的争议。因此,考生要注意题目的考查方向在于争议的解决,在审题时应当迅速锁定题干部分存在几处争议,并且归纳出本案的争议是什么。

经过归纳,可以得出本题中存在两处争议:其一,继承纠纷,即丙独自占有乙遗产的行为是否

---

① 为方便考生自测,每题后不直接列明答案,相关答案请参见每页脚注。除特殊情形外,本书题目一般不考虑时效问题,统一适用现行法律规定解答。——编者注

② BC

合法？丁与戊是否可以对该遗产主张权利？其二，丙未通知丁、戊便安葬乙，且未在墓碑上刻丁、戊的行为是否合法？

第一，分析继承纠纷。题目交代，乙去世后未立有遗嘱，表明本案中无法适用遗嘱继承，只能适用法定继承。根据《民法典》第1127条第1款第1项的规定，乙第一顺序的法定继承人为配偶、子女、父母。本案中，乙的配偶甲已经去世，题目也未交代乙的父母，因此只能寻找乙的子女。题目中，乙的亲生子女为丙、丁，丙与丁肯定都可以继承乙的遗产。本题的易错点在于，戊作为养子女能否继承乙的遗产？根据《民法典》第1127条第3款的规定，养子女属于子女的范围。因此，戊对乙的遗产享有继承权。故A选项不当选。

从程序角度分析，本案中，丁与戊均可继承乙的遗产，但是仅戊提起诉讼，而丁并未提起诉讼，此时丁的诉讼地位为何？最高人民法院《关于适用〈中华人民共和国民事诉讼法〉的解释》（以下简称《民诉解释》）第70条规定："在继承遗产的诉讼中，部分继承人起诉的，人民法院应通知其他继承人作为共同原告参加诉讼；被通知的继承人不愿意参加诉讼又未明确表示放弃实体权利的，人民法院仍应将其列为共同原告。"据此，法院应当通知没有起诉的继承人丁作为共同原告，而非将其列为第三人。故D选项不当选。

第二，分析侵权纠纷。丙未通知丁、戊，未刻写丁、戊姓名的行为是否构成侵权？若构成，具体侵犯了何种权利？显然，该行为并未侵犯丁、戊的姓名权、肖像权及隐私权等具体人格权。但是，该行为侵犯了丁、戊的人格尊严和人格平等等一般人格利益。因此，可以认定该行为侵犯了丁、戊的一般人格权。一般人格权亦属于人格权的一种，戊的人格权遭受侵犯，因此其可以要求侵权人丙赔偿精神损害。故B选项当选。

从法律适用的角度，法院可否根据习惯对补刻姓名进行判决？这一问题主要是对民法渊源的考查，即习惯能否成为民法的渊源。习惯成为民法的渊源须满足两个条件：(1)法律对该问题没有规定。(2)习惯不违反公序良俗。本案中，法律对于墓碑刻名问题未设规定，子女（包括养子女）在过世父母墓碑上镌刻自己的姓名属于我国丧葬习惯，且这一习惯并未违反公序良俗。因此，法院可以根据习惯对这一诉讼请求进行判决。故C选项当选。

综上所述，本题的正确选项为B、C选项。

02 答题范例

｜题目指引｜

本题根据司法实务中的热点案例进行改编，以租赁合同中承租人对租赁物的处分为切入点，融合了合同的履行规则与无权处分是否发生物权变动的规则体系。此外，题目中关于保证方式的考查与民事诉讼法具有关联性，也体现出考查的跨学科属性，符合目前民法、商法、民事诉讼法融合考查的考试趋势，对于类似问题的解答具有参考价值。

｜题　　目｜

【不定项选择题】2023年6月1日，李某自聚华公司处承租轿车一辆，未约定租期。2023年10月3日，李某自方元小贷公司处借款20万元，为担保该笔借款，李某谎称轿车为自己所有并将其抵押给方元小贷公司。此外，王某表示为此提供保证担保，在李某未偿还债务时，王某无条件承担担保责任。方元小贷公司于10月5日将借款汇入李某的账户中。借款到期后，李某未能依约还款。关于本案，下列说法正确的是：

A. 聚华公司可随时通知李某解除合同

B. 2023 年 10 月 5 日，借款合同成立

C. 方元小贷公司须先实现抵押权后方可要求王某承担保证责任

D. 方元小贷公司可单独起诉王某

| **参考答案** | __________[1]

| **推导过程** |

本题的主要纠纷存在于三个问题：其一，租赁合同的履行问题；其二，承租人对租赁物的无权处分问题；其三，借款合同的履行及担保问题。

其一，分析租赁合同的履行问题。A 选项中指出聚华公司解除合同，凡涉及解除合同，必须要考虑当事人是否享有解除权。此时，考生须逐一分析解除权产生的基础：第一，是否存在约定解除权；第二，是否存在法定解除权。而在分析法定解除权时，还需要分析是特殊法定解除权还是一般法定解除权。本题中，很显然不存在约定解除权产生的基础，就需要考虑法定解除权。在考虑法定解除权时，优先考虑特殊法定解除权。本题中，作为租赁合同，出租人与承租人"未约定租期"其属于不定期租赁，根据《民法典》第 730 条的规定，当事人可以随时解除合同。据此，聚华公司作为出租人有权随时解除该租赁合同。故 A 选项正确。

其二，分析承租人对租赁物的无权处分问题。李某作为承租人并不拥有处分租赁汽车的权限，其抵押汽车的行为属于无权处分，不能发生基于法律行为的物权变动。此时，方元小贷公司能否取得抵押权，就需要考虑是否符合善意取得的构成要件。善意取得汽车抵押权需要满足以下要件：(1) 抵押人没有处分权；(2) 抵押人存在处分的权利外观；(3) 相对人善意且无重大过失。本题中，主要是对方元小贷公司是否善意进行衡量。根据最高人民法院《关于适用〈中华人民共和国民法典〉物权编的解释(一)》第 16 条的规定："受让人受让动产时，交易的对象、场所或者时机等不符合交易习惯的，应当认定受让人具有重大过失。"本题中，方元小贷公司作为专业的放贷公司，对于车辆的权属负有一定的审查义务，承租人李某显然没有相关单证，而方元小贷公司未尽到审查义务，不符合交易习惯，不能被认定为善意。因此，方元小贷公司不能善意取得该汽车的抵押权。

其三，分析借款合同的履行及担保问题。李某与方元小贷公司均非金融机构，二者之间的借款合同属于民间借贷合同。民间借贷合同分为两类：自然人之间的民间借贷与一方非自然人的民间借贷。自然人之间的民间借贷属于实践合同，而一方非自然人的民间借贷属于诺成合同。本题中，李某与方元小贷公司之间的借款合同属于一方非自然人的民间借贷，系诺成合同，在双方意思表示达成一致时即可成立，无须等待实际交付。故 B 选项错误。

须注意，由于方元小贷公司未取得抵押权，因此，本题并不构成混合担保，方元小贷公司无法实现抵押权。故 C 选项错误。

王某提供保证，其表明自己在李某不履行债务时无条件承担保证责任，其保证责任的承担没有顺序，应当被认定为连带责任保证。在连带责任保证中，债权人可单独起诉连带责任保证人。故 D 选项正确。

综上所述，本题的正确选项为 A、D 选项。

---

① AD

刷　题　篇

重点考向与真题精粹

01 考向　民法概述

1.【单项选择题】甲、乙二人同村，宅基地毗邻。甲的宅基地倚山、地势较低，乙的宅基地在上将其环绕。乙因琐事与甲多次争吵而郁闷难解，便沿二人宅基地的边界线靠己方一侧，建起高5米围墙，使甲在自家院内却有身处监牢之感。乙的行为违背民法的下列哪一项基本原则？

A. 自愿原则　　B. 公平原则

C. 平等原则　　D. 诚信原则

参考答案 ________①

设题陷阱与常见错误分析

本题是以权利不得滥用原则作为切入点，考查了民法的基本原则。所谓基本原则，应当普遍适用于整部民法。一方面，考生要能区分基本原则与其子原则，而所谓子原则，如侵权责任编的基本原则，便是民法基本原则的子原则，子原则适用于特定民法部门；另一方面，考生要能区分各基本原则的差异，而尤其需要注意，凡是基本原则，彼此之间既可能存在冲突，也可能存在一定程度上的重叠，在答题过程中，根据题干提供的事实，选择与该事实最为贴切的基本原则。

比如，《民法典》第288条规定，不动产的相邻权利人应当按照有利生产、方便生活、团结互助、公平合理的原则，正确处理相邻关系。给相邻方造成妨碍或者损失的，应当停止侵害，排除妨碍，赔偿损失；而题干中的“宅基地毗邻”这一信息便对应相邻关系规定中的“公平”二字，从而有可能将处理具体相邻关系的导向性原则混淆为基本原则。

再如，可能有考生会误认为一般在交易当中才会涉及诚信原则；但此一点并不恰当，乃在于所谓基本原则，需得普遍适用，而不是局限在民法的特定领域。诚信原则是市场伦理道德准则在民法上的反映，正如辅导用书就诚信原则所做的阐释，该原则适用于整个民法领域，民事主体行使任何民事权利，履行任何民事义务，都应当遵守。诚信原则不只适用在合同法等交易领域，对于物权法等领域同样适用，典型即是权利不得滥用，如果说任何自由都是受制约的自由，那么诚实信用应是题中之义，而所谓自由，自然不是限定在交易领域，比如当然包括行使所有权的自由。

解题思路与方法分析

本题解题的关键，首要在于通过对题干事实的提炼，认识到乙建高墙的行为，纯粹是为了损害甲，系属于对自己享有之物权的滥用，即首先违背了权利不得滥用原则，而权利不得滥用原则是诚信原则的子原则。

权利不得滥用，是指民事权利的行使不得损害国家利益、社会公共利益或者他人合法权益，即权利行使并非毫无边界，行使民事权利应当顾及国家利益、社会公共利益或者他人合法权益，否则则为滥用民事权利。乙“沿二人宅基地的边界线靠己方一侧，建起高5米围墙”的行为，虽然利用的是自己的宅基地使用权，且并未超出边界，但其目的是专门为侵害甲之利益，故为民事

① D

权利之滥用。根据《民法典》第 7 条“民事主体从事民事活动,应当遵循诚信原则,秉持诚实,恪守承诺”和第 132 条“民事主体不得滥用民事权利损害国家利益、社会公共利益或者他人合法权益”之要求,权利人乙不得滥用民事权利损害他人合法权益。由此可见,乙修建高墙专为损害甲之利益,属于民事权利之滥用,违反的是诚实信用原则,故而 D 项正确。

自愿原则,也称为意思自治原则,其本意就是给予当事人在民事活动中的自主权,当事人可以根据自己的判断,去从事民事活动,国家一般不干预当事人的自由意志,充分尊重当事人的选择。其内容包括自己行为和自己责任两个方面:当事人可以根据自己的意愿是否参与民事活动,以及参与的内容、行为方式等。《民法典》第 5 条规定:“民事主体从事民事活动,应当遵循自愿原则,按照自己的意思设立、变更、终止民事法律关系。”即自愿原则。自愿原则强调的是主体对于民事活动可以按照自己的意愿进行,本题乙修建高墙系在自家宅基地范围内,按自己意愿进行,并非被强制,故而并未违反自愿原则,A 项错误。

公平原则,是指在民事活动中以利益均衡作为价值判断标准,在民事主体之间发生利益关系摩擦时,以权利和义务是否均衡来平衡双方的利益。《民法典》第 6 条规定:“民事主体从事民事活动,应当遵循公平原则,合理确定各方的权利和义务。”即公平原则。相较于诚信原则,公平原则并不直接符合本题情形,故而不选 B 项。

平等原则,是指主体的身份平等;身份平等是特权的对立物,是指无论其自然条件和社会处境如何,其法律资格即权利能力一律平等。《民法典》第 4 条规定:“民事主体在民事活动中的法律地位一律平等。”即平等原则。乙虽建造高墙专为损害甲,但并未直接基于其强势地位,其结果也未导致甲乙民事主体地位不平等,故而平等原则并不直接符合本题情形,不选 C 项。

2.【单项选择题】甲、乙两公司签订协议,约定甲公司向乙公司采购面包券。双方交割完毕,面包券上载明“不记名、不挂失,凭券提货”。甲公司将面包券转让给张某,后张某因未付款等原因被判处合同诈骗罪。面包券全部流入市场。关于协议和面包券的法律性质,下列哪一表述是正确的?

A. 面包券是一种物权凭证

B. 甲公司有权解除与乙公司的协议

C. 如甲公司通知乙公司停止兑付面包券,乙公司应停止兑付

D. 如某顾客以合理价格从张某处受让面包券,该顾客有权请求乙公司兑付

| **参考答案** | ________①

| **设题陷阱与常见错误分析** |

本题考查的是考生对有价证券、买卖合同履行的理解。需要辨析的是,本题中的面包券,属性上为债权凭证,并不能证明持有人对面包享有所有权。此外,面包券作为一种有价证券所具有的法律特性,即便发行方的甲公司通知停止兑付,乙公司也不应当停止对面包券的兑付。

| **解题思路与方法分析** |

物权凭证是证明物权人拥有物权的有价证券。本题中的面包券并未记载面包所有权的归属问题,因此其并不是一种物权凭证,故 A 项错误。有价证券是设定并证明持券人有取得一定财产权利并且能够流通的一种书面凭证。本题中,面包券可以在交易中流通且持券人有权提取面包,其属于债权凭证。甲、乙之间的合同合法且已履行完毕,甲公司不具有解除事由,无权解除协议,故 B 项错误。本题中的面包券载明不记名、不挂失,凭券提货。甲公司已经将全部面包券转让给支付合理价款的善意的张某,甲公司无权要求乙公司停止兑付,故 C 项错误。顾客以合理价格从张某处受让面包券,相当于债权已经转让给顾客,顾客持有该面包券,有权请求乙公司兑付,故 D 项正确。

---

① D

02 考向 自然人

1.【单项选择题】肖特有音乐天赋，16岁便不再上学，以演出收入为主要生活来源。肖特成长过程中，多有长辈馈赠：7岁时受赠口琴1个，9岁时受赠钢琴1架，15岁时受赠名贵小提琴1把。对肖特行为能力及其受赠行为效力的判断，下列哪一选项是正确的？

A. 肖特尚不具备完全的民事行为能力

B. 受赠口琴的行为无效，应由其法定代理人代理实施

C. 受赠钢琴的行为无效，因与其当时的年龄智力不相当

D. 受赠小提琴的行为无效，因与其当时的年龄智力不相当

| **参考答案** | ________①

| **设题陷阱与常见错误分析** |

9岁时的肖特和15岁时的肖特是限制民事行为能力人，可以独立实施纯获利益的法律行为或者与其年龄、智力、精神健康状况相适应的民事法律行为，受赠钢琴和名贵小提琴均属于纯获利益的法律行为，故受赠行为有效。有考生可能会认为"钢琴和名贵小提琴价值比较大，与肖特当时的年龄、智力、精神健康状况不相适应，应当由其法定代理人代理或者经其法定代理人同意、追认，方才有效"，而忽略了限制民事行为能力人实施纯获利益的法律行为之特殊规定，而错选C、D项。

| **解题思路与方法分析** |

《民法典》将自然人的民事行为能力划分三个层次。一是完全民事行为能力，完全民事行为能力人的范围包括：18周岁以上的成年人和16周岁以上不满18周岁的以自己的劳动收入为主要生活来源的未成年人；完全民事行为能力人，可以独立实施民事法律行为。二是限制民事行为能力，限制民事行为能力人的范围包括：8周岁以上、不满18周岁的未成年人和不能完全辨认自己行为的成年人；限制民事行为能力人实施民事法律行为由其法定代理人代理或者经其法定代理人同意、追认，有效；独立实施纯获利益的民事法律行为，有效；独立实施与其年龄、智力、精神健康状况相适应的民事法律行为，有效。三是无民事行为能力，无民事行为能力人的范围包括：不满8周岁的未成年人、不能辨认自己行为的成年人和8周岁以上18周岁以下的未成年人不能辨认自己行为者；无民事行为能力人由其法定代理人代理实施民事法律行为，无民事行为能力人实施的民事法律行为无效。

肖特16岁便不再上学，以演出收入即劳动收入为主要生活来源，符合《民法典》第18条第2款的规定："十六周岁以上的未成年人，以自己的劳动收入为主要生活来源的，视为完全民事行为能力人。"即肖特已经具备完全的民事行为能力，而A项认为肖特尚不具备完全的民事行为能力，故而A项错误。

根据《民法典》第20条的规定："不满八周岁的未成年人为无民事行为能力人，由其法定代理人代理实施民事法律行为。"以及《民法典》第144条的规定："无民事行为能力人实施的民事法律行为无效。"即无民事行为能力人纯获利益的行为不具有效力，应当由其法定代理人代理实施，故而B项认为肖特7岁时受赠口琴的行为无效，应由其法定代理人代理实施，应属正确。

受赠钢琴和小提琴均为纯获利益行为，根据《民法典》第19条的规定："八周岁以上的未成年人为限制民事行为能力人，实施民事法律行为由其法定代理人代理或者经其法定代理人同意、追认；但是，可以独立实施纯获利益的民事法律行为或者与其年龄、智力相适应的民事法律行为。"9岁时的肖特和15岁时的肖特均处于限制民事行为能力人的年龄范围内，可以独立实施纯获利益的行为，并且该行为有效，故而C项错误、D项错误。

2.【单项选择题】甲被法院宣告失踪，其妻乙被指定为甲的财产代管人。3个月后，乙将

---

① B

登记在自己名下的夫妻共有房屋出售给丙，交付并办理了过户登记。在此过程中，乙向丙出示了甲被宣告失踪的判决书，并将房屋属于夫妻二人共有的事实告知丙。1年后，甲重新出现，并经法院撤销了失踪宣告。现甲要求丙返还房屋。对此，下列哪一说法是正确的？

A. 丙善意取得房屋所有权，甲无权请求返还

B. 丙不能善意取得房屋所有权，甲有权请求返还

C. 乙出售夫妻共有房屋构成家事代理，丙继受取得房屋所有权

D. 乙出售夫妻共有房屋属于有权处分，丙继受取得房屋所有权

｜**参考答案**｜__________①

｜**设题陷阱与常见错误分析**｜

本题考查的是宣告失踪后的财产处分问题。宣告失踪制度目的在于救济因自然人下落不明而导致的财产关系不稳定状态，通过宣告下落不明人为失踪人，可为其设立财产代管人，保管失踪人财产、处理应了结的债权债务，维护失踪人和利害关系人的利益，但此处并不包括直接处分宣告失踪人的财产。直接处分宣告失踪人财产的，应当属于无权处分。有考生可能会误以为本题情形构成家事代理或者共有人有权处分，而错选C、D项。善意取得以善意为构成要件，也有考生可能会以为本案情形丙构成善意取得，而错选A项。

｜**解题思路与方法分析**｜

财产代管人负有保管失踪人财产的职责。根据《民法典》第43条第2款的规定，失踪人所欠税款、债务和应付的其他费用，由财产代管人从失踪人的财产中支付。可知，失踪宣告不是死亡宣告，除支付所欠税款、债务和应付的其他费用外，财产代管人不能处分被宣告人的财产，故而本题中财产代管人乙构成无权处分，D项错误。

根据《民法典》第311条第1款的规定，无处分权人将不动产或者动产转让给受让人的，所有权人有权追回；除法律另有规定外，符合下列情形的，受让人取得该不动产或者动产的所有权：(1)受让人受让该不动产或者动产时是善意；(2)以合理的价格转让；(3)转让的不动产或者动产依照法律规定应当登记的已经登记，不需要登记的已经交付给受让人。在本题情形下，代管人乙已经将宣告失踪的事实告知丙，因而丙不能为善意第三人，甲有权追回。因此，A项错误，B项正确。

夫妻共同财产属于共同共有，根据《民法典》第301条的规定："处分共有的不动产或者动产以及对共有的不动产或者动产作重大修缮、变更性质或者用途的，应当经占份额三分之二以上的按份共有人或者全体共同共有人同意，但是共有人之间另有约定的除外。"夫妻共同财产应当夫妻一致同意方得处分。《民法典》第1060条规定，夫妻一方因家庭日常生活需要而实施的民事法律行为，对夫妻双方发生效力，但是夫妻一方与相对人另有约定的除外。夫妻之间对一方可以实施的民事法律行为范围的限制，不得对抗善意相对人。而对于不动产等重要财产的处分，原则上并不在家事代理的范围，故C项错误。

3.【多项选择题】余某与其妻婚后不育，依法收养了孤儿小翠。不久后，余某与妻子离婚，小翠由余某抚养。现余某身患重病，为自己和幼女小翠的未来担忧，欲作相应安排。下列哪些选项是正确的？

A. 余某可通过遗嘱指定其父亲在其身故后担任小翠的监护人

B. 余某可与前妻协议确定由前妻担任小翠的监护人

C. 余某可与其堂兄事先协商以书面形式确定堂兄为自己的监护人

D. 如余某病故，应由余某父母担任小翠的监护人

｜**参考答案**｜__________②

｜**设题陷阱与常见错误分析**｜

本题考查监护人设立的方式，重点考查法定

---

① B

② ABC

监护及法定监护中派生的遗嘱监护、协议监护、指定监护,尤其是《民法典》规定的成年监护制度。有考生可能会误以为余某与妻子离婚后,小翠由余某抚养,其前妻丧失监护资格,在余某死亡后,法定第一顺位监护人死亡,法定第二顺位监护人余某的父母成为小翠的监护人。

| 解题思路与方法分析 |

《民法典》第1101条规定:"有配偶者收养子女,应当夫妻共同收养。"以及第1111条规定:"自收养关系成立之日起,养父母与养子女间的权利义务关系,适用本法关于父母子女关系的规定;养子女与养父母的近亲属间的权利义务关系,适用本法关于子女与父母的近亲属关系的规定。养子女与生父母以及其他近亲属间的权利义务关系,因收养关系的成立而消除。"同时,《民法典》第1084条第1款规定:"父母与子女间的关系,不因父母离婚而消除。离婚后,子女无论由父或者母直接抚养,仍是父母双方的子女。"在本题情形下,余某与余妻收养了小翠,是小翠的父母,即便之后余某与余妻离婚,余某与余妻仍然是小翠的父母。

根据《民法典》第29条的规定:"被监护人的父母担任监护人的,可以通过遗嘱指定监护人。"余某可以通过遗嘱指定其父亲在其身故后担任小翠的监护人,故而A项正确。

根据《民法典》第30条的规定:"依法具有监护资格的人之间可以协议确定监护人。协议确定监护人应当尊重被监护人的真实意愿。"以及《民法典》第27条第1款规定:"父母是未成年子女的监护人。"余某前妻作为小翠的母亲也具有监护资格,余某可与前妻协议确定由前妻担任小翠的监护人,故而B项正确。

《民法典》第33条规定,具有完全民事行为能力的成年人,可以与其近亲属、其他愿意担任监护人的个人或者组织事先协商,以书面形式确定自己的监护人。协商确定的监护人在该成年人丧失或者部分丧失民事行为能力时,履行监护职责。余某可与其堂兄事先协商以书面形式确定其为自己的监护人,故而C项正确。

《民法典》第27条规定:"父母是未成年子女的监护人。未成年人的父母已经死亡或者没有监护能力的,由下列有监护能力的人按顺序担任监护人:(一)祖父母、外祖父母;(二)兄、姐;(三)其他愿意担任监护人的个人或者组织,但是须经未成年人住所地的居民委员会、村民委员会或者民政部门同意。"父母为小翠第一顺位的监护人,而不是小翠的祖父母(余某的父母),只有在父母均已经死亡或没有监护能力的,才由祖父母、外祖父母担任监护人,故而D项错误。

4.【多项选择题】甲8周岁,多次在国际钢琴大赛中获奖,并获得大量奖金。甲的父母乙、丙为了甲的利益,考虑到甲的奖金存放银行增值有限,遂将奖金全部购买了股票,但恰遇股市暴跌,甲的奖金损失过半。关于乙、丙的行为,下列哪些说法是正确的?

A. 乙、丙应对投资股票给甲造成的损失承担责任

B. 乙、丙不能随意处分甲的财产

C. 乙、丙的行为构成无因管理,无须承担责任

D. 如主张赔偿,甲对父母的诉讼时效期间在进行中的最后6个月内因自己系无民事行为能力人而中止,待成年后继续计算

| 参考答案 | ________①

| 设题陷阱与常见错误分析 |

本题考查的重点是自然人监护制度。未成年人甲可以通过自己的特长取得收入,属于其个人财产。有考生可能会误以为甲是未成年人,乙、丙为甲的父母,作为监护人对甲的财产可以任意处分,从而不选A项、B项。

| 解题思路与方法分析 |

《民法典》第34条第1、2、3款规定:"监护人的职责是代理被监护人实施民事法律行为,保护被监护人的人身权利、财产权利以及其他合法权益等。监护人依法履行监护职责产生的权利,受法律保护。监护人不履行监护职责或者侵害被监护人合法权益的,应当承担法律责

---

① AB

任。"《民法典》第35条规定:"监护人应当按照最有利于被监护人的原则履行监护职责。监护人除为维护被监护人利益外,不得处分被监护人的财产。未成年人的监护人履行监护职责,在作出与被监护人利益有关的决定时,应当根据被监护人的年龄和智力状况,尊重被监护人的真实意愿。成年人的监护人履行监护职责,应当最大限度地尊重被监护人的真实意愿,保障并协助被监护人实施与其智力、精神健康状况相适应的民事法律行为。对被监护人有能力独立处理的事务,监护人不得干涉。"监护人应当切实保护被监护人的财产,对于有风险的投资行为应当禁止,因此给被监护人造成损失的,应当赔偿,故A、B项正确。

《民法典》第27条第1款规定:"父母是未成年子女的监护人。"由于乙、丙与甲系属监护与被监护的关系,故而不构成无因管理,C项错误。

《民法典》第190条规定:"无民事行为能力人或者限制民事行为能力人对其法定代理人的请求权的诉讼时效期间,自该法定代理终止之日起计算。"即除了规定诉讼时效中断、中止之外,《民法典》第190条还规定了诉讼时效终止制度。在本题情形下,根据《民法典》的规定,应当适用诉讼时效终止制度,而不是诉讼时效中止制度,故而D项错误。

5.【多项选择题】甲出境经商下落不明,某年9月经其妻乙请求被K县法院宣告死亡,其后乙未再婚,乙是甲唯一的继承人。次年3月,乙将家里的一辆轿车赠送给了弟弟丙,交付并办理了过户登记。次年10月,经商失败的甲返回K县,为还债将登记于自己名下的一套夫妻共有住房私自卖给知情的丁;次年12月,甲的死亡宣告被撤销。下列哪些选项是正确的?

A. 甲、乙的婚姻关系自撤销死亡宣告之日起自行恢复

B. 乙有权赠与该轿车

C. 丙可不返还该轿车

D. 甲出卖房屋的行为无效

| **参考答案** | ________①

| **设题陷阱与常见错误分析** |

本题考查宣告死亡的效力以及死亡宣告撤销的效力。有考生可能认为题目只交代了乙未再婚,未明示乙愿不愿意恢复婚姻,从而认为甲、乙的婚姻关系并未自行恢复,不选A项。有考生可能认为甲无权处分夫妻共同财产,且丁对此知情,甲、丁的行为构成恶意串通,甲出卖房屋的行为应属无效,从而错选D项。

| **解题思路与方法分析** |

《民法典》第51条规定:"被宣告死亡的人的婚姻关系,自死亡宣告之日起消除。死亡宣告被撤销的,婚姻关系自撤销死亡宣告之日起自行恢复。但是,其配偶再婚或者向婚姻登记机关书面声明不愿意恢复的除外。"在本题情形下,乙既未再婚也未声明不愿意恢复婚姻,故而,甲的死亡宣告撤销后,甲乙婚姻自动恢复,A项正确。

《民法典》第48条规定:"被宣告死亡的人,人民法院宣告死亡的判决作出之日视为其死亡的日期;因意外事件下落不明宣告死亡的,意外事件发生之日视为其死亡的日期。"《民法典》第1121条第1款规定:"继承从被继承人死亡时开始。"最高人民法院《关于适用〈中华人民共和国民法典〉继承编的解释(一)》[以下简称《继承编解释(一)》]第1条第1款规定,继承从被继承人生理死亡或者被宣告死亡时开始。《民法典》第1127条第1款规定:"遗产按照下列顺序继承:(一)第一顺序:配偶、子女、父母……"宣告死亡产生与生理死亡相同的法律效果,即发生继承,乙作为唯一继承人因继承取得轿车所有权,故而有权处分轿车,B项正确。

《民法典》第53条第1款规定:"被撤销死亡宣告的人有权请求依照本法第六编取得其财产的民事主体返还财产;无法返还的,应当给予适当补偿。"丙取得该轿车是接受赠与,不属继承所得,不在被甲依照继承编有权请求返还财产的范围内。即丙接受赠与,属合法取得,可不返还,故而C项正确。

---

① ABC

《民法典》第49条规定："自然人被宣告死亡但是并未死亡的，不影响该自然人在被宣告死亡期间实施的民事法律行为的效力。"次年10月，甲回到K县，虽然对甲的死亡宣告尚未撤销，但甲实施的民事法律行为依法仍然有效。同时，《民法典》第597条第1款规定，因出卖人未取得处分权致使标的物所有权不能转移的，买受人可以解除合同并请求出卖人承担违约责任。甲将夫妻共同所有的一套房屋卖给丁，属于无权处分，但出卖房屋的债权行为仍属有效，故而D项错误。

03 考向 法人和非法人组织

【单项选择题】甲公司和乙公司在前者印制的标准格式《货运代理合同》上盖章。《货运代理合同》第4条约定："乙公司法定代表人对乙公司支付货运代理费承担连带责任。"乙公司法定代表人李红在合同尾部签字。后双方发生纠纷，甲公司起诉乙公司，并要求此时乙公司的法定代表人李蓝承担连带责任。关于李蓝拒绝承担连带责任的抗辩事由，下列哪一表述能够成立？

A. 第4条为无效格式条款

B. 乙公司法定代表人未在第4条处签字

C. 乙公司法定代表人的签字仅代表乙公司的行为

D. 李蓝并未在合同上签字

| **参考答案** | ________①

| **设题陷阱与常见错误分析** |

本题考查法人、法定代表人和格式条款。有的考生误认为，因为《民法典》第61条第2款规定，法定代表人以法人名义从事的民事活动，其法律后果由法人承受。所以，李红代表乙公司订立《货运代理合同》，法律后果由乙公司承担，但是没有意识到该合同第4条也约定了乙公司法定代表人要承担连带责任，李红的签字也表明其愿意受第4条的约束，由此误选C项。

| **解题思路与方法分析** |

格式条款是当事人为了重复使用而预先拟定，并在订立合同时未与对方协商的条款，提供格式条款的一方应当遵循公平原则确定当事人之间的权利和义务。如果具备《民法典》第497条的情形，该格式条款无效。《货运代理合同》是由甲公司印制的格式合同，即便该合同第4条是格式条款，也要考查是否有《民法典》第497条规定的情形，而本案并没有事实表明发生了使格式合同条款无效的情形，由此，选项A不当选。《货运代理合同》由甲、乙公司盖章，合同已经成立并生效。乙公司法定代表人未对该合同第4条提出异议，其在尾部签字应为对连带责任的认可，由此，选项B、C不当选。李红在订立《货运代理合同》时是乙公司的法定代表人，其签字不能约束乙公司后任法定代表人。李蓝作为乙公司现任法定代表人没有在《货运代理合同》上签字，故该合同第4条不能约束李蓝，选项D当选。

04 考向 民事法律行为

1.**【单项选择题】**齐某扮成建筑工人模样，在工地旁摆放一尊廉价购得的旧蟾蜍石雕，冒充新挖出文物等待买主。甲曾以5000元从齐某处买过一尊同款石雕，发现被骗后正在和齐某交涉时，乙过来询问。甲有意让乙也上当，以便要回被骗款项，未等齐某开口便对乙说："我之前从他这买了一个貔貅，转手就赚了，这个你不要我就要了。"乙信以为真，以5000元买下石雕。关于所涉民事法律行为的效力，下列哪一说法是正确的？

A. 乙可向甲主张撤销其购买行为

B. 乙可向齐某主张撤销其购买行为

C. 甲不得向齐某主张撤销其购买行为

D. 乙的撤销权自购买行为发生之日起2年内不行使则消灭

| **参考答案** | ________②

| **设题陷阱与常见错误分析** |

本题考查的是可撤销的民事法律行为，特

---

① D

② B

别是《民法典》规定的第三人实施欺诈行为。在乙和齐某的交易中，作为第三人的甲实施了欺诈行为，有考生可能认为欺诈的行为人是甲、乙应当向甲而不是齐某，主张撤销其购买行为，从而错选A项。合同以外的第三人实施欺诈的，相对人于订立合同时知道或者应当知道第三人欺诈的事实的，受害人针对相对人享有撤销权。有考生可能认为题干未交代甲和齐某交易"同款石雕"的具体过程，难以判断是否可撤销，从而错选C项。

｜解题思路与方法分析｜

在本题情形中，"齐某扮成建筑工人模样"，将"廉价购得的旧蟾蜍石雕冒充新挖出文物"销售给甲的行为，构成欺诈。同时，在乙和齐某的交易中，作为第三人的甲自愿当"托"，使乙受骗，而齐某对此应当是明知，故而构成《民法典》规定的第三人实施欺诈行为。

《民法典》第149条规定："第三人实施欺诈行为，使一方在违背真实意思的情况下实施的民事法律行为，对方知道或者应当知道该欺诈行为的，受欺诈方有权请求人民法院或者仲裁机构予以撤销。"在本题情形中，齐某明知第三人甲实施欺诈行为，符合第三人实施欺诈行为可撤销的情形，在乙和齐某的交易行为中，合同的相对人是齐某，因此乙应当向齐某而不是向甲主张撤销购买行为，故而A项错误、B项正确。

《民法典》第148条规定："一方以欺诈手段，使对方在违背真实意思的情况下实施的民事法律行为，受欺诈方有权请求人民法院或者仲裁机构予以撤销。"齐某扮成建筑工人模样，将廉价购得的旧蟾蜍石雕冒充新挖出文物销售给甲，构成欺诈，甲得向齐某主张撤销其购买行为，故而C项错误。

《民法典》第152条规定："有下列情形之一的，撤销权消灭：(一)当事人自知道或者应当知道撤销事由之日起一年内、重大误解的当事人自知道或者应当知道撤销事由之日起九十日内没有行使撤销权；(二)当事人受胁迫，自胁迫行为终止之日起一年内没有行使撤销权；(三)当事人知道撤销事由后明确表示或者以自己的行为表明放弃撤销权。当事人自民事法律行为发生之日起五年内没有行使撤销权的，撤销权消灭。"由此可见，乙在购买石雕这一民事法律行为发生之日起5年内未行使撤销权的，撤销权消灭，并非2年，故而D项错误。

2.【单项选择题】潘某去某地旅游，当地玉石资源丰富，且盛行"赌石"活动，买者购买原石后自行剖切，损益自负。潘某花5000元向某商家买了两块原石，切开后发现其中一块为极品玉石，市场估价上百万元。商家深觉不公，要求潘某退还该玉石或补交价款。对此，下列哪一选项是正确的？

A. 商家无权要求潘某退货

B. 商家可基于公平原则要求潘某适当补偿

C. 商家可基于重大误解而主张撤销交易

D. 商家可基于显失公平而主张撤销交易

｜参考答案｜__________①

｜设题陷阱与常见错误分析｜

本题考查的是对民事行为效力的理解。"赌石"活动，属于特定地域商业活动的一种，其交易规则属于形成中的商业习惯。有考生可能会认为，本案情形对于商家而言显失公平，而可主张撤销交易，从而错选D项。

｜解题思路与方法分析｜

《民法典》第510条规定，合同生效后，当事人就质量、价款或者报酬、履行地点等内容没有约定或者约定不明确的，可以协议补充；不能达成补充协议的，按照合同有关条款或者交易习惯确定。当地"赌石"交易的习惯和规则是清晰明了的，双方并未伪造事实、掩盖真相互相欺骗，且相关交易不构成赌博，该交易合法有效。《民法典》第144条规定，无民事行为能力人实施的民事法律行为无效。《民法典》第146条第1款规定，行为人与相对人以虚假的意思表示实施的民事法律行为无效。《民法典》第153条规定，违反法律、行政法规的强制性规定的民事法律行为无效。但是，该强制性规定不

① A

导致该民事法律行为无效的除外。违背公序良俗的民事法律行为无效。《民法典》第154条规定,行为人与相对人恶意串通,损害他人合法权益的民事法律行为无效。据此,并不存在导致该民事法律行为无效的事由,而即便构成赌博,已经交付的赌资也不能向对方主张返还。根据《民法典》第143条的规定,该"赌石"买卖合同自成立时生效,对双方当事人均有拘束力,故A项正确。

公平原则,是指在民事活动中以利益均衡作为价值判断标准,在民事主体之间发生利益关系摩擦是以权利和义务是否均衡来平衡双方的利益。商业盈亏自负,不能简单直接基于公平原则处理民事纠纷,故B项错误。

关于重大误解的认定,行为人因为对行为的性质、对方当事人、标的物的品种、质量、规格和数量等的错误认识,使行为的后果与自己的意思相悖,并造成较大损失的。"买者购买原石后自行剖切,损益自负",商家与潘某对此交易规则并无重大误解,不构成《民法典》所规定的重大误解,故C项错误。

一方当事人利用优势或者利用对方没有经验,致使双方的权利与义务明显违反公平原则的,可以认定为显失公平。题干中无法判断出潘某利用了优势,而当地"赌石"盛行,商家潘某不可能没有经验,因此本案也不构成《民法典》第151条所规定的显失公平,故D项错误。

3.【多项选择题】杜某拖欠谢某100万元。谢某请求杜某以登记在其名下的房屋抵债时,杜某称其已把房屋作价90万元卖给赖某,房屋钥匙已交,但产权尚未过户。该房屋市值为120万元。关于谢某权利的保护,下列哪些表述是错误的?

A.谢某可请求法院撤销杜某、赖某的买卖合同

B.因房屋尚未过户,杜某、赖某买卖合同无效

C.如谢某能举证杜某、赖某构成恶意串通,则杜某、赖某买卖合同无效

D.因房屋尚未过户,房屋仍属杜某所有,谢某有权直接取得房屋的所有权以实现其债权

| 参考答案 | ________①

| 设题陷阱与常见错误分析 |

本题考查的知识点较多,涉及不动产物权变动、合同效力、撤销权以及债的平等性等知识点。有的考生认为房屋过户登记与否会影响买卖合同的效力,误认为选项B的表述正确。有的考生不了解《民法典》第144条、第146条、第153条、第154条规定的民事法律行为无效的情形,认为选项C表述错误。

| 解题思路与方法分析 |

《民法典》第539条规定,债务人以明显不合理的低价转让财产、以明显不合理的高价受让他人财产或者为他人的债务提供担保,影响债权人的债权实现,债务人的相对人知道或者应当知道该情形的,债权人可以请求人民法院撤销债务人的行为。本题中不存在"明显不合理"的情形,不符合上述条件,谢某不可以主张撤销权。同时债权人行使撤销权还需要债务人的行为影响债务人的偿债能力。本题中,房屋尚未过户给赖某,杜某的偿债能力并未受到根本影响,故据此谢某也不能主张撤销,选项A错,当选。《民法典》第215条规定,当事人之间订立有关设立、变更、转让和消灭不动产物权的合同,除法律另有规定或者当事人另有约定外,自合同成立时生效;未办理物权登记的,不影响合同效力。选项B错,当选。如能举证证明杜某、赖某恶意串通,依据《民法典》第154条的规定,合同应为无效。选项C对,不当选。房屋虽然仍归杜某,但谢某享有的是债权,而非物权,只能请求杜某向自己交付房屋并办理登记而取得所有权,而不能直接追及杜某的房屋,选项D错,当选。

05 考向 代理

1.【单项选择题】甲去购买彩票,其友乙给

① ABD

甲10元钱让其顺便代购彩票，同时告知购买号码，并一再嘱咐甲不要改变。甲预测乙提供的号码不能中奖，便擅自更换号码为乙购买了彩票并替乙保管。开奖时，甲为乙购买的彩票中了奖，二人为奖项归属发生纠纷。下列哪一分析是正确的？

A. 甲应获得该奖项，因按乙的号码无法中奖，甲、乙之间应类推适用借贷关系，由甲偿还乙10元

B. 甲、乙应平分该奖项，因乙出了钱，而甲更换了号码

C. 甲的贡献大，应获得该奖项之大部，同时按比例承担彩票购买款

D. 乙应获得该奖项，因乙是委托人

｜参考答案｜__________①

｜设题陷阱与常见错误分析｜

本题考查的是考生对委托代理的理解，应注意委托代理的结果归属于被代理人。有的考生认为甲的行为改变了乙的授权范围，甲乙之间的合同实际上是一个借贷合同，其结果应当由甲承受，误选A项。有的考生忽视了题中的委托代理关系，认为奖金应当由2人共同分享，误选B项和C项。

｜解题思路与方法分析｜

甲乙之间的关系为委托代理关系，甲是代理人，乙是被代理人。甲作为乙的代理人应当按照乙的授权指示办事。本题中，乙的核心指示是让甲为其购买彩票。由于博彩属于不确定性明显的行为，甲更改乙的彩票号码行为也是为了乙的利益，故该行为并未超出乙的授权范围。因此，乙作为委托人应当享有彩票利益。故D项正确，B项、C项错误。乙委托甲让其代购彩票，甲、乙之间并不是借贷关系，而是委托代理关系。故A项错误。

2.【单项选择题】甲用伪造的乙公司公章，以乙公司名义与不知情的丙公司签订食用油买卖合同，以次充好，将劣质食用油卖给丙公司。合同没有约定仲裁条款。关于该合同，下列哪一表述是正确的？

A. 如乙公司追认，则丙公司有权通知乙公司撤销

B. 如乙公司追认，则丙公司有权请求法院撤销

C. 无论乙公司是否追认，丙公司均有权通知乙公司撤销

D. 无论乙公司是否追认，丙公司均有权要求乙公司履行

｜参考答案｜__________②

｜设题陷阱与常见错误分析｜

本题考查无权代理、表见代理和欺诈制度，综合性比较强。有的考生误认为，如果乙公司追认，甲公司就构成有权代理，但是因为甲公司在交易中以次充好，构成根本违约，丙公司只需要通知乙公司即可撤销买卖合同，由此误选了选项A。有的考生误认为，甲公司伪造乙公司公章对外签约，构成表见代理，乙公司享有追认权，在追认前，善意的相对人丙公司有权要求乙公司履行；在追认后，说明乙公司愿意受合同约束，则丙公司更加有权利要求乙公司履行，由此误选了选项D。

｜解题思路与方法分析｜

本题综合考查无权代理、欺诈和表见代理。所谓无权代理，是非基于代理权而以本人名义实施的旨在将效果归属于本人的代理。所谓表见代理，是指虽无代理权但表面上有足以使人信为有代理权而须由本人负授权之责的代理。本题中，甲公司的行为，相对于乙公司而言，为无权代理，但不是表见代理。《民法典》第171条第1、2款规定，行为人没有代理权、超越代理权或者代理权终止后，仍然实施代理行为，未经被代理人追认的，对被代理人不发生效力。相对人可以催告被代理人自收到通知之日起30日内予以追认。被代理人未作表示的，视为拒绝追认。行为人实施的行为被追认前，善意相对人有撤销的权利。撤销应当以通知的方式作出。具体到本题，在乙公司追认之前，丙公司有权以通知方式撤销。故选项A不当选。

另外，甲公司的行为，相对于丙公司而言，

---

① D
② B

为欺诈。所谓欺诈,是故意欺骗他人,使之陷入错误的行为。受欺诈而实施的行为,则是由于他人的欺诈行为陷入错误,进而作出的意思表示。《民法典》第149条规定,第三人实施欺诈行为,使一方在违背真实意思的情况下实施的民事法律行为,对方知道或者应当知道该欺诈行为的,受欺诈方有权请求人民法院或者仲裁机构予以撤销。具体到本题,在乙公司追认之后,丙公司有权以受欺诈为由向法院主张撤销,选项B当选。因本题不构成表见代理,选项C、D不当选。

3.【不定项选择题】甲公司、乙公司签订的《合作开发协议》约定,合作开发的A区房屋归甲公司、B区房屋归乙公司。乙公司与丙公司签订《委托书》,委托丙公司对外销售房屋。《委托书》中委托人签字盖章处有乙公司盖章和法定代表人王某签字,王某同时也是甲公司法定代表人。张某查看《合作开发协议》和《委托书》后,与丙公司签订《房屋预订合同》,约定:"张某向丙公司预付房款30万元,购买A区房屋一套。待取得房屋预售许可证后,双方签订正式合同。"丙公司将房款用于项目投资,全部亏损。后王某向张某出具《承诺函》:如张某不闹事,将协调甲公司卖房给张某。但甲公司取得房屋预售许可后,将A区房屋全部卖与他人。张某要求甲公司、乙公司和丙公司退回房款。张某与李某签订《债权转让协议》,将该债权转让给李某,通知了甲、乙、丙三公司。因李某未按时支付债权转让款,张某又将债权转让给方某,也通知了甲、乙、丙三公司。

请回答第(1)—(3)题。

(1)关于《委托书》和《承诺函》,下列说法正确的有:

A. 乙公司是委托人

B. 乙公司和王某是共同委托人

C. 甲公司、乙公司和王某是共同委托人

D.《承诺函》不产生法律行为上的效果

| **参考答案** | __________①

| **设题陷阱与常见错误分析** |

有的考生在解答本题时,误认为王某既是甲公司的法定代表人,又是乙公司的法定代表人,其签字既代表甲公司也代表乙公司,从而误认为甲、乙两公司都是委托人。有的考生认为王某既然作出了承诺,就具有法律上受约束的意思,误认为《承诺函》具有法律行为上的效果。

| **解题思路与方法分析** |

本题中,委托书中约定的内容是由丙公司代乙公司销售房屋,而签章是由乙公司和乙公司法定代表人王某共同作出的。因此,《委托书》中的委托人应当认定为只有乙公司,故A项正确,B、C选项错误。

通说认为,民事法律行为是以意思表示为核心的行为。因此,欲解决《承诺函》的定性问题,需要考虑《承诺函》是否有意思表示的要素。本题中,王某出具的《承诺函》仅表明在张某不闹事的情形下,其可以协调将房屋卖给张某。王某的《承诺函》并未有产生法律上效果的意思,故D项正确。

(2)关于《房屋预订合同》,下列说法正确的有:

A. 无效

B. 对于甲公司而言,丙公司构成无权处分

C. 对于乙公司而言,丙公司构成有效代理

D. 对于张某而言,丙公司构成表见代理

| **参考答案** | __________②

| **设题陷阱与常见错误分析** |

本题考查的是考生对最高人民法院《关于审理商品买卖合同纠纷案件适用法律若干问题的解释》(以下简称《商品房买卖合同解释》)对商品房预售合同效力的认定。有的考生不了解商品房预售合同只要在起诉前取得预售许可证即有效。

| **解题思路与方法分析** |

《商品房买卖合同解释》第2条规定:"出卖人未取得商品房预售许可证明,与买受人订立的商品房预售合同,应当认定无效,但是在起诉前取得商品房预售许可证明的,可以认定有

① AD

② B

效。”本题中的房屋预售合同在后来取得了房屋预售许可证，故应当认定为有效，A 项错误，不选。

本题中，丙公司是和乙公司签订的《委托书》，由丙公司代乙公司销售房屋，丙公司和甲公司没有任何关系。因此，丙公司向张某销售甲公司所有的 A 区房屋的行为，构成了对甲公司的无权处分，B 项正确。

本题中，乙公司与丙公司签订的《委托书》约定，由丙公司代其销售房屋，但丙公司实际上是以自己名义向张某销售甲公司的房屋，其行为并未满足对乙公司代理的要件，因而不能认定丙公司对乙公司构成了有效代理，故 C 项错误，不选。同时，丙公司向张某销售房屋时，是以自己名义而为，且张某查看了两文件，丙销售的应为 B 区房屋而非 A 区房屋，丙为无权处分，对张某而言并不产生表见代理，故 D 项错误。

(3)关于 30 万元预付房款，下列表述正确的有：

A. 由丙公司退给李某

B. 由乙公司和丙公司退给李某

C. 由丙公司退给方某

D. 由乙公司和丙公司退给方某

| **参考答案** | __________①

| **设题陷阱与常见错误分析** |

有的考生忽视了债权让与一经通知债务人，该让与行为即对债务人发生效力，从而误认为钱应当退给方某。

| **解题思路与方法分析** |

根据《民法典》第 546 条的规定，债权人转让债权，未通知债务人的，该转让对债务人不发生效力。债权转让的通知不得撤销，但是经受让人同意的除外。本题中，张某将债权转让给李某并通知了甲、乙、丙三家公司后，该债权让与即发生效力，债权由李某取得。因此，丙公司应当将钱退给李某，故 A 选项正确，C 选项错误。本题中，乙、丙公司虽然签订了《委托书》，但是丙公司对外是以自己的名义销售甲的房屋。所以，丙的行为并不能构成对乙公司的代理。因此，应当由丙公司独自承担退款责任，B、D 选项错误。

06 考向 诉讼时效与期间

【单项选择题】甲公司向乙公司催讨一笔已过诉讼时效期限的 10 万元货款。乙公司书面答复称：“该笔债务已过时效期限，本公司本无义务偿还，但鉴于双方的长期合作关系，可偿还 3 万元。”甲公司遂向法院起诉，要求偿还 10 万元。乙公司接到应诉通知后书面回函甲公司称：“既然你公司起诉，则不再偿还任何货款。”下列哪一选项是正确的？

A. 乙公司的书面答复意味着乙公司需偿还甲公司 3 万元

B. 乙公司的书面答复构成要约

C. 乙公司的书面回函对甲公司有效

D. 乙公司的书面答复表明其丧失了 10 万元的时效利益

| **参考答案** | __________②

| **设题陷阱与常见错误分析** |

本题考查诉讼时效和单方行为。有的考生认为乙公司愿意偿还 3 万元的书面答复构成同意履行全部义务的意思表示，从而认为其抛弃了全部债务的时效利益，由此误选 D。

| **解题思路与方法分析** |

最高人民法院《关于审理民事案件适用诉讼时效制度若干问题的规定》第 19 条第 1 款规定，诉讼时效期间届满，当事人一方向对方当事人作出同意履行义务的意思表示或者自愿履行义务后，又以诉讼时效期间届满为由进行抗辩的，人民法院不予支持。乙公司在诉讼时效期间届满后，对甲公司作出同意履行 3 万元债务的意思表示，表明其抛弃了其对 3 万元债务的时效利益，不能再以诉讼时效期间届满进行抗辩，其后来回函又主张不履行这 3 万元债务不能成立，乙公司应当履行这 3 万元债务，但这并不表明乙公司抛弃了全部 10 万元债务的时

---

① A
② A

效利益,故选项A当选,选项C、D不当选。乙公司对3万元债务时效利益的抛弃,为单方行为,不是要约,依单方意思表示便可发生法律效果,不需要对方的同意,选项B不当选。

07 考向 物权概述

【单项选择题】庞某有1辆名牌自行车,在借给黄某使用期间,达成转让协议,黄某以8000元的价格购买该自行车。次日,黄某又将该自行车以9000元的价格转卖给了洪某,但约定由黄某继续使用1个月。关于该自行车的归属,下列哪一选项是正确的?

A. 庞某未完成交付,该自行车仍归庞某所有

B. 黄某构成无权处分,洪某不能取得自行车所有权

C. 洪某在黄某继续使用1个月后,取得该自行车所有权

D. 庞某既不能向黄某,也不能向洪某主张原物返还请求权

| 参考答案 | ________①

| 设题陷阱与常见错误分析 |

本题重点考查了动产的观念交付。根据物权公示原则,动产物权变动,以交付为要件。而动产交付,一般指直接占有的转移,即现实交付。伴随动产交易的发达,基于交易便利之考量,在现实交付之外,发展出包括简易交付、占有改定等观念交付形式,法律亦加以认可,使其达到与现实交付相当的法律效果。既然属于特殊的交付形式,则包括简易交付等在内,均须配备特定情形和特殊构成要件,应当一一予以甄别。如考生不能正确识别不同的观念交付类型及相关规定,则容易选错。

| 解题思路与方法分析 |

本题的解题关键在于从现实交付中区别出简易交付和占有改定。我国《民法典》第224条规定:"动产物权的设立和转让,自交付时发生效力,但是法律另有规定的除外。"这是关于现实交付作为动产物权变动之要件的规定,且该条"法律另有规定的除外",为观念交付预留了空间。

《民法典》第226条规定了简易交付,即"动产物权设立和转让前,权利人已经占有该动产的,物权自民事法律行为生效时发生效力。"即如受让人已经通过借用、租赁等合法方式在先占有了该动产,则于物权变动之合意生效时,即视为完成交付。就其合理性而言,乃在于标的物已为受让人在先合法占有,如机械地要求受让人先将物返还给出让人,再由出让人交付给受让人,纯属多此一举,增加交易成本。本题情形下,黄某依据借用关系,已在先合法占有该自行车,故不需要庞某再为现实交付,自庞某与黄某转让协议达成之时黄某即取得所有权,故而A项错误。

《民法典》第228条规定了占有改定,即"动产物权转让时,当事人又约定由出让人继续占有该动产的,物权自该约定生效时发生效力。"即动产物权的让与人与受让人之间特别约定,标的物仍然由出让人继续占有,在此种情形下,在物权让与之合意生效之时,视为完成交付,受让人则取得间接占有。在本题情形下,黄某已经取得自行车所有权,其再行转卖,系属有权处分,故而自行车所有权转让时,黄某、洪某又约定由出让人黄某继续占有该动产的,物权变动自约定生效时发生,洪某为间接占有,已经取得该自行车的所有权,B项错误。

洪某通过占有改定,自与黄某的约定生效之时已经取得了该自行车的所有权,该自行车所有权的移转与洪某和黄某约定中的事项"黄某继续使用1个月"无关,故而C项错误。

《民法典》第235条规定:"无权占有不动产或者动产的,权利人可以请求返还原物。"物权人在其所有物被他人非法占有时,可以向非法占有人请求返还原物,或请求法院责令非法占有人返还原物。庞某通过简易交付让渡了自行车的所有权,即庞某不再享有该自行车的所有权,也不再享有物权请求权,故而不能再主张原物返还,D项正确。

---

① D

08 考向 所有权

1.【单项选择题】甲与乙签订《协议》,由乙以自己名义代甲购房,甲全权使用房屋并获取收益。乙与开发商和银行分别签订了房屋买卖合同和贷款合同。甲把首付款和月供款给乙,乙再给开发商和银行,房屋登记在乙名下。后甲要求乙过户,乙主张是自己借款购房。下列哪一选项是正确的?

A. 甲有权提出更正登记

B. 房屋登记在乙名下,甲不得请求乙过户

C.《协议》名为代购房关系,实为借款购房关系

D. 如乙将房屋过户给不知《协议》的丙,丙支付合理房款则构成善意取得

| **参考答案** | __________①

| **设题陷阱与常见错误分析** |

本题考查的是考生对合同、登记制度、善意取得制度的理解。有的考生认为,当房屋登记在乙的名下时,乙就成为房屋的所有权人,甲与乙之间的合同只是一个借款购房的合同,甲无权要求乙向其过户,错选B项、C项。还有的考生忽视了乙此时对房屋属于有权占有的状态,误认为其与丙的交易构成善意取得制度,错选D项。

| **解题思路与方法分析** |

《民法典》第220条第1款规定,权利人、利害关系人认为不动产登记簿记载的事项错误的,可以申请更正登记。不动产登记簿记载的权利人书面同意更正或者有证据证明登记确有错误的,登记机构应当予以更正。由于甲与乙签订过一份《协议》,甲也属于对该房屋的利害关系人。因此,根据该条的规定,如果甲认为该房屋权属登记错误,其有权要求进行更正登记。故A项正确。甲乙之间合同约定有效,不是借款购房关系。乙是登记名义人,甲为事实物权人,C项错误。由于甲与乙之间的合同约定了是由乙代甲购房,该约定合法有效,并不存在法律规定的无效事由。甲可以依据合同约定请求乙过户,故B项错误。

根据《民法典》第311条的规定,善意取得制度以无权处分为前提条件。因为房屋登记在乙名下,乙是房屋所有权人,乙处分房屋属于有权处分,丙不构成善意取得。丙是基于买卖合同取得所有权并不是基于善意取得制度取得所有权。故D项错误。

2.【单项选择题】张某与李某共有一台机器,各占50%份额。双方共同将机器转卖获得10万元,约定张某和李某分别享有6万元和4万元。同时约定该10万元暂存李某账户,由其在3个月后返还给张某6万元。后该账户全部款项均被李某债权人王某申请法院查封并执行,致李某不能按期返还张某款项。下列哪一表述是正确的?

A. 李某构成违约,张某可请求李某返还5万元

B. 李某构成违约,张某可请求李某返还6万元

C. 李某构成侵权,张某可请求李某返还5万元

D. 李某构成侵权,张某可请求李某返还6万元

| **参考答案** | __________②

| **设题陷阱与常见错误分析** |

本题考查按份共有和共有物分割。有的考生误认为以变卖共有物的方式分割,变卖所得价款必须平均分配,由此误选A、C。有的考生误认为李某账户中的6万元归王某所有,李某不能按期返还张某款项侵犯了张某的所有权,由此误选D。

| **解题思路与方法分析** |

《民法典》第298条规定,按份共有人对共有的不动产或者动产按照其份额享有所有权。本题中,张某与李某共有一台机器,各占50%份额,属于按份共有,双方共同处分机器的行为有效。《民法典》第304条规定,共有人可以协

---

① A

② B

商确定分割方式。10万元转卖所得款为共有物的替代物,张某和李某约定分别享有6万元和4万元,此约定有效。李某有义务按照约定在3个月后返还张某6万元,选项A、C不当选。

李某不能按期返还张某款项,违反了双方的约定,构成违约,选项B当选。10万元存入李某的账户,该账户被查封执行导致李某不能按期还款,李某未侵害张某的权利,选项D不当选。

3.【单项选择题】甲遗失手链1条,被乙拾得。为找回手链,甲张贴了悬赏500元的寻物告示。后经人指证手链为乙拾得,甲要求乙返还,乙索要500元报酬,甲不同意,双方数次交涉无果。后乙在桥边玩耍时手链掉入河中被冲走。下列哪一选项是正确的?

A. 乙应承担赔偿责任,但有权要求甲支付500元

B. 乙应承担赔偿责任,无权要求甲支付500元

C. 乙不应承担赔偿责任,也无权要求甲支付500元

D. 乙不应承担赔偿责任,有权要求甲支付500元

| 参考答案 | ________①

| 设题陷阱与常见错误分析 |

本题结合悬赏广告情形,考查了拾得遗失物的相关规定。本题难点在于对于悬赏广告之悬赏行为完成的判断,以及能否以支付悬赏报酬作为返还拾得物的前提条件。此外,还涉及拾得人的返还义务和善良管理人义务。有考生可能认为,乙在桥边玩耍时手链掉入河中,属于意外事件,从而认为乙无须承担赔偿责任,错选C项或D项;而意外事件要求不是出于主观故意或者过失,在桥边玩耍手链掉入河中并非常人所不能预见。

| 解题思路与方法分析 |

遗失物拾得不一定伴随悬赏广告,但悬赏广告往往伴随遗失物拾得。《民法典》第499条规定,悬赏人以公开方式声明对完成特定行为的人支付报酬的,完成该行为的人可以请求其支付。本题题干中所交代的基本事实是"甲张贴了悬赏500元的寻物告示,后经人指证手链为乙拾得,甲要求乙返还",题干中并未详细说明寻物告示的内容:是提供遗失物的所在,即为完成悬赏行为,还是将遗失物返还给甲,才认定为完成悬赏行为,又或者仅仅拾得,便支付悬赏报酬?从"寻物告示"的名称来看,更接近于发现遗失物的所在并告知悬赏人,即为完成悬赏行为,循此路径,则该行为并非乙完成,而是经他人指证,换言之,系该他人完成;进而,乙主张悬赏报酬便存疑。

《民法典》第314条规定:"拾得遗失物,应当返还权利人……"《民法典》第316条规定:"拾得人在遗失物送交有关部门前,有关部门在遗失物被领取前,应当妥善保管遗失物……"《民法典》第317条第2款规定:"权利人悬赏寻找遗失物的,领取遗失物时应当按照承诺履行义务。"但如存在第3款规定的特殊情形,即"拾得人侵占遗失物的,无权请求保管遗失物等支付的费用,也无权请求权利人按照承诺履行义务。"在本题情形下,乙为拾得人,有将手链返还于甲及妥善保管手链的义务,"甲要求乙返还……数次交涉无果",乙很明显对遗失物进行了不法侵占,故而乙无权请求甲支付悬赏中承诺的500元报酬,故而A项错误、B项正确。

《民法典》第316条规定:"……因故意或者重大过失致使遗失物毁损、灭失的,应当承担民事责任。"乙在桥边玩耍,应当预料到自己的行为可能产生损害手链的后果,属于重大过失,应当承担因手链被河水冲走而产生的赔偿责任,故而C项、D项错误。

4.【单项选择题】张某遗失的名表被李某拾得。1年后,李某将该表卖给了王某。再过1年,王某将该表卖给了郑某。郑某将该表交给不知情的朱某维修,因郑某不付维修费与朱某发生争执,张某方知原委。下列哪一表述是正

---

① B

确的？

A. 张某可请求李某返还手表

B. 张某可请求王某返还手表

C. 张某可请求郑某返还手表

D. 张某可请求朱某返还手表

｜**参考答案**｜__________①

｜**设题陷阱与常见错误分析**｜

本题考查拾得遗失物制度和物权保护制度。有的考生误认为，依据《民法典》第311条第3款规定，当事人善意取得其他物权的，参照适用前两款规定。具体到本案，即朱某构成留置权的善意取得，有权行使留置权，张某不可以请求朱某返还手表，故此未选D。

｜**解题思路与方法分析**｜

根据《民法典》第235条的规定，无权占有不动产或者动产的，权利人可以请求返还原物。在拾得遗失物场合，失主作为所有权人的利益应受到保护。《民法典》第312条规定，所有权人或者其他权利人有权追回遗失物。该遗失物通过转让被他人占有的，权利人有权向无处分权人请求损害赔偿，或者自知道或者应当知道受让人之日起2年内向受让人请求返还原物；但是，受让人通过拍卖或者向具有经营资格的经营者购得该遗失物的，权利人请求返还原物时应当支付受让人所付的费用。权利人向受让人支付所付费用后，有权向无处分权人追偿。具体到本题，本题中，张某是2年后才知道，而非知道后的2年，故张某可向受让人请求返还原物。但是，前手李某、王某完全丧失了对手表的占有，张某不得对李某、王某请求返还原物，可要求损害赔偿。郑某是间接占有人，不是直接占有人，故张某不可向郑某请求返还原物。选项A、B、C不当选。

至于张某和朱某之间的关系，如认为遗失物不可适用留置权的善意取得，则张某可基于所有权请求朱某返还手表；如认为，遗失物也可适用留置权的善意取得，张某可基于所有权请求朱某返还手表，朱某可提出留置权抗辩，选项D当选。

5.【单项选择题】甲将一套房屋转让给乙，乙再转让给丙，相继办理了房屋过户登记。丙翻建房屋时在地下挖出一瓷瓶，经查为甲的祖父埋藏，甲是其祖父唯一继承人。丙将该瓷瓶以市价卖给不知情的丁，双方钱物交割完毕。现甲、乙均向丙和丁主张权利。下列哪一选项是正确的？

A. 甲有权向丙请求损害赔偿

B. 乙有权向丙请求损害赔偿

C. 甲、乙有权主张丙、丁买卖无效

D. 丁善意取得瓷瓶的所有权

｜**参考答案**｜__________②

｜**设题陷阱与常见错误分析**｜

本题考查的是考生对埋藏物所有权归属、无权处分买卖合同的效力、善意取得制度的理解，考生须注意发现埋藏物参照适用拾得遗失物的规定，不能适用善意取得制度。

｜**解题思路与方法分析**｜

《民法典》第312条规定："所有权人或者其他权利人有权追回遗失物。该遗失物通过转让被他人占有的，权利人有权向无处分权人请求损害赔偿……"《民法典》第319条规定："拾得漂流物、发现埋藏物或者隐藏物的，参照适用拾得遗失物的有关规定……"本题中，瓷瓶归埋藏人甲的祖父所有，甲的祖父去世后，由甲继承取得所有权。丙是发现人，不是所有权人。丙与丁买卖瓷瓶为无权处分，根据上述条文的规定，甲有权向丙请求损害赔偿，故A项正确。

乙并不是埋藏物的所有权人，无权向丙请求损害赔偿，故B项错误。丙是发现人，不是所有权人。丙与丁买卖瓷瓶为无权处分，根据《民法典》第597条第1款的规定，因出卖人未取得处分权致使标的物所有权不能转移的，买受人可以解除合同并请求出卖人承担违约责任。即无权处分不影响买卖合同的效力，若无其他效力瑕疵，该买卖合同有效。故C项错误。遗失物不适用善意取得制度，而发现埋藏物参照适用拾得遗失物的规定，故而同样不能适用善意取得制度。故D项错误。

---

① D

② A

6.【多项选择题】甲、乙、丙、丁按份共有某商铺,各自份额均为25%。因经营理念发生分歧,甲与丙商定将其份额以100万元转让给丙,通知了乙、丁;乙与第三人戊约定将其份额以120万元转让给戊,未通知甲、丙、丁。下列哪些选项是正确的?

A. 乙、丁对甲的份额享有优先购买权

B. 甲、丙、丁对乙的份额享有优先购买权

C. 如甲、丙均对乙的份额主张优先购买权,双方可协商确定各自购买的份额

D. 丙、丁可仅请求认定乙与戊之间的份额转让合同无效

| **参考答案** | ________①

| **设题陷阱与常见错误分析** |

本题考查按份共有的共有物的处分,重点考查按份共有人的优先购买权。有考生可能忽略了优先购买权的行使条件,认为甲、乙、丁是按份共有人,享有《民法典》物权编规定的优先购买权,从而错选A项。有考生可能认为乙与戊之间的份额转让合同侵害了按份共有人丙、丁的优先购买权,丙、丁有权仅请求认定乙与戊之间的份额转让合同无效,从而错选D项。

| **解题思路与方法分析** |

在本题情形下,甲将自己的按份共有份额转让给其他按份共有人,乙将自己的按份共有份额转让给按份共有人之外的第三人。根据《物权编解释(一)》第13条的规定,按份共有人之间转让共有份额,其他按份共有人主张依据《民法典》第305条的规定优先购买的,不予支持,但按份共有人之间另有约定的除外。即按份共有人之间原则上不得主张优先购买权,甲将其份额转让给按份共有人之一丙的,其他共有人(乙、丁)并无优先购买权,故而A项错误。

《民法典》第305条规定:"按份共有人可以转让其享有的共有的不动产或者动产份额。其他共有人在同等条件下享有优先购买的权利。"即按份共有人乙向第三人戊转让其享有的商铺份额,其他共有人(甲、丙、丁)有优先购买权,故而B项正确。

《民法典》第306条规定,按份共有人转让其享有的共有的不动产或者动产份额的,应当将转让条件及时通知其他共有人。其他共有人应当在合理期限内行使优先购买权。两个以上其他共有人主张行使优先购买权的,协商确定各自的购买比例;协商不成的,按照转让时各自的共有份额比例行使优先购买权。故而甲、丙均对乙的份额主张优先购买权,双方可协商确定各自购买的份额,C项正确。

乙将自己的份额转让给按份共有人之外的第三人戊,而没有通知甲、丙、丁,实际上侵害了甲、丙、丁的优先购买权。《物权编解释(一)》第12条规定,按份共有人向共有人之外的人转让其份额,其他按份共有人根据法律、司法解释规定,请求按照同等条件优先购买该共有份额的,应予支持。其他按份共有人的请求具有下列情形之一的,不予支持:(1)未在本解释第11条规定的期间内主张优先购买,或者虽主张优先购买,但提出减少转让价款、增加转让人负担等实质性变更要求;(2)以其优先购买权受到侵害为由,仅请求撤销共有份额转让合同或者认定该合同无效。故而按份共有人丙、丁可以请求按照同等条件购买乙转让的共有份额,不可以仅请求认定乙与第三人戊之间的份额转让合同无效,D项错误。

7.【不定项选择题】蒋某是C市某住宅小区6栋3单元502号房业主,入住后面临下列法律问题,请根据相关事实予以解答。

请回答第(1)—(3)题。

(1)小区地下停车场设有车位500个,开发商销售了300个,另200个用于出租。蒋某购房时未买车位,现因购车需使用车位。下列选项正确的有:

A. 蒋某等业主对地下停车场享有业主共有权

B. 如小区其他业主出售车位,蒋某等无车位业主在同等条件下享有优先购买权

C. 开发商出租车位,应优先满足蒋某等无车位业主的需要

① BC

D. 小区业主如出售房屋，其所购车位应一同转让

｜参考答案｜__________①

｜设题陷阱与常见错误分析｜

本题考查小区车位的设置问题。有考生可能认为地下车位属于建筑物的共有部分，蒋某等业主对地下停车场享有业主共有权，蒋某等小区业主就地下车库成立共有关系，如小区其他业主出售车位，蒋某等无车位业主在同等条件下享有优先购买权，从而错选A项、B项。有考生可能认为房屋和车位之间的关系是主物和从物的关系，主物房屋转让的，从物车位应当一并转让，从而错选D项。

｜解题思路与方法分析｜

《民法典》第274条规定，建筑区划内的道路，属于业主共有，但是属于城镇公共道路的除外。建筑区划内的绿地，属于业主共有，但是属于城镇公共绿地或者明示属于个人的除外。建筑区划内的其他公共场所、公用设施和物业服务用房，属于业主共有。《民法典》第276条规定，建筑区划内，规划用于停放汽车的车位、车库应当首先满足业主的需要。《民法典》第275条规定，建筑区划内，规划用于停放汽车的车位、车库的归属，由当事人通过出售、附赠或者出租等方式约定。占用业主共有的道路或者其他场地用于停放汽车的车位，属于业主共有。最高人民法院《关于审理建筑物区分所有权纠纷案件适用法律若干问题的解释》（以下简称《建筑物区分所有权解释》）第6条规定："建筑区划内在规划用于停放汽车的车位之外，占用业主共有道路或者其他场地增设的车位，应当认定为民法典第二百七十五条第二款所称的车位。"地下车位不属于区分建筑物法定共有部分，开发商享有处分权，但应优先满足业主需要，故而A项错误、C项正确。

蒋某等小区业主就地下车库不存在共有关系，故蒋某等业主不享有基于共有才能产生的优先购买权，故而B项错误。

《建筑物区分所有权解释》第5条规定，建设单位按照配置比例将车位、车库，以出售、附赠或者出租等方式处分给业主的，应当认定其行为符合《民法典》第276条有关"应当首先满足业主的需要"的规定。前款所称配置比例是指规划确定的建筑区划内规划用于停放汽车的车位、车库与房屋套数的比例。即首先满足业主的需要并不等同于优先购买，蒋某等业主对小区内的车位没有优先购买权。《民法典》第320条规定："主物转让的，从物随主物转让，但当事人另有约定的除外。"房屋与车位是两个不同的物，二者并非必须结合相加才能发挥作用，所以车位也不是房屋的从物，地下车库为单独的所有权客体，两者可以单独转让，故而D项错误。

（2）该小区业主田某将其位于一楼的住宅用于开办茶馆，蒋某认为此举不妥，交涉无果后向法院起诉，要求田某停止开办。下列选项正确的有：

A. 如蒋某是同一栋住宅楼的业主，法院应支持其请求

B. 如蒋某能证明因田某开办茶馆而影响其房屋价值，法院应支持其请求

C. 如蒋某能证明因田某开办茶馆而影响其生活质量，法院应支持其请求

D. 如田某能证明其开办茶馆得到多数有利害关系业主的同意，法院应驳回蒋某的请求

｜参考答案｜__________②

｜设题陷阱与常见错误分析｜

本题考查建筑物专有部分的单独所有权。有考生可能不清楚"住改商"的相关规定。有考生可能认为"住改商"只需经多数有利害关系的业主同意即可，即田某若能证明其开办茶馆得到多数有利害关系业主的同意，则构成法定抗辩事由，法院应驳回蒋某的请求，从而错选D项。

｜解题思路与方法分析｜

在本题情形下，田某改变住宅房屋的使用性质，由住宅改变为商业用房，需要满足法律、法规规定的特定条件。《民法典》第279条规定，业主不得违反法律、法规以及管理规约，将

① C

② ABC

住宅改变为经营性用房。业主将住宅改变为经营性用房的,除遵守法律、法规以及管理规约外,应当经有利害关系的业主一致同意。

《建筑物区分所有权解释》第11条规定,业主将住宅改变为经营性用房,本栋建筑物内的其他业主,应当认定为《民法典》第279条所称"有利害关系的业主"。如蒋某是同一栋住宅楼的业主,则其是"住改商"有利害关系的业主,有权请求田某停止开办,法院应支持其请求,故而A项正确。

《建筑物区分所有权解释》第11条规定:"……建筑区划内,本栋建筑物之外的业主,主张与自己有利害关系的,应证明其房屋价值、生活质量受到或者可能受到不利影响。"如蒋某能证明因田某开办茶馆而影响其房屋价值、生活质量,与自己有利害关系,有权请求田某停止开办,法院应支持其请求,故而B项、C项正确。

《建筑物区分所有权解释》第10条规定,业主将住宅改变为经营性用房,未依据《民法典》第279条的规定经有利害关系的业主一致同意,有利害关系的业主请求排除妨害、消除危险、恢复原状或者赔偿损失的,人民法院应予支持。将住宅改变为经营性用房的业主以多数有利害关系的业主同意其行为进行抗辩的,人民法院不予支持。如田某以能证明其开办茶馆得到多数有利害关系业主的同意为由抗辩,法院不应支持,故而D项错误。

(3)对小区其他业主的下列行为,蒋某有权提起诉讼的有:

A.5栋某业主任意弃置垃圾

B.7栋某业主违反规定饲养动物

C.8栋顶楼某业主违章搭建楼顶花房

D.楼上邻居因不当装修损坏蒋某家天花板

参考答案 ________①

设题陷阱与常见错误分析

本题考查关于业主大会、业主委员会有权制止行为人损害其他业主合法权益之行为的相关规定。对于同一小区内的不当行为,有考生可能不能区分哪些是业主可以主张的,哪些只能是业主大会或业主委员主张的,从而错选A项、B项或C项。

解题思路与方法分析

本题解题的关键在于识别同一小区内的不当行为,哪些原则上只能由业主大会或业主委员会主张。《民法典》第286条第1、2款规定,业主应当遵守法律、法规以及管理规约,相关行为应当符合节约资源、保护生态环境的要求。对于物业服务企业或者其他管理人执行政府依法实施的应急处置措施和其他管理措施,业主应当依法予以配合。业主大会或者业主委员会,对任意弃置垃圾、排放污染物或者噪声、违反规定饲养动物、违章搭建、侵占通道、拒付物业费等损害他人合法权益的行为,有权依照法律、法规以及管理规约,请求行为人停止侵害、排除妨碍、消除危险、恢复原状、赔偿损失。

《建筑物区分所有权解释》第15条规定,业主或者其他行为人违反法律、法规、国家相关强制性标准、管理规约,或者违反业主大会、业主委员会依法作出的决定,实施下列行为的,可以认定为《民法典》第286条第2款所称的其他"损害他人合法权益的行为":(1)损害房屋承重结构,损害或者违章使用电力、燃气、消防设施,在建筑物内放置危险、放射性物品等危及建筑物安全或者妨碍建筑物正常使用;(2)违反规定破坏、改变建筑物外墙面的形状、颜色等损害建筑物外观;(3)违反规定进行房屋装饰装修;(4)违章加建、改建,侵占、挖掘公共通道、道路、场地或者其他共有部分。据此,5栋某业主任意弃置垃圾、7栋某业主违反规定饲养动物、8栋顶楼某业主违章搭建楼顶花房的行为,均属于法律规定的应由业主大会和业主委员会主张的损害他人合法权益的行为,不应由单个业主蒋某提起诉讼,故而A项、B项、C项错误,不选。楼上邻居不当装修损坏蒋某家天花板,属于对蒋某房屋所有权的直接侵害,蒋某自得主张侵权损害赔偿,故而D项正确,当选。

---

① D

8.【不定项选择题】顺风电器租赁公司将一台电脑出租给张某,租期为2年。在租赁期间内,张某谎称电脑是自己的,分别以市价与甲、乙、丙签订了三份电脑买卖合同并收取了三份价款,但张某把电脑实际交付给了乙。后乙的这台电脑被李某拾得,因暂时找不到失主,李某将电脑出租给王某获得很高收益。王某租用该电脑时出了故障,遂将电脑交给康成电脑维修公司维修。王某和李某就维修费的承担发生争执。康成公司因未收到修理费而将电脑留置,并告知王某如7天内不交费,将变卖电脑抵债。李某听闻后,于当日潜入康成公司偷回电脑。

请回答第(1)—(3)题。

(1)关于张某与甲、乙、丙的合同效力,下列选项正确的有:

A. 张某非电脑所有权人,其出卖为无权处分,与甲、乙、丙签订的合同无效

B. 张某是合法占有人,其与甲、乙、丙签订的合同有效

C. 乙接受了张某的交付,取得电脑所有权

D. 张某不能履行对甲、丙的合同义务,应分别承担违约责任

| **参考答案** | __________①

| **设题陷阱与常见错误分析** |

有的考生认为,张某并非电脑的所有权人,其与甲、乙、丙三人签订的买卖合同是无效的,而误选A项,漏选B项。

| **解题思路与方法分析** |

根据《民法典》第597条第1款的规定,因出卖人未取得处分权致使标的物所有权不能转移的,买受人可以解除合同并请求出卖人承担违约责任。可见,买卖合同的效力不受当事人是否享有物权的影响。本题中,虽然张某只是通过租赁合同而占有电脑,但其与甲、乙、丙三人签订的合同作为债权行为仍然有效,故A项错误,B项正确。当张某不能履行其对甲、丙的合同义务时,应承担违约责任,故D项正确。

根据《民法典》第311条对善意取得制度的规定以及第224条对动产物权变动规则的规定,当张某以买卖的形式将电脑交付给乙时,乙取得了对电脑的所有权,故C项正确。

(2)如乙请求李某返还电脑和所获利益,下列说法正确的有:

A. 李某向乙返还所获利益时,应以乙所受损失为限

B. 李某应将所获利益作为不当得利返还给乙,但可以扣除支出的必要费用

C. 乙应以所有权人身份而非不当得利债权人身份请求李某返还电脑

D. 如李某拒绝返还电脑,需向乙承担侵权责任

| **参考答案** | __________②

| **设题陷阱与常见错误分析** |

本题主要考查的是所有权返还请求权与不当得利返还请求权的问题,难度较大。有的考生认为,李某拾得乙的电脑并将其出租,所得收益等都属于不当得利,因此乙要求李某返还不当得利的范围仅限于乙所受的损失。有的考生认为,本题考查的是不当得利返还与所有权返还请求权的竞合问题,而漏选C项。

| **解题思路与方法分析** |

本题中,李某拾得乙的电脑并未取得电脑的所有权,乙有权以所有权人的身份要求李某返还电脑,故C项正确。

李某在明知自己不是电脑的所有权人时,其仍然恶意地将电脑出租给别人使用并收取租金,乙可基于不当得利要求李某返还其通过电脑所获的收益,并且返还的范围应当以李某取得利益时的数额为限,故A项错误。根据不当得利的返还规则,李某在返还收益时可以扣除其所支出的必要费用,故B项正确。

由于李某并未取得对电脑的物权,其对电脑的占有也是恶意的占有。当李某拒绝返还电脑时,李某侵犯了乙对电脑享有的所有权,故乙可要求李某对其承担侵权责任。故D项正确。

(3)关于康成公司的民事权利,下列说法正确的有:

---

① BCD

② BCD

A. 王某在7日内未交费，康成公司可变卖电脑并自己买下电脑

B. 康成公司曾享有留置权，但当电脑被偷走后，丧失留置权

C. 康成公司可请求李某返还电脑

D. 康成公司可请求李某支付电脑维修费

| **参考答案** | __________①

| **设题陷阱与常见错误分析** |

有的考生未注意到康成公司留置的电脑已经被李某偷走而丧失了对电脑的留置权，还有的考生误以为，康成公司丧失对电脑的占有后，其所享有的留置权灭失，康成公司因此而不得要求李某返还电脑，漏选C项。

| **解题思路与方法分析** |

《民法典》第453条第1款规定，留置权人与债务人应当约定留置财产后的债务履行期限；没有约定或者约定不明确的，留置权人应当给债务人60日以上履行债务的期限，但是鲜活易腐等不易保管的动产除外。债务人逾期未履行的，留置权人可以与债务人协议以留置财产折价，也可以就拍卖、变卖留置财产所得的价款优先受偿。留置权行使须遵循效率规则，但应给债务人60日以上履行期间，故A项表述错误。

《民法典》第457条规定，留置权人对留置财产丧失占有或者留置权人接受债务人另行提供担保的，留置权消灭。因此，当李某从康成公司将电脑偷走之后，康成公司就丧失了对电脑的占有，也就丧失了对该电脑的留置权。所以B项正确。

由于康成公司对电脑的占有是由于王某未付维修费而基于留置权产生的占有，故该占有属于物权法上的有权占有。当李某从康成公司偷走电脑后，作为占有人的康成公司有权请求李某返还电脑，故C项正确。本题中，因电脑维修费产生的债权债务关系是发生在康成公司与王某之间的，根据债的相对性原理，康成公司只能要求王某向其支付电脑维修费。故D项错误。

09 考向 担保物权

1.【单项选择题】甲以某商铺作抵押向乙银行借款，抵押权已登记，借款到期后甲未偿还。甲提前得知乙银行将起诉自己，在乙银行起诉前将该商铺出租给不知情的丙，预收了1年租金。半年后经乙银行请求，该商铺被法院委托拍卖，由丁竞买取得。下列哪一选项是正确的？

A. 甲与丙之间的租赁合同无效

B. 丁有权请求丙腾退商铺，丙有权要求丁退还剩余租金

C. 丁有权请求丙腾退商铺，丙无权要求丁退还剩余租金

D. 丙有权要求丁继续履行租赁合同

| **参考答案** | __________②

| **设题陷阱与常见错误分析** |

本题考查的是“先抵后租”的法律效果。有考生可能认为“甲提前得知乙银行将起诉自己，在乙银行起诉前将该商铺出租给不知情的丙”的行为出于恶意，当属无效，从而错选A项。有考生可能受“买卖不破租赁”规则的影响，误认为丁竞买取得该商铺后，租赁合同也应当由丁法定承受，从而错选B项或D项。

| **解题思路与方法分析** |

本题的解题关键在于区分“先租后抵”与“先抵后租”的法律效果。关于“先租后抵”，仍适用“买卖不破租赁”规则，比如，最高人民法院《关于审理城镇房屋租赁合同纠纷案件具体应用法律若干问题的解释》（以下简称《房屋租赁合同解释》）第14条规定，租赁房屋在承租人按照租赁合同占有期限内发生所有权变动，承租人请求房屋受让人继续履行原租赁合同的，人民法院应予支持。但租赁房屋具有下列情形或者当事人另有约定的除外：（1）房屋在出租前已设立抵押权，因抵押权人实现抵押权

---

① BC

② C

发生所有权变动的;(2)房屋在出租前已被人民法院依法查封的。然而,本题情形属于"先抵后租",租赁关系不得对抗已登记的抵押权,不影响抵押权实现,"订立抵押合同前抵押财产已出租的,原租赁关系不受该抵押权的影响。抵押权设立后抵押财产出租的,该租赁关系不得对抗已登记的抵押权"。因此,丁有权要求丙腾退商铺,且不受甲、丙间租赁合同之约束,故而丙无权要求丁退还剩余租金,B 项错误、C 项正确。

此租赁合同并未由丁承接出租人地位,根据合同相对性,合同只对缔约当事人具有法律约束力,故而丙不得向丁主张继续履行合同,D 项错误。

《民法典》第 144 条规定,无民事行为能力人实施的民事法律行为无效。《民法典》第 146 条第 1 款规定,行为人与相对人以虚假的意思表示实施的民事法律行为无效。《民法典》第 153 条规定,违反法律、行政法规的强制性规定的民事法律行为无效。但是,该强制性规定不导致该民事法律行为无效的除外。违背公序良俗的民事法律行为无效。《民法典》第 154 条规定,行为人与相对人恶意串通,损害他人合法权益的民事法律行为无效。甲、丙之间的租赁合同不属于合同无效的情形。抵押人甲作为有处分权人,将商铺出租给丙,两者之间的租赁合同不得对抗已登记的抵押权,但租赁合同本身有效,故而 A 项错误。

2.【单项选择题】甲公司以其机器设备为乙公司设立了质权。10 日后,丙公司向银行贷款 100 万元,甲公司将机器设备又抵押给银行,担保其中 40 万元贷款,但未办理抵押登记。同时,丙公司将自有房产抵押给银行,担保其余 60 万元贷款,办理了抵押登记。20 日后,甲将机器设备再抵押给丁公司,办理了抵押登记。丙公司届期不能清偿银行贷款。下列哪一表述是正确的?

A. 如银行主张全部债权,应先拍卖房产实现抵押权

B. 如银行主张全部债权,可选择拍卖房产或者机器设备实现抵押权

C. 乙公司的质权优先于银行对机器设备的抵押权

D. 丁公司对机器设备的抵押权优先于乙公司的质权

| **参考答案** | __________①

| **设题陷阱与常见错误分析** |

本题考查共同抵押、担保物权竞合和抵押权的实现,综合性比较强。不少考生误认为,在债务人自己提供的物保和第三人提供的人保并存时,债权人应该先实现债务人自己提供的物保,不足部分再向第三人提供的人保请求偿还。由此误选 A。

| **解题思路与方法分析** |

本题综合性强,具有一定的难度。所谓共同抵押,是为同一债权就数个物设定的抵押。在共同抵押中,数个物并不是本身结合而视为一物,而是在担保同一债权的目的上互相结合担保债权。共同抵押所担保的债权已届清偿期而未受清偿时,债权人可以就提供担保的不动产或其他财产进行清偿。债权人的这种受清偿的权利因是否限定各个抵押物的负担金额而有所不同。如果限定了各个抵押物的负担金额时,应当按照当事人的约定,就各个抵押物的卖得价金分别就其负担金额进行清偿。本题即属此种情形。如银行主张全部债权,并不能选择拍卖房产或机器设备实现抵押权,而只能依照份额去主张抵押权。故选项 B 错误,不当选。

再有,依据《民法典》第 392 条的规定,被担保的债权既有物的担保又有人的担保的,债务人不履行到期债务或者发生当事人约定的实现担保物权的情形,债权人应当按照约定实现债权;没有约定或者约定不明确,债务人自己提供物的担保的,债权人应当先就该物的担保实现债权;第三人提供物的担保的,债权人可以就物的担保实现债权,也可以请求保证人承担保证责任。提供担保的第三人承担担保责任后,有权向债务人追偿。此条规定自己物保先于第三人担保的适用前提是当事人对债权实

① C

现无约定，而本题中，明确约定了债务人自身物保和第三人物保的担保份额，应该适用该约定，故此选项 A 错误，不当选。

《民法典》第 415 条规定，同一财产既设立抵押权又设立质权的，拍卖、变卖该财产所得的价款按照登记、交付的时间先后确定清偿顺序。即如果当事人同意在已经出质的财产上再设定抵押权，抵押权与质权竞合，在此种情形下，质权的效力应优先于抵押权，而不问该抵押权是否办理抵押权的登记。故选项 C 正确，当选。选项 D 错误，不当选。

3.【单项选择题】乙欠甲货款，二人商定由乙将一块红木出质并签订质押合同。甲与丙签订委托合同授权丙代自己占有红木。乙将红木交付与丙。下列哪一说法是正确的？

A. 甲乙之间的担保合同无效

B. 红木已交付，丙取得质权

C. 丙经甲的授权而占有，甲取得质权

D. 丙不能代理甲占有红木，因而甲未取得质权

| **参考答案** | ________①

| **设题陷阱与常见错误分析** |

本题考查的是考生对间接占有能否设立动产质权的理解。应注意，除了占有改定的间接占有方式不能设立动产质权外，经授权由第三人占有并不影响动产质权的设立。有的考生不理解质权可以通过间接占有的方式设立，认为甲不能通过丙取得质权，错选了 D 项。

| **解题思路与方法分析** |

甲乙之间签订质押合同，意思表示真实，无法律规定的无效事由，自成立时合同有效，故 A 项错误。《民法典》第 429 条规定，质权自出质人交付质押财产时设立。同时，参考最高人民法院《关于适用〈中华人民共和国民法典〉有关担保制度的解释》（以下简称《担保制度解释》）第 55 条的规定，债权人、出质人与监管人订立三方协议，出质人以通过一定数量、品种等概括描述能够确定范围的货物为债务的履行提供担保，当事人有证据证明监管人系受债权人的委托监管并实际控制该货物的，人民法院应当认定质权于监管人实际控制货物之日起设立。监管人违反约定向出质人或者其他人放货、因保管不善导致货物毁损灭失，债权人请求监管人承担违约责任的，人民法院依法予以支持。在前款规定情形下，当事人有证据证明监管人系受出质人委托监管该货物，或者虽然受债权人委托但是未实际履行监管职责，导致货物仍由出质人实际控制的，人民法院应当认定质权未设立。债权人可以基于质押合同的约定请求出质人承担违约责任，但是不得超过质权有效设立时出质人应当承担的责任范围。监管人未履行监管职责，债权人请求监管人承担责任的，人民法院依法予以支持。故而甲、乙之间签订质押合同，甲、丙之间签订委托合同，故自红木交付给丙之时，甲取得质权。丙为直接占有人，甲为间接占有人，甲通过间接占有而取得质权。故 B 项错误，C 项正确。丙基于委托合同而占有，故丙为直接占有人，甲为间接占有人，甲取得质权，故 D 项错误。

4.【单项选择题】甲公司为乙公司向银行贷款 100 万元提供保证，乙公司将其基于与丙公司签订的供货合同而对丙公司享有的 100 万元债权出质给甲公司作反担保。下列哪一表述是正确的？

A. 如乙公司依约向银行清偿了贷款，甲公司的债权质权仍未消灭

B. 如甲公司、乙公司将出质债权转让给丁公司但未通知丙公司，则丁公司可向丙公司主张该债权

C. 甲公司在设立债权质权时可与乙公司约定，如乙公司届期不清偿银行贷款，则出质债权归甲公司所有

D. 如乙公司将债权出质的事实通知了丙公司，则丙公司可向甲公司主张其基于供货合同而对乙公司享有的抗辩

| **参考答案** | ________②

---

① C

② D

｜设题陷阱与常见错误分析｜

本题考查权利质权，具有一定难度。有的考生误认为，甲公司在设立债权质权时可与乙公司约定，如乙公司届期不清偿银行贷款，则出质债权归甲公司所有。这种约定是具有法律效力的，因为民事法律行为双方可以约定。

｜解题思路与方法分析｜

权利质权是为了担保债权清偿，就债务人或者第三人所享有的权利设定的质权。权利质权除了一些特殊问题外，准用动产质权的规定以及担保物权的一般规定。参见《民法典》第446条的规定，权利质权除适用本节规定外，适用本章第一节动产质权的规定。本题中，权利质权出质人是乙公司，权利质权权利人是甲公司，出质债权是乙公司对丙公司享有的债权。自然，丙公司基于其与乙公司之间的合同，可以对乙公司主张相应的抗辩。这一抗辩，丙公司也可对质权人甲公司主张。债权出质可以参照债权转让的规则予以处理，可适用《民法典》第548条的规定，债务人接到债权转让通知后，债务人对让与人的抗辩，可以向受让人主张。由此，选项D当选。

另外，依据《民法典》第393条的规定："有下列情形之一的，担保物权消灭：(一)主债权消灭……"可见，在乙公司向银行清偿100万元债务后，则甲公司对乙公司的保证责任消灭，自然不存在对乙公司的追偿之债，故作为反担保的债权质权随同消灭，即甲公司的债权质权就消灭了，选项A表述错误，不当选。

同时，依据《民法典》第428条的规定，质权人在债务履行期限届满前，与出质人约定债务人不履行到期债务时质押财产归债权人所有的，只能依法就质押财产优先受偿。故选项C表述错误，不当选。

出质债权再转让，未通知债务人的，受让人不得对债务人主张。同理，参照《民法典》第546条第1款的规定，债权人转让债权，未通知债务人的，该转让对债务人不发生效力。由此可见，选项B表述错误，不当选。

5.【单项选择题】甲借用乙的山地自行车，刚出门就因莽撞骑行造成自行车链条断裂，甲将自行车交给丙修理，约定修理费100元。乙得知后立刻通知甲解除借用关系并告知丙，同时要求丙不得将自行车交给甲。丙向甲核实，甲承认。自行车修好后，甲、乙均请求丙返还。对此，下列哪一选项是正确的？

A. 甲有权请求丙返还自行车

B. 丙如将自行车返还给乙，必须经过甲当场同意

C. 乙有权要求丙返还自行车，但在修理费未支付前，丙就自行车享有留置权

D. 如乙要求丙返还自行车，即使修理费未付，丙也不得对乙主张留置权

｜参考答案｜__________①

｜设题陷阱与常见错误分析｜

本题主要考查的是留置权的适用条件，但同时涉及借用关系解除对留置权适用的影响问题。就形式而言，山地车的修理合同系由甲丙缔结，有考生可能会认为只能由甲向丙请求返还修理好的山地车。考生还可能认为，由于修车合同系由甲丙缔结，乙虽为所有权人，但并非合同一方，故而乙不能向丙主张返还自行车；同时，丙的留置权也不能针对乙行使，从而错选A、B、D项。

｜解题思路与方法分析｜

根据《民法典》第235条的规定，无权占有不动产或者动产的，权利人可以请求返还原物，故返还原物请求权人为物权人，被请求人现实的无权占有人，由于借用合同已经解除，甲之前对自行车的合法占有消灭，属于无权占有，也就无权要求丙返还自行车，A项错误。乙作为所有权人，有权要求丙返还自行车，不需要甲的同意，故B项不正确。

丙的留置权属于物权，根据《民法典》第311条第3款的规定，当事人善意取得其他物权的，参照适用前两款规定。丙基于修理合同合法占有甲交付的自行车，虽然甲和乙之间的借用合同解除，并不影响丙的留置权。故C项正确。因甲与丙之间虽然有修理合同，但丙无

① C

论拒绝返还自行车还是留置权行使都没有违反合同，故无违约责任，D 项错误。

6.【单项选择题】甲公司通知乙公司将其对乙公司的 10 万元债权出质给了丙银行，担保其 9 万元贷款。出质前，乙公司对甲公司享有 2 万元到期债权。如乙公司提出抗辩，关于丙银行可向乙公司行使质权的最大数额，下列哪一选项是正确的?

A. 10 万元　　B. 9 万元

C. 8 万元　　D. 7 万元

｜参考答案｜__________①

｜设题陷阱与常见错误分析｜

本题考查权利质权和法定抵销制度。有的考生误认为出质前乙公司对甲公司享有 2 万元到期债权不能对丙银行主张抵销，由此误选 A。有的考生认为，出质前乙公司对甲公司享有 2 万元到期债权可以对丙银行主张抵销，但是认为丙银行可以对乙公司行使的质权数额为 9 万元，乙公司抵销 2 万元后，丙银行只能获得 7 万元，由此误选 D。有的考生认为，乙公司提出的抗辩不成立，乙公司只能向甲公司主张抵销，不能向丙银行主张抵销，但丙银行只能按照自己的债权数额行使质权，故为 9 万元，由此误选。

｜解题思路与方法分析｜

甲公司以其对乙公司的 10 万元债权出质给丙银行，属于应收账款质押(《民法典》第 445 条)。质权人向出质人、出质债权的债务人行使质权时，出质人、出质债权的债务人拒绝的，质权人可以起诉出质人和出质债权的债务人，也可以单独起诉出质债权的债务人。丙银行可单独起诉乙公司主张行使质权。丙银行向乙公司行使质权时，是要求乙公司支付 10 万元债务，其中丙银行获得 9 万元，甲公司获得 1 万元。《民法典》第 438 条规定，质押财产折价或者拍卖、变卖后，其价款超过债权数额的部分归出质人所有，不足部分由债务人清偿。《民法典》第 568 条规定，当事人互负债务，该债务的标的物种类、品质相同的，任何一方可以将自己的债务与对方的到期债务抵销；但是，根据债务性质、按照当事人约定或者依照法律规定不得抵销的除外。当事人主张抵销的，应当通知对方。通知自到达对方时生效。抵销不得附条件或者附期限。本题中债务人乙公司的债权先到期，符合抵销的条件，丙银行行使质权要求乙公司履行 10 万元债务时，乙公司可以类推适用《民法典》第 568 条的规定，向丙银行主张抵销 2 万元，则乙公司只需支付 8 万元，质权人丙银行行使质权的最大数额为 8 万元。由此，选项 C 当选，选项 A、B、D 不当选。

7.【多项选择题】甲对乙享有债权 500 万元，先后在丙和丁的房屋上设定了抵押权，均办理了登记，且均未限定抵押物的担保金额。其后，甲将其中 200 万元债权转让给戊，并通知了乙。乙到期清偿了对甲的 300 万元债务，但未能清偿对戊的 200 万元债务。对此，下列哪些选项是错误的?

A. 戊可同时就丙和丁的房屋行使抵押权，但对每个房屋价款优先受偿权的金额不得超过 100 万元

B. 戊可同时就丙和丁的房屋行使抵押权，对每个房屋价款优先受偿权的金额依房屋价值的比例确定

C. 戊必须先后就丙和丁的房屋行使抵押权，对每个房屋价款优先受偿权的金额由戊自主决定

D. 戊只能在丙的房屋价款不足以使其债权得到全部清偿时就丁的房屋行使抵押权

｜参考答案｜__________②

｜设题陷阱与常见错误分析｜

本题重点考查了抵押权的实现，同时考查了债权让与。有考生可能认为戊分别对丙、丁房屋行使抵押权时，应当受同等的比例限制，从而不选 A 项。又或者有考生可能认为戊对丙、丁房屋行使抵押权时，应当按照房屋价值比例进行限制，从而不选 B 项。

｜解题思路与方法分析｜

《民法典》第 410 条第 1 款和第 2 款规定，

---

① C

② ABCD

债务人不履行到期债务或者发生当事人约定的实现抵押权的情形,抵押权人可以与抵押人协议以抵押财产折价或者以拍卖、变卖该抵押财产所得的价款优先受偿。协议损害其他债权人利益的,其他债权人可以请求人民法院撤销该协议。抵押权人与抵押人未就抵押权实现方式达成协议的,抵押权人可以请求人民法院拍卖、变卖抵押财产。《担保制度解释》第38条第1款规定,主债权未受全部清偿,担保物权人主张就担保财产的全部行使担保物权的,人民法院应予支持,但是留置权人行使留置权的,应当依照《民法典》第450条的规定处理。《担保制度解释》第39条第1款规定,主债权被分割或者部分转让,各债权人主张就其享有的债权份额行使担保物权的,人民法院应予支持,但是法律另有规定或者当事人另有约定的除外。戊可同时就丙和丁的房屋行使抵押权,且就每个房屋实现抵押权时,每个房屋各自负担的债权金额不受限制,因此,选项ABCD的内容都是错误的,都为应选选项。

8.【多项选择题】某年3月3日,甲向乙借款10万元,约定还款日期为次年3月3日。借款当日,甲将自己饲养的市值5万元的名贵宠物鹦鹉质押交付给乙,作为债务到期不履行的担保;另外,第三人丙提供了连带责任保证。关于乙的质权,下列哪些说法是正确的?

A. 同年5月5日,鹦鹉产蛋一枚,市值2000元,应交由甲处置

B. 因乙照管不善,同年10月1日鹦鹉死亡,乙需承担赔偿责任

C. 次年4月4日,甲未偿还借款,乙未实现质权,则甲可请求乙及时行使质权

D. 乙可放弃该质权,丙可在乙丧失质权的范围内免除相应的保证责任

| 参考答案 | ＿＿＿＿＿①

| 设题陷阱与常见错误分析 |

本题考查动产质权当事人的权利和义务,特别考查质权人收取孳息、放弃质权的权利,和出质人在质权人因保管不善致质物毁损时、要求质权人承担民事责任的权利,以及请求质权人在债务履行期届满后及时行使质权的权利。有考生可能不清楚出质人有收取孳息的权利,认为在没有约定的情况下,质物之孳息所有权应归出质人,质物鹦鹉所产之蛋应交出质人甲处置,从而错选A项。

| 解题思路与方法分析 |

在本题情形下,甲为出质人,鹦鹉为质物,乙为质权人,丙为保证人。鹦鹉蛋是质物鹦鹉的天然孳息,根据《民法典》第430条的规定:“质权人有权收取质押财产的孳息,但是合同另有约定的除外。前款规定的孳息应当先充抵收取孳息的费用。”即除另有约定,质权人乙有权收取质押财产鹦鹉的孳息,但应当先充抵收取孳息的费用,故而乙无须将鹦鹉蛋交由甲处置,A项错误。

质权人乙有妥善保全质物鹦鹉的义务,根据《民法典》第432条第1款的规定:“质权人负有妥善保管质押财产的义务;因保管不善致使质押财产毁损、灭失的,应当承担赔偿责任。”故对于乙照管不善导致质物鹦鹉死亡之情形,乙应当承担赔偿责任,故而B项正确。

出质人甲可以敦促质权人乙及时行使质权。根据《民法典》第437条的规定:“出质人可以请求质权人在债务履行期届满后及时行使质权;质权人不行使的,出质人可以请求人民法院拍卖、变卖质押财产。出质人请求质权人及时行使质权,因质权人怠于行使权利造成出质人损害的,由质权人承担赔偿责任。”即出质人甲可以请求质权人乙及时行使质权,因质权人乙怠于行使质权造成损害的,由质权人乙承担赔偿责任,故而C项正确。

质权人乙可以放弃质权,《民法典》第435条规定:“质权人可以放弃质权。债务人以自己的财产出质,质权人放弃该质权的,其他担保人在质权人丧失优先受偿权益的范围内免除担保责任,但是其他担保人承诺仍然提供担保的除外。”在本题情形下,债务人甲以自己所有的鹦鹉提供质押担保,如债权人乙放弃该质权,则保证人丙在质权人乙丧失优先受偿权范围

---

① BCD

内免除相应的担保责任，故而D项正确。

9.【不定项选择题】甲、乙双方于某年5月6日签订水泥供应合同，乙以自己的土地使用权为其价款支付提供了最高额抵押，约定次年5月5日为债权确定日，并办理了登记。丙为担保乙的债务，也于同年5月6日与甲订立最高额保证合同，保证期间为一年，自债权确定日开始计算。

请回答第(1)—(3)题。

(1)水泥供应合同约定，将同年5月6日前乙欠甲的货款纳入了最高额抵押的担保范围。下列说法正确的有：

A. 该约定无效

B. 该约定合法有效

C. 如最高额保证合同未约定将同年5月6日前乙欠甲的货款纳入最高额保证的担保范围，则丙对此不承担责任

D. 丙有权主张减轻其保证责任

| **参考答案** | ________①

| **设题陷阱与常见错误分析** |

本题考查的是最高额抵押和最高额保证的范围。有考生可能认为最高额抵押和最高额保证的担保范围，应当自最高额担保设立后的债务为限，从而认为将此前债务纳入担保范围违反物权法定原则，从而错选A项。

| **解题思路与方法分析** |

《民法典》第420条规定，为担保债务的履行，债务人或者第三人对一定期间内将要连续发生的债权提供担保财产的，债务人不履行到期债务或者发生当事人约定的实现抵押权的情形，抵押权人有权在最高债权额限度内就该担保财产优先受偿。最高额抵押权设立前已经存在的债权，经当事人同意，可以转入最高额抵押担保的债权范围，即如果当事人同意，可以将之前的债务转入最高额抵押的范围，因此，A项错误、B项正确。

关于保证的担保范围，《民法典》第684条规定，保证合同的内容一般包括被保证的主债权的种类、数额，债务人履行债务的期限，保证的方式、范围和期间等条款。《民法典》第691条规定："保证的范围包括主债权及其利息、违约金、损害赔偿金和实现债权的费用。当事人另有约定的，按照其约定。"如果双方未约定将之前的债务纳入最高额保证，则保证人不承担保证责任，故而C项正确。

根据《民法典》第695条的规定："债权人和债务人未经保证人书面同意，协商变更主债权债务合同内容，减轻债务的，保证人仍对变更后的债务承担保证责任；加重债务的，保证人对加重的部分不承担保证责任。债权人和债务人变更主债权债务合同的履行期限，未经保证人书面同意的，保证期间不受影响。"本题情形并不构成保证责任减轻或加重事由，丙的保证范围并无变化，因此不能主张减轻其保证责任，D项错误。

(2)甲在同年11月将自己对乙已取得的债权全部转让给丁。下列说法正确的有：

A. 甲的行为将导致其最高额抵押权消灭

B. 甲将上述债权转让给丁后，丁取得最高额抵押权

C. 甲将上述债权转让给丁后，最高额抵押权不随之转让

D. 次年5月5日前，甲对乙的任何债权均不得转让

| **参考答案** | ________②

| **设题陷阱与常见错误分析** |

本题重点考查的是最高额抵押权的从属性问题。最高额抵押较为特殊，并非简单根据一般抵押权的规则，债权转让则抵押权随之转让。有考生可能用一般抵押权的规则类推适用于最高额抵押权，从而错选。

| **解题思路与方法分析** |

《民法典》第421条规定："最高额抵押担保的债权确定前，部分债权转让的，最高额抵押权不得转让，但是当事人另有约定的除外。"第423条规定，有下列情形之一的，抵押权人的债权确定：(1)约定的债权确定期间届满；(2)没有约定债权确定期间或者约定不明确，抵押权

① BC

② C

人或者抵押人自最高额抵押权设立之日起满2年后请求确定债权;(3)新的债权不可能发生;(4)抵押权人知道或者应当知道抵押财产被查封、扣押;(5)债务人、抵押人被宣告破产或者解散;(6)法律规定债权确定的其他情形。因此,本题中最高额抵押担保的债权尚未确定,仅部分债权转让的,最高额抵押权不随之转让。同时,即使在债权确定前债权为零的,也不导致抵押权消灭。因此,C项正确,而A项、B项、D项错误。

(3)乙于次年1月被法院宣告破产,下列说法正确的有:

A. 甲的债权确定期届至

B. 甲应先就抵押物优先受偿,不足部分再要求丙承担保证责任

C. 甲可先要求丙承担保证责任

D. 如甲未申报债权,丙可参加破产财产分配,预先行使追偿权

| **参考答案** | ________①

| **设题陷阱与常见错误分析** |

本题考查的是最高额抵押权债权确定及破产债权申报。有考生可能认为即便债务人破产,最高额抵押所担保的债权也不会提前确定,从而不选A项。

| **解题思路与方法分析** |

根据《民法典》第423条的规定:"有下列情形之一的,抵押权人的债权确定:(一)约定的债权确定期间届满;(二)没有约定债权确定期间或者约定不明确,抵押权人或者抵押人自最高额抵押权设立之日起满二年后请求确定债权;(三)新的债权不可能发生;(四)抵押权人知道或者应当知道抵押财产被查封、扣押;(五)债务人、抵押人被宣告破产或者解散;(六)法律规定债权确定的其他情形。"本题中债务人乙被宣告破产,债权人的债权确定,因此A项正确。

《民法典》第392条规定:"被担保的债权既有物的担保又有人的担保的,债务人不履行到期债务或者发生当事人约定的实现担保物权的情形,债权人应当按照约定实现债权;没有约定或者约定不明确,债务人自己提供物的担保的,债权人应当先就该物的担保实现债权;第三人提供物的担保的,债权人可以就物的担保实现债权,也可以请求保证人承担保证责任。提供担保的第三人承担担保责任后,有权向债务人追偿。"本题中抵押与保证并存,且抵押物是债务人乙自己提供的物,故而应先实行抵押权,不足部分再请求保证人承担保证责任,因此,B项正确、C项错误。

《企业破产法》第51条规定:"债务人的保证人或者其他连带债务人已经代替债务人清偿债务的,以其对债务人的求偿权申报债权。债务人的保证人或者其他连带债务人尚未代替债务人清偿债务的,以其对债务人的将来求偿权申报债权。但是,债权人已经向管理人申报全部债权的除外。"如果债权人甲未申报债权,保证人丙可以就可能承担的保证责任预先申报债权,故而D项正确。

10 考向 占有

1.【单项选择题】甲、乙就乙手中的一枚宝石戒指的归属发生争议。甲称该戒指是其在某年10月1日外出旅游时让乙保管,属甲所有,现要求乙返还。乙称该戒指为自己所有,拒绝返还。甲无法证明对该戒指拥有所有权,但能够证明在某年10月1日前一直合法占有该戒指,乙则拒绝提供自某年10月1日后从甲处合法取得戒指的任何证据。对此,下列哪一说法是正确的?

A. 应推定乙对戒指享有合法权利,因占有具有权利公示性

B. 应当认定甲对戒指享有合法权利,因其证明了自己的先前占有

C. 应当由甲、乙证明自己拥有所有权,否则应判决归国家所有

D. 应当认定由甲、乙共同共有

| **参考答案** | ________②

---

① ABD
② B

| 设题陷阱与常见错误分析 |

本题考查的是占有的推定效力。在无相反举证的情况下,占有人可以推定为合法占有、有权占有。在本题情形下,乙对戒指现实占有,而甲能够证明在某年10月1日前一直合法占有该戒指,乙则拒绝提供自某年10月1日后从甲处合法取得戒指的任何证据,故而应当否定乙占有的推定效力。有考生可能认为在任何情况下,现实占有均具有推定效力,从而错选A项。

| 解题思路与方法分析 |

占有是对物在事实上的占领、控制。占有具有推定效力,受权利推定的占有人,免除举证责任,除非相对人提出反证;权利的推定,不但占有人自己可以援用,而且第三人也可以援用;权利的推定,一般是为占有人的利益;权利的推定仅具消极性,占有人不得利用此项推定作为其行使权利的依据。据此,先前的占有可以对抗之后的占有,除非乙能够证明自己是从甲的先前的占有中合法取得的。但在本题中,乙不能证明之,故A项错误,B项正确。而C项和D项并无任何依据,故而错误。

2.【多项选择题】某小区徐某未获得规划许可证和施工许可证便在自住房前扩建一个门面房,挤占小区人行通道。小区其他业主多次要求徐某拆除未果后,将该门面房强行拆除,毁坏了徐某自住房屋的墙砖。关于拆除行为,下列哪些表述是正确的?

A. 侵犯了徐某门面房的所有权

B. 侵犯了徐某的占有

C. 其他业主应恢复原状

D. 其他业主应赔偿徐某自住房屋墙砖毁坏的损失

| 参考答案 | ________①

| 设题陷阱与常见错误分析 |

本题考查所有权的取得方式和对占有的保护。有的考生认为,违法建筑的占有不应受保护,故没有选选项B。还有的考生认为,业主的拆除行为构成自力救济,故不应赔偿给徐某造成的损失,不选选项D。

| 解题思路与方法分析 |

《民法典》第231条规定:“因合法建造、拆除房屋等事实行为设立或者消灭物权的,自事实行为成就时发生效力。”徐某的门面房属于违法建筑,不能取得所有权,故选项A错。徐某虽然不能取得所有权,但其对门面房的占有仍受保护,故选项B对。由于徐某的门面房属于违法建筑,不应采取恢复原状的方式保护占有,选项C错。虽然徐某侵犯了小区业主的共有权,但是小区业主不具备自力救济的条件,拆除行为毁坏徐某自住房给徐某造成损失,应当赔偿,故选项D对。

11 考向 债与合同概述

【单项选择题】甲、乙与丙就交通事故在交管部门的主持下达成《调解协议书》,由甲、乙分别赔偿丙5万元,甲当即履行。乙赔了1万元,余下4万元给丙打了欠条。乙到期后未履行,丙多次催讨未果,遂持《调解协议书》与欠条向法院起诉。下列哪一表述是正确的?

A. 本案属侵权之债

B. 本案属合同之债

C. 如丙获得工伤补偿,乙可主张相应免责

D. 丙可要求甲继续赔偿4万元

| 参考答案 | ________②

| 设题陷阱与常见错误分析 |

本题考查了债的分类。有的考生误认为,调解协议要具备合同效力,必须是由双方当事人向调解委员会所在地基层人民法院申请确认调解协议的效力,经由法院对调解协议效力进行确认以后,调解协议才具备合同的性质。由此误认为,丙的起诉是就侵权的事实进行诉讼,故误选了A,未选B。

| 解题思路与方法分析 |

甲、乙、丙就交通事故达成了《调解协议书》,由甲、乙分别赔偿丙5万元。该协议并不

① BD
② B

存在无效事由，对当事人具有法律约束力。甲履行了协议，乙部分履行了协议，就未履行部分向丙打了欠条。丙就未受偿部分提起诉讼，此债应属合同之债，而非侵权之债。题干表述"丙多次催讨未果，遂持《调解协议书》与欠条向法院起诉"。由此可见，丙并未向甲主张，选项D不当选。丙的诉求是向乙主张，主张基础是《调解协议书》和欠条所体现的合同之债，选项A不当选，选项B当选。因《调解协议书》为当事人自愿达成，即使丙获得了工伤补偿，乙也不得以此推翻此前的调解合意，调解虽然可能存在一定的让步或妥协，但终究是真实意思表示，为当事人合意，应具有法律约束力。故选项C不当选。

12 考向 合同的履行

1.【单项选择题】德凯公司拟为新三板上市造势，在无真实交易意图的情况下，短期内以业务合作为由邀请多家公司来其主要办公地点洽谈。其中，真诚公司安排授权代表往返10余次，每次都准备了详尽可操作的合作方案，德凯公司佯装感兴趣并屡次表达将签署合同的意愿，但均在最后一刻推脱拒签。其间，德凯公司还将知悉的真诚公司的部分商业秘密不当泄露。对此，下列哪一说法是正确的？

A. 未缔结合同，则德凯公司就磋商事宜无须承担责任

B. 虽未缔结合同，但德凯公司构成恶意磋商，应赔偿损失

C. 未缔结合同，则商业秘密属于真诚公司自愿披露，不应禁止外泄

D. 德凯公司也付出了大量的工作成本，如被对方主张赔偿，则据此可主张抵销

| 参考答案 | ________①

| 设题陷阱与常见错误分析 |

缔约过失责任，是指在订立合同过程中，一方因违背其依据诚实信用原则所应尽的义务而致另一方信赖利益的损失，依法应承担的民事责任。有考生可能认为在这十余次缔约过程中，德凯公司也付出了大量的工作成本，为兼顾公平，如德凯公司被真诚公司主张赔偿，可以据此主张抵销，从而错选D项。

| 解题思路与方法分析 |

《民法典》第500条规定了缔约过失责任的三种类型，即"当事人在订立合同过程中有下列情形之一，造成对方损失的，应当承担赔偿责任：（一）假借订立合同，恶意进行磋商；（二）故意隐瞒与订立合同有关的重要事实或者提供虚假情况；（三）有其他违背诚信原则的行为。"在本题情形下，首先应当判断德凯公司是否构成恶意磋商。恶意磋商，是指非出于订立合同之目的而借订立合同之名与他人磋商，其真实目的，是为阻止对方与他人订立合同，或使对方贻误商机，或仅为戏耍对方。德凯公司只是为了给自己新三板上市造势，并无订立合同的真实意思，其行为构成恶意与他人进行磋商，符合《民法典》第500条第1项的情形，故而A项错误、B项正确。

德凯公司与真诚公司缔结合同的过程中，可能会知悉真诚公司的商业秘密。《民法典》第501条规定："当事人在订立合同过程中知悉的商业秘密或者其他应当保密的信息，无论合同是否成立，不得泄露或者不正当地使用；泄露、不正当地使用该商业秘密或者信息，造成对方损失的，应当承担赔偿责任。"该条规定了关于商业合同中保守商业秘密的义务，在缔结合同过程中获悉的商业秘密，不管最终合同是否成立，均不得泄露。如果一方违反法律规定泄露或者不正当地使用对方的商业秘密，给对方造成损失的，应当承担民事赔偿责任，并不因为该商业秘密系由对方主动披露而免责，故而C项错误。

德凯公司在缔约过程中付出的所谓工作成本，目的在于恶意磋商，且真诚公司并未因此而获得任何利益，相反是受有损失，因此相应地，真诚公司无须就此承担任何责任，更毋庸说德凯公司能主张所谓的抵销。《民法典》更未规定恶意磋商一方，可主张自己成本的抵销，故

① B

而D项错误。

2.【单项选择题】方某为送汤某生日礼物，特向余某定作一件玉器。订货单上，方某指示余某将玉器交给汤某，并将订货情况告知汤某。玉器制好后，余某委托朱某将玉器交给汤某，朱某不慎将玉器碰坏。下列哪一表述是正确的？

A. 汤某有权要求余某承担违约责任

B. 汤某有权要求朱某承担侵权责任

C. 方某有权要求朱某承担侵权责任

D. 方某有权要求余某承担违约责任

｜**参考答案**｜__________①

｜**设题陷阱与常见错误分析**｜

本题考查向第三人履行、由第三人履行、债权让与和侵权责任。有的考生误认为方某和汤某之间存在债权转让，方某将合同上的请求权转让给了汤某，由此误选A而未选D。

｜**解题思路与方法分析**｜

《民法典》第522条第1款规定，当事人约定由债务人向第三人履行债务，债务人未向第三人履行债务或履行债务不符合约定的，应当向债权人承担违约责任。本题中，方某为送汤某生日礼物，特向余某定作了一件玉器，并指示余某将玉器交付给汤某，方某和余某之间存在合同关系，余某和汤某之间并没有合同关系，汤某对余某没有合同上的请求权，选项A不当选。玉器被朱某碰坏，导致余某发生违约，余某应当向方某承担违约责任，选项D当选。余某制作了玉器，取得玉器的所有权，朱某碰坏玉器时，玉器的所有权人仍为余某，汤某和方某均不是玉器的所有权人，朱某并未侵害二者的所有权，选项B、C不当选。

3.【多项选择题】甲隐瞒了其所购别墅内曾发生恶性刑事案件的事实，以明显低于市场价的价格将其转卖给乙；乙在不知情的情况下，放弃他人以市场价出售的别墅，购买了甲的别墅。几个月后乙获悉实情，向法院申请撤销合同。关于本案，下列哪些说法是正确的？

A. 乙须在得知实情后一年内申请法院撤销合同

B. 如合同被撤销，甲须赔偿乙在订立及履行合同过程当中支付的各种必要费用

C. 如合同被撤销，乙有权要求甲赔偿主张撤销时别墅价格与此前订立合同时别墅价格的差价损失

D. 合同撤销后乙须向甲支付合同撤销前别墅的使用费

｜**参考答案**｜__________②

｜**设题陷阱与常见错误分析**｜

本题考查的是典型的缔约过失责任，即甲因未告知乙与合同订立有重大关系的事项而导致合同被申请撤销。本题主要考点集中于撤销权行使的程序机制及其法律效果，对相关内容不熟悉的考生，可能会不选B项或C项。另外，有考生可能认为过错在于甲，合同撤销后，乙无须再支付此前的别墅使用费，从而不选D项。

｜**解题思路与方法分析**｜

关于题涉撤销权，《民法典》第500条规定：“当事人在订立合同过程中有下列情形之一，造成对方损失的，应当承担赔偿责任：（一）假借订立合同，恶意进行磋商；（二）故意隐瞒与订立合同有关的重要事实或者提供虚假情况；（三）有其他违背诚信原则的行为。”《民法典》第152条第1款第1项规定，具有撤销权的当事人自知道或者应当知道撤销事由之日起1年内没有行使撤销权的，撤销权消灭。本题中，甲故意隐瞒与订立合同有关的重要事实，乙得主张撤销，且应当在知道或应当知道撤销事由之日起1年内行使撤销权，所以A项正确。同时，甲要承担缔约过失责任，赔偿乙的损失，损失包括订约费用以及订约机会损失，所以B、C项正确。

《民法典》第157条规定，民事法律行为无效、被撤销或者确定不发生效力后，行为人因该行为取得的财产，应当予以返还；不能返还或者没有必要返还的，应当折价补偿。有过错的一方应当赔偿对方由此所受到的损失；各方都有

---

① D

② ABCD

过错的,应当各自承担相应的责任。法律另有规定的,依照其规定。同时,最高人民法院《关于适用〈中华人民共和国民法典〉合同编通则若干问题的解释》(以下简称《合同编通则解释》)第24条第1款、第2款规定,合同不成立、无效、被撤销或者确定不发生效力,当事人请求返还财产,经审查财产能够返还的,人民法院应当根据案件具体情况,单独或者合并适用返还占有的标的物、更正登记簿册记载等方式;经审查财产不能返还或者没有必要返还的,人民法院应当以认定合同不成立、无效、被撤销或者确定不发生效力之日该财产的市场价值或者以其他合理方式计算的价值为基准判决折价补偿。除前款规定的情形外,当事人还请求赔偿损失的,人民法院应当结合财产返还或者折价补偿的情况,综合考虑财产增值收益和贬值损失、交易成本的支出等事实,按照双方当事人的过错程度及原因力大小,根据诚信原则和公平原则,合理确定损失赔偿额。加之,《合同编通则解释》第25条第1款、第2款规定,合同不成立、无效、被撤销或者确定不发生效力,有权请求返还价款或者报酬的当事人一方请求对方支付资金占用费的,人民法院应当在当事人请求的范围内按照中国人民银行授权全国银行间同业拆借中心公布的一年期贷款市场报价利率(LPR)计算。但是,占用资金的当事人对于合同不成立、无效、被撤销或者确定不发生效力没有过错的,应当以中国人民银行公布的同期同类存款基准利率计算。双方互负返还义务,当事人主张同时履行的,人民法院应予支持;占有标的物的一方对标的物存在使用或者依法可以使用的情形,对方请求将其应支付的资金占用费与应收取的标的物使用费相互抵销的,人民法院应予支持,但是法律另有规定的除外。本题中甲有过错,缔约过失责任赔偿的是信赖利益,其法律效果是使双方当事人回到订约前的状态,所以乙应当向甲支付撤销前的别墅使用费,D项正确。

4.【多项选择题】刘某欠何某100万元货款届期未还且刘某不知所踪。刘某之子小刘为替父还债,与何某签订书面房屋租赁合同,未约定租期,仅约定:“月租金1万元,用租金抵货款,如刘某出现并还清货款,本合同终止,双方再行结算。”下列哪些表述是错误的?

A. 小刘有权随时解除合同

B. 何某有权随时解除合同

C. 房屋租赁合同是附条件的合同

D. 房屋租赁合同是附期限的合同

| 参考答案 | ________[①]

| 设题陷阱与常见错误分析 |

本题考查合同解释、租赁合同解除权的规定以及附条件和附期限的合同。有的考生认为,租赁合同中没有约定具体的租期,因此属于不定期租赁,根据《民法典》第730条,当事人对租赁期限没有约定或者约定不明确,依据本法第510条的规定仍不能确定的,视为不定期租赁;当事人可以随时解除合同,但是应当在合理期限之前通知对方。误认为选项A、B均正确。有的考生不了解附条件和附期限的区别,认为“刘某出现”属于时间问题,性质上应认定为附期限,误认为选项C错误而选项D正确。

| 解题思路与方法分析 |

《民法典》第510条规定:“合同生效后,当事人就质量、价款或者报酬、履行地点等内容没有约定或者约定不明确的,可以协议补充;不能达成补充协议的,按照合同相关条款或者交易习惯确定。”本案中,小刘与何某房屋租赁合同目标是以租金抵债,根据双方缔约目的和租金条款,可以通过货款总额100万元除以每月租金1万元,核算出具体的租期时间,因此本案不属于不定期租赁,不能适用《民法典》第730条关于不定期租赁时解除权的规定,故选项A、B均错。租赁合同约定“如刘某出现并还清货款,本合同终止”,刘某是否出现属于不能确定的事件,因此性质上属于条件而非期限,故选项C对,选项D错。

---

① ABD

13 考向 违约责任

1.【单项选择题】甲公司向乙公司购买小轿车，约定7月1日预付10万元，10月1日预付20万元，12月1日乙公司交车时付清尾款。甲公司按时预付第一笔款。乙公司于9月30日发函称因原材料价格上涨，须提高小轿车价格。甲公司于10月1日拒绝，等待乙公司答复未果后于10月3日向乙公司汇去20万元。乙公司当即拒收，并称甲公司迟延付款构成违约，要求解除合同，甲公司则要求乙公司继续履行。下列哪一表述是正确的？

A. 甲公司不构成违约

B. 乙公司有权解除合同

C. 乙公司可行使先履行抗辩权

D. 乙公司可要求提高合同价格

| **参考答案** | __________①

| **设题陷阱与常见错误分析** |

本题考查抗辩权、违约责任和法定解除。有的考生误认为甲公司10月3日汇款20万元属于迟延履行，甲公司违约，由此未选A项。在此基础上，有的考生误认为乙公司基于甲公司的违约而享有法定解除权，有权解除合同，由此误选B项。

| **解题思路与方法分析** |

甲、乙公司之间购买小轿车的合同成立生效后，乙公司无权单方提高合同价格，除非构成《民法典》第533条的情势变更。《民法典》第533条规定，合同成立后，合同的基础条件发生了当事人在订立合同时无法预见的、不属于商业风险的重大变化，继续履行合同对于当事人一方明显不公平的，受不利影响的当事人可以与对方重新协商；在合理期限内协商不成的，当事人可以请求人民法院或者仲裁机构变更或者解除合同。人民法院或者仲裁机构应当结合案件的实际情况，根据公平原则变更或者解除合同。《合同编通则解释》第32条进一步规定，"合同成立后，因政策调整或者市场供求关系异常变动等原因导致价格发生当事人在订立合同时无法预见的、不属于商业风险的涨跌，继续履行合同对于当事人一方明显不公平的，人民法院应当认定合同的基础条件发生了民法典第五百三十三条第一款规定的'重大变化'。但是，合同涉及市场属性活跃、长期以来价格波动较大的大宗商品以及股票、期货等风险投资型金融产品的除外。合同的基础条件发生了民法典第五百三十三条第一款规定的重大变化，当事人请求变更合同的，人民法院不得解除合同；当事人一方请求变更合同，对方请求解除合同的，或者当事人一方请求解除合同，对方请求变更合同的，人民法院应当结合案件的实际情况，根据公平原则判决变更或者解除合同。人民法院依据民法典第五百三十三条的规定判决变更或者解除合同的，应当综合考虑合同基础条件发生重大变化的时间、当事人重新协商的情况以及因合同变更或者解除给当事人造成的损失等因素，在判项中明确合同变更或者解除的时间。当事人事先约定排除民法典第五百三十三条适用的，人民法院应当认定该约定无效"。可见，未经前述程序，情势变更未成立，乙公司无权单方面提高价格，故而D项不选。

乙公司要求抬高价格，双方处于磋商中，导致甲公司不能按原约定履行合同，甲公司不构成违约，选项A当选。

《民法典》第526条规定，当事人互负债务，有先后履行顺序，应当先履行债务一方未履行的，后履行一方有权拒绝其履行请求。先履行一方履行债务不符合约定的，后履行一方有权拒绝其相应的履行请求。该条规定的是当事人一方的先履行抗辩权。甲公司主张合同不能被解除，要求乙公司继续履行合同，而非要求提前履行，且甲公司已经履行了前两期预付款义务，因此不存在抗辩权问题，选项C不当选。

《民法典》第563条规定了当事人的法定解除权，但是甲公司不构成违约，因此乙公司并没有法定解除权，乙公司也没有约定的解除权，

---

① A

双方也没有协议解除，因此，乙无权解除合同，选项B不当选。

2.【单项选择题】甲、乙两公司约定：甲公司向乙公司支付5万元研发费用，乙公司完成某专用设备的研发生产后双方订立买卖合同，将该设备出售给甲公司，价格暂定为100万元，具体条款另行商定。乙公司完成研发生产后，却将该设备以120万元卖给丙公司，甲公司得知后提出异议。下列哪一选项是正确的？

A. 甲、乙两公司之间的协议系承揽合同

B. 甲、乙两公司之间的协议系附条件的买卖合同

C. 乙、丙两公司之间的买卖合同无效

D. 甲公司可请求乙公司承担违约责任

｜**参考答案**｜__________①

｜**设题陷阱与常见错误分析**｜

本题考查的重点在于，一则本案中甲公司与乙公司之间的约定的法律性质是否属于买卖合同的预约；二则违反买卖合同的预约，是否以及如何承担民事责任。有考生可能认为甲、乙两公司之间的协议是乙公司按甲公司的要求完成一定工作并将工作成果交付给甲公司，甲公司接受工作成果并给乙公司付酬金的合同，属于承揽合同，从而错选A项。有考生可能认为甲、乙两公司之间的协议是附条件的买卖合同，认为甲、乙双方在买卖合同中约定了一定条件，即“完成某专用设备的研发生产”，以该条件的成就与否作为合同是否生效的根据，从而错选B项。

｜**解题思路与方法分析**｜

本案中，包含两层民事法律关系。一是甲公司支付5万元研发费用，乙公司完成某专用设备的研发，即研发服务合同。根据《民法典》第843条的规定，技术合同是当事人就技术开发、转让、许可、咨询或者服务订立的确立相互之间权利和义务的合同。甲、乙两公司的研发服务合同，本质上是技术开发合同。二是乙公司完成某专用设备的研发生产后双方订立买卖合同，将该设备出售给甲公司，并暂定了价格，属于就甲乙两公司以技术开发的产品为标的物所订立买卖合同的预约。

所谓承揽合同，根据《民法典》第770条的规定，承揽合同是承揽人按照定作人的要求完成工作，交付工作成果，定作人支付报酬的合同。承揽包括加工、定作、修理、复制、测试、检验等工作。在本题情形下，甲公司所支付的5万元并非该专用设备定作的对价，故而不应认定为承揽合同，A项错误。

根据《民法典》第158条的规定，民事法律行为可以附条件，但是根据其性质不得附条件的除外。附生效条件的民事法律行为，自条件成就时生效。附解除条件的民事法律行为，自条件成就时失效。根据第159条规定，附条件的民事法律行为，当事人为自己的利益不正当地阻止条件成就的，视为条件已经成就；不正当地促成条件成就的，视为条件不成就。合同及民事法律行为可以附条件，包括附生效条件和附解除条件。但在本题情形下，研发该专用设备并不是未来买卖合同的条件，二者并无效力上的关联，故而不应认定为附条件的买卖合同，B项错误。此外，乙将设备卖给丙，系有权处分，买卖合同并无《民法典》规定的民事法律行为无效之情形，即该买卖合同有效，故而C项错误。

《民法典》第495条规定：“当事人约定在将来一定期限内订立合同的认购书、订购书、预订书等，构成预约合同。当事人一方不履行预约合同约定的订立合同义务的，对方可以请求其承担预约合同的违约责任。”同时，《合同编通则解释》第7条规定，预约合同生效后，当事人一方拒绝订立本约合同或者在磋商订立本约合同时违背诚信原则导致未能订立本约合同的，人民法院应当认定该当事人不履行预约合同约定的义务。人民法院认定当事人一方在磋商订立本约合同时是否违背诚信原则，应当综合考虑该当事人在磋商时提出的条件是否明显背离预约合同约定的内容以及是否已尽合理努力进行协商等因素。本题中甲、乙的约定构成预约，乙公司将

① D

技术开发的产品以120万元卖给丙公司违反了预约，根据该条规定之“当事人一方不履行预约合同约定的订立合同义务的，对方可以请求其承担预约合同的违约责任”，甲公司据此可以向乙公司主张违约责任，D项正确。《合同编通则解释》第8条进一步规定了违反预约损害赔偿责任的确定，即“预约合同生效后，当事人一方不履行订立本约合同的义务，对方请求其赔偿因此造成的损失的，人民法院依法予以支持。前款规定的损失赔偿，当事人有约定的，按照约定；没有约定的，人民法院应当综合考虑预约合同在内容上的完备程度以及订立本约合同的条件的成就程度等因素酌定”。

14 考向 转移财产权利的合同

1.【多项选择题】甲公司借用乙公司的一套设备，在使用过程中不慎损坏一关键部件，于是甲公司提出买下该套设备，乙公司同意出售。双方还口头约定在甲公司支付价款前，乙公司保留该套设备的所有权。不料在支付价款前，甲公司生产车间失火，造成包括该套设备在内的车间所有财物被烧毁。对此，下列哪些选项是正确的？

A. 乙公司已经履行了交付义务，风险责任应由甲公司负担

B. 在设备被烧毁时，所有权属于乙公司，风险责任应由乙公司承担

C. 设备虽然已经被烧毁，但甲公司仍然需要支付原定价款

D. 双方关于该套设备所有权保留的约定应采用书面形式

| 参考答案 | ________①

| 设题陷阱与常见错误分析 |

本题考查的是买卖合同中的风险负担。买卖合同的风险负担，并不完全根据谁享有标的物的所有权来确定。有考生可能认为设备被烧毁时，所有权属于乙公司，风险责任应由乙公司承担，而错选B项，未选A项、C项。

| 解题思路与方法分析 |

在双方买卖合意达成时，甲公司已经占有该套设备，完成了简易交付，根据《民法典》第226条的规定，动产物权设立和转让前，权利人已经占有该动产的，物权自民事法律行为生效时发生效力。又根据《民法典》第604条的规定，标的物毁损、灭失的风险，在标的物交付之前由出卖人承担，交付之后由买受人承担，但是法律另有规定或者当事人另有约定的除外。本题中，通过简易交付，甲公司已实际占有标的物，风险责任亦转移给甲公司。而甲还没有履行完合同，仍需要支付原定价款。由此，A项、C项正确，B项错误。另外，对所有权保留之约定法律并无书面形式之要求，D项错误。

2.【多项选择题】甲乙约定卖方甲负责将所卖货物运送至买方乙指定的仓库。甲如约交货，乙验收收货，但甲未将产品合格证和原产地证明文件交给乙。乙已经支付80%的货款。交货当晚，因山洪暴发，乙仓库内的货物全部毁损。下列哪些表述是正确的？

A. 乙应当支付剩余20%的货款

B. 甲未交付产品合格证与原产地证明文件，构成违约，但货物损失由乙承担

C. 乙有权要求解除合同，并要求甲返还已支付的80%货款

D. 甲有权要求乙支付剩余的20%货款，但应补交已经毁损的货物

| 参考答案 | ________②

| 设题陷阱与常见错误分析 |

本题考查买卖合同中的风险负担规则和违约责任。有的考生误认为，货物已经灭失，乙无须支付剩余的20%货款，由此未选选项A。

| 解题思路与方法分析 |

根据《民法典》第604条的规定，标的物毁损、灭失的风险，在标的物交付之前由出卖人承担，交付之后由买受人承担，但是法律另有规定

---

① AC
② AB

或者当事人另有约定的除外。可见,买卖合同标的物毁损灭失的风险在交付前由出卖人承担,交付后由买受人承担。具体到本题,货物已经交付给了乙,货物风险归乙承担,乙应当支付剩余20%的货款,故选项A正确,当选。选项C错误,不当选。另外,依据《民法典》第609条的规定,出卖人按照约定未交付有关标的物的单证和资料的,不影响标的物毁损、灭失风险的转移。可见,有关单证的交付不影响风险负担。选项B正确,当选。选项D错误,不当选。

3.【多项选择题】甲房产开发公司在交给购房人张某的某小区平面图和项目说明书中都标明有一个健身馆。张某看中小区健身方便,决定购买一套商品房并与甲公司签订了购房合同。张某收房时发现小区没有健身馆。下列哪些表述是正确的?

A. 甲公司不守诚信,构成根本违约,张某有权退房

B. 甲公司构成欺诈,张某有权请求甲公司承担缔约过失责任

C. 甲公司构成欺诈,张某有权请求甲公司双倍返还购房款

D. 张某不能滥用权利,在退房和要求甲公司承担违约责任之间只能选择一种

| **参考答案** | __________①

| **设题陷阱与常见错误分析** |

本题考查商品房买卖合同、合同解除、缔约过失责任及违约责任等。有的考生认为,小区平面图和项目说明书中的内容不是合同内容,甲公司没有违约,张某无权主张退房或要求甲公司承担违约责任或缔约过失责任,误认为选项A、B错误而选项D正确。

| **解题思路与方法分析** |

《商品房买卖合同解释》第3条规定,商品房的销售广告和宣传资料为要约邀请,但是出卖人就商品房开发规划范围内的房屋及相关设施所作的说明和允诺具体确定,并对商品房买卖合同的订立以及房屋价格的确定有重大影响的,构成要约。该说明和允诺即使未载入商品房买卖合同,亦应当为合同内容,当事人违反的,应当承担违约责任。本题中,小区平面图和项目说明书中标明的健身馆具体确定,对张某订立合同以及房屋价格有重大影响,应当视为合同内容。张某后来发现小区没有健身馆,甲公司构成根本违约,张某可以根据《民法典》第563条解除合同,要求退房,并根据《民法典》第566条要求甲公司承担违约责任,故选项A正确、选项D错误。甲公司故意隐瞒与房屋买卖有关的重大信息,构成欺诈,张某可根据《民法典》第500条第2项要求甲公司承担缔约过失责任。本案不属于双倍返还购房款情形,选项C错误。

4.【多项选择题】甲公司员工魏某在公司年会抽奖活动中中奖,依据活动规则,公司资助中奖员工子女次年的教育费用,如员工离职,则资助失效。下列哪些表述是正确的?

A. 甲公司与魏某成立附条件赠与

B. 甲公司与魏某成立附义务赠与

C. 如魏某次年离职,甲公司无给付义务

D. 如魏某次年未离职,甲公司在给付前可撤销资助

| **参考答案** | __________②

| **设题陷阱与常见错误分析** |

本题考查赠与合同和附条件合同。有的考生认为,魏某根据赠与合同具有不得离职的义务,因此属于附义务赠与,误认为选项A错误、选项B正确。

| **解题思路与方法分析** |

附条件赠与是指条件成就与否会影响赠与合同的效力,本案中的活动规则是"如员工离职,则资助失效","员工是否离职"属于不确定的事件,性质上为条件,"资助失效"意味着条件成就时,赠与合同会失去效力,因此本案的赠与属于附条件的赠与,选项A对。进而,如果魏某次年离职,那么赠与合同因条件成就而失效,甲公司就不负有赠与义务,选项C对。根据《民法典》第663条第1款第3项的规定,

---

① AB

② AC

受赠人不履行赠与合同约定的义务的，赠与人可以撤销赠与，而非使赠与合同当然失效，故本题不属于附义务赠与，选项B错。根据《民法典》第658条的规定，赠与人在赠与财产的权利转移之前可以撤销赠与。经过公证的赠与合同或者依法不得撤销的具有救灾、扶贫、助残等公益、道德义务性质的赠与合同，不适用前款规定。通说观点认为，本题中资助教育费用为具有道德义务性质的赠与，甲公司在给付前不能撤销，选项D错。

5.【多项选择题】自然人甲与乙签订了年利率为30%、为期1年的1000万元借款合同。后双方又签订了房屋买卖合同，约定："甲把房屋卖给乙，房款为甲的借款本息之和。甲需在一年内以该房款分6期回购房屋。如甲不回购，乙有权直接取得房屋所有权。"乙交付借款时，甲出具收到全部房款的收据。后甲未按约定回购房屋，也未把房屋过户给乙。因房屋价格上涨至3000万元，甲主张偿还借款本息。下列哪些选项是正确的？

A. 甲乙之间是借贷合同关系，不是房屋买卖合同关系

B. 应在不超过一年期贷款市场报价利率的四倍以内承认借款利息

C. 乙不能获得房屋所有权

D. 因甲未按约定偿还借款，应承担违约责任

| **参考答案** | ________①

| **设题陷阱与常见错误分析** |

本题考查的是考生对法律行为中意思表示的理解，以及对民间借贷合同效力及利率的把握。有的考生未能探求当事人之间的真实意思表示，误以为甲、乙之间是房屋买卖关系，漏选A项。有的考生基于甲、乙间的房屋买卖合同，误以为乙有权要求甲为其办理房屋过户手续，漏选C项。

| **解题思路与方法分析** |

本题中，甲、乙二人最先签订的是一份借贷协议，约定由乙向甲提供1000万元的贷款。随后，二人又签订了一份房屋买卖合同，约定甲将房屋出售给乙，房款即为甲的借款。但同时，该买卖合同中约定甲应当回购房屋。《担保制度解释》第68条第1款规定，债务人或者第三人与债权人约定将财产形式上转移至债权人名下，债务人不履行到期债务，债权人有权对财产折价或者以拍卖、变卖该财产所得价款偿还债务的，人民法院应当认定该约定有效。当事人已经完成财产权利变动的公示，债务人不履行到期债务，债权人请求参照《民法典》关于担保物权的有关规定就该财产优先受偿的，人民法院应予支持。以及同条第3款规定，债务人与债权人约定将财产转移至债权人名下，在一定期间后再由债务人或者其指定的第三人以交易本金加上溢价款回购，债务人到期不履行回购义务，财产归债权人所有的，人民法院应当参照第2款规定处理。回购对象自始不存在的，人民法院应当依照《民法典》第146条第2款的规定，按照其实际构成的法律关系处理。实际上，第二份房屋出售协议是甲、乙二人之间签订的让与担保合同，目的是担保甲的还款义务。因此，甲、乙双方的真实意思是借款而非房屋买卖，应当承认双方的法律关系为借款，故A项正确。

《民间借贷规定》第25条第1款规定，出借人请求借款人按照合同约定利率支付利息的，人民法院应予支持，但是双方约定的利率超过合同成立时1年期贷款市场报价利率4倍的除外。借款利率不应超过同期银行贷款利率的4倍，故B项正确。甲、乙之间真实意思是借款，不存在房屋买卖关系，乙不能获得房屋所有权，故C项正确。甲、乙之间的借款合同成立，甲未能在约定期限内还款，应承担违约责任，故D项正确。

6.【多项选择题】甲将其临街房屋和院子出租给乙作为汽车修理场所。经甲同意，乙先后两次自费扩建多间房屋作为烤漆车间。乙在又一次扩建报批过程中发现，甲出租的全部房屋均未经过城市规划部门批准，属于违章建筑。

① ABCD

下列哪些选项是正确的?

A. 租赁合同无效

B. 因甲、乙对于扩建房屋都有过错,应分担扩建房屋的费用

C. 因甲未告知乙租赁物为违章建筑,乙可解除租赁合同

D. 乙可继续履行合同,待违章建筑被有关部门确认并影响租赁物使用时,再向甲主张违约责任

| 参考答案 | ________①

| 设题陷阱与常见错误分析 |

本题考查的是租赁物违法时对合同效力的影响及非法扩建的费用分担问题。有的考生误以为该租赁合同可以解除,错选C项。有的考生误以为该合同有效,乙可以要求继续履行合同,甲只需承担违约责任即可,错选D项。

| 解题思路与方法分析 |

根据《房屋租赁合同解释》第2条的规定,出租人就未取得建设工程规划许可证或者未按照建设工程规划许可证的规定建设的房屋,与承租人订立的租赁合同无效。本题中,甲出租的房屋属于未经规划许可的房屋,所以甲、乙二人签订的房屋租赁合同无效。A项正确。《房屋租赁合同解释》第12条第2项规定,承租人经出租人同意扩建,但双方对扩建费用的处理没有约定的,未办理合法建设手续的,扩建造价费用由双方按照过错分担。故B项正确。租赁合同无效,故不存在解除租赁合同的问题,C项错误。租赁合同无效,乙不可继续履行合同,D项错误。

7.【多项选择题】居民甲经主管部门批准修建了一排临时门面房,核准使用期限为2年,甲将其中一间租给乙开餐馆,租期2年。期满后未办理延长使用期限手续,甲又将该房出租给了丙,并签订了1年的租赁合同。因租金问题,发生争议。下列哪些选项是正确的?

A. 甲与乙的租赁合同无效

B. 甲与丙的租赁合同无效

C. 甲无权将该房继续出租给丙

D. 甲无权向丙收取该年租金

| 参考答案 | ________②

| 设题陷阱与常见错误分析 |

本题考查了租赁合同的效力,特别考查临时建筑房屋租赁合同的无效情形。有考生可能认为,临时门面房属于临时建筑,出租人甲就其建设的临时建筑,与承租人乙订立的租赁合同无效,从而错选A项。有考生可能认为,虽然甲无权将该房继续出租给丙,与丙的租赁合同无效,但其仍有权向丙收取约定的年租金,从而不选D项。

| 解题思路与方法分析 |

《民法典》第143条规定:"具备下列条件的民事法律行为有效:(一)行为人具有相应的民事行为能力;(二)意思表示真实;(三)不违反法律、行政法规的强制性规定,不违背公序良俗。"在本题情形下,甲将主管部门批准建设的门面房出租给乙,合同约定的租期在核准使用期限内,且无《民法典》第144条、第146条、第153条、第154条等规定的法定无效之情事,故而甲、乙的租赁合同有效,A项不选。

根据《房屋租赁合同解释》第3条的规定,出租人就未经批准或者未按照批准内容建设的临时建筑,与承租人订立的租赁合同无效。但在一审法庭辩论终结前经主管部门批准建设的,人民法院应当认定有效。租赁期限超过临时建筑的使用期限,超过部分无效。但在一审法庭辩论终结前经主管部门批准延长使用期限的,人民法院应当认定延长使用期限内的租赁期间有效。在本题情形下,租赁合同超过核准使用期限的部分无效,即甲和丙1年的租赁合同无效,故而B项正确。同时,对于超过核准使用期限的临时门面房,甲无权将违法建筑继续出租给丙,故而C项正确。

根据《房屋租赁合同解释》第4条第1款的规定,房屋租赁合同无效,当事人请求参照合同约定的租金标准支付房屋占有使用费的,人民法院一般应予支持。也就是说,甲虽无权向丙收

① AB
② BCD

取年租金,但有权参照租赁合同约定的租金标准,请求丙支付占有使用费。因此,甲、丙的租赁合同无效,甲无租金请求权,故而D项正确。

8.【多项选择题】甲融资租赁公司与乙公司签订融资租赁合同,约定乙公司向甲公司转让一套生产设备,转让价为评估机构评估的市场价200万元,再租给乙公司使用2年,乙公司向甲公司支付租金300万元。合同履行过程中,因乙公司拖欠租金,甲公司诉至法院。下列哪些选项是正确的?

A.甲公司与乙公司之间为资金拆借关系

B.甲公司与乙公司之间为融资租赁合同关系

C.甲公司与乙公司约定的年利率超过24%的部分无效

D.甲公司已取得生产设备的所有权

| **参考答案** | ________①

| **设题陷阱与常见错误分析** |

本题考查对融资租赁合同的理解,重点考查售后回租型融资租赁合同与借贷合同的区别。有考生可能认为乙公司将其自有物出卖给甲公司,再通过融资租赁合同将租赁物从甲公司处租回,进而认为该关系中的承租人和出卖人系同一人,构成"名为融资租赁,实为借贷",即认为甲公司与乙公司之间是资金拆借关系,从而错选A项。

| **解题思路与方法分析** |

在本题情形下,乙公司将自己的设备出卖给甲公司(融资租赁公司),从甲公司处获转让价款200万元,之后,乙公司再将该设备从甲公司处承租下来,予以使用,并依照约定向出租人甲支付租金。此时,设备的所有权已经归甲公司所有。

《民法典》第735条规定,融资租赁合同是出租人根据承租人对出卖人、租赁物的选择,向出卖人购买租赁物,提供给承租人使用,承租人支付租金的合同。

最高人民法院《关于审理融资租赁合同纠纷案件适用法律问题的解释》(以下简称《融资租赁合同解释》)第1条规定,人民法院应当根据《民法典》第735条的规定,结合标的物的性质、价值、租金的构成以及当事人的合同权利和义务,对是否构成融资租赁法律关系作出认定。对名为融资租赁合同,但实际不构成融资租赁法律关系的,人民法院应按照其实际构成的法律关系处理。《融资租赁合同解释》第2条规定,承租人将其自有物出卖给出租人,再通过融资租赁合同将租赁物从出租人处租回的,人民法院不应仅以承租人和出卖人系同一人为由认定不构成融资租赁法律关系。在本题情形下,乙公司将其自有的一套生产设备出卖给甲公司,再通过融资租赁合同将生产设备租回,构成回租,是有效的融资租赁合同,而非资金拆借,故而A项错误、B项正确。

上已述及,甲公司与乙公司之间是融资租赁合同关系,合同内容涉及租赁物、租期、租金、付款方式和期限等条款,并无与年利率相关的条款,故而C项错误。

《民法典》第228条规定,动产物权转让时,当事人又约定由出让人继续占有该动产的,物权自该约定生效时发生效力。《民法典》第745条规定,出租人享有租赁物的所有权。甲公司与乙公司签订融资租赁合同,约定乙公司向甲公司转让一套生产设备,甲再作为出租人将生产设备租给乙公司使用,双方应是以占有改定的方式完成了生产设备所有权的变动。简言之,自甲、乙约定的融资租赁合同生效时,甲公司取得生产设备的所有权,故而D项正确。

9.【不定项选择题】甲、乙、丙三人签订合伙协议并开始经营,但未取字号,未登记,也未推举负责人。其间,合伙人与顺利融资租赁公司签订融资租赁合同,租赁淀粉加工设备一台,约定租赁期限届满后设备归承租人所有。合同签订后,出租人按照承租人的选择和要求向设备生产商丁公司支付了价款。

请回答第(1)—(2)题。

(1)如果承租人不履行支付价款的义务,出租人起诉,适格被告有:

---

① BD

A. 合伙企业

B. 甲、乙、丙全体

C. 甲、乙、丙中的任何人

D. 丁公司

| **参考答案** | __________[①]

| **设题陷阱与常见错误分析** |

本题考查的是民事合伙的责任承担，尤其是起诉时的适格被告问题。本题设定的条件是甲、乙、丙设立的合伙，未取字号，未登记，也未推举负责人，故而属于个人合伙，而非合伙企业。有考生可能认为此时合伙企业存在，从而错选A项。至于本题，除了考查民事合伙制度，还考查了民事诉讼法上的适格被告问题，根据《民诉解释》，本题情形下B项和C项并不能同时成立。

| **解题思路与方法分析** |

《民诉解释》第60条规定："在诉讼中，未依法登记领取营业执照的个人合伙的全体合伙人为共同诉讼人。个人合伙有依法核准登记的字号的，应在法律文书中注明登记的字号。全体合伙人可以推选代表人；被推选的代表人，应由全体合伙人出具推选书。"甲、乙、丙设立的个人合伙，没有推举代表人，其全体合伙人在诉讼中为共同诉讼人，因此，本题中应当以甲、乙、丙全体为被告，B项正确。必要共同诉讼人必须共同参加诉讼，因此，C项错误。

融资租赁合同中，出租人顺利融资租赁公司和出卖人丁公司之间是买卖合同关系，出租人支付价款，丁公司交付设备，丁公司没有支付租金的义务，因此，D项错误。

(2)如租赁期间因设备自身原因停机，造成承租人损失。下列说法正确的有：

A. 出租人应减少租金

B. 应由丁公司修理并赔偿损失

C. 承租人向丁公司请求承担责任时，出租人有协助义务

D. 出租人与丁公司承担连带责任

| **参考答案** | __________[②]

| **设题陷阱与常见错误分析** |

本题考查的是融资租赁合同中的瑕疵履行问题。有考生对于融资租赁合同的履行不熟悉，可能认为租赁物因自身原因出现故障时，出租人应当承担包括减少租金、修理设备、赔偿损失等责任，从而错选A项和D项。

| **解题思路与方法分析** |

融资租赁合同中，出租人不承担租赁物的瑕疵担保责任。《民法典》第747条规定，租赁物不符合约定或者不符合使用目的的，出租人不承担责任。但是，承租人依赖出租人的技能确定租赁物或者出租人干预选择租赁物的除外。因此，租赁期间因设备自身原因停机，造成承租人损失，出租人不承担责任，因此，A、D项错误。租赁物有质量瑕疵，出租人不承担瑕疵担保责任，承租人应当向出卖人索赔，出租人有协助的义务。根据《民法典》第739条的规定，出租人根据承租人对出卖人、租赁物的选择订立的买卖合同，出卖人应当按照约定向承租人交付标的物，承租人享有与受领标的物有关的买受人的权利。本题中承租人享有与买受人相同的权利，出租人不承担此义务，应该由出卖人承担修理及赔偿义务，因此，B项正确。根据《民法典》第741条的规定，出租人、出卖人、承租人可以约定，出卖人不履行买卖合同义务的，由承租人行使索赔的权利。承租人行使索赔权利的，出租人应当协助。故而，承租人向丁公司请求承担责任时，出租人有协助义务，C项正确。

15 考向 完成工作交付成果合同

【单项选择题】甲公司与没有建筑施工资质的某施工队签订合作施工协议，由甲公司投标乙公司的办公楼建筑工程，施工队承建并向甲公司交纳管理费。中标后，甲公司与乙公司签订建筑施工合同。工程由施工队负责施工。办公楼竣工验收合格交付给乙公司。乙公司尚有部分剩余工程款未支付。下列哪一选项是正确的？

A. 合作施工协议有效

---

① B

② BC

B. 建筑施工合同属于效力待定

C. 施工队有权向甲公司主张工程款

D. 甲公司有权拒绝支付剩余工程款

｜**参考答案**｜__________①

｜**设题陷阱与常见错误分析**｜

本题考查的是考生对建设工程施工合同无效、支付工程价款的掌握情况，依据最高人民法院《关于审理建设工程施工合同纠纷案件适用法律问题的解释（一）》［以下简称《建设工程施工合同解释（一）》］第1条、第24条即可作答。有的考生未注意到司法解释的规定，认为甲公司与施工队之间的合同有效，误选A项。有的考生误将甲公司与施工队之间的无效合同拓展至甲乙之间的合同，错选B项。

｜**解题思路与方法分析**｜

根据《建设工程施工合同解释（一）》第1条第1款的规定，建设工程施工合同具有下列情形之一的，应当依据《民法典》第153条第1款的规定，认定无效：（1）承包人未取得建筑业企业资质或者超越资质等级的……甲公司与没有建筑施工资质的某施工队签订合作施工协议，该合作施工协议无效，故A选项错误。甲公司与乙公司签订的建筑施工合同无法律规定的无效事由，有效，故B项错误。

根据《建设工程施工合同解释（一）》第24条第1款的规定，当事人就同一建设工程订立的数份建设工程施工合同均无效，但建设工程质量合格，一方当事人请求参照实际履行的合同关于工程价款的约定折价补偿承包人的，人民法院应予支持。虽然甲公司与施工队的合作施工协议无效，但因办公楼竣工验收合格，施工队有权参照合同约定向甲公司主张工程款，故C项正确。虽然乙公司尚有部分剩余工程款未支付给甲公司，但该债权债务关系属于甲乙公司之间的关系，甲公司不得据此拒绝支付施工队的剩余工程款，故D项错误。

16 考向 提供劳务合同

【**多项选择题**】某律师事务所指派吴律师担任某案件的一审、二审委托代理人。第一次开庭后，吴律师感觉案件复杂，本人和该事务所均难以胜任，建议不再继续代理。但该事务所坚持代理。一审判决委托人败诉。下列哪些表述是正确的？

A. 律师事务所有权单方解除委托合同，但须承担赔偿责任

B. 律师事务所在委托人一审败诉后不能单方解除合同

C. 即使一审胜诉，委托人也可解除委托合同，但须承担赔偿责任

D. 只有存在故意或者重大过失时，该律师事务所才对败诉承担赔偿责任

｜**参考答案**｜__________②

｜**设题陷阱与常见错误分析**｜

本题考查委托合同。有的考生误认为律师事务所在委托人一审败诉后不能单方解除合同，由此误选了选项B。有的考生误认为，只有存在故意或者重大过失时，该律师事务所才对败诉承担赔偿责任，由此误选了选项D。

｜**解题思路与方法分析**｜

根据《民法典》第933条的规定，委托人或者受托人可以随时解除委托合同。因解除合同造成对方损失的，除不可归责于该当事人的事由外，无偿委托合同的解除方应当赔偿因解除时间不当造成的直接损失，有偿委托合同的解除方应当赔偿对方的直接损失和合同履行后可以获得的利益。具体到本题，律师事务所有权单方解除委托合同，但须承担赔偿责任，故选项A、C正确，当选。选项B错误，不当选。另外，依据《民法典》第929条第1款的规定，有偿的委托合同，因受托人的过错造成委托人损失的，委托人可以请求赔偿损失。无偿的委托合同，因受托人的故意或者重大过失造成委托人损失的，委托人可以请求赔偿损失。可见，有偿委托中，受托人因其过错而给委托人造成损失的，即应承担责任，只有在无偿委托中受托人才因故意或者重大过失承担责任。由此可见，选

① C

② AC

项D错误，不当选。

17 考向 技术合同

【单项选择题】甲公司向乙公司转让了一项技术秘密。技术转让合同履行完毕后，经查该技术秘密是甲公司通过不正当手段从丙公司获得的，但乙公司对此并不知情，且支付了合理对价。下列哪一表述是正确的？

A. 技术转让合同有效，但甲公司应向丙公司承担侵权责任

B. 技术转让合同无效，甲公司和乙公司应向丙公司承担连带责任

C. 乙公司可在其取得时的范围内继续使用该技术秘密，但应向丙公司支付合理的使用费

D. 乙公司有权要求甲公司返还其支付的对价，但不能要求甲公司赔偿其因此受到的损失

| **参考答案** | ________①

| **设题陷阱与常见错误分析** |

本题考查技术合同。有的考生误认为因乙公司不知情且支付了合理对价，故甲公司与乙公司的技术转让合同有效。但甲公司通过不正当手段从丙公司获得技术秘密，侵犯了丙公司的商业秘密，构成侵权，甲公司应向丙公司承担侵权责任。由此误选了选项A。有的考生误认为，甲通过不正当手段获得商业秘密，乙不能善意取得该商业秘密，乙能否继续使用该商业秘密，取决于丙是否同意，题干没有说明丙的态度，则不能推断出乙可以继续使用，由此误认为选项C错误，未选C。

| **解题思路与方法分析** |

《反不正当竞争法》第9条规定："经营者不得实施下列侵犯商业秘密的行为：（一）以盗窃、贿赂、欺诈、胁迫、电子侵入或者其他不正当手段获取权利人的商业秘密；（二）披露、使用或者允许他人使用以前项手段获取的权利人的商业秘密；（三）违反保密义务或者违反权利人有关保守商业秘密的要求，披露、使用或者允许他人使用其所掌握的商业秘密；（四）教唆、引诱、帮助他人违反保密义务或者违反权利人有关保守商业秘密的要求，获取、披露、使用或者允许他人使用权利人的商业秘密。经营者以外的其他自然人、法人和非法人组织实施前款所列违法行为的，视为侵犯商业秘密。第三人明知或者应知商业秘密权利人的员工、前员工或者其他单位、个人实施本条第一款所列违法行为，仍获取、披露、使用或者允许他人使用该商业秘密的，视为侵犯商业秘密。本法所称的商业秘密，是指不为公众所知悉、具有商业价值并经权利人采取相应保密措施的技术信息、经营信息等商业信息。"又有，《民法典》第850条规定，非法垄断技术或者侵害他人技术成果的技术合同无效。由上可见，侵害他人技术成果的技术合同无效，因而甲公司和乙公司签订的技术转让合同无效，选项A错误，不当选。

根据最高人民法院《关于审理技术合同纠纷案件适用法律若干问题的解释》（以下简称《技术合同解释》）第12条的规定，根据《民法典》第850条的规定，侵害他人技术秘密的技术合同被确认无效后，除法律、行政法规另有规定的以外，善意取得该技术秘密的一方当事人可以在其取得时的范围内继续使用该技术秘密，但应当向权利人支付合理的使用费并承担保密义务。当事人双方恶意串通或者一方知道或者应当知道另一方侵权仍与其订立或者履行合同的，属于共同侵权，人民法院应当判令侵权人承担连带赔偿责任和保密义务，因此取得技术秘密的当事人不得继续使用该技术秘密。具体到本题，乙公司构成善意取得，不构成侵权行为，可以继续使用，故选项B错误，不当选。

根据《技术合同解释》第13条的规定，依照前条第1款规定可以继续使用技术秘密的人与权利人就使用费支付发生纠纷的，当事人任何一方都可以请求人民法院予以处理。继续使用技术秘密但又拒不支付使用费的，人民法院可以根据权利人的请求判令使用人停止使用。人民法院在确定使用费时，可以根据权利人通

① C

常对外许可该技术秘密的使用费或者使用人取得该技术秘密所支付的使用费,并考虑该技术秘密的研究开发成本、成果转化和应用程度以及使用人的使用规模、经济效益等因素合理确定。无论使用人是否继续使用技术秘密,人民法院均应当判令其向权利人支付已使用期间的使用费。使用人已向无效合同的让与人或者许可人支付的使用费应当由让与人或者许可人负责返还。丙公司有权要求乙公司支付已使用该技术秘密期间的使用费。综上,选项C正确,当选。另外,乙公司有权要求甲公司返还其支付的对价,且能要求甲公司赔偿其因此受到的损失,因而选项D错误,不当选。

18 考向 保证合同、合伙合同

1.【单项选择题】甲公司与乙公司达成还款计划书,约定在2020年7月30日归还100万元,8月30日归还200万元,9月30日归还300万元。丙公司对三笔还款提供保证,未约定保证方式和保证期间。后甲公司同意乙公司将三笔还款均顺延3个月,丙公司对此不知情。乙公司一直未还款,甲公司仅于2021年3月15日要求清偿。关于丙公司保证责任,下列哪一表述是正确的?

A. 丙公司保证担保的主债权为300万元

B. 丙公司保证担保的主债权为500万元

C. 丙公司保证担保的主债权为600万元

D. 因延长还款期限未经保证人同意,丙公司不再承担保证责任

| **参考答案** | __________①

| **设题陷阱与常见错误分析** |

本题考查一般保证和保证期间。不少考生没有准确得出三笔借款保证期间届满日为2021年1月31日、3月1日、4月1日的结论,误认为第二笔借款和第三笔借款的保证责任都没有免除,由此误选B,而未选A。

| **解题思路与方法分析** |

保证,是指保证人和债权人约定,当债务人不履行债务时,保证人按照约定履行债务或者承担责任的行为。《民法典》第686条规定,保证的方式包括一般保证和连带责任保证。当事人在保证合同中对保证方式没有约定或者约定不明确的,按照一般保证承担保证责任。《民法典》第693条第1款规定,一般保证的债权人未在保证期间对债务人提起诉讼或者申请仲裁的,保证人不再承担保证责任。《民法典》第687条第2款规定,一般保证的保证人在主合同纠纷未经审判或者仲裁,并就债务人的财产依法强制执行仍不能履行债务前,有权拒绝向债权人承担保证责任。本题中,债权人在主合同纠纷未经审判或者仲裁,并就债务人的财产依法强制执行仍不能履行债务前,直接要求保证人丙公司承担保证责任,丙公司享有先诉抗辩权。甲公司只在2021年3月15日主张保证责任,则丙公司仅保证第三笔300万元主债权,前两笔主债的保证责任消灭,选项A当选,选项B、C不当选。

《民法典》第695条第2款规定,债权人和债务人变更主债权债务合同的履行期限,未经保证人书面同意的,保证期间不受影响。因此,甲乙公司擅自展期,但丙公司的保证期间不受影响,依然是主债务履行期限届满之日起6个月,本应当承担的保证责任依然存在,选项D不当选。

2.【单项选择题】张某从甲银行分支机构乙支行借款20万元,李某提供连带责任保证担保。李某和甲银行又特别约定,如保证人不履行保证责任,债权人有权直接从保证人在甲银行及其支行处开立的任何账户内扣收。届期,张某、李某均未还款,甲银行直接从李某在甲银行下属的丙支行账户内扣划了18万元存款用于偿还张某的借款。下列哪一表述是正确的?

A. 李某与甲银行关于直接在账户内扣划款项的约定无效

B. 李某无须承担保证责任

C. 乙支行收回20万元全部借款本金和利息之前,李某不得向张某追偿

---

① A

D. 乙支行应以自己的名义向张某行使追索权

| **参考答案** | __________①

| **设题陷阱与常见错误分析** |

本题考查约定抵销、法人及其分支机构和保证担保，难度较大。有的考生误认为李某与甲银行关于直接在账户内扣划款项的约定无效，由此误选A。有的考生在此基础上认为，特别约定无效导致保证合同无效，进而李某无须承担保证责任，由此误选B。

| **解题思路与方法分析** |

乙支行是企业法人分支机构，属于非法人组织，能够以自己的名义订立合同、行使权利，选项D当选。《民法典》第686条第1款规定，保证的方式包括一般保证和连带责任保证。李某为张某提供的是连带责任保证，李某应当承担保证责任，选项B错误。李某与甲银行约定债权人可以直接在账户内扣划款项，该约定是当事人基于意思自治而作出的真实约定，不具备无效事由，故该约定有效，选项A错误。《民法典》第700条规定，保证人承担保证责任后，除当事人另有约定外，有权在其承担保证责任的范围内向债务人追偿，享有债权人对债务人的权利，但是不得损害债权人的利益。因此，保证人只要实际承担了保证责任，就有权向债务人追偿，本题中李某承担了18万元的保证责任，可以就此向张某追偿，选项C不当选。

19 考向 具体人格权

【多项选择题】张某毕业要去外地工作，将自己贴身生活用品、私密照片及平板电脑等装箱交给甲快递公司运送。张某在箱外贴了“私人物品，严禁打开”的纸条。张某到外地收到快递后察觉有异，经查实，甲公司工作人员李某曾翻看箱内物品，并损坏了平板电脑。下列哪些选项是正确的？

A. 甲公司侵犯了张某的隐私权

B. 张某可请求甲公司承担精神损害赔偿责任

C. 张某可请求甲公司赔偿平板电脑的损失

D. 张某可请求甲公司和李某承担连带赔偿责任

| **参考答案** | __________②

| **设题陷阱与常见错误分析** |

本题考查了隐私权和用人者责任。有的考生在答题时未注意到李某的行为并未造成张某严重的精神损害，而误选B项。有的考生忽视了李某作为甲公司的工作人员，甲公司应对其侵权行为承担雇主责任，而漏选C项。

| **解题思路与方法分析** |

《民法典》第990条明确规定了隐私权，辅导用书中阐述道：“所谓隐私权，是指个人免予外界公开、干扰以及维护个人私密和私生活安宁状态的权利。”李某无视张某在纸箱上的注明，擅自打开纸箱查看其中的内容，该行为构成了对张某隐私权的侵犯，故A项正确。

根据《民法典》第1183条第1款的规定，侵害自然人人身权益造成严重精神损害的，被侵权人有权请求精神损害赔偿。请求精神损害赔偿的前提是侵权行为造成了受害人严重的精神损害。本题题干中并未提到李某的行为造成了张某在精神上的严重损害，故B项不当选。

根据《民法典》第1191条第1款的规定，用人单位的工作人员因执行工作任务造成他人损害的，由用人单位承担侵权责任。本题中，作为甲公司工作人员的李某在执行职务过程中造成了张某平板电脑的损害，应当由甲公司承担侵权责任，故C选项正确，D选项错误。

20 考向 家庭关系

1.**【单项选择题】**甲、乙为夫妻，共有一套房屋登记在甲名下。乙瞒着甲向丙借款100万元供个人使用，并将房屋抵押给丙。在签订抵押合同和办理抵押登记时乙冒用甲的名字签

---

① D

② AC

字。现甲主张借款和抵押均无效。下列哪一表述是正确的?

A. 抵押合同无效

B. 借款合同无效

C. 甲对100万元借款应负连带还款义务

D. 甲有权否定丙的抵押权

| **参考答案** | ________①

| **设题陷阱与常见错误分析** |

本题考查的是考生对处分共有物、无权处分制度的理解,应注意对共同共有物的处分必须经全部共有人同意。有的考生误以为,乙和丙之间的借贷合同应涉及甲,应当认定为无效,错选B项。有的人认为,婚姻关系存续期间,夫妻双方都享有家事代理权,一方可以夫妻名义对外从事法律行为,甲应当对乙的借债承担责任,错选C项。

| **解题思路与方法分析** |

根据《民法典》第301条的规定,处分共有的不动产或者动产以及对共有的不动产或者动产作重大修缮、变更性质或者用途的,应当经占份额2/3以上的按份共有人或者全体共同共有人同意,但是共有人之间另有约定的除外。乙未经甲的同意,将二者共有的房屋设立抵押,属于无权处分,其抵押合同不是无效,故A项错误。乙、丙之间的借款合同意思表示真实,借款合同有效,故B项错误。

根据《民法典》第1064条第2款的规定,夫妻一方在婚姻关系存续期间以个人名义超出家庭日常生活需要所负的债务,不属于夫妻共同债务。本题中,乙以自己的名义向丙借款供本人使用,该借款应当认定为其个人债务。故甲对100万元债务不负责任,C项错误。在签订抵押合同和办理抵押登记时乙冒用甲的名字签字,甲有权否定丙的抵押权,比如通过申请更正登记等,故D项正确。

2.【单项选择题】胡某与黄某长期保持同性恋关系,胡某创作同性恋题材的小说发表。后胡某迫于父母压力娶陈某为妻,结婚时陈某父母赠与一套房屋,登记在陈某和胡某名下。婚后,胡某收到出版社支付的小说版税10万元。此后,陈某得知胡某在婚前和婚后一直与黄某保持同性恋关系,非常痛苦。下列哪一说法是正确的?

A. 胡某隐瞒同性恋重大事实,导致陈某结婚的意思表示不真实,陈某可请求撤销该婚姻

B. 陈某受欺诈而登记结婚,导致陈某父母赠与房屋意思表示不真实,陈某父母可撤销赠与

C. 该房屋不属于夫妻共同财产

D. 10万元版税属于夫妻共同财产

| **参考答案** | ________②

| **设题陷阱与常见错误分析** |

本题的解题关键在于对胡某、陈某婚姻效力的认定。同时,出题陷阱还在于赠与合同的效力并不能直接受胡某的欺诈行为的影响。有的考生认为,陈某的父母基于胡某的欺诈行为而作出的房屋赠与属于可撤销的赠与合同,误选了B项。

| **解题思路与方法分析** |

根据《民法典》第1052条第1款的规定,因胁迫结婚的,受胁迫的一方可以向人民法院请求撤销婚姻。第1053条第1款规定,一方患有重大疾病的,应当在结婚登记前如实告知另一方;不如实告知的,另一方可以向人民法院请求撤销婚姻。因此,胡某对陈某隐瞒其是同性恋的行为,不构成撤销婚姻的理由,A项错误。同时,因胡某和陈某的婚姻合法有效,陈某父母作出的房屋赠与的意思表示是建立在二人的婚姻关系已经成立且合法有效的基础之上的,故其意思表示真实有效。根据《民法典》第658条第1款的规定,赠与人在赠与财产的权利转移前可撤销赠与。因此,陈某父母在赠与的房屋已完成过户登记的情况下,不得撤销赠与,B项错误。根据《民法典》第1062条的规定,陈某父母赠与的房屋以及版税收入都属于夫妻共同财产,故C项错误,D项正确。

3.【单项选择题】甲(男)、乙(女)结婚后,

① D

② D

甲承诺，在子女出生后，将其婚前所有的一间门面房，变更登记为夫妻共同财产。后女儿丙出生，但甲不愿兑现承诺，导致夫妻感情破裂离婚，女儿丙随乙一起生活。后甲又与丁（女）结婚。未成年的丙因生重病住院急需医疗费20万元，甲与丁签订借款协议从夫妻共同财产中支取该20万元。下列哪一表述是错误的？

A. 甲与乙离婚时，乙无权请求将门面房作为夫妻共同财产分割

B. 甲与丁的协议应视为双方约定处分共同财产

C. 如甲、丁离婚，有关医疗费按借款协议约定处理

D. 如丁不同意甲支付医疗费，甲无权要求分割共有财产

| 参考答案 | ________①

| 设题陷阱与常见错误分析 |

本题考查夫妻共同财产的认定和夫妻间借款协议的司法处理，难度较大。有的考生误认为，甲应当按照承诺将房屋变更登记为共同财产，赠与的约定有效，乙有权请求将房屋作为夫妻共同财产分割，由此误选A。有的考生误认为，医疗费事项不属于一方从事个人经营活动或用于其他个人事务，如果甲、丁离婚，有关医疗费不能按借款协议约定处理，由此误选C。

| 解题思路与方法分析 |

商业门面房属于甲男婚前财产，甲尽管承诺在子女出生后将其婚前所有的一间门面房变更登记为夫妻共同财产，但在女儿出生后不愿履行承诺；根据最高人民法院《关于适用〈中华人民共和国民法典〉婚姻家庭编的解释（一）》[以下简称《婚姻家庭编解释（一）》]第32条的规定，婚前或者婚姻关系存续期间，当事人约定将一方所有的房产赠与另一方或者共有，赠与方在赠与房产变更登记之前撤销赠与，另一方请求判令继续履行的，人民法院可以按照《民法典》第658条的规定处理。《民法典》第658条规定，赠与人在赠与财产的权利转移之前可以撤销赠与。经过公证的赠与合同或者依法不得撤销的具有救灾、扶贫、助残等公益、道德义务性质的赠与合同，不适用前款规定。因此，甲在财产过户登记前有权撤销赠与，选项A不当选。

《婚姻家庭编解释（一）》第82条规定，夫妻之间订立借款协议，以夫妻共同财产出借给一方从事个人经营活动或者用于其他个人事务的，应视为双方约定处分夫妻共同财产的行为，离婚时可以按照借款协议的约定处理。甲为丙支付医疗费系履行法定义务，属于甲的“个人事务”，因此该协议应视为处分夫妻共同财产，离婚时按照夫妻间借款协议处理，选项B、C正确，不当选。

《民法典》第1066条规定，婚姻关系存续期间，有下列情形之一的，夫妻一方可以向人民法院请求分割共同财产：（1）一方有隐藏、转移、变卖、毁损、挥霍夫妻共同财产或者伪造夫妻共同债务等严重损害夫妻共同财产利益的行为；（2）一方负有法定扶养义务的人患重大疾病需要医治，另一方不同意支付相关医疗费用。因此，如果丁不同意甲支付医疗费，甲有权要求分割共同财产，选项D当选。

4.【多项选择题】乙女与甲男婚后多年未生育，后甲男发现乙女因不愿生育曾数次擅自终止妊娠，为此甲男多次殴打乙女。乙女在被打住院后诉至法院要求离婚并请求损害赔偿，甲男以生育权被侵害为由提起反诉，请求乙女赔偿其精神损害。法院经调解无效，拟判决双方离婚。下列哪些选项是正确的？

A. 法院应支持乙女的赔偿请求

B. 乙女侵害了甲男的生育权

C. 乙女侵害了甲男的人格尊严

D. 法院不应支持甲男的赔偿请求

| 参考答案 | ________②

| 设题陷阱与常见错误分析 |

本题考查离婚中损害赔偿请求权以及生育权是否为法定权利。有考生可能认为生育权作为公民的法定权利之一，任何人不得侵犯，甲男也有生育权，乙女不愿意生育数次擅自终止

① D
② AD

妊娠的行为侵犯了甲男生育的权利,构成对甲男生育权的侵害,从而错选 B 项。

| 解题思路与方法分析 |

《婚姻家庭编解释(一)》第 23 条规定,夫妻双方因是否生育发生纠纷,致使感情确已破裂,一方请求离婚的,人民法院经调解无效,应依照《民法典》第 1079 条第 3 款第 5 项的规定处理。《民法典》第 1079 条第 3 款规定:"有下列情形之一,调解无效的,应当准予离婚:……(五)其他导致夫妻感情破裂的情形。"乙女与甲男婚后多年未生育,因不愿生育曾数次终止妊娠,为此甲男多次殴打乙女,乙女与甲男的纠纷因是否生育而起,双方感情确已破裂,法院经调解无效,应当准予离婚。

《民法典》第 1091 条规定:"有下列情形之一,导致离婚的,无过错方有权请求损害赔偿:(一)重婚;(二)与他人同居;(三)实施家庭暴力;(四)虐待、遗弃家庭成员;(五)有其他重大过错。"甲男多次殴打乙女,实施家庭暴力,乙女的请求符合离婚损害赔偿条件,故而 A 项正确。

《民法典》第 109 条规定:"自然人的人身自由、人格尊严受法律保护。"乙女终止妊娠,未有其他情节辅助,很难认定其影响了甲男的社会评价、社会地位,更难认定其侵害了甲男受他人尊重的权利,即不构成对甲男人格尊严的侵害,故而 C 项错误。

《婚姻家庭编解释(一)》第 23 条规定,夫以妻擅自终止妊娠侵犯其生育权为由请求损害赔偿的,人民法院不予支持。故甲男以乙女擅自终止妊娠侵犯其生育权为由请求精神损害赔偿,人民法院不应当支持。据此,甲男所谓的生育权,并非法定权利,妇女有按照国家有关规定生育子女的权利,也有不生育子女的自由终止妊娠是妻子乙女的合法权利。故而 B 项错误、D 项正确。

21 考向 收养

1.【单项选择题】张某和李某达成收养协议,约定由李某收养张某 6 岁的孩子小张;任何一方违反约定,应承担违约责任。双方办理了登记手续,张某依约向李某支付了 10 万元。李某收养小张 1 年后,因小张殴打他人赔偿了 1 万元,李某要求解除收养协议并要求张某赔偿该 1 万元。张某同意解除但要求李某返还 10 万元。下列哪一表述是正确的?

A. 李某、张某不得解除收养关系

B. 李某应对张某承担违约责任

C. 张某应赔偿李某 1 万元

D. 李某应返还不当得利

| 参考答案 | __________①

| 设题陷阱与常见错误分析 |

本题考查监护、不当得利和公序良俗,难度较大。有的考生误认为既然收养协议有效,其中的违约责任约定同样有效,忽略了《民法典》合同编不适用于收养关系,由此误选 B。有的考生误认为收养关系不成立,张某依然是小张的监护人,或者收养关系解除后张某重新成为小张的监护人,对小张侵害他人权利应承担侵权责任,而忽略了小张的侵权行为是发生在收养关系解除之前,当时李某是小张的监护人,由此误选 C。

| 解题思路与方法分析 |

《民法典》第 1114 条第 1 款规定,收养人在被收养人成年以前,不得解除收养关系,但是收养人、送养人双方协议解除的除外。养子女 8 周岁以上的,应当征得本人同意。本题中,张某是送养人,李某是收养人,被收养人小张不满 8 周岁,解除收养关系不必征得小张的同意,李某和张某可以通过双方协议解除收养关系,选项 A 不当选。

《民法典》第 464 条第 2 款规定,婚姻、收养、监护等有关身份关系的协议,适用有关该身份关系的法律规定;没有规定的,可以根据其性质参照适用本编规定。由此,收养协议原则上不适用《民法典》合同编,张某向李某主张身份关系上的违约责任,值得商榷,选项 B 不宜选。

《民法典》第 1188 条第 1 款规定,无民事行

① D

为能力人、限制民事行为能力人造成他人损害的,由监护人承担侵权责任。小张殴打他人时尚不满8周岁,属于无民事行为能力人,应当由其监护人承担赔偿责任。《民法典》第27条第1款规定,父母是未成年子女的监护人。小张是未成年人,其父母是其监护人。《民法典》第1111条规定,自收养关系成立之日起,养父母与养子女间的权利义务关系,适用本法关于父母子女关系的规定;养子女与养父母的近亲属间的权利义务关系,适用本法关于子女与父母的近亲属关系的规定。养子女与生父母以及其他近亲属间的权利义务关系,因收养关系的成立而消除。由此,收养人李某是小张的监护人,应当承担1万元的赔偿责任,不能向张某索赔,选项C不当选。

《民法典》第985条规定,得利人没有法律根据取得不当利益的,受损失的人可以请求得利人返还取得的利益。李某收取10万元,但收养协议后来被解除,李某没有完全履行收养义务,其仍受有的利益应当返还,选项D当选。

2.【多项选择题】小强现年9周岁,生父谭某已故,生母徐某虽有抚养能力,但因准备再婚决定将其送养。徐某的姐姐要求收养,其系华侨富商,除已育有一子外符合收养人的其他条件;谭某父母为退休教师,也要求抚养。下列哪些选项是正确的?

A. 徐某因有抚养能力不能将小强送其姐姐收养

B. 徐某的姐姐因有子女不能收养小强

C. 谭某父母有优先抚养的权利

D. 收养应征得小强同意

| **参考答案** | ________①

| **设题陷阱与常见错误分析** |

本题考查收养关系,重点考查有关送养人、收养人、被收养人的特殊规定,同时考查优先抚养权。有考生可能不清楚关于收养三代以内同辈旁系血亲的子女的特殊规定,直接适用一般规定,认为有特殊困难无力抚养子女的生父母才可以作送养人,从而错选A项。有考生可能认为收养人收养与送养人送养,被送养人10周岁以上的,需双方自愿并征得被收养人的同意,从而将D项排除在正确答案之外。

| **解题思路与方法分析** |

《民法典》第1094条规定:"下列个人、组织可以作送养人:(一)孤儿的监护人;(二)儿童福利机构;(三)有特殊困难无力抚养子女的生父母。"徐某有抚养能力,不符合送养人的条件。但同时,根据《民法典》第1099条第1款的规定:"收养三代以内旁系同辈血亲的子女,可以不受本法第一千零九十三条第三项、第一千零九十四条第三项和第一千一百零二条规定的限制。"即收养三代以内同辈旁系血亲的子女不受送养人"有特殊困难无力抚养子女"的限制,因此徐某虽不能成为《民法典》第1094条意义上的送养人,但仍得依据第1099条第1款将小强送其姐姐收养,故而A项错误。

《民法典》第1098条规定:"收养人应当同时具备下列条件:(一)无子女或者只有一名子女;(二)有抚养、教育和保护被收养人的能力;(三)未患有在医学上认为不应当收养子女的疾病;(四)无不利于被收养人健康成长的违法犯罪记录;(五)年满三十周岁。"但同时,根据第1099条第2款的规定,华侨收养三代以内旁系同辈血亲的子女,还可以不受收养人无子女的限制。徐某的姐姐为华侨,因此其虽有一子仍得收养小强,故而B项错误。

《民法典》第1108条规定:"配偶一方死亡,另一方送养未成年子女的,死亡一方的父母有优先抚养的权利。"徐某决定送养小强,其已故配偶谭某的父母享有优先抚养的权利,故而C项正确。

《民法典》第1104条规定:"收养人收养与送养人送养,应当双方自愿。收养八周岁以上未成年人的,应当征得被收养人的同意。"小强9岁,故而需要征得其同意D项也正确。

① CD

22 考向 法定继承

1.【单项选择题】老夫妇王冬与张霞有一子王希、一女王楠,王希婚后育有一子王小力。王冬和张霞曾约定,自家的门面房和住房属于王冬所有。某年8月9日,王冬办理了公证遗嘱,确定门面房由张霞和王希共同继承。次年7月10日,王冬将门面房卖给他人并办理了过户手续。次年12月,王冬去世,不久王希也去世。关于住房和出售门面房价款的继承,下列哪一说法是错误的?

A. 张霞有部分继承权

B. 王楠有部分继承权

C. 王小力有部分继承权

D. 王小力对住房有部分继承权、对出售门面房的价款有全部继承权

| 参考答案 | __________[①]

| 设题陷阱与常见错误分析 |

本题考查的是考生对继承制度的掌握和了解情况。在解答本题时,考生要注意王冬以自己的行为对遗嘱的撤销。有的考生认为王冬出卖房屋所得的价款仍应当由王希继承,在王希去世后应当由王小力继承,从而认为不应选择D项。

| 解题思路与方法分析 |

根据《民法典》第1142条第1款和第2款的规定,遗嘱人可以撤回、变更自己所立的遗嘱。立遗嘱后,遗嘱人实施与遗嘱内容相反的民事法律行为的,视为对遗嘱相关内容的撤回。因此,王冬出卖房屋的行为视为对其之前遗嘱的撤销,所得的价款应当由张霞、王楠和王希以法定继承的方式共同继承。由于张霞、王希、王楠均属于被继承人王冬的第一顺序继承人,因此,张霞、王楠均享有部分继承权。故A、B项正确。按照《民法典》第1152条的规定,继承开始后,继承人于遗产分割前死亡,并没有放弃继承的,该继承人应当继承的遗产转给其继承人,但是遗嘱另有安排的除外。在继承开始后,由于继承人王希的死亡,发生转继承的问题,王小力享有对王冬的部分继承权,故C项正确。由于王冬生前的行为视为对遗嘱的撤销,故其出售房屋所得的价款应当由张霞、王楠、王小力共同继承,故D项错误,应选。

2.【多项选择题】甲自书遗嘱将所有遗产全部留给长子乙,并明确次子丙不能继承。乙与丁婚后育有一女戊、一子己。后乙、丁遇车祸,死亡先后时间不能确定。甲悲痛成疾,不久去世。丁母健在。下列哪些表述是正确的?

A. 甲、戊、己有权继承乙的遗产

B. 丁母有权转继承乙的遗产

C. 戊、己、丁母有权继承丁的遗产

D. 丙有权继承、戊和己有权代位继承甲的遗产

| 参考答案 | __________[②]

| 设题陷阱与常见错误分析 |

本题综合考查遗嘱继承、法定继承、代位继承和转继承,综合性比较强。代位继承只适用于法定继承,有的考生误认为本题中为遗嘱继承,不适用代位继承,故未选选项D。还有的考生误认为,甲在遗嘱中明确丙无继承权,遗嘱的效力大于法定继承,故丙不能继承甲的遗产,由此也未选选项D。

| 解题思路与方法分析 |

根据《民法典》第1127条第1款和第2款的规定,遗产按照下列顺序继承:(1)第一顺序:配偶、子女、父母;(2)第二顺序:兄弟姐妹、祖父母、外祖父母。继承开始后,由第一顺序继承人继承,第二顺序继承人不继承;没有第一顺序继承人继承的,由第二顺序继承人继承。乙死亡后,其遗产由法定继承人甲、戊和己继承,故选项A表述正确,当选。同理,丁死亡后,其遗产由法定继承人戊、己和丁母继承,故选项C表述正确,当选。

根据《民法典》第1121条第2款的规定,相互有继承关系的数人在同一事件中死亡,难以确定死亡时间的,推定没有其他继承人的人先死

---

① D

② ACD

亡。都有其他继承人,辈份不同的,推定长辈先死亡;辈份相同的,推定同时死亡,相互不发生继承。因此,乙、丁互相不发生继承,故丁母无权转继承乙的遗产,选项 B 表述错误,不当选。

根据《民法典》第 1154 条的规定:“有下列情形之一的,遗产中的有关部分按照法定继承办理:……(三)遗嘱继承人、受遗赠人先于遗嘱人死亡或者终止……”本题中,遗嘱继承人乙先于被继承人甲死亡,因此,不发生遗嘱继承,应按法定继承办理。同时,《民法典》第 1128 条第 1 款规定,被继承人的子女先于被继承人死亡的,由被继承人的子女的直系晚辈血亲代位继承。故丙有权继承甲的遗产;戊和己有权代位继承甲的遗产,选项 D 表述正确,当选。

23 考向 遗嘱继承和遗赠

1.【多项选择题】贡某立公证遗嘱:死后财产全部归长子贡文所有。贡文知悉后,自书遗嘱:贡某全部遗产归弟弟贡武,自己全部遗产归儿子贡小文。贡某随后在贡文遗嘱上书写:同意,但还是留 10 万元给贡小文。其后,贡文先于贡某死亡。关于遗嘱的效力,下列哪些选项是正确的?

A. 贡某遗嘱已被其通过书面方式变更

B. 贡某遗嘱因贡文先死亡而不生效力

C. 贡文遗嘱被贡某修改的部分合法有效

D. 贡文遗嘱涉及处分贡某财产的部分有效

| **参考答案** | ________①

| **设题陷阱与常见错误分析** |

本题考查了遗嘱的形式、不同形式遗嘱之间的优先效力及代位继承。有考生可能认为贡某的公证遗嘱优先且不能变更,从而不选 A 项。有考生可能认为贡某就贡文遗嘱中涉及贡某财产的部分,有权修改,而错选 C 项;或认为贡文遗嘱可以处分贡某财产,而错选 D 项。

| **解题思路与方法分析** |

根据《民法典》第 1142 条的规定,遗嘱人可以撤回、变更自己所立的遗嘱。立遗嘱后,遗嘱人实施与遗嘱内容相反的民事法律行为的,视为对遗嘱相关内容的撤回。立有数份遗嘱,内容相抵触的,以最后的遗嘱为准。据此,贡某的公证遗嘱,已经被其在贡文遗嘱上的文字,以书面形式予以修改,故而,A 项正确。根据《民法典》第 1128 条第 1 款规定,被继承人的子女先于被继承人死亡的,由被继承人的子女的直系晚辈血亲代位继承。被继承人的子女先于被继承人死亡的,转为法定的代位继承,故公证遗嘱不生效力,B 项正确。根据《民法典》第 1143 条第 4 款规定,遗嘱被篡改的,篡改的内容无效。贡某对贡文遗嘱的修改部分无效,C 项错误。《继承编解释(一)》第 26 条规定,遗嘱人以遗嘱处分了国家、集体或者他人财产的,应当认定该部分遗嘱无效。以遗嘱方式处分了属于他人所有的财产,贡文遗嘱的这部分,应认定无效,D 项错误。

2.【多项选择题】韩某于 2017 年 3 月病故,留有住房 1 套、存款 50 万元、名人字画 10 余幅及某有限责任公司股权等遗产。韩某在 2014 年所立第一份自书遗嘱中表示全部遗产由其长子韩大继承。在 2015 年所立第二份自书遗嘱中,韩某表示其死后公司股权和名人字画留给 7 岁的外孙女婷婷。2017 年 6 月,韩大在未办理韩某遗留房屋所有权变更登记的情况下以自己的名义与陈卫订立了商品房买卖合同。下列哪些选项是错误的?

A. 韩某的第一份遗嘱失效

B. 韩某的第二份遗嘱无效

C. 韩大与陈卫订立的商品房买卖合同无效

D. 婷婷不能取得某有限责任公司股东资格

| **参考答案** | ________②

| **设题陷阱与常见错误分析** |

本题考查遗嘱的变更以及遗嘱的效力。有考生可能认为遗嘱人立有数份遗嘱,应当以最后的遗嘱为准,故韩某所立的第一份遗嘱失效,

---

① AB

② ABCD

从而不选 A 项。有考生可能认为房屋所有权以不动产登记为准，韩大未办理房屋所有权的变更登记，没有取得房屋的所有权，以其自己名义与陈卫订立的商品房买卖合同属于无权处分，该合同无效，从而不选 C 项。

| **解题思路与方法分析** |

《民法典》第 1122 条第 1 款规定了遗产的范围，即遗产是自然人死亡时遗留的个人合法财产。本题所涉住房 1 套、存款 50 万元、名人字画 10 余幅及某有限责任公司股权等各财产，均得成为遗产被继承。

根据《民法典》第 1142 条的规定，遗嘱人可以撤回、变更自己所立的遗嘱。立遗嘱后，遗嘱人实施与遗嘱内容相反的民事法律行为的，视为对遗嘱相关内容的撤回。立有数份遗嘱，内容相抵触的，以最后的遗嘱为准。韩某的第二份遗嘱变更了第一份遗嘱中的部分内容，故变更部分以第二份遗嘱为准，第一份遗嘱部分失效，第二份遗嘱有效，故而 A、B 项错误，应选。

《民法典》第 230 条规定，因继承取得物权的，自继承开始时发生效力，韩大通过继承之方式取得房屋所有权，自韩某死亡时，韩大即取得该不动产的所有权，韩大是否办理房屋所有权变更登记，不影响房屋所有权的变动。韩大依法拥有对房屋的处分权，可以与陈卫订立房屋买卖合同，买卖合同有效，故而 C 项错误，应选。

《公司法》第 75 条规定："自然人股东死亡后，其合法继承人可以继承股东资格；但是，公司章程另有规定的除外。"韩某作为某有限责任公司的自然人股东，其死亡后，股权属于遗产，婷婷为受遗赠人，能够取得有限责任公司股东资格。《公司法》对无民事行为能力人成为股东未作出限制性规定，因此，无民事行为能力人可以取得股东资格，其股东权利可由法定代理人代为行使，故而 D 项错误，应选。

24 考向 遗产的处理

【多项选择题】熊某与杨某结婚后，杨某与前夫所生之子小强由二人一直抚养，熊某死亡，未立遗嘱。熊某去世前杨某孕有一对龙凤胎，于熊某死后生产，产出时男婴为死体，女婴为活体但旋即死亡。关于对熊某遗产的继承，下列哪些选项是正确的？

A. 杨某、小强均是第一顺位的法定继承人

B. 女婴死亡后，应当发生法定的代位继承

C. 为男婴保留的遗产份额由杨某、小强继承

D. 为女婴保留的遗产份额由杨某继承

| **参考答案** | __________①

| **设题陷阱与常见错误分析** |

本题考查的是遗产分割和法定继承的顺序。有考生可能对于"胎儿出生时是死体的"具体情形未能理解，从而混淆了"胎儿出生后死亡"与"胎儿出生时就是死体"这两种不同情形。

| **解题思路与方法分析** |

根据《民法典》第 1127 条的规定，遗产按照下列顺序继承：(1)第一顺序：配偶、子女、父母；(2)第二顺序：兄弟姐妹、祖父母、外祖父母。继承开始后，由第一顺序继承人继承，第二顺序继承人不继承；没有第一顺序继承人继承的，由第二顺序继承人继承。本编所称子女，包括婚生子女、非婚生子女、养子女和有扶养关系的继子女。本编所称父母，包括生父母、养父母和有扶养关系的继父母。本编所称兄弟姐妹，包括同父母的兄弟姐妹、同父异母或者同母异父的兄弟姐妹、养兄弟姐妹、有扶养关系的继兄弟姐妹。

小强为继子、杨某为妻子，均是第一顺位的法定继承人，A 项正确。《民法典》第 1128 条第 1 款规定，被继承人的子女先于被继承人死亡的，由被继承人的子女的直系晚辈血亲代位继承。代位继承以继承人先于被继承人死亡为条件，女婴死亡后不发生代位继承，B 项错误。《民法典》第 1155 条规定："遗产分割时，应当保留胎儿的继承份额。胎儿娩出时是死体的，保留的份额按照法定继承办理。"《继承编解释(一)》第 31 条第 2 款规定，为胎儿保留的遗产

---

① ACD

份额，如胎儿出生后死亡的，由其继承人继承；如胎儿娩出时是死体的，由被继承人的继承人继承。《民法典》第16条规定："涉及遗产继承、接受赠与等胎儿利益保护的，胎儿视为具有民事权利能力。但是胎儿娩出时为死体的，其民事权利能力自始不存在。"结合本题情形，C项、D项正确。

25 考向 侵权责任概述

1.【单项选择题】姚某旅游途中，前往某玉石市场参观，在唐某经营的摊位上拿起一只翡翠手镯，经唐某同意后试戴，并问价。唐某报价18万元（实际进货价8万元，市价9万元），姚某感觉价格太高，急忙取下，不慎将手镯摔断。关于姚某的赔偿责任，下列哪一选项是正确的？

A. 应承担违约责任

B. 应赔偿唐某8万元损失

C. 应赔偿唐某9万元损失

D. 应赔偿唐某18万元损失

｜**参考答案**｜__________①

｜**设题陷阱与常见错误分析**｜

本题考查侵权责任与违约责任的区分，重点考查财产损失计算之规定。有考生可能认为，姚某是经唐某同意后试戴的，二者间成立试用买卖合同，姚某不慎摔断手镯，应承担违约责任。有考生可能不清楚《民法典》中关于侵权责任中财产损失的计算标准，可能认为对于侵权损失应该适用填平规则而非弥补规则，进而认为姚某应当赔偿唐某进货价8万元，从而错选B项；或者可能认为，手镯报价是18万元，不能排除唐某以18万元价格将手镯售给他人的可能，故姚某应赔偿唐某18万元的损失，从而错选D项。

｜**解题思路与方法分析**｜

本题依据真实案例改编，2017年6月27日，江西籍游客费女士来到云南省瑞丽市姐告玉城，在一商铺试戴了一个翡翠手镯，当商家告知她所戴手镯售价30万元后，费女士便想取下，在摘手镯过程中，手镯直接跌落在地面摔碎。当然，据了解，此案以费女士与商家协商达成赔偿协议告终，以17万元的价格为基数赔偿，费女士承担70%责任，商家承担30%责任。

违约责任，是违反合同约定的责任。《民法典》第179条规定："承担民事责任的方式主要有：（一）停止侵害；（二）排除妨碍；（三）消除危险；（四）返还财产；（五）恢复原状；（六）修理、重作、更换；（七）继续履行；（八）赔偿损失；（九）支付违约金；（十）消除影响、恢复名誉；（十一）赔礼道歉。法律规定惩罚性赔偿的，依照其规定。本条规定的承担民事责任的方式，可以单独适用，也可以合并适用。"《民法典》第577条规定："当事人一方不履行合同义务或者履行合同义务不符合约定的，应当承担继续履行、采取补救措施或者赔偿损失等违约责任。"因此，应先有有效的合同，再有违约行为，且不符免责之条件才能产生违约责任。在本题情形下，应首先判断姚某与唐某之间是否存在有效的合同关系。姚某经唐某同意后试戴玉镯，试戴后是否购买，双方尚未达成一致的意思表示，亦即尚未缔结买卖合同，故而姚某不应当构成违约责任，A项错误。

《民法典》第120条规定，民事权益受到侵害的，被侵权人有权请求侵权人承担侵权责任。《民法典》第1165条第1款规定，行为人因过错侵害他人民事权益造成损害的，应当承担侵权责任。因姚某与唐某的合同并未成立，而姚某将手镯急忙取下、不慎摔断的行为侵害了唐某的财产权益，存在过错，其行为符合一般侵权责任的构成要件，故而构成侵权，应向唐某承担侵权责任。根据《民法典》第1184条的规定，侵害他人财产的，财产损失按照损失发生时的市场价格或者其他合理方式计算，即姚某摔断手镯给唐某造成的财产损失原则上应按损失发生时的市场价格计算，即应当按照市价之9万元赔偿，故而C项正确；不能按照实际进货价之8万元赔偿，故B项错误；也不能按照唐某报价之18万元赔偿，故D项错误。

---

① C

2.【单项选择题】刘婆婆回家途中，看见邻居肖婆婆带着外孙小勇和另一家邻居的孩子小囡（均为4岁多）在小区花园中玩耍，便上前拿出几根香蕉递给小勇，随后离去。小勇接过香蕉后，递给小囡一根，小囡吞食时误入气管导致休克，经抢救无效死亡。对此，下列哪一选项是正确的？

A. 刘婆婆应对小囡的死亡承担民事责任

B. 肖婆婆应对小囡的死亡承担民事责任

C. 小勇的父母应对小囡的死亡承担民事责任

D. 属意外事件，不产生相关人员的过错责任

| **参考答案** | ________①

| **设题陷阱与常见错误分析** |

本题考查侵权行为的认定，同时考查侵权责任法上的注意义务。有考生可能认为小囡是食用了刘婆婆赠送的香蕉才导致休克并最终死亡，认为刘婆婆应对小囡的死亡承担民事责任，从而错选A项。有考生可能认为肖婆婆看见小勇将香蕉递给另一位小朋友小囡而未加阻止，存在明显的过错，应对小囡的死亡承担民事责任，从而错选B项。有考生可能认为小囡食用小勇递来的香蕉才导致休克并最终死亡，4岁多的小勇为无民事行为能力人，其造成他人损害的，由监护人（小勇父母）承担侵权责任，从而错选C项。

| **解题思路与方法分析** |

本题构思源自真实案例，即“蒋某某、曾某诉覃某某、苏某某生命权纠纷案”：苏某某向小覃（不满6岁）赠送了几根香蕉，小覃的爷爷覃某某此时也在一旁，得知情况后没有提出异议。小覃又将其中一根香蕉转送给了一起玩耍的婷婷，婷婷食用过程中倒地，经抢救无效死亡，经鉴定系“异物吸入窒息死亡”，婷婷父母蒋某某、曾某将苏某某和覃某某诉至法院，要求损害赔偿。一审法院认为，苏某某提供的香蕉无毒，不具有食用上的危险性，且其不能预见香蕉被转送给婷婷，更不能预见进食香蕉时婷婷因噎窒息，苏某某在事件中并无过错；一审法院还认为，覃某某对婷婷并无法定监护职责，事后也实施了合理的救助行为，覃某某在整个事件中并无过错；进而，一审法院判决驳回婷婷父母的诉讼请求。蒋某某、曾某不服，提起上诉。二审中，蒋某某、曾某撤回对苏某某的请求，上诉请求变更为仅要求覃某某承担赔偿责任；二审法院经审理后驳回上诉，维持原判。

民法鼓励主体之间的正常交往，同时，亦强调避免归责过烈，以至于当事人动辄得咎，进而反过来窒碍交往。本题解题的关键在于判断刘婆婆将香蕉给小勇的行为、小勇的分享行为和肖婆婆未加阻止的不作为，是否存在系列性的过错，进而判断是否应当承担相应的民事责任。

食用他人所给香蕉导致死亡，就可能涉及的侵权行为类型而言，应属一般侵权行为，从归责原则角度，需要考量行为人有无过错。侵权责任法规定了一般侵权行为的过错责任原则、特殊侵权行为的过错推定原则和无过错责任原则。《民法典》第1165条规定，行为人因过错侵害他人民事权益造成损害的，应当承担侵权责任。依照法律规定推定行为人有过错，其不能证明自己没有过错的，应当承担侵权责任。《民法典》第1166条规定，行为人造成他人民事权益损害，不论行为人有无过错，法律规定应当承担侵权责任的，依照其规定。同时，即便存在符合侵权责任的传统构成要件，即行为、结果、因果关系和过错，侵权责任亦不一定必然成立，还需考量免责事由；其中，典型的免责事由包括《民法典》第1174条规定的受害人故意、《民法典》第180条规定的不可抗力等。

在本题情形下，刘婆婆赠送香蕉，属于日常行为，香蕉对于4岁多的小勇来说并不会带来危险，且刘婆婆并不能预料小勇会与小囡分享，进而小囡食用后致死，故不能认定刘婆婆对小囡的死亡有过错，因此刘婆婆对小囡的死亡不应承担民事责任，不选A项。

肖婆婆带外孙小勇和小囡在小区花园中玩耍，对于小勇接受刘婆婆赠与香蕉未加制止、对于小勇将香蕉分享给小囡也未加制止，其不作为也符合一般成年人的常规处理，不宜苛之以更额外的注意义务，因此也不能认定为存在

---

① D

过错,故肖婆婆对小囡的死亡不应承担民事责任,不选B项。

小勇作为无民事行为能力人,其分享香蕉给小囡的行为,也无过错。进而,需要考量其监护人,即小勇父母有无监护责任。根据《民法典》第1188条第1款的规定,无民事行为能力人、限制民事行为能力人造成他人损害的,由监护人承担侵权责任。监护人尽到监护职责的,可以减轻其侵权责任。本题情形下,小勇父母将小勇交由外婆临时监护,所托之人并无过错,小勇父母也无临时监护选任上的重大疏忽,故而并无监护失责,不应就小囡的死亡承担民事责任,不选C项。

我国《民法典》并未直接规定意外事件是民事责任的免责事由,更未有立法明文定义何谓意外事件。但司法实践以及学理倾向,往往将意外事件作为重要的免责事由之一,在本题情形下,可将该事件定性为意外事件,并结合各当事人有无过错,确定D项为最佳选项。

3.【单项选择题】甲用其拾得的乙的身份证在丙银行办理了信用卡,并恶意透支,致使乙的姓名被列入银行不良信用记录名单。经查,丙银行在办理发放信用卡之前,曾通过甲在该行留下的乙的电话(实为甲的电话)核实乙是否申请办理了信用卡。根据我国现行法律规定,下列哪一表述是正确的?

A. 甲侵犯了乙的姓名权

B. 甲侵犯了乙的名誉权

C. 甲侵犯了乙的信用权

D. 丙银行不应承担责任

| **参考答案** | ________①

| **设题陷阱与常见错误分析** |

本题考查具体人格权。有的考生误认为,甲用拾得的乙的身份证在丙银行办理了信用卡并恶意透支,导致乙的信用或者名誉受损,由此未选A项,误选了C项或者B项。不少考生误认为,丙银行已经尽到了合理注意义务,不应承担任何责任,由此误选了D项。

| **解题思路与方法分析** |

《民法典》第110条第1款规定:"自然人享有生命权、身体权、健康权、姓名权、肖像权、名誉权、荣誉权、隐私权、婚姻自主权等权利。"可见,甲用其拾得的身份证,使用乙的姓名开办信用卡,属于侵犯他人姓名权的行为,选项A正确,当选。名誉权是公民或法人对自己在社会生活中获得的社会评价、人格尊严享有的不可侵犯的权利。本题中,甲恶意透支致使乙产生了不良信用记录,但这不属于以虚构事实或其他侮辱、诽谤、贬低他人人格的手段侵犯他人名誉权的行为,故选项B错误,不当选。另外,甲的行为导致乙的信用受损是侵犯姓名权的结果,且我国并无独立保护信用权的立法,参见《民法典》第1164条的规定,侵权责任编调整因侵害民事权益产生的民事关系。本法所称民事权益,包括生命权、健康权、姓名权、名誉权、荣誉权、肖像权、隐私权、婚姻自主权、监护权、所有权、用益物权、担保物权、著作权、专利权、商标专用权、发现权、股权、继承权等人身、财产权益。故选项C错误,不当选。最后,丙银行虽然尽了一定审核义务,但其未尽合理、谨慎审核之责,且其发放信用卡的制度设计或操作流程存在损害他人财产安全的隐患,故应当承担相应赔偿责任,选项D错误,不当选。

4.【多项选择题】甲赴宴饮酒,遂由有驾照的乙代驾其车,乙违章撞伤丙。交管部门认定乙负全责。以下假定情形中对丙的赔偿责任,哪些表述是正确的?

A. 如乙是与甲一同赴宴的好友,乙不承担赔偿责任

B. 如乙是代驾公司派出的驾驶员,该公司应承担赔偿责任

C. 如乙是酒店雇佣的为饮酒客人提供代驾服务的驾驶员,乙不承担赔偿责任

D. 如乙是出租车公司驾驶员,公司明文禁止代驾,乙为获高额报酬而代驾,乙应承担赔偿责任

| **参考答案** | ________②

---

① A

② BCD

| 设题陷阱与常见错误分析 |

本题考查侵权责任。有的考生误认为,乙是帮助甲开车,形成好意施惠关系,乙不对丙承担赔偿责任,由此误选了选项A。有的考生误认为,乙是代驾公司派出的驾驶员,应由乙和代驾公司对丙承担连带责任,由此未选选项B。有的考生误认为,乙是酒店雇用人员,存在重大过错,应由乙和酒店对丙承担连带责任,由此未选选项C。有的考生误认为,乙是出租车公司驾驶员,但乙擅自代驾,仍由公司承担赔偿责任,从而不选选项D。

| 解题思路与方法分析 |

乙作为与甲一同赴宴的好友,代甲驾车,为情谊行为,但是乙有重大过失,不能完全免除其对丙的赔偿责任,选项A表述错误,不当选。根据《民法典》第1191条第1款的规定,用人单位的工作人员因执行工作任务造成他人损害的,由用人单位承担侵权责任。乙作为代驾公司派出的驾驶员,应由公司对丙承担赔偿责任,选项B表述正确,当选。同理,乙作为酒店雇佣的专门代驾员,应由酒店对丙承担赔偿责任,乙不承担赔偿责任,选项C表述正确,当选。乙作为出租车公司驾驶员,违反公司内部规定代驾,并非职务行为,应由乙承担赔偿责任,选项D表述正确,当选。

5.【多项选择题】甲、乙、丙三家毗邻而居,甲、乙分别饲养山羊各一只。某日二羊走脱,将丙辛苦栽培的珍稀药材悉数啃光。关于甲、乙的责任,下列哪些选项是正确的?

A. 甲、乙可各自通过证明已尽到管理职责而免责

B. 基于共同致害行为,甲、乙应承担连带责任

C. 如能确定二羊各自啃食的数量,则甲、乙各自承担相应赔偿责任

D. 如不能确定二羊各自啃食的数量,则甲、乙平均承担赔偿责任

| 参考答案 | __________①

| 设题陷阱与常见错误分析 |

本题考查无意思联络的数人侵权行为,重点在于当事人无意思联络。有考生可能不清楚饲养动物致人损害适用无过错责任原则,认为饲养动物致人损害应当适用过错责任,有过错,才有责任,如甲、乙各自可证明已经尽到管理职责,不存在过错,则甲、乙可免责,从而错选A项。有考生可能认为甲、乙两人基于饲养山羊走失的共同过错,使丙的合法权益遭受损害,是共同加害行为,依法应当承担连带责任,从而错选B项。

| 解题思路与方法分析 |

根据《民法典》第1245条的规定,饲养的动物造成他人损害的,动物饲养人或者管理人应当承担侵权责任,但能够证明损害是因被侵权人故意或者重大过失造成的,可以不承担或者减轻责任,即饲养动物致人损害适用无过错责任原则,甲、乙只有通过证明损害是因被侵权人丙故意或者重大过失造成的,才可以不承担或者减轻责任,而甲、乙并不能通过证明已尽到管理职责而免责,故而A项错误。

本题情形不符合《民法典》第1168条的规定,该条规定二人以上共同实施侵权行为,造成他人损害的,应当承担连带责任。甲、乙两人分别饲养山羊,更未进行意思联络,客观上两人饲养的山羊分别实施侵权行为造成了丙的药材受损,故而属于无意思联络的数人侵权行为,B项错误。

《民法典》第1172条规定:"二人以上分别实施侵权行为造成同一损害,能够确定责任大小的,各自承担相应的责任;难以确定责任大小的,平均承担责任。"本题情形属于因果关系竞合型的无意思联络数人侵权,甲、乙分别饲养的山羊分别啃食丙的药材,造成丙的药材被悉数啃光的后果,单独一只甲或乙饲养的羊都不足以造成药材被悉数啃光的后果,如能确定责任大小即二羊各自啃食的数量,则甲、乙各自承担相应赔偿责任;如难以确定责任大小即不能确定二羊各自啃食的数量,则甲、乙平均承担赔偿责任,故而C项、D项正确。

① CD

26 考向 特殊侵权责任

1.【单项选择题】甲、乙、丙三家公司生产三种不同的化工产品，生产场地的排污口相邻。某年，当地大旱导致河水水位大幅下降，三家公司排放的污水混合发生化学反应，产生有毒物质致使河流下游丁养殖场的鱼类大量死亡。经查明，三家公司排放的污水均分别经过处理且符合国家排放标准。后丁养殖场向三家公司索赔。下列哪一选项是正确的？

A. 三家公司均无过错，不承担赔偿责任

B. 三家公司对丁养殖场的损害承担连带责任

C. 本案的诉讼时效是2年

D. 三家公司应按照污染物的种类、排放量等因素承担责任

| **参考答案** | ________①

| **设题陷阱与常见错误分析** |

本题考查的是环境污染责任。有的考生错认为环境污染责任的归责原则是过错责任而错选A选项。有的考生误认为三家公司排污的行为在主观上构成了共同过错应当承担连带责任，错选了B项。

| **解题思路与方法分析** |

根据《民法典》第1229条的规定，污染者对环境侵权承担无过错责任，即只要产生了污染，行为人只能对法律规定的免责、减责情形和其与污染无因果关系承担举证责任。因此，即便三家公司的污水处理符合国家标准，在造成污染后，除非三家公司存在法定的免责、减责事由或其行为与污染不存在因果关系，其都应承担侵权责任。同时，根据最高人民法院《关于审理生态环境侵权责任纠纷案件适用法律若干问题的解释》（以下简称《生态环境侵权责任解释》）第6条的规定，“两个以上侵权人分别污染环境、破坏生态，每一个侵权人的行为都不足以造成全部损害，被侵权人根据民法典第一千一百七十二条的规定请求侵权人承担责任的，人民法院应予支持。侵权人主张其污染环境、破坏生态行为不足以造成全部损害的，应当承担相应举证责任”。故A项错误。由于三家公司对环境污染并不存在主观上的共同故意或共同过失，其行为不构成共同侵权行为、共同危险行为，其不需要对丁养殖场承担连带责任，故B项错误。

根据《民法典》第188条的规定，环境侵权责任的诉讼时效是3年，故C项错误。根据《民法典》第1231条的规定，两个以上侵权人污染环境、破坏生态的，承担责任的大小，根据污染物的种类、浓度、排放量，破坏生态的方式、范围、程度，以及行为对损害后果所起的作用等因素确定。因此，D项正确。

2.【多项选择题】四名行人正常经过北方牧场时跌入粪坑，一人获救三人死亡。据查，当地牧民为养草放牧，储存牛羊粪便用于施肥，一家牧场往往挖有三四个粪坑，深者达三四米，之前也发生过同类事故。关于牧场的责任，下列哪些选项是正确的？

A. 应当适用无过错责任原则

B. 应当适用过错推定责任原则

C. 本案情形已经构成不可抗力

D. 牧场管理人可通过证明自己尽到管理职责而免责

| **参考答案** | ________②

| **设题陷阱与常见错误分析** |

本题考查的重点是物件致害行为中的地下设施致害行为。对于地下设施致害性应当适用的是过错推定责任原则，有考生可能认为应当适用无过错责任原则，从而错选A项。此外，有考生可能混淆了本案人力因素与不可抗力的区分，从而错选C项。对于D项，重要的是区分“在公共场所或者道路上挖坑、修缮安装地下设施等造成他人损害”与“窨井等地下设施造成他人损害”这两种不同的情形，从而避免将“通过证明自己尽到管理职责而免责”混淆为“设置明显标志和采取安全措施的”

---

① D

② BD

免责。

| **解题思路与方法分析** |

根据《民法典》第1258条的规定，在公共场所或者道路上挖掘、修缮安装地下设施等造成他人损害，施工人不能证明已经设置明显标志和采取安全措施的，应当承担侵权责任。窨井等地下设施造成他人损害，管理人不能证明尽到管理职责的，应当承担侵权责任。本案情形应当属于第1258条第2款"窨井等地下设施造成他人损害"的情形，其适用过错推定责任原则，故而A项错误，B、D项正确。另外，根据《民法典》第180条规定，本案并不符合不可抗力的情节，C项错误。

3.【多项选择题】甲家盖房，邻居乙、丙前来帮忙。施工中，丙因失误从高处摔下受伤，乙不小心撞伤小孩丁。下列哪些表述是正确的？

A. 对丙的损害，甲应承担赔偿责任，但可减轻其责任

B. 对丙的损害，甲不承担赔偿责任，但可在受益范围内予以适当补偿

C. 对丁的损害，甲应承担赔偿责任

D. 对丁的损害，甲应承担补充赔偿责任

| **参考答案** | ________[1]

| **设题陷阱与常见错误分析** |

本题考查帮工的侵权责任。有的考生认为，丙摔伤是因自己失误所致，故甲不应当承担赔偿责任，但由于甲作为被帮工人受有利益，应当在受益范围内予以适当补偿，故误认为选项B对选项A错。有的考生认为，乙自己把丁撞伤，应由乙自行承担责任，甲只需承担补偿责任，故误认为选项D对，选项C错。

| **解题思路与方法分析** |

帮工活动中的侵权责任是指为他人无偿提供劳务的帮工人，在从事帮工活动中致人损害或自己遭受损害，被帮工人依法应承担的侵权责任。帮工活动中的侵权责任包括两种类型：一是帮工人致人损害责任，二是帮工人自己受害责任。最高人民法院《关于审理人身损害赔偿案件适用法律若干问题的解释》第4条规定，无偿提供劳务的帮工人，在从事帮工活动中致人损害的，被帮工人应当承担赔偿责任。被帮工人承担赔偿责任后向有故意或者重大过失的帮工人追偿的，人民法院应予支持。被帮工人明确拒绝帮工的，不承担赔偿责任。据此，帮工人乙在帮工活动中致使丁受损害，应由被帮工人甲承担责任，选项C正确，选项D错误。

同时，该司法解释第5条第1款规定，无偿提供劳务的帮工人因帮工活动遭受人身损害的，根据帮工人和被帮工人各自的过错承担相应的责任；被帮工人明确拒绝帮工的，被帮工人不承担赔偿责任，但可以在受益范围内予以适当补偿。据此，丙因帮工摔伤，甲应承担责任，选项B错误。

《民法典》第1173条规定，被侵权人对损害的发生也有过错的，可以减轻侵权人的责任。丙因失误而摔伤，对损害的发生也有过错，甲的责任可以减轻，选项A正确。

此外，《民法典》第1192条第1款规定，个人之间形成劳务关系，提供劳务一方因劳务造成他人损害的，由接受劳务一方承担侵权责任。接受劳务一方承担侵权责任后，可以向有故意或者重大过失的提供劳务一方追偿。提供劳务一方因劳务受到损害的，根据双方各自的过错承担相应的责任。根据该条也可对本题进行正确选择。

---

① AC

2024 年模拟测试①

1.【单项选择题】某日甲邀请两位藏友乙、丙前往家中观赏自己新购入的一块玉石。丙经仔细观察得知该玉石系人工拼接(价值较低),遂私下告知甲。乙询问该玉石的品相,未待甲开口,丙便告知乙该玉石为极品天然玉石。乙遂以高价向甲求购,甲应允但约定由自己再借用1个星期。关于本案,下列哪一说法是正确的?

A. 乙未取得玉石的所有权

B. 乙有权撤销该买卖合同

C. 乙向法院主张撤销合同时,甲须承担不存在欺诈行为的举证责任

D. 乙向法院主张撤销合同时,应证明欺诈行为存在高度盖然性

2.【单项选择题】2022 年 4 月 1 日,甲去世,留有房屋一套,未立遗嘱。甲有二子分别为乙、丙,丙长年在外打工,未回家料理甲的丧事。4 月 10 日,乙将房屋登记在自己名下。丙得知后,于 4 月 15 日向登记机构申请异议登记,但并未就此提起诉讼。为避免丙争夺该房屋,乙于 5 月 20 日将该房屋以市价出售给不知情的丁,并为丁办理完毕过户登记。关于本案,下列哪一说法是正确的?

A. 4 月 1 日,乙成为房屋的所有权人

B. 4 月 10 日,乙取得房屋的所有权

C. 5 月 2 日,丙就房屋提起诉讼的,法院应不予受理

D. 5 月 20 日,丁不能取得房屋所有权

3.【多项选择题】2023 年 4 月 1 日,甲与乙商场签订冰箱试用买卖合同,约定试用期为 1 个月。4 月 15 日,甲将该冰箱赠与给丙,且已完成冰箱的交付。经查,丙不知冰箱为甲试用之事。冰箱使用期间出现故障,造成丙存放在冰箱中的食材均变质腐败。对此,下列说法哪些是错误的?

A. 该买卖合同于 4 月 1 日生效

B. 丙善意取得冰箱的所有权

C. 交付冰箱后,甲可以任意撤销对丙的赠与

D. 就冰箱的瑕疵,甲须对丙承担赔偿责任

4.【多项选择题】2023 年 4 月,甲(居住于 A 市 B 区)自红枫商场(主要营业地为 A 市 C 区)购买了犀牛公司(主要营业地为 A 市 D 区)生产的洗衣机一台。次月,在一次洗衣过程中,洗衣机发生故障将其中的衣物全部搅烂,其中一件衣服甲非常喜欢,甲因此感到特别痛苦。甲为此多次要求红枫商场给予赔偿,均遭到拒绝,甲遂就此提起诉讼。对此,下列哪些说法是错误的?

A. 无论甲以何理由提起诉讼,A 市 B 区法院均享有管辖权

B. 甲可起诉犀牛公司要求其承担违约赔偿责任

C. 甲可起诉红枫商场要求其承担赔偿责任,赔偿中包含精神损害赔偿

D. 诉讼中,甲须对洗衣机存在瑕疵承担举证责任

5.【多项选择题】甲、乙、丙各自出资 200 万元共同成立安心公司经销木材。安心公司成立后,甲担任该公司的法定代表人,乙、丙未参与公司的经营管理。运营过程中,甲以安心公司的资金购置房产登记在自己名下,导致安心公司无力偿还对于静安公司所欠付的货款 500 万元。关于本案,下列哪些说法是正确的?

A. 静安公司只能请求安心公司支付价款

B. 静安公司可请求甲支付价款

C. 如乙、丙不能证明与安心公司之间财产独立,其须对静安公司承担责任

D. 静安公司可将安心公司及甲列为共同被告

① 为了方便考生自测,模拟测试题目的参考答案及解析统一位于该部分最后,特此说明。——编者注

6.【多项选择题】李某原系茂林公司的业务经理，在离职时私刻茂林公司的合同专用章。某日，李某擅自以茂林公司名义与方元公司签订合同，向方元公司出售钢材一批。此后，茂林公司拒绝交付钢材，方元公司遂就此提起诉讼。对此，下列哪些说法是正确的？

A. 方元公司有权要求茂林公司交付钢材

B. 若茂林公司向方元公司收取价款，则其应向方元公司交付钢材

C. 方元公司应证明自己不知晓李某不享有代理权

D. 方元公司有权请求李某赔偿损失

7.【多项选择题】甲自乙处借款30万元，未约定是否支付利息。甲到期未偿还借款，乙遂将甲诉至法院并获得生效判决。执行过程中，法院预备执行甲名下的房屋一套。此时，丙向执行法院提出异议，称甲名下的房屋已经由另一法院作出以物抵债协议调解书抵偿给丙，只是暂时未登记到丙名下。关于本案，下列哪些说法是错误的？

A. 乙有权要求甲支付借款利息

B. 调解书生效时丙即取得该房屋的所有权

C. 若法院驳回丙的异议，丙有权申请再审

D. 根据自愿，执行法院可以对甲、乙的纠纷进行调解

8.【不定项选择题】紫玉公司自茂森公司处承租汽车一辆，未约定租赁期限。承租期限内，紫玉公司将汽车送至黄河公司维修，在支付修理费后，黄河公司提出紫玉公司尚有另一笔材料款未付，拒绝向紫玉公司返还汽车。茂森公司得知此事后，通知紫玉公司解除租赁合同。对此，下列说法正确的是：

A. 黄河公司对汽车享有留置权

B. 黄河公司可以行使同时履行抗辩权拒绝返还汽车

C. 茂森公司有权解除租赁合同

D. 茂森公司有权要求黄河公司返还汽车

9.【不定项选择题】2022年3月1日，蔡某将其汽车出售给李某，但约定由蔡某再借用1个月，双方未办理登记。3月5日，蔡某又将该汽车以市价出售给不知情的孙某，且将汽车交付给孙某，但仍未办理登记。因蔡某欠付王某的欠款，王某申请对蔡某名下的该汽车予以执行，孙某向执行法院提出执行异议。对此，下列说法正确的是：

A. 3月1日，李某取得汽车的所有权

B. 3月5日，孙某取得汽车的所有权

C. 蔡某与孙某的买卖合同无效

D. 法院应支持孙某的执行异议

10.【不定项选择题】甲因病前往乙医院诊治，治疗过程中该院医生丙因疏忽将给他人注射的药物使用于甲，造成甲残疾。甲遂将丙与乙医院作为共同被告诉至法院，诉讼中，甲发现该案的书记员丁为丙的同胞哥哥，甲遂申请丁回避。关于本案，下列说法错误的是：

A. 丙须对甲的损害承担赔偿责任

B. 乙医院如不能证明自己没有过错，则须对甲承担赔偿责任

C. 关于丁是否回避，可由审判长决定

D. 如法院驳回甲的回避申请，甲可就此提起上诉

11.【不定项选择题】2023年3月17日，韩某与董某签订房屋买卖合同，合同签订后韩某将房屋交付给董某居住，但未办理过户登记。5月10日，韩某去世，其唯一的继承人为哥哥韩甲，韩甲与田某婚后育有一子韩乙。在为韩某办理丧事途中，韩甲因车祸去世。对此，下列说法正确的是：

A. 董某取得房屋所有权

B. 董某与韩某的房屋买卖合同尚未生效

C. 韩乙可代位继承该房屋

D. 田某可转继承该房屋

参考答案及解析

1. | 参考答案 | B

| 设题陷阱与常见错误分析 |

因第三人实施欺诈而成立的法律行为，受欺诈人能否撤销？根据《民法典》第149条的规定，第三人实施欺诈行为，使一方在违背真实意思的情况下实施的民事法律行为，对方知道或者应当知道该欺诈行为的，受欺诈方有权请求人民法院或者仲裁机构予以撤销。可见，受

欺诈人是否享有撤销权关键取决于相对人是否知道第三人欺诈的存在。考生往往容易忽略这一细节，进而直接认定受欺诈人均享有撤销权。

｜解题思路与方法分析｜

A 选项考查可撤销法律行为的效力及基于法律行为的物权变动。甲与乙之间签订的买卖合同可能因欺诈而可撤销，但是可撤销的法律行为在撤销之前是有效的。此外，甲与乙约定由甲再借用该玉石 1 个星期，当借用的约定生效时，甲即通过占有改定的方式向乙完成交付。因此，乙已经取得玉石的所有权。故 A 选项错误，不当选。

B 选项考查第三人欺诈。本案中，买卖合同的当事人为甲与乙，但是实施欺诈行为的却是合同以外的第三人丙。此时，受欺诈人乙是否有权撤销，关键取决于甲是否知道第三人欺诈。由于甲知道丙实施欺诈行为，因此，乙有权撤销该买卖合同。故 B 选项正确，当选。

C 选项考查举证责任的分配。根据《民事诉讼法》第 67 条第 1 款的规定，当事人对自己提出的主张，有责任提供证据。本案中，乙主张因自己遭受欺诈要求撤销合同，因此提出主张的乙应当对欺诈行为的存在承担举证责任，甲并不承担证明欺诈行为不存在的举证责任。故 C 选项错误，不当选。

D 选项考查证明标准。根据《民诉解释》第 109 条的规定，当事人对欺诈、胁迫、恶意串通事实的证明，以及对口头遗嘱或者赠与事实的证明，人民法院确信该待证事实存在的可能性能够排除合理怀疑的，应当认定该事实存在。本案中，待证事实为欺诈是否存在，因此适用的证明标准为排除合理怀疑，而非高度盖然性。故 D 选项错误，不当选。

2.｜参考答案｜A

｜设题陷阱与常见错误分析｜

关于异议登记，考生经常存在两种误区。其一，异议登记存在有效期限，若申请人在申请异议登记后 15 日内未提起诉讼或申请仲裁，则期间届满，异议登记将自动失效。而异议登记一旦失效，其无法发生阻碍善意取得的效力。其二，异议登记的失效，仅仅只是在实体法上失去效力，但在程序法上并不影响当事人提起诉讼或者申请仲裁的权利。

｜解题思路与方法分析｜

A 选项考查非基于法律行为的物权变动。甲于 4 月 1 日去世，乙作为继承人，其自动取得遗产的所有权。由于本案中存在其他继承人丙，因此乙与丙形成共同共有关系。故 A 选项正确，当选。

B 选项考查非基于法律行为的物权变动。乙基于继承而取得房屋的所有权，在继承开始时发生效力，不以登记为生效要件。故 B 选项错误，不当选。

C 选项考查异议登记。丙于 4 月 15 日申请异议登记，5 月 2 日该异议登记已经因为丙未提起诉讼或申请仲裁而失效。但是，异议登记的失效并不影响丙起诉的权利。故 C 选项错误，不当选。

D 选项考查善意取得。乙与丙作为继承人，对房屋形成共同共有。乙未经丙的同意擅自处分该房屋，构成无权处分。但是，由于丁不知情，其可以发生善意取得。需要注意的是，本题中虽然存在异议登记，但是由于该异议登记已经失效，其无法阻却善意取得的发生。因此，丁可以善意取得该房屋的所有权。故 D 选项错误，不当选。

3.｜参考答案｜ABCD

｜设题陷阱与常见错误分析｜

试用买卖合同的生效时间比较特殊，即在合同成立时不能生效，须待买受人对标的物予以认可之后，合同方才生效。出卖人向买受人完成了标的物的简易交付，将直接导致标的物的物权变动。

赠与合同中，赠与人任意撤销权的行使时间存在限制，即只有在赠与的财产权利移转之前才能撤销，若动产已经交付或不动产已经登记，则不得任意撤销。

｜解题思路与方法分析｜

本题主要考查试用买卖合同规则与赠与合同的基本规则，涉及试用买卖合同的效力、善意取得规则、赠与人的任意撤销权、赠与人的瑕疵担保责任。

A 选项考查试用买卖合同的生效。《民法典》第 637 条规定:“试用买卖的当事人可以约定标的物的试用期限。对试用期限没有约定或者约定不明确,依据本法第五百一十条的规定仍不能确定的,由出卖人确定。”本题中,甲与乙商场虽然于 4 月 1 日签订买卖合同,但是约定了试用。因此,在甲认可该标的物之前,该买卖合同尚未生效。故 A 选项错误,当选。

B 选项考查买受人的认可与善意取得。《民法典》第 638 条第 2 款规定:“试用买卖的买受人在试用期内已经支付部分价款或者对标的物实施出卖、出租、设立担保物权等行为的,视为同意购买。”本题中,甲将冰箱赠与丙,属于非试用行为,应认定甲已经认可标的物,该买卖合同生效。由于甲已经在先占有了冰箱,买卖合同生效时,视为完成简易交付,甲取得冰箱的所有权。因此,甲将冰箱赠与丙属于有权处分,不发生善意取得。故 B 选项错误,当选。

C 选项考查赠与人的任意撤销权。《民法典》第 658 条第 1 款规定:“赠与人在赠与财产的权利转移之前可以撤销赠与。”本题中,甲已经将冰箱交付给丙,权利已经转移,甲不再享有任意撤销权。故 C 选项错误,当选。

D 选项考查赠与人的瑕疵担保责任。《民法典》第 662 条第 1 款规定:“赠与的财产有瑕疵的,赠与人不承担责任。附义务的赠与,赠与的财产有瑕疵的,赠与人在附义务的限度内承担与出卖人相同的责任。”本题中,甲作为赠与人没有法定的例外情形,其对赠与标的物冰箱的瑕疵不承担责任。故 D 选项错误,当选。

4. | 参考答案 | ABCD

| 设题陷阱与常见错误分析 |

考生对于请求权竞合的掌握程度仅在于权利人可在诸项请求权中择一主张。但是,对于各项请求权选择将带来的法律效果的差异,考生则往往未能清晰把握。在加害给付的场合,构成违约责任与侵权责任的责任竞合,在实体法上的差异主要是损害赔偿的范围不同。不仅实体法上存在差异,当事人的选择还将带来程序法上的差异,例如在被告的确定、管辖法院的确定以及举证责任的分配等问题上均存在不同之处。

| 解题思路与方法分析 |

A 选项考查管辖法院。本案中,红枫商场交付的洗衣机不合格导致甲的衣物损坏,此属于加害给付。若甲选择主张违约责任,则该案件属于合同纠纷应由被告住所地或合同履行地法院管辖。此时,被告为红枫商场,被告住所地法院为 A 市 C 区法院。由于本案的合同义务并非给付金钱、交付不动产,其属于其他义务,以履行义务一方所在地为合同履行地,即红枫商场所在地 A 市 C 区法院管辖。若甲选择主张侵权责任,则由侵权行为地与被告住所地法院管辖。此时,甲的住所地 A 市 B 区作为侵权结果发生地,拥有管辖权。可见,只有当甲以侵权为由提起诉讼时,A 市 B 区法院方才享有管辖权。故 A 选项错误。

B 选项考查合同的相对性。本案中,甲与犀牛公司之间并不存在直接的合同关系,因此基于合同的相对性,甲无权直接要求犀牛公司承担违约责任。故 B 选项错误。

C 选项考查精神损害赔偿请求权。《民法典》第 1183 条规定:“侵害自然人人身权益造成严重精神损害的,被侵权人有权请求精神损害赔偿。因故意或者重大过失侵害自然人具有人身意义的特定物造成严重精神损害的,被侵权人有权请求精神损害赔偿。”本案中,红枫商场的行为并未侵害甲的人身权益,亦未侵害甲的人格象征物,因此甲对红枫商场不享有精神损害赔偿请求权。故 C 选项错误。

D 选项考查举证责任。《消费者权益保护法》第 23 条第 3 款规定:“经营者提供的机动车、计算机、电视机、电冰箱、空调器、洗衣机等耐用商品或者装饰装修等服务,消费者自接受商品或者服务之日起六个月内发现瑕疵,发生争议的,由经营者承担有关瑕疵的举证责任。”本案中,甲购买洗衣机才 1 个月,因此对于该洗衣机是否存在质量瑕疵应由经营者红枫商场或犀牛公司承担举证责任。故 D 选项错误。

5. | 参考答案 | BD

| 设题陷阱与常见错误分析 |

《民法典》第 83 条第 2 款规定，营利法人的出资人不得滥用法人独立地位和出资人有限责任损害法人债权人的利益；滥用法人独立地位和出资人有限责任，逃避债务，严重损害法人债权人的利益的，应当对法人债务承担连带责任。根据这一规定，原则上公司股东并不直接对法人的债务承担责任，应遵循合同的相对性。仅在股东滥用法人独立地位时，股东方才需要对公司债务承担连带责任。须注意，仅实施滥用行为的股东承担连带责任，没有实施滥用行为的股东则无须承担责任。

| 解题思路与方法分析 |

A、B 选项考查法人人格否认制度的适用。安心公司欠付静安公司价款，基于合同的相对性，原则上静安公司只能请求安心公司支付价款。但是，由于股东甲将安心公司的财产转移到自己名下，滥用了股东权利。因此，股东甲与安心公司须对债权人静安公司承担连带责任。故 A 选项错误，不当选。B 选项正确，当选。

C 选项考查法人人格否认制度中的举证责任。根据《公司法》第 23 条第 3 款的规定，只有一个股东的公司，股东不能证明公司财产独立于股东自己的财产的，应当对公司债务承担连带责任。本案中，安心公司并非只有一个股东的公司，因此，乙、丙无须证明自己的财产与安心公司的财产相独立。债权人主张适用人格否认制度，应由债权人承担举证责任。故 C 选项错误，不当选。

D 选项考查法人人格否认中的被告。债权人主张适用法人人格否认制度的，可以将债务人与股东列为共同被告。因此，本案中，静安公司可以将安心公司与甲列为共同被告。故 D 选项正确，当选。

6. | 参考答案 | BD

| 设题陷阱与常见错误分析 |

表见代理的认定中，并非所有的权利外观均可支撑表见代理的构成。只有当权利外观的形成可归责于被代理人时，方可适用表见代理制度，对于伪造公章所形成的权利外观，被代理人并无过错也就无法适用表见代理。此外，在无权代理中，相对人的善意采用推定规则，相对人无须承担证明自己为善意的举证责任。

| 解题思路与方法分析 |

A 选项考查无权代理的效力。李某自茂林公司离职后，其不享有代理茂林公司的权限，因此其与方元公司之间签订的合同系因无权代理而实施的法律行为。尽管该行为存在代理权外观，但是伪造公章形成的权利外观无法归责于被代理人，因此不能适用表见代理。作为狭义的无权代理，茂林公司拒绝追认，该行为对其不发生效力。因此，方元公司无权请求茂林公司交付钢材。故 A 选项错误，不选。

B 选项考查追认。《民法典》第 503 条规定，无权代理人以被代理人的名义订立合同，被代理人已经开始履行合同义务或者接受相对人履行的，视为对合同的追认。因此，若茂林公司向方元公司收取价款，则视为其对该合同的追认。此时，该合同转化为有效，茂林公司应当交付钢材。故 B 选项正确，当选。

C 选项考查举证责任。在无权代理中，推定相对人为善意。因此，方元公司无须对自己的不知情承担举证责任。故 C 选项错误，不当选。

D 选项考查无权代理人的责任。李某无权代理茂林公司实施法律行为，相对人方元公司为善意，其有权要求无权代理人李某承担赔偿责任或者履行债务。故 D 选项正确，当选。

7. | 参考答案 | ABCD

| 设题陷阱与常见错误分析 |

《民法典》第 229 条规定，因人民法院、仲裁机构的法律文书或者人民政府的征收决定等，导致物权设立、变更、转让或者消灭的，自法律文书或者征收决定等生效时发生效力。但是，并非人民法院的所有文书均可直接发生物权效力，只有其中的形成型文书方可直接发生物权效力，而其中的确认型文书、给付型文书无法直接发生物权效力。

| 解题思路与方法分析 |

A 选项考查民间借贷。甲与乙之间的借款合同属于自然人之间的借款合同，其没有约定

利息,视为没有利息。因此,乙无权要求甲支付利息。故 A 选项错误,当选。

B 选项考查非基于法律行为的物权变动。丙与甲之间的以物抵债调解书,虽然是法院作出的法律文书,但其属于给付型文书,而非形成型文书,不能直接发生物权效力。因此,在该调解书生效时,丙不能直接取得物权。故 B 选项错误,当选。

C 选项考查案外人的救济。丙向法院提出执行异议,但是丙的异议并不指向原生效裁判,而是指向法院执行的行为。因此,当丙的异议被驳回后,丙应当提出执行异议之诉,而非再审。故 C 选项错误,当选。

D 选项考查调解。在执行程序中,法院不得对案件进行调解。故 D 选项错误,当选。

8. | **参考答案** | CD

| **设题陷阱与常见错误分析** |

本题的命题陷阱主要在于考生对于企业之间的留置判断存在误区。企业之间的留置存在两方面的限制。《担保制度解释》第 62 条规定,债务人不履行到期债务,债权人因同一法律关系留置合法占有的第三人的动产,并主张就该留置财产优先受偿的,人民法院应予支持。第三人以该留置财产并非债务人的财产为由请求返还的,人民法院不予支持。企业之间留置的动产与债权并非同一法律关系,债务人以该债权不属于企业持续经营中发生的债权为由请求债权人返还留置财产的,人民法院应予支持。企业之间留置的动产与债权并非同一法律关系,债权人留置第三人的财产,第三人请求债权人返还留置财产的,人民法院应予支持。

| **解题思路与方法分析** |

A 选项考查企业之间的留置的成立要件。本案中,黄河公司占有汽车系基于维修合同,而其对紫玉公司的债权源于材料买卖合同,二者并不基于同一法律关系。并且标的物汽车并不归属于债务人紫玉公司,而是归属于第三人茂森公司,因此黄河公司无权进行留置。故 A 选项错误,不当选。

B 选项考查同时履行抗辩权的成立要件。黄河公司占有汽车与享有债权并不基于同一双务合同,因此没有适用同时履行抗辩权的余地。故 B 选项错误,不当选。

C 选项考查不定期租赁。本案中,紫玉公司与茂森公司的租赁合同,没有约定租赁期限,其属于不定期租赁。双方当事人均享有任意解除权,可以随时解除该租赁合同。故 C 选项正确,当选。

D 选项考查返还原物请求权。茂森公司为该汽车的物权人,黄河公司不享有权利而占有该汽车属于无权占有人。因此,茂森公司对黄河公司享有返还原物请求权,有权要求其返还汽车。故 D 选项正确,当选。

9. | **参考答案** | ABD

| **设题陷阱与常见错误分析** |

特殊动产的物权变动规则,属于考生容易发生混淆的领域。其一,特殊动产的物权变动仍然以交付作为其生效要件,而非登记。登记只是物权变动的对抗要件,未经登记不得对抗善意第三人。其二,并非所有的第三人均可被认定为善意第三人。《物权编解释(一)》第 6 条规定,“转让人转让船舶、航空器和机动车等所有权,受让人已经支付合理价款并取得占有,虽未经登记,但转让人的债权人主张其为民法典第二百二十五条所称的‘善意第三人’的,不予支持,法律另有规定的除外。”

| **解题思路与方法分析** |

A 选项考查基于法律行为的物权变动。3 月 1 日,蔡某将汽车出售给李某,属于有权处分,双方约定由蔡某再借用 1 个月,此属于以占有改定的方式完成交付,此时李某取得汽车的所有权。尽管未经登记,但不影响物权变动,只是不得对抗善意第三人。故 A 选项正确,当选。

B 选项考查善意取得。蔡某借用期间将汽车出售给孙某,此属于无权处分。但是,由于孙某为善意且已经完成交付,因此,孙某可以善意取得该汽车的所有权。须注意,此时虽未办理登记,但不影响善意取得的发生。故 B 选项正确,当选。

C 选项考查合同的效力。蔡某将借用的汽车出售给孙某的行为属于无权处分,但是无权处分的事实并不影响该合同的效力。此外，该合同没有其他的无效事由。因此，该合同不应被认定为无效。故C选项错误，不当选。

D选项考查善意第三人的认定。尽管孙某取得汽车的所有权未办理登记，其不得主张对抗善意第三人。但是，王某作为出卖人蔡某的普通债权人，其不属于不得对抗的善意第三人。因此，就孙某提出的执行异议，法院应予支持。故D选项正确，当选。

10. | **参考答案** | ABCD

| **设题陷阱与常见错误分析** |

考生对于医疗侵权的归责原则的把握常发生混淆。须注意，原则上医疗侵权实行过错责任原则，须由受害人自身举证证明医疗机构存在过错，且行为与结果之间存在因果关系。只有在特定的情形下，方才推定医疗机构存在过错。

| **解题思路与方法分析** |

A选项考查用人者责任。客观上是丙的行为给甲造成了损害，但是丙是乙医院的工作人员，其执行职务的行为应当由用人单位乙医院承担责任。因此，丙不对甲承担责任。故A选项错误，当选。

B考查侵权责任的归责原则。甲因医疗机构乙医院的行为造成损害，其属于医疗侵权。《民法典》第1222条规定，"患者在诊疗活动中受到损害，有下列情形之一的，推定医疗机构有过错：(一)违反法律、行政法规、规章以及其他有关诊疗规范的规定；(二)隐匿或者拒绝提供与纠纷有关的病历资料；(三)遗失、伪造、篡改或者违法销毁病历资料。"本案中不存在上述例外情形，因此应当适用过错责任原则，即由受害者甲证明医疗机构存在过错。故B选项错误，当选。

C选项考查回避。被申请回避的对象丁的身份为书记员，其应参照适用审判人员的规定，即由院长决定其是否回避。故C选项错误，当选。

D选项考查回避。对于回避的申请，法院如驳回的，申请人救济的手段为申请复议。故D选项错误，当选。

11. | **参考答案** | D

| **设题陷阱与常见错误分析** |

房屋作为不动产，其物权变动以登记为生效要件。但是，未办理登记，物权未发生变动的，并不影响法律行为的效力。

代位继承发生在被代位继承人先于被继承人死亡的场合，如果中间人晚于被继承人死亡，则不发生代位继承。

| **解题思路与方法分析** |

A选项考查基于法律行为的不动产物权变动。《民法典》第209条第1款规定："不动产物权的设立、变更、转让和消灭，经依法登记，发生效力；未经登记，不发生效力，但是法律另有规定的除外。"本题中，并未完成房屋的过户登记，董某尚不能取得房屋的所有权。故A选项错误，不当选。

B选项考查区分原则。《民法典》第215条规定："当事人之间订立有关设立、变更、转让和消灭不动产物权的合同，除法律另有规定或者当事人另有约定外，自合同成立时生效；未办理物权登记的，不影响合同效力。"本题中，虽然由于没有办理登记，不发生物权变动，但并不因此影响法律行为的效力。该买卖合同不具有其他的效力瑕疵，已经生效。故B选项错误，不当选。

C选项考查代位继承。《民法典》第1128条第2款规定："被继承人的兄弟姐妹先于被继承人死亡的，由被继承人的兄弟姐妹的子女代位继承。"本题中，韩甲并非先于韩某。因此，不发生代位继承。故C选项错误，不当选。

D选项考查转继承。《民法典》第1152条规定："继承开始后，继承人于遗产分割前死亡，并没有放弃继承的，该继承人应当继承的遗产转给其继承人，但是遗嘱另有安排的除外。"本题中，韩甲作为韩某唯一的继承人，在韩某死亡后，韩甲死亡。此时，应由韩甲继承的遗产将转给韩甲的继承人继承。田某作为韩甲的配偶属于韩甲第一顺序的继承人，可以转继承韩某的房屋。故D选项正确，当选。

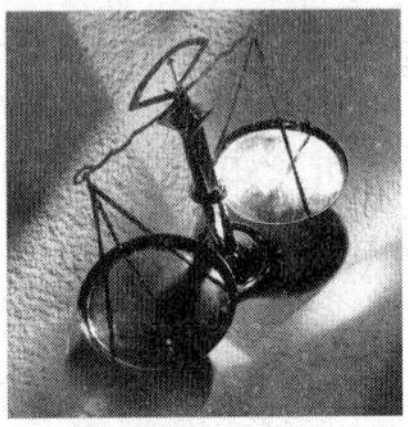

方 法 篇

如何解答本学科客观题

考查要求

本学科与民事实务联系紧密，专利商标申请授权中也涉及行政实务。近年来，我国法院受理的知识产权案件数量一直呈攀升之势，侵权纠纷案件一般在其中占比最高，与此相对应，知识产权侵权的判定在考试中频繁出现。**值得注意的是，知识产权实务不仅涉及民事纠纷的问题，而且也会因专利商标申请授权产生行政诉讼问题。**专利商标授权要经过行政机关的审查程序，掌握相应的申请授权程序的知识是知识产权实务人才应有的能力。由于专利申请、商标注册申请的专业性强，诸多专利商标申请行为都是由专利、商标代理机构进行代理，这些机构的知识产权从业人员要遵守相应的法律规定。专利权和商标权的取得既因行政机关授权而来，其权利的丧失也可由行政机关撤销或宣告无效。因此，这要求考生不能仅关注司法实务相关的内容，还要掌握专利商标的申请程序、无效宣告及知识产权代理机构的代理行为等相关的法律规范。

知识产权法是民事特别法，民法和民事诉讼法原理对知识产权实务产生重要影响。考生在学习和掌握知识产权法时，既要运用传统民法和民事诉讼法的基本原理和相关制度理解知识产权法律制度，更要重点关注知识产权法不同于传统民法和民事诉讼法的一些特别规定。如民事主体权利能力和行为能力制度同样适用于知识产权主体，在判断知识产权合同转让、许可、出资等合同效力时，完全适用我国《民法典》中关于民事行为能力对合同效力影响的相关规定。专利权和商标权的转让需要履行法定的核准或登记公告程序。依据民法原理可知，这些核准或登记公告程序是转移专利权和商标权的要件，通常不是有关知识产权转让合同的生效条件。但是，也要注意知识产权法作为民事特别法的不同之处，如专利权转让、专利申请权转让、专利实施权、技术秘密转让、技术服务和其他方式的技术转移的技术进口合同、技术出口合同自国务院对外经贸主管部门颁发技术进口许可证、技术出口许可证之日起生效。知识产权的诉讼时效制度整体上将仍适用《民法典》的规定，但也有一定的特殊性，如持续性侵犯知识产权行为损害赔偿数额的确定期间通常从起诉之日起倒推3年。

试卷分析

近年来,本学科客观题试题呈现以下特点。

第一,注重法条的理解和适用。 国家统一法律职业资格考试是法律实务型人才的选拔机制,特别注重考生对现行知识产权法律规范和具体制度的理解和掌握,不会有纯粹理论型的试题,也不考查学说争议。虽然是直接考查法条内容,但是更注重考生对法条内涵和适用逻辑的准确理解、在实际情况中如何适用,并非单纯考查对法条的记忆。例如,在现有技术抗辩法条的考查中,会让考生去判断题干的技术是否属于现有技术,是否属于使用或销售公开,而非直接给出该技术属于现有技术的条件。另外,同一道试题中会设置情境将多个相关法条串联起来考查,如将专利许可合同与侵权判定的规定相结合。考查的法条不仅涉及《著作权法》、《专利法》和《商标法》等法律,最高人民法院的司法解释也是考查的重要内容。

第二,学科重点、难点和易混淆点是常考内容。 上述第一部分所提到的学科重点都是考试中反复考查的知识点。学科重点内容蕴含着知识产权的基本原理和基本制度。通过这些内容的考查,可以检视考生对知识产权重要概念和基本制度的把握程度,如作品概念和要件、著作人身权和著作财产权,还有合作作品、委托作品和视听作品等的著作权归属和行使规则。这些知识点是著作权制度的基本问题。考试也会通过学科难点内容的考查,增加试题的难度、区分度,如视听作品作为特殊演绎作品与一般演绎作品在权利归属和行使的区别,委托人对委托作品的免费使用范围,商标反向假冒和帮助侵权行为等。对于一些易混淆的知识点,试题中常会设置一些似是而非的陷阱考查考生对知识产权概念原理的精确把握能力,最为典型的是有关专利法不予保护的对象的考查上,如动植物新品种的具体内涵和外延,医疗器械与疾病的诊断和治疗方法的区分等。

第三,试题更加具有综合性, 考查考生灵活运用的能力。近年来,试题内容逐渐呈现多维度、综合性的特点,试题背景往往模拟还原现实生活的纠纷,要求考生综合运用知识产权法、合同法、婚姻法甚至民事诉讼法等相关部门法或相关学科知识分析法律问题,注重考查其灵活运用知识产权的原理和法律规定处理实际问题的能力。试题的综合性主要体现在以下几个方面:(1)涉及知识产权侵权判定的全过程。试题中设置的背景事实和假设条件牵涉是否存在受保护知识产权客体、可能侵犯了权利人哪些具体权利、是否构成合法抗辩等一系列的判断,实际上考查考生是否掌握了判定侵犯知识产权的基本方法和基本步骤,这是一项非常重要的法律思维能力。(2)贯穿民法基本原理与知识产权的特殊规定。试题中会同时考查合同法的一般规则与知识产权的保护,在诉讼时效问题上,不仅要求考生理解民事权利的一般诉讼时效规定,更考查知识产权法对持续性侵权行为的特殊诉讼时效规定。(3)实体法和程序法相结合。在知识产权许可合同中会考查被许可人的诉讼地位问题,在考查专利无效宣告时,还要求考生了解专利无效宣告与专利侵权诉讼程序的协调衔接制度,如是否需要法院中止审理等问题。

学科重点

知识产权法是民商法的特殊部分,在民事法律体系中具有重要地位,随着我国社会经济发展进入高质量发展时期,知识产权法的运用将更加广泛,对掌握知识产权法知识的实务人才将会有更大的需求。本学科的考查主要有以下两大目标:(1)考生能够理解和掌握知识产权的基本原理和基本法律制度。(2)考生能够运用知识产权基本原理、基本制度和具体法律规定分析和处理现实生活中的知识产权问题,具备较强的知识产权法律思维能力和实践操作能力。

在本学科的复习备考中，重点关注以下内容。

第一，知识产权的主体。知识产权主体包括自然人、法人和非法人组织。原始取得商标权的主体原则上应当是从事商品生产经营活动或提供服务项目的经营者，其他知识产权权利主体则无特别限制。智力成果的创造是事实行为而非法律行为，知识产权原始取得的主体不受民事行为能力影响。知识产权主体制度有两项重点内容：(1)专利申请权主体中有关职务发明创造和非职务发明创造的区分规定；(2)外国人(含自然人、法人和非法人组织)在我国成为知识产权主体的规定。

第二，知识产权的客体。知识产权客体是本学科的重点内容，要注意把握知识产权保护客体积极要件和消极要件。**在积极要件方面，**重点理解作品的独创性，发明和实用新型的"三性"(新颖性、创造性、实用性)，外观设计的授权条件，注册商标的法定构成要素和显著性。**在消极要件方面，**要熟记知识产权法不予保护的对象，包括《著作权法》第5条、《专利法》第25条及《商标法》第10~12条等，并应特别注意申请外观设计专利、申请注册商标以及以其他方式获得知识产权时都不得侵犯他人的在先民事权利及其合法利益。

第三，知识产权的权利内容。权利内容主要是知识产权权利主体依法获得对知识产权客体为排除他人为一定行为的权利，是判断侵犯知识产权行为的基础或前提，因而知识产权主体对知识产权客体依法享有哪些权利必然是本学科的重点和难点。其中，权利人对作品、发明创造、注册商标依法享有的专有权利的范围为重中之重。著作权(狭义)包括人身权和财产权(使用权)，人身权与财产权在保护期、转让等方面存在诸多区别，应充分辨析理解各项财产权的具体内涵。邻接权包括表演者权、录制者权、广播组织权以及版式设计权，应注意邻接权与著作权在权利内容上的差异，邻接权中只有表演者权具有人身权属性，财产权内容也较著作权少。专利实施权的理解应区分产品发明专利、实用新型专利、方法发明专利及外观设计专利，产品发明和实用新型专利的实施权涵盖制造权、使用权、许诺销售权、销售权及进口权，而外观设计专利实施权则不含使用权，方法发明专利实施权包括使用专利方法权和对依照该专利方法直接获得的产品的使用权、许诺销售权、销售权及进口权。

第四，知识产权的取得和丧失。知识产权有原始取得和传来取得两种方式。原始取得是因智力成果创作行为或行政授权确权审批行为而直接取得知识产权。著作权采自动取得原则，专利权和商标权则实行申请审核原则。专利申请和商标注册中申请程序以及优先权原则是重点内容，应注意国际优先权和本国优先权的不同原则。知识产权可能会因保护期届满、权利人放弃、无效宣告等事由不再受法律保护，应注意自然人作品与单位作品、特殊职务作品和视听作品在保护期上的区别，熟记专利权和商标权的无效宣告事由。

第五，侵犯知识产权的判定。侵犯知识产权的判定是本学科的重点和难点内容，也是历年必考内容。对该部分知识的学习，应注意以下问题：(1)熟记作品或邻接权客体要件、知识产权的权利内容、侵犯知识产权的法定表现形式以及不侵犯知识产权的合法抗辩事由。(2)掌握如何判定侵犯知识产权的基本方法和步骤。首先，判断是否存在受保护的知识产权；其次，判断涉嫌侵权人所实施的行为是不是知识产权权利人所控制的行为；最后，判断是否具有合法抗辩事由，如是否属于合理使用、法定许可、强制许可、行使先用权、法律规定不视为侵权行为的情形等。(3)掌握一些特殊的侵权行为。知识产权侵权行为一般没有主观过错要件的要求，但要注意法律对部分特殊侵权行为规定了主观要件，如规避版权技术保护措施、破坏版权电子管理信息的行为以及商标法中的帮助侵权等。

第六，知识产权的民事责任。侵犯知识产权的民事责任主要有停止侵害、消除影响、赔礼道歉和赔偿损失等，其中最常适用的是停止侵害和赔偿损失。停止侵害责任一般不要求行为人有主观过错和造成实际损失，只要存在侵权行为即可适用。但是，要注意不能适用停止侵害责任的部分情形：一是停止侵害损害社会公共利益或国家利益；二是停止侵害会给软件持有人造成重大损失和对其他权利人造成明显违反比例原则的损失。侵犯知识产权损害赔偿数额的确定主要有以下计算方法：(1)按权利人因侵权遭受的实际损失确定；(2)按侵权人因侵权获得的利益确定；(3)根据情节参照许可使用费的倍数合理确定；(4)由法院根据当事人的请求或依职权在500万元以下酌情判决确定赔偿金额，其中对专利权权利人的赔偿金额不得低于3万元、对著作权权利人的赔偿金额不得低于500元。在适用前述计算方法时，应注意以下问题：其一，对故意侵犯知识产权，情节严重的，可以在按照上述前3种方法确定数额的1倍以上5倍以下确定赔偿数额，但不能以第4种方法的确定数额为基数。其二，对第2种计算方法中的利益应做广义理解，既包括行为人因侵权行为获得的利润（财产的积极增加），也包括行为人因侵权行为所获得的应当支付的研发费用减少、债务被免除等利益（财产的消极增加）。其三，按照上述4种方法确定数额赔偿时，还应当包括权利人为制止侵权行为所支付的合理开支如律师费、公证费等。

复习攻略

在本学科学习的总体思路上，应遵循先总论后分论，在全面理解和掌握基本原理、基本制度、法律条文的基础上结合案例、试题检验学习成果，在抽象与具体、理论与实际之间往返观照，不断深化对知识产权基本原理、基本制度和主要法律规范的理解和应用，从而逐渐掌握和提升关于知识产权问题的分析能力和解决能力。

知识产权法是一个宏观体系，不同的知识产权类型有其共性的内容，应先按照教科书从整体上理解知识产权保护的客体、权利人享有的权利内容、民事责任的主要形式和构成要件等。但不同的知识产权类型也有具体差异，要反复学习、思考和比较不同类型知识产权之间的异同，如不同知识产权的客体要件异同、著作权与专利权在权利内容上的差别、实用新型专利与外观设计专利的异同等。要通过不断地从抽象与具体、具体与具体的对比中，加深对知识产权基本制度的理解。在掌握基本原理、熟记重要法律条文精神的基础上反复练习历年考试试题、模拟题，检视深化理论学习成果，修正认识误区，扫除学习盲区；在理论与实际的沟通中，不断对法条发起追问，对其进行具体化的演绎，从而深刻地理解法条的具体内容和适用逻辑，真正把握法条背后的精神内涵。在这种抽象与具体、理论与实际的循环学习中，有意识地形成对知识产权问题分析的基本思维框架。就国家统一法律职业资格考试应试而言，具体可以从以下几个方面着手。

第一，注意知识产权具体客体和权利内容的把握。知识产权的客体和权利内容是本学科的重点和难点，涉及条文众多，内容繁杂，记忆和理解比较不易。考生可以将法条内容整理成表格，如将作品、发明创造、注册商标的核心要件以及知识产权法不予保护的对象进行统一归纳，把著作权、邻接权、专利实施权的具体内容做一番梳理。把这些繁杂的内容通过表格方式呈现出来，更加清晰形象，反复对比阅读，更有助于记忆和理解。

第二，抓住本学科的重点内容和常考点。本学科的一些重要内容在复习中应当有所侧重。比如，著作权和邻接权的权利内容，委托作品、合作作品、视听作品和演绎作品等的权利归属和行使，专利法、著作权法中不予保护的对象，知识产权侵权的表现形式，权利用尽原则的适用范围，驰名商标的特别保护等。对于这些内容，考生应当反复进行揣摩理解，并不断在真题、模拟题的训练中检视自己的掌握程度，思考出错的原因。

第三，重视本学科的一些特殊问题和易混知识点。本学科部分具体制度比较特殊，考生很容易理解错误或者与其他制度混淆。如专利临时保护制度，考生对专利申请文件公开至专利公告授权前的专利保护往往有所误解，实际上这段期间专利权尚未产生，不会产生侵权和赔偿责任，只会在专利授权后有适当费用的支付问题。另外，还有几个值得注意的混淆点：(1)著作财产权中有的权利仅适用于部分作品，如仅视听作品和计算机软件有出租权，仅美术、摄影作品有展览权；(2)对于机械表演权，仅限于作品著作权人，录音制作者仅享有机械表演获酬权，表演者没有机械表演权；(3)表演权与表演者权、广播权与广播组织者权、假冒行为与反向假冒行为、侵犯许诺销售权与销售权、平行进口行为与侵犯进口权行为的区分等。

第四，理论联系实务。法条往往是抽象的，单纯记忆法条对法律学习没有太大意义，唯有将其进行具体化的演绎，投射到实际生活案例中才能深刻把握法条的精神内涵。例如，在专利法不予保护的对象中，智力活动的规则与方法、动物和植物品种之类的描述比较抽象，必须将其具体化、代入一些更具体的事物，如交通规则是否属于智力活动的规则、细菌等微生物是否属于动植物品种等。只有通过抽象与具体、理论与实务的关联或互动，才能把握法条的精髓，才不会被命题者有意设计的陷阱所迷惑。

第五，在复习中形成知识产权问题的思维分析模式。考生在理解掌握知识产权保护的客体、权利内容、侵权表现形式以及侵权抗辩事由后，要逐步形成一种分析知识产权问题的基本思维方法。例如，判断一项行为是否属于侵犯知识产权行为的基本思维模式或基本思考方法是：首先，判断是否存在受保护的知识产权；其次，判断该行为是否属于知识产权权利人的权利内容所控制的行为；再次，该行为是多项易混知识产权权利内容中哪项具体权利内容所控制的行为；最后，判断是否具有合法抗辩事由，如合理使用、法定许可、权利穷竭等。

答题范例与实战演练

答题范例

| 题目指引 |

本题的背景是：《著作权法》2020年修改后，将视听作品分为电影作品、电视剧作品以及其他视听作品。其中电影作品、电视剧作品的著作权归属与行使规则，与《著作权法》修改之前对电影作品和以类似摄制电影的方法创作的作品规定的著作权归属和行使规则相比并没有发生变化。该规则属于著作权归属与行使的特别规定，与人们的直觉和常识有很大差距，向来是考查的重点，也是考生理解上的难点。其中著作权的归属在法条中尚有明确规定，但对于著作权行使规则，考生必须理解背后的法律解释方法和逻辑，否则无法掌握和运用。同时本题又综合考查了对电影作品，电视剧作品中表演者权的归属、委托作品著作权归属，以及“制作录音制品法定许可”的理解，涉及知识点较多，属于较难的题目。

| 题　目 |

【不定项选择题】金玉公司为拍摄一部电影，委托王某创作了剧本，委托张某创作了音乐，聘请何某为导演，陈某为主演，四人均非金玉公司的员工，与金玉公司签订的合同也没有约定相关权利的归属。甲将电影置于网络中传播，乙出版了电影剧本，丙自聘歌手演唱了电影音乐并录制成CD出版，事后委托中国音乐著作权协会向张某转交报酬。甲、乙和丙的行为均没有经过许可。下列说法正确的有：

A. 金玉公司、王某、张某与何某都可以起诉甲侵犯其著作权

B. 陈某可以起诉甲侵犯其表演者权

C. 乙的行为侵犯了王某的著作权

D. 丙的行为侵犯了张某的著作权

| **参考答案** | ________[1]

| **推导过程** |

要解答本题,首先,需要明晰本题中电影作品著作权的归属。《著作权法》第17条第1款规定,视听作品中的电影作品、电视剧作品的著作权由制作者享有,编剧、导演、摄影、作词、作曲等作者享有署名权。这就意味着参与电影作品、电视剧作品创作的自然人虽然保留了作者身份,但对于作为一个整体的电影作品、电视剧作品,除保留署名权之外,不再保留其他著作权,其他著作权均由制作者享有。当电影作品、电视剧作品被他人未经许可利用,即发生侵权行为时,除非是未给作者正确署名,否则只能由制作者而非合作作者起诉侵权人。因此,A选项错误。

其次,还要根据电影作品、电视剧作品著作权的归属规则,理解此类视听作品中表演者权的归属规则。"举重以明轻",既然连作为著作权法保护重心的此类视听作品的合作作者都不能对此类视听作品保留除署名权之外的著作权,电影演员对作为一个整体的电影作品也不享有除署名权之外的权利。这也是在"天仙配案"等司法案例中适用的规则。因此,B选项错误。

再次,需要掌握电影作品、电视剧作品中可单独利用的作品的著作权归属及行使规则,以及委托作品著作权的归属规则。电影作品、电视剧作品中的音乐和剧本都可以脱离构成电影作品、电视剧作品的连续画面而单独利用,因此当他人将音乐和剧本单独予以使用时,应当寻求音乐作品和剧本作品著作权人的许可。题干中已交代电影音乐和电影剧本属于委托创作完成的作品,但由于委托人和受托人(民法上的发包人和承揽人)没有就委托作品的著作权进行约定,根据《著作权法》的规定,该委托作品的著作权应当由作者享有。乙未经许可出版剧本,侵犯了剧本作者的著作权,而不是电影制作者的著作权。因此C选项正确。

最后,要掌握"制作录音制品法定许可"的条件。只有当音乐作品已被合法录制为录音制品出版,其他录音制作者才能不经音乐作品著作权人许可,使用该音乐作品制作录音制品。由于题干中的音乐被纳入电影,属于电影作品的一部分,并不属于被制作成录音制品,对其不适用制作录音制品法定许可。题干中具有迷惑性的表述是使用者通过中国音乐著作权协会转交报酬。但这属于在法定许可条件成就的情况下履行支付报酬的义务,但由于该利用行为不符合法定许可的条件,因此支付报酬并不能使该行为合法化。同时,音乐属于电影作品中可单独使用的作品,且由于该音乐作品为受托创作,双方没有对音乐作品的著作权归属作出约定,该音乐作品的著作权归属于作者,因此使用该音乐制作录音制品应当经过音乐作者许可。因此D选项正确。

---

[1] CD

刷　题　篇

重点考向与真题精粹

01 考向　著作权

1.【单项选择题】某电影公司委托王某创作电影剧本，但未约定该剧本著作权的归属，并据此拍摄电影。下列哪一未经该电影公司和王某许可的行为，同时侵犯二者的著作权？

A. 某音像出版社制作并出版该电影的 DVD

B. 某动漫公司根据该电影的情节和画面绘制一整套漫画，并在网络上传播

C. 某学生将该电影中的对话用方言配音，产生滑稽效果，并将配音后的电影上传网络

D. 某电视台在“电影经典对话”专题片中播放 30 分钟该部电影中带有经典对话的画面

| 参考答案 | ________①

| 设题陷阱与常见错误分析 |

本题考查著作权的相关内容，须结合题设具体情形判断当事人是否侵犯著作权以及侵犯了谁的著作权。有考生可能认为制作、出版该电影的 DVD，属于复制发行行为，是对王某有著作权的电影剧本的复制、发行、改编及摄制和对电影公司有著作权的电影之复制、发行，同时构成对电影公司著作权和剧本作者王某著作权的侵犯，从而错选 A 项。有考生可能认为动漫公司绘制的一整套漫画，以电影的情节和画面为依据，属于对视听作品的利用，只侵犯电影公司的著作权，从而不选 B 项。与能否答对题目无关，常见的理解错误还包括：有考生可能认为将电影中的对话配音，目的仅是产生滑稽效果，并无商业方面营利之目的，不构成侵权；有考生可能认为电视台有播放他人已发表的作品的法定许可，故在专题片中播放该电影经典对话的画面不构成侵权；有考生可能认为电视台在专题片中播放该电影经典对话的画面构成合理使用，不构成侵权。

| 解题思路与方法分析 |

“某电影公司委托王某创作电影剧本”，该电影剧本属于委托作品。《著作权法》第 19 条规定：“受委托创作的作品，著作权的归属由委托人和受托人通过合同约定。合同未作明确约定或者没有订立合同的，著作权属于受托人。”委托作品未约定归属者，著作权人属于受托人，即本题中的剧本著作权属于王某。

《著作权法》第 17 条规定：“视听作品中的电影作品、电视剧作品的著作权由制作者享有，但编剧、导演、摄影、作词、作曲等作者享有署名权，并有权按照与制作者签订的合同获得报酬。前款规定以外的视听作品的著作权归属由当事人约定；没有约定或者约定不明确的，由制作者享有，但作者享有署名权和获得报酬的权利。视听作品中的剧本、音乐等可以单独使用的作品的作者有权单独行使其著作权。”即电影作品的整体著作权归属于制作者，出版电影 DVD 属于对电影作品的利用，侵犯了该电影公司的著作权。

电影属于演绎作品。演绎作品，又称派生作品，是指在已有作品的基础上，经过改编、翻

① B

译、注释、整理等创造性劳动而产生的作品。《著作权法》第13条规定:“改编、翻译、注释、整理已有作品而产生的作品,其著作权由改编、翻译、注释、整理人享有,但行使著作权时不得侵犯原作品的著作权。”表明演绎作品著作权的行使实际上是由演绎作品和原有作品著作权人共同控制的,并且在这个共同控制的关系中,原有作品的著作权人起着决定性的作用。但是,视听作品是特殊的演绎作品,为避免一般演绎作品“双重许可”对电影作品传播利用造成的极大不便,《著作权法》直接规定电影作品的著作权由制作者享有,由此其对电影作品自身的复制、发行、广播、配制字幕、配音等利用并不需要原作品著作权人的许可,故而A项错误。但是,将视听作品改编成其他艺术形式如漫画、戏剧等,应当同时经过原作品著作权人和电影作品著作权人许可,动漫公司在未经二者许可的情况下,擅自绘制漫画,侵犯了两者的权利,故而B项正确。

学生给电影配音后上传了整部电影,用方言替换掉原有电影作品中的配音,其行为属于对视听作品自身的改编和使用,并不侵犯王某对电影剧本的著作权。但其改编视听作品并上传网络向公众传播的行为不属于《著作权法》第24条规定的合理使用情形,侵犯了电影公司的改编权和信息网络传播权,故而C项错误。

电影的本质是连续画面,电视台播放带有经典对话的电影片断,仍属于对电影本身的利用,不涉及对王某电影剧本著作权的侵犯。我国《著作权法》第46条第2款规定:“广播电台、电视台播放他人已发表的作品,可以不经著作权人许可,但应当按照规定支付报酬。”广播电台、电视台有播放他人已发表的作品的法定许可,但《著作权法》第48条针对电视台播放他人视听作品又作了另外规定,即“电视台播放他人的视听作品、录像制品,应当取得视听作品著作权人或者录像制作者许可,并支付报酬;播放他人的录像制品,还应当取得著作权人许可,并支付报酬”。即某电视台在其专题片中播放30分钟该部电影中带有经典对话的画面,不属于法定许可的情形,侵犯的是电影公司的著作权,故而D项错误。

2.【单项选择题】甲、乙合作创作了一部小说,后甲希望出版小说,乙无故拒绝。甲把小说上传至自己博客并保留了乙的署名。丙未经甲、乙许可,在自己博客中设置链接,用户点击链接可进入甲的博客阅读小说。丁未经甲、乙许可,在自己博客中转载了小说。戊出版社只经过甲的非专有许可就出版了小说。下列哪一选项是正确的?

A. 甲侵害了乙的发表权和信息网络传播权

B. 丙侵害了甲、乙的信息网络传播权

C. 丁向甲、乙寄送了高额报酬,但其行为仍然构成侵权

D. 戊出版社侵害了乙的复制权和发行权

| **参考答案** | __________①

| **设题陷阱与常见错误分析** |

本题综合考查考生对合作作品著作权的行使规则,报刊转载的法定许可使用和发表权的理解与掌握。在解答本题时,需要考生注意的是普通的设置链接行为不构成对著作权的侵犯。有的考生误以为丁的行为属于报刊的法定转载许可而漏选C项。

| **解题思路与方法分析** |

《著作权法》第14条规定:“两人以上合作创作的作品,著作权由合作作者共同享有。没有参加创作的人,不能成为合作作者。合作作品的著作权由合作作者通过协商一致行使;不能协商一致,又无正当理由的,任何一方不得阻止他方行使除转让、许可他人专有使用、出质以外的其他权利,但是所得收益应当合理分配给所有合作作者。合作作品可以分割使用的,作者对各自创作的部分可以单独享有著作权,但行使著作权时不得侵犯合作作品整体的著作权。”本题中,甲在合作作者乙无故拒绝后自行发表并进行网络传播的行为,符合该条规定,未侵犯乙的发表权及信息网络传播权,故A项

① C

错误。

根据最高人民法院《关于审理侵害信息网络传播权民事纠纷案件适用法律若干问题的规定》第4条的规定，网络服务提供者能够证明其仅提供自动接入、自动传输、信息存储空间、搜索、链接、文件分享技术等网络服务，主张其不构成共同侵权行为的，人民法院应予支持。本题中，丙仅在自己的博客中设置了链接使其他网络用户能通过链接进入甲的博客阅读，属于上述第4条规定的情形。故丙的行为不构成侵权，B项错误。

根据《著作权法》第10条第1款第12项的规定，著作权人对自己的作品享有信息网络传播权。《著作权法》第35条第2款规定，作品刊登后，除著作权人声明不得转载、摘编的外，其他报刊可以转载或者作为文摘、资料刊登，但应当按照规定向著作权人支付报酬。丁并非报刊主体，没有对作品转载的法定许可使用权，其未经甲、乙的许可而直接将二人的作品复制转载，构成了对甲、乙信息网络传播权的侵犯。即使其事后支付报酬，但其行为亦构成了侵权，故C项正确。

由于甲也是该作品的著作权人之一，除对该作品的的转让、专有许可和出质须经乙的同意外，甲在乙无正当理由拒绝利用作品后，可以通过非专有许可的方式许可戊出版社出版小说，并不导致戊对乙的侵权，D项说法错误。

3.【单项选择题】甲的画作《梦》于1960年发表。1961年3月4日甲去世。甲的唯一继承人乙于2009年10月发现丙网站长期传播作品《梦》，且未署甲名。2013年9月1日，乙向法院起诉。下列哪一表述是正确的？

A.《梦》的创作和发表均产生于我国《著作权法》生效之前，不受该法保护

B. 乙的起诉已超过诉讼时效，其不能胜诉

C. 乙无权要求丙网站停止实施侵害甲署名权的行为

D. 乙无权要求丙网站停止实施侵害该作品的信息网络传播权的行为

| 参考答案 | ________①

| 设题陷阱与常见错误分析 |

本题主要考查著作人身权和著作财产权的保护期。有的考生误认为《梦》的创作和发表发生在《著作权法》生效之前，故不受该法保护，由此误选了A项。有的考生误认为甲的唯一继承人乙在2009年10月发现丙网站长期传播作品《梦》，到乙于2013年9月1日向法院起诉时，已经超过了3年的诉讼时效，由此乙不能胜诉，由此误选了B项。有的考生误认为，甲的画作《梦》在其死后50年内受著作权法保护，即保护期截止于2011年12月。从乙2009年10月发现至2013年9月1日乙向法院起诉，丙网站都在长期持续的传播作品实施侵权行为，其侵权行为呈持续状态。故乙向法院起诉并未超过诉讼时效。由于署名权作为人身权利，没有保护期的限制，侵犯了甲的署名权，所以乙有权要求丙网站停止实施侵害甲署名权的行为。有考生误认为署名权的保护期已届满，由此误选了C项。还有的考生误认为，署名权是人身权，不能被继承，只有作者才能行使，也误选了C项。有的考生误认为，乙有权要求丙网站停止实施侵害甲对《梦》的信息网络传播权的行为，由此未选D。

| 解题思路与方法分析 |

根据《著作权法》第66条第1款的规定，本法规定的著作权人和出版者、表演者、录音录像制作者、广播电台、电视台的权利，在本法施行之日尚未超过本法规定的保护期的，依照本法予以保护。可见，著作权法生效施行(1991年6月1日)前，著作权人的作品没有超过保护期的，依照著作权法的规定保护，故A项错误，不当选。

根据《著作权法》第23条第1款的规定，自然人的作品，其发表权、本法第10条第1款第5项至第17项规定的权利的保护期为作者终生及其死亡后50年，截止于作者死亡后第50年的12月31日；如果是合作作品，截止于最后死亡的作者死亡后第50年的12月31日。可见，自然人作品的发表权和著作财产权的保护期

① D

截止于作者死亡后50年的12月31日。但是,依据《著作权法》第22条的规定,作者的署名权、修改权、保护作品完整权的保护期不受限制。具体到本题,甲于1961年死亡,其作品《梦》的著作财产权保护期截止于2011年12月31日,信息网络传播权属于著作财产权范畴。根据《著作权法》第21条第1款的规定,著作权属于自然人的,自然人死亡后,其本法第10条第1款第5项至第17项规定的权利在本法规定的保护期内,依法转移。《著作权法实施条例》第15条第1款规定:"作者死亡后,其著作权中的署名权、修改权和保护作品完整权由作者的继承人或者受遗赠人保护。"《民法典》第1123条规定:"继承开始后,按照法定继承办理;有遗嘱的,按照遗嘱继承或者遗赠办理;有遗赠扶养协议的,按照协议办理。"甲的继承人乙继承了《梦》作品的著作财产权,并依法保护《梦》作品的著作人身权。根据最高人民法院《关于审理著作权民事纠纷案件适用法律若干问题的解释》第27条的规定,侵犯著作权的诉讼时效为3年,自著作权人知道或者应当知道权利受到损害以及义务人之日起计算。权利人超过3年起诉的,如果侵权行为在起诉时仍在持续,在该著作权保护期内,人民法院应当判决被告停止侵权行为;侵权损害赔偿数额应当自权利人向人民法院起诉之日起向前推算3年计算。丙网站的行为既侵害了甲的信息网络传播权,又侵害了甲的署名权。从乙2009年10月发现丙网站长期传播作品《梦》至2013年9月1日乙向法院起诉已经超过3年,且作品《梦》的著作财产权保护期于2011年12月31日届满,起诉时已不在著作权保护期内,故信息网络传播权无法获得保护,D项正确,当选。但是,署名权的保护期不受限制,丙网站持续性侵犯署名权的行为还没有超过诉讼时效,乙有权要求丙网站因其侵害甲署名权的行为承担停止侵害、赔偿损失、赔礼道歉等责任。故B、C项错误,不当选。

4.【单项选择题】甲电视台经主办方的专有授权,对篮球俱乐部联赛进行了现场直播,包括在比赛休息时舞蹈演员跳舞助兴的场面。乙电视台未经许可截取电视信号进行同步转播。关于乙电视台的行为,下列哪一表述是正确的?

A. 侵犯了主办方对篮球比赛的著作权

B. 侵犯了篮球运动员的表演者权

C. 侵犯了舞蹈演员的表演者权

D. 侵犯了主办方的广播组织权

| 参考答案 | ________[①]

| 设题陷阱与常见错误分析 |

本题综合考查考生对作品要件、表演者权、广播组织权的认识和理解,具有一定难度。有的考生对作品的概念和种类理解不准确,误认为篮球比赛是作品,而主办方对篮球比赛享有著作权,由此误选A项。有的考生误认为篮球比赛是作品,由此认为篮球运动员对比赛享有表演者权,由此误选B项。有的考生误认为舞蹈演员对其表演不享有表演者权,由此未选C项。有的考生误认为非广播组织也可以享有广播组织权,由此误选D项。

| 解题思路与方法分析 |

著作权作为一种无形财产权,其客体是作品,作品应是一种智力成果。篮球、足球等体育动作本身是在一定技术规则下的任意动作,这些体育动作不是智力创作活动,不能形成受著作权保护的作品,A项不当选。著作权法上的表演者,仅指表演了作品的人,既然篮球比赛不是作品,篮球运动员也不是著作权法上的表演者,因此B项不当选。《著作权法》第47条规定了广播电台、电视台的广播组织权,甲电视台作为广播组织,对其播出节目的信号享有转播权,未经许可转播侵犯其广播组织权,但主办方不是广播组织,也没有具体从事受法律保护的播放活动,不能享有广播组织权。因此,D项不当选。《著作权法》第3条以列举加概括的方式规定了作品的种类,依据该条第3项的规定,舞蹈是作品,舞蹈演员是表演者。依据《著作权法》第39条第1款第3项的规定,表演者享有许可他人现场直播和公开传送其现场表演,

---

① C

并获得报酬的权利。乙电视台未经许可截取电视信号进行同步转播,侵犯了舞蹈演员的表演权,C 项当选。

02 考向 专利权

1.【单项选择题】关于下列成果可否获得专利权的判断,哪一选项是正确的?

A. 甲设计的新交通规则,能缓解道路拥堵,可获得方法发明专利权

B. 乙设计的新型医用心脏起搏器,能迅速使心脏重新跳动,该起搏器不能被授予专利权

C. 丙通过转基因方法合成一种新细菌,可过滤汽油的杂质,该细菌属动物新品种,不能被授予专利权

D. 丁设计的儿童水杯,其新颖而独特的造型既富美感,又能防止杯子滑落,该水杯既可申请实用新型专利权,也可申请外观设计专利权

| 参考答案 | ________①

| 设题陷阱与常见错误分析 |

本题考查专利法保护的对象,需要考生判断何种发明创造依法能够授予专利权。有的考生可能认为,由甲设计的新交通规则是对现有交通规则的改进,能缓解道路拥堵,是一种新的技术方案,可获得方法发明专利权,从而错选 A 项。

| 解题思路与方法分析 |

《专利法》第 2 条规定:"本法所称的发明创造是指发明、实用新型和外观设计。发明,是指对产品、方法或者其改进所提出的新的技术方案。实用新型,是指对产品的形状、构造或者其结合所提出的适于实用的新的技术方案。外观设计,是指对产品的整体或者局部的形状、图案或者其结合以及色彩与形状、图案的结合所作出的富有美感并适于工业应用的新设计。"《专利法》第 25 条规定:"对下列各项,不授予专利权:(一)科学发现;(二)智力活动的规则和方法;(三)疾病的诊断和治疗方法;(四)动物和植物品种;(五)原子核变换方法以及用原子核变换方法获得的物质;(六)对平面印刷品的图案、色彩或者二者的结合作出的主要起标识作用的设计。对前款第(四)项所列产品的生产方法,可以依照本法规定授予专利权。"

甲所设计的新交通规则是指导人们进行判断、分析和行动的规则和方法,并非利用技术手段或自然法则来解决技术问题,不构成技术方案,属于智力活动的规则和方法,A 项错误,不当选。专利法不保护疾病的诊断和治疗方法本身,但是为诊断和治疗疾病的医疗器械、仪器设备、药物等可以被授予专利权,B 项错误,不当选。丙通过转基因方法合成的一种新细菌,细菌、真菌等微生物不同于动植物品种,可获得专利权,C 项错误,不当选。水杯以造型解决技术问题(防止滑落),可获得实用新型专利权,同时其优美的造型又可获得外观设计专利权,D 项正确,当选。

2.【单项选择题】W 研究所设计了一种高性能发动机,在我国和《巴黎公约》成员国 L 国均获得了发明专利权,并分别给予甲公司在我国、乙公司在 L 国的独占实施许可。下列哪一行为在我国构成对该专利的侵权?

A. 在 L 国购买由乙公司制造销售的该发动机,进口至我国销售

B. 在我国购买由甲公司制造销售的该发动机,将发动机改进性能后销售

C. 在我国未经甲公司许可制造该发动机,用于各种新型汽车的碰撞实验,以测试车身的防撞性能

D. 在 L 国未经乙公司许可制造该发动机,安装在 L 国客运公司汽车上,该客车曾临时通过我国境内

| 参考答案 | ________②

| 设题陷阱与常见错误分析 |

本题考查的是专利侵权。容易选错的是 C 项和 D 项。其中,C 项中的碰撞实验,有考生可能会认为其属于科学研究,而误认为其不构成对专利权的侵犯。D 项中,有考生可能会忽略

---

① D
② C

临时过境,并受“未经乙公司许可制造”用语的干扰,而视其构成专利权的侵犯。

| **解题思路与方法分析** |

根据《专利法》第 75 条的规定,有下列情形之一的,不视为侵犯专利权:(1)专利产品或者依照专利方法直接获得的产品,由专利权人或者经其许可的单位、个人售出后,使用、许诺销售、销售、进口该产品的;(2)在专利申请日前已经制造相同产品、使用相同方法或者已经作好制造、使用的必要准备,并且仅在原有范围内继续制造、使用的;(3)临时通过中国领陆、领水、领空的外国运输工具,依照其所属国同中国签订的协议或者共同参加的国际条约,或者依照互惠原则,为运输工具自身需要而在其装置和设备中使用有关专利的;(4)专为科学研究和实验而使用有关专利的;(5)为提供行政审批所需要的信息,制造、使用、进口专利药品或者专利医疗器械的,以及专门为其制造、进口专利药品或者专利医疗器械的。从上述第 1 项可知,专利产品经专利权人或者被许可人售出后,进口该产品的,不构成侵权。因而,我国《专利法》承认专利权国际用尽,允许专利产品的平行进口。A 项中,该发动机属于由被许可人制造和销售并进口至我国,属于平行进口,专利权用尽,故不侵权,不当选。B 项中的行为不侵权,因为该行为是利用已经出售的发动机本身,没有重新制造发动机,专利权用尽,不当选。C 项中的行为侵权,因为该行为不是对专利产品本身进行研究和实验,而是利用专利对汽车进行实验,不属于为科学研究和实验而使用有关专利的行为,当选。D 项中的行为不侵权,因为该发动机安装在临时通过中国领陆的外国运输工具中,为运输工具自身需要而使用,不当选。“未经乙公司许可制造”为干扰用语。

3.【多项选择题】甲公司获得一项智能手机显示屏的发明专利权后,将该技术以在中国独占许可的方式许可给乙公司实施。乙公司付完专利使用费并在销售含有该专利技术的手机过程中,发现丙公司正在当地电视台做广告宣传具有相同专利技术的手机,便立即通知甲公司起诉丙公司。法院受理该侵权纠纷后,丙公司在答辩期内请求宣告专利无效。下列哪些说法是错误的?

A. 乙公司获得的专利使用权是债权,在不通知甲公司的情况下不能直接起诉丙公司

B. 专利无效宣告前,丙公司侵犯了专利实施权中的销售权

C. 如专利无效,则专利实施许可合同无效,甲公司应返还专利使用费

D. 法院应中止专利侵权案件的审理

| **参考答案** | __________①

| **设题陷阱与常见错误分析** |

本题的难点在于有些考生误以为独占许可实施合同中的被许可人不具有独立的诉讼地位而漏选了 A 项。有的考生误以为丙公司侵犯的是销售权而漏选 B 项。有的考生错以为专利无效则前期的许可合同也应当无效,漏选 C 项。而有的考生未注意到最高人民法院的司法解释对专利案件审理的程序性规定,误认为 D 项说法正确。

| **解题思路与方法分析** |

最高人民法院《关于审查知识产权纠纷行为保全案件适用法律若干问题的规定》第 2 条第 2 款规定,知识产权许可合同的被许可人申请诉前责令停止侵害知识产权行为的,独占许可合同的被许可人可以单独向人民法院提出申请;排他许可合同的被许可人在权利人不申请的情况下,可以单独提出申请;普通许可合同的被许可人经权利人明确授权以自己的名义起诉的,可以单独提出申请。在独占许可实施合同中,被许可人具有独立的诉讼地位,可以不经专利权人的同意而直接起诉侵权者,A 项错误,当选。根据《专利法》第 11 条的规定,专利权人享有许诺销售权。其可以禁止他人在橱窗中展览专利产品或为专利产品做广告宣传。本题中,丙公司的行为仅是广告宣传行为,不构成销售行为,因而其行为侵犯的是许诺销售权而非销售权,B 项错误,当选。

---

① ABCD

根据《专利法》第 47 条的规定，宣告无效的专利权视为自始即不存在。宣告专利权无效的决定，对在宣告专利权无效前人民法院作出并已执行的专利侵权的判决、调解书，已经履行或者强制执行的专利侵权纠纷处理决定，以及已经履行的专利实施许可合同和专利权转让合同，不具有追溯力。但是因专利权人的恶意给他人造成的损失，应当给予赔偿。依照前款规定不返还专利侵权赔偿金、专利使用费、专利权转让费，明显违反公平原则的，应当全部或者部分返还。可知，专利宣告无效后，对已经履行的专利实施许可合同不具有追溯力，一般不需要返还专利使用费，因而 C 项错误，当选。根据最高人民法院《关于审理专利纠纷案件适用法律问题的若干规定》第 7 条的规定，人民法院受理的侵犯发明专利权纠纷案件或者经国务院专利行政部门审查维持专利权的侵犯实用新型、外观设计专利权纠纷案件，被告在答辩期间内请求宣告该项专利权无效的，人民法院可以不中止诉讼。因而 D 项错误，当选。

4.【多项选择题】甲、乙两公司各自独立发明了相同的节水型洗衣机。甲公司于 2018 年 6 月申请发明专利权，专利局于 2019 年 12 月公布其申请文件，并于 2020 年 12 月授予发明专利权。乙公司于 2018 年 5 月开始销售该种洗衣机。另查，本领域技术人员通过拆解分析该洗衣机，即可了解其节水的全部技术特征。丙公司于 2019 年 12 月看到甲公司的申请文件后，立即开始制造并销售相同的洗衣机。2021 年 1 月，甲公司起诉乙、丙两公司侵犯其发明专利权。关于甲公司的诉请，下列哪些说法是正确的？

A. 如甲公司的专利有效，则丙公司于 2019 年 12 月至 2020 年 11 月使用甲公司的发明构成侵权

B. 如乙公司在答辩期内请求国务院专利行政部门宣告甲公司的专利权无效，则法院应中止诉讼

C. 乙公司如能证明自己在甲公司的专利申请日之前就已制造相同的洗衣机，且仅在原有制造能力范围内继续制造，则不构成侵权

D. 丙公司如能证明自己制造销售的洗衣机在技术上与乙公司于 2018 年 5 月开始销售的洗衣机完全相同，法院应认定丙公司的行为不侵权

| 参考答案 | ________①

| 设题陷阱与常见错误分析 |

本题考查专利临时保护制度、专利权的限制以及专利侵权的现有技术抗辩等。有考生可能认为，若专利权被授予，专利权应当从提出专利申请之日起即获得《专利法》全面的保护，从而错选 A 项。有考生可能认为，如乙公司在答辩期内请求国务院专利行政部门宣告甲公司的专利权无效，法院审理案件需要以国务院专利行政部门的决定为依据，法院应中止诉讼，从而错选 B 项。

| 解题思路与方法分析 |

《专利法》第 11 条第 1 款规定："发明和实用新型专利权被授予后，除本法另有规定的以外，任何单位或者个人未经专利权人许可，都不得实施其专利，即不得为生产经营目的制造、使用、许诺销售、销售、进口其专利产品，或者使用其专利方法以及使用、许诺销售、销售、进口依照该专利方法直接获得的产品。"《专利法》第 39 条规定："发明专利申请经实质审查没有发现驳回理由的，由国务院专利行政部门作出授予发明专利权的决定，发给发明专利证书，同时予以登记和公告。发明专利权自公告之日起生效。"即发明专利权从专利授权公告之日起才产生，方获得《专利法》全面的保护。在专利申请文件公布至授予发明专利权之间，专利权还未产生，无论甲公司申请的节水型洗衣机专利是否有效，丙公司的制造、销售行为都不侵权。《专利法》第 13 条规定："发明专利申请公布后，申请人可以要求实施其发明的单位或者个人支付适当的费用。"在上述期间，《专利法》仅提供一种不全面的临时保护措施，丙公司的制造、销售行为不构成专利法上的侵权，故而 A 项错误。

① CD

最高人民法院《关于审理专利纠纷案件适用法律问题的若干规定》第7条规定:“人民法院受理的侵犯发明专利权纠纷案件或者经国务院专利行政部门审查维持专利权的侵犯实用新型、外观设计专利权纠纷案件,被告在答辩期间内请求宣告该项专利权无效的,人民法院可以不中止诉讼。”对于法院受理的甲公司起诉乙、丙两公司侵犯发明专利权的诉讼,被告乙公司在答辩期内请求国务院专利行政部门宣告发明专利无效的,法院可以不中止诉讼,故而B项错误。

根据《专利法》第75条第2项的规定,在专利申请日前已经制造相同产品、使用相同方法或者已经作好制造、使用的必要准备,并且仅在原有范围内继续制造、使用的,不视为侵犯专利权。乙公司于2018年5月开始销售该种洗衣机,早于2018年6月甲公司申请发明专利权的时间,乙公司如能证明自己在甲公司的专利申请日之前就已制造相同的洗衣机,且仅在原有制造能力范围内继续制造,则乙公司的行为符合先用权抗辩的条件,不构成侵权,故而C项正确。

《专利法》第67条规定:“在专利侵权纠纷中,被控侵权人有证据证明其实施的技术或者设计属于现有技术或者现有设计的,不构成侵犯专利权。”乙公司在甲公司申请专利前已经开始销售相同节水技术的洗衣机,该领域的技术人员通过拆解即可知悉节水技术的全部技术特征,可见乙公司已经以公开销售的方式使得该技术处于公众能够获得的状态,构成了现有技术。因此,丙公司可以提出现有技术抗辩。丙公司如能证明自己制造销售的洗衣机在技术上与乙公司于2018年5月开始销售的洗衣机完全相同,属于现有技术,法院应认定丙公司的行为不侵权,故而D项正确。

03 考向 商标权

1.【单项选择题】韦某开设了“韦老四”煎饼店,在当地颇有名气。经营汽车配件的个体户肖某从外地路过,吃过后赞不绝口。当发现韦某尚未注册商标时,肖某就餐饮服务注册了“韦老四”商标。关于上述行为,下列哪一说法是正确的?

A. 韦某在外地开设新店时,可以使用“韦老四”标识

B. 如肖某注册“韦老四”商标后立即起诉韦某侵权,韦某并不需要承担赔偿责任

C. 肖某的商标注册恶意侵犯韦某的在先权利,韦某可随时请求宣告该注册商标无效

D. 肖某注册商标核定使用的服务类别超出了肖某的经营范围,韦某可以此为由请求宣告该注册商标无效

| **参考答案** | ____________①

| **设题陷阱与常见错误分析** |

本题重点考查为以不正当抢注手段获得商标注册的,在先权利人当如何获得救济。有考生可能认为,在先权利人韦某可以在外地开设的新店使用“韦老四”标识,新店并未超出原有的经营范围,从而误选A项。有考生可能认为,肖某注册“韦老四”商标后,享有注册商标专用权,韦某使用“韦老四”标识,侵犯了肖某的注册商标专用权,需要承担相应的赔偿责任,从而不选B项。有考生可能对请求撤销注册商标的除斥期间记忆不清,认为肖某的恶意注册对韦某在先权利的侵害是持续性的,故韦某可以随时主张请求宣告该注册商标无效,从而错选C项。有考生可能错误理解了《商标法》第23条关于“注册商标需要在核定使用范围之外的商品上取得商标专用权的,应当另行提出注册申请”的规定,认为注册商标的核定使用范围与经营范围应保持严格一致,否则属于不正当扩大商标专用权,其他单位或者个人可以请求宣告该注册商标无效,从而错选D项。

| **解题思路与方法分析** |

《商标法》第59条第3款规定:“商标注册人申请商标注册前,他人已经在同一种商品或者类似商品上先于商标注册人使用与注册商标相同或者近似并有一定影响的商标的,注册

① B

商标专用权人无权禁止该使用人在原使用范围内继续使用该商标，但可以要求其附加适当区别标识。”尽管肖某通过申请商标注册，取得了“韦老四”的商标专用权，但韦某是在肖某申请商标注册前就在餐饮服务领域使用了“韦老四”，韦某享有商标先用权，只是在他人的注册商标未被宣告无效之前，只能在原使用范围内继续使用，不能在其扩大经营时使用，故而A项错误。

韦某作为该商标的在先权利人，根据《商标法》第59条第3款的规定，肖某无权禁止韦某在原使用范围内继续使用该商标。同时，《商标法》第64条第1款规定：“注册商标专用权人请求赔偿，被控侵权人以注册商标专用权人未使用注册商标提出抗辩的，人民法院可以要求注册商标专用权人提供此前三年内实际使用该注册商标的证据。注册商标专用权人不能证明此前三年内实际使用过该注册商标，也不能证明因侵权行为受到其他损失的，被控侵权人不承担赔偿责任。”注册商标专用人肖某经营汽车配件业务，未曾实际使用过其注册商标，加上韦某享有商标先用权，故被控侵权人韦某无须承担赔偿责任，故而B项正确。

根据《商标法》第45条第1款和第32条的规定，已经注册的商标损害他人现有的在先权利，以不正当手段抢先注册他人已经使用并有一定影响的商标，自商标注册之日起5年内，在先权利人或者利害关系人可以请求商标评审委员会宣告该注册商标无效。对恶意注册的，驰名商标所有人不受5年的时间限制。韦某的商标虽在当地颇有名气，但并非驰名商标，故韦某只能在5年内向商标评审委员会请求宣告无效，并非随时可以请求宣告该注册商标无效，故而C项错误。韦某作为该商标的在先权利人，在《商标法》第45条第1款列举的情形下，且符合5年除斥期间的要求，方可请求商标评审委员会宣告该“韦老四”注册商标无效。

《商标法》第45条第1款列举的无效宣告情形不包含“商标注册核定使用的服务类别超出了经营者的经营范围”。换言之，即便超出了经营者的经营范围，也非属可宣告无效的情形。具体而言，根据《商标法》第45条第1款的规定，已经注册的商标，违反本法第13条第2款和第3款、第15条、第16条第1款、第30条、第31条、第32条规定的，自商标注册之日起5年内，在先权利人或者利害关系人可以请求商标评审委员会宣告该注册商标无效。对恶意注册的，驰名商标所有人不受5年的时间限制。《商标法》第13条第2款规定：“就相同或者类似商品申请注册的商标是复制、摹仿或者翻译他人未在中国注册的驰名商标，容易导致混淆的，不予注册并禁止使用。”《商标法》第13条第3款规定：“就不相同或者不相类似商品申请注册的商标是复制、摹仿或者翻译他人已经在中国注册的驰名商标，误导公众，致使该驰名商标注册人的利益可能受到损害的，不予注册并禁止使用。”《商标法》第15条第1款规定：“未经授权，代理人或者代表人以自己的名义将被代理人或者被代表人的商标进行注册，被代理人或者被代表人提出异议的，不予注册并禁止使用。”《商标法》第16条第1款规定：“商标中有商品的地理标志，而该商品并非来源于该标志所标示的地区，误导公众的，不予注册并禁止使用；但是，已经善意取得注册的继续有效。”《商标法》第30条规定：“申请注册的商标，凡不符合本法有关规定或者同他人在同一种商品或者类似商品上已经注册的或者初步审定的商标相同或者近似的，由商标局驳回申请，不予公告。”《商标法》第31条规定：“两个或者两个以上的商标注册申请人，在同一种商品或者类似商品上，以相同或者近似的商标申请注册的，初步审定并公告申请在先的商标；同一天申请的，初步审定并公告使用在先的商标，驳回其他人的申请，不予公告。”《商标法》第32条规定：“申请商标注册不得损害他人现有的在先权利，也不得以不正当手段抢先注册他人已经使用并有一定影响的商标。”上述规定并不包括与经营范围不匹配的情形，故而D项错误。

2.【单项选择题】佳普公司在其制造和出售的打印机和打印机墨盒产品上注册了“佳

普”商标。下列未经该公司许可的哪一行为侵犯了“佳普”注册商标专用权?

A. 甲在店铺招牌中标有“佳普打印机专营”字样,只销售佳普公司制造的打印机

B. 乙制造并销售与佳普打印机兼容的墨盒,该墨盒上印有乙的名称和其注册商标“金兴”,但标有“本产品适用于佳普打印机”

C. 丙把购买的“佳普”墨盒装入自己制造的打印机后销售,该打印机上印有丙的名称和其注册商标“东升”,但标有“本产品使用佳普墨盒”

D. 丁回收墨水用尽的“佳普”牌墨盒,灌注廉价墨水后销售

| **参考答案** | ________①

| **设题陷阱与常见错误分析** |

本题综合考查考生对商标合理使用(也称正当使用)、商标权用尽的认识。考生在答题时,要注意 D 项中丁的行为实际上是假冒商标行为,不适用商标权用尽。

| **解题思路与方法分析** |

商标合理使用是指他人使用商标的行为并非用来指示其自身商品或服务的来源,而是在使用商标原本的通用含义、用于说明商品或服务的相关真实信息或是使用商标的功能性特征。A 项中的行为是在真实地描述店铺销售产品的品牌,给公众提供其产品的完整信息,不会对消费者造成混淆,属于商标合理使用,不构成侵权。同理,B 项中的行为也属合理使用,不构成侵权,因为其是在向消费者提供其产品可与其他产品相兼容的事实,说明其产品的用途,从而为消费者购买提供真实的信息向导。商标权用尽,则是指商标权所有人或被许可人将商标权商品以合法的方式售出后,其对该特定商品上的商标权即告穷竭,无权禁止该商品在市场上再行销售流通。因此,将购买的正品“佳普”墨盒再销售的行为不构成侵权。同时,C 项中丙使用他人商标的行为是在真实描述其产品中主要部件的情况,属于合理使用。故 C 项中不存在商标侵权行为。D 项中丁的行为并非载有商标权的原合法售出商品的再次流通,不适用于商标权用尽。原商品已经耗尽,加注墨水重新销售,实际上是利用他人商标销售自己的商品,会使消费者对产品来源产生混淆,属于假冒商标行为,故侵犯“佳普”注册商标专用权。

3.【单项选择题】甲公司为其生产的啤酒申请注册了“冬雨之恋”商标,但在使用商标时没有在商标标识上加注“注册商标”字样或注册标记。下列哪一行为未侵犯甲公司的商标权?

A. 乙公司误认为该商标属于未注册商标,故在自己生产的啤酒产品上也使用“冬雨之恋”商标

B. 丙公司不知某公司假冒“冬雨之恋”啤酒而予以运输

C. 丁饭店将购买的甲公司“冬雨之恋”啤酒倒入自制啤酒桶,自制“侠客”牌散装啤酒出售

D. 戊公司明知某企业生产假冒“冬雨之恋”啤酒而向其出租仓库

| **参考答案** | ________②

| **设题陷阱与常见错误分析** |

本题考查商标假冒行为、反向假冒行为、商标帮助侵权。有的考生误认为,乙公司属于善意,不构成商标侵权,由此误选了 A 项。有的考生误认为丙公司为假冒商标的商品提供运输,构成商标侵权,由此未选 B 项。有的考生误认为丁饭店的行为不构成商标侵权,由此误选了 C 项。有的考生误认为戊公司只是提供出租仓库,不会构成商标侵权,由此误选了 D 项。

| **解题思路与方法分析** |

《商标法》第 3 条第 1 款规定,经商标局核准注册的商标为注册商标,包括商品商标、服务商标和集体商标、证明商标;商标注册人享有商标专用权,受法律保护。《商标法》第 9 条规定,申请注册的商标,应当有显著特征,便于识别,并不得与他人在先取得的合法权利相冲突。

① D
② B

商标注册人有权标明“注册商标”或者注册标记。可见,商标权人可以标明“注册商标”或者注册标记,也可以不标明,均不影响其商标权的享有和法律对其进行保护。根据《商标法》第57条的规定,有下列行为之一的,均属侵犯注册商标专用权:(1)未经商标注册人的许可,在同一种商品上使用与其注册商标相同的商标的;(2)未经商标注册人的许可,在同一种商品上使用与其注册商标近似的商标,或者在类似商品上使用与其注册商标相同或者近似的商标,容易导致混淆的;(3)销售侵犯注册商标专用权的商品的;(4)伪造、擅自制造他人注册商标标识或者销售伪造、擅自制造的注册商标标识的;(5)未经商标注册人同意,更换其注册商标并将该更换商标的商品又投入市场的;(6)故意为侵犯他人商标专用权行为提供便利条件,帮助他人实施侵犯商标专用权行为的;(7)给他人的注册商标专用权造成其他损害的。

具体到本题,乙公司的行为违反了前述第1项规定,假冒行为不要求有主观过错,行为人只要在商业活动中将他人注册商标用来指示自己商品的来源,即侵犯了甲公司的商标权,A项错误,不当选。丁饭店的行为违反了前述第5项反向假冒的规定,侵犯了甲公司的商标权。C项错误,不当选。根据《商标法实施条例》第75条的规定,为侵犯他人商标专用权提供仓储、运输、邮寄、印刷、隐匿、经营场所、网络商品交易平台等,属于《商标法》第57条第6项规定的提供便利条件。可见,戊公司明知他人侵权而提供仓库的行为违反了《商标法》第57条第6项,属于商标帮助侵权行为,故D项错误,不当选。丙公司由于不知他人侵权而提供运输服务,不构成帮助侵权,B项正确,当选。

4.【多项选择题】2010年,甲饮料厂开始制造并销售“香香”牌果汁且已产生一定影响。甲在外地的经销商乙发现甲尚未注册“香香”商标,就于2014年在果汁和碳酸饮料两类商品上同时注册了“香香”商标,但未实际使用。2015年,乙与丙饮料厂签订商标转让协议,将果汁类“香香”商标转让给了丙。对此,下列哪些选项是正确的?

A.甲可随时请求宣告乙注册的果汁类“香香”商标无效

B.乙应将注册在果汁和碳酸饮料上的“香香”商标一并转让给丙

C.乙就果汁和碳酸饮料两类商品注册商标必须分别提出注册申请

D.甲可在果汁产品上附加区别标识,并在原有范围内继续使用“香香”商标

| 参考答案 | ________①

| 设题陷阱与常见错误分析 |

本题考查的是注册商标的无效宣告、商标权的限制、商标注册程序、转让权。有考生可能认为对于乙的抢注行为,甲不受时效限制,得随时请求宣告乙注册之商标无效,从而错选A项。关于乙向丙转让商标,有考生可能认为乙得分开转让给丙,从而不选B项。就程序机制而言,商标法允许一标多类申请,故而不熟悉该规则,可能会错选C项。

| 解题思路与方法分析 |

《商标法》第15条规定:“未经授权,代理人或者代表人以自己的名义将被代理人或者被代表人的商标进行注册,被代理人或者被代表人提出异议的,不予注册并禁止使用。就同一种商品或者类似商品申请注册的商标与他人在先使用的未注册商标相同或者近似,申请人与该他人具有前款规定以外的合同、业务往来关系或者其他关系而明知该他人商标存在,该他人提出异议的,不予注册。”《商标法》第32条规定:“申请商标注册不得损害他人现有的在先权利,也不得以不正当手段抢先注册他人已经使用并有一定影响的商标。”乙的行为违反了《商标法》第15条和第32条规定,属于拒绝注册的相对理由。根据《商标法》第45条第1款的规定,已经注册的商标,违反本法第13条第2款和第3款、第15条、第16条第1款、第30条、第31条、第32条规定的,自商标注册之日起5年内,在先权利人或者利害关系人可

① BD

以请求宣告该注册商标无效。对恶意注册的，驰名商标所有人不受5年的时间限制。即作为在先权利人的甲只能在5年内请求宣告无效，故而A项错误。

《商标法》第42条第2款规定："转让注册商标的，商标注册人对其在同一种商品上注册的近似的商标，或者在类似商品上注册的相同或者近似的商标，应当一并转让。"果汁和碳酸饮料属于类似商品，对于注册在类似商品上的相同商标，应当一并转让，B项正确。《商标法》第22条第2款规定："商标注册申请人可以通过一份申请就多个类别的商品申请注册同一商标。"《商标法》允许提出一标多类申请，因此C项错误。《商标法》规定了商标先用权，即《商标法》第59条第3款规定："商标注册人申请商标注册前，他人已经在同一种商品或者类似商品上先于商标注册人使用与注册商标相同或者近似并有一定影响的商标的，注册商标专用权人无权禁止该使用人在原使用范围内继续使用该商标，但可以要求其附加适当区别标识。"甲的情况符合该规定，D项正确。

2024年模拟测试

1.【单项选择题】新月唱片公司录制的一首由王某谱曲、吴某作词、张某演唱的歌曲很受欢迎。辰星电影公司使用技术手段抹去了该录音中张某的演唱声音，将剩余的伴奏声音用作其拍摄的电影的插曲。关于该行为，下列哪一选项是正确的？

A. 该行为属于使用王某创作的曲谱重新制作录音，无须经过王某的许可，但应向其支付法定许可费

B. 该行为没有使用吴某创作的歌词，无须经过吴某许可或向其支付报酬

C. 该行为篡改了张某的表演，侵犯了张某的表演者权

D. 该行为只使用了伴奏声音，没有使用演唱声音，没有侵犯新月唱片公司的录制者权

2.【单项选择题】甲国与我国均为《保护工业产权巴黎公约》成员国。甲国的鑫远公司在甲国和我国的服装商品上均注册了扁舟形状的图形商标，后因在我国经营不善，将该注册商标转让给了我国的嘉航公司。嘉航公司销售印有该注册商标的服装，取得了一定知名度。对此，下列哪项说法是正确的？

A. 注册商标专用权不能脱离企业而单独转让，任何个人或单位均可请求宣告嘉航公司的注册商标专用权无效

B. 将鑫远公司在甲国生产的印有相同商标的服装进口至我国销售，侵犯嘉航公司的注册商标专用权

C. 鑫远公司在我国可按其转让注册商标之前的经营规模继续生产和销售印有相同商标的服装

D. 嘉航公司无须经过鑫远公司许可，即可在甲国销售印有相同商标的服装

3.【多项选择题】大明电器公司（以下简称大明公司）发明了一种新型节能灯，经小规模生产和销售，反响很好，于是大明公司申请了发明专利并获得授权。小奇灯具公司（以下简称小奇公司）试图根据专利说明书制造该节能灯，但始终无法达到说明书描述的节能效果，后经拆解分析大明公司销售的节能灯，发现原因在于专利说明书省略了一个关键的技术步骤。后小奇公司在保留该节能灯全部技术特征的基础上改进了技术方案，取得了更好的节能效果。对此，下列说法哪些是正确的？

A. 小奇公司可以以该节能灯缺乏新颖性为由，请求宣告该专利权无效

B. 小奇公司可以以该专利说明书不符合《专利法》规定为由，请求宣告该专利权无效

C. 小奇公司制造、销售相同的节能灯后，

如大明公司起诉其侵权，小奇公司可以以相关技术属于改进发明进行抗辩

D. 小奇公司可以就其改进后的节能灯申请专利权，无须获得大明公司的许可

参考答案及解析

1.｜参考答案｜B

｜设题陷阱与常见错误分析｜

本题A、C、D三个选项中均设置了一定的陷阱，会给考生带来一定的干扰。A选项中辰星电影公司利用新月唱片公司制作的录音制品中的歌曲，将由王某谱曲的伴奏制作成电影的插曲，从表面上看似乎符合录音制品法定许可的构成要件，即利用王某创作的曲谱重新制作录音。据此，考生可能会得出无须经过王某的许可，但应向其支付法定许可费的结论。C选项中辰星电影公司使用技术手段抹去该录音制品中张某演唱的声音，这一行为容易使考生误解为构成对张某表演的一种歪曲或篡改，进而侵犯了张某的表演者权。D选项考查的是考生对录音制品复制权侵权的理解，考生往往会认为录音制品主要指的是对表演者表演活动或声音的录制，而伴奏属于录音制品中可有可无的内容，因此复制权侵权仅仅针对的是其中表演者表演活动或声音的复制。据此，误认为如果他人未经许可只复制其中的伴奏声音，则不会侵犯录制者的复制权。

｜解题思路与方法分析｜

A选项考查"制作录音制品法定许可"的条件。根据《著作权法》第42条的规定，制作录音制品法定许可是指录音制作者使用他人已经合法录制为录音制品的音乐作品制作录音制品。也就是需要其他录制者重新聘请表演者对录音制品中音乐作品进行重新表演，再对此进行录制形成新的录音制品。本题中，辰星电影公司将由王某谱曲的伴奏制作成电影的插曲，并不符合制作录音制品法定许可的条件。这是因为：一方面，辰星电影公司并没有制作录音制品，而是用作电影插曲；另一方面，辰星电影公司将王某谱曲的伴奏制作成电影插曲，属于对作品的复制，而不是对作品的重新表演和录制。因此A选项错误。

B选项考查合作作品著作权的归属和行使规则。《著作权法》第14条第3款规定，合作作品可以分割使用的，作者对各自创作的部分可以单独享有著作权，但行使著作权时不得侵犯合作作品整体的著作权。本题中，辰星电影公司将演唱声音抹去后，歌词就消失了，该行为确未使用歌词。而且词与曲可分割使用，吴某对曲并不享有著作权，因此B选项正确。

C选项考查表演者权中的保护表演形象不受歪曲的权利。对表演形象的歪曲，以利用表演为前提。由于演唱的声音被抹去，张某的表演未被使用，不涉及对其表演的歪曲，因此C选项错误。

D选项考查录音制作者权的客体及录音制品的概念。《著作权法》第44条规定，录音录像制作者对其制作的录音录像制品享有复制权。而对录音制品的复制并不限于复制全部声音。伴奏声音是录音制品的实质性内容，仅复制伴奏声音足以被认定为复制录音制品，侵犯了录音制作者的复制权，因此D选项错误。

2.｜参考答案｜B

｜设题陷阱与常见错误分析｜

本题常见问题主要体现为三点：一是商标不予注册的相对理由，包括误导性使用地理标志、以不正当手段抢注他人已有一定影响的未注册商标等，本题A选项便是针对这一问题进行设置，如果对法条记忆不清可能产生误选。二是商标先用权的适用条件，本题C选项便是针对这一问题进行设置。许多考生在记忆法条时，没有注意适用先用权的时间节点，容易产生误选。三是商标保护具有地域性，虽然商标权保护已经有了《保护工业产权巴黎公约》，但该公约并没有取消商标权的地域性，并未创造出一个"世界商标"的概念，本题D选项主要针对这一问题进行设置。

｜解题思路与方法分析｜

A选项考查注册商标权的转让。我国《商标法》第42条第2、3款规定，转让注册商标的，商标注册人对其在同一种商品上注册的近似的商标，或者在类似商品上注册的相同或者近

似的商标,应当一并转让。对容易导致混淆或者有其他不良影响的转让,商标局不予核准,书面通知申请人并说明理由。根据该条规定可知,《商标法》对一些情形作出强制性一并转让要求,这也意味着在其他情形下允许企业单独转让注册商标。并且单独转让注册商标并非请求宣告注册商标无效的理由,因此A选项错误。

B选项考查商标侵权行为。此处容易引起考生疑惑的是平行进口的合法性问题。我国商标法并未像专利法那样明确规定平行进口的合法性。然而对本题的回答与平行进口的合法性没有关系。平行进口的前提是,境内外同一注册商标的注册人是同一主体(当然在境内外可能存在该同一主体许可他人使用的情况)。由于该商标在甲国和在我国并不是同一商标权人,不存在平行进口,未经我国注册商标专用权人许可从甲国进口至我国后销售,属于销售侵犯注册商标专用权商品的行为,因此B选项正确。

C选项考查先用权抗辩。我国《商标法》第59条第3款规定,商标注册人申请商标注册前,他人已经在同一种商品或者类似商品上先于商标注册人使用与注册商标相同或者近似并有一定影响的商标的,注册商标专用权人无权禁止该使用人在原使用范围内继续使用该商标,但可以要求其附加适当区别标识。根据该法条规定可知,先用权是在他人申请日之前使用相同商标,而不是在转让之前使用,因此C选项错误。

D选项考查商标权的地域性。由于商标权具有地域性,而且《保护工业产权巴黎公约》没有创造出"世界商标权",只是为跨国商标注册提供了便利,嘉航公司的注册商标仅在我国有效,在甲国未经许可销售印有相同商标的服装,侵犯了甲国商标权人的权利,因此D选项错误。

3. | **参考答案** | ABD

| **设题陷阱与常见错误分析** |

专利的授权条件、无效理由以及专利侵权的抗辩均为专利法中的重点和难点内容。在专利授权条件中,新颖性是常考考点。新颖性的判断以申请日为准,除《专利法》规定的不丧失新颖性的4种例外情形,申请日之前的公开会使在后申请丧失新颖性。且公开的主体是日后申请人还是他人无关紧要,公开的范围是向一般公众公开还是向不具有保密义务的特定人公开,也无关紧要。这与考生的直觉存在差异,因此容易出错。题干中"小规模生产和销售"中的"小规模"属于干扰用语。改进发明的申请,并不需要在先发明专利权人的许可,只有对改进发明的利用才需要得到在先发明专利权人的许可,这一点经常容易被考生所误解。在专利的无效理由中,很多考生没有注意"说明书公开不充分"属于无效理由。在《专利法》规定的抗辩理由中,不存在所谓独立发明抗辩,更不存在所谓改进发明抗辩。考生对此有时也会产生误解。

| **解题思路与方法分析** |

专利的授权条件、无效理由以及专利侵权的抗辩在《专利法》中均有明确规定,应当严格以法律规定为依据进行判断,不能将所谓"常识"纳入考虑范围。

A选项考查专利无效的理由——缺乏新颖性。构成发明的技术方案如在专利申请日之前已经公开,就丧失了新颖性,不能被授予专利权,如错误进行授权,则任何人都可以请求宣告该专利权无效。因大明公司在申请日之前已公开销售产品,且他人可以从产品中了解相关技术,该技术已丧失新颖性,即使销售规模较小也会导致同样结果。因此A选项正确。

B选项考查专利无效的另一理由——说明书公开不充分。说明书必须清楚、完整地对发明进行说明,以所属技术领域的技术人员能够实现为准,而大明公司在说明书中省略关键技术步骤,导致本领域技术人员无法根据说明书的描述实现专利保护的技术,不符合说明书充分公开的要求,因此大明公司的专利应被宣告无效。B选项正确。

C选项考查专利侵权抗辩的理由。《专利法》规定了现有技术和现有设计抗辩,但没有规定所谓改进发明抗辩。只要未经许可使用的技术方案落入了在先专利权利要求书的范围，即使技术方案比获得专利权的技术方案更加先进，相关使用行为也会构成侵权。由于小奇公司的改进发明保留了大明公司已获专利的发明中全部技术特征，小奇公司制造和销售改进型节能灯的行为仍然构成侵权。因此C选项错误。

D选项考查专利授权条件。原始发明和改进发明都可以被授予专利权，只是改进发明如果包含了他人专利权利要求书记载的全部技术特征，即使被授予专利权，也受制于他人专利，需要经过在先专利权人的许可才能实施该专利。因此，D选项的内容正确，申请改进发明的专利无须基础专利权人许可。

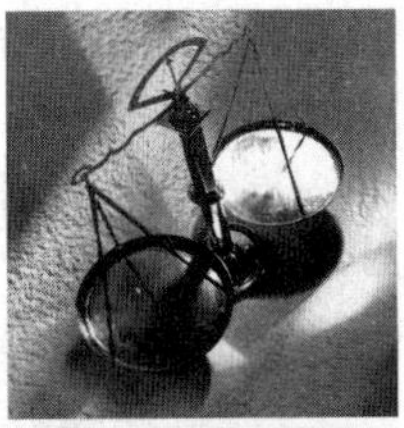

商 法

方 法 篇

如何解答本学科客观题

考查要求

商法是部门法中的实体法，具有极强的实务性，尤其是相较于民法，还具有技术性的特点，因此，商法是难度较大的科目之一，其注重对考生分析与解决实务问题能力的考查。具体体现为如下。

第一，观察近几年商法学科的考查方式，可发现已不再出现单纯的法条类客观题题型，而是或在题干中或在选项中，设计为案例式或材料式。

第二，国家统一法律职业资格考试改革的一项重要内容，就是更侧重于考查考生的实务解决能力，而案例分析则是最适合这一考查方式的题型。

第三，案例材料的来源虽然大部分来自考试的设计，但也有不少是直接取材于实际发生的案例，尤其是最新最近的实务争议点与难点，也包括从实务中发展出的法律规则。

试卷分析

本科目考试考查考生是否能将商法科目的理论知识运用于解决实践问题，因此本科目考题形式均为材料题或者案例题。这提示考生在备考过程中不能仅死记硬背考点或法条，而应当结合案例研习，以分析和解决法律问题的能力培养与锻炼为重点。对公司法制度与知识的理解和掌握，无论怎样强调也不为过。

最后须指出的是，国家统一法律职业资格考试不仅强调考生理论知识的掌握和应用，也同样重视考生对社会热点问题和典型性案例的独立思考能力。近年来的试题设计借鉴了较多典型性和指导性案例，因此希望考生能结合所掌握的商法基础知识，在关注时事热点的同时灵活地运用所学知识作出相应的独立分析，从而考查考生在掌握基本知识与理论基础上的系统性学习能力以及灵活运用知识解决问题的实践能力。

学科重点

作为规制商事基本法律关系的法律部门，商法在现代社会中的重要性不言而喻。在考试中，商法一直是一个十分重要的考试板块。

把握商法学科的知识体系，**一方面，要理解民法与商法间的关系**。民法与商法共同构成私法体系，其中民法是基础，民法中的很多制度、原则与精神，对商法规范有着直接的适用意义。所以，学习商法、掌握商法，首先要有比较好的民法基础。例如，民法中的民事法律行为制度、物权制度、代理制度、法人制度、合同制度等，均直接或间接地存在于商法制度中，构成商法的逻辑与概念基础，且对于整个商法的理论与制度设计至关重要。

另一方面，也不能简单地将商法理解为民法的特别法，商法有其自身的特点。具体来说，商法上的法律规则的形成和发展，是经济交易形式由即时交易、现货交易、小额交易、一次交易、货物交易、同城交易等，走向远期交易、期货交易、大宗交易、连续交易、权利交易、异地交易等的结果。这些规则具体体现于票据法、保险法、海商法、破产法以及公司法等商法的分支部门。每个部门法都有着较强烈的专业性、技术性，难以依据市民社会的一般生活经验与习惯进行推导。典型的如公司法中表决权的行使规则、股票的发行与交易规则等，票据法中追索权的行使、票据的抗辩等，保险法中的保险利益原则与近因原则、代位求偿权的行使规则等，破产法中的破产宣告程序与后果、破产债权的确定、别除权、取回权等，如果仅从民法出发，而不结合商法特有的原理分别对这些学科进行专门的、深入的研习，是很难真正掌握和理解好这些原理与制度的。

此外，商法不同于民法的另一个显著特点是，**商法由若干既有一定联系又有显著不同的分支部门或分支学科组成(如图1所示)**。国家统一法律职业资格考试中商法学科的内容历来包括公司法、合伙企业法、破产法、票据法、证券法、保险法、海商法等内容，但这些科目间的差异性是多于其共性的。

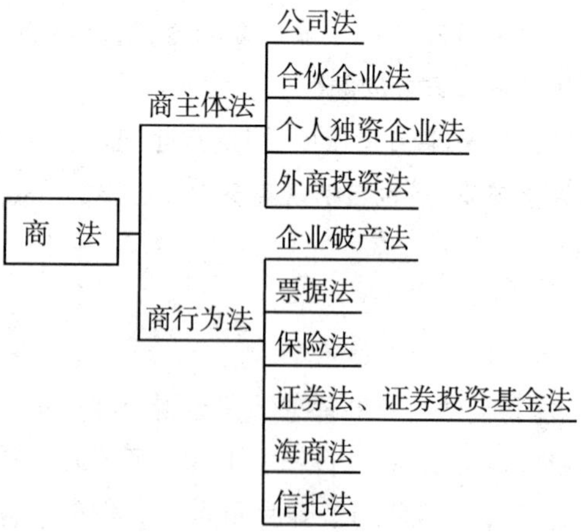

图1　商法知识体系

具体而言，商法中各分支学科在复习中应关注的重点与难点内容如下。

公司法部分，主要由公司法总论、有限责任公司和股份有限公司三部分构成。涉及的法律主要包括《公司法》以及最高人民法院颁布的相关司法解释。公司法总论部分主要的知识点有分公司、子公司的区分，公司章程等。有限责任公司部分较为重要，应当做到理解并运用的内容有：(1)公司决议的无效、可撤销；(2)股东出资义务与抽逃出资，2023年修订后的《公司法》对公司资本制度和股东出资责任作出了最新规定；(3)有限责任公司中有关增资、分红、行使表决权和知情权的规定；(4)就有限责任公司治理而言，主要关注股东会职权及其议事方式、表决程序和董事(会)职权及其议事方式、表决程序，《公司法》2023年修订后对董事会和股东会职权范围作出了新的规定；(5)有限责任公司股权转让规则，《公司法》2023年修订后对有限责任公司股权对外转让条件作出了新的规定；(6)司法解散制度，该部分主要体现在《公司法》第231条；(7)公司清算。股份有限公司部分，包括公开募集设立程序、董事会决议程序以及股份有限公司发起人规制，董事长产生、任期及其职权，董事义务与责任，独立董事，公司回购，股份转让，司法解散，股东代表诉讼等内容，在过去考试中均有涉及。

合伙企业法部分，应当重点掌握合伙事务的执行、合伙事项的表决、合伙人退伙、有限合伙人执行合伙事务的禁止、有限合伙人合伙份额的转让、有限合伙人转为普通合伙人的债务承担、合伙人责任等内容。除此之外，常考考点还包括合伙企业的设立条件、合伙企业财产、合伙人个人债务清偿、合伙份额的出质与转让、入伙、除名、特殊普通合伙和有限合伙的特殊法律规定等内容，在过去的考试中也有涉及。

破产法部分，涉及的法条主要包括《企业破产法》及最高人民法院三部相关的司法解释。复习中应重点掌握破产债权申报、破产程序的申请，债务人企业的财产、重整计划的制订和通过，还包括破产案件受理的法律效果、管理人的任免、管理人的撤销权、股东出资义务的诉讼时效、管理人的追回义务、破产抵销权的限制、破产费用、破产管理人的权利、重整程序的启动、重整期间、破产原因、破产案件的诉讼费用、管理人撤销权的限制、管理人的取回权、赔偿取回权等。

票据法部分，相关的法律规定主要体现于《票据法》和最高人民法院《关于审理票据纠纷案件若干问题的规定》。复习中应重点掌握票据无因性、有效汇票的条件、汇票付款、汇票的追索权、支票记载事项、票据丧失、票据责任、票据的无权代理、恶意或重大过失取得票据的效力、票据抗辩、票据独立性、票据付款人的义务、汇票的出票背书质押承兑保证等内容。

证券法部分，主要法律规定包括《证券法》和《证券投资基金法》，其中上市公司收购、基金份额持有人权利是复习中应重点掌握的内容，此外还包括证券法律特征、证券法基本原则、证券发行方式、公司债券的发行条件、上市公司年度报告、证券公司业务范围、基金持有人大会、非公开募集基金、股票发行主体等。复习备考时，不妨以《证券法》《证券投资基金法》为基础，兼及中国证监会针对股票发行、上市公司收购、信息披露等颁行的相关规章制度。

保险法部分，以《保险法》及最高人民法院司法解释为重点。其中，复习中应重点掌握的内容主要集中于保险合同解除、人身保险合同责任的免除、代为签字盖章的效力，还包括保险合同的成立、财产保险伪造编造证据的后果、人身保险合同无效、以死亡为给付保险金的合同、人身保费支付、人身保险中受益人的确定、不足额财产险、财产保险代位求偿权及其例外、责任保险、投保人如实告知义务、投保单与保险单的冲突等内容。

海商法部分，复习中应重点掌握的内容主要集中于船舶优先权、留置权、抵押权的受偿顺序，船舶所有权以及船舶抵押权等内容，在过去考试中涉及较少。

信托法部分，以《信托法》为重点，复习中应重点掌握的内容主要包括信托设立的“三大确定性”(信托目的确定、信托财产确定和信托受益人确定)、信托财产独立性、信托委托人、受益人和受托人的权利义务、信托的变更与消灭等。

复习攻略

商法科目的知识体系十分庞杂，涉及的法律部门众多，本科目中各个部门法相应的分值占比不一。因此，考生在备考过程中应当依据各部门法的考查频率，有侧重性地科学分配复习时间和精力，删繁就简，有针对性地展开复习，制订合理高效的备考计划，以提高复习效率。

首先，在复习资料方面，由于商法科目涉及的部门法学科较多，法律体系较为庞杂，考生应当紧扣考试大纲，依照考试大纲所列的主要知识点展开针对性复习。同时考生应当关注近年来法律法规的革新变化，以颁布的最新版修正、修订的法律法规为学习资料，特别需要掌握新旧法的不同之处。

其次，本学科试题不单考查考生对知识与理论的记忆能力，更重点考查考生灵活运用知识和理论解决问题的实践运用能力。因此，考生在复习过程中应当结合案例研习，提升独立思考的实践分析能力。

最后，本科目通常重点考查商法领域中同时具有理论重要性和司法实务意义的知识点。因此，考生在备考过程中应当参考考试大纲所列的重点考查知识点，结合往年考试案例，多关注实践中的社会热点问题，进行有针对性的学习和复习。

答题范例与实战演练

01 答题范例

｜题目指引｜

本题的特点是，从只有一个股东的有限责任公司缺乏股东会机制着手，以公司关联担保规则作为干扰项，并结合《担保制度解释》中的公司担保规则，考查实务中只有一个股东的有限责任公司对外担保的责任承担和股东的连带责任机制。本题涉及公司法与民法的交叉，实务性较强，能综合考查学生融贯运用民商法知识解决实务问题的能力。

｜题　　目｜

【单项选择题】旭日公司由王某全资设立。2023年8月9日，王某向赵某借款80万元，借款期限1年，王某以旭日公司名义对该笔借款提供连带责任保证。2024年8月10日，因无法同王某取得联系，赵某遂请求旭日公司承担保证责任。后查明，旭日公司总资产仅剩55万元，尚有其他负债90万元。关于本案，下列哪一选项是正确的？

A. 因未经股东会审议，故旭日公司无须向赵某承担保证责任

B. 因旭日公司系一人有限公司，故其应当向赵某承担保证责任

C. 因赵某未请求王某清偿债务，故旭日公司不承担保证责任

D. 因旭日公司资产不足以清偿全部负债，故该公司其他债权人可请求王某承担连带责任

｜参考答案｜＿＿＿＿＿①

｜推导过程｜

考生回答本题，应当首先抓住题干中给出的关键性提示信息，即“旭日公司由王某全资设立”，

① B

得出旭日公司系只有一个股东的有限公司。根据这一结论，考生需进一步联想到，只有一个股东的有限公司没有股东会，且《公司法》中对其设置了较为特殊的“刺破面纱”规则。在题设的四个选项中，A 选项和 B 选项考查的就是只有一个股东的有限公司缺少股东会的特殊结构，并以此衍生考查《担保制度解释》对于其担保的特殊规则；C 选项考查担保法上有关连带责任保证和一般保证的区别，D 选项考查的是“刺破面纱”规则在只有一个股东的有限公司中的适用。

首先，由于只有一个股东的有限公司系由一个股东全资设立，故没有股东会。因此，《公司法》第 15 条第 2 款和第 3 款有关公司关联担保须经股东会决议的规则，在只有一个股东的有限公司中无法适用。对此，《担保制度解释》第 10 条规定：“一人有限责任公司为其股东提供担保，公司以违反公司法关于公司对外担保决议程序的规定为由主张不承担担保责任的，人民法院不予支持。公司因承担担保责任导致无法清偿其他债务，提供担保时的股东不能证明公司财产独立于自己的财产，其他债权人请求该股东承担连带责任的，人民法院应予支持。”因此，A 选项错误，B 选项正确。

其次，本题中旭日公司为王某承担的是连带责任保证。《民法典》第 688 条第 2 款规定：“连带责任保证的债务人不履行到期债务或者发生当事人约定的情形时，债权人可以请求债务人履行债务，也可以请求保证人在其保证范围内承担保证责任。”因此，王某在借款到期后无法联系，赵某可直接请求旭日公司承担保证责任，C 选项错误，不选。

最后，本题中旭日公司仅有资产 55 万元，却要承担对赵某的保证债务 80 万元和其他负债 90 万元。有考生可能基于此就简单地认为，王某需要对旭日公司的债务承担连带责任。但应当注意的是，《公司法》第 23 条第 3 款规定：“只有一个股东的公司，股东不能证明公司财产独立于股东自己的财产的，应当对公司债务承担连带责任。”只有一个股东的有限公司股东对公司债务承担连带责任的一个核心要件是，股东的个人财产同公司财产混同。但本题中，王某仅让旭日公司对其债务承担保证责任，并未提及二者的财产是否发生混同。因此，D 选项错误，不选。

综上所述，本题的正确选项是 B 项。

02 答题范例

| 题目指引 |

本题以公司资本制度为核心，结合公司关联担保制度，综合考查考生准确识别实务中较常见的公司与股东资本性交易，并灵活运用公司法规则分析题设问题的能力。本题特点是，以公司内部股权转让为基础，附加公司对股东的关联担保，实质考查资本制度中“禁止抽逃出资”规则和公司关联担保规则。本题的主要考点有二：其一，股东之间转让股权并从公司获得担保，是否构成抽逃出资而有违《公司法》第 53 条禁止股东抽逃出资的强制性规定？其二，公司为其股东提供担保的，需满足何种程序性要件？

| 题　　目 |

【多项选择题】柳河公司于 2022 年成立，有股东罗某、夏某、毛某三人。其章程规定，三股东各出资 300 万元。罗某和夏某在公司成立时缴足全部出资，毛某先行缴付 200 万元，2025 年 9 月 1 日前再缴付 100 万元。2024 年 7 月 2 日，罗某、毛某与柳河公司约定，罗某收购毛某所持全部股权，柳河公司为罗某提供连带保证。2024 年 7 月 5 日，夏某和毛某召开股东会，同意柳河公司为此提供保证。7 月 8 日，罗某和毛某完成股权转让。9 月 10 日，柳河公司的破产申请被法院裁定受理。其管理人发现，柳河公司尚有 100 万元出资未缴足。关于本案，下列哪些选项是正确的？

A. 因罗某未参与股东会表决，故柳河公司为股权收购提供的保证有效
B. 因毛某也参与股东会表决，故柳河公司为股权收购提供的保证无效
C. 因柳河公司向毛某提供连带保证构成抽逃出资，故该连带保证无效
D. 就柳河公司尚未缴足的出资，管理人可主张罗某承担缴足责任

| **参考答案** | ________①

| **推导过程** |

考生回答此类商法客观试题，须根据题干内容，从中准确梳理出命题人设计的交易结构。本题中，柳河公司成立后，其股东罗某和毛某间发生股权转让交易；柳河公司以保证人身份为该笔股权转让交易提供担保。考生需特别注意，这种附有公司担保的股东内部股权买卖，一方面因公司为股东提供担保而涉及关联担保之规则；另一方面因公司向出让股东履行担保责任而可能实质构成向股东返还出资。因此，本题考查公司关联担保规则和资本制度规则。在题设四个选项中，A 选项和 B 选项即考查公司为股东提供担保的关联担保规则，C 选项和 D 选项考查公司资本制度规则。

首先，公司为其股东的交易提供担保，受我国《公司法》第 15 条第 2 款和第 3 款规定的关联担保规则约束。根据《公司法》第 15 条第 2 款和第 3 款之规定，公司为其股东提供担保的，应当经公司股东会决议，且受担保的股东不得参加该股东会的表决。因此，考生在本题中需判断，柳河公司在为哪一股东提供担保。由罗某和毛某的约定可知，罗某系从毛某手中取得柳河公司股权，柳河公司为罗某支付转让价款提供连带保证。因此，受担保方应是罗某。进而，罗某应回避就柳河公司提供关联担保的股东会。毛某虽是股权转让的当事人，但其并未从柳河公司处接受担保，故其无须回避此关联担保的股东会。所以，A 选项正确，B 选项错误。

其次，当柳河公司以保证人的身份，为罗某和毛某的股权让与提供担保。即意味着，当罗某不履行给付股权转让款义务时，毛某即可请求柳河公司向其承担支付股权转让款的连带责任。准此，毛某可能构成抽逃出资，即柳河公司承担担保责任实质是向毛某返还出资，而毛某向罗某履行转让股权义务后即退出柳河公司。司法实践对此颇有争议。有考生可能认为，柳河公司为股东间的股权转让提供担保，违反《公司法》第 53 条禁止股东抽逃出资规则，应当无效。但需重点注意的是，根据我国《民法典》第 700 条的规定，保证人承担保证责任后有权对债务人追偿。因此，即便柳河公司可能承担连带保证责任，但其最终仍可从债务人罗某处获得清偿，该担保交易实质上并未损害公司资本。据此，C 选项错误。

最后，D 选项考查的是，未完全履行出资义务的股东转让股权后，目标股权对应的出资义务应由谁承担？考生回答此问题时，应首先判断柳河公司股东的出资义务是否已经届期？根据题设可知，柳河公司中只有毛某尚未缴付 100 万元出资，该出资义务应在 2025 年 9 月 1 日届期。但题设又提到，柳河公司在 2024 年 9 月 10 日进入破产清算程序。据此，根据《企业破产法》第 35 条之规定："人民法院受理破产申请后，债务人的出资人尚未完全履行出资义务的，管理人应当要求该出资人缴纳所认缴的出资，而不受出资期限的限制。"股东的出资义务在公司进入破产清算程序后，即自动加速到期。可见，本题中毛某的出资义务在题设状态下已经到期。但本题中，毛某在同罗某完成股权转让事宜后即已退出柳河公司。故考生在确定此点后还需判断，出资义务的履行主体。《公司法》第 88 条第 1 款规定："股东转让已认缴出资但未届出资期限的股权的，由受让人承担缴纳该出资的义务；受让人未按期足额缴纳出资的，转让人对受让人未按期缴纳的出资承担补充责任。"据此，本题中毛某股权所对应的出资义务尚未届期，在毛某转让股权后即应由罗某承担。由此，柳河公司的管理人可主张罗某对 100 万元的出资承担缴足责任。所以，D 选项正确。

---

① AD

刷　题　篇

重点考向与真题精粹

01 考向　公司法

1.【单项选择题】植根农业是北方省份一家从事农产品加工的公司。为拓宽市场，该公司在南方某省分别设立甲分公司与乙分公司。关于分公司的法律地位与责任，下列哪一选项是错误的？

A. 甲分公司的负责人在分公司经营范围内，当然享有以植根公司名义对外签订合同的权利

B. 植根公司的债权人在植根公司直接管理的财产不能清偿债务时，可主张强制执行各分公司的财产

C. 甲分公司的债权人在甲分公司直接管理的财产不能清偿债务时，可主张强制执行植根公司的财产

D. 乙分公司的债权人在乙分公司直接管理的财产不能清偿债务时，不得主张强制执行甲分公司直接管理的财产

| 参考答案 | ________①

| 设题陷阱与常见错误分析 |

本题考查本公司和分公司的含义及意义。根据《公司法》第13条第2款和第38条的规定，公司可以设立分公司并应当向公司登记机关申请登记，领取营业执照。分公司不具有法人资格，其民事责任由公司承担。根据该规定，本题选项A的情形是要求考生判断甲分公司的负责人是否享有在分公司经营范围内以根植公司的名义签约的权利。考生应当正确认识到，尽管分公司没有法人资格，但因获取营业执照而具有营业能力；分公司在该营业执照所记载营业范围内的营业活动，应视为公司的对外授权，即分公司负责人在此范围内享有代理权限，这是回答本题关于分公司法律定位与民事责任最为根本的规范基础。有考生认为分公司没有法人资格故不能以植根公司的名义对外签约，这种理解是错误的。B项、C项和D项均考查分公司的财产归属。按照《公司法》第13条第2款的规定，分公司的民事责任由公司承担；这是因为分公司不具有法人资格，所以分公司直接管理的财产，均属于本公司财产的组成部分。因此无论是本公司的债权人还是分公司的债权人，为实现其债权而采取强制执行措施时，公司以及各分公司名下(直接管理)的财产，均得为强制执行的对象，故B项、C项正确，而D项错误。如果考生不能正确理解分公司和本公司之间的财产关系则易对后三个选项作出错误判断。

| 解题思路与方法分析 |

本题为否定性选项。根据《公司法》第13条第2款的规定，分公司不具有法人资格，其民事责任由公司承担。因此A项、B项和C项的表述是正确的，而D项“不能主张强制执行”另一分公司直接管理的财产的表述是错误的，故本题答案应为D项。

综上所述，本题应选D项。

2.【单项选择题】零盛公司的两个股东是

---

① D

甲公司和乙公司。甲公司持股70%并派员担任董事长，乙公司持股30%。后甲公司将零盛公司的资产全部用于甲公司的一个大型投资项目，待债权人丙公司要求零盛公司偿还货款时，发现零盛公司的资产不足以清偿。关于本案，下列哪一选项是正确的？

A. 甲公司对丙公司应承担清偿责任

B. 甲公司和乙公司按出资比例对丙公司承担清偿责任

C. 甲公司和乙公司对丙公司承担连带清偿责任

D. 丙公司只能通过零盛公司的破产程序来受偿

｜**参考答案**｜__________①

｜**设题陷阱与常见错误分析**｜

本题考查的是对公司法人人格否认的理解和运用，有一定难度。本题中的甲公司是控股股东，也是将零盛公司全部资产移转为己所用者。《公司法》第23条第1款规定，对公司债务承担连带责任的是"滥用公司法人独立地位和股东有限责任"者，而非所有的股东。不少考生不能正确理解这一公司法人人格否认的适用规定，因此错选了B项或C项。此外，还有考生认为债权人只能通过破产程序来受偿而选D项，是对公司法人格否认的理解有偏差。

｜**解题思路与方法分析**｜

甲公司是控股股东，《公司法》第23条规定，股东不得利用控制地位损害债权人的利益，结合第23条第1款"公司股东滥用公司法人独立地位和股东有限责任，逃避债务，严重损害公司债权人利益的，应当对公司债务承担连带责任"的规定，可知本题A项正确。

由于甲公司作为控制股东，但乙公司为非控股股东，并未实施滥用公司地位和股东有限责任的行为，故乙公司不承担对丙公司的连带责任，也不承担按份责任，所以B、C项错误。

丙公司作为债权人可以依据《公司法》第23条起诉滥用公司法人格的股东，未必只能通过破产程序受偿，故D项错误。

综上所述，本题应选A项。

3.【单项选择题】泰昌有限公司共有6个股东，公司成立两年后，决定增加注册资本500万元。下列哪一表述是正确的？

A. 股东会关于新增注册资本的决议，应当经2/3以上股东同意

B. 股东认缴的新增出资额可分期缴纳

C. 股东有权要求按照认缴出资比例来认缴新增注册资本的出资

D. 一股东未履行其新增注册资本出资义务时，公司董事长须承担连带责任

｜**参考答案**｜__________②

｜**设题陷阱与常见错误分析**｜

除公司章程另有规定外，有限公司股东会会议按照出资比例行使表决权，而不是按照人数行使表决权。A项中新增注册资本属于公司发展的重大事项，应当经代表2/3以上表决权的股东通过。考生如仅仅注意到该事项属于特别多数决事项，忽视了该选项的表述是经"2/3以上股东同意"，容易误认为该选项正确。根据《公司法》的规定，有限公司股东在公司增资时未履行出资义务，董事、高级管理人员只有在未尽忠实和勤勉义务的情况下才承担相应责任，而不是一概承担连带责任，考生如不熟悉该规定，容易误认为D项正确。

｜**解题思路与方法分析**｜

《公司法》第66条第3款规定："股东会作出修改公司章程、增加或者减少注册资本的决议，以及公司合并、分立、解散或者变更公司形式的决议，应当经代表三分之二以上表决权的股东通过。"本题中，该有限公司增资的决定须经代表2/3以上表决权的股东通过，而不是2/3以上股东通过，所以A项错误。

《公司法》第228条第1款规定："有限责任公司增加注册资本时，股东认缴新增资本的出资，依照本法设立有限责任公司缴纳出资的有关规定执行。"第47条第1款规定："有限责

---

① A

② B

任公司的注册资本为在公司登记机关登记的全体股东认缴的出资额。”《公司法》在有限责任公司资本制下规定了资本认缴制。由此可知,B 项正确。

《公司法》第 227 条第 1 款规定:“有限责任公司增加注册资本时,股东在同等条件下有权优先按照实缴的出资比例认缴出资。但是,全体股东约定不按照出资比例优先认缴出资的除外。”注意是“实缴的出资比例”而不是“认缴的出资比例”,由该条可知 C 项错误。

《公司法》第 51 条第 1 款规定:“有限责任公司成立后,董事会应当对股东的出资情况进行核查,发现股东未按期足额缴纳公司章程规定的出资的,应当由公司向该股东发出书面催缴书,催缴出资。”第 51 条第 2 款规定:“未及时履行前款规定的义务,给公司造成损失的,负有责任的董事应当承担赔偿责任。”本题中没有表明董事长对股东未履行新增注册资本出资义务未尽忠实和勤勉义务,所以不能一概认定董事长应承担责任,并且董事长不是当然承担连带责任,所以 D 项错误。

综上所述,本题应选 B 项。

4.【单项选择题】李某和王某正在磋商物流公司的设立之事。通大公司出卖一批大货车,李某认为物流公司需要,便以自己的名义与通大公司签订了购买合同,通大公司交付了货车,但尚有 150 万元车款未收到。后物流公司未能设立。关于本案,下列哪一说法是正确的?

A. 通大公司可以向王某提出付款请求

B. 通大公司只能请求李某支付车款

C. 李某、王某对通大公司的请求各承担 50% 的责任

D. 李某、王某按拟定的出资比例向通大公司承担责任

| **参考答案** | ______①

| **设题陷阱与常见错误分析** |

本题考查的是我国《公司法》规定的发起人职责。本题考查的核心是如何判断“设立公司行为所产生”的债务问题,如果考生忽略这一点,则会陷入如下的错误认识之中,即公司设立失败,发起人为公司设立而与第三人签订的所有合同,其与其他发起人一起对合同相对方承担连带责任。有考生虽然注意到题干所设计的李某、王某发起设立公司之法律事实,但未区别案情中提及的购买大货车合同与设立公司行为所产生的债务的区别,容易误选 A 项,甚至基于对连带责任的错误认识而误选 C 项或 D 项。

| **解题思路与方法分析** |

根据本题所设情境,应当认识到属于公司发起设立失败的法律责任问题。《公司法》第 44 条第 3 款规定:“设立时的股东为设立公司以自己的名义从事民事活动产生的民事责任,第三人有权选择请求公司或者公司设立时的股东承担。”本题中,李某为将来公司运营的目的而以自己名义购买卡车,并不属于该条规定的“设立公司行为所产生”的债务。在此情况下,除非有特别情形表明该合同同时也约束王某,否则应遵循合同相对性原理只准许合同一方当事人向另一方当事人主张权利。而本案中并无特别情节说明了该合同也同时约束王某,因此通大公司只能向李某请求支付价款。故 B 项将责任人仅限于李某是正确的,A、C、D 项均错误。

综上所述,本题应选 B 项。

5.【单项选择题】新余有限公司共有股东 4 人,股东刘某为公司董事。在公司章程无特别规定的情形下,刘某可以行使下列哪一职权?

A. 决定公司的投资计划

B. 否决其他股东对外转让股权行为的效力

C. 决定聘任公司经理

D. 决定公司的利润分配方案

| **参考答案** | ______②

| **设题陷阱与常见错误分析** |

有限公司的董事会是公司的常设执行机

① B
② C

构,负责执行股东会的决议和公司的经营管理活动。股东会作为有限公司的权力机构,有权决定公司的重大事项。《公司法》明确规定了有限公司股东会、董事会各自享有的职权,决定公司的投资计划是股东会的职权,而根据投资计划决定公司的投资方案以及决定经营计划是董事会的职权。考生如果不理解董事会与股东会性质上的区别,不熟悉相关法条的规定,容易选错答案。另外,股东人数较少或规模较小的有限责任公司可以不设董事会,设一名董事,董事享有董事会的职权。考生如不熟悉董事与董事会的关系,也可能选错答案。

| 解题思路与方法分析 |

《公司法》第75条规定:“规模较小或者股东人数较少的有限责任公司,可以不设董事会,设一名董事,行使本法规定的董事会的职权。该董事可以兼任公司经理。”本题中,新余有限公司只有4名股东,可以不设董事会,只设一名董事,由董事行使董事会的职权。

《公司法》第67条第2款规定:“董事会行使下列职权:(一)召集股东会会议,并向股东会报告工作;(二)执行股东会的决议;(三)决定公司的经营计划和投资方案;(四)制订公司的利润分配方案和弥补亏损方案;(五)制订公司增加或者减少注册资本以及发行公司债券的方案;(六)制订公司合并、分立、解散或者变更公司形式的方案;(七)决定公司内部管理机构的设置;(八)决定聘任或者解聘公司经理及其报酬事项,并根据经理的提名决定聘任或者解聘公司副经理、财务负责人及其报酬事项;(九)制定公司的基本管理制度;(十)公司章程规定或者股东会授予的其他职权。”由该条可知,C项正确。根据《公司法》第59条的规定,决定公司的投资计划、利润分配方案的职权归股东会享有,所以A、D项错误。

根据《公司法》第84条的规定,有限公司股东之间可以自由转让股权,股东向股东以外的人转让股权,其他股东享有同等条件下的优先购买权。董事会或执行董事无权决定股东的股权转让事宜,所以B项错误。

综上所述,本题应选C项。

6.【单项选择题】汪某为兴荣有限责任公司的股东,持股34%。2024年5月,汪某因不能偿还永平公司的货款,永平公司向法院申请强制执行汪某在兴荣公司的股权。关于本案,下列哪一选项是正确的?

A. 永平公司在申请强制执行汪某的股权时,应通知兴荣公司的其他股东

B. 兴荣公司的其他股东自通知之日起1个月内,可主张行使优先购买权

C. 如汪某所持股权的50%在价值上即可清偿债务,则永平公司不得强制执行其全部股权

D. 如在股权强制拍卖中由丁某拍定,则丁某取得汪某股权的时间为变更登记办理完毕时

| 参考答案 | ________①

| 设题陷阱与常见错误分析 |

本题考查的是有限公司股权的强制执行。根据《公司法》第85条的规定:“人民法院依照法律规定的强制执行程序转让股东的股权时,应当通知公司及全体股东,其他股东在同等条件下有优先购买权。其他股东自人民法院通知之日起满二十日不行使优先购买权的,视为放弃优先购买权。”可见,在因股权强制执行发生的股权转让中,应由人民法院通知公司和全体股东,故A项错误。

如果考生不能正确理解《公司法》第84条有限公司向股东之外的人转让股权和强制执行股权的规范差异,就容易作出错误判断。依据《公司法》第85条的规定,其他股东行使优先购买权的期限为20日,故B项错误。这与《公司法》第84条所规定的“三十日”也容易混淆,需要考生注意。

按照强制执行法上的执行标的有限原则以及不得超额执行的规则,永平公司不得超额执行汪某的股权,故C项正确。考生只要理解强制执行的规则,就可以作出正确判断。

根据《公司法》第34条第2款的规定,公司登记事项未经登记或者未经变更登记的,不得对抗善意第三人。并且,《公司法》第86条第2

① C

款规定："股权转让的，受让人自记载于股东名册时起可以向公司主张行使股东权利。"可见，股东的变更登记仅具有对抗效力和向公司主张行使股东权利的效力，而非股权取得的要件，故D项错误。如果考生不能正确理解股权转让的原理以及《公司法》第34条第2款、第86条第2款所规定的变更股东的登记对抗效力，则容易错选本选项。

｜解题思路与方法分析｜

根据《公司法》第85条的规定，有限公司股权的强制执行，应当由人民法院通知公司和全体股东，因此A项错误。根据该条的规定，其他股东应当自人民法院通知之日起20日内主张行使优先购买权，因此B项错误。C项的情形符合执行原理，故正确。D项的表述不符合股权转让原理和《公司法》第34、86条的规定，故错误。

综上所述，本题应选C项。

7.【单项选择题】华昌有限公司有8个股东，麻某为董事长。数年后，公司经股东会决议，决定变更为股份公司，由公司全体股东作为发起人，发起设立华昌股份公司。下列哪一选项是正确的？

A. 该股东会决议应由全体股东一致同意

B. 发起人所认购的股份，应在股份公司成立后两年内缴足

C. 变更后股份公司的董事长，当然由麻某担任

D. 变更后的股份公司在其企业名称中，可继续使用"华昌"字号

｜参考答案｜ ________[1]

｜设题陷阱与常见错误分析｜

有限公司可以变更为股份公司，但是要经过有限公司股东会决议，并且变更后的股份公司在出资、组织机构的设立等问题上要符合《公司法》关于股份公司的规定。本题实际上综合考查了有限公司和股份公司的相关规定，考生如不熟悉法条，容易选错答案。

｜解题思路与方法分析｜

《公司法》第66条第3款规定："股东会作出修改公司章程、增加或者减少注册资本的决议，以及公司合并、分立、解散或者变更公司形式的决议，应当经代表三分之二以上表决权的股东通过。"变更公司形式并不需要全体股东一致同意，所以A项错误。

《公司法》第96条第1款规定："股份有限公司的注册资本为在公司登记机关登记的已发行股份的股本总额。在发起人认购的股份缴足前，不得向他人募集股份。"第97条第1款规定："以发起设立方式设立股份有限公司的，发起人应当认足公司章程规定的公司设立时应发行的股份。"第98条第1款规定："发起人应当在公司成立前按照其认购的股份全额缴纳股款。"结合上述规定可知，我国当前对于以发起设立方式设立的股份有限公司禁止发起人缴足股款前向他人募集股份行为，但对发起人认购股份的首次出资额无特别要求，对于发起人认购股份的缴足时间以公司成立为限，所以B项错误。

《公司法》第122条第1款规定："董事会设董事长一人，可以设副董事长。董事长和副董事长由董事会以全体董事的过半数选举产生。"股份公司的董事长只能由董事会选举产生，变更前的有限公司的董事长不能当然直接担任，所以C项错误。

有限公司变更为股份公司后，只要在公司名称中显示"股份公司"或"股份有限公司"，原字号"华昌"当然可以继续使用，所以D项正确。

8.【单项选择题】李桃是某股份公司发起人之一，持有14%的股份。在公司成立后的两年多时间里，各董事之间矛盾不断，不仅使公司原定上市计划难以实现，更导致公司经营管理出现严重困难。关于李桃可采取的法律措施，下列哪一说法是正确的？

A. 可起诉各董事履行对公司的忠实义务和勤勉义务

B. 可同时提起解散公司的诉讼和对公司

---

① D

进行清算的诉讼

C. 在提起解散公司诉讼时，可直接要求法院采取财产保全措施

D. 在提起解散公司诉讼时，应以公司为被告

｜**参考答案**｜__________①

｜**设题陷阱与常见错误分析**｜

本题考查的是我国《公司法》及司法解释对公司司法解散制度的规定。难点在于，若考生不能很好地掌握法条规定，极易将公司的董事冲突与董事违反勤勉义务和忠实义务相混淆，而错选A项。

｜**解题思路与方法分析**｜

根据我国《公司法》第180条对公司高管人员勤勉义务和忠实义务的规定，只有在高管人员恶意违反勤勉义务和忠实义务时，股东才得对其提起诉讼。而本题中，尽管公司董事间相互冲突，但并未有证据表明董事违反了《公司法》上规定的义务，由此可推导A项内容在正确性上存在疑问。更为关键的是，公司高管人员所负的忠实义务和勤勉义务，不具有可诉性，也就是不可起诉高管"履行"这两项义务，从而更可判断出A项内容不正确。

B、C、D三个选项都涉及公司司法解散制度的具体适用问题。本题中，公司的董事在两年多的时间里长期冲突，导致公司经营管理困难(上市计划难以实现)，符合《公司法解释(二)》第1条第1款规定的股东提起司法解散诉讼的情形。又根据上述司法解释第2条的规定，股东在提起解散诉讼的同时又提出清算公司申请的，人民法院对清算公司的申请不予受理，故B项错误。

《公司法解释(二)》第3条规定，股东在解散公司诉讼中要求人民法院采取保全措施的，应当提供担保，并且该措施应当以不影响公司的正常经营为前提，故C选项的"直接要求法院采取财产保全措施"的说法错误。

只有D项的表述符合《公司法解释(二)》第4条第1款的规定。

综上所述，本题应选D项。

9.【多项选择题】科鼎有限公司设立时，股东们围绕公司章程的制订进行讨论，并按公司的实际需求拟定条款规则。关于该章程条款，下列哪些说法是正确的？

A. 股东会会议召开7日前通知全体股东

B. 公司解散需全体股东同意

C. 董事表决权按所代表股东的出资比例行使

D. 全体监事均由董事兼任

｜**参考答案**｜__________②

｜**设题陷阱与常见错误分析**｜

本题考查有限公司章程条款的效力判断，需要考生综合运用《公司法》的规定及相关原理进行判断。公司章程是公司的自治规则，需要符合我国《公司法》的相关规定。A项考查股东会会议召开的通知时间，股东可以作出与《公司法》不同的约定，除考生记忆不清而误选外，该选项难度不大。对于B项，有考生认为全体股东同意方可解散公司的约定违反了《公司法》第231条司法解散而误选，但这个理解是错误的，因为章程对解散的约定属于自愿解散，而自愿解散与强制解散(包括司法解散)是两类并列的解散事由。对于C项，有考生基于章程自治认为是正确的，但我国《公司法》对董事会的表决是一人一票，而非资本多数决，且从公司董事会的功能看，采用资本多数决是不合法的，也是违背公司治理的基本原理的。对于D项，公司法明确规定董事不得兼任监事，因此只要熟悉法条就可以作出判断。

｜**解题思路与方法分析**｜

依据《公司法》第64条第1款的规定，章程可以对股东会召开的通知时间另有约定，故A项正确。依据《公司法》第66条的规定，公司的解散属于重大事宜，要经2/3以上表决权的股东通过，并且章程约定的解散是自愿解散，与强制解散是并列关系，不影响强制解散的适用，故合法，B项正确。依据《公司法》第73条第3款的规定，董事会的表决实行一人一票，而非资

① D

② AB

本多数决,从公司法的原理也应当认识到董事会表决的民主性对公司治理的意义,故 C 项错误。《公司法》第 76 条第 4 款规定:“董事、高级管理人员不得兼任监事。”故 D 项错误。

综上所述,本题应选 A、B 项。

10.【多项选择题】钱某为益扬有限公司的董事,赵某为公司的职工代表监事。公司为钱某、赵某支出的下列哪些费用须经公司股东会批准?

A. 钱某的基本年薪

B. 钱某的董事责任保险费

C. 钱某在董事任期内的激励绩效

D. 赵某的社会保险费

| **参考答案** | ________①

| **设题陷阱与常见错误分析** |

本题考查的是《公司法》第 59 条第 1 款第 1 项所规定的股东会对公司高管报酬的决定权。考生除知道公司高管报酬属于股东会决定事项外,还须结合其他知识综合判断高管报酬的具体内容。有的考生误认为社保费也属于薪酬的一部分,而误选 D 项。有的考生不明白何为董事责任保险,认为其属于高管报酬,误选 B 项。

| **解题思路与方法分析** |

《公司法》第 59 条第 1 款第 1 项规定,公司董事、监事的报酬事项,由股东会决定。换言之,与报酬无关的其他对董事、监事的支付,并不需经过股东会的决议。因此,解答本题的关键,在于确定待选项中的内容是否符合“报酬”一词的内涵。

本题中,A 项中钱某的年薪,显然属于公司董事的报酬,因此当选。B 项中钱某的董事责任保险费,是为防止董事在行使职权过程中,因其过错而承担对公司的赔偿责任而设,《公司法》第 193 条第 1 款规定:“公司可以在董事任职期间为董事因执行公司职务承担的赔偿责任投保责任保险。”董事责任保险是一项保障董事利益的制度,第 193 条第 2 款规定:“公司为董事投保责任保险或者续保后,董事会应当向股东会报告责任保险的投保金额、承保范围及保险费率等内容。”可见,董事责任保险费无须由股东会批准,所以不应视为经股东会决定的董事报酬,故 B 项不选。而钱某的任期激励绩效通常是担任董事期间履行职务的绩效奖励,应属于董事报酬之列,应经股东会决定,故 C 项当选。公司为赵某所交纳的社会保险费,是公司所负的法定义务,同样无须经股东会决定,故 D 项也不选。

综上所述,本题应选 A、C 项。

11.【多项选择题】甲、乙、丙等拟以募集方式设立厚亿股份公司。经过较长时间的筹备,公司设立的各项事务逐渐完成,现大股东甲准备组织召开公司成立大会。下列哪些表述是正确的?

A. 厚亿公司的章程应在成立大会上通过

B. 甲、乙、丙等出资的验资证明应由成立大会审核

C. 厚亿公司的经营计划应在成立大会上决定

D. 设立厚亿公司的各种费用应由成立大会审核

| **参考答案** | ________②

| **设题陷阱与常见错误分析** |

本题考查的是募集设立的股份公司成立大会的职权以及设立程序。如果考生对我国《公司法》第 104 条的规定较为熟悉不难选出 A 项和 D 项。但是,有考生虽然认识到募集设立的股份公司仍需要验资证明,但对验资证明的意义认识不清,误选 B 项。依据《公司法》第 101 条的规定,募集设立的股份有限公司,应当在向社会公开募集股份的股款缴足后,经依法设立的验资机构验资并出具证明。还有考生对于公司经营方针理解不清误选了 C 项。依据《公司法》第 67 条、第 120 条的规定,公司的经营计划属于公司的具体经营管理事项,属于董事会职权范围,因此成立大会不需要就此作出决定。此外,根据《公司法》第 95 条的规定,股

① AC

② AD

份公司章程应当载明事项中并不包括公司的经营计划,即使成立大会需要通过公司章程,也无须讨论并决定公司的经营计划。

| 解题思路与方法分析 |

《公司法》第104条第1款规定:"公司成立大会行使下列职权:(一)审议发起人关于公司筹办情况的报告;(二)通过公司章程;(三)选举董事、监事;(四)对公司的设立费用进行审核;(五)对发起人非货币财产出资的作价进行审核;(六)发生不可抗力或者经营条件发生重大变化直接影响公司设立的,可以作出不设立公司的决议。"本题A项和D项正确。

《公司法》第101条仅规定,公开募集设立的股份有限公司应当在募足股款后取得验资证明,B项错误。

《公司法》第67条、第120条规定,公司经营计划的决定权属于董事会,C项错误。

综上所述,本题应选A、D项。

12.【多项选择题】茂森股份公司效益一直不错,为提升公司治理现代化,增强市场竞争力并顺利上市,公司决定重金聘请知名职业经理人王某担任总经理。对此,下列哪些选项是正确的?

A. 对王某的聘任以及具体的薪酬,由茂森公司董事会决定

B. 王某受聘总经理后,就其职权范围的事项,有权以茂森公司名义对外签订合同

C. 王某受聘总经理后,有权决定聘请其好友田某担任茂森公司的财务总监

D. 王某受聘总经理后,公司一旦发现其不称职,可通过股东会决议将其解聘

| 参考答案 | ________①

| 设题陷阱与常见错误分析 |

《公司法》第120条第2款规定:"本法第六十七条、第六十八条第一款、第七十条、第七十一条的规定,适用于股份有限公司。"股份公司董事会的职权也适用有限公司的相关规定,因此股份公司经理的聘任(包括薪酬事项)与解聘即适用《公司法》第67条与第74条的规定,即经理应当由董事会决定聘任、决定薪酬和解聘,可见A项正确、D项错误。财务总监属于财务负责人,经理仅有权"提请聘任",而非决定,财务负责人仍由董事会决定聘任、解聘和报酬事项,所以C项是错误的。经理一旦被聘任,即属于公司法人的工作人员,则根据《民法典》第170条第1款的规定,执行法人工作任务的人员,就其职权范围内的事项,以法人名义实施民事法律行为,对法人发生效力,故B项为正确选项。本题考查的是股份公司董事会职权和经理职权,需要考生注意到援引性法律规范的正确适用。如果考生没有理清楚公司法中董事会和经理的职权,以及经理、财务负责人的选任机制,就很可能判断错误。

| 解题思路与方法分析 |

根据《公司法》第120条的规定,股份公司董事会应与有限公司适用同样的规则,即适用《公司法》第67条和第74条的规定。因此,经理的聘任和薪酬应当由董事会决定,故A项正确。经理具有对外开展营业事务的权利,因此B项正确。财务负责人应由经理提名、董事会决定,所以C项错误。解聘经理是董事会的职权而非股东会的职权,故D项错误。

综上所述,本题应选A、B项。

13.【多项选择题】星煌公司是一家上市公司。现董事长吴某就星煌公司向坤诚公司的投资之事准备召开董事会。因公司资金比较紧张,且其中一名董事梁某的妻子又在坤诚公司任副董事长,有部分董事对此投资事宜表示异议。关于本案,下列哪些选项是正确的?

A. 梁某不应参加董事会表决

B. 吴某可代梁某在董事会上表决

C. 若参加董事会人数不足,则应提交股东大会审议

D. 星煌公司不能投资于坤诚公司

| 参考答案 | ________②

| 设题陷阱与常见错误分析 |

本题考查上市公司有关联关系的董事表

---

① AB

② AC

决的特殊规定。大部分考生能够判断出依据《公司法》第265条第4项之规定，董事梁某之妻在坤诚公司任副董事长属于关联关系，因此梁某属于《公司法》第139条所规定的有关联关系的董事，进而判断出本题的正确答案是A项和C项。但部分考生没有能够清晰地掌握有关联关系董事的表决规则，特别是不能准确理解《公司法》第139条的规定，误认为梁某可以参加董事会表决但不计算其投票，或者误认为梁某可以委托董事长代为投票，或者误认为有关联关系即不得投资。

| **解题思路与方法分析** |

《公司法》第139条规定："上市公司董事与董事会会议决议事项所涉及的企业或者个人有关联关系的，该董事应当及时向董事会书面报告。有关联关系的董事不得对该项决议行使表决权，也不得代理其他董事行使表决权。该董事会会议由过半数的无关联关系董事出席即可举行，董事会会议所作决议须经无关联关系董事过半数通过。出席董事会会议的无关联关系董事人数不足三人的，应当将该事项提交上市公司股东会审议。"

依据该条，上市公司董事与董事会决议事项有关联关系的，不得行使表决权，也不得代理其他董事行使表决权，故A项正确，B项错误。董事会的召开需要过半数无关联关系的董事参加，若人数不足，则应提交股东大会审议，所以C项正确。投资是公司的权利能力之一，只要经过合法程序就可以对外投资，并不因关联关系存在而被禁止，故D项错误。

综上所述，本题应选A、C项。

14.【多项选择题】李方为平昌有限公司董事长。债务人姜呈向平昌公司偿还40万元时，李方要其将该款打到自己指定的个人账户。随即李方又将该款借给刘黎，借期1年，年息12%。下列哪些表述是正确的？

A. 该40万元的所有权，应归属于平昌公司

B. 李方因其行为已不再具有担任董事长的资格

C. 在姜呈为善意时，其履行行为有效

D. 平昌公司可要求李方返还利息

| **参考答案** | __________①

| **设题陷阱与常见错误分析** |

本题综合考查了货币的特殊性质，董事、高级管理人员的禁止行为，债务的履行等问题，具有相当的灵活性和难度。考生如思维局限在公司法上，忽视了货币的特殊性质，容易基于董事、高级管理人员违反禁止性规定所得的收入应归公司所有的规定误认为40万元的所有权应归公司所有。有限公司董事长的任免问题由公司章程规定，股份公司董事长由董事会选举产生，董事长违反《公司法》第180条，并不当然丧失担任董事长的资格，考生如不熟悉《公司法》的规定，容易误认为B项正确。

| **解题思路与方法分析** |

《公司法》第181条规定："董事、监事、高级管理人员不得有下列行为：（一）侵占公司财产、挪用公司资金；（二）将公司资金以其个人名义或者以其他个人名义开立账户存储；（三）利用职权贿赂或者收受其他非法收入；（四）接受他人与公司交易的佣金归为己有；（五）擅自披露公司秘密；（六）违反对公司忠实义务的其他行为。"第186条规定："董事、监事、高级管理人员违反本法第一百八十一条至第一百八十四条规定所得的收入应当归公司所有。"

本题中，李方让姜呈将40万元打入其个人账户，并将该款项借给刘黎的行为违反了《公司法》第181条的规定，平昌公司有权要求李方返还。但是货币作为具有高度可替代性的特殊种类物，其占有和所有权不可分割，姜呈将40万元打入李方个人账户时，该款项的所有权即归李方享有，平昌公司对该款项不享有所有权，仅对李方享有要求其返还的债权，所以A项错误。李方通过将40万元存入个人账户所获得的利息，属于第186条规定的"所得的收入"，应归平昌公司所有，公司有权要求李方返还，所以D项正确。

李方作为平昌公司的董事长，对外可以直接代表公司，姜呈如对李方该行为的性质不知

① CD

情，即姜呈作为善意第三人，其履行债务的行为当然有效，所以C项正确。

《公司法》第59条第1款规定："股东会行使下列职权：……（一）选举和更换董事、监事，决定有关董事、监事的报酬事项……"第68条第2款规定："董事会设董事长一人，可以设副董事长。董事长、副董事长的产生办法由公司章程规定。"《公司法》第178条规定了董事、监事、高级管理人员的消极任职资格。第180～184条规定了董事、高级管理人员的义务和禁止行为，但是不履行义务及实施了禁止行为并不当然导致董事、高级管理人员资格的丧失。本题中李方虽然实施了禁止行为，但是并不当然丧失董事长资格，所以B项错误。

综上所述，本题应选C、D项。

15.【多项选择题】关于公司的财务行为，下列哪些选项是正确的？

A. 在会计年度终了时，公司须编制财务会计报告，并自行审计

B. 公司的法定公积金不足以弥补以前年度亏损时，则在提取本年度法定公积金之前，应先用当年利润弥补亏损

C. 公司可用其资本公积金来弥补公司的亏损

D. 公司可将法定公积金转为公司资本，但所留存的该项公积金不得少于转增前公司注册资本的百分之二十五

｜**参考答案**｜__________①

｜**设题陷阱与常见错误分析**｜

公积金是依据法律和公司章程的规定，在公司的资本以外积存的资金，公积金可以巩固公司的财产基础、提高公司的信用以及预防意外亏损。公积金有法定公积金、任意公积金、资本公积金之分。法定公积金又称法定盈余公积金，是法律规定在公司有税后利润时必须提取的公积金。任意公积金是指根据公司章程或股东会决议于法定公积金外自由提取的盈余公积金。法定公积金和任意公积金可以用来弥补亏损、扩大生产和转增资本。资本公积金是指公司由投入资本本身产生的各种增值，这种增值与公司的生产经营活动没有直接关系。2023年修订后的《公司法》第214条放开了适用资本公积金弥补亏损的限制，考生如不掌握法定公积金和资本公积金的区别以及相关法律规范，容易选错答案。

｜**解题思路与方法分析**｜

《公司法》第208条第1款规定："公司应当在每一会计年度终了时编制财务会计报告，并依法经会计师事务所审计。"公司的年度会计报告必须经会计师事务所审计，不能自行审计，所以A项错误。

《公司法》第210条第2款规定："公司的法定公积金不足以弥补以前年度亏损的，在依照前款规定提取法定公积金之前，应当先用当年利润弥补亏损。"在弥补亏损之前，不能计提法定公积金，所以B项正确。

《公司法》第214条第2款规定："公积金弥补公司亏损，应当先使用任意公积金和法定公积金；仍不能弥补的，可以按照规定使用资本公积金。"由此可知C项正确。

《公司法》第214条第3款规定："法定公积金转为增加注册资本时，所留存的该项公积金不得少于转增前公司注册资本的百分之二十五。"由此可知，D项正确。

综上所述，本题应选B、C、D项。

02 考向　合伙企业法

1.【单项选择题】兰艺咖啡店是罗飞、王曼设立的普通合伙企业，合伙协议约定罗飞是合伙事务执行人且承担全部亏损。为扭转经营亏损局面，王曼将兰艺咖啡店加盟某知名品牌，并以合伙企业的名义向陈阳借款20万元支付了加盟费。陈阳现在要求还款。关于本案，下列哪一说法是正确的？

A. 王曼无权以合伙企业的名义向陈阳借款

B. 兰艺咖啡店应以全部财产对陈阳承担

---

① BCD

还款责任

C. 王曼不承担对陈阳的还款责任

D. 兰艺咖啡店、王曼和罗飞对陈阳的借款承担无限连带责任

| **参考答案** | ________①

| **设题陷阱与常见错误分析** |

B项在表达上极易让考生误以为是公司而与普通合伙的责任承担不符，但是我国《合伙企业法》第38、39条规定合伙企业对其债务，应先以其全部财产进行清偿；合伙企业不能清偿到期债务的，合伙人承担无限连带责任，可见B项正确。D项的错误在于没有注意到普通合伙人对合伙债务承担责任的补充性或顺序性。

| **解题思路与方法分析** |

本题考查的是合伙人对外行为的效力，所设计的情形是非合伙事务执行人向他人借款用于合伙事务的责任承担问题，需要考生特别注意普通合伙的内部和外部关系。《合伙企业法》第26条规定普通合伙人对执行合伙事务有同等权利，第27条规定合伙事务执行人之外的其他合伙人"不再执行合伙事务"，但是不能因此就认为其他合伙人完全无权执行合伙事务。在此处单纯说"非事务执行人有权、无权"都是不妥当的，都有以偏概全的问题，必须把内部和外部关系区分开来说。因为在合伙企业内部，非合伙事务执行人无事务执行权；对外而言，非合伙事务执行人也是普通合伙人，对合伙事务有同等的权利，有权执行合伙事务。此外，《合伙企业法》第37条也规定合伙企业对合伙人执行合伙事务的限制不得对抗善意第三人，可见A项是错误的。合伙企业应当先以其全部财产承担责任，故B项正确。《合伙企业法》第33条第2款明确禁止合伙协议约定部分合伙人承担全部亏损。故C项错误。我国《合伙企业法》规定的普通合伙人的无限连带责任，是对合伙企业责任的补充，而非合伙企业与普通合伙人之间的无限连带责任，故D项错误。

综上所述，本题应选B项。

2.【单项选择题】李军退休后于2014年3月，以20万元加入某有限合伙企业，成为有限合伙人。后该企业的另一名有限合伙人退出，李军便成为唯一的有限合伙人。2014年6月，李军不幸发生车祸，虽经抢救保住性命，但已成为植物人。对此，下列哪一表述是正确的？

A. 就李军入伙前该合伙企业的债务，李军仅需以20万元为限承担责任

B. 如李军因负债累累而丧失偿债能力，该合伙企业有权要求其退伙

C. 因李军已成为植物人，故该合伙企业有权要求其退伙

D. 因唯一的有限合伙人已成为植物人，故该有限合伙企业应转为普通合伙企业

| **参考答案** | ________②

| **设题陷阱与常见错误分析** |

本题全面考查了《合伙企业法》对有限合伙人制度的规定，需要考生在熟记法条的基础上熟练运用法条分析案例。本题的难点在于有限合伙人在丧失民事行为能力时能否当然退伙，以及合伙企业是否当然转为普通合伙企业。本题的C、D项需要综合进行考虑。有的考生认为，李军在成为植物人之后，其丧失了民事行为能力就应当然退伙，错选C项。有的考生认为，李军在成为植物人之后，合伙企业实际上已经没有了有限合伙人，其应当转为普通合伙企业，误选D项。

| **解题思路与方法分析** |

根据《合伙企业法》第77条的规定，新入伙的有限合伙人对入伙前有限合伙企业的债务，以其认缴的出资额为限承担责任，故A项正确。

根据《合伙企业法》第78条和第48条的规定，有限合伙人有下列情形之一的，当然退伙：(1)作为有限合伙人的自然人死亡或者被依法宣告死亡；(2)作为有限合伙人的法人或者其他组织依法被吊销营业执照、责令关闭、撤销，或者被宣告破产；(3)法律规定或者合伙协议约定有限合伙人必须具有相关资格而丧失

① B

② A

该资格;(4)有限合伙人在合伙企业中的全部财产份额被人民法院强制执行。据此,丧失偿债能力并非有限合伙人当然退伙的事由,《合伙企业法》没有将"个人丧失偿债能力"作为有限合伙人的法定退伙情形,这是由有限合伙企业的特点决定的:在有限合伙企业中,有限合伙人仅以其认缴的出资额为限对合伙企业债务承担责任,在按期足额缴纳出资后,对有限合伙企业债务不再承担任何责任。因此,在合伙企业存续期间,有限合伙人个人的偿债能力对于合伙企业的正常运营是没有影响的,法律也不应因为有限合伙人个人丧失偿债能力而强制剥夺其合伙人资格,故B项的说法错误。

根据《合伙企业法》第79条的规定,作为有限合伙人的自然人在有限合伙企业存续期间丧失民事行为能力的,其他合伙人不得因此要求其退伙。因为有限合伙人不执行合伙事务,不对外代表合伙企业,其有无行为能力对合伙企业的经营不会产生实质性影响。因此,即使李军成为植物人,其他合伙人也并不能当然要求其退伙。故C项错误。不过,本条只限制其他合伙人单方要求丧失民事行为能力的有限合伙人退伙。如果在合伙协议中将有限合伙人丧失民事行为能力作为退伙的事由,其他合伙人在有限合伙人丧失民事行为能力时以此为依据要求其退伙,法律是允许的。

根据《合伙企业法》第75条的规定,有限合伙企业仅剩有限合伙人的,应当解散;有限合伙企业仅剩普通合伙人的,转为普通合伙企业。因为李军成为植物人并未影响其有限合伙人资格,不会影响有限合伙企业的存续,故本案并不属于该条所规定的情形,故D项错误。

综上所述,本题应选A项。

3.【多项选择题】金凤凰投资是有限合伙企业,从事私募股权投资活动。2017年3月,三江有限公司决定入伙金凤凰投资,成为其有限合伙人。对此,下列哪些选项是错误的?

A. 如合伙协议无特别约定,则须经全体普通合伙人一致同意,三江公司才可成为新的有限合伙人

B. 对入伙前金凤凰投资的对外负债,三江公司仅以实缴出资额为限承担责任

C. 三江公司入伙后,有权查阅金凤凰投资的财务会计账簿

D. 如合伙协议无特别约定,则三江公司入伙后,原则上不得自营与金凤凰投资相竞争的业务

| 参考答案 | __________①

| 设题陷阱与常见错误分析 |

有考生没有注意到有限合伙人入伙应当适用普通合伙的入伙规定,因此对A项作出了错误判断。

《合伙企业法》第71条就有限合伙人自营竞争性业务作了原则上允许的规定:有限合伙人可以自营或者同他人合作经营与本有限合伙企业相竞争的业务;但是,合伙协议另有约定的除外。有限合伙企业中的有限合伙人不执行合伙事务,不会发生代表合伙企业与其自营或者同他人合作经营的企业争夺商业机会的情况,因此,《合伙企业法》对有限合伙人原则上不作竞业禁止的限制,除非合伙协议另有约定,故D项错误。有考生没有注意到该规定,误以为有限合伙人从事竞争性业务应当和普通合伙人一样受竞业禁止规则限制而作出错误判断。

| 解题思路与方法分析 |

对于有限合伙人的入伙,《合伙企业法》没有特别规定,故根据《合伙企业法》第60条的规定,应适用普通合伙人入伙的一般性规定,即第43条,"除合伙协议另有约定外,应当经全体合伙人一致同意",因此,对于该有限合伙企业而言,有限合伙人的入伙应当经过全体合伙人的一致决,而A项仅限于"全体普通合伙人一致同意",显然与第43条的规定不符,故A项错误。

依据《合伙企业法》第77条的规定,有限合伙人应以其认缴的出资额为限对入伙前的债务承担责任,故B项的表述错误。

---

① ABCD

根据《合伙企业法》第 68 条第 1 款的规定,有限合伙人不执行合伙事务。而该法第 68 条第 2 款第 5 项规定,有限合伙人仅在“涉及自身利益的情况”下,其查阅行为才不被视为执行合伙事务的行为。也就是说,有限合伙人仅在涉及自身利益的情况下才可以查阅财务会计账簿,并非入伙后就有权随意查账,故 C 项错误。

依据《合伙企业法》第 71 条的规定,原则上允许有限合伙人自营竞争性业务,因此 D 项的表述错误。

综上所述,本题应选 A、B、C、D 项。

4.【多项选择题】甲、乙、丙、丁以合伙企业形式开了一家餐馆。就该合伙企业事务的执行,下列哪些表述是正确的?

A. 如合伙协议未约定,则甲等四人均享有对外签约权

B. 甲等四人可决定任命丙为该企业的对外签约权人

C. 不享有合伙事务执行权的合伙人,以企业名义对外签订的合同一律无效

D. 不享有合伙事务执行权的合伙人,经其他合伙人一致同意,可担任企业的经营管理人

| **参考答案** | ________①

| **设题陷阱与常见错误分析** |

合伙企业是典型的人合性企业,合伙人共同出资、共同经营,对执行合伙事务享有同等权利。不过合伙人可以协议委托一个或数个合伙人对外代表合伙企业、执行合伙事务,其他合伙人不再执行合伙事务。但是合伙企业对合伙人执行合伙事务以及对外代表合伙企业权利的限制,不得对抗善意第三人。考生如果不能掌握合伙企业内外部关系的区别,容易误认为不享有合伙事务执行权的合伙人对外签订的合同无效。

| **解题思路与方法分析** |

《合伙企业法》第 26 条第 1、2 款规定:“合伙人对执行合伙事务享有同等的权利。按照合伙协议的约定或者经全体合伙人决定,可以委托一个或者数个合伙人对外代表合伙企业,执行合伙事务。”本题中如未约定,四名合伙人均享有合伙事务执行权,当然都享有对外签约权,所以 A 项正确。4 名合伙人也可以委托一个合伙人对外代表合伙企业签约,所以 B 项正确。

根据《合伙企业法》第 31 条第 6 项的规定,经全体合伙人同意,可以聘请合伙人以外的人担任合伙企业的经营管理人员。本条强调“必须经全体合伙人同意,才可以聘请合伙人以外的人担任经营管理人员”,而非强调“合伙企业只能聘请合伙人以外的人担任经营管理人员”。《合伙企业法》并未规定不允许聘请合伙人担任经营管理人员,合伙企业具体聘请合伙人还是外部人担任经营管理人员,应当属于合伙人意思自治的范围。当然也可以经全体合伙人同意,聘请不享有合伙事务执行权的合伙人担任经营管理人员,所以 D 项正确。

《合伙企业法》第 37 条规定:“合伙企业对合伙人执行合伙事务以及对外代表合伙企业权利的限制,不得对抗善意第三人。”合伙企业不能以内部约定对抗不知情的善意第三人,因此不享有合伙事务执行权的人以企业名义与善意第三人签订的合同对合伙企业有效,所以 C 项错误。

综上所述,本题应选 A、B、D 项。

5.【多项选择题】君平昌成律师事务所是一家采取特殊普通合伙形式设立的律师事务所,曾君、郭昌是其中的两名合伙人。在一次由曾君主办、郭昌辅办的诉讼代理业务中,因二人的重大过失而泄露客户商业秘密,导致该所对客户应承担巨额赔偿责任。关于该客户的求偿,下列哪些说法是正确的?

A. 向该所主张全部赔偿责任

B. 向曾君主张无限连带赔偿责任

C. 向郭昌主张补充赔偿责任

D. 向该所其他合伙人主张连带赔偿责任

| **参考答案** | ________②

① ABD

② AB

| **设题陷阱与常见错误分析** |

本题考查的是《合伙企业法》规定的特殊普通合伙企业中合伙人对外承担责任的规则。在解答本题时，应当结合该法第57条的规定来具体分析。有的考生将普通合伙企业同特殊普通合伙企业混淆，认为全体合伙人对外都应当承担无限连带责任，误选了D项。

| **解题思路与方法分析** |

《合伙企业法》规定的特殊普通合伙企业只是普通合伙企业的一种特殊形式。根据该法第55条第3款的规定，对特殊的普通合伙企业未作规定的事项，适用对普通合伙企业的规定。根据《合伙企业法》第38条的规定，合伙企业对其债务，应当先以其全部财产进行清偿。因此，在对外承担责任时，应当按照普通合伙企业的规则先由特殊普通合伙企业对外承担；这一结论也体现于该法第58条之规定："合伙人执业活动中因故意或者重大过失造成的合伙企业债务，以合伙企业财产对外承担责任后……"因此，A项的说法正确，当选。

同时，根据《合伙企业法》第57条的规定，特殊普通合伙企业的特殊之处在于，当企业债务是因为合伙人在执业活动中因故意或者重大过失造成时，只由该合伙人对合伙企业的债务承担无限连带责任，其他合伙人以其出资为限承担有限责任。因此，B项的说法正确，当选；D项的说法错误，不选。

同时，上述法条未规定合伙人在对外承担无限连带责任时要区分主次责任，因此C项说法错误，不选。

综上所述，本题应选A、B项。

6.【不定项选择题】甲、乙、丙三人共同商定出资设立一家普通合伙企业，其中约定乙以其所有房屋的使用权出资，企业的财务由甲负责。2015年4月，该合伙企业亏损巨大。5月，见股市大涨，在丙不知情的情况下，甲与乙直接将企业账户中的400万元资金，以企业名义委托给某投资机构来进行股市投资。关于甲、乙将400万元资金委托投资股市的行为，下列说法正确的有：

A. 属于无权处分行为

B. 属于改变合伙企业经营范围的行为

C. 就委托投资失败，甲、乙应负连带赔偿责任

D. 就委托投资失败，该受托的投资机构须承担连带责任

| **参考答案** | ________①

| **设题陷阱与常见错误分析** |

本题主要考查的是甲、乙二人挪用400万元的行为性质的认定以及合伙企业事项的决定方式。本题的难点在于认定甲、乙二人的行为是无权处分还是无权代理。另外，有的考生认为，甲、乙的行为改变了合伙企业的经营范围，错选B项。

| **解题思路与方法分析** |

本题中，甲、乙将400万元资金委托投资股市的行为，乃是以合伙企业的名义进行的，因此不属于无权处分行为，而应构成无权代理，故A项错误，不选。

《合伙企业法》第31条第2项规定，改变合伙企业经营范围的，应当由全体合伙人一致同意。本题中，甲、乙二人的行为虽然已越权且超出经营范围，但该一次性的越权行为，尚不构成该项规定意义上的"改变合伙企业的经营范围"的行为，故B项错误，也不选。

因为甲、乙二人的行为属于无权代理，根据《民法典》第171条第1款的规定，行为人没有代理权、超越代理权或者代理权终止后以被代理人名义订立的合同，未经被代理人追认的，对被代理人不发生效力。此外，根据《合伙企业法》第31条的规定，除合伙协议另有约定外，合伙企业转让或者处分合伙企业的知识产权和其他财产权利，应当经全体合伙人一致同意。本案中甲、乙将企业现金委托投资股市，并非属于合伙事务执行，而是已经构成处分合伙企业财产，因此应当经全体合伙人一致同意。该法第97条规定，合伙人对本法规定或者合伙协议约定必须经全体合伙人一致同意始得执行的事务擅自处理，给合伙企业或者其他合伙人造

① C

成损失的，依法承担赔偿责任。据此可知，就委托投资失败所导致的损失，应当由甲、乙二人承担连带赔偿责任，故C项的说法正确。

在行为人甲、乙知道自己无权代理的情形下，该受托的投资机构作为相对人应否承担连带责任，应当视其主观状态而定，《民法典》第164条第2款规定："代理人和相对人恶意串通，损害被代理人合法权益的，代理人和相对人应当承担连带责任。"因此，只有在相对人明知行为人无权代理之时，才需要承担连带责任。如果相对人应当知道行为人无权代理而不知的，根据《民法典》第171条第4款的规定，相对人和行为人按照各自的过错承担责任。D项表述不明确，故不选。

综上所述，本题应选C项。

7.【不定项选择题】甲、乙、丙三人共同商定出资设立一家普通合伙企业，其中约定乙以其所有房屋的使用权出资，企业的财务由甲负责。2015年4月，该合伙企业亏损巨大。5月，见股市大涨，在丙不知情的情况下，甲与乙直接将企业账户中的400万元资金，以企业名义委托给某投资机构来进行股市投资。同时，乙自己也将上述房屋以600万元变卖并过户给丁，房款全部用来炒股。至6月下旬，投入股市资金所剩无几。丙得知情况后突发脑出血死亡。假设丙有继承人戊，则就戊的权利，下列说法错误的有：

A. 自丙死亡之时起，戊即取得该合伙企业的合伙人资格

B. 因合伙企业账面上已处于亏损状态，戊可要求解散合伙企业并进行清算

C. 就甲委托投资股市而失败的行为，戊可直接向甲主张赔偿

D. 就乙出卖房屋而给企业造成的损失，戊可直接向乙主张赔偿

| 参考答案 | ________①

| 设题陷阱与常见错误分析 |

本题考查的是普通合伙人资格的继承以及合伙人的权利。本题的难点在于合伙人资格继承的时间与合伙人对其他合伙人的诉权。有的考生误以为，在普通合伙企业中，合伙人死亡其继承人就能当然继承其合伙人的身份。

| 解题思路与方法分析 |

《合伙企业法》第50条第1款规定，合伙人死亡后，对该合伙人在合伙企业中的财产份额享有合法继承权的继承人，按照合伙协议约定或者经全体合伙人一致同意，自继承开始之日起取得合伙人资格。因此，在丙死亡后，需符合合伙协议约定或经全体合伙人一致同意，戊才能取得合伙企业的合伙人资格，A项的说法错误。

《合伙企业法》第85条规定："合伙企业有下列情形之一的，应当解散：(一)合伙期限届满，合伙人决定不再经营；(二)合伙协议约定的解散事由出现；(三)全体合伙人决定解散；(四)合伙人已不具备法定人数满三十天；(五)合伙协议约定的合伙目的已经实现或者无法实现；(六)依法被吊销营业执照、责令关闭或者被撤销；(七)法律、行政法规规定的其他原因。"B项的"合伙企业亏损"并非合伙企业解散的法定事由，且戊在取得合伙人资格之前，也不享有请求合伙企业解散的请求权，故B项亦错误。

就C、D项，戊尚不具有合伙人资格，且甲、乙这两个行为均是直接给合伙企业造成损失，原合伙人丙只是间接受损，故戊均不享有直接的诉权，其内容均为错误。

综上所述，本题应选A、B、C、D项。

8.【不定项选择题】高崎、田一、丁福三人共同出资200万元，于2011年4月设立"高田丁科技投资中心(普通合伙)"，从事软件科技的开发与投资。其中高崎出资160万元，田、丁分别出资20万元，由高崎担任合伙事务执行人。请回答第(1)—(3)题。

(1)2012年6月，丁福为向钟冉借钱，作为担保方式，而将自己的合伙财产份额出质给钟冉。下列说法正确的有：

A. 就该出质行为，高、田二人均享有一票

---

① ABCD

否决权

B. 该合伙财产份额质权，须经合伙协议记载与工商登记才能生效

C. 在丁福伪称已获高、田二人同意，而钟冉又是善意时，钟冉善意取得该质权

D. 在丁福未履行还款义务，如钟冉享有质权并主张以拍卖方式实现时，高、田二人享有优先购买权

｜参考答案｜__________①

｜设题陷阱与常见错误分析｜

《民法典》第311条规定了所有权的善意取得制度，该条第3款同时规定了其他物权之善意取得以“参照”适用方式为之，所以质权作为他物权也适用善意取得制度。但是《合伙企业法》规定普通合伙人以合伙财产份额出质的，须经其他合伙人一致同意，未经一致同意的，行为无效，即使第三人是善意第三人，也无法取得质权，只能要求该合伙人承担赔偿责任。考生如不熟悉《合伙企业法》的规定，容易误认为合伙财产份额出质适用善意取得制度。

｜解题思路与方法分析｜

《合伙企业法》第25条规定：“合伙人以其在合伙企业中的财产份额出质的，须经其他合伙人一致同意；未经其他合伙人一致同意，其行为无效，由此给善意第三人造成损失的，由行为人依法承担赔偿责任。”普通合伙人以合伙财产份额出质必须经其他合伙人一致同意，“一致同意”的意思即任意一名合伙人均可一票否决，所以A项正确。

《合伙企业法》并未规定合伙财产份额出质须记载于合伙协议并进行工商登记，所以B项错误。

本题难点在于C项。根据《合伙企业法》第25条的规定，合伙人以其在合伙企业中的份额出质时，应当经过其他合伙人一致同意，否则出质行为无效。按照C项表述，丁福伪称取得另外两名合伙人同意，其出质行为无效。但难点在于，钟冉对此善意不知情，根据《民法典》第311条第3款的规定，他物权涉及无权处分的情形，可以参照适用所有权的善意取得规则，因此考生可能认为此处可参照适用善意取得规则。此处容易忽略善意取得的前提是无权处分，而普通合伙人丁福为自己的财产份额设立质权属于有权处分，即便其未得到“全体合伙人一致同意”，仍应理解为有权处分。“全体合伙人一致同意”只是对其处分权的程序性限制，而非处分权本身的必要性构成要件。据此，该情形不适用善意取得规则，善意第三人钟冉无法善意取得该质权，所以C项错误。

《合伙企业法》第23条规定：“合伙人向合伙人以外的人转让其在合伙企业中的财产份额的，在同等条件下，其他合伙人有优先购买权；但是，合伙协议另有约定的除外。”为保证合伙企业的人合性，《合伙企业法》规定了合伙人的优先购买权，因此不论以拍卖还是变卖方式实现钟冉的质权，合伙人高、田都享有优先购买权，所以D项正确。

综上所述，本题应选A、D项。

(2)2013年2月，高崎为减少自己的风险，向田、丁二人提出转变为有限合伙人的要求。对此，下列说法正确的是：

A. 须经田、丁二人的一致同意

B. 未经合伙企业登记机关登记，不得对抗第三人

C. 转变后，高崎可以出资最多为由，要求继续担任合伙事务执行人

D. 转变后，对于2013年2月以前的合伙企业债务，经各合伙人决议，高崎可不承担无限连带责任

｜参考答案｜__________②

｜设题陷阱与常见错误分析｜

普通合伙人可以转变为有限合伙人，但是须经其他合伙人一致同意，并且须在工商行政管理机关进行变更登记。变更后的有限合伙人不享有合伙事务执行权，并且对变更前的合伙债务仍然承担无限连带责任。考生如不熟悉相关法律规定，容易选错答案。

---

① AD

② AB

| **解题思路与方法分析** |

《合伙企业法》第82条规定："除合伙协议另有约定外，普通合伙人转变为有限合伙人，或者有限合伙人转变为普通合伙人，应当经全体合伙人一致同意。"由此可知，A项正确。

《合伙企业法》第13条规定："合伙企业登记事项发生变更的，执行合伙事务的合伙人应当自作出变更决定或者发生变更事由之日起十五日内，向企业登记机关申请办理变更登记。"合伙人的性质属于合伙企业登记事项，普通合伙人转变为有限合伙人，应当办理变更登记。未经登记，不得对抗第三人，所以B项正确。

《合伙企业法》第68条第1款规定："有限合伙人不执行合伙事务，不得对外代表有限合伙企业。"由此可知，C项错误。

《合伙企业法》第84条规定："普通合伙人转变为有限合伙人的，对其作为普通合伙人期间合伙企业发生的债务承担无限连带责任。"由此可知，D项错误。

综上所述，本题应选A、B项。

(3)2013年5月，有限合伙人高崎将其一半合伙财产份额转让给贾骏。同年6月，高崎的债权人李耕向法院申请强制执行其另一半合伙财产份额。对此，下列选项正确的是：

A. 高崎向贾骏转让合伙财产份额，不必经田、丁的同意

B. 就高崎向贾骏转让的合伙财产份额，田、丁可主张优先购买权

C. 李耕申请法院强制执行高崎的合伙财产份额，不必经田、丁的同意

D. 就李耕申请法院强制执行高崎的合伙财产份额，田、丁可主张优先购买权

| **参考答案** | ________①

| **设题陷阱与常见错误分析** |

有限合伙人与普通合伙人在性质上有本质的区别，有限合伙人不执行合伙企业事务，仅以其出资额为限对合伙债务承担有限责任。《合伙企业法》有许多有限合伙人不同于普通合伙人的规定。例如，普通合伙人向合伙人以外的人转让其合伙财产份额，须经其他合伙人一致同意，但是有限合伙人仅需通知其他合伙人，无须经其他合伙人一致同意，其他合伙人也不享有优先购买权。但是人民法院强制执行有限合伙人的财产份额时，其他合伙人享有优先购买权。考生如不熟悉相关法律规定，容易选错答案。

| **解题思路与方法分析** |

《合伙企业法》第73条规定："有限合伙人可以按照合伙协议的约定向合伙人以外的人转让其在有限合伙企业中的财产份额，但应当提前三十日通知其他合伙人。"有限合伙人向合伙人以外的人转让合伙财产份额，在合伙协议没有作出特别约定的情形下，原则上无须经其他合伙人一致同意，其他合伙人也没有优先购买权，所以A项正确，B项错误。但是，合伙协议也可以对有限合伙人财产份额的转让程序作出特别约定，例如，约定需全体合伙人一致同意，或者约定其他合伙人有优先购买权等。

《合伙企业法》第74条规定："有限合伙人的自有财产不足清偿其与合伙企业无关的债务的，该合伙人可以以其从有限合伙企业中分取的收益用于清偿；债权人也可以依法请求人民法院强制执行该合伙人在有限合伙企业中的财产份额用于清偿。人民法院强制执行有限合伙人的财产份额时，应当通知全体合伙人。在同等条件下，其他合伙人有优先购买权。"由此可知C、D项均正确。

综上所述，本题应选A、C、D项。

03 考向 个人独资企业法

【单项选择题】"李老汉私房菜"是李甲投资开设的个人独资企业。关于该企业遇到的法律问题，下列哪一选项是正确的？

A. 如李甲在申请企业设立登记时，明确表示以其家庭共有财产作为出资，则该企业是以家庭成员为全体合伙人的普通合伙企业

B. 如李甲一直让其子李乙负责企业的事

① ACD

务管理,则应认定为以家庭共有财产作为企业的出资

C. 如李甲决定解散企业,则在解散后5年内,李甲对企业存续期间的债务,仍应承担偿还责任

D. 如李甲死后该企业由其子李乙与其女李丙共同继承,则该企业必须分立为两家个人独资企业

| **参考答案** | ________①

| **设题陷阱与常见错误分析** |

如果考生混淆了个人独资企业与普通合伙企业的区别,则易选错A项。如果考生只注意到李乙是李甲之子的事实,而没有考虑到李乙是个人独资企业的事务管理人,B项也容易出错。

| **解题思路与方法分析** |

依据《个人独资企业法》第18条的规定,个人独资企业投资人在申请企业设立登记时明确以其家庭共有财产作为个人出资的,应当依法以家庭共有财产对企业债务承担无限责任。按照这一规定,个人独资企业设立时可以家庭共有财产作为个人出资,但其性质仍为个人独资企业。故A项错误。

依据《个人独资企业法》第19条第1款的规定,个人独资企业投资人可以自行管理企业事务,也可以委托或者聘用其他具有民事行为能力的人负责企业的事务管理。但是个人独资企业所聘任或委任的负责企业事务之管理的人,与个人独资企业投资人之间并不因此发生财产共有关系,因此仅凭这一事实尚不足以认定其财产属于共有关系,尤其不能据此认定为家庭财产共有关系,故B项也是错误的。

依据《个人独资企业法》第28条的规定,个人独资企业解散后,原投资人对个人独资企业存续期间的债务仍应承担偿还责任,但债权人在5年内未向债务人提出偿债请求的,该责任消灭。故C项正确。

在投资人死亡时,依据对《个人独资企业法》第26条第2项规定的理解,个人独资企业可以通过继承方式而继续存在。但是,个人独资企业的投资人只能是一个自然人,若个人独资企业继承人为两人或以上,且有两人或以上不放弃继承的,已经不可能再是个人独资企业。因继承使不满足个人独资企业设立条件时应如何处理是一个很灵活的问题,虽然《个人独资企业法》对此未有明确规定,但根据企业解散的法理,分立为两家个人独资企业应仅是诸多处理方式之一,其他的处理方式如通过新设方式变更为合伙企业,或者设立有限公司等均是可以的,故D项"必须分立"的表述错误。

04 考向 企业破产法

1.【单项选择题】祺航公司向法院申请破产,法院受理并指定甲为管理人。债权人会议决定设立债权人委员会。现昊泰公司提出要受让祺航公司的全部业务与资产。甲的下列哪一做法是正确的?

A. 代表祺航公司决定是否向昊泰公司转让业务与资产

B. 将该转让事宜交由法院决定

C. 提议召开债权人会议决议该转让事宜

D. 作出是否转让的决定并将该转让事宜报告债权人委员会

| **参考答案** | ________②

| **设题陷阱与常见错误分析** |

考生如果注意到转让全部业务和资产与其他破产事宜在重大性方面的差别,但对破产司法介入的界限理解不清,就有可能认为管理人应当将此事宜提交法院决定而错选B项,或对债权人会议职权内容理解不清,认为本案情形应提议召开债权人会议而错选C项。

A项的表达是管理人甲"代表"债务人作出决定,而D项是甲独立作出决定,这是本题设计的一个易错点,考查考生能否注意到管理人行使职权的独立性。依据《企业破产法》第25条第1款第6项的规定,对债务人的财产进行管理和处分是管理人的独立职责,不需要代

① C
② D

表债务人;但管理人“代表债务人参加诉讼、仲裁或者其他法律程序”则是可以的。

| 解题思路与方法分析 |

本题考查的是债权人委员会的职权,所设计的“昊泰公司提出要受让祺航公司的全部业务与资产”属于我国《企业破产法》第69条第1款第3项中“全部库存或者营业的转让”之情形。考生若能对此事实有正确判断,本题就可以正确解答。依据《企业破产法》第25条的规定,管理人对债务人营业的决定权是在第一次债权人会议前决定继续或者停止营业。该法第61条规定了债权人会议的职权包括决定继续或者停止债务人的营业,但未涉及营业转让。根据该法第69条的规定,在设立了债权人委员会的情形下,管理人实施“全部库存或者营业的转让”行为应当及时报告债权人委员会,故D项是正确的。

A项错误是因为管理人不需代表债务人为此决定。B项错误是因为此情形不属于法院决定的事宜。C项错误是因为《企业破产法》第61条规定的债权人会议职权中涉及债务人营业的是“决定继续或者停止债务人的营业”,可见债务人会议的职权并不包括债务人营业之转让。

综上所述,本题应选D项。

2.【单项选择题】思瑞公司不能清偿到期债务,债权人向法院申请破产清算。法院受理并指定了管理人。在宣告破产前,持股20%的股东甲认为如引进战略投资者乙公司,思瑞公司仍有生机,于是向法院申请重整。关于重整,下列哪一选项是正确的?

A. 如甲申请重整,必须附有乙公司的投资承诺

B. 如债权人反对,则思瑞公司不能开始重整

C. 如思瑞公司开始重整,则管理人应辞去职务

D. 只要思瑞公司的重整计划草案获得法院批准,重整程序就终止

| **参考答案** | ________[1]

| 设题陷阱与常见错误分析 |

考生可能只注意到甲作为股东申请重整有特殊性,而没有注意到投资承诺应当属于具体重整方案而错选A项。考生如果没有正确理解《企业破产法》第71条“人民法院经审查认为重整申请符合本法规定的,应当裁定债务人重整,并予以公告”之规定,以及破产法中的重整制度之原理,就可能错选B项。

| 解题思路与方法分析 |

本题考查我国《企业破产法》对于重整程序的相关规定。A项需要考生注意的是股东甲有权申请重整,但作为战略投资者的乙公司的投资承诺在性质上属于具体的重整方案,而依据《企业破产法》第79条的规定,法院裁定重整后6个月才提交重整计划草案,故A项的表述错误。

依据《企业破产法》第71条的规定,法院对于重整有决定权,债权人的反对意见可以通过对重整计划草案的表决来体现,其反对不能阻止重整的开始,故B项错误。

依据《企业破产法》第73条的规定,重整期间管理人可能向债务人移交营业事务,管理人的职权也可能归债务人,但管理人并不因此辞去职务,债务人仍需在管理人的监督下自行管理财产和营业事务,故C项错误。只要考生注意到重整期间管理人的职责以及管理人辞去职务的情形,就能作出正确判断。

依据《企业破产法》第86条第2款的规定,法院裁定批准重整计划草案的,则重整程序终止,故D项正确。

综上所述,本题应选D项。

3.【多项选择题】2013年3月,债权人甲公司对债务人乙公司提出破产申请。下列哪些选项是正确的?

A. 甲公司应提交乙公司不能清偿到期债务的证据

B. 甲公司应提交乙公司资产不足以清偿全部债务的证据

---

① D

C. 乙公司就甲公司的破产申请，在收到法院通知之日起七日内可向法院提出异议

D. 如乙公司对甲公司所负债务存在连带保证人，则其可以该保证人具有清偿能力为由，主张其不具备破产原因

| **参考答案** | ________①

| **设题陷阱与常见错误分析** |

企业破产案件可以由债务人自己提出申请，也可以由债权人提出申请。债权人提出申请的，只需要提交债务人不能清偿到期债务的证据，不需要提交债务人资产不足以清偿全部债务或明显缺乏偿债能力的证据。但是债务人提出申请的，以上证据都需要提交。债权人提出申请的，债务人有提出异议的权利，但是该权利应当自收到人民法院的通知之日起7日内行使。债务人已丧失清偿能力，对债务人的债务负有连带责任的人未丧失清偿能力的，不影响认定债务人具备破产原因。本题综合考查了《企业破产法》以及最高人民法院《关于适用〈中华人民共和国企业破产法〉若干问题的规定（一）》［以下简称《破产法解释（一）》］的相关规定，考生如不熟悉相关法律规定，容易选错答案。

| **解题思路与方法分析** |

《破产法解释（一）》第6条规定，债权人申请债务人破产的，应当提交债务人不能清偿到期债务的有关证据。债权人提出债务人破产清算申请的，并不需要提交债务人资产不能清偿全部债务的证据，所以A项正确，B项错误。

《企业破产法》第10条第1款规定："债权人提出破产申请的，人民法院应当自收到申请之日起五日内通知债务人。债务人对申请有异议的，应当自收到人民法院的通知之日起七日内向人民法院提出。人民法院应当自异议期满之日起十日内裁定是否受理。"由此可知，C项正确。

《破产法解释（一）》第1条第2款规定："相关当事人以对债务人的债务负有连带责任的人未丧失清偿能力为由，主张债务人不具备破产原因的，人民法院应不予支持。"由此可知，D项错误。

综上所述，本题应选A、C项。

4.【多项选择题】法院受理了利捷公司的破产申请。管理人甲发现，利捷公司与翰扬公司之间的债权债务关系较为复杂。下列哪些说法是正确的？

A. 翰扬公司的某一项债权有房产抵押，可在破产受理后行使抵押权

B. 翰扬公司与利捷公司有一合同未履行完毕，甲可解除该合同

C. 翰扬公司曾租给利捷公司的一套设备被损毁，侵权人之前向利捷公司支付了赔偿金，翰扬公司不能主张取回该笔赔偿金

D. 茹洁公司对利捷公司负有债务，在破产受理后茹洁公司受让了翰扬公司的一项债权，因此茹洁公司无须再向利捷公司履行等额的债务

| **参考答案** | ________②

| **设题陷阱与常见错误分析** |

本题考查的是破产程序中相关实体权利的行使，有一定难度，需要考生熟练掌握别除权、取回权和抵销权的相关规则。有考生没有认识到别除权应当在破产宣告后行使，并非在破产受理后行使，因而误选了A项；有考生对管理人解除未履行完毕合同的权利理解不清而漏选B项；有考生对债权人取回作为物上代位的赔偿金的规则理解不清而漏选C项；有考生不能辨析《企业破产法》第40条规定的抵销权之禁止情形而误选D项。

| **解题思路与方法分析** |

《企业破产法》第107条第2款规定："债务人被宣告破产后，债务人称为破产人，债务人财产称为破产财产，人民法院受理破产申请时对债务人享有的债权称为破产债权。"该法第109条规定："对破产人的特定财产享有担保权的权利人，对该特定财产享有优先受偿的权利。"依据《企业破产法》第109条的规定，担保权人优先受偿的权利（在破产法中一般称为别

① AC
② BC

除权)是针对“破产人”的特定财产,即在破产程序中,对于破产人的特定财产享有担保物权的权利人,可以不依照破产程序而对该特定财产优先受偿;而该法第107条第2款规定被“宣告破产后”,债务人始称为破产人,结合《企业破产法》第107条第2款和第109条的规定,破产宣告后方可行使别除权,而不是破产受理后行使,故A项错误。

《企业破产法》第18条规定:“人民法院受理破产申请后,管理人对破产申请受理前成立而债务人和对方当事人均未履行完毕的合同有权决定解除或者继续履行,并通知对方当事人。管理人自破产申请受理之日起二个月内未通知对方当事人,或者自收到对方当事人催告之日起三十日内未答复的,视为解除合同。管理人决定继续履行合同的,对方当事人应当履行;但是,对方当事人有权要求管理人提供担保。管理人不提供担保的,视为解除合同。”由此可知,对于待履行合同,管理人可以选择继续履行,也可以解除合同,故B项正确。

最高人民法院《关于适用〈中华人民共和国企业破产法〉若干问题的规定(二)》[以下简称《破产法解释(二)》]第32条规定:“债务人占有的他人财产毁损、灭失,因此获得的保险金、赔偿金、代偿物尚未交付给债务人,或者代偿物虽已交付给债务人但能与债务人财产予以区分的,权利人主张取回就此获得的保险金、赔偿金、代偿物的,人民法院应予支持。保险金、赔偿金已经交付给债务人,或者代偿物已经交付给债务人且不能与债务人财产予以区分的,人民法院应当按照以下规定处理:(一)财产毁损、灭失发生在破产申请受理前的,权利人因财产损失形成的债权,作为普通破产债权清偿;(二)财产毁损、灭失发生在破产申请受理后的,因管理人或者相关人员执行职务导致权利人损害产生的债务,作为共益债务清偿。债务人占有的他人财产毁损、灭失,没有获得相应的保险金、赔偿金、代偿物,或者保险金、赔偿物、代偿物不足以弥补其损失的部分,人民法院应当按照本条第二款的规定处理。”本题中,翰扬公司曾租给利捷公司的一套设备被损毁,侵权人之前支付的赔偿金已不能与债务人财产予以区分,且财产毁损、灭失发生在破产申请受理前,故权利人翰扬公司因财产损失形成的债权,只能作为普通破产债权清偿,翰扬公司不能主张取回该笔赔偿金,故C项正确。

依据《企业破产法》第40条第1项的规定,债权人在破产申请受理前对债务人负有债务的,可以向管理人主张抵销。但是,债务人的债务人在破产申请受理后取得他人对债务人的债权的,不得主张抵销。本题中,茹洁公司作为债务人利捷公司的债务人,在破产受理后才取得翰扬公司的一项债权,因此茹洁公司不得主张抵销,仍需向利捷公司履行等额的债务。债务人的债务人如果在破产案件受理后通过转让取得他人的对债务人的债权,并以此与其债务抵销,则会消灭或者部分消灭其所负担的债务,减少债务人财产的价值;并且有可能诱发债务人的债务人在破产案件受理后低价收买他人对债务人的债权的道德风险,所以债务人的债务人在破产案件受理后取得他人对债务人的债权,无论是基于什么原因取得的,均不得主张抵销,故D项错误。

综上所述,本题应选B、C项。

5.【多项选择题】尚友有限公司因经营管理不善,决定依照《企业破产法》进行重整。关于重整计划草案,下列哪些选项是正确的?

A. 在尚友公司自行管理财产与营业事务时,由其自己制作重整计划草案

B. 债权人参加讨论重整计划草案的债权人会议时,应按法定的债权分类,分组对该草案进行表决

C. 出席会议的同一表决组的债权人过半数同意重整计划草案,即为该组通过重整计划草案

D. 三分之二以上表决组通过重整计划草案,重整计划即为通过

| **参考答案** | ________①

① AB

| 设题陷阱与常见错误分析 |

《企业破产法》规定的企业破产重组程序具有相当的复杂性，尤其体现在债权人对重整计划草案的表决方式上。首先，需要分组表决；其次，每组表决通过的标准是出席会议的债权人过半数同意该草案，并且其所代表的债权额要占该组债权总额的2/3以上；最后，各组均通过重整计划草案，重整计划才通过。考生如不熟悉相关法律规定，容易选错答案。

| 解题思路与方法分析 |

《企业破产法》第80条第1款规定："债务人自行管理财产和营业事务的，由债务人制作重整计划草案。"由此可知，A项正确。

《企业破产法》第82条规定："下列各类债权的债权人参加讨论重整计划草案的债权人会议，依照下列债权分类，分组对重整计划草案进行表决：(一)对债务人的特定财产享有担保权的债权；(二)债务人所欠职工的工资和医疗、伤残补助、抚恤费用，所欠的应当划入职工个人账户的基本养老保险、基本医疗保险费用，以及法律、行政法规规定应当支付给职工的补偿金；(三)债务人所欠税款；(四)普通债权。人民法院在必要时可以决定在普通债权组中设小额债权组对重整计划草案进行表决。"各类债权的债权人参加讨论重整计划草案的债权人会议，依照《企业破产法》规定的债权分类，分组对重整计划草案进行表决，由此可知，B项正确。

《企业破产法》第84条第2款规定："出席会议的同一表决组的债权人过半数同意重整计划草案，并且其所代表的债权额占该组债权总额的三分之二以上的，即为该组通过重整计划草案。"每一表决组通过重整计划草案需要同时满足两个条件，所以C项错误。

《企业破产法》第86条第1款规定："各表决组均通过重整计划草案时，重整计划即为通过。"由此可知，D项错误。

综上所述，本题应选A、B项。

05 考向 票据法

1.【单项选择题】亿凡公司与五悦公司签订了一份买卖合同，由亿凡公司向五悦公司供货；五悦公司经连续背书，交付给亿凡公司一张已由银行承兑的汇票。亿凡公司持该汇票请求银行付款时，得知该汇票已被五悦公司申请公示催告，但法院尚未作出除权判决。关于本案，下列哪一选项是正确的？

A. 银行对该汇票不再承担付款责任

B. 五悦公司因公示催告可行使票据权利

C. 亿凡公司仍享有该汇票的票据权利

D. 法院应作出判决宣告票据无效

| 参考答案 | ________①

| 设题陷阱与常见错误分析 |

如果考生对本题中"公示催告"的效力以及票据权利不能正确理解的话，很容易对本题四个选项作出错误判断。

| 解题思路与方法分析 |

本题考查对票据法知识的综合运用能力。A项对银行不承担票据责任的表述是错误的，该汇票已经被银行承兑，《票据法》第44条规定："付款人承兑汇票后，应当承担到期付款的责任。"可见，银行要承担保证付款责任，所以A项的表述是错误的。

B、C、D项考查考生能否正确理解公示催告和票据权利的关系。公示催告是一种票据权利丧失的救济途径之一，即使除权判决也仅发生推定效力，公示催告申请人并不一定享有票据权利，更何况本题情形未被除权判决，因此B项是错误的。C项中考生应当注意到只要持票人善意(不知情)、取得票据有对价(本题亿凡公司已经供货给五悦公司)、票据形式合法(背书连续)，持票人的票据权利即存在，故C项正确。D项所描述的该票据因此"无效"的表述是错误的，《票据法》没有规定此种情形下票据应当无效。

① C

综上所述,本题应选 C 项。

2.【单项选择题】甲公司为履行与乙公司的箱包买卖合同,签发一张以乙公司为收款人、某银行为付款人的汇票,银行也予以了承兑。后乙公司将该汇票背书赠与给丙。此时,甲公司发现乙公司的箱包为假冒伪劣产品。关于本案,下列哪一选项是正确的?

A. 该票据无效

B. 甲公司不能拒绝乙公司的票据权利请求

C. 丙应享有票据权利

D. 银行应承担票据责任

| **参考答案** | ________①

| **设题陷阱与常见错误分析** |

本题综合考查了票据法的相关规定,所设计的情形包括票据原因关系即甲公司、乙公司之间的买卖合同关系,乙公司、丙之间的赠与合同关系,以及票据关系,即甲公司的出票、银行的承兑、乙公司的背书法律关系。如果考生对《票据法》的规定及原理较为熟悉,本题就可以得到正确解答。原因关系的瑕疵并不影响票据行为的效力,故 A 项是错误的。如果不能理解票据行为的独立性和无因性,就可能错选。但在直接当事人即甲公司、乙公司之间,是可以用原因关系对抗票据请求权的,所以 B 项是错误的,有考生未能理解这种直接当事人之间票据关系与基础关系的牵连性而误选。丙是受赠取得,属于无对价取得,其权利不得优于其前手乙公司,故其权利之有无及抗辩皆取决于前手乙公司,因此 C 项是错误的。有考生没有注意到题中"赠与"属于无对价取得的特殊性而误选。本题中银行已经为承兑,承兑是独立的票据行为,承兑人应当承担票据责任,故 D 项是正确的,有考生没有注意到承兑作为独立票据行为的法律后果而错选。

| **解题思路与方法分析** |

票据行为人即出票人、承兑人应当承担票据责任,在原因关系出现瑕疵的情况下,票据不因此而无效,故 A 项错误,D 项正确。

《票据法》第 13 条第 1、2 款规定:"票据债务人不得以自己与出票人或者与持票人的前手之间的抗辩事由,对抗持票人。但是,持票人明知存在抗辩事由而取得票据的除外。票据债务人可以对不履行约定义务的与自己有直接债权债务关系的持票人,进行抗辩。"故直接当事人之间可以用票据原因关系对抗票据关系,乙公司提供假冒伪劣产品,是可以对抗持票人的理由,故 B 项错误。

《票据法》第 11 条第 1 款规定:"因税收、继承、赠与可以依法无偿取得票据的,不受给付对价的限制。但是,所享有的票据权利不得优于其前手的权利。"据此,票据权利可以无对价取得(受赠与),但不得优于其前手,前手没有票据权利,无对价取得者也没有票据权利,而 C 项"丙应享有票据权利",忽略了无对价取得票据权利者与其前手票据权利的这种关联性,因而错误。

综上所述,本题应选 D 项。

3.【单项选择题】甲未经乙同意而以乙的名义签发一张商业汇票,汇票上记载的付款人为丙银行。丁取得该汇票后将其背书转让给戊。下列哪一说法是正确的?

A. 乙可以无权代理为由拒绝承担该汇票上的责任

B. 丙银行可以该汇票是无权代理为由而拒绝付款

C. 丁对甲的无权代理行为不知情时,丁对戊不承担责任

D. 甲未在该汇票上签章,故甲不承担责任

| **参考答案** | ________②

| **设题陷阱与常见错误分析** |

本题综合考查了无权代理产生的法律责任以及票据行为的特征,同时涉及票据法和民法内容,具有相当的灵活性。考生如不理解票据法的基本理论或《票据法》的相关规定,容易选错答案。

| **解题思路与方法分析** |

甲未经乙同意以乙的名义签发汇票,构成

---

① D

② A

民法上的无权代理,乙如拒绝追认,意味着汇票上的签章不是乙的真实签章,这一出票行为无效,乙不承担票据责任,所以A项正确。

根据票据行为的独立性,出票行为的无效不影响其他票据行为的效力。最高人民法院《关于审理票据纠纷案件若干问题的规定》第65条规定:"具有下列情形之一的票据,未经背书转让的,票据债务人不承担票据责任;已经背书转让的,票据无效不影响其他真实签章的效力:(一)出票人签章不真实的;(二)出票人为无民事行为能力人的;(三)出票人为限制民事行为能力人的。"本题中,虽然出票人乙的签章不真实,但是该汇票已经转让,丁背书时的签章真实,则丁应对其后手戊承担票据责任,无权以对甲的无权代理不知情为由免除责任,所以C项错误。虽然出票行为无效,但是背书行为有效,因此持票人戊享有票据权利,付款人丙银行无权以汇票是无权代理为由拒绝付款,所以B项错误。

《民法典》第171条第1款规定:"行为人没有代理权、超越代理权或者代理权终止后,仍然实施代理行为,未经被代理人追认的,对被代理人不发生效力。"第3款规定:"行为人实施的行为未被追认的,善意相对人有权请求行为人履行债务或者就其受到的损害请求行为人赔偿。但是,赔偿的范围不得超过被代理人追认时相对人所能获得的利益。"本题中,甲的行为构成无权代理,虽然汇票上没有甲的签章,甲不承担票据责任,但是甲应承担无权代理的责任,所以D项错误。

综上所述,本题应选A项。

4.【多项选择题】甲公司为清偿对乙公司的欠款,开出一张收款人是乙公司财务部长李某的汇票。李某不慎将汇票丢失,王某拾得后在汇票上伪造了李某的签章,并将汇票背书转让给外地的丙公司,用来支付购买丙公司电缆的货款,王某收到电缆后转卖得款,之后不知所踪。关于本案,下列哪些说法是正确的?

A. 甲公司应当承担票据责任

B. 李某不承担票据责任

C. 王某应当承担票据责任

D. 丙公司应当享有票据权利

| **参考答案** | ________[①]

| **设题陷阱与常见错误分析** |

本题考查的是票据伪造的相关法律后果,需要考生综合运用票据行为、票据权利的相关规定予以解答。将自然人作为汇票出票时的收款人并不违反我国《票据法》的规定,但有考生对此不理解,认为出票不合法故漏选了A项;还有考生没有认识到被伪造者并不承担票据责任而漏选B项;还有考生混淆了票据责任的特定内涵,没有清楚理解票据伪造人王某应当承担的是法律责任或民事责任而非票据责任,从而误选了C项。

对丙是否有票据权利的判断,是本题的一个难点。确有考生认为题目中未设计丙的知情或不知情即善意与否故不能判断是否符合善意取得,这是沿袭民法善意取得的思维习惯,没有注意到票据权利善意取得的特点。依据我国《票据法》第12条的规定,"以欺诈、偷盗或者胁迫等手段取得票据的,或者明知有前列情形,出于恶意取得票据的,不得享有票据权利。持票人因重大过失取得不符合本法规定的票据的,也不得享有票据权利"。可见,否认持票人票据权利的情形即恶意和重大过失。本题所设计的情境包括李某作为自然人的签章较易被伪造,丙身处外地,经连续背书而受让该票据,且票据形式合法,丙也实际支付了对价(电缆)并被王某转卖得款,这些情景中并没有显示丙对取得该票据存在恶意或重大过失,因此丙作为持票人应当享有票据权利。

| **解题思路与方法分析** |

依据票据行为的独立性及《票据法》第14条规定,"票据上的记载事项应当真实,不得伪造、变造。伪造、变造票据上的签章和其他记载事项的,应当承担法律责任。票据上有伪造、变造的签章的,不影响票据上其他真实签章的效力。票据上其他记载事项被变造的,在变造之前签章的人,对原记载事项负责;在变造之后签

① ABD

章的人,对变造之后的记载事项负责;不能辨别是在票据被变造之前或者之后签章的,视同在变造之前签章”。可见,伪造的签章不影响票据上真实签章的效力,故出票人甲应当承担票据责任,A 项正确。李某是被伪造人,不承担票据责任,故 B 项正确。王某是伪造人,并未在票据上签章,他应当承担伪造票据的民事责任,但不承担票据责任,故 C 项错误。依据《票据法》第 12 条的规定,丙取得票据并无恶意和重大过失,因此其应当享有票据权利,D 项正确。

综上所述,本题应选 A、B、D 项。

5.【多项选择题】甲向乙购买原材料,为支付货款,甲向乙出具金额为 50 万元的商业汇票一张,丙银行对该汇票进行了承兑。后乙不慎将该汇票丢失,被丁拾到。乙立即向付款人丙银行办理了挂失止付手续。下列哪些选项是正确的?

A. 乙因丢失票据而确定性地丧失了票据权利

B. 乙在遗失汇票后,可直接提起诉讼要求丙银行付款

C. 如果丙银行向丁支付了票据上的款项,则丙应向乙承担赔偿责任

D. 乙在通知挂失止付后十五日内,应向法院申请公示催告

| 参考答案 | ________①

| 设题陷阱与常见错误分析 |

票据权利与票据密不可分,票据是权利的物质载体,权利的行使以持有票据为必要,持票人一旦丧失票据,其权利行使便失去了合法根据。但是非出于持票人本意而丧失对票据的占有,并不意味着票据权利也随之消灭,为了救济失票人,同时也为了保障票据的正常流通,我国《票据法》规定了票据丧失后的挂失止付、公示催告和提起诉讼三种补救措施。考生如果机械地理解票据的设权性,认为票据丧失后票据权利一定随之消灭,可能错选 A 项。

《票据法》规定,票据丧失后,失票人可以向法院申请公示催告,也可以直接提起诉讼,考生如不熟悉这一规定,可能误认为 B 项错误。失票人通知付款人挂失止付后,付款人应当暂停支付,付款人违反这一义务向他人付款的,当然应向挂失止付人承担赔偿责任。《票据法》仅规定了付款人的暂停支付义务,未规定违反这一义务的赔偿责任,考生如机械记忆法条,不能掌握立法精神,可能误认为付款人不需承担赔偿责任,从而认为 C 项错误。失票人应当在挂失止付后 3 日内申请公示催告,考生如对该期限记忆不准确,可能错选 D 项。

| 解题思路与方法分析 |

《票据法》第 15 条规定:“票据丧失,失票人可以及时通知票据的付款人挂失止付,但是,未记载付款人或者无法确定付款人及其代理付款人的票据除外。收到挂失止付通知的付款人,应当暂停支付。失票人应当在通知挂失止付后三日内,也可以在票据丧失后,依法向人民法院申请公示催告,或者向人民法院提起诉讼。”票据丧失后,失票人可以采取补救措施,并不确定丧失票据权利,所以 A 项错误。失票人可以向法院申请公示催告,也可以直接提起诉讼,所以 B 项正确。付款人收到挂失止付通知后,应暂停支付,违反这一义务付款的,应向失票人承担赔偿责任,所以 C 项正确。失票人应在挂失止付后 3 日内申请公示催告,而不是 15 日内,所以 D 项错误。

综上所述,本题应选 B、C 项。

06 考向 证券法

1.【多项选择题】甲在证券市场上陆续买入力扬股份公司的股票,持股达 6% 时才公告,被证券监督管理机构以信息披露违法为由处罚。之后,甲欲继续购入力扬公司股票,力扬公司的股东乙、丙反对,持股 4% 的股东丁同意。对此,下列哪些说法是正确的?

A. 甲的行为已违法,故无权再买入力扬公司股票

B. 乙可邀请其他公司对力扬公司展开要

① BC

约收购

C. 丙可主张甲已违法，故应撤销其先前购买股票的行为

D. 丁可与甲签订股权转让协议，将自己所持全部股份卖给甲

| **参考答案** | __________[①]

| **设题陷阱与常见错误分析** |

考生如果不能正确理解证券行政违法行为与证券交易之间的关系，可能对 A 项判断错误。有考生不能理解 B 选项中“乙邀请……展开要约收购”的情形，或者错误理解要约收购的适用情形，对本选项可能误判。有考生混淆了股份公司股份转让和有限公司股权转让的区别，可能对 D 项误判。

| **解题思路与方法分析** |

根据《证券法》第 221 条和证监会《证券市场禁入规定》的规定，违反信息披露义务者，且情节严重的，证监会可以对其采取证券市场禁入措施。本题中，甲虽然违反了信息披露义务，但未有其他事实表明已达到“情节严重”，因此应认为甲仍可以继续购买证券，A 项错误。

B 项所描述的情形是反收购措施，尽管《证券法》对此无规定，但从第 5 条的规定以及要约收购的原理可以推知 B 项是正确的。

《证券法》第 117 条规定，除非满足该法第 111 条第 2 款规定的情形，已经进行的证券交易不得改变其交易结果，故 C 项错误。如果考生正确理解证券交易。

力扬公司是股份公司，故依据《公司法》第 137 条的规定，股份可以自由流转，包括以协议转让给他人，即使在上市公司收购中，协议转让仍是允许的，只是要履行相关的大额持股披露义务，收购在 30% 前也不承担强制要约收购的义务，故 D 项正确。

综上所述，本题应选 B、D 项。

2.【多项选择题】吉达公司是一家上市公司，公告称其已获得某地块的国有土地使用权。嘉豪公司资本雄厚，看中了该地块的潜在市场价值，经过细致财务分析后，拟在证券市场上对吉达公司进行收购。下列哪些说法是正确的？

A. 若收购成功，吉达公司即丧失上市资格

B. 若收购失败，嘉豪公司仍有权继续购买吉达公司的股份

C. 嘉豪公司若采用要约收购则不得再与吉达公司的大股东协议购买其股份

D. 待嘉豪公司持有吉达公司已发行股份 30% 时，应向其全体股东发出不得变更的收购要约

| **参考答案** | __________[②]

| **设题陷阱与常见错误分析** |

本题考查的是上市公司收购，难度不大。A 项考查的是上市公司收购成功的法律后果，有考生不能正确辨析收购成功与终止上市的关系而误选 A 项；收购失败并没有被我国《证券法》规定为禁止继续收购的情形，但有考生没有清晰理解上市公司收购的含义和意义因而漏选了 B 项；还有考生没有清晰理解要约收购是针对全体股东发出同样收购条件的收购方式，以及该方式对其他收购方式的排斥，因而漏选 C 项。

| **解题思路与方法分析** |

按照我国上市公司收购管理的相关规定，上市公司收购是取得上市公司控制权的行为，收购成功并非必然终止上市资格，不符合上市条件才终止，故 A 项错误。若收购失败，《证券法》并未禁止收购人继续购买目标公司的股份，故 B 项正确。

收购分为协议收购和要约收购，如果采用要约收购，依据《证券法》第 70 条的规定：“采取要约收购方式的，收购人在收购期限内，不得卖出被收购公司的股票，也不得采取要约规定以外的形式和超出要约的条件买入被收购公司的股票。”可见，不得在要约收购期间采用协议收购，故 C 项正确。

依据《证券法》第 65 条的规定，收购人持有目标公司 30% 的股份后，应当进行强制要约收购；此外，《证券法》第 68 条规定：“在收购要

---

① BD

② BC

约确定的承诺期限内,收购人不得撤销其收购要约。收购人需要变更收购要约的,必须及时公告,载明具体变更事项。”可见,要约收购是发出不得撤销的收购要约,该要约并非不得变更,故D项错误。

综上所述,本题应选B、C项。

3.【不定项选择题】某基金管理公司在2003年曾公开发售一只名为“基金利达”的封闭式基金。该基金原定封闭期15年,现即将到期,拟转换为开放式基金继续运行。关于该基金的转换,下列选项正确的有:

A. 须经国务院证券监督管理机构核准

B. 转换后该基金应保持一定比例的现金或政府债券

C. 基金份额持有人大会就该转换事宜的决定应经有效表决权的1/2以上通过

D. 转换后基金份额持有人有权查阅或复制该基金的相关会计账簿等财务资料

| **参考答案** | __________①

| **设题陷阱与常见错误分析** |

如果考生没有正确理解本题“拟转换为开放式基金继续运行”属于基金运作方式变化,则C选项易发生误选。如果考生将上述查阅权与《公司法》第33条的查阅权混淆,则D选项易选错。

| **解题思路与方法分析** |

本题考查考生对证券投资基金法中公开募集基金、封闭式基金和开放式基金等基本知识的理解和运用,具有一定的综合性。考生需要注意我国对证券投资基金已经实施注册制,目前即使是公开募集基金,《证券投资基金法》也仅规定是由国务院证券监督管理机构注册,因此应当能够判断出A项的“核准”是错误的。如果考生没有注意到这一变化很可能错选。

根据《证券投资基金法》第68条的规定,开放式基金应当保持足够的现金或政府债券,具体比例由国务院证券监督管理机构规定,故B项正确。

封闭式基金转换为开放式基金属于基金运作方式的变化,因此考生应当根据《证券投资基金法》第86条的规定,判断出该事项应有基金份额持有人大会表决权的2/3以上通过,故C项错误。

《证券投资基金法》第46条没有赋予基金份额持有人查阅或复制基金的财务会计账簿等财务资料的权利,故D项错误。

综上所述,本题应选B项。

07 考向 保险法

1.【单项选择题】甲以自己为被保险人向某保险公司投保健康险,指定其子乙为受益人,保险公司承保并出具保单。两个月后,甲突发心脏病死亡。保险公司经调查发现,甲两年前曾做过心脏搭桥手术,但在填写投保单以及回答保险公司相关询问时,甲均未如实告知。对此,下列哪一表述是正确的?

A. 因甲违反如实告知义务,故保险公司对甲可主张违约责任

B. 保险公司有权解除保险合同

C. 保险公司即使不解除保险合同,仍有权拒绝乙的保险金请求

D. 保险公司虽可不必支付保险金,但须退还保险费

| **参考答案** | __________②

| **设题陷阱与常见错误分析** |

本题考查的是《保险法》对投保人如实告知义务的规定。本题稍有难度,需要考生在明确投保人故意未履行告知义务时,保险公司对其享有合同解除权,以及合同解除权和保险费退还的规则。有的考生误以为甲未履行如实告知义务是对合同约定事项的违反,构成违约,错选A项。有的考生忽视了最高人民法院《关于适用〈中华人民共和国保险法〉若干问题的解释(二)》[以下简称《保险法解释(二)》]的规定,误认为不需要解除保险合同,保险公司也有权拒绝支付保险金,错选C项。有的考生混淆

① B
② B

了《保险法》对故意未履行告知义务和因重大过失未履行告知义务的不同的处罚方式，错选D项。

| 解题思路与方法分析 |

本案属于保险合同订立时投保人故意违反如实告知义务，因此不属于违约问题，故A项错误。

《保险法》第16条第2款、第3款规定，投保人故意或者因重大过失未履行如实告知义务，足以影响保险人决定是否同意承保或者提高保险费率的，保险人有权解除合同。前款规定的合同解除权，自保险人知道有解除事由之日起，超过30日不行使而消灭。自合同成立之日起超过2年的，保险人不得解除合同；发生保险事故的，保险人应当承担赔偿或者给付保险金的责任。即此时保险人享有合同解除权，B项正确。

同时，根据《保险法解释(二)》第8条之规定，在投保人故意未履行如实告知义务的情况下，保险人未行使合同解除权的，不能直接以《保险法》第16条第4款、第5款的规定为由拒绝承担给付保险金的责任，故C项说法错误。

此外，依据《保险法》第16条第5款的规定，保险人不承担赔偿或者给付保险金责任，但应当退还保险费的，仅成立于投保人因重大过失未履行如实告知义务的情形；而甲属于故意未告知其做过手术的事实，故D项错误。

综上所述，本题应选B项。

2.【单项选择题】姜某的私家车投保商业车险，年保险费为3000元。姜某发现当网约车司机收入不错，便用手机软件接单载客，后辞职专门跑网约车。某晚，姜某载客途中与他人相撞，造成车损10万元。姜某向保险公司索赔，保险公司调查后拒赔。关于本案，下列哪一选项是正确的？

A. 保险合同无效

B. 姜某有权主张约定的保险金

C. 保险公司不承担赔偿保险金的责任

D. 保险公司有权解除保险合同并不退还保险费

| **参考答案** | ________①

| 设题陷阱与常见错误分析 |

本题需要注意的是，《保险法》第52条第1款虽然赋予了危险增加通知时保险人的解除权，但保险费是扣除保险责任开始至合同解除之日应收的部分后退还，故D项中，即使保险公司在此情形下可以选择解除合同，但“并不退还保险费”的表述亦是错误的。

| 解题思路与方法分析 |

本题考查考生对保险标的危险增加时保险合同当事人的权利义务。本题设计的情形是姜某的私家车已经转为营运，在营运过程中发生了保险事故，对此种情形，需要考生首先认定属于标的危险显著增加的情形，再正确理解和运用《保险法》第52条的规定。《保险法》第52条第1款规定：在合同有效期内，保险标的的危险程度显著增加的，被保险人应当按照合同约定及时通知保险人，保险人可以按照合同约定增加保险费或者解除合同。在被保险人履行了通知义务的前提下保险人可以选择行使合同解除权。第52条第2款规定：被保险人未履行前款规定的通知义务时，因保险标的的危险程度显著增加而发生的保险事故，保险人不承担赔偿保险金的责任。由此可见，在危险增加时，被保险人姜某应当将此危险增加告知保险人，但本题中并没有设计姜某履行危险增加通知义务的情形，“保险公司调查后拒赔”的描述也是在指示考生要理解和作出这一事实判断。再结合本题设定的情形，姜某是在夜间营运载客中发生事故，因此本题应当按《保险法》第52条第2款来处理。所以A项错误、B项错误，C项正确。

综上所述，本题应选C项。

3.【多项选择题】甲公司交纳保险费为其员工张某投保人身保险，投保单由保险公司业务员代为填写和签字。保险期间内，张某找到租用甲公司槽罐车的李某催要租金。李某与张某发生争执，张某打碎车窗玻璃，并挡在槽罐车前。李某怒将张某撞死。关于保险受益人针对

① C

保险公司的索赔理由的表述，下列哪些选项是正确的？

A. 投保单虽是保险公司业务员代为填写和签字，但甲公司交纳了保险费，因此保险合同成立

B. 张某的行为不构成犯罪，保险公司不得以此为由主张免责

C. 张某的行为属于合法的自助行为，保险公司应予理赔

D. 张某的死亡与张某的行为并无直接因果关系，保险公司应予理赔

｜**参考答案**｜__________①

｜**设题陷阱与常见错误分析**｜

本题考查人身保险合同的签订及理赔，同时涉及《保险法》与《保险法解释（二）》的相关规定，并且对张某行为性质的认定涉及刑法中犯罪行为的认定，以及民法中自助行为的认定等问题，具有较高的灵活性。考生如未掌握相关知识，容易选错答案。

｜**解题思路与方法分析**｜

《保险法解释（二）》第3条第1款规定："投保人或者投保人的代理人订立保险合同时没有亲自签字或者盖章，而由保险人或者保险人的代理人代为签字或者盖章的，对投保人不生效。但投保人已经交纳保险费的，视为其对代签字或者盖章行为的追认。"本题中，虽然投保人甲公司未亲自签章，而是由保险公司业务员代为签字，但是甲公司已经交纳保险费，视为对保险合同的追认，保险合同生效，保险公司应承担保险责任，所以A项正确。

《保险法》第45条规定："因被保险人故意犯罪或者抗拒依法采取的刑事强制措施导致其伤残或者死亡的，保险人不承担给付保险金的责任。投保人已交足二年以上保险费的，保险人应当按照合同约定退还保险单的现金价值。"本题中张某为催要租金与李某发生争执，打碎车窗玻璃的行为属于一般的民事违法行为，不构成犯罪，保险公司不能免责，所以B项正确。

自助行为是指权利人受到不法侵害之后，为保全或者恢复自己的权利，在情势紧迫不能及时请求国家机关予以公力救济的情况下，依靠自己的力量，采取的扣押他人财产、限制他人自由或其他相应措施的行为。本题中，张某向李某催要租金，达不到情势紧迫不能及时请求公力救济的条件，张某挡在车前的行为不构成自助行为，所以C项错误。导致张某死亡的直接原因是李某开车故意撞击张某的犯罪行为，张某自身的行为与其死亡之间不构成直接因果关系，所以D项正确。

综上所述，本题应选A、B、D项。

4.【多项选择题】李某于2000年为自己投保，约定如其意外身故则由妻子王某获得保险金20万元，保险期间为10年。2009年9月1日起李某下落不明，2014年4月法院宣告李某死亡。王某起诉保险公司主张该保险金。关于本案，下列哪些选项是正确的？

A. 保险合同应无效

B. 王某有权主张保险金

C. 李某死亡日期已超保险期间，故保险公司不承担保险责任

D. 如李某确系2009年9月1日下落不明，则保险公司应承担保险责任

｜**参考答案**｜__________②

｜**设题陷阱与常见错误分析**｜

本题考查人身保险合同基本原理的理解和适用，存在干扰项，有一定难度，需要考生有清晰的保险法基础知识。从本题李某与保险公司的约定可知属于人身保险，故应当按人身保险的相关规定来分析。A项和B项考查对人身保险合同的当事人和保险利益的理解，李某为自己投保，故李某是被保险人，其妻是受益人，李某被宣告死亡并不影响该保险合同的效力，所以A项错误。有考生混淆了人身保险合同的当事人和受益人，认为保险合同主体死亡合同即无效，就可能对这个选项误判。

｜**解题思路与方法分析**｜

根据最高人民法院《关于适用〈中华人民

---

① ABD

② BD

共和国保险法〉若干问题的解释(三)》[以下简称《保险法解释(三)》]第24条的规定,本案保险合同不是无效情形,所以A项错误。

本题的后三个选项需要综合考虑。李某的宣告死亡是一种法律的推定,题中情形已经指出"2009年9月1日起李某下落不明,2014年4月法院宣告李某死亡",可见C项的表述是错误的。

依据《民法典》第48条的规定,李某的死亡日期应当是2014年4月,再依据《保险法解释(三)》第24条的规定,如果确有证据证明下落不明之日在保险期间内,法院应当支持受益人的保险金给付请求权,所以B、D项正确,C项错误。

综上所述,本题应选B、D项。

5.【多项选择题】甲公司投保了财产损失险的厂房被烧毁,甲公司伪造证明,夸大此次火灾的损失,向保险公司索赔100万元,保险公司为查清此事,花费5万元。关于保险公司的权责,下列哪些选项是正确的?

A. 应当向甲公司给付约定的保险金

B. 有权向甲公司主张5万元花费损失

C. 有权拒绝向甲公司给付保险金

D. 有权解除与甲公司的保险合同

| 参考答案 | ________①

| 设题陷阱与常见错误分析 |

本题考查财产保险的索赔和理赔规定。本题设计的情境是被保险人伪造证明,夸大损失,有考生不能准确辨析我国《保险法》第27条的规定,误认为保险人不应当承担给付保险金的责任,从而漏选了A项,或者误选了C项;有考生误认为保险人为查明事故发生原因的花费应当从保险金中减掉,所以保险人不能就这5万元花费提出请求而漏选B项。

| 解题思路与方法分析 |

《保险法》第27条规定:"未发生保险事故,被保险人或者受益人谎称发生了保险事故,向保险人提出赔偿或者给付保险金请求的,保险人有权解除合同,并不退还保险费。投保人、被保险人故意制造保险事故的,保险人有权解除合同,不承担赔偿或者给付保险金的责任;除本法第四十三条规定外,不退还保险费。保险事故发生后,投保人、被保险人或者受益人以伪造、变造的有关证明、资料或者其他证据,编造虚假的事故原因或者夸大损失程度的,保险人对其虚报的部分不承担赔偿或者给付保险金的责任。投保人、被保险人或者受益人有前三款规定行为之一,致使保险人支付保险金或者支出费用的,应当退回或者赔偿。"

本案情形属于《保险法》第27条规定的夸大保险事故造成的损失的情形,依据该条的规定,保险人仍应按保险合同的约定,承担保险金给付义务,故A项正确,C项错误。保险公司也有权要求支付其为此支出的费用,故B项正确。此情形也不属于保险人有权解除保险合同的情形,我国《保险法》第27条规定的保险合同可以解除情形是未发生保险事故而谎称发生,以及被保险人故意制造保险事故,本案属于夸大损失,故不能因此解除合同,所以D项错误。

综上所述,本题应选A、B项。

6.【多项选择题】潘某请好友刘某观赏自己收藏的一件古玩,不料刘某一时大意致其落地摔毁。后得知,潘某已在甲保险公司就该古玩投保了不足额财产险。关于本案,下列哪些表述是正确的?

A. 潘某可请求甲公司赔偿全部损失

B. 若刘某已对潘某进行全部赔偿,则甲公司可拒绝向潘某支付保险赔偿金

C. 甲公司对潘某赔偿保险金后,在向刘某行使保险代位求偿权时,既可以自己的名义,也可以潘某的名义

D. 若甲公司支付的保险金不足以弥补潘某的全部损失,则就未取得赔偿的部分,潘某对刘某仍有赔偿请求权

| 参考答案 | ________②

| 设题陷阱与常见错误分析 |

本题主要考查的是《保险法》对不足额保

① AB
② BD

险以及保险代位求偿权的规定。不足额保险，是指保险金额数额低于保险价值数额的保险。保险代位权，是指因第三人对保险标的的损害而造成保险事故的，保险人自向被保险人赔偿保险金之日起，在赔偿金额范围内代位行使被保险人对第三者的请求权的权利。考生在解答本题时，应当结合法条的规定具体分析。本题的难点在于理解不足额保险的定义以及保险代位权的特殊行使规则。有的考生不了解不足额保险的定义，误认为潘某投保后，保险公司就应当对其损失进行全额赔偿，错选A项。

｜解题思路与方法分析｜

《保险法》第55条第4款规定："保险金额低于保险价值的，除合同另有约定外，保险人按照保险金额与保险价值的比例承担赔偿保险金的责任。"在本题中，潘某就其古玩只是投了不足额保险，因此只能以保险金额与保险价值的比例要求甲公司赔偿。故A项错误，不选。

在财产保险中，为防范道德风险，赔偿金数额的确定是以损失补偿为原则的。在因第三人对保险标的造成损害的时候，若被保险人已从该第三人处获得全部赔偿，则被保险人不得因投保而获得双重赔偿，其规定见于《保险法》第60条，故B项正确。

再根据《保险法解释（二）》第16条第1款之规定，保险人应以自己的名义来行使保险代位权，故C项错误，不选。

《保险法》第60条第3款进一步规定："保险人依照本条第一款规定行使代位请求赔偿的权利，不影响被保险人就未取得赔偿的部分向第三者请求赔偿的权利。"因此，若甲公司支付的保险金不足以弥补潘某的全部损失，则就未取得赔偿的部分，潘某对刘某仍有赔偿请求权，故D项正确。

综上所述，本题应选B、D项。

08 考向 海商法

【单项选择题】依据我国《海商法》和《民法典》的相关规定，关于船舶所有权，下列哪一表述是正确的？

A. 船舶买卖时，船舶所有权自船舶交付给买受人时移转

B. 船舶建造完成后，须办理船舶所有权的登记才能确定其所有权的归属

C. 船舶不能成为共同共有的客体

D. 船舶所有权不能由自然人继承

｜参考答案｜__________①

｜设题陷阱与常见错误分析｜

《民法典》规定，动产物权变动的，以交付为要件，但是对于船舶、航空器和机动车等特殊动产，未经登记，不具有对抗善意第三人的效力。《海商法》对此的规定与《民法典》相同。考生如不理解特殊动产的登记对抗主义，可能错选B项。船舶虽然是特殊动产，但是法律对其所有权的主体以及所有权形式不作限制性规定，因此可以共有船舶，也可以继承船舶。考生如错误理解船舶的特殊性，可能错选干扰C项或D项。

｜解题思路与方法分析｜

《海商法》第9条第1款规定："船舶所有权的取得、转让和消灭，应当向船舶登记机关登记；未经登记的，不得对抗第三人。"《民法典》第224条规定："动产物权的设立和转让，自交付时发生效力，但是法律另有规定的除外。"第225条规定："船舶、航空器和机动车等的物权的设立、变更、转让和消灭，未经登记，不得对抗善意第三人。"由此可知，船舶买卖时，船舶所有权自船舶交付时起即转移给买受人，登记不是取得船舶所有权的要件，不过未经登记，买受人的所有权不具有对抗善意第三人的效力，所以A项正确，B项错误。

《海商法》第10条规定："船舶由两个以上的法人或者个人共有的，应当向船舶登记机关登记；未经登记的，不得对抗第三人。"法律并不禁止船舶成为共有权的客体，共有人可以按份共有船舶，也可以共同共有，所以C项错误。船舶既可以由法人或其他组织所有，也可以由自然人所有，还可以由国家所有，法律对船舶所

① A

有权的主体不作限制，船舶所有权当然可以由自然人继承，所以D项错误。

综上所述，本题应选A项。

2024年模拟测试

1.【单项选择题】华星公司成立于2018年，其初始章程规定，持有本公司股权的职工与本公司解除劳动关系后，大股东兴华公司可按当时公司净资产请求收购其全部股权。此后，该公司技术总监李某认购10万元职工股，并被登记为公司股东。2021年7月3日，李某向华星公司提出辞职并于7月20日完成离职手续。2024年7月10日，兴华公司才通知李某，请求以30万元价格收购其持有的华星公司股权。对此，下列哪一说法是正确的？

A. 因李某未明确同意华星公司的章程条款，故兴华公司不得对其主张股权收购请求权

B. 因李某不是华星公司的发起股东，故其不得拒绝兴华公司对其行使股权收购请求权

C. 因兴华公司的股权收购请求权不受诉讼时效限制，故李某应当向其转让所持股权

D. 因兴华公司行使股权收购请求权未超过3年，故李某不得以诉讼时效经过为由抗辩

2.【单项选择题】天河公司成立于2020年4月，有股东甲、乙、丙三人；公司注册资本600万元，股东均应于3年内各缴足出资200万元。天河公司自2024年6月开始就无力清偿债务，并于8月被法院裁定受理破产申请，丁经法院指定担任其管理人。丁调查发现，甲尚有100万元出资未缴足；甲的妻子戊任天河公司副总经理，于2024年7月从公司领取20万元的绩效奖金。关于本案，下列哪一说法是正确的？

A. 对于尚未缴足的100万元，甲可以超过诉讼时效为由拒绝履行

B. 对于尚未缴足的100万元，丁可以请求乙和丙对甲承担连带责任

C. 就戊领取的20万元绩效奖金，丁应当以诉讼方式追回

D. 戊在返还20万元绩效奖金后，不得向丁申报普通债权

3.【多项选择题】2021年1月4日，张某与甲公司订立信托合同，约定认购“新兴1号”集合资金信托计划；张某应在1月20日前缴付认购款至开立于乙银行的“新兴1号”资金专户中。1月8日，因“新兴1号”资金专户尚未开立，张某根据甲公司指示，缴付认购款至甲公司在乙银行开立的公账中。“新兴1号”于1月15日在乙银行开立资金专户，并于1月25日公告成立。但因工作人员疏忽，张某所缴认购款在2022年1月8日才被转入该资金专户。对此，下列哪些说法是正确的？

A. 虽然张某已按甲公司指示缴付认购款，但其自2022年1月8日起才取得受益权

B. 因认购款已经被转入“新兴1号”资金专户，故张某自信托成立后即取得受益权

C. 因认购款被迟延转入“新兴1号”资金专户，故张某可请求甲公司承担赔偿责任

D. 就张某的受益权，其只能对2022年1月8日后“新兴1号”产生的收益主张权利

4.【多项选择题】佳元担保公司（以下简称佳元公司）从事小额贷款担保业务。李某担任佳元公司的法定代表人并持股30%，刘某持股70%。因李某之妻投资某加盟店需要资金，李某向好友介绍认识的张某借款300万元。张某同意出借资金但要求提供担保。李某便在借款人处签字并在保证人处盖上了佳元公司的公章。后李某之妻投资失败不能还款，张某要求佳元公司承担保证责任，刘某得知此事后明确表示反对。关于本案，下列哪些说法是错误的？

A. 因佳元公司从事担保业务，故该保证无须股东会决议

B. 因李某是佳元公司法定代表人，故其以佳元公司提供的该保证有效

C. 因张某不知晓刘某反对该保证，故其有权要求佳元公司承担保证责任

D. 因刘某反对该保证，故佳元公司对该担保可以不向张某承担任何责任

5.【多项选择题】经债权人申请，雨莹公司于2022年12月1日被人民法院受理了破产申请，人民法院为雨莹公司指定了管理人。2023年2月，管理人在审查甲公司申报的债权时发现，甲公司申报的是其与雨莹公司一起为乙公司向银行的借款所提供的连带责任保证而产生的向雨莹公司的求偿权，但乙公司向银行的还款期限未到，且甲公司申报的债权额除全部本金外，利息计算到了申报之日。银行也作为债权人同时申报了该笔债权。关于本案，下列哪些说法是正确的？

A. 管理人对甲公司的申报有权不登记在债权表中

B. 对银行申报的该笔债权，管理人应予以核查

C. 银行申报的该笔债权的利息应自2022年12月1日起停止计算

D. 雨莹公司尚未承担保证责任，因此甲公司无权向管理人申报其债权

6.【多项选择题】人民法院受理了铵然公司的重整申请并为其指定了管理人。管理人制作了重整计划草案，其中规定重整计划的执行期间是3年。法院随后批准了该重整计划草案。在重整计划执行期间，债务人提出管理人应向其交还之前接管的财产和营业事务，但管理人拒绝。债务人与管理人矛盾渐深，债权人则坚决支持管理人。3年的重整计划执行期间即将届满，但并未实现重整计划规定的债权受偿。关于本案，下列哪些说法是正确的？

A. 债务人应向管理人报告其财务状况

B. 在重整计划执行期间，铵然公司有权与他人签订购买原料的合同

C. 该重整计划规定的重整计划执行期间是不变期间，不得以任何理由延长

D. 若铵然公司无法解决其与管理人的矛盾，可以向人民法院申请更换管理人

7.【不定项选择题】2021年11月，兴盛公司出资1000万元，与卓越公司和李某共同设立兴越有限合伙企业（以下简称兴越合伙）。合伙协议约定，兴盛公司和卓越公司分别是优先级有限合伙人和劣后级有限合伙人，李某是普通合伙人；兴越合伙定向投资沃野公司；若沃野公司2024年未能上市，卓越公司须在知悉此事30日内收购兴盛公司持有的合伙份额，或者向其支付1100万元。12月，兴越合伙成为沃野公司的股东。2024年1月5日，沃野公司宣布撤回上市申请。关于本案，下列表述正确的是：

A. 兴盛公司应在2024年2月4日前，决定卓越公司向其支付现金还是收购合伙份额

B. 兴盛公司可在2024年2月4日后，直接决定卓越公司向其支付现金还是收购合伙份额

C. 合伙协议中的"优先—劣后"约定使卓越公司承担全部亏损，该合伙协议无效

D. 若卓越公司决定收购兴盛公司的合伙份额，其应当通知李某

8.【不定项选择题】2023年7月8日，华夏公司为支付对振华公司的货款，向其背书转让一张200万元的汇票。7月10日，振华公司在收票后将该汇票再次背书转让给神州公司。7月20日，神州公司向付款银行提示付款，银行以汇票到期为由拒绝承兑。关于本案，下列表述正确的是：

A. 因汇票到期，故神州公司无权再请求银行付款

B. 因银行拒绝承兑，故神州公司可以在2024年1月22日（星期一）前向振华公司行使追索权

C. 因是连续背书转让，故神州公司应对华夏公司的背书真实性负责

D. 即使超过票据权利时效，神州公司仍可以请求华夏公司返还其与未支付的票据金额相当的利益

9.【不定项选择题】2021年，鲁某、高某、汪某三人共同出资设立"星星洗衣中心"（普通合伙），并一致决定由高某作为执行事务合伙人。2023年12月，高某妻子因交通事故不幸身亡，高某深受打击，悲痛欲绝，精神状况出现严重问题。2024年3月，经高某的近亲属申请，高某

被法院宣告为限制行为能力人。关于高某的情况，下列表述正确的是：

A. 经鲁某和汪某一致同意，高某可以退伙

B. 经鲁某和汪某一致同意，高某可以转为有限合伙人

C. 因高某已成为限制民事行为能力人，高某不得继续执行合伙事务

D. 因高某已成为限制民事行为能力人，星星洗衣中心应转为有限合伙

参考答案及解析

1. | 参考答案 | D

| 设题陷阱与常见错误分析 |

本题的设题陷阱有如下两点：

第一，实践中，有限责任公司章程中的职工持股的"人走股留"条款，常引发大量争议。其核心设题陷阱是，此种因特定情形触发的股权强制转让约定，是否有效？对此，考生可因此类约定看似强制，而认为其一律无效；相反，也有考生可能根据我国《公司法》第84条第3款的规定，而认为此种约定一律有效。事实上，对于"人走股留"条款效力的分析，须结合章程本身之性质展开。公司章程既是股东意思自治的载体，也是公司治理的核心工具。一方面，公司全体股东在设立公司时需就章程内容达成一致；另一方面，股东在公司运作中也可用特别多数决对章程内容作适时修改。若公司章程条款沦为大股东压迫小股东的工具，其条款效力即丧失正当性。反之，依正当程序所设之章程条款，对全体股东应均有约束力。因此，有限责任公司章程中的"人走股留"条款，并非全然有效或无效，而需就其具体内容和订立程序作详细分析。

第二，在公司法上有关股东的出资缴付请求权，经最高人民法院相关司法解释明确规定为不适用诉讼时效抗辩的请求权。考生可能受此规定的影响，认为与公司有关的请求权均不适用诉讼时效抗辩。但在公司实践中，当事人自行约定的股份收购请求权，未被相关法律和司法解释明文排除适用诉讼时效，故此类权利也要受《民法典》中对请求权的时间限制。

| 解题思路与方法分析 |

要准确选出本题正确答案，需要考生首先掌握对有限责任公司章程中"人走股留"条款效力的判定路径，其次根据我国《民法典》和相关司法解释的规定，确定基于该章程规定而产生的收购请求权是否适用诉讼时效抗辩规则。

A选项考查的是有限责任公司章程中"人走股留"条款的效力。我国《公司法》第84条第1款规定："有限责任公司的股东之间可以相互转让其全部或者部分股权。"但该条第3款又规定："公司章程对股权转让另有规定的，从其规定。"可见，有限责任公司股东之间不仅可以自由转让股权，同时公司章程作为股东意思自治的体现，也可限制股东对股权的处分。但需要考生注意的是，在有限责任公司章程中设置此类"人走股留"条款，一方面需要遵循章程设置的基本程序规范，另一方面则需实质上不存在大股东利用章程压迫中小股东的情形。本题中，华星公司初始章程有关职工股股东在离职之后应将其股权转让给兴华公司的规定，系全体发起股东一致同意的产物，且其后一直沿用。本题中，李某在认购公司职工股时，已明知该章程条款的存在，且未明确请求修改公司章程。故该章程条款应是有效规定。因此，A选项错误。

B选项考查的是有限责任公司章程，对非发起股东的效力。本题中，李某虽然不是公司的发起股东，但李某自愿认购华星公司的职工股，并成为其股东，无疑表明其自愿受该公司章程条款之约束。因此，B选项错误。

C选项考查公司章程约定的股权收购请求权是否适用诉讼时效制度。具言之，兴华公司依据华星公司章程享有的股权收购请求权，是否要受诉讼时效的限制？对此，检索我国《民法典》、最高人民法院发布的《关于审理民事案件适用诉讼时效制度若干问题的规定》等法律、司法解释可发现，此种基于章程约定的股权收购请求权，未被明文规定排除适用诉讼时效制度。由此，可从反面推知，兴华公司享有的股权收购请求权，亦需受诉讼时效制度约束。因此，C选项错误。

D选项考查的是诉讼时效的起算时点。兴华公司的股权收购请求权虽然适用诉讼时效，但应如何确定其诉讼时效起止点？我国《民法典》第188条第2款规定："诉讼时效期间自权利人知道或者应当知道权利受到损害以及义务人之日起计算。"在本题中，华星公司章程虽然赋予了兴华公司股权收购请求权，但在没有职工股股东离职时，其没有特定的请求对象。因此，兴华公司应从知道或应当知道股权转让义务人之日起算股权收购请求权的诉讼时效，即李某完成离职手续的2021年7月20日，故兴华公司对李某的股权收购请求权自2021年7月21日起算，诉讼时效为3年，直至2024年7月20日届满。因此，D选项正确。

2. ｜ 参考答案 ｜ B

｜ 设题陷阱与常见错误分析 ｜

本题的设题陷阱有如下两点：

第一，股东对公司的出资义务无须适用民法上的诉讼时效制度。根据最高人民法院《关于审理民事案件适用诉讼时效制度若干问题的规定》第1条、《公司法解释（三）》第19条第1款和《破产法解释（二）》第20条第1款等的规定，股东对公司负担的出资义务，不适用诉讼时效的抗辩。由于我国《民法典》第196条未明确规定公司对股东的出资缴付请求权，不适用诉讼时效抗辩，考生若不注意上述司法解释的具体规定，易误认为股东出资义务适用诉讼时效制度。

第二，在企业出现破产原因后，董事、监事和高级管理人员利用职权领取的绩效奖金，违反了破产法的平等受偿原则，应当被管理人追回。根据《企业破产法》第36条的规定，债务人的董事、监事和高级管理人员利用职权从企业获取的非正常收入和侵占的企业财产，管理人应当追回。对此，需要考生准确把握何为"非正常收入"。《破产法解释（二）》第24条第1款明确规定，"非正常收入"一方面包括绩效奖金、普遍拖欠职工工资情形下的工资性收入，另一方面需以出现破产原因为触发点。在符合这两者时，管理人应当直接请求或以诉讼方式，追回董事、监事和高级管理人员获取的不正当收入。当然，考生通常在思考至此后，容易忽略掉董事、监事和高级管理人员虽被追回绩效奖金，但其仍然对破产债务人享有获取绩效奖金的正当请求权。因此，其仍有权向管理人申报普通债权。

｜ 解题思路与方法分析 ｜

有关企业破产的试题，核心是把握企业破产程序、债务人企业的财产清理和债权的申报规则。从题干设计可知，甲尚未履行的出资和戊取得的绩效奖金，均与天河公司的财产清理事项有关。因此，在解题思路上须沿着《企业破产法》中的债务人财产清理规则展开。但值得注意的是，题干涉及甲有未履行完毕的出资义务，故考生解题时须关注《公司法》上有关股东出资义务的重点规则。

A选项考查的是公司对股东缴付出资的请求权是否适用诉讼时效。对此，《公司法解释（三）》第19条第1款规定，公司股东未履行或者未全面履行出资义务或者抽逃出资，公司或者其他股东请求其向公司全面履行出资义务或者返还出资，被告股东以诉讼时效为由进行抗辩的，人民法院不予支持。《破产法解释（二）》第20条第1款也规定，管理人代表债务人提起诉讼，主张出资人向债务人依法缴付未履行的出资或者返还抽逃的出资本息，出资人以认缴出资尚未届至公司章程规定的缴纳期限或者违反出资义务已经超过诉讼时效为由抗辩的，人民法院不予支持。可见，无论公司是否进入破产清算程序，股东负担的出资义务，均不适用诉讼时效抗辩规则。所以，甲不得以超过诉讼时效为由拒绝履行剩余的出资义务。A选项错误。

B选项考查的是股东未履行出资义务时，其他股东的连带责任。根据《公司法》第50条的规定，有限责任公司设立时，股东未按照公司章程规定实际缴纳出资，设立时的其他股东与该股东在出资不足的范围内承担连带责任。据此，有限责任公司的其他股东应当对未完全履行出资义务的股东承担连带责任。所以，本题中天河公司的管理人丁，可以请求乙和丙二人对甲未完全履行出资部分承担责任。B选项正确。

C选项考查的是管理人对债务人的董事、监事和高级管理人员利用“非正当收入”侵占企业财产的追回权。我国《企业破产法》第36条规定：“债务人的董事、监事和高级管理人员利用职权从企业获取的非正常收入和侵占的企业财产，管理人应当追回。”《破产法解释(二)》第24条第1款规定，当债务人企业出现破产原因时，其董事、监事或者高级管理人员获得的绩效津贴被视为“非正当收入”。故管理人“应当”追回戊领取的20万元非正当收入。但需注意的是，该条第2款又规定：“债务人的董事、监事和高级管理人员拒不向管理人返还上述债务人财产，管理人主张上述人员予以返还的，人民法院应予支持。”可见，丁并非只能通过诉讼行使追回权，故C选项错误。

D选项考查的管理人追回权行使后的债权申报规则。破产法上设计的管理人追回权，是为落实破产法的平等受偿原则，防止债权人从破产债务人处获得偏颇清偿。进而，戊虽需要向天河公司返还20万元绩效奖金，但其绩效奖金的请求权仍具有正当性。因此，根据《破产法解释(二)》第24条第3款的规定，戊在返还绩效奖金后，仍可以其绩效奖金请求权向丁申报普通债权。故D选项错误。

3.｜参考答案｜AC

｜设题陷阱与常见错误分析｜

信托财产独立性是信托法的核心内容，也是本题的设题陷阱。信托法自2022年起，被列入国家统一法律职业资格考试商法学科大纲中。受信托法调整的信托关系，有两大核心问题：信托财产独立性和受托人的信义义务。根据信托法理论，识别信托关系的核心要素是，信托财产应分别独立于委托人、受托人和受益人的个人财产。在我国信托实践中，信托公司在开展信托业务时，需要根据《信托法》第16条第1款的规定，与本公司的固有财产区别。故其通常应依据《信托公司集合资金信托计划管理办法》第18条的规定，为其管理的每一信托计划开立信托专户。因此，考生若不注意区分，信托公司存放其固有资金的对公账户(“公账”)和信托计划专户的区别，很容易认为投资者将信托计划认购资金划入信托公司的公账后，即成为特定信托计划的受益人。

｜解题思路与方法分析｜

考生若欲准确选出本题正确答案，需自信托财产独立性入手，准确理解我国《信托法》第16条第1款之规定，信托财产应当与受托人个人固有财产相区分。以此为基础，再精确判断题设中当事人成为特定信托计划受益人之时点。进而，因其所缴付认购款被迟延划转至信托计划资金专户，故其可根据我国《信托法》第29条之规定，请求未履行分别管理信托财产的受托人承担赔偿责任。

A选项考查对信托财产独立性的理解。本题中，出现了两个账户：一为甲公司在乙银行开立的本公司对公账户，二为甲公司在乙银行为“新兴1号”集合资金信托计划开立的资金专户。《信托法》第16条第1款规定：“信托财产与属于受托人所有的财产(以下简称固有财产)相区别，不得归入受托人的固有财产或者成为固有财产的一部分。”据此，若张某仅将认购“新兴1号”的款项转入甲公司的对公账户，则该笔款项将因混同而难与公司财产相区分。因此，只有当该笔款项被划入“新兴1号”的资金专户后，才可以认为张某的认购款实现了信托财产独立性，此时张某才可取得受益人身份。A选项正确。

B选项考查的是信托受益权取得时点的判定。根据上述对A选项的分析，在信托财产不具有独立性时，信托的核心要素丧失。此时，缴付信托财产之人实质上并未取得受益人之身份。因此，B选项错误。

C选项考查的是受托人对信托财产分别管理的义务。我国《信托法》第29条规定：“受托人必须将信托财产与其固有财产分别管理、分别记帐，并将不同委托人的信托财产分别管理、分别记帐。”该条在文义上虽是缺乏法律后果的不完全法条，但信托法的通说理论认为，违反分别管理信托财产义务的受托人，违反了其管理信托的谨慎义务，而应当负损害赔偿责任。因此，C选项正确。

D选项考查受益人的权利。我国《信托法》第44条第1条虽然规定,受益人自信托生效之日起享有信托受益权。但在本题中,张某因认购款被迟延划转至信托计划资金专户,其在信托成立后才取得受益权。根据信托法理论,受益人的受益权,在信托文件无明文约定时,即可就信托的全部利益主张权利。故张某虽然在2022年1月8日才成为"新兴1号"的受益人,但其受益权在题干无明确设计时,应指向"新兴1号"集合资金信托计划的全部利益。D选项错误。

4. | **参考答案** | ABCD

| **设题陷阱与常见错误分析** |

公司担保涉及的法律规范较多。依据《担保制度解释》第8条关于无须公司决议担保也有效的情形包括"金融机构开立保函或者担保公司提供担保"的情形。本题将佳元公司设定为以专门提供担保营业的公司,很容易使考生陷入该陷阱,忽略关联担保和非关联担保的基本类型区分,进而认为该保证并不需要经过股东会决议。因此,应当格外注意《公司法》第15条第2款规定的关联担保的表决规则。在关联担保中,只能由股东会决议。

公司担保中关于相对人的善意认定是理论和实务的难点。《担保制度解释》第7条规定善意并非简单的不知情,而是因《公司法》第15条已经明确规定公司担保不是法定代表人任意为之的事项时,相对人就应履行一定的审查义务,即应审查存在公司同意担保的公司决议,如果连此依法应履行的注意义务都没有尽到,相对人就不能成立善意。公司担保中关于相对人善意的认定,与其他情形中的善意认定并不相同,考生应当格外注意这一点。

| **解题思路与方法分析** |

有关公司法定代表人的越权担保需要结合《公司法》第15条、《民法典》第61条、第504条以及《担保制度解释》第7条、第8条综合予以分析。

A选项考查公司担保的基本类型。依据《公司法》第15条规定,公司担保区分为关联担保和非关联担保。公司为股东提供的担保属于关联担保,故必须经过股东会决议,本案李某是佳元公司的股东,故佳元公司为李某提供的担保属于关联担保,必须经过股东会决议,与公司从事的担保业务无关。A选项错误。

B选项考查的是法定代表人从事担保的权利能力。尽管公司法定代表人有权代表从事经营活动,但依据《公司法》第15条的规定,担保是公司特殊事项,并非法定代表人当然有权从事的行为。B选项错误。

C选项考查的是债权人(相对人)的善意判断。依据《担保制度解释》第7条第3款的规定,善意应当是相对人在订立担保合同时不知道且不应知道法定代表人越权,但善意的证明标准应当是提供证据证明对公司决议进行了合理审查,若连决议都没有审查,就不能认定相对人为善意。C选项错误。

D选项考查的是担保无效的法律后果。刘某是大股东,其不同意该担保,但即使该担保无效,也要根据当事人对担保无效的法律后果具体分析是否承担担保无效的法律责任。本案中李某作为法定代表人和小股东,未经股东会决议即以佳元公司名义为自己的债务提供担保,明显有过错。D选项错误。

5. | **参考答案** | BC

| **设题陷阱与常见错误分析** |

破产案件的债权审核需要运用《民法典》《企业破产法》的相关规定综合判定。本题设计的情形是债务人(雨莹公司)作为连带责任保证人,甲公司作为另一个连带责任保证人申报求偿权;乙公司是向银行借款的债务人,但借期未到。即本题考查的是能否以将来求偿权进行申报的问题。

考生对于债权申报的理解多侧重于实质要件,但既然债务人的破产是债权债务的概括处置,必须明确债权申报与确认的关系。事实上,无论何种债权应该说都是允许申报的,而管理人对于所申报的债权,依据《企业破产法》第57条、第58条的规定,应当进行审查并编制债权表,再交由第一次债权人会议核查,最终由人民法院裁定确认。本题实体方面的法律关系厘清有一定难度,同时若对上述债权申报程序性规则,尤其是《企业破产法》第44条的规定理解不清晰也容易误判选项B和D。

| 解题思路与方法分析 |

多数保证人的共同保证中,保证人对其他保证人享有求偿权。依据《企业破产法》第6章债权申报的规定,债权申报中管理人对于债权申报应登记造册,进行审查并编制债权表,由第一次债权人会议核查并最终由人民法院裁定确认。

A选项考查甲公司的申报是否符合《企业破产法》第51条的规定。依据《企业破产法》第51条第2款的规定,债务人的保证人或者其他连带债务人尚未代替债务人清偿债务的,以其对债务人的将来求偿权申报债权。但是,债权人已经向管理人申报全部债权的除外。该规定说明一般情况下可以以将来求偿权进行申报,但是如果债权人已经向管理人申报全部债权,就不需要再以将来求偿权申报。A选项正确。

B选项考查的是管理人对申报债权的处理方式。银行作为债权人申报债权是没有问题的,但依据《企业破产法》第57条、第58条的规定,有权对申报债权进行核查的是第一次债权人会议而不是管理人。管理人的权利在于"登记造册""审查"等。B选项错误。

C选项考查破产受理的法律效果。依据《企业破产法》第46条的规定,附利息的债权自破产申请受理时停止计息;未到期的债权视为到期。本案属于保证债权,即使主债务人乙公司的债权尚未到期且乙公司正常经营,但债务人的保证债务实为或然债务。《企业破产法》第51条规定本意是债权人可以向管理人申报全部债权,即只要不重复申报即可。后期可以通过提存制度配合实现。C选项正确。

D选项考查的是保证债权的补充性在破产程序中的应用。依据《企业破产法》第51条第2款的规定,将来求偿权是可以申报债权的,因此保证债权的补充性在债权申报中并不适用,并且因破产是对债务人全部债权债务的概括性处理,在申报债权的权利方面,不应有限制。D选项错误。

6. | 参考答案 | AB

| 设题陷阱与常见错误分析 |

管理人在重整计划执行中应履行监督职责,也就是在重整计划执行中,债务人应当是执行重整计划的主体,有权掌握和控制财产及营业事务。管理人应当履行监督职责。如果对重整计划执行期间管理人的定位和职责认识不清,则容易将本题B选项遗漏。

对于管理人与债务人存在冲突的情形,能否由债务人申请人民法院更换,是本题的另一陷阱。大部分考生知道依据《企业破产法》第61条的规定,债权人会议的职权包括申请人民法院更换管理人,也就是说管理人可以由债权人申请更换,但是否可以由债务人申请更换,特别是对在重整应由债务人掌控营业事务时能否更换有模糊的认识,容易将本题D选项错选。

| 解题思路与方法分析 |

本题需要综合运用破产法的原理以及《企业破产法》第8章第3节的相关内容综合分析。重整计划的执行中,有关管理人的职责、营业权主体、重整计划的执行期限以及管理人能否更换均是重要的实践问题。

A选项考查管理人在重整计划执行期间的职责。依据《企业破产法》第90条的规定,在重整计划规定的重整计划监督期内,管理人应当履行监督职责,债务人应当向管理人报告重整计划执行情况和债务人财务状况。A选项正确。

B选项考查债务人在重整计划执行期间的权利。铵然公司购买原材料的行为应当属于营业事务。依据《企业破产法》第89条第2款的规定,人民法院裁定批准重整计划后,已接管财产和营业事务的管理人应当向债务人移交财产和营业事务。B选项正确。

C选项考查重整计划执行期限是否可以变更。目前,我国《企业破产法》对此并无明确规定,但是也并没有明确规定重整计划执行期限为不变期间。实务中重整计划的执行情形较为复杂,如果如本案这样管理人与债务人产生冲突而无法执行重整计划,而按照《企业破产法》

第 93 条的规定,如果重整计划无法执行,人民法院将终止重整计划的执行,宣告破产,即重整失败。因此考虑重整的目的是挽救企业且代价较大,故重整计划的执行期限是不变期限的观点是错误的。实务中很多重整计划中就规定可以调整重整计划期间。即使考生不熟悉实务,但从破产法原理应该有此结论。C 选项错误。

D 选项考查重整计划执行期间管理人的更换。尽管《企业破产法》第 89 条明确规定债务人可以掌控之前被管理人接管的财产和营业事务,但是《企业破产法》第 8 章第 3 节并未规定在重整计划执行期间债务人有权申请更换管理人。而按照《企业破产法》第 61 条的规定,只有债权人会议才有权申请更换管理人。所以重整计划执行期间债务人不能申请更换管理人。D 选项错误。

7. | 参考答案 | D

| 设题陷阱与常见错误分析 |

以合伙企业的形式组建私募基金进行投资,是近年来金融司法实务中的常见手段。其中,较为常见的争议是,基金优先级有限合伙人和劣后级有限合伙人,在参与基金投资的同时也相互设定对赌条件,以基金投资标的能否上市为条件,设定各类差额补足或回购安排。这种实务做法,实际上兼涉民法和合伙企业法的多项法律规则,需要考生综合把握。

在本题中,考生应熟悉运用《民法典》关于选择之债的规定,判断 A 选项和 B 选项中有关对赌条件成就时,对赌方的选择权行使规则。本题的另一考点是,在有限合伙企业中,合伙协议中约定由某一有限合伙人收购其他有限合伙人的合伙份额,是否构成对《合伙企业法》第 69 条规定禁止将全部利润分配给部分合伙人的规则。

| 解题思路与方法分析 |

本题考查的知识点有二:其一,是我国《民法典》“合同编”中新增加的选择之债的相关规定;其二,是我国《合伙企业法》中的相关规则在私募基金实务中的运用。

首先,本题中合伙协议约定补偿机制是:若沃野公司未能上市,卓越公司就应当在 30 日内向兴盛公司进行补偿,补偿的内容则由卓越公司选择合伙份额回购或现金补偿。此种安排即构成了附条件的选择之债。具言之,当 2024 年 1 月 5 日沃野公司宣布撤回上市申请时,合伙协议中约定的补偿机制即生效。此时,卓越公司成为选择之债的债务人。《民法典》第 515 条第 1 款规定:“标的有多项而债务人只需履行其中一项的,债务人享有选择权;但是,法律另有规定、当事人另有约定或者另有交易习惯的除外。”选择之债中的选择权在约定的选择权行使期限届满前,应当由债务人享有。因此,在 2024 年 2 月 4 日前,卓越公司享有选择权。故 A 选项错误,不选。

其次,《民法典》第 515 条第 2 款规定:“享有选择权的当事人在约定期限内或者履行期限届满未作选择,经催告后在合理期限内仍未选择的,选择权转移至对方。”在此,债权人享有选择权仍有一项条件限制,即向债务人催告行使后,债务人在合理期限内仍未行使选择权。因此,若兴盛公司要在 2024 年 2 月 4 日后享有选择权,还须向卓越公司催告行使该权利。故 B 选项错误,不选。

再次,在私募基金投资实务中,合伙型私募基金的合伙协议中通常会将私募基金投资者设计为不同类别的有限合伙人。对此,私募基金投资实务中对有限合伙人的优先级和劣后级设定,以及约定的在一定条件下由劣后级有限合伙人补偿优先级有限合伙人的约定,只是在合伙人之间设定债权债务关系,与合伙企业本身的利润分配安排无关,不违反《合伙企业法》第 69 条规定的“有限合伙企业不得将全部利润分配给部分合伙人”规则。因此,C 选项错误,不选。

最后,虽然合伙协议约定兴盛公司可向卓越公司转让合伙份额,但《合伙企业法》第 22 条第 2 款规定合伙人间转让份额的,应当通知其他合伙人。因此,本题的正确选项是 D 选项。

8. | 参考答案 | C

| 设题陷阱与常见错误分析 |

本题考查的知识点是票据背书和持票人

的权利及其法定期限。考生在解答票据法问题时，经常容易混淆各种情形的票据权利及其法定期限。例如，在本题涉及的汇票被银行拒绝承兑后，持票人既可以请求银行付款，也可以向前手背书人行使追索权，还可以在票据权利失效后，请求出票人或承兑人返还其与未支付的票据金额相当的利益。如果考生忽视这些权利各自的时效及其相互关系，则容易选错。

| 解题思路与方法分析 |

本题中，汇票到期后正是银行应当承担兑付义务，而非拒绝承兑。故选项A错误，不选。

《票据法》第17条规定："票据权利在下列期限内不行使而消灭：……（三）持票人对前手的追索权，自被拒绝承兑或者被拒绝付款之日起六个月；……"本题中，2023年7月20日银行拒绝承兑，自该日起6个月内，即应当于2024年1月20日届满。经查，该日为星期六。根据《民法典》第203条第1款"期间的最后一日是法定休假日的，以法定休假日结束的次日为期间的最后一日"之规定，应当顺延至2024年1月22日届满。故选项B正确，当选。

《票据法》第32条第1款规定："以背书转让的汇票，后手应当对其直接前手背书的真实性负责。"本题中，神州公司应当对振华公司背书的真实性负责。故C错误，不选。

《票据法》第18条规定："持票人因超过票据权利时效或者因票据记载事项欠缺而丧失票据权利的，仍享有民事权利，可以请求出票人或者承兑人返还其与未支付的票据金额相当的利益。"本题中，华夏公司是背书转让票据的，并非出票人，所以神州公司无权向其请求返还与未支付的票据金额相当的利益。故D错误，不选。

9. | **参考答案** | BC

【设题陷阱和常见错误分析】

本题考查的知识点是合伙企业中合伙人丧失行为能力后，对其合伙地位、合伙份额和合伙企业形式的处理规则。但是，本题各选项的文字表述与《合伙企业法》的规定稍有出入，易造成考生误选。

本题中，A选项是"经鲁某和汪某一致同意，高某可以退伙"。但《合伙企业法》第48条第2款规定的是，其他合伙人未能一致同意的，无民事行为能力或者限制民事行为能力合伙人退伙。D选项是"星星洗衣中心应转为有限合伙"，但只有当高某转为有限合伙人之后，合伙企业才会转为有限合伙。考生若不注意上述文字表达区别，极易误选本题。

| 解题思路与方法分析 |

我国《合伙企业法》第48条第2款规定："合伙人被依法认定为无民事行为能力人或者限制民事行为能力人的，经其他合伙人一致同意，可以依法转为有限合伙人，普通合伙企业依法转为有限合伙企业。其他合伙人未能一致同意的，该无民事行为能力或者限制民事行为能力的合伙人退伙。"因此在本题中，高某被法院宣告为限制民事行为能力人，成为判断本题各选项正误的关键。

首先，高某在被依法认定为限制民事行为能力人后，在其他合伙人一致同意的情况下，高某可以转为有限合伙人，故B选项的表述正确，当选。其次，在高某成为限制民事行为能力人后，高某的退伙并不需要其他合伙人达成一致同意，故A选项的表述错误，不选。再次，根据《合伙企业法》第48条第2款之规定，高某在被依法认定为限制民事行为能力人后，在鲁某和汪某的一致同意下，转为有限合伙人，普通合伙企业才会转为有限合伙企业。因此，D选项的表述不准确，不选。最后，根据《合伙企业法》第67条之规定，"有限合伙企业由普通合伙人执行合伙事务"。本题中，高某已经丧失行为能力，无论其退伙或转为有限合伙人，高某都不再执行合伙企业的事务，故C选项表述正确，当选。

综上所述，本题的正确选项是B、C选项。

经济法
环境资源法
劳动与社会保障法

方　法　篇

如何解答本学科客观题

考查要求

本科目涉及的法律法规较为庞杂，**既有本科目明确划定的基本法律、单行法律，还有部分会涉及《民法典》乃至相关司法解释的规定**。在法律依据上，本科目的历年试题具有较强的专业性和综合性，需要运用《反垄断法》《反不正当竞争法》《消费者权益保护法》《食品安全法》《商业银行法》《银行业监督管理法》《环境保护法》《土地管理法》《环境影响评价法》《城乡规划法》等法律中的具体法律条文进行分析和解决问题，而很难直接类推适用民法、商法等领域的知识和法律规定进行分析和作答。同时，本科目还往往综合考查《土地管理法》《城乡规划法》《环境保护法》《环境影响评价法》《劳动法》《劳动合同法》等多部法律中的条文。这需要考生综合、系统掌握之，而难以通过非系统性学习或短期突击复习之。

当下的经济法、环境资源法、劳动与社会保障法实务要求律师等法律从业人员，在精准熟悉相关法条的基础上，能够从中抽取出适用于特定案情的“请求权基础”，并结合案情，得出合乎逻辑与事理情理的结论。从考查情况来看，本科目极少出现直接考查法律条文或知识点的题目，而主要采取材料分析题，并且往往会在其中融入跨学科的知识点。

相比其他科目而言，本科目紧贴经济建设、社会治理和环境保护等领域，涉及社会经济生活中的诸多法律问题，这主要体现为：**一是结合当年的热点事件或最新的立法来考查**，能够很好地反映法律实务状况。**二是更加注重法律实务的真实性**，很大程度上既源于现实中的案件或事件，但又并非直接照搬具体案情和审判结果，而是更贴近实践需求。**三是需要从本科目与民商法、行政法的关系角度进行作答**，尤其需要考生明确掌握经济法、环境资源法、劳动与社会保障法中相关法律规定之间及其与《民法典》等相关法律条文的关系。上述特点要求考生具备充分的知识储备和学以致用的能力,启发考生在复习中应关注相关领域的热点问题,注重不同学科知识的迁移。

试卷分析

本科目在以往考试中考查的相关知识点基本上都是具有较强实务性的重点、难点内容。通过对历年试题的分析,我们发现,经济法、环境资源法、劳动与社会保障法中能够培养和考查法律实践能力的主要内容,具备如下显著特点。

一是经济法、环境资源法、劳动与社会保障法体系中的重点内容。与其他部门法相比,本科目在内容体系上具有更强的包容性,包括了消费者法、竞争法、土地管理法、规划法、环境保护法、森林法、劳动合同法、军人保险法等方面内容,且上述部门法之间在体系、理论、知识点等方面大多存在较大的跨度和差异。然而,上述部门法又存在体系交叉、理论兼容、知识关联的特点。尤其是现阶段的国家统一法律职业资格考试,越来越重视材料分析题,侧重于对具有跨度和差异的多个相关法律条文或知识点进行考查。

二是与经济法、环境资源法、劳动与社会保障法实务有较强关联性的内容。本科目呈现较强的本土性和现实性,紧跟实务尤其是国内前沿热点。例如,《反垄断法》于 2007 年 8 月 30 日通过,自 2008 年 8 月 1 日起施行,后又于 2022 年 6 月被全国人大常委会作出重大修改。这次修改重点涉及公平竞争审查、平台经济反垄断、纵向垄断协议、经营者集中审查期限中止、反垄断执法约谈、反垄断民事公益诉讼、加重处罚责任等领域,这些修改了回应了实践需求,是学习重点。我们知道,《反垄断法》也是自 2007 年起基本上每年必考(除 2012 年外)。再如,《反不正当竞争法》主要涉及混淆行为、商业贿赂行为、侵犯商业秘密行为、商业诋毁行为和互联网不正当竞争行为的认定与责任追究。2017 年试卷一第 28 题就以“雇人抢购”等实务为背景进行命题设计,考查考生对虚假宣传行为、混淆行为的理解和掌握。自《森林法》《矿产资源法》《军人保险法》纳入国家统一法律职业资格考试考纲后,这几部法律的考点也陆续出现在当年的考试试题中,森林权属、森林保护、森林经营管理、探矿权、采矿权、军人退役养老保险、军人退役医疗保险等规则在实务中运用得较为频繁,往往也是考查重点。

三是涉及司法解释的相关法律条文或知识点。最高人民法院发布的司法解释是司法裁判的重要依据,不仅直接影响相关法律实务,也是法学理论和知识点的重要来源。相关司法解释与相关法律规定的综合运用,是法律实务的重要特点,亦符合考试的目标定位和考查思路,这也是历年考试中考查的重要形式。例如,2017 年试卷一第 72 题,重点考查的知识点是劳动合同的订立、诉讼、社会保险,但同时涉及《劳动合同法》第 7 条、第 82 条,《劳动合同法实施条例》第 6 条、第 36 条、第 37 条,《社会保险法》第 10 条、第 16 条、第 20 条、第 95 条,《社会保险法》第 83 条第 3 款以及最高人民法院《关于审理劳动争议案件适用法律问题的解释(一)》第 1 条。

四是易混淆的重要知识点。经济法、环境资源法、劳动与社会保障法中的许多易混淆知识点需要特别关注掌握。**第一类是本学科与民商法等其他法中易混淆的相关知识点。**由于本学科与民商法、行政法存在一定的知识关联性,因而在适用时容易与民商法、行政法的相关知识点产生混淆。这些易混淆知识点是法学理论学习和法律实务中的重要内容,自然是复习的重要关注点。比如,关于劳动者的保密义务和竞业限制问题,《劳动合同法》第 23 条、第 24 条和《反不正当竞争法》第 9 条均有涉及,对于劳动者违反保密义务的定性涉及违约和侵权责任的竞合。**第二类是本学科内部理论体系中易混淆的相关知识点。**例如,在消费者权益保护方面,考生容易混淆《消费者权益保护法》中经营者欺诈行为的惩罚性赔偿制度与《食品安全法》中不符合食品安全标准的惩罚性赔偿制度。

学科重点

经济法、环境资源法、劳动与社会保障法在理论体系上具有较强的开放性、在法律规则体系上具有较大的兼容性、在知识体系上具有较强的实践性。正因如此，经济法、环境资源法、劳动与社会保障法教学在知识点和法律条文上一直强调对重点难点的把握，在复习思路上始终坚持理论与实践相结合，在复习形式上倾向于多做多知识点的材料分析题。依此来看，经济法、环境资源法、劳动与社会保障法的教学目标与重点难点具有较高的一致性。

经济法、环境资源法、劳动与社会保障法考查考生是否全面熟悉经济法、环境资源法、劳动与社会保障法的知识点和相关法律条文，是否深入理解和掌握学科中的重要知识点和法律规定，是否能够将这些知识点和法律规定运用于实践，分析和解决实务问题。

复习攻略

考生应该结合自身学习时间和习惯，针对经济法、环境资源法、劳动与社会保障法考试试题的特点，形成适合自己的应试方法与策略。

首先，应熟悉历年试题及其解析。考生时间充裕时，应该在做题后逐题对照参考答案，并找出自己判断错误的原因。部分考生若时间紧张，来不及全面复习，更有必要在考前复习历年真题，感受考查思路与重要考点，形成所谓的“题感”。

其次，应认真对待考试大纲范围中的法条。应当仔细研读司法部每年公布的国家统一法律职业资格考试大纲，大纲所定测试目标、考试内容及法条范围，大大限缩了我们的复习范围，能够为复习提供明确指引，提高复习效率，考生没必要超纲复习大量无关考点和超纲法条。

最后，应关注最高人民法院发布的指导案例及其他部门发布的典型案例。入选国家统一法律职业资格考试试题的案例往往来自成熟的实践，在最高人民法院不定期公布的指导案例中，有不少批次的案例素材涉及经济法、环境资源法、劳动与社会保障法。因此，考生复习经济法、环境资源法、劳动与社会保障法时，不能“两眼只读法考书”，而应适当关注最高人民法院发布的指导案例及社会热点话题，从指导案例及社会热点事件中学会应用法律知识，提升自己分析和解决法律实务问题的能力。

答题范例与实战演练

01 答题范例

| 题目指引 |

本题根据人民法院案例库中发布的“张某诉劳务服务有限公司、某工业有限公司劳动合同纠纷案”改编，题目中同时融合了《劳动合同法》《社会保险法》等不同知识点，并且与《劳动法》相结合，体现了较强的综合性。题目涉及协商解除劳动合同、用人单位不得解除劳动合同的情形、劳务派遣、工伤保险等知识点，对类似试题的解答具有参考价值。

| 题 目 |

【多项选择题】2020 年 1 月,张某与甲公司建立劳动关系后被派遣至乙公司担任电焊工,约定合同期限为 2020 年 1 月至 2023 年 6 月 30 日。2023 年 1 月 31 日,甲公司与张某协商解除劳动合同,自愿达成如下协议:双方一致同意于 2023 年 1 月 31 日解除劳动关系;甲公司当天向张某支付 50000 元,该款项包括解除劳动合同的经济补偿、其他应得劳动报酬及福利待遇等。在合同解除前后,张某一直在单方寻求职业病健康检查。2023 年 4 月,张某经医院诊断为电焊工尘肺一期。2023 年 12 月 1 日,张某被法定机构鉴定为职业病致残程度六级。后张某向劳动仲裁委申请仲裁,要求自 2023 年 1 月 31 日起恢复与甲公司的劳动关系,并要求甲公司按月支付伤残津贴,且由乙公司承担连带责任。对此,下列哪些说法是正确的?

A. 张某与甲公司之间应恢复劳动关系

B. 张某有权要求甲公司按月支付伤残津贴

C. 张某有权要求乙公司承担按月支付伤残津贴的连带责任

D. 张某的伤残津贴应由工伤保险基金支付

| 参考答案 | ________①

| 推导过程 |

选择题一般均以案例方式呈现,考生要注意题目的考查方向在于争议的解决,在审题时应当迅速锁定题干部分存在几处争议,经过归纳,可以得出本题中存在两处争议:其一,劳动合同解除纠纷,即张某与甲公司之间的劳动合同解除后是否可以恢复?其二,工伤待遇纠纷,即无论该劳动合同能否恢复,张某的伤残津贴应该由谁来支付?

第一,分析劳动合同解除纠纷。题目交代,甲公司与张某已于 2023 年 1 月 31 日协商解除劳动合同,甲公司向张某支付了包括经济补偿、其他应得劳务报酬、福利待遇在内的款项 50000 元。但从后文交代的时间及事实来看,双方协商解除劳动合同时,张某尚未进行离岗前职业健康检查或者离岗前职业健康检查尚未出具结论。因此,当事后张某的职业健康检查结论不利于其自身时,已失去劳动合同的保护。根据《劳动合同法》第 42 条第 1 款第 1 项的规定,未进行离岗前职业健康检查,或者疑似职业病病人在诊断或者医学观察期间的,用人单位不得采取无过失性辞退或者经济性裁员举措。虽然此款规定没有排除用人单位与劳动者协商一致解除劳动合同的情形,但从该条规定精神看,离岗前进行职业健康检查是用人单位的法定义务,并不能因用人单位和劳动者协商一致解除劳动合同而当然免除。本案中,张某在解除劳动合同后,仍然申请职业病检查,并被法定机构鉴定为伤残六级,说明张某一直在主张自己的权利。因此,法律不能"容忍"用人单位在未尽到安排劳动者离岗前职业健康检查义务之前就解除或终止劳动合同。否则,身患职业病的劳动者将失去基本的经济能力,这有悖于社会公平。在本案中,张某当然有权主张其与甲公司自 2023 年 1 月 31 日起恢复劳动关系。本题的混淆点在于,张某的主张是否有悖于诚信原则进而不能恢复劳动关系?从本案案情来看,张某可能基于各种原因先与甲公司协商解除劳动合同,但因电焊工工种特殊,用人单位并未在其离岗前开展职业健康检查或告知健康检查结论,所以用人单位有过错。张某在协商解除劳动合同后,根据医院诊断和伤残鉴定积极主张工伤待遇,完全是正当之举。因此,为保障职业病患者的正当权益,应自 2023 年 1 月 31 日起恢复张某与甲公司的劳动关系。故 A 选项入选。

第二,分析工伤待遇纠纷。从上文分析可知,自 2023 年 1 月 31 日起,张某与甲公司的劳动合同恢复。既然张某在劳动合同期内身负职业病,并被鉴定为伤残六级,根据《社会保险法》第 39 条第 1 款第 2 项的规定,甲公司作为用人单位应承担张某的月伤残津贴,而乙公司只是用工单位,并非劳动合同当事人,也不存在承担连带责任之根据。故 B 选项当选,C 选项不当选。

---

① AB

从《社会保险法》第38条第1款第6项的规定来看,一至四级伤残职工按月领取的伤残津贴,是从工伤保险基金中支付的。在本案中,张某被鉴定为伤残六级,并不符合适用该条的情形。故D选项不当选。

综上所述,本题的正确选项A、B选项。

02 答题范例

| 题目指引 |

歧视性的资质要求、评审标准是指对本地和外地的经营者设置不平等的资质要求和评审标准。在行政性垄断中,行政主体经常利用资质要求或者评审标准对外地经营者进行限制,以“合法形式”掩盖行政性垄断的本质。这种限制会阻碍统一开放的市场体系建设,鉴于此,深化要素市场化改革,建设高标准市场体系,加快构建全国统一大市场,规制此类行为是当下反垄断执法机构的执法重点。本题的考点主要涉及行政性垄断行为的认定及其法律责任,特别是该法律责任迥异于经济垄断行为的责任,考生容易混淆。

| 题　　目 |

【不定项选择题】甲省乙县行政审批局印发《乙县工程建设招投标信用评价细则》,开发并运行县工程建设招投标综合信用评价系统,对经营者招投标信用进行评价审核。在信用评分审核过程中,县行政审批局只认可经营者在乙县的纳税证明、社保缴费证明等,对于经营者在乙县外的纳税证明,社保缴费证明等不予认可。对此,下列说法正确的有:

A. 乙县市场监管局可以约谈该县行政审批局局长,要求其整改

B. 甲省市场监管局可以处分乙县行政审批局局长

C. 乙县人民检察院可以向该县人民法院提起反垄断民事公益诉讼

D. 乙县人民政府可以责令该县行政审批局改正相关行为

| 参考答案 | ________①

| 推导过程 |

经济法类考题,主要偏重于考查通识理解和重要法条的分析解释。因此,看到该试题后,首先要根据案情关键词抽象出命题所涉知识点,比如本案有“县行政审批局”“招投标”“信用评分审核”等关键词,应该初步框定到“行政性垄断行为”这个考点;其次,再根据选项设问情况,应该明确设问指向“法律责任”;最后,比照自己积累的知识体系,仔细甄别追责主体和具体举措。

具体来讲,本案涉及行政机关滥用行政权力,以设定歧视性资质要求,排斥或限制外地经营者参加本地的招投标活动,该行为违反了《反垄断法》第42条的规定,构成行政性垄断行为,应予追责。根据《反垄断法》第55条的规定,反垄断执法机构可以对行政机关法定代表人或者负责人进行约谈,要求其提出改进措施,可乙县市场监管局并非《反垄断法》第13条规定的反垄断执法机构,所以选项A错误。根据《反垄断法》第61条的规定,针对行政性垄断行为,反垄断执法机构只有提出依法处理的建议权,并无处罚处分权,所以选项B错误。根据《反垄断法》第60条的规定,乙县检察院并非设区的市级以上检察院,不能提起反垄断民事诉讼,所以选项C错误。根据《反垄断法》第61条的规定,上级机关有权责令下级行政机关改正其行政垄断行为,乙县政府属于该县行政审批局的上级机关,所以选项D正确。

---

① D

刷　题　篇

重点考向与真题精粹

01 考向　竞争法

1.【单项选择题】某景区多家旅行社、饭店、商店和客运公司共同签订《关于加强服务协同提高服务水平的决定》，约定了统一的收费方式、服务标准和收入分配方案。有人认为此举构成横向垄断协议。根据《反垄断法》，下列哪一说法是正确的？

A. 只要在一个竞争性市场中的经营者达成协调市场行为的协议，就违反该法

B. 只要经营者之间的协议涉及商品或服务的价格、标准等问题，就违反该法

C. 如经营者之间的协议有利于提高行业服务质量和经济效益，就不违反该法

D. 如经营者之间的协议不具备排除、限制竞争的效果，就不违反该法

| **参考答案** | ________①

| **设题陷阱与常见错误分析** |

我国《反垄断法》对垄断协议的界定，是以其是否排除、限制竞争为标准；反之，则不属于垄断协议。即使经营者之间的协议、决定或者其他协同行为，虽有排除、限制竞争的影响，但该类协议在其他方面所带来的有利影响要大于其对竞争的不利影响，因此法律规定对其豁免，即排除适用反垄断法的规定。

| **解题思路与方法分析** |

根据《反垄断法》第16条的相关规定，垄断协议是指排除、限制竞争的协议、决定或者其他协同行为，该题中《关于加强服务协同提高服务水平的决定》实系垄断协议。从概念来看，垄断协议的本质是反竞争的协议、决定或其他协同行为，不能仅根据表现形式中有“协调”行为，就认定为垄断协议，故A项错误，D项正确。

根据《反垄断法》第20条的相关规定，即使构成垄断协议，经营者尚有7种豁免情形，适用前5种情形时，经营者证明不会严重限制相关市场的竞争，并且能够使消费者分享由此产生的利益，也不被《反垄断法》禁止。从该条来看，我国《反垄断法》对垄断协议的认定，坚持实质认定标准，即使构成固定价格协议，也不一定违法，另根据《反垄断法》第20条第1款第2项的相关规定，经营者统一标准若符合豁免事由，就不一定违法，故B项错误。

根据《反垄断法》第20条第1款第2项、第3项和第2款的相关规定，经营者无法证明协议不会严重限制竞争且使消费者受益时，也违法，故C项错误。

2.【单项选择题】某燃气公司在办理燃气入户前，要求用户缴纳一笔“预付气费款”，否则不予供气。待不再用气时，用户可申请返还该款项。经查，该款项在用户日常购气中不能冲抵燃气费。根据《反垄断法》的规定，下列哪一说法是正确的？

A. 反垄断机构执法时应界定该公司所涉相关市场

B. 只要该公司在当地独家经营，就能认定

---

① D

其具有市场支配地位

C. 如该公司的上游气源企业向其收取预付款，该公司就可向客户收取“预付气费款”

D. 县政府规定了“一个地域只能有一家燃气供应企业”，故该公司行为不构成垄断

| 参考答案 | ________①

| 设题陷阱与常见错误分析 |

在传统经济中，能源型公用事业一般都获准实行垄断经营，其经营活动由国家实行监管。故《反垄断法》第 8 条规定，对关系国民经济命脉和国家安全的行业以及依法实行专营专卖的行业，国家对其经营者的合法经营活动予以保护，同时要求该行业的经营者不得利用其控制地位或专营专卖地位损害消费者利益。如果考生依据案情，并结合县政府另有规定，凭借对《反垄断法》第 61 条第 2 款的模糊认识，容易误选 D。

| 解题思路与方法分析 |

根据《反垄断法》第 15 条、第 22 条第 3 款的规定，依据逻辑，先界定“相关市场”，再认定“市场支配地位”，最后确定有无“滥用行为”，故 A 项正确。

根据《反垄断法》第 23 条的规定，认定经营者具有市场支配地位，应当依据下列因素：该经营者在相关市场的市场份额，以及相关市场的竞争状况……可见，“市场份额”只是市场支配地位的认定因素之一，不能仅根据“独家”，就认定其具有支配地位，且根据第 24 条规定，有下列情形之一的，可以推定经营者具有市场支配地位：一个经营者在相关市场的市场份额达到 1/2 的……被推定具有市场支配地位的经营者，有证据证明不具有市场支配地位的，不应当认定其具有市场支配地位。可见，即使该公司被推定具有支配地位，有证据证明其不具有该地位的，也不应当认定，故 B 项错误。

《反垄断法》第 22 条第 1 款第 5 项规定：“没有正当理由搭售商品，或者在交易时附加其他不合理的交易条件。”可见，“正当理由”是阻却行为违法性的事由，而上游企业收取预付款，不能成为该公司转嫁经营成本的正当事由，故 C 项错误。

根据《反垄断法》第 8 条第 2 款的规定，特殊行业不得利用其控制地位或者专营专卖地位损害消费者利益，经营者是否构成垄断行为更不能根据政府规定来认定，且《反垄断法》第 45 条禁止行政机关制定排除、限制竞争的规定，故 D 项错误。

3.【单项选择题】某蛋糕店开业之初，为扩大影响，增加销售，出钱雇人排队抢购。不久，该店门口便时常排起长队，销售盛况的照片也频频出现于网络等媒体，附近同类店家生意随之清淡。对此行为，下列哪一说法是正确的？

A. 属于正当的营销行为

B. 构成混淆行为

C. 构成虚假宣传行为

D. 构成商业贿赂行为

| 参考答案 | ________②

| 设题陷阱与常见错误分析 |

宣传商品是一种重要的促销手段，商品宣传的方式也是多种多样的。倘若在宣传中进行了误导，就会构成不正当竞争行为。根据《反不正当竞争法》第 8 条的规定，经营者不得对其商品的销售状况等作虚假或引人误解的商业宣传，欺骗、误导消费者，也不得利用其他经营者组织的虚假交易等方式进行虚假或引人误解的商业宣传，考生若不理解虚假宣传行为的表现形式和实质，也易误选 A、B、D 项。

| 解题思路与方法分析 |

根据《反不正当竞争法》第 2 条的规定，经营者在生产经营活动中，应当遵循自愿、平等、公平、诚信的原则，遵守法律和商业道德。而该蛋糕店出钱雇人排队，人为营造“供不应求”的紧俏气氛，进行销售诱导，吸引消费者注意，足以误导消费者，还损害了其他经营者的合法权益，并非正当的营销行为，故 A 项错误。另外，《反不正当竞争法》第 2 条还强调了“不正当竞争行为”也系损害消费者的合法权益的行为，故 A 项错误。

---

① A

② C

根据《反不正当竞争法》第6条规定的混淆行为内涵与表现形式，本案并不存在混淆对象；再根据该法第8条规定的虚假宣传行为，该蛋糕店组织他人排队抢购并将“销售盛况”之景散布于网络，系对其所售商品的质量、销售状况等作了引人误解的商业宣传，误导了消费者，故B项错误，C项正确。

根据《反不正当竞争法》第7条的相关规定，案例中并未明确揭示“贿赂”行为，故D项错误。

4.【多项选择题】某县会计师行业自律委员会成立之初，达成统筹分配当地全行业整体收入的协议，要求当年市场份额提高的会员应分出自己的部分收入，补贴给市场份额降低的会员。事后，有会员向省级市场监管部门书面投诉。关于此事，下列哪些说法是正确的？

A. 该协议限制了当地会计师行业的竞争，具有违法性

B. 抑强扶弱有利于培育当地会计服务市场，法律不予禁止

C. 此事不能由省级市场监管部门受理，应由该委员会成员自行协商解决

D. 即使该协议尚未实施，如构成违法，也可予以查处

| 参考答案 | ________①

| 设题陷阱与常见错误分析 |

部分考生受“自律”“统筹”等字眼干扰，误认为该委员会达成内部协议，有分配成员间收入的约定，完全属于交易自由的范畴，即使有人投诉，亦应由内部解决，误选B和C。还有考生认为协议只是内部收入分配协定而已，并不是分割商品销售市场，也未产生严重的反竞争效果，不应查处，排除了D。

| 解题思路与方法分析 |

《反垄断法》保护市场公平竞争，实现优胜劣汰。某县会计、审计和验资等相关服务是一个公平竞争的市场业务，任何单位和个人无权对整体市场业务进行重新划分，该协议将严重限制“市场份额提高”之会员的积极性和应得利益，而《反垄断法》第17条第3项规定，禁止具有竞争关系的经营者达成下列垄断协议：分割销售市场或者原材料采购市场，故该做法违反了该条，所以A项正确。

根据《反垄断法》第14条和第21条的规定，行业协会应加强行业自律，引导本行业经营者依法竞争，维护市场竞争秩序，禁止行业协会组织经营者达成垄断协议，故B项错误。

该委员会组织达成垄断协议，违反了《反垄断法》，根据该法第13条和第46条第3款的规定，对该垄断协议行为，国务院反垄断执法机构或经授权的相应省级机构，负责反垄断执法工作，实践中，主要由市场监管部门负责执法。书面举报并提供相关事实和证据的，执法机构应进行必要的调查，更不能任由成员自行协商解决，故C项错误。

《反垄断法》第56条第1款规定：“……尚未实施所达成的垄断协议的，可以处三百万元以下的罚款……”所以，经营者只达成而未实施垄断协议的，也可处罚，故D项正确。

5.【多项选择题】某市甲、乙、丙三大零售企业达成一致协议，拒绝接受产品供应商丁的供货。丙向反垄断执法机构举报并提供重要证据，经查，三企业构成垄断协议行为。关于三企业应承担的法律责任，下列哪些选项是正确的？

A. 该执法机构应责令三企业停止违法行为，没收违法所得，并处以相应罚款

B. 丙企业举报有功，可酌情减轻或免除处罚

C. 如丁因垄断行为遭受损失的，三企业应依法承担民事责任

D. 如三企业行为后果极为严重，应追究其刑事责任

| 参考答案 | ________②

| 设题陷阱与常见错误分析 |

对垄断协议的规制是《反垄断法》的三大支柱制度之一，横向垄断协议更是其规制重点。因此，本题涉及的知识点为考试重点内容之一。

---

① AD

② ABC

与往年试题不大一样的是,该试题涉及垄断行为的刑事责任。我国《反垄断法》只有两个涉及刑事责任的条款:《反垄断法》第66条涉及渎职罪和侵犯商业秘密罪,第67条涉及相关刑事犯罪,但这两个条款均非直接指向垄断行为罪。因此,我国《反垄断法》没有关于追究垄断协议的刑事责任的规定,涉及垄断行为刑事责任的,目前只有《刑法》规定的串通投标罪。虽然学界有对垄断行为刑事责任立法的呼声,认为严重垄断行为刑事化已成为世界各国反垄断立法的最新趋势,但毕竟我国现在尚未立法。基于罪刑法定和刑法的谦抑性,如果考生不知悉上述知识,片面认为"后果极其严重"的垄断协议行为就应被追究法律责任,自然易误选D。

| 解题思路与方法分析 |

《反垄断法》第56条第1款规定:"经营者违反本法规定,达成并实施垄断协议的,由反垄断执法机构责令停止违法行为,没收违法所得,并处上一年度销售额百分之一以上百分之十以下的罚款……尚未实施所达成的垄断协议的,可以处三百万元以下的罚款……"因此,A项正确。

《反垄断法》第56条第3款规定:"经营者主动向反垄断执法机构报告达成垄断协议的有关情况并提供重要证据的,反垄断执法机构可以酌情减轻或者免除对该经营者的处罚。"因此,B项正确。

《反垄断法》第60条第1款规定:"经营者实施垄断行为,给他人造成损失的,依法承担民事责任。"因此,C项正确。

由于目前我国立法没有关于追究垄断协议的刑事责任的规定,所以D项错误。

6.【多项选择题】甲县善福公司(以下简称甲公司)的前身为创始于清末的陈氏善福铺,享誉百年,陈某继承祖业后注册了该公司,并规范使用其商业标识。乙县善福公司(以下简称乙公司)系张某先于甲公司注册,且持有"善福100"商标权。乙公司在其网站登载善福铺的历史及荣誉,还在其产品包装标注"百年老牌""创始于清末"等字样,但均未证明其与善福铺存在历史联系。甲、乙公司存在竞争关系。关于此事,下列哪些说法是正确的?

A. 陈某注册甲公司的行为符合诚实信用原则

B. 乙公司登载善福铺历史及标注字样的行为损害了甲公司的商誉

C. 甲公司使用"善福公司"的行为侵害了乙公司的商标权

D. 乙公司登载善福铺历史及标注字样的行为构成虚假宣传行为

| 参考答案 | ________①

| 设题陷阱与常见错误分析 |

如考生仅仅注意乙公司先于甲公司注册,持有"善福100"商标权,并存在竞争关系,而忽略了陈某继承祖业的客观情况,容易误判A。乙公司在网站登载善福铺历史及"荣誉"的行为,若考生忽略有无降低甲公司积极社会评价的信息,只念及"荣誉",可能误选B和D。

| 解题思路与方法分析 |

根据《反不正当竞争法》第2条第1款的规定,经营者在生产经营活动中,应当遵循自愿、平等、公平、诚信的原则,遵守法律和商业道德。陈某系陈氏善福铺的后人,与创始人存在直系亲属关系,基于诚信原则注册甲公司,具有合理性,可见陈某的行为并未违法,故A项正确。

根据《反不正当竞争法》第11条的规定,经营者不得编造、传播虚假信息或误导性信息,损害竞争对手的商业信誉、商品声誉,而乙公司并未编造、传播虚假信息或误导性信息进而导致甲公司的社会评价下降,故B项错误。

所谓商业标识,是指区分商品生产者或者经营者的标志,包括但不限于有一定影响的商品名称、包装、装潢、企业名称、组织名称、自然人姓名、网站名称等。根据《反不正当竞争法》第6条的规定,本案显示甲公司规范使用其商业标识,未误导公众,没有混淆行为,故C项错误。

根据《反不正当竞争法》第2条第1款和

---

① AD

第8条第1款的规定,经营者应遵循自愿、平等、公平、诚信的原则,遵守法律和商业道德,不得对其商品的性能、功能、质量、销售状况、用户评价、曾获荣誉等作虚假或引人误解的商业宣传,欺骗、误导消费者。而乙公司虚构历史联系的行为与事实不符,容易使消费者产生误认,进而取得竞争优势,构成虚假宣传行为,故B项错误,D项正确。

02 考向 消费者法

1.【单项选择题】霍某在靓顺公司购得一辆汽车,使用半年后前去靓顺公司维护保养。工作人员告诉霍某该车气囊电脑存在故障,需要更换。霍某认为此为产品质量问题,要求靓顺公司免费更换,靓顺公司认为是霍某使用不当所致,要求其承担更换费用。经查,该车气囊电脑不符合产品说明所述质量。对此,下列哪一说法是正确的?

A. 霍某有权请求靓顺公司承担违约责任

B. 霍某只能请求该车生产商承担免费更换责任

C. 霍某有权请求靓顺公司承担产品侵权责任

D. 靓顺公司和该车生产商应当连带承担产品侵权责任

| **参考答案** | ________①

| **设题陷阱与常见错误分析** |

就产品质量而言,生产者与销售者的民事责任包括侵权责任与合同责任。侵权责任专指产品缺陷责任,受害人可向生产者要求赔偿,也可向销售者要求赔偿;合同责任则指产权瑕疵责任,受害人可要求销售者承担违约责任。考生若混淆两者之间的区别,会误选B、C、D项。

| **解题思路与方法分析** |

该车气囊电脑不符产品说明所述质量,生产者、销售者显属违反明示担保义务。根据《产品质量法》第26条和第40条第1款第3项的相关规定,汽车出现产品瑕疵问题时,靓顺公司承担合同责任,即修理、更换、退货、赔偿损失,生产者承担相应的产品质量责任,故A项正确。

根据《产品质量法》第40条第2款的相关规定,销售者承担合同责任后,有权向生产者、供货者追偿,故B项错误。

根据辅导用书有关内容,产品侵权责任特指产品缺陷责任,根据《产品质量法》第42条的相关规定,靓顺公司作为销售者并未导致该车出现缺陷,也未造成他人财产损害,也不存在指明不能情形,故C项错误。

根据《产品质量法》第46条的相关规定,产品缺陷是指不合理的危险或不符合法定标准,该车气囊电脑故障即使属于缺陷,也未造成人身、他人财产损害的,霍某无法依据该法第43条主张靓顺公司或汽车生产商的连带侵权责任,故D项错误。

2.【多项选择题】甲在乙公司办理了手机通讯服务,业务单约定:如甲方(甲)预付费使用完毕而未及时补交款项,乙方(乙公司)有权暂停甲方的通讯服务,由此造成损失,乙方概不担责。甲预付了费用,1年后发现所用手机被停机,经查询方得知公司有"话费有效期满暂停服务"的规定,此时账户尚有余额,遂诉之。关于此事,下列哪些说法是正确的?

A. 乙公司侵犯了甲的知情权

B. 乙公司提供格式条款时应提醒甲注意暂停服务的情形

C. 甲有权要求乙公司退还全部预付费

D. 法院应支持甲要求乙公司承担惩罚性赔偿的请求

| **参考答案** | ________②

| **设题陷阱与常见错误分析** |

电信用户的知情权是电信用户在接受电信服务时的一项基本权利,用户在办理电信业务时,电信业务的经营者必须向其明确说明该电信的内容,包括业务功能、费用收取办法及交

---

① A

② AB

费时间、障碍申告等。如果用户在不知悉该电信业务的真实情况下进行消费，就会剥夺用户对电信业务的选择权，达不到真正追求的电信消费目的。若考生机械理解经营者的违约责任，忽视甲使用手机若干时日的信息，易误选C。从案情来看，乙公司在向甲提供服务时，并未故意隐瞒真实情况，也不存在“骗取消费者预付款”的目的和行为，而是未尽到提示说明义务，考生稍不注意，易误选D。

| 解题思路与方法分析 |

根据《消费者权益保护法》第8条第1款的规定，消费者享有知悉其购买、使用的商品或者接受的服务的真实情况的权利。“话费有效期满暂停服务”的规定限制消费者的财产权，可甲在订立合同、缴费阶段，都未接到乙公司有关该规定的通知，损害了甲的知情权，故A项正确。

根据《消费者权益保护法》第26条的规定，格式条款中的霸王条款系排除或限制消费者权利、减轻或免除经营者责任、加重消费者责任等对消费者不公平不合理的条款，话费有效期直接影响甲方手机号的正常使用，乙公司系格式条款提供方，应以显著方式提请甲注意与消费者有重大利益关系的内容，故B项正确。

根据《消费者权益保护法》第48条、第53条和《民法典》第577条的规定，乙公司单方暂停手机服务构成违约，甲有权要求乙公司承担继续履行、采取补救措施或赔偿损失等违约责任，甲可要求取消话费有效期限制、继续履行合同，或退还余款，而不能要求退还全部预付费，故C项错误。

根据《消费者权益保护法》第55条第1款的规定，经营者提供商品或者服务有欺诈行为的，应当按照消费者的要求增加赔偿其受到的损失，增加赔偿的金额为消费者购买商品的价款或者接受服务的费用的3倍；增加赔偿的金额不足500元的，为500元。法律另有规定的，依照其规定。本案材料说明乙公司有一般违约行为，并未显示乙公司有骗取甲预付款的故意，不存在欺诈行为，故D项错误。

3.【多项选择题】李某从超市购得橄榄调和油，发现该油标签上有“橄榄”二字，侧面标示“配料：大豆油，橄榄油”，吊牌上写明：“添加了特等初榨橄榄油”，遂诉之。经查，李某事前曾多次在该超市“知假买假”。关于此案，下列哪些说法是正确的？

A. 该油的质量安全管理，应遵守《农产品质量安全法》的规定

B. 该油未标明橄榄油添加量，不符合食品安全标准要求

C. 如李某只向该超市索赔，该超市应先行赔付

D. 超市以李某“知假买假”为由进行抗辩的，法院不予支持

| 参考答案 | ________①

| 设题陷阱与常见错误分析 |

考生若不了解食用农产品适用《农产品质量安全法》或《食品安全法》的具体情形，就会错选A。考生若不清楚食品安全标准的具体内容，易漏选B。考生若将食品经营者的首付责任制理解为最终责任，会漏选C。若考生不理解食品药品领域的司法解释，机械记忆消费者保护法领域的惩罚性赔偿制度，就会漏选D。

| 解题思路与方法分析 |

根据《食品安全法》第2条第2款的规定，供食用的源于农业的初级产品（以下简称食用农产品）的质量安全管理，遵守《农产品质量安全法》的规定，可该调和油并非供食用的源于农业的初级产品，其质量安全管理无须遵守《农产品质量安全法》，故A项错误。

根据《食品安全法》第26条第4项的规定，食品安全标准包括：对与卫生、营养等食品安全要求有关的标签、标志、说明书的要求，故B项正确。

根据《食品安全法》第148条第1款的规定，消费者因不符合食品安全标准的食品受到损害的，可以向经营者要求赔偿损失，也可以向生产者要求赔偿损失。接到消费者赔偿要求的生产经营者，应当实行首负责任制，先行赔付，

① BCD

不得推诿;属于生产者责任的,经营者赔偿后有权向生产者追偿;属于经营者责任的,生产者赔偿后有权向经营者追偿。该油不符合食品安全标准,故李某索赔时,生产经营者实行首付责任制,不得推诿,故C项正确。

根据最高人民法院《关于审理食品药品纠纷案件适用法律若干问题的规定》第3条的规定,因食品、药品质量问题发生纠纷,购买者向生产者、销售者主张权利,生产者、销售者以购买者明知食品、药品存在质量问题而仍然购买为由进行抗辩的,法院不予支持,故D项正确。

4.【多项选择题】某家具店出售的衣柜,如未被恰当地固定到墙上,可能发生因柜子倾倒致人伤亡的危险。关于此事,下列哪些说法是正确的?

A. 该柜质量应符合产品安全性的要求

B. 该柜本身或其包装上应有警示标志或者中文警示说明

C. 质检部门对这种柜子进行抽查,可向该店收取检验费

D. 如该柜被召回,该店应承担购买者因召回支出的全部费用

| **参考答案** | ________①

| **设题陷阱与常见错误分析** |

产品质量是指产品能满足规定的或者潜在需要的特性及其总和,比如产品标准中规定的安全性、适用性等质量指标。对可能危及人身财产安全的产品,经营者负有警示义务,质检部门对该产品应进行抽查,经营者还可能对此承担召回责任,考生在选择B项后,不仔细甄别信息,容易误选C项和D项。

| **解题思路与方法分析** |

根据《产品质量法》第26条第2款第1项的规定,产品安全性系产品质量的基本要求,产品安全性是指产品不存在不合理危险或符合国家标准、行业标准,故A项正确。

根据《产品质量法》第27条第1款第5项的规定,经营者负有警示义务,而《消费者权益保护法》第18条第1款规定:"经营者应当保证其提供的商品或者服务符合保障人身、财产安全的要求。对可能危及人身、财产安全的商品和服务,应当向消费者作出真实的说明和明确的警示,并说明和标明正确使用商品或者接受服务的方法以及防止危害发生的方法。"可见,经营者负有安全保障义务,故B项正确。

根据《产品质量法》第15条第1款、第3款的规定,国家对产品质量实行以抽查为主要方式的监督检查制度,对可能危及人体健康和人身、财产安全的产品,影响国计民生的重要工业产品以及消费者、有关组织反映有质量问题的产品进行抽查。根据监督抽查的需要,可以对产品进行检验。检验抽取样品的数量不得超过检验的合理需要,并不得向被检查人收取检验费用。监督抽查所需检验费用按照国务院规定列支。可见,监管部门不得向被检查人收取检验费,故C项错误。

《消费者权益保护法》第19条规定:"经营者发现其提供的商品或者服务存在缺陷,有危及人身、财产安全危险的,应当立即向有关行政部门报告和告知消费者,并采取停止销售、警示、召回、无害化处理、销毁、停止生产或者服务等措施。采取召回措施的,经营者应当承担消费者因商品被召回支出的必要费用。"可见,经营者承担"消费者因商品被召回支出的必要费用",而不是"全部费用",故D项错误。

03 考向 银行业法

1.【多项选择题】某商业银行推出"校园贷"业务,旨在向在校大学生提供额度不等的消费贷款。对此,下列哪些说法是错误的?

A. 银行向在校大学生提供"校园贷"业务,须经国务院银保监机构审批或备案

B. 在校大学生向银行申请"校园贷"业务,无论资信如何,都必须提供担保

C. 银行应对借款大学生的学习、恋爱经历、父母工作等情况进行严格审查

D. 银行为提高"校园贷"业务发放效率,审

---

① AB

查人员和放贷人员可同为一人

| 参考答案 | __________①

| 设题陷阱与常见错误分析 |

近年来互联网金融的蓬勃发展,大学生超前的消费观念和创业需求、互联网贷款申请的便利使校园网贷快速发展,行业内出现了违法违规乱象,严重侵犯了学生的合法权益。因此,开展“校园贷”的银行应制定完善的“校园贷”风险管理制度,建立风险预警机制,加强贷前调查评估,认真审核评定贷款大学生资质,重视贷后管理监督,确保资金流向符合合同规定。《商业银行法》和《银行业监督管理法》所立基本规则,并未因“校园贷”业务所需而暂停实施,相反,还应被严格遵循。商业银行业务范围内的业务品种“校园贷”,应按规定备案或批准,而不是放任之,考生容易误选A项。“校园贷”业务作为贷款业务,也未强制要求在校学生必须提供担保,考生易漏选B项。商业银行发放“校园贷”进行审查的对象,仅限于跟风险管理有关的要素,而不是肆意扩大至跟贷款管理无关的个人信息,考生易漏选C项。商业银行开展“校园贷”业务,仍须实行审贷分离、分级审批的制度,不能突破该底线,故考生可能漏选D项。

| 解题思路与方法分析 |

根据《银行业监督管理法》第18条的相关规定,银行业金融机构业务范围内的业务品种,应当按规定经国务院银行业监督管理机构审批或备案,故A项正确,不选。

根据《商业银行法》第36条的相关规定,在校大学生申请贷款也是原则上应提供担保,经银行确认资信良好,确能偿还贷款的,可不提供担保,故B项错误,入选。

根据《商业银行法》第35条第1款的相关规定,商业银行应当对借款人的借款用途、偿还能力、还款方式等情况进行严格审查,而不是严查跟上述要求无关的信息,故C项错误,入选。

根据《商业银行法》第35条第2款的相关规定,商业银行贷款,应实行审贷分离、分级审批的制度,故D项错误,入选。

2.【多项选择题】陈某在担任某信托公司总经理期间,该公司未按照金融企业会计制度和公司财务规则严格管理和审核资金使用,违法开展信托业务,造成公司重大损失。对此,陈某负有直接管理责任。关于此事,下列哪些说法是正确的?

A. 该公司严重违反审慎经营规则

B. 国家金融监督管理总局可责令该公司停业整顿

C. 国家市场监督管理总局可吊销该公司的金融许可证

D. 国家金融监督管理总局可取消陈某一定期限直至终身的任职资格

| 参考答案 | __________②

| 设题陷阱与常见错误分析 |

审慎经营规则耳熟能详,但考生未必熟悉其具体内涵,可能漏选A项。信托公司等非银行业金融机构也由国务院银行保险监督管理机构监管,考生若不熟悉特殊法人的准入门槛——金融许可证,片面适用公司法知识,可能误选C项,漏选B项。若考生并不了解“严重违反审慎经营规则”的双罚制,亦可能漏选D项。

| 解题思路与方法分析 |

《银行业监督管理法》第2条第3款规定:“对在中华人民共和国境内设立的金融资产管理公司、信托投资公司、财务公司、金融租赁公司以及经国务院银行业监督管理机构批准设立的其他金融机构的监督管理,适用本法对银行业金融机构监督管理的规定。”可见,信托公司也适用《银行业监督管理法》,且该法第21条第2款规定,审慎经营规则包括风险管理、内部控制、资本充足率、资产质量、损失准备金、风险集中、关联交易、资产流动性等内容,而该公司风险管理和内部控制等制度失范,后果严重,故A项正确。

《银行业监督管理法》第46条规定了“严重违反审慎经营规则”的处罚规则,即银行业金融机构有下列情形之一,由国务院银行业监

---

① BCD

② ABD

督管理机构责令改正,并处20万元以上50万元以下罚款;情节特别严重或者逾期不改正的,可以责令停业整顿或者吊销其经营许可证;构成犯罪的,依法追究刑事责任:……严重违反审慎经营规则的……故B项正确。

根据《银行业监督管理法》第46条的规定,应由国务院银行业监管机构吊销其经营许可证,故C项错误。

根据《银行业监督管理法》第48条的规定,银行业金融机构违反法律、行政法规以及国家有关银行业监督管理规定的,银行业监督管理机构除依照该法第44条至第47条规定处罚外,还可以区别不同情形,采取下列措施:……取消直接负责的董事、高级管理人员一定期限直至终身的任职资格,禁止直接负责的董事、高级管理人员和其他直接责任人员一定期限直至终身从事银行业工作。故D项正确。

04 考向 财税法

1.【多项选择题】某教师在税务师培训班上就我国财税法制有下列说法,其中哪些是正确的?

A. 当税法有漏洞时,依据税收法定原则,不允许以类推适用方法来弥补税法漏洞

B. 增值税的纳税人分为一般纳税人和小规模纳税人,小规模纳税人的适用税率统一为3%

C. 消费税的征税对象为应税消费品,包括一次性竹制筷子和复合地板等

D. 车船税纳税义务发生时间为取得车船使用权或管理权的当年,并按年申报缴纳

| 参考答案 | ________①

| 设题陷阱与常见错误分析 |

法律漏洞是一种超出法律文义之外的不圆满性,而纳税人的行为一般都受法律文义的指导,为保证法律的安定性和可预测性,从税收法定主义出发,税法的漏洞补充应当被禁止。法院依据类推适用方法进行漏洞补充,无异于变相转移了创制法律的权力。考生容易受民法解释学影响,认为A项错误。增值税小规模纳税人的税率确实固定为一个税率,考生可能被“统一”迷惑,漏选B项。考生若不仔细辨别“一次性竹制筷子”与“一次性木制筷子”,“复合地板”与“实木地板”之间的差异,容易误选C项。车船税纳税义务发生时间与申报缴纳时限是两回事,考生易错选D项。

| 解题思路与方法分析 |

A项是禁止类推适用原则的展开,故A项正确。

增值税纳税人按会计核算水平和经营规模不同,分为一般纳税人和小规模纳税人,分别采取不同的增值税计税方法,对小规模纳税人及特殊情况适用的征收率统一为3%,故B项正确。

消费税的征收具有较强的选择性,是国家贯彻消费政策、引导消费结构从而引导产业结构的重要手段。为保护森林资源,国家将木制一次性筷子和实木地板纳入应税消费品,故C项错误。

根据《车船税法》第8条和第9条的相关规定,车船税纳税义务发生时间为取得所有权或管理权的当月,按年申报缴纳,故D项错误。

2.【多项选择题】关于税收优惠制度,根据我国税法,下列哪些说法是正确的?

A. 个人进口大量化妆品,免征消费税

B. 武警部队专用的巡逻车,免征车船税

C. 企业从事渔业项目的所得,可免征、减征企业所得税

D. 农民张某网上销售从其他农户处收购的山核桃,免征增值税

| 参考答案 | ________②

| 设题陷阱与常见错误分析 |

考生了解税收减免制度,但未必知悉税收优惠制度,当综合考查相关税收优惠制度时,考生就可能漏选B项或C项。考生熟悉指定法条所列规定,但未必把握考纲范围内的其他税法,平时往往忽略辅导用书所涉知识点,易误选A项和D项。另外,“个人”“农民”“网上销

① AB
② BC

售”“农户”等字眼,容易迷惑考生,可能也会误选A项或D项。

| **解题思路与方法分析** |

目前,应税消费品的范围是由国务院发布的《消费税暂行条例》规定的。根据现行规定,应税消费品包括:……化妆品……可见,化妆品一般为应税消费品,纳税人大量进口时,恰恰应征消费税,故A项错误。

根据《车船税法》第3条第2项的规定,对军队、武装警察部队专用的车船,免征车船税,故B项正确。

根据《企业所得税法》第27条第1项的规定,企业从事农、林、牧、渔业项目的所得,可免征、减征企业所得税,故C项正确。

农业生产者销售的自产农业产品,方可免征增值税,张某收购后再网络销售此类农产品,一般不算“自产自销”,故D项错误。

3.【多项选择题】A基金在我国境外某群岛注册并设置总部,该群岛系低税率地区。香港B公司和浙江C公司在浙江签约设立杭州D公司,其中B公司占95%的股权,后D公司获杭州公路收费权。F公司在该群岛注册成立,持有B公司100%的股权。随后,A基金通过认购新股方式获得了F公司26%的股权,多年后又将该股权转让给境外M上市公司。M公司对外披露其实际收购标的为D公司股权。经查,A基金、F公司和M公司均不从事实质性经营活动,F公司股权的转让价主要取决于D公司的估值。对此,根据我国税法,下列哪些说法是正确的?

A. A基金系非居民企业

B. D公司系居民企业

C. A基金应就股权转让所得向我国税务机关进行纳税申报

D. 如A基金进行纳税申报,我国税务机关有权按照合理方法调整其应纳税收入

| **参考答案** | ________①

| **设题陷阱与常见错误分析** |

根据企业纳税义务范围的不同,企业所得税的纳税人分为居民企业和非居民企业,这可更好地保障我国税收管辖权的有效实现。考生若坚持国别标准或误解“基金”的实质,容易漏选A、B项。根据国际上的通行做法,我国选择了地域管辖权和居民管辖权的双重管辖权标准,非居民企业的征税对象较居民企业复杂很多,非居民企业须就其源于我国境内的所得缴纳企业所得税,并规定了确定所得发生地的规则,考生若不仔细辨别,容易被多次转让股权的资本运作迷惑,漏选C项。企业实施不具有合理商业目的的安排而减少其应纳税收入或所得额时,税务机关有权按照合理方法调整,考生应从企业的注册地、经营活动情况、股权转让价和收购的实际标的等方面来判断是否“具有合理商业目的”,否则,易漏选D项。

| **解题思路与方法分析** |

根据《企业所得税法》第2条的相关规定,A基金在境外某岛成立且实际管理机构不在境内,在境内未设立机构、场所,但确有源于中国境内所得(收购标的为D公司股权)的企业,故A项正确。

根据《企业所得税法》第2条的相关规定,D公司在国内签约设立,应属于居民企业,故B项正确。

根据《企业所得税法》第3条第3款的相关规定,非居民企业在境内未设立机构、场所的,应就来源于中国境内的所得缴纳企业所得税,故C项正确。

根据《企业所得税法》第47条的相关规定,A基金和F公司在低税率地区注册,不从事实质性经营活动,股权转让价取决于D公司估值,收购实际标的为D公司股权,可见A基金通过滥用组织形式等安排间接转让中国居民企业股权,且不具有合理的商业目的,属于规避企业所得税纳税义务的行为,对其实施不具有合理商业目的的安排而减少其应纳税收入或所得额的,税务机关有权按照合理方法调整,故D项正确。

4.【多项选择题】某县污水处理厂系扶贫

① ABCD

项目，由地方财政投资数千万元，某公司负责建设。关于此项目的审计监督，下列哪些说法是正确的？

A. 审计机关对该项目的预算执行情况和决算，进行审计监督

B. 审计机关经金融监督管理总局局长批准，可冻结该项目在银行的存款

C. 审计组应在向审计机关报送审计报告后，向该公司征求对该报告的意见

D. 审计机关对该项目作出审计决定，而上级审计机关认为其违反国家规定的，可直接作出变更或撤销的决定

| 参考答案 | ＿＿＿＿＿①

| 设题陷阱与常见错误分析 |

审计监督事项并非局限于政府部门的"财政收支"或国有企事业组织的"财务收支"，考生易漏选A项。考生可能了解金融监督管理总局对银行业金融机构的监管职责，但未必清楚审计机关冻结相关存款的程序，故易误选B项。有考生认为，审计报告先向被审计单位征求意见，容易导致泄密，故误选C项。部分考生认为上级审计机关只可责成下级审计机关变更或撤销相关审计决定，可能漏选D项。

| 解题思路与方法分析 |

根据《审计法》第23条的规定，审计机关对政府投资和以政府投资为主的建设项目的预算执行情况和决算，对其他关系国家利益和公共利益的重大公共工程项目的资金管理使用和建设运营情况进行审计监督，故A项正确。

《审计法》第38条第2款规定："审计机关对被审计单位违反前款规定的行为，有权予以制止；必要时，经县级以上人民政府审计机关负责人批准，有权封存有关资料和违反国家规定取得的资产；对其中在金融机构的有关存款需要予以冻结的，应当向人民法院提出申请。"可见，审计机关对被审计单位在金融机构的存款需予以冻结的，应向人民法院提出申请，故B项错误。

根据《审计法》第44条的规定，审计组对审计事项实施审计后，应当向审计机关提出审计组的审计报告。审计组的审计报告报送审计机关前，应当征求被审计单位的意见。被审计单位应当自接到审计组的审计报告之日起10日内，将其书面意见送交审计组。审计组应当将被审计单位的书面意见一并报送审计机关。可见，审计组的审计报告报送审计机关前，应征求被审计单位的意见，故C项错误。

根据《审计法》第46条的规定，上级审计机关认为下级审计机关作出的审计决定违反国家有关规定的，可责成下级审计机关予以变更或撤销，必要时也可直接作出变更或撤销的决定，故D项正确。

05 考向 土地法和房地产法

1.【单项选择题】某镇拟编制并实施镇总体规划，根据《城乡规划法》的规定，下列哪一说法是正确的？

A. 防灾减灾系镇总体规划的强制性内容之一

B. 在镇总体规划确定的建设用地范围以外，可设立经济开发区

C. 镇政府编制的镇总体规划，报上一级政府审批后，再经镇人大审议

D. 建设单位报批公共垃圾填埋场项目，应向国土部门申请核发选址意见书

| 参考答案 | ＿＿＿＿＿②

| 设题陷阱与常见错误分析 |

建设规划许可制度是城乡规划管理的重要制度。城乡规划主管部门不得在城乡规划确定的建设用地范围以外作出建设规划许可。不少地方政府片面追求国内生产总值，设立各类开发区和城市新区，考生容易将"经济开发区"当成特殊用地事项，故选项B具有迷惑性。根据《城乡规划法》第16条的规定，制定城乡规划属于政府职责，应由政府组织编制并报上级政府审批；但同时，为了增强规划制定的民主性、科学性，地方人大常委会或人大对规划编制

---

① AD

② A

和实施工作进行监督。可见同级人大"审议"是程序性的，是本级政府向上级政府报请审批总体规划前的必经程序，城乡规划的最终批准权在上级政府，同级人大"审议"城乡规划是对同级政府制定、实施城乡规划的监督，而考生受其他知识干扰，易误选 C 项。选址意见书作为法定项目审批和划拨土地的前置条件，建设单位在报送有关部门批准或核准前，应当向城乡规划主管部门申请核发选址意见书，而考生受《土地管理法》规定影响，易将自然资源主管部门和城乡规划部门的职权混同，故 D 项可能迷惑部分考生。

｜解题思路与方法分析｜

根据《城乡规划法》第 17 条第 2 款的规定，规划区范围、规划区内建设用地规模、基础设施和公共服务设施用地、水源地和水系、基本农田和绿化用地、环境保护、自然与历史文化遗产保护以及防灾减灾等内容，应当作为城市总体规划、镇总体规划的强制性内容。可见，环境保护和防灾减灾等，系镇总体规划的强制性内容，故 A 项正确。

根据《城乡规划法》第 30 条第 2 款的规定，在城市总体规划、镇总体规划确定的建设用地范围以外，不得设立各类开发区和城市新区，故 B 项错误。

根据《城乡规划法》第 15 条、第 16 条的规定，县政府编制县政府所在地镇的总体规划，先经县人大常委会审议，再报上一级政府审批，而镇的总体规划由镇人民政府组织编制，先经镇人民代表大会审议，再报上一级政府审批，故 C 项错误。

根据《城乡规划法》第 36 条第 1 款的规定，按照国家规定需要有关部门批准或者核准的建设项目，以划拨方式提供国有土地使用权的，建设单位在报送有关部门批准或者核准前，应当向城乡规划主管部门申请核发选址意见书。《土地管理法》第 54 条第 3 项规定，城市基础设施用地和公益事业用地，经县级以上人民政府依法批准，可以以划拨方式取得。公共垃圾填埋项目属于城市基础设施。故该公共垃圾填埋场项目的建设单位，应向城乡规划主管部门申请核发选址意见书，故 D 项错误。

2.【单项选择题】申请不动产登记时，下列哪一情形应由当事人双方共同申请？

A. 赵某放弃不动产权利，申请注销登记

B. 钱某接受不动产遗赠，申请转移登记

C. 孙某将房屋抵押给银行以获得贷款，申请抵押登记

D. 李某认为登记于周某名下的房屋为自己所有，申请更正登记

｜参考答案｜__________①

｜设题陷阱与常见错误分析｜

就本题而言，单凭每一选项的后半句即可作出正确选择，前半句话可算是"废话"。如此设计选项的目的，旨在通过这些"废话"形成干扰。A、B 选项的干扰性不强，因为无论是放弃权利还是接受遗赠，均无须对方当事人。房地产抵押登记是抵押双方当事人为设定抵押权而依法定程序履行的法定行为，如果知识掌握不够扎实，C 选项前半句的表述会被误解为孙某可单方申请抵押登记。本为李某的房屋登记于周某名下，可能是不动产登记簿记载有误，也可能是已签订房屋买卖合同而未办理转移登记等情形，但根据《民法典》第 220 条的规定：权利人、利害关系人认为不动产登记簿记载的事项错误的，可以申请更正登记，既然后半句已明确其申请更正登记，则只能是因为不动产登记簿记载有误，若考生作其他理解，则会误选 D 项。

｜解题思路与方法分析｜

准确理解不同类型登记，是正确回答本题的基础。《不动产登记暂行条例》第 14 条规定："因买卖、设定抵押权等申请不动产登记的，应当由当事人双方共同申请。属于下列情形之一的，可以由当事人单方申请……（二）继承、接受遗赠取得不动产权利的……（五）不动产灭失或者权利人放弃不动产权利，申请注销登记的；（六）申请更正登记或者异议登记的……"根据该条第 2 款第 5 项的规定，A 项可单方申请；根

① C

据第2项的规定，B项可单方申请；根据第6项的规定，D项可单方申请。所以，都不当选。而根据第1款的规定，设定抵押权应当由双方共同申请，所以C项当选。

3.【不定项选择题】某市混凝土公司新建临时搅拌站，在试运行期间通过暗管将污水直接排放到周边，严重破坏当地环境。公司经理还指派员工潜入当地环境监测站内，用棉纱堵塞空气采集器，造成自动监测数据多次出现异常。有关部门对其处罚后，公司生产经营发生严重困难，拟裁员20人以上。

关于该临时搅拌站建设，下列说法正确的是：

A. 如在该市规划区内进行建设的，应经市城管执法部门批准

B. 如该搅拌站影响该市近期建设规划的实施，有关部门不得批准

C. 如该搅拌站系未经批准进行临时建设的，由市政府责令限期拆除

D. 如该搅拌站超过批准时限不拆除的，由市城乡规划部门采取强制拆除措施

| 参考答案 | ________①

| 设题陷阱与常见错误分析 |

在城市规划区内进行临时建设的，应当经城市人民政府城乡规划主管部门批准，而不是城管执法部门批准。未经批准的，由所在地城市人民政府城乡规划主管部门责令限期拆除，而不是市政府责令之。当事人超过批准期限不拆除临时建筑物的，由该市城乡规划主管部门责令限期拆除，而不是直接采取强制拆除措施。考生不注意上述区别，易误选A、C、D项。

| 解题思路与方法分析 |

根据《城乡规划法》第44条第1款的相关规定，在城市规划区内进行临时建设的，应当经该市城乡规划主管部门批准，故A项错误。

根据《城乡规划法》第44条第1款的相关规定，临时建设影响近期建设规划或者控制性详细规划的实施以及交通、市容、安全等的，不得批准，故B项正确。

根据《城乡规划法》第66条第1项的相关规定，未经批准进行临时建设的，由该市城乡规划主管部门责令限期拆除，故C项错误。

根据《城乡规划法》第66条第3项和第68条的相关规定，临时搅拌站超过批准时限未拆除的，由该市城乡规划主管部门责令限期拆除；而若该临时搅拌站被责令限期拆除后仍逾期不拆除的，由该市人民政府责成有关部门采取查封施工现场、强制拆除等措施，故D项错误。

06 考向 环境保护法

1.【单项选择题】某采石场扩建项目的环境影响报告书获批后，采用的爆破技术发生重大变动，其所生粉尘将导致周边居民的农作物受损。关于此事，下列哪一说法是正确的？

A. 建设单位应重新报批该采石场的环境影响报告书

B. 建设单位应组织环境影响的后评价，并报原审批部门批准

C. 该采石场的环境影响评价，应当与规划的环境影响评价完全相同

D. 居民将来主张该采石场承担停止侵害的侵权责任，受3年诉讼时效的限制

| 参考答案 | ________②

| 设题陷阱与常见错误分析 |

环境影响评价，是对规划和建设项目实施后可能造成的环境影响进行分析、预测和评估，提出预防或者减轻不良影响的对策和措施，进行跟踪监测的方法与制度。环评文件批准后建设项目发生重大变动时，建设单位应采取的措施，跟项目建设运行中产生不符合环评文件情形时，建设单位应采取的措施，有较大差别。考生若不注意区别，容易误选B。《环境影响评价法》第18条对规划环评和项目环评之间的关系作出了规定，项目环评应当避免与规划环评相重复；对规划与建设项目有包含关系的，要求规划的环评结论应当作为建设项目环评的重要

① B
② A

依据，建设项目环境影响评价的内容应当根据规划的环境影响评价审查意见予以简化。这些规定既突出了规划环评的宏观性、整体性特点，又强调了其对建设项目环评的指导作用，从而摆正了两者之间的主次关系，提高了规划环评的地位，对于某些地方以建设项目环评替代规划环评从而降低环评标准的短视行为具有较大的抑制作用。考生若不仔细甄别，容易将避免"相重复""简化"理解为"完全相同"，误选C项。《环境保护法》第66条规定了提起环境损害赔偿诉讼的时效为3年，考生容易将"赔偿损失"责任泛化为所有民事责任（如停止侵害），进而误选D项。

｜解题思路与方法分析｜

《环境影响评价法》第24条第1款规定："建设项目的环境影响评价文件经批准后，建设项目的性质、规模、地点、采用的生产工艺或者防治污染、防止生态破坏的措施发生重大变动的，建设单位应当重新报批建设项目的环境影响评价文件。"可见，环评文件经批准后，采用的生产工艺发生重大变动的，应重新报批，故A项正确。

《环境影响评价法》第27条规定："在项目建设、运行过程中产生不符合经审批的环境影响评价文件的情形的，建设单位应当组织环境影响的后评价，采取改进措施，并报原环境影响评价文件审批部门和建设项目审批部门备案；原环境影响评价文件审批部门也可以责成建设单位进行环境影响的后评价，采取改进措施。"可见，在项目建设、运行过程中产生不符合环评文件情形，建设单位应组织环境影响的后评价，采取改进措施，并报备案，即使组织环评后评价，也不存在报批，只有"备案"，故B项错误。

《环境影响评价法》第18条规定："建设项目的环境影响评价，应当避免与规划的环境影响评价相重复。作为一项整体建设项目的规划，按照建设项目进行环境影响评价，不进行规划的环境影响评价。已经进行了环境影响评价的规划包含具体建设项目的，规划的环境影响评价结论应当作为建设项目环境影响评价的重要依据，建设项目环境影响评价的内容应当根据规划的环境影响评价审查意见予以简化。"可见，建设项目与规划的环境影响评价并未一概要求完全相同，故C项错误。

《环境保护法》第66条规定："提起环境损害赔偿诉讼的时效期间为三年，从当事人知道或者应当知道其受到损害时起计算。"可见，环境损害赔偿的诉讼时效为3年，但受害人要求损害者承担"停止侵害、排除妨碍"等民事责任的，其属于物权请求权，不受诉讼时效限制，故D项错误。

2.【单项选择题】某省天洋市滨海区一石油企业位于海边的油库爆炸，泄漏的石油严重污染了近海生态环境。下列哪一主体有权提起公益诉讼（所列组织均专门从事环境保护公益活动连续5年以上且无违法记录）？

A. 受损海产养殖户推选的代表赵某

B. 依法在滨海区民政局登记的"海蓝志愿者"组织

C. 依法在邻省的省民政厅登记的环境保护基金会

D. 在国外设立但未在我国民政部门登记的"海洋之友"团体

｜参考答案｜__________①

｜设题陷阱与常见错误分析｜

公益诉讼目的是维护不特定多数人的利益或社会公共利益，起诉主体可以不是直接利害关系人，而代表人诉讼的利益主体往往是特定的，但人数较多，是直接利害关系人。如果不能正确区分公益诉讼和代表人诉讼，可能误选A项。《环境保护法》第58条对提起公益诉讼的主体有若干限制性规定，如果不清楚这些限制，易误选B、D项。

｜解题思路与方法分析｜

2014年《环境保护法》修改后有若干不同于旧法的"亮点"，这些"亮点"往往是考试重点关注对象。《环境保护法》第58条第1款规定："对污染环境、破坏生态，损害社会公共利益的行为，符合下列条件的社会组织可以向人民法

---

① C

院提起诉讼:(一)依法在设区的市级以上人民政府民政部门登记;(二)专门从事环境保护公益活动连续五年以上且无违法记录。”海产养殖户作为因石油污染受损的直接利害关系人,有权推举赵某提起代表人诉讼,根据本条及《民事诉讼法》的规定,个人不得提起公益诉讼,所以A项错误。

而B选项的社会组织在某省天洋市滨海区民政局登记,不符合上述第1项要求的在设区的市级以上民政部门登记,所以B项错误。

D选项的社会组织根本未在我国民政部门登记,同理,D项错误。C选项的社会组织虽是外省,但《环境保护法》并未明确限制该组织跨区域提起公益诉讼的资格,另根据最高人民法院《关于审理环境民事公益诉讼案件适用法律若干问题的解释》,环境公益诉讼不受地域限制,即环保社会组织可以跨地区提起公益诉讼,所以C项正确。

3.【多项选择题】某化工厂排放的污水会影响鱼类生长,但其串通某环境影响评价机构获得虚假环评文件从而得以建设。该厂后来又串通某污水处理设施维护机构,使其污水处理设施虚假显示从而逃避监管。该厂长期排污致使周边水域的养殖鱼类大量死亡。面对养殖户的投诉,当地生态环境主管部门一直未采取任何查处措施。对于养殖户的赔偿请求,下列哪些单位应承担连带责任?

A.化工厂

B.环境影响评价机构

C.污水处理设施维护机构

D.当地生态环境主管部门

| **参考答案** | __________①

| **设题陷阱与常见错误分析** |

虽然当地生态环境部门未及时查处,应追究其法律责任,由于其不作为而给权利人造成经济损失的,可根据《国家赔偿法》要求赔偿。但是,没有法律规定其对权利人的损失承担连带责任。

| **解题思路与方法分析** |

根据《环境保护法》第64条的规定,因污染环境和破坏生态造成损害的,应当依照《民法典》的有关规定承担侵权责任。化工厂作为污染者,对损害当然应承担赔偿责任,所以A项正确。

根据《环境保护法》第65条的规定,环境影响评价机构和防治污染设施维护、运营机构,在环境服务活动中弄虚作假,对造成的环境污染负有责任的,除行政处罚外还应当与造成环境污染的其他责任者承担连带责任,所以B、C项正确。

而对于生态环境主管部门,法律并未规定需要承担连带赔偿责任,所以D项错误。

4.【不定项选择题】某市混凝土公司新建临时搅拌站,在试运行期间通过暗管将污水直接排放到周边,严重破坏当地环境。公司经理还指派员工潜入当地环境监测站内,用棉纱堵塞空气采集器,造成自动监测数据多次出现异常。有关部门对其处罚后,公司生产经营发生严重困难,拟裁员20人以上。关于该公司的行为,下列说法正确的是:

A.如该公司应报批而未报批该搅拌站的环评文件,不得在缴纳罚款后再向审批部门补报

B.该公司将防治污染的设施与该搅拌站同时正式投产使用前,可在搅拌站试运行期间停运治污设施

C.该公司的行为受到罚款处罚时,可由市生态环境主管部门自该处罚之日的次日起,按照处罚数额按日连续处罚

D.针对该公司逃避监管的违法行为,市生态环境主管部门可先行拘留责任人员,再将案件移送公安机关

| **参考答案** | __________②

| **设题陷阱与常见错误分析** |

建设项目中的防污设施,应当与主体工程同时设计、同时施工、同时投产使用,并未因正式投产使用与试运行而有别,考生基于片面的理解,可能误选B项。按日计罚制度有严格的

---

① ABC

② A

适用条件，在发现企业违法排污的行为后，处罚机关应当先责令改正，企业拒不改正的才进行按日计罚，而不是直接进行按日计罚。如考生不注意适用条件，易误选C项。对于限制公民人身自由的行政拘留权，只能由县级以上公安机关才能行使，生态环境主管部门或有关部门只能将案件移送，而不能先行拘留再移送，考生如果误认为本案所涉逃避监管的行为属于严重的环境违法行为，生态环境主管部门可先拘留再移送，会误选D项。

| **解题思路与方法分析** |

根据《环境保护法》第19条第2款及《环境影响评价法》第16条和第25条的相关规定，未依法进行环评的建设项目，不得开工建设；该搅拌站可能造成轻度或重大环境影响的，应当编制环评文件，并依法经审批部门审查或审查后未予批准的，建设单位不得开工建设；又据《环境影响评价法》第31条的相关规定，不存在事后补报环评文件之规定，故A项正确。

根据《环境保护法》第41条的相关规定，建设项目中防治污染的设施，应当与主体工程同时设计、同时施工、同时投产使用。其中的同时投产使用，既包括正式投产使用，也包括建设项目试生产和试运行过程中的同时投产使用，故B项错误。

按日计罚有严格的适用条件，禁止滥用，再根据《环境保护法》第59条第1款的相关规定，被责令改正，拒不改正的，有关处罚机关可自责令改正之日的次日起，按照原处罚数额按日连续处罚，故C项错误。

根据《环境保护法》第63条的规定，尚不构成犯罪的，除依法予以处罚外，由县级以上政府生态环境主管部门或其他部门将案件移送公安机关，对其直接负责的主管人员和其他直接责任人员，处相应期限的拘留，故D项错误。

07 考向 劳动法

1.【多项选择题】农民姚某于2016年3月8日进入红海公司工作，双方未签订书面劳动合同，红海公司也未给姚某缴纳基本养老保险，姚某向社保机构缴纳了基本养老保险费。同年12月8日，姚某以红海公司未为其缴纳社会保险为由申请辞职。经查，姚某的工资属于所在地最低工资标准额。关于此事，下列哪些说法是正确的？

A. 姚某自2016年3月8日起即与红海公司建立劳动关系

B. 红海公司自2016年4月8日起，应向姚某每月支付2倍的工资

C. 姚某应参加新型农村社会养老保险，而不应参加基本养老保险

D. 姚某就红海公司未缴养老保险费而发生争议的，可要求社保行政部门或社保费征收机构处理

| **参考答案** | ________①

| **设题陷阱与常见错误分析** |

建立劳动关系的唯一标准是实际提供劳动，而不是签订书面劳动合同，考生不明法理，可能漏选A项。用人单位不与劳动者订立书面劳动合同的法律责任体现在惩罚性赔偿责任，即向劳动者每月支付2倍工资的起算时间为用工之日起满1个月的次日，而不是自用工之日起，考生可能漏选B项。进城务工的农民，与用人单位建立劳动关系，就应当参加职工基本养老保险，“农民工”的身份并非参加基本养老保险的对立面，考生易错选C项。社会保险争议是一种特殊的劳动争议，体现在司法职能与行政职能交叉、重叠，界限不清，还体现在社会保险纠纷案件的执行离不开社保管理部门的密切配合，个人与用人单位发生社会保险争议的，可以依法申请调解、仲裁和提起行政诉讼，还可以要求社会保险行政部门或者社会保险费征收机构依法处理，若考生不明缴纳社会保险费背后的行政关系，易漏选D项。

| **解题思路与方法分析** |

根据《劳动合同法》第7条的相关规定，用人单位自用工之日起即与劳动者建立劳动关系，故A项正确。

---

① ABD

根据《劳动合同法》第82条第1款和《劳动合同法实施条例》第6条的相关规定，用人单位自用工之日起超过1个月不满1年未与劳动者订立书面劳动合同的，应当向劳动者每月支付两倍的工资，另姚某的工资也只是当地最低工资标准额，并不高于所在地职工月平均工资3倍，故B项正确。

根据《社会保险法》第10条、第16条、第20条和第95条的相关规定，职工应当参加基本养老保险，并未强调农民身份之别，故C项错误。

根据《社会保险法》第83条第3款的相关规定，用人单位侵害个人社会保险权益的，个人可要求社会保险行政部门或社会保险费征收机构依法处理，而人民法院能够受理的社会保险争议主要限于最高人民法院《关于审理劳动争议案件适用法律若干问题的解释(一)》第1条第5项、第6项和第7项所定范围，即用人单位未办理社会保险手续，且社会保险经办机构不能补办导致劳动者无法享受社会保险待遇等。在本案中，姚某自己向社保机构缴纳了基本养老保险费，说明已补办好了社会保险手续，故D正确。

2.【多项选择题】关于集体劳动合同，根据《劳动合同法》，下列哪些说法是正确的？

A. 甲公司尚未建立工会时，经其2/3以上的职工推举的代表，可直接与公司订立集体合同

B. 乙公司系建筑企业，其订立的行业性集体合同，报劳动行政部门备案后即行生效

C. 丙公司依法订立的集体合同，对全体劳动者，不论是否为工会会员，均适用

D. 因履行集体合同发生争议，丁公司工会与公司协商不成时，工会可依法申请仲裁、提起诉讼

｜**参考答案**｜__________①

｜**设题陷阱与常见错误分析**｜

为保证职工代表的普遍性和权威性，职工代表的推举需要接受上级工会的指导，不能随便由某一群体的劳动者推举出几个职工代表要求与用人单位订立集体合同，考生若不理解“上级工会”的作用，就会误选A项。为保证集体合同的正确实施，必须强化劳动行政部门对集体合同运作过程的监督和指导作用，因此法律规定由劳动行政部门对集体合同进行审查，这不仅是订立集体合同的必经程序，也是集体合同的生效条件，若考生忽视该生效要件，易错选B项。集体合同订立、生效后，对签订集体合同双方所代表的人员都具有约束力。工会是代表全体职工，而不只是代表工会会员，所订合同对于非工会会员也适用，考生可能受所谓考试技巧影响，看到“不论”就排除C项。协商解决是处理集体合同争议的必要方式和必经程序，考生若只记得劳动“仲裁”是提起诉讼的必经程序，可能误判D项。

｜**解题思路与方法分析**｜

根据《劳动合同法》第51条第2款的相关规定，尚未建立工会的用人单位，由上级工会指导劳动者推举的代表与用人单位订立，故A项错误。

根据《劳动合同法》第53条和第54条第1款的相关规定，建筑业可订立行业性集体合同，订立后，应当报送劳动行政部门，劳动部门自收到集体合同文本之日起15日内未提出异议的，集体合同即行生效，故B项错误。

根据《劳动合同法》第54条第2款的相关规定，依法订立的集体合同对用人单位和劳动者具有约束力，并未强调区分工会会员身份，故C项正确。

根据《劳动合同法》第56条的相关规定，集体合同纠纷，经协商解决不成的，工会可依法申请仲裁、提起诉讼，故D项正确。

3.【多项选择题】某厂工人田某体检时被初诊为脑瘤，万念俱灰，既不复检也未经请假就外出旅游。该厂以田某连续旷工超过15天，严重违反规章制度为由解除劳动合同。对于由此引起的劳动争议，下列哪些说法是正确的？

A. 该厂单方解除劳动合同，应事先将理由通知工会

---

① CD

B. 因田某严重违反规章制度，无论是否在规定的医疗期内该厂均有权解除劳动合同

C. 如该厂解除劳动合同的理由成立，无须向田某支付经济补偿金

D. 如该厂解除劳动合同的理由违法，田某有权要求继续履行劳动合同并主张经济补偿金2倍的赔偿金

| **参考答案** | ________①

| **设题陷阱与常见错误分析** |

《劳动合同法》第43条规定了工会在劳动合同解除中的监督作用，但由于没有明确规定未履行该程序的法律责任，所以该规定一直被遗忘。但最高人民法院《关于审理劳动争议案件适用法律若干问题的解释（一）》第47条将其赋予了可能导致违法解除的法律效果之后，该规定才受到重视。如果考生也一直忽视该介入程序的规定，则易漏选A项。在医疗期的劳动者享受解除劳动合同的特别保护，即劳动者具有《劳动合同法》第42条规定的情形时，用人单位不得依据该法第40条（非过错性解除）和第41条（裁员）的规定解除劳动合同，但绝非在这些法定情形下禁止用人单位单方解除劳动合同，用人单位仍可依据第39条（过错性解除）的规定解除。当然，双方协商一致解除劳动合同也不会受到第42条规定的限制。如果考生片面将第42条规定的限制情形理解为禁止解除，则易漏选B项。

| **解题思路与方法分析** |

《劳动合同法》第43条规定："用人单位单方解除劳动合同，应当事先将理由通知工会。用人单位违反法律、行政法规规定或者劳动合同约定的，工会有权要求用人单位纠正。用人单位应当研究工会的意见，并将处理结果书面通知工会。"所以A项正确。

《劳动合同法》第39条规定："劳动者有下列情形之一的，用人单位可以解除劳动合同……（二）严重违反用人单位的规章制度的……"因此用人单位可立即解除劳动合同。虽然田某正处于医疗期内，但该法第42条规定："劳动者有下列情形之一的，用人单位不得依照本法第四十条、第四十一条的规定解除劳动合同……（三）患病或者非因工负伤，在规定的医疗期内的……"由此可知，用人单位依据第39条解除并不受限，所以B项正确。

《劳动合同法》第46条规定："有下列情形之一的，用人单位应当向劳动者支付经济补偿：（一）劳动者依照本法第三十八条规定解除劳动合同的；（二）用人单位依照本法第三十六条规定向劳动者提出解除劳动合同并与劳动者协商一致解除劳动合同的；（三）用人单位依照本法第四十条规定解除劳动合同的；（四）用人单位依照本法第四十一条第一款规定解除劳动合同的；（五）除用人单位维持或者提高劳动合同约定条件续订劳动合同，劳动者不同意续订的情形外，依照本法第四十四条第一项规定终止固定期限劳动合同的；（六）依照本法第四十四条第四项、第五项规定终止劳动合同的；（七）法律、行政法规规定的其他情形。"因此，依据第39条解除劳动合同不属于应当支付经济补偿金的情形，所以C项正确。

《劳动合同法》第48条规定："用人单位违反本法规定解除或者终止劳动合同，劳动者要求继续履行劳动合同的，用人单位应当继续履行；劳动者不要求继续履行劳动合同或者劳动合同已经不能继续履行的，用人单位应当依照本法第八十七条规定支付赔偿金。"因此继续履行与赔偿金不得同时主张，所以D项错误。

4.【多项选择题】友田劳务派遣公司（住所地为甲区）将李某派遣至金科公司（住所地为乙区）工作。在金科公司按劳务派遣协议向友田公司支付所有费用后，友田公司从李某的首月工资中扣减了500元，李某提出异议。对此争议，下列哪些说法是正确的？

A. 友田公司作出扣减工资的决定，应就其行为的合法性负举证责任

B. 如此案提交劳动争议仲裁，当事人一方对仲裁裁决不服的，有权向法院起诉

C. 李某既可向甲区也可向乙区的劳动争议仲裁机构申请仲裁

---

① ABC

D. 对于友田公司给李某造成的损害，友田公司和金科公司应承担连带责任

| **参考答案** | ______[1]

| **设题陷阱与常见错误分析** |

劳动者处于弱势地位，故劳动争议中的证明责任分配也就作了一些特别安排，因用人单位作出减少劳动报酬决定的，由单位负举证责任，如果考生不了解这些特别规定，易漏选 A 项。为缩短劳动争议仲裁时间，仲裁程序中特别规定了一裁终局的情形，若考生忘记一裁终局的有关规定或者理解错误，则易误选 B 项。对于双方当事人分别向劳动合同履行地和用人单位所在地的劳动争议仲裁委员会申请仲裁的，法律规定由劳动合同履行地的劳动争议仲裁委员会管辖。如果考生误解了这一规定适用的条件，则易漏选 C 项。

| **解题思路与方法分析** |

《劳动争议调解仲裁法》第 6 条规定："发生劳动争议，当事人对自己提出的主张，有责任提供证据。与争议事项有关的证据属于用人单位掌握管理的，用人单位应当提供；用人单位不提供的，应当承担不利后果。"另根据最高人民法院《关于审理劳动争议案件适用法律若干问题的解释(一)》第 44 条的规定，因用人单位作出的开除、除名、辞退、解除劳动合同、减少劳动报酬、计算劳动者工作年限等决定而发生的劳动争议，用人单位负举证责任，所以 A 项正确。

《劳动争议调解仲裁法》第 47 条规定："下列劳动争议，除本法另有规定的外，仲裁裁决为终局裁决，裁决书自作出之日起发生法律效力：(一)追索劳动报酬、工伤医疗费、经济补偿或者赔偿金，不超过当地月最低工资标准十二个月金额的争议……"《劳动争议调解仲裁法》第 48 条规定："劳动者对本法第四十七条规定的仲裁裁决不服的，可以自收到仲裁裁决书之日起十五日内向人民法院提起诉讼。"500 元工资争议肯定属于一裁终局的案件，用人单位不得起诉，所以 B 项错误。

《劳动争议调解仲裁法》第 21 条第 2 款规定："劳动争议由劳动合同履行地或者用人单位所在地的劳动争议仲裁委员会管辖……"乙区为合同履行地，甲区为单位所在地，所以 C 项正确。

根据《劳动合同法》第 92 条和《劳动合同法实施条例》第 35 条的规定，用工单位给被派遣劳动者造成损害的，劳务派遣单位与用工单位承担连带赔偿责任，所以 D 项错误。

5.【不定项选择题】某市混凝土公司新建临时搅拌站，在试运行期间通过暗管将污水直接排放到周边，严重破坏当地环境。公司经理还指派员工潜入当地环境监测站内，用棉纱堵塞空气采集器，造成自动监测数据多次出现异常。有关部门对其处罚后，公司生产经营发生严重困难，拟裁员 20 人以上。当该公司裁员时，下列说法正确的是：

A. 无须向劳动者支付经济补偿金

B. 应优先留用与本公司订立无固定期限劳动合同的职工

C. 不得裁减在该公司连续工作满 15 年的女职工

D. 不得裁减非因工负伤且在规定医疗期内的劳动者

| **参考答案** | ______[2]

| **设题陷阱与常见错误分析** |

经济性裁员是用人单位行使解除劳动合同权的主要方式之一，是企业用人自主权的体现。在经济性裁员中，劳动者没有任何过错，用人单位也是迫于无奈。为平衡双方权利义务，在裁员时，用人单位应当支付经济补偿金。考生可能以为企业生产经营发生严重困难的，并无过错，不该向劳动者支付经济补偿，故误选 A 项。

经济性裁员不能只考虑用人单位的需求，还须遵循社会福利原则，即经济性裁员要考虑社会因素，优先保护对用人单位贡献较大、再就业能力较差的劳动者；在优先留用人员时，主要从劳动合同期限和保护社会弱势群体角度出发，规定了三类优先留用人员，但均有严格的适

① AC
② BD

用条件，考生若不仔细甄别，易排除B、D项，误选C项。

| **解题思路与方法分析** |

根据《劳动合同法》第41条和第46条第4项的相关规定，当经济性裁员时，应支付经济补偿金，故A项错误。

根据《劳动合同法》第41条第2款的相关规定，优先留用的人员主要是较长期限固定合同的或无固定期限合同的职工，故B项正确。

根据《劳动合同法》第42条第4项和第5项的相关规定，不得裁减"孕期、产期、哺乳期"的女职工、"在本单位连续工作满十五年，且距法定退休年龄不足五年的"职工，故C项错误。

根据《劳动合同法》第42条第3项的相关规定，不得裁减患病或者非因工负伤，且在规定的医疗期内的职工，故D项正确。

6.【不定项选择题】王某，女，1990年出生，于2012年2月1日入职某公司，从事后勤工作，双方口头约定每月工资为人民币3000元，试用期1个月。2012年6月30日，王某因无法胜任经常性的夜间高处作业而提出离职，经公司同意，双方办理了工资结算手续，并于同日解除了劳动关系。同年8月，王某以双方未签书面劳动合同为由，向当地劳动争议仲裁委申请仲裁，要求公司再支付工资12,000元。

请回答第(1)—(3)题。

(1)关于女工权益，根据《劳动法》，下列说法正确的是：

A. 公司应定期安排王某进行健康检查

B. 公司不能安排王某在经期从事高处作业

C. 若王某怀孕6个月以上，公司不得安排夜班劳动

D. 若王某在哺乳婴儿期间，公司不得安排夜班劳动

| **参考答案** | __________①

| **设题陷阱与常见错误分析** |

女职工与未成年工的特殊劳动保护制度有别，考生可能误选A项。对女职工经期、孕期和哺乳期，劳动法均有特殊保护规定，考生易漏选B项，误选C项和D项。

| **解题思路与方法分析** |

根据《劳动法》第65条的规定，用人单位应对未成年工定期进行健康检查，而不是对女职工定期做体检，王某入职时已成年，故A项错误。

根据《劳动法》第60条的规定，不得安排女职工在经期从事高处、低温、冷水作业和国家规定的第三级体力劳动强度的劳动，故B项正确。

根据《劳动法》第61条的规定，不得安排女职工在怀孕期间从事国家规定的第三级体力劳动强度的劳动和孕期禁忌从事的活动。对怀孕7个月以上的女职工，不得安排其延长工作时间和夜班劳动。所以，应为"怀孕7个月以上"，方能免王某夜班劳动，故C项错误。

根据《劳动法》第63条的规定，不得安排女职工在哺乳未满1周岁的婴儿期间从事国家规定的第三级体力劳动强度的劳动和哺乳期禁忌从事的其他劳动，不得安排其延长工作时间和夜班劳动。可见，公司不得安排哺乳期的王某上夜班，"哺乳未满1周岁的婴儿"系限制条件，故D项错误。

(2)关于该劳动合同的订立与解除，下列说法正确的是：

A. 王某与公司之间视作已订立无固定期限劳动合同

B. 该劳动合同期限自2012年3月1日起算

C. 该公司应向王某支付半个月工资的经济补偿金

D. 如王某不能胜任且经培训仍不能胜任工作，公司提前30日以书面形式通知王某，可将其辞退

| **参考答案** | __________②

| **设题陷阱与常见错误分析** |

劳动者在试用期的待遇确实低于正式用工期，在用工过程中滥用试用期来侵害劳动者权益的现象较多，考生可能认为试用期与劳动合同期分别计算，故误选B项。在协议解除劳动合同时，是否存在经济补偿取决于谁提出解除合同，也有考生认为该公司存在过失，而王某

---

① B

② D

不得不解除该合同,用人单位仍应支付经济补偿,故可能误选 C。

| 解题思路与方法分析 |

根据《劳动合同法》第 14 条第 3 款的规定,用人单位自用工之日起满 1 年不与劳动者订立书面劳动合同的,视为用人单位与劳动者已订立无固定期限劳动合同。可见,视作订立无固定期限劳动合同的前提条件为,用人单位自用工之日起满 1 年不与劳动者订立书面劳动合同的,故 A 项错误。

根据《劳动合同法》第 19 条第 4 款的规定,试用期包含在劳动合同期内,故 B 项错误。

根据《劳动合同法》第 46 条的规定,有下列情形之一的,用人单位应当向劳动者支付经济补偿:(1)劳动者依照本法第 38 条规定解除劳动合同的;(2)用人单位依照本法第 36 条规定向劳动者提出解除劳动合同并与劳动者协商一致解除劳动合同的;(3)用人单位依照本法第 40 条规定解除劳动合同的;(4)用人单位依照本法第 41 条第 1 款规定解除劳动合同的;(5)除用人单位维持或者提高劳动合同约定条件续订劳动合同,劳动者不同意续订的情形外,依照本法第 44 条第 1 项规定终止固定期限劳动合同的;(6)依照本法第 44 条第 4 项、第 5 项规定终止劳动合同的;(7)法律、行政法规规定的其他情形。本案系劳动者提出解除劳动合同,而不是用人单位根据第 40 条解除劳动合同,所以并不存在补偿情形,故 C 项错误。

根据《劳动合同法》第 40 条第 2 项的规定,如劳动者不能胜任、经培训或调整仍不能胜任工作,用人单位提前 30 日以书面形式通知劳动者本人或额外支付劳动者 1 个月工资后,可解除劳动合同,故 D 项正确。

(3)如当地月最低工资标准为 1500 元,关于该仲裁,下列说法正确的是:

A. 王某可直接向劳动争议仲裁委申请仲裁

B. 如王某对该仲裁裁决不服,可向法院起诉

C. 如公司对该仲裁裁决不服,可向法院起诉

D. 如公司有相关证据证明仲裁裁决程序违法时,可向有关法院申请撤销裁决

| 参考答案 | ____________①

| 设题陷阱与常见错误分析 |

用人单位与劳动者发生劳动争议,其解决方式有协商、调解、仲裁和诉讼,部分考生误认为存在先后关系,就漏选 A 项。小额仲裁案件等,适用一裁终局,而一裁终局的仲裁裁决,能让大量的劳动争议案件在仲裁阶段就得到解决,不用再拖到诉讼阶段,有效缩短劳动争议案件的处理时间,但对劳动者而言,对裁决不服仍可提起诉讼,对用人单位而言,就不得因同一事项向法院提起诉讼,但可因仲裁程序违法而申请撤销裁决,故考生易混淆,漏选 B 项、误选 C 项或漏选 D 项。

| 解题思路与方法分析 |

根据《劳动争议调解仲裁法》第 5 条的规定,发生劳动争议,当事人不愿协商、协商不成或者达成和解协议后不履行的,可以向调解组织申请调解;不愿调解、调解不成或者达成调解协议后不履行的,可以向劳动争议仲裁委员会申请仲裁;对仲裁裁决不服的,除本法另有规定的外,可以向人民法院提起诉讼。可见,协商、调解并非仲裁的必经程序,故 A 项正确。

根据《劳动争议调解仲裁法》第 47 条的规定,下列劳动争议,除本法另有规定的外,仲裁裁决为终局裁决,裁决书自作出之日起发生法律效力:(1)追索劳动报酬、工伤医疗费、经济补偿或者赔偿金,不超过当地月最低工资标准 12 个月金额的争议;(2)因执行国家的劳动标准在工作时间、休息休假、社会保险等方面发生的争议。可见,追索经济补偿金,不超过当地月最低工资标准 12 个月金额的争议,乃小额仲裁,该仲裁裁决为终局裁决。在本案中,12,000 元小于 18,000(12×1500)元,故裁决为终局裁决,再根据《劳动争议调解仲裁法》第 48 条规定,劳动者对该法第 47 条规定的仲裁裁决不服的,可以自收到仲裁裁决书之日起 15 日内向人民法院提起诉讼。可见,只有王某才可提起诉讼,而公司无权起诉,故 B 项正确,而 C 项错误。

根据《劳动争议调解仲裁法》第 49 条第 1 款第 3 项的规定,用人单位有证据证明该法第 47 条规定的仲裁裁决有下列情形之一,可以自

① ABD

收到仲裁裁决书之日起30日内向劳动争议仲裁委员会所在地的中级人民法院申请撤销裁决:……违反法定程序的……可见,用人单位有证据证明仲裁裁决“违反法定程序的”,用人单位可申请撤销仲裁裁决,故D项正确。

08 考向 社会保障法

【不定项选择题】某商场使用了由东方电梯厂生产、亚林公司销售的自动扶梯。某日营业时间,自动扶梯突然逆向运行,造成顾客王某、栗某和商场职工薛某受伤,其中栗某受重伤,经治疗半身瘫痪,数次自杀未遂。现查明,该型号自动扶梯在全国已多次发生相同问题,但电梯厂均通过更换零部件、维修进行处理,并未停止生产和销售。职工薛某被认定为工伤且被鉴定为六级伤残。关于其工伤保险待遇,下列选项正确的是:

A. 如商场未参加工伤保险,薛某可主张商场支付工伤保险待遇或者承担民事人身损害赔偿责任

B. 如商场未参加工伤保险也不支付工伤保险待遇,薛某可主张工伤保险基金先行支付

C. 如商场参加了工伤保险,主要由工伤保险基金支付工伤保险待遇,但按月领取的伤残津贴仍由商场支付

D. 如电梯厂已支付工伤医疗费,薛某仍有权获得工伤保险基金支付的工伤医疗费

| **参考答案** | ______①

| **设题陷阱与常见错误分析** |

人身损害赔偿与工伤保险待遇支付的适用关系,学界有选择模式、替代模式、兼得模式、补充模式之争。本题涉及的知识点与之相关,但选项中需要运用的具体知识已有相关规定明确。如果考生只知道不同模式之争的大概情况,或者只知理论争议,不知已有法律规定,易误选A、D项。

| **解题思路与方法分析** |

《社会保险法》第41条第1款规定:“职工所在用人单位未依法缴纳工伤保险费,发生工伤事故的,由用人单位支付工伤保险待遇。用人单位不支付的,从工伤保险基金中先行支付。”最高人民法院《关于审理人身损害赔偿案件适用法律若干问题的解释》第3条第1款规定:“依法应当参加工伤保险统筹的用人单位的劳动者,因工伤事故遭受人身损害,劳动者或者其近亲属向人民法院起诉请求用人单位承担民事赔偿责任的,告知其按《工伤保险条例》的规定处理。”本题中,职工的工伤已经得到认定,不得选择民事赔偿,所以A项错误。

根据《社会保险法》第41条第1款的规定,工伤保险基金应先行支付,所以B项正确。

根据《社会保险法》第38条和第39条关于工伤保险待遇支付在工伤保险基金和用人单位之间的划分,C项正确。

《社会保险法》第42条规定:“由于第三人的原因造成工伤,第三人不支付工伤医疗费用或者无法确定第三人的,由工伤保险基金先行支付。工伤保险基金先行支付后,有权向第三人追偿。”先行支付的工伤医疗费既然有追偿的规定,就意味着不能兼得,所以D项错误。

2024年模拟测试

1.**【单项选择题】**甲、乙两公司均从事软件生产与技术服务,在端点保护软件市场存在横向重叠。甲、乙两公司签署协议,约定甲公司收购乙公司的全部股权。由于并购行为达到了国务院规定的经营者集中申报标准,甲、乙两公司向反垄断执法机构进行了申报。但是,甲、

① BC

乙两公司在得到批准前,即实施经营者集中。经查,甲、乙两公司在端点保护软件市场的份额合计为10%,端点保护软件市场的集中度较低,收购行为发生后甲公司下调了端点保护软件的价格,并购行为不具有排除、限制竞争的效果。关于本案,国务院反垄断执法机构可对并购行为发生后的甲公司,施加下列哪一处罚?

A. 责令甲公司将原乙公司的股权,限期出售给其他公司

B. 责令甲公司将原乙公司的营业部门,限期转让给其他公司

C. 责令甲公司将原乙公司的股权和营业部门拆分,新设丙公司

D. 对甲公司罚款500万元

2.【单项选择题】甲、乙两公司分别运营A软件和B软件。其中,A软件为用户提供支付服务,在我国数字支付市场占有率第一。为了实现手机软件之间互相跳转的顺利进行,丙公司开发的手机操作系统向软件开发者提供URLScheme作为通信方式,用以识别特定的手机软件。甲、乙两公司均将两款软件的URLScheme设定为“Apays”。用户丁使用B软件,选择通过A软件付款时,手机系统弹出窗口显示将要跳转至B软件,并询问丁选择“取消”还是“打开”。若丁选择“取消”,则将停留在网页的待支付页面;若丁选择“打开”,则将跳转至B软件而非A软件。关于本案,下列哪一说法是正确的?

A. 尽管A软件与B软件在主要功能和作用上不相重合,乙公司仍构成不正当竞争

B. 乙公司实施了未经甲公司同意,在其合法提供的网络产品或者服务中,插入链接、强制进行目标跳转的行为

C. 乙公司实施了误导、欺骗、强迫丁修改、关闭、卸载甲公司运营的A软件的行为

D. 乙公司恶意对甲公司运营的A软件实施不兼容

3.【单项选择题】A省甲超市举行购买10箱纸巾附赠1袋青团的促销活动,张某参加促销活动,食用附赠的青团后,腹泻入院。经查,青团没有国家食品安全标准,但有A省制定的食品安全地方标准与A省青团行业协会制定的食品安全行业标准。而甲超市附赠的青团在产品信息上并未标注符合上述食品安全标准的信息。张某将甲超市诉至法院,要求赔偿。对此,下列哪一说法是正确的?

A. 张某应对该青团不符合食品安全地方标准承担举证责任

B. 甲超市应对该青团符合食品安全地方标准承担举证责任

C. 张某无权要求增加赔偿金

D. 甲超市可以该青团为赠品为由,进行免责抗辩

4.【单项选择题】甲银行是A省B市的城市商业银行。张某是甲银行的大股东,同时担任董事。因张某违规占款,形成逾期,甲银行无法满足储户的提款需求,进入接管程序。在接管期间,张某拟出售其自有商品房,移民海外。甲银行在被接管后,无任何生产经营,除继续履行合同项下的相关工作,亦无其他业务,持续亏损,经国务院银行业监督管理机构同意,由人民法院宣告其破产。此时,甲银行仍然无法偿付个人储蓄存款,尚欠缴增值税、企业所得税,以及被国务院银行业监督管理机构处以的罚款。关于本案,下列哪一表述是正确的?

A. 经A省银行业监督管理机构负责人批准,可禁止张某出售商品房

B. 接管期间,甲银行仍需缴纳企业所得税

C. 税款应优先于个人储蓄存款的本金和利息受偿

D. 税款应优先于罚款受偿

5.【单项选择题】“明日之星公司”是一家研发人工智能交互系统的小型微利公司。关于该公司的税收,下列哪一说法是错误的?

A. 按20%的税率征收企业所得税

B. 公司研发该系统的费用可在计算应纳税所得额时加计扣除

C. 公司的自创商誉可在计算摊销费用扣除

D. 公司投资的商品房不得计算折旧扣除

6.【多项选择题】快奔公司在国内生产销售汽车,使用的发动机为进口发动机。2018年快奔公司进口发动机总价值1亿元,销售汽车

总收入2亿元,公司年度亏损2000万元。对此,快奔公司应缴纳下列哪些税收?

A. 车船税　　B. 增值税

C. 企业所得税　　D. 关税

7.【不定项选择题】村民张某运营的蔬菜生产基地被划为永久基本农田,张某不能在该基地从事的行为是:

A. 挖塘养鱼,以融农田与淡水养殖为一体,形成生态循环良性系统

B. 种植花椒树,以形成绿色篱笆,且因刺激性气味以减少基地很多害虫

C. 经国务院审批,建立自用住宅

D. 经国务院审批,采挖用作普通建筑材料的砂石

8.【不定项选择题】江某在A市城区拥有私人宅院一座。因建筑老旧,江某对宅院房屋进行维修,并在维修时扩建。市城乡规划主管部门收到举报后,查明江某的扩建行为未取得规划审批手续,决定对其采取执法措施。关于本案,下列说法错误的是:

A. 无法采取改正措施消除对规划实施的影响的,城乡规划主管部门可责令限期拆除并处工程造价1倍以下罚款

B. 无法采取改正措施消除对规划实施的影响的,城乡规划主管部门可直接没收实物并处工程造价10%以下罚款

C. 城市管理执法部门可直接采取查封施工现场的措施

D. 城乡规划主管部门可要求补报规划审批手续,若逾期不补报则处1万元以上5万元以下罚款

9.【不定项选择题】立川公司(已取得探矿权)在勘探甲县乙镇一林区时发现了一座金矿。2021年1月1日,立川公司经批准获得临时使用林地的权利,遂搭建钻井和供勘探人员居住的房屋。2022年12月31日,立川公司论证得出该金矿挖掘难度较大,决定中止勘探,待技术成熟后再行勘探。经查,立川公司在勘探时造成大量树木被毁,但拒不补种树木。对此,下列说法正确的是:

A. 立川公司可无须拆除钻井

B. 立川公司应在2023年12月31日前拆除供勘探人员居住的房屋

C. 乙镇林业工作站可代立川公司补种树木,费用由立川公司承担

D. 甲县林业局可代立川公司补种树木,费用由森林保险补偿

10.【不定项选择题】马某与清爽公司达成协议,马某为清爽公司的员工每周进行三次心理辅导咨询,清爽公司按照小时支付酬劳。马某按照协议为清爽公司提供辅导咨询1年后,清爽公司要求马某增加每周咨询时间,马某拒绝。清爽公司拟解除与马某的劳动合同,双方发生劳动争议。对此,下列表述正确的是:

A. 清爽公司有权要求马某每天工作6小时,每周工作30个小时

B. 清爽公司应提前30日通知马某终止用工

C. 若劳动合同终止,清爽公司无须向马某支付经济补偿

D. 马某与清爽公司的劳动争议,在协商不成的情况下,不能申请调解组织调解

参考答案及解析

1.｜参考答案｜D

｜设题陷阱与常见错误分析｜

本题的命题陷阱主要在于考生对经营者集中的控制方法和处理决定的判断。违法的经营者集中行为可分为实体性违法行为和程序性违法行为。实体性违法行为,是指经营者违法实施了经营者集中行为,且该行为具有或可能具有排除、限制竞争的效果。程序性违法行为,是指经营者实施了诸如经营者应当事先向国务院反垄断执法机构申报而未申报,或申报后未经批准即实施集中等行为,但该行为不具有或可能具有排除、限制竞争的效果。对于实体性违法行为,有如下两类处罚措施:一是结构性措施,包括停止实施集中、限期处分股权或者资产、限期转让营业等改变市场结构的措施,该类措施通常较为剧烈;二是行为性措施,包括开放关键设施等需要长时间持续性监管的措施,该类措施通常较为温和。对于程序性违法行为,国务院反垄断执法机构可对经营者处以

500 万元以下的罚款。

｜解题思路与方法分析｜

本题需先判断甲、乙两公司的经营者集中行为属于实体性还是程序性违法行为。

首先，依据《反垄断法》第 26 条第 1 款的规定，"经营者集中达到国务院规定的申报标准的，经营者应当事先向国务院反垄断执法机构申报，未申报的不得实施集中"。本案中，甲、乙两公司在经营者集中申报后，未经批准即实施集中，违反了《反垄断法》第 26 条第 1 款的规定，构成程序性违法。

其次，依据《反垄断法》第 33 条的规定，"审查经营者集中，应当考虑下列因素：(一) 参与集中的经营者在相关市场的市场份额及其对市场的控制力；(二) 相关市场的市场集中度；(六) ……其他因素"。该条列明了国务院反垄断执法机构审查经营者集中的考虑因素，同时也可作为判断经营者集中行为是否具有排除、限制竞争效果的重要考量。甲、乙两公司在端点保护软件市场的份额合计为 10%，端点保护软件市场的集中度较低，收购行为发生后甲公司下调了端点保护软件的价格，未影响相关市场的市场份额及甲公司对市场的控制力，未改变相关市场的市场集中度，并购行为不具有排除、限制竞争的效果。因此，甲、乙两公司的并购行为不构成实体性违法。

最后，依据《反垄断法》第 58 条的规定，"经营者违反本法规定实施集中……不具有排除、限制竞争效果的，处五百万元以下的罚款"。本案中，甲、乙两公司实施的经营者集中，不具有排除、限制竞争效果。因此，国务院反垄断执法机构应给予并购行为发生后的甲公司 500 万元以下罚款的处罚。故 D 选项正确，当选。

而 A 项"限期处分股份"、B 项"责令限期转让营业"、C 项"维持现状承诺措施"分别属于《反垄断法》第 58 条规定的针对实体性违法行为的处罚措施，故不当选。

2. ｜参考答案｜A

｜设题陷阱与常见错误分析｜

本题围绕互联网不正当竞争行为考查。A 选项考查互联网不正当竞争行为的特殊性。传统不正当竞争之诉提起的前提要求当事人之间存在竞争关系，这一点在互联网时代有所变化。被诉行为虽系利用技术手段干扰他人网络产品或服务正常运行的行为，符合《反不正当竞争法》第 12 条第 2 款的前提要件，但并不属于第 2 款明确列举的互联网不正当竞争类型，故 B 选项、C 选项、D 选项均错误。因此，本案需要关注原告受《反不正当竞争法》保护的法益是否因被诉行为受到实际损害，被诉行为基于互联网商业伦理是否具有不正当性，并在此基础上判断原告可寻求哪些民事救济措施。

｜解题思路与方法分析｜

不正当竞争之诉能否成立，取决于经营者实施的特定行为是否具有市场竞争属性和不正当性。尤其在互联网经济环境下，不同业务领域泾渭分明的传统格局已经发生改变，各经营者实施的经营行为互相交织，目标用户群体存在重合。因此，经营者之间是否属于同业竞争关系，并非提起不正当竞争之诉或认定不正当竞争的必要前提。本案中，尽管双方的主营业务并不相同，但涉案行为的直接表现是 B 软件设置了与 A 软件相同的 URLScheme，客观结果是同时安装上述两款手机软件的用户选择通过 A 软件进行付款时会跳转至 B 软件。涉案行为已充分体现双方之间对流量等互联网经营利益存在竞争，因此，甲公司就此向乙公司提起不正当竞争之诉，具有相应的事实基础。故选项 A 正确。

被诉行为尽管通过设置相同 URLScheme 的方式使本应跳转至 A 软件的用户被导向 B 软件，但其并未在 A 软件中插入链接，亦因受制于手机操作系统的要求，须在用户同意后方能成功跳转至 B 软件，故不属于强制进行目标跳转的行为类型。因此，乙公司的行为不构成《反不正当竞争法》第 12 条第 2 款第 1 项规定的"未经其他经营者同意，在其合法提供的网络产品或者服务中，插入链接、强制进行目标跳转"。故选项 B 错误。

尽管手机操作系统在 URLScheme 跳转的

过程中提示用户将要打开B软件,并为用户提供“取消”或“打开”的选项,但此时用户的选择范围仅限于是否跳转至B软件,对于是否修改、关闭、卸载A软件这一结果事件并无选择空间。换言之,当手机操作系统提示用户将要打开B软件时,被诉行为所期待的直接结果已经发生,即B软件代替A软件成为第三方手机应用或网站根据URLScheme“Apays”跳转的对象。因此,乙公司的行为不构成《反不正当竞争法》第12条第2款第2项规定的“误导、欺骗、强迫用户修改、关闭、卸载其他经营者合法提供的网络产品或者服务”。故选项C错误。

被诉行为并不影响A软件在手机操作系统中的兼容性。因此,乙公司的行为不构成《反不正当竞争法》第12条第2款第3项规定的“恶意对其他经营者合法提供的网络产品或者服务实施不兼容”。故选项D错误。

3. | **参考答案** | B

| **设题陷阱与常见错误分析** |

本题的命题陷阱主要在于考生对于食品安全纠纷的责任承担认识不清。消费者因不符合食品安全标准的食品受到损害有权主张食品经营者承担十倍价款的惩罚性赔偿,构成要件有二:一是销售不符合食品安全标准的食品;二是明知不符合安全标准的食品而销售。

食品生产者、销售者提供给消费者的食品的赠品,消费者虽未对赠品支付对价,但食品生产经营者也应保证赠品符合食品安全标准。食品生产者、销售者提供给消费者的食品或者赠品发生质量安全问题,造成消费者损害,消费者主张权利,食品生产者、销售者不能以消费者未对赠品支付对价为由进行免责抗辩。

| **解题思路与方法分析** |

本题考查考生对食品安全标准的理解和食品纠纷案件举证责任的界定。考生应当掌握食品损害的举证责任、免责事由及赔偿标准。本案中,青团是甲公司促销活动中购买纸巾的赠品,张某虽未对赠品支付对价,但甲公司也应保证赠品符合食品安全标准。

A、B选项考查食品质量标准及其举证责任。最高人民法院《关于审理食品药品纠纷案件适用法律若干问题的规定》第6条规定,“食品的生产者与销售者应当对于食品符合质量标准承担举证责任。认定食品是否安全,应当以国家标准为依据;对地方特色食品,没有国家标准的,应当以地方标准为依据。没有前述标准的,应当以食品安全法的相关规定为依据”。本案中,青团没有国家食品安全标准,但有A省制定并公布食品安全地方标准和A省青团行业协会制定的食品安全行业标准。因此,青团应依据A省食品安全地方标准,认定赠品青团是否符合食品安全标准。甲超市作为青团的销售者,应对赠品青团符合质量标准承担举证责任。张某作为消费者,无须对赠品青团符合质量标准承担举证责任。故A选项错误,不当选,B选项正确,当选。

C选项考查食品损害惩罚性赔偿。依据《食品安全法》第148条第2款的规定,“生产不符合食品安全标准的食品或者经营明知是不符合食品安全标准的食品,消费者除要求赔偿损失外,还可以向生产者或者经营者要求支付价款十倍或者损失三倍的赔偿金……”。本案中,甲超市作为青团的销售者,而青团的产品信息并未标注符合相关食品安全标准,则甲超市应对该青团符合食品安全地方标准承担举证责任,否则将承担举证不能的不利后果。因此,张某除要求赔偿损失外,可增加赔偿金请求。故C选项错误,不当选。

D选项考查食品损害的免责事由。依据最高人民法院《关于审理食品药品纠纷案件适用法律若干问题的规定》第4条的规定,“食品、药品生产者、销售者提供给消费者的食品或者药品的赠品发生质量安全问题,造成消费者损害,消费者主张权利,生产者、销售者以消费者未对赠品支付对价为由进行免责抗辩的,人民法院不予支持”。故D选项错误,不当选。

4. | **参考答案** | D

| **设题陷阱与常见错误分析** |

相较于一般企业,商业银行因涉及储户存款的维护,承担更多的社会责任,对商业银行的风险处置有诸多特别之处,不能适用《企业破产法》的一般规定应对。因此,在《企业破产

法》中属于普通债权、应当最后清偿的“个人储蓄存款的本金和利息”，依据《商业银行法》应当置于欠缴税款之前清偿。

在接管期间，为了防止商业银行财产流失、相关人员逃避责任的承担，监管部门也可采取相应强制措施。需要注意的是，采取强制措施的前置审批主体级别应为国务院银行业监督管理机构，而且也不能径行采取，需要申请司法机关采取强制措施。

题干中出现了“尚欠缴增值税、企业所得税”的迷惑表述。增值税与企业所得税不一定是企业于接管或破产清算程序期间新产生的，可能是企业在进入接管及破产清算程序前就存在的，所以B选项出现的“接管期间，商业银行仍需缴纳企业所得税”与“尚欠缴增值税、企业所得税”的表述并无直接对应关系。

｜解题思路与方法分析｜

商业银行的风险处置包括接管程序与破产清算两个阶段，这两个阶段应区分判断。

A选项考查银行业监督管理机构在接管期间的职权。造成甲银行信用危机的直接责任人是张某，其同时是甲银行的董事。在接管期间，其拟逃避责任。《银行业监督管理法》第40条第2款规定：“在接管、机构重组或者撤销清算期间，经国务院银行业监督管理机构负责人批准，对直接负责的董事、高级管理人员和其他直接责任人员，可以采取下列措施：……(二)申请司法机关禁止其转移、转让财产或者对其财产设定其他权利。”应由国务院银行业监督管理机构负责人批准予以申请，由司法机关负责禁止张某出售商品房。故选项A错误。

B选项考查企业所得税的概念。《企业所得税法》第5条规定：“企业每一纳税年度的收入总额，减除不征税收入、免税收入、各项扣除以及允许弥补的以前年度亏损后的余额，为应纳税所得额。”企业所得税的征税对象是“企业所得”，即企业的利润。倘若企业没有利润，则无须缴纳企业所得税。本题中，甲银行在被接管后，持续亏损，不应再缴纳企业所得税。故选项B错误。

C选项考查商业银行破产清算的清偿顺序。结合《企业破产法》第109条、第113条的规定，以及《商业银行法》第71条第2款规定：“商业银行破产清算时，在支付清算费用、所欠职工工资和劳动保险费用后，应当优先支付个人储蓄存款的本金和利息。”因此，商业银行的财产在优先清偿破产费用和共益债务后，依照下列顺序清偿：其一，商业银行所欠的职工的工资和医疗、伤残补助、抚恤费用，所欠的应当划入职工个人账户的基本养老保险、基本医疗保险费用，以及法律、行政法规规定应当支付给职工的补偿金；其二，个人储蓄存款的本金和利息；其三，商业银行拖欠的社会保险费用和破产人所欠税款；其四，普通债权。因此，个人储蓄存款的本金和利息应优先于税款受偿。故选项C错误。

D选项考查欠缴税款与罚款的清偿顺位。《税收征收管理法》第45条第2款规定：“纳税人欠缴税款，同时又被行政机关决定处以罚款、没收违法所得的，税收优先于罚款、没收违法所得。”因此，税款应优先于罚款受偿。故选项D正确。

5.｜参考答案｜C

｜设题陷阱与常见错误分析｜

本题围绕小微企业考查《企业所得税法》中对企业的税收优惠问题。A、B、D三个选项中均设置了一定的干扰情节，易误选此三项。A选项中，从税率角度考查小微企业的税收优惠。25%是一般企业的企业所得税税率，20%则是适用小型微利企业的税率。B选项考查应纳税所得额的税收优惠。B选项有两个关键词：“应纳税所得额”“加计扣除”。“加计扣除”是指按照税法规定，在实际发生数额的基础上，再加成一定比例，作为计算应纳税所得额时的扣除数额的一种税收优惠措施。需要注意的是，税收优惠针对的是应纳税所得额，不是以应纳税所得额为基数按税率计算的税款。如果不了解这一点，可能难以辨别C选项正确与否。另外，《企业所得税法》第28条第2款有“国家需要重点扶持的高新技术企业，减按15%的税率征收企业所得税”的规定，本题中“明日之星公司”虽被显示为高新技术企业，但并未指明其属于国家重点扶持对象,故考生如果未全面掌握该款规定的15%税率的适用条件,也有可能选错。D选项的命题思路也是如此。小型微利企业首先是企业,那么一定要首先适用一般企业的企业所得税规定。明白此点,便能正确作出答案。

| **解题思路与方法分析** |

依据《企业所得税法》第28条第1款的规定,小型微利企业,减按20%的税率征收企业所得税,故A选项正确,不选。

《企业所得税法》第30条规定:"企业的下列支出,可以在计算应纳税所得额时加计扣除:(一)开发新技术、新产品、新工艺发生的研发费用……"故B选项为正确,不选。

《企业所得税法》第12条第2款规定:"下列无形资产不得计算摊销费用扣除:……(二)自创商誉……"故C选项错误,当选。

《企业所得税法》第11条第2款规定:"下列固定资产不得计算折旧扣除:……(五)与经营活动无关的固定资产……"公司的主营业务是研发人工智能交互系统,而不是投资商品房。故D选项为正确,不选。

6. | **参考答案** | BD

| **设题陷阱与常见错误分析** |

本题的难点在于对于不同税种的理解,重点是对车船税、增值税和企业所得税的理解。A选项的陷阱在于对车船税的纳税主体的掌握。车船税的纳税主体是车船的所有人或者管理人,而不包括生产者。快奔公司是汽车生产公司,无须缴纳车船税。B选项的考点是增值税的性质和适用范围。增值税是以商品(含应税劳务)在流转过程中产生的增值额作为计税依据而征收的一种流转税。快奔公司销售汽车,即有增值税缴纳义务,不受其经营亏损的影响。C选项容易忽略的地方是企业所得税应纳税所得额的计算。企业所得税以企业在一定期间内的纯所得为征税对象。企业每一纳税年度的收入总额,减除不征税收入、免税收入、各项扣除以及允许弥补的以前年度亏损后的余额,为应纳税所得额。如果减除后的余额为零或负数,即没有应纳税所得额。

| **解题思路与方法分析** |

《车船税法》第1条规定:"在中华人民共和国境内属于本法所附《车船税税目税额表》规定的车辆、船舶(以下简称车船)的所有人或者管理人,为车船税的纳税人,应当依照本法缴纳车船税。"据此只有所有人或者管理人才需要缴纳车船税,而快奔公司作为生产者无须缴纳车船税,故A选项错误。

增值税是对商品生产、流通、劳务服务中多个环节的新增价值或商品的附加值征收的一种流转税,只要销售货物,就必须缴纳增值税。故B选项正确。

《企业所得税法》第5条规定:"企业每一纳税年度的收入总额,减除不征税收入、免税收入、各项扣除以及允许弥补的以前年度亏损后的余额,为应纳税所得额。"快奔公司2018年亏损了2000万元,无须缴纳企业所得税,故C选项错误。

只要是进口,就需要缴纳关税,快奔公司进口价值1亿元的发动机,需缴纳关税,故选项D正确。

7. | **参考答案** | ABCD

| **设题陷阱与常见错误分析** |

我国实行最严格的耕地保护制度,确保国家粮食安全是《土地管理法》的核心和宗旨。相较于普通耕地,永久基本农田的保护更为严格。《土地管理法》第33条第1款规定:"国家实行永久基本农田保护制度。下列耕地应当根据土地利用总体规划划为永久基本农田,实行严格保护:……(三)蔬菜生产基地……"因此,本题在永久基本农田的背景下,考查对其具体的保护措施。前两个选项的设问看似符合生态环保的要求,但这两个行为因仍会破坏永久基本农田的功能而应被禁止。后两个选项添加了"审批"的迷惑条件,且将审批级别规定为国务院,但无论是否经过审批、由谁审批,这两个行为均无法实施。特别地,选项C更具迷惑性。《土地管理法》第44条第2款规定:"永久基本农田转为建设用地的,由国务院批准。"但题干不是商用住宅,而是自用住宅,因此无法适用本条,

选项 C 错误。

| 解题思路与方法分析 |

依据《土地管理法》第 35 条第 1 款的规定,永久基本农田经依法划定后,任何单位和个人不得擅自占用或者改变其用途。永久基本农田不得"非粮化"。《土地管理法》第 37 条第 3 款规定:"禁止占用永久基本农田发展林果业和挖塘养鱼。"该条款没有例外规定。究其原因,耕地经过长年种植形成的耕作层和犁底层是粮食种植的最有利条件,没有这两个种植条件,粮食就难以保证产量,而挖塘养鱼要下挖土层,会破坏耕作层和犁底层;树木形成的树荫会与农作物抢夺阳光,根系会争夺养分。因此,为了保障粮食安全,永久基本农田上不得发展林果业和挖塘养鱼。故选项 A、选项 B 均错误,当选。

《土地管理法》第 62 条第 3 款规定:"农村村民建住宅,应当符合乡(镇)土地利用总体规划、村庄规划,不得占用永久基本农田,并尽量使用原有的宅基地和村内空闲地……"张某不得利用永久基本农田建立自用住宅,故选项 C 错误,当选。

依据《矿产资源法》第 35 条第 1 款的规定,允许个人采挖零星分散资源和只能用作普通建筑材料的砂、石、粘土以及为生活自用采挖少量矿产,张某采挖用作普通建筑材料的砂石看似应被允许。但是,《土地管理法》第 37 条第 2 款规定:"禁止占用耕地建窑、建坟或者擅自在耕地上建房、挖砂、采石、采矿、取土等。"也就是说,不能在耕地上采挖用作普通建筑材料的砂石。永久基本农田是耕地的一种,张某亦不能在永久基本农田上实施上述行为。故选项 D 错误,当选。

8. | 参考答案 | ABCD

| 设题陷阱与常见错误分析 |

本题 A 选项与 B 选项均设有"无法采取改正措施消除对规划实施的影响"的条件,容易被理解为二者选一。但是,两个选项中的处置措施依据《城乡规划法》中不同的法律条文,各有其适用前提。考生未注意适用前提,就容易想当然地排除其中一个选项。C 选项考查城市管理执法部门的执法措施。"直接"两个字是题眼。查封施工现场是较为严厉的执法措施,轻易不会使用。需要以"当事人不停止建设或者逾期不拆除的"为采取措施的前提。D 选项考查补报规划审批手续的适用前提。不是所有的建设工程都可以补报材料。违法建筑不适用补报程序,而应当由相关部门采取其他措施予以纠正。考生如果能全面理解法条内容,把握执法措施之间的关系,而不是局限于碎片化的简单记忆,上述各项中设置的陷阱其实都不难发现。

| 解题思路与方法分析 |

《城乡规划法》第 66 条规定:"建设单位或者个人有下列行为之一的,由所在地城市、县人民政府城乡规划主管部门责令限期拆除,可以并处临时建设工程造价一倍以下的罚款:(一)未经批准进行临时建设的;(二)未按照批准内容进行临时建设的;(三)临时建筑物、构筑物超过批准期限不拆除的。"责令限期拆除的对象是"临时建筑",而题干中的私人老宅不是临时建筑。故 A 选项错误,当选。

《城乡规划法》第 64 条规定:"未取得建设工程规划许可证或者未按照建设工程规划许可证的规定进行建设的,由县级以上地方人民政府城乡规划主管部门责令停止建设;尚可采取改正措施消除对规划实施的影响的,限期改正,处建设工程造价百分之五以上百分之十以下的罚款;无法采取改正措施消除影响的,限期拆除,不能拆除的,没收实物或者违法收入,可以并处建设工程造价百分之十以下的罚款。"房屋扩建部分可以拆除的应当采取拆除措施,只有在不能拆除的情况下才能采取没收措施。故 B 选项错误,当选。

《城乡规划法》第 68 条规定:"城乡规划主管部门作出责令停止建设或者限期拆除的决定后,当事人不停止建设或者逾期不拆除的,建设工程所在地县级以上地方人民政府可以责成有关部门采取查封施工现场、强制拆除等措施。"因此,只有在当事人不停止建设或者逾期不拆除的情况下才能采取查封施工现场的措施。故 C 选项错误,当选。

《城乡规划法》第67条规定:“建设单位未在建设工程竣工验收后六个月内向城乡规划主管部门报送有关竣工验收资料的,由所在地城市、县人民政府城乡规划主管部门责令限期补报;逾期不补报的,处一万元以上五万元以下的罚款。”该条针对的是合法建筑工程的竣工验收资料报送问题,不适用于违法建筑工程。故D选项错误,当选。

9.｜参考答案｜B

｜设题陷阱与常见错误分析｜

本题的命题陷阱主要在于考生对于临时使用林地期限、使用及植被恢复的理解。获批的用地单位或者个人临时使用林地的期限一般不超过2年,且不得在临时使用的林地上修建永久性建筑物。临时使用林地期满后1年内,用地单位或者个人应当恢复植被和林业生产条件,拒不恢复的用地单位或者个人应承担代为履行所需费用。

｜解题思路与方法分析｜

A、B选项考查临时使用林地的恢复。根据《森林法》第38条的规定,“需要临时使用林地的,应当经县级以上人民政府林业主管部门批准……临时使用林地期满后一年内,用地单位或者个人应当恢复植被和林业生产条件”。本案中,立川公司于2021年1月1日取得临时使用林地的权利,2022年12月31日中止勘探,因此,立川公司应于临时使用林地期满后的1年内,即2023年12月31日前恢复植被及林业生产条件。钻井和供勘探人员居住的房屋属于临时性建筑物,应于临时使用林地期满后1年内,由立川公司恢复植被和林业生产条件。因此,钻井和供勘探人员居住的房屋应于2023年12月31日前拆除。故A选项错误,不当选,B选项正确,当选。

C选项考查林地恢复的代为履行。根据《森林法》第81条第1款的规定,“违反本法规定,有下列情形之一的,由县级以上人民政府林业主管部门依法组织代为履行,代为履行所需费用由违法者承担:(一)拒不恢复植被和林业生产条件,或者恢复植被和林业生产条件不符合国家有关规定;(二)拒不补种树木,或者补种不符合国家有关规定”。本案中,立川公司勘探时造成大量树木毁坏,拒不补种树木。因此,应由县级以上人民政府林业主管部门依法组织代为履行,代为履行的费用由立川公司承担。故C选项错误,不当选。

D选项考查林地恢复的代为履行,并考查森林保险的基本知识。根据《森林法》第63条的规定,“国家支持发展森林保险。县级以上人民政府依法对森林保险提供保险费补贴”。森林保险是指由保险公司向森林经营者提供的保险服务,保障森林资源免受灾害和破坏的损失。本案中,大量树木被毁是由立川公司勘探造成,非人力无法抗拒的自然灾害导致,不适用森林保险责任范围,且由森林保险补偿代履行补种费用不符合森林保险保费补贴政策的目的。因此,依据《森林法》第81条的规定,临时使用林地恢复植被和生产条件的费用由拒不补种的立川公司承担,而非森林保险补偿。故D选项错误,不当选。

10.｜参考答案｜C

｜设题陷阱与常见错误分析｜

本题需要考生判断出马某和清爽公司的劳动合同属于非全日制用工合同,其工作时间、报酬支付和解除方式区别于全日制用工合同。A选项考查非全日制用工的工作时间,其平均每日工作时间不超过4小时,每周工作时间累计不超过24小时,考生需要留意选项中的数字。选项B考查非全日制用工合同解除的方式,难度较低,但要求考生准确记忆法律规定。选项C考查非全日制合同解除后的经济补偿,区别于全日制用工合同,非全日制在终止用工时,用人单位不向劳动者支付经济补偿。选项D考查非全日制用工的争议解决方式,解决争议的方式很多,可以和解、调解、仲裁和诉讼等。

｜解题思路与方法分析｜

依照题干可知,马某是非全日制用工,适用非全日制用工的规定。根据《劳动合同法》第68条的规定,非全日制用工,是指以小时计酬为主,劳动者在同一用人单位一般平均每日工作时间不超过4小时,每周工作时间累计不超过24小时的用工形式。故A选项错误。

根据《劳动合同法》第 71 条的规定，非全日制用工双方当事人任何一方都可以随时通知对方终止用工。故 B 选项错误。

根据《劳动合同法》第 71 条的规定，非全日制用工双方当事人任何一方都可以随时通知对方终止用工。终止用工，用人单位不向劳动者支付经济补偿。故 C 选项正确。

根据《劳动争议调解仲裁法》第 4 条的规定，发生劳动争议，劳动者可以与用人单位协商，也可以请工会或者第三方共同与用人单位协商，达成和解协议。根据《劳动争议调解仲裁法》第 5 条的规定，发生劳动争议，当事人不愿协商、协商不成或者达成和解协议后不履行的，可以向调解组织申请调解；不愿调解、调解不成或者达成调解协议后不履行的，可以向劳动争议仲裁委员会申请仲裁；对仲裁裁决不服的，除本法另有规定外，可以向人民法院提起诉讼。故 D 选项错误。

方 法 篇

如何解答本学科客观题

考查要求

本科目旨在考查学生运用国际私法知识解决涉外民商事司法实践的能力，通常为案例题的形式，这种考查原则和思路偏重灵活性和应用性，提示考生将学习或复习重点放在中国国际私法立法和司法解释上，需要在熟悉法条的基础上做到融会贯通。

本科目所反映的主要法律法规既包括国际法渊源，也包括国内法渊源，其中，国内法渊源是考查的重点。**国际法渊源主要是指国际私法条约**，包括《关于向国外送达民事或商事司法文书和司法外文书公约》《关于从国外调取民事或商事证据的公约》等。**国内法渊源主要是指国内立法和司法解释**，立法主要包括《涉外民事关系法律适用法》《海商法》《票据法》《民用航空法》《民事诉讼法》《仲裁法》中的国际私法规则；司法解释主要包括《民诉解释》、最高人民法院《关于适用〈中华人民共和国涉外民事关系法律适用法〉若干问题的解释（一）》[以下简称《法律适用法解释（一）》]、最高人民法院《关于适用〈中华人民共和国涉外民事关系法律适用法〉若干问题的解释（二）》、最高人民法院《关于审理涉外民商事案件适用国际条约和国际惯例若干问题的解释》以及最高人民法院《关于设立国际商事法庭若干问题的规定》。

内地与香港特别行政区、澳门特别行政区以及大陆与台湾地区之间的民事司法协助的法律规范、双边安排和司法解释也构成国际私法的国内法渊源。在上述国际私法渊源中，考生尤其需要重点关注《涉外民事关系法律适用法》及其司法解释，其构成当前中国国际私法的核心规范，因而需要作为重点复习和掌握。同时，考生还须关注中国国际私法的立法和司法解释的发展动态，对于新颁布的法律及司法解释应及时纳入复习备考的范围。

试卷分析

本学科重点考查学生运用国际私法知识解决中国涉外民商事司法实践的能力，考生的复习须以中国国际私法立法和司法解释为中心展开，尤其是对于核心立法和司法解释，需要逐条准确掌握和认真领会，做到学以致用。

同时，考生需要形成综合性的知识体系，**即在一个案例分析过程中，同时考虑国际法、国际私法、国际经济法或其他相关部门法的知识点内容**。例如，关于国籍制度和外国人的出入境制度的案例，可能同时涉及国际私法及国际法的知识点；关于国际民事纠纷的案例，可能同时涉及国际私法与国际经济法的知识点；关于国际商事诉讼和国际商事仲裁的案例，可能同时涉及国际私法与民事诉讼法及仲裁法的知识点。所以，考生一方面须对本科目考试大纲中涉及的知识点进行系统掌握；另一方面须提高法律学习的系统性，提高综合灵活运用多个部门法解决实践问题的能力。

学科重点

国际私法是调整涉外民事关系的法律部门，随着我国不断加快改革开放步伐，“一带一路”倡议持续深入推进，我国涉外民商事交往日益密切，涉外民商事纠纷也随之增多。在此背景下，国际私法在我国法律体系中的重要性日益凸显，是培养涉外法治人才不可或缺的法律部门。

国际私法素以学理晦涩著称，同时它牵涉国际法、民商法、民事诉讼法等诸多法学学科的知识，考生要真正学好国际私法并非易事，不仅须对本学科有深入理解，还须具备系统全面的法学功底。国际私法知识体系如图 2 所示。

- 国际私法
  - 总论
    - 基本问题：定义、范围、性质
    - 主体：自然人、法人、国家和国际组织
    - 冲突规范与准据法
    - 冲突法的一般问题
      - 定性
      - 反致
      - 法律规避
      - 外国法的查明
      - 公共秩序保留
  - 法律适用
    - 权利能力和行为能力
    - 物权
    - 合同
    - 侵权
    - 各类商事关系
    - 婚姻家庭
    - 继承
    - 知识产权
  - 程序
    - 国际民事诉讼
    - 区际民事司法协助
    - 国际商事仲裁

图 2　国际私法知识体系

本科目的考查要求是考生能够熟练运用国际私法的制度和规则解决我国面临的涉外民事实践问题。**因此,本科目主要围绕我国国际私法的相关立法和司法解释进行考查。**国际私法的考点相对集中,参考和学习的法律法规数量相对较少,因此,只要复习方法得当,考生可以取得较为理想的备考效果。

从考生复习备考来看,涉外民事管辖权、各类涉外民商事关系的法律适用、国际民事司法协助、判决的跨国间承认和执行、外国仲裁裁决的承认和执行以及区际民事司法协助等内容需要重点关注。尤其是我国立法中有明确规定的民商事关系法律适用规则,包括民事行为能力、合同、侵权、不当得利、无因管理、仲裁条款、海事关系、票据关系及民用航空关系的法律适用规则等内容在过去考试中均有所涉及。

国际私法知识点上易混淆的部分主要集中在总论中"冲突法的一般问题"内,包括法律规避、公共秩序保留等。考生须对国际私法上的这些制度进行认真学习,比较其区别,以免混淆。就法律适用而言,考生应明确,经常居所而非国籍抑或住所是我国立法上确定属人法的关键连结点。在各类法律适用规则中,如果立法规定了具体的规则,则须优先适用具体规则。例如,我国立法同时规定了一般侵权行为的法律适用规则和网络侵权、知识产权侵权等特殊类型的侵权法律适用规则,在这种情况下,对于特殊类型的侵权,应适用立法专门为其制定的具体的法律适用规则。

此外,考生需要关注国际民事诉讼与国内民事讼程序的区别。就国际私法案件而言,应优先适用民事诉讼法中关于涉外民事诉讼程序的专门性规范,只有在民事诉讼法没有专门用于涉外民事诉讼程序的法律规范时,才能适用民事诉讼法的一般程序规范。

需要强调的是,2023年,全国人大常委会通过《关于修改〈中华人民共和国民事诉讼法〉的决定》,对其第四编"涉外民事诉讼程序的特别规定"进行了系统修改,较为完善地构建了我国涉外民事诉讼程序制度和规则,这是近年来我国涉外领域立法的重要里程碑,考生须予以重点学习和复习。

由于区际私法也被纳入本科目的考查范围,考生还需要关注内地(大陆)与香港特别行政区、澳门特别行政区和台湾地区之间的民事司法协助的法律规范、双边安排和司法解释,尤其须关注近年来新颁布或更新的规范性文件。同时提醒考生在复习过程中要更加注意国际私法学科与国际法、国际经济法等相关学科知识点的融会贯通。

复习攻略

与国际法和国际经济法相比,国际私法考点相对集中,涉及的法律法规相对较少。因此,国际私法的理论虽然较多且较为复杂,但只要制定科学合理的复习备考策略,考生仍然可以取得较为理想的考试成绩。备考国际私法科目的要点如下。

第一,关注中国国际私法立法与司法解释。国际私法试题侧重于中国国际私法立法与司法解释,而不在于纯粹理论性的知识点。

第二,联通国内法与国际法以及内国法与外国法。这对于考生的法律基础和法律逻辑思维能力要求较高,因此,考生应加强各相关部门知识的融会贯通,尤其是注意国际私法和国际法、国际经济法、民事诉讼法、仲裁法以及民法和商法的关联性,通过系统思维训练打通各部门法的学科樊篱。

答题范例与实战演练

答题范例

| 题目指引 |

作为调整国际民商事法律关系的法律部门，国际私法关注的核心问题是如何解决国际民商事争议。本题主要考查通过仲裁解决涉外民商事纠纷涉及的相关国际私法制度和规则，知识点相对集中，又具有一定综合性，包括：仲裁条款的法律适用问题、仲裁条款的效力、在涉外合同纠纷属于我国法院专属管辖的情况下当事人能否约定仲裁以及外国仲裁裁决的承认和执行等。

| 题　目 |

【不定项选择题】中国甲公司与德国乙公司在北京签订中外合资经营企业合同，约定合同适用中国法，纠纷提交瑞典斯德哥尔摩仲裁院在新加坡仲裁。后因履约纠纷，乙公司将纠纷提交斯德哥尔摩仲裁院，甲公司则以仲裁条款无效为由主张管辖权异议。关于本案，依我国相关法律规定和司法实践，下列选项正确的是：

A. 仲裁条款的效力应适用中国法

B. 如仲裁条款依新加坡法无效，而依瑞典法有效，则应认定为有效

C. 本合同纠纷属于我国法院专属管辖，不得约定由外国仲裁机构仲裁

D. 如斯德哥尔摩仲裁院对本合同纠纷作出裁决，我国法院不应承认和执行

| 参考答案 | ＿＿＿＿＿①

| 推导过程 |

本题考查考生对仲裁条款法律适用的掌握以及是否全面准确地理解仲裁与诉讼的关系。《涉外民事关系法律适用法》第 18 条规定：“当事人可以协议选择仲裁协议适用的法律。当事人没有选择的，适用仲裁机构所在地法律或者仲裁地法律。”《法律适用法解释（一）》第 12 条规定：“当事人没有选择涉外仲裁协议适用的法律，也没有约定仲裁机构或者仲裁地，或者约定不明的，人民法院可以适用中华人民共和国法律认定该仲裁协议的效力。”最高人民法院《关于审理仲裁司法审查案件若干问题的规定》第 13 条规定：“当事人协议选择确认涉外仲裁协议效力适用的法律，应当作出明确的意思表示，仅约定合同适用的法律，不能作为确认合同中仲裁条款效力适用的法律。”该规定第 14 条进一步指出：“人民法院根据《中华人民共和国涉外民事关系法律适用法》第 18 条的规定，确定确认涉外仲裁协议效力适用的法律时，当事人没有选择适用的法律，适用仲裁机构所在地的法律与适用仲裁地的法律将对仲裁协议的效力作出不同认定的，人民法院应当适用确认仲裁协议有效的法律。”

依据上述规定可知，本案当事人约定合同适用中国法，不能由此认为仲裁条款也应当适用中国法。由此可知，A 项错误。同时，由于案涉仲裁机构在瑞典，仲裁地在新加坡，故仲裁条款应适用瑞典法或新加坡法。如瑞典法与新加坡法对仲裁条款的效力有不同认定，人民法院应认定仲裁条

① B

款有效。据此,B 项正确。

依据《民诉解释》第 529 条第 2 款的规定,属于我国法院专属管辖的案件,当事人不得协议选择外国法院管辖,但协议选择仲裁的除外。可见,本案当事人可以将该合同纠纷提交外国仲裁机构解决,故 C 项错误。以此为逻辑出发点,考生可以继续推得:如斯德哥尔摩仲裁院对本合同纠纷作出裁决,一方当事人申请承认和执行该裁决,人民法院应依据《承认及执行外国仲裁裁决公约》和《民事诉讼法》决定是否应承认和执行该裁决,而非当然地不予以承认和执行。由此,D 项错误。综上所述,本题应选 B。

刷　题　篇

重点考向与真题精粹

01 考向　适用冲突规范的制度

1.【单项选择题】沙特某公司在华招聘一名中国籍雇员张某。为规避中国法律关于劳动者权益保护的强制性规定,劳动合同约定排他性地适用菲律宾法。后因劳动合同产生纠纷,张某向中国法院提起诉讼。关于该劳动合同的法律适用,下列哪一选项是正确的?

A. 适用沙特法

B. 因涉及劳动者权益保护,直接适用中国的强制性规定

C. 在沙特法、中国法与菲律宾法中选择适用对张某最有利的法律

D. 适用菲律宾法

| 参考答案 | ________①

| 设题陷阱与常见错误分析 |

本题考查的是《涉外民事关系法律适用法》及《法律适用法解释(一)》关于强制性规定的条款。本题的常见错误是未考虑到我国国际私法上的强制性规定,而适用了《涉外民事关系法律适用法》关于劳动合同的法律适用。

| 解题思路与方法分析 |

依据《涉外民事关系法律适用法》第 4 条规定,中国法律对涉外民事关系有强制性规定的,直接适用该强制性规定。《法律适用法解释(一)》第 8 条进一步规定,涉及劳动者权益保护的,人民法院应当认定为《涉外民事关系法律适用法》第 4 条规定的强制性规定,当事人不能通过约定排除适用,人民法院无须通过冲突规范指引而应直接适用。在本题中,沙特某公司与张某的合同约定排他性的适用菲律宾法,系为规避中国法关于劳动者权益保护的强制性规定,因此,A、C、D 均为错误,应选 B,即应直接适用中国的强制性规定。

综上所述,本题应选 B 项。

2.【多项选择题】在某合同纠纷中,中国当事方与甲国当事方协议选择适用乙国法,并诉至中国法院。关于该合同纠纷,下列哪些选项是正确的?

A. 当事人选择的乙国法,仅指该国的实体法,既不包括其冲突法,也不包括其程序法

B. 如乙国不同州实施不同的法律,人民法

① B

院应适用该国首都所在地的法律

C. 在庭审中，中国当事方以乙国与该纠纷无实际联系为由主张法律选择无效，人民法院不应支持

D. 当事人在一审法庭辩论即将结束时决定将选择的法律变更为甲国法，人民法院不应支持

｜**参考答案**｜＿＿＿＿＿①

｜**设题陷阱与常见错误分析**｜

依据《涉外民事关系法律适用法》的规定，涉外民事关系适用外国法律，该国不同区域适用法律的，适用与该民事关系有最密切联系的法律，而不应适用该国首都所在地的法律。此外，依据《法律适用法解释（一）》第 6 条的规定，当事人在一审法庭辩论终结前协议变更选择适用的法律的，人民法院应予准许。

｜**解题思路与方法分析**｜

依据《涉外民事关系法律适用法》第 9 条的规定，涉外民事关系运用的外国法律，不包括该国的法律适用法。我国不承认反致，涉外民事关系适用的外国法仅指该外国的实体法，不包括冲突法；此外，依据国际民事诉讼法的基本原则，法院审理国际民事诉讼，程序问题仅适用法院地法，故 A 项正确。

依据《涉外民事关系法律适用法》第 6 条的规定，涉外民事关系适用外国法律，该国不同区域实施不同法律的，适用与该民事关系有最密切联系的法律，故 B 项错误；依据该法第 41 条，当事人可以协议选择合同适用的法律；同时，依据《法律适用法解释（一）》第 5 条的规定，一方当事人以双方协议选择的法律与系争的涉外民事关系没有实际联系为由主张选择无效的，人民法院不予支持，故 C 项正确。

依据《法律适用法解释（一）》第 6 条第 1 款的规定，当事人在一审法庭辩论终结前协议变更选择适用的法律的，人民法院应予准许，故 D 项错误。

综上所述，本题应选 AC 项。

02 考向 国际民商事关系的法律适用

1.【单项选择题】经常居所同在上海的越南公民阮某与中国公民李某结伴乘新加坡籍客轮从新加坡到印度游玩。客轮在公海遇风暴沉没，两人失踪。现两人亲属在上海某法院起诉，请求宣告两人失踪。依中国法律规定，下列哪一选项是正确的？

A. 宣告两人失踪，均应适用中国法

B. 宣告阮某失踪，可适用中国法或越南法

C. 宣告李某失踪，可适用中国法或新加坡法

D. 宣告阮某与李某失踪，应分别适用越南法与中国法

｜**参考答案**｜＿＿＿＿＿②

｜**设题陷阱与常见错误分析**｜

该题设置了当事人的国籍分别为越南与中国，他们共同乘坐的客轮为新加坡籍，他们从新加坡处出发到印度游玩以及客轮在公海沉没等干扰项。如果考生不能准确理解《涉外民事关系法律适用法》关于宣告自然人失踪的法律适用规则，就很容易作出错误选择。

｜**解题思路与方法分析**｜

本题考查我国法律关于自然人宣告失踪的法律适用规定。依据《涉外民事关系法律适用法》第 13 条的规定，宣告失踪或者宣告死亡，适用自然人的经常居所地法。据此，宣告阮某与李某失踪，均应适用其经常居所地法，即中国法，而其国籍、所乘坐客轮的国籍、乘船线路以及客轮失踪地点均与宣告其失踪的法律适用无关。

综上所述，本题应选 A 项。

2.【单项选择题】2014 年 1 月，北京居民李某的一件珍贵首饰在家中失窃后被窃贼带至甲国。同年 2 月，甲国居民陈某在当地珠宝市

① AC

② A

场购得该首饰。2015 年 1 月，在获悉陈某将该首饰带回北京拍卖的消息后，李某在北京某法院提起原物返还之诉。关于该首饰所有权的法律适用，下列哪一选项是正确的？

A. 应适用中国法

B. 应适用甲国法

C. 如李某与陈某选择适用甲国法，不应支持

D. 如李某与陈某无法就法律选择达成一致，应适用甲国法

| **参考答案** | __________①

| **设题陷阱与常见错误分析** |

本题考查《涉外民事关系法律适用法》第 37 条关于动产物权的法律适用。由于该条将意思自治引入动产物权，因而本题常见的错误是考生忽视当事人有权就该首饰所有权适用法律进行协议选择，而直接认为应适用动产交易地法。

| **解题思路与方法分析** |

依据《涉外民事关系法律适用法》第 37 条的规定，当事人可以协议选择动产物权适用的法律。当事人没有选择的，适用法律事实发生时动产所在地法律。由此可见，依据该法，李某与陈某可以就该首饰的所有权选择适用的法律，如未选择或无法达成一致，应适用动产交易地法，即甲国法。据此，A、B 项未考虑当事人选择法律的情况，因此错误。同理，如当事人协议选择适用甲国法，人民法院应予支持，故 C 项错误。如当事人无法就法律选择达成一致，应适用该珍贵首饰交易地法，即甲国法，故 D 项正确。

综上所述，本题应选 D 项。

3.【单项选择题】经常居所在广州的西班牙公民贝克，在服务器位于西班牙的某网络论坛上发帖诽谤经常居所在新加坡的中国公民王某。现王某将贝克诉至广州某法院，要求其承担侵害名誉权的责任。关于该纠纷的法律适用，下列哪一选项是正确的？

A. 侵权人是西班牙公民，应适用西班牙法

B. 被侵权人的经常居所在新加坡，应适用新加坡法

C. 被侵权人是中国公民，应适用中国法

D. 论坛服务器在西班牙，应适用西班牙法

| **参考答案** | __________②

| **设题陷阱与常见错误分析** |

本题考查中国关于网络侵权法律适用的规定，设计了侵权人、被侵权人的国籍以及服务器所在地等具有干扰性的连结因素。本题的常见错误包括：第一，考生错误适用法律规定，没有用《涉外民事关系法律适用法》第 46 条关于网络侵权法律适用的规定，而是用该法调整一般侵权的第 44 条或其他条款解题，因而作出错误选择。第二，考生对《涉外民事关系法律适用法》第 46 条将被侵权人的经常居所地作为网络侵权法律适用的连结点没有准确把握，从而受干扰项影响，作出错误选择。

| **解题思路与方法分析** |

依据《涉外民事关系法律适用法》第 46 条的规定，通过网络或者采取其他方式侵害姓名权、肖像权、隐私权等人格权的，适用被侵权人经常居所地法律。可见，该条将被侵权人的经常居所地作为确定网络侵权法律适用的唯一连结点，侵权人、被侵权人的国籍以及服务器所在地均不构成其连结点。在本题中，因被侵权人王某的经常居所在新加坡，故应适用新加坡法，B 项正确。

综上所述，本题应选 B 项。

4.【单项选择题】英国公民苏珊来华短期旅游，因疏忽多付房费 1000 元，苏珊要求旅店返还遭拒后，将其诉至中国某法院。关于该纠纷的法律适用，下列哪一选项是正确的？

A. 因与苏珊发生争议的旅店位于中国，因此只能适用中国法

B. 当事人可协议选择适用瑞士法

C. 应适用中国法和英国法

D. 应在英国法与中国法中选择适用对苏珊有利的法律

| **参考答案** | __________③

① D

② B

③ B

| 设题陷阱与常见错误分析 |

本题考查《涉外民事关系法律适用法》关于不当得利的法律适用规则。依据该法第47条,不当得利纠纷首先适用当事人协议选择适用的法律,且未对法律选择做出限制。换言之,当事人可以选择与纠纷无关的国家的法律,考生如未理解这一点,则容易作出错误判断。

| 解题思路与方法分析 |

本题考查不当得利法律适用的法律规定。《涉外民事关系法律适用法》第47条规定,不当得利、无因管理,适用当事人协议选择适用的法律。当事人没有选择的,适用当事人共同经常居所地法律;没有共同经常居所地的,适用不当得利、无因管理发生地法律。由此可见,不当得利首先适用当事人协议选择适用的法律,且法律未对当事人的选择加以限制。当事人没有选择的,适用当事人共同经常居所地法律,没有共同经常居所地的,适用不当得利发生地法。

据此,本题A项未考虑当事人选择法律的可能性,强调只能适用中国法,因而错误。当事人可以协议选择与纠纷无关的第三国法,如瑞士法,故B项正确。此外,由于苏珊系短期来华旅游,其经常居所不在中国,所以,如双方未选择法律,应适用不当得利产生地法,即中国法。C项要求同时适用中国法与英国法,明显不符合法律规定,D项也缺少法律依据。

综上所述,本题应选B项。

5.【单项选择题】中国公民李某在柏林签发一张转账支票给德国甲公司用于支付货款,付款人为中国乙银行北京分行;甲公司在柏林将支票背书转让给中国丙公司,丙公司在北京向乙银行请求付款时被拒。关于该支票的法律适用,依中国法律规定,下列哪一选项是正确的?

A.如李某依中国法为限制民事行为能力人,依德国法为完全民事行为能力人,应适用德国法

B.甲公司对该支票的背书行为,应适用中国法

C.丙公司向甲公司行使票据追索权的期限,应适用中国法

D.如丙公司不慎将该支票丢失,其请求保全票据权利的程序,应适用德国法

| 参考答案 | __________①

| 设题陷阱与常见错误分析 |

《涉外民事关系法律适用法》没有整合散落在《票据法》《海商法》《民用航空法》等单行法律中的冲突规范。在《涉外民事关系法律适用法》实施后,上述这些单行法律中的冲突规范因而继续有效。对此,《法律适用法解释(一)》第3条作了明确规定:"涉外民事关系法律适用法与其他法律对同一涉外民事关系法律适用规定不一致的,适用涉外民事关系法律适用法的规定,但《中华人民共和国票据法》《中华人民共和国海商法》《中华人民共和国民用航空法》等商事领域法律的特别规定以及知识产权领域法律的特别规定除外。涉外民事关系法律适用法对涉外民事关系的法律适用没有规定而其他法律有规定的,适用其他法律的规定。"不少考生在复习国际私法时,往往只顾及《涉外民事关系法律适用法》,而忽视了《票据法》《海商法》《民用航空法》等法律中的冲突规范,因而容易失分。

| 解题思路与方法分析 |

本题考查票据的法律适用。依据《票据法》第96条第2款的规定,票据债务人的民事行为能力,依照其本国法律为无民事行为能力或者限制民事行为能力而依照行为地法律为完全民事行为能力的,适用行为地法律。据此,A项正确。

《票据法》第98条规定,票据的背书等行为适用行为地法,故甲公司对该支票的背书转让行为应适用德国法,B项错误。

《票据法》第99条规定,票据追索权的行使期限,适用出票地法,故丙公司向甲公司行使追索权的期限应适用德国法,C项错误。

《票据法》第101条规定,票据丧失时,失票人请求保全票据权利的程序适用付款地法律,故丙公司不慎将该支票丢失,其请求保全票

① A

据权利的程序，应适用中国法，D 项错误。

综上所述，本题应选 A 项。

6.【单项选择题】中国甲公司将其旗下的东方号货轮光船租赁给韩国乙公司，为便于使用，东方号的登记国由中国变更为巴拿马。现东方号与另一艘巴拿马籍货轮在某海域相撞，并被诉至中国某海事法院。关于本案的法律适用，下列哪一选项是正确的？

A. 两船碰撞的损害赔偿应适用中国法

B. 如两船在公海碰撞，损害赔偿应适用《联合国海洋法公约》

C. 如两船在中国领海碰撞，损害赔偿应适用中国法

D. 如经乙公司同意，甲公司在租赁期间将东方号抵押给韩国丙公司，该抵押权应适用中国法

| **参考答案** | ________①

| **设题陷阱与常见错误分析** |

如前所述，不少考生在复习国际私法时，只顾及《涉外民事关系法律适用法》，而忽视了《票据法》《海商法》《民用航空法》等法律中的冲突规范，因而失分。本题综合考查了《海商法》中关于船舶抵押权与船舶碰撞的法律适用规则，考生如未复习到，或对之没有准确理解，极易作出错误选择。其中，最常见的错误系源于没有正确理解船舶抵押权的法律适用规则。我国《海商法》规定，船舶在光船租赁以前或者光船租赁期间，设立抵押权的，适用原船舶登记国的法律。之所以这样规定，是因为船舶在光船租赁后，承租人往往希望船舶悬挂对其有利的船旗而变更船旗国，而依据《海商法》，有权对船舶设定抵押权的为船舶所有权人。在这种情况下，如果船舶在光船租赁期间设立船舶抵押权的，抵押权适用变更后的船旗国法律，不仅会导致法律适用上的不稳定与不合理，也对船舶所有权人不公平，还有违最密切联系原则。在本题中，东方号的登记国由中国变更为巴拿马，在租赁期间，甲公司将东方号抵押给韩国丙公司，故该抵押权应适用原登记国即中国的法律，而非巴拿马法。

| **解题思路与方法分析** |

依据《海商法》第 271 条的规定，船舶抵押权适用船旗国法律。船舶在光船租赁以前或者光船租赁期间，设立抵押权的，适用原船舶登记国的法律。据此，在光船租赁期间设立的抵押权应适用东方号的原登记国法，即中国法，D 项正确。

依据《海商法》第 273 条的规定，船舶碰撞的损害赔偿，适用侵权行为地法律。船舶在公海上发生碰撞的损害赔偿，适用受理案件的法院所在地法律。同一国籍的船舶，不论碰撞发生于何地，碰撞船舶之间的损害赔偿适用船旗国法律。由于碰撞时两船的船旗国均为巴拿马，故两船不论在哪里碰撞，损害赔偿均应适用巴拿马法，故 A、B、C 项错误。

综上所述，本题应选 D 项。

7.【多项选择题】韩国公民金某在新加坡注册成立一家公司，主营业地设在香港特别行政区。依中国法律规定，下列哪些选项是正确的？

A. 该公司为新加坡籍

B. 该公司拥有韩国与新加坡双重国籍

C. 该公司的股东权利义务适用中国内地法

D. 该公司的民事权利能力与行为能力可适用我国香港特别行政区法或新加坡法

| **参考答案** | ________②

| **设题陷阱与常见错误分析** |

关于法人的国籍，我国法律以注册登记地作准，而与设立法人的自然人国籍或主营业地无关，考生如不掌握该点，就容易做出错误选择。关于法人的能力与股东权利义务的法律适用，《涉外民事关系法律适用法》作了明确规定，考生需准确理解该法的相关规定，否则，极容易受到干扰项影响而做出错误选择。

| **解题思路与方法分析** |

本题同时考查我国确定法人国籍的法律规定以及关于法人权利能力、行为能力法律适用

---

① D

② AD

用的规定。依据《公司法》第2条与第243条的规定，我国以公司的注册登记地确定公司的国籍。本题中，公司在新加坡注册登记，故其国籍为新加坡，A项正确，B项错误。

依据《涉外民事关系法律适用法》第14条的规定，法人及其分支机构的民事权利能力、民事行为能力、组织机构、股东权利义务等事项，适用登记地法。法人的主营业地与登记地不一致的，可以适用主营业地法。法人的经常居所地，为其主营业地。在本题中，公司的主营业地在我国香港特别行政区，登记地在新加坡，故其民事权利能力、行为能力及股东权利义务等事项可以适用我国香港特别行政区的法或新加坡法，C项错误，D项正确。

综上所述，本题应选AD项。

8.【多项选择题】新加坡公民王颖与顺捷国际信托公司在北京签订协议，将其在中国的财产交由该公司管理，并指定受益人为其幼子李力。在管理信托财产的过程中，王颖与顺捷公司发生纠纷，并诉至某人民法院。关于该信托纠纷的法律适用，下列哪些选项是正确的？

A. 双方可协议选择适用瑞士法

B. 双方可协议选择适用新加坡法

C. 如双方未选择法律，法院应适用中国法

D. 如双方未选择法律，法院应在中国法与新加坡法中选择适用有利于保护李力利益的法律

| **参考答案** | ________①

| **设题陷阱与常见错误分析** |

本题考查《涉外民事关系法律适用法》关于信托的法律适用规定。依据该法第17条规定，当事人可以协议选择信托适用的法律，且该条未对当事人选择的法律作出限制，因此，当事人可以选择与信托关系无关的瑞士法，A项因而正确。该条还规定，当事人没有选择的，适用信托财产所在地法律或者信托关系发生地法律。可见，我国关于信托的法律适用并没有规定保护未成年人利益的原则，D项是一个干扰性较强的选项，考生容易误选D项。

| **解题思路与方法分析** |

《涉外民事关系法律适用法》第17条规定，当事人可以协议选择信托适用的法律。当事人没有选择的，适用信托财产所在地法律或者信托关系发生地法律。据此，双方可以选择适用瑞士法或新加坡法，故A、B项正确。

如双方未选择法律，因财产所在地与信托关系发生地均在中国，故应适用中国法，C项正确，D项错误。

综上所述，本题应选ABC项。

9.【多项选择题】中国公民王某将甲国公民米勒诉至某人民法院，请求判决两人离婚、分割夫妻财产并将幼子的监护权判决给她。王某与米勒的经常居所及主要财产均在上海，其幼子为甲国国籍。关于本案的法律适用，下列哪些选项是正确的？

A. 离婚事项，应适用中国法

B. 夫妻财产的分割，王某与米勒可选择适用中国法或甲国法

C. 监护权事项，在甲国法与中国法中选择适用有利于保护幼子利益的法律

D. 夫妻财产的分割与监护权事项均应适用中国法

| **参考答案** | ________②

| **设题陷阱与常见错误分析** |

本题的难点在于考查点较多，考生须对《涉外民事关系法律适用法》关于夫妻关系、离婚以及监护的法律适用规定都有准确的理解，如果对其中任何一项规定的把握不准确，均有可能作出错误选择。

| **解题思路与方法分析** |

《涉外民事关系法律适用法》对监护、诉讼离婚与夫妻财产关系的法律适用分别作出了规定，该法第27条规定，诉讼离婚，适用法院地法，故本案的离婚事项应适用中国法，A项正确。

该法第24条规定，夫妻财产关系，当事人可以协议选择适用一方当事人经常居所地法律、国籍国法或者主要财产所在地法。据此，B

① ABC
② ABC

项正确。

该法第30条规定,监护适用一方当事人经常居所地法律或者国籍国法律中有利于保护被监护人权益的法律。据此,C项正确,D项错误。

综上所述,本题应选ABC项。

10.【多项选择题】经常居所在上海的瑞士公民怀特未留遗嘱死亡,怀特在上海银行存有100万元人民币,在苏黎世银行存有10万欧元,且在上海与巴黎各有一套房产。现其继承人因遗产分割纠纷诉至上海某法院。依中国法律规定,下列哪些选项是正确的?

A. 100万元人民币存款应适用中国法

B. 10万欧元存款应适用中国法

C. 上海的房产应适用中国法

D. 巴黎的房产应适用法国法

| **参考答案** | __________①

| **设题陷阱与常见错误分析** |

关于法定继承的法律适用,《涉外民事关系法律适用法》采取区别制,即区分动产与不动产,作出不同规定,考生需要知晓之。此外,对于动产的法定继承,我国法律规定适用被继承人死亡时的经常居所地法,考虑到本题设置了被继承人的国籍、动产所在地等具有干扰性质的条件,考生如未准确把握法条的内容,则容易作出错误选择。

| **解题思路与方法分析** |

本题考查《涉外民事关系法律适用法》关于法定继承的规定。依据该法第31条规定,法定继承,适用被继承人死亡时的经常居所地法,但不动产法定继承,适用不动产所在地法。本题中,怀特的经常居所在中国上海,其两笔银行存款属于动产,故均应适用中国法,而与存款存于何国的银行无关。据此,A、B项正确。怀特在上海与巴黎的房产属于不动产,应适用不动产所在地法,据此,他在上海与巴黎的房产应分别适用中国法与法国法,C、D项正确。

综上所述,本题应选ABCD项。

11.【多项选择题】韩国甲公司为其产品在中韩两国注册了商标。中国乙公司擅自使用该商标生产了大量仿冒产品并销售至中韩两国。现甲公司将乙公司诉至中国某法院,要求其承担商标侵权责任。关于乙公司在中韩两国侵权责任的法律适用,依中国法律规定,下列哪些选项是正确的?

A. 双方可协议选择适用中国法

B. 均应适用中国法

C. 双方可协议选择适用韩国法

D. 如双方无法达成一致,则应分别适用中国法与韩国法

| **参考答案** | __________②

| **设题陷阱与常见错误分析** |

《涉外民事关系法律适用法》对知识产权侵权规定了具体的法律适用条款,该条规定引入了当事人意思自治原则,且“被侵权保护地”是一个具有一定理解难度的术语,加之该条先前较少被考到,因此,本题具有相当难度,考生如未能透彻理解法条的含义,则有可能作出错误选择。

| **解题思路与方法分析** |

本题考查知识产权侵权的法律适用。《涉外民事关系法律适用法》第50条规定,知识产权的侵权责任,适用被请求保护地法律,当事人也可以在侵权行为发生后协议选择适用法院地法律。据此,双方当事人可以协议选择法院地法,即中国法适用于乙公司在中韩两国的侵权责任,而不能选择韩国法,可见,A项正确,C项错误。

如双方无法达成一致,乙公司在中韩两国的侵权责任应适用被请求保护地法律。在本题中,由于知识产权具有属地性特征,甲公司在中国与韩国分别注册了商标,乙公司擅自使用该商标生产了大量仿冒产品并销售至中韩两国,在这种情况下,中国与韩国分别为乙公司在该两国承担侵权责任的被请求保护国。鉴于此,乙公司在中韩两国侵权责任的法律适用,如双方当事人无法达成一致,则应分别适用中国法

---

① ABCD

② AD

与韩国法。可见,B 项错误,D 项正确。

综上所述,本题应选 AD 项。

03 考向 国际民商事争议的解决

1.【单项选择题】英国人施密特因合同纠纷在中国法院涉诉。关于该民事诉讼,下列哪一选项是正确的?

A. 施密特可以向人民法院提交英文书面材料,无须提供中文翻译件

B. 施密特可以委托任意一位英国出庭律师以公民代理的形式代理诉讼

C. 如施密特不在中国境内,英国驻华大使馆可以授权本馆官员为施密特聘请中国律师代理诉讼

D. 如经调解双方当事人达成协议,人民法院已制发调解书,但施密特要求发给判决书,应予拒绝

| **参考答案** | ________①

| **设题陷阱与常见错误分析** |

本题旨在考查考生对《民事诉讼法》与《民诉解释》中关于外国人在中国的民事诉讼地位的相关规定的整体把握与理解。常见的错误是认为在国际民事诉讼中,外国公民可以委托任意一位外国公民以公民代理的形式代理诉讼,而忽视《民事诉讼法》第 61 条关于公民代理的规定亦应适用于国际民事诉讼。

| **解题思路与方法分析** |

依据《民诉解释》第 525 条第 1 款的规定,当事人向人民法院提交的书面材料是外文的,应当同时向法院提交中文翻译件,故 A 项错误。

依据《民诉解释》第 526 条的规定,涉外民事诉讼中的外籍当事人,可以委托本国人为其代理人,也可委托本国律师以非律师身份担任诉讼代理人;同时,需要强调的是,代理涉外民事诉讼应符合《民事诉讼法》第 61 条的规定。依据《民事诉讼法》第 61 条第 2 款第 2 项、第 3 项,仅当事人的近亲属或工作人员以及当事人所在社区、单位及有关社会团体推荐的公民才能以公民代理的形式代理诉讼。可见,公民代理的范围大为缩减,外国律师原则上不能以公民代理的形式代理诉讼,除非其符合该两项的规定,故 B 项错误。

依据《民诉解释》第 527 条的规定,在涉外民事诉讼中,外国驻华使领馆授权其本馆官员,在作为当事人的本国国民不在中国领域内的情况下,可以以外交代表的身份聘请中国律师或中国公民代理民事诉讼,故 C 项正确。

依据《民诉解释》第 528 条的规定,涉外民事诉讼中,经调解双方达成协议,应当制发调解书。当事人要求发给判决书的,可以依协议的内容制作判决书发给当事人,故 D 项错误。

综上所述,本题应选 C 项。

2.【单项选择题】蒙古国公民高娃因民事纠纷在蒙古国某法院涉诉。因高娃在北京居住,该蒙古国法院欲通过蒙古国驻华使馆将传票送达高娃,并向其调查取证。依中国法律规定,下列哪一选项是正确的?

A. 蒙古国驻华使馆可向高娃送达传票

B. 蒙古国驻华使馆不得向高娃调查取证

C. 只有经中国外交部同意后,蒙古国驻华使馆才能向高娃送达传票

D. 蒙古国驻华使馆可向高娃调查取证并在必要时采取强制措施

| **参考答案** | ________②

| **设题陷阱与常见错误分析** |

本题考查中国法律关于外国使领馆向在我国境内的该国公民送达司法文书与调查取证的规定,考生需要对我国的法律规定有准确理解;否则,很容易在本题设置的干扰项前做出错误选择。

| **解题思路与方法分析** |

本题考查中国关于文书送达与调查取证的规定。依据《民事诉讼法》第 294 条第 2 款的规定,外国驻华使领馆可以向该国公民送达文书和调查取证,但不得违反中国法律,并不得采

① C

② A

取强制措施。据此,蒙古国驻华使馆可以向其本国公民高娃送达民事诉讼的传票,A 项正确、C 项错误;该国使馆也可以向高娃调查取证,但不得采取强制措施,故 B 项与 D 项错误。

综上所述,本题应选 A 项。

3.【单项选择题】俄罗斯公民萨沙来华与中国公民韩某签订一份设备买卖合同。后因履约纠纷韩某将萨沙诉至中国某法院。经查,萨沙在中国境内没有可供扣押的财产,亦无居所;该套设备位于中国境内。关于本案的管辖权与法律适用,依中国法律规定,下列哪一选项是正确的?

A. 中国法院没有管辖权

B. 韩某可在该套设备所在地或合同签订地法院起诉

C. 韩某只能在其住所地法院起诉

D. 萨沙与韩某只能选择适用中国法或俄罗斯法

| **参考答案** | ________①

| **设题陷阱与常见错误分析** |

本题同时考查国际民事诉讼管辖权与法律适用两个问题。依据《民事诉讼法》关于涉外民商事纠纷管辖权的规定,我国法院可以行使管辖权的连结点较为宽泛,考生需要对该法第 276 条的内容有准确的理解,否则,很容易做出错误选择;同时,我国《涉外民事关系法律适用法》赋予合同当事人选择法律的权利,且未要求当事人选择与合同纠纷有关的国家的法律,几类特殊合同除外。由于本题涉及的合同不属于法律规定的几类特殊合同,当事人因而可以选择与合同无关的国家的法律。

| **解题思路与方法分析** |

本题同时考查中国法律关于涉外民商事纠纷的管辖权规则以及合同的法律适用规则。依据《民事诉讼法》第 276 条的规定,因涉外民事纠纷,对在中华人民共和国领域内没有住所的被告提起除身份关系以外的诉讼,如果合同签订地、合同履行地、诉讼标的物所在地、可供扣押财产所在地、侵权行为地、代表机构住所地位于中华人民共和国领域内的,可以由合同签订地、合同履行地、诉讼标的物所在地、可供扣押财产所在地、侵权行为地、代表机构住所地人民法院管辖。除前款规定外,涉外民事纠纷与中华人民共和国存在其他适当联系的,可以由人民法院管辖。本题中,韩某因而可以在合同签订地或诉讼标的物所在地法院起诉,B 项正确,A、C 项错误。

另外,依据《涉外民事关系法律适用法》第 41 ~ 46 条的规定,涉外合同当事人可以选择与合同无关的法律,几类特殊合同除外。由于本题涉及的合同不属于法律规定的几类特殊合同,因而当事人可以选择与纠纷无关的国家的法律,据此,D 项错误。

综上所述,本题应选 B 项。

4.【单项选择题】中国甲公司与日本乙公司的商事纠纷在日本境内通过仲裁解决。因甲公司未履行裁决,乙公司向某人民法院申请承认与执行该裁决。中、日均为《承认及执行外国仲裁裁决公约》(以下简称《纽约公约》)缔约国,关于该裁决在中国的承认与执行,下列哪一选项是正确的?

A. 该人民法院应组成合议庭审查

B. 如该裁决是由临时仲裁庭作出的,该人民法院应拒绝承认与执行

C. 如该人民法院认为该裁决不符合《纽约公约》的规定,即可直接裁定拒绝承认和执行

D. 乙公司申请执行该裁决的期间应适用日本法的规定

| **参考答案** | ________②

| **设题陷阱与常见错误分析** |

本题考查外国仲裁裁决在我国的承认与执行,特别是涉及《纽约公约》、最高人民法院《关于人民法院处理与涉外及外国仲裁事项有关的通知》与《民诉解释》的相关规定。本题最常见的错误是:不少考生认为,由于我国现行法律仅承认机构仲裁,因此,对于在境外由临时仲裁庭作出的仲裁,我国法院不应承认与执行。事实上,由于我国是《纽约公约》的缔约国,而

---

① B

② A

公约并不承认以临时仲裁为拒绝承认与执行外国裁决的理由，且最高人民法院在《民诉解释》中明确规定，对临时仲裁庭在中国领域外作出的裁决，一方当事人向人民法院申请承认和执行的，人民法院应当依据《民事诉讼法》第290条（现第304条）的规定处理。所以，本题B项是错误的。

｜解题思路与方法分析｜

本题考查外国仲裁裁决在中国的承认与执行。依据《民诉解释》第548条第1款的规定，承认和执行外国仲裁裁决的案件，人民法院应当组成合议庭进行审查，故A项正确。

依据《民诉解释》第543条的规定，对临时仲裁庭在中国领域外作出的裁决，一方当事人向人民法院申请承认和执行的，人民法院应当依据《民事诉讼法》第290条（现第304条）的规定处理，据此，B项错误。

依据最高人民法院《关于人民法院处理与涉外仲裁及外国仲裁事项有关的通知》，如果人民法院认为外国仲裁裁决不符合我国参加的国际公约的规定，在裁定不予执行或者拒绝承认和执行之前，必须报请本辖区所属高级人民法院进行审查；如果高级人民法院同意不予执行或者拒绝承认和执行，应将其审查意见报最高人民法院。待最高人民法院答复后，方可裁定不予执行或者拒绝承认和执行。据此，C项错误。

依据《民诉解释》第545条的规定，当事人申请承认和执行外国仲裁裁决的期间适用《民事诉讼法》第246条（现第250条）的规定，据此，D项错误。

综上所述，本题应选A项。

04 考向　区际法律问题

【多项选择题】秦某与洪某在台北因合同纠纷涉诉，被告洪某败诉。现秦某向洪某财产所在地的大陆某中级人民法院申请认可该台湾地区的民事判决。关于该判决的认可，下列哪些选项是正确的？

A. 人民法院受理秦某申请后，应当在立案之日起6个月内审结

B. 受理秦某的认可申请后，作出裁定前，秦某要求撤回申请的，人民法院应当允许

C. 如人民法院裁定不予认可该判决，秦某可以在裁定作出1年后再次提出申请

D. 人民法院受理申请后，如对该判决是否生效不能确定，应告知秦某提交作出判决的法院出具的证明文件

｜参考答案｜__________①

｜设题陷阱与常见错误分析｜

认可台湾地区法院民事判决方面，最高人民法院曾相继出台过多个规定。2015年6月29日，最高人民法院公布了《关于认可和执行台湾地区法院民事判决的规定》，并自2015年7月1日起实施。如对这一法律规定没有做到准确把握，考生便容易作出错误选择。

｜解题思路与方法分析｜

《关于认可和执行台湾地区法院民事判决的规定》第14条第1款规定："人民法院受理认可台湾地区法院民事判决的申请后，应当在立案之日起六个月内审结。有特殊情况需要延长的，报请上一级人民法院批准。"A项正确。

《关于认可和执行台湾地区法院民事判决的规定》第13条规定："人民法院受理认可台湾地区法院民事判决的申请后，作出裁定前，申请人请求撤回申请的，可以裁定准许。"可见此处为"可以"而非"应当"，B项错误。

《关于认可和执行台湾地区法院民事判决的规定》第19条规定："对人民法院裁定不予认可的台湾地区法院民事判决，申请人再次提出申请的，人民法院不予受理，但申请人可以就同一争议向人民法院起诉。"C项错误。

《关于认可和执行台湾地区法院民事判决的规定》第9条规定："申请人申请认可台湾地区法院民事判决，应当提供相关证明文件，以证明该判决真实并且已经生效。申请人可以申请人民法院通过海峡两岸调查取证司法互助途径查明台湾地区法院民事判决的真实性和是否生效以及当事人得到合法传唤的证明文件；

① AD

人民法院认为必要时,也可以就有关事项依职权通过海峡两岸司法互助途径向台湾地区请求调查取证。"D项正确。

综上所述,本题应选AD项。

2024年模拟测试

1.【单项选择题】主营业地在上海的中国H公司工程师刘某,受公司派往南部非洲工作,在南非、莫桑比克等数个国家巡回工作。工作期间,刘某遭受人身侵害。刘某结束工作任务回国后,在我国法院针对H公司提出有关赔偿请求,H公司则以有关权利请求超过诉讼时效为由提出抗辩。依我国法律规定,有关该案所涉的诉讼时效,应适用哪一国家的法律?

A. 甲国法律

B. 中国法律

C. 双方当事人所选择的法律

D. 甲国法律或中国法律

2.【多项选择题】我国内地居民黄某自2008年起定居香港,2023年在香港去世前立下信托遗嘱,指定万某作为有关遗产的受托人和执行人。万某依据该信托遗嘱向我国内地某房产管理部门申请办理黄某名下房产信托管理手续。黄某儿子甲以自己是该遗产唯一法定继承人为由,对黄某名下的房产提出继承主张,万某遂将争议诉至我国内地法院。关于本案,下列哪些说法是正确的?

A. 有关该案争议法律属性的认定适用我国内地法律

B. 有关该信托遗嘱的有效性可适用中国香港法律

C. 有关该信托遗嘱的有效性可适用我国内地法律

D. 有关该信托遗嘱所涉房产管理之争应适用我国内地法律

3.【多项选择题】在我国注册成立的图书进出口商甲公司,开发了一款应用软件以方便客户共享数据资源,并在中国和新加坡两国销售。德国出版商施洛奇以甲公司开发的该款应用软件侵犯其版权为由,诉至我国法院,判令甲公司终止相关侵权行为并给予赔偿。关于本案,依我国法律规定,下列哪些选项是正确的?

A. 甲公司在中国销售该软件应承担的侵权责任适用中国法

B. 甲公司在新加坡销售该软件应承担的侵权责任适用新加坡法

C. 甲公司与施洛奇公司可以在法庭开庭前选择适用中国法

D. 甲公司在中国和新加坡销售该软件应承担的侵权责任均应适用中国法

参考答案及解析

1. | **参考答案** | B

| **设题陷阱与常见错误分析** |

本题的法律依据为《涉外民事关系法律适用法》第7条和第43条。本案争议为时效法律适用问题,就此《涉外民事关系法律适用法》第7条有明确规定,即"诉讼时效,适用相关涉外民事关系应当适用的法律"。本题的核心在于如何确定有关争议法律关系的法律适用问题。

| **解题思路与方法分析** |

《涉外民事关系法律适用法》第7条规定,诉讼时效,适用相关涉外民事关系应当适用的法律。因此,本案所涉诉讼时效应适用的法律,取决于本案实体纠纷适用的法律。虽然本案系因当事人遭受人身侵害,但从根本上分析起来,问题的争点乃在于劳务合同之争,而非侵权之争。有关劳务合同争议,《涉外民事关系法律适用法》第43条明确规定:"劳动合同,适用劳动者工作地法律;难以确定劳动者工作地的,适用用人单位主营业地法律。劳务派遣,可以适用劳务派出地法律。"由此,刘某被派往南部非洲工作,工作地难以确定,故应适用H公司的

主营业地法律，即中国法。据此，本题应选 B。

2. ｜ **参考答案** ｜ ABCD

｜ **设题陷阱与常见错误分析** ｜

本题的答题依据是《涉外民事关系法律适用法》第 8 条、第 31 ~ 34 条，《法律适用法解释(一)》第 17 条。就有关涉及香港特别行政区案件的法律适用问题，虽然《涉外民事关系法律适用法》等立法并无明确规定，但《法律适用法解释(一)》第 17 条明确规定，涉及香港特别行政区的民事关系的法律适用问题，参照适用本规定。

｜ **解题思路与方法分析** ｜

在明确上述前提的基础上，考生应注意到本案争议案情较为复杂，几乎涉及继承法律适用的各个方面。首先涉及有关继承到底为法定继承抑或为遗嘱继承的定性问题。对此，《涉外民事关系法律适用法》第 8 条有明确规定，应适用法院地法，由此，选项 A 为正确选项；其次涉及该案所涉遗嘱效力之争。依据《涉外民事关系法律适用法》第 33 条的规定，遗嘱人立遗嘱时或者死亡时经常居所地法律或者国籍国法律均在可适用之列，故选项 B 和选项 C 所涉香港特别行政区法律和我国内地法律均在可适用之列；最后涉及有关信托遗嘱所涉房产管理之争。依据《涉外民事关系法律适用法》第 34 条之规定，遗产管理并不区分法定继承抑或遗嘱继承的问题，统一适用遗产所在地法律，该案遗产即争议房产在我国内地，故选项 D 亦为正确选项。综上，本题答案为 ABCD。

3. ｜ **参考答案** ｜ ABC

｜ **设题陷阱与常见错误分析** ｜

本题考查知识产权侵权的法律适用问题，答题依据是《涉外民事关系法律适用法》第 50 条。关于知识产权侵权，我国法律规定，适用被请求保护地法律，如何准确理解被请求保护国，特别是被请求保护国与法院地国的关系，构成正确答题的关键。被请求保护国是指权利人认为其知识产权应当受到保护的国家，而受理诉讼请求的法院可能是被请求保护国，也可能不是被请求保护国。不少考生因未能准确理解两者关系，往往将被请求保护国错误地等同为法院地国，故产生答题失误。

｜ **解题思路与方法分析** ｜

《涉外民事关系法律适用法》第 50 条规定："知识产权的侵权责任，适用被请求保护地法律，当事人也可以在侵权行为发生后协议选择适用法院地法律。"由此可见，知识产权的侵权责任原则上适用被请求保护地法，但当事人也可以在侵权行为发生后协议选择适用法院地法。本题中，甲公司开发的软件被销售到中国和新加坡两国，因知识产权具有地域性，故中国和新加坡两国分别构成施洛奇公司版权的被保护国，甲公司在该两国的侵权责任分别适用该两国法，故此，A、B 项正确，D 项错误。同时，依据《涉外民事关系法律适用法》第 50 条的规定，当事人也可以在侵权行为发生后协议选择适用法院地法律，故 C 项正确。综上，本题答案为 ABC。

方 法 篇

如何解答本学科客观题

考查要求

1. 国内外规则知识点融于实务中

本科目涉及的法律法规,既包括国际条约和国际惯例,也包括国内的相关立法和司法解释。近年国际经济法试题的趋势,除了个别题目专门对理论性问题进行知识辨析,绝大多数的试题均采取案例或实例来回应学科知识的考查点,即针对重要的知识点,提炼出具有代表性的案例题,考查考生的知识运用能力。

2. 关注新呈现的知识点对实务的影响

本科目试题呈现理论与实务相结合的特点,相当一部分试题结合近年来国际领域的热点问题或者焦点事件来命题。为了避免考生在成功步入涉外业务后,涉外知识体系依赖旧有内容的惯性思维,因此,在出现新的国际或国内立法、司法解释和国际惯例等的情况下,这些新热点也会一定程度反映在考试中,以促使考生能熟知相关新变化,并通过实例与新规则相结合的方式,让考生了解新规则对实务的影响。

3. 综合知识点融于实务中

实务的问题可能不只涉及单一的知识点,多知识点的涉及需要考生对国际经济法知识的整体把控。此类命题具有一定的灵活性、综合性和应用性,考生在国际经济法的学习或复习时不能仅是简单记忆,需要结合国际经济法律实践中的常见问题,注重相关知识的综合运用。

试卷分析

1. 综合性强,往往一个案例涉及多知识点

本科目对法科学生及法律职业人掌握的要求突出跨不同环节的知识点的特征。例如,买卖合同与运输相结合、运输与保险相结合、运输与支付相结合、国际投资与国际税法相结合等。

本学科教学重点主要涉及三个方面：(1)横向贸易法中的“国际货物买卖”(包括国际货物买卖合同和贸易术语)、“国际货物运输”、“国际货物保险”和“国际贸易支付”；(2)纵向贸易法中包括“我国的对外贸易管理制度”和“WTO法律制度”；(3)“国际经济法领域的其他法律制度”包括“国际知识产权法”、“国际投资法”、“国际融资法”和“国际税法”。

国际经济法学科的难点一直是国际贸易法，涉及横向贸易法部分、纵向贸易管制法部分，以及WTO法律制度，国际贸易法覆盖了该科目大多数知识点。国际经济法的考查基本都属于理解应用型，而且出题灵活，要注重理解条文规定背后的意义，而非死记硬背。

2. 核心法条融于实例中

国际经济法的核心法条会融于实例中，而非单独考核法条的内容。例如，依2020年国际贸易术语的内容进行考查，在涉及运输的试题中融入最高人民法院有关无单放货的司法解释，或者在涉及投资的命题中融入相关国际投资公约及国内立法的规定等。

国际经济法的核心法条涉及“国际货物买卖”的《国际贸易术语解释通则®2020》和《联合国国际货物销售合同公约》；涉及“国际贸易支付”的《ICC跟单信用证统一惯例》(简称UCP600)、最高人民法院《关于审理信用证纠纷案件若干问题的规定》；涉及“国际货物运输”的最高人民法院《关于审理无正本提单交付货物案件适用法律若干问题的规定》；涉及贸易管制的《对外贸易法》《出口管制法》《反倾销条例》《反补贴条例》《保障措施条例》等；涉及“国际投资法”的《外商投资法》《外商投资法实施条例》《外商投资安全审查办法》，以及《关于解决国家和他国国民之间投资争端公约》等。

学科重点

国际经济法是中国特色社会主义法律体系中涉外法律的重要板块之一。近年在国际政治经济等多种因素的影响下，美西方出现了逆全球化的倾向。在此背景下，我国一方面继续坚持多边主义，另一方面统筹推进“一带一路”建设与“双循环”新发展格局。展望未来，兼具国际国内法律基础知识，并具有国际经济法的视野和素养，已经成为合格法律职业人才应该具备的重要能力。

国际经济法是调整国际经贸关系的法律部门，除了总论部分，主要包括国际货物买卖法、国际运输与保险法、国际支付与结算法、对外贸易管制法、WTO法律制度、国际知识产权法、国际投资法、国际金融法以及国际税法等内容。

国际经济法并非大多数考生日常接触和熟知的部门法，正如国家统一法律职业资格考试大纲所强调的一样，**国际经济法的教学重点在于掌握国际经济法的基本原理、基础知识和主要制度**。鉴于国际经济法制度体系复杂，知识点较为专业，考生对于应考内容的广度和深度应合理掌握。从考试标准化检测来看，本科目要求考生兼顾理论与实践，对于国际经济法的知识能系统整体地掌握，并能够对重点的实务知识点予以灵活运用。

复习攻略

法学学生应当首先从整体性、规律性、原则性的层面把握国际经济法的相关知识。总体来讲，国际经济法的重点比较集中。一般来讲，国际贸易法所涵盖的内容包括国际货物买卖、国际货物运输与保险、国际贸易支付等；对外贸易管制部分的考点集中在几种贸易救济措施。此外，世界贸易组织的争端解决机制、多边投资担保机构、解决国际投资争端中心、知识产权的国际保护、融资担保、国际税收管辖等也是重点考点。因此，法科学生在学习涉及国际贸易法等重要部分时可以相对细致全面，而在涉及国际经济法其他领域法律问题时掌握要点即可。

具体包括以下内容：

1. 国际货物贸易涉及的法律问题部分

（1）《国际贸易术语解释通则®2020》：除主要术语的掌握之外，还应注意其主要修改的内容。例如，CIP 术语，卖方取得的保险提高，应为一切险，但仍可约定较低的险别；在 FGA、DAP、DPU、DDP 术语下，卖方或买方可使用自己的运输工具安排运输；将 DAT 改为 DPU，DPU 目的地卸货后交货，这个目的地不再限于"运输的终端"，目的地可以是任何地方，在目的地将货物卸下交货。

（2）《联合国国际货物销售合同公约》：①应掌握适用公约和不适用公约的情况。②公约适用的任意性，关注与贸易术语的关系，即选择了贸易术语，则会排除相关国际公约的内容的适用。③国际货物买卖合同双方的义务：其中卖方主要义务涉及交付货物、提前交货、质量担保、权利担保和知识产权担保的限制；买方主要义务有支付货款、接收货物和检验货物。④国际货物买卖的风险转移：应注意风险转移的时间和承担。⑤违反合同的补救方法：应从卖方违约时买方的救济措施，和买方违约时卖方的救济措施两个角度进行掌握。⑥适用于买卖双方的一般规定：包括预期违反合同、中止履行义务的适用条件、中止履行义务的结束、分批交付的货物无效及处理方法、保全货物，以及其他补救。

（3）国际货物运输：①班轮运输：掌握提单不同种类的特点。②掌握无正本提单交付货物问题的相关规定。③调整班轮运输的国际公约：掌握《海牙规则》有关承运人责任、免责、责任期间、诉讼时间等方面的规定；比较《维斯比规则》《汉堡规则》《海牙规则》的异同。

（4）国际货物运输保险：掌握平安险、水渍险、一切险的承保范围、保险期限和除外责任等。特别注意该部分内容与 CIF 等价格术语、国际货物运输的结合点。共同海损与单独海损的区别，以及委付制度。

（5）国际支付结算部分：①汇付和托收：注意汇付是顺汇法，托收和信用证是逆汇法，托收中银行的义务和免责。②信用证：重点把握信用证的流转程序；当事人之间的关系；单单相符、单证相符；信用证欺诈的例外等，以及最高人民法院《关于审理信用证纠纷案件若干问题的规定》的规定。

2. 贸易管理部分

（1）关注的法条：《对外贸易法》《出口管制法》《反倾销条例》《反补贴条例》《保障措施条例》。

（2）关注的内容：①《对外贸易法》：对外贸易经营者的资格，限制和禁止进出口和一般例外等。②《出口管制法》：管制的对象、管制的主体和出口管制措施。③贸易救济措施：对比掌握反倾销、反补贴和保障措施三种贸易救济措施中的相关规定、特点、区别、实施条件、调查及措施的特点。

3. 世界贸易组织法律制度

（1）关税与贸易总协定：重点掌握最惠国待遇制度、国民待遇制度、约束关税、一般取消数量限制和一般例外。

（2）服务贸易总协定：掌握四种服务贸易的形式，跨境服务、境外服务、商业存在以及自然人流动。

（3）争端解决机制：专家组、上诉机构的基本程序特点。

4. 国际经济法领域的其他法律制度

（1）知识产权的国际保护：①《保护工业产权巴黎公约》：掌握国民待遇原则、优先权原则、独立性原则、临时性保护原则和驰名商标的保护。②《保护文学和艺术作品伯尔尼公约》：掌握国民待遇原则（"作者国籍""作品国籍"）、自动保护原则和版权独立性原则。③《与贸易有关的知识产权协议》：把握该协议的特点和保护的七种知识产权。④知识产权许可协议的种类和特点。

（2）国际投资法：①《外商投资法》：负面清单、安全审查制度和投资合同。②《外商投资安全审查办法》：审查的外商投资类型、审查机构，安全审查范围、审查程序和违规惩戒。③《多边投资担保机构公约》:掌握承保的风险、合格投资者、合格投资、合格东道国和代位求偿的相关规定。④《关于解决国家和他国国民之间投资争端公约》:掌握解决国际投资争端中心的管辖权、争端主体的要求、争端性质和裁决的承认与执行。⑤《与贸易有关的投资措施协议》中禁止使用的措施。

(3)国际融资法:①国际贷款协议:消极担保条款,预期违约。②国际融资担保:掌握备用信用证。③最高人民法院《关于审理独立保函纠纷案件若干问题的规定》:掌握独立保函的特征、性质、开立时间和生效、规则适用、付款责任、表面相符的规定、不符点的规定、欺诈认定、管辖权和法律适用等。

(4)国际税法:①居民税收管辖权和来源地税收管辖权。②国际重复征税和国际重叠征税的概念。③"共同申报准则"(CRS):掌握被交换的信息范围和特点。

(5)国际经济法的新领域:其一,《区域全面经济伙伴关系协定》(Regional Comprehensive Economic Partnership,RCEP)在货物贸易、原产地规则、服务贸易等方面的承诺。其二,网络安全与数据跨境流动:①《网络安全法》重点关注关键信息基础设施安全保护制度、网络安全等级保护制度、网络安全审查制度及数据跨境流动等制度。②《数据安全法》建立了数据安全保护的基本制度。③《个人信息保护法》规定了个人信息保护的基本原则和制度规则。

答题范例与实战演练

01 答题范例

| 题目指引 |

国际货物买卖的综合性试题不会只涉及单一内容,如下列题目就是将买卖合同、运输、保险和支付设计在一个试题中,A 选项既涉及贸易术语,又涉及保险责任。贸易术语部分选择了 CFR 术语,考查对术语的价格构成、双方的权利义务等内容的把握;保险方面涉及平安险,考查平安险承保风险的范围。B 选项涉及运输环节,重点考查学生对《海牙规则》有关承运人责任期间、承运人的责任与免责等内容的把握。C 选项考查支付与风险转移,涉及《联合国国际货物销售合同公约》第 66 条有关风险转移与支付义务的关系。D 选项涉及支付中 UCP600 号规定的银行保兑责任。

| 题　目 |

【单项选择题】中国时代公司与意大利浪潮公司订立了进口皮具的合同,采用 CFR 术语,信用证付款,甲银行为开证行,乙银行为保兑行。由"Biull"号货轮承运。货物投保了平安险。运输途中不幸遇台风,该船沉没。时代公司得到船沉的消息后,立即通知开证行停止付款。依相关国际销售合同公约、《海牙规则》、UCP600 号及保险条款,下列选项正确的是:

A. 保险公司应当对时代公司进行赔偿

B. "Biull"号货轮所有人应当赔偿时代公司,因为货物的损失发生在其责任期间内

C. 甲银行可不向浪潮公司付款,因该公司出售的货物已经在运输途中灭失

D. 乙银行的保兑责任因货物的灭失而解除

| 参考答案 | ________①

① A

| **推导过程** |

本题涉及国际货物买卖的几个环节，考查学生对各环节涉及的贸易术语、运输、保险和信用证支付问题的分析和解决能力。

A 选项正确，在 CFR 价格术语下，价格构成里是不包括保险费的，时代公司自行投保了平安险，平安险对自然灾害造成的全部损失是承担赔偿责任的。本题运输途中不幸遇台风，导致该船沉没，显然货物也会随着船舶的沉没而全损。因此，保险公司应对时代公司进行赔偿。

B 选项错误，依《海牙规则》，台风属于天灾，是《海牙规则》规定的承运人可免责的事项。B 选项试图通过货物的损失发生在承运人责任期间来混淆考生，让其误判应由承运人承担赔偿责任。该批货物确实是在承运人的责任期间受损的，但依《海牙规则》，天灾引起的货损承运人是可以免责的。

C 选项错误，本选项考查学生对风险转移与付款责任关系的把握，试图以货物已全损就不需要付款的错误选项来混淆考生。而依据《联合国国际货物销售合同公约》第 66 条规定，货物在风险移转到买方承担后遗失或损坏，买方支付价款的义务并不因此解除，除非这种遗失或损坏是由于卖方的行为或不行为所造成。因此，货物灭失也需付款。

D 选项错误，本选项试图以货物灭失，使银行的保兑责任也解除的错误选项来混淆考生。而依国际惯例 UCP600 号，保兑行对信用证进行保兑后，其承担的责任就相当于本身开证，保兑行的责任不因货物的灭失而解除。

02 答题范例

| **题目指引** |

国际经济法题目的另一个特点是可能会通过两批货物的题面设计扩大考点的考查范围。例如下列题目，第一批货物涉及买方提取货物和采取措施保全货物的责任，第二批货物涉及无单放货的问题。另外，还需要注意题目中的一些陷阱，例如在下列题目中，如考生只注意第一批中的三箱有质量问题，会顺着认为大云公司可以拒收，导致雨淋也应当由卖方维特尔公司承担责任，从而误选 B 项。对于无单放货问题，如考生误认为谁提走的货，大云公司就只能向谁索赔，会误选 D 项。而依据最高人民法院《关于审理无正本提单交付货物案件适用法律若干问题的规定》的规定，承运人与无正本提单提货人承担的是连带赔偿责任，所以不是只能向提货人索赔。

| **题　目** |

【多项选择题】中国大云公司从境外维特尔公司购买了两批货物，均投保了平安险。大云公司收到第一批货后经检验发现其中三箱有质量问题，决定拒收，于是将这三箱货物放置于码头，弃之不理，导致这三箱货物被雨淋。第二批货物，当大云公司凭正本提单到目的港提货时，发现已被他人凭副本提单提走。依《联合国国际货物销售合同公约》、我国有关司法解释及相关规则，下列选项正确的有：

A. 对第一批中的三箱被拒收的货物，大云公司应承担被雨淋的损失

B. 第一批中的三箱货物被拒收是因为质量问题，因此，维特尔公司应承担被雨淋的损失

C. 保险人不需要承担第一批中的三箱货物被雨淋赔偿责任

D. 对第二批货物，大云公司只能向提货人索赔

| **参考答案** | ________①

① AC

| **推导过程** |

本题涉及《联合国国际货物销售合同公约》第77条买方提取货物并采取措施减轻由于违约引起的损失的责任，以及最高人民法院《关于审理无正本提单交付货物案件适用法律若干问题的规定》规定，在出现无单放货时，承运人与无正本提单提货人承担的连带赔偿责任。

A选项正确，大云公司虽然可以对质量存在问题的货物拒收，但依《联合国国际货物销售合同公约》第77条的规定，声称另一方违约的一方，有义务采取合理的措施，减轻由于违约引起的损失，如不采取措施，如本题中任货物弃之码头而受损，则违约一方可要求从损害赔偿中扣除原可以减轻的损失数额。

B选项错误，虽然维特尔公司对货物的质量有责任，但大云公司将货物弃之码头，使之被雨淋，因而违反了上述第77条有关保全货物的规定，因此，对于雨淋造成的损失应由大云公司承担。

C选项正确，因为此题投保的是平安险，而淡水雨淋并不属于平安险的承保范围，保险人不需要承担赔偿责任。

D选项错误，《关于审理无正本提单交付货物案件适用法律若干问题的规定》第11条规定，正本提单持有人可要求承运人与无正本提单提货人承担连带赔偿责任，因此，正本提单持有人找承运人或提货人任何一方都可以要求其承担赔偿责任，D选项称谁提走的货，大云公司就只能向谁索赔，是在误导考生，依据《关于审理无正本提单交付货物案件适用法律若干问题的规定》的规定，承运人也应承担因无单放货给正本提单持有人造成的损失。

刷　题　篇

重点考向与真题精粹

01 考向　国际货物贸易

1.【单项选择题】中国伟业公司与甲国利德公司签订了采取铁路运输方式由中国出口一批货物的合同。后甲国法律发生变化，利德公司在收货后又自行将该批货物转卖到乙国，现乙国一公司声称该批货物侵犯了其知识产权。中国和甲国均为《联合国国际货物销售合同公约》和《国际铁路货物联运协定》缔约国。依相关规则，下列哪一选项是正确的？

A. 伟业公司不承担该批货物在乙国的知识产权担保义务

B. 该批货物的风险应于订立合同时由伟业公司转移给利德公司

C. 铁路运输承运人的责任期间是从货物装上火车时起至卸下时止

D. 不同铁路运输区段的承运人应分别对在该区段发生的货损承担责任

| **参考答案** | ________①

| **设题陷阱与常见错误分析** |

如考生不了解卖方对于不知名的转卖地发生的知识产权问题没有担保义务，会误认为伟业公司作为卖方自然应当对其卖出的货物出现的任何知识产权问题承担担保义务，从而

① A

不选择A项。如考生不了解铁路运输承运人的责任期间是从签发运单时起至终点交付货物时止,会误认为是“从货物装上火车时起至卸下时止”,而选择C项。

| 解题思路与方法分析 |

本题涉及《联合国国际货物销售合同公约》卖方义务中的知识产权担保义务和风险转移,以及《国际铁路货物联运协定》中的承运人责任。A选项正确,依据《联合国国际货物销售合同公约》第42条的规定,如果双方在订立合同时,没有规定货物的最终使用地或转卖地,则卖方对买方不承担向不知名的转卖地转卖的知识产权的担保义务。

B选项错误,依据《联合国国际货物销售合同公约》第67条的规定,如果销售合同涉及货物的运输,但卖方没有义务在某一特定地点交付货物,自货物按照销售合同交付给第一承运人以转交给买方时起,风险就移转到买方承担。如果卖方有义务在某一特定地点把货物交付给承运人,在货物于该地点交付给承运人以前,风险不移转到买方承担。B选项属于在运输中销售的货物的风险转移,而本题并不是在运输中被转卖的,而是在货到后再转卖的。

C选项错误,依据《国际铁路货物联运协定》的规定,承运人的责任期间是从签发运单时起至终点交付货物时止,而不是“从货物装上火车时起至卸下时止”。

D选项错误,依据《国际铁路货物联运协定》,按运单承运货物的铁路部门应对货物负连带责任,而不是“分别对在该区段发生的货损承担责任”。

2.【单项选择题】中国甲公司与法国乙公司商谈进口特种钢材,乙公司提供了买卖该种钢材的格式合同,两国均为1980年《联合国国际货物销售合同公约》缔约国。根据相关规则,下列哪一选项是正确的?

A.因两国均为公约缔约国,双方不能在合同中再选择适用其他法律

B.格式合同为该领域的习惯法,对双方具有约束力

C.双方可对格式合同的内容进行修改和补充

D.如双方在合同中选择了贸易术语,则不再适用公约

| **参考答案** | ________[1]

| **设题陷阱与常见错误分析** |

容易产生错误的是误认为格式合同对当事人具有约束力,当事人不能对其进行删、减、改,而误选B。

| 解题思路与方法分析 |

本题涉及格式合同和公约的适用。A选项涉及公约的适用,公约的任意性决定了尽管两国均为公约缔约国,当事人仍可以通过意思自治选择其他法律适用。依据《联合国国际货物销售合同公约》第6条的规定,双方当事人可以不适用本公约,或者在第12条的条件下,减损公约的任何规定或改变其效力。A选项错误。

B、C选项涉及格式合同的效力,格式合同并不是合同,它只是根据买卖合同应具备的基本内容所拟订的详细而固定的条文,印成固定的格式,所以叫作格式合同。格式合同具有针对性和简化性的作用。格式合同并不是习惯法,对双方没有约束力,B选项错误。C选项正确,格式合同只是贸易谈判的一方给另一方提供的建议性的文本,在当事人签字前不具有约束力。经双方当事人的协商,可以对格式合同中的条文内容进行修改、删节或补充,只有经过双方当事人同意,填写了空白的项目并签字后,才能成为当事人之间订立的一个有效的合同。

D选项涉及贸易术语和公约的适用。作为国际贸易惯例的国际贸易术语并不能覆盖国际货物买卖的全部内容,如违约救济等,因此,即使当事人选择了国际贸易术语,仍然需要适用1980年《联合国国际货物销售合同公约》。D选项错误。

3.【多项选择题】中国甲公司向波兰乙公司出口一批电器,采用DAP术语,通过几个区段的国际铁路运输,承运人签发了铁路运单,货

① C

到目的地后发现有部分损坏。依照相关国际惯例及《国际铁路货物联运协定》,下列哪些选项是正确的?

A. 乙公司必须确定损失发生的区段,并只能向该区段的承运人索赔

B. 铁路运单是物权凭证,乙公司可通过转让运单转让货物

C. 甲公司在指定目的地运输终端将仍处于运输工具上的货物交由乙公司处置时,即完成交货

D. 各铁路区段的承运人应承担连带责任

| 参考答案 | ________①

| 设题陷阱与常见错误分析 |

如考生将铁路运单与海运提单混淆,会误认为铁路运单也是物权凭证,可以流通。

| 解题思路与方法分析 |

本题涉及国际贸易术语及铁路货物运输。A 选项涉及国际铁路运输的责任,依据《国际铁路货物联运协定》按运单承运货物的铁路部门应对货物负连带责任。因此,乙公司不需要确定损失发生在什么区段。A 选项错误,D 选项正确。B 选项涉及铁路运单的特点,铁路运单不是物权凭证,不能流通,B 选项错误。C 选项涉及国际贸易术语,依照《国际贸易术语解释通则®2020》,DAP 术语下,卖方应在约定日期,在指定目的地将仍处于抵达的运输工具上且已做好卸载准备的货物交由买方处置,此为交货。不用把货物卸下。C 选项正确。

02 考向 国际货物运输与保险、国际贸易支付

1.【单项选择题】中国某公司进口了一批仪器,采取海运方式并投保了水渍险,提单上的收货人一栏写明“凭指示”的字样。途中因船方过失致货轮与他船相撞,部分仪器受损。依《海牙规则》及相关保险条款,下列哪一选项是正确的?

A. 该提单交付即可转让

B. 因船舶碰撞是由船方过失导致,故承运人应对仪器受损承担赔偿责任

C. 保险人应向货主赔偿部分仪器受损的损失

D. 承运人的责任期间是从其接收货物时起至交付货物时止

| 参考答案 | ________②

| 设题陷阱与常见错误分析 |

如考生没有掌握承运人依《海牙规则》对航行过失是免责的,会误认为既然是船方过失引起的船舶碰撞导致货损,承运人当然应当对此承担责任,从而误选 B。

| 解题思路与方法分析 |

本题涉及提单的种类,以及《海牙规则》中承运人的免责和责任期间。

A 选项错误,收货人一栏写明“凭指示”的字样的提单属于指示提单,此类提单的转让需要背书才可转让,而不是交付就可以转让。

B 选项错误,依据《海牙规则》第 4 条第 2 款的规定,承运人对船长、船员、引水员或承运人的雇佣人在航行或管理船舶中的行为、疏忽或不履行义务不负责任。此题货损是由于承运人可以免责的航行过失导致的,承运人不需要承担赔偿责任。

C 选项正确,此题中的损失属于航行过失导致的,该项损失在平安险里是承保的,因此,保险人应赔偿被保险人。

D 选项错误,依照《海牙规则》,承运人的责任期间是从装上船起至卸下船止,D 选项是《汉堡规则》规定的承运人的责任期间。

此题正确答案为 C。

2.【单项选择题】青田轮承运一批啤酒花从中国运往欧洲某港,货物投保了一切险,提单上的收货人一栏写明“凭指示”,因生产过程中水分过大,啤酒花到目的地港时已变质。依《海牙规则》及相关保险规则,下列哪一选项是正确的?

A. 承运人没有尽到途中管货的义务,应承担货物途中变质的赔偿责任

---

① CD

② C

B. 因货物投保了一切险，保险人应承担货物变质的赔偿责任

C. 本提单可通过交付进行转让

D. 承运人对啤酒花的变质可以免责

｜参考答案｜__________①

｜设题陷阱与常见错误分析｜

容易产生错误的是误认为啤酒花变质是在运输中产生的，就应由承运人承担赔偿责任，而误选 A。

｜解题思路与方法分析｜

本题交叉涉及了承运人的责任与免责、提单的种类、保险责任和除外责任等几个知识点。选项 A 和选项 D 涉及《海牙规则》有关承运人免责的规定，虽然啤酒花变质是在运输中产生的，但由于其原因是生产过程中水分过大，属于货物的潜在缺陷，对此，依据《海牙规则》第 4 条第 2 款的规定，承运人是可以免责的。生产过程中水分过大属于发货人的责任。因此，A 选项错误。D 选项正确，承运人对啤酒花的变质可以免责。

B 选项涉及保险责任和除外责任，本题货物的损失是由于生产过程中水分过大造成的，虽然货物投保了一切险，但发货人造成的损失属于保险人的除外责任，保险人不应承担货物变质的赔偿责任，B 选项错误。

C 选项涉及对提单种类的把握。题干中称：提单上的收货人一栏写明“凭指示”的字样，可以判断这是一个指示提单，此种提单在转让上的特点是需要背书才可以转让。C 选项称本提单可通过“交付”进行转让，是不正确的。

3.【单项选择题】依最高人民法院《关于审理信用证纠纷案件若干问题的规定》，出现下列哪一情况时，不能再通过司法手段干预信用证项下的付款行为？

A. 开证行的授权人已对信用证项下票据善意地作出了承兑

B. 受益人交付的货物无价值

C. 受益人和开证申请人串通提交假单据

D. 受益人提交记载内容虚假的单据

｜参考答案｜__________②

｜设题陷阱与常见错误分析｜

容易产生错误的是误认为只要出现了信用证欺诈的情况，就应当通过司法手段干预信用证项下的付款。

｜解题思路与方法分析｜

本题涉及信用证欺诈例外的例外。依据最高人民法院《关于审理信用证纠纷案件若干问题的规定》第 10 条的规定，即使存在信用证欺诈，但由于开证行或其指定人、授权人已对外付款承兑，则不能再通过司法手段干预信用证项下的付款行为。B、C、D 项都属于第 8 条规定的可以干预付款的情况，只有 A 项属于第 10 条规定的“信用证欺诈例外的例外”情形，A 项是本题的答案。

4.【多项选择题】中国甲公司在承担中东某建筑工程时涉及一系列分包合同和买卖合同，并使用了载明适用《见索即付保函统一规则》的保函。后涉及保函的争议诉至中国某法院。依相关司法解释，下列哪些选项是正确的？

A. 保函内容中与《见索即付保函统一规则》不符的部分无效

B. 因该保函记载了某些对应的基础交易，故该保函争议应适用我国《民法典》有关保证的规定

C. 只要受益人提交的单据与独立保函条款、单据与单据之间表面相符，开立人就须独立承担付款义务

D. 单据与独立保函条款之间表面上不完全一致，但并不导致相互之间产生歧义的，仍应认定构成表面相符

｜参考答案｜__________③

｜设题陷阱与常见错误分析｜

如考生不了解《见索即付保函统一规则》只是惯例，对当事人没有强制约束力，则会误认为与该规则不符的保函内容无效。

｜解题思路与方法分析｜

本题涉及最高人民法院《关于审理独立保

① D

② A

③ CD

函纠纷案件若干问题的规定》。A 选项错误，该规定第 5 条第 1 款规定，独立保函载明适用《见索即付保函统一规则》等独立保函交易示范规则，或开立人和受益人在一审法庭辩论终结前一致援引的，人民法院应当认定交易示范规则的内容构成独立保函条款的组成部分。《见索即付保函统一规则》是国际民间性商业组织的合同示范条款，当事人可依自身的情况加以适用，自主决定其权利和义务关系，因此，与其不一样的部分，实际上就是当事人的约定，是有效的。

B 选项错误，依据最高人民法院《关于审理独立保函纠纷案件若干问题的规定》第 3 条第 2 款的规定，当事人以独立保函记载了对应的基础交易为由，主张该保函性质为一般保证或连带保证的，人民法院不予支持。当事人主张独立保函适用《民法典》关于一般保证或连带保证规定的，人民法院不予支持。因此，不能因为该保函记载了某些对应的基础交易，就认为该保函是一般的保证，从而误认为相关争议应适用《民法典》中有关保证的规定。

C 选项正确，依据最高人民法院《关于审理独立保函纠纷案件若干问题的规定》第 6 条第 1 款的规定，受益人提交的单据与独立保函条款之间、单据与单据之间表面相符，受益人请求开立人依据独立保函承担付款责任的，人民法院应予支持。

D 选项正确，依据最高人民法院《关于审理独立保函纠纷案件若干问题的规定》第 7 条第 2 款的规定，单据与独立保函条款之间、单据与单据之间表面上不完全一致，但并不导致相互之间产生歧义的，人民法院应当认定构成表面相符。

故本题答案为 CD。

03 考向 对外贸易管理制度

1.【单项选择题】甲、乙、丙三国生产卷钢的企业以低于正常价值的价格向中国出口其产品，代表中国同类产业的 8 家企业拟向商务部申请反倾销调查。依照我国《反倾销条例》，下列哪一选项是正确的？

A. 如支持申请的国内生产者的产量不足国内同类产品总产量 25% 的，不得启动反倾销调查

B. 如甲、乙、丙三国的出口经营者不接受商务部建议的价格承诺，则会妨碍反倾销案件的调查和确定

C. 反倾销税的履行期限是 5 年，不得延长

D. 终裁决定确定的反倾销税高于已付的临时反倾销税的，差额部分应予补交

| 参考答案 | ________①

| 设题陷阱与常见错误分析 |

如考生没有把握好《反倾销条例》的有关规定，会误认为出口经营者不接受商务部建议的价格承诺的，会妨碍反倾销案件的调查和确定，而误选 B。

| 解题思路与方法分析 |

本题涉及《反倾销条例》的规定。A 选项正确，依据《反倾销条例》第 17 条的规定，在表示支持申请或者反对申请的国内产业中，支持者的产量占支持者和反对者的总产量的 50% 以上的，应当认定申请是由国内产业或者代表国内产业提出，可以启动反倾销调查；但是，表示支持申请的国内生产者的产量不足国内同类产品总产量的 25% 的，不得启动反倾销调查。虽然依据《反倾销条例》第 18 条的规定，在特殊情形下，商务部没有收到反倾销调查的书面申请，但有充分证据认为存在倾销和损害以及二者之间有因果关系的，也可以决定立案调查。而本题题干部分已经明确，代表同类产业的 8 家企业拟向商务部申请反倾销调查。在这种情况下，依据《反倾销条例》第 17 条的规定，表示支持申请的国内生产者的产量不足国内同类产品总产量的 25% 的，不得启动反倾销调查。

B 选项错误，依据《反倾销条例》第 32 条的规定，出口经营者不作出价格承诺或者不接受价格承诺的建议的，不妨碍对反倾销案件的调查和确定。

C 选项错误，依据《反倾销条例》第 48 条的规定，反倾销税的征收期限和价格承诺的履行

① A

期限不超过5年；但是，经复审确定终止征收反倾销税有可能导致倾销和损害的继续或者再度发生的，反倾销税的征收期限可以适当延长。

D选项错误，依据《反倾销条例》第43条第3款的相关规定，终裁决定确定的反倾销税，高于已付或者应付的临时反倾销税或者为担保目的而估计的金额的，差额部分不予收取；低于已付或者应付的临时反倾销税或者为担保目的而估计的金额的，差额部分应当根据具体情况予以退还或者重新计算税额，即"多退少不补"。

2.【单项选择题】进口中国的某类化工产品2015年占中国的市场份额比2014年有较大增加，经查，两年进口总量虽持平，但仍给生产同类产品的中国产业造成了严重损害。依我国相关法律，下列哪一选项是正确的？

A. 受损害的中国国内产业可向商务部申请反倾销调查

B. 受损害的中国国内产业可向商务部提出采取保障措施的书面申请

C. 因为该类化工产品的进口数量并没有绝对增加，故不能采取保障措施

D. 该类化工产品的出口商可通过价格承诺避免保障措施的采取

| **参考答案** | ________①

| **设题陷阱与常见错误分析** |

容易产生错误的是混淆反倾销与保障措施，误认为题中的情况属于反倾销。

| **解题思路与方法分析** |

本题涉及贸易救济措施中的保障措施。A选项涉及对贸易救济措施种类的判断，本题出现的市场份额较大增加应当采取的是保障措施，而不是反倾销措施。A选项错误。

B选项涉及对保障措施特征的把握，依据《保障措施条例》第2～3条和第7条的规定，进口产品数量增加，包括相对增加的，受损害的国内产业可向商务部提出采取保障措施的书面申请。B选项正确。

C选项涉及对保障措施中数量增加的具体把握，依据《保障措施条例》第7条的规定，数量增加包括绝对增加和相对增加，数量没有增加，但市场份额增加属于相对增加，也可以申请采取保障措施。C选项称"因为该类化工产品的进口数量并没有绝对增加，故不能采取保障措施"是错误的。

D选项涉及采取保障措施的种类，D选项中的价格承诺是反倾销措施中的一种，并不属于保障措施的范畴。D选项错误。

04 考向 世界贸易组织

1.【单项选择题】甲、乙、丙三国为世界贸易组织成员，丁国不是该组织成员。关于甲国对进口立式空调和中央空调的进口关税问题，根据《关税与贸易总协定》，下列违反最惠国待遇的做法是：

A. 甲国给予来自乙国的立式空调和丙国的中央空调以不同的关税

B. 甲国给予来自乙国和丁国的立式空调以不同的进口关税

C. 因实施反倾销措施，导致从乙国进口的立式空调的关税高于从丙国进口的

D. 甲国给予来自乙、丙两国的立式空调以不同的关税

| **参考答案** | ________②

| **设题陷阱与常见错误分析** |

如考生没有考虑到最惠国待遇涉及在相同进口产品之间的待遇，就会误认为A项也是违反最惠国待遇的。

| **解题思路与方法分析** |

本题涉及《关税与贸易总协定》中的最惠国待遇问题。依据《关税与贸易总协定》有关最惠国待遇的规定，对于乙国和丙国的相同进口产品，甲国应给予相同的进口关税。但因立式空调与中央空调并不属于相同产品，可以给予不同的进口关税。A项不违反。

本题中，由于丁国不是世界贸易组织成员，只有原产于成员方的同类产品，才能享有最惠

---

① B

② D

国待遇。B项中“甲国给予来自乙国和丁国的立式空调以不同的进口关税”，并不违反最惠国待遇。

《关税与贸易总协定》允许对造成国内产业损害的倾销进口征收反倾销税。C项不违反。

《关税与贸易总协定》要求进口国给予来自其他成员方的同类产品以相同的进口关税，乙国和丙国都是世界贸易组织的成员方，所涉及的产品为同类产品，但进口关税却不同。D项违反了最惠国待遇。

2.【多项选择题】甲、乙、丙三国均为世界贸易组织成员，甲国对进口的某类药品征收8%的国内税，而同类国产药品的国内税为6%。针对甲国的规定，乙、丙两国向世界贸易组织提出申诉，经裁决甲国败诉，但其拒不执行。依世界贸易组织的相关规则，下列哪些选项是正确的？

A. 甲国的行为违反了国民待遇原则

B. 乙、丙两国可向上诉机构申请强制执行

C. 乙、丙两国经授权可以对甲国采取中止减让的报复措施

D. 乙、丙两国的报复措施只限于在同种产品上使用

| **参考答案** | ________①

| **设题陷阱与常见错误分析** |

容易产生错误的是在世界贸易组织争端解决机制裁决的执行上，误认为只能在同种产品上实施报复而误选D。

| **解题思路与方法分析** |

本题涉及《关税与贸易总协定》中的国民待遇原则和争端解决机制裁决执行中的报复。A选项涉及国内税费方面的国民待遇，甲国对进口的某类药品征收8%的国内税，而同类国产药品的国内税为6%，这违反了国民待遇原则，A选项正确。

B、D选项涉及世界贸易组织争端解决机制裁决的执行，世界贸易组织的争端解决机制中没有强制执行的程序，B选项错误。C选项正确，如甲国不执行，乙、丙两国可以在授权的情况下，采取报复措施。中止减让的报复措施可以在受损的相同部分实施，如无效时，可以在同一协议下的其他部门实施，如还无效时，可寻求另一协议项下的中止减让或其他义务，D选项称“报复措施只限于在同种产品上使用”是错误的。

05 考向 知识产权的国际保护

1.【单项选择题】甲国人迈克在甲国出版著作《希望之路》后25天内，又在乙国出版了该作品，乙国是《保护文学和艺术作品伯尔尼公约》缔约国，甲国不是。依该公约，下列哪一选项是正确的？

A. 因《希望之路》首先在非缔约国出版，不能在缔约国享受国民待遇

B. 迈克在甲国出版《希望之路》后25天内在乙国出版，仍然具有缔约国的作品国籍

C. 乙国依国民待遇为该作品提供的保护需要迈克履行相应的手续

D. 乙国对该作品的保护有赖于其在甲国是否受保护

| **参考答案** | ________②

| **设题陷阱与常见错误分析** |

如考生没能把握好《保护文学和艺术作品伯尔尼公约》有关非成员国国民先在非成员国出版作品，30天内又在成员国出版属于同时出版，会误认为不是同时出版，而不能享有国民待遇的保护。

| **解题思路与方法分析** |

本题涉及《保护文学和艺术作品伯尔尼公约》中的“作品国籍”，以及独立性原则。A选项错误，依该公约有关国民待遇的规定，有权享有国民待遇的国民包括“作者国籍”和“作品国籍”，“作品国籍”针对非公约成员国国民，其作品只要是在任何一个成员国出版，或者在一个成员国和非成员国同时出版(30天之内)，也应在一切成员国中享有国民待遇。本题迈克的作

---

① AC
② B

品是在25天内又到缔约国出版的，满足同时出版的要求。B选项正确。

C选项涉及自动保护原则，依据《保护文学和艺术作品伯尔尼公约》第5条有关自动保护的原则，享有及行使依国民待遇所提供的有关权利时，不需要履行任何手续，也不论作品在起源国是否受保护，即应自动予以保护。

D选项错误，依据《保护文学和艺术作品伯尔尼公约》第5条的版权独立原则，享有国民待遇的人在公约任何成员国所得到的著作权，不依赖于其作品在来源国受到的保护。

本题正确答案为B。

2.【多项选择题】香槟是法国地名，中国某企业为了推广其葡萄酒产品，拟为该产品注册"香槟"商标。依照《与贸易有关的知识产权协议》，下列哪些选项是正确的？

A. 只要该企业有关"香槟"的商标注册申请在先，商标局就可以为其注册

B. 如该注册足以使公众对该产品来源误认，则应当拒绝注册

C. 如该企业是在利用香槟这一地理标志进行暗示，则应拒绝注册

D. 如允许来自法国香槟的酒产品注册"香槟"的商标，而不允许中国企业注册该商标，则违反了国民待遇原则

| **参考答案** | __________①

| **设题陷阱与常见错误分析** |

容易产生错误的是误认为允许来自法国香槟的酒产品注册"香槟"的商标，而不允许中国企业注册该商标，是违反了国民待遇原则，从而误认为D项是本题答案。

| **解题思路与方法分析** |

本题涉及知识产权国际保护中地理标志的保护。依据《与贸易有关的知识产权协议》第22条第2款的规定，禁止将地理标志作为任何足以使公众对该商品来源误认的使用，即禁止误导和不公平竞争的行为。A选项称"只要该企业有关'香槟'的商标注册申请在先，商标局就可以为其注册"是错误的，B选项的表述是正确的。依该条第3款规定，禁止利用商标作虚假的地理标志暗示的行为，即应拒绝商标注册或使商标无效。C选项的表述是正确的。D选项属于混淆项，这里并不涉及国民待遇问题。

3.【多项选择题】甲国惊奇公司的创新科技产品经常参加各类国际展览会，该公司向乙国的投资包含了专利转让，甲、乙两国均为《保护工业产权巴黎公约》和《关于解决国家和他国国民之间投资争端公约》（以下在本题中简称《华盛顿公约》）的成员。依相关规定，下列哪些选项是正确的？

A. 惊奇公司的新产品参加在乙国举办的国际展览会，产品中可取得专利的发明应获得临时保护

B. 如惊奇公司与乙国书面协议将其争端提交给解决国际投资争端中心解决，中心即对该争端有管辖权

C. 提交解决国际投资争端中心解决的争端可以是任何与投资有关的争端

D. 乙国如对解决国际投资争端中心裁决不服的，可寻求向乙国的最高法院上诉

| **参考答案** | __________②

| **设题陷阱与常见错误分析** |

如果考生没有把握好《华盛顿公约》的缔约国应当承认解决国际投资争端中心裁决的规定，该裁决相当于缔约国内的终审判决，会误认为只要不服就可以上诉。

| **解题思路与方法分析** |

本题涉及《保护工业产权巴黎公约》的临时保护和《华盛顿公约》。A选项正确，《保护工业产权巴黎公约》第11条是有关临时保护的规定，临时保护原则要求缔约国应对在任何成员国内举办的或经官方承认的国际展览会上展出的商品中可取得专利的发明、实用新型、外观设计和可注册的商标给予临时保护。

B选项正确，依据《华盛顿公约》，中心仅对争端双方书面同意提交给中心裁决的争端有管辖权。因此，双方书面同意成为中心受理

---

① BC

② AB

争端的主观要求。

C 选项错误，依据《华盛顿公约》第 25 条的规定，中心的管辖权适用于一缔约国和另一缔约国国民之间直接因投资而产生的任何法律争端，而不是任何争端。

D 选项错误，依据《华盛顿公约》第 54 条的规定，每一缔约国都应承认依照公约作出的裁决对其具有约束力，并赋予该裁决等同于其国内法院终审判决的效力。因此，解决国际投资争端中心的裁决是不能在国内法院上诉的。本题正确答案是 AB。

06 考向 国际投资法、国际融资法

1.【单项选择题】甲国 T 公司与乙国政府签约在乙国建设自来水厂，并向多边投资担保机构投保。依相关规则，下列哪一选项是正确的？

A. 乙国货币大幅贬值造成 T 公司损失，属货币汇兑险的范畴

B. 工人罢工影响了自来水厂的正常营运，属战争内乱险的范畴

C. 乙国新所得税法致 T 公司所得税增加，属征收和类似措施险的范畴

D. 乙国政府不履行与 T 公司签订的合同，乙国法院又拒绝受理相关诉讼，属政府违约险的范畴

| **参考答案** | __________①

| **设题陷阱与常见错误分析** |

如考生没有把握好海外投资保险的特点，会误认为货币贬值造成的损失属货币汇兑险的范畴。

| **解题思路与方法分析** |

本题考查《多边投资担保机构公约》中的海外投资保险。

A 选项涉及货币汇兑险，货币汇兑险承保由于东道国的责任而采取的任何措施，使投资人无法自由将其投资所得、相关投资企业破产的清算收入及其他收益兑换成可自由使用的货币，或依东道国的法律，无法将相关收益汇出东道国的风险，但货币贬值属于典型的商业风险，不在货币汇兑险的承保范围内。A 选项错误。

B 选项涉及战争内乱险，内乱通常指直接针对政府的、为推翻该政府或将该政府驱逐出特定地区的有组织的暴力活动，主要是由追求广泛的政治或思想目标的集团所引起或实施的。罢工不能被视为内乱，B 选项错误。

C 选项涉及征收和类似措施险，征收和类似措施险，承保由于东道国政府的责任而采取的任何立法或措施，使投保人对其投资的所有权或控制权被剥夺，或剥夺了其投资中产生的大量效益的风险，征收包括直接征收和隐蔽性征收。但东道国为了管辖境内的经济活动而采取的普遍适用的措施，不应被视为征收。此案中，乙国颁布新的所得税法属于普遍行为，不具有针对性。C 选项错误。

D 选项涉及政府违约险，政府违约险承保东道国对担保权人的违约，且担保权人无法求助于司法或仲裁部门对违约的索赔作出裁决，或司法或仲裁部门未能在合理期限内作出裁决，或有这样的裁决而不能实施。D 选项正确。

2.【多项选择题】甲国公司在乙国投资建成地热公司，并向多边投资担保机构投了保。1993 年，乙国因外汇大量外流采取了一系列的措施，使地热公司虽取得了收入汇出批准书，但仍无法进行货币汇兑并汇出，甲公司认为已发生了禁兑风险，并向多边投资担保机构要求赔偿。根据相关规则，下列选项正确的有：

A. 乙国中央银行已批准了货币汇兑，不能认为发生了禁兑风险

B. 消极限制货币汇兑也属于货币汇兑险的范畴

C. 乙国应为发展中国家

D. 多边投资担保机构一经向甲公司赔付，即代位取得向东道国的索赔权

| **参考答案** | __________②

| **设题陷阱与常见错误分析** |

容易产生错误的是对消极限制汇兑的把握，

① D

② BCD

地热公司虽取得了收入汇出批准书,但仍无法进行货币汇兑并汇出,这也属于发生了禁兑风险。

| **解题思路与方法分析** |

本题涉及多边投资担保机构承保的风险。A、B 选项涉及消极汇兑的风险。导致货币汇兑风险的行为可以是东道国采取的积极行为,也可以是消极地限制货币兑换或汇出,如负责业务的政府机构长期拖延协助投资人兑换或汇出货币。本题出现了消极汇兑的风险。A 选项错误。货币汇兑险承保由于东道国的责任而采取的任何措施,使投资人无法自由将其投资所得、相关投资企业破产的清算收入及其他收益兑换成可自由使用的货币,或依东道国的法律,无法将相关收益汇出东道国的风险。导致货币汇兑风险的行为可以是东道国采取的积极行为,如明确以法律等手段禁止货币的兑换和转移,也可以是消极地限制货币兑换或汇出。B 选项正确。

C 选项涉及投资保险适用的投资目的国,多边投资担保机构成立的目的是要促进生产性资金流向发展中国家,因此,《多边投资担保机构公约》第 14 条明确规定,多边投资担保机构只对在发展中国家会员境内所作的投资予以担保。因此,只有乙国是发展中国家,向乙国的投资,多边投资担保机构才予以担保。C 选项正确。

D 选项涉及多边投资担保机构的代位权。依《多边投资担保机构公约》的规定,担保合同要求担保权人在向多边投资担保机构要求支付前,寻求在当时条件下合适的、按东道国法律可随时利用的行政补救方法。多边投资担保机构一经向投保人支付或同意支付赔偿,即代位取得投保人对东道国或其他债务人所拥有的有关承保投资的各种权利或索赔权。各成员国都应承认多边投资担保机构的此项权利。东道国对多边投资担保机构代位权的承认意味着对东道国主权豁免的一种限制。D 选项正确。

07 考向 国际税法

1.【多项选择题】甲、乙两国均为世界贸易组织成员,甲国纳税居民马克是甲国保险公司的大股东,马克从该保险公司在乙国的分支机构获利 35 万美元。依照《服务贸易总协定》及相关税法规则,下列哪些选项是正确的?

A. 甲国保险公司在乙国设立分支机构,属于商业存在的服务方式

B. 马克对甲国承担无限纳税义务

C. 两国均对马克的 35 万美元获利征税属于重叠征税

D. 35 万美元获利属于甲国人马克的所得,乙国无权对其征税

| **参考答案** | ________①

| **设题陷阱与常见错误分析** |

如考生没有把握好重叠征税和重复征税的区别,会误认为两国均对马克的 35 万美元获利征税属于重叠征税,两个国家对马克的同一笔所得在同一时期征收相同的税收构成国际重复征税,而不是重叠征税。

| **解题思路与方法分析** |

本题综合考查服务贸易的方式和国际税法。

A 选项涉及服务贸易的方式,《服务贸易总协定》通过四种服务贸易方式来调整服务贸易,外国实体在另一国境内设立分支机构,提供服务属于商业存在,A 选项正确。

B 选项涉及居民税收管辖权,马克是甲国的纳税居民,居民税收管辖权指一国政府对于本国税法上的居民纳税人来自境内及境外的全部财产和收入实行征税的权力,即纳税人对其居民所属国承担的是无限纳税义务。B 选项正确。

C 选项涉及重复征税与重叠征税的区别,两个国家对同一纳税人的同一笔所得在同一时期征收相同或相类似的税收,构成国际重复征税,而不是重叠征税。C 选项错误。

D 选项涉及纳税居民的无限纳税义务,即使乙国不认为马克是其纳税居民,乙国仍可行使来源国税收管辖权,目前各国对非居民营业所得的征税普遍使用常设机构原则,常设机构包括分支机构,在常设机构的利润范围上,一般采用实际联系原则和引力原则,前者即通过常

① AB

设机构取得的营业利润,以及与常设机构有关联的其他所得,可归入该常设机构的利润范围。因此,乙国有权对马克从其设在乙国分支机构的所得征税。D选项错误。

2.【多项选择题】为了完成会计师事务所交办的涉及中国某项目的财务会计报告,永居甲国的甲国人里德来到中国工作半年多,圆满完成报告并获得了相应的报酬。依相关法律规则,下列哪些选项是正确的?

A. 里德是甲国人,中国不能对其征税

B. 因里德在中国停留超过了183天,中国对其可从源征税

C. 如中国已对里德征税,则甲国在任何情况下均不得对里德征税

D. 如里德被甲国认定为纳税居民,则应对甲国承担无限纳税义务

| **参考答案** | ________①

| **设题陷阱与常见错误分析** |

容易产生错误的是误认为只有里德的国籍国才能对其征税,中国不能对其征税,从而误认为A选项是正确的。

| **解题思路与方法分析** |

本题涉及国际税法中的税收管辖权问题。

A选项和B选项涉及非居民的税收来源管辖权。里德的劳务所得属于个人从事独立性的专业活动所得的收入,因其在中国停留超过了183天,183天的免税期源于中国与其他国家或地区签订的避免双重征税和防止偷漏税的协定或安排,超过了183天,中国有权对其征税,A选项错误。B选项正确。

C选项和D选项涉及纳税居民的税收管辖权,里德的国籍国如认定其为该国的纳税居民身份,则可以对他在全球的收入行使征税权,C选项错误。D选项正确,居民税收管辖权的行使,是以纳税人与征税国之间存在税收居所的法律事实为前提的,如里德被甲国认定为纳税居民,则他应对甲国承担的是无限的纳税义务,即里德就其来源于全球范围内的所得或财产对甲国负有纳税义务。

2024年模拟测试

1.【单项选择题】中国甲公司以CIF价格条件向德国乙公司出口一批设备,发货时承运人签发了收货人栏标明“凭指示”的提单。到货后,乙公司临时决定将该设备从德国转售给位于法国的丙公司。依照《国际贸易术语解释通则®2020》和《联合国国际货物销售合同公约》,下列哪一选项是正确的?

A. 甲公司有义务投保中国人民保险公司海洋货物运输保险中的“一切险”

B. 甲、乙公司的风险承担以甲公司将货物交付给第一承运人时为界

C. 本案中正本提单的转让无须背书

D. 如该批设备侵犯了第三方在法国的专利权,甲公司无须对乙公司承担责任

2.【单项选择题】中国甲公司引进了美国乙公司的某项专利技术,许可类别为独家许可,地域范围为中国,该许可证协议中有如下两项规定:“(1)禁止受让方甲公司在合同期满后,继续使用该专利技术。(2)在许可证协议的有效期内,甲公司对于该技术的改进属于乙公司,但甲公司可以继续使用该改进的技术。”根据相关规则,下列哪一选项是正确的?

A. 在许可证有效期内,乙公司可以在中国实施该项专利技术

B. 在许可证有效期内,乙公司有权许可第三方在中国实施该项专利技术

C. 该协议中禁止甲公司在合同期满后继续使用该专利技术的条款无效

D. 该协议中将甲公司对该技术的改进成果的所有权归于乙公司的条款无效

---

① BD

3.【多项选择题】中国商务部应国内生产企业的申请并经调查,决定对来自某一世界贸易组织成员的进口电解电容器纸采取反倾销措施。关于反倾销措施的国内司法审查与世界贸易组织多边审查,下列哪些选项是正确的?

A. 如该成员认为我国《反倾销条例》影响贸易,可将其诉诸世界贸易组织争端解决机制

B. 该成员生产商可依世界贸易组织《反倾销协定》向中国有管辖权的法院提起行政诉讼

C. 中国法院可以超越职权为由撤销商务部作出的有关损害及损害程度的终裁决定

D. 中国法院可以违反法定程序为由撤销商务部作出的对新出口经营者征税的决定

4.【多项选择题】在乙国投资建厂的甲国某公司,向多边投资担保机构投保了征收和类似措施险。2019 年,因国际收支情况恶化,乙国大幅提高进口关税,导致甲国公司因进口原材料成本骤升而严重亏损。甲国公司认为已发生征收和类似措施风险,遂向多边投资担保机构要求赔偿。依相关规则,下列哪些选项是正确的?

A. 乙国大幅提高关税的政策不属于发生了征收和类似措施风险

B. 多边投资担保机构与该甲国公司签订投资担保合同之前,必须经东道国政府认可

C. 多边投资担保机构为该投资提供担保的前提是乙国应对外资提供公平公正的待遇

D. 乙国对多边投资担保机构代位权的承认是对其国家主权豁免的限制

参考答案及解析

1. | 参考答案 | D

| 设题陷阱与常见错误分析 |

本题 A、B、C 三个选项中均设置了一定的干扰情节,易误选为此三项。

A 选项中,《国际贸易术语解释通则® 2020》对于 CIP 术语下卖方的保险义务有了加重,即卖方有义务投保符合《伦敦保险协会货物保险条款》(A)条款或其他类似条款下的险别,A 条款即类似于中国人民保险公司海洋货物运输保险中的“一切险”。但本题中的术语是 CIF,卖方只有义务投保最低级别的海上货物运输保险即平安险。未正确区分 CIF 和 CIP 两种术语的易错选 A 项。

B 选项中,CIF 作为主要贸易术语,与 FOB 和 CFR 在风险转移的规定上保持一致,即在装运港货物装上船时风险转移。

C 选项涉及指示提单的转让问题,不同于记名提单和不记名提单,指示提单的转让需经过背书程序进行。考生如果能真正理解提单的分类和风险转移制度的有关内容,而不是挑选其中重点内容进行生硬的记忆,上述三项中所设置的陷阱其实都不难发现。

| 解题思路与方法分析 |

本题考查的是对 CIF 贸易术语、风险转移以及卖方的权利担保义务的理解与具体运用。

A 项错误,根据《国际贸易术语解释通则® 2020》,CIF 术语下,卖方只有义务投保最低级别的海上货物运输保险即平安险。

B 项错误,根据《国际贸易术语解释通则® 2020》,CIF 术语下,买卖双方风险转移的界限为装运港货物装上船时。

C 项错误,本题中的提单是指示提单,其转让需经过背书转让。

D 项正确,《联合国国际货物销售合同公约》对卖方的知识产权担保义务进行了地域限制,即卖方仅有义务保证其出售的货物在买方营业地或其知道的货物使用地或转售地不存在侵权情形。本题中,转售地法国是买方乙公司临时决定的,卖方订约时并不知情,因此卖方在该地不承担权利担保义务。

2. | 参考答案 | A

| 设题陷阱与常见错误分析 |

本题几个选项中均设置了一定的干扰情节,易误选为 B、C、D 三项。

对于 A、B 选项来说,考生容易将本题中的独家许可证协议理解成独占许可协议,独占许可其实是排他许可,即在协议规定的时间和地域范围内,受让方对受让的技术拥有使用权,许可方不能将该项技术使用权另行转让给第三方,但许可方自己仍保留在该时间和地域范围内的使用权。因此 A 项正确,B 项错误。

对于C、D两项来说,考生易将禁止受让方在合同期满后继续使用专利技术的条款以及将受让方对该技术的改进成果的所有权归于转让方的条款归于限制性商业条款,从而作出错误选择。考生如果能真正理解提单的许可证协议以及限制性商业条款制度的有关内容,上述错误的判断就会避免。

| 解题思路与方法分析 |

本题考查的是对国际许可证协议和《技术进出口管理条例》的理解与具体运用,需要在理解掌握许可证协议的分类、法律特征以及限制性商业条款相关规则后,对选项中列举的具体情形进行判断。

A项正确。独家许可证协议不是独占许可证协议,而是排他许可证协议。乙公司自己可以在中国使用该技术。

B项错误。同上理由,乙公司无权许可第三方在中国使用该技术。

C项和D项错误。2011年《技术进出口管理条例》第29条规定技术进口合同不得含有七类"限制性条款",C项和D项所指条款并不包含在该第29条之内。因此不属于我国技术合同立法中的限制性商业条款。虽然《技术进出口管理条例》2019年修订时删除了该第29条,现行2020年修订后的版本也未有该第29条的相关内容,但该条的删除,也并不意味着技术进口合同中可以任意规定该条中所提及的限制性条款。因为我国《民法典》第850条规定了"非法垄断技术或者侵害他人技术成果的技术合同无效"。同时,最高人民法院《关于审理技术合同纠纷案件适用法律若干问题的解释》第10条中对于"非法垄断技术"的情形进行了列举,列举的范围基本已经涵盖了2011年《技术进出口管理条例》第29条中的限制性条款。C、D两项所涉及的条款既不包含在该第29条之内,也不构成非法垄断技术或者侵害他人技术成果的情形,而应属于合同双方可以自由协商的条款,因此C、D两项错误。

3. | 参考答案 | ACD

| 设题陷阱与常见错误分析 |

本题A、B两个选项中均设置了一定的干扰情节,易作出错误选择。

A选项中,世界贸易组织成员不仅可以就具体贸易措施,而且可以就影响贸易的法律法规寻求争端解决机制,未理解世界贸易组织争端解决机制受理范围的考生易作出错误选择。

B选项中,电解电容器纸生产商可以向人民法院提起行政诉讼以寻求救济,但依据的不是世界贸易组织《反倾销协定》,而应是《反倾销条例》,未理解世界贸易组织《反倾销协定》需转化适用的考生易错误选择B项。

考生如果能真正理解贸易救济措施的国内司法审查和世界贸易组织多边审查制度的有关内容,而不是挑选其中重点内容进行生硬的记忆,上述两项中所设置的陷阱其实都不难发现。

| 解题思路与方法分析 |

本题考查的是对贸易救济措施的国内司法审查与多边审查的理解与具体运用,需要在理解掌握两种救济程序规则的基础上,对选项中列举的具体情形进行判断。

A项正确,该选项涉及世界贸易组织多边审查程序。双方作为世界贸易组织成员,应适用世界贸易组织《反倾销协定》的规则来处理争端。另外,多边审查不仅可以针对主管机关的具体行政行为、复审法院的裁决进行,而且还可以就立法本身进行审查。

B项错误,该成员的电解电容器纸生产商向我国人民法院提起行政诉讼,是国内司法审查程序,该审查只能依据中国国内法,即《反倾销条例》《行政诉讼法》以及相关法律制度,不能适用世界贸易组织《反倾销协定》。

C项正确,D项正确。根据最高人民法院《关于审理反倾销行政案件应用法律若干问题的规定》第10条规定:"人民法院审理反倾销行政案件,根据不同情况,分别作出以下判决:……(二)被诉反倾销行政行为有下列情形之一的,判决撤销或者部分撤销,并可以判决被告重新作出反倾销行政行为:……3、违反法定程序的;4、超越职权的;5、滥用职权的。"同时该规定第1条规定:"人民法院依法受理对下列反倾销行政行为提起的行政诉讼:(一)有关倾销及倾销幅度、损害及损害程度的终裁决定;(二)有关是否征收反倾销税的决定以及追溯征收、退税、对新出口经营者征税的决定;(三)有关保留、修改或者取消反倾销税以及价格承诺的复审决定;(四)依照法律、行政法规规定可以起诉的其他反倾销行政行为。”故C、D项正确。

4. | **参考答案** | ABD

| **设题陷阱与常见错误分析** |

本题A、C两个选项中均设置了一定的干扰情节。

A选项中,乙国大幅度提高关税的政策导致投资者进口原材料严重亏损,经营困难,有些考生误认为构成对投资者间接征收,因而错误地没有选择A选项。

C选项中,机构只要求东道国对投保的具体外国投资项目提供公平公正待遇,而非要求东道国对所有外资提供此种待遇。未能理解多边投资担保机构承保投资合同前提的考生易错选C项。

考生如果能真正理解《多边投资担保公约》的有关内容,而不是挑选其中重点内容进行生硬的记忆,上述两项中所设置的陷阱其实都不难发现。

| **解题思路与方法分析** |

本题考查的是对多边投资担保制度的理解与具体运用,需要在理解掌握多边投资担保机构承保政治风险的前提和具体险别的承保范围后,对选项中列举的具体情形进行判断。

A项正确,征收分为直接征收和间接征收(或称隐蔽性征收),在确定隐蔽性征收之前,投资人必须证明东道国政府所采取的措施事实上使相关企业的收入出现严重亏损或经营为不可能。但东道国为管辖境内的经济活动而采取的普遍适用的措施,不应被视为征收措施。题中的增加进口关税的措施是一种普遍适用经济管理活动,尽管造成了科技公司的经营亏损,但不应认定为是征收措施。

B项正确,多边投资担保机构签订任何投资担保合同之前,均须经东道国政府认可。

C项错误,根据《多边投资担保机构公约》第12条和第14条的规定,多边投资担保机构只要求东道国对投保的具体外国投资项目提供公平公正待遇,而非要求东道国对所有外资提供此种待遇。

D项正确,东道国政府对多边投资担保机构代位权的承认,意味着对东道国国家主权豁免的一种限制。

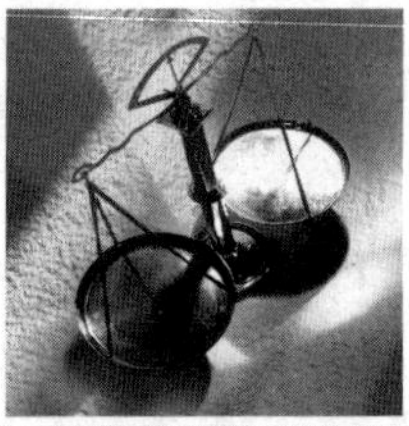

方 法 篇

如何解答本学科客观题

考查要求

本学科与民事实务有极为密切的联系,尤其是在我国法院审理的案件中,超过 70% 的案件都是民商事案件,适用民事诉讼法,因此本学科的相关知识对司法实务具有重要意义。

值得强调的是,本学科的基础理论对于实务工作也有重要的意义。一方面,成文法典本身的刚性,决定了其在法律适用的过程中有诸多需要进行解释之处。例如,《民事诉讼法》第 127 条规定的一事不再理制度,涉及对“一事”的解释方法,必须依托民事诉讼中的诉讼标的理论才能作出准确统一的解释。另一方面,对于部分我国民事诉讼法尚未明确规定的制度,民事诉讼法理论就会前瞻性地指出立法及司法实务未来的发展方向。例如,民事公益诉讼就是先通过理论界的反复讨论(这一过程甚至在过去的司法考试中都有所体现),最终说服了实务界,并通过 2012 年《民事诉讼法》的修正获得了确立。

由于本学科与实务紧密的联系,因此在学习时,学生不应当仅仅满足于对基本法律条文和知识点的记忆,而是要学会融会贯通,将具体的法条和案例相结合。只有将知识点涵摄到具体的案情之中才能真正掌握知识要点进而在具体的实务工作中准确地运用法律规则和诉讼法原理。

为了达到这一要求,学生在学习本学科时,应当有意识地阅读一些实务判例,如最高人民法院发布的指导案例、典型案例、公报案例等;同时也可以加强案例研习(又名“鉴定式”案例分析),近年来北京大学、清华大学、中国人民大学、中国政法大学、西南政法大学、华东政法大学、中南财经政法大学等高校都在推行案例研习的学习方法,虽然风格略有差别,但是在理论结合实践,规范结合事实的导向上是高度一致。经过了这种方法的训练后,学生不仅仅记住了基本的知识,而且能够对疑难问题保持一种敏感,在遇到案情时第一时间发现可能涉及的法律问题。

试卷分析

民事诉讼法与仲裁制度这一学科具有非常明显的学科特色，提醒考生注意把握。

第一，一向注重对法条内容的掌握。就本学科而言，《民事诉讼法》和《仲裁法》是考查的重点内容。我国《民事诉讼法》制定于1991年，先后经历了2007年、2012年、2017年、2021年和2023年五次修改。最近几年，《民事诉讼法》连续修改，既体现了国家对民事诉讼制度的重视，也反映了我国社会经济的发展对民事诉讼提出了新的要求。2021年12月第四次修改，主要涉及合议制度、小额诉讼程序、电子诉讼和司法确认等机制。2023年9月第五次修改，主要涉及涉外民事诉讼程序，以及与《民法典》的协同。从学习的角度看，每一次法律修正，其新增、修改和废除的内容都值得着重学习。除此之外，近年来，全国人大常委会还启动了民事强制执行法的制定和仲裁法的修改工作。对于这些立法动态，也应当有所了解。因为它们不仅反映了未来立法可能的面貌，也代表着中国法治发展的方向。虽然在法律具体修改前，相关的规则不会直接成为考查的内容，但是其反映的理念和原理却可能成为我们学习时串联知识点的纲领，尤其是我国民事诉讼修法的特点，往往是对司法改革中的一些经验予以总结和确认，因此很多规则其实在现行有效的司法解释中已经有所体现，或者被最高人民法院以指导性案例、典型案例等形式予以认可。总之，考生一方面应当充分重视法条的变化，另一方面如果实在没有对法条准确记忆，也应当根据相关的知识，运用基本原理推定相关的立法的规则。

此外，民事诉讼法学学科的一个重要特点是，高度重视司法解释的内容。最高人民法院针对《民事诉讼法》和《仲裁法》制定了多个司法解释，其中2022年修正的《民诉解释》是目前最高人民法院颁布的单一司法解释中条文数最多的一部。而其他司法解释如最高人民法院《关于民事诉讼证据的若干规定》（以下简称《民诉证据规定》）、最高人民法院《关于适用简易程序审理民事案件的若干规定》（以下简称《简易程序规定》）、最高人民法院《关于人民法院执行工作若干问题的规定（试行）》、最高人民法院《关于人民法院登记立案若干问题的规定》、最高人民法院《关于适用〈中华人民共和国仲裁法〉若干问题的解释》（以下简称《仲裁法解释》）等，都对具体的法律规则作出了更加细化的规定，因而也成为本学科学习的重点。

而除了民事诉讼法专门的司法解释，民商法方面的司法解释中往往也蕴含着民事诉讼法的内容，尤其是管辖、当事人、证据类型、证明责任分配和诉的合并审理等制度，学习时对这类规则也应当予以重视。

第二，强调对学生掌握法学原理能力的考查。本学科虽然大多围绕民事诉讼法与仲裁制度的具体法条规定展开，但同时也会涉及较为深邃的民事诉讼基本理论问题。因此，大家在学习时，对于民事诉讼法学基础理论问题，如证明责任、诉讼标的、诉的类型、诉讼契约和既判力等知识点，也应当加以高度重视。同时，大家需要摒弃简单机械的背诵记忆的复习方法，而尽量掌握在记忆的基础上理解、灵活运用的能力。而要掌握这些能力，仅仅知道法条是不够的，还需要真正理解法条背后的精神、熟悉民事诉讼法学理论。

例如，原告起诉要求被告支付违约金，被告在诉讼中主张合同已经解除，因此无须支付违约金。问被告主张合同已经解除，是否应当以反诉的方式提出；如果不以反诉的方式提出，而最终法院认定已经解除，是否发生既判力。这一问题考查的是抗辩、反驳和反诉之间的关系。涉及民事诉讼法学中的一个重要的理论问题，即如何认识反诉的性质和既判力的发生条件。被告主张合同已经解除，本质上是一个抗辩，并不必然需要以反诉的方式提出。但之所以实务中被告往往会就合同解除或者合同效力提出反诉，主要就是希望通过反诉要求法院就这一问题作出判决，进而产生既判力。

第三,十分注重综合性。因此,考生要增强比较、总结的能力。具体而言,要特别关注民事诉讼法与仲裁制度之间各部分的内在联系,同时对相互关联的制度和程序要进行比较分析。例如,对于处分原则,就不能仅仅把它放在民事诉讼基本原则这一章节来对待,还应当看到,它贯穿整个民事诉讼过程,在委托代理人的分类、诉讼代表人的权限等制度上,都可以看到该原则的身影。而一些特殊的诉讼程序,如公益诉讼、第三人撤销之诉等,往往考查其与普通民事诉讼存在区别的内容,从而测试考生是否对相关知识有综合全面的掌握。

第四,特别强调关联性,尤其是民商事实体法和民事诉讼法相结合是考试的一大热点。在民事诉讼法的学习中,只要围绕案例展开,就必然融入了民商法知识,如对代位权诉讼的考查必然涉及《民法典》合同编的知识,对公司解散诉讼当事人地位的考查也必然涉及《公司法》的规定,对代表人诉讼的考查一般也会涉及《证券法》和司法解释中关于证券特别代表人诉讼的规则。民事诉讼法是程序法,它的具体运用是以案例为载体,而案例就必然与民商事实体法发生关联。从民事权利义务到民事责任和各种救济方式,再到对民事权利的程序保障机制,如果不从整体上加以把握,就很难融会贯通。此外,复习民事诉讼法还需要注意和其他诉讼法的横向联系和比较。三大程序法有许多共同之处,也有许多不同之处。对于证据、回避、公开审判和两审终审等具有共性但又存在区别的制度,需要多加比较。

学科重点

民事诉讼法学是我国法学教育的一门基础课程,是广大法科学生的必修课程,占据重要的地位。民事诉讼法与仲裁制度是三大程序法的组成部分,同时,民事诉讼法和仲裁法又与民事实体法有极为紧密的联系。因此,需要在学习时投入足够的重视。

在民事司法实务中,民事诉讼法和仲裁法也是广泛使用。从高等院校法学教育的特点和国家统一法律职业资格考试的人才选拔要求来看,本学科的教学有两方面的目标:(1)**从知识掌握上,**要求学生基本了解我国民事诉讼法和仲裁法的结构和内容,熟悉重要的民事诉讼和仲裁司法解释的内容,理解民事诉讼法学的基本概念与基础理论,了解民事诉讼和民商事仲裁的一般流程;(2)**从实际运用上,**能够运用民事诉讼法的具体规范和基础原理来解决民事纠纷,在个案中能够准确、快速、高效地查找、检索、分析和解释法律,形成科学的体系性的民事诉讼法律思维。

为达到上述目标,本学科在法学教育中主要关注以下核心内容。

第一,民事诉讼法总论。主要涉及:民事诉讼和其他民事纠纷方式之间的关系;诉的三个要素即诉讼当事人、诉讼标的和诉讼理由,其中诉讼标的是最重要的理论;根据当事人请求的目的和内容的不同,可以把诉分为确认之诉、给付之诉和变更之诉三种;诉的合并,具体的合并类型以及条件,区分各类诉的合并的意义;反诉的概念、特征及提起反诉的条件;民事诉讼各项基本原则的内容以及其在民事诉讼过程中的具体体现。

第二,民事诉讼制度论。此部分知识较为繁多,具体包括主管与管辖、当事人和其他诉讼辅助制度三大块的内容。其中主管与管辖解决的是哪些民事纠纷由人民法院负责处理,以及某一具体的民事案件应当由哪一级、哪一个法院行使审判权。管辖的各种规则、裁定管辖的三种类型以及管辖权异议都是重要的知识点。当事人的概念、资格、特征,不同形式的共同诉讼各自不同的构成要件,代表人诉讼的设立目的和意义,第三人的两种类型及其各自在制度上的特殊性,是当事人制度中的重要内容。而其他辅助诉讼制度,如期间、送达、保全、先予执行、法院调解和强制措施等,则属于辅助制度，需要掌握其中的重要概念与相应的制度要件。

第三，民事证据论。证据法具有一定的独立性，重点内容包括：(1)证据的法定种类及其衍生出的证据能力规则；(2)证明对象，尤其注意无须证明的事实范围；(3)证明责任的概念和分配；(4)证明的程序，包括举证、质证和认证等阶段的具体规则。

第四，民事诉讼程序论。具体来说，包括下列不同的程序种类：(1)审判程序。审判程序主要集中考查诉讼案件的审判程序，即一审普通程序、简易程序、二审程序与审判监督程序和涉外诉讼程序。一审普通程序的核心知识点主要集中于起诉与受理，审前准备，以及诉讼中特殊情况的处理；简易程序要关注该程序的特征，及其与普通程序的关系，小额诉讼程序的特殊性；公益诉讼和第三人撤销之诉这两种因为主体特殊而衍生的特殊的诉讼程序需要结合其与普通诉讼程序的差别予以学习，而其内部可以再细化，如检察公益诉讼的特征，需要重点把握；二审程序的核心知识点集中于上诉的提起以及上诉案件的审理与裁判；审判监督程序的核心知识点主要集中于法院审判监督权的行使、检察院法律监督权的行使与当事人申请再审权行使的比较，以及具体的再审审判程序的特殊性等问题；涉外民事诉讼程序的相关知识需要结合国际私法一并学习，并注意掌握2023年9月本部分的新修改内容。同时，我们也应当注意，近年来民事司法改革的一大趋势就是繁简分流。2021年12月《民事诉讼法》第四次修改，主要就是落实繁简分流改革，因此，我们需要对普通程序、二审程序与简易程序、小额诉讼程序在审判组织、审理期限、裁判文书等方面的异同予以掌握。(2)非讼程序。非诉讼程序具体包括特别程序、督促程序和公示催告程序，这部分内容虽然不是核心知识点，但对于各个程序的特色也应当予以把握，因为可以通过对这部分程序的学习，将其与审判程序对比，更好地理解各种程序的特色。尤其应当结合《民事诉讼法》第五次修改和《民法典》的相关规定，判断分析诸如人格权保护禁令、遗产管理人的确定等制度在司法程序上的具体实现。(3)执行程序。该部分主要集中考查执行程序一般规定以及执行措施中的相关内容。在执行程序的一般规定中，主要涉及执行异议、执行管辖、执行担保、执行和解和执行承担；而执行措施由于缺乏特别明确的法律规定，在实务中操作较为复杂，因而不作为教学的重点目标。此外，执行中止、执行终结等制度，也应当结合诉讼中止、诉讼终结等内容进行相应的学习。

第五，仲裁法论。仲裁法论的知识内容较为集中，主要包括：(1)仲裁协议，包括仲裁协议的内容与法律效力，以及确定仲裁协议效力的机关和程序；(2)仲裁程序，由于仲裁程序与民事诉讼程序基本相似，因此，学习时需要比较仲裁程序与民事诉讼的不同之处，如仲裁庭的组成、仲裁中财产保全与证据保全的程序、仲裁中的和解与调解和仲裁裁决的作出等问题；(3)仲裁裁决的司法监督，仲裁裁决的撤销与不予执行问题涉及仲裁制度与民事诉讼制度的联系，因此是本学科的重点知识。

在掌握了以上核心内容后，还需要注意综合性地运用知识解决问题。虽然学习时可以按照章节顺序分而治之地了解各部分知识的具体内容，但是在面对问题时，则需要将相关知识综合起来。例如，具体的诉讼制度一定是在某一诉讼程序中发挥作用，因此制度论和程序论就有了天然的结合空间；而仲裁在具体案件的解决上又往往与司法审查、司法监督相勾连，因此仲裁中的争议也离不开仲裁协议确认、撤销仲裁裁决和不予执行仲裁裁决等法院的参与；而总论部分中涉及的诉讼标的、诉的类型、诉的合并和基本原则等理论问题，更是统摄全部的后续制度和程序。所以，在记忆了基本知识后，一定要注意建构体系性的思维，将民事诉讼法和仲裁法的知识打通。

复习攻略

对于本学科的学习，可以采取先基础后应用的方法。即首先熟悉教科书和法条，熟练掌握本学科的基础理论、基本概念和基本制度。在这一过程中,既需要理解,也需要记忆。学习时不妨采取表格、口诀等辅助性方法来增强对基础知识的记忆。然后,通过具体的案例练习来将基础知识用起来。在案例练习时要关注法律的原理与例外的规则,一方面要通过原理分析和方法使用来加深对学科的理解,另一方面也要通过案例练习来强化例外规则的熟悉度。具体而言,还应当注意以下几个问题,方能达到事半功倍的效果。

第一,厘清各个程序的基本概念,了解各个程序的流程。程序部分的知识,都贯穿于具体的程序活动之中。学习时有必要首先对各个程序的基本流程有所了解,尤其是一些不常见的程序,如督促程序、公示催告程序、特别程序等,做到复习时胸中有数,答题时明确考点。

第二,融会贯通地掌握民事诉讼法基础理论。不少考生都反馈民事诉讼法的知识体系较为松散,这其实是因为对民事诉讼法基础理论没有体系性的掌握。民事诉讼法律关系理论中体现的当事人和法院的关系,在后续制度论和程序论的学习中,体现为各项制度的启动由哪一主体发起,这是重点考查的知识点。诉讼标的理论对诉的合并、多数当事人、一事不再理和判决效力范围等也有决定性的作用。如果能够抓住这些基础理论,并在具体制度的学习中依据基础理论的基本内容进行分析判断,那么在学习具体制度知识时就能够事半功倍,而即便对具体制度知识记忆不准,也往往可以通过基础理论进行推理分析。

第三,抓住程序部分的重点内容。所有程序部分的章节,都有一些共同的重点内容,抓住这些内容,就可以有效地应对考试。这些内容包括各个程序中涉及的管辖法院、审判组织、审限、审理程序、救济程序、结案文书、审级(是否允许上诉)等。由于这些知识点容易混淆,因而学习时可以采取列表的方式将各个程序的共同点加以比较记忆。只有对这些重点知识熟练掌握,才可能通过国家统一法律职业资格考试的选拔,也才能在司法实务中正确地适用程序。

第四,对各个程序中的特殊问题要尤为注意和重视。国家统一法律职业资格考试强调对法律知识全面性的理解。因此,在学习时要尤其注意例外规定和特殊情形的学习。例如,普通程序中的延期审理、诉讼中止、撤诉、缺席判决的情形,执行程序中各个具体的执行制度(如执行异议、执行和解、执行回转等),以及二审程序中在调解时的特殊规定等。对这些例外规定,在学习时要注意与普通程序相对比,把握联系,了解区别。

第五,在学习程序知识时要结合总论、制度论、证据论中的相关知识,联系记忆。民事诉讼法是一个有机的整体。因此,学习时切不可将其分割。总论部分中的基础知识,有利于考生从宏观上把握程序论的各个要点,而制度论和证据论中的内容,则往往和程序论的知识结合在一起,构成学习的重点和难点。例如,共同诉讼中追加当事人的问题,在制度论中我们学习了其原因和情形,而在程序论中我们要学习其具体的操作流程。只有将这些知识结合在一起来学习,方能牢固地掌握各个知识点,走出思维的误区和盲区。

第六,要理论联系实际。学习民事诉讼法,必须注意理论结合实际,结合司法实践中的经验和具体问题进行学习。无论对何种法律的理解和运用,对任何法律观点的接受和掌握,皆需要从实际到理论和从理论到实际的训练过程。学习不可一蹴而就,而必然要有一个认识、实践、再认识、再实践的周而复始、循环往复的过程,而每一次反复过程,都会深化一步,直至学通弄懂。比如,诉讼标的是民事诉讼中的复杂理论,但该理论又涉及一事不再理、共同诉讼人和第三人的确定、证明对象和证明责任的分配等具体的知识。因此,在学习时,既不能抛开复杂理论一味地记忆具体规则,也不能在学习时盲目陷入对各类理论学说的僵化模仿,而必须理论联系实际,用理论指导实际问题,用实际问题来检验理论的解释力,最终做到融会贯通。

答题范例与实战演练

01 答题范例

｜题目指引｜

本题原型是《最高人民法院公报》2015 年第 8 期刊登的“唐某与程某某房屋买卖合同纠纷案”。证明责任是民事诉讼常见的考点，也是民事证据法的核心。本题既考查了待证事实的类型，也考查了证明责任的分配，是一道非常综合的题目。过去关于证明责任，往往是以侵权案件为原型，考查存在特殊分配，即证明责任倒置的案型。但近年来，随着《民诉解释》和《民诉证据规定》都正式确立了法律要件分类说的分配理论，证明责任的考查从侵权这种较为简单的案型开始向合同、不当得利等复杂案型扩展，体现出非常明显的实体法与诉讼法交叉的情景。

｜题　　目｜

【多项选择题】张三依据《房屋买卖合同书》起诉李四，要求李四交付房屋，李四否认与张三订立过合同，主张该合同并非自己签名，而是自己的表弟王五为自己代签。关于本案的证明，下列哪些说法是正确的？

A. 李四应就合同书上的签名系王五所为承担证明责任

B. 张三应就双方订立了买卖合同承担证明责任

C. 张三应就合同书系李四亲自签名承担证明责任

D. 法院可以依职权对合同签名是否系李四所为委托鉴定

｜参考答案｜__________①

｜推导过程｜

确定证明责任的分配，首先必须要确定证明责任的适用对象。《民诉解释》第 91 条是我国证明责任的分配规则，其非常明确地指出，证明责任的分配只适用于基本事实。民事诉讼法中经常使用“基本事实”这一概念，根据《民诉解释》第 333 条的规定，基本事实是指用以确定当事人主体资格、案件性质、民事权利义务等对原判决、裁定的结果有实质性影响的事实。因此，必须是能够引发案涉法律关系发生、变更、消灭的事实，才是基本事实，具有证明责任的分配可能。

本案的焦点是合同书的签名究竟是否是李四所为，由于这一事实直接关系到合同是否成立，因此属于引发合同关系发生的事实，需要承担证明责任。根据《民诉解释》第 91 条的规定，该证明责任应当由主张合同成立的张三承担，因此 B、C 两选项正确。李四虽然明确主张该签名是王五代签，但该事实主张并不直接影响张三和李四的合同法律关系，所以不属于证明责任的分配对象，A 选项错误。虽然该事实属于案件基本事实，但是根据《民诉证据规定》第 30 条第 2 款的规定，只有需要法院依职权调查收集的事实，才能够主动委托鉴定，本案这一事实并不属于此条规定的情形，所以 D 项错误。

① BC

02
答题范例

| **题目指引** |

非讼程序与诉讼程序、非讼程序与执行程序的结合是法考命题的常见方式。本题案情以非讼程序中的公示催告程序为主，讲述了一个非常标准化的票据遗失后申请公示催告并获得除权判决的案例，但选项却体现为执行根据和诉的种类，知识点跨域了民事诉讼法基础理论、诉讼程序、非讼程序和执行程序，属于一道非常综合的题目。题目涉及公示催告程序的救济方式，除权判决的效力等知识点，需要考生融贯地掌握在除权判决作出后，另行起诉、申请执行、提起撤销之诉和申请再审等机制的适用条件。

| **题　　目** |

【不定项选择题】甲公司不慎遗失一张商业汇票，遂向法院申请公示催告。公告期无人申报权利，法院根据甲公司的申请，作出除权判决。甲公司遂持该除权判决向乙银行申请支付，但乙银行表示，出票人丙公司曾经向其发出过止付通知，因而拒绝支付。关于本案，下列表述正确的有：

A. 甲公司可以乙银行为被执行人向法院申请执行

B. 甲公司可以丙公司为被执行人向法院申请执行

C. 甲公司可以乙银行为被告提起给付之诉

D. 丙公司可以甲公司为被告提起撤销除权判决之诉

| **参考答案** | ________[1]

| **推导过程** |

公示催告程序是一个非讼程序，知识点较为单一。但本题表面上是因为公示催告程序引起，但实际上的争议确为除权判决作出后，权利人与支付人和出票人之间的纠纷。此时，其实是一个民事诉讼程序的问题，已经脱离了公示催告的非讼程序。

需要明确，除权判决是作为非讼程序的公示催告程序的一项判决，其法律效果只是除去原票据上的权利，并不直接产生定分止争的效果，在没有特别法律规定的情况下，除权判决不产生既判力和执行力。因此，当乙银行拒绝支付，甲公司和乙银行之间就发生了纠纷，其救济渠道只能是另行起诉，而非申请执行。因此，A、B 选项错误，C 选项正确。根据《民事诉讼法》第 234 条的规定，利害关系人没有在公示催告程序中申报权利，其救济安排是向作出判决的法院提起诉讼，因此丙公司没有申报权利，其救济渠道是另行起诉，《民诉解释》第 459 条明确规定了此类诉讼的诉讼请求是撤销除权判决，当事人是以公示催告申请人为被告。因此，D 选项正确。

---

① CD

刷 题 篇

重点考向与真题精粹

01 考向 民事诉讼的基本原则与基本制度

【单项选择题】某区法院审理原告许某与被告某饭店食物中毒纠纷一案。审前，法院书面告知许某合议庭由审判员甲、乙和人民陪审员丙组成时，许某未提出回避申请。开庭后，许某始知人民陪审员丙与被告法定代表人是亲兄弟，遂提出回避申请。关于本案的回避，下列哪一说法是正确的？

A. 许某可在知道丙与被告法定代表人是亲兄弟时提出回避申请

B. 法院对回避申请作出决定前，丙不停止参与本案审理

C. 应由审判长决定丙是否应回避

D. 法院作出回避决定后，许某可对此提出上诉

| 参考答案 | ______①

| 设题陷阱与常见错误分析 |

回避制度是民事诉讼的基本制度，回避的适用人员，回避情形，当事人提出回避申请的时间及其对法院决定不服的救济程序是回避制度的基本内容。本题的主要陷阱在于回避的决定权，以及回避人员被提出回避申请后退出案件审理的时间。常见的错误有：有的考生认为被申请回避的人员一旦被申请回避就应退出案件审理，会选择B；有的考生误认为丙作为陪审人员，其回避由审判长决定而误选C；也有的考生认为回避决定可以提出上诉而选择D。

| 解题思路与方法分析 |

本题适合运用排除法选定正确选项。《民事诉讼法》第48条第2款规定："被申请回避的人员在人民法院作出是否回避的决定前，应当暂停参与本案的工作，但案件需要采取紧急措施的除外。"本题不存在采取紧急措施的情形，故丙应当暂停参与本案审理。选项B错误。

根据《民事诉讼法》第49条的规定，审判人员的回避，由法院院长决定，丙是人民陪审员，属于审判人员，应当由院长决定，而非审判长决定。故选项C错误。

考生在确定人民陪审员是否为审判人员时容易出错。根据《民事诉讼法》第50条的规定，人民法院对当事人提出的回避申请，应当在申请提出的3日内，以口头或者书面形式作出决定。申请人对决定不服的，可以在接到决定时申请复议1次。故当事人对于法院的回避决定（通常指驳回申请的决定），只能申请复议，不能上诉。同时，根据《民事诉讼法》的规定，可以上诉的只有判决和裁定，决定不能上诉，故选项D错误。

由此，本案的正确答案是A，根据《民事诉讼法》第48条第1款的规定，回避事由在案件开始审理后知道的，可以在法庭辩论终结前提出。根据本题题干所述意思，可知本题应当是在法庭辩论终结前。考后有考生提出异议认为，选项A未明确表示时间为法庭辩论终结前，故本题没有正确答案。但根据整题考查思路及意思表述，正确答案应当为选项A。

---

① A

02 考向 诉

1.【单项选择题】关于诉的分类的表述，下列哪一选项是正确的？

A. 孙某向法院申请确认其妻无民事行为能力，属于确认之诉

B. 周某向法院申请宣告自己与吴某的婚姻无效，属于变更之诉

C. 张某在与王某协议离婚后，又向法院起诉，主张离婚损害赔偿，属于给付之诉

D. 赵某代理女儿向法院诉请前妻将抚养费从每月 1000 元增加为 2000 元，属于给付之诉

｜**参考答案**｜__________①

｜**设题陷阱与常见错误分析**｜

本题考查诉的分类，陷阱有以下两个：第一，诉的分类是对民事诉讼案件的一种理论划分，非讼案件不在此列，考生需要区分诉讼程序和非讼程序。第二，三种诉的类型各自的特点，考生需要能够根据原告的主张准确区分确认之诉、给付之诉和变更之诉的特点，否则就可能误选。

｜**解题思路与方法分析**｜

本题属于一题多问，需要结合每个选项分别判断。

A 选项孙某的申请并没有启动民事诉讼程序，而是根据《民事诉讼法》第 198～201 条规定启动的是认定公民无民事行为能力的案件，该案件属于非讼程序，无法进行诉的类型的划分。

B 选项周某宣告婚姻无效，不是离婚，因而并不是变更既有的婚姻关系，而是希望法院确认双方自始不存在婚姻关系，因而属于消极确认之诉。

C 选项张某在协议离婚后，根据《民法典》第 1091 条规定提起离婚损害赔偿之诉，是根据离婚损害赔偿请求权单独提起的诉讼，要求对方以赔偿损失的方式进行给付行为，因而属于给付之诉，应当选。

D 选项赵某的女儿与赵某的前妻已经存在抚养法律关系，赵某前妻的义务是每月支付抚养费 1000 元，现在原告要求增加抚养费，实质上是要变更既有抚养法律关系的具体内容，因此属于变更之诉。考生可能以该诉有具体的给付金额，判决可以具有执行力等理由，将此案作为给付之诉对待，但此种理解是错误的。变更之诉的判断并不应该以是否有具体的标的金额为标准，而应该看原告的诉讼请求是否旨在变更某种既有的法律关系的内容。例如，如果本案是前妻起诉要求将抚养费从每月 1000 元减少为每月 500 元，该诉同样具有给付金额，但考生肯定不会认为其是给付之诉。

2.【多项选择题】甲向大恒银行借款 100 万元，乙承担连带保证责任，甲到期未能归还借款，大恒银行向法院起诉甲乙二人，要求其履行债务。关于诉的合并和共同诉讼的判断，下列哪些选项是正确的？

A. 本案属于诉的主体的合并

B. 本案属于诉的客体的合并

C. 本案属于必要共同诉讼

D. 本案属于普通共同诉讼

｜**参考答案**｜__________②

｜**设题陷阱与常见错误分析**｜

本题是一道理论性较强的题目。考生首先需要准确把握诉的主体合并、诉的客体合并、共同诉讼等理论概念，同时考生还需要仔细审题，观察题干中给出的案件情况。考生较容易出现的错误有以下两点：第一，不清楚诉的客体合并是什么含义，误以为只要案件中存在两个或两个以上的法律关系就必然构成客体合并；第二，不能准确区分必要共同诉讼和普通共同诉讼，尤其在本案中大恒银行已经将甲、乙二人一起起诉，要求其承担连带责任的情形下。

｜**解题思路与方法分析**｜

本题选项分为两组，A、B 两项考查诉的合并；C、D 两项考查共同诉讼。

---

① C
② AC

诉的合并,是指法院将两个或两个以上彼此之间有牵连的诉合并到一个诉讼程序中审理和裁判。具体而言,又包括诉的主体合并和诉的客体合并。诉的主体的合并,是指将数个当事人合并到同一诉讼程序中审理和裁判,在一个原告对数个被告或数个原告对一个或数个被告提起诉讼时,均会产生诉的主体的合并。本案中原告起诉甲、乙二人,根据《民法典》和《民事诉讼法》及相关司法解释,连带保证的案件,应当以债权人的起诉来确定适格被告,因此甲、乙二人均为适格被告,所以本案属于主体合并,A 选项正确。

诉的客体的合并,是指将同一原告对同一被告提起的两个以上的诉或者反诉与本诉合并到同一诉讼程序中审理。诉的客体合并的前提是,必须有两个以上的诉,而诉的本质是指当事人就特定民事争议向法院提出的保护自己民事实体权益的请求。在本案中,大恒银行提起的诉只有一个,即返还借款。因此,不论该诉的请求权基础是哪一条民法规范,都只能认为本案只有一个诉,因而不构成诉的客体合并,B 选项错误。

共同诉讼,是指当事人一方或双方为两人以上的诉讼。在我国民事诉讼法中,共同诉讼有必要共同诉讼和普通共同诉讼两种类型。一般认为,必要共同诉讼是指当事人一方或者双方为两人以上,诉讼标的是同一的,法院必须合一审理并在裁判中对诉讼标的合一确定的共同诉讼。普通共同诉讼,是指当事人一方或者双方为两人以上,诉讼标的是同一种类,法院认为可以合并审理并且当事人也同意合并审理的共同诉讼。

但是,对于承担连带责任时当事人确定的情形,理论界还有专门的判断。大陆法系国家利用类似的必要共同诉讼理论来解释,我国也有学者认为必要共同诉讼分为权利义务共同型和原因共同型两类。根据《民诉解释》第 71 条第 1 款的规定,原告起诉被代理人和代理人,要求承担连带责任的,被代理人和代理人为共同被告。即便产生权利义务的原因并非同一法律关系,但由于共同诉讼人之间本身就存在连带关系,一样可以视为必要共同诉讼。因此,在大恒银行将甲、乙二人同期诉至法院,要求二人承担连带责任后,本案应属于必要共同诉讼,C 选项正确,D 选项错误。

03 考向 主管与管辖

1.【单项选择题】住所在 M 省甲县的旭日公司与住所在 N 省乙县的世新公司签订了一份建筑工程施工合同,工程地为 M 省丙县,并约定如合同履行发生争议,在北京适用《中国国际经济贸易仲裁委员会仲裁规则》进行仲裁。履行过程中,因工程款支付问题发生争议,世新公司拟通过仲裁或诉讼解决纠纷,但就在哪个仲裁机构进行仲裁,双方产生分歧。对此,下列哪一部门对该案享有管辖权?

A. 北京仲裁委员会

B. 中国国际经济贸易仲裁委员会

C. M 省甲县法院

D. M 省丙县法院

| **参考答案** | ________①

| **设题陷阱与常见错误分析** |

本题围绕仲裁机构与法院对民事案件主管的关系,考查了仲裁协议、法院专属管辖等知识。考生如果不能正确理解仲裁协议的有效要件,难以识别有效的仲裁协议,因而容易混淆仲裁机构与法院对民事案件的主管关系,造成选择错误。本题在题干中设置了两个陷阱:一是双方约定因合同履行发生争议时,在北京适用《中国国际经济贸易仲裁委员会仲裁规则》,导致考生误解双方达成了有效的仲裁协议,因而错选 B 选项;二是该案为建筑合同纠纷,考生稍不注意,即使判断出了双方之间并不存在合法有效的仲裁协议,也容易将其按合同管辖来确定管辖法院,因而会错选 C 选项。

| **解题思路与方法分析** |

若要正确解答该题,必须准确把握两点:一是仲裁协议的成立和有效的条件,因为仲裁机

---

① D

构与法院对民事案件的主管的关系，是排斥关系，也即一个民事案件要么是仲裁机构主管，要么是法院主管；二是考生必须能熟练把握法院专属管辖的适用范围。如果当事人愿意将案件交由仲裁机构审理裁决，就必须存在合法有效的仲裁协议。根据《仲裁法》第16条的规定，双方约定仲裁应当达成书面协议，并且应当具备以下内容：(1)请求仲裁的意思表示；(2)仲裁事项；(3)选定的仲裁委员会。根据《仲裁法解释》第4条的规定，仲裁协议约定纠纷适用仲裁规则的，视为未约定仲裁机构。显然，本案双方约定的内容并不符合该条之规定，未明确仲裁机构，属于约定不明。又根据《仲裁法》第18条的规定，仲裁协议对仲裁事项或者仲裁委员会没有约定或者约定不明确的，当事人可以补充协议；达不成补充协议的，仲裁协议无效。因此，当事人之间并不存在合法有效的仲裁协议，案件只能由法院主管。故A选项和B选项错误。

本案确定法院管辖的关键，是对建筑工程施工合同纠纷性质的理解。根据《民事诉讼法》第34条第1项的规定，因不动产纠纷提起的诉讼，由不动产所在地人民法院管辖。又根据《民诉解释》第28条第2款的规定，农村土地承包经营合同纠纷、房屋租赁合同纠纷、建设工程施工合同纠纷、政策性房屋买卖合同纠纷，按照不动产纠纷确定管辖。由此，该案双方当事人发生争议的建筑工程施工合同，应当按照专属管辖案件来确定管辖法院，而不应当按合同纠纷来确定管辖法院。因此，D选项正确，C选项错误。

2.【单项选择题】住所在A市B区的甲公司与住所在A市C区的乙公司签订了一份买卖合同，约定履行地为D县。合同签订后尚未履行，因货款支付方式发生争议，乙公司诉至D县法院。甲公司就争议的付款方式提交了答辩状。经审理，法院判决甲公司败诉。甲公司不服，以一审法院无管辖权为由提起上诉，要求二审法院撤销一审判决，驳回起诉。关于本案，下列哪一表述是正确的？

A. D县法院有管辖权，因D县是双方约定的合同履行地

B. 二审法院对上诉人提出的管辖权异议不予审查，裁定驳回异议

C. 二审法院应裁定撤销一审判决，发回一审法院重审

D. 二审法院应裁定撤销一审判决，裁定将案件移送有管辖权的法院审理

| 参考答案 | ________①

| 设题陷阱与常见错误分析 |

本案围绕合同纠纷管辖，考查了合同纠纷的管辖适用、应诉管辖成立的条件以及对当事人管辖权异议的处理等知识。考生如果不能正确理解合同管辖中履行地的确定原则，容易导致错误理解合同管辖的适用原则；在当事人没有书面协议管辖约定时，若考生不清楚我国立法关于默示协议管辖的适用条件，那么就难以把握本案成立的应诉管辖。同时，考生还必须对当事人行使诉讼权利的法律规制有正确的理解，特别是如果不能正确理解应诉管辖的效力与当事人行使管辖权异议的关系，则难以判断正确选项。例如，若考生错误理解当事人提出管辖权异议这一诉讼权利可以在程序的任何阶段行使，必然导致其错选D选项；或者认为一审法院审理存在程序上的瑕疵而需要发回重审，而误选C选项。本题设置了一个陷阱，即当事人合同中约定确定了履行地，但合同并未实际履行即发生了争议，在此种情况下，当事人双方约定的履行地就不能当然成为案件管辖法院的确定依据，必须结合当事人的住所地加以判别，因而会导致考生错选A选项。

| 解题思路与方法分析 |

本题正确的解题思路是：第一，正确理解合同管辖中履行地作为确定法院管辖依据的前提条件。一般情况下，当事人之间在合同中约定了履行地，该约定即可以作为确定法院管辖的依据。但是，在合同未实际履行的情况下，约定的履行地与案件并无实际联系，此时该约定履行地能否作为管辖的依据，则应当结合与当

---

① B

事人住所的关系进行判别。第二,准确把握应诉管辖的适用条件,应诉管辖又称为默示协议管辖,其是以当事人的行为拟制存在管辖协议而推定受诉法院有管辖权。第三,考生还应当把握好当事人行使诉讼权利的立法规制,即当事人行使诉讼权利具有时限性和受法院审查性,诉讼权利的行使超过立法规定的期间,除例外情形外,法院原则上不予审查。

根据《民事诉讼法》第 24 条的规定,因合同纠纷提起的诉讼,由被告住所地或者合同履行地法院管辖。从管辖确定的一般原则来看,应当是与案件有实际联系的地点作为确定法院管辖的依据。本案中,双方当事人在合同中约定了合同履行地,但由于该合同并未实际履行,因此,该履行地就不能理解为与案件有实际联系的地点。按照《民诉解释》第 18 条第 3 款的规定,合同没有实际履行,当事人双方住所地都不在合同约定的履行地的,由被告住所地法院管辖。又根据《民事诉讼法》第 130 条的规定,人民法院受理案件后,当事人对管辖权有异议的,应当在提交答辩状期间提出,当事人未提出管辖异议,并应诉答辩或者提出反诉的,视为受诉人民法院有管辖权,但违反级别管辖和专属管辖规定的除外。在该案中,法院受理案件后,被告并未在规定期间提出管辖权异议,而且向法院提交了答辩状,已经符合应诉管辖的构成条件,D 法院有管辖权。而 D 法院取得本案的管辖权,并非因其为当事人约定的履行地,而是因符合应诉管辖之条件所成就。因此,A 选项错误。

同时,由于立法对当事人提出管辖权异议的时限性规定,以及本案应诉管辖的成立,因此,二审法院对上诉人提出的管辖权异议应不予审查,裁定驳回异议,B 选项正确,D 选项错误。

又根据《民诉解释》的规定,一审法院严重违反法定程序需要裁定撤销原判发回重审,是指审判组织的组成不合法、应当回避的审判人员未回避、无诉讼行为能力的当事人未经法定诉讼代理人代为诉讼以及法院违法剥夺当事人辩论权,违反管辖规定并不是发回重审之事由等,况且本案 D 法院已依法取得了管辖权,因此,C 选项错误。

3.【多项选择题】A 市东区居民朱某(男)与 A 市西县刘某结婚,婚后双方住 A 市东区。一年后,公司安排刘某赴 A 市南县分公司工作。三年之后,因感情不和朱某向 A 市东区法院起诉离婚。东区法院受理后,发现刘某经常居住地在南县,其对该案无管辖权,遂裁定将案件移送南县法院。南县法院收到案件后,认为其无管辖权,将案件移送刘某户籍所在地西县法院。西县法院收到案件后也认为其无管辖权。关于本案的管辖问题,下列哪些说法是正确的?

A. 东区法院有管辖权

B. 南县法院有管辖权

C. 西县法院有管辖权

D. 西县法院认为自己没有管辖权,应当裁定移送有管辖权的法院

| 参考答案 | ___________①

| 设题陷阱与常见错误分析 |

本题围绕一般地域管辖,考查了考生对一般地域管辖、移送管辖等知识点的掌握情况。考生如果不能准确把握一般地域管辖的例外情形,以及不能理解裁定管辖中裁定的效力,则可能造成错选。例如,根据法律规定,一般地域管辖遵循原告就被告的原则,但经常居住地与住所地不一致时,经常居住地视为住所地,考生可能会误选 C 选项。同时,本题属于一般地域管辖的例外情形,夫妻一方离开住所地一年以上,也可以由原告住所地法院管辖,因而考生可能会漏选 A 选项。本题还针对移送管辖设置了一个陷阱,即在移送管辖的南县法院认为自己没有管辖又再次裁定进行了移送,使考生误认为法院对案件没有管辖权即可裁定移送管辖,因而可能误选 D 选项。

| 解题思路与方法分析 |

考生首先应当对一般地域管辖的原则有正确的理解。根据《民事诉讼法》第 22 条第 1

① AB

款的规定,对公民提起的诉讼由被告住所地管辖,住所地与经常居住地不一致的,由经常居住地法院管辖。对于公民而言,住所地为其户籍所在地,在本案中被告住所地为西县,但起诉时被告经常居住地为南县。因此,西县法院对该案没有管辖权,C选项错误;南县是被告的经常居住地,因而南县法院对该案有管辖权,B选项正确。

其次,考生还应当准确把握一般地域管辖的例外情形,根据《民诉解释》第12条第1款规定,夫妻一方离开住所地超过一年,另一方起诉离婚的案件,可以由原告住所地法院管辖,因此,东区法院对该案也有管辖权,A选项正确。

最后,考生还应当正确理解裁定移送管辖的效力。根据《民事诉讼法》第37条的规定,法院受理案件后发现案件不属于本院管辖的,应当移送有管辖权的法院,受移送的法院应当受理;受移送的法院认为对受移送的案件也无管辖权,应当报请上级法院指定管辖,不得再行移送。因此,本案中西县法院认为其对受移送的案件没有管辖权,应当报请上级法院指定管辖而不得再行裁定移送管辖,故D选项错误。

综上所述,本题A选项、B选项正确。

4.【多项选择题】根据《民事诉讼法》和相关司法解释的规定,法院的下列哪些做法是违法的?

A.在一起借款纠纷中,原告张海起诉被告李河时,李河居住在甲市A区。A区法院受理案件后,李河搬到甲市D区居住,该法院知悉后将案件移送D区法院

B.王丹在乙市B区被黄玫打伤,以为黄玫居住乙市B区,而向该区法院提起侵权诉讼。乙市B区法院受理后,查明黄玫的居住地是乙市C区,遂将案件移送乙市C区法院

C.丙省高院规定,本省中院受理诉讼标的额1亿元至50亿元的财产案件。丙省E市中院受理一起标的额为51亿元的案件后,向丙省高院报请审理该案

D.居住地为丁市H区的孙溪要求居住地为丁市G区的赵山依约在丁市K区履行合同。后因赵山下落不明,孙溪以赵山为被告向丁市H区法院提起违约诉讼,该法院以本院无管辖权为由裁定不予受理

|参考答案|__________①

|设题陷阱与常见错误分析|

本题主要考查裁定管辖,考生需要了解移送管辖、管辖权转移的适用条件,同时也需要了解管辖恒定与相关裁定管辖制度的关系。其中C选项属于难度较大的一项,一方面该考点依托的司法解释是最高人民法院《关于审理民事级别管辖异议案件若干问题的规定》,较为生僻;另一方面该考点涉及标的金额对确定管辖的影响,该情形考生平常接触较少,可能会误以为此时根据管辖恒定的原则,中级法院对该案享有管辖权。

|解题思路与方法分析|

本题四个选项涉及四个案例,需要分别处理:

A选项考查管辖恒定,根据《民诉解释》第37条规定,案件受理后,受诉人民法院的管辖权不受当事人住所地、经常居住地变更的影响。本案中,A区法院受理案件后,诉讼系属已经发生,管辖权归A区法院享有,即使被告李河搬到D区居住,A区法院也不能将案件移送D区法院。所以,A选项错误。

B选项考查移送管辖,根据《民诉解释》第36条的规定,两个以上人民法院都有管辖权的诉讼,先立案的人民法院不得将案件移送给另一个有管辖权的人民法院。而根据《民事诉讼法》第29条的规定,因侵权行为提起的诉讼,由侵权行为地或者被告住所地人民法院管辖。根据案情,虽然被告黄玫的居住地是乙市C区,乙市C区法院根据"被告住所地"对该案有管辖权,但是乙市B区是侵权行为地,同样也享有管辖权,且乙市B区法院已经立案,诉讼系属已然发生,乙市B区法院不能将案件移送给乙市C区法院。所以,B选项错误。

---

① ABC

C 选项考查管辖权的转移,根据最高人民法院《关于审理民事级别管辖异议案件若干问题的规定》第 4 条的规定,对于应由上级人民法院管辖的第一审民事案件,下级人民法院不得报请上级人民法院交其审理。本案中,E 市中院对该案并无管辖权,但也不能通过报请丙省高院取得管辖权。所以,C 选项错误。

D 项考查合同案件的管辖地。根据《民事诉讼法》第 24 条的规定,因合同纠纷提起的诉讼,由被告住所地或者合同履行地人民法院管辖。本案中,丁市 H 区既不是被告赵山的居住地,也不是合同的履行地,所以丁市 H 区法院没有管辖权,法院应当裁定不予受理,D 选项正确。

04 考向 当事人

1.【单项选择题】精神病人姜某冲入向阳幼儿园将入托的小明打伤,小明的父母与姜某的监护人朱某及向阳幼儿园协商赔偿事宜无果,拟向法院提起诉讼。关于本案当事人的确定,下列哪一选项是正确的?

A. 姜某是被告,朱某是无独立请求权第三人

B. 姜某与朱某是共同被告,向阳幼儿园是无独立请求权第三人

C. 向阳幼儿园与姜某是共同被告

D. 姜某、朱某、向阳幼儿园是共同被告

| **参考答案** | __________①

| **设题陷阱与常见错误分析** |

本题围绕共同诉讼人,考查了被监护人致人损害以及无民事行为能力人在幼儿园受到他人侵害时的当事人确定等知识,具有一定综合性。考生如果不能准确把握被监护人致人损害时的当事人形态,以及无民事行为能力人在幼儿园受到他人侵害时的侵权责任形式,便无法选择正确选项。例如,考生容易将无民事行为能力人姜某理解为侵权责任人,其监护人与本案处理结果有法律上的利害关系,因而误选 A 选项;或者错误理解无民事行为能力人在幼儿园受到他人侵害时的责任形式,将幼儿园理解为与本案处理结果有法律上的利害关系,列为无独立请求权的第三人,因而误选 B 选项。

| **解题思路与方法分析** |

针对本题,考生应当非常熟悉两个知识点:一是无民事行为能力人、限制行为能力人致人损害时诉讼当事人的形态;二是无民事行为能力人在幼儿园受到他人侵害时,幼儿园所承担的责任形式。根据《民诉解释》第 67 条的规定,无民事行为能力人、限制民事行为能力人造成他人损害的,无民事行为能力人、限制民事行为能力人与其监护人为共同被告,因此,A 选项和 C 选项错误。

又根据《民法典》第 1201 条的规定,无民事行为能力人在幼儿园受到他人侵害的,由侵权人承担侵权责任;幼儿园未尽到管理职责的,承担相应的补充责任。根据此项规定,幼儿园承担的是补充责任而非与本案处理结果有法律上的利害关系,不能列为无独立请求权的第三人,因此 B 选项错误。

根据上述司法解释及法律规定,被监护人造成他人损害的,其与监护人为共同被告;另外,无民事行为能力的幼儿在幼儿园受到他人侵害的,幼儿园未尽到管理职责的应当承担补充责任,其在诉讼中的形态应当是共同被告。因此,D 选项正确。

2.【单项选择题】赵某与刘某将共有商铺出租给陈某。刘某瞒着赵某,与陈某签订房屋买卖合同,将商铺转让给陈某,后因该合同履行发生纠纷,刘某将陈某诉至法院。赵某得知后,坚决不同意刘某将商铺让与陈某。关于本案相关人的诉讼地位,下列哪一说法是正确的?

A. 法院应依职权追加赵某为共同原告

B. 赵某应以刘某侵权起诉,陈某为无独立请求权第三人

C. 赵某应作为无独立请求权第三人

D. 赵某应作为有独立请求权第三人

| **参考答案** | __________②

---

① D

② D

| 设题陷阱与常见错误分析 |

本案的诉讼,既包括了刘某诉陈某的买卖合同履行纠纷之诉,也包括了赵某诉刘某与陈某的买卖合同确认无效之诉,本题的陷阱在于无法区分两个诉,不能得出正确答案。常见的错误发生在:过分注意赵某与刘某的共有关系,认为赵某是共同原告而选择A,也有人认为刘某擅自处分出让侵犯了赵某的权利而选择B。

| 解题思路与方法分析 |

本案中,刘某诉陈某为买卖合同履行纠纷之诉,刘某为原告,陈某为被告。赵某是刘某的共有人,且不同意出售该商铺,不可能成为买卖合同履行纠纷之诉的共同原告,故选项A错误。

根据辅导用书的相关内容,有独立请求权的第三人在第三人参加之诉中的地位就是原告,是诉讼的当事人。在诉讼中,有独立请求权的第三人既对抗原诉讼的原告,又对抗原诉讼的被告,即他认为原诉讼的原告或被告,无论谁胜诉,都将损害他的利益,因此,他在参加诉讼中,是将原诉讼的原告和被告都作为参加诉讼中的被告。本案中,赵某行使权利即是诉刘某与陈某的买卖合同无效,即赵某是参加之诉的原告,刘某与陈某为被告。选项B错误,陈某不是无独立请求权的第三人。选项C错误,选项D正确,赵某是参加之诉的原告,即赵某是本诉的有独立请求权的第三人。

3.【单项选择题】丁一诉弟弟丁二继承纠纷一案,在一审中,妹妹丁爽向法院递交诉状,主张应由自己继承系争的遗产,并向法院提供了父亲生前所立的其过世后遗产全部由丁爽继承的遗嘱。法院予以合并审理,开庭审理前,丁一表示撤回起诉,丁二认为该遗嘱是伪造的,要求继续进行诉讼。法院裁定准予丁一撤诉后,在程序上,下列哪一选项是正确的?

A. 丁爽为另案原告,丁二为另案被告,诉讼继续进行

B. 丁爽为另案原告,丁一、丁二为另案被告,诉讼继续进行

C. 丁一、丁爽为另案原告,丁二为另案被告,诉讼继续进行

D. 丁爽、丁二为另案原告,丁一为另案被告,诉讼继续进行

| 参考答案 | __________[1]

| 设题陷阱与常见错误分析 |

本题围绕有独立请求权的第三人,考查了考生对必要共同诉讼人与有独立请求权第三人的区别,以及本诉原告撤诉后诉讼程序的继续进行等知识点的把握。考生若不能准确理解必要共同诉讼人与有独立请求权第三人的本质区别,以及有独立请求权第三人提起的参加之诉的独立性,就可能会错选C选项或者D选项;又如,本诉原告撤诉后,其并未完全退出诉讼,其仍为有独立请求权第三人提起的参加之诉的被告,考生可能会错误理解本诉原告撤诉后即退出诉讼而不再列为当事人。本题设置了一个陷阱,即只有本诉被告对第三人之诉讼主张提出了异议,可能会导致考生误选A选项。

| 解题思路与方法分析 |

首先,考生应当正确理解和把握必要共同诉讼人与有独立请求权的第三人的本质区别。必要共同诉讼人一方,对争讼案件所涉及的诉讼标的是共同的标的,即共同的权利义务关系,必要共同诉讼人之间不存在利益分歧;有独立请求权的第三人,既不同意本诉原告的诉讼主张,也不同意本诉被告的诉讼主张,其认为无论本诉原告、被告谁胜诉都会损害其利益,因而,其提起诉讼是以自己一方为原告、以本诉的原告和被告为被告。

其次,根据《民诉解释》第70条的规定,遗产继承诉讼中,部分继承人起诉的,其他继承人应当列为共同原告参加诉讼,此全因遗产为共同财产之缘故。而本案案外人提出了继承全部遗产,遂与本诉原告和被告存在利益冲突,而这并非司法解释之情形,不能将其列为共同原告。基于此,C选项和D选项错误。

再次,依法理,有独立请求权第三人提起的参加之诉具有独立性,其不因本诉的撤诉而撤

---

① B

销，即使本诉原告撤回本诉，其仍要参加有独立请求权第三人提起的参加之诉，因此，选项A错误。

最后，根据《民诉解释》第237条的规定，有独立请求权第三人参加诉讼后，法院在准许本诉原告撤诉后，有独立请求权第三人作为另案原告，原案原告、被告作为另案被告，继续进行诉讼。因此，选项B正确。

4.【单项选择题】丙公司因法院对甲公司诉乙公司工程施工合同案的一审判决（未提起上诉）损害其合法权益，向A市B县法院提起撤销诉讼。案件审理中，检察院提起抗诉，A市中级法院对该案进行再审，B县法院裁定将撤销诉讼并入再审程序。关于中级法院对丙公司提出的撤销诉讼请求的处理，下列哪一表述是正确的？

A. 将丙公司提出的诉讼请求一并审理，作出判决

B. 根据自愿原则进行调解，调解不成的，告知丙公司另行起诉

C. 根据自愿原则进行调解，调解不成的，裁定撤销原判发回重审

D. 根据自愿原则进行调解，调解不成的，恢复第三人撤销诉讼程序

| **参考答案** | ________①

| **设题陷阱与常见错误分析** |

本题围绕第三人撤销之诉与再审程序的关系，考查了第三人撤销之诉并入再审程序后，对第三人在撤销诉讼中提出的诉讼请求在程序上如何处理的问题。考生容易出错的是，不能准确理解撤销诉讼并入再审程序的法律后果，而仍然误认为撤销诉讼与再审诉讼是两个并行的审理程序，因而可能错误选择D选项。

| **解题思路与方法分析** |

本题的解题思路：一是准确理解撤销诉讼并入再审诉讼的法律后果；二是掌握再审诉讼适用的具体审理程序。根据《民诉解释》第299条的规定，第三人撤销之诉案件审理期间，法院对生效判决、裁定、调解书裁定再审的，受理第三人撤销之诉的法院应当裁定将第三人的诉讼请求并入再审程序。此即意味着，第三人撤销之诉自动终结不再继续进行。因而，第三人提出的撤销诉讼并入再审诉讼后，其提出的诉讼请求应当通过再审程序加以审理。因此，D选项错误。

另根据《民事诉讼法》第218条的规定，法院审理再审案件，原来是第一审的，按照第一审审理；原来是第二审的或者是上级法院提审的，按照第二审程序审理。该案是第三人针对A市B县法院一审生效判决提起的撤销诉讼，而再审是由A市中级法院裁定审理，属于提审，应适用二审程序。因此，撤销诉讼并入再审程序后，第三人提出的诉讼请求应当适用二审程序审理。又根据《民诉解释》第300条的规定，第三人诉讼请求并入再审程序按照二审程序审理的，人民法院可以调解，调解达不成协议的，应当裁定撤销原判决，发回一审法院重审，重审时应当列明第三人。因此，C选项正确，A选项和B选项错误。

5.【多项选择题】程某诉刘某借款诉讼过程中，程某将对刘某因该借款而形成的债权转让给了谢某。依据相关规定，下列哪些选项是正确的？

A. 如程某撤诉，法院可以准许其撤诉

B. 如谢某申请以无独立请求权第三人身份参加诉讼，法院可予以准许

C. 如谢某申请替代程某诉讼地位的，法院可以根据案件的具体情况决定是否准许

D. 如法院不予准许谢某申请替代程某诉讼地位的，可以追加谢某为无独立请求权的第三人

| **参考答案** | ________②

| **设题陷阱与常见错误分析** |

本题围绕当事人的确定，考查了诉讼过程中争讼民事权利义务转让后，转让人与案外受让人的诉讼地位确定等知识。如果考生不能准确理解争讼民事权利义务转让后，我国立法上

① C
② ABCD

就当事人、案外人诉讼地位的确定所采取的原则，可能会造成误选。例如，考生可能会误以为当事人将争讼权利义务转让于案外人后即发生当事人的变更，因而会漏选A选项。

| 解题思路与方法分析 |

考生首先应当正确理解诉讼中当事人将争讼权利义务转让于案外人后，当事人、案外人诉讼地位确定的基本原则。根据《民诉解释》第249条第1款的规定，在诉讼过程中当事人将争议的民事权利义务转移的，不影响当事人的诉讼主体资格和诉讼地位。因此，作为一项原则，民事权利义务的转让不影响当事人的诉讼地位。因而，作为原告的程某撤诉的，法院可以准许其撤诉，A选项正确。

关于受让争讼民事权利义务的案外人诉讼地位的确定，则得依其申请以及法院考量案件具体情况来加以确定。根据《民诉解释》第249条第2款的规定，受让人申请以无独立请求权第三人参加诉讼的，法院可以准许，因此，B选项正确；受让人申请替代当事人承担诉讼的，是否准许由法院视案件具体情况酌定，因此，C选项正确。法院不同意受让人承担诉讼的，可以追加其为无独立请求权的第三人，因此，D选项正确。综上，A选项、B选项、C选项和D选项均正确。

05 考向 民事证据

1.【单项选择题】甲公司诉乙公司专利侵权，乙公司是否侵权成为焦点。经法院委托，丙鉴定中心出具了鉴定意见书，认定侵权。乙公司提出异议，并申请某大学燕教授出庭说明专业意见。关于鉴定的说法，下列哪一选项是正确的？

A. 丙鉴定中心在鉴定过程中可以询问当事人

B. 丙鉴定中心应当派员出庭，但有正当理由不能出庭的除外

C. 如果燕教授出庭，其诉讼地位是鉴定人

D. 燕教授出庭费用由乙公司垫付，最终由败诉方承担

| **参考答案** | ________①

| **设题陷阱与常见错误分析** |

本题考查鉴定制度和专业人士出庭（专家辅助人）制度。其中，专业人士出庭是2012年《民事诉讼法》新增的制度，考生要注意熟悉相关法条，并区分此种专业人士与证人、鉴定人、代理人的关系。考生容易犯的错误是，将关于代理人或鉴定人的规则比附在专业人士上，误选CD两项。

| **解题思路与方法分析** |

考生要注意运用相关法条和司法解释涵摄本案适格选项的表述。

A选项正确，根据《民事诉讼法》第80条第1款的规定，鉴定人有权了解进行鉴定所需要的案件材料，必要时可以询问当事人、证人。

B选项错误，根据《民事诉讼法》第81条的规定，当事人对鉴定意见有异议或者人民法院认为鉴定人有必要出庭的，鉴定人应当出庭作证。经人民法院通知，鉴定人拒不出庭作证的，鉴定意见不得作为认定事实的根据。可见，鉴定人不是证人，不能以有正当理由为凭据拒绝出庭。

C选项错误，根据《民事诉讼法》第82条的规定，当事人可以申请人民法院通知有专门知识的人出庭，就鉴定人作出的鉴定意见或者专业问题提出意见。因此，本案中燕教授的身份并非鉴定人，而是专家辅助人。

D选项错误，根据《民诉解释》第122条第1款和第3款的规定，当事人可以向人民法院申请由1名至2名具有专门知识的人员出庭就案件的专门性问题进行说明，人民法院准许其申请的，有关费用由提出申请的当事人负担。这是因为此种专业人士是辅助申请方当事人，因此相关费用必须由其自行承担。

2.【多项选择题】叶某诉汪某借款纠纷案，叶某向法院提交了一份内容为汪某向叶某借款3万元并收到该3万元的借条复印件，上有

---

① A

"本借条原件由汪某保管,借条复印件与借条原件具有同等效力"字样,并有汪某的署名。法院据此要求汪某提供借条原件,汪某以证明责任在原告为由拒不提供,后又称找不到借条原件。证人刘某作证称,他是汪某向叶某借款的中间人,汪某向叶某借款的事实确实存在;另外,汪某还告诉刘某,他在叶某起诉之后把借条原件烧毁,汪某在法院质证中也予以承认。在此情况下,下列哪些选项是正确的?

A. 法院可根据叶某提交的借条复印件,结合刘某的证言对案涉借款事实进行审查判断

B. 叶某提交给法院的借条复印件是案涉借款事实的传来证据

C. 法院可认定汪某向叶某借款 3 万元的事实

D. 法院可对汪某进行罚款、拘留

| **参考答案** | __________①

| **设题陷阱与常见错误分析** |

本题围绕诉讼证明,考查了证据能力、证据的理论分类、案件事实认定以及对妨碍诉讼的强制措施等知识。本题常见错误是,考生常常错误认为复印件不具有证据能力,不能作为诉讼中的证据使用。此外,民事诉讼中当事人之间还负有诉讼促进义务,考生往往错误认为对某一事实负有证明责任的一方当事人,有义务向法院提供证据,即使证据在对方当事人控制之下,对方也不负举证之义务。

| **解题思路与方法分析** |

理论上认为,证据能力是指可以作为证据提供给法院并经庭审质证作为认定案件事实依据的资格。我国立法上承认复印件的证据能力,《民事诉讼法》第 73 条第 1 款规定,书证应当提交原件,提交原件有困难的,可以提交复制品。此条说明,对于书证立法规定原件为最佳证据形式,但无法提交原件的情况,复印件也被认为具有证据能力,可以结合其他证据认定案件事实。因此,A 选项正确。

理论上依不同标准将证据进行分类,依证据的来源可将证据分为原始证据和派生证据(或传来证据)。原始证据,是指直接来源于案件事实的证据;而传来证据则是指不直接来源于案件事实,而是通过复制、转抄等所获得的证据。本案为借款纠纷,借条原件为原始证据,而借条的复印件则是传来证据。因此,B 选项正确。

在民事诉讼中,当事人负有证据协力义务,不负证明责任的一方当事人在特定情况下负有提供证据的义务,拒不提供将承担不利后果。根据《民诉解释》第 112 条的规定,负有证明责任的一方当事人拟举示的证据在对方当事人控制时,法院可以责令对方提供该项证据,对方无正当理由拒不提交的,法院可以认定申请人所主张的书证为真实。本案中,原告方叶某拟举示的证据由被告控制,法院责令汪某提出该项证据而遭到拒绝,由此,法院可以认定汪某向叶某借款 3 万元的事实成立。因此,C 选项正确。

证人刘某向法庭证实汪某将其保管的借条原件烧毁,且汪某在庭审中已明确承认其毁损证据的行为,已构成妨碍民事诉讼的行为。根据《民诉解释》第 113 条的规定,持有书证的当事人以妨碍对方当事人使用为目的,毁灭有关书证的,法院可以对其进行罚款、拘留。因此,D 选项正确。

综上分析,A 选项、B 选项、C 选项和 D 选项均正确。

3.【多项选择题】张志军与邻居王昌因琐事发生争吵并相互殴打。之后,张志军诉至法院要求王昌赔偿医药费等损失共计 3000 元。在举证期限届满前,张志军向法院申请事发时在场的方强(26 岁)、路芳(30 岁)、蒋勇(13 岁)出庭作证,法院准其请求。开庭时,法院要求上列证人签署保证书,方强签署了保证书,路芳拒签保证书,蒋勇未签署保证书。法院因此允许方强、蒋勇出庭作证,未允许路芳出庭作证。张志军在开庭时向法院提供了路芳的书面证言,法院对该证言不同意组织质证。关于本案,法院的下列哪些做法是合法的?

A. 批准张志军要求事发时在场人员出庭

① ABCD

作证的申请

B. 允许蒋勇出庭作证

C. 不允许路芳出庭作证

D. 对路芳的证言不同意组织质证

| **参考答案** | ________[1]

| **设题陷阱与常见错误分析** |

本题意在考查证人出庭作证的具体规定：当事人申请证人出庭作证的时间限制；证人出庭作证应当签署保证书，但是限制民事行为能力人及无民事行为能力人除外，设题陷阱在于蒋勇与路芳均未签保证书，但他们应当区别对待。较多考生认为选项D错误，路芳未出庭作证，采取书面证言，能否质证，其也要求考生明确掌握相关规定，也有考生认为选项B错误，因为路芳未签保证书。

| **解题思路与方法分析** |

选项A是关于当事人申请证人出庭作证的时间限制。依据《民诉解释》第117条第1款的规定，当事人申请证人出庭作证的，应当在举证期限届满前提出，所以选项A正确。

关于证人出庭作证的签署保证书要求，依据《民诉解释》第119条第1款的规定，人民法院在证人出庭作证前应当告知其如实作证的义务以及作伪证的法律后果，并责令其签署保证书，但无民事行为能力人和限制民事行为能力人除外。第120条规定，证人拒绝签署保证书的，不得作证，并自行承担相关费用。所以，本题中，未成年人蒋勇未签署保证书，法院可以允许出庭作证，选项B正确。

路芳拒签保证书，不得作证，法院不允许路芳出庭作证是正确的，选项C正确。

根据《民事诉讼法》第76条的规定，经人民法院通知，证人应当出庭作证。有下列情形之一的，经人民法院许可，可以通过书面证言、视听传输技术或者视听资料等方式作证：(1)因健康原因不能出庭的；(2)因路途遥远，交通不便不能出庭的；(3)因自然灾害等不可抗力不能出庭的；(4)其他有正当理由不能出庭的。路芳不属于上述情形，其不出庭作证源于不按法律要求签署保证书，法院不允许其出庭。其书面证言不能进入质证程序，故选项D正确。

4.【多项选择题】杨青(15岁)与何翔(14岁)两人经常嬉戏打闹，一次，杨青失手将何翔推倒，致何翔成了植物人。当时在场的还有何翔的弟弟何军(11岁)。法院审理时，何军以证人身份出庭。关于何军作证，下列哪些说法不能成立？

A. 何军只有11岁，无诉讼行为能力，不具有证人资格，故不可作为证人

B. 何军是何翔的弟弟，应回避

C. 何军作为未成年人，其所有证言依法都不具有证明力

D. 何军作为何翔的弟弟，证言具有明显的倾向性，其证言不能单独作为认定案件事实的根据

| **参考答案** | ________[2]

| **设题陷阱与常见错误分析** |

本题围绕证人证言，考查了证人能力、证人证言的证明力等知识。很多考生容易混淆证人能力与诉讼行为能力，将当事人诉讼行为能力套用到证人制度，误认为证人出庭作证也必须具备诉讼行为能力，因而会漏选A选项。该题设置了一个陷阱，该案证人为当事人的近亲属，使考生误认为应当适用回避制度，因而漏选B选项。

| **解题思路与方法分析** |

证人，是目睹案件事实发生并出庭作证的人，成为证人需要具备证人能力。根据《民事诉讼法》第75条第2款的规定，不能正确表达意思的人，不能作为证人。根据立法精神，作为自然人，有两类人不具有证人能力：一是精神病人；二是因年纪太幼不能在法庭上正确表述意思的人。基于此，证人作证并不需要向当事人那样具有诉讼行为能力，其只要能够正确表达意思即可。本案中，11岁的何军对于被告杨青致其哥哥何翔受伤的事实，完全能够正确表述，故而其可以作为证人，A选项的表述错误。

根据《民事诉讼法》第47条的规定，回避的对象包括审判人员、法官助理、书记员、司法

---

① ABCD

② ABC

技术人员、翻译人员、鉴定人、勘验人,证人不属于回避对象的范围,因此,B 选项表述错误。

因法律认可能够正确表达意思的未成年人的证人能力,因此,其证人证言具有相应的证明力,C 选项表述错误。

此外,根据《民诉证据规定》第 90 条第 3 项的规定,与一方当事人有利害关系的证人出具的证言,不能单独作为认定案件事实的依据。因此,D 选项表述正确。

综上分析,本题 A 选项、B 选项和 C 选项为正确答案,D 选项为错误答案。

06 考向 民事诉讼中的证明

1.【单项选择题】刘月购买甲公司的化肥,使用后农作物生长异常。刘月向法院起诉,要求甲公司退款并赔偿损失。诉讼中甲公司否认刘月的损失是因其出售的化肥质量问题造成的,刘月向法院提供了本村吴某起诉甲公司损害赔偿案件的判决书,以证明甲公司出售的化肥有质量问题且与其所受损害有因果关系。关于本案刘月所受损害与使用甲公司化肥因果关系的证明责任分配,下列哪一选项是正确的?

A. 应由刘月负担有因果关系的证明责任

B. 应由甲公司负担无因果关系的证明责任

C. 应由法院依职权裁量分配证明责任

D. 应由双方当事人协商分担证明责任

| 参考答案 | ________①

| 设题陷阱与常见错误分析 |

本题围绕证明责任分配,考查了证明责任分配与免予证明事实之关系。考生如果不能准确理解证明责任的含义,特别是对法律及司法解释规定的本质内涵,混淆证明责任分配的一般规则与例外规则,则可能会错选。例如,对于免证事实,对方当事人提出证据足以反驳的,作为一般原则,仍应当由主张该免证事实的当事人承担证明责任。但作为例外,对方提出证据推翻该免证事实的,则对该免证事实的证明责任实际上应当由该对方当事人负担。对此如果理解错误,则会误选 A 选项。

| 解题思路与方法分析 |

考生首先应当熟悉证明责任分配的一般法则,即"谁主张,谁证明"。根据《民诉解释》第 90 条的规定,当事人对自己提出诉讼请求所依据的事实或者反驳对方诉讼请求所依据的事实,应当提供证据加以证明,但法律另有规定的除外;在作出判决前当事人未能提供证据或者证据不足以证明其事实主张的,由负有举证证明责任的当事人承担不利的后果。此为证明责任分配的一般原则。根据此规定,证明责任的分配应当由法律或者司法解释明确加以分配,具有法定性。因此,C 选项和 D 选项错误。

此外,根据《民诉解释》第 93 条第 5 项的规定,当事人主张的已为法院生效裁判所确认的事实,无须举证,但对方当事人有相反证据足以推翻的除外。根据此项规定,原本为主张方承担证明责任的事实,由于已为生效判决所确认,司法解释要求对方提供反证足以推翻方可作出相反的认定,这说明实际上该生效判决所确认之事实的证明责任,已依照该司法解释的规定由对方当事人负担,即对方应对该事实的不存在负担证明责任。因此,A 选项错误,B 选项正确。

2.【单项选择题】李某起诉王某要求返还 10 万元借款并支付利息 5000 元,并向法院提交了王某亲笔书写的借条。王某辩称,已还 2 万元,李某还出具了收条,但王某并未在法院要求的时间内提交证据。法院一审判决王某返还李某 10 万元并支付 5000 元利息,王某不服提起上诉,并称一审期间未找到收条,现找到了并提交法院。关于王某迟延提交收条的法律后果,下列哪一选项是正确的?

A. 因不属于新证据,法院不予采纳

B. 法院应采纳该证据,并对王某进行训诫

C. 如果李某同意,法院可以采纳该证据

D. 法院应当责令王某说明理由,视情况决定是否采纳该证据

| 参考答案 | ________②

① B

② B

| 设题陷阱与常见错误分析 |

本题围绕举证时限,考查了逾期举证的法律效果以及视为未逾期的情形等知识,具有一定的综合性。考生应当准确理解举证期限的基本含义,以及司法解释规定可以延长举证期限、不视为逾期举证的情形和逾期举证的法律后果,这些规定之间存在交叉并可能导致混淆适用,因而造成误选。例如,对于与基本事实相关的证据,即使当事人因故意或者重大过失逾期提出,法院都应当采纳,不存在需要当事人同意或者法院同意的情形,因而,考生可能会误选C选项或者D选项。选项A是设置的一个选项陷阱,考生可能会误认为适用新证据规则,而误选A选项。

| 解题思路与方法分析 |

考生首先应当对举证时限制度的具体规则有准确的把握,能区分何种情况下视为未逾期,何种情况下采纳证据但应对当事人予以程序性制裁,何种情况下应当采取证据失权制裁措施,何种证据不适用证据失权制裁措施。根据《民诉解释》第102条第1款的规定,当事人因故意或者重大过失逾期提供的证据,人民法院不予采纳。但该证据与案件基本事实有关的,人民法院应当采纳,但应予训诫、罚款。此规定的本质,是给予此类证据免予失权制裁的效力,因此,即使迟延提出该类证据,也不存在适用法官酌定是否采纳或者对方不异议即视为未逾期的规则。因此,A选项、C选项、D选项错误,B选项正确。

07 考向 人民法院调解

【单项选择题】关于法院制作的调解书,下列哪一说法是正确的?

A. 经法院调解,老李和小李维持收养关系,可不制作调解书

B. 某夫妻解除婚姻关系的调解书生效后,一方以违反自愿为由可申请再审

C. 检察院对调解书的监督方式只能是提出检察建议

D. 执行过程中,达成和解协议的,法院可根据当事人的要求制作成调解书

| 参考答案 | ________①

| 设题陷阱与常见错误分析 |

法院调解成功后需要制作调解书以确定权利义务关系,但特殊情况下不需要制作调解书。调解书可以申请再审但不是所有的调解书均可申请再审,现行法律规定检察监督可以针对调解书,监督方式由法律特别规定。本题的陷阱在于,有些考生会忽略,执行和解与审理中的调解的区别,运用审理程序中的诉讼调解规则于执行程序中,也会误选D。

| 解题思路与方法分析 |

根据《民事诉讼法》第101条第1款第2项的规定,调解维持收养关系的案件人民法院可以不制作调解书,故选项A正确。

根据《民事诉讼法》第213条的规定,当事人对已经发生法律效力的解除婚姻关系的判决、调解书,不得申请再审。故选项B错误。

根据《民事诉讼法》第219条第2款的规定,地方各级人民检察院,发现同级人民法院调解书损害国家利益、社会公共利益的,可以向同级人民法院提出检察建议,也可以提请上级人民检察院向同级人民法院提出抗诉。即检察院对调解书监督方式不止于提出检察建议,故选项C错误。

根据《民事诉讼法》第241条第1款的规定,在执行中,双方当事人自行和解达成协议的,执行员应当将协议内容记入笔录,由双方当事人签名或盖章。另外,执行程序中,已有执行根据存在,法院不能再进行调解,故选项D错误。

08 考向 民事诉讼保障制度

1.**【多项选择题】**关于法院的送达行为,下列选项正确的有:

A. 陈某以马某不具有选民资格向法院提

① A

起诉讼，由于马某拒不签收判决书，法院向其留置送达

B. 法院通过邮寄方式向葛某送达开庭传票，葛某未寄回送达回证，送达无效，应当重新送达

C. 法院在审理张某和赵某借款纠纷时，委托赵某所在学校代为送达起诉状副本和应诉通知

D. 经许某同意，法院用电子邮件方式向其送达证据保全裁定书

｜**参考答案**｜__________①

｜**设题陷阱与常见错误分析**｜

本题考查送达方式，考生需要对各种送达方式的特征和程序熟练把握。本题难度不大，只要考生能够准确记忆相关法条，就不会选错。

｜**解题思路与方法分析**｜

本题属于一题多问，需要结合每个选项分别判断。

A 选项考查留置送达，留置送达适用于受送达人拒绝接受文书的情形。根据《民事诉讼法》及相关司法解释，只有调解书不适用留置送达，而本案是选民资格案件的判决书，可以留置送达，A 选项正确。

B 选项考查邮寄送达，《民事诉讼法》第 91 条规定："直接送达诉讼文书有困难的，可以委托其他人民法院代为送达，或者邮寄送达。邮寄送达的，以回执上注明的收件日期为送达日期。"因此，邮寄送达以回执作为送达成功的证据。当事人未寄回送达回证的，邮寄送达并不当然无效。B 选项错误。

C 选项考查委托送达，根据《民事诉讼法》第 91 条的规定，委托送达的对象只能是其他人民法院，而不能委托学校等机构代为行使送达权，因此 C 选项错误。

D 选项考查电子送达，根据《民事诉讼法》第 90 条的规定，经受送达人同意，人民法院可以采用能够确认其收悉的电子方式送达诉讼文书。通过电子方式送达的判决书、裁定书、调解书，受送达人提出需要纸质文书的，人民法院应当提供。采用前款方式送达的，以送达信息到达受送达人特定系统的日期为送达日期。因此，D 选项正确。

2.【单项选择题】甲县吴某与乙县宝丰公司在丙县签订了甜橙的买卖合同，货到后发现甜橙开始腐烂，未达到合同约定的质量标准。吴某退货无果，拟向法院起诉，为了证明甜橙的损坏状况，向法院申请诉前证据保全。关于诉前保全，下列哪一表述是正确的？

A. 吴某可以向甲、乙、丙县法院申请诉前证据保全

B. 法院应当在收到申请 15 日内裁定是否保全

C. 法院在保全证据时，可以主动采取行为保全措施，减少吴某的损失

D. 如果法院采取了证据保全措施，可以免除吴某对甜橙损坏状况提供证据的责任

｜**参考答案**｜__________②

｜**设题陷阱与常见错误分析**｜

本题的题目虽然考查的是诉前证据保全制度，但由于诉前证据保全制度并无直接的法律规定，根据《民事诉讼法》第 84 条的规定，需要参照《民事诉讼法》第 9 章保全的有关规定。因此考生需要用诉前保全的规则来涵摄案件的相关情形，而不能仅仅局限在证据制度的规定之中。此外，考生在做题时也要注意提供证据的责任与证明责任是两个不同的概念，前者是一种行为义务，后者在本质上是一种不利后果。

｜**解题思路与方法分析**｜

本题主要考查的法条是《民事诉讼法》第 104 条，该条第 1、2 款规定："利害关系人因情况紧急，不立即申请保全将会使其合法权益受到难以弥补的损害的，可以在提起诉讼或者申请仲裁前向被保全财产所在地、被申请人住所地或者对案件有管辖权的人民法院申请采取保全措施。申请人应当提供担保，不提供担保的，裁定驳回申请。人民法院接受申请后，必须在四十八小时内作出裁定；裁定采取保全措施

① AD

② D

的，应当立即开始执行。”对照案情可知，甲县法院是财产所在地法院，乙县法院是被申请人所在地法院，均可以作为诉前证据保全的管辖法院，但丙县法院仅仅是合同签订地法院，与诉前保全缺乏足够联系，不能成为管辖法院，因此A选项错误。

诉前保全具有紧迫性的要求，因此法院应当在48小时内作出裁定，故B选项错误。

诉前保全发生在诉讼还没有启动时，因此被申请人此时尚未获得诉讼中的正当当事人地位，无法行使相关的诉讼权利，因此更加强调法院的被动性。因此，法院在采取证据保全措施时，除非申请人提出申请，否则法院不能主动地采取其他财产保全措施。故C选项错误。

证据保全的意义在于保护证据的证明力，使与案件有关的事实材料不因有关情形的发生而无法取得或丧失证明作用，以此来满足当事人证明案件事实和法院查明案件事实的需要。因此，当法院采取了证据保全措施，也就意味着法院已经将证据控制在自己手中，从而免除了当事人提供相关证据的责任。故D选项正确。

3.【单项选择题】李某与温某之间债权债务纠纷经甲市M区法院审理作出一审判决，要求温某在判决生效后15日内偿还对李某的欠款。双方均未提起上诉。判决履行期内，李某发现温某正在转移财产，温某位于甲市N区有可供执行的房屋一套，故欲申请法院对该房屋采取保全措施。关于本案，下列哪一选项是正确的？

A. 此时案件已经审理结束且未进入执行阶段，李某不能申请法院采取保全措施

B. 李某只能向作出判决的甲市M区法院申请保全

C. 李某可向甲市M区法院或甲市N区法院申请保全

D. 李某申请保全后，其在生效判决书指定的履行期间届满后15日内不申请执行的，法院应当解除保全措施

| 参考答案 | ________①

| 设题陷阱与常见错误分析 |

本题围绕财产保全，考查了判决生效后至执行前财产保全适用等知识，考点较为单一。考生如果不熟知司法解释对判决生效后执行程序开始前财产保全的相关规则，则无法作出正确选择。

| 解题思路与方法分析 |

考生应当正确记忆司法解释关于判决生效后至执行程序开始前，财产保全管辖法院之规定。根据《民诉解释》第163条的规定，法律文书生效后，进入执行程序前，债权人因对方当事人转移财产等紧急情况申请财产保全的，可以向执行法院申请采取保全措施。又根据《民事诉讼法》第235条第1款的规定，发生法律效力的民事判决、裁定，由第一审人民法院或者与第一审人民法院同级的被执行财产所在地人民法院执行。本题第一审法院甲市M区法院，可供执行的财产位于甲市N区。因此，本案执行法院应当为M区法院和N区法院，C选项正确。

4.【多项选择题】李根诉刘江借款纠纷一案在法院审理，李根申请财产保全，要求法院扣押刘江向某小额贷款公司贷款时质押给该公司的两块名表。法院批准了该申请，并在没有征得该公司同意的情况下采取保全措施。对此，下列哪些选项是错误的？

A. 一般情况下，某小额贷款公司保管的两块名表应交由法院保管

B. 某小额贷款公司因法院采取保全措施而丧失了对两块名表的质权

C. 某小额贷款公司因法院采取保全措施而丧失了对两块名表的优先受偿权

D. 法院可以不经某小额贷款公司同意对其保管的两块名表采取保全措施

| 参考答案 | ________②

| 设题陷阱与常见错误分析 |

本题考生不容易得分，第一，因为对于财产

---

① C

② ABC

保全程序中具体保全措施重视不够，没有掌握。第二，财产保全标的物由法院保管后，是否影响设在标的物上的质权等，需要考生有明确的认识。常见错误在于：有考生认为标的物已经质押需要征得质权人同意，会误选 D。

| 解题思路与方法分析 |

选项 A 是关于保全财产的保管。根据《民诉解释》第 154 条的规定，人民法院在财产保全中采取查封、扣押、冻结财产措施时，应当妥善保管被查封、扣押、冻结的财产。不宜由人民法院保管的，人民法院可以指定被保全人负责保管；不宜由被保全人保管的，可以委托他人或者申请保全人保管。查封、扣押、冻结担保物权人占有的担保财产，一般由担保物权人保管；由人民法院保管的，质权、留置权不因采取保全措施而消灭。所以选项 A、选项 B 表述错误，应当选。

根据《民诉解释》第 157 条的规定，人民法院对抵押物、质押物、留置物可以采取保全措施，但不影响抵押权人、质权人、留置权人的优先受偿权。选项 C 表述错误，应当选。

此外，法律没有要求法院采取保全措施要征得质权人的同意。选项 D 表述正确，不应选。

09 考向 普通程序

1.【单项选择题】何某因被田某打伤，向甲县法院提起人身损害赔偿之诉，法院予以受理。关于何某起诉行为将产生的法律后果，下列哪一选项是正确的？

A. 何某的诉讼时效中断

B. 田某的答辩期开始起算

C. 甲县法院取得排他的管辖权

D. 田某成为适格被告

| **参考答案** | ________①

| **设题陷阱与常见错误分析** |

本题考查起诉与受理的法律效力。设题的陷阱是要准确区分起诉和受理这两个紧密联系的诉讼行为。起诉是原告向人民法院提出司法保护的请求，而受理则是人民法院经过审查，认为原告的起诉符合《民事诉讼法》规定的条件，而决定予以立案审理的行为。根据司法被动性原则，没有原告的起诉，就没有法院的受理，因此二者是紧密相连的。但是，这两个行为毕竟是不同主体的不同行为，因此二者的法律效力是不同的。如果考生将二者混淆在一起，就将造成误选。

| **解题思路与方法分析** |

本题的关键是区分起诉行为和受理行为。法院受理行为的标志是作出立案裁定，此时诉讼系属建立，受诉法院获得管辖权，各方当事人取得相应的诉讼地位，并开始享有包括答辩权在内的相应的诉讼权利，承担各自的诉讼义务。因此，B、C、D 三项均是在法院正式立案之后方产生的法律后果。

诉讼时效并非诉讼法上的概念，而是民法中赋予债务人的抗辩权。因此，其发生条件与法院的行为无直接关联，而与民事主体的行为有关。故根据最高人民法院《关于审理民事案件适用诉讼时效制度若干问题的规定》第 10 条的规定，当事人一方向人民法院提交起诉状或者口头起诉的，诉讼时效从提交起诉状或者口头起诉之日起中断，本题应选 A 选项。

2.【单项选择题】甲、乙两公司签订了一份家具买卖合同，因家具质量问题，甲公司起诉乙公司要求更换家具并支付违约金 3 万元。法院经审理判决乙公司败诉，乙公司未上诉。之后，乙公司向法院起诉，要求确认该家具买卖合同无效。对乙公司的起诉，法院应采取下列哪一处理方式？

A. 予以受理　　B. 裁定不予受理

C. 裁定驳回起诉　D. 按再审处理

| **参考答案** | ________②

| **设题陷阱与常见错误分析** |

本题围绕重复诉讼，考查了重复诉讼的识别标准、对当事人重复起诉的处理等知识点。

① A

② B

本题常见错误是，考生可能过于机械地理解重复起诉的识别标准，对后诉违反判决既判力的情况下也属于重复起诉不能正确认定。此外，考生还存在不能正确掌握起诉审查时，在不同阶段裁定的适用的问题，因而错误选择答案。此外，考生还容易混淆重复起诉与申请再审的关系，而把在判决生效后当事人对同一案件的起诉当作再审案件来处理。

| 解题思路与方法分析 |

本题的解题思路：一是考生要准确把握重复诉讼的识别标准和在构成重复诉讼的情况下，对当事人重复起诉的程序处理；二是正确理解当事人申请再审的程序要件，避免混淆重复诉讼与再审两项程序制度的适用。根据《民诉解释》第247条的规定，重复起诉有3个构成要件：(1)后诉与前诉的当事人相同；(2)后诉与前诉的诉讼标的相同；(3)后诉与前诉的诉讼请求相同，或者后诉的诉讼请求实质上否定前诉裁判结果。根据本案案情，后诉与前诉当事人相同、诉讼标的相同，后诉所提之诉讼请求实质上否定了前诉判决，构成重复诉讼。因此，A选项错误。

又根据《民诉解释》第247条第2款的规定，当事人重复起诉的，裁定不予受理；已经受理的，裁定驳回起诉。本案后诉尚未受理，因此，应当裁定不予受理。故B选项为正确选项，C选项错误。

此外，根据《民事诉讼法》第210条的规定，当事人申请再审应当向原审法院的上一级法院申请，并且应当具有符合再审的法定事由，因此，法院不应将当事人的起诉视为再审申请来处理。因此，D选项错误。

3.【单项选择题】甲县法院受理居住在乙县的成某诉居住在甲县的罗某借款纠纷案。诉讼过程中，成某出差归途所乘航班失踪，经全力寻找仍无成某生存的任何信息，主管方宣布机上乘客不可能生还，成妻遂向乙县法院申请宣告成某死亡。对此，下列哪一说法是正确的？

A. 乙县法院应当将宣告死亡案移送至甲县法院审理

B. 借款纠纷案与宣告死亡案应当合并审理

C. 甲县法院应当裁定中止诉讼

D. 甲县法院应当裁定终结诉讼

| 参考答案 | ________①

| 设题陷阱与常见错误分析 |

本案的陷阱在于能否区别两个不同的程序。本案出现两个诉讼：甲县法院的借款纠纷案与乙县法院的宣告死亡案，前一个是普通程序案件，后一个是特别程序案件。两个案件不同性质，不同法院受理，涉及是否需要移送管辖，是否需要诉讼中止或是终结。常见错误有：考生中有人认为既然主管方宣布不可能生还即无须宣告死亡程序，这种看法是错误的；有的考生认为两案涉及同一当事人，应当合并审理而误选B；也有的考生认为一方当事人死亡，应当裁定终结诉讼而误选D。

| 解题思路与方法分析 |

移送管辖是指法院在受理民事案件后，发现自己对案件并无管辖权，依法将案件移送到有管辖权的法院审理。移送的前提是受理法院对本案没有管辖权。乙县法院为被宣告死亡人的住所地，享有管辖权。故选项A错误。

诉的合并的条件是彼此独立的几个诉在主体或客体上具有关联性，诉讼的合并的意义在于提高诉讼效率，防止在相互关联的问题上作出相互矛盾的裁判。本题中，两个案件程序不一，借款纠纷属于普通程序，宣告死亡案件属于特别程序，不能合并审理。选项B错误。

选项C正确，依据《民事诉讼法》第153条第1款第5项的规定，本案必须以另一案的审理结果为依据，而另一案尚未审结的应当中止诉讼。本案借款纠纷案的审理需要以宣告死亡案的审理结果为依据，所以要中止诉讼。

本案不属于诉讼终结情形，成某被宣告死亡后，需要由其继承人来继续诉讼，选项D错误。

---

① C

10 考向 简易程序

1.【单项选择题】夏某因借款纠纷起诉陈某,法院决定适用简易程序审理。法院依夏某提供的被告地址送达时,发现有误,经多方了解和查证也无法确定准确地址。对此,法院下列哪一处理是正确的?

A. 将案件转为普通程序审理

B. 采取公告方式送达

C. 裁定中止诉讼

D. 裁定驳回起诉

| **参考答案** | ________①

| **设题陷阱与常见错误分析** |

本题围绕简易程序,考查了起诉条件的具体适用。司法解释对适用简易程序作了规则上的特别规定,考生若不了解则可能出现错误。比如本题,按照司法解释的规定,原告提供的被告的送达地址有误,且经法院查证也无法确定的,应当以被告不明确为由,裁定驳回原告的起诉。

| **解题思路与方法分析** |

若要正确解析本题,考生需要正确理解被告住所的意义,以及法律关于起诉条件的正确适用。对于自然人而言,被告的住所为户籍所在地,住所与经常居住地不一致的,以经常居住地为住所。被告的住所,一般情况下是确定法院管辖的依据。如果被告住所有误无法确定,那么法院的管辖权的合法性也就成为问题。当然,案件以其他依据确定管辖法院的情形除外。同时,起诉状中记载的住所,还是法院实施送达的依据。此外,住所的意义还在于明确被告,此被告区别于彼被告。根据《民事诉讼法》第122条的规定,原告起诉的条件之一便是要有"明确的被告"。所谓明确的被告,对于自然人来讲,除了姓名、性别之外,具体明确的住所也是不可缺少的判别基准。根据《简易程序规定》第8条的规定,法院按照原告提供的被告送达地址或者其他联系方式无法通知被告应诉的,应当按以下情况分别处理:(1)原告提供了被告准确的送达地址,但人民法院无法向被告直接送达或者留置送达应诉通知书的,应当将案件转入普通程序审理;(2)原告不能提供被告准确的送达地址,人民法院经查证后仍不能确定被告送达地址的,可以被告不明确为由裁定驳回原告起诉。因此,D选项正确,A选项、B选项和C选项错误。

2.【单项选择题】赵洪诉陈海返还借款100元,法院决定适用小额诉讼程序审理。关于该案的审理,下列哪一选项是错误的?

A. 应在开庭审理时先行调解

B. 应开庭审理,但经过赵洪和陈海的书面同意后,可书面审理

C. 应当庭宣判

D. 应一审终审

| **参考答案** | ________②

| **设题陷阱与常见错误分析** |

本题表面上考查小额诉讼程序,但实质上是考查小额诉讼程序与简易程序的关系。考生必须理解,在我国的立法体系中,小额诉讼程序是简易程序的一种特殊形态,因而在审理小额诉讼程序时,除了适用其本身的特别规定外,还需要适用简易程序的一般原理。有的考生误选A、C项,皆是因为未能理解小额诉讼程序与简易程序的关系。

| **解题思路与方法分析** |

解题时应当明确本案适用小额诉讼程序,因而需要符合小额诉讼和简易程序的特点。

根据《简易程序规定》第14条第1款第6项的规定,诉讼标的额较小的纠纷在开庭时应当先行调解,因此A选项正确。

《民事诉讼法》第167条规定:"人民法院适用小额诉讼的程序审理案件,可以一次开庭审结并且当庭宣判。"根据《简易程序规定》第27条的规定,适用简易程序审理的民事案件,除人民法院认为不宜当庭宣判的以外,应当当庭宣判。因此C选项正确。

---

① D

② B

《民事诉讼法》第165条规定："基层人民法院和它派出的法庭审理事实清楚、权利义务关系明确、争议不大的简单金钱给付民事案件，标的额为各省、自治区、直辖市上年度就业人员年平均工资百分之五十以下的，适用小额诉讼的程序审理，实行一审终审。基层人民法院和它派出的法庭审理前款规定的民事案件，标的额超过各省、自治区、直辖市上年度就业人员年平均工资百分之五十但在二倍以下的，当事人双方也可以约定适用小额诉讼的程序。"所以D选项正确。

唯有B选项，关于书面审理的约定没有法律依据，因此B选项错误。本题要求选择错误的选项，应当选择B选项。

3.【多项选择题】郑飞诉万雷侵权纠纷一案，虽不属于事实清楚、权利义务关系明确、争议不大的案件，但双方当事人约定适用简易程序进行审理，法院同意并以电子邮件的方式向双方当事人通知了开庭时间（双方当事人均未回复）。开庭时被告万雷无正当理由不到庭，法院作出了缺席判决。送达判决书时法院通过各种方式均未联系上万雷，遂采取了公告送达方式送达了判决书。对此，法院下列的哪些行为是违法的？

A. 同意双方当事人的约定，适用简易程序对案件进行审理

B. 以电子邮件的方式向双方当事人通知开庭时间

C. 作出缺席判决

D. 采取公告方式送达判决书

｜**参考答案**｜__________①

｜**设题陷阱与常见错误分析**｜

本题难度较大，陷阱有两项：一是因为综合性强，本题涉及知识点有简易程序的适用、缺席判决、电子邮件的送达及公告送达等。二是本题需要考生选择违法项，即考生在答题中思维需要"否定之否定"。常见错误有：有的考生认为本案不属于简易民事案件，不能双方约定适用简易程序，误选A；也有的考生不了解是否可以使用电子邮件送达开庭通知而选择B。

｜**解题思路与方法分析**｜

关于简易程序的适用，当事人具有合意的处分权。根据《民事诉讼法》第160条第2款的规定，基层人民法院和它派出的法庭审理前款规定以外的民事案件，当事人双方也可以约定适用简易程序。故本案双方当事人约定适用简易程序是合法的，选项A不当选。

电子邮件送达开庭通知符合法律规定，根据《民事诉讼法》第90条的规定，经受送达人同意，人民法院可以采用能够确认其收悉的电子方式送达诉讼文书。通过电子方式送达的判决书、裁定书、调解书，受送达人提出需要纸质文书的，人民法院应当提供。采用前款方式送达的，以送达信息到达受送达人特定系统的日期为送达日期。本案可以采用电子邮件送达开庭通知，故选项B不当选。

缺席判决制度中对送达有特殊要求，根据《民诉解释》第261条第2款的规定，以简便方式送达的开庭通知，未经当事人确认或者没有其他证据证明当事人已经收到的，人民法院不得缺席判决。故选项C当选。

公告送达是推定送达，其适用有严格要求，根据《民诉解释》第140条的规定，适用简易程序的案件，不适用公告送达。故选项D当选。

11 考向 第二审程序

1.【多项选择题】朱某诉力胜公司商品房买卖合同纠纷案，朱某要求判令被告支付违约金5万元；因房屋质量问题，请求被告修缮，费用由被告支付。一审法院判决被告败诉，认可了原告全部诉讼请求。力胜公司不服令其支付5万元违约金的判决，提起上诉。二审法院发现一审法院关于房屋有质量问题的事实认定，证据不充分。关于二审法院对本案的处理，下列哪些说法是正确的？

A. 应针对上诉人不服违约金判决的请求进行审理

---

① CD

B. 可对房屋修缮问题在查明事实的情况下依法改判

C. 应针对上诉人上诉请求所涉及的事实认定和法律适用进行审理

D. 应全面审查一审法院对案件的事实认定和法律适用

| 参考答案 | ________①

| 设题陷阱与常见错误分析 |

本题的常见错误在于，当二审法院在案件审理中发现当事人上诉请求之外的事实认定或者法律适用存在错误时，是否应当依职权纠正的问题。此题设置的陷阱，是明确指出一审法院某项事实认定存在错误，而该项事实与当事人上诉请求并无关联，考生往往会认为，既然二审法院已经发现一审法院裁判错误，即应当予以纠正，因而错选答案。

| 解题思路与方法分析 |

从理论上讲，民事诉讼应尊重当事人主体地位而以处分原则、辩论原则为立法基准，无论是一审还是二审，法院对案件的审理应当限定于当事人请求之范围。当事人未请求之事项，不应成为法院审判权审理的对象，即便是在一审中法院发现当事人有违反民事法律之现象，或者在二审中法院发现一审法院在事实认定或者法律适用上存在错误，也不宜在当事人未请求之情况下依职权予以审理和纠正，我国民事诉讼立法体现了这一原则要求。根据《民事诉讼法》第 175 条的规定，第二审人民法院对上诉请求的有关事实和适用法律进行审查；《民诉解释》进一步明确了第二审人民法院应当围绕当事人的上诉请求进行审理，当事人没有提出请求的不予审理。从这一规定来看，法院应当尊重当事人处分权的行使，不能依职权扩大审理范围。因此，A 选项、C 选项正确。

B 选项的法院依职权对房屋修缮问题进行审理，违反了处分原则，超出了当事人请求之范围，同时，即使一审法院对该请求的审理存在错误，但并未违反法律的禁止性规定，因此该选项是错误答案。

D 选项的全面审理一审法院对案件的事实认定和法律适用，更是超出了当事人请求之范围，违反法律的基本原则，因此该选项是错误答案。

综上分析，A 选项、C 选项正确，B 选项、D 选项错误。

2.【多项选择题】章俊诉李泳借款纠纷案在某县法院适用简易程序审理。县法院判决后，章俊上诉，二审法院以事实不清为由发回重审。县法院征得当事人同意后，适用简易程序重审此案。在答辩期间，李泳提出管辖权异议，县法院不予审查。案件开庭前，章俊增加了诉讼请求，李泳提出反诉，县法院受理了章俊提出的增加诉讼请求，但以重审不可提出反诉为由拒绝受理李泳的反诉。关于本案，该县法院的下列哪些做法是正确的？

A. 征得当事人同意后，适用简易程序重审此案

B. 对李泳提出的管辖权异议不予审查

C. 受理章俊提出的增加诉讼请求

D. 拒绝受理李泳的反诉

| 参考答案 | ________②

| 设题陷阱与常见错误分析 |

本题的综合性很强。既有关于重审中是否适用简易程序，也有重审中是否可以提出管辖权异议，更有关于重审中提出的反诉及增加的诉讼请求如何处理的问题。考生需要对上述知识点有明确的理解，才能对本题的选项逐一判断作出正确选择。常见错误有：有的考生因对当事人可以合意适用简易程序记忆深刻而误选 A；也有的考生因不明了重审程序中是否可以提出反诉而误选 D；有的考生因为不掌握《民诉解释》关于重审程序中不审查管辖权异议申请而不选择 B；有的考生认为在重审程序中不得增加诉讼请求，漏选 C。

| 解题思路与方法分析 |

选项 A 是关于重审案件是否适用简易程序的问题。题干中，以当事人同意干扰考生选择，根据《民事诉讼法》第 41 条第 3 款规定，发

① AC
② BC

回重审的案件，原审人民法院应当按照第一审程序另行组成合议庭。即发回重审的案件不适用简易程序。同时，《简易程序规定》第1条第2项规定重审不适用简易程序，故选项A是错误的。

重审中能否提出管辖权异议？根据民事诉讼法原理，管辖权恒定；根据《民诉解释》第39条第2款的规定，人民法院发回重审或者按第一审程序再审的案件，当事人提出管辖异议的，人民法院不予审查。故选项B是正确的。

在重审中被告能否提出反诉，原告能否增加诉讼请求？根据《民事诉讼法》第143条的规定，原告增加诉讼请求、被告提出反诉，第三人提出与本案有关的诉讼请求，可以合并审理。根据《民诉解释》第251条的规定，二审裁定撤销一审判决发回重审的案件，当事人申请变更、增加诉讼请求或者提出反诉，第三人提出与本案有关的诉讼请求的，依照《民事诉讼法》第143条规定处理。据此，选项C是正确的，选项D是错误的。

12 考向 审判监督程序

1.【单项选择题】甲诉乙人身损害赔偿一案，一审法院根据甲的申请，冻结了乙的银行账户，并由李法官独任审理。后甲胜诉，乙提出上诉。二审法院认为一审事实不清，裁定撤销原判，发回重审。关于重审，下列哪一表述是正确的？

A. 由于原判已被撤销，一审中的审判行为无效，保全措施也应解除

B. 由于原判已被撤销，一审中的诉讼行为无效，法院必须重新指定举证时限

C. 重审时不能再适用简易程序，应组成合议庭，李法官可作为合议庭成员参加重审

D. 若重审法院判决甲胜诉，乙再次上诉，二审法院认为重审认定的事实依然错误，则只能在查清事实后改判

| **参考答案** | ________①

| **设题陷阱与常见错误分析** |

本题考查发回重审中的程序安排。发回重审是二审程序的一种裁判结果，但具体的重审程序又需要适用一审程序进行，这一兼具一审、二审程序内容的程序，考生往往容易忽视，对其特殊性不够重视，造成错选。

| **解题思路与方法分析** |

A选项考查保全制度是否受到撤销原判发回重审裁定的影响。民事保全措施发生后，应当贯穿诉讼始终，如果判决原告胜诉，还应当延续到执行程序之中。本案中，虽然一审裁判被撤销，但诉讼系属依然存在，因此不应当解除保全，A选项错误。

B选项考查举证行为是否受撤销原判发回重审裁定的影响。根据《民诉证据规定》第55条第3项的规定，发回重审的案件，第一审人民法院在重新审理时，可以结合案件的具体情况和发回重审的原因等情况，酌情确定举证期限。这说明一审的举证行为依然有效，只是在剥夺了当事人程序权利的时候，才需要重新指定举证时限，保障相关主体的权利，因此B选项也错误。

C选项前半句正确，重审必须适用普通程序组成合议庭审理，但根据《民事诉讼法》第41条第3款的规定，发回重审的案件，原审人民法院应当按照第一审程序另行组成合议庭。李法官作为原审合议庭成员，不得再次参加重审。

D选项涉及发回重审的次数限制。根据《民事诉讼法》第177条第2款的规定，原审人民法院对发回重审的案件作出判决后，当事人提起上诉的，第二审人民法院不得再次发回重审。本案中，若二审法院判决甲胜诉，乙再次上诉，二审法院认为重审认定的事实依然错误，则只能在查清事实后改判。所以，D选项正确。

2.【单项选择题】甲公司诉乙公司买卖合同纠纷一案，法院判决乙公司败诉并承担违约责任，乙公司不服提起上诉。在二审中，甲公司与乙公司达成和解协议，并约定双方均将提起之诉予以撤回。关于两个公司的撤诉申请，下列哪一说法是正确的？

---

① D

A. 应当裁定准许双方当事人的撤诉申请，并裁定撤销一审判决

B. 应当裁定准许乙公司撤回上诉，不准许甲公司撤回起诉

C. 不应准许双方撤诉，应依双方和解协议制作调解书

D. 不应准许双方撤诉，应依双方和解协议制作判决书

| **参考答案** | ________①

| **设题陷阱与常见错误分析** |

本题围绕二审中的撤诉，考查了二审中撤回起诉、撤回上诉及其法律后果等知识。考生若对二审中撤诉之规定把握不准，可能会作出错误选择。比如，考生可能认为在二审程序中只能撤回上诉而不能撤回起诉，因而会误选 B 选项。

| **解题思路与方法分析** |

考生首先应对二审中的撤诉之规定有准确的理解。二审是因上诉人提起上诉而引起，根据《民事诉讼法》第 180 条的规定，第二审人民法院判决宣告前，上诉人申请撤回上诉的，是否准许，由第二审人民法院裁定。因而，在二审中当事人可以撤回上诉，而二审中是否可以撤回起诉则是本题考查的重点。根据《民诉解释》第 336 条第 1 款的规定，在第二审程序中，原审原告申请撤回起诉，经其他当事人同意，且不损害国家利益、社会公共利益、他人合法权益的，人民法院可以准许。同时，人民法院同意撤回起诉的，将产生三个方面的法律后果：一是应当一并裁定撤销一审裁判；二是诉讼程序终结；三是原审原告撤回起诉后重复起诉的，人民法院不予受理。因此，A 选项正确，B 选项、C 选项和 D 选项错误。

3.【单项选择题】张某诉新立公司买卖合同纠纷案，新立公司不服一审判决提起上诉。二审中，新立公司与张某达成协议，双方同意撤回起诉和上诉。关于本案，下列哪一选项是正确的？

A. 起诉应在一审中撤回，二审中撤回起诉的，法院不应准许

B. 因双方达成合意撤回起诉和上诉的，法院可准许张某二审中撤回起诉

C. 二审法院应裁定撤销一审判决并发回重审，一审法院重审时准许张某撤回起诉

D. 二审法院可裁定新立公司撤回上诉，而不许张某撤回起诉

| **参考答案** | ________②

| **设题陷阱与常见错误分析** |

本题围绕二审程序中撤诉，考查了二审中撤回起诉的条件、二审程序与一审程序之关系等知识点。考生在解答本题时，常常错误认为撤回起诉只能在第一审程序中实施，而忽视了在特定条件下，二审程序中也可以撤回起诉，因而错选答案。在本题选项中，突出一审撤回起诉的选项设计，可能会误导考生错选答案。

| **解题思路与方法分析** |

本题的解题思路，是要正确理解撤诉的一般原理和我国民事诉讼法对撤诉的法律规定。从诉讼理论上看，当事人欲撤回起诉，应当在法院对起诉作出判决前提出，一旦法院就起诉之诉讼请求作出判决，当事人便无诉可撤。为此，我国民事诉讼法在第一审程序中关于撤诉（撤回起诉）之规定，体现了诉之撤回应当在宣判之前为之。《民事诉讼法》第 148 条第 1 款规定，宣判前，原告申请撤诉的，是否准许，由人民法院裁定。而第二审程序的发生，是当事人对法院一审判决不服而诉请二审法院予以纠正，在二审程序中，人民法院审理的对象应当是当事人的上诉请求，而不存在一审的起诉请求。《民事诉讼法》第 175 条规定，第二审法院应当对上诉请求的有关事实和适用法律进行审查。由此，从理论上看，二审中只限于对当事人上诉请求进行审理而并不存在对起诉请求的审理问题，二审中当事人若撤回诉也只能撤回上诉。不过，民事诉讼以尊重当事人处分权为原则，尽管二审仅针对当事人的上诉请求进行审理，但一审判决因当事人上诉而未发生法律效力，故而，从尊重程序选择权的角度考虑，以及原审被

① A

② B

告的程序利益，二审中如若原审被告同意原审原告撤回起诉，从制度安排上也是可行的。《民诉解释》第336条第1款规定，在第二审程序中，原审原告申请撤回起诉，经其他当事人同意，且不损害国家利益、社会公共利益、他人合法权益的，人民法院可以准许。在本案中，原审原告与原审被告就撤回起诉和撤回上诉达成了合意，因此，选项B正确；选项A、选项C和选项D均不认可二审中可以有条件地撤回起诉，因而3个选项均为错误选项。

4.【多项选择题】周某因合同纠纷起诉，甲省乙市的两级法院均驳回其诉讼请求。周某申请再审，但被驳回。周某又向检察院申请抗诉，检察院以原审主要证据系伪造为由提出抗诉，法院裁定再审。关于启动再审的表述，下列哪些说法是不正确的？

A. 周某只应向甲省高院申请再审

B. 检察院抗诉后，应当由接受抗诉的法院审查后，作出是否再审的裁定

C. 法院应当在裁定再审的同时，裁定撤销原判

D. 法院应当在裁定再审的同时，裁定中止执行

｜参考答案｜__________①

｜设题陷阱与常见错误分析｜

本题考查再审的两种启动方式，即检察院抗诉启动和当事人申请启动。由于是以案例形式考查，故考生必须准确体会题目材料所给出的信息。主要陷阱有以下两个：第一，两种启动方式之间的区别，如检察院抗诉必然引发法院再审，无须审查。第二，法院作出再审裁定的效力，仅仅是启动了再审程序，并不意味着原审裁判必然错误，因而不能直接撤销原判。

｜解题思路与方法分析｜

根据题目，可以看出本题考查了三个知识点。

A选项考查的是当事人申请再审的管辖法院。根据《民事诉讼法》第210条的规定，当事人对已经发生法律效力的判决、裁定，认为有错误的，可以向上一级人民法院申请再审；当事人一方人数众多或者当事人双方为公民的案件，也可以向原审人民法院申请再审。本案经过甲省高院和乙市中院两级法院两审终审。周某原则上应当向最高人民法院申请再审，如果对方当事人也是自然人的，也可以向甲省高院申请再审。因此A选项太过绝对，表述不正确。

B选项考查检察院抗诉启动再审。根据《民事诉讼法》第222条的规定，人民检察院提出抗诉的案件，接受抗诉的人民法院应当自收到抗诉书之日起30日内作出再审的裁定。换言之，接受抗诉的法院无权审查，只能裁定再审。B选项表述不正确。

C选项和D选项都考查再审裁定的效力。再审裁定仅仅启动了再审程序，并没有发生实体问题的变更，因而不能直接撤销原判，所以C选项表述错误。

而根据《民事诉讼法》第217条的规定，按照审判监督程序决定再审的案件，裁定中止原判决、裁定、调解书的执行，但追索赡养费、扶养费、抚养费、抚恤金、医疗费用、劳动报酬等案件，可以不中止执行。本题案例属于合同纠纷，显然并非家事案件、劳动争议等亟须履行的案件，因此法院应当中止执行，D选项表述正确。

5.【多项选择题】韩某起诉翔鹭公司要求其依约交付电脑，并支付迟延履行违约金5万元。经县市两级法院审理，韩某均胜诉。后翔鹭公司以原审适用法律错误为由申请再审，省高院裁定再审后，韩某变更诉讼请求为解除合同，支付迟延履行违约金10万元。再审法院最终维持原判。关于再审程序的表述，下列哪些选项是正确的？

A. 省高院可以亲自提审，提审应当适用二审程序

B. 省高院可以指令原审法院再审，原审法院再审时应当适用一审程序

C. 再审法院对韩某变更后的请求应当不予审查

---

① ABC

D. 对维持原判的再审裁判，韩某认为有错误的，可以向检察院申请抗诉

| 参考答案 | __________①

| 设题陷阱与常见错误分析 |

本题考查再审第二阶段再审审理程序的特殊性。再审审理程序本身并不具备独立性，需要参照适用第一审程序或第二审程序。但是作为再审程序的一个阶段，其又具备相当的特殊性。考生如果不能准确把握这些区别，就可能造成混淆。本题常见的错误有以下两点：第一，混淆指令再审与发回重审，误选 B 选项；第二，未准确理解再审程序的纠错性，因而不能审查新的请求，漏选 C 选项。

| 解题思路与方法分析 |

本题属于一题多问，需要结合每个选项分别判断。

A、B 选项考查再审审理的法院和审理程序。《民事诉讼法》第 215 条第 2 款规定，最高人民法院、高级人民法院裁定再审的案件，由本院再审或者交其他人民法院再审，也可以交原审人民法院再审。本案中，省高院作出再审裁定后，既可以由自己提审，也可以指令原审法院再审。但无论是提审还是指令再审，依然是再审程序，而非发回重审。而由于本案已经经过两审终审，所以再审程序只能适用第二审程序。故而 A 选项正确，B 选项错误。

C 选项考查再审程序的审理对象，根据《民诉解释》第 403 条第 1 款的规定，人民法院审理再审案件应当围绕再审请求进行。当事人的再审请求超出原审诉讼请求的，不予审理；符合另案诉讼条件的，告知当事人可以另行起诉。因而对于韩某变更后的请求，再审法院不再审查，C 选项正确。

D 选项考查对再审裁判的救济机制。根据《民事诉讼法》第 220 条第 1 款第 3 项的规定，再审判决、裁定有明显错误的，当事人可以向人民检察院申请检察建议或者抗诉。对于何为明显错误，法律和司法解释均未明确，因此属于检察院在审查时自由裁量的范围。而对于当事人来说，只要他认为再审裁判有错误，就可以向检察院提交抗诉或检察建议申请。因此 D 选项正确。

13 考向 公益诉讼

1.【单项选择题】某品牌手机生产商在手机出厂前预装众多程序，大幅侵占标明内存，某省消费者保护协会以侵害消费者知情权为由提起公益诉讼，法院受理了该案。下列哪一说法是正确的？

A. 本案应当由侵权行为地或者被告住所地中级法院管辖

B. 本案原告没有撤诉权

C. 本案当事人不可以和解，法院也不可以调解

D. 因该案已受理，购买该品牌手机的消费者甲若以前述理由诉请赔偿，法院不予受理

| 参考答案 | __________②

| 设题陷阱与常见错误分析 |

本题重点考查考生对《民诉解释》关于公益诉讼基本程序的规定的掌握。《民事诉讼法》关于公益诉讼的规定仅有第 58 条，具体制度的规定按照《民诉解释》第 282 ~ 289 条规定。关于公益诉讼的起诉条件、管辖、和解、调解、撤诉、与私益诉讼的关系等均有规定。如果对该部分内容没有明确的了解，则很容易出现错误。本题陷阱在于公益诉讼中的处分范围和与私益诉讼的关系。常见的错误有：有些考生认为公益诉讼区别于私益诉讼表现在受限制的撤诉权，就会误选 B，有些考生认为公共利益不得随意处分，就会误选 C，有些考生不了解公益诉讼与私益诉讼可以分别起诉，则会误选 D。

| 解题思路与方法分析 |

应当准确把握公益诉讼制度与普通民事诉讼制度的区别与联系。关于管辖，《民诉解释》第 283 条第 1 款规定，公益诉讼案件由侵权行为地或者被告住所地中级人民法院管辖，但法律、司法解释另有规定的除外。故选项 A

① ACD
② A

正确。

关于公益诉讼中原告的撤诉权，是考生容易出错的地方，较多考生误认为公益诉讼原告没有撤诉权。根据《民诉解释》第288条的规定，公益诉讼案件的原告在法庭辩论终结后申请撤诉的，人民法院不予准许。据此，选项B错误。

民事诉讼的处分原则与调解原则也适用于公益诉讼制度。根据《民诉解释》第287条第1款的规定，对公益诉讼案件，当事人可以和解，人民法院可以调解。选项C错误。

提出公益诉讼后，因侵权行为受到损害的当事人可以提出民事诉讼。根据《民诉解释》第286条的规定，人民法院受理公益诉讼案件，不影响同一侵权行为的受害人根据《民事诉讼法》第122条规定提起诉讼。故选项D错误。

2.【不定项选择题】大洲公司超标排污导致河流污染，公益环保组织甲向A市中级法院提起公益诉讼，请求判令大洲公司停止侵害并赔偿损失。法院受理后，在公告期间，公益环保组织乙也向A市中级法院提起公益诉讼，请求判令大洲公司停止侵害、赔偿损失和赔礼道歉。公益案件审理终结后，渔民梁某以大洲公司排放的污水污染了其承包的鱼塘为由提起诉讼，请求判令赔偿其损失。

请回答第(1)—(3)题。

(1)对乙组织的起诉，法院的正确处理方式是：

A. 予以受理，与甲组织提起的公益诉讼合并审理

B. 予以受理，作为另案单独审理

C. 属重复诉讼，不予受理

D. 允许其参加诉讼，与甲组织列为共同原告

| 参考答案 | ________①

| 设题陷阱与常见错误分析 |

本题围绕公益诉讼，考查了公益诉讼适格原告的知识。此类考题常见错误是，由于法律规定的适格原告为多个主体，因此，考生要么认为各适格原告均可分别提起公益诉讼；要么认为其中一个适格原告提起公益诉讼后，其他主体再就同一公益案件提起公益诉讼即构成重复诉讼，因而错选答案。

| 解题思路与方法分析 |

公益诉讼因涉及公益保护，提起诉讼的适格主体得由法律明确规定。《民事诉讼法》第58条规定，对污染环境等损害社会公共利益的行为，法律规定的机关和有关组织可以向法院提起诉讼。人民检察院在法定条件下也可以向法院提起诉讼。《环境保护法》和最高人民法院《关于审理环境民事公益诉讼案件适用法律若干问题的解释》进一步明确了相应环保公益组织可以提起公益诉讼。因此，可以提起环境公益诉讼的适格主体存在多个。《民诉解释》第285条规定，人民法院受理公益诉讼案件后，依法可以提起诉讼的其他机关和有关组织，可以在开庭前向人民法院申请参加诉讼，人民法院准许参加诉讼的，列为共同原告。从法理上分析，司法解释是比照适用了必要共同诉讼的原理来解决多个适格主体提起公益诉讼的问题。因此，在提起公益诉讼后，其他主体可以作为共同原告申请参加诉讼，而非另行提起诉讼。本案中，甲环保组织提起公益诉讼后，乙环保组织即不能针对同一公益案件提起诉讼，而应当向法院申请参加诉讼，法院应当将其列为共同原告；即使乙环保组织提起诉讼，法院也不能够作为另案处理或者合并审理，而仍应当追加其为共同原告。因此，D选项正确，A选项和B选项错误。

根据《民诉解释》第247条的规定，重复诉讼识别标准有三点：一是前后诉讼的当事人相同；二是前后诉讼的诉讼标的相同；三是前后诉讼的诉讼请求相同。据此，本案中，乙环保组织提起的诉讼，不符合重复诉讼的构成条件，故不构成重复诉讼。因此，C选项错误。

综上分析，D选项正确，A选项、B选项和C选项错误。

(2)公益环保组织因与大洲公司在诉讼中达成和解协议申请撤诉，法院的正确处理方

---

① D

式有：

A. 应将和解协议记入笔录，准许公益环保组织的撤诉申请

B. 不准许公益环保组织的撤诉申请

C. 应将双方的和解协议内容予以公告

D. 应依职权根据和解协议内容制作调解书

｜参考答案｜__________[①]

｜设题陷阱与常见错误分析｜

本题常见错误是许多考生没有考虑到公益案件审理的特殊性，混淆公益案件与一般民事案件的审理规则，套用一般民事案件的诉讼原理及程序规则来处理公益案件的程序问题，因而会选择错误。

｜解题思路与方法分析｜

公益案件审理与一般民事案件审理，最大的区别在其公益性，因此，在公益诉讼中，当事人的处分权应当受到相应的限制。正确回答本题，必须弄清楚公益诉讼不同于一般民事诉讼的原理和特殊规则，核心是当事人不能随意处分其程序权利和实体权利，法院在案件审理中享有更大的职权。比如，在一般民事诉讼中，当事人可以因和解而申请撤诉，但在公益诉讼中，当事人的撤诉权就要受到限制；再如，在诉讼中达成和解协议后，当事人申请法院制作调解书的，法院才会审查当事人的和解协议并制作调解书，法院并不能依职权主动根据当事人的和解协议制作调解书，而在公益诉讼中则不相同。根据最高人民法院《关于审理环境民事公益诉讼案件适用法律若干问题的解释》第25条第2款的规定，当事人以达成和解协议为由申请撤诉的，人民法院不予准许。因此，A选项错误，B选项正确。

因公益诉讼涉及公益，当事人行使处分权除受法院审查外，还应接受社会的监督，因此，依据最高人民法院《关于审理环境民事公益诉讼案件适用法律若干问题的解释》第25条第1款的规定，公益诉讼当事人达成和解协议的，法院应当将协议内容予以公告，公告期不少于30日，此即为保护公益不受损害而设立，同时也是对当事人处分权的限制。因此，C选项正确。

此外，在公益诉讼中达成和解协议后，禁止当事人以此为由申请撤诉，法院只能依和解协议内容制作调解书，以结束案件的审理。最高人民法院《关于审理环境民事公益诉讼案件适用法律若干问题的解释》第25条第2款规定，公告期满后，和解协议内容不损害公共利益的，法院应当制作调解书。因此，D选项正确。

综上分析，B选项、C选项和D选项正确，A选项错误。

(3) 对梁某的起诉，法院的正确处理方式是：

A. 属重复诉讼，裁定不予受理

B. 不予受理，告知其向公益环保组织请求给付

C. 应予受理，但公益诉讼中已提出的诉讼请求不得再次提出

D. 应予受理，其诉讼请求不受公益诉讼影响

｜参考答案｜__________[②]

｜设题陷阱与常见错误分析｜

本题围绕公益诉讼，考查公益诉讼与同一行为引起的私益诉讼的关系。该题常见错误是许多考生错误运用一般诉讼原理和规则来处理公益诉讼中的重复诉讼问题，因而会作出错误选择。比如，对于公益诉讼作出判决生效后，其他依法具有原告资格的主体对同一案件另行提起公益诉讼，因受既判力的规制，法院依法应不予受理；而对受害人提起损害赔偿诉讼，法院应当予以受理。

｜解题思路与方法分析｜

公益诉讼解决的是公益的保护问题，并不涉及因同一行为而受到损害的其他主体提起损害赔偿诉讼。《民诉解释》第286条规定，人民法院受理公益诉讼案件后，不影响同一侵权行为的受害人根据《民事诉讼法》第122条提起诉讼，此谓公益诉讼不排斥私益诉讼原则。根据《民诉解释》第289条的规定，公益诉讼案

① BCD
② D

件的裁判发生法律效力后,其他依法具有原告资格的机关和有关组织就同一侵权行为另行提起公益诉讼的,法院不予受理。此条规定说明,公益诉讼只解决公益保护问题,不涉及其他非公益主体利益保护,其既判力的规则也仅限于公益诉讼。因此,D 选项正确,A 选项错误。

对于 B 选项的"不予受理,告知其向公益环保组织请求给付",因公益环保组织提起的是公益诉讼,并不涉及其他主体受到损害的赔偿问题,法院因此也不会将其他主体的损害赔偿进行审理和判决。因此,B 选项错误。

对于 C 选项的"应予受理,但公益诉讼中已提出的诉讼请求不得再次提出",因公益诉讼不排斥私益诉讼,故 C 选项错误。

综上分析,D 选项正确,A 选项、B 选项和 C 选项错误。

14 考向 特别程序

【单项选择题】李某因债务人刘某下落不明申请宣告刘某失踪。法院经审理宣告刘某为失踪人,并指定刘妻为其财产代管人。判决生效后,刘父认为由刘妻代管财产会损害儿子的利益,要求变更刘某的财产代管人。关于本案程序,下列哪一说法是正确的?

A. 李某无权申请刘某失踪

B. 刘父应提起诉讼变更财产代管人,法院适用普通程序审理

C. 刘父应向法院申请变更刘妻的财产代管权,法院适用特别程序审理

D. 刘父应向法院申请再审变更财产代管权,法院适用再审程序审理

| **参考答案** | ________①

| **设题陷阱与常见错误分析** |

本题就下落不明人员财产代管,考查了宣告失踪程序的申请主体、变更财产代管人适用的程序等知识。考生在解答此类问题时,容易错误理解宣告失踪程序的申请主体仅限于下落不明人员的近亲属,此为其一;本题在宣告下落不明人为失踪人的同时,确定了失踪人的财产代管人,此容易使考生误解在变更财产代管人时,也同样适用特别程序来进行审理和变更,此为其二。因而,导致考生错选选项。

| **解题思路与方法分析** |

本题正确的解题思路,是要准确把握特别程序的基本原理和适用的特别规则。特别程序,又称非讼程序,其适用的前提是"无讼",即特别程序只是对某一事实加以确认,并不解决民事纠纷;其程序的启动通常由利害关系人提出申请,如在宣告失踪和宣告死亡案件中,可以申请程序的主体既包括下落不明人员的近亲属,也包括与其有债权债务关系的相对人。根据《民事诉讼法》第 190 条第 1 款的规定,公民下落不明满 2 年,利害关系人可以向法院申请宣告其失踪;又根据《民诉解释》第 341 条的规定,人民法院判决宣告失踪的,应当同时指定失踪人财产代管人。因此,A 选项错误。

本题另一问题是关于变更财产代管人,其存在两种情形:一是被指定人在法院指定其为失踪人财产代管人后,申请变更财产代管;二是失踪人的其他利害关系人申请变更财产代管。就第一种情形而言,被指定的代管人认为法院指定其为失踪人财产代管人不当,申请法院变更代管,按照特别程序的一般原理,应当适用原程序加以审理并作出相应判决。根据《民诉解释》第 342 条第 1 款的规定,失踪人的财产代管人经法院指定后,代管人申请变更代管的,比照特别程序加以审理。然而,失踪人的其他利害关系人申请变更代管的,可以理解为利害关系人与被指定的财产代管人之间就财产代管发生了"争议",适用原特别程序审理并不符合特别程序的一般原理。为此,《民诉解释》第 342 条第 2 款规定,失踪人的其他利害关系人申请变更代管的,人民法院应当告知其以原指定的代管人为被告起诉,并按照普通程序进行审理。因此,B 选项正确,C 选项和 D 选项错误。

---

① B

15 考向 督促程序

【多项选择题】单某将八成新手机以4000元的价格卖给卢某,双方约定:手机交付卢某,卢某先付款1000元,待试用一周没有问题后再付3000元。但试用期满卢某并未按约定支付余款,多次催款无果后单某向M法院申请支付令。M法院经审查后向卢某发出支付令,但卢某拒绝签收,法院采取了留置送达。20天后,卢某向N法院起诉,以手机有质量问题为由要求解除与单某的买卖合同,并要求单某退还1000元付款。根据本案,下列哪些选项是正确的?

A. 卢某拒绝签收支付令,M法院采取留置送达是正确的

B. 单某可以依支付令向法院申请强制执行

C. 因卢某向N法院提起了诉讼,支付令当然失效

D. 因卢某向N法院提起了诉讼,M法院应当裁定终结督促程序

| **参考答案** | __________①

| **设题陷阱与常见错误分析** |

本题围绕支付令,考查了支付令的送达、支付令效力等知识。考生如果对支付令送达方式把握不准,或者混淆债务人另行提起诉讼与支付令异议的关系,则可能造成错误选择。例如,如果考生不明确债务人另行提起诉讼并不影响支付令的效力,则可能错选C选项。

| **解题思路与方法分析** |

考生应当把握支付令的送达方式。根据《民诉解释》第429条的规定,向债务人送达支付令,债务人拒绝的,法院可以采取留置送达。因此,A选项正确。

考生还应当准确理解支付令的效力。根据《民事诉讼法》第227条第2款和第3款的规定,当事人自收到支付令起15日内既不提出异议也不履行清偿义务,债权人可以向法院申请执行。据此规定,支付令具有强制执行的效力。因此,B选项正确。

考生应当正确理解支付令的含义。债务人不服支付令确定的债务,应当向法院提出支付令异议。根据《民诉解释》第433条的规定,债务人在收到支付令后,未在法定期间提出书面异议,而向其他法院起诉的,不影响支付令的效力。由此说明,向其他法院提起诉讼,不能理解为债务人提出了支付令异议。因此,C选项和D选项错误。

综上所述,A选项和B选项正确。

16 考向 公示催告程序

【多项选择题】甲公司财务室被盗,遗失金额为80万元的汇票一张。甲公司向法院申请公示催告,法院受理后即通知支付人A银行停止支付,并发出公告,催促利害关系人申报权利。在公示催告期间,甲公司按原计划与材料供应商乙企业签订购货合同,将该汇票权利转让给乙企业作为付款。公告期满,无人申报,法院即组成合议庭作出判决,宣告该汇票无效。关于本案,下列哪些说法是正确的?

A. A银行应当停止支付,直至公示催告程序终结

B. 甲公司将该汇票权利转让给乙企业的行为有效

C. 甲公司若未提出申请,法院可以作出宣告该汇票无效的判决

D. 法院若判决宣告汇票无效,应当组成合议庭

| **参考答案** | __________②

| **设题陷阱与常见错误分析** |

公示催告程序中,本题陷阱在于:考生一般了解法院通知止付后,A银行应当止付,但止付至何时,未必了解,所以选项A不一定会选。公示催告程序中的除权判决,需要由申请人再次申请也是本题的陷阱。常见错误有:公示催

① AB

② AD

告期间,该票据能否转让,考生对此也不甚清楚,对于选项B也把握不准。

| 解题思路与方法分析 |

本题中,根据《民事诉讼法》第231条第1款的规定,支付人A银行收到人民法院停止支付的通知,应当停止支付,至公示催告程序终结。选项A正确。

公示催告期间,转让票据权利的行为无效。甲公司按原计划与材料供应商乙企业签订购货合同,将该汇票权利转让给乙企业作为付款是无效的,所以选项B错误。

根据《民事诉讼法》第233条的规定,没有人申报的,人民法院应当根据申请人的申请,作出判决,宣告票据无效。据此,除权判决应当由甲公司提出申请,没有甲公司提出申请,法院不能主动作出除权判决。故选项C错误。

根据《民诉解释》第452条的规定,适用公示催告程序审理案件,可由审判员一人独任审理;判决宣告票据无效的,应当组成合议庭审理。故选项D正确。

17 考向 执行程序

1.【单项选择题】钱某在甲、乙、丙三人合伙开设的饭店就餐时被砸伤,遂以营业执照上登记的字号"好安逸"饭店为被告提起诉讼,要求赔偿医疗费等费用25万元。法院经审理,判决被告赔偿钱某19万元。执行过程中,"好安逸"饭店支付了8万元后便再无财产可赔。对此,法院应采取下列哪一处理措施?

A. 裁定终结执行

B. 裁定终结本次执行

C. 裁定中止执行,告知当事人另行起诉合伙人承担责任

D. 裁定追加甲、乙、丙为被执行人,执行其财产

| 参考答案 | ________①

| 设题陷阱与常见错误分析 |

本题的难点在于对执行程序中追加执行主体的认定依据,特别是合伙人对外的责任关系的把握。从民事诉讼法的规定来看,法律承认经登记注册的字号的诉讼主体地位,但在诉讼中,应当在起诉状中注明经营者的基本信息,此即规范合伙人的民事责任。很多考生看到被告为合伙字号,便想当然地认为应当由字号来承担民事责任,当其没有可供执行的财产时,即选择了终结执行程序。还有的考生尽管认识到了合伙人对其经营的字号所承担的责任方式,但认为需要追加合伙人为被执行人,则执行申请人需要另行取得执行依据,而错误选择了诉讼程序来解决这一问题。

| 解题思路与方法分析 |

本题正确的解答思路,是考生必须明确以下两个方面的知识点:根据《民法典》第973条的规定,合伙人对合伙债务承担连带责任。清偿合伙债务超过自己应当承担份额的合伙人,有权向其他合伙人追偿。尽管法律承认合伙组织注册登记的字号为当事人,但并不意味着合伙人不承担责任,法院对合伙字号的判决的效力扩张及合伙人。同时,合伙人为合伙组织债务的实际承担人,法院对字号判决的执行力也同样及于合伙人。当合伙组织的财产不足以清偿合伙债务时,应当由合伙人承担清偿义务。根据最高人民法院《关于民事执行中变更、追加当事人若干问题的规定》第14条第1款的规定,合伙组织不能清偿生效法律文书确定的债务,申请执行人申请变更、追加普通合伙人为被执行人的,人民法院应当予以支持。因此,D选项正确。

A选项的终结执行程序不符合法律规定的情形。根据《民事诉讼法》第268条的规定,终结执行是执行程序在特定情形下没有必要进行下去,而需要彻底结束程序。在本案中,尽管合伙组织没有财产支付赔偿费用,但由于合伙人应当对合伙债务承担清偿责任,故不能作终结执行程序处理。

B选项的终结本次执行的适用也不符合立法之规定,根据《民诉解释》第517条的规定,裁定终结本次执行的前提是经过财产调查未

① D

发现被执行人有可供执行的财产，按照本题，并不属于此种情形。

C选项的裁定中止执行，对合伙人另行起诉取得执行依据来要求合伙人承担债务清偿责任，程序不当。由上分析可知，合伙人对合伙组织的债务，承担连带责任，法院对合伙字号判决的执行力及于合伙人，可以直接裁定追加合伙人，并无必要另行起诉取得执行依据。

2.【单项选择题】易某依法院对王某支付其5万元损害赔偿金之判决申请执行。执行中，法院扣押了王某的某项财产。案外人谢某提出异议，称该财产是其借与王某使用的，该财产为自己所有。法院经审查，认为谢某异议理由成立，遂裁定中止对该财产的执行。关于本案的表述，下列哪一选项是正确的？

A. 易某不服该裁定提起异议之诉的，由易某承担对谢某不享有该财产所有权的证明责任

B. 易某不服该裁定提起异议之诉的，由谢某承担对其享有该财产所有权的证明责任

C. 王某不服该裁定提起异议之诉的，由王某承担对谢某不享有该财产所有权的证明责任

D. 王某不服该裁定提起异议之诉的，由王某承担对其享有该财产所有权的证明责任

| **参考答案** | ________①

| **设题陷阱与常见错误分析** |

本题围绕民事执行中对案外人和执行当事人的救济，考查了执行异议之诉之适格原告和证明责任分配等知识。在此类考题中，考生容易出现以下两种错误倾向：一是不能正确把握提起执行之诉的适格主体，错误认为只要不服法院对案外人主张执行标的执行异议之裁定，均有权提起异议之诉；二是混淆一般诉讼与执行异议之诉之证明责任分配规则的区分，仍套用一般诉讼证明之“谁主张，谁证明”的证明责任分配法则，因而误选答案。

| **解题思路与方法分析** |

本题的解题思路是，首先要弄清在案外人就执行标的向法院提起执行异议时之执行法律关系。在执行中，案外人因其认为对执行标的享有足以阻止执行的实体权利而向执行法院提出执行异议，此异议可能涉及执行申请人即债权人的权利能否实现，此为其一；执行法院将案外人主张权利之财产认定为债务人之责任财产，在案外人对此执行标的主张权利时，即可能发生债务人与案外人对执行标的之权属争议，此为其二。在本案中，由于执行法院对案外人主张执行标的实体权利之异议予以认可而裁定中止执行，此裁定就可能引起执行申请人或者被执行人不服而提起诉讼程序。根据《民事诉讼法》第238条的规定，案外人、当事人对裁定不服，可以自裁定送达之日起15日内向法院提起诉讼。《民诉解释》第303条、第304条进一步明确，案外人和执行申请人在不服法院对执行异议之裁定时可以提起异议之诉。按照《民诉解释》第307条的规定，被执行人提起异议之诉的，人民法院应当告知其另行起诉。如此规定，一方面，基于债权人的权利实现与案外人的权利保护，针对的是法院执行行为的正当性问题；另一方面，被执行人不服法院认可案外人执行异议理由成立之裁定中止执行，则是与案外人就执行标的的权属可能产生争议，此争议不应通过执行异议之诉来解决，而应当通过通常的诉讼程序加以处理。因此，被执行人并无提起执行异议之诉的权利，不是异议之诉的适格原告。故C选项和D选项错误。

又根据《民诉解释》第309条的规定，案外人或者申请执行人提起异议之诉的，应当由案外人就其对执行标的享有足以排除强制执行的民事权益承担举证证明责任。此为执行异议之诉特定目的所要求，因此，A选项错误，B选项为正确选项。

3.【单项选择题】甲向法院申请执行郭某的财产，乙、丙和丁向法院申请参与分配，法院根据郭某财产以及各执行申请人债权状况制定了财产分配方案。甲和乙认为分配方案不合理，向法院提出了异议，法院根据甲和乙的意见，对分配方案进行修正后，丙和丁均反对。关于本案，下列哪一表述是正确的？

---

① B

A. 丙、丁应向执行法院的上一级法院申请复议

B. 甲、乙应向执行法院的上一级法院申请复议

C. 丙、丁应以甲和乙为被告向执行法院提起诉讼

D. 甲、乙应以丙和丁为被告向执行法院提起诉讼

| 参考答案 | __________①

| 设题陷阱与常见错误分析 |

本题围绕执行中的参与分配，考查了分配方案的制定、对分配方案的异议以及对分配方案异议之诉等知识。考生如果不能清晰把握执行当事人对法院制定的分配方案不服时，法律给予当事人救济的途径，以及执行当事人在异议之诉中的地位确定，就可能误选。比如，考生可能错误理解法院根据执行当事人提出的执行异议而修改执行方案后，其他未提出反对意见的执行当事人应当通过申请复议程序加以救济，而错误选择 A 选项。

| 解题思路与方法分析 |

考生应当对法院制定分配方案后给予当事人救济的方式有准确的把握。根据《民诉解释》第509 条的规定，债权人和被执行人对法院制定的分配方案有异议的，可以向法院提出书面异议。根据《民诉解释》第 510 条的规定，法院应当将上述异议通知其他未提出异议的债权人、被执行人，提出反对意见的，则提出异议的人应当以提出反对意见的人为被告，提起分配方案异议之诉。因此，A 选项、B 选项、C 选项错误。

从本案材料看，法院在甲、乙提出异议后对分配方案进行了修改，在丙、丁提出反对意见的情况下，甲、乙应当以丙、丁为被告提起诉讼加以救济。因此，D 选项正确。

4.【多项选择题】甲诉乙返还 10 万元借款。胜诉后进入执行程序，乙表示自己没有现金，只有一枚祖传玉石可抵债。法院经过调解，说服甲接受玉石抵债，双方达成和解协议并当即交付了玉石。后甲发现此玉石为赝品，价值不足千元，遂申请法院恢复执行。关于执行和解，下列哪些说法是正确的？

A. 法院不应在执行中劝说甲接受玉石抵债

B. 由于和解协议已经即时履行，法院无须再将和解协议记入笔录

C. 由于和解协议已经即时履行，法院可裁定执行中止

D. 法院应恢复执行

| 参考答案 | __________②

| 设题陷阱与常见错误分析 |

本题考查执行和解，考生需要准确掌握《民事诉讼法》关于执行和解的规定。同时，还需要理解执行和解和调解之间的关系，执行中止和执行终结的关系。有的考生误选了 C 选项，就是因为没有意识到此时由于双方已经履行了和解协议，因而法院不应当裁定执行中止，而应当裁定执行终结。

| 解题思路与方法分析 |

执行程序中没有调解，只能双方当事人达成和解协议，因此 A 选项正确。

根据《民事诉讼法》第 241 条第 1 款的规定，在执行中，双方当事人自行和解达成协议的，执行员应当将协议内容记入笔录，由双方当事人签名或者盖章。无论和解协议是否履行，和解协议的内容都必须记入笔录，如此方能发生中止执行和终结执行的效力，因此 B 选项错误。

根据《民诉解释》第 465 条的规定，当事人之间达成的和解协议合法有效并已履行完毕的，人民法院作执行结案处理。本案中，虽然甲事后发现玉石为赝品，但在即时交付之时，双方当事人和法院都无法了解真实情况，因而法院不应当裁定中止执行，而是应当直接作执行结案处理，因此 C 选项错误。

根据《民事诉讼法》第 241 条第 2 款的规定，申请执行人因受欺诈、胁迫与被执行人达成和解协议，或者当事人不履行和解协议的，人民

---

① D

② AD

法院可以根据当事人的申请,恢复对原生效法律文书的执行。另外,根据《民诉解释》第465条的规定,一方当事人不履行或者不完全履行在执行中双方自愿达成的和解协议,对方当事人申请执行原生效法律文书的,人民法院应当恢复执行,但和解协议已履行的部分应当扣除。本案中甲签订和解协议,显然是受乙的欺诈,因此可以申请恢复执行原执行根据,D选项正确。

5.【多项选择题】龙前铭申请执行郝辉损害赔偿一案,法院查扣了郝辉名下的一辆汽车。查扣后,郝辉的两个哥哥向法院主张该车系三兄弟共有。法院经审查,确认该汽车为三兄弟共有。关于该共同财产的执行,下列哪些表述是正确的?

A.因涉及案外第三人的财产,法院应裁定中止对该财产的执行

B.法院可查扣该共有财产

C.共有人可对该共有财产协议分割,经债权人同意有效

D.龙前铭可对该共有财产提起析产诉讼

| 参考答案 | __________①

| 设题陷阱与常见错误分析 |

本题围绕对共同财产的执行,考查了案外人异议、共同财产的处置等知识。本题容易出错的是,许多考生误认为只要案外人对执行标的提出权利主张的异议成立,法院就应当中止对案涉财产的执行,而没有注意到在对共同财产的执行中,没有作为被执行人的其他财产共有人,尽管提出有理由的执行异议,法院也不应中止对该财产的强制执行措施。

| 解题思路与方法分析 |

本题的解题难点是,考生应当区别一般案件中的案外执行异议与共同财产中部分共同所有人为非执行当事人的案外人异议,在程序处置上的差异。在一般的案外人对执行标的提出有理由的异议时,法院应当裁定中止对案涉财产的执行;而在涉及共同财产的执行中,尽管非执行当事人的财产共有人提出了有理由的异议,但毕竟涉案财产也有部分属于被执行人,此时,便不能简单地套用上述中止执行的规则。根据最高人民法院《关于人民法院民事执行中查封、扣押、冻结财产的规定》第12条第1款的规定,对被执行人与他人共有的财产,人民法院可以查封、扣押、冻结,并及时通知共有人。因此,A选项错误,B选项正确。

关于执行中涉及共有财产的执行方法,可以对共有财产进行分割,将被执行人的财产析出实现执行。根据最高人民法院《关于人民法院民事执行中查封、扣押、冻结财产的规定》第12条第2款和第3款的规定,在执行程序中对涉案共有财产的分割有两种方法可以选择:一种方法是共有人协议分割共有财产,这种方法简便易行,但为保护债权人的利益,必须取得执行申请人的同意方为有效;另一种方法是提起析产诉讼,可以由共有人提起析产诉讼或者由申请执行人代位提起析产诉讼,将被执行人的财产析出以满足执行的需要。因此,C选项和D选项正确。综上分析,B选项、C选项和D选项正确,A选项错误。

6.【多项选择题】田某拒不履行法院令其迁出钟某房屋的判决,因钟某已与他人签订租房合同,房屋无法交给承租人,使钟某遭受损失,钟某无奈之下向法院申请强制执行。法院受理后,责令田某15日内迁出房屋,但田某仍拒不履行。关于法院对田某可以采取的强制执行措施,下列哪些选项是正确的?

A.罚款

B.责令田某向钟某赔礼道歉

C.责令田某双倍补偿钟某所受到的损失

D.责令田某加倍支付以钟某所受损失为基数的同期银行利息

| 参考答案 | __________②

| 设题陷阱与常见错误分析 |

本题围绕执行措施的适用,考查了对行为履行可以实施的强制执行措施、迟延履行的法律后果等知识。考生若不能准确把握各种执行

① BCD

② AC

措施适用的范围，则可能错选。例如，若考生不清楚加倍支付迟延履行利息适用的是金钱给付案件，则可能误选D选项。本题设置的陷阱是选项B，赔礼道歉并非执行措施，考生若不清楚赔礼道歉的性质，则可能误选该选项。

| 解题思路与方法分析 |

考生应当了解民事强制执行措施的种类。根据《民事诉讼法》第252条至第266条的规定，民事强制执行措施包括查封、扣押、拍卖、变卖等，但不包括赔礼道歉。因此，B选项错误。

考生还应当准确把握不同种类执行措施适用的对象。查封、扣押、拍卖等强制措施适用于财产案件的执行；而对于行为的执行，则适用指定交付、强制迁出等强制措施。对于行为的履行必须由本人完成的，根据《民诉解释》第503条的规定，可以适用《民事诉讼法》第114条第1款第6项的规定，对债务人可以实施罚款等措施。因此，A选项正确。

考生应当正确把握迟延履行责任的适用。立法上区分金钱履行和行为履行的迟延履行责任。根据《民事诉讼法》第264条的规定，对金钱履行的迟延履行责任是加倍支付迟延履行利息；对其他义务履行的迟延履行责任是支付迟延履行金。本案是行为履行，应当支付迟延履行金，而非加倍支付利息。因此，D选项错误。

又根据《民诉解释》第505条的规定，迟延履行法律文书指定的非金钱给付义务的，无论是否造成损失都应当支付迟延履行金；造成损失的，应当双倍补偿申请执行人已经受到的损失。因此，C选项正确。

综上所述，A选项和C选项正确。

7.【不定项选择题】张山承租林海的商铺经营饭店，因拖欠房租被诉至饭店所在地甲法院，法院判决张山偿付林海房租及利息，张山未履行判决。经律师调查发现，张山除所居住房以外，其名下另有一套房屋，林海遂向该房屋所在地乙法院申请执行。乙法院对该套房屋进行查封拍卖。执行过程中，张山前妻宁虹向乙法院提出书面异议，称两人离婚后该房屋已由丙法院判决归其所有，目前尚未办理房屋变更登记手续。

请回答第(1)—(3)题。

(1)对于宁虹的异议，乙法院的正确处理是：

A. 应当自收到异议之日起15日内审查

B. 若异议理由成立，裁定撤销对该房屋的执行

C. 若异议理由不成立，裁定驳回

D. 应当告知宁虹直接另案起诉

| 参考答案 | __________①

| 设题陷阱与常见错误分析 |

宁虹基于对房屋享有所有权提出异议，属于案外人异议。明确此，结合相应法条即可进行选择。常见错误有：有的考生认为异议成立应当裁定撤销执行而误选B，也有考生认为可以不经执行异议裁定即可申请再审或另案起诉而误选D。

| 解题思路与方法分析 |

宁虹提出执行异议，乙法院应当按照案件具体情况和法律规定进行审查，根据《民事诉讼法》第238条的规定，执行过程中，案外人对执行标的提出书面异议的，人民法院应当自收到书面异议之日起15日内审查，理由成立的，裁定中止对该标的的执行；理由不成立的，裁定驳回。案外人、当事人对裁定不服，认为原判决、裁定错误的，依照审判监督程序办理；与原判决、裁定无关的，可以自裁定送达之日起15日内向人民法院提起诉讼。故选项A、C正确，选项B错误，乙法院若认为异议理由成立，应当裁定中止对该房屋的执行，而不是撤销。选项D错误，宁虹不能直接另案起诉，须经过执行异议程序后再按照相应情况启动审判监督程序或是另案起诉。

(2)如乙法院裁定支持宁虹的请求，林海不服提出执行异议之诉，有关当事人的诉讼地位是：

A. 林海是原告，张山是被告，宁虹是第三人

B. 林海和张山是共同原告，宁虹是被告

① AC

C. 林海是原告，张山和宁虹是共同被告

D. 林海是原告，宁虹是被告，张山视其态度而定

| **参考答案** | ___________①

| **设题陷阱与常见错误分析** |

本题陷阱在于张山在执行异议之诉中的地位确定。张山作为被执行人，在申请执行人林海提出执行异议之诉中，张山可能会有不同的主张和态度，根据其态度确定张山在执行异议之诉中的诉讼地位是本题的考查点，较多考生无法对此作出正确判断。常见错误：考生认为房屋名义属于张山，实质上由宁虹主张归其所有，故张山和宁虹是共同被告，因而选择C选项。

| **解题思路与方法分析** |

本案中，由于法院裁定支持宁虹的执行异议，申请执行人提出执行异议之诉，林海当然是原告，案外人宁虹为被告，被申请执行人张山的诉讼地位需要其主张和态度来确定。根据《民诉解释》第306条的规定，申请执行人提起执行异议之诉的，以案外人为被告。被执行人反对申请执行人主张的，以案外人和被执行人为共同被告；被执行人不反对申请执行人主张的，可以列被执行人为第三人。张山如果反对林海主张的，和宁虹作为共同被告；张山如果不反对林海主张的，则为第三人，选项A和B明显错误，选项C只是其中一种情况，且该选项未交代前提，错误。故只有选项D是正确的。

(3) 乙法院裁定支持宁虹的请求，林海提出执行异议之诉，下列说法可成立的有：

A. 林海可向甲法院提起执行异议之诉

B. 如乙法院审理该案，应适用普通程序

C. 宁虹应对自己享有涉案房屋所有权承担证明责任

D. 如林海未对执行异议裁定提出诉讼，张山可以提出执行异议之诉

| **参考答案** | ___________②

| **设题陷阱与常见错误分析** |

本题是关于执行异议之诉程序的综合考查，需要考生对该程序的管辖、适用程序、证明责任等诸多方面有全面的掌握才可以作出正确选择。本题常见错误有：关于管辖，有的考生认为甲法院是作出执行根据的法院，因而执行异议之诉应当由其管辖而误选A。也有考生认为张山作为被执行人，也有权利提出执行异议之诉，误选D。

| **解题思路与方法分析** |

执行异议之诉该向哪个法院提出，即原诉法院、执行法院、作出相关生效法律文书的法院中哪个享有管辖权？根据《民诉解释》第302条和《民事诉讼法》第238条的规定，案外人、当事人对执行异议裁定不服，自裁定送达之日起15日内向人民法院提起执行异议之诉的，由执行法院管辖。故本案中具有管辖权的法院是执行法院乙法院，选项A错误。

根据《民诉解释》第308条的规定，人民法院审理执行异议之诉案件，适用普通程序。故选项B正确。

案外人在执行异议之诉中作为被告，主张排除对执行标的的强制执行，所以在执行异议中基于其对执行房屋享有足以排除强制执行的民事权益承担举证责任，即根据《民诉解释》第309条的规定，案外人或者申请执行人提起执行异议之诉的，案外人应当就其对执行标的享有足以排除强制执行的民事权益承担举证证明责任。故选项C正确。

张山是被执行人，根据《民诉解释》第309条的规定，申请执行人对中止执行裁定未提起执行异议之诉，被执行人提起执行异议之诉的，人民法院告知其另行起诉。故选项D错误。

18 考向 涉外民事诉讼程序

【**多项选择题**】2022年1月，中国甲市公民李虹（女）与美国留学生琼斯（男）在中国甲市登记结婚，婚后两人一直居住在甲市B区。2024年2月，李虹提起离婚诉讼，甲市B区法

① D
② BC

院受理了该案件，适用普通程序审理。关于本案，下列哪些表述是正确的？

A. 本案的一审审理期限为6个月

B. 法院送达诉讼文书时，对李虹与琼斯可采取同样的方式

C. 不服一审判决，李虹的上诉期为15天，琼斯的上诉期为30天

D. 美国驻华使馆法律参赞可以个人名义作为琼斯的诉讼代理人参加诉讼

| **参考答案** | ________①

| **设题陷阱与常见错误分析** |

本题考查涉外民事诉讼的特殊规则，考生只要能够准确记忆相关法条，即能做出正确选项。部分考生对于涉外民诉程序中特殊规则的适用条件把握不够准确，例如，认为双方当事人都在我国有住所，所以不应当适用审限的特殊规则，因而误选了A选项。而事实上，涉外案件的审限制度并没有其他限制性条件。

| **解题思路与方法分析** |

本案由于一方当事人是外国人，因而属于涉外案件，但该外国人琼斯在我国有住所，所以有可能适用涉外民事诉讼的特殊规则，也有可能完全适用国内民事诉讼的一般规则。

根据《民事诉讼法》第287条的规定，人民法院审理涉外民事案件的期间，不受本法第152条、第183条规定的限制。所以，本案也不应当有普通程序6个月的审限限制，A选项错误。

根据《民事诉讼法》第283条的规定，人民法院对在中华人民共和国领域内没有住所的当事人送达诉讼文书，可以采取特殊的送达规则。而由于琼斯在我国有住所，因此不适用该条规则，法院对双方当事人应当一视同仁地进行送达，因此B选项正确。

根据《民诉解释》第536条的规定，不服第一审人民法院判决、裁定的上诉期，对在中华人民共和国领域内有住所的当事人，适用《民事诉讼法》第171条规定的期限；对在中华人民共和国领域内没有住所的当事人，适用《民事诉讼法》第276条（现第286条）规定的期限。当事人的上诉期均已届满没有上诉的，第一审人民法院的判决、裁定即发生法律效力。由于琼斯在我国有住所，适用《民事诉讼法》第171条规定的上诉期限——15日。因此，C选项错误。

根据《民诉解释》第526条规定，外国驻华使、领馆官员，受本国公民的委托，可以以个人名义担任诉讼代理人，但在诉讼中不享有外交特权和豁免权。因此，D选项正确。

19 考向 仲裁协议

1.【多项选择题】甲县的佳华公司与乙县的亿龙公司订立的烟叶买卖合同中约定，如果因为合同履行发生争议，应提交A仲裁委员会仲裁。佳华公司交货后，亿龙公司认为烟叶质量与约定不符，且正在霉变，遂准备提起仲裁，并对烟叶进行证据保全。关于本案的证据保全，下列哪些表述是正确的？

A. 在仲裁程序启动前，亿龙公司可直接向甲县法院申请证据保全

B. 在仲裁程序启动后，亿龙公司既可直接向甲县法院申请证据保全，也可向A仲裁委员会申请证据保全

C. 法院根据亿龙公司申请采取证据保全措施时，可要求其提供担保

D. A仲裁委员会收到保全申请后，应提交给烟叶所在地的中级法院

| **参考答案** | ________②

| **设题陷阱与常见错误分析** |

本题考查仲裁中的证据保全。关于这一制度，并无直接的明确的法律规定，需要考生类推适用仲裁中的财产保全制度和诉讼程序中的证据保全制度。同时在类推适用时，应当注意比例原则，平衡双方当事人的负担。不能完全机械地照搬其他制度。例如，部分考生根据《民事诉讼法》第104条的规定，漏选了C选项。事实上，尽管证据保全的绝大多数制度内容都应当比照财产保全，但在是否担保的问题

① BD

② AC

上应考虑担保的功能和必要性。在诉前财产保全中,为了避免申请人通过保全措施恶意限制对方当事人处分财产,民事诉讼法和其他法律均规定当事人在申请时应当提供担保,而证据保全措施往往并不能限制财产的处分,而只是对证据进行固定,如果依然要强制提供担保,就会增加申请人的负担。《民诉解释》第98条第2款规定,证据保全可能对他人造成损失的,人民法院应当责令申请人提供相应的担保。因此,证据保全中法院并非强制申请人提供担保,而是由法院判断是否会对他人造成损失,因而是可以而非应当要求申请人提供担保。《商标法》第66条、《著作权法》第57条、《专利法》第73条中规定的诉前证据保全制度,均将是否提供保全交由法院自由裁量。

| 解题思路与方法分析 |

根据案情,亿龙公司如果是在申请仲裁前申请证据保全,此时尚未发生诉讼系属,亿龙公司既可能将纠纷提交给仲裁机构,也可能直接向法院起诉,因而既可以根据《仲裁法》第46条向仲裁机构提出申请;也可以根据《民事诉讼法》第84条向法院提出申请,因此A选项正确;而一旦仲裁程序启动,则只能根据《仲裁法》第46条向仲裁机构申请保全,因此B选项错误。

如前所述,诉前证据保全与诉前财产保全具有一定的区别,强制申请人提供担保既无益于被申请人的权利保障,反而会增加申请人的负担,因此不应将担保作为证据保全的强制性要件,应当适用《民诉解释》第98条第2款的规定,在法院认为可能对被申请人造成损失时责令提供担保,因此C选项正确。

根据《仲裁法》第46条的规定,A仲裁委员会收到保全申请后,应提交给烟叶所在地的基层法院而不是中级法院,因而D选项错误。

2.【不定项选择题】甲市L区居民叶某购买了住所在乙市M区的大亿公司开发的位于丙市N区的商品房一套,合同中约定双方因履行合同发生争议可以向位于丙市的仲裁委员会(丙市仅有一家仲裁机构)申请仲裁。因大亿公司迟迟未按合同约定交付房屋,叶某向仲裁委员会申请仲裁。大亿公司以仲裁机构约定不明,向仲裁委员会申请确认仲裁协议无效。经审查,仲裁委员会作出了仲裁协议有效的决定。在第一次仲裁开庭时,大亿公司声称其又向丙市中级法院请求确认仲裁协议无效,申请仲裁庭中止案件审理。在仲裁过程中仲裁庭组织调解,双方达成了调解协议,仲裁庭根据协议内容制作了裁决书。后因大亿公司不按调解协议履行义务,叶某向法院申请强制执行,而大亿公司则以调解协议内容超出仲裁请求为由,向法院申请不予执行仲裁裁决。

请回答第(1)—(3)题。

(1)大亿公司向丙市中级法院请求确认仲裁协议无效,对此,正确的做法有:

A. 丙市中级法院应予受理并进行审查

B. 丙市中级法院不予受理

C. 仲裁庭在法院就仲裁协议效力作出裁定之前,应当中止仲裁程序

D. 仲裁庭应继续开庭审理

| 参考答案 |________①

| 设题陷阱与常见错误分析 |

本题围绕仲裁协议,考查了确认仲裁协议效力案件的管辖、仲裁程序的进行等知识。考生如果不能准确把握仲裁机构和法院对仲裁协议效力认定管辖的关系,可能会误选。例如,当事人向仲裁委员会申请确认且对仲裁协议效力作出认定后,当事人无权再向法院申请确认仲裁协议的效力,法院也不得再受理当事人的申请。如果混淆了两者的关系,则可能会误选A选项和C选项。

| 解题思路与方法分析 |

考生首先应当对仲裁协议效力发生争议时的解决途径有准确的理解。根据《仲裁法》第20条第1款的规定,当事人对仲裁协议的效力发生争议时,可以向仲裁委员会申请确认,也可以向仲裁委员会所在地的中级法院申请确认。由此,仲裁委员会和法院均有权管辖仲裁协议效力争议案件。其次,考生应当准确把握

① BD

仲裁委员会与法院解决仲裁协议效力争议案件的关系。根据《仲裁法》第20条和《仲裁法解释》第13条的规定，当事人同时向仲裁委员会和法院申请认定仲裁协议效力时，应当由法院管辖；当事人向仲裁委员会申请认定仲裁协议效力，仲裁委员会作出认定后，当事人又向法院申请认定的，法院不予受理。根据这一规定，无论当事人申请法院认定或者申请仲裁委员会认定仲裁协议效力，一旦法院或者仲裁委员会作出确认裁定，当事人均不能再次申请认定仲裁协议效力。因此，A选项和C选项错误，B选项和D选项正确。

(2)双方当事人在仲裁过程中达成调解协议，仲裁庭正确的结案方式有：

A. 根据调解协议制作调解书

B. 应当依据调解协议制作裁决书

C. 将调解协议内容记入笔录，由双方当事人签字后即发生法律效力

D. 根据调解协议的结果制作裁决书

| **参考答案** | ____________①

| **设题陷阱与常见错误分析** |

本题围绕仲裁调解，考查了仲裁中达成调解协议后以何种方式予以表达(结案)。考生如果不能正确区分仲裁调解与诉讼调解的差别，则可能混淆调解协议的表达方式，因而，可能会错选C选项或者漏选D选项。

| **解题思路与方法分析** |

考生首先应当正确理解诉讼调解与仲裁调解的区别。在诉讼中，当事人达成调解协议后法院应当制作调解书送达双方当事人，或者符合法定情形的记入笔录由双方当事人签字后即发生法律效力。而在仲裁调解中，则体现更多的灵活性。根据《仲裁法》第51条第2款的规定，当事人在仲裁中达成调解协议的，仲裁庭应当制作调解书或者根据调解协议制作裁决书。因此，A选项和D选项正确。B选项将依据调解协议制作裁决书作为调解协议唯一的表达方式，因此，B选项错误。《仲裁法》未规定记入笔录签字生效的调解协议表达方式，因此，C选项错误。

(3)大亿公司以调解协议超出仲裁请求范围请求法院不予执行仲裁裁决，法院正确的做法是：

A. 不支持，继续执行

B. 应支持，并裁定不予执行

C. 应告知当事人申请撤销仲裁裁决，并裁定中止执行

D. 应支持，必要时可通知仲裁庭重新仲裁

| **参考答案** | ____________②

| **设题陷阱与常见错误分析** |

本题围绕裁定不予执行仲裁裁决，考查了仲裁调解的法律效力、裁定不予执行仲裁裁决事由的具体适用，具有一定的综合性。考生如果不能准确理解仲裁调解协议的表达方式及其效力，可能会混淆根据仲裁调解协议制作的仲裁裁决与仲裁庭依查明的事实依法作出的仲裁裁决之效力上的差异，因而错误选择B选项或者D选项。本题设置了一个陷阱，即通过设置仲裁庭根据调解协议制作裁决书的情形，使考生容易混淆与仲裁庭根据事实和法律依法作出裁决的区别。

| **解题思路与方法分析** |

考生首先应当准确理解法律对裁定不予执行仲裁裁决之事由的规定。根据《民事诉讼法》第248条第2款的规定，有下列情形之一的，裁定不予执行：当事人在合同中没订有仲裁条款或者事后没有达成书面仲裁协议的；裁决的事项不属于仲裁协议的范围或者仲裁机构无权仲裁的等。从这一规定来看，超出当事人仲裁请求之范围的裁决，当属此列，应当予以裁定不予执行。这是仲裁庭依法作出裁决之适用情形，那么，仲裁庭依当事人调解协议制作的仲裁裁决是否适用这一条款呢？依调解法理，调解协议是当事人行使处分权的表达，即使超出仲裁请求的范围达成的协议，也应当视为当事人依法行使处分权的结果，仲裁庭也应予以尊重。这在诉讼调解中已为司法解释所认可，而仲裁更加体现对当事人处分权的尊重。又根据《仲裁法解释》第28条的规定，当事人请求不

① AD

② A

予执行仲裁调解书或者根据当事人之间的和解协议作出的仲裁裁决书的,人民法院不予支持。因此,A 选项正确,B 选项、C 选项和 D 选项错误。

3.【不定项选择题】住所地在 H 省 K 市 L 区的甲公司与住所地在 F 省 E 市 D 区的乙公司签订了一份钢材买卖合同,价款数额为 90 万元。合同在 B 市 C 区签订,双方约定合同履行地为 W 省 Z 市 Y 区,同时约定如因合同履行发生争议,由 B 市仲裁委员会仲裁。合同履行过程中,因钢材质量问题,甲公司与乙公司发生争议,甲公司欲申请仲裁解决。因 B 市有两个仲裁机构,分别为丙仲裁委员会和丁仲裁委员会(两个仲裁委员会所在地都在 B 市 C 区),乙公司认为合同中的仲裁条款无效,欲向有关机构申请确认仲裁条款无效。

请回答第(1)—(3)题。

(1)依据法律和司法解释的规定,乙公司可以向有关机构申请确认仲裁条款无效。关于确认的机构,下列选项正确的有:

A. 丙仲裁委员会　B. 丁仲裁委员会

C. B 市中级法院　D. B 市 C 区法院

| 参考答案 | ________①

| 设题陷阱与常见错误分析 |

本问题围绕仲裁协议的效力,考查了仲裁协议效力发生争议的解决途径及管辖。如果考生对仲裁协议效力发生争议时的救济方式把握不准确,则可能错选。比如,如果考生不了解仲裁协议效力发生争议时,可以由当事人申请法院或者仲裁机构来确认,则可能会漏选选项。本题设置了一个陷阱,即题中设置了同一地区存在两个仲裁委员会,可能会导致考生错误认为选定的仲裁机构不确定,而只能向法院申请确认仲裁协议的效力,因而导致漏选 A 选项或者 B 选项。

| 解题思路与方法分析 |

考生应当正确理解仲裁协议的有效条件以及在对仲裁协议效力发生争议时的救济途径。根据《仲裁法解释》第 6 条的规定,仲裁协议约定由某地的仲裁机构仲裁且该地仅有一个仲裁机构的,该仲裁机构视为约定的仲裁机构。该地有两个以上仲裁机构的,当事人可以协议选择其中的一个仲裁机构申请仲裁,当事人不能就仲裁机构选择达成一致的,仲裁协议无效。由此,仲裁协议约定两个仲裁机构或者在存在两个仲裁机构而当事人未明确选择的情况下,仲裁协议并不当然无效,且为仲裁协议效力的解决提供了更多选择。又根据《仲裁法》第 20 条第 1 款的规定,当事人对仲裁协议的效力有异议的,可以请求仲裁委员会作出决定或者请求法院作出裁定。由此,仲裁协议效力的主管是具有选择性的,具体选择由仲裁机构还是由法院进行认定,由当事人决定。又根据《仲裁法解释》第 12 条第 1 款的规定,当事人向人民法院申请确认仲裁协议效力的案件,由仲裁协议约定的仲裁机构所在地的中级人民法院管辖。由此,D 选项错误,A 选项、B 选项和 C 选项正确。

(2)如相关机构确认仲裁条款无效,甲公司欲与乙公司达成协议,确定案件的管辖法院。关于双方可以协议选择的管辖法院,下列选项正确的有:

A. H 省 K 市 L 区法院

B. F 省 E 市 D 区法院

C. B 市 C 区法院

D. W 省 Z 市 Y 区法院

| 参考答案 | ________②

| 设题陷阱与常见错误分析 |

本题围绕协议管辖,考查了考生对协议条件的理解和把握。考生如果不了解《民诉解释》对协议管辖条件中约定地的新规定,则可能漏选。

| 解题思路与方法分析 |

考生必须对协议管辖的条件有准确的理解和把握。根据《民事诉讼法》第 35 条的规定,合同或者其他财产权益纠纷当事人可以书面协议选择被告住所地、合同履行地、合同签订地、原告住所地、标的物所在地等与争议有实际

① ABC

② ABCD

联系的地点的人民法院管辖,但不得违反本法对级别管辖和专属管辖的规定。根据此条的规定,就协议管辖中管辖法院的选择由当事人协商确定,只要协商选择的法院与案件有实际联系的地点,均可以认为符合法律的规定。在存在若干与争议有实际联系、可供当事人协商选择为案件管辖法院的情况下,若当事人选择多个法院时,其效力如何认定则是关键。根据《民诉解释》第30条第2款的规定,当事人协议选择两个或者两个以上法院的,当事人可以选择其中一个法院起诉。由此规定,在存在多个与案件有实际联系的法院时,即使当事人协议中选择两个或者两个以上法院的,管辖协议仍是有效的。因此,对于该题的解答即确定哪些地点属于《民事诉讼法》第35条所规定的与争议有实际联系的地点。L区、D区分别是双方当事人的住所地,C区是合同签订地,Y区是双方约定的合同履行地。因此,当事人可以选择该四地法院为案件的管辖法院,A选项、B选项、C选项和D选项均正确。

(3)如仲裁条款被确认无效,甲公司与乙公司又无法达成新的协议,甲公司欲向法院起诉乙公司。关于对本案享有管辖权的法院,下列选项正确的有:

A. H省K市L区法院

B. F省E市D区法院

C. W省Z市Y区法院

D. B市C区法院

| **参考答案** | ________①

| **设题陷阱与常见错误分析** |

本题围绕管辖问题,考查了仲裁与诉讼的关系以及合同纠纷的管辖等知识,有一定的综合性。如果考生不能正确理解和把握仲裁与诉讼的关系或者不能准确掌握合同管辖的法律规定及其适用,可能会选择错误。例如,当事人双方签订了仲裁协议,那么案件应当根据仲裁协议向仲裁委员会申请仲裁;若当事人对仲裁协议的效力有争议,可以向仲裁委员会以及仲裁委员会所在地的中级法院申请确认;那么在仲裁协议无效的情况下,双方又无法重新达成新的仲裁协议的,就只能按照《民事诉讼法》的规定来确定管辖法院。若对此没有清晰的认识,则可能混淆认定仲裁协议效力的管辖法院与案件诉讼管辖的法院,而误选D选项。

| **解题思路与方法分析** |

考生应当了解仲裁协议无效的情况下,如何确定案件管辖的问题。根据法律的规定,仲裁协议合法有效,是申请仲裁的前提条件,在仲裁协议被认定为无效,当事人又无法达成新的协议时,那么就只能通过诉讼来加以解决。因此,在仲裁协议无效的情况下,应当依《民事诉讼法》的规定确定案件的管辖法院。应当区分确认仲裁协议效力的管辖与案件诉讼管辖。在当事人对仲裁协议的效力发生争议时,可以向仲裁委员会申请确认,也可以向仲裁法院所在地的中级法院申请确认,但此并不意味着仲裁委员会所在地法院可以对案件的诉讼行使管辖权。该地法院是否享有管辖权,以民事诉讼法对管辖的规定来加以确定。根据《民事诉讼法》第24条的规定,因合同发生争议,由被告住所地和合同履行地法院管辖。D区为被告乙公司住所地,Y区为双方约定的合同履行地。因此,B选项和C选项正确。原告住所地L区法院和合同签订地C区法院,对案件无管辖权。因此,A选项和D选项错误。

20 考向 综合性题目

1.【单项选择题】周立诉孙华人身损害赔偿案,一审法院适用简易程序审理,电话通知双方当事人开庭,孙华无故未到庭,法院缺席判决孙华承担赔偿周立医疗费。判决书生效后,周立申请强制执行,执行程序开始,孙华向一审法院提出再审申请。法院裁定再审,未裁定中止原判决的执行。关于本案,下列哪一说法是正确的?

A. 法院电话通知当事人开庭是错误的

B. 孙华以法院未传票通知其开庭即缺席判决为由,提出再审申请是符合法律规定的

① BC

C. 孙华应向二审法院提出再审申请,而不可向原一审法院申请再审

D. 法院裁定再审,未裁定中止原判决的执行是错误的

| **参考答案** | ________①

| **设题陷阱与常见错误分析** |

本题的综合性很强,需要考生对简易程序、当事人申请再审、法院决定再审等程序有清晰的认识,尤其是法律有特别规定的地方,同时运用知识对案例进行具体分析,找出不符合法律规定的地方,对选项进行逐一甄别。本题的陷阱在于思维方式,即其中 A、D 的选项是是非判断题,需要经过两次判断。还有,本案设计的情形是法条规定的例外情况,考生需要敏锐地把握。常见的错误在于:第一,申请再审,一般而言当事人应当向二审法院提出,但有例外情况,本题中的情形即为例外情况,有的考生从一般规定进行选择,就会误选 C;第二,法院裁定再审,一般应当裁定中止执行,如果考生不清楚特殊情况不需要中止执行,也会误选 D。

| **解题思路与方法分析** |

选项 A 是关于简易程序通知开庭方式的考核。根据《民事诉讼法》第 162 条的规定,基层人民法院和它派出的法庭审理简单的民事案件,可以用简便方式传唤当事人和证人、送达诉讼文书、审理案件,但应当保障当事人陈述意见的权利。根据《民诉解释》第 261 条第 1 款规定,适用简易程序审理案件,人民法院可以采取捎口信、电话、短信、传真、电子邮件等简便方式传唤双方当事人、通知证人和送达裁判文书以外的诉讼文书。据此,本案可以电话通知当事人开庭。故选项 A 是错误的。

选项 B 是关于再审申请的法定事由。根据《民事诉讼法》第 211 条的规定,当事人的申请符合下列情形之一的,人民法院应当再审……(10)未经传票传唤,缺席判决的……即本案没有经过传票传唤即缺席判决,违反法定程序,构成再审申请事由,故选项 B 正确。

本选项考核再审申请的法院。根据《民事诉讼法》第 210 条的规定,当事人一方人数众多或者当事人双方为公民的案件,也可以向原审人民法院申请再审。选项 C 关于孙华应向二审法院提出再审申请的陈述是正确的,但“不可向原一审法院申请再审”是错误的,故选项 C 错误。

很多考生会选择 D,初看这一选项是正确的,但这也是本题的陷阱,通常案件,法院作出再审裁定的,应当裁定中止执行,根据《民事诉讼法》第 217 条的规定,按照审判监督程序决定再审的案件,裁定中止原判决、裁定、调解书的执行,但追索赡养费、扶养费、抚养费、抚恤金、医疗费用、劳动报酬等案件,可以不中止执行。本案属于追索医疗费,故选项 D 错误。

2.【多项选择题】汤某设宴为母祝寿,向成某借了一尊清代玉瓶装饰房间。毛某来祝寿时,看上了玉瓶,提出购买。汤某以 30 万元将玉瓶卖给了毛某,并要其先付钱,寿典后 15 日内交付玉瓶。毛某依约履行,汤某以种种理由拒绝交付。毛某诉至甲县法院,要求汤某交付玉瓶,得到判决支持。汤某未上诉,判决生效。在该判决执行时,成某知晓了上述情况。对此,成某依法可采取哪些救济措施?

A. 以案外人身份向甲县法院直接申请再审

B. 向甲县法院提出执行异议

C. 向甲县法院提出第三人撤销之诉

D. 向甲县法院申诉,要求甲县法院依职权对案件启动再审

| **参考答案** | ________②

| **设题陷阱与常见错误分析** |

本题围绕对案外人的救济,考查了执行中案外人执行异议、第三人撤销之诉、法院决定再审等知识。考生回答此类考题常见的错误,是不能全面掌握立法对案外人救济的制度体系,从而错选或者漏选正确选项。比如,在进入执行程序后,法院将案外人之财产作为执行标的时,案外人应当提出执行异议,当法院裁定驳回其执行异

---

① B

② BCD

议后，方可向法院申请再审，因而错选 A 选项。再者，案外人向法院提出申诉要求法院依职权再审，尽管民事诉讼法没有规定，但当事人的申诉实际上是向法院提供了错案的信息，法院经审查后也是可以依职权启动再审程序的，因而，考生可能会漏选 D 选项。

｜ **解题思路与方法分析** ｜

该题的解题思路，是全面掌握立法对案外人救济的制度规定及其适用条件。在执行中，案外人对于法院确定为执行标的的财产享有权利时，可以依《民事诉讼法》第 238 条向法院提出执行异议，当法院裁定驳回其异议时，因该案涉财产为生效判决之标的物，案外人不服该裁定即可向法院申请再审救济。法律并未赋予案外人未经提起执行异议而直接申请再审的权利。因此，A 选项错误，B 选项正确。

对案外人的另一项救济制度，即是案外人可以对损害其利益的生效判决提起撤销诉讼。《民事诉讼法》第 59 条第 3 款规定，案外人因不能归责于本人的事由未参加诉讼，但有证据证明发生法律效力的判决、裁定、调解书的部分或者全部内容错误，损害其民事权益的，可以提起撤销诉讼。因此，C 选项正确。

又根据《民事诉讼法》第 209 条第 1 款的规定，各级人民法院院长对本院已经发生法律效力的判决、裁定、调解书，发现确有错误，认为需要再审的，应当提交审判委员会讨论决定。D 选项的核心问题，不是案外人是否有权申诉，而是甲县法院是否有依职权发动对该案进行再审的权力。因该案为一审生效判决，因此甲县法院可以依法决定再审，D 选项正确。综上分析，B 选项、C 选项和 D 选项正确，A 选项错误。

3.【不定项选择题】2022 年 4 月，居住在 B 市（直辖市）东城区的林剑与居住在 B 市西城区的钟阳（二人系位于 B 市北城区正和钢铁厂的同事）签订了一份借款合同，约定钟阳向林剑借款 20 万元，月息 1%，2024 年 1 月 20 日前连本带息一并返还。合同还约定，如因合同履行发生争议，可向 B 市东城区仲裁委员会仲裁。至 2024 年 2 月，钟阳未能按时履约。2024 年 3 月，二人到正和钢铁厂人民调解委员会（下称调解委员会）请求调解。调解委员会委派了三位调解员主持该纠纷的调解。

请回答第（1）—（3）题。

（1）如调解委员会调解失败，解决的办法有：

A. 双方自行协商达成和解协议

B. 在双方均同意的情况下，要求林剑居住地的街道居委会的人民调解委员会组织调解

C. 依据借款合同的约定通过仲裁的方式解决

D. 通过诉讼方式解决

｜ **参考答案** ｜ __________①

｜ **设题陷阱与常见错误分析** ｜

本题围绕民事纠纷的解决，考查了民事纠纷救济的方式、解决效力等知识，同时，还考查了仲裁庭设立以及仲裁协议的效力等相关知识。许多考生对仲裁委员会设置的原则不了解，错误认为仲裁委员会的设置也类似于法院按行政区划的方式进行设置，因而误选答案。同时，还有的考生可能会混淆一般调解组织与人民调解委员会调解的效力差异，错误认为一般调解组织的调解也具有人民调解委员会调解的效力，而漏选正确选项。

｜ **解题思路与方法分析** ｜

单位组织内部的调解组织，可以在法律许可的范围调解解决民事纠纷，在其调解失败的情况下，纠纷当事人还可以寻求其他方式加以解决，包括非讼方式，也包括诉讼方式。民事纠纷所涉财产利益属于私法上的利益，当事人享有处分权，可以在法律允许的范围自由处分。该处分权的内容也包括了民事纠纷主体对纠纷解决方式的选择：纠纷双方可以选择协商的方式达成和解协议解决纠纷；也可以在双方自愿的情况下选择人民调解委员会调解解决纠纷；还可以向法院提起诉讼，通过法院审判解决纠纷；双方当事人也可以通过达成仲裁协议，将纠纷交由仲裁机构解决，但其前提是仲裁协议合法有效。当然，如果存在合法有效的仲裁协

① ABD

议,该案就不能选择诉讼加以解决。该案中,双方约定由B市东城区仲裁委员会仲裁,根据《仲裁法》第10条第1款的规定,仲裁委员会可以在直辖市和省、自治区人民政府所在地的市设立,也可以根据需要在其他设区的市设立,不按行政区划层层设立。因此,双方约定的B市东城区仲裁委员会并不存在,仲裁协议无效,当事人不能选择仲裁。综上分析,A选项、B选项和D选项正确,C选项错误。

(2)如调解成功,林剑与钟阳在调解委员会的主持下达成如下协议:2024年4月30日之前,钟阳向林剑返还借款20万元,支付借款利息2万元。该协议有林剑、钟阳的签字,盖有调解委员会的印章和三位调解员的签名。钟阳未按时履行该调解协议,林剑拟提起诉讼。在此情况下,下列说法正确的是:

A. 应以调解委员会为被告

B. 应以钟阳为被告

C. 应以调解委员会和钟阳为共同被告

D. 应以钟阳为被告,调解委员会为无独立请求权的第三人

| **参考答案** | __________①

| **设题陷阱与常见错误分析** |

本题围绕人民调解,考查了当事人不履行调解协议而进入诉讼后,如何确定当事人的问题。本题常见的错误在于,有考生会将调解委员会理解为与案件有利害关系,因而在诉讼中将调解委员会列为当事人。

| **解题思路与方法分析** |

纠纷发生后当事人可以选择调解方式解决纠纷,无论调解失败或者调解达成协议,调解委员会都与案件没有法律上的利害关系,也不会成为纠纷当事人的财产管理人,调解委员会对其主持调解的案件没有诉的利益。因此,当事人经调解委员会调解成功后,一方未履行协议,另一方向法院提起诉讼的,不应当把调解委员会列为当事人。《民诉解释》第61条规定,当事人之间的纠纷经人民调解委员会调解达成协议后,一方当事人不履行调解协议,另一方向法院提起诉讼的,应当以对方当事人为被告。因此,B选项正确,A选项、C选项和D选项错误。

(3)如调解成功,林剑与钟阳在调解委员会的主持下达成了调解协议,相关人员希望该调解协议被司法确认,下列说法正确的有:

A. 应由林剑或钟阳向有管辖权的法院申请

B. 应由林剑、钟阳共同向有管辖权的法院申请

C. 应在调解协议生效之日起30日内提出申请,申请可以是书面方式,也可以是口头方式

D. 对申请的案件有管辖权的法院包括:B市西城区法院、B市东城区法院和B市北城区法院

| **参考答案** | __________②

| **设题陷阱与常见错误分析** |

本题常见错误在于,考生对调解协议司法确认的程序规则把握不准确,混淆了调解协议司法确认程序的启动与其他案件程序启动上的差异,以及申请方式上的灵活性。

| **解题思路与方法分析** |

调解协议的达成是纠纷双方当事人合意的结果,对双方产生约束力。但调解协议并不具有强制执行力,双方当事人若希望赋予调解协议以强制执行力,需要向法院申请司法确认。当然,司法确认程序的启动,也应当遵循自愿原则,即必须由双方当事人合意共同向法院提出申请。同时,当事人申请司法确认还应当遵守必要的期间规定。《民事诉讼法》第205条规定:“经依法设立的调解组织调解达成调解协议,申请司法确认的,由双方当事人自调解协议生效之日起三十日内,共同向下列人民法院提出:(一)人民法院邀请调解组织开展先行调解的,向作出邀请的人民法院提出;(二)调解组织自行开展调解的,向当事人住所地、标的物所在地、调解组织所在地的基层人民法院提出;调解协议所涉纠纷应当由中级人民法院管辖的,向相应的中级人民法院提出。”申请确认调解协议,应由双方当事人自调解协议生效之日起

---

① B

② BCD

30日内，共同向有管辖权的法院提出。因此，B选项正确，A选项错误。

关于确认调解协议案件程序的申请方式，《民诉解释》第353条规定，当事人可以采用书面形式申请，也可以采用口头形式申请。因此，C选项正确。

关于确认调解协议案件，根据《民事诉讼法》第205条第2项的规定，调解组织自行开展调解的，向当事人住所地、标的物所在地、调解组织所在地的基层人民法院提出。因此，作为当事人住所地的西城区和东城区法院，以及作为调解组织所在地的北城区法院，都有权管辖。D选项正确。

综上分析，B选项、C选项、D选项正确，A选项错误。

2024年模拟测试

1.【单项选择题】甲公司因与乙公司发生合同纠纷而诉至法院，请求解除合同，并要求乙公司支付违约金。开庭时，甲公司又请求确认合同无效并返还财产；如不能确认合同无效，仍请求解除合同并要求乙公司支付违约金。关于法院对甲公司在开庭时提出请求的处理，下列哪一选项是正确的？

A. 因为两个诉讼请求前后矛盾，裁定不予受理

B. 因为两个诉讼请求的诉讼标的相互独立，告知另行起诉

C. 向甲公司释明，要求明确诉讼请求

D. 按照甲公司的请求顺序，继续审理

2.【单项选择题】某小区业主刘某自发建立“羽毛球爱好群”，该小区众多业主加入。辛某因在微信群公开辱骂另一业主王某，被刘某移出该微信群。经协商未果，辛某诉至法院，要求刘某将其重新拉入“羽毛球爱好群”。关于本案法院的处理，下列哪一选项是正确的？

A. 以不属于受案范围为由，裁定不予受理

B. 以诉讼请求不明确为由，裁定驳回起诉

C. 以被告不适格为由，判决驳回诉讼请求

D. 以诉讼请求不合理为由，判决驳回诉讼请求

3.【单项选择题】李某因工资待遇与住所地在A区的某劳务派遣公司发生劳动纠纷，向李某工作所在地的B区某劳动争议仲裁委员会申请仲裁。仲裁裁决作出后，双方当事人均不服。A区法院先受理了李某的起诉，B区法院后受理了该劳务派遣公司的起诉。关于本案法院的程序处理，下列哪一说法是正确的？

A. A区法院应当将案件移送B区法院

B. 两个诉的诉讼请求不同，A区法院与B区法院应当各自审理

C. A区法院与B区法院应当报请共同的上级法院指定管辖

D. B区法院应当将案件裁定移送A区法院

4.【单项选择题】法院对韩某与王某之间的诉讼，审理后作出判决，并以电子邮件的方式通知韩某到法院领取判决书。韩某委托代理律师林某代为领取，林某领取时发现法院判决韩某败诉，遂拒绝签收送达回证。法院送达人员在送达回证上注明林某拒绝签收，并由有关见证人签名。关于本案中法院的送达方式，下列哪一选项是正确的？

A. 直接送达　　B. 委托送达

C. 电子送达　　D. 留置送达

5.【多项选择题】王某在某4S店购买汽车，该店提供试驾体验服务。王某提出上高速公路测试性能，4S店安排经理邓某陪同王某试驾。在试驾过程中，突然行人任某横穿高速公路，王某紧急刹车，但因刹车距离太短，仍将任某撞伤。关于任某提起损害赔偿诉讼的适格被告，下列哪些选项是正确的？

A. 王某　　B. 邓某

C. 4S店　　　　D. 高速公路管理人

6.【多项选择题】唐某因与马某发生借款纠纷而诉至法院。唐某提供了一张有"马某"姓名字迹的借条，并提供了转账记录证明。马某主张，该签名系伪造，转账记录是唐某归还之前欠自己的借款。关于本案中"马某"签名的真实性，下列哪些说法是正确的？

A. 唐某应对签名为真，承担提供证据责任

B. 唐某应对签名为真，承担证明责任

C. 马某应对签名为假，承担提供证据责任

D. 马某应对签名为假，承担证明责任

7.【多项选择题】聂某与谢某之间的人身损害赔偿诉讼，一审法院审理后判决谢某败诉。谢某对赔偿金额不服，提起上诉。同时，一审法院也发现赔偿金额及利息计算有误，遂将案件移交到上级法院。但谢某未按期缴纳上诉费。关于本案法院的处理，下列哪些选项是正确的？

A. 一审法院启动审判监督程序

B. 二审法院继续审理本案

C. 二审法院按谢某撤回上诉处理

D. 二审法院撤销原判，发回重审

8.【多项选择题】包某与夏某签订玉石买卖合同，包某付款后，夏某后悔，以价格过低为由要求加价，拒绝交付。包某起诉夏某要求交付玉石，法院终审判决包某胜诉。判决履行期限届满后，夏某拒不履行，包某申请法院强制执行。执行中，法院发现该玉石因夏某保管不善，确已丢失。关于本案执行程序的说法，下列哪些选项是正确的？

A. 包某可以与夏某协商就玉石进行折价赔偿

B. 法院可以执行夏某其他与玉石等值的财产

C. 法院可以责令夏某重新购买等值玉石赔偿

D. 包某可以针对夏某赔偿玉石问题另行起诉

9.【不定项选择题】章某以性格不合为由对汪某提起离婚诉讼。诉讼中，章某与汪某达成调解协议，双方同意离婚，且对财产进行了分配。法院据此制作了调解书，并通知章某和汪某到法院领取。章某领取并签收了调解书，汪某一直未领取调解书。后章某反悔，不愿意离婚。关于本案的程序处理，下列选项正确的是：

A. 章某可以向法院申请撤回起诉

B. 章某可以反悔，法院应根据案件审理情况作出判决

C. 章某可以反悔，法院应依调解协议内容制作判决书

D. 章某不能反悔，因为其已经签收了调解书

10.【不定项选择题】甲公司与乙公司因合同纠纷申请仲裁。仲裁过程中，双方达成和解协议。仲裁庭根据双方达成的和解协议作出了仲裁裁决书，裁决书载明："甲公司已经部分履行了合同，乙公司应支付部分费用，双方继续履行合同剩余内容。"后因双方均未再履行合同，甲公司再次申请仲裁，要求解除合同并返还原物。审理中，甲公司提供了仲裁裁决书，证明合同部分履行的情况，乙公司主张合同从未履行，仲裁裁决书是根据和解协议作出的，不应具有效力。关于本案合同是否履行的事实，下列选项正确的是：

A. 甲公司应当承担合同已履行的证明责任

B. 甲公司应当继续提供证据证明合同已履行

C. 仲裁裁决书认定的事实具有预决效力

D. 乙公司应当继续提供证据证明合同未履行

参考答案及解析

1.｜参考答案｜D

｜设题陷阱与常见错误分析｜

诉的合并是民事诉讼法基础理论的一大难点，需要在充分掌握诉的合并的特殊类型后，对具体事例的特殊情形进行判断。诉的合并是指法院将两个或两个以上彼此之间有牵连的诉合并到一个诉讼程序中审理和裁判，分为诉的主体合并与诉的客体合并。本题涉及的是诉的客体合并，即将同一原告对同一被告提起的两个以上的诉或反诉与本诉合并到同一诉讼

程序中审理。而诉的客体合并又可以进一步分为单纯合并、预备合并与牵连合并等多种情形。对于预备合并,法院应该根据当事人主张的顺序,对合并的诉讼请求予以审理,如果主位的诉讼请求得到支持,则不再审理备位请求。因对诉的预备合并缺乏了解,考生更了解释明规则,容易被干扰选项迷惑,即对于相互矛盾的诉讼请求,法院应当向当事人释明,要求明确诉讼请求。

| 解题思路与方法分析 |

诉的预备合并问题的解题思路是先判断诉的合并属于哪种类型的合并,再根据具体事例的类型适用相应的程序规则。

A 选项考查对"重复诉讼"的理解,两个诉讼请求前后矛盾容易让考生联想到《民诉解释》第 247 条的规定,当事人就已经提起诉讼的事项在诉讼过程中或者裁判生效后再次起诉,同时符合下列条件的,构成重复起诉:(1)后诉与前诉的当事人相同;(2)后诉与前诉的诉讼标的相同;(3)后诉与前诉的诉讼请求相同,或者后诉的诉讼请求实质上否定前诉裁判结果。当事人重复起诉的,裁定不予受理;已经受理的,裁定驳回起诉,但法律、司法解释另有规定的除外。但"确认合同无效"并非在重复起诉意义上否定了"解除合同",两者在某种程度上是追求同样的法律效果,却只能择一行使。故 A 选项错误。

B 选项考查对"另行起诉"的理解,如果属于两个相互独立的诉讼标的,应当另行起诉。但另行起诉的适用情形一般是二审中增加诉讼请求或者提出与本案无关的事实和请求。B 选项错误。

C 选项考查对"释明"规则的理解,有一定实务工作经验的考生容易联想到 2019 年《全国法院民商事审判工作会议纪要》第 36 条的规定,在双务合同中,原告起诉请求确认合同有效并请求继续履行合同,被告主张合同无效的,或者原告起诉请求确认合同无效并返还财产,而被告主张合同有效的,都要防止机械适用"不告不理"原则,仅就当事人的诉讼请求进行审理,而应向原告释明变更或者增加诉讼请求,或者向被告释明提出同时履行抗辩,尽可能一次性解决纠纷。但该规定是为了贯彻纠纷一次性解决的理念,保障当事人平等地行使诉讼权利。C 选项错误。

D 选项考查对"诉的预备合并"的理解,甲公司提出的先请求确认合同无效再请求解除合同即属于诉的预备性合并,法院应当先审理确认合同无效的请求,如果不支持,就再审理解除合同的诉讼请求。故 D 选项正确。

2. | 参考答案 | A

| 设题陷阱与常见错误分析 |

主管问题是民事诉讼理论容易被忽略的重点之一。根据《民事诉讼法》第 3 条的规定,人民法院受理公民之间、法人之间、其他组织之间以及他们相互之间因财产关系和人身关系提起的民事诉讼,适用本法的规定。因此,民事诉讼的主管范围是平等主体之间的财产关系和人身关系。因受媒体宣传以及对实体法过于关注的影响,考生容易忽视民事诉讼的主管问题,形成一种认识误区,即只要是平等主体之间的纠纷皆可以通过民事诉讼来解决。

| 解题思路与方法分析 |

有关民事诉讼主管问题的解题思路是先判断争议的纠纷是属于财产关系还是人身关系,如若不属于两者,则没有法院介入的必要性与可能性。

A 选项考查对"主管"的理解,辛某要求重新加群的请求不属于财产关系也不属于人身关系。加群本身就是一种情谊行为,属于居民之间的自发娱乐活动,法院没有介入的必要,应当裁定不予受理。故 A 选项正确。

B 选项考查对"诉讼请求"的理解,辛某对刘某提起的重新加群诉讼请求很明确,只是该纠纷不属于法院主管的范围。B 选项错误。

C、D 选项考查对"判决驳回诉讼请求"的理解,无论是被告不适格还是诉讼请求不合理,均属于实体问题,但本案根本不属于法院主管,还没有进行到审理实体的阶段。C、D 选项错误。

3. | 参考答案 | D

| 设题陷阱与常见错误分析 |

本题考查的是对劳动争议诉讼起诉程序

中特殊情况处理的理解与具体运用，需要考生在理解掌握劳动争议诉讼的管辖、起诉程序等规则后，对选项中列举的具体情形进行判断。但考生如果不能识别劳动争议诉讼的管辖与起诉程序等规则的特殊性，而仅仅对普通民事诉讼的规则进行死记硬背，容易套用普通民事诉讼的管辖规则来判断，从而发生错误。

｜解题思路与方法分析｜

有关管辖与起诉程序问题的解题思路是需要先判断属于普通民事案件还是特殊民事案件，若属于特殊民事案件，还需要考虑是否存在特殊规则的可能；如若不存在特殊的规则，才适用普通民事案件的相应程序规则。

A选项考查对“劳动争议案件管辖法院”的理解，根据最高人民法院《关于审理劳动争议案件适用法律问题的解释（一）》第3条第1款的规定，劳动争议案件由用人单位所在地或者劳动合同履行地的基层人民法院管辖，因此，A区法院具有管辖权，加之受理在先，因而无须移送。故A选项错误。

B选项考查对“重复诉讼”的理解，具有一定的理论难度，关键在于识别本案的诉讼标的是否同一。本案属于特殊的劳动争议案件，双方对劳动裁决不服，但由于是针对同一裁决提起的起诉，因此诉讼标的是同一的。根据《民诉解释》第247条的规定，当事人就已经提起诉讼的事项在诉讼过程中或者裁判生效后再次起诉，同时符合下列条件的，构成重复起诉：（1）后诉与前诉的当事人相同；（2）后诉与前诉的诉讼标的相同；（3）后诉与前诉的诉讼请求相同，或者后诉的诉讼请求实质上否定前诉裁判结果。因此，B区法院受理的公司起诉与A区法院受理的李某起诉性质上依然属于同一个诉讼标的，不能分别审理，否则可能会出现同案不同判的现象。B选项错误。

C选项考查对“管辖权争议处理”的理解，根据《民事诉讼法》第38条第2款的规定，人民法院之间因管辖权发生争议，由争议双方协商解决；协商解决不了的，报请它们的共同上级人民法院指定管辖。但该规定仅适用于普通的民事诉讼案件，而本案属于特殊的劳动争议案件，且也并不存在管辖权的争议，无法适用该规定。C选项错误。

D选项考查对“劳动争议案件移送规则”的理解，根据最高人民法院《关于审理劳动争议案件适用法律问题的解释（一）》第4条的规定，劳动者与用人单位均不服劳动争议仲裁机构的同一裁决，向同一人民法院起诉的，人民法院应当并案审理，双方当事人互为原告和被告，对双方的诉讼请求，人民法院应当一并作出裁决。在诉讼过程中，一方当事人撤诉的，人民法院应当根据另一方当事人的诉讼请求继续审理。双方当事人就同一仲裁裁决分别向有管辖权的人民法院起诉的，后受理的人民法院应当将案件移送给先受理的人民法院。由此可知，劳动争议案件的移送管辖规则具有特殊的规定。故D选项正确。

4.｜参考答案｜A

｜设题陷阱与常见错误分析｜

送达是民事诉讼法容易被忽略的考点之一。本题考查的是送达与委托代理人的理解与具体运用，考生需要在明确我国《民事诉讼法》规定的7种送达方式的概念与特征、送达回证的特殊适用情形以及委托诉讼代理人的权限后，对选项中列举的具体情形进行判断。实践中为了解决“送达难”，2015年《民诉解释》扩张了两种直接送达的方式，一是通知当事人到法院领取文书，当事人到达法院后，拒绝在送达回证上签字的，视为送达。审判员、书记员应当在送达回证上注明送达情况。二是在当事人住所地以外向当事人送达文书，当事人拒绝签署送达回证的，采取拍照、录像等方式记录送达过程即为送达，审判员、书记员应当在送达回证上注明送达情况并签名。题干中“以电子邮件的方式通知”，容易给考生造成一定误解，即认为是电子送达。但“电子邮件”只是通知当事人到法院来的一种方式，并非通过电子送达文书。

｜解题思路与方法分析｜

有关送达问题的解题思路需要先识别题干交代的特殊情形，判断属于哪一种送达方式，再具体适用不同的程序规则。

A选项考查的是对“直接送达”的理解，根

据《民诉解释》第131条第1款的规定,人民法院直接送达诉讼文书的,可以通知当事人到人民法院领取。当事人到达人民法院,拒绝签署送达回证的,视为送达。审判人员、书记员应当在送达回证上注明送达情况并签名。此外,作为委托诉讼代理人,律师收取诉讼文书属于一般权限。故A选项正确。

B选项考查的是对"委托送达"的理解,委托送达是指受诉法院直接送达确有困难,而委托其他法院将需送达的诉讼文书、法律文书送交受送达人的送达方式,其只能委托其他法院,而不能委托其他机构或者组织。故B选项错误。

C选项考查的是对"电子送达"的理解,电子送达是指法院采用传真、电子邮件等信息化手段,将送达文书的电子版本发送至受送达人接收终端的送达方式。但题干中"以电子邮件的方式通知"的仅仅是领取判决书,并非规范的电子送达。故选项C错误。

D选项考查的是对"留置送达"的理解,留置送达是指在向受送达人或有资格接受送达的人送交需送达的诉讼文书、法律文书时,受送达人或有资格接受送达的人拒绝签收,送达人依法将诉讼文书、法律文书留放在受送达人住所的送达方式。留置送达是将诉讼文书、法律文书留放在受送达人的住所或工作、生活的场所,而并非法院。故选项D错误。

5.｜参考答案｜ACD

｜设题陷阱与常见错误分析｜

适格被告的判断标准是民事诉讼法的难点之一。一般来讲,当事人适格的判断标准以诉讼标的为基础,即以特定诉讼标的之权利义务主体或法律关系之主体为适格当事人,对于适格被告而言就是义务主体。而这需要通过实体法规定来具体判断。因受实体法规定熟悉程度的影响,考生容易忽略或者误解某种法律关系之中的义务主体范围。

｜解题思路与方法分析｜

有关适格被告问题的解题思路是根据实体法规定的不同请求权来具体判断不同的适格被告。

A、C选项考查对"机动车交通事故责任"的理解,根据《民法典》第1209条的规定,因租赁、借用等情形机动车所有人、管理人与使用人不是同一人时,发生交通事故造成损害,属于该机动车一方责任的,由机动车使用人承担赔偿责任;机动车所有人、管理人对损害的发生有过错的,承担相应的赔偿责任。本案中,王某属于机动车使用人,4S店属于机动车所有人,任某均可以对两者主张损害赔偿责任。故A选项、C选项正确。

B选项考查对"职务侵权"的理解,根据《民法典》第1191条第1款的规定,用人单位的工作人员因执行工作任务造成他人损害的,由用人单位承担侵权责任。用人单位承担侵权责任后,可以向有故意或者重大过失的工作人员追偿。邓某作为4S店经理,在履行职务过程中造成任某损害,任某应该以4S店作为被告,邓某不能直接作为被告。B选项错误。

D选项考查对"高度危险责任"的理解,根据《民法典》第1243条的规定,未经许可进入高度危险活动区域或者高度危险物存放区域受到损害,管理人能够证明已经采取足够安全措施并尽到充分警示义务的,可以减轻或者不承担责任。因此,任某也可以高速公路管理人为适格被告,请求损害赔偿。D选项正确。

6.｜参考答案｜AC

｜设题陷阱与常见错误分析｜

证明责任与提供证据责任的联系与区别是民事诉讼理论的难点之一。根据《民事诉讼法》第67条第1款的规定,当事人对自己提出的主张,有责任提供证据。这是关于提供证据责任的规定,遵循的是"谁主张,谁举证"的分配规则。而根据《民诉解释》第91条的规定,人民法院应当依照下列原则确定举证证明责任的承担,但法律另有规定的除外:(1)主张法律关系存在的当事人,应当对产生该法律关系的基本事实承担举证证明责任;(2)主张法律关系变更、消灭或者权利受到妨害的当事人,应当对该法律关系变更、消灭或者权利受到妨害的基本事实承担举证证明责任。此处的"举证证明责任"分配规则即是证明责任的分配规则。因受“谁主张,谁举证”的普法宣传以及对《民事诉讼法》第 67 条第 1 款误读的影响,考生往往将“谁主张,谁举证”作为证明责任分配的规则,不区分理论上提供证据责任与证明责任的分野,且容易形成一种认识误区,即只要存在争议事实,就一定存在证明责任适用的问题。

| 解题思路与方法分析 |

有关证明问题的解题思路应先确定证明对象,如一些与案件无关的事实、免证事实是不需要证明的,则无须讨论证明对象;若证明对象属于要件事实,即实体法的法律构成要件所对应的具体事实,才有承担证明责任的问题;若证明对象不属于要件事实,仅仅是辅助事实,如与证据能力和证明力有关的事实,则并不存在证明责任的问题,仅仅存在提供证据责任的问题。

A 选项考查对“提供证据责任”的理解,提供证据责任的分配规则是“谁主张,谁举证”,唐某主张签名为真,就应当承担提供证据责任。A 选项正确。

B 选项考查对“证明责任”的理解,证明责任承担的前提是待证事实属于要件事实,而签名真伪属于辅助事实,并不存在证明责任适用的问题。B 选项错误。

C 选项考查对“提供证据责任”的理解,马某主张签名为假,尽管与唐某主张签名为真构成同一事实的正反两面,但依然属于一个独立的主张,依照“谁主张,谁举证”,马某应当对签名为假承担提供证据责任。C 选项正确。

D 选项考查对“证明责任”的理解,签名的真与假属于同一事实的正反两面,但该事实不属于要件事实,故而没有证明责任适用的问题。D 选项错误。

7. | 参考答案 | AC

| 设题陷阱与常见错误分析 |

本题融合了两个知识点,一是裁判文书错误的救济方式,二是未缴纳上诉费的法律效果,考生需要在理解掌握提起上诉的条件、基于审判监督权提起再审等规则后,对选项中列举的具体情形进行判断。一审判决错误的处理,如果是笔误等瑕疵则直接以裁定书予以补正,如果是实质内容错误则只能通过法定程序纠正。部分考生未能识别题干中提起上诉的条件不合法,形成本案需要通过二审法院予以救济的误区。

| 解题思路与方法分析 |

有关裁判文书错误救济问题的解题思路是需要先识别错误的类型,再根据错误属于瑕疵问题还是实质内容,适用不同类型的救济方式,后根据救济程序的不同,判断适用不同的程序规则。当事人上诉的,由二审法院通过二审程序纠正;当事人未上诉的,生效判决的错误只能通过审判监督程序纠正。

A 选项考查对“一审法院救济方式”的理解,因当事人未缴纳上诉费,二审程序并未启动。对一审生效判决错误的,一审法院启动审判监督程序处理。故 A 选项正确。

B 选项考查的是对“二审法院审理规则”的理解,因当事人上诉不合法,二审程序并未合法启动,二审法院不能继续审理本案。故 B 选项错误。

C 选项考查的是对“当事人提起上诉条件”的理解,因当事人上诉后,未按期缴纳上诉费,二审法院应当按照上诉人撤回上诉处理,后一审法院判决生效。故 C 选项正确。

D 选项考查的是对“二审法院救济方式”的理解,即使一审判决存在错误,但因当事人上诉不合法,二审程序并未启动,故二审法院不应当对本案作出相应的判决、裁定。故 D 选项错误。

8. | 参考答案 | AD

| 设题陷阱与常见错误分析 |

审执分离是民事诉讼关于审判程序与执行程序的基本原理与原则之一。本题考查的是执行程序中执行特定物的理解与具体运用,考生需要在理解掌握执行标的、执行特定物出现特殊情形以及审执分离等程序规则与原理后,对选项中列举的具体情形进行判断。执行程序是实现民事权利义务关系的程序,而审判程序是确定民事权利义务关系的程序。因此,涉及实体争议的问题应当通过审判程序解决,而执行程序的价值目标在于迅速便捷地实现通过审判程序确定的权利义务关系。对于审执分离理解不清晰的考生,容易混淆执行程序中新出现的实体争议,形成执行程序可以解决所有问题的误区。

| **解题思路与方法分析** |

有关执行特定物问题的解题思路是需要先判断生效判决确定的执行标的是特定物,再根据特定物应当执行原物判断具体的程序规则;若存在特定物毁损、灭失等特殊情形,则可以协商进行折价赔偿,也可以另行起诉解决。

A 选项考查对"折价赔偿"的理解,根据《民诉解释》第 492 条第 1 款的规定,执行标的物为特定物的,应当执行原物。原物确已毁损或者灭失的,经双方当事人同意,可以折价赔偿。故 A 选项正确。

B 选项考查的是对"执行依据"的理解,执行应当严格以生效法律文书为依据,而生效法律文书确定执行特定物的,应当执行原物,而不能执行其他等值的财产。故 B 选项错误。

C 选项考查的是对"执行终结"的理解,根据《民诉解释》第 492 条第 2 款的规定,双方当事人对折价赔偿不能协商一致的,人民法院应当终结执行程序,而并非继续执行。故 C 选项错误。

D 选项考查的是对"审执分离"的理解,因为折价赔偿属于实体争议,除非当事人协商达成赔偿协议,否则执行不直接解决新的纠纷,只能通过另行起诉解决。故 D 选项正确。

9. | **参考答案** | AD

| **设题陷阱与常见错误分析** |

调解是民事诉讼法的重要考点之一。本题考查的是调解书效力与撤诉的理解与运用,考生需要在理解掌握调解书生效的条件、撤诉的条件等规则后,对选项中列举的具体情形进行判断。双方当事人达成调解协议的,对于需要制作调解书的案件,调解书需经当事人签收后才能发生法律效力,且应当以最后收到调解书的当事人签收的日期为调解书生效日期。对于调解需要双方当事人同意且均签收调解书才能发生效力掌握不精准的考生,容易形成调解经双方同意即发生效力的误区。

| **解题思路与方法分析** |

有关调解书效力问题的解题思路是需要先判断调解协议是否经双方当事人同意,再根据调解协议是否需要制作调解书适用不同的效力规则。对于不需要制作调解书的案件,双方当事人等人员在调解协议上签名或者盖章后,调解即具有法律效力;对于需要制作调解书的案件,调解书需经双方当事人签收后才发生法律效力。

A 选项考查对"申请撤诉"的理解,根据《民事诉讼法》第 100 条第 3 款的规定,调解书经双方当事人签收后,即具有法律效力。本案中,章某尽管签收了调解书,但因为汪某一直未领取调解书,即未签收,调解并未发生法律效力,诉讼程序依然在进行中,章某可以申请撤回起诉。故 A 选项正确。

B、C、D 选项考查的是对"诉讼行为"的理解,根据《民事诉讼法》第 102 条的规定,调解未达成协议或者调解书送达前一方反悔的,人民法院应当及时判决。即当事人在签收调解书之前可以通过拒绝签收调解书等方式反悔。但本题中章某已经签收调解书,应当受其签收调解书这一诉讼行为效力的约束,不能轻易反悔。故 B、C 选项错误,D 选项正确。

10. | **参考答案** | AD

| **设题陷阱与常见错误分析** |

本题考查的是仲裁程序中证明责任承担与仲裁裁决书效力的理解与具体运用,考生需要在理解掌握证明责任的对象、与提供证据责任的关系和仲裁裁决书效力、自认等规则后,对选项中列举的具体情形进行判断。仲裁裁决书具有预决效力,考生容易将该规则绝对化,造成对"预决效力"与"自认"规则的混淆。因为仲裁裁决书系根据和解协议作出,则有约束力的并不是裁决书,而是当事人的自认。

| **解题思路与方法分析** |

有关证明责任与仲裁裁决效力问题的解题思路是需要先根据要件事实的分配判断承担证明责任的主体,再根据"谁主张,谁举证"判断承担提供证据责任的主体;若存在根据

"预决效力"规则规定的免证事实,则应当免除相应的提供证据责任。

A 选项考查对"证明责任"的理解,根据《民诉解释》第 91 条的规定,合同是否履行的证明责任应当由主张权利发生者承担证明责任,因此合同履行与否的证明责任由甲公司承担。A 选项正确。

B 选项考查的是对"提供证据责任"的理解,类推《民诉证据规定》第 3 条,当事人自认的事实,对方当事人无须举证,因此,尽管本案是仲裁,但在前一次仲裁中承认的事实,依然产生免证效力。乙公司已经承认甲公司履行了合同的情况,甲公司无须再承担提供证据责任。B 选项错误。

C 选项考查的是对"仲裁裁决预决效力"的理解,因为仲裁裁决书的预决效力源于仲裁庭对事实的审查认定,而如果裁决书根据和解协议作出,则无法体现出仲裁庭的事实认定过程,并不产生预决效力。故 C 选项错误。

D 选项考查的是对"提供证据责任"的理解,对于甲公司无须再对其履行了合同承担提供证据责任,而乙公司要想推翻该事实,就应当继续承担它主张的合同未履行的证据责任。故 D 选项正确。

2024年国家统一法律职业资格考试

客观题指导用书

编审人员 （按姓名拼音音序排列）

程淑娟	谷佳杰	何　挺	何永红	霍政欣
雷　磊	李超群	李立众	梁迎修	刘茂林
刘雪斌	刘哲玮	马海涛	舒国滢	孙　皓
孙尚鸿	唐　勇	王　迁	王卫国	温世扬
杨秋宇	杨伟东	姚　莹	袁　钢	张　耕
张丽英	张鲁萍	张　敏	张钦昱	张书友
张双根	赵姗姗			